U0859903

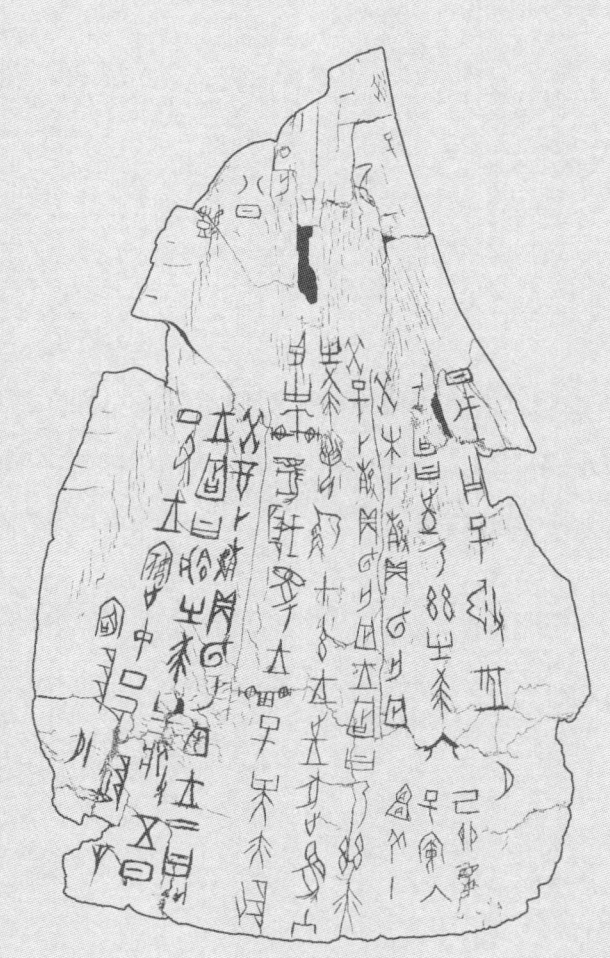

本書爲"古文字與中華文明傳承發展工程"項目成果（YWZ-J012），得到教育部語信司和中國文字學會的支持和指導，謹此致謝！

傳承中華基因

甲骨文發現一百二十年來甲骨學論文精選及提要

一

主編 劉釗
副主編 陳劍

商務印書館
The Commercial Press

圖書在版編目(CIP)數據

傳承中華基因:甲骨文發現一百二十年來甲骨學論文精選及提要:全四册/劉釗主編.—北京:商務印書館,2021
ISBN 978-7-100-19550-8

Ⅰ.①傳… Ⅱ.①劉… Ⅲ.①甲骨學-文集 Ⅳ.①K877.1-53

中國版本圖書館 CIP 數據核字(2021)第 033150 號

權利保留,侵權必究。

傳承中華基因

甲骨文發現一百二十年來甲骨學論文精選及提要
全四册
主　編　劉　釗　副主編　陳　劍

商　務　印　書　館　出　版
（北京王府井大街36號　郵政編碼100710）
商　務　印　書　館　發　行
上海雅昌藝術印刷有限公司印刷
ISBN 978-7-100-19550-8

2021年12月第1版　　　開本 889×1194　1/16
2021年12月第1次印刷　印張 190.25
　　　　定價:1580.00 元(全四册)

《傳承中華基因》編撰人員名單

主　編　劉　釗
副主編　陳　劍

編撰組成員

劉　釗　陳　劍　崎川隆　趙　鵬
周忠兵　方稚松　蔣玉斌　王子楊
葛　亮　劉　雲　袁倫強

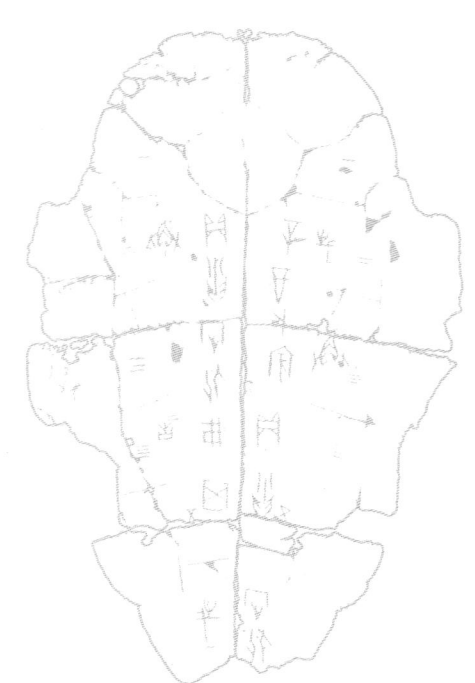

前　言

　　本書的選題、策劃以及編纂的過程，書末劉釗先生所寫的《後記》中已有翔實的説明，在此無須贅言。要編好這樣一部書，難度的確是非常大的，我們對此書課題組的全體成員以及關心此書的有關領導和專家謹致敬意。

　　誠如《後記》所説，本書的選目極費斟酌，最後所定的篇目不可避免地仍會有很多問題。我們期望不久以後，有關方面能夠按照甲骨文研究的幾個大類分頭編出選目比較全面、精當的論文集，這樣一定能夠更好地反映甲骨文研究的歷史情況和已有成績，幫助大家更好地認清今後研究應有的方向。

裘錫圭
2021 年 10 月 12 日

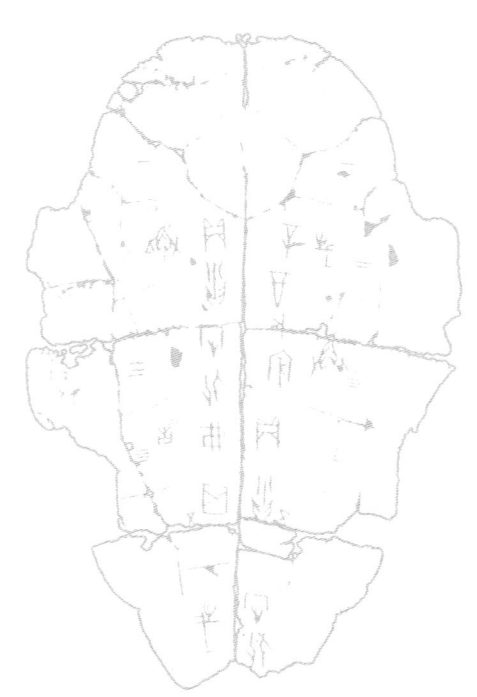

總 目 錄

凡例	1
論文	3
提要	2449
附錄	2933
後記	3013

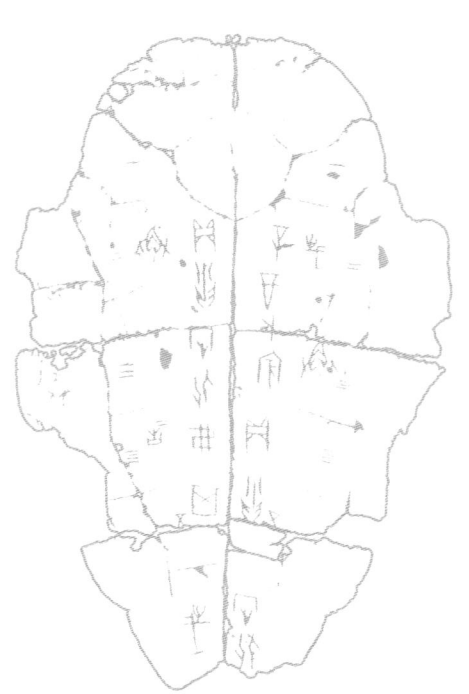

凡　例

一、本書録排整理甲骨文發現一百二十年來的甲骨學論文120篇，並撰寫提要。論文主要從已發表的單篇論文中精選，少數爲學者論著的節選。各篇依發表年份編號、排序。

二、論文一般照録原標題。部分論文因篇幅過長而加節選，在篇題後括注"節選"；選自論著或文集者，以"某書選"爲題名；代擬篇題者，於篇題外加[　]標示。

三、論文版本及收録情況，均於各篇末列出；録排一般據較早、較權威或較精善之版本，亦在篇末注明。

四、論文儘可能照録原文，以存原貌，僅就版面、格式等做了一些技術性處理：

1. 注釋統一爲頁下注，每頁重新編號；073一篇交叉引用較多，注釋保留篇內連續編號。

2. 論文原爲繁體文本者，一般遵照原文用字習慣，異體字不作改動；涉及新舊字形者，統一爲新字形。論文原爲簡化字文本者，轉録爲規範的繁體文本。英文、日文論文按原語種録入，撰寫中文提要。

3. 論文中舊式、豎排標點轉爲橫式現代標點，專名號一般不予保留；原無標點的文獻，施加現代標點。

五、論文中的古文字字形，儘量核對原始著録並替換爲清晰摹本；原文中一些模糊的拓本、圖片等，亦替換爲清晰圖版。

六、原文偶有一些明顯的引文錯誤、號碼錯誤或校勘失誤，以及需要特別交待的問題，以"編者按"的形式加頁下注說明，以便閱讀。

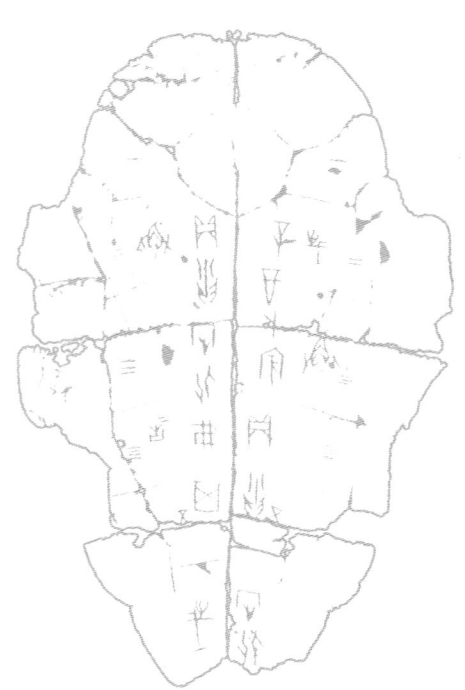

論文

目 錄

— 第一册 —

001	劉 鶚	《鐵雲藏龜》自序	11
002	孫詒讓	《契文舉例》選	13
003	羅振玉	殷商貞卜文字考	20
004	王國維	殷卜辭中所見先公先王考 殷卜辭中所見先公先王續考	53
005	王國維	殷周制度論	77
006	王國維	《觀堂集林》選	89
007	明義士	殷虛卜辭後編序	93
008	丁 山	釋☒ 釋☒	95
009	徐中舒	耒耜考	100
010	商承祚	釋☒ 釋霝	140
011	郭沫若	釋五十 釋七十——殷文紀數之一新例	142
012	郭沫若	骨臼刻辭之一考察	152
013	郭沫若	釋祖妣	162
014	董作賓	甲骨文斷代研究例	179
015	容 庚	甲骨文編序	285
016	唐 蘭	《殷虛文字記》選	287
017	唐 蘭	［釋斤］	308
018	唐 蘭	卜辭時代的文學和卜辭文學	310
019	聞一多	釋豖	343
020	陳夢家	［釋洼 釋罗 釋生月］	346
021	于省吾	《甲骨文字釋林》選	350
022	張宗騫	卜辭弜弗通用考	355
023	胡厚宣	武丁時五種記事刻辭考	365
024	董作賓	［大采、小采］	442

025	張政烺	古代中國的十進制氏族組織	444
026	貝塚茂樹 伊藤道治	甲骨文斷代研究法の再檢討——董氏の文武丁時代卜辭を中心として（甲骨文斷代研究法的再檢討——以董氏所謂文武丁時代卜辭爲中心）	478
027	島邦男	禘祀	561
028	楊樹達	釋追逐	580
029	胡厚宣	釋殷代求年於四方和四方風的祭祀	582
030	陳夢家	殷虛卜辭綜述·斷代 上	623
031	李學勤	論殷代親族制度·日名的意義	658
032	董作賓	甲骨實物之整理	660
033	張秉權	論成套卜辭	675
034	金祥恒	釋后	688
035	朱芳圃	《殷周文字釋叢》選	702
036	松丸道雄	殷墟卜辭中の田獵地について——殷代國家構造研究のために（關於殷墟卜辭中的田獵地——爲研究殷代的國家構造）（節選）	706
037	張光直	商王廟號新考	779
038	李孝定	讀契識小錄·說干	807

— 第二冊 —

039	許進雄	鑽鑿對卜辭斷代的重要性	809
040	David N. Keightley（吉德煒）	SHIH CHENG 釋貞：A NEW HYPOTHESIS ABOUT THE NATURE OF SHANG DIVINATION（釋貞：商代占卜本質的新假設）（節選）	842
041	曾毅公	論甲骨綴合	914
042	Paul L-M. Serruys（司禮義）	STUDIES IN THE LANGUAGE OF THE SHANG ORACLE INSCRIPTIONS（商代甲骨文中的語言研究）	929
043	嚴一萍	殷虛書契前編的三種不同版本	1018
044	于豪亮	說引字	1026
045	David S. Nivison（倪德衛）	THE PRONOMINAL USE OF	

		THE VERB YU(GIŬG: 㞢, 礻, 㞢, 有)IN EARLY ARCHAIC CHINESE（動詞"㞢、礻、㞢、有"在早期古漢語中的代詞性用法）	1029
046	李學勤	殷墟甲骨兩系説與歷組卜辭	1063
047	白玉崢	殷墟第十五次發掘成組卜甲	1068
048	于省吾	釋具有部分表音的獨體象形字 釋古文字中附劃因聲指事字的一例	1093
049	郭若愚	釋黽	1103
050	林 澐	從武丁時代的幾種"子卜辭"試論商代的家族形態	1108
051	姚孝遂	商代的俘虜	1125
052	王宇信	商代的馬和養馬業	1162
053	張亞初	甲骨金文零釋・釋祇（附埶、吊、娝、䰯）	1175
054	沈建華	甲骨文釋文二則・釋黿	1178
055	黃錫全	甲骨文"屮"字試探	1180
056	陳煒湛	甲骨文異字同形例	1189
057	裘錫圭	論"歷組卜辭"的時代	1207
058	林 澐	甲骨文中的商代方國聯盟	1256
059	常正光	"辰爲商星"解——釋"辰、晨、農"	1275
060	曹錦炎	釋甲骨文北方名	1282
061	裘錫圭	釋"虫"	1284
062	姚孝遂	牢宰考辨	1290
063	林 澐	小屯南地發掘與殷墟甲骨斷代	1299
064	胡厚宣	八十五年來甲骨文材料之再統計	1332
065	張政烺	殷墟甲骨文中所見的一種筮卦	1348
066	姚孝遂 趙 誠	小屯南地甲骨考釋・今來翌	1358
067	詹鄞鑫	甲骨文字考釋二則・釋憂	1361
068	常玉芝	晚期龜腹甲卜旬卜辭的契刻規律及意義	1363
069	黃德寬	卜辭所見"中"字本義試說	1374
070	裘錫圭	關於殷墟卜辭的命辭是否問句的考察	1382
071	蔡哲茂	釋"""""	1417
072	張玉金	卜辭中表示兩事時間關係的詞的意義和用法	1426

073	高嶋謙一	殷代貞卜言語の本質（殷代貞卜語言的本質）	1489
074	夏含夷	試論周原卜辭囟字——兼論周代貞卜之性質	1617
075	劉 桓	釋馘	1622
076	馮 時	殷曆歲首研究	1628

— 第三冊 —

077	劉 釗	釋甲骨文耤、羲、蟺、敖、栽諸字	1657
078	彭裕商	賓組卜辭的時代分析	1667
079	Jean A. Lefeuvre（雷煥章）	RHINOCEROS AND WILD BUFFALOES NORTH OF THE YELLOW RIVER AT THE END OF THE SHANG DYNASTY：Some Remarks on the Graph 兕 and the Character 兕（晚商黃河北部的犀牛和野水牛——談談兕形與兕字）	1685
080	冀小軍	說甲骨金文中表祈求義的榃字——兼談榃字在金文車飾名稱中的用法	1713
081	陳漢平	古文字釋叢·釋因	1726
082	沈之瑜 濮茅左	卜辭的辭式與辭序	1730
083	孫常叙	雇雀一字形變說	1753
084	蕭良瓊	卜辭文例與卜辭的整理和研究	1764
085	劉一曼	安陽殷墟甲骨出土地及其相關問題	1797
086	吳振武	"弋"字的形音義	1815
087	饒宗頤	《甲骨文通檢》田獵篇前言（節選）	1829
088	魏慈德	［子組"又史"卜辭的意義］	1837
089	王蘊智	出土文獻中所見的"蠃"和"龍"	1841
090	趙平安	戰國文字的"遊"與甲骨文"榃"爲一字說	1852
091	常玉芝	黃組周祭分屬三王的再論證	1856
092	李宗焜	從甲骨文看商代的疾病與醫療	1863
093	張世超	賓組大字骨版刻辭研究	1909
094	季旭昇	《雨無正》解題	1916
095	喻遂生	甲骨文雙賓語句研究	1930
096	沈 培	殷墟卜辭正反對貞的語用學考察	1945

097	黃天樹	重論關於非王卜辭的一些問題	1985
098	宋鎮豪	從新出甲骨金文考述晚商射禮	2002
099	董 珊	試論周公廟龜甲卜辭及其相關問題	2016
100	陳 劍	釋"造"	2050
101	方稚松	釋殷墟花園莊東地甲骨中的瓚、祼及相關諸字	2087
102	李學勤	汐翁《龜甲文》與甲骨文的發現	2094
103	朱鳳瀚	再讀殷墟卜辭中的"眾"	2098
104	黃天樹	甲骨形態學	2134
105	郭永秉	談古文字中的"要"字和從"要"之字	2168
106	崎川隆	"字排特徵"的觀察對殷墟甲骨文字體分類研究的重要性	2178
107	劉一曼 曹定雲	三論武乙、文丁卜辭	2186
108	周忠兵	從甲骨金文材料看商周時的墨刑	2227
109	常耀華	甲骨文田獵刻辭性質芻議	2246
110	何毓靈	論殷墟新發現的兩座"甲骨貞人"墓	2257
111	王子楊	甲骨文舊釋"凡"之字絕大多數當釋爲"同"——兼談"凡"、"同"之別	2269
112	何景成	試釋甲骨文中讀爲"廟"的"勺"字	2296
113	謝明文	說"臨"	2319
114	趙 鵬	殷墟 YH127 坑賓組龜腹甲鑽鑿佈局探析	2327
115	林宏明	賓組骨面刻辭起刻位置研究	2360
116	張惟捷 宋雅萍	從一版新材料看甲骨文家譜刻辭的真僞問題	2384
117	李春桃	釋甲骨文中的"觹"字	2398
118	蔣玉斌	釋甲骨金文的"蠢"兼論相關問題	2406
119	鄔可晶	釋"穗"	2429
120	孫亞冰	殷墟卜骨的雙兆幹現象	2440

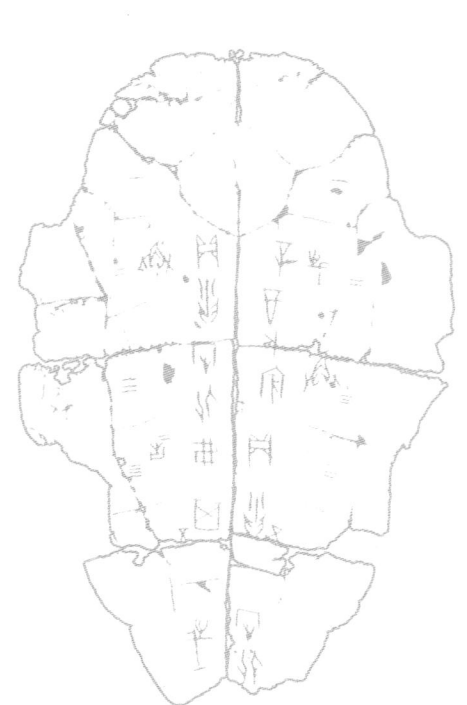

劉　鶚

《鐵雲藏龜》自序

龜板己亥歲出土在河南湯陰縣屬之古牖里城。傳聞土人見地墳起，掘之，得骨片與泥相黏結成團，浸水中，或數日，或月餘，始漸離晰。然後置諸盆盎，以水盪滌之，約兩三月，文字方得畢現。同時所出，並有牛脛骨，頗堅緻。龜板一種，色黃者稍堅，色白者略用力即碎，不易拓也。

既出土後，爲山左賈人所得，咸寶臧之，冀獲善價。庚子歲，有范姓客挾百餘片走京師，福山王文敏公懿榮見之狂喜，以厚值留之。後有濰縣趙君執齋，得數百片，亦售歸文敏。未幾，義和拳亂起，文敏遂殉難。壬寅年，其喆嗣翰甫觀察售所臧，清公夙責，龜板最後出，計千餘片，予悉得之。定海方君藥雨，又得范姓所臧三百餘片，亦以歸予。趙執齋又爲予奔走齊、魯、趙、魏之郊，凡一年，前後收得三千餘片。摠計予之所臧，約過五千片。己亥一坑所出，雖不敢云盡在於此，其遺亦僅矣。

毛錐之前爲漆書，漆書之前爲刀筆。小篆"肅"字，漆書筆也，从手持↓，象注漆形，蓋漢人猶得見古漆書，若刀筆無有見者矣。是以許朩重於古籀文，必資山川所出之彝鼎。不意二千餘年後，轉得目睹殷人刀筆文字，非大幸與？

以六書之恉推求鐘鼎，多不合，再以鐘鼎體勢推求龜板之文，又多不合，蓋去上古愈遠，文字愈難推求耳。

龜板可識者干支而已。如甲申（四三·四）（此識別言四十三葉弟四片也。下仿此），乙酉（二二·三），丙寅（五九·一），丁卯（三六·一），戊午（四二·一），己亥（四六·一），庚戌（二四·三），辛丑（四六·三），壬辰（六〇·二），癸未（四〇·四），惟巳字不見。其百十三葉弟四片，髣髴辛巳，是否？未敢定也。

龜板雖皆殘破，幸其卜之繇辭文本甚簡，往往可得其概，如："丁酉卜大問角

丁亥彤日"（二二·三）；"庚戌卜哉問雨帝不我□"（二五·三）之類。若百廿七葉，左行曰："庚申卜厭問歸好之子"；右行曰："辛丑卜厭問兄於母庚。"凡兩段皆完好也。"兄"疑即况字。

凡稱問者，有四種：曰哉問，曰厭問，曰復問，曰中問，"中"字作"㞢"。哉、厭兩問最多，疑哉爲初問，厭爲再問，故詩曰："我龜既厭，不我告猶。"言我已再問，而龜不我告也。其稱甲子有與後人不同者，如"乙子卜"（四·一）、"今己子月不雨"（二三·二）、"癸子卜厭問虘父卜"（六七·三）之類。其稱乙子、己子、癸子，皆後世所無也。

鐘鼎凡有象形者，世皆定爲商器，此於車、馬、龍、虎、犬、豕、豚等，皆象形也。其他象形之字甚多，鐘鼎有立戈形，此戊戌二字皆本之。然則立戈者，有戍邊之意。戊戌二字並由戍字來也。

Π，雨字象形。ᗡ，角字亦象形，石鼓文："君子云獵"，獵字下或云从角，與此正同。凡問角皆爲雨暘事。《春秋傳》："龍見而雩。"雩，雨祭也。龍，東方蒼龍七宿，角實爲之首也。

象形之字既多，可知其爲史籀以前文字。何以別其非周初？觀其曰："問之於祖乙"（三·三），"問之於祖辛"（五四·一），"乙亥卜祖丁十五牢"（三三·一），"辛丑卜厭問兄於母庚"（一二七·一），祖乙、祖辛、母庚，以天干爲名，實爲殷人之確據也。

Ɉ字，見杞伯每父敦；ᘓ字，疑其象虘形，以與鼎彝虘文相近也。虘父當是掌卜者之名，故稱虘父，卜者甚多。其卜占二字，往往加吕以爲識別，未詳其誼。

龜板、牛骨兩種，牛骨居十之一二。初本分別拓之，後因裝治淆亂，遂不及釐正，然不舉其概，恐閱者病焉，其五十一至六十，此十葉中，五十六、七、八皆牛骨，餘悉龜板，以此類推可知矣。

龜板文字極淺細，又脆薄易碎，拓墨極難。友人聞予獲此異品，多向索拓本，苦無以應。然斯實三代真古文，亟當廣謀其傳，故竭半載之力，精拓千片，付諸石印，以公同好。任是役者，直隸王瑞卿也。

光緒癸卯九月既望，丹徒劉鐵雲識。

《鐵雲藏龜》，抱殘守闕齋石印本，1903年；又上海蟬隱廬石印本，1931年；又臺北藝文印書館翻印本，1954年；又收入北京圖書館甲骨文研究資料彙編編委會編：《甲骨文研究資料彙編》，北京圖書館出版社，2000年。今據1903年石印本收入。

孫詒讓

《契文舉例》選

月日弟一（選自上卷）

龜甲文簡略，多紀"某日卜"，故今存殘字，亦日名最多。十榦唯"乙"、"巳"二字與小篆同，餘則多差異。如"甲"字皆作"十"，一之四。凡文字恒見者，唯據始見及文義略完備者舉證一二，不悉箸也。金文楚公鍾、母甲觶、蘇公子敢"甲"字正如是作。"丙"字皆作"內"，四之一。金文魚父丙爵、父丙爵並略同。"丁"字皆作"口"。一之三。金文父丁爵亦同。"戊"字多作"㦹"，十七之四。或作"㦹"，四十二之一。金文子孫父戊觚作㦹，父戊舟爵作㦹，與此略同。"庚"皆作"𠙹"，九之三。金文庚罴卣作𠙹，且辛父庚鼎作𠙹，子父庚爵作𠙹，與此微異而大致相類。或作"𠙹"，七十六之二。則與小篆同。"辛"皆作"𢆉"，三之四。金文父辛鼎正如是作。或作"𢆉"，百卅之一。則文尤簡。"壬"皆作"工"，三之一。又二。依字當作工，見金文叔宿敢。此省中畫。金文父壬尊亦如是作。"癸"多作"癸"，二之三。亦見金文且癸卣。或作"癸"，四十之二。則微有省變矣。十二枝則"子"多作"𢀳"，一之三。或作"𢀳"，四之一。皆𢀳之變體。金文冊子孫父乙敢作𢀳，子立刀形觶作𢀳，與此略同。"丑"多作"𠃉"，十之二。廿八之一有"𠃉"字，似亦丑之異文。或作"𠃉"，二百十五之三。與金文拍盤作𠃉略同。或作"𠃉"，百卅之一。亦𠃉之變。"寅"皆作"𡩗"，五十九之一。"丙寅"。劉釋如是。"卯"皆作"𠂎"，三之四。與金文卯敢同。或作"𠂎"，百八十三之四。亦𠂎之變。"辰"或作"𣥂"，七之四。或作"𣥂"，九之三。或作"𣥂"，六十之二。或作"𣥂"，八十二之三。或作"𣥂"，二百七十二之四。或作"𣥂"，卅八之二。攷《説文·辰部》："辰，从乙匕，匕象芒達，厂聲也。从二，二，古文上。古文作𣥂。"與此略同。金文散氏盤作𣥂，白晨鼎作𣥂，與此相

近。"未"字皆作"〇",五之三。依字當作"〇",金文皆如是作。此省上一畫,非木字也。"申"字多作"〇",五之三。或作"〇",二百五十之一。或作"〇",四之一。或作"〇"。四十三之四。"甲〇"劉釋如是。"己丑卜戋貝鼠庚〇其且□之□",百五十四之一。以此推之,則"〇"當爲"寅"之省。《說文·申部》:"申,古文作〇,籀文作〇。"金文宰椃角作〇,王子申鼎作〇,與此"〇"、"〇"兩形略同。"酉"多作"〇",五之四。或作"〇"。廿九之一。《說文·酉部》:"𨡣,古文作𨡧。"偏旁與此略同。金文中酉爵作〇,形亦相近。"戌"多作"〇",十五之一。或作"〇",五十五之二。金文頌鼎作戌,師虎敢作〇,並與此相近。又或作"〇",廿二之三。則與戊字略同。"亥"字多作"〇",二之三。或作"〇",八之三。或作"〇",四十之三。或作"〇",二百五十八之三。或作"〇",八十四之四。或作"〇",百卅一之一。或作"〇"。百五十四之一。金文己亥鼎、乙亥方鼎作〇,小子射鼎作〇,聃敢作〇,盧鐘作〇,使族敢作〇,並與此相似。或作"〇",百九十八之一。《說文·亥部》"亥,古文作〇",云"亥爲豕,與豕同",即此。以上與金文多足互相證。然如寅、申諸字,則金文亦多未見,蓋三代奇字之省變也。

"子"又有作籀文者,如云"甲〇卜八玉今十月父□",二百五十六之一。《說文·子部》:"〇,籀文子,囟有髮,臂脛在几上也。"此"〇"即籀文子之省。金文召伯虎敢子作〇,與此同。

"申"作"〇",于字例頗難通。而龜文又有"〇",如云:"壬辰卜立貝令侯氏馬〇步。"六十二之一。疑"申"本作"〇",日名作"〇"者,字之省耳。〇與宁字形亦相近。

十二枝中"巳"、"午"兩字獨未見,未詳其故。劉云:"百十三葉弟四片髣髴辛巳,是否未敢定也。"今攷彼文上云"貝□𤔲尋好不隹",下似尚有闕文。而以"〇"箸于下方。檢二葉四版云:"乙子完貝立瘳𦮙□隹〇,下半闕。"末字與此正同。諦審當是"辥乙"二字之合文,與"且乙"合作"〇",詳《釋鬼神篇》。文例略同。《說文·辛部》:"辥,辠也。从辛,𡴎聲。"此省中爲辝,當爲"辥"之叚借字。"辥乙"人號,猶云"南庚",詳《釋鬼神篇》。非日名也。唯二百廿八葉四版云"丙辰卜丁〇雨",以幹枝次弟推之,"〇"疑即"巳"字。《說文·巳部》:"巳,已也。四月易氣巳?出,陰氣巳臧,萬物見,成文彰。故巳爲它象形。"此字形最簡,然于它形亦不甚相遠也。十九葉三版亦云:"□〇卜出貝卯立于田","〇"似亦"巳"字。又"盌"字上從台作〇,台本從目,正反巳之形,亦可互證。詳《釋鬼神篇》。

"〇□貝固日",二百六十三之四。"〇"亦似"巳"字,金文毛公鼎巳作〇與此正

同。惜上下文闕，是否日名無可攷耳。

劉又以四十二葉一版云"戊午桺其禽□鹿□"，謂是"午"字。然彼文作"↑"，下半甲闕，恐尚是"↑"之壞字。又諸版中如云："丙↑卜立貝㐱乎□□"，十四之一。"貝立甲↑立令□□"，四十九之三。"庚↑立于"，二百一之一。"丙↑卜亘之于父□"，二百五十七之一。諸"↑"字皆不完全，無由定其塙爲"午"字，當闕疑也。

"癸"字有別作"✦"者，與日名不同。如云："夲✦貝立止"，七十一之四。"卜完貝□✦"，百九十七之二。"✦弗其□"，二百五之四。此字奇古難識，以形考之實即"癸"之異文。《説文·癸部》："✹，籒文作✹，从𠂆从矢。"此下从𠂆，與矢作𠂆偏旁矢形同，上从𠀎即癸上半變體。金文册父己鼎、癸父乙卣癸作✦，可證。蓋本從三↑，後傳寫流變，迺作𠂆𠂆相反，遂成𠂆字，籒文實本于此，然與✹形聲俱遠。此文尚可尋其流變之轍跡也。

"寅"字有與小篆同者，如云"貝㐱卯𡩟于女庚一月"，八十四之二。是也。此寅字似是人名。"酉"字有作"酉"者，如云"貝大自服才或乎自正酉"，百六十八之三。是也。"戌"字有作"戌"者，如云"□其□甲戌"，五十七之一。是也。諸文皆與日名不同，亦不審其義例也。

又有"寅"字，似亦"寅"之省文。如云"丁亩隹寅下半闕隹豐曰匚"，六十八之四。"□卜丙寅卜二豕求二牛"，七十三之四。是也。又云"貝□寅出"，十之三。"丙辰卜殸立又似大寅史"，八十八之四。"乙丑卜□鼠丁酉自寅──之三"，百十九之四。"□凡卯□□寅□囙同"，二百六之四。"□卯□酉寅□父"。二百四十二之四。攷金文兮丑盤寅作寅，戊寅父丁鼎作寅。此疑即寅之省。但文首日名咸無作此形者。文中錯見則自"丙寅"外皆非日名，不審其義何取。又有从幺者，則當爲"繢"字，亦未詳也。百五之一云："貝寅其之囙不其。"寅與寅相似而異，不知是一字否，附識以莭攷。

《儀禮·特牲饋食禮》筮日云"若不吉，則筮遠日如初儀"，《少牢禮》略同。若然，卜日不吉，則更卜矣。龜文"易日"字恒見，義蓋皆如是。其字作"易"，三之二。作"易"，廿二之三。作"易"，百七十之三。作"易"，百廿九之四。皆"易"之象形字也。《説文·易部》："易，蜥易、蝘蜓、守宫也。象形。"舊釋爲"彤日"，《叙》舉廿二葉文如是。形義並未合。今攷金文錫字多作易，頌敦。作易，公妳敦。即借易爲錫。此字形與彼正同，而讀則當如字。"易日"，猶言更日也，如云"壬申卜貝鼠甲□闕文疑是戌字。不易日"，三之二。謂壬申日卜將以甲□日獵，不易日則得吉也。又云"乙酉卜大貝鼠

丁亥易日"，廿二之三。又同版云："不其易日。"又廿三之一云："貝鼠丁亥易日。"文竝未全。"己酉□鼠庚戌易日"，百廿九之四。"丙申卜鼠丁□闕文疑是酉字。易日"，百卅六之一。謂乙酉、己酉、丙申日卜，將以丁亥、庚戌、丁□日獵，而易日則不吉也。又云"□闕文疑是己字。丑卜戈□立三□日鼠□庚寅且易日"，十六之三。"丙戌□易日"，卅八之一。"壬辰立□□易日□步"，六十之二。"戈□鼠乙卯其且易日乙卯"，六十九之一。"易日鼠□"，八十五之一。"貝鼠丁未易日"，百七之二。"甲寅易"，百四十四之三。"貝鼠乙□不易其□三月"，百六十二之一，末闕日字。又百七十之三亦云"不其易日"，上文闕。"貝鼠易日"，百七十二之一。"卜出丁酉易日不雨八月"，百九十三之二。印本誤到。"貝鼠甲申不其易日"，二百六十三之二。又二百四十一之二有"庚易"兩字。"𣪘貝來甲辰酒大甲易日"，二百七十之一。"子囚易日戊辰囚"，二百七十二之四。諸文義恉略同，大較皆因獵而卜日者。唯"甲辰酒大甲易日"爲祭祀卜日，與《禮經》筮日同。蓋皆吉則不易日，不吉則易日也。若釋爲彤日，則于文齟齬難通矣。

又云"易🌿二月"，百八十八之二。"🌿"疑是"歲"字。《説文·步部》："歲，从步，戌聲。"金文曶鼎作🌿，此文亦从步，但省戌之戈形。依《説文》此非戈形，但龜文、金文竝與戈無異。又散氏盤涉字作🌿，則步字亦有如是作者。然龜文多省簡，或即以步爲歲，亦自可通。"易歲"猶云改歲，義與"易日"正同。

凡云"某日卜"者率不冠以某月，其紀日兼紀月者唯一事，云"三月丁□卜韋貝"，七十七之四。爲僅見之變例。其恒例紀月多遒箸文中，或別以小字識于下方直下旁行，正書反書咸無定例，要皆不與正文相屬。如云"一月"，五十四之二。"二月"，四十五之四。"三月"，十四之一。"三月"，百一之二。"五月"，一之三。"七月"，六十六之三。"八月"，廿二之三。"九月"，二百十五之三。"十月"，十二之二。其"十一月"則作"🜉"，百五之一。"十二月"作"🜊"，廿六之一。又有作"🜊"者，五之四。百七十六之一。蓋閏月也，金文亦多此例。唯六月罕見，檢有作"🜋"者，五十九之四。當爲"六月"。蓋六小篆作𠔁，《説文·六部》云："《易》之數，侌變於六，正於八，从入八。"金文則作𠔁，師奎父鼎。作𠔁，師虎敦。皆爲入下八，此作𠔁者，即省八，則直是入字矣，然龜文出入字咸作"入"，百卅三之四。與𠔁又微異。竊意古文本以六與八相對，七與九相對，而十則與一相對，龜文八作八，七作七、九作九、十作丨。字例至整齊。許君説解謂从入八，似未見古文六字，不必得其本恉也。又有見于文中者，如云"甲申卜貝今🜋至"，百卅五之三。"🜋"亦即"六月"，可以互證。

龜文又有偁"正月"者，如云"□彡正月□衆酉"，十六之一。是也。又有偁"正日"者，如云"卯卜出今日□正日□"，百十五之三。"出貝□□正日人□"，二百

廿三之二。蓋朔日之偁，猶吉日、元日之比，然經典並罕見也。

［釋貝（貞）］（節選自上卷《貞卜弟二》）

龜文記卜事，日名下多繼之云"某貝"，其字皆作"䒤"，一之二。或作"䒤"，九之三。十四之三。舊並釋爲"問"。案問於文从門、从口。《說文·門部》："門，二戶，象形。"龜文無从門之字，而戌、啟偏旁戶皆作日，與貝形絕異。詳《釋文字篇》。此形殊不類。攷金文師遽敦貝字作䒤，秭卣作䒤，與此形相近，此當即"貝"之古文。《說文·貝部》"貝，海介蟲也，象形"，與此及金文並小異。古問卜必用貶以爲謝贄，或本用貝，故貶从貝。《說文·貝部》"齎財卜問爲貶"是也。然龜文諸云"貝"者，尋其義例，復與卜貶不同。以義求之，當爲"貞"之省。《說文·卜部》："貞，卜問也，从卜貝，貝以爲贄。一曰鼎省聲。"《周禮·春官·天府》云"季冬陳玉以貞來歲之媺惡"，注，鄭司農云："貞，問也。《易》曰：'師貞，丈人吉，問於丈人。'《國語》曰：'貞於陽卜。'《吳語》文。"鄭康成云："問事之正，曰貞。"又《太卜》云"凡國大貞，卜立君，卜大封，則眡高作龜"注，鄭司農云："貞，問也。國有大事，問於蓍龜。"鄭康成云："貞之爲問，問於正者，必先正之，乃從問焉。"斯並貞卜之義也。《大卜》又有"貞龜"，注云："正龜于卜位也。"義與大貞小異。

龜文云"乙酉卜大貝鼠丁亥易日"，廿二之三。又云"癸子卜大貝它父囚"，廿九之一。"癸亥卜大貝它父囚"，又云"癸卯卜大貝它父囚"，四十之三。此"大貝"即大貞之省，與《周禮》正同。但獵事小不宜偁"大貞"，義不甚合耳。若讀爲大問，則經典無見文，足證其誤。

又有作"䒤"者，四十五之二。則正从卜从貝不省，於形尤苟若問字，則不當如此作。百廿九之二有"乎貝"二字，貝作䒤，从A。未詳。

"貝"字又有數形，如云"辛子卜立䒤其囗"，百四十六之四。又云"立䒤侶皋"，二百七十二之一。又云"己卯卜立囗來皋伐囗䒤"，四之四。三字並"貝"之變體，亦僅見也。

"貝"字錯見于文中者或當如字讀，如云"壬申卜毄貝立㚔征囗獲貝"，八十八之三。上"毄貝"當讀爲穀貞，下云"獲貞"則猶云俘貝當讀如字。兩字正同，亦足證其塙爲貝字也。

［釋亘］（節選自上卷《貞卜弟二》）

有云"亘貞"者，皆作"〇"，六之四。或作"〇"，八之三。或作"〇"，二百之四。或作"〇"，二百五十八之三。或作"〇"。百四十五之三。此文最多，當讀爲"亘貞"。《說文·二部》云："亘，求亘也，從二，從回。回，古文回，象亘回之形。上下所求物也。"此"〇"、"〇"即亘形之省。"〇"、"〇"又省一，即"回"古文也。金文從亘字如宣字作〇，虢季子白盤。趄字作〇，陳侯因資敦。虢季子白盤。洹字作〇，齊侯壺。並從回。史趞卣趞作〇，則省作半形，與此形尤近也。

［釋羌］（節選自上卷《方國弟七》）

"乙丑卜斤隻舁羌"，卅一之三。"甲申□雀父□羌□一上闕似三字。牢"，卅五之四。"□羌奚之奴"，七十六之一。"貞□我羌"，百一之四。"貞翌弗其伐羌□□"，百五之三。"立□弗羌告又"，百五之四。"甲申卜設貞參奚羌百十三月"，百七十六之一。"貞立伙于羌□"，二百卅一之四。"羌"字皆作"〇"。《說文·羊部》云："羌，西戎羊穜也。從羊人，羊亦聲。"此從〇，從人，即從羊省也。金文鄭羌伯鬲作〇，羌鼎作〇，此與彼同，唯省中畫耳。《詩·商頌·殷武》："自彼氐羌，莫敢不來享，莫敢不來王。"《鄭箋》云：氐、羌、夷、狄，皆在西方。則商時西羌穜族甚盛，故亦見于龜文。"斤隻舁羌"當讀爲"祈奪圍羌"，蓋其時羌有內犯者，圍之而被奪逸，卜于神求必獲之也。"伐羌"、"羌嶭"者謂征伐羌人得順服之，猶前云"伐昌方昌方嶭"、"伐茷茷嶭"也。唯別有云"羌甲"、"羌庚"者爲人號，與氏、羌異。詳《釋鬼神篇》。

［釋省］（節選自下卷《文字弟九》）

"貞參乎卤〇田"，百十四之四。"〇"當是"省"字。《說文·眉部》："省，視也，從眉省，從屮。"此從屮、從目，與從眉省同。金文盂鼎省作〇，且子鼎作〇，舊釋爲"相"，誤。詳《古籀餘論》。並與此同，可以互證。

［釋𡘔］（節選自下卷《文字弟九》）

"㕣乎𡘔"，又云"貝乎帚好𡘔"，又云"貝乎帚𡘔"，又云"乎𡘔"，二百四十四之一。"乎𡘔"兩見。又有"乎帚𡘔"三字。此從㚔、從収。玫《說文·収部》："𡘔，引繒也。從収，睪聲。"金文借爲擇字，㠱中簠作𡘔，又師寰𣪘執字作𡘔，亦從𡘔。刊宮尊易二秉二𡘔，𡘔作𡘔，左形與此正相似。舊釋爲執，誤。此與彼相近。"帚好𡘔"蓋言爲歸子𡘔吉也。又云"申卜𢦒□𡘔出司"，百四十一之一。此蓋"𡘔"之壞字。

"□丫羌炎之収"，七十六之一。"庚申卜内貝立□□𡘔"，百十一之三。此兩殘字並與"𡘔"字相似，但不從収，則疑當爲"㚔"或"睪"字之省。《說文·㚔部》："㚔，所以驚人也。從大、從羊。""睪，司視也。從橫目，從㚔。令吏將目捕皋人也。"兩字經典並希見，竊疑或爲"執"之借字。《說文》："執，捕皋人也。從丮、從㚔，㚔亦聲。""㚔羌炎之奴"，謂執捕羌衆之爲奴者也。詳前。

［釋㐭］（節選自下卷《文字弟九》）

"㐭曰弗女刱"，二百五十一之三。"㐭"當即"㐭"之古文。《說文·㐭部》："㐭，穀所振入也。蒼黃㐭而取之，故謂之㐭。從入、從回，象屋形，中有户牖。或作廩，從广㐭。"此即"㐭"字。籀文嗇作𡼉，詳《釋官篇》。冒作㐭，並從此形，可以互證。

《栔文舉例》，吉石盦叢書本一册二卷，1917年（影印1904年稿本）；又上海蟬隱廬石印本，1927年；收入《孫籀廎先生集》(1)，藝文印書館，1963年；又收入《羅雪堂先生全集初編》第15册，臺北大通書局影印本，1968年；又樓學禮點校本，齊魯書社，1993年；又收入北京圖書館甲骨文研究資料彙編編委會編：《甲骨文研究資料彙編》，北京圖書館出版社，2000年；又《栔文舉例　名原》（程邦雄、戴家祥點校），中華書局，2016年。今據1917年影印手稿本節選收入。

羅振玉

殷商貞卜文字考

光緒己亥，予聞河南之湯陰發見古龜甲獸骨，其上皆有刻辭。爲福山王文敏公所得，恨不得遽見也。翌年，拳匪起京師，文敏殉國難，所藏悉歸丹徒劉氏。又翌年，始傳至江南。予一見詫爲奇寶，慫恿劉君亟拓墨，爲選千紙付影印，并爲製序。顧行篋無藏書，第就《周禮》、《史記》所載，畧加考證而已。亡友孫仲容徵君<small>詒讓</small>，亦考究其文字，以手槀見寄，惜亦未能洞析奧隱。嗣南朔奔走，五六年來都不復寓目。去歲，東友林學士泰輔始爲詳考，揭之史學雜志，且遠道郵示。援據賅博，足補正予曩序之疏畧，顧尚有褢疑不能決者。予乃以退食餘晷，盡發所藏拓墨，又從估人之來自中州者，博觀龜甲獸骨數千枚，選其尤殊者七百。并詢知發見之地，乃在安陽縣西五里之小屯，而非湯陰。其地爲武乙之墟，又於刻辭中得殷帝王名謚十餘，乃恍然悟此卜辭者實爲殷室王朝之遺物。其文字雖簡畧，然可正史家之違失、考小學之源流、求古代之卜法。爰本是三者，以三閱月之力，爲考一卷。凡林君之所未達，至是乃一一剖析明白。乃亟寫寄林君，且以詒當世考古之士。惜仲容墓已宿草，不及相與討論，爲憾事也。宣統二年，歲在庚戌仲夏，上虞羅振玉記。

考史第一

周紹殷而有天下，故殷之文獻周猶可徵。孔子曰："吾學殷禮，有宋存焉。"然秦燔以後，載籍放失，故太史公作《殷世家》①第曰："自成湯以來，采於詩書

---

① 編者按：本文《殷世家》皆當作"《殷本紀》"，下同，不另出按語。

而已。"今就刻辭所記，及發見之地，得訂證史氏之疏誤者數事，條繫如下。

一、殷之都城。自成湯受命以降四百九十六年間，都城屢徙。班孟堅言："殷人屢遷，前八後五。"《史記·殷世家》"自契至湯八遷"，所謂前八也。《書·盤庚序》"盤庚五遷"，《孔氏傳》"自湯至盤庚凡五遷都"，所謂後五也。《史記·殷世家》張守節《正義》言《竹書紀年》："自盤庚徙殷至紂之滅二百七十五年更不遷都。紂時稍大其邑，南距朝歌，北據邯鄲及沙邱，皆離宮別館。"均謂殷之遷都至盤庚而止。然考盤庚以後尚遷都者再。《史記·殷世家》："武乙立。殷復去亳，徙河北。"今本《竹書紀年》："武乙三年，自殷遷於河北，十五年自河北遷於沫。"此盤庚以後再遷之明證也。但《史記》及《竹書》均言"武乙徙河北"，而未明指其地。今此龜甲獸骨實出於安陽縣城西五里之小屯，當洹水_{俗名安陽河}之陽。證以古籍知其地爲殷墟，武乙所徙蓋在此也。考之《漢書·項籍傳》，"羽乃與_{章邯}盟於洹水"，應劭曰："洹水在湯陰界。"_{漢省安陽入蕩陰，師古曰："蕩音湯，湯陰即蕩陰，今安陽地。"}《相州圖經》：_{《竹書統箋》引。}安陽在淇、洹二水之間，本殷墟也。《史記·殷世家正義》、《括地志》："相州安陽本盤庚所都，即北冢殷墟，南去朝歌城一百四十八里。"《竹書紀年》云："盤庚自奄遷乎北冢，曰'殷墟'。_{案：墟字衍文。}南去鄴四十里，是舊都城，西南三十里有洹水，南岸三里有安陽城，西有城名殷墟，所謂北冢者也。"《水經注·洹水》篇："洹水出山東，逕殷墟北。"又云"洹水自鄴東逕安陽城北"，又引《魏土地記》："鄴城南四十里有安陽城，城北有洹水東流者也。"今發見之地，其方位道里，證以諸書一一肳合。惟張氏《正義》以安陽爲盤庚所都，謂殷墟即北冢，均誤。徐氏《竹書統箋》已正之。統觀諸書，均爲安陽城西洹水之陽，其地實爲殷墟之確證。或謂殷代諸王，武乙以前河亶甲曾都相，相即今安陽。然則安陽之墟安知非河亶甲故都。但使此而果爲河亶甲之墟者，則刻辭中帝王名諡應悉在河亶甲以前，至太戊、仲丁而止耳。今則至河亶甲以後十餘世之武乙、文丁，則此爲武乙之墟而非河亶甲可知。惟《竹書》又言："武乙十五年，自河北遷於沫。"則刻辭中帝王名諡又應在武乙以前，至祖甲而止，不應有武乙，且有文丁。然《帝王世紀》_{《詩地理考》引。}言："帝乙復濟河北_{案：帝乙自相遷沫。相本在河北，不應云復濟，殆《世紀》之誤。}徙朝歌，其子紂仍都焉。"朝歌即沫。是由河北遷沫，在帝乙之世，而非武乙。《竹書》殆有錯簡也。安陽之墟爲武乙所都，殆無疑義。此又武乙遷河北，其地實爲相之確證也。然非得此發見，亦惡能定之。此有禆於史籍者一。

二、殷帝王之名諡。殷自成湯至於帝辛凡三十世。據《史記》所載：天乙

立，是爲成湯。湯崩，太丁未立，嗣湯者曰外丙。外丙以後曰仲壬、曰太甲、曰沃丁、曰太庚、《竹書》作小庚。曰小甲、曰雍己、曰太戊、曰仲丁、曰外壬、曰河亶甲、曰祖乙、曰祖辛、曰沃甲、《竹書》作“開甲”。曰祖丁、曰南庚、曰陽甲、曰盤庚、曰小辛、曰小乙、曰武丁、曰祖庚、曰祖甲、曰廩辛、《竹書》作馮辛。曰庚丁、曰武乙、曰太丁、《竹書》作文丁。曰帝乙、曰帝辛。今帝王名謚之見於卜辭者十有七：曰大乙、曰大口、曰大十、曰大庚、曰[illegible]、曰大[illegible]、曰[illegible]、曰且乙、曰且[illegible]、曰且口、曰[illegible]庚、曰[illegible]、曰[illegible]、曰[illegible]口、曰且庚、曰且十、曰[illegible]、曰[illegible]。大乙殆即《史記》之天乙。以殷初諸王大丁、大甲、大庚、大戊例之，則天乙爲大乙之譌，殆無可疑。太丁雖未立，然刻辭中數見大庚，《竹書》作“小庚”。今卜辭與《史記》合，則《竹書》誤也。[illegible]庚刻辭中凡四五見，又作[illegible]庚，或作[illegible]庚。初意[illegible]與南字形近，疑即《史記》之南庚。嗣見刻辭中所屢見之[illegible]字，或從[illegible]、[illegible]，作[illegible]、[illegible]。刻辭中文字每有省其半者，疑[illegible]、[illegible]乃一字。[illegible]字形似般。今《書》盤庚之盤、《書》釋文、《史記・翼奉傳》、《揚雄傳》、《後漢書・文苑・杜篤傳》、漢石經《尚書》殘字、并作“般”。①意古文《尚書》以今文寫定時，諸儒釋[illegible]爲般。[illegible]庚殆即般庚。然[illegible]果否應釋般，則未敢確信也。太丁《史記》再見：一爲天乙之子，一爲武乙之子。子孫之名不應上同先祖。《竹書》作文丁，與刻辭合。知《竹書》是、而《史記》誤也。

《史記》載湯之祖曰“主壬”，父曰“主癸”。今刻辭中有[illegible]、[illegible]二名，爲湯之祖父主壬、主癸無疑。其從[illegible]者，蓋主壬主癸在受命以前，及湯有天下，乃尊之爲神。廟祀而鬼享之，不似後世受命之主輒追尊祖父以帝王之謚也。及武王受命追王太王、王季，遂爲後世典制所自昉。殷尚不爾。于此可見殷周禮制之沿革。

卜辭所載帝王名謚，除與《史記》合者十有五，可訂正史籍者二以外，尚有[illegible]與且[illegible]，疑亦殷帝王也。豈《史記》所謂仲丁以後九世之亂，書闕有閒耶。至名臣之名見於卜辭者有[illegible]，又有[illegible]，疑即巫咸，惜無他證也。

《史記・殷世家》：“振卒，子微立。”《索隱》引皇甫謐曰：“微字上甲，其母以甲日生故也。”商家生子以日爲名，蓋自微始。考殷人名字多稱甲、乙。傳世禮器中多有且乙、且辛、父乙、父辛之類，不僅帝王爲然。然皆用十干，無用十二支者。今刻辭中有且[illegible]、再見。且[illegible]、[illegible]，再見。此爲載籍及古彝器所未見。因說

① 編者按：此段有誤，參文後所附羅校。

帝王名諡而並及之，以廣異聞。以上並可補正史氏者二。

《書·伊訓》"惟元祀"，《音義》："祀，年也。夏曰歲，商曰祀，周曰年，唐虞曰載。"證之刻辭，書祀者二：一曰'其隹今九祀'，一曰'隹王二祀'。此證之前記而合者。《爾雅·釋天》薛注："祀，取四時祭祀一訖也。"於此可見殷人崇神尚鬼之風。

卜辭中所貞之事，祀與田獵幾居其半。一以見商人之尚鬼，一以見末季帝王之般游無度。於此可見一代之興亡得失商代祭祀所用牢數殆無定制，而卜以定之。故卜辭中每載牢數有二牢、三牢、三牢、五牢、十牢、十五牢、卅小牢、一百牢、五牛、十牛、一百牛、卅犬、卅羊、卅豚、十五犬、十五羊、十五豚之異。其稱太牢曰大牢、少牢曰小牢。此可見商代之祀典。此三則亦有裨於史事，故並識之。

正名第二

卜辭中所載文字汰其重複，殆不逾千名。而就此千字中以考許書所得至巨。一知史籀大篆即古文，非別有剏改；二知古象形文字第肖物形，不必拘拘於筆畫繁簡異同；三可與古金文字相發明；四可糾正許書之違失。又有卜辭中習用之字不見於金文與許書者，及厥意可識而不能定為何字者，述之如下。

一、籀文即古文。許祭酒《說文解字·序》言："倉頡之初作書，蓋依類象形故謂之文，其後形聲相益即謂之字。及宣王大史籀著大篆十五篇，與古文或異。至孔子書六經、左邱明述《春秋傳》，皆以古文。厥意可得而說。其後諸侯力政，不統於王，分為七國、田疇異畮，車涂異軌，律令異灋，衣冠異制，言語異聲，文字異形。秦始皇帝初兼天下，丞相李斯乃奏同之，罷其不與秦文合者。斯作《倉頡篇》、中車府令趙高作《爰歷篇》、大史令胡母敬作《博學篇》，皆取史籀大篆，或頗省改，所謂小篆者也。"段君注："古文大篆二者錯見，此云皆以古文，兼大篆言之。六經、《左傳》不必有古文而無籀文也。"下文云："取史籀大篆或頗省改，兼古文言之，不必所省皆大篆而無古文也。"《序》又云："今敘篆文，合以古、籀。"段君注："許重復古而其體例不先古文、籀文者，欲人由近以考古也。小篆因古籀而不變者多，故先篆文，正所以說古籀也。隸書則去古籀

遠，難以推尋，故必先小篆也。其有小篆已改古籀，古籀異於小篆者，則以古籀坿小篆之後，曰：'古文作某，籀文作某'，其全書之通例也。"其變例則先古、籀而後小篆，如一篇"二"下云："古文上。""丁"下云："篆文二。"先古文而後篆文者，以"旁"、"帝"字從"二"，必立"二"部，使屬有所從。凡全書有先古籀而後小篆者、皆由部首之故也。案：段君言小篆因古籀而不變者多。又謂許言六經皆古文，乃兼大篆言之。其言取史籀大篆或頗省改，乃兼古文言之。其精思卓識發前人所未發。惟其引《漢書·藝文志》孟康注"史籀所作十五篇，古文《書》也"語而駁之曰：此古文二字當易爲大篆。大篆與倉頡古文或異，見於許書十四篇中者備矣。又於竹部篆引書也，注因李斯所作曰篆書，而謂史籀所作爲大篆。既又謂篆書曰小篆云云。尚斤斤於古與籀之分。並言史籀作大篆，而不知大篆乃述古文，非史籀所剙作。此千慮之一失也。蓋宋以來小學家皆以大篆爲史籀作，自爲一體。段氏知籀文與古文或異，而不異者多，其識卓矣。而尚未知許書所載之籀文所謂與古文或異者，乃就當世僅存之史籀九篇以校壁中古文而異耳，非古籀實有異同也。今試以許書所載之籀與古或異之字證以刻辭文字，往往古籀本合。姑舉數字，如許書載"四"之古文作"𠃢"，籀文作三，今卜辭中"四"字正作"三"。許書載"匸"之籀文作"𠃊"，而卜辭中已有"𠃊"、"𠃍"字。許書載"登"籀文作"𤼽"，今卜辭中已有"𤼽"字。許書載"系"籀文作"繇"，而卜辭中已有"𦄂"字。許書載"妣"籀文省从匕作"𠂉"，而卜辭中書"妣"已省作"𠂉"。許書載"子"籀文作"𢀩"，今卜辭中"子"字已作"𢀩"，與"𢀩"畧同。凡是之類，由於許君當小學不修之時，抱殘守闕，就其聞見所及而成書，本未可期其精博無遺憾也。予意史籀所箸大篆十五篇，殆亦猶《倉頡》、《爰歷》、《凡將》、《急就》等篇，取當世用字編纂章句，以便誦習而已。故許君序中古文大篆錯舉，許君蓋知大篆即古文，而復箸其異於古文者，猶篆文之下並載或體。其曰籀文作某，猶云史篇作某，第以明其與所見壁中書不同而已。古語簡質，後人遂致誤會。孟康謂：史籀所作十五篇爲古文，其言至明確，不可易也。或謂洵如是，則史篇之文何以與壁中書或異，窈非古籀或有異同乎？曰：此非籀與古之異，乃古文自異也。古文行用之期甚久，許君所云"孳乳而寖多"。又云"五帝三皇之世，改易殊體"，此古文不能無異同之證也。今得卜辭乃益得證成此説。豈非當世小學家所當同聲稱快者與？

二、古象形字因形示意，不拘筆畫。許洨長之説象形也曰："畫成其物，隨體詰詘。"其説至明。蓋古象形之文以肖物形爲主，不拘字畫之繁簡向背。徵之

刻辭中所載諸文，歷歷可證。茲試舉羊、馬、鹿、豕、犬、龍六字之重文示其例。

以上諸字重文，殆無一字無小異同。然羊均象其環角廣顙，馬均象其豐尾長顱，鹿均象其歧角，豕均象其竭尾，犬均象其修體，龍均象其蜿勢，一見可別，不能相混。而其疏密向背，不妨增損移易。推是例以求之，凡象形、會意諸字莫不皆然。如許書之"圂"，卜辭或從一豕作"圂"，或從二豕作"圂"。然不問從一豕與二豕，皆可示圂之意。許書之"羴"，卜辭或從三羊作"羴"，或從四羊作"羴"。然不問從三羊與四羊，皆可示羴之意。許書之"牢"，卜辭或從牛作"牢"，或從羊作"牢"。然不問從牛與從羊，皆可示牢之意。許書之"鄉"，饗食之初字。卜辭或從豆作"鄉"，或從酉作"鄉"。然不問從豆與從酉，皆可示鄉之意。許書之"晉"，晉命字，卜辭或從曰作"晉"，或從廾作"晉"，或兼從曰從廾作"晉"。然不問從口從廾與兼從口與廾，皆可示晉之意。許書之"逐"，卜辭或從豕作"逐"，或從兔即兔字。兔善顧，象顧形，又象短尾。作"逐"，或從犬作"逐"。然不問從豕與從兔從犬，皆可示逐之意。又如"逆"字，或作"逆"，或增從彳作"逆"。"畢"字田網或作"畢"，或增彳作"畢"。"妾"字卩或在上作"妾"，或在旁作"妾"。"囚"字或作"囚"（人左向），或作"囚"（人右向）。然不問其增減、移易、向背，而其意則一，見而知其無稍差也。古人文字肖形以示意，而不拘拘於一筆一畫。逮後世拘於筆畫，形失而意反晦。於古金文字尚可窺見此恉，而不如卜辭之昭然易明。若僅觀許書，固不能知此矣。

三、與金文相發明。許洨長言:"郡國往往于山川得鼎彝,其銘即前代之古文。"潘文勤公《攀古樓彝器款識·序》。言:"許書中古文本於經文者,必言所出①。不引經者,皆憑古器款識。"吳清卿中丞《說文古籀補·序》。言:"許氏之書……籀書則多不如今之石鼓,古文則多不似今之古鐘鼎。亦不說某爲某鐘,某爲某鼎。字必響拓,以前古器無氊墨傳布,許氏未能足徵。"兩說不同。今以許書所載古籀證以古金文字,合者殆寡,知吳說是也。而以古金文證卜辭,則合者十六七。其習見之字,如一、元、天、不、示、祀、且、三、王、若、小、牛、牢、告、隹、行、廿、卅、言、又、父、史、聿、臣、用、目、百、絲、受、凡、曰、于、喜、盂、今、入、疢、高、因、日、旅、月、多、衣、康、宗、宮、人、立、竝、肸、先、見、文、令、勿、大、夫、水、不、至、門、女、母、孜、弗、二、在、田、男、陟、降、三、亞、五、六、甲、乙、丙、丁、戊、己、庚、辛、壬、癸、子、丑、寅②、卯、辰、午、酉、亥等字,與金文均合。其不甚習見之字,如"余"之作"🔾",亦見毛公鼎。"于"之作"🔾",亦見玕鼎。"午"之作"🔾",亦見天君鼎;作"🔾",亦見效卣。"盂"作"🔾",亦見盂鼎。"酒"作"🔾",亦見父乙尊。諸家誤釋"酎",說見下。"邕"之作"🔾",亦見盂鼎。"每"之作"🔾",亦見珊鼎。"射"之作"🔾",亦見射爵。"戍"之作"🔾",亦見立戍尊。"夾"之作"🔾",亦見盂鼎。以"🔾"爲"歸",亦見女歸卣。"廣"之爲"🔾",亦見叔氏寶琴鐘。"穗"之爲"🔾",亦見穗敦。敦文作"🔾"與此署異。"母"之爲"🔾",亦見母🔾諸婦方尊。"歸"又作"🔾",亦見諆田鼎。"遣"作"🔾",亦見太保敦。敦文从"🔾",即"🔾"之變。"輂"作"🔾",亦見毛公鼎。鼎文作"🔾",與此署異。"攸"作"🔾",亦見王父丁尊。"改"作"🔾",亦見改簠蓋。"敦"作"🔾",亦見毛公鼎。鼎文作"🔾",與此署異。"妣"作"🔾",亦見妣辛敦。敦文作"🔾",與此署異。"衆"作"🔾",亦見智鼎。鼎文作"🔾",與此署異。"方"作"🔾",亦見录伯戎敦。敦文作"🔾",與此署異。"家"作"🔾",亦見父庚卣。卣文作"🔾",與此署異。"封"作"🔾",亦見康侯封鼎。"揚"作"🔾",亦見貉子卣。卣文作"🔾",與此署異。"齎"作"🔾",亦見立旂婦齎。齎文作"🔾",與此署異。"郭"作"🔾",亦見白廚敦。敦文作"🔾",與此小異。"德"作"🔾",亦見曆鼎。"周"作"🔾",亦見公中鼎。"膾"作"🔾",亦見趞亥鼎。鼎文作"🔾",小

---

① 編者按:"必言所出",原文脫引"所"字,今據潘序徑補。
② 編者按:"寅",原文誤作"羞",今徑改。

異。"魯"作"🔲",亦見魯文旁尊。"師"作"🔲",亦見師𩫨父鼎。此字從"𠂤"從"巾","丨"之畫末畧肥,知"巾"即許書之"𠂤"。兮伯盤又從𠂤作"𠂤",卜辭中亦有從𠂤作"𠂤"者,此殆非"師"字。兹姑從吳氏大澂釋。"吉"作"吉",亦見鏟幣。幣文作"吉",小異。又有金文中不可識之字,如盂鼎之"🔲"、卜辭作"🔲"、"🔲"。子抱孫父丁敦之"🔲"、卜辭作"🔲"、"🔲"。父己卣之"🔲"、卜辭作"🔲"、"🔲"。太保敦之"🔲"、遣小子敦之"🔲"、卜辭作"🔲"。父乙角之"🔲"、父乙觚之"🔲"、卜辭作"🔲"、"🔲"。且己爵之"🔲"、卜辭作"🔲",小異。父辛尊之"🔲"、卜辭作"🔲",小異。亞乙爵之"🔲"、卜辭作"🔲",小異。母辛卣之"🔲"、卜辭作"🔲",小異。毛公鼎之"🔲"、卜辭作"🔲" 小異。田彝之"🔲"、卜辭作"🔲",小異。毛公鼎之"🔲"卜辭作"🔲"。之類,雖亦見卜辭中,然仍不可識。其有金文習見不可識,賴卜辭知之者。若金文中所記干支有乙子、叔娟鼎。丁子、史頌鼎。己子、史伯郡父鼎。辛子、魯公鼎。癸子、格白簋。等,亦屢見卜辭中,從來金文家皆無確解,紛如聚訟。予近於獸骨刻辭中見有連書干支列如表式者。首行爲十癸、乙丑、丙寅、□卯、戊辰、己子、庚午、辛未、壬申、癸酉。次行爲十戌、乙亥、丙癸、□丑、戊寅、己卯、庚辰、辛子、壬午、癸未。以下類推。由是始知,所謂乙子、丁子、己子、辛子、癸子者,即乙巳、丁巳、己巳、辛巳、癸巳。有宋至今數百年間懷疑不能決者,一旦渙然得確解,其愉快爲何如耶。刻辭中文字之有功於考釋古金文如此。

四、糾正許書之違失。許祭酒生炎漢末季,慨小學之不修,援據壁經,遵修舊文,博訪通人,洞究微恉。然或有不知蓋闕之條,亦有後世脩訂之失,又屢經傳寫譌誤不少,幸有金文得據以糾正其違失。今卜辭更古於金文,以校許書所得有出於金文外者,兹約爲二端述之。一曰古籀之違失。許書之例,凡所見古文與篆書異者,則於篆文外附以古文。所見籀文與古文異者,則更附以籀文。然往往有古籀初無異,而限於見聞,誤以爲不同者。前篇已畧言之,兹更就許書所載之古籀與卜辭校。如"一"下出古文"弌","二"下出古文"弍","三"下出古文"弎"。段君注言:"'一'、'二'、'三'之爲古文明矣,何以更出'弌'、'弍'、'弎'。蓋所謂即古文而異者,當謂古文奇字。"今考之卜辭及古金文皆作一、二、三,從無作弌、弍、弎者。"帝"下出古文🔲,注:"古文諸'上'字皆從'一',篆文皆從'二'。"今校以卜辭"帝"字正作"🔲"。吳氏大澂據▼己且丁父癸鼎釋"▼"爲"帝",謂帝如花之有蒂,果之所從出,其説頗精。此"🔲"字上之"▽"殆象花蒂,與"▼"同,非從"一"。▼己且丁父癸鼎始與

卜辭同時。厥後周悆鼎作"㐬"，敔狹鐘又作"㐮"，與"㐬"同矣。"示"下出古文"㆘"。今卜辭示多作"示"，間有省作"丅"者，金文中從"示"之字亦"示"、"示"互見。非古文皆从"示"，其下三垂亦無作"巛"者。"中"下出古文"𠁩"，段君注："此字可疑，殆淺人誤以屈中之虫入此。"今卜辭中仲丁之"中"及他"中"字皆作"中"，知篆文之"中"即最古之中字。金文作"𠁩"、"𠁩"、"𠁩"，乃後起之字。此"𠁩"字爲淺人竄入，無疑也。"唐"下出古文"𠴕"，今卜辭中唐作"𠶷"，唐文且乙爵作"𠷎"，無作"𠴕"者。"徨"下出古文"𢕌"，今卜辭往來字數十見，皆作"𢖻"，無从辵者。許書於之部別出"𡳿"，訓爲艸木妄生，不知爲"往"之古文也。"齒"下出古文"𠚕"，今卜辭中有"𠚕"字，疑即"齒"之古文。篆文所从之𠚕於形未肖，亦未見作"𠚕"者。"冊"下出古文"𠕁"，今卜辭"冊"字皆作"冊"，古金文畧同，無从竹者。"商"注"從外知內也，从冏章省聲"，下出古文"𠳿"、"𠳿"。今卜辭"商"作"𠳿"、"𠳿"，不作"𠳿"、"𠳿"。"農"下出古文"𦟛"，<small>小徐本、大徐本作</small>"𦟛"。今卜辭作"𦟛"。則大徐从林是，小徐从艸者誤也。"用"下出古文"甩"，今卜辭"用"作"用"、"用"，不作"甩"。"自"下出古文"𠂤"，今卜辭"自"作"自"、"自"、"自"，金文作"自"，無作"𠂤"者。"百"下出古文"𦣻"，今卜辭"百"作"百"、"百"，金文亦然，無作"𦣻"者。"雉"下出古文"𨾴"，今卜辭"雉"作"𨾴"、"𨾴"，無作"𨾴"者。"鳳"下出古文"朋"，又作"鵬"，今卜辭作"鳳"、"鳳"，無作"朋"、"鵬"者。"𠧟"下出古文"𠧟"、"𠧟"，今卜辭有"𠧟"，無"𠧟"、"𠧟"。"卣"下出古文"卣"，今卜辭中有"卣"字，中从占，不作"卣"。"巫"下出古文"𢍮"，今卜辭有"𢍮"字，从巫，从在門下，爲巫字無疑，不作"𢍮"。"豆"下出古文"𣇃"，今卜辭"豆"作"豆"、"豆"，又"𤉡"从豆作"豆"。"𦉢"、"𦉢"从"𤬭"、"𤬭"，均不作"𣇃"。"樹"下出籀文"𣖎"，今卜辭"樹"作"𣖎"，从壴从力，石鼓作"𣖎"，从又。許書壴部有"尌"，與"尌"殆一字。樹之義取植立，引申之爲豎立。豎物使立必用力，故从力。或从又，此从寸誤也。"日"下出古文"𠄌"，今卜辭"日"作"日"，與篆文同，金文亦然，不作"𠄌"。"旅"下出古文"𣃔"，今卜辭作"𣃔"，金文亦作"𣃔"，<small>虢叔鐘</small>。不从止。"多"下出古文"𠬪"，今卜辭作"多"、"多"，金文亦作"多"，均不作竝"夕"。"家"下出古文"𡨢"，段君注"此篆蓋誤"，今卜辭"家"作"家"，从豕。吳氏大澂言"凡祭士以羊、豕。古

者庶士、庶人無廟，祭於寢，陳豕於屋下而祭"，是也。"白"下出古文"㠯"，今卜辭"白"作"〇"，金文亦然，不作"㠯"。"備"下出古文"〇"，今卜辭有"〇"，殆即"備"字，不從人。"比"下出古文"〇"，今卜辭"比"作"〇"，不作"〇"。"豕"下出古文"〇"，今卜辭"豕"皆作"〇"，金文作"〇"，父乙觚。不作"〇"。"馬"下出古文"〇"，又出籀文"〇"，今卜辭"馬"字異狀甚多，見上。無一如此作者。"赤"下出古文"〇"，今卜辭作"〇"，下從〇，即古文"火"字，從大、火，與篆文正合，不作"〇"。"淵"下出古文"〇"，今卜辭"淵"作"〇"，不從口、水。"雨"下出古文"〇"，今卜辭"雨"作"〇"、"〇"、"〇"、"〇"，不作"〇"。"灋"下出篆文"漁"，是謂"灋"為古文，今卜辭"漁"作"〇"、"〇"，不從鱻。"至"下出古文"〇"，今卜辭"至"作"〇"，與篆文正同，不作"〇"。"奴"下出古文"〇"，今卜辭"奴"作"〇"，不從人。"甌"下出古文"〇"，今卜辭"甌"作"〇"、"〇"、"〇"，不作"〇"。"封"下出古文"〇"，今卜辭作"〇"，不作"〇"。"車"下出籀文"〇"，今卜辭"車"作"〇"，金文作"〇"，毛公鼎。無從"戔"者。"五"下出古文"〇"，今卜辭"五"作"〇"，不作"〇"。"甲"下出古文"〇"，舊本如此。段改篆文作"〇"，古文作"〇"，亦非。注："始於一，見於十，歲成於木之象。"又"戒"下亦云："從戈甲。〇，古文甲字。"今卜辭"甲"作"十"，金文亦然。知許書"甲"之古文原作"十"，故注有"始一見十"之說。"戒"蓋亦從十，注"〇，古文甲之〇"，初當作"十"。許書原不誤，校寫之譌也。"癸"下出籀文"〇"，今卜辭作"〇"，金文亦然，無作"〇"者。"子"下出古文"〇"，籀文"〇"，今卜辭干支之"子"或作"〇"，或作"〇"，其常用"子女"字作"〇"，無作"〇"者。"〇"殆由"〇"傳寫而異。又如"寅"下出古文"〇"，"卯"下出古文"〇"，"辰"下出古文"〇"，"申"下出古文"〇"、籀文"〇"，"酉"下出古文"〇"，"亥"下出古文"〇"。今校以卜辭則"寅"作"〇"、"〇"、"〇"、"〇"，"卯"作"〇"，"辰"作"〇"、"〇"，"申"作"〇"、"〇"、"〇"，酉作"〇"，亥作"〇"，殆無一合。凡是之類，一由許君認晚周列國時文字為古文，一由於後人妄改與傳寫之譌。又刻辭中文字同於篆文者十五六，而合於許書所載之古籀乃十無一二。蓋相斯所罷者皆列國詭更正文之文字，所存多倉史之舊文。秦之初雖僻在西戎，然密邇西周之舊都，豐岐①文化流風未

---

① 編者按："岐"，原文誤作"歧"，今徑改。

沫，其文字故應勝於列國也。二曰篆文之違失。許書所載小篆乃相斯述倉史之遺文，非相斯所剏作。故卜辭中文字可資考訂者不少，如許書“福”注：“備也，从示畐聲。”今卜辭中“福”字作“□”，从“□”，乃象酒尊，蓋以酒祀神邀福也。福从酉，从示，乃會意，非形聲。卜辭中又有“□”字，象人捧尊狀，亦福字。“祝”注：“从示，从儿，口。一曰：从兑省。”今卜辭“祝”作“□”，从“□”。太祝禽鼎“祝”字作“□”，則與篆文合矣。“莫”注：“日且冥也。日在茻中，茻亦聲。”今卜辭“莫”作“□”，从日在林中。“杲”字从日在木上，“杳”字从日在木下，故“莫”从日在林中，字均从木。从茻者，殆由林省。金文已作“□”，與篆文同矣。“牿”注：“牛馬牢也。”今卜辭有“□”，亦作“□”，乃《易・大畜》“童牛之告”之本字。“牿”又“告”之俗作。《易・大畜》虞注：“‘告’謂以木楅其角。”“□”字於角上施□，或作□，乃以木楅角之象。不當訓牢，疑“牿”字。許書當在“告”下，爲“告”之或作。故“告”注：牛觸人，角箸横木所以告人也。與卜辭合。經後人校寫，乃誤以牿入牛部耳。其訓“牛”爲“牢”，殆亦出後人肊增，非許君之舊也。“□”从牛冬省。今卜辭或从牛作“□”，或从羊作“□”，說見上。或作“□”、“□”，又作“□”、“□”。蓋象闌防之狀，非从冬省。其从□，乃由□而變，與今隸同。今隸有出於古文者，此其一也。“謝”注：“辭去也。从言射聲。”段君注：“《曲禮》：大夫七十而致事，若不得謝。”此“謝”之本義也。今卜辭有“□”字，又作“□”，當即“謝”之本字。《祭義》：“七十杖於朝，君問則席。”注：“爲之布席堂上，而與之言。”《正義》：“布席令坐也。”“□”从□，象席形。知者，許書“席”之古文作“□”，从□，與□同。“□”象兩手執持，或从□者，乃□之省。臣不敢當命坐之禮，故持席以謝也。篆文从䠶，殆後起之字矣。“□”注：“語相訶歫也。从口、辛。”今卜辭有“□”，即許書之“啇”。足徵相斯小篆其罷者皆列國俗書，其存者多古文，此亦其證也。“止”注：“下基也，象艸木出有阯，故以止爲足。”段君注：“此引伸、假借之法。”段君之意殆以下基爲本誼，人足爲引伸之誼。今卜辭中从止之字皆作“□”，象人趾之形，金文亦然。故許書址、步等部列於止部之後。人足爲止之本誼，他誼乃由是引伸。許君並列諸誼，段君“以止爲足”一誼列於下基誼後，遂以本誼爲引伸之誼，誤矣。“歷”注：“過也，傳也。从止，厤聲。”今卜辭“歷”作“□”，从止，从秝，是古文省“厂”也。“邁”注：“遠行也。从辵、萬聲。或从蠆作‘蠇’。”今卜辭作“□”，从蠆，从行，與許書或體畧同。許書所載之或體往往有本於古文者，此其一也。“逆，迎也。从辵，屰聲。”今卜辭

"逆"作"󰀀",又作"󰀀",并从󰀀,象人自外入,辵以迎之。逆作父丁尊作"󰀀",與卜辭同而畧變,秦刻作"󰀀",屮下誤增一畫,許書又由"󰀀"爲"󰀀",誤益甚矣。"徙"注:"迻也。从辵、止,或从彳作征。"今卜辭徙作󰀀,此亦或體之爲古文者。"追,逐也。从辵,𠂤聲。"今卜辭"追"作"󰀀",省"彳"。"衛"注:"宿衛也。从韋、帀。行,行列也依段校改。"今卜辭作"󰀀",从止,从方。金文作"󰀀"、衛父卣蓋。"󰀀"、衛公叔敦。"󰀀",衛父卣器。又从二止,从方。知衛爲衛之初字。其从方者,《周禮・巾車》"以封四衛"注:"四衛,四方諸侯守衛者。"此殆衛之初誼矣。卜文又有"󰀀"字,疑亦衛字而畧變也。"峚"注:"翊也。从廾,从卪,从山。山高奉承之義。"今卜辭有"󰀀"字,从人在山中、從󰀀,象一人在上而援山中之人。今作峚,誤"人"爲"卪",誤"󰀀"爲"廾",誤"凵"爲"山"也。"丞"之本誼訓捄援,即拯之本字。《文選・羽獵賦》注引《聲類》:"丞亦拯字也。"此字據許書所載,形誼俱失矣。"虜"注:"鬲屬。从鬲,虍聲。"今卜辭有"󰀀"字,上象獸首,下象款足,殆即"虜"。上象形,非聲也。"鬥"注:"兩士相對,兵杖在後,象鬥之形。"段君注:"此非許語。兩爪相對,象形,謂兩人手持相對也。文从兩手,非兩士。此必他家異說,淺人竄改許書,未可信也。"今卜辭"鬥"作"󰀀",象兩人手搏之狀,不見兵仗。許說誤。段說从兩手非兩士,亦誤也。"叡"注:"楚人謂卜問吉凶曰叡。从又持祟。"今卜辭作"󰀀",或作"󰀀",或作"󰀀",象手持木於示前。木者,灼龜之荊也。示者,神也。非从手持祟。又知卜問吉凶曰叡,此語殷人已然,不始於楚也。"啟"注:"教也。从攴、启聲。《論語》:不憤不啟。"案:此啟與口部之启當是一字,誤分列兩部。"启"注:"開也。从户。"今卜辭有"󰀀",从手開户。又作"󰀀",增从口,象有呼門者而手開户以應之也。許書从攴,乃从又之譌。古匋器文作"󰀀",字尚从又。詠啟鼎作"󰀀",始从攴,爲許書所本。至許訓啟爲教,則因啟从攴與教同,而傅會之也。"敎"注:"上所施,下所效也。从攴,孝。"今卜辭"敎"作"󰀀",从爻即爻省。許書"爻,效也"。父,蓋教子以爻,父所爲,乃教之所自昉也。"卜"注:"灼剝龜也。象灸龜之形。一曰象龜兆之縱橫也。"今卜辭中"卜"字或作"󰀀",或作"󰀀",或作"󰀀",象龜坼之狀。詳下篇。其丨旁之小畫或左、或右、或斜向上下,蓋兆無定象也。許書言象龜兆之縱橫,其說至確。而灼剝龜之說,則紆矣。"貞"注:"卜問也。从卜、貝。一曰从鼎省聲。"今卜辭"貞"字多作"󰀀",或作"󰀀",似非从貝。卜辭中"貝"字及从貝之字皆作"󰀀",無作"󰀀"者,亦非从鼎省也。"𦮴"注:"棄

除也。从収推華，糞采也，官溥說：似米非米者，矢字。"今卜辭"糞"作"🙾"，从🙾在🙾中，収去之也，🙾象所除之穢也。糞从🙾，非从華。"華"乃田畢之本字，卜辭作"🙾"，象張畢之狀。"十"，其柄也。从田之畢乃後起之字。許以"華"爲箕屬，所以推糞之器，誤也。又"棄"注："捐也。从廾推華棄也。从㐬。㐬，逆子也。"下又出古文"弃"。今卜辭"棄"作"🙾"，从土、🙾，象上即土字。在🙾中傾出之狀。字亦从🙾不从華。許既誤釋田畢之"🙾"爲箕屬，乃謂糞、棄二字爲从華，不知其从🙾也。至"🙾"字从上、土，包塵穢言之。"塌"从土、帚，"🙾"从土🙾，并爲會意。許書於土部又出"🙾"字，注："塌除也。"殆棄之重文，而誤析爲二，意均由"🙾"字譌變也。"冓"注："交積材也，象對交之形。""再"注："并舉也。从冂，冓省。"今卜辭"冓"字作"🙾"、"🙾"、"🙾"、"🙾"。"再"字作"🙾"。與許說正合，而形署異。"幽"注："隱也。从山、丝。"段君注："幽从山，猶隱从𨸏，取遮蔽之意。"今卜辭"幽"作"🙾"，从𢆯，从🙾。古文火字。隱微不可見者，當以火燭之。此从火之意，非从山也。"受，相付也。从𠬪，舟省聲。"段君注："舟省聲，蓋許必有所受之。"段君殆因篆从冂不得舟省之狀。今卜辭"受"作"🙾"，正从𠬪从舟，不省，金文亦然，此許君所本也。"豐"注："豆之豐滿者。从豆，象形。"今卜辭"豐"作"豐"，與許署同。"盡"注："器中空也。从皿，彗聲。"今卜辭"盡"作"🙾"，象手持帚滌器，器空斯滌，故字从🙾、🙾，非从彗聲。"即"注："即食也。从皀，卪聲。"段君注："即，當作節。《周易》所謂節飲食。"今卜辭"即"作"🙾"，从人，从豆，猶鄉食之鄉。許从皀，卜辭亦从豆也。"即"象人就食之狀。《鄭風》毛傳："即，就也。"故許君訓爲即食。"即"象一人就食于豆，"鄉"象二人相向🙾即向字，象二人相向，猶🙾象二人相背。而食。許書言从卪，其實非卪，乃人字也。段君因許君从卪之語，遂疑即食爲節食。許君一誤，段君再誤矣。"既"注："小食也。从皀，旡聲。"今卜辭"既"作"🙾"、"🙾"，从豆，从🙾。"🙾"即"🙾"之古文，象坐而他顧之狀。蓋即爲就食，既爲食畢。既，已也。他顧者，食已畢將起也。許訓既爲小食，誤矣。今隸書既字从旡，從古文而不從篆文，與牢字同。"鬯"注："从凵，凵器也。中象米，匕所以扱之。《易》曰：不喪匕鬯。"今卜辭"鬯"作"🙾"、"🙾"、"🙾"、"🙾"，不从匕。金文亦然。从匕者，殆後起字也。"今"注："是時也。从亼乁。乁，古文及。"今卜辭"今"作"🙾"，金文作"🙾"，召伯虎敦。"🙾"，盂鼎。均不从乁。"矢"注："弓弩矢也。从入，象鏑栝羽之形。"今卜辭"矢"作"🙾"，上🙾象鏑，下🙾象栝，O象羽，丨則幹也。金文作

"★"、矢伯卣。"★"，伯晨鼎。漸變"○"爲"●"爲"一"。與篆書合，形漸失矣。許言象鏑栝羽之形，而又曰从入，蓋謂象鏑之∧。其實此乃象鏑形，而非入字。如二、二兩字。一象"一"在"一"上，一象"一"在"一"下，"一"乃象物，非"一二"之"一"。此入字例同。疑从入二字爲淺人所增。段君之注从入，曰矢欲其中。蓋未悟∧乃象鏑形，而非字也。"躲"注："从矢，从身。篆文作射，从寸。"今卜辭"射"作"？"、"？"、"？"，从張弓坿矢狀。金文作"★"，靜敦。石鼓作"★"，非矢在身側。許書从身，乃月之譌，而矢形又譌橫爲縱，其篆文所从之寸則又之譌也。"來"注："周所受瑞麥。來，麰也。二麥一夆，象其芒束之形。从段校本。"今卜辭"來"字作"★"，下象葉與根，上象其巫穎。金文作"★"，趠鼎。其巫穎乃變爲卓立，其象漸失，與許書同。至許君二麥一夆之說，則不能得其解也。"之"注："出也。象艸過中，枝莖漸益大有所之也。一者，地也。"今卜辭"之"作"★"，从止、一。之，往也。止即足於所往之地，故从止、一。許說紆固不可通也。"邑"注："國也。从口。先王之制，尊卑有大小，从卪。"今卜辭"邑"作"？"，从口，从？。"？"即"人"字，"口"象封域。"？"乃居人，非从卪。許書凡從？之字皆書"？"，釋其誼爲"卪"。如"令"字等均然。誤矣。"鄉"注："國離邑。从䢿，皀聲。封圻之內六鄉，六卿治之。"案：古金文無鄉字，公卿之卿、饗食之饗、嚮背之嚮，皆作卿。詳見予《唐風樓金石跋尾中卿彝跋》。鄉食之鄉既作"卿"，則鄉里之鄉亦作"卿"無疑。今卜辭"鄉"作"？"、"？"，从？、从酉，或从？、从豆。其从酉即酒。者，古者萬二千五百人爲鄉，六鄉立六卿爲鄉大夫。鄉內之民有賢行者，則行鄉飲酒之禮，賓客之。鄉里之鄉誼，殆取於鄉飲。从？者，象相向而飲也。六卿治六鄉，故鄉里之鄉引申之則爲六卿之卿。許書从？乃後起之字，由卯而譌者也。許君訓饗爲鄉人飲酒，其誼許君蓋知之矣，但未知其本字當作卿耳。"旃"注："旗曲柄也。从㫃，丹聲。"今卜辭"旃"作"？"，从人持？，从？。許書从丹，殆？之譌。"游"注："旌旗之流也。古文作遊。"今卜辭"游"作"？"，石鼓文作"？"，均从㫃，从子，不从水。《集均》尚有"斿"字，不應許書轉無，非傳寫之譌，即"游"上更有"斿"字，傳寫奪去也。"禾"注："嘉穀。从木，从巫省。巫段本刪此四字云：淺人增。象其穗。"段君曰："禾，木也。故从木。"今卜辭"禾"作"★"、"★"，與許同。但其字上象穗，下象葉莖與根，非从木。禾乃艸類，非木也。从木二字，殆亦淺人所增。"穡"注："穀可收曰穡。从禾，嗇聲。"今卜辭有"★"字，从秝，从田，象禾在田中，殆即許書之"穡"，不从向。諸經注皆謂"斂之曰

穯"，與許言可收者不同。觀卜辭之"䅳"从禾在田中，則許説自是古誼，必有所受也。"穅"注："穀之皮也。从禾、米，庚聲。或省作康。"今卜辭"穅"作"㡿"、"㡿"、"㡿"。从庚、从㇀㇀，或从㇀，象穀皮。穀皮固似米而非米者。金文康字亦或从㇀㇀，或从八，均不从米。今隸作"康"，从㇀㇀，仍从古文，尚不誤也。又，"康"爲古文"穅"，从禾，繁複無謂，確爲後起之字。蓋"康"字後人增禾，非"穅"字省禾也。許君顧以"穅"爲本字，"康"爲或作，誤矣。此亦許書或體之爲古文者。"臽"注："小阱也。从人在臼上。"段君注："掘地爲臼，故从人、臼，會意。猶坑也。"今卜辭"臽"作"㡿"，从人在∪中。∪，象坑形，許作"臼"，殆由∪而譌變也。"客"注："寄也。从宀，各聲。"段君注："字从各。各，異詞也。苦格切。"今卜辭"客"作"㡿"，从宀，从口，从止，从人。金文作"㡿"中義父鼎，从宀，从人、各。各即格，至也。卜辭之从口、从止，殆與各同。但∀有順逆，口有上下之殊耳。人各於宀下爲客，會意字也。許書从宀、从各，而省人字。金文亦有作"㡿"者，簋鼎。殆後起之字，爲篆書所本。段君訓各爲異辭，不知"各"即"格"字也。"竄"注："匿也。从鼠在穴中。"今卜辭有"㡿"字，从∧象穴形，㡿則鼠也。乃象鼠將竄而入穴，非在穴中。在穴中，則不見竄意矣。又，許書鼠字頭作㡿，與臼同，又與兒頭相似。鼠之首實狹而銳，與臼及兒頭有別。觀卜辭从臼，知㡿乃自臼形而譌耳。"帚"注："所以糞，从又持巾，埽冂内也。"今卜辭"帚"作"㡿"、"㡿"。"歸"字亦从㡿，金文同。並从㡿在冂上。㡿上象帚形，下象柄，冂，其架也。卜辭中亦有省冂作㡿者。許以㇀爲手，木爲巾，冂爲冂内，誤矣。"刕"注："毛刕刕也。象形。"今卜辭有"㡿"，殆即刕字。"彘"注："豕也。从互、从二匕，矢聲。"今卜辭"彘"作"㡿"、"㡿"、"㡿"，象豕著矢形。許書之彘象頭足，而以矢爲聲，於誼不可解。且古訓皆謂彘即豕，何以一物兩名，誼同而形迥判。兹觀卜辭豕、彘兩字，並象豕形，但有著矢不著矢之殊意者。豕爲家畜，彘爲野豕。彘必射而後可獲，故於豕復著矢以別之與。"豚"注："小豕。从古文豕，从又持肉以給祠祀也。篆文作'豚'，从肉、豕。"今卜辭"豚"字數見，皆作"㡿"、"㡿"，从豕、肉，不从又。金文始見"㡿"字。庚敦。爲篆所本也。"兔"注："兔獸也。象兔踞，後其尾形。"今卜辭"兔"作"㡿"，與篆文小異。"獲"注："獵所獲也。从犬，蒦聲。"今卜辭"獲"字皆作"㡿"，从又持隹，獲之意已明。此从犬、从蒦，乃後起之字。獲行，而隻乃用爲訓鳥一枚之隻，幾不復知其本誼矣。"熏"注："火氣上行也。从火，㡿聲。"段注："此烝之本義。"今卜辭作"㡿"，从米

在豆中，手奉以祭。其从禾者，《春秋繁露·四祭》：冬曰烝。烝者，以十月進初稻是也。冬祭爲烝之本義，段君誤也。"夷"注："東方之人也。从大，从弓。从段本。"今卜辭"夷"作"䢔"，象人持弓。金文作"𢎥"、師衰敦。"𢎥"，兮田盤。殆"䢔"之省，蓋存弓而省大矣。"淵"注："回水也。从水，象形，左右岸也，中象水皃。或省水作𠗂。"今卜辭作"𠗂"，蓋象眾水匯而成𠗂之形。許書之"𠗂"即"𠗂"之畧變。石鼓作"淵"，爲从水之淵所自昉。𠗂爲本字，淵則後起之字也。"休"注："沒也。从水，从人。"今卜辭作"𣎆"，象人沒于流水中，遇坎而止也。故从𠔉，从𠙴。"𣎆"者，𣎆之省也。从人、从水，而沒之意不完。"濩"注："雨流霤下皃。从水，蒦聲。"今卜辭作"𥄶"，从水、从隻，即獲。不从蒦。"霝"注："雨零也。"今卜辭作"霝"，不从𠱠。"魚"注："水蟲也。象形。魚尾與燕尾相似。"今卜辭"魚"作"𩵋"，象頭、尾、鱗、鰭之形。金文畧同。許書作"𩵋"，而曰象形，形已失矣。"乙"注："燕燕，乙鳥也。齊魯謂之乙，取其鳴自謼。象形也依段本。或从鳥作鳦。"段君注："乙，象翅開首竦，橫看之乃得。本與甲乙字異，俗人恐與甲乙亂，加鳥旁爲鳦，則贅矣。"今卜辭"乙"正作"𠃉"，从甲乙之乙，从鳥。許書之或作乃古文本字，从鳥，乙聲。去鳥作"乙"，以別於甲乙字者，乃後來之譌。許以鳦爲或體，段謂俗人加鳥，均誤之甚也。"門"注："从二戶，象形。"今卜辭"門"作"𨳇"，上又有楣。金文已作"門"，與許同矣。"婦"注："服也。从女持帚灑掃。"今卜辭"婦"作"𡣳"，从女、又、帚。許書言女持帚，而字从女帚，不見持字之意。今从又，象手持，正與許合。卜辭又有"𠬶"字，殆即許書之"𡨄"。許言持帚灑埽，是也。意从土之𡨄爲後起之字，叔爲𡨄之本字也。許君於婦之解釋甚當，而字形與說未盡乎。然金文作"𡣳"、晉公盦。"𡣳"，婦闌觥。已省又，知篆文蓋用後起之字也。"晏"注："安也。从女，从日。"今卜辭作"𡢾"，與許書同。吳氏大澂謂："宴、晏、匽三字當从𠂇，象燕處巢見其首。小篆从日、从女，而古義亡矣。"其說穿鑿殊甚。今卜辭已作"晏"，石鼓內"鰋"字亦从晏，安得謂爲小篆之失乎？"甗"注："甑也，一穿。从瓦，虒聲。"今卜辭作"甗"，象甗形而省瓦。傳世之甗大率銅爲之，不皆瓦也。"萬"注："毒蟲也。象形。"今卜辭"萬"作"𢁉"，上象首，中象腹，下象鉤尾。今篆作"萬"，从𠔼，於尾形未肖也。"陟"注："登也。从𨸏、步。""降"注："下也。从𨸏，夅聲。"今卜辭"陟"作"𨸏"，从𨸏、从㐄。㐄象兩足上升。"降"作"𨺅"、"𨺅"、"𨺅"，从𨸏、从𢓸，象兩足下降。金文亦然。許書"陟"从步，形誼甚明。而"降"所从之"夅"，則篆作"夅"，兩足下降之形晦矣。"丑"

注："紐也。象手之形。日加丑，亦舉手時也。"今卜辭"丑"作"㇏"、"㇀"，殆象冬月草木甲拳結未伸之狀，非象人手。而日加丑亦舉手時，語尤紆固也。"羞"注："進獻也。从羊、丑。羊所進也，丑亦聲。"今卜辭"羞"作"✦"，从又持羊。古金文同。許云"从丑，丑亦聲"者，誤也。許書"養"之古文作"✦"，从㇏。"㇏"不得"養"誼，"㇏"殆"㇀"之譌。"養"下之"✦"即"羞"字。羞、養誼相近，故許君誤列羞於養下，而列羞於丑部，誤之甚矣。"未"注："五行木老於未，象木重枝葉也。"今卜辭"未"字作"✦"，與許書正合。又省作"✦"，與木同。殆許君所謂木老於未，故逕省為木與。"酉"注："就也。八月黍成可為酎酒，象古文酉之形。"今卜辭"酉"作"✦"、"✦"、"✦"、"✦"、"✦"、"✦"，皆象酒尊形。許注："象古文酉之形，酉字或尊之譌。篆文作'酉'，形雖漸失誼，尚未誤也。""酒"注："就也。所以就人性之善惡。从水、酉。"今卜辭"酒"作"✦"、"✦"、"✦"、"✦"。从彡、从氵，蓋象酒自尊中傾出點滴之狀。許云"從水"，誤矣。"戌"注："威也。九月陽氣微，萬物畢成，易下入地也。五行土生於戊，盛於戌。从戊、一。一亦聲。"今卜辭"戌"作"✦"、"✦"，象戌形，亦作"✦"。許書從戊一，殆未然矣。凡此違失，或由相斯奏同文字時兼取晚周文字，或因許君博取當時之說未能裁正，或為後世竄改傳寫之失，今一一是正。至段君注精深博大為許洨長後一人，不僅超軼李、徐，實為斯學絶詣。間有疏失，隨文舉正。非欲索斑指瑕，如鈕、王輩也。

卜辭有"✦"字，許書在口部。卜辭中又有"✦"、"✦"、"✦"等字，雖不能隹知為何字，然均从✦，則無疑也。意當時从✦之字殆不止此，則辛部之後當立✦部。此許書分部之失也。又許書角部有"觲"字，注："从羊、牛、角。"土部有"墫"字，注："从觲省聲。"今卜辭有"✦"字，雖不可識，然實合羊牛二文為一字。觲、墫兩字從之。許解觲為"从羊、牛、角"，不知羋自為字也。^{羋疑即羴字。}此亦許書之違失，當據卜辭正之者。

至卜辭中文字之不見於古金文與許書者至夥，其習用之字，如✦、✦等多至百數十見，少亦十數見，均不能知為何字。其疑似而未敢遽定者，如"✦"疑"絲"，象絲在機上。石鼓"淫"作"✦"，史懋壺作"✦"，从✦、✦與此署似。"✦"、"✦"、"✦"疑"箙"，盛矢器也。象矢在器中，或一矢或二矢者，如圀或从一豕與二豕也。毛公鼎作"✦"，丙申角作"✦"，即"✦"之變。

父癸甗之"𡆥"，子父已爵之"𡆧"與"𡆤"同。作簋者，殆後起之字。"𣎸"疑"栱"，象兩手圍木。"𠂉"、"𠂊"、"𠂋"疑"矢"，由𠂉而變。"𠂤"、"𠂥"、"𠂦"、"𠂧"、"𠂨"疑"賓"，賓作"𠂩"，見虞鐘。或增止，或增人，又由"𠂤"而變。"𠂪"、"𠂫"、"𠂬"疑"嬪"，从貝，从女，或增止，或易𠂭爲𠂮，又由"𠂤"而變。"𠂯"、"𠂰"疑"召"，盂鼎"𠂱"，諸家釋"紹"，亦釋"召"。此省𠂲及𠂳。卜辭中"𠂯"、"𠂰"字皆係地名。故疑召非紹。"𠂵"疑"咎"，"𠂷"疑"俗"，咎作父癸卣有"𠂺"，諸家釋咎。殆是俗字，非咎也。"𠃀"、"𠃁"、"𠃂"疑"巫"，象禾之巫穎。"𠃆"疑"俎"，象仌在且內。"𠃈"、"𠃉"疑"牽"，象又牽牛。疑牽爲後起之字，此爲初字。"𠃌"、"𠃍"疑"鶴"，一象縮項，一象伸足，明白如畫。"𠃏"、"𠃐"疑"戔"，三鋒矛。"𠃒"疑"得"，又持貝。智鼎"得"作"𠃓"，此省𠃔。"𠃖"疑"匿"，不从久。"𠃘"疑"巛"。从川、从▼，象川壅爲澤。又有形誼昭然，視而可識，然卒不能定其名者。如"𠃟"象牛從側視形，"𠃠"象牛伏從後視形，"𠃡"似鹿而無角，"𠃢"象羊在邊中，"𠃣"象獸在冈下，"𠃤"象捕鳥入罟，"𠃥"象人坐於席，"𠃦"象木中有木，"𠃧"象腋下有人，"𠃨"象刀在豕側，"𠃩"爲𠃪著矢旁。𠃪或是弓形，非甲乙之乙，則此字是弣也。凡是之類，均不敢肊斷，願與當世方聞之士共討索之。

卜法第三

龜卜之書，漢志箸錄者五家，至隋唐兩志則漢志所箸錄者皆不復存。故古龜卜之法，除《周官》、《士禮》、《毛詩》、《戴記》、《莊》、《荀》、《韓非》諸子及《史記·龜策傳》所述以外，他無可徵。今傳世龜經刻於《說郛》中者，殆非完書。且當是隋唐以後人所撰，不可考見古法。元陸森《玉靈聚義》五卷，予未見其書。然觀明楊時喬《龜卜辨》引唐李華説，謂"古人卜用生龜，是龜卜古法。唐代知者已少"。陸氏生於有元，其不能知古代卜法，可以推知，固不必見其書也。康熙間，光山胡氏煦撰《卜法詳考》四卷，援據《周官》及《史記》之説，並參以理想。其所考證，徵以予所目驗，蓋十得六七。且附載全賜三圖，吳中卜法，於古今龜卜源流具備。其駁李華、季本、楊時喬卜用生龜之説，尤爲精確。今就予所見以正經注之譌，並補胡氏之闕，於古卜法殆十可得八九矣。條述如下：

一曰貞。《周禮·春官·大卜》："凡國大貞，卜立君，卜大封，則眡高作龜。"鄭司農曰："貞，問也。國有大疑，問於蓍龜。"此詁至確。鄭康成曰："貞

之爲問。問於正者，必先正之，乃從問焉。"訓貞爲正。後世經生多從其説，不如先鄭之確也。《説文解字》："貞，卜問也。"説與先鄭同。今徵之卜辭，凡云大貞者數見，而言貞者，則多不可計。相其文悎，殆皆訓問。此可爲先鄭之證，而正後鄭者也。

　　二曰契。董氏掌共燋契，以待卜事。杜子春曰："契謂契龜之鑿也。"此詁最確。康成始爲異説曰："《士喪禮》：楚焞置於燋，在龜東。楚焞，即契所用灼龜也。又於遂歙其焌契注，契既然，以授卜師。"又箋《大雅·綿》之篇"爰契我龜"曰："契灼其龜而卜之。"又解《士喪禮》曰："楚，荆也。荆焞所以鑽龜者。"均誤以鑿與灼爲一事。孔氏《毛詩正義》云："楚焞即契。"賈氏《儀禮正義》云："鑽龜用荆。"均沿後鄭之誤。胡氏煦曰："契者刻劃之稱，謂刻劃其龜版。《周禮》所謂開龜是也。此猶在未灼時，契而後燋必於所契之地。故曰焌契。火非吹不燃，故曰吹其焌契。"予案：胡説本杜駁鄭，其説至精。證以實物，益知其確。毛傳訓契爲開，爲胡説所本。開者，先契所欲灼之處。而契又有鑽_{鑽龜，}見《荀子》、《韓非子》、《王制》，及《史記·龜策傳》。與鑿_{鑿龜，見《韓非子》及《大卜》"作龜"，鄭司農注。}之别，乃予據目驗而得之者。予所藏龜甲獸骨有鑽有鑿，鑽形圓，鑿形則楕圓。_{胡氏煦曰："卜先用契刀開龜爲方形，今契形或圓或楕圓。"胡説誤也。}又有鑽而復鑿者，蓋灼處欲其薄，乃易坼也。大率龜甲皆鑿、未見鑽者。骨則鑽者十一，鑿者十九。此鑽與鑿之别，前賢所未及知者也。

　　三曰灼。董氏掌共燋契。杜子春曰："燋謂所藝灼龜之木也。"此詁未確。《士喪禮》言："楚，焞置於燋。"鄭注："楚，荆也。燋，炬也。所以然火者也。"其説甚當。《詩·緜》正義："燋謂炬"，"以楚焞之木燒之於燋炬之火。既然，執之以灼龜"。伸述鄭義，尤爲明了。惟鄭注謂"荆焞所以鑽龜"，則誤甚耳。灼龜用荆，亦見《龜策傳》。即所謂楚焞也。至所灼之處，經注未明言。《龜策傳》有"灼所鑽中"語。胡氏煦曰："其灼處必在契刻之上。"今驗之甲與骨，則灼處正當契處。褚先生與胡氏之説是也。此可據以補禮注之缺。

　　四曰致墨。《卜師》，"揚火以作龜，致其墨"。鄭注："致其墨者，熟灼之明其兆。"《玉藻》"史定墨"注："視兆坼也。"二注甚明。而孔氏《正義》言："史定墨者，凡卜必以墨畫龜，求其吉兆。"別出異義，與鄭不合。胡氏煦曰："《周禮》明曰致其墨矣，有因而致之者，其非畫也。可知蓋火之所灼必將有黑色形焉，故曰致其墨。黑色既形，其坼①必箸。申鄭駁孔，其説至當。今徵諸目驗，

---

① 編者按："坼"，原文誤作"柝"，今徑改。

則灼痕以外更不見墨迹。知唐之初葉古代卜法失傳已久，致沖遠有此違失。與李華卜用生龜之説，固同爲傅會也。”

五曰兆坼。《占人》：“凡卜簭，君占體。”注：“體，兆象也。”《正義》：“體，兆象也者。謂金、木、水、火、土，五種之兆。”言體言象者，謂兆之墨縱橫，其形體似金、木、水、火、土也。又曰：“其兆直上向背者爲木兆，直下向足者爲水兆，邪向背者爲火兆，邪向下者爲金兆，横者爲土兆，是兆象也。”案：五行分配兆象，賈氏之説當有所受。惟言兆之墨縱横則誤。今據《周官》經注，並證以實物，知龜卜之事蓋先取龜之下甲，予所藏之龜從未見上甲。於其腹之裏面先鑿爲穴而不令穿，此之謂契。灼火於穴中，色乃焦黑，此之謂灼與致墨。灼於裏，則縱横之坼自現於表，此之謂兆。兆之與墨表裏異地，而云兆之墨縱横。此又唐代古龜卜法久失，經生憑肊揣測之明徵也。今狀予所藏之兆象不同者於左方，以備參考。

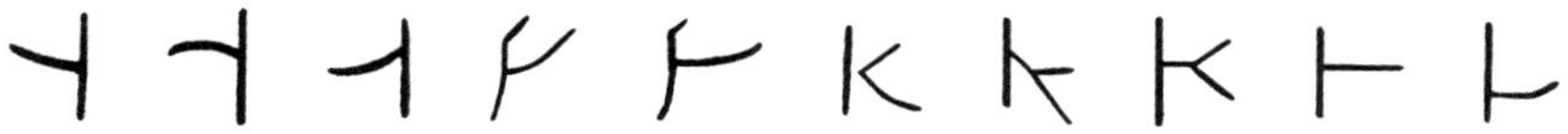

凡此諸兆皆於表面得見之，於受灼之裏面不得見也。其灼而得兆之故，蓋由於鑿甲令薄，鑿處多爲楕圓形狀如◎，契之刃斜入，故外博而内狹，其狹處骨尤薄，故由此而得縱坼，又由縱坼而旁出横坼也。

六曰卜辭。《占人》：“凡卜簭，既事則繫幣以比其命。”注：杜子春云：“繫幣者，以帛書其占，繫之於龜也。”玄謂：“既卜筮，史必書其命龜之事及兆於策，繫其禮神之幣而合藏焉。”鄭與杜異義。杜謂書占於帛，鄭謂書事於策，均不言刻辭於龜。今甲與骨之刻辭即在兆側，此先儒所未知者。卜辭至簡，字多不可識。兹釋其可讀者。其不能確定之字，則依原形寫之。

貞。之于大甲。

貞。之于祖乙。左讀

貞。𢆶于祖乙。

貞。之于祖乙十白豕。左讀

戊寅卜，賓貞。祖乙三牢。

貞。㳄卷于祖乙。

㠯祖乙日用。二月。左讀

□。之于祖辛。

貞。于祖辛。

貞。祖辛不我㞢。左讀

貞。ᆟ之于祖辛。左讀

貞。ᆟ㞢于祖辛。

貞。之于祖丁。

貞。漁之于祖丁。

戊寅,ᆟ貞。于祖丁。左讀

貞。ᆟ丁巳之于祖丁。

祖丁三牢。

貞。之于ᆟ庚。

貞。ᆟ庚不㞢。

辛亥貞。之于祖庚。

貞。于祖丑,不□日。左讀

貞。于祖亥。

貞。ᆟ之于父甲。

□寅貞。之于父甲。

貞。之于父乙。左讀

丙寅卜,貞。其月于父丁。

貞。父庚弗㞢。

貞。之犬于三父,卯羊。其文當是"貞。之于父、卯犬、羊三"。參錯書之。

貞。之于高妣己。

貞。之妣癸。左讀

貞。于母己ᆟ。其文當是"貞。ᆟ于母己"。參錯書之。

辛丑卜,ᆟ貞。兄于母庚。左讀

貞。ᆟᆟ□于母庚。

丁丑□之兄甲。

貞。之于兄丁。

貞。于兄丁小牢。

貞。之于咸戊。

貞。之于多介。左讀

貞。于東。

貞。之于ᆟ。

貞。之于🐛。左讀

丁巳卜，賓貞。🐛于🐛。

甲寅卜，🐛貞。于唐一牛，其之□。左讀

癸酉卜，貞。🐛于🐛三小牢，卯三牢。

丙寅卜，貞。酒🐛三小牢，卯三牢。

貞。🐛五牛。

貞。🐛九牛。

貞。🐛十牛。

貞。立往相牛。左讀

貞。立出。

貞。立往出。

乙酉卜，🐛貞。立于八月入。

丙戌卜，🐛貞。立于八月入。左讀

貞。乙子之至。

己巳卜，貞。若。左讀

□申卜，貞。亞り不若。十二月　左讀

辛未卜，🐛貞。若。左讀

貞。我受年。左讀

貞。我不其受年。

其遘大鳳。左讀

□□卜，賓貞。🐛其往遘。

癸未卜，賓貞。立往于🐛。

癸亥卜，賓貞。今日🐛羊，令🐛。

丙辰卜，賓貞。于生八月酒。

庚辰卜，令🐛于咸。

戊子卜，賓貞。令卜。

辛酉卜，貞。王賓🐛亡才。

丙子卜，其用龜。左讀

庚寅卜，🐛貞。帚好之子。

貞。帚🐛之子。

甲戌卜,貞。其之⍰旡兹家。左讀
戊申貞。耏有友。
帝⍰兹邑。
貞。弗受之又。左讀
乙亥,⍰貞。豕既⍰。左讀
⍰鳳重豚,有大雨。
日丁卯□車馬。
丁巳卜,貞。雨。左讀
貞。⍰庚辰不雨。
貞。⍰庚辰其雨。左讀
不雨。貞。⍰。左讀
乙未卜,⍰□。⍰丙申不雨。左讀
貞。⍰辛亥不雨。
今月不雨。左讀
兹月不雨。
貞。今日不雨。左讀
今己巳,月不雨。
丁卯其雨。左讀
己亥其雨。
九月其雨。左讀
甲寅己亥雨。左讀
貞。⍰乙酉不雨。
貞。⍰癸未不雨。
貞。⍰壬子不雨。
庚戌,⍰貞。雨。帝不我□。
丁卯卜,⍰貞。⍰戊辰其雨。
戊辰卜,⍰貞。⍰己巳其雨。
己丑卜,韋貞。今日其雨。
戊申卜,⍰貞。今日其雨。左讀
癸未卜,賓貞。今日其雨。左讀

戊□卜，貞。帝令雨。

貞。帝不其令雨。左讀

帝令雨足年。

貞。帝令雨，弗其足年。

□卯卜，出貞。今日不雨。左讀

戊申卜，貞。今日王田🤚，不遘雨。左讀

其遘雨。

辛亥卜，貞。今日王田🤚，🤚不遘雨。

癸未卜，王曰貞。有馬在行，其左射，獲。左讀

己未卜，以貞。逐豕，獲。

逐鹿，獲。左讀

貞。其射鹿，獲。

乙酉貞。王今月亡。

戊申卜。王往田🤚。

戊午王卜，貞。田盂，往來亡巛。

戊戌王卜，貞。田🤚，往來亡巛。王𠂤曰：吉。兹🤚。獲鹿三。

戊子卜，貞。王田豪，往來亡巛。

戊子王卜，貞。田🤚，往來亡巛。王𠂤曰：吉。兹🤚。獲。

壬申卜，貞。王田奚，往來亡巛。王𠂤曰：吉。獲。

戊申王卜，貞。田豪，往來亡巛。王𠂤曰：吉。

乙未王卜，貞。田書，往來亡巛。王𠂤曰：吉。兹🤚。獲三🤚、一鹿。

壬辰王卜，貞。田🤚，往來亡巛。王𠂤曰：吉。在十月。兹🤚。獲鹿六。

壬申卜，貞。王田書，往來亡巛。獲白鹿一、🤚二。左讀

戊辰卜，貞。王田于🤚，往來亡巛。獲🤚十。左讀

壬子王卜，貞。田燓，往來亡巛。王𠂤曰：吉。獲鹿十。

丁卯卜，貞。王田大，往來亡巛。

壬子卜，貞。王田🤚，往來亡巛。

丁亥卜，貞。王田🤚，往來亡巛。

戊戌卜，貞。王🤚于🤚，往來亡巛。左讀

壬寅卜，貞。王🤚于🤚，往來亡巛。

辛丑卜，貞。王󠄀于𤓰，往來亡𡿧。

己亥卜，貞。王󠄀于唯，往來亡𡿧。

己未，王卜，在𦯔貞。今日步于𢈘，亡𡿧。

戊寅卜，貞。立其往來亡𡿧。_{左讀}

七曰薶藏。戴記《曲禮》："龜筴敝，則埋之。"注：不欲人褻之也。《史記·龜策傳》："夏殷欲卜者乃取蓍龜，已則棄去之。"今此骨與甲出於洹水之陽，當爲殷世卜史所薶藏，與《曲禮》及《龜策傳》正合。惟《龜策傳》言"已則棄去"。今考之出土之骨與甲，則不僅一用再用。予所藏一骨其裏面鑽迹縱橫排列凡三十有七，畧無隙處，殆如莊周氏所謂七十二鑽者。然則所謂"已則棄去"者，非一用不更用。蓋必待無容契灼之處，而後棄去之耳。

八曰骨卜。古之卜筮用龜與蓍，從無知古代用獸骨卜者。今發見之卜辭刻於龜與骨者，殆相半。古者先筮後卜，蓋小事用筮，大事用卜。今殷之卜有骨與龜之異。予所藏卜辭中有"丙子卜，其用龜"語，用龜而特箸之於卜辭。意者：非重要之事不用龜卜與。惜書缺有間，吾不能徵之矣。

以上八端，並足補正經史，裨益至巨。蓋三代卜龜之法至漢寖失其傳，雖去周尚近，而東漢經生已多茫昧。至唐人作正義，則去古益遠，違失益甚。何幸此遺寶者，一旦出於三千餘載之後，得以考正前後鄭之缺失、孔賈之譌誤。其於學術豈曰小補之哉。

餘説第四

卜辭文字於考證經史小學及古卜法外，尚有數事足資博聞。一、於此知古書契之形狀。倉頡之初作書，蓋因鳥獸蹏迒之迹。知最初書契必凹而下陷。契者，刻也。《荀子》之"鍥"，即契之後起字。小而簡冊，大而鐘鼎，莫不皆然。故龜卜文字爲古人書契之至今存者，其可珍貴殆逾於漢唐人墨迹。其文字之小者，不及黍米，而古雅寬博。於此見古人技術之工眇，更逾於楮墨。抑三代之時尚爲銅器時代，甲骨至堅，作書之契非極鋒利不可。知古人練金之法實已極精也。二、於此可知古人文字之行款讀法。卜辭文字或右讀，或左讀，更有顛倒參錯讀之者。予所藏龜甲有文曰："癸子卜，貞。王。"五字分二行，左讀。其左又有"癸匕"二字，則

到書之。又有："辛卯貞。䷀。"四字爲二行。"辛卯"二字順書，"貞䷀"二字逆書。又書"十一月"作"䷀"、"十二月"作"䷀"、"十三月"作"䷀"。又"貞。之于父卯犬、羊三"。其行次作"貞之犬，首行。"于三父"，次行。"卯羊"。原文三行，行三字，左讀。如此者甚多。姑舉一二以示其例。曩見吳縣潘氏藏一鼎，其文每行順逆相間，頗以爲異。以此況之，殆古人所習見矣。三、於此知古器多塗朱墨。予所藏龜與骨文上塗朱者甚多，但亦有文字數段，獨朱塗其一二段者。此殊不可解。其塗墨者至罕。予所藏一二枚而已。朱色至今明豔。墨則如煙煤，深入字中，滌之不去。予所藏古陶尊，亦洹水之陽出土，殆亦殷器。塗朱亦未滅。又見端午橋尚書方所藏古玉刀亦然。至漢之瓦當，亦有塗朱者。其意雖不可曉，然知此風自殷周已然矣。以上數事，並資多聞，故埘箸之。

予之考證貞卜文字，蓋始於今年二月。牽於人事，或作或輟。已自念言，古物之出，不先不後，而適當我之生。且沈薶三千年，鍵予之巾笥者，亦且十年。每一展觀，輒有損毀，儻再數十百年，恐千百不復存一。用是惕然自勵，乃以長夏屏絕人事，閉户兼旬。草稿甫就，不及審定，亟付寫官。蓋其中有將恐將懼者存焉。噫。天下之事應恐懼急圖蓋有千百倍於此者，而予力之所隸則僅此而已。當世之君子儻有以我爲今之楊子雲者，書此謝之。六月二十四日，振玉又識。

附：殷商貞卜文字考補正（羅福頤）

序

此卜辭者，實爲殷室王朝之遺物。一頁第十五行[①]

乙室字。遺物下，補"大卜之所掌"五字。

考史第一

武乙三年，自殷遷于河北。二頁八行

　　河北下，補注"《三代世表》作庚丁，徙河北"。
當洹水之陽，二頁十行

[①] 編者按：此頁碼爲《殷商貞卜文字考》石印本頁碼。下同。

陽下補"水曲之處"四字。

考之《漢書·項籍傳》，羽乃與_{章邯}盟于洹水。二頁十一行

乙《漢書》下十四字，改"《史記·項羽本紀》'項羽乃與_{章邯}期洹水南殷虚上'"。

湯陰，即蕩陰。二頁十三行注

下補"漢之蕩陰"。

城北有洹水東流者也。二頁廿行

下補"《史記·項羽本紀》集解'瓚曰，洹水在今安陽縣北去朝謌殷虚一百五十里，然則此殷虚非朝歌也'"。

今則至河亶甲以後，十餘世之武乙文丁。三頁一行

乙"文丁"二字。

不應有武乙且有文丁。三頁三行

乙"且有文丁"四字。

曰大戊，曰仲丁。三頁十二行

下補注"《三代世表》作中丁"。

曰祖甲。三頁十四行

下補注"《世表》作帝甲"。

今帝王名謚之見於卜辭者十有七。三頁十四行

"十有七"，改"凡二十"。

曰大乙，曰大丁。三頁十五行

下補"曰卜丙"。

曰大戊，曰中丁。三頁十六行

下補"曰卜壬"。

曰且丁，曰南庚。三頁十七行

下補"曰般庚"。

曰且庚，曰且甲。三頁十七行

下補注"《世表》作帝甲，卜文亦有帝甲"。

曰文丁。三頁十七行

此三字全乙。

大丁雖未立，然刻辭中數見。三頁廿行

下補"外丙，卜辭作卜丙，與《孟子》及《史記》等書均不合。殷王之名，

稱外者凡二世，曰外丙，外壬，而稱丙者，僅外丙一人，卜丙殆即外丙，或後人傳寫增卜爲外與。又卜辭又有卜壬，殆即外壬，然則《孟子》及《史記》，謁卜爲外，其信然矣"。

又作南庚，或作般庚，初意帛與南字形近疑。三頁廿一行

　　乙"或"字下十三字。

嗣見刻辭中所屢見之🉂字……疑🉂🉂乃一字，🉂字形似。三頁廿二行

　　此段全乙，改"般庚之"三字。

《史記・翼奉傳》《揚雄傳》，《後漢書・文苑傳・杜篤傳》三頁廿四行

　　此段全乙。

意古文《尚書》……知《竹書》是，而《史記》誤也。三頁廿五行

　　此段全乙，改"與卜文正同"。

于此可見殷周禮制之沿革。四頁九行

　　"沿革"下，補"矣"字。

與《史記》合者十有五，可訂正史籍者二。四頁十行

　　"十有五"，改"十有六"。"二"改"三"。

又有咸戊，疑即巫咸。四頁十三行

　　乙"疑"字。

惜無他證也。

　　此五字乙，下補"《白虎通・姓名篇》'言于臣民亦得以甲乙生日名子。殷臣有巫咸，有祖己也'。王氏引之《經義述聞》云'巫咸，今文並作巫戊。《白虎通》用今文《尚書》，故與古文不同。後人但知古文之作咸，而不知今文之作戊，故改戊爲咸耳'。今以卜辭證之，乃是咸戊，此可證《尚書》與《白虎通》者也。咸戊，卜辭中亦稱咸"。

《史記・殷世家》振卒，子微立。……無用十二支者。四頁十四行

　　此段全乙，改"《白虎通》'殷以生日名子，不以子丑爲名？何曰甲乙幹也，子丑枝也，幹者木之質，故以甲乙爲名也'"。

今刻辭中，有且丑……以廣異聞。四頁十七行

　　此段全乙，改"今案刻辭中，明有且丑，再見。且亥，父卯，再見。此可證《白虎通》之誤。然古彝器亦罕見以十二支爲名者，故漢代經生已無知之者矣"。

《書・伊訓》"惟元祀"，《音義》"祀年也"。四頁廿行

　　此十一字乙，改"《爾雅・釋天》"。

書祀者二，一曰"其隹今九祀"，一曰"隹王二祀"。四頁廿一行

  此段改"書祀者三，曰'隹王二祀六祀'，曰'其隹今九祀'，曰'隹十祀'"。

《爾雅·釋天》薛注四頁廿二行

  此六字乙，改"《書疏》引孫炎注"。

商代祭祀所用牢數，殆無定制，而卜以定之，故卜辭中。四頁廿六行

  此廿一字乙，改"《周禮·龜人》，上春釁龜，祭祀先卜。鄭司農注曰，'祭祀先卜者，卜其日與其牲'。玄謂'先卜，殆用卜筮者'。先後鄭異義。案商命龜祭祀，下文明言若有祭事，則奉龜以往，又大卜大祭祀則眂高命龜，則祭祀先卜，爲因祭祀而卜，非祭先用卜筮者。證之卜辭有云'𠭯且乙日用二月'，又云'□寅貞其月于父丁'，又卜辭中"。

其稱大牢，曰大牢，曰少牢，曰小牢，此可見商代之祀典，此三則。五頁三行

  此廿四字乙，改"此先鄭所謂卜日與牲之確證，足證後鄭之失者也，此五者"。

亦有裨於史事。五頁四行

  改"亦有裨于經史"。

正名第二

許書之牢，卜辭或從牛作牢，或從羊作宰。八頁一行

  下補注"禮于牛稱大牢，羊豕稱少牢，卜辭作大牢小牢，故牢字或从牛，或从羊"。

許書之鄉。饗食之初字。八頁二行

  注文五字乙。

然不問從豆與從酒，皆可示鄉之意。八頁三行

  改"然不問从豆與从酉，皆可示鄉食之意"。

許書之䜩……皆可示䜩之意。八頁三行

  此段全乙。

妾字∇或在上作，或在旁作，囚字或作，人左向，或作，人右向。八頁八行

  此段全乙，改"豕字或作，或作，或順或逆"。

移易向背。八頁十行

下補"順逆"二字。

其習見之字，如一元天不示……雖亦見卜辭中，然仍不可識，其八頁廿一行

　　自其習起，訖不可識其止，凡廿八行全乙。

有金文習見不可識，賴卜辭知之者。九頁廿二行

　　有上補"蓋"字。

齒下出古文〓……小徐從艸者誤也。十一頁三行

　　此五行全乙。

今卜辭中有〓字，中从〓。十一頁十三行

　　〓改〓，乙"中从卣"三字。

備下出古文〓，今卜辭有〓，殆即備字不从人。十一頁廿五行

　　此十八字乙。

淵下出古文〓，今卜辭淵作〓不从囗水。十二頁三行

　　此十六字乙。

注始於一，見於十，歲成有木之象。十二頁十一行

　　此十三字乙。

故注有始一見十之說。十二頁十三行

　　此九字乙。

今卜辭干支之子，或作〓或作〓。十二頁十六行

　　乙上"或"字，改"〓"作"〓"。

祝注从示从几口……則與篆文合矣。十三頁四行

　　此三十四字乙。

其訓牛爲牢。十三頁十三行

　　"爲"改"馬"字。

段君以止爲足。十四頁二行

　　君下補"因"字。

邁注遠行也，从辵萬聲……許書所載之或體，往往有本于古文者，此其一也。十四頁四行

　　此段全乙。

徙注迻也，从辵止……疑亦衒字，而略變也。十四頁九行

　　此七行全乙。

虜注，羼屬从丽虍聲……象形非聲也。十四頁十九行

此段全乙。

許書从攴，乃从又之譌。十五頁四行

　　"譌"改"變"。

《訊啟鼎》作🅱️。十五頁五行

　　改"《遂啓諆鼎》作🅱️"。

教注，上所施下所效也……乃教之所自昉也。十五頁六行

　　此段全乙。

亦非从鼎省也。十五頁十四行

　　此六字乙。

或从🅰️从豆，其从酉即酒者。十七頁十五行

　　乙"即酒"二字，補字"象尊形，《曲禮》'酒進則起，拜受于尊所'，鄭注'燕飲之禮，鄉尊'。《正義》'鄉飲酒，及卿大夫燕，賓主得夾尊'。又曰'若鄉飲酒，皆主人與賓夾尊也'"。

者象相向而飲也。十七頁十七行

　　此七字乙，改"从酉，象賓主相間夾尊也"。

各異詞也，苦格切。十八頁十三行

　　乙"苦格切"三字。

殆後起之字爲篆書所本。十八頁十七行

　　"篆書"二字，改"許君"。

鼷注匾也，从鼠在穴中……乃自🅱️形而譌耳。十八頁十七行

　　此四行全乙。

🅰️注，毛🅱️🅱️也，象形，今卜辭有🅰️，殆即🅱️字。十八頁廿四行

　　此十七字全乙。

故於豕復著矢以別之。頁十九頁四行

　　"豕復"改"豕旁"。

金文始見🅰️字，《庚敦》。爲篆所本也。十九頁六行

　　"爲篆"改"爲許"。

淵注廻水也……而没之義不完。十九頁十四行

　　此六行全乙。

从水从隻。即獲，十九頁廿行

　　下補"又作🅰️"。

不从蒦。十九頁廿行

下補"溢注器滿也，从水益聲。今卜辭溢作㴶，象皿中之水上溢，⿰ 則自皿中溢出者。又作㳿，金文益作㖇、《益公鐘》。㗊、《畢鮮敦蓋》。㓐均象水溢狀。今篆从≈，≋，象吹漣漪之狀，皿中之水，固不能有此狀也"。

从甲乙之乙，从鳥，許書之或作，乃古文。十九頁廿六行

　　乙"鳥"字改"隹此亦"三字。"乃古文"改爲"古文者"。

本字从鳥乙聲……段謂俗人加鳥，均誤之甚也。廿頁一行

　　此段全乙。

今卜辭門作㔾，上又有楣。廿頁三行

　　"楣"改"楣"。

晏注安也，从女从日……安得謂爲小篆之失乎。廿頁九行

　　此四行全乙。

㝱注毒蟲也，象形……今篆㝱从㔾於尾形未肖也。廿頁十四行

　　此段全乙。

日加丑，亦舉手時也。廿頁十九行

　　此八字乙。

而曰加丑，亦舉手時，語尤紆固。廿頁廿行

　　此十二字全乙。

未注五行木老于未……故迻省爲木與。廿頁廿五行

　　上二行全乙。

五行土生於戊，盛于戌。廿一頁六行

　　此九字乙。

如鈕王輩也。廿一頁十二行

　　改"如鈕、樹玉。王紹蘭。輩也"。

卜辭有㕯字，許書在口部。……此許書分部之失也。又廿一頁十三行

　　此三行全乙。

至卜辭中文字之不見于古金文……願與當世方聞之士，共討索之。廿一頁廿行

　　此十九行全乙。

卜法第三

即所謂楚焞也。廿四頁二行

　　下補"《白虎通》亦云，以荆火灼之。又引《禮三正記》，灼龜以荆"。

蓋先取龜之下甲。廿四頁十九行

下補"《周禮》大卜'則眡高作龜',鄭注'所謂卜因龜之腹骨'是也"。
均不言刻辭于龜。廿五頁七行
　　"刻辭"改"逕記"。
此先儒所未知者。廿五頁八行
　　者下補"也"字。
卜辭至簡,字多不可識……戊寅卜貞立其往來凶巛。左讀廿五頁八行
　　此段百又十行全乙。

餘說第四

殆古人所習見矣。卅一頁廿一行
　　下補"三知古代之書體,卜文大率方折,蓋刀筆宜于徑直,不宜于曲折,然偶有圓折,精細筆如游絲,仿佛古印章之繆篆者。于此知殷時書法,已有方圓兩體矣"。
三,于此知古器之塗朱墨。卅一頁廿一行
　　"三"改"四"。

《殷商貞卜文字考》,家大人寓海東時,曾手自刪訂,後以之剪裁,入《殷虛書契考釋》中,致槀即廢棄。往歲海上書肆覆印此書時,曾乞改訂本,乃覓槀不得。頃頤于舊笥中偶獲之,謹讀所改訂,刪節處甚多,全書雖已均囊括入《考釋》,然由此可窺是學遞進之迹。且此書,近世學者猶多奉爲圭臬,則所補正,亦不可或廢。爰盡二日力,錄成一卷。此册在家大人雖謂爲不足存,然舉以示今日治卜文史學者,或亦有資于博文乎。丙子秋男福頤謹記。

　　玉簡齋石印本一册,1910年;收入《羅雪堂先生全集三編》第1册,大通書局影印本,1970年;又收入北京圖書館甲骨文研究資料彙編編委會編:《甲骨文研究資料彙編》,北京圖書館出版社,2000年;又收入宋鎮豪、段志洪主編:《甲骨文獻集成》第7册,四川大學出版社,2001年;又收入《殷虛書契考釋三種》上册,中華書局,2006年;又收入羅繼祖主編:《羅振玉學術論著集》第1集,上海古籍出版社,2010年。
　　《殷商貞卜文字考補正》,原載《考古社刊》第5期,1936年;收入《殷虛書契考釋三種》上册、《羅振玉學術論著集》第1集。
　　今據玉簡齋石印本及《考古社刊》第5期收入。

王國維

殷卜辭中所見先公先王考
殷卜辭中所見先公先王續考

殷卜辭中所見先公先王考

甲寅歲莫，上虞羅叔言參事撰《殷虛書契考釋》，始於卜辭中發見"王亥"之名。嗣余讀《山海經》、《竹書紀年》，乃知王亥爲殷之先公，並與《世本·作篇》之"胲"、《帝繫篇》之"核"、《楚辭·天問》之"該"、《呂氏春秋》之"王冰"、《史記·殷本紀》及《三代世表》之"振"、《漢書·古今人表》之"垓"，實係一人。嘗以此語參事及日本内藤博士。<small>虎次郎。</small>參事復博蒐甲骨中之紀王亥事者，得七八條，載之《殷虛書契後編》。博士亦采余說，旁加考證，作《王亥》一篇，載諸《藝文雜誌》，并謂"自契以降諸先公之名，苟後此尚得於卜辭中發見之，則有神於古史學者當尤鉅"。余感博士言，乃復就卜辭有所攻究。復於王亥之外，得"王恒"一人。案《楚辭·天問》云："該秉季德，厥父是臧。"又云："恒秉季德。"王亥即"該"，則王恒即"恒"。而卜辭之"季"之即冥，<small>羅參事說。</small>至是始得其證矣。又觀卜辭中數十見之田字，从甲，在囗中。<small>十，古"甲"字。</small>及通觀諸卜辭，而知田即上甲微。於是參事前疑卜辭之〔、冂、冋即"乙"、"丙"、"丁"三字之在〔或冂中者，與田字"甲"在囗中同意。即報乙、報丙、報丁者，至是亦得其證矣。又卜辭自上甲以降皆稱曰"示"，則參事謂卜辭之"示壬"、"示癸"即主壬、主癸，亦信而有徵。又觀卜辭，王恒之祀與王亥同，太丁之祀與太乙、太甲同，孝己之祀與祖庚同，知商人兄弟，無論長幼與已立、未立，其名號、典禮蓋無差别。於是卜辭中人物，其名與禮皆類先王而史無其人者，與夫"父甲"、"兄乙"等名稱之浩繁、求諸帝系而不可通者，至是亦理順氷釋。而《世本》、《史記》之爲實錄，且得於今日證之。又卜辭人名中有䕓字，疑即帝嚳之名。又有"土"字，或亦

"相土"之略。此二事雖未能遽定，然容有可證明之日。由是，有商一代先公、先王之名不見於卜辭者殆鮮。乃爲此考，以質諸博士及參事，并使世人知殷虛遺物之有神於經史二學者，有如斯也。丁巳二月，海寧王國維①。

夋

卜辭有【】字。其文曰："貞，𡗜古"燎"字。于【】。"《殷虛書契前編》卷六弟十八葉。又曰："𡗜于【】，□牢。"同上。又曰："𡗜于【】，六牛。"同上，卷七弟二十葉。又曰："于【】𡗜，牛六。"又曰："貞，【】②年于【】，九牛。"兩見，以上皆羅氏拓本。又曰："上闕。又于【】。"《殷虛書契後編》卷上弟十四葉。案：【】、【】二字③，象人首手足之形④。疑即"夋"字。《說文解字·夊部》："夋，行夋夋也。一曰倨也。从夊，允聲。"考古文"允"字作【】，或【】，本象人形。【】字復於人形下加"夊"，蓋即"夋"字。夋者，帝嚳之名。《史記·五帝本紀》索隱引皇甫謐曰："帝嚳名夋。"《初學記》九引《帝王世紀》曰："帝嚳生而神異，自言其名曰'夋'。"《太平御覽》八十引作"逡"，《史記正義》引作"岌"。"逡"爲異文，"岌"則譌字也。《山海經》又屢稱"帝俊"⑤。《大荒東經》曰："帝俊生中容。"又曰："帝俊生帝鴻。"又曰："有神，人面、犬耳、獸身，珥兩青蛇，名曰'奢比尸'。惟帝俊下友。"《大荒南經》曰："帝俊妻娥皇，生此三身之國，姚姓。"又曰："帝俊生季釐。"又曰："羲和者，帝俊之妻，生十日。"《大荒西經》曰："帝俊生后稷。"又曰："帝俊妻常羲，

---

① 《遺書》本無"海寧王國維"五字。
② "【】"，《遺書》本作"求"。
③ "二字"，《遺書》本作"二形"。
④ "之形"以下至下文"帝嚳之名"，《遺書》本改爲：《說文·(戈)〔夊〕部》："【】，貪獸也，一曰母猴，似人。从頁、巳、止、(戈)〔夊〕其手足。"毛公鼎"我弗作先王羞"之"羞"作【】，克鼎"柔遠能邇"之"柔"作【】，番生敦作【】，而《博古圖》、薛氏《款識》盄和鐘之"柔燮百邦"、晉姜鼎之"用康柔綏懷遠廷"，"柔"并作【】，皆是字也。"夒"、"羞"、"柔"三字古音同部，故互相通借。此稱"高祖夒"。案：卜辭惟王亥稱"高祖王亥"《後編》卷上第廿二葉。或"高祖亥"，《戩壽堂所藏殷虛文字》第一葉。大乙稱"高祖乙"，《後編》卷上第三葉。則夒必爲殷先祖之最顯赫者。以聲類求之，蓋即帝嚳也。"帝嚳"之名已見逸《書》。《書序》："自契至於成湯八遷。湯始居亳，從先王居，作《帝告》。"《史記·殷本紀》"告"作"誥"，索隱曰："一作'俈'。"案：《史記·三代世表》、《封禪書》、《管子·侈靡篇》皆以"俈"爲"嚳"。僞孔傳亦云："契父帝嚳都亳，湯自商丘遷亳，故曰'從先王居'。"若《書序》之說可信，則"帝嚳"之名已見商初之書矣。諸書作"嚳"或"俈"者，與"夒"字聲相近。其或作"夋"者，則又"夒"字之譌也。
⑤ 《遺書》本刪"又"，並刪"帝俊"以下至下文"帝俊當即帝夋"，改增小字注云："凡十二見。"

生月十有二。"《海內經》曰："帝俊生禺號。"又曰："帝俊賜羿彤弓、素矰。"又曰："帝俊生晏龍，晏龍是爲琴瑟。"又曰："帝俊有子八人，實始爲歌舞。"凡言"帝俊"者十有二。"帝俊"當即帝夋。郭璞注於① "帝俊生后稷"下曰："'俊'宜爲'嚳'。"餘皆以爲"帝舜"之假借②。然《大荒經》自有"帝舜"，不應用字前後互異。稷爲嚳子，《世本》及《戴記·帝繫篇》早有此說。又帝俊之子中容、季釐，即《左氏傳》之仲熊、季狸，所謂高辛氏之"才子"也。有子八人，又《左氏傳》所謂"高辛氏有才子八人"也。妃曰"常羲"，又《帝王世紀》所云"帝嚳次妃，諏訾氏女，曰常儀，生帝摯"案：《詩·大雅·生民》疏引《大戴禮·帝繫篇》曰："帝嚳下妃諏訾之女，曰常儀，生摯。"《家語》、《世本》其文亦然。然今本《大戴禮》及《藝文類聚》十五、《太平御覽》一百三十五所引《世本》，但云"次妃曰諏訾氏，產帝摯"，無"曰常儀"三字。惟《史記正義》及《類聚》十一、《御覽》八十引《帝王世紀》乃有"曰常儀"三字。故今據《世紀》，不據《戴記》、《世本》。者也。曰"羲和"，曰"娥皇"，皆"常羲"一語之變。三占從二，知郭注以"帝俊"爲帝舜，不如皇甫謐以"夋"爲嚳名之當矣。嚳爲契父，乃商人所自出之帝，故商人祀之。《魯語》曰："殷人禘舜韋注："'舜'當爲'嚳'字之誤也。"而祖契。"《祭法》亦曰："殷人禘嚳而郊冥。"然卜辭所記乃係特祭，與相土、冥、王亥、王恒諸人同。卜辭殷禮，不能以周秦以後之說解之，羅參事已詳言之矣。

相土

殷虛卜辭有◯字。其文曰："貞，竇于◯，三小牢，卯一牛。"《書契前編》卷一弟二十四葉，又重見卷七弟二十五葉。又曰："貞，求年于◯，九牛。"《鐵雲藏龜》弟二百六葉。又曰："貞，◯竇于◯。"同上，弟二百二十八葉。又曰："貞，于◯求。"《前編》卷五弟一葉。◯即"土"字。孟鼎"受民受疆土"之"土"作◯。卜辭用刀鍥，不能作肥筆，故

---

① "郭璞注於"以下，《遺書》本增"《大荒西經》"數字。
② "假借"以下至本節末，《遺書》本改爲：然《大荒東經》曰："帝俊生仲容。"《南經》曰："帝俊生季釐。"是即《左氏傳》之仲熊、季狸，所謂高辛氏之"才子"也。《海內經》曰："帝俊有子八人，實始爲歌舞。"即《左氏傳》所謂"有才子八人"也。《大荒西經》："帝俊妻常羲生月十有二。"又傳記所云："帝嚳次妃諏訾氏女，曰'常儀'，生帝摯者也。"案：《詩·大雅·生民》疏引《大戴禮·帝繫篇》曰："帝嚳下妃娵訾之女曰'常儀'，生摯。"《家語》、《世本》其文亦然。《檀弓正義》引同，而作"娵氏之女曰常宜"。然今本《大戴禮》及《藝文類聚》十五、《太平御覽》一百三十五所引《世本》，但云"次妃曰娵訾氏，產帝摯"，無"曰常儀"三字。以上文"有邰氏之女曰'姜嫄'，有娀氏之女曰'簡狄'"例之，當有"曰常儀"三字。三占從二，知郭璞以"帝俊"爲帝舜，不如皇甫以"夋"爲帝嚳名之當矣。《祭法》："殷人禘嚳。"《魯語》作"殷人禘舜"。"舜"亦當作"夋"。嚳爲契父，爲商人所自出之帝，故商人禘之。卜辭稱"高祖夔"，乃與王亥、大乙同稱，疑非嚳不足以當之矣。

空其中作 ⊘，猶 ⼤ 之作 ⼤、⚫ 之作 ▢ 矣。"土"疑即相土。《史記・殷本紀》："契卒，子昭明立。昭明卒，子相土立。""相土"之字，《詩・商頌》、《春秋左氏傳》、《世本》、《帝繫篇》皆作"土"，而《周禮・校人》注引《世本・作篇》"相土作乘馬"作"士"。楊倞《荀子注》引《世本》此條作"土"。而《荀子・解蔽篇》曰"乘杜作乘馬"，《呂覽・勿躬篇》曰"乘雅作駕"，注："雅，一作持。""持"、"杜"聲相近，則"土"是"士"非。楊倞注《荀子》曰："以其作乘馬，故謂之'乘杜'。"是"乘"本非名，相土或單名"土"，又假用"杜"也。然則卜辭之 ⊘，當即相土。曩以卜辭有 ⼟⊘《前編》卷四弟十七葉。字，即"邦社"，假"土"爲"社"，疑諸"土"字皆"社"之假借字。今觀卜辭中殷之先公有季、有王亥、有王恒，又自上甲至於主癸，無一不見於卜辭，則此"土"亦當爲"相土"而非"社"矣。

季

卜辭人名中又有"季"。其文曰："辛亥卜，□貞，季□求王。"《前編》卷五弟四十葉兩見。又曰："癸巳卜之于季。"同上，卷七弟四十一葉。又曰："貞之于季。"《後編》卷上弟九葉。"季"亦殷之先公，即冥是也。《楚辭・天問》曰："該秉季德，厥父是臧。"又曰："恒秉季德。"則該與恒皆季之子。該即王亥，恒即王恒，皆見於卜辭。則卜辭之"季"，亦當是王亥之父冥矣。

王亥

卜辭多記祭王亥事。《殷虛書契前編》有二事，曰"貞，㝢于王亥"，卷一弟四十九葉。曰"貞，之于王亥，卅牛，辛亥用"。卷四弟八葉。《後編》又有七事，曰"貞，于王亥求年"，卷上弟一葉。曰"乙巳卜，□貞，之于王亥，十"，下闕。同上，弟十二葉。曰"貞，㝢于王亥"，同上，弟十九葉。曰"㝢于王亥"，同上，弟二十三葉。曰"癸卯，□貞□□高祖王亥□□□"，同上，弟二十一葉。曰"甲辰卜，□貞，來辛亥㝢于王亥，卅牛，十二月"，同上，弟二十三葉。曰"貞，登王亥羊"，同上，弟二十六葉。曰"貞，之于王亥，□三百牛"。同上，弟二十八葉。①觀其祭日用辛亥，其牲用三十牛②、四十牛乃至三百牛，乃祭禮之最隆者，必爲商之先王、先公無疑。案：《史記・殷本紀》及《三代世表》商先祖中無"王亥"，惟云："冥卒，子振立。振卒，子微立。"《索

---

① "同上弟二十八葉"以下，王國維後自作眉批："貞，㝢于王亥五牛。《龜甲獸骨文字》卷一第九葉。"《遺書》本補入正文，作"《龜甲獸骨文字》有一事，曰：'貞，㝢于王亥五牛。'卷一第九葉"。
② "三十牛"上，《遺書》本增"五牛"。

隱》:"'振',《系本》作'核'。"《漢書·古今人表》作"垓"。然則《史記》之"振",當爲"核"或爲"垓"之譌也。《大荒東經》曰:"有困民國,句姓而食。有人曰'王亥',兩手操鳥,方食其頭。王亥託於有易河伯僕牛,有易殺王亥,取僕牛。"郭璞注引《竹書》曰:"殷王子亥,賓於有易而淫焉,有易之君緜臣殺而放之。是故殷主甲微假師於河伯,以伐有易,克之,遂殺其君緜臣也。"此《竹書紀年》真本,郭氏隱括之如此。《今本竹書紀年》:"帝泄十二年,殷侯子亥賓于有易,有易殺而放之。十六年,殷侯微以河伯之師伐有易,殺其君緜臣。"是《山海經》之"王亥",《古本紀年》作"殷王子亥",《今本》作"殷侯子亥"。又前於上甲微者一世,則爲殷之先祖冥之子、微之父無疑。卜辭作"王亥",正與《山海經》同。又祭王亥皆以亥日,則"亥"乃其正字。《世本》作"核",《古今人表》作"垓",皆其通假字。《史記》作"振",則因與"核"或"垓"二字形近而譌。夫《山海經》一書,其文不雅馴,其中人物,世亦以子虛烏有視之。《紀年》一書,亦非可盡信者,而"王亥"之名竟於卜辭見之。其事雖未必盡然,而其人則確非虛構。可知古代傳説存於周秦之間者,非絕無根據也。

　　王亥之名及其事蹟,非徒見於《山海經》、《竹書》,周秦間人著書多能道之。《吕覽·勿躬篇》:"王冰作服牛。"案:篆文"冰"作仌,與亥字相似,"王仌"亦"王亥"之譌。《世本·作篇》:"胲作服牛。"《初學記》卷二十九引,又《御覽》八百九十九引《世本》:"鮌作服牛。""鮌"亦"胲"之譌。《路史》注引《世本》:"胲爲黄帝馬醫,常醫龍。"疑引宋衷注。《御覽》引宋注曰:"胲,黄帝臣也,能駕牛。"又云:"少昊時人,始駕牛。"皆漢人説,不足據。實則《作篇》之"胲"即《帝繋篇》之"核"也。其證也。"服牛"者,即《大荒東經》之"僕牛",古"服"、"僕"同音也。《楚辭·天問》:"該秉季德,厥父是臧。胡終弊于有扈,牧夫牛羊?"又曰:"恒秉季德,焉得夫朴牛?""該"即"胲","有扈"即"有易",説見下。"朴牛"亦即"服牛"。是《山海經》、《天問》、《吕覽》、《世本》皆以王亥爲始作服牛之人。蓋夏初奚仲作車,或尚以人挽之。至相土作乘馬,王亥作服牛,而車之用益廣。《管子·輕重戊》云:"殷人之王,立帛牢,服牛馬,以爲民利,而天下化之。"蓋古之有天下者,其先皆有大功德於天下。禹抑鴻水,稷降嘉種,爰啓夏、周。商之相土、王亥,蓋亦其儔。然則王亥祀典之隆,亦以其爲制作之聖人,非徒以其爲先祖。周秦間王亥之傳説,胥由是起也。

　　卜辭言"王亥"者九,其二有祭日,皆以辛亥,與祭大乙用乙日、祭大甲用甲日同例。是王亥確爲殷人以辰爲名之始,猶上甲微之爲以日爲名之始也。然觀殷人之名,即不用日辰者,亦取於時爲多。自契以下,若"昭明"、若"昌若"、

若"冥",皆含朝莫、明晦之意,而"王恒"之名,亦取象於月弦。是以時爲名或號者,乃殷俗也。夏后氏之以日爲名者,有孔甲,有履癸,要在王亥及上甲之後矣。

王恒

卜辭人名,於王亥外,又有王⚊。其文曰:"貞之于王⚊。"《鐵雲藏龜》第一百九十九葉及《書契後編》卷上弟九葉。又曰:"貞,⚊之于王⚊。"《後編》卷下弟七葉。又作"王⚊",曰:"貞,王⚊。"下闕。《前編》卷七弟十一葉。案:⚊即"恒"字。《説文解字·二部》:"恆,常也。从心,从舟,在二之間上下。心以舟施,恒也。⚊,古文恆,从月。《詩》曰:'如月之恒。'"案:許君既云古文"恆"从月,復引《詩》以釋从月之意,而今本古文乃作⚊,从二、从古文"外",蓋傳寫之譌,字當作⚊。又《説文·木部》:"㮓,竟也。从木,恆聲。⚊,古文'㮓'。"案:古从月之字,後或變而从舟。殷虛卜辭"朝莫"之"朝"作⚊,《後編》卷下弟三葉。从日、月在䒑間,與莫字从日在䒑間同意;而篆文作"朝",不从月,而从舟。以此例之,⚊本當作⚊。智鼎有⚊字,从心,从⚊,與篆文之"恆"从舟者同,即"恆"之初字。可知⚊、⚊一字。卜辭⚊字从二从⚊,卜辭"月"字或作⚊,或作⚊。其爲"⚊"、"⚊"二字,或"恒"字之省無疑。其作⚊者,《詩·小雅》"如月之恒",毛傳:"恒,弦也。"弦本弓上物,故字又从弓。然則⚊、⚊二字確爲"恒"字。王恒之爲殷先祖,惟見於《楚辭·天問》。《天問》自"簡狄在臺嚳何宜"以下二十韻,皆述商事。前夏事,後周事。其問王亥以下數世事曰:"該秉季德,厥父是臧。胡終弊于有扈,牧夫牛羊?干協時舞,何以懷之?平脅曼膚,何以肥之?有扈牧豎,云何而逢?擊牀先出,其命何從?恒秉季德,焉得夫朴牛?何往營班禄,不但還來?昏微遵跡,有狄不寧。何繁鳥萃棘,負子肆情?眩弟並淫,危害厥兄。何變化以作詐,後嗣而逢長?"此十二韻以《大荒東經》及郭注所引《竹書》參證之,實紀王亥、王恒及上甲微三世之事。而《山海經》、《竹書》之"有易",《天問》作"有扈",乃字之誤。蓋後人多見"有扈",少見"有易",又同是夏時事,故改"易"爲"扈"。下文又云:"昏微遵跡,有狄不寧。""昏微"即上甲微,"有狄"亦即有易也。古"狄"、"易"二字同音,故互相通假。《説文解字·辵部》"逖"之古文作"逷"。《書·牧誓》"逖矣,西土之人",《爾雅》郭注引作"逷矣,西土之人"。《書·多士》"離逖爾土",《詩·大雅》"用逷蠻方",《魯頌》"狄

彼東南",畢狄鐘"畢狄不龏",此"逖"、"遏"、"狄"三字異文同義。《史記·殷本紀》之"簡狄",索隱曰:"舊本作'易'。"《漢書·古今人表》作"簡逷"。《白虎通·禮樂篇》:"狄者,易也。"是古"狄"、"易"二字通,"有狄"即"有易"。上甲遵跡,而有易不寧,是王亥弊于有易,非弊于有扈。故曰"扈"當爲"易"字之誤也。"狄"、"易"二字,不知孰正孰借。其國當在大河之北,或在易水左右。孫氏之駁說。蓋商之先,自冥治河,王亥遷殷,《今本竹書紀年》:"帝芒三十三年,商侯遷于殷。"其時商侯即王亥也。《山海經》注所引真本《竹書》亦稱王亥爲"殷王子亥"。稱"殷"不稱"商",則《今本紀年》此條,《古本》想亦有之。殷在河北,非亳殷。見余前撰《三代地理小記》。已由商丘越大河而北,故游牧於有易高爽之地,服牛之利,即發見於此。有易之人乃殺王亥,取服牛,所謂"胡終弊于有扈,牧夫牛羊"者也。其云"有扈牧豎,云何而逢?擊牀先出,其命何從"者,似記王亥被殺之事。其云"恒秉季德,焉得(失)〔夫〕①朴牛"者,恒蓋該弟,與該同秉季德,復得該所失服牛也。所云"昏微遵跡,有狄不寧"者,謂上甲微能率循其先人之跡,有易與之有殺父之讎,故爲之"不寧"也。"繁鳥萃棘"以下當亦記上甲事。書闕有間,不敢妄爲之說。然非如三逸《章句》所說解居父及象事,固自顯然。要之,《天問》所說,當與《山海經》及《竹書紀年》同出一源。而《天問》就壁畫發問,所記尤詳。恒之一人,並爲諸書所未載。卜辭之王恒與王亥同以"王"稱,其時代自當相接。而《天問》之"該"與"恒",適與之相當。前後所陳,又皆商家故事,則中間十二韻,自係述王亥、王恒、上甲微三世之事。然則王亥與上甲微之間,又當有王恒一世。以《世本》、《史記》所未載,《山經》、《竹書》所不詳,而今於卜辭得之;《天問》之辭,千古不能通其說者,而今由卜辭通之。此治史學與文學者所當同聲稱快者也。

上甲

《魯語》:"上甲微,能帥契者也,商人報焉。"是商人祭上甲微,而卜辭不見"上甲"。郭璞《大荒東經》注引《竹書》作"主甲微",而卜辭亦不見"主甲"。余由卜辭有⊘、⊘、⊘三人名,其"乙"、"丙"、"丁"三字皆在⊏或⊐中,而悟卜辭中凡數十見之⊞或作、⊞。即"上甲"也。卜辭中凡田狩之"田"字,其口中橫、直二筆皆與其四旁相接。而人名之⊞,則其中橫、直二筆或其直筆必與四旁不接,與"田"字區別較然。⊞中"十"字即古"甲"字。卜辭與古金文皆同。

---

① "失",據《四部叢刊》本《楚辭》改作"夫"。

"甲"在囗中，與〔...〕、〔...〕、〔...〕之"乙"、"丙"、"丁"三字在匚或⊐中同意。亦有囗中橫、直二筆與四旁接而與"田狩"字無別者，則上加一作田，以別之。上加一者，古六書中指事之法。一在田上，與二字古文"上"字。之"一"在"一"上同意，去"上甲"之義尤近。細觀卜辭中記田或田者數十條，亦惟上甲微始足當之。卜辭中云"自田或作田。至于多后衣"者五，《書契前編》卷二弟二十五葉三見，又卷三弟二十七葉、《後編》卷上弟二十葉各一見。其斷片云"自田至于多后"者三，《前編》卷二弟二十五葉兩見，又卷三弟二十八葉一見。云"自田至于武乙衣"者一。《後編》卷上弟二十葉。"衣"者，古殷祭之名。又卜辭曰："丁卯，貞，來乙亥，告自田。"《後編》卷上弟二十八葉。又曰："乙亥卜，賓貞，囗大御自田。"同上，卷下弟六葉。又曰："上闕。貞，翌甲囗〔...〕自田。"同上，弟三十四葉。凡祭告皆曰"自田"，是田實居先公、先王之首也。又曰："辛巳卜，大貞，之自田元示三牛，二示一牛。十三月。"《前編》卷三弟二十二葉。又云："乙未貞，其〔...〕①自田十又三示，牛。小示，羊。"《後編》卷上弟二十八葉。是田為"元示"及"十有三示"之首。殷之先公稱"示"。"主壬"、"主癸"，卜辭稱"示壬"、"示癸"。則田又居先公之首也。商之先人，王亥始以辰名。上甲以降，皆以日名。是商人數先公當自上甲始。且田之為上甲，又有可(微)〔徵〕②證者。殷之祭先，率以其所名之日祭之。祭名"甲"者用甲日，祭名"乙"者用乙日，此卜辭之通例也。今卜辭中凡專祭田者，皆用甲日。如曰："在三月甲子，囗祭田。"《前編》卷四弟十八葉。又曰："在十月又一，即十有一月。甲申，囗彡祭田。"《後編》卷下弟二十葉。又曰："癸卯卜，翌甲辰之田牛，吉。"同上，弟二十七葉。又曰："甲辰卜，貞，來甲寅又伐田，羊五，卯牛一。"同上，弟二十一葉。此四事祭田有日者，皆用甲日。又云："在正月囗囗此二字闕。祭大甲，〔...〕田。"同上，弟二十一葉。此條雖無祭日，然與大甲同日祭，則亦用甲日矣。即與諸先王、先公合祭時，其有日可考者，亦用甲日。如曰："貞，翌甲囗〔...〕自田。"同上。又曰："癸巳卜，貞，彡肜日，自田至于多后衣，亡它。自囗，在四月，惟王二祀。"《前編》卷三弟二十七葉。又曰："癸卯，王卜貞，彡翌日，自田至多后衣，亡它。在囗，在九月，惟王五祀。"《後編》卷上弟二十葉。此二條以癸巳及癸卯卜，則其所云之"肜日"、"翌日"，皆甲日也。是故田之名"甲"，可以祭日用甲證之。田字為十古"甲"字。在囗中，可以〔...〕、〔...〕、〔...〕三名乙、丙、丁在匚中證之。而此"甲"之即上甲，又可以其居先公、先王之首證

---

① "〔...〕"，《遺書》本作"求"。
② "微"當作"徵"，據《遺書》本改。

之。此説雖若穿鑿，然恐殷人復起亦無易之矣。

《魯語》稱商人"報"上甲微。《孔叢子》引逸《書》："惟高宗報上甲微。"此魏晉間僞書之未采入梅本者。《今本竹書紀年》："武丁十二年報祀上甲微。"即本諸此。報者，蓋非常祭。今卜辭於上甲有合祭，有專祭，皆常祭也。又商人於先公皆祭，非獨上甲。可知周人言殷禮已多失實。此孔子所以有文獻不足之歎與？

報丁　報丙　報乙

自上甲至湯，《史記·殷本紀》、《三代世表》、《漢書·古今人表》有報丁、報丙、報乙、主壬、主癸五世，蓋皆出於《世本》。案：卜辭有㇟、㇐、㇒三人，其文曰："乙丑卜，□貞，王賓㇟祭。"下闕。見《書契後編》卷上弟八葉，又斷片二。又曰："丙申卜，旅貞，王賓㇐□，亡固。"同上。又曰："丁亥卜，貞，王賓㇒，肜日，亡□。"同上。其"乙"、"丙"、"丁"三字皆在囗或凵中，又稱之曰"王賓"，與他先王同。羅參事疑即報乙、報丙、報丁，而苦無以證之。余案：參事説是也。卜辭又有一條曰"丁酉，彭絲中闕。㇐三，㇒三，示中闕。大丁十，大"，下闕。見《後編》卷上弟八葉。此文殘闕，然"示"字下所闕當爲"壬"字。又自報丁經示壬、示癸、大乙而後及大丁、大甲，則其下又當闕"示癸"、"大乙"諸字。又所謂"㇐三、㇒三、大丁十"者，當謂牲牢之數。據此則㇐、㇒在大丁之前，又在示壬、示癸之前，非報丙、報丁奚屬矣。㇐、㇒既爲報丙、報丁，則㇟亦當即報乙。惟卜辭㇐、㇒之後即繼以"示"字，蓋謂示壬，殆以匚、回、叵爲次，與《史記》諸書不合。然何必《史記》諸書是而卜辭非乎？又報乙、報丙、報丁稱"報"者，殆亦取"報上甲微"之"報"以爲義，自是後世追號，非殷人本稱。當時但稱㇟、㇐、㇒而已。上甲之"甲"字在囗中，報乙、報丙、報丁之"乙"、"丙"、"丁"三字在囗或凵中，自是一例。意壇墠或郊宗石室之制，殷人已有行之者與？

主壬　主癸

卜辭屢見"示壬"、"示癸"，羅參事謂即《史記》之"主壬"、"主癸"。其説至確，而證之至難。今既知田爲上甲，則"示壬"、"示癸"之即主壬、主癸亦可證之。卜辭曰："辛巳卜，大貞，之自田元示三牛，二示一牛。"《前編》卷三弟二十二葉。又曰："乙未貞，其羊①自田十又三示，牛。小示，羊。"《後編》卷上弟二十八葉。是

---

① "羊"，《遺書》本作"求"。本卷皆如此，不另出注。

自上甲以降，均謂之"示"，則"主壬"、"主癸"宜稱"示壬"、"示癸"。又卜辭有"示丁"，《殷虛書契菁華》弟九葉。蓋亦即報丁。報丁既作𐊼，又作"示丁"，則自上甲至示癸，皆卜辭所謂"元示"也。又卜辭稱"自田十有三示"，而《史記》諸書自上甲至主癸，歷六世而僅得六君。疑其間當有兄弟相及，而史失其名者。如王亥與王恒，疑亦兄弟相及，而《史記》諸書皆不載。蓋商之先公，其世數雖傳，而君數已不可考。又商人於先王、先公之未立者，祀之與已立者同，見後。故多至十有三示也。

大乙

湯名"天乙"，見於《世本》《書·湯誓》釋文引。及《荀子·成相篇》，而《史記》仍之。卜辭有"大乙"無"天乙"，羅參事謂"天乙"爲"大乙"之譌。觀於"大戊"，卜辭亦作"天戊"。《前編》卷四第二十六葉。卜辭之"大邑商"，《周書·多士》作"天邑商"。蓋"天"、"大"二字形近，故互譌也。且商初葉諸帝，如大丁、如大甲、如大庚、如大戊，皆冠以"大"字，則湯自當稱"大乙"。又卜辭曰："癸巳，貞，又𠂤于伊其□大乙彤日。"《後編》卷上弟二十二葉。又曰："癸酉卜，貞，大乙伊其"，下闕。見同上。"伊"即伊尹，以"大乙"與伊尹並言，尤"大乙"即"天乙"之證矣。

唐

卜辭又屢見"唐"字，亦人名。其一條有唐、大丁、大甲三人相連，而下文不具。《鐵雲藏龜》弟二百十四葉。又一骨上有卜辭三，一曰："貞于唐，告𠂤方。"二曰："貞于大甲，告。"三曰："貞于大丁，告𠂤。"《書契後編》卷上弟二十九葉。三辭在一骨上，自係一時所卜。據此，則"唐"與大丁、大甲連文而又居其首，疑即湯也。《說文·口部》"𤉢，古文'唐'。从口、昜"。與"湯"字形相近。《博古圖》所載齊侯鑄鐘銘曰："虩虩成唐，有嚴在帝所，尃受天命。"又曰："奄有九州，處禹之都。"夫"受天命"、"有九州"，非成湯其孰能當之？《太平御覽》八十二及九百一十二引《歸藏》曰："昔者桀筮伐唐，而枚占熒惑曰：'不吉。'"《博物志》六亦云："案：'唐'亦即湯也。"卜辭之"唐"必"湯"之本字，後轉作"喝"，遂通作"湯"。然卜辭於湯之專祭必曰"王賓大乙"，惟告祭等乃稱"唐"，未知其故。

羊甲

卜辭有"羊甲"，無"陽甲"。羅參事證以古"樂陽"作"樂羊"、"歐陽"作

"歐羊",謂"羊甲"即"陽甲"。今案：卜辭有"曰南庚，曰羊甲"六字，《前編》卷上弟四十二葉。"羊甲"在南庚之次，則其即"陽甲"審矣。

祖某　父某　兄某

有商一代二十九帝，其未見卜辭者，仲壬、沃丁、雍己、河亶甲、沃甲、廩辛、帝乙、帝辛八帝也。而卜辭出於殷虛，乃自盤庚至帝乙時所刻辭，自當無帝乙、帝辛之名。則名不見於卜辭者，於二十七帝中，實六帝耳。又卜辭中人名①，若祖丙、《書契前編》卷一第二十二葉。若小丁、同上。若祖戊、同上，弟二十三葉。若祖己、同上。若中己、《後編》卷上弟八葉。若南壬，《前編》卷一弟四十五葉。②其名號與祀之之禮，皆與先王同，而史無其人。又卜辭所見"父甲"、"兄乙"等人名頗衆，求之遷殷以後諸帝之父兄，或無其人。曩頗疑《世本》及《史記》於有商一代帝繫不無遺漏。今由種種研究，知卜辭中所未見之諸帝，或名亡而實存。至卜辭所有而史所無者，與夫"父某"、"兄某"等之史無其人以當之者，皆諸帝兄弟之未立而殂者，或諸帝之異名也。試詳證之。

一事。商之繼統法，以弟及爲主，而以子繼輔之。無弟，然後傳子。自湯至於帝辛二十九帝中，以弟繼兄者凡十四帝。此據《史記·殷本紀》。若據《三代世表》及《漢書·古今人表》則得十五帝。其傳子者亦多傳弟之子，而罕傳兄之子。蓋周時以嫡庶、長幼爲貴賤之制，商無有也。故兄弟之中有未立而死者，其祀之也與已立者同。王亥之弟王恒，其立否不可考，而亦在祀典。且卜辭於王亥、王恒外又有"王矢"，《前編》卷一弟三十五葉兩見，又卷四弟三十三葉及《後編》卷下弟四葉各一見。亦在祀典，疑亦王亥兄弟也。又自上甲至於示癸，《史記》僅有六君，而卜辭稱"自甲十有三示"，又或稱"九示"、"十示"，蓋亦并諸先公兄弟之立與未立者數之。逮有天下後亦然。《孟子》稱"大丁未立"，今觀其祀禮，與大乙、大甲同。卜辭有一節曰："癸酉卜，貞，王賓此字原奪，以他文例之，此處當有"賓"字。父丁㞢三牛，眔兄己一牛，兄庚□□，此二字殘闕，疑亦是"一牛"二字。亡□。"《後編》卷上弟十九葉。又曰："癸亥卜，貞，兄庚□眔兄己□。"同上，弟八葉。又曰："貞，兄庚□眔兄己其牛。"同上。考商時諸帝中，凡丁之子，無己、庚二人相繼在位者，惟武丁之子有孝己，《戰國·秦》、《燕》二《策》，《莊子·外物篇》，《荀子·性惡》、《大略》二篇，《漢書·古今人表》均有"孝己"。《家語·弟子解》云：

---

① "人名"以下，王國維後自增如下文字，《遺書》本同："若𢆶甲《前編》卷一第十六葉，《後編》卷上第八葉。"

② "《前編》卷一弟四十五葉"以下，王國維後自增補如下文字，《遺書》本同："若小癸《龜甲獸骨文字》卷二第廿五葉。"

"高宗以後妻殺孝己。"則孝己，武丁子也。有祖庚、有祖甲。則此條乃祖甲時所卜。"父丁"即武丁，"兄己"、"兄庚"即孝己及祖庚也。孝己未立，故不見於《世本》及《史記》，而其祀典乃與祖庚同。然則上所舉"祖丙"、"小丁"諸人名與禮視先王無異者，非諸帝之異名，必諸帝兄弟之未立者矣。周初之制猶與之同。《逸周書·〔克殷〕〔世俘〕解》①曰："王烈祖太王、太伯、王季、虞公、文王、邑考以列升。"蓋周公未制禮以前，殷禮固如斯矣。

　　二事。卜辭於諸先王本名之外，或稱"帝某"，或稱"祖某"，或稱"父某"、"兄某"。羅參事曰："有商一代，帝王以'甲'名者六，以'乙'名者五，以'丁'名者六，以'庚'、'辛'名者四，以'壬'名者二，惟以'丙'及'戊'、'己'名者各一。其稱'大甲'、'小甲'、'大乙'、'小乙'、'大丁'、'中丁'者，殆後來加之以示別。然在嗣位之君，則徑稱其父為'父甲'，其兄為'兄乙'，當時已自了然。故疑所稱'父某'、'兄某'者，即大乙以下諸帝矣。"余案：參事說是也。非獨"父某"、"兄某"為然，其云"帝"與"祖"者，亦諸帝之通稱。卜辭曰："己卯卜，貞，帝甲囗中闕二字。其罙祖丁。"《後編》卷上弟四葉。案：祖丁之前一帝為沃甲，則"帝甲"即沃甲，非《周語》"帝甲亂之"之帝甲也。又曰："祖辛一牛，祖甲一牛，祖丁一牛。"同上，弟二十六葉。案：祖辛、祖丁之間惟有沃甲，則"祖甲"亦即沃甲，非武丁之子祖甲也。又曰："甲辰卜，貞，王賓⚋祖乙、祖丁、祖甲、康祖丁、武乙衣，亡囗。"同上，弟二十葉。案：武乙以前四世，為小乙、武丁、祖甲、庚丁，羅參事以"庚丁"為"康丁"之譌，是也。則"祖乙"即小乙，"祖丁"即武丁，非河亶甲之子祖乙，亦非祖辛之子祖丁也。又此五世中名"丁"者有二，故於"庚丁"實"康丁"。云"康祖丁"以別之，否則亦直云"祖"而已。然則商人自大父以上皆稱曰"祖"，其不須區別而自明者，不必舉其本號，但云"祖某"足矣。即須加區別時，亦有不舉其本號而但以數別之者，如云："囗囗于三祖庚。"《前編》卷一弟十九葉。案：商諸帝以"庚"名者，大庚弟一，南庚弟二，盤庚弟三，祖庚弟四，則"三祖庚"即盤庚也。又有稱"四祖丁"者。《後編》卷上弟三葉，凡三見。案：商諸帝以"丁"名者，大丁弟一，沃丁弟二，中丁弟三，祖丁弟四。則"四祖丁"即《史記》之"祖丁"也。以名"庚"者皆可稱"祖庚"，名"丁"者皆可稱"祖丁"，故加"三"、"四"等字以別之，否則贅矣。由是推之，則卜辭之"祖丙"或即外丙，"祖戊"或即大戊，"祖己"或即雍己、孝己。此"祖己"非《書·高宗肜日》之"祖己"。卜辭稱"卜貞，王賓祖己"，與先王同。而伊尹、巫咸皆無此稱，固宜別是一

---

① "《克殷解》"當為"《世俘解》"之誤，據文淵閣《四庫全書》本《逸周書》改。

人。且商時云"祖某"者，皆先王之名，非臣子可襲用，疑《尚書》誤。故"祖"者，大父以上諸先王之通稱也。其稱"父某"者亦然。"父"者，父與諸父之通稱。卜辭曰："父甲一牡，父庚一牡，父辛一牡。"《後編》卷上弟二十五葉。此當為武丁時所卜，"父甲"、"父庚"、"父辛"，即陽甲、盤庚、小辛，皆小乙之兄而武丁之諸父也。羅參事說。又卜辭凡單稱"父某"者，有"父甲"，《前編》卷一弟二十四葉。有"父乙"，同上，弟二十五及弟二十六葉。有"父丁"，同上，弟二十六葉。有"父己"，同上，弟二十七葉及卷三弟二十三葉，《後編》卷上弟六、弟七葉。有"父庚"，《前編》卷一弟二十六及弟二十七葉。有"父辛"。同上，弟二十七葉。今於盤庚以後諸帝之父及諸父中求之，則武丁之於陽甲，庚丁之於祖甲，皆得稱"父甲"；武丁之於小乙，文丁之於武乙，帝辛之於帝乙，皆得稱"父乙"；廩辛、庚丁之於孝己，皆得稱"父己"。餘如"父庚"當為盤庚或祖庚，"父辛"當為小辛或廩辛，他皆放此。其稱"兄某"者亦然。案：卜辭云"兄某"者，有"兄甲"，《前編》卷一弟三十八葉。有"兄丁"，同上，卷一弟三十九葉，又《後編》卷上弟七葉。有"兄戊"，《前編》卷一弟四十葉。有"兄己"，《前編》卷一弟四十及弟四十一葉，《後編》卷二弟七葉。有"兄庚"，《前編》卷一弟四十一葉，《後編》卷上弟七葉及弟十九葉。有"兄辛"，《後編》卷上弟七葉。有"兄壬"，同上。有"兄癸"。同上。今於盤庚以後諸帝之兄求之，則"兄甲"當為盤庚、小辛、小乙之稱陽甲；"兄己"當為祖庚、祖甲之稱孝己；"兄庚"當為小辛、小乙之稱盤庚，或祖甲之稱祖庚；"兄辛"當為小乙之稱小辛，或庚丁之稱廩辛。而"丁"、"戊"、"壬"、"癸"，則盤庚以後諸帝之兄在位者。初無其人，自是未立而殂者，與孝己同矣。由是觀之，則卜辭中所未見之雍己、沃甲、廩辛等，名雖亡而實或存。其史家所不載之"祖丙"、"小丁"、此疑即沃丁或武丁。對大丁或祖丁言，則沃丁與武丁自當稱"小丁"，猶大丁之後有"小甲"，祖乙之後有"小乙"，祖辛之後有"小辛"矣。"祖戊"、"祖己"、"中己"、"南壬"等，或為諸帝之異稱，或為諸帝兄弟之未立者。於是卜辭與《世本》、《史記》間毫無抵牾之處矣。

餘考①

由上文所考定②殷以前之制度典禮有可徵實及推論者如次：

一、商於虞夏時已稱王也。《詩·商頌》"玄王桓撥"，《毛傳》③曰："玄王，

---

① 《殷墟卜辭中所見先公先王考》初刊於廣倉學宭叢刊《學術叢編》第十四冊，文末附有此《餘考》。然編入《觀堂集林》時，"刪落不遺一字"（趙萬里《靜安先生遺著選跋》）。今據廣倉學宭初刊本補入，以無遺珠之憾。
② "所考定"，據葛兆光所見日本關西大學圖書館藏《殷虛卜辭中所見先公先王考》手稿，作"之研究"。
③ "毛傳"，手稿作"傳"。

契也。"《周語》:"玄王勤商,十有四世而興。"《荀子·成相篇》①:"契,玄王,生昭明。"是契之稱玄王舊矣。《世本》之"核",《山海經》作"王亥",《古本竹書紀年》作"殷王子亥"。卜辭於王亥外又有王恒、王矢,是稱王者不止一人。若云追王,則上甲中興之主,主壬、主癸又②湯之祖父,何以不稱王而獨王始祖之契與③七世祖之王亥、王恒乎?則玄王與王亥、王恒等自係當時本號。蓋夏商皆唐虞以來古國,其大小強弱本不甚懸殊,所謂有天下者亦第以其名居諸侯之上,數世之後,即與春秋戰國之成周無異。而商之先自相土時已大啓土(字)〔宇〕④,相土本居商丘,而其東都乃在東嶽之下。《春秋左氏·定(九)〔四〕年⑤傳》:"取於相土之東都,以會王之東蒐。"是其地當近東嶽,周以此分康叔⑥,與鄭人有泰山之祊同。《商頌》所云"相土烈烈,海外有截"⑦,自係實錄。及王亥遷殷,其地又跨河之南北⑧,湯伐韋顧、滅昆吾、放桀南巢,不過成⑨祖宗之業,王跡之興,固不始於此⑩矣。《書·湯誓》於湯伐桀誓師時稱王,文王亦受命稱王,蓋夏殷諸侯之強大者皆有王號,本與君公之稱無甚懸隔。又⑪天子之於諸侯,君臣之分亦未全定。天澤之辨,蓋嚴於周公制禮之後。即宗周之世,邊裔大國尚有稱王者,見余前撰《三代地理小記》。蓋仍夏殷遺俗,不能遽以僭竊論矣⑫。

一、殷人⑬兄弟無貴賤之別也。有商一代⑭,二十九帝中以弟繼兄者殆半⑮,其兄弟之未立⑯而殂者,亦以先王之禮祀之。蓋殷人兄弟⑰惟以長幼之次爲嗣位

---

① 手稿"成相篇"下有"曰"字。
② "又",手稿作"親"。
③ "始祖之契與",手稿無。
④ "字",據手稿改作"宇"。
⑤ "定九年",手稿作"哀九年",據《左傳》改作"定四年"。
⑥ "周以此分康叔",手稿無。
⑦ 手稿"截"下有"者"。
⑧ 手稿"南北"下有"而與夏人錯處,夏人都河濟間,余別有考。至"等字。
⑨ "成",手稿作"完"。
⑩ "始於此",手稿作"自湯始"。
⑪ "又",手稿作"而其時"。
⑫ "不能遽以僭竊論矣",手稿作"孟子'民無二王'之說周,不能以論夏殷事矣"。
⑬ "人",手稿作"時"。
⑭ "有商一代",手稿作"殷一代"。
⑮ "殆半",手稿作"居半"。
⑯ "其兄弟之未立",手稿作"其未及嗣位"。
⑰ "兄弟"下手稿有"不以長幼爲貴賤"。

先後之次，不以是爲貴賤也。文王①不立伯邑考〔子〕②而立武王，與武王崩而周公攝政③，亦用④殷制。立子之法，蓋⑤自周公反政成王始，遂爲百世定制矣。

一、商⑥時無分封子弟之制也。商時⑦兄弟皆得在位，故開國時⑧即無分封子弟之事。故⑨其亡也，惟有⑩微子以奉商祀，除宋以外，中原無一子姓之國。箕子封朝鮮，乃在荒裔。而夏后氏之後尚有杞、鄫，亦殷人不封子弟之證也。

一、殷人⑪無女姓之制也。周時女皆稱姓，自太姜、太任、太姒已然，而卜辭⑫於先妣皆稱妣甲、妣乙，未嘗稱姓，然則女姓⑬之制亦起於周初。《禮記·大傳》曰："繫之以姓而弗別，綴之以食而弗殊，雖百世而昏姻不通者，周道然也。"此其證也。

一、殷人祭祀之禮與周大異也。甲、殷之祭先王先公，有專祭⑭，有合祭。其專祭也，則先公先王及先妣皆以其名之日祭之。其合祭也，則或合先公先王而祭之，所謂"自囗至于武乙衣"是也；或⑮合先公而祭之，所謂（之）⑯"自囗元示三牛二示二牛"及"其㞢自囗十有三示牛小示羊"是也。又所謂"自囗至于多𤰞衣"者，"多𤰞"蓋亦先公兄弟之未立者⑰，疑主癸之弟或天乙之兄，居十有三示之末者也⑱。或合最近諸先王而祭之，所謂"㞢祖乙祖丁祖甲康祖丁武乙衣"及"自武丁至于武乙衣"是也。合先公之祭，略如周之壇墠；合先王之祭及合先公先王之祭，略如周之禘祫；而殷人皆謂之"衣"。衣者，殷也。《書·康誥》"殪

---

① "文王"，手稿作"周之"。
② "子"，手稿作小字注，據改。
③ "政"，手稿作"天子位"。
④ "用"，手稿作"承"。
⑤ "法"，手稿作"制"；"蓋"下手稿有"亦"字。
⑥ "商"，手稿作"殷"。
⑦ "商時"，手稿作"殷人"。
⑧ "開國時"，手稿作"殷初"。
⑨ "故"，手稿作"比"。
⑩ "有"下手稿有"一"字。
⑪ "殷人"，手稿作"殷時"。
⑫ "卜辭"，手稿作"商人"。
⑬ "女姓"，手稿作"姓氏"。
⑭ "專祭"，手稿作"特祭"。下文皆同，不另出記。
⑮ "或"下手稿有"但"。
⑯ "之"，手稿自刪之，今從而刪。
⑰ "者"下手稿有"之名"二字。
⑱ "也"下手稿有"或合稍遠諸先王而祭之，如云'已卯卜翌庚辰之于大庚至于中丁一牢'是也"。

戎殷"，《中庸》作"壹戎衣"，鄭注："齊人言殷聲如衣。"《吕氏春秋·慎大覽》"親郼如夏"，高誘注："郼讀如衣。今兖州人謂殷氏皆曰衣。"漢之兖州正殷之①故地，則殷人讀殷亦當如衣。<small>殷商②之殷至周爲衛，猶商之變爲宋也③</small>。《公羊·文二年傳》"五年而再殷祭"，以禘祫爲殷祭，蓋猶商人遺語。大豐敦<small>濰縣陳氏藏</small>。"王衣祀于丕顯考文王"，則周初亦有衣祭，惟商爲合祭，周則專祭耳。乙、殷之祭先，雖先公先王兄弟之未立者，無不有④專祭。然其合祭之一種，又限於其所自出之五世，如所謂"𠂤祖乙祖丁祖甲康祖丁武乙衣"者，此文丁時事，所祭惟小乙、武丁、祖甲、康丁、武乙五世，而祖甲之兄祖庚、康丁⑤之兄廪辛，雖在帝位而非⑥所自出，故不與焉。《吕氏春秋·諭大覽》引《商書》曰"五世之廟可以觀怪"，於是可證。此周五廟七廟之制所從出也⑦。丙、殷之⑧先公先王先妣祭日，皆如其名之日。如祭王亥以亥日，上甲以甲日，示壬、示癸以壬、癸日，自大乙以下諸帝無不然。其不以其名之日祭者，十無一二焉。然則商人以日爲名，殆專爲祭而設矣。又其祭先公先王先妣也⑨，皆以其名之日卜，如卜祭大乙用乙日，卜祭大甲用甲日，其不以其名之日卜者，亦十無二三⑩焉。凡祭必先卜，決不能至其日而後卜⑪，然則卜之日必爲祭之前十日。以周制言之，《少牢饋食禮》："少牢饋食之禮，日用丁巳，筮旬有一日。"注："旬十日，以先月下旬之巳筮來月上旬之巳。"《穀梁·哀元年傳》："我以十二月下辛卜正月上辛，如不從，則以正月下辛卜二月上辛；如不從，則以二月下辛卜三月上辛；如不從，則不郊矣。"然則殷人卜祭其先亦當以祭之前十日卜。周人吉禮大改殷制，然卜日之期尚仍其故，所謂"損益可知"者，於是⑫足徵。此數事皆與先王先公相關，故附著之⑬。

---

① "之"，手稿作"人"。
② "殷商"，手稿作"殷墟"。
③ "猶商之變爲宋也"，手稿作"亦其一證"。
④ "有"，手稿無。
⑤ "康丁"，手稿作"庚丁"。
⑥ "非"下手稿有"文丁"二字。
⑦ "此"，手稿作"是"；"從"，手稿作"自"。
⑧ "之"，手稿作"人"。
⑨ "又"下手稿無"其"字；"妣"下手稿無"也"字。
⑩ "二三"，手稿作"一二"。
⑪ "至其日而後卜"，手稿作"於祭之日始卜"。
⑫ "是"，手稿作"此"。
⑬ "皆與先王先公相關，故附著之"，手稿作"皆關於先王先公者，故略著於此，以俟他日詳究焉"。

附　羅叔言參事二書

　　昨日下午，郵局送到大稿。燈下讀一過，忻快無似。弟自去冬病胃，悶損已數月。披覽來編，積痾若失。憶自卜辭初出洹陰，弟一見，以爲奇寶，而考釋之事未敢自任。研究十年，始稍稍能貫通。往者寫定考釋，尚未能自慊，固知繼我有作者，必在先生，不謂捷悟遂至此也。"上甲"之釋無可疑者。弟意田字即小篆甲字所從出。卜辭田字十外加囗，固以示別，與乙、丙、丁同例。然疑亦用以別於數名之十。周人尚用此字，兮伯吉父盤之"兮田"即"兮甲"也。小篆復改作甲者，初以十嫌於數名之十古"七"字。而加囗作田，既又嫌於"田疇"之"田"而稍變之。秦陽陵虎符"甲兵"之字作甲，變囗爲⌒，更譌⌒爲⌒，譌十爲丅，如《說文》甲字而初形全失，反不如隸書"甲"字尚存古文面目也。弟因考卜辭，知今隸頗存古文，此亦其一矣。又田或作囲者，弟以爲即"上甲"二字合文。許書"帝"古文作帝，注："古文諸丄字皆从一，篆文皆从二。二，古文'上'字。"考之卜辭及古金文"帝"、"示"諸文，或从二，或从一。知古文二亦省作一。囲者，"上甲"也。許君之注當改正爲"古文諸丄字或从一，或从二，一與二皆古文'上'"。或洨長原文本如此，後人轉寫失之耳。尊稿當已寫定，可不必改正。或以弟此書寫附大箸之後。奉讀大稿，弟爲忻快累日。此書寄到，公亦當攬紙首肯也。弟一札。

　　前書與公論囲即"上甲"二字合書，想公必謂然。今日補拓以前未選入之龜甲獸骨，得一骨，上有囬字，則竟作"上田"，爲之狂喜。已而檢《書契後編》，見卷下弟四十二葉"上甲"字已有作囬者①。又爲之失笑。不獨弟忽之，公亦忽之，何耶？卜辭"上"字多作二，"下"字作二。"下"字無所嫌，二作二者，所以別於數名之"二"也。此囬字兩見，皆作二。又"上帝"字作二帝，其爲"上"字無疑。田爲囬字之省，亦無可疑。不僅可爲弟前說之證，亦足證尊說之精確。至今隸"甲"字全與田同，但長其直畫。想公於此益信今隸源流之古矣。弟二札。

　　丁巳二月，參事聞余考卜辭中殷先公、先王，索稿甚亟。既寫定，即以草藁寄之。復書兩通，爲余證成"上甲"二字之釋。第一札作於閏二月之望，第二札則二十日也。余適以展墓反浙，至滬讀此二書，開緘狂喜，亟錄附於後。越七日，國維記。

---

① "作囬者"以下，王國維後自作眉批，《遺書》本以小字增入注中："英人明義士所摹《殷虛卜辭》第二十九葉幷一百十八葉亦兩見囬字。"

殷卜辭中所見先公先王續考

丁巳二月，余作《殷卜辭中所見先公先王考》，時所據者，《鐵雲藏龜》及《殷虛書契前》、《後編》諸書耳。踰月，得見英倫哈同氏《戩壽堂所藏殷虛文字》拓本，凡八百紙。又踰月，上虞羅叔言參事以養疴來海上，行裝中有新拓之書契文字約千紙。余盡得見之。二家拓本中足以補證余前說者頗多。乃復寫爲一編，以質世之治古文及古史者。閏二月下旬。海寧王國維。

高祖夋

前考以卜辭之 𢍏 及 𢎘 爲 "夋"，即帝嚳之名。但就字形定之，無他證也。今見羅氏拓本中有一條曰"癸巳，貞，于高祖𢎘"，下闕。案：卜辭中惟王亥稱"高祖王亥"《書契後編》卷上弟二十二葉。或"高祖亥"，哈氏拓本。大乙稱"高祖乙"。《後編》卷上弟三葉。今 𢎘 亦稱"高祖"，斯爲 𢍏、𢎘 即夋之確證，亦爲夋即帝嚳之確證矣。

上甲　報乙　報丙　報丁　主壬　主癸

前考據《書契後編》上弟八葉一條，證 ⊡、⊟ 即報丙、報丁，又據此知卜辭以報丙、報丁爲次，與《史記·殷本紀》及《三代世表》不同。比觀哈氏拓本中有一片，有 ⊞、⊃、"示癸"等字，而彼片有 ⊡、⊟ 等字。疑本一骨折爲二者，乃以二拓本合之，其斷痕若合符節，文辭亦連續可誦。凡殷先公、先王自上甲至於大甲，其名皆在焉。茲摹二骨之形狀及文字如左：

右①文三行。左行其辭曰"乙未，酒兹咎田十，乙三，丙三，丁三，示壬三，示癸三，大丁十，大甲十"。下闕。此中曰"十"、曰"三"者，蓋謂牲牢之數。上甲、大丁、大甲十，而其餘皆三者，以上甲爲先公之首，大丁、大甲又先王而非先公，故殊其數也。示癸、大丁之閒無大乙者，大乙爲大祖，先公、先王或均合食於大祖故也。據此，一文之中先公之名具在。不獨田即上甲，乙、丙、丁即報乙、報丙、報丁，示壬、示癸即主壬、主癸，胥得確證；且足證上甲以後諸先公之次，當爲報乙、報丙、報丁、主壬、主癸。而《史記》以報丁、報乙、報丙爲次，乃違事實。又據此次序，則首"甲"、次"乙"、次"丙"、次"丁"，而終於"壬"、"癸"，與十日之次全同。疑商人以日爲名號，乃成湯以後之事。其先世諸公生卒之日，至湯有天下後定祀典名號時，已不可知。乃即用十日之次序，以追名之。故先公之次，乃適與十日之次同。否則不應如此巧合也。

多后

卜辭屢云"自田至于多毓衣"，見前考。曩疑"多毓"亦先公或先王之名。今觀《戩壽堂所藏殷虛文字》，乃知其不然。其辭曰："乙丑卜，貞，王賓毓祖乙□，亡尤。"又曰："乙卯卜，即貞，王賓毓祖乙、父丁㠯，亡尤。"又曰："貞，毓祖乙卣十牛，四月。"又曰："貞，毓祖乙卣十物牛，四月。"以上出《戩壽堂所藏殷虛文字》。又曰："咸毓祖乙。"《書契前編》卷五弟五葉。又曰："甲□□貞，翌乙□酒彡日于毓祖乙，亡它。"《後編》卷上弟二十葉。則毓亦作毓。卜辭又曰："□丑，之于五毓。"《前編》卷一弟三十葉。合此諸文觀之，則"多毓"殆非人名。案：卜辭毓字異文頗多，或作㝢，《前編》卷六弟二十七②葉。或作毓，同上，卷二弟二(七)〔十〕五③葉。或作毓、作毓、作毓，均同上。或作毓，同上，弟二十五葉。或作毓，《後編》卷上弟二十葉。字皆從女、從古，倒"子"。或從母、從古，象產子之形。其從、、、、者，則象產子之有水液也。或從？者，與從女、從母同意。故以字形言，此字即《說文》"育"之或體"毓"字。"毓"從每、從㐬，倒古文"子"。與此正同。④然卜辭假此爲"后"字。古者，

---

① "兹摹二骨之形狀及文字如左"，此數字並摹本，《遺書》本置之本段文末。"右"，《遺書》本作"其"。
② 編者按："二十七"，當爲"二十六"之誤。該形當出自《前》6·26·5。
③ "二七五"，當爲"二十五"之誤，據《遺書》本改。
④ "正同"以下，王國維後自作眉批："近見吕中僕尊云：'吕中僕作㜽子寶尊彝。''㜽子'即'毓子'。毓，稚也。《書》今文《堯典》：'教育子。'《詩·豳風》：'鬻子之閔斯。'《書·康誥》：'兄亦不念鞠子哀。'《康王之誥》：'無遺鞠子羞。''育'、'鬻'、'鞠'三字通。"《遺書》本刪"近見"二字。

"育"、"胄"、"后"聲相近，誼亦相通。《説文解字》："后，繼體君也。象人之形。施令以告四方，故厂之。从一、口。"是"后"从人，"厂"當即𠂇之譌變。"一、口"亦古之譌變也。"后"字之誼，本从"毓"義引申。其後"毓"字專用"毓"、"育"二形，"后"字專用𠂇、𠂇諸形①，又譌爲"后"，遂成二字。②卜辭𠂇又作𠂇，《後編》卷下弟二十二葉。與𠂇、𠂇諸形皆象倒子在人後，故"先後"之"後"，古亦作"后"。蓋"毓"、"后"、"後"三字實本一字也。商人稱先王爲"后"。《書·盤庚》曰："古我前后。"又曰："女曷不念我古后之聞。"又曰："予念我先神后之勞爾先。"又曰："高后丕乃崇降罪疾。"又曰："先后丕降與汝罪疾。"《詩·商頌》曰："商之先后。"是商人稱其先人爲"后"。是故"多后"者，猶《書》言"多子"、"多士"、"多方"也。"五后"者，猶《詩》、《書》言"三后在天"、"三后成功"也。其與祖乙連言者，又假爲"後"字。"後祖乙"謂武乙也。卜辭以"𠂇祖乙、父丁"連文，考殷諸帝中父名"乙"、子名"丁"者，盤庚以後，惟小乙、武丁及武乙、文丁，而小乙卜辭稱"小祖乙"，《戩壽堂所藏殷虚文字》。則"𠂇祖乙"必武乙矣。商諸帝名"乙"者六，除帝乙外，皆有"祖乙"之稱，而各加字以別之。是故"高祖乙"者，謂大乙也。"中宗祖乙"者，謂祖乙也。"小祖乙"者，謂小乙也。"武祖乙"、"后祖乙"者，謂武乙也。卜辭"君后"之"后"與"先後"之"後"均用𠂇或𠂇，知"毓"、"后"、"後"三字之古爲一字矣。

中宗祖乙

《戩壽堂所藏殷虚文字》中有斷片，存字六，曰："中宗祖乙，牛，吉。"稱祖乙爲"中宗"，全與古來《尚書》學家之説違異。惟《太平御覽》八十三引《竹書紀年》曰："祖乙滕即位，是爲中宗，居庇。"《今本紀年》注亦云："祖乙之世，商道復興，號爲中宗。"即本此。今由此斷片，知《紀年》是而古今《尚書》家説非也。《史記·殷本紀》以大甲爲"大宗"，大戊爲"中宗"，武丁爲"高宗"。此本《尚書》今文家説。今徵之卜辭，則大甲、祖乙往往並祭，而大戊不與焉。卜辭曰："□亥卜，

---

① "𠂇諸形"，《遺書》本無。
② 編者按：本句當依《遺書》作：其後"毓"字專用"毓"、"育"二形，"后"字專用𠂇，又譌爲"后"，遂成二字。

貞，三示，御大乙、大甲、祖乙五牢。"羅氏拓本。又曰："癸丑卜，囗貞，禾年于大甲，十牢。祖乙，十牢。"《後編》上弟二十七葉。又曰："丁亥卜，囗貞，昔乙酉，服卯御中闕。大丁、大甲、祖乙百鬯，百羊，卯三百牛。"下闕，同上，弟二十八葉。大乙、大甲之後，獨舉祖乙，亦"中宗"是祖乙非大戊之一證。《晏子春秋·內篇諫上》："夫湯、大甲、武丁、祖乙，天下之盛君也。"亦以祖乙與大甲、武丁並稱。

大示 二示 三示 四示

《戩壽堂所藏殷虛文字》中有一條，其文曰："癸卯卜，彫，⿱羊示貞，乙巳自囗廿示，一牛。二示，羊△賁。三示，羆牢。四示，犬。"前考以"示"爲先公之專稱，故因卜辭"十有三示"一語，疑商先公之數不止如《史記》所紀。今此條稱"自囗廿示"，又與彼云"十有三示"不同。蓋"示"者，先公、先王之通稱。卜辭云："囗亥卜，貞，三示，御大乙、大甲、祖乙五牢。"見前。以大乙、大甲、祖乙爲"三示"，是先王亦稱"示"矣。其有"大示"、亦云"元示"。"二示"、"三示"、"四示"之別者，蓋商人祀其先，自有差等。上甲之祀與報乙以下不同，大乙、大甲、祖乙之祀又與他先王不同。又諸臣亦稱"示"。卜辭云："癸酉卜，右伊五示。"羅氏拓本。"伊"謂伊尹。故有"大示"、"二示"、"三示"、"四示"之名。卜辭又有"小示"，蓋即謂"二示"以下。"小"者，對"大示"言之也。

商先王世數

《史記·殷本紀》、《三代世表》及《漢書·古今人表》所記殷君數同，而於世數則互相違異。據《殷本紀》則商三十一帝，除大丁爲三十帝。共十七世。《三代世表》以小甲、雍己、大戊爲大庚弟，《殷本紀》大庚子。則爲十六世。《古今人表》以中丁、外壬、河亶甲爲大戊弟，《殷本紀》大戊子。祖乙爲河亶甲弟，《殷本紀》河亶甲子。小辛爲盤庚子，《殷本紀》盤庚弟。則增一世，減二世，亦爲十六世。今由卜辭證之，則以《殷本紀》所記爲近。案：殷人祭祀中，有特祭其所自出之先王，而非所自出之先王不與者。前考所舉"⿱羊示祖乙、小乙。祖丁、武丁。祖甲、康祖丁、庚丁。武乙衣"，其一例也。今撿卜辭中又有一斷片，其文曰"上闕。大甲、大庚、中闕。丁、祖乙、祖中闕。一羊一南"，下闕。共三行，左讀。見《後編》卷上弟五葉。此片雖殘闕，然於大甲、大庚之間不數沃丁，中丁、"中"字直筆尚存。祖乙之間

不數外壬、河亶甲，而一世之中僅舉一帝，蓋亦與前所舉者同例。又其上下所闕，得以意補之如左：

由此觀之，則此片當爲盤庚、小辛、小乙三帝時之物。自大丁至祖丁，皆其所自出之先王。以《殷本紀》世數次之，並以行款求之，其文當如是也。惟據《殷本紀》，則祖乙乃河亶甲子，而非中丁子。今此片中有中丁而無河亶甲，則祖乙自當爲中丁子。《史記》蓋誤也。且據此，則大甲之後有大庚，則大戊自當爲大庚子。其兄小甲、雍己亦然。知《三代世表》以小甲、雍己、大戊爲大庚弟者非矣。大戊之後有中丁，中丁之後有祖乙，則中丁、外壬、河亶甲自當爲大戊子，祖乙自當爲中丁子。知《人表》以中丁、外壬、河亶甲、祖乙皆爲大戊弟者非矣。卜辭又云："父甲一牡，父庚一牡，父辛一牡。"《後編》卷上弟二十五葉。"甲"爲陽甲，"庚"則盤庚，"辛"則小辛，皆武丁之諸父，故曰"父甲"、"父庚"、"父辛"。則《人表》以小辛爲盤庚子者非矣。凡此諸證，皆與《殷本紀》合，而與《世表》、《人表》不合。是故殷自小乙以上之世數，可由此二片證之。小乙以下之世數，可由祖乙、祖丁、祖甲、康祖丁、武乙一條證之。考古者得此，可以無遺憾矣。

附　殷世數異同表

帝名	《殷本紀》	《三代世表》	《古今人表》	卜辭
湯	主癸子	主癸子	主癸子	一世
大丁	湯子	湯子	湯子	湯子二世
外丙	大丁弟	大丁弟	大丁弟	
中壬	外丙弟	外丙弟	外丙弟	
大甲	大丁子	大丁子	大丁子	大丁子三世
沃丁	大甲子	大甲子	大甲子	
大庚	沃丁弟	沃丁弟	沃丁弟	大甲子四世
小甲	大庚子	大庚弟	大庚子	
雍己	小甲弟	小甲弟	小甲弟	
大戊	雍己弟	雍己弟	雍己弟	大庚子五世
中丁	大戊子	大戊子	大戊弟	大戊子六世
外壬	中丁弟	中丁弟	中丁弟	
河亶甲	外壬弟	外壬弟	外壬弟	
祖乙	河亶甲子	河亶甲子	河亶甲弟	中丁子七世
祖辛	祖乙子	祖乙子	祖乙子	祖乙子八世
沃甲	祖辛弟	祖辛弟	祖辛弟	
祖丁	祖辛子	祖辛子	祖辛子	祖辛子九世
南庚	沃甲子	沃甲子	沃甲子	
陽甲	祖丁子	祖丁子	祖丁子	祖丁子十世
盤庚	陽甲弟	陽甲弟	陽甲弟	陽甲弟十世
小辛	盤庚弟	盤庚弟	盤庚子	盤庚弟一世
小乙	小辛弟	小辛弟	小辛弟	小辛弟一世
武丁	小乙子	小乙子	小乙子	小乙子一一世
祖庚	武丁子	武丁子	武丁子	武丁子一二世
祖甲	祖庚弟	祖庚弟	祖庚弟	祖庚弟十二世
廩辛	祖甲子	祖甲子	祖甲子	
庚丁	廩辛弟	廩辛弟	廩辛弟	祖甲子十三世
武乙	庚丁子	庚丁子	庚丁子	庚丁子十四世

大丁	武乙子	武乙子	武乙子
帝乙	大丁子	大丁子	大丁子
帝辛	帝乙子	帝乙子	帝乙子

　　原收入《上海學術叢編》，1917 年；又收入《觀堂集林》卷九，烏程蔣汝藻密韻樓排印本，1923 年；又收入《王忠愨公遺書初集》，1927 年；又收入《海寧王靜安先生遺書》，商務印書館，1940 年；又藝文印書館影印本《觀堂集林》，1958 年；又中華書局影印本《觀堂集林》，1959 年，以及新一版，1999 年；又收入宋鎮豪、段志洪主編：《甲骨文獻集成》第 20 冊，四川大學出版社，2001 年；又收入傅傑編：《二十世紀中國文史考據文錄》（上），雲南人民出版社，2001 年；又《觀堂集林（外二種）》，河北教育出版社，2002 年；又收入謝維揚、房鑫亮主編：《王國維全集》第 8 卷，浙江教育出版社、廣東教育出版社，2009 年。今據《王國維全集》（該書以 1923 年密韻樓本爲底本）收入，原校勘記改爲頁下注。

王國維

殷周制度論

　　中國政治與文化之變革，莫劇於殷周之際。都邑者，政治與文化之標徵也。自上古以來，帝王之都皆在東方：太皞之虛在陳，大庭氏之庫在魯，黃帝邑於涿鹿之阿，少皞與顓頊之虛皆在魯、衞，帝嚳居亳。惟史言堯都平陽、舜都蒲坂、禹都安邑，俱僻在西北，與古帝宅京之處不同。然堯號陶唐氏，而冢在定陶之成陽；舜號有虞氏，而子孫封於梁國之虞縣；《孟子》稱舜生卒之地皆在東夷。蓋洪水之災，兗州當其下游，一時或有遷都之事，非定居於西土也。禹時都邑雖無可考，然夏自太康以後以迄后桀，其都邑及他地名之見於經典者，率在東土，與商人錯處河、濟間蓋數百歲。商有天下，不常厥邑，而前後五遷，不出邦畿千里之內。故自五帝以來，政治文物所自出之都邑，皆在東方。惟周獨崛起西土。武王克紂之後，立武庚、置三監而去，未能撫有東土也。逮武庚之亂，始以兵力平定東方，克商踐奄，滅國五十，乃建康叔於衞、伯禽於魯、太公望於齊、召公之子於燕，其餘蔡、郕、郜、雍、曹、滕、凡、蔣、邢、茅諸國，碁置於殷之畿內及其侯甸。而齊、魯、衞三國，以王室懿親，並有勳伐，居蒲姑、商、奄故地，爲諸侯長。又作雒邑爲東都，以臨東諸侯，而天子仍居豐鎬者凡十一世。自五帝以來，都邑之自東方而移於西方，蓋自周始。故以族類言之，則虞、夏皆顓頊後。殷周皆帝嚳後，宜殷周爲親。以地理言之，則虞、夏、商皆居東土，周獨起於西方，故夏、商二代文化略同。"洪範九疇"，帝之所以錫禹者，而箕子傳之矣。夏之季世，若胤甲、若孔甲、若履癸，始以日爲名，而殷人承之矣。文化既爾，政治亦然。周之克殷，滅國五十。又其遺民，或遷之雒邑，或分之魯、衞諸國。而殷人所伐，不過韋、顧、昆吾，且豕韋之後仍爲商伯。昆吾雖亡，而己姓之國仍存於商、周之世。《書·多士》曰："夏迪簡在王庭，有服在百僚。"當屬事實。故

夏、殷間政治與文物之變革，不似殷周間之劇烈矣。殷周間之大變革，自其表言之，不過一姓一家之興亡與都邑之移轉；自其裏言之，則舊制度廢而新制度興、舊文化廢而新文化興。又自其表言之，則古聖人之所以取天下及所以守之者，若無以異於後世之帝王；而自其裏言之，則其制度文物與其立制之本意，乃出於萬世治安之大計，其心術與規摹，迥非後世帝王所能夢見也。

欲觀周之所以定天下，必自其制度始矣。周人制度之大異於商者，一曰立子立嫡之制，由是而生宗法及喪服之制，並由是而有封建子弟之制、君天子臣諸侯之制；二曰廟數之制；三曰同姓不婚之制。此數者，皆周之所以綱紀天下。其旨則在納上下於道德，而合天子、諸侯、卿、大夫、士、庶民以成一道德之團體，周公制作之本意，實在於此。此非穿鑿附會之言也，茲篇所論，皆有事實爲之根據，試略述之。

殷以前無嫡庶之制。黃帝之崩，其二子昌意、玄囂之後，代有天下。顓頊者，昌意之子。帝嚳者，玄囂之子也。厥後虞、夏皆顓頊後，殷周皆帝嚳後。有天下者，但爲黃帝之子孫，不必爲黃帝之嫡。世動言堯、舜禪讓，湯、武征誅，若其傳天下與受天下有大不同者。然以帝繫言之，堯、舜之禪天下，以舜、禹之功，然舜、禹皆顓頊後，本可以有天下者也。湯、武之代夏、商，固以其功與德，然湯、武皆帝嚳後，亦本可以有天下者也。以顓頊以來諸朝相繼之次言之，固已無嫡庶之別矣。一朝之中，其嗣位者亦然。特如商之繼統法，以弟及爲主而以子繼輔之，無弟然後傳子。自成湯至於帝辛三十帝中，以弟繼兄者凡十四帝；<small>外丙、中壬、大庚、雍己、大戊、外壬、河亶甲、沃甲、南庚、盤庚、小辛、小乙、祖甲、庚丁。</small>其以子繼父者，亦非兄之子，而多爲弟之子。<small>小甲、中丁、祖辛、武丁、祖庚、廩辛、武乙。</small>惟沃甲崩，祖辛之子祖丁立；祖丁崩，沃甲之子南庚立；南庚崩，祖丁之子陽甲立。此三事，獨與商人繼統法不合。此蓋《史記·殷本紀》所謂中丁以後九世之亂，其間當有爭立之事而不可考矣。故商人祀其先王，兄弟同禮，即先王兄弟之未立者，其禮亦同，是未嘗有嫡庶之別也。此不獨王朝之制，諸侯以下亦然。近保定南鄉①出句兵三，皆有銘，其一曰："大祖日己，祖日丁，祖日乙，祖日庚，祖日丁，祖日己，祖日己。"其二曰："祖日乙，大父日癸，大父日癸，中父日癸，父日癸，父日辛，父日己。"其三曰："大兄日乙，兄日戊，兄日壬，兄日癸，兄日癸，兄日丙。"此當是殷時北方侯國勒祖父兄之名於兵器以紀功者。而三世兄弟之名先後

---

① "保定南鄉"，底本、《遺書》本同，王國維自批校改作"易州"。

駢列，無上下貴賤之別。是故大王之立王季也，文王之舍伯邑考而立武王也。周公之繼武王而攝政稱王也，自殷制言之，皆正也。殷自武乙以後四世傳子。又《孟子》謂："以紂爲兄之子，且以爲君，而有微子啓、王子比干。"《呂氏春秋·當務》篇云："紂之同母三人，其長子曰微子啓，其次曰仲衍，其次曰受德。受德乃紂也，甚少矣。紂母之生微子啓與仲衍也，尚爲妾，已而爲妻而生紂。紂之父、紂之母欲置微子啓以爲大子。大史據法而爭之曰：有妻之子而不可置妾之子。紂故爲後。"《史記·殷本紀》則云："帝乙長子爲微子啓，啓母賤，不得嗣。少子辛，辛母正后，故立辛爲嗣。"此三說雖不同，似商末已有立嫡之制。然三說已自互異，恐即以周代之制擬之，未敢信爲事實也。舍弟傳子之法，實自周始。當武王之崩，天下未定，國賴長君，周公既相武王克殷勝紂，勳勞最高，以德以長，以歷代之制，則繼武王而自立，固其所矣。而周公乃立成王而已攝之，後又反政焉。攝政者，所以濟變也。立成王者，所以居正也。自是以後，子繼之法遂爲百王不易之制矣。

　　由傳子之制而嫡庶之制生焉。夫舍弟而傳子者，所以息爭也。兄弟之親本不如父子，而兄之尊又不如父，故兄弟間常不免有爭位之事。特如傳弟既盡之後，則嗣立者當爲兄之子歟？弟之子歟？以理論言之，自當立兄之子；以事實言之，則所立者往往爲弟之子。此商人所以有中丁以後九世之亂，而周人傳子之制正爲救此弊而設也。然使於諸子之中可以任擇一人而立之，而此子又可任立其欲立者，則其爭益甚，反不如商之兄弟以長幼相及者猶有次第矣。故有傳子之法，而嫡庶之法亦與之俱生。其條例則《春秋左氏傳》之說曰："太子死，有母弟則立之，無則立長。年鈞擇賢，義鈞則卜。"公羊家之說曰："禮，嫡夫人無子立右媵，右媵無子立左媵，左媵無子立嫡姪娣，嫡姪娣無子立右媵姪娣，右媵姪娣無子立左媵姪娣。質家親親先立娣，文家尊尊先立姪。嫡子有孫而死，質家親親先立弟，文家尊尊先立孫。其雙生也，質家據現在立先生，文家據本意立後生。"此二說中，後說尤爲詳密，顧皆後儒充類之說，當立法之初，未必窮其變至此。然所謂"立子以貴不以長，立適以長不以賢"者，乃傳子法之精髓，當時雖未必有此語，固已用此意矣。蓋天下之大利莫如定，其大害莫如爭。任天者定，任人者爭。定之以天，爭乃不生。故天子諸侯之傳世也，繼統法之立子與立嫡也，後世用人之以資格也，皆任天而不參以人，所以求定而息爭也。古人非不知官天下之名美於家天下，立賢之利過於立嫡，人才之用優於資格，而終不以此易彼者，蓋懼夫名之可藉而爭之易生，其敝將不可勝窮，而民將無時或息也。故衡利而取重，絜害而取輕，而定爲立子立嫡之法，以利天下後世。而此制實自周公定之，是周人改制之最大者，可由殷制比較得之，有周一代禮制，大抵由是出也。

　　是故，由嫡庶之制而宗法與服術二者生焉。商人無嫡庶之制，故不能有宗

法。藉曰有之，不過合一族之人奉其族之貴且賢者而宗之。其所宗之人，固非一定而不可易，如周之大宗、小宗也。周人嫡庶之制，本爲天子、諸侯繼統法而設，復以此制通之大夫以下，則不爲君統而爲宗統，於是宗法生焉。周初宗法雖不可考，其見於七十子後學所述者，則《喪服小記》曰："別子爲祖，繼別爲宗，繼禰者爲小宗。有五世而遷之宗，其繼高祖者也。是故，祖遷於上，宗易於下。敬宗所以尊祖禰也。"《大傳》曰："別子爲祖，繼別爲宗，繼禰者爲小宗。有百世不遷之宗，有五世則遷之宗。百世不遷者，別子之後也。宗其繼別子者，百世不遷者也。宗其繼高祖者，五世則遷者也。尊祖故敬宗。敬宗，尊祖之義也。"是故，有繼別之大宗，有繼高祖之宗，有繼曾祖之宗，有繼祖之宗，有繼禰之宗，是爲五宗。其所宗者皆嫡也，宗之者皆庶也。此制爲大夫以下設，而不上及天子、諸侯。鄭康成於《喪服小記》注曰："別子，諸侯之庶子，別爲後世爲始祖者也。謂之別子者，公子不得禰先君也。"又於《大傳》注曰："公子不得宗君。"是天子、諸侯雖本世嫡，於事實當統無數之大宗，然以尊故，無宗名。其庶子不得禰先君，又不得宗今君，故自爲別子，而其子乃爲繼別之大宗。言禮者嫌別子之世近於無宗也，故《大傳》說之曰："有大宗而無小宗者，有小宗而無大宗者，有無宗亦莫之宗者，公子是也。公子有宗道。公子之公，爲其士大夫之庶者，宗其士大夫之適者。"注曰："公子不得宗君，君命適昆弟爲之宗，使之宗之。"此《傳》所謂"有大宗而無小宗"也。又若無適昆弟，則使庶昆弟一人爲之宗，而諸庶兄弟事之如小宗，此《傳》所謂"有小宗而無大宗"也。《大傳》此說，頗與《小記》及其自說違異。蓋宗必有所繼，我之所以宗之者，以其繼別若繼高祖以下故也。君之嫡昆弟、庶昆弟皆不得繼先君，又何所據以爲衆兄弟之宗乎？或云：立此宗子者，所以合族也。若然，則所合者一公之子耳。至此公之子與先公之子若孫間，仍無合之之道。是大夫、士以下皆有族，而天子、諸侯之子，於其族曾祖父母、從祖祖父母、世父母、叔父母以下服之所及者，乃無綴屬之法，是非先王教人親親之意也。故由尊之統言，則天子、諸侯絕宗，王子、公子無宗可也；由親之統言，則天子、諸侯之子，身爲別子而其後世爲大宗者，無不奉天子、諸侯以爲最大之大宗，特以尊卑既殊，不敢加以宗名，而其實則仍在也。故《大傳》曰："君有合族之道。"其在《詩·小雅》之《常棣·序》曰："燕兄弟也"，其詩曰："儐爾籩豆，飲酒之飫。兄弟既具，和樂且孺。"《大雅》之《行葦·序》曰："周家能內睦九族也"，其詩曰："戚戚兄弟，莫遠具邇。或肆之筵，或授之几。"是即《周禮·大宗伯》所謂"以飲食之禮親宗族兄弟"者，是天子

之收族也。《文王世子》曰："公與族人燕則以齒。"又曰："公與族人燕則異姓爲賓。"是諸侯之收族也。夫收族者，大宗之事也。又在《小雅》之《楚茨》曰："諸父兄弟，備言燕私"，此言天子、諸侯祭畢而與族人燕也。《尚書大傳》曰："宗室有事，族人皆侍終日。大宗已侍於賓奠，然後燕私。燕私者何也？祭已而與族人飲也。"是祭畢而燕族人者，亦大宗之事也。是故天子、諸侯雖無大宗之名，而有大宗之實。(篤)《公劉》①之詩曰："食之飲之，君之宗之。"傳曰："爲之君，爲之大宗也。"《板》之詩曰："大宗維翰"，傳曰："王者，天下之大宗。"又曰："宗子維城"，箋曰："王者之嫡子，謂之宗子。"②是禮家之大宗限於大夫以下者，詩人直以稱天子、諸侯。惟在天子、諸侯則宗統與君統合，故不必以宗名；大夫、士以下皆以賢才進，不必身是嫡子。故宗法乃成一獨立之統系。是以《喪服》有爲宗子及其母、妻之服皆齊衰三月，與庶人爲國君、曾孫爲曾祖父母之服同。適子、庶子祇事宗子，宗婦雖貴富，不敢以貴富入於宗子之家。子弟猶歸器，祭則具二牲，獻其賢者於宗子，夫婦皆齊而宗敬焉，終事而敢私祭。是故大夫以下、君統之外復戴宗統，此由嫡庶之制自然而生者也。

其次則爲喪服之制。《喪服》之大綱四：曰親親，曰尊尊，曰長長，曰男女有別。無嫡庶，則有親而無尊，有恩而無義，而喪服之統紊矣。故殷以前之服制，就令成一統系，其不能如周禮服之完密，則可斷也。《喪服》中之自嫡庶之制出者，如父爲長子三年，爲衆子期；庶子不得爲長子三年；母爲長子三年，爲衆子期；公爲適子之長殤、中殤大功，爲庶子之長殤、中殤無服；大夫爲適子之長殤、中殤大功，爲庶子之長殤小功，適婦大功，庶婦小功，適孫期，庶孫小功；大夫爲嫡孫爲士者期，庶孫小功；出妻之子爲母期，爲父後者則爲出母無服，爲父後者爲其母緦；大夫之適子爲妻期，庶子爲妻小功；大夫之庶子爲適昆弟期，爲庶昆弟大功，爲適昆弟之長殤、中殤大功，爲庶昆弟之長殤小功，爲適昆弟之下殤小功，爲庶昆弟之下殤無服；女子子適人者，爲其昆弟之爲父後者期，爲衆昆弟大功。凡此，皆出於嫡庶之制，無嫡庶之世，其不適用此制明矣。又無嫡庶則無宗法，故爲宗子與宗子之母、妻之服無所施。無嫡庶，無宗法，則無爲人後者，故爲人後者爲其所後及爲其父母昆弟之服亦無所用。故《喪服》一篇，其條理至精密纖悉者，乃出於嫡庶之制既行以後。自殷以前，決不能有此制度也。

爲人後者爲之子，此亦由嫡庶之制生者也。商之諸帝，以弟繼兄者，但後其

---

① "篤公劉"，底本、《遺書》本同。"篤"字當因詩中有"篤公劉"語而衍，故刪之。
② "宗子維城"，鄭箋原爲"宗子謂王之適子也"。

父而不後其兄，故稱其所繼者仍曰兄甲、兄乙，既不爲之子，斯亦不得云爲之後矣。又商之諸帝，有專祭其所自出之帝而不及非所自出者，卜辭有一條曰："大丁、大甲、大庚、大戊、中丁、祖乙、祖辛、祖丁牛一羊一。"《殷虛書契後編》卷上第五葉及拙撰《殷卜辭中所見先公先王續考》。其於大甲、大庚之間不數沃丁，是大庚但後其父大甲，而不爲其兄沃丁後也；中丁、祖乙之間不數外壬、河亶甲，是祖乙但後其父中丁，而不爲其兄外壬、河亶甲後也。又一條曰："囗祖乙、小乙。祖丁、武丁。祖甲、康祖丁、庚丁。武乙衣"，《書契後編》卷上弟二十葉并拙撰《殷卜辭中所見先公先王考》。於祖甲前不數祖庚，康祖丁前不數廩辛，是亦祖甲本不後其兄祖庚，庚丁不後其兄廩辛，故後世之帝，於合祭之一種中乃廢其祀。其特祭仍不廢。是商無爲人後者爲之子之制也。周則兄弟之相繼者，非爲其父後，而實爲所繼之兄弟後。以春秋時之制言之，《春秋經》文二年書"八月丁卯，大事于大廟，躋僖公"，《公羊傳》曰："譏。何譏爾？逆祀也。其逆祀奈何？先禰而後祖也。"夫僖本閔兄，而傳乃以閔爲祖，僖爲禰，是僖公以兄爲弟閔公後，即爲閔公子也。又《經》於成十五年書"三月乙巳，仲嬰齊卒"。《傳》曰："仲嬰齊者，公孫嬰齊也。公孫嬰齊則曷爲謂之仲嬰齊？爲兄後也。爲兄後則曷爲謂之仲嬰齊？爲人後者爲之子也。爲人後者爲之子，則其稱仲何？孫以王父字爲氏也。然則嬰齊孰後？後歸父也。"夫嬰齊爲歸父弟，以爲歸父後，故祖其父仲遂而以其字爲氏。是春秋時爲人後者無不即爲其子。此事於周初雖無可考，然由嫡庶之制推之，固當如是也。

又與嫡庶之制相輔者，分封子弟之制是也。商人兄弟相及，凡一帝之子，無嫡庶長幼，皆爲未來之儲貳，故自開國之初，已無封建之事，矧在後世？惟商末之微子、箕子，先儒以微、箕爲二國名，然比干亦王子而無封，則微、箕之爲國名，亦未可遽定也。是以殷之亡，僅有一微子以存商祀，而中原除宋以外，更無一子姓之國。以商人兄弟相及之制推之，其效固應如是也。周人既立嫡長，則天位素定，其餘嫡子、庶子，皆視其貴賤賢否，疇以國邑。開國之初，建兄弟之國十五，姬姓之國四十，大抵在邦畿之外；後王之子弟，亦皆使食畿內之邑。故殷之諸侯皆異姓，而周則同姓、異姓各半。此與政治文物之施行甚有關係，而天子諸侯君臣之分，亦由是而確定者也。

自殷以前，天子、諸侯君臣之分未定也。故當夏后之世，而殷之王亥、王恒，累葉稱王。湯未放桀之時，亦已稱王。當商之末，而周之文武亦稱王。蓋諸侯之於天子，猶後世諸侯之於盟主，未有君臣之分也。周初亦然，於《牧誓》、《大誥》皆稱諸侯曰"友邦君"，是君臣之分亦未全定也。逮克殷踐奄，滅國數

十，而新建之國皆其功臣、昆弟、甥舅，本周之臣子；而魯、衛、晉、齊四國，又以王室至親爲東方大藩，夏、殷以來古國，方之蔑矣。由是天子之尊，非復諸侯之長而爲諸侯之君，其在《喪服》，則諸侯爲天子斬衰三年，與子爲父、臣爲君同。蓋天子、諸侯君臣之分始定於此。此周初大一統之規模，實與其大居正之制度相待而成者也。

嫡庶者，尊尊之統也，由是而有宗法，有服術。其效及於政治者，則爲天位之前定、同姓諸侯之封建、天子之尊嚴。然周之制度，亦有用親親之統者，則祭法是已。商人祭法見於卜辭所紀者，至爲繁複。自帝嚳以下，至於先公先王先妣，皆有專祭，祭各以其名之日，無親疏遠邇之殊也。先公先王之昆弟，在位者與不在位者祀典略同，無尊卑之差也。其合祭也，則或自上甲至於大甲九世，或自上甲至於武乙二十世，或自大丁至於祖丁八世，或自大庚至於中丁三世，或自帝甲至於祖丁二世，或自小乙至於武乙五世，或自武丁至於武乙四世。又數言"自上甲至于多后衣"，此於卜辭屢見，必非周人三年一祫、五年一禘之大祭，是無毀廟之制也。雖《呂覽》引《商書》言"五世之廟可以觀怪"，而卜辭所紀事實乃全不與之合，是殷人祭其先無定制也。周人祭法，《詩》、《書》、《禮經》皆無明文。據禮家言，乃有七廟、四廟之說。此雖不可視爲宗周舊制，然禮家所言廟制，必已萌芽於周初，固無可疑也。古人言周制尚文者，蓋兼綜數義而不專主一義之謂。商人繼統之法不合尊尊之義，其祭法又無遠邇尊卑之分，則於親親、尊尊二義皆無當也。周人以尊尊之義經親親之義而立嫡庶之制，又以親親之義經尊尊之義而立廟制，此其所以爲文也。說廟制者，有七廟、四廟之殊，然其實不異。《王制》、《禮器》、《祭法》、《春秋穀梁傳》皆言"天子七廟、諸侯五"。《曾子問》言"當七廟、五廟無虛主"，《荀子·禮論》篇亦言"有天下者事七世，有一國者事五世"。惟《喪服小記》獨言"王者禘其祖之所自出，以其祖配之而立四廟"。鄭注："高祖以下也，與始祖而五也。"如鄭說，是四廟實五廟也。《漢書·韋玄成傳》："玄成等奏：《祭義》曰：'王者禘其祖之所自出，以其祖配之而立四廟。'言始受命而王，祭天以其祖配，而不爲立廟，親盡也。立親廟四，親親也。親盡而迭毀，親疏之殺，示有終。周之所以七廟者，以后稷始封，文王、武王受命而王，是以三廟不毀，與親廟四而七。"《公羊》宣六年傳何注云："禮，天子、諸侯立五廟。周家祖有功，宗有德，立后稷、文、武廟，至於子孫，自高祖以下而七廟。"《王制》鄭注亦云："七者，太祖及文、武之祧，與親廟四。"則周之七廟，仍不外四廟之制。劉歆獨引《王制》說之曰："天子三昭、三穆，與太

祖之廟而七。七者，其正法，不可常數者也①。宗不在此數中，宗變也。"是謂七廟之中，不數文、武，則有親廟六。以禮意言之，劉說非也。蓋禮有尊之統，有親之統。以尊之統言之，祖愈遠則愈尊，則如殷人之制，徧祀先公先王可也。廟之有制也，出於親之統。由親之統言之，則親親以三爲五，以五爲九，上殺、下殺、旁殺而親畢矣。親，上不過高祖，下不過玄孫，故宗法、服術皆以五爲節。《喪服》有"曾祖父母服而無高祖父母服，曾祖父母之服不過齊衰三月"。若夫玄孫之生，殆未有及見高祖父母之死者；就令有之，其服亦不過袒免而止。此親親之界也，過是則親屬竭矣，故遂無服。服之所不及，祭亦不敢及，此禮服家所以有天子四廟之說也。劉歆又云："天子七日而殯，七月而葬。諸侯五日而殯，五月而葬。"此喪事尊卑之序也，與廟數相應。《春秋左氏傳》曰："名位不同，禮亦異數"，"自上以下，降殺以兩，禮也"。雖然，言豈一端而已。禮有以多爲貴者，有以少爲貴者，有無貴賤一者。車服之節，殯葬之期，此有等衰者也。至於親親之事，則貴賤無以異。以三爲五，大夫以下用之；以五爲九，雖天子不能過也。既有不毀之廟以存尊統，復有四親廟以存親統，此周禮之至文者也。宗周之初，雖無四廟明文，然祭之一種限於四世，則有據矣。《逸周書·世俘解》："王克殷，格於廟，王烈祖自大王、大伯、王季、虞公、文王、邑考以列升。"此太伯、虞公、邑考與三王並升，猶用殷禮，然所祀者四世也。《中庸》言："周公成文、武之德，追王大王、王季，上祀先公以天子之禮。"於先公之中追王二代，與文、武而四，則成王、周公時廟數雖不必限於四王，然追王者與不追王者之祭，固當有別矣。《書·顧命》所設几筵，乃成王崩，召公攝成王冊命康王時依神之席；見拙撰《周書顧命考》及《顧命後考》。而其席則牖間、西序、東序與西夾凡四，此亦爲大王、王季、文王、武王設。是周初所立，即令不止四廟，其於高祖以下，固與他先公不同。其後遂爲四親廟之制，又加以后稷、文、武，遂爲七廟。是故徧祀先公先王者，殷制也；七廟、四廟者，七十子後學之說也。周初制度，自當在此二者間。雖不敢以七十子後學之說上擬宗周制度，然其不如殷人之徧祀其先，固可由其他制度知之矣。

以上諸制，皆由尊尊、親親二義出。然尊尊、親親、賢賢，此三者治天下之通義也。周人以尊尊、親親二義，上治祖禰，下治子孫，旁治昆弟，而以賢賢之義治官。故天子、諸侯世，而天子、諸侯之卿、大夫、士皆不世。蓋天子諸侯

---

① "七者，其正法，不可常數也"，《漢書·韋玄成傳》引劉歆說，作"七者，其正法數，可常數者也"。

者，有土之君也。有土之君，不傳子、不立嫡，則無以弭天下之爭。卿、大夫、士者，圖事之臣也，不任賢，無以治天下之事。以事實證之，周初三公，惟周公爲武王母弟，召公則疏遠之族兄弟，而太公又異姓也。成、康之際，其六卿爲召公、芮伯、彤伯、畢公、衛侯、毛公，而召、畢、毛三公又以卿兼三公，周公、太公之子不與焉。王朝如是，侯國亦然，故《春秋》譏世卿。世卿者，後世之亂制也。禮有大夫爲宗子之服，若如春秋以後世卿之制，則宗子世爲大夫，而支子不得與，又何大夫爲宗子服之有矣。此卿、大夫、士不世之制，當自殷已然，非屬周制，慮後人疑傳子立嫡之制通乎大夫以下，故附著之。

　　男女之別，周亦較前代爲嚴。男子稱氏，女子稱姓，此周之通制也。上古女無稱姓者，有之，惟一姜嫄。姜嫄者，周之妣，而其名出於周人之口者也。傳言黄帝之子爲十二姓，祝融之後爲八姓。又言虞爲姚姓，夏爲姒姓，商爲子姓。凡此紀録，皆出周世。據殷人文字，則帝王之妣與母皆以日名，與先王同，諸侯以下之妣亦然。傳世商人彝器多有妣甲、妣乙諸文。雖不敢謂殷以前無女姓之制，然女子不以姓稱，固事實也。《晉語》"殷辛伐有蘇氏，有蘇氏以妲己女焉"。案：蘇國己姓，其女稱妲己。以己爲女子稱姓之始，然恐亦周人追名之。而周則大姜、大任、大姒、邑姜，皆以姓著。自是訖於春秋之末，無不稱姓之女子。《大傳》曰："四世而緦，服之窮也。五世袒免，殺同姓也。六世親屬竭矣。其庶姓別於上而戚單於下，婚姻可以通乎？"又曰："繫之以姓而弗別，綴之以食而弗殊，雖百世而婚姻不通者，周道然也。"然則商人六世以後或可通婚；而同姓不婚之制，實自周始；女子稱姓，亦自周人始矣。

　　是故有立子之制而君位定，有封建子弟之制而異姓之勢弱、天子之位尊。有嫡庶之制，於是有宗法、有服術，而自國以至天下合爲一家。有卿、大夫不世之制，而賢才得以進。有同姓不婚之制，而男女之別嚴。且異姓之國，非宗法之所能統者，以婚媾甥舅之誼通之。於是天下之國，大都王之兄弟、甥舅，而諸國之間亦皆有兄弟、甥舅之親，周人一統之策實存於是。此種制度，固亦由時勢之所趨，然手定此者，實惟周公。原周公所以能定此制者，以公於舊制本有可以爲天子之道，其時又躬握天下之權，而顧不嗣位而居攝，又由居攝而致政，其無利天下之心？昭昭然爲天下所共見。故其所設施，人人知爲安國家、定民人之大計，一切制度遂推行而無所阻矣。

　　由是制度，乃生典禮，則"經禮三百、曲禮三千"是也。凡制度、典禮所及者，除宗法、喪服數大端外，上自天子、諸侯，下至大夫、士止，民無與焉，所謂"禮不下庶人"是也。若然，則周之政治但爲天子、諸侯、卿、大夫、士設，

而不爲民設乎？曰：非也。凡有天子、諸侯、卿、大夫、士者，以爲民也。有制度、典禮以治，天子、諸侯、卿、大夫、士，使有恩以相洽，有義以相分，而國家之基定，爭奪之禍泯焉。民之所求者，莫先於此矣。且古之所謂國家者，非徒政治之樞機，亦道德之樞機也。使天子、諸侯、大夫、士各奉其制度、典禮，以親親、尊尊、賢賢，明男女之別於上，而民風化於下，此之謂治。反是，則謂之亂。是故，天子、諸侯、卿、大夫、士者，民之表也；制度、典禮者，道德之器也。周人爲政之精髓，實存於此。此非無徵之説也。以經證之，《禮經》言治之迹者，但言天子、諸侯、卿、大夫、士；而《尚書》言治之意者，則惟言庶民。《康誥》以下九篇，周之經綸天下之道胥在焉。其書皆以民爲言，《召誥》一篇，言之尤爲反覆詳盡，曰命、曰天、曰民、曰德，四者一以貫之。其言曰："天亦哀於四方民，其眷命用懋，王其疾敬德。"又曰："今天其命哲，命吉凶，命歷年。知今我初服，宅新邑，肆惟王其疾敬德。王其德之用，祈天永命。"又曰："欲王以小民受天永命。"且其所謂德者，又非徒仁民之謂，必天子自納於德而使民則之，故曰"其惟王勿以小民淫用非彝"，又曰"其惟王位在德元，小民乃惟刑用於天下，越王顯"。充此言以治天下，可云至治之極軌。自來言政治者，未能有高焉者也。古之聖人，亦豈無一姓福祚之念存於其心，然深知夫一姓之福祚與萬姓之福祚是一非二，又知一姓萬姓之福祚與其道德是一非二，故其所以祈天永命者，乃在"德"與"民"二字。此篇乃召公之言，而史佚書之以誥天下。《洛誥》云"作册逸誥"，是史逸所作《召誥》與《洛誥》日月相承，乃一篇分爲二者，故亦史佚作也。文、武、周公所以治天下之精義大法，胥在於此。故知周之制度、典禮，實皆爲道德而設。而制度、典禮之專及大夫、士以上者，亦未始不爲民而設也。

　　周之制度、典禮，乃道德之器械，而尊尊、親親、賢賢、男女有別四者之結體也，此之謂民彝。其有不由此者，謂之非彝。《康誥》曰"勿用非謀非彝"，《召誥》曰"其惟王勿以小民淫用非彝"。非彝者，禮之所去，刑之所加也。《康誥》曰："凡民自得罪，寇攘姦宄，殺越人于貨，暋不畏死，罔弗憝。"又曰："元惡大憝，矧惟不孝不友。子弗祗服厥父事，大傷厥考心。于父不能字厥子，乃疾厥子。於弟弗念天顯，乃弗克恭厥兄，兄亦不念鞠子哀，大不友于弟。惟弔茲，不於我政人得罪，天惟與我民彝大泯亂。曰：乃其速由文王作罰，刑茲無赦。"此周公誥康叔治殷民之道。殷人之刑惟寇攘姦宄，而周人之刑則并及不孝不友，故曰"惟弔茲，不於我政人得罪"，又曰"乃其速由文王作罰"，其重民彝也如此。是周制刑之意，亦本於德治、禮治之大經。其所以致太平與刑措者，蓋可覩矣。

夫商之季世，紀綱之廢，道德之隳極矣。周人數商之罪，於《牧誓》曰："今商王受，惟婦言是用，昏弃厥肆祀弗答，昏弃厥遺王父母弟弗迪，乃惟四方之多罪逋逃，是崇、是長、是信、是使，是以爲大夫、卿士，（以）〔俾〕①暴虐於百姓，以姦宄於商邑。"於《多士》曰："在今後嗣王，誕淫厥泆，罔顧於天顯民祇。"於《多方》曰："乃惟爾辟，以爾多方，大淫圖天之命，屑有辭。"於《酒誥》曰："在今後嗣王酣身，厥命罔顯于民祇，保越怨不易。誕惟厥縱淫泆于非彝，用燕喪威儀，民罔不盡傷心。惟荒腆于酒，不惟自息乃逸。厥心疾很，不克畏死，辜在商邑，越殷國（民）〔滅〕②無罹。弗惟德馨香祀，登聞于天，誕惟民怨，庶群自酒，腥聞在上，故天降喪于殷。罔愛于殷，惟逸。天非虐，惟民自速辜。"由前三者之説，則失德在一人；由後之説，殷之臣民其漸於亡國之俗久矣。此非敵國誣謗之言也，殷人亦屢言之，《西伯戡黎》曰："惟王淫戲用自絶。"《微子》曰："我用沈酗於酒，用亂敗厥德於下。殷罔不小大，好草竊姦宄，卿士師師非度。凡有辜罪，乃罔恒獲。小民方興，相爲敵讎。"又曰："天毒降災荒殷邦，方興沈酗於酒，乃罔畏畏，咈其耉長，舊有位人。今殷民乃攘竊神祇之犧牷牲用，以容將食無災。"夫商道尚鬼，乃至竊神祇之犧牲，卿士濁亂於上，而法令隳廢於下，舉國上下，惟姦宄敵讎之是務，固不待孟津之會、牧野之誓，而其亡已決矣。而周自大王以後，世載其德，自西土邦君、御事小子，皆克用文王教。至於庶民，亦聰聽祖考之彝訓。是殷周之興亡，乃有德與無德之興亡，故克殷之後，尤兢兢以德治爲務。《召誥》曰："我不可不監於有夏，亦不可不監於有殷。我不敢知曰：有夏受天命，惟有歷年。我不敢知曰：不其延。惟不敬厥德，乃早墜厥命。我不敢知曰：有殷受天命，惟有歷年。我不敢知曰：不其延。惟不敬厥德，乃早墜厥命。今王嗣受厥命，我亦惟茲二國命，嗣若功。王乃初服。"周之君臣，於其嗣服之初反覆教戒也如是，則知所以驅草竊姦宄相爲敵讎之民而躋之仁壽之域者，其經綸固大有在。欲知周公之聖與周之所以王，必於是乎觀之矣。

原收入《上海學術叢編》，1917年；又收入《觀堂集林》卷十，烏程蔣汝藻密韻樓排印本，1923年；又收入《王忠慤公遺書初集》，1927年；又收入《海寧王靜安先生遺書》，商務印書館，1940年；又藝文印書館影印本《觀堂集林》，1958

---

① "以"，底本、《遺書》本同，據《尚書》改作"俾"。
② "國民"，底本、《遺書》本同，據《尚書》改作"國滅"。

年;又中華書局影印本《觀堂集林》,1959 年,以及新一版,1999 年;又收入宋鎮豪、段志洪主編:《甲骨文獻集成》第 20 册,四川大學出版社,2001 年;又收入傅傑編:《二十世紀中國文史考據文録》(上),雲南人民出版社,2001 年;又《觀堂集林(外二種)》,河北教育出版社,2002 年;又收入謝維揚、房鑫亮主編:《王國維全集》第 8 卷,浙江教育出版社、廣東教育出版社,2009 年。今據《王國維全集》(該書以 1923 年密韻樓本爲底本)收入,原校勘記改爲頁下注。

王國維

《觀堂集林》選

説珏朋

殷時，玉與貝皆貨幣也。《商書·盤庚》曰："茲予有亂政同位，具乃貝、玉。"於文，"寶"字从玉、从貝，缶聲。殷虛卜辭有❀字《殷虛書契前編》卷六第三十一葉。及❀字，同上《後編》卷下第十八葉。皆从宀、从玉、从貝，而闕其聲，蓋商時玉之用與貝同也。貝、玉之大者，車渠之大以爲宗器，圭璧之屬以爲瑞信，皆不以爲貨幣。其用爲貨幣及服御者，皆小玉、小貝，而有物焉以系之。所系之貝玉，於玉則謂之"珏"，於貝則謂之"朋"，然二者於古實爲一字。"珏"字，殷虛卜辭作丰，《後編》卷上第二十六葉。作丰，《前編》卷六第六十五葉。或作丰丰。《後編》卷下第二十及第四十三葉。金文亦作丰，乙亥敦云："玉十丰。"皆古"珏"字也。《說文》："玉，象三畫之連，丨，其貫也。"丰意正同，其作丰、作丰丰者，丫、丫丫皆象其系，如"束"字上下从丫、丫也。古系貝之法與系玉同，故謂之"朋"。其字，卜辭作拜，《前編》卷一第三十葉。作拜，卷五第十葉。金文作拜拜，遽伯寰敦。作拜，窓鼎。作拜，庚羆卣。作拜。且子鼎。又公中彝之"貝五朋"作拜，撫叔敦蓋之"貝十朋"作拜，戊午爵乃作拜，甚似"珏"字。而"朋友"之"朋"，卜辭作拜，《前編》卷四第三十葉。金文或作拜，杜伯簋。或作拜，豐姞敦。或从拜，或从"珏"，知"珏"、"朋"本一字。此可由字形證之也。更以字音證之，"珏"自來讀古岳反，《說文》亦以"瑴"字爲"珏"之重文，是當从瑴聲。然竊意"珏"與"瑴"義同音異。古"珏"字當與"璛"同讀。《說文》："'璛'，讀與'服'同。"《詩》與《士喪禮》作"服"。古文作角。古"服"、"菔"同音，"珏"亦同之，故"璛"字以之爲聲。古者玉亦以"備"計，即"珏"之假借。齊侯壺云："璧二備"，即"二珏"也。古音"服"、

"備"二字皆在之部，"朋"字在蒸部，之、蒸二部陰陽對轉，故音變爲"朋"。音既屢變，形亦小殊。後世遂以"玨"專屬之玉，以"朋"專屬之貝，不知其本一字也。又舊説"二玉爲玨，五貝爲朋"。《詩·小雅·菁菁者莪》箋。然以"玨"、"𣪍"諸字形觀之，則一玨之玉、一朋之貝，至少當有六枚。余意古制貝、玉皆五枚爲一系，合二系爲一玨，若一朋。《釋器》："玉十謂之區。""區"、"𣪍"雙聲，且同在侯部，知"區"即"𣪍"矣。知"區"之即"𣪍"，則知"區"之即爲"玨"矣。貝制雖不可考，然古文"朋"字確象二系。康成云："五貝爲朋"，五貝不能分爲二系，蓋緣古者五貝一系，二系一朋；後失其傳，遂誤謂五貝一朋耳。觀"玨"、"𣪍"二字，若止一系三枚，不具五者。古者三以上之數，亦以三象之，如手指之列五，而字作𠂇，許君所謂"指之列不過三"也。余目驗古貝，其長不過寸許。必如余説，五貝一系，二系一朋，乃成制度。古文字之學足以考證古制者如此。

釋　昱

殷虚卜辭屢見甲、乙、丙、丁諸字，又或從日作戊，或從立作己、庚諸體，於卜辭中不下數百見。初不知爲何字，後讀小盂鼎，見有辛字，與庚、戊二字相似。其文云"粵若辛乙亥"，與《書·召誥》"越若來三月"、《漢書·律曆志》引逸《武成》"粵若來二月"，文例正同。而《王莽傳》載太保王舜奏云："公以八月載生魄庚子奉使朝，用書。越若翊辛丑，諸生、庶民大和會。"王舜此奏，全摹倣《康誥》、《召誥》。則《召誥》之"若翌日乙卯"、"越翌日戊午"，今文《尚書》殆本作"越若翌乙卯"、"越若翌戊午"，故舜奏倣之。然則小盂鼎之"粵若辛乙亥"當釋爲"粵若翌乙亥"無疑也。又其字從日、從立，與《説文》訓"明日"之"昱"正同，因悟卜辭中上述諸體皆"昱"字也。羅叔言參事嘗以此説求之卜辭諸甲子中有此字者，無乎不合。惟卜辭諸"昱"字，雖什九指斥明日，亦有指第三日、第四日者，視《説文》"明日"之訓稍廣耳。又案：此字卜辭或作甲者，殆其最初之假借字。甲即"鼠"之初字。石鼓文"君子員邋"，字作壬，從甲。《説文·囟部》："鼠，毛鼠也。象髮在囟上，及毛髮鼠鼠之形。"甲則但象毛髮鼠鼠之形，本一字也。古音"鼠"、"立"同聲，今"立"在緝韻，"鼠"在葉韻，此二部本自相近，故借"鼠"爲"昱"。後乃加"日"作戊，爲形聲字；或更如小盂鼎作辛，爲一形二聲之字；或又省"日"作庚，則去形而但存其二聲。古固有一字二聲者，《説文》"竊"字注云："卨、廿皆聲。"又"鏊"字注云："次、

束皆聲。"案：石鼓文自有"敕"字，則擊字自以"敕"爲聲。而石鼓之"敕"即《周禮·巾車》職之故書"軟"字，而鼓文作"敕"。其字"束"、"次"皆聲，正與󰀀、󰀁諸字之"立"、"鼠"皆聲同例也。卜辭又有祭祀名曰"昱日"，殆與"彤日"同爲祭之明日又祭之稱與？

釋 旬

卜辭有󰀀、󰀁諸字，亦不下數百見。案使夷敦云："金十󰀀"，屖敖敦蓋云："金十󰀁"。考《說文》鈞之古文作"鋻"，是󰀀、󰀁即"鋻"字，󰀀即"旬"字矣。卜辭又有"󰀀之二日"語，見《鐵雲藏龜》第六葉。亦可證󰀀、󰀁即"旬"字。余徧搜卜辭，凡云"貞旬亡囚"者，亦不下數百見，皆以癸日卜。知殷人蓋以自甲至癸爲一旬，而於此旬之末卜下旬之吉凶。云"旬亡囚"者，猶《易》言"旬无咎"矣。日自甲至癸而一徧，故旬之義引申爲"徧"。《釋（詁）〔言〕①》云："宣、旬，徧也"，《說文》訓"裹"之"勹"，實即此字。後世不識，乃讀若"包"，殊不知"勹"乃"旬"之初字，"軵"字从車、从勹，亦會意兼形聲也。

釋 西

卜辭屢見󰀀、󰀁諸字，余謂此"西"字也。《說文》"西"字注云："日在西方而鳥棲，象鳥在巢上。"󰀀、󰀁二形，正象鳥巢。王復齋《鐘鼎款識》有箕單卣，其文作󰀀，象鳥在巢下，而以畢掩取之。又箕單父丙爵有󰀀字，則省鳥存巢；手執干鼎之󰀀字，則省巢存鳥。可知󰀀字實象鳥巢，即"巢"之古文，似當從󰀀在木上，而巛則象鳥形。篆體失之。若《說文》訓"缶"之"󰀀"字，則古作󰀀，與󰀀字有別矣。

釋 牡

《說文》："牡，畜父也。從牛，土聲。"案："牡"，古音在尤部，與"土"聲

---

① "釋詁"，依《爾雅》當作"釋言"。

遠隔。卜辭"牡"字皆从⊥。⊥，古"士"字。孔子曰："推十合一爲士。""⊥"字正丨、古文十字。一之合矣。古音"士"在之部，"牡"在尤部，之、尤二部音最相近。"牡"从士聲，形聲兼會意也。士者，男子之稱。古多以"士女"連言。"牡"从"士"，與"牝"从"匕"同。"匕"者，比也，比於牡也。

釋　禮

《說文·示部》云："禮，履也。所以事神致福也。从示、从豊，豊亦聲。"又豊部："豊，行禮之器也。从豆，象形。"案：殷虛卜辭有󰀀字，其文曰："癸未卜，貞，醴󰀀。"《殷虛書契後編》卷下第八葉。古"玨"、"珏"同字。卜辭"珏"字作󰀀、󰀀、󰀀三體，則"󰀀"即"豊"矣。又有󰀀字，《書契前編》卷六第三十九葉。及󰀀字。《後編》卷下第二十九葉。󰀀、󰀀又一字。卜辭󰀀字，《後編》卷下第四葉。或作󰀀，《鐵雲藏龜》第一百四十三葉。其證也。此二字即小篆"豊"字所从之"󰀀"，古∪、凵一字。卜辭"出"或作󰀀，或作󰀀，知"󰀀"可作󰀀、󰀀矣。"豊"又其繁文，此諸字皆象二玉在器之形。古者行禮以玉，故《說文》曰："豊，行禮之器。"其說古矣。惟許君不知󰀀字即"珏"字，故但以从豆、象形解之。實則"豊"从"珏"在"凵"中、从"豆"，乃會意字，而非象形字也。盛玉以奉神人之器謂之"󰀀"若"豊"。推之而奉神人之酒醴亦謂之"醴"，又推之而奉神人之事通謂之"禮"。其初當皆用"󰀀"若"豊"二字，卜辭之醴豊字从酒，則豊當假爲酒醴字。其分化爲"醴"、"禮"二字，蓋稍後矣。

原收入《觀堂集林》，烏程蔣汝藻密韻樓排印本，1923年；又收入《王忠愨公遺書初集》，1927年；又收入《海寧王靜安先生遺書》，商務印書館，1940年；又藝文印書館影印本《觀堂集林》，1958年；又中華書局影印本《觀堂集林》，1959年，以及新一版，1999年；又收入宋鎮豪、段志洪主編：《甲骨文獻集成》第20冊，四川大學出版社，2001年；又收入傅傑編：《二十世紀中國文史考據文錄》（上），雲南人民出版社，2001年；又《觀堂集林（外二種）》，河北教育出版社，2002年；又收入謝維揚、房鑫亮主編：《王國維全集》第8卷，浙江教育出版社、廣東教育出版社，2009年。今據《王國維全集》（該書以1923年密韻樓本爲底本）收入，原校勘記改爲頁下注。

明義士

殷虛卜辭後編序

一坑之集合

此屉之整理，先分二部分，一部分爲田獵、游行之事，一部分爲祭祀之事。此卷之所著録者，則爲關於祭祀部分者也。

此一部分之已整理者，按時代之先後，區之爲二，即甲屉與丙屉是也。其殘餘不聯續之卜文，加在小四方孔中。

甲屉二（3051—3076），武丁時：

　　武丁稱小乙爲父乙，母爲母庚；羊甲爲父甲，般庚爲父庚，小辛爲父辛。此屉諸骨，爲武丁後半期所卜者。此時代以前之字體，在獸骨重要部分所得者，在一二集中。

甲屉三（3077—3095）：

　　與甲屉二同，但無直接提及父乙及字形之整理。

甲屉四（3096—3126）：

　　與甲屉二及三同。

甲屉五（3127—3145）：

　　祖庚稱武丁爲父丁。

　　在此時代中之獸骨，未有稱祖己爲兄己者，其字形爲大。小乙之所以稱爲小乙者，乃其孫之所稱，因其先祖中已有祖乙之稱在祖廟中也。予曾以長時間，疑此大字諸獸骨，或屬於般庚、小辛及小乙之時代，彼等之稱及祖丁，但此骨之有父丁及小乙者較之，可决屬於祖庚時代。

甲屈六（3146—3161）：

與甲屈五同時，並不在祖庚時代以前，且無祖甲時王寇字體之特點。其字形大而粗草。

甲屈七（3162—3187）：

與甲屈五、六同。

丙屈一（3189—3219）：

同上。

丙屈二（3220—3239）：

祖甲稱武丁爲父丁，孝己爲兄己，祖庚爲兄庚。此時代之字體，變爲小而細整，尤以王寇等字，特用一種橫筆。

丙屈三（3240—3263）：

祖甲時。

丙屈四（3264—3293）：

康祖丁時。

丙屈五（3294—3329）：

同上。

丙屈六（3330—3354）：

武祖乙時。

丙屈七（3355—3381）：

同上。（下略）

李學勤：《小屯南地甲骨與甲骨分期》附，《文物》1981 年第 5 期；又《明義士對一坑卜骨的整理》，《社會科學戰綫》2008 年第 9 期，後收入《通嚮文明之路》，商務印書館，2010 年；後手寫稿正式刊入曾毅公編著：《殷虛卜辭後編考釋》，文物出版社，2016 年。今據前者收入。

丁　山

釋疒　釋齲

釋疒

《周易》卦爻辭言疾者疾九：其在《復卦》曰"出入无疾，往來无咎"，《鼎》之九二曰"我仇有疾，不能我即，吉"，疾之爲言咎也，憂也。《明夷》之九二曰"明夷于南狩，得其大首，不可疾，貞"，疾之爲言疌也，速也。《豫》六五"貞疾，恒不死"，《无妄》九五"无①妄之疾，勿藥，有喜"，《遯》九三"係遯，有疾，厲"，《損》六四"損有疾，使遄，有喜"，《豐》六二"往得疑疾"，《兌》九四"介疾，有喜"，疾皆當依《説文》訓曰"病也"。人誰不病，病誰不懼死，今人之死生常問諸鬼神，古人之疾瘳與否，則卜諸蓍龜，《周禮》"太卜以邦事作龜之八命，八曰瘳"，凡此疾病諸辭，殆亦殷周間卜瘳之類矣。卜瘳之辭，亦常見于甲骨刻辭，但字作疒（《戩壽堂文字》，卅四葉第五版），孫詒讓以爲瘳字，云"瘳從疒翏聲，翏從羽㐱，疒右之㐱似從羽省半而倒之"（《契文舉例》上）。王襄以爲疥字，云"㐱即介字，日即卜省"（《徵文攷釋》）。山按：《急就篇》"痂疕疥癘癡聾盲"，顔注云："疥小蟲攻齧皮膚，灌錯如鱗介也。"疥乃皮膚之疾，非齒也，而卜辭數言"疒齒"曰：

貞疒齒不隹②□　　　　　　　　　　　　　（《藏龜》百九十葉）

貞疒齒邲于且乙　　　　　　　　　　　　　（《殷契》一，第廿五葉）

甲子卜㱿貞王疒齒獲□肜　　　　　　　　　（《殷契》四，第四十四葉③）

---

① 編者按："无"，原文筆誤爲"五"，今徑改。
② 編者按："隹"，原文誤作"佳"，今徑改爲"隹"。下同。
③ 編者按："第四十四葉"，誤，應爲"第四葉四版"。

壬戌卜亙貞之▢齒隹之壹　　　　　　　　　　　　　（《徵文》游田三十版①）

謂齒生疥癘則不可通。孫君疑▢爲倒羽形，形亦甚遠。山謂▢齒猶言齒病，▢即《周易》常見之疾字也。許君言疾"從疒矢聲"，而秦兩詔橢量刻辭"丞相斯去疾"疾則從人作疾，與▢所從之丿同也。又按祭卜辭作▢（《殷契》一，第四葉），殺卜辭作▢（《後編》下，第六葉），育卜辭作▢（《後編》上，第廿葉），所從之丶丶，皆象血液，則▢外之丶丶，亦可謂象血液形。日本象大版，亦象斧依。人體流血，倚版寢息，此▢之全形，亦疾之初義矣。釋▢爲疾不特合于形義，驗諸所卜各辭，亦無不怡然順理。辭曰：

巳▢不死

（《藏龜》百六十八葉。死本作▢，象人在棺槨之中，舊釋囚，非也。）

與《豫》之"貞疾恒不死"同一文法，同一意義，此一證也。又曰：

貞▢多鬼寢㘝▢　　　　　　　　　　　　　　　　（《殷契》四第卅二葉）
己未卜畢巳▢㘝▢　　　　　　　　　　　　　　　（《後編》下第廿九葉）
丁巳貞巳漁㘝▢三月　　　　　　　　　　　　　　（《徵文》人名八十九版）
貞王曰㘝其▢　　　　　　　　　　　　　　　　　（《徵文》雜事六十二版）
癸未卜出貞巳弗▢　　　　　　　　　　　　　　　（《徵文》游田三十版）
貞巳其不之▢　　　　　　　　　　　　　　　　　（《殷契》四第卅二葉）
癸未卜貞□弗▢之▢▢日　　　　　　　　　　　　（《殷契》八第六葉）

"㘝疾""㘝其疾""弗疾""弗疾之疾""其不之疾"，皆與《復》之"出入无疾"同誼，此二證也。而《殷虛書契》曰（第十葉）第一版②曰：

癸酉卜貞章其之▢？
貞章㘝▢。

前爲命卜之辭，後爲吉凶既判之語，合而讀之，尤非卜瘵之事莫解；此▢爲疾字之證三也。餘若：

辛未卜▢貞之▢告□　　　　　　　　　　　　　　（《藏龜》百五十六葉）
貞告▢于且丁　　　　　　　　　　　　　　　　　（《殷契》一第十二葉）

---

① 編者按："三十版"，誤，應爲"二十九版"。
② 編者按：此處所引實爲《前》4·10·6，"曰"爲"四"之誤抄，"第一版"當作"第六版"。

　　　　丙午卜貞福告[甲骨]于□丁更　　　　　　　　　　（《徵文》帝系二百十葉）

是告疾之卜也。

　　　　貞之[甲骨]隹之苍　　　　　　　　　　　　　　（《藏龜》百五十三葉）
　　　　癸酉卜貞[甲骨]其之[甲骨]　　　　　　　　　　（《殷契》六第三十八葉）
　　　　甲寅①卜[甲骨]貞[甲骨]隹□苍　　　　　　　　 （《戩壽堂文字》卅四葉第四版）
　　　　戊申卜貞雀[甲骨]之[甲骨]　　　　　　　　　　（北大《藏龜》第□葉）
　　　　壬子卜貞[甲骨]克與之[甲骨]　　　　　　　　　（北大《藏龜》第□葉）
　　　　己酉卜賓之[甲骨]它出　　　　　　　　　　　　（《徵文》游田廿八葉）
　　　　丁未[甲骨]之[甲骨]　　　　　　　　　　　　　（《徵文》游田三十版）

是卜臣屬之疾也。《藏龜》有曰：

　　　　卜貞蹈[甲骨]旬之二日　　　　　　　　　　　　（第五葉）

則卜疾瘳之期矣。《金縢②》言"武王有疾弗豫，二公曰，我其爲王穆卜，王翼日迺瘳"。 然則卜疾之瘳否，乃古人之常事。焦循並以疾速誼訓《易》卦爻辭之疾字（《易通釋》卷八），毫厘千里，其失也不亦遠乎？

釋 [甲骨]

《周禮》："太卜掌三夢之灋：一曰致夢，二曰觭夢，三曰咸陟。"又，"占夢掌其歲時，觀天地之會，辨陰陽之氣，以日月星辰占六夢之吉凶：一曰正夢，二曰噩夢，三曰思夢，四曰寤夢，五曰喜夢，六曰懼夢"。《釋文》夢作[字]，云"本多作夢"，孫詒讓《正義》曰"夢正字當作寐，[字]即寐之俗；經凡寐字皆叚夢爲之，占夢《釋文》載或本作寐，則用正字"。《說文》："寐，寐而有覺也，從宀，從疒，夢聲。"又曰，"[字]，不明也，從夕，瞢省聲。[字]，目不明也，從首從旬。[字]，目不正也，從丫從目"。蔑從首從戍，而金文或從[字]作[字]（兔卣），或從[字]作[字]（師遽尊），或從[字]作[字]（鳧生敦）；卜辭或從[字]作[字]（《殷契》一第四十九葉），或從[字]作[字]（《殷契》六第七葉），或從[字]作[字]（《殷契》五第卅九葉），以

---

① 編者按："寅"，原片實作"辰"字。
② 編者按："縢"，原文筆誤爲"膝"，今徑改。

蔑之偏傍變化測𠂤（《殷契》八第五葉）右之𠂤，可斷其爲苜之最初形；其左𠂤可斷其爲爿之最初形。許君言"爿，倚也，人有疾病象倚箸之形"。《墨經》言"夢，卧而以爲然也"，倚箸而卧，神有所遇，恍兮忽兮，其見有物，則寢從爿從苜，苜亦聲，形誼已箸，奚用從宀哉？夢從苜，不明之誼亦足，奚用從夕哉？竊疑苜薔古今字，𠂤即寢之初形矣。何以徵之？辭曰：

庚辰卜貞多鬼𠂤不至□　　　　　　　　　　（《後編》下第三葉）
庚辰卜貞多鬼𠂤㞢疾見　　　　　　　　　　（《徵文》雜事六十五版）
卜貞多鬼𠂤㞢言見　　　　　　　　　　　　（同上）
貞多鬼①𠂤㞢見　　　　　　　　　　　　　（同上）
貞✚多鬼𠂤从疾　　　　　　　　　　　　　（《殷契》四第十八葉）

鬼𠂤猶言"多畏寢"，是《周禮》所占之"懼夢"也。𠂤一作𠂤，此苜之特變；然以卜辭文法比勘，不得謂𠂤另是一字。𠂤之變化，形亦不齊，有作𠂤（《藏龜》百廿一葉）者，有作𠂤（《徵文》人名第六版），𠂤（《徵文》典禮第廿八版）者，其辭或曰：

乙巳卜貞賓王𠂤葡□隹□　　　　　　　　　（《藏龜》第二葉）
貞王𠂤畢不獲□　　　　　　　　　　　　　（《殷契》五第四葉）
庚子卜賓貞王𠂤白牛隹□　　　　　　　　　（《徵文》人名第六版）

此寢見事物而卜其吉凶者也。

辛巳卜貞𠂤亞雀𠂤若　　　　　　　　　　　（《殷契》八第十三葉）
貞王𠂤帚好不隹孼　　　　　　　　　　　　（《藏龜》百十三葉）
辛未卜𦘒貞王𠂤兄戊□从不隹□　　　　　　（《藏龜》百廿一葉）
辛亥❋壬子王亦𠂤尹𠂤之□□　　　　　　　（《殷契》七第卅三葉）
□□❋辛亥王𠂤我□□　　　　　　　　　　（同上）

此寢見人而卜其吉凶者也。餘若：

丙寅卜叀貞𠂤𠂤采于之𠂤　　　　　　　　　（《殷契》六第九葉）
□□之𠂤□□不若　　　　　　　　　　　　（《殷契》六第卅二葉）
壬午卜王□貞□𠂤　　　　　　　　　　　　（《藏龜》廿六葉）

---

① 編者按："鬼"，原文抄脫。

貞王☒之　　　　　　　　　　　　　　　　　　　　　（《藏龜》百十七葉）

☒午卜☒貞王☒隹田　　　　　　　　　　　　　　　　（《藏龜》百四十八葉）

丁☒☒貞王☒不☒　　　　　　　　　　　　　　　　　（《藏龜》百六十五葉）

貞王☒之☒　　　　　　　　　　　　　　　　　　　　（《戩壽堂文字》第卅四葉·第七版）

貞☒亨隹☒　　　　　　　　　　　　　　　　　　　　（《徵文》雜事百零八版）

貞王☒凶其人來　　　　　　　　　　　　　　　　　　（《徵文》人名第七版）

則或事物不記徒卜瀺之吉凶。至于：

癸丑卜☒貞，旬凶田。王固曰，之求之☒父，甲寅，允之來媸

　　　　　　　　　　　　　　　　　　　　　　　　（《後編》下①第五葉）

王固曰求之☒父其來媸　　　　　　　　　　　　　　　（《菁華》第六葉）

瀺父應作人名解。《尚書序》言"高宗夢得説，使百工營求諸野，得諸傅巖，作《説命》三篇"，今《偽説命》曰，"王宅憂，亮陰三祀，夢帝賚予良弼，其代予言"。《殷本紀》亦謂"武丁夜夢得聖人，名曰説，以夢所見視群臣百吏，皆非也。于是迺使百工營求之野，得説于傅險中，舉以爲相，殷國大治"，瀺父豈猶伊尹之稱保衡，師保之稱保父，亦傅説之尊稱歟？若然，則殷之名臣見于卜辭者，伊尹咸戊而外，得説而三矣。

原載《中央研究院歷史語言研究所集刊》第 1 本第 2 分，1930 年；收入宋鎮豪、段志洪主編：《甲骨文獻集成》第 11 冊，四川大學出版社，2001 年。今據前者收入。

---

① 編者按："《後編》下"，誤，當作"《菁華》"。

徐中舒

耒耜考

我們農業史的開端，向來只有幾個傳說：

> 神農氏作，斲木爲耜，揉木爲耒；耒耨之利，以教天下。——《易·繫辭下》
>
> 古者垂作耒枱，以振民也。——《説文解字·耒部》
>
> 后稷播時百穀。——《尚書·堯典》
>
> 棄爲兒時，屹如巨人之志，其游戲，好種樹麻、菽，麻、菽美；及成人，遂好耕農，相地之宜，宜穀者稼穡焉。民皆法則之。——《史記·周本紀》

如果夏商以前，我們就有像後來的耒耜耕農，那豈不是我們的農業從最初到現在就沒有什麼演進？從而我們社會上的一切，也完全在停滯之中。我們的歷史，只要有幾個朝代的名稱，幾個帝王卿相的號諡，也就可以表示我們文化之古了？

人類社會的演進，由狩獵，游牧，以至耕稼，應有一定的步驟。社會學家羅列許多事實，告訴我們。他們曾舉出許多野蠻民族，和許多文明民族，都由一定的步驟演進。我們的社會，又何獨不然？

我們現在且從一兩件農具上面試探農業演進的消息。雖是一兩件農具的演進，有時影響所及，也足以改變全社會的經濟狀況，解決歷史上的困難問題。例如秦漢以來最難解決的蓄積問題，如《王制》所說：

> 國無九年之蓄曰不足，無六年之蓄曰急，無三年之蓄曰國非其國也。三年耕必有一年之食，九年耕必有三年之食。以三十年之通，雖有凶旱，水溢，民無菜色。

我們由此可以想像那時社會上食糧恐慌的程度。不過這樣子講蓄積，在近代有統計有組織的國家，猶且辦不到，何況那時？所以從《管子》書到賈誼、鼂錯，雖

天天在那裏討論"十年之蓄"，與"積貯"，"貴粟"；但終究是紙上空談，無裨實際。一直到趙過爲搜粟都尉時（漢武帝末年），他開始改良當時的農具，"耕耘下種田器，皆有便巧……用耦犁，二牛三人……用力少而得穀多"。於是那時纔"田野益闢，頗有蓄積……百姓安土，歲數豐穰"（均《漢書·食貨志》語）。歷史上的食糧問題，從此就不像以前那樣嚴重了。

我們不敢過存奢望，我們古代史料關於這方面的記載本來就很缺乏。但最近因爲甲骨文及有款識的銅器的發見，與印行，使古代史料更有地下材料爲之證明。關於古代社會的情況，因此也可推測若干；而古文字中由耒耜孳乳之字，又數見不鮮，因取以互相參證，述之如次。

一　文字上的耒

偏旁從耒的字，在甲骨文中有耤字，作：

諸形。羅振玉《殷虛書契考釋》以爲掃字，未確。銅器《令鼎》云："王大耤農于諆田"，薛尚功《歷代鐘鼎彝器款識·戠鼎》（王俅《嘯堂集古録》同）云："令女作嗣土（司徒），官嗣耤田"。耤作：

令鼎　　戠鼎　　戠鼎（見王俅《嘯堂集古録》）

從昔聲，確是耤字，令鼎與甲骨文形製尤近，其偏旁昔，仍像足趾形，甲骨文耤字諸條：

己亥卜□令夫□耤臣。——《殷虛書契前編》卷六第十七葉

己亥卜貞令夫小耤臣。——同上

缺耤受年。——卷七第十五葉

庚子卜貞王其萑耤往十二月。——《後編》下第三十八葉①

"耤受年"明是卜農事之辭。"小耤臣"疑即殷代農奴，亦即《晉語》之隸農。以此及金文互相參證，知此諸文確是耤字，其偏旁耒作：

---

① 編者按："三十八葉"，誤，當作"二十八葉"。

〔甲骨文字形〕

當是象耒之形。銅器又有耒字：

〔耒彝　耒作父己彝　耒敦〕

象手秉耒之形。敦文形尤完具。小篆耒作耒，即此形的筆誤。《說文》"耒從木推丰"，朱駿聲說："耒非推草之用"；其爲誤字甚明。此諸形釋爲耒字，於義甚允，尤與甲骨文耤字偏旁合。再以從力諸字證之。如男，甲骨文作：

〔《殷虛書契》卷八第七葉　《藏龜》第一三二葉　《龜甲獸骨文字》〕
卷二第二二葉

男從力田，故力字即象耒形（惟省去下端歧出形），力、耒古同來母，於聲亦通。甲骨文有劦字：

〔《卷六第六一葉　《藏龜》六二葉　《後編》上第十九葉　《後編》〕
下第三六葉

〔《殷虛書契》卷一第一葉　第五葉　第七葉　第十四葉　第十〕
七葉

〔卷四第二葉　三一葉　《後編》上第三葉〕

從三力；或從口，從劦聲，當讀爲荔，荔亦來母；銅器亦從口，作：

〔己酉方彝　丁子卣　戊辰彝〕

此爲殷代祭名（銅器己酉方彝、丁子卣均見薛書，戊辰彝見《殷文存》，均殷人祭器），其義當與協同。當即大合祭之祫，協有合力之意，古本與合相通。如《詩·江漢》"洽此四國"，《禮記·孔子閒居》引作"協此四國"；《詩·正月》"洽比其鄰"，《左傳·襄二十九年》引作"協比其鄰"，《書·堯典》"協和萬邦"，"協時月正日"，《史記·五帝本紀》引作"合和萬國"，"合時月正日"，皆其明證。

耤之爲耒，又可以麗字證之。丽或麗，甲骨文與銅器作：

〔卷五第四七葉　《後編》上十四葉　下二三葉　下二五葉〕

〔車飾　舀鼎　父丁尊　盠龢鐘　齊侯鎛鐘〕

丽從兩耒，麗從兩耒兩犬（金文從三犬，齊侯鎛鐘又變從訧）。其所從耒形，與甲骨文金文耤字合，小篆作丽，古文作麗，即耒形筆誤。麗亦來母，即從耒聲。薛書《盠龢

鐘》云："麗龢萬民"，《齊侯鎛鐘》云："龢麗而九事"，麗龢，龢麗，即《堯典》之協和。借麗爲協，與劦音轉爲協例同。丽象兩耒並耕形，古者耦耕，故丽有耦意，故儷得訓爲伉儷。《説文》"丽，兩耦也，象兩兩相附之形"，其義則是，其形則非（庂恐即《盅龢鐘》麗形之省，從户係形誤）。

力象耒形，金文中從力之字，有時即從耒。如男，勒：

  ⿳甲力 叔男父匜　⿳甲力 遣小子敦　⿳甲力 師寰敦　⿳甲力 齊侯敦　⿳甲力 寰侯敦

  ⿰力頁 頌鼎　⿰力 吳尊　⿰力 彔伯敦　⿰力 師酉敦　⿰力 匽侯鼎

或從力，或從 秉力，即耒之異體。加字作：

  加爵　　虢季子白盤

仍從力；而從加之嘉，則從耒：

  齊鞄氏鐘　陳侯作嘉姬敦　邿公釘鐘　王孫鐘　沈兒鐘

  王子申盞盂

又如静字從生從井從耒，象秉耒耕井田中而禾黍孳生之形，當爲耕之本字，耕、静古同音字。

  静敦　免盤　毛公鼎　公伐郘鼎　國差𪔛　秦公敦

觀静敦、免盤二文，静之爲耕，確然無疑，耕所從之耒，與男、勒、嘉偏旁形同。即耒、力互通之明證。（静偏旁爭從耒得形，從青得音，文字孳乳，此例最奇；但亦不僅此字，如郘字分化爲予，予即從邑得形，從余得音。）

上文耤、麗、耒三字，其耒形下端皆作歧出形，又可以利、勿、方三字證之。

利，甲骨文金文作：

  《殷虛書契》卷二第十八葉　第三葉　同左　卷五第三二葉

  同左

  《菁華》第九頁　第十葉　《後編》下第十三葉　第十八葉　第五葉

  師遽尊　利鼎　宗周鐘

利所從之 、 諸形，即力形之變，象用耒端刺田起土之形，銅器將力旁土移於禾旁，故小篆利或從刀，但古文利，及從利之黎、梨、犁諸字，仍是從 ，可證從刀乃是省形。利來母字，自是從力得聲。刺地蓺禾，故得利義。

利所從之 𠂕 或讀爲勿。勿、利古韻脂部字，《國語·越語》以一、物、失、利相叶，故得相通。勿之本義當爲土色，經傳多借物爲之。

> 載師掌任土之灋，以物地事，授地職而待其政令。——《周禮》
> 卝人掌金玉錫石之地，而爲之厲禁以守之，則物其地，圖而授之。——《周禮》
> 草人掌土化之灋，以物地，相其宜，而爲之種。——《周禮》
> 邍師掌四方之地名，辨其丘陵墳衍邍隰之名物之可以封邑者。——《周禮》
> 縣師，凡造都邑，量其地，辨其物，而制其域。——《周禮》
> 冢人物土。——《儀禮·既夕》
> 先王疆理天下，物土之宜，而布其利。——《左傳·成二年》
> 士彌牟營成周……仞溝洫，物土方。——《左傳·昭三十二年》

此諸物字，皆勿之借字。物地、物土，即相土色、相地色。各家注皆訓物爲相，惟鄭司農注《周禮·載師》云："物色之以知其所宜之事"；《草人》云："以物地占其形色"；《卝人》云："占其形色，知鹹淡也"；訓物爲色，爲形色，爲不誤。物訓色，自非一色，引伸之又得爲雜，《說文》："旅，旗也，……雜帛爲之幅，赤白半"；《周禮·司常》："雜帛爲物"。旅爲雜帛，則勿爲雜土，物爲雜毛牛，物訓雜毛牛，與犁訓"犁雜文"（《論語》何注），"牛不純色"（《淮南·說山》高注）等義，又正相應。可證從勿，從利，義本相通。甲骨文物或作勿，皆謂雜毛牛，無作否定詞用者；銅器則全作否定詞了。

　　𠂕《殷虛書契》卷六第四葉　𠂕第二二葉　𠂕第五四葉　𠂕卷四第三五葉
　　𠂕卷五第三九葉
　　𠂕《後編》上第三葉　𠂕第十九葉　𠂕同左　𠂕《龜甲獸骨》卷上第六葉
　　𠂕第二二葉　𠂕卷七第十六葉①
　　𠂕毛公鼎　𠂕孟鼎　𠂕召伯敦　𠂕克鼎　𠂕㔾侯鼎
　　𠂕量侯敦　𠂕齊鎛　𠂕②余𣍐鉦　𠂕師酉敦　𠂕師㝅敦

甲骨文及銅器之方，作：

　　𠂇《殷虛書契》卷二第十五葉　𠂇第十六葉　𠂇卷五第十一葉

---

① 編者按：林泰輔《龜甲獸骨文字》無卷七，卷二第十六葉之五片有"物"字。"卷七"當爲"卷下"或"卷二"之誤。
② 編者按："𠂕"，原文空缺，今據其後出處補。

㇇第十三葉　㐄第二三葉　㇇《後編》下第四葉
才俎子鼎　方般甗　才匕曾伯簠　才兮甲盤
㐄不娶敦　于番生敦　于召尊　于录伯敦

象耒的形製，尤爲完備，故方當訓爲"一番土謂之坺"之坺，初無方圓之意（古匚即方員字）。方之象耒，上短横（如《番生敦》等）象柄首横木，下長横即足所蹈履處，旁兩短畫或即飾文，小篆力作㓝，即其遺形。古者秉耒而耕，刺土曰推，起土曰方，方或借伐、發、墢等字爲之。

　　直庇則利推（庇即耒下端歧出者），句庇則利發。——《考工記·車人》
　　耜廣五寸，二耜爲耦，一耦之伐，廣尺深尺謂之畎。——《考工記·匠人》
　　及籍……王耕一墢，班三之，庶民終於千畝。——《國語·周語》

孫詒讓《周禮正義》説："伐即坺之借字，其字又通作發，俗作墢"，蓋方、坺、伐、發、墢古皆讀重唇音，故得互通。《詩·甫田》"以社以方，我田既臧"；《雲漢》"祈年孔夙，方社不莫"；方社當即農家祈年之祭，社爲后土，方自爲連類而及之事。《月令》"季冬天子乃祈來年於天宗，大割，祠於公社，及門閭"。據此文則社即祠於公社，方即祠於門閭。《詩·楚茨》"祝祭于祊"，傳："祊門内也"，《説文》引作䄫云："門内祭"，正與此合。祊、社同爲祈年之祭，故字亦可互通。《左傳·襄二十四年》"以守宗祊"，《周語》"今將大泯其宗祊"，宗祊，即宗社。方、社並稱；祊、社互稱；故知方即坺之本字。又《詩》：

　　既方既皁，既堅既好。——《大田》
　　茀厥豐草，種之黄茂，實方實苞，實種實襃，實發實秀，實堅實好，實穎實栗。——《生民》

此兩方字次敍均在蒔藝之先，亦當爲坺土之事。《説文》："方，併船也，象兩舟總頭形，從兩舟省。"今觀甲骨銅器中方字，全無象兩舟總頭形之意。蓋方可訓併，而不可訓併船，《爾雅·釋水》"大夫方舟"，李注："泣兩船曰方舟"；《莊子·山木篇》"方舟而濟於河"，《釋文》司馬注："方，並也"；古者耦耕，故方有並意。又《儀禮》柄皆作枋，耒爲曲柄，故聲得轉爲柄。

二　耒的形製

以上文字上耒、偏旁耒及從耒形孳乳諸字，其耒形上端鉤曲，下端分歧（除力

字外），均屬一致。以此推測古代耒的形製，當無大謬。武梁祠石室刻神農手執耒耜圖，其耒耜形亦與上文所舉諸字合。但武梁祠爲東漢時刻石，其所刻耒耜，應爲東漢時通行的形式。鄭玄注《考工記·匠人》云："古者耜一金，兩人併發之……今之耜，歧頭兩金，象古之耦也。"賈公彥《疏》申其義云：

> 古法耒下惟一金不歧頭，先鄭云耒下歧（鄭衆注《考工記·車人》爲耒庇文），據漢法而言。其實古者耜不歧頭，後鄭（玄）上注亦云"今之耜歧頭"，明古者耜無歧頭也。

是東漢時確有歧頭兩金之耜，故武梁祠石刻我們不能就認爲古代耒下端分歧的證據。

從甲骨、銅器，到武梁祠刻石，將及千有餘年，此千餘年中，耒的演變，亦有可徵者。今傳世古錢幣有圓足布、方足布、尖足布者，即古農具的仿製品。

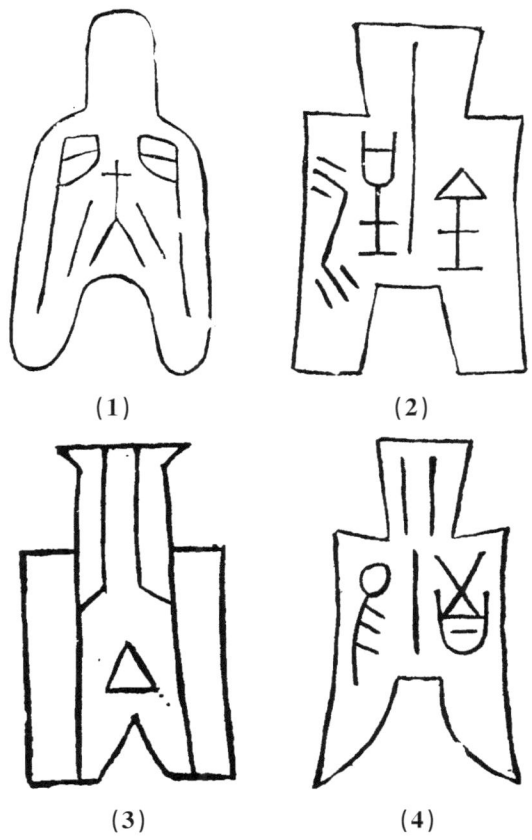

見《貨布文字考》1 圓足布。2、3 方足布。4 尖足布

何以知爲古農具的仿製品？《清儀閣所藏古器物文》有《宜字犂》，跋云（第二冊第二十六頁）：

> 此器形如古之空首幣，而甚厚重，朱碧鮮好。考《詩·周頌·臣工》"庤乃錢鎛"，《毛傳》："錢，銚。"陸音錢，子踐反。《正義》曰："《說文》云'錢，銚也，古田器'；案古空首幣，亦泉之屬，後世謂泉爲錢，當亦因幣有錢之形，不必以銖兩得名錢也。"今此器一面純素，當是《釋名》所云迫地去草之鎛，而形類古幣，則直可以錢名之。

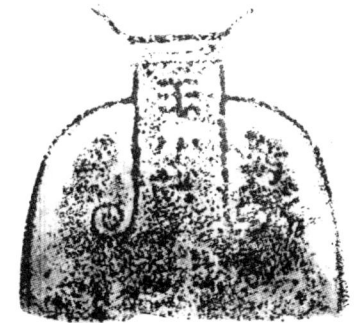

歷史博物館藏安陽出土《王小鐵錢》，形與《宜字犁》同，此均農器而"形如古之空首幣"。

《金文存》（卷六第一百二十六頁）有《中山幣》，鄒安跋云："製如空首布而厚重，或曰，此非泉"。其後附說云："《中山泉》模與《金石契‧宜字》一器（案《金石契》無此器，疑即《清儀閣》之《宜字犁》）相同。故或疑農器，然不當小至如是。"此正是錢幣仿農具而製的絕好證據。余藏有帝字空首布二，其厚重似農器，其大小與《中山幣》同，右旁二字乃記所值，其空首及下端皆有繫貫之孔，確為錢幣之製。此均空首幣而形與農器之錢同。

空首布有顯著的特徵，即首端有楔形方孔，可以函柄。《貨幣文字考》所圖空首幣（如《周字幣》），形製最為完備。觀此種形製，更可證明其為農具的仿製品。

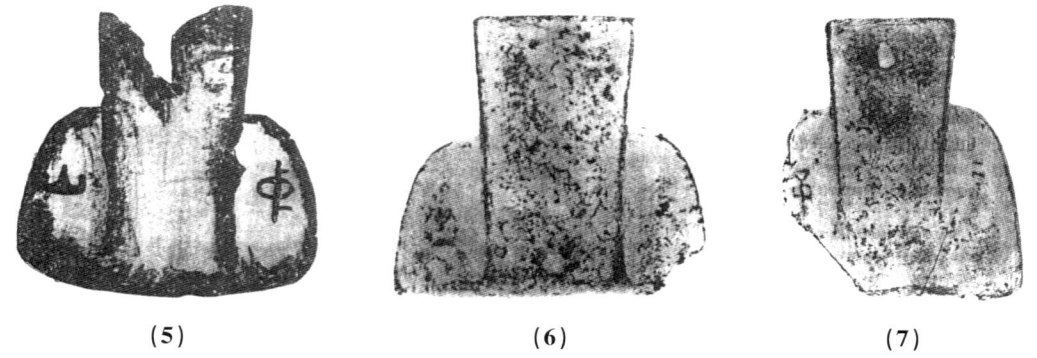

(5)　　　　　　(6)　　　　　　(7)

空首布，與兩足布（即圓、方、尖等布）不同之點，有二：

（1）空首布首端有楔形方孔，兩足布首端扁平。

（2）空首布下端一刃，兩足布下端歧頭。

從此兩種不同之點上，我們可以尋出其演變的痕跡。

下圖為空首幣之一種（見 Catalogue Chinese Coins，又見《續古泉匯補遺下》）。其形製即介於兩足布與空首幣之間。由此形我們即可將兩足布與空首布的關係，連絡起來。

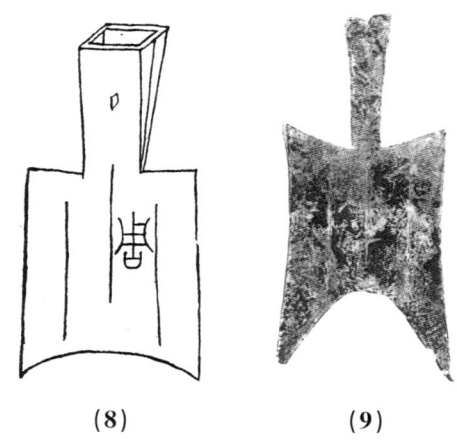

(8)　　　(9)

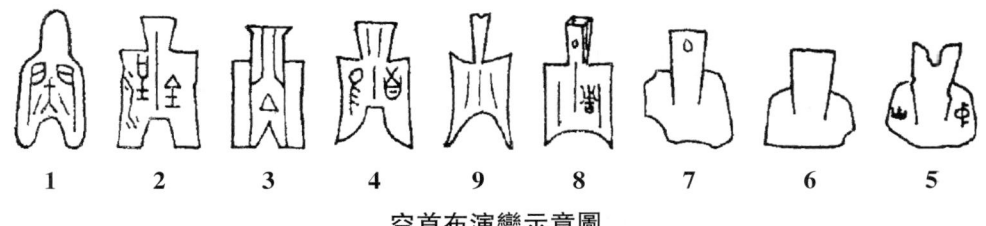

空首布演變示意圖

由空足布（9）圖上溯至兩足布，其演變應如次：

(9) ← (4) ← (3) ← (2) ← (1)

由空足布（9）圖下溯至平刃空首幣，其演變應如次：

(9) → (8) → (7)(6) → (5)

再就其足形變化繪之如次：

此種變化的次叙，何以知不是由空首布變爲兩足布？即將其次叙到轉由(5) → (1)？

兩足布爲農具的仿製品，其形式可徵者，如武梁祠石刻神農所執之耒耜，及禹所執之耑，又後幅畫二人執耑，其耑形均與兩足布同。《韓非子·五蠹篇》説："禹之王天下也，身秉耒耜，以爲民先"；故知此兩刃者爲耑。小篆耑作𦔼，從丫，象耑形，從臼疑爲從𦥑之誤，耑從臼丫，象兩手舉耑形。耑頭金謂之鏺（《説文》"鏺，河内謂耑頭金"），兩足布謂之布（王莽鑄有大布、次布諸品），又謂之幣，幣、鏺、布，古邦並母，旁紐相通。此兩足布爲農具仿製品之明證。《説文》："錢，銚也，古田器……亦曰耑，曰鏺。"是耑與鏺，又得稱錢。耑、鏺、錢，古清從母，亦旁紐相通。是兩刃之耑與一刃之錢，同爲一種農具之明證。鄭玄《考工記注》明説："古者耜一金……今之耜歧頭兩金"，如鄭説，豈不是由空首幣變爲兩足布的絶好證據？

此説有不能成立之理由二。

（甲）與甲骨銅器諸文字不合　甲骨銅器中諸文字耒下歧出，既如上述。是殷周之間，必有兩刃的農具。如謂古有兩刃，中古（鄭所謂古，原意當指漢以前）變爲一刃，漢又變爲兩刃；此種演變，似不可能。如謂耒端歧出者爲與耜相接之庇，而另有所謂一刃之耜，如《考工記》説：

> 車人爲耒，庇長尺有一寸，中直者三尺有三寸，上句者二尺有二寸。自其庇，緣其外，以至於首，以弦其內，六尺有六寸與步相中。

鄭衆注"庛讀爲'其顙有疵'之疵①，謂耒下歧"。孫詒讓《周禮正義》申其説云：

> 先鄭言此者，以庛、耜爲一物也。凡庛、耜經典多通言，故《山虞》説耜亦用木材；《易·繫辭》亦云："神農氏作，斲木爲耜，揉木爲耒"；《易釋文》引京房云："耜，耒下耓也。耒，耜上句木也"。此即先鄭所本。後鄭以耜金，庛木，二者異材，故不從。蓋庛爲木刺，耜爲金刀，柄鑿相函，故庛亦可通稱耜，而此經所言耜與庛，實異物也。

先鄭所謂耒下歧，謂耒，謂耜，原無明文。孫氏謂"先鄭言此者，以庛、耜，爲一物也"，未免有點誣枉，孫氏之意以爲庛爲車人之事，自是木製（如攻金之工則段氏之事），故庛應從後鄭訓爲棘刺之刺，不得有歧頭形。其説似即受了戴震《考工記

---

① 編者按："之疵"，原脱，據鄭注補。

圖》、程瑤田《考工創物小記》的影響。而戴、程兩圖似又受了宋林希逸《考工記解》的影響。

此數家所説，即使另有所謂一刃之耜，其耒端形製亦與文字上的耒不合，可斷其爲臆造之説，商周之間雖已入於銅器時代，但以銅鑄農器，則爲後來之事。今傳世古錢幣最早者，只能視爲春秋時物。（春秋以前大概即以斧斤爲貨貝，《易》之資斧，銅器《㝬後敦》"貸余一斧，舍余一斧"，皆是。）《齊語》"美金以鑄劍戟，試諸狗馬；惡金以鑄鉏夷斤斸，試諸壤土"（又見《管子·小匡篇》）。此以美惡相對言，可見農具之用金屬製，必在兵器之後。蓋古代社會與禽獸鬥，與異族爭，日在兵事狀態之下，故兵器爲

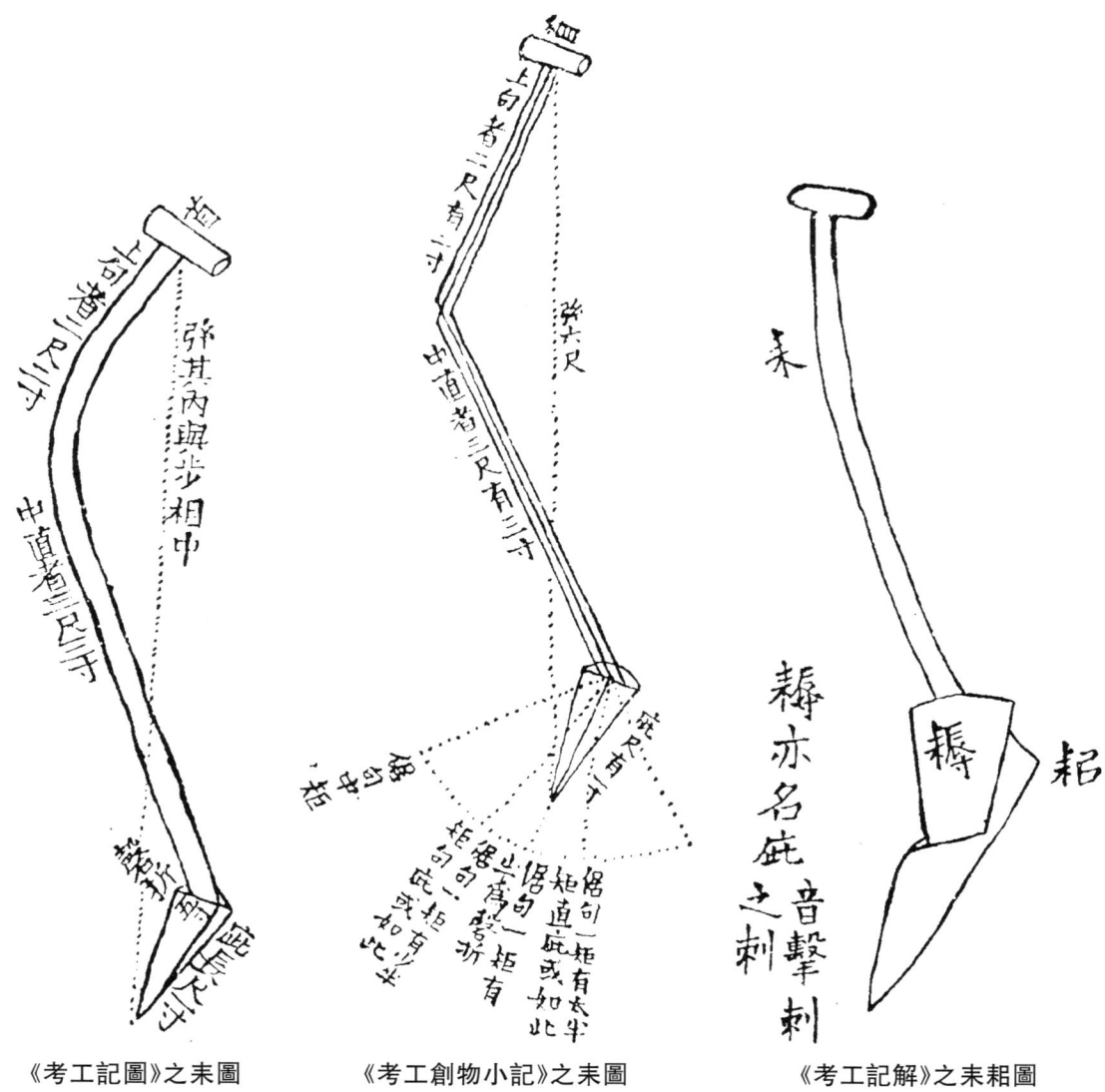

《考工記圖》之耒圖　　　《考工創物小記》之耒圖　　　《考工記解》之耒耜圖

其最需要之物。甲骨銅器上耒形諸字，皆似木製的農具。《周禮·地官·山虞》及《易·繫辭》說耜亦用木製。知古代確有木製之耒耜。《鹽鐵論·水旱篇》說："鹽鐵價貴，百姓不便，貧民或木耕手耨土擾①。"西漢時鍛冶與耕農，都已發展到很高的程度了，而民間還有木耕的風氣。則：

　　古者剡耜而耕，摩蜃而耨。——《淮南子·氾論訓》

大概也不至於就是捏造的事實。《考工記·車人》下又云："堅地欲直庛，柔地欲句庛；直庛則利推，句庛則利發，句倨磬折謂之中地。"是即用木製之庛，為推

---

① 編者按："擾"，當為"櫌"之誤植。《鹽鐵論》原文作"櫌"。"櫌"為"耰"異體字。

發，不必再有接於庇上的耜了，且耕稼初興，除天然樹枝或木棒外，更有何物可供人類利用？

甘肅辛店期有牛馬胛骨製的鶴嘴鋤（見《甘肅考古記》第十四頁），南澳洲土人，亦有利用石斧、石鍔、鹿角等物以爲耕作者，但此均須掘地，較木耕尤爲勞苦，故木製歧頭之耒，乃是最自然，最適宜的農具，後來金屬製的兩刃鍬臿，就是模倣這種樹枝式木製歧頭之耒的形式。銅器中有荆楚之荆字，作：

　　貞敦　　迅伯敦　　狀敦　　師虎敦

從井從刅（或省井）。古文荆作 ，即 形誤分爲二，象樹枝耕井田中。《説文》云："荆，楚木也。"因用樹枝耕，故得訓爲楚木。字又爲剙，《説文》："剙，造法剙業也。"用樹枝耕，故得爲創始之稱，稻粱之粱從刅，亦當由耕得義。

（乙）由空首幣的空首變爲兩足布的平首爲不自然的演變　從形式上看，空首布形製繁複，較兩足布鑄作稍難。最初金屬製的農具，不過取其刺土的部分較爲犀利而已；柄與金相接的部分，本不是他們所注意的，他們就自然的鑄成一種全體扁平的農具，嵌入柄端，外面再加繩束。《夏小正》説："正月農緯厥耒"，注"緯，束也"，正指此種形式。古兵器如戈、戟之類，及較古的斧、鉞，其與柲相接處，都作扁平形，其首端之孔，即繩束處，大約與農具同。此種接榫方法，既不牢固，又甚煩難，同時鍛冶又漸次進步，所以空首農具，及方銎斧之類，就應運而興。如謂農具中先有空首，後有平首，則是接榫方法由簡易趨於煩難，由牢固趨於不牢固；此種不自然的演變，爲事實所不許。

由此我們可以斷定，耒的演變，由木製變爲金屬製，由歧頭變爲平刃，由平首變爲空首。

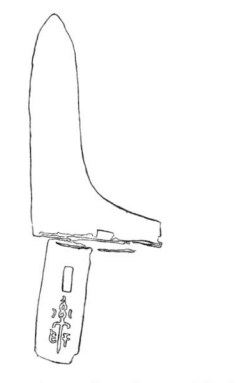　　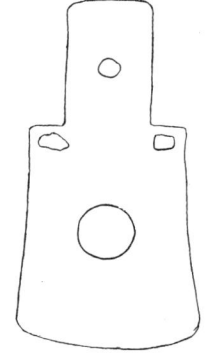

戈　《周金文存》卷六《補遺》　　斧　《周金文存》卷六，第一一六葉

元王禎《農書》載有兩種杈，疑即古代耒的遺型。

> 杈，箝禾具，揉木爲之，通長五尺，上作二股，長可二尺，上一股微短，皆形如彎角，以箝取禾穗也。又有以木爲榦，以鐵爲首，二其股者，利如戈、戟，唯用叉取禾束，謂之鐵禾杈。

此種簡單農具，從元到今似乎没有什麽變化。木杈今仍通行於河南，鐵杈今仍通行於長江流域，蓋耒既變爲鍬、畣，於是此最初形式，即被利用箝取禾穗，或叉取禾束。《説文》"芣，兩刃臿也"，字或作鏵、鍨、銬，芣、杈，古同在歌部，故得相通。《周禮·天官·鱉人》"以時箝魚鱉龜蜃"，鄭司農《注》謂"以杈刺泥中，搏取之也"。鄭以杈刺釋箝，箝、耤古字通用，"箝魚鱉龜蜃"，即以杈刺泥中，與耤田以杈刺地狀況正同，故耒亦得稱杈，聲轉爲鏵、鍨、銬。友人董彦堂（作賓）先生説："今河南通行之杈，揉桑木爲之，長可六尺，極堅實，用以耕耤，似無不可。"此可見以木爲耒，刺地而耕，亦屬可能之事。

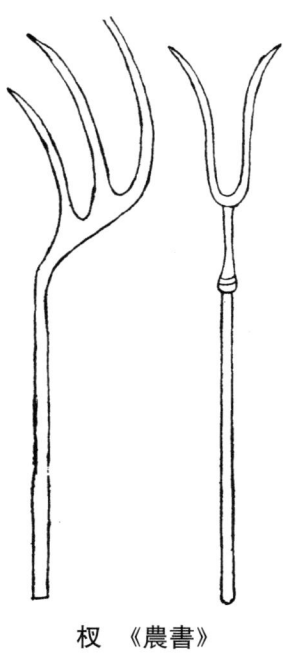

杈　《農書》

三　文字上的耜及其形製

耜，異體甚多。小篆作梠，或作枱、鈶，籀文作䎗，或作䎃，經傳作耜，《廣

雅》作鋁，從耒，從木，從金，即表示三種意義：（1）耜之形式與用途近於耒，（2）木製之耜，（3）金屬製之耜。從㠯即耜之本字。㠯爲用具，故古文借爲以字，以，用也。銅器以均作㠯：

  㠯 毛公鼎　㠯 不娶敦　㠯㠯 散盤　㠯 虢季子盤　㠯 趞小子敦
  㠯 大鼎　㠯 秦公敦　㠯 封敦　㠯 應公鼎　㠯 仲盤
  㠯 者女觥　㠯 公伐郄鼎　㠯 沈兒鐘　㠯 夛桐盂　㠯 姑□句鑃

當爲耜之象形字。甲骨文㠯作

  㠯《殷虛書契前編》卷六第六十一葉　㠯《後編》上第二十五葉

羅振玉釋爲私字，但據其文義，

  〔圖〕劦㠯又示缺〔圖〕方
  乙未貞王米□叀□㠯于〔圖〕

似無私字之義，仍以釋以爲是，銅器以或以台爲之：

  台 陳侯因𦅫敦　台 王孫鐘　台 邾公華鐘　台 歸父盤

姐姓之姐，或以始爲之：

  始 始 始 叔向父敦　始 頌鼎

故耜亦得從台。《說文》或作梩者，東齊謂之梩（見《方言》），里、耒古同來母，里、㠯古同之部，當爲耒、耜二字的合音。

  社會學家說原始的人們，不能有個人財產的觀念。他們生活在氏族共產之中，氏族內部，一切屬於全體，共同工作，共同消費，非洲波希曼人（Boshiman）若是捕獲一條野牛，則分割爲許多塊數以送於其餘的人。旱荒的時候，佛愛奇（Fuegien）的少年便沿河而跑，若是運氣好遇著一條死在淺灘上的鯨魚，他們無論餓得要死也不動手，只是迅速的跑回去告知他們的氏族，於是氏族人員立即跑來，由極年長的人將死鯨平均分割於全體。即是農業發明以後，種族或氏族的共有土地，仍是共同耕作，共同消費的。紀元前四世紀亞歷山大王時代，尼雅格（Neargue）大將在印度某幾處地方，還目擊各種族對於共有土地的共同勞動，及收獲物之按照戶口分配。我們從原始人們中來找個人財產的物質形式的最初起源，（1）如果要使一件東西成爲個人所有，這件東西便應與他體膚成

爲密切而不可分離的關係，如穿在鼻子、耳朵，或嘴唇上的裝飾品。（2）日常使用的物件，是物件屬於個人的主要條件，因而由個人做出的製造品，也只看是否供給自己使用。如是自己使用，才得視爲個人所有。一個愛斯基摩（Eskimos）人自己只能具兩個獨木舟，若製造了第三個，便歸氏族處置，因爲凡自己不使用的物件，便是共同財產。

耜爲農具，爲個人日常使用的物件，故得認爲己有，故耜所從之㠯，得訓爲我。

厶與私亦當爲耜引申之字，耜、私、厶，古同在心母（古韻耜在之部，私、厶在脂部，之脂古不通用，或由聲近相通），厶小篆作㠯，形與銅器中㠯字絕相似，私從禾，即耜之別體，耜爲個人所有，故得引申爲公私（或作厶）之私，《韓非子·五蠹篇》云："古者蒼頡之作書也，自環者謂之私，背私謂之公；公私之相背也，乃蒼頡固以知之矣。"（亦見《說文》引）此說與古代社會情況不合。銅器中公作 㕣（與小篆公作 㕣 不同），全無相背之形，可證其爲臆說。

耒與耜爲兩種不同的農具。耒下歧頭，耜下一刃，耒爲仿傚樹枝式的農具，耜爲仿傚木棒式的農具。《說文》"弋，橜也，象折木衺銳者形"。《爾雅·釋宮》"樴謂之杙"，注"橜也，蓋直一段之木也"。用今語釋之，則爲木棒。其下端衺銳可用以刺地（《左傳·襄十七年》"以杙抉其傷"，即以杙刺之證），耜，大概即由此形蛻變。銅器有從弋之妖與必。

叔妖敦　妖鯉敦　妖寰盤　無重鼎　休盤

弋作 ￥，即象木棒形，中橫畫與方字同意（說見前），弋、㠯古音同在之部。《左傳》定姒，《公》《穀》作定弋。《桑中》"美孟弋矣"，即孟姒，弋、㠯通用，亦可見弋與㠯的關係。《說文》必從弋聲，《廣雅·釋器》"柲，柄也"，《方言》"柲，刺也"，柄與刺皆由弋得意，弋爲最初農具，利於刺地而不利於發土，所以後來就在弋下增一圓首平葉木板。《易·繫辭》云："斲木爲耜"，此種木板，即斲木爲之，與耒之爲楺木者不同。

日本奈良正倉院藏有子日手辛鋤一柄，乃孝謙女帝爲聖武天皇捨入東大寺供養諸佛菩薩之物，長徑四尺三寸二分，上有"東大寺子日獻天平寶字二年正月"等銘識。天平寶字二年爲唐肅宗乾元元年（西七五八），當爲唐或唐以前輸入日本之物，即古代耜之遺製。其木板下又嵌入半圓形之金屬製耜，鳥居龍藏氏《人類學上古代文化之我見》書中又載日本古墳中所發見之鋤（即古耜形），圖中（1）筑前綱島周船寺村古墳發見，（2）後備國雙三郡吉金村，（3）筑前國鞍手郡中山

村,(4)信濃國下伊那郡喬木村,(5)石見國美濃郡匹見下村。此諸鋤,柄及圓木板,均朽,僅餘下端金屬製之耜,仍與奈良正倉院所藏者相同。即日本現今使用之鋤,其形製仍與此形相近。可見此種形製在日本流傳之久。返而求之我國現今使用之鍬鋤,既與此形絕遠,即王禎《農書》所圖,亦無如此形製。現今古物出土既富,著錄漸廣,何以亦不見此種農具?(《儀禮·既夕》說殉葬用器有弓矢、耒耜,出土古物中應有此種農具,或古董家不識此物。遂棄不錄。)

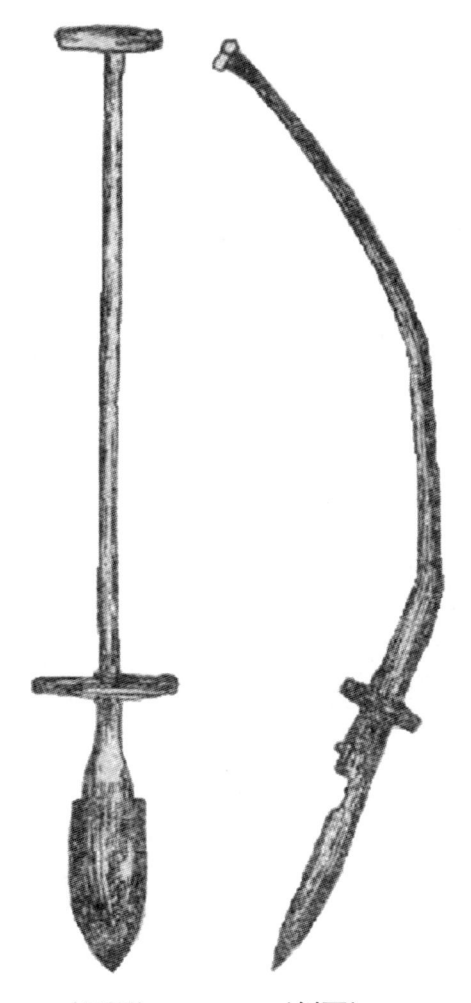

(正面)　　　(側面)
奈良正倉院所藏子日手辛鋤

《金文存》(卷六第一一五頁)、《夢坡室獲古叢編》吳大澂古兵器屏條(商務印書館石印)載有此器(6),舊皆以爲橫鉞形,未確。當即農具中之犁錧。《爾雅·釋樂》郭注"大磬形如犁錧",犁錧《說文》或稱犁冠。《說文·玉部》"瑁,諸侯執珪朝天子,天子執玉以冒之,似犁冠"。此以犁錧譬磬與瑁之形況,犁錧與瑁之形

況，今雖不易見，我們猶可依磬的樣式推度之。

錢幣中有磬幣，及橋幣（或稱橋梁幣，或稱荷葉幣，此圖見 *Catalogue Chinese Coins*），若倒觀之，其形正與日本奈良正倉院子日手辛鋤及古墳中發見之鋤，極相似，亦與犂錧之形相似。

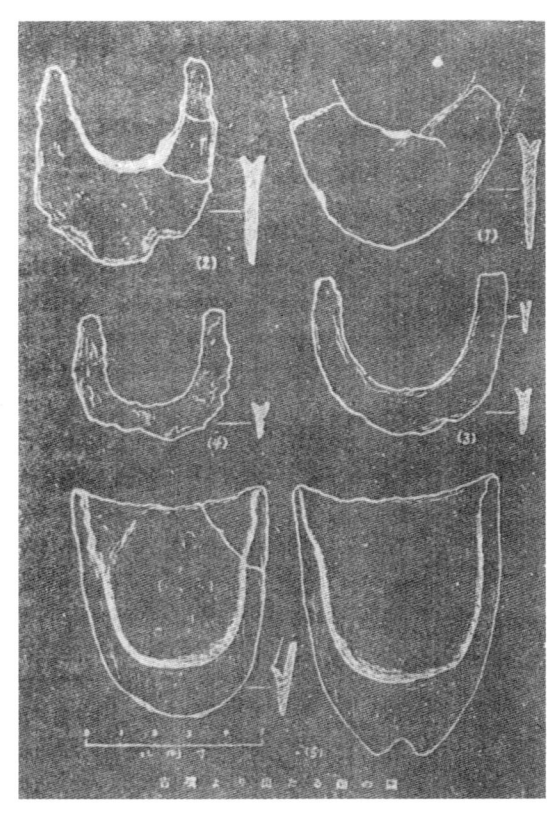

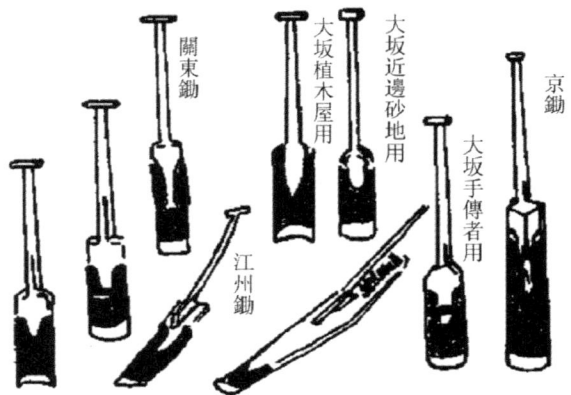

《日本社会事彙》所載現今使用之鋤

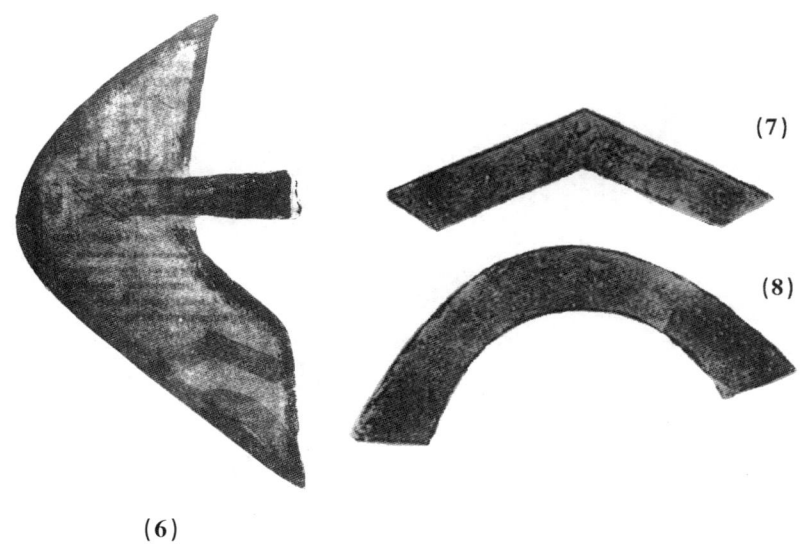

(7)

(8)

(6)

此種錢幣甚小而薄，向來錢幣諸書，僅備此一格，而不知其制之所從出。余近購得此幣數枚，有兩種（11、12），並爲錢幣諸書所未載，其中作窗格形麗婁相連，似爲由（7、8、9、10）諸形蛻變至（6）之一種過渡形式。此麗婁相連形，與（6）圖中空之祕，皆爲便於與木相接者。

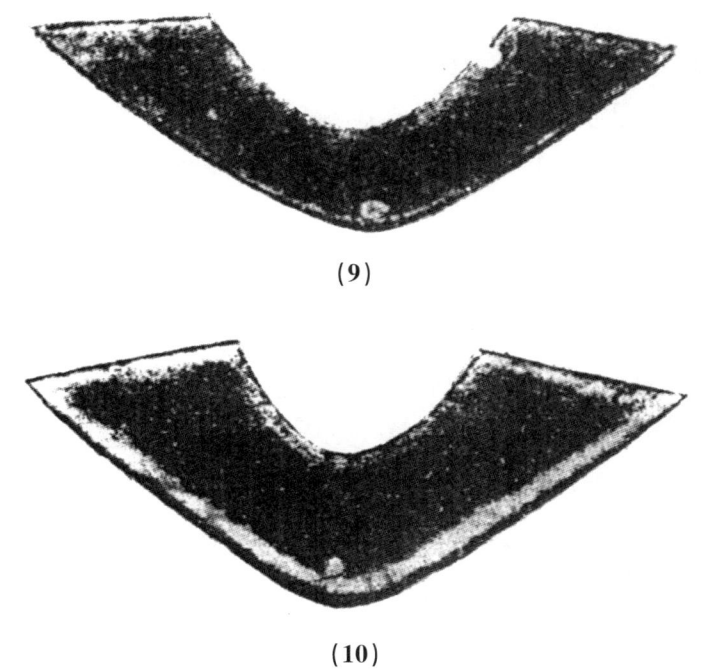

(9)

(10)

李光庭《吉金志存》、孟麟《錢布統志》載有諸幣，較上圖均較大，且有花紋者。

（13、15、17，見《吉金志存》）

（14、16、18，見《錢布統志》）

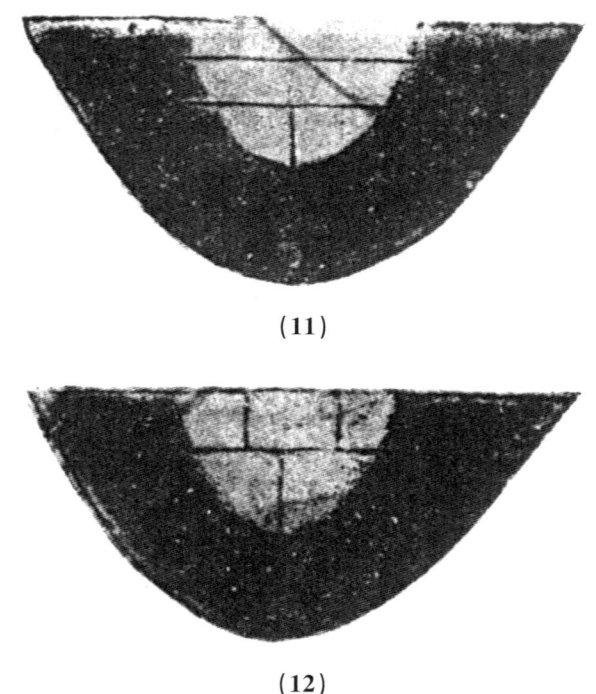

(11)

(12)

錢幣原為農具的仿製品，但此種花紋，似為錢幣特有的飾品，觀其種類繁多，小大殊異，亦可想見其流傳之久遠。《考工記·匠人》云："耜廣五寸"，《呂氏春秋·任地篇》云："是以六尺之耜，所以成畝也；其博八寸，所以成甽也"。耜之廣博，或說五寸，或說八寸，此種差異，似耜在先秦原有廣狹的不同。《考工記》說耒徑長六尺（看程瑤田《考工創物小記》，圖見前），《呂氏春秋》亦說"六尺之耜"，凡柄長與人相中，過長，過短，均不適宜於工作。此兩書所載，其長既同，則其廣博的差異，自不能諉為尺度的不同，今日本奈良正倉院所藏之鋤，長四尺三寸二分，以此當周尺六尺，則周時一尺即當今七寸二分，周時耜之廣博自五寸至八寸，即當今三寸六分至五寸七分六釐。下圖 13、15、17、18 四幣，廣約四寸左右，即在《考工記》《呂氏春秋》兩耜廣相差之中，可證此諸幣即耜的仿製品。

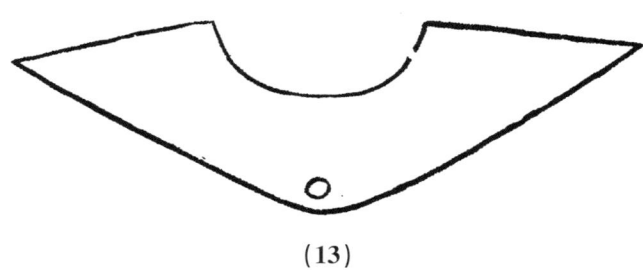

(13)

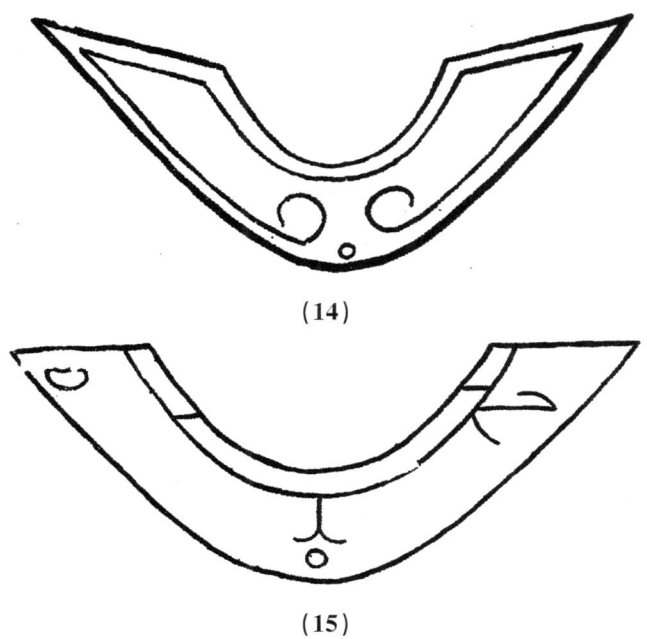

(14)

(15)

最初的犂，即爲此種耛形的放大，戴於木上，其形如冠，故稱犂冠，字或作錧，混言曰犂，析言曰犂冠、犂錧，其實仍是一物。此種犂冠的形式，一直流傳到西晉時。郭注《爾雅》仍以犂錧譬磬的形況，自是當時習見之物。今出土犂及犂范甚多，著録家皆以爲唐物，其形製大小均與犂冠之形相近（如上圖6廣七寸二分，《匋齋吉金録》原造犂廣七寸五分，見圖19）。可見近代犂即由漢晉犂冠演變而來。

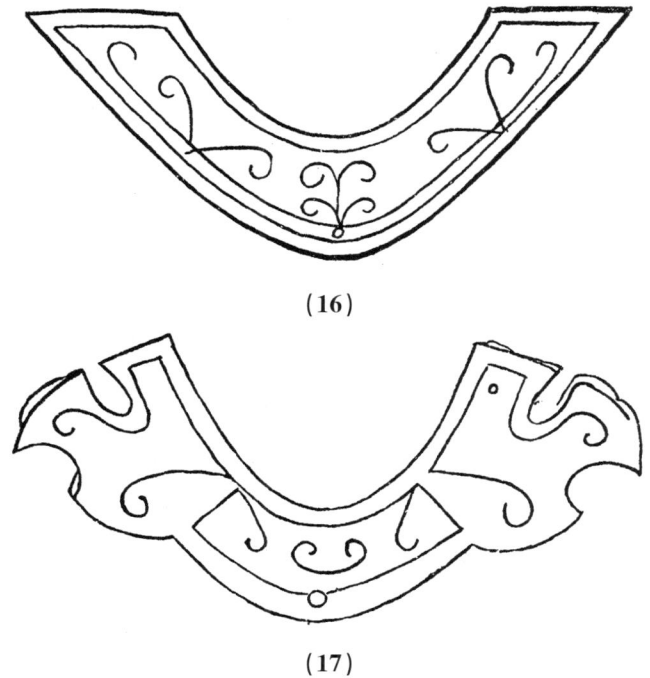

(16)

(17)

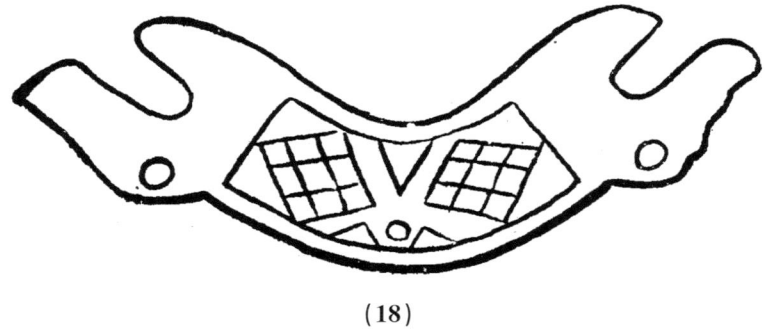

(18)

耜及犁冠作半圓形者,乃其演進中最適宜的形式,《易·繫辭下》云:"斲木爲耜",最初的耜大概就是木製的圓頭平葉式的農具。圓頭取其刺地深,平葉取其發土多,到了銅器時代,社會上漸次覺得木製的農具不及金屬製的犀利,於是就在平葉前端嵌入半圓形的金屬製耜,此種半圓形的構成,在古代社會狀況之下,實有三種理由:(1)保存原來的形式,與兩刃鍬舀保存歧頭形式同;(2)金與木相接處最初沒有鑿柄相函的形式(說見前),作半圓形還比較的牢固;(3)銅鐵的產量不多,爲物力所限,不能作全體金屬製的農具。

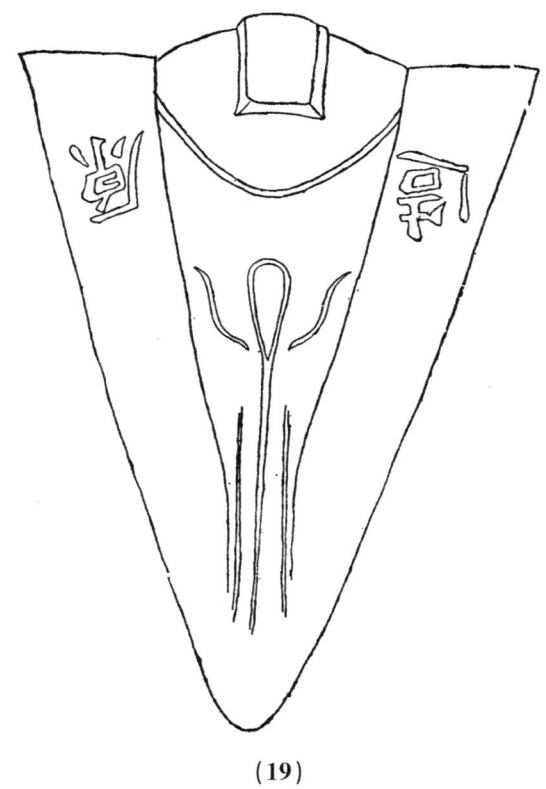

(19)

四　耒耜通行的區域

耒、耜爲兩種不同的農具。由耒變爲鍬臿，由耜變爲耕犂，二者各有其演進的道路，前面已經説得很明白了。現在我們不免要問，古代的耒耜，既同爲耕作之用，爲什麽要保存兩種形式？當時的農人，是否每人都要備有這兩種農具，如《管子》所説？

> 耕者必有一耒，一耜，一銚。——《海王篇》
>
> 一農之事，必有一耜，一銚，一鎌，一鎒，一椎，一銍，然後成爲農。——《輕重乙》

《管子》所説農人必備的農具，前後已不一致，且銚與鍬臿，本是一物，《方言》作斛，銚、斛同從兆聲字。

> 臿，燕之東北，朝鮮洌水之間，謂之斛；宋魏之間謂之鏵，或謂之鐅；江淮南楚之間謂之臿；沅湘之間謂之畚；趙魏之間謂之喿（郭注字亦作鍬）；東齊謂之梩。——《方言》五

耒、銚、耜三者，耒、銚只是名稱的不同，銚、耜只是形式的殊異，在實際上實無兼備的必要。《管子》書既雜亂，此更眩於古今方俗的名稱，而不能辨别其同異，故雜舉之。其《禁藏篇》云：

> 繕農具當器械，耕農當攻戰，推引銚鎒以當劍戟，被蓑以當鎧鑐①，菹笠以當盾櫓，故耕器具則戰器備，農事習則戰巧矣。

此則只舉當時通用之名，故有銚而無耒耜了，《莊子·外物篇》也説：

> 春雨日時，草木怒生，銚鎒於是乎始修。

《説文》"垂作耒耜"，而《釋文》引《世本》云："垂作銚鏵"，亦改從峙俗之名。《周禮·鄉師》注引《司馬法》云：

> 輂，一斧，一斤，一鑿，一梩，一鉏。

《司馬法》齊人書，故僅舉東齊通行之梩名，而不及耒耜。此皆可證《管子》雜舉之誤。

---

① 編者按："鑐"，原文漏引，據《管子·禁藏》補。

耒、耜兩種形式，農人既不須兼備，而終能遵循各自的道路演進者，乃因耒、耜二物，各有其通行的領域之故。

今據與此有關之各項材料，觀其領域，也有很明顯的分限。

耒爲殷人習用的農具，殷亡以後，即爲東方諸國所承用。

耜爲西土習用的農具，東遷以後，仍行於汧渭之間。

茲分述如下。

傳世的兩足布、空首布、橋梁布、磬布等，既爲農器的倣製品，則此種錢布製造之地，或通行之地，即其所倣製農器的領域。出土兩足布、空首布其上皆載有地名，除字形奇詭者外，其明白可識者，皆是戰國時三晉（韓趙魏）之地，如圖中塗▨處皆兩足布、空首布通行的地方。

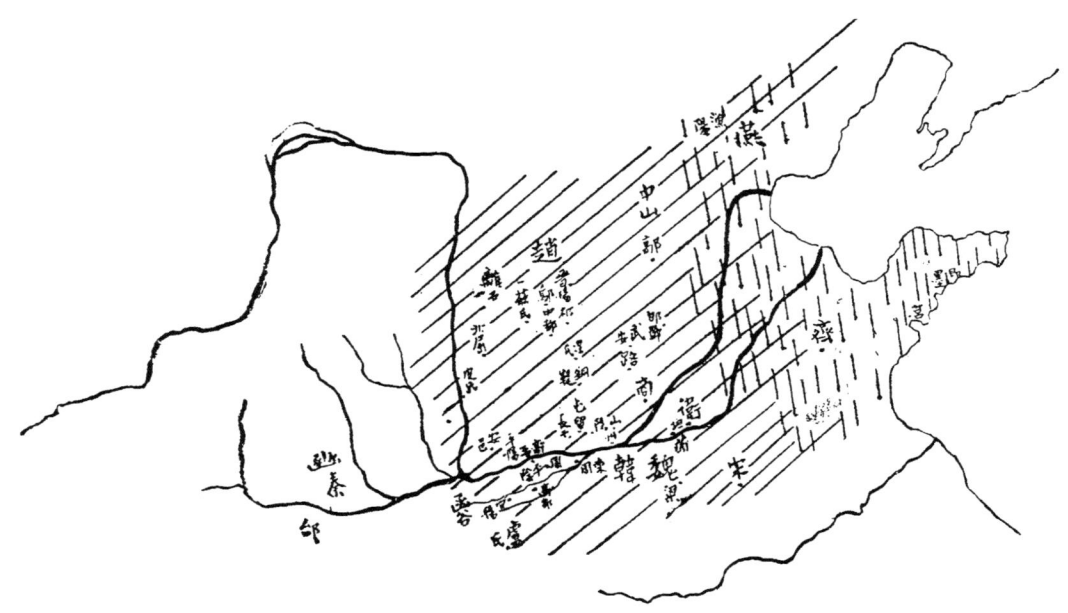

韓——屯留，長子（錢布作郥子），銅鞮（同是），涅氏，高都，宜陽，盧氏，平陰。

趙——晉陽，中都，茲氏，離石，鄔，祁，邯鄲，鄗，中山。

魏——安邑，垣，皮氏，平陽，北屈，山陽，安陽，梁，蒲。

其在三晉以外者，惟有漁陽（錢布作魚陽，或釋爲魯陽，未確）之兩足布，兩周（西周、東周）與宋之空首布而已。

從大量的估計，戰國時三晉通行兩足布、空首布，燕齊通行刀布（出土齊即墨、莒等刀布，燕地易水附近出土有明刀布）。兩周在三晉之中，鄭併於韓，宋衛地近魏，燕之北土近於趙，故此諸地風尚，仍與三晉同。此諸兩足布、空首布通行的地域，即耒通行的地域。

燕齊通行刀布，不足以證其地通行的農具，作何種形式。但從別方面，我們確知齊地在戰國及東漢時均用耒為農具。

《管子·乘馬篇》云："丈夫二犂，童五尺一犂"，此犂即耒之借字（犂、耒古同來母），與後來所稱之犂不同。郝懿行《證俗文》云："古者人耕，二犂為一耦"，故知此二犂即二耒。犂或以梩為之。《孟子·滕文公》："蓋歸反虆梩而掩之"，趙岐注："虆梩，籠臿之屬"；以籠釋虆，以臿釋梩。《方言》亦謂臿東齊謂之梩（見前）。臿即耒之異名，《孟子》屢言耒耜，此或用齊之方言，如稱"雖有鎡基，不如待時"同。武梁祠在今山東嘉祥縣，即戰國時齊地，其所繪神農所執耒耜，仍作歧頭形。鄭玄高密人，亦戰國時齊地，其注《考工記·匠人》云："古者耜一金……今之耜歧頭兩金。"鄭氏齊人，只見"今之耜歧頭兩金"，亦可證東方通行農器為歧頭之耒。其一金之耜行於西方，為鄭氏所不見，遂誤為古制。《方言》的作者，《容齋三筆》第十五別國方言條，疑非揚雄作，戴震也疑為依託之書。此兩家所持理由有八：

（1）雄自序所為文，初無所謂《方言》。

（2）《漢書·藝文志》亦不載《方言》。

（3）雄答劉歆書言蜀人嚴君平與《法言》稱蜀莊不合。漢顯帝諱莊，雄不應為顯帝諱。

（4）既云成帝時與子駿書，乃云孝成皇帝，反覆抵牾。

（5）書中稱汝、潁①之間，先漢人無此語。必漢魏之際，好事者為之。（以上見《容齋隨筆》）

（6）《說文》引雄說，皆不見於《方言》。

（7）《說文》義訓用《方言》，又不言揚雄。

（8）後漢應劭始稱雄作，其時代去雄遠。（以上見《四庫提要》戴震說）

近林語堂先生也說：

（9）《方言》作者雖為蜀人，而書中言蜀語者絕少（見《西漢方言區域考》，《貢獻》旬刊第三期）。

現在我們看：

（10）《方言》中有歧頭的斛、鏵、鐯、臿、畚、梟、梩諸稱，而獨無一金之耜，似亦與作者籍貫有關。

---

① 編者按："潁"，原文誤作"穎"，今徑改。

合此諸證，我們也可斷定《方言》作者當是三晉以東之人。《方言》所說㠯的異名，及其通行的區域，燕之東北，朝鮮洌水之間，宋魏之間，江淮南楚之間，沅湘之間，趙魏之間，及東齊，都可視爲耒所通行的區域。（《貔子窩》報告有兩足布與刀布同時出土。）

橋梁幣、磬幣，出土地不明，幣又無文字，殊難斷定其爲何地之物。故耜的通行區域，今惟由傳説方面測之。（出土橋梁幣、磬幣銅銹極少，似非出西北高地者，無此乾淨。）

夏都安邑，《史記·匈奴傳》謂匈奴之先淳維即夏后之後。從地理及傳説兩方面看，都可視爲西方民族，周起幽岐，秦起西垂，更在安邑之西，此諸西方民族關係如何，今且不論。所可注意者，即此諸民族的興起，皆與農業有關。

夏爲姒姓國，銅器姒從女，從㠯。以㠯爲其民族的標幟，可見夏民族有史以來，就已跨入農業時代。後來傳説謂"信彼南山，維禹甸之"，"弈弈梁山，維禹甸之"，"禹敷下土方"等，雖是指治水言，似亦與農業有關。《論語·憲問篇》云："禹稷躬稼，而有天下"；《御覽》引《世本》云"鯀作耒耜"（《御覽》又引《世本》云"咎繇作耒耜"，繇與鯀字形相近，後人誤鯀爲繇，因增咎字）；此爲傳説中夏民族顯與農事有關者。

周民族與農業的關係，更爲密切。他們所謳歌的始祖，就是教民稼穡的后稷，后稷國於邰，《詩·生民》"誕后稷之穡……即有邰家室"，《毛傳》云："邰，姜嫄之國也，堯見天因邰而生后稷，故國后稷於邰"，《説文·邑部》："邰，炎帝之後，姜姓所封，周棄外家，國右扶風斄縣是也。"此可注意者二事：（1）近人多謂后稷無父而生，當爲母系時代人物，即姜姓之後，姜爲炎帝後，炎帝在傳説中爲中國農業的創始者。（2）邰從邑從台，台、㠯同字，以㠯名國，自是其地以㠯耕作的特徵。

秦似乎是游牧民族了，《史記·秦本紀》説秦之先大費佐舜調馴鳥獸，造父以善御幸於周穆王，非子居犬丘好馬及畜，周孝王召使主馬於汧渭之間，馬大蕃息，此皆秦爲游牧民族的徵驗；及周室東遷，秦襄公、文公漸啓岐、豐、汧、渭之地，《史記·秦本紀》云：

> 平王封襄公爲諸侯，賜之歧以西之地，曰："戎無道侵奪我歧豐之地，秦能攻逐戎，即有其地"；與誓，封爵之。襄公……十二年伐戎，至歧而卒，生文公，文公元年居西垂宮，三年文公以兵七百人東獵，四年至汧渭之會，曰："昔周邑我先秦嬴於此，後卒獲爲諸侯。"乃卜居之，占曰："吉"，即營邑之。

汧、渭之會地本稱秦，師西敦云"秦夷"，疑即指此，後秦人擁有其地，因襲用

其名，觀《史》云："昔周邑我先秦嬴於此"，嬴之稱秦由地得名，意極顯然。秦，甲骨銅器作：

󰀀《後編》下第三七葉　󰀀史秦鬲　󰀀󰀀師酉敦　󰀀鄁子簠

󰀀秦公敦

象抱杵舂禾之形，觀其地名，即可想見其地農業的狀況。

總之，西方農業，決不在東方之後。所以他們的農器，也不至摹做東方的形式。

甲骨文從耒，及從耒得音、得義諸字甚多；而呂字僅兩見，從呂之字絕不見。從數字上看，也可曉得耜非殷人常用之物，而上文所述耒的通行區域，又盡是殷人散布的地方：衛爲殷畿內之地，周爲殷頑民遷地，鄭與商人同出自周（舊解均謂商人爲商賈，非是），宋爲殷後，魯公之封因於商奄，朝鮮相傳爲箕子遜地，此均殷人散布之地，明白可考者。惟晉本爲夏之故地，《左傳》定四年"分唐叔以……懷姓九宗……命以《唐誥》而封於夏虛，啓以夏政"。懷姓據王靜安先生說即鬼方、匈奴姓氏（說見《觀堂集林·鬼方昆夷玁狁考》）。其人，其地，與夏的關係密切如此，他們的農具，爲什麼不用耜，而用耒？此中原因，大約有四：（1）東遷以後，晉與東方諸侯會盟聘享，來往頻繁，故與東方的習俗，易於接近。（2）晉在春秋國力日形澎漲，必須招徠異國之民以實其地，如《孟子·梁惠王章》云："鄰國之民不加少，寡人之民不加多"，即其證。（3）春秋時晉爲諸侯盟主，垂百餘年，城濮、鄢陵、邲、鞌諸戰，師之所經，使東方農具得有傳播的機會。（4）晉爲盟主，各國均有貢獻，物力雄厚，爲商賈所必趨，而交易之貨幣，即爲農具，此尤爲易於傳播之原因。

日本小島祐馬先生《殷代之產業》一文（見《支那學》三卷十號），曾就羅氏《殷虛書契考釋》一書，統計甲骨文中關於農事的記載，有：

卜年歲豐凶的二二次，

卜風雨的數次，（共七七次，內中大部分與出入田獵有關）。

關於農事的文字，有農、嗇、圃、畯、禾、黍、麥、米、糠、桑、年諸字，今再檢甲骨文還有耤、丽、麗、男、甽、疆、甾、甶、季、秦、稷、穌諸字，可補小島先生所不及，此諸字自一二見，至數十見不等，還有偏旁與農事有關而字不可識者，尚未寫入，從數量上看，都足以表示殷代農業之盛。王靜安先生說殷代飲酒之風極盛，傳世酒器尊、卣、爵之類，十之七八爲殷代物，武庚既滅，周公以殷民封康叔於衛，作《酒誥》以殷爲戒，《微子》也說："我用沈酗于酒"，又說"殷

邦方興，沈酗于酒"，他們飲酒的風氣，甚至於亡國，即此一點，已可證明其農產物的豐富了。小島先生也説甲骨文記載田獵雖多至一二三次，但應視爲特權階級間（天子或諸侯）的禮儀，或娛樂，並不能視爲一般的產業。那時民間的生產，只是農業與畜牧。

殷代的農業，既如上述。而從耒，及從耒得音、得義諸字，又屢見於甲骨文中，可見耒爲殷人所習用的農具。我們也可以説因爲殷人有了較好的農具，所以他們纔能離開漁獵生活，而跨入農業與畜牧的社會中。同樣我們也可以説，因爲西方民族有了較好的農具，所以他們纔有自創的，獨立發展的農業。

五　耒耜名稱的混淆

耒、耜二物，在實際上本有明顯的分别，但其名稱則極混淆。向來注家都以耒爲耜上句木，耜爲耒下入土的釘，或金。

> 耜，耒下釘也；耒，耜上句木也。——《易·繫辭》京房注
> 耒，耜之上曲也；耜，耒之金也。——《月令》鄭注
> 耒，耕曲木也；枱，耒耑也。——《説文解字》
> 耜，耒端木，所以施金也。——《漢書·食貨志》顔師古注
> 入土曰耜。——《周語》韋注
> 耜，耒頭鐵也。——《莊子釋文》引《三蒼》

此種名稱的混淆，本不創於漢人，《孟子》書以耒耜、錢鎛、藁梩、鐵耕並舉，其界限已不易明。三百篇中雖有耜無耒，但《臣工》一章又有"庤乃錢鎛"之語，其混淆似又不在戰國時了。銅器中㠯及從㠯諸字或有從彐者。

㠯□以鼎　㠯邰伯達敦　㠯齊鎛氏鐘　㠯鄧公敦

㠯余秝鉦　㠯夲敦　㠯邾王鎛　㠯陳侯因𠫑敦

隸書㠯作以，從人，即彐形之譌。彐即耒之倒文。何以知爲耒之倒文？銅器𢼒、𨰻、𨟻、𢻫諸字，作：

𢼒 𨰻 𨟻 師𢼒敦

𨰻善夫克鼎　𨰻師兑敦　𨟻叔編鐘　𨟻芮伯壺　𢻫無異敦

🖼 秦公敦　🖼 師酉敦　🖼 彔伯敦　🖼 㝬𪔂　🖼 陳㝬敦

🖼 克鼎　🖼 辛鼎　🖼 師寰敦器文從貝　🖼 師寰敦蓋　🖼 叔向敦

敎、𢼳、𢽤，均從來、從𠙹二聲，後來來譌爲耒（如秦公敦、辛鼎、師寰敦等），𠙹譌爲厂（師酉敦），爲𠄌（彔伯敦），爲𠔼（陳㝬敦），於𢼳字得聲之故，既已迷失，故又從里聲，作𪔂（𠙹𠃜古文反正不分），𢼳從𠙹聲，故知𠃜爲耒之倒文。嗣，銅器盂鼎作🖼，亦有從力者，作：

🖼 善夫克鼎　🖼 克鼎　🖼 叔氏鐘　🖼 蔡伯敦　🖼 叔向敦　🖼 番生敦

此字阮（元）、吳（大澂）諸家，都釋爲穌字，未確。銅器中穌鐘之穌，從不用此字，分別甚明。《玉篇》刻之古文作勪，從刀，即從力之譌。釋刻，亦未確。薛尚功《鐘鼎彝器款識·微欒鼎》云："用錫康勪魯休，屯右眉壽永命霝終"，薛氏釋勪爲嗣。此與克鼎"用匃康勪屯右，眉壽永命霝終"，同爲祝嘏之詞，當爲古之成語。觀以下諸文，應以釋嗣之義爲長。

不顯皇祖考穆，克誓厥德，嚴在上，廣啓厥孫子于下，勪于①大服。——番生敦
巠念厥聖保祖，師華父勪克王服，出內王命。——克鼎
廣啓禹身，勪于永命。——叔向敦
用廣啓士父身，勪于永命。——叔氏鐘

此諸勪字於文義皆當釋嗣。"嗣于大服"，"嗣克王服"，與《尚書·大誥》"嗣無疆大歷服"，《詩·下武》"昭哉嗣服"，《武》"允文文王，克開厥後，嗣武受之"等語例相同。

上稱祖考，下述繼事，文意相承。"嗣于永命"，亦繼世於萬年之意，祝嘏之辭，正當如此。此諸嗣字，若釋爲穌，不但字形不類，即辭意亦扞格難通。嗣或從力，即力、𠃜相通之明證。力本象耒形，故耒形又得作𠃜。

銅器又有爵字，作：

🖼 🖼 丮匜　🖼 父丁觶

🖼 父癸尊　🖼 爵文

從兩耦（或省從一耦）從冊，《說文》爵之古文作🖼，從一耦從冊，與銅器中諸形相同（從一耦與爵文同，兩耒倒立與父癸尊同）。疑古代爵秩之爵，與彝器之爵，各有專字。此即

---

① 編者按：此條及下條之"于"，原文作"於"，據銅器原銘改。

爵秩本字。銅器中述王册命之詞，大略相同。茲舉朢敦爲例：

> 王在周康新宮，旦，王格大室，即位，宰倗父右朢入門，位中廷北鄉，王呼史
> 佚册命朢。

此王與史爲耦，朢與宰倗父爲耦，兩耦相向，以行册命之事，情形正與銅器諸文合。古文爵，及父癸尊所從之耒，均作倒文形，又可證嗣所從之彐，確爲耒形了。（又封建時代世族柄政，爵祿之頒，仍是父子相續，疑嗣之得形，或由爵秩之爵省變而來。）

從彐之字，甲骨有 ᕒ、ᕑ 二字（見《後編》下第九葉），其意義不明。銅器從彐者，司字作：

司 毛公鼎　　司 宗周鐘　　司 者女觥　　司 叔向敦　　司 揚敦

嗣字作：

嗣 盂鼎　　嗣 頌敦　　嗣 免簠　　嗣 無叀鼎　　嗣 卯敦

嗣 毛公鼎　　嗣 舀鼎　　嗣 師酉敦　　嗣 召叔山父簠　　嗣 子仲匜

銅器中司、嗣二字之用，分別甚明。如：

> 保余小子，朕猷有成亡競，我隹司配皇天。——宗周鐘
> 余小子司朕皇考，肇帥井先文祖叉明德，秉威義。——叔向敦
> 司余小子。——毛公鼎

此諸司字均當作嗣解。《詩·江漢》云："無曰予小子，召公是似。"《詩》嗣字多用似，文意與銅器諸文同。《尚書·高宗肜日》"王司敬民"，《史記·殷本紀》作"王嗣敬民"，是司、嗣古多通用。䛗敦"司錫女赤巿鑾旂"，又一器司作史，是司又與史通。至有司之司，司徒、司工、司馬之司，銅器中均作嗣（《說文》以嗣爲籀文辭）。從無作司者。（叔向敦"司余小子"以司爲嗣，"勵于永命"以勵爲嗣，同一器而嗣字前後殊異，銅器自有此例。）

㠯作以，從彐，與經典耜形義無別，當爲耜之異文。耜、以從耒、彐，即耒、耜相混淆之證。經典耜字始於何時，今不可考。銅器以，或從以諸字，則爲春秋，或春秋稍前時之物。在文字上可見其混淆之久。又耒、耜同爲耕田刺土之具，其形式的不同，本不是當時人所注意的。且其通行的地域不同，一般人亦無互相比較的機會。所以東方人以爲耒即西方之耜，西方人以爲耜即東方之耒，於是此耒、耜二名，就漸次形成一物，鑄成一個成語——耒耜。耒耜並稱的由來，當是如此。

上面的猜想如果不錯，我們更進一步問注家爲什麽以耜上句木爲耒，耒下釘或金爲耜？我想只有下面的解釋較爲合理。

古代社會用金屬製的農器總在兵器之後（説見前）。而甲骨文、銅器中耒，及從耒諸字，又都象是木製。兩足布、空首布的鑄作，從文字上都屬於春秋後期，與戰國時代之物，可見其起源甚晚。殷商末期，周興西方，其物力與文化當均在殷人之後；但其農具用金屬製，則似較早於東方。《詩經》中説耜的，前面都附有鋭利的形容詞，如"畟耜"，"有略其耜"，"畟畟良耜"，《毛傳》"畟，剡也"，"略，利也"，"畟畟猶測測也"，似均爲金屬製者。且橋梁式、磬式的農具，形式極簡單，即在圓木端嵌一半圓式的金屬片，較兩足式的農具，易於製作。如此則在東方還没有金屬製的農具時，耜的特點，即所以異於耒者，自是其下端之金。因而謂耒爲木，謂耜爲金。後來東方的耒，也採用金屬製了，耒、耜又混爲一名，於是就以耜上句木爲耒，耒下金（或釘）爲耜。此事看來雖是一兩個名稱含義的演變，而實是古代社會生産上一大改革。周人有了這兩種金屬製的農具，纔能發展他們所謳歌的"如茨如梁""如坻如京"的新農業。我們要曉得凡是歷史上有價值的文化，决不産生於懸鶉懸鉅的社會中。豐富的文化，必建築在豐富的物質上。我們文化上的黄金時代——春秋戰國時代——必有"千斯倉""萬斯箱"爲其産生的基件。

六 古代耕作狀况

耒耜的形製，已如上述，今更進而探尋其耕作之狀况。

《詩·七月》云："三之日于耜，四之日舉趾"，《毛傳》述其義云：

> 民無不舉足而耕矣。

舉足而耕，乃是耕作時最自然的現象。耒、方二字歧頭上之横畫，即舉足所加之處。即利用全身重量，將刃壓入土中。今用鍬掘土者，仍是如此。甲骨銅器中之耤字，就是象人側立推耒，舉足刺地之形。故耤之本義，應釋爲蹈，爲履。

> 籍，蹈也，言親自蹈履於田而耕之也。——《後漢書·明帝紀》注引《五經要義》
> 藉謂蹈藉也。——顔師古《漢書·文紀》注引臣瓚説

籍、藉、耤，古通用字，或轉爲蹠。

> 一人跖耒而耕，不過十畮。——《淮南子·主術訓》
>
> 脩脛者使之跖钁（钁《太平御覽》引作鏵）。——《淮南子·齊俗訓》
>
> 從容房闥之間，垂拱持案食者，不知蹠耒躬耕者之勤也。——《鹽鐵論·取下篇》
>
> 民蹠耒而耕，負擔而行，勞罷而寡功。——《鹽鐵論·未通篇》

跖、蹠，古通用，《淮南》高誘注"跖，蹈也"。此可證蹈履爲耤字正解（《論語》"民無所措手足"，即從此義引申）。後來耤字爲借義所奪。

> 籍之言借也，借民力治之，故謂之藉田。——《詩·載芟序》鄭箋
>
> 古者使民如借，故曰籍田。——《風俗通·祀典》

因別造一踖字，以爲蹈履之踖。

　　耤爲蹈履，故得引伸爲薦於他物之下意。如馮藉（成語），"藉用白茅"（《易·大過》初六）之類是。聲轉爲苴，如《漢書·郊祀志》云："江淮間一茅三脊爲神藉"，而《終軍傳》則云"苴以白茅於江淮"，《曲禮》云："凡以弓劍苞苴簞笥問人者"，鄭注"苴，藉也"。又轉爲助，如《孟子·滕文公上》云："助者藉也"。又轉爲耡，爲鉏，如：

> 商人七十而耡，耡，藉稅也。——《說文》引《孟子》
>
> 杜子春云："葅讀鉏，鉏，藉也。"玄曰："葅之言藉也，祭食有當藉者。"——《周禮·春官·司巫》注

凡且聲字，多與耤相通。租稅之稱，鉏耡之名，當即由藉轉變而來。

　　耕稼之事必須手足共作，蹈履之外，同時仍須用手推發。《考工記·車人》云：

> 堅地欲直庛，柔地欲句庛，直庛則利推，句庛則利發，句倨磬折謂之中地。

推即推之入土，與蹈履是同時並作之事。《月令·孟春》：

> 天子親載耒耜，措之于參保介之御間，帥三公、九卿、諸侯、大夫躬耕帝藉，天子三推，三公五推，卿、諸侯九推。

推之多少，大概與入土之淺深有關。入土深則發時土之墳起者多。《孟子》所謂深耕，即指此言。堅地欲直庛，亦是入土易深之意。發與墢、坺、伐、方字同（說見前），即耒耜入土以後，斜抑其柄，使土墳起。《說文》："臿土謂之坺"，即指此墳起之土言。句庛則利發，亦土易墳起之意，《周語》云：

> 王耕一墢,班三之,庶民終於千畝。

合而觀之,正是三推當一墢,亦可見推難而墢易。古代耕作,即反復的推發,使田中土皆墳起為止。《詩·生民》傳:"方,極畝也",意即極畝盡是發過之土。

此種反復的推發,在戰國以前,大都是兩人共作,謂之耦耕。

> 亦服爾耕,十千維耦。——《詩·噫嘻》
> 千耦其耘。——《詩·載芟》
> 庸次比耦,以艾殺此地。——《左傳·昭十六年》
> 譬如農夫作耦,以刈殺四方之蓬蒿。——《國語·吳語》
> 長沮桀溺耦而耕。——《論語·微子》
> 禹見耕者耦立而式。——《荀子·大略》

且須事先籌備,免得臨時亂了秩叙。

> 命農計耦耕事,脩耒耜,具田器。——《月令·季冬月》
> 以歲時合耦于鋤,以治稼穡,趨其耕耨,行其秩叙,以待有司之政令。——《周禮·里宰》

曰比(《齊語》"比其耒耜枷芟"),曰比耦,曰次,曰秩叙,曰有司之政令,可見其有一定的秩叙。甲骨、銅器中的丽字(見前),兩耒並列,正象其比耦之形。古代所以必須耦耕者,大約有兩種原因。程瑤田說:

> 一人之力,能任一耜,而不能以一人勝一耜之耕,何也?無佐助之者,力不得出也。故必二人並二耜而耦耕之,合力同奮,刺土得勢,以終長畝不難也。

此固是耦耕的重要原因,但"相人偶"亦古代一種習慣:

> 鄭注《公食大夫禮》"賓入,三揖"曰:"相人偶";注《中庸》"仁者,人也"曰:"讀如相人偶之人",蓋古有是語,以相人偶為耦俱貌合之意。——朱駿聲《說文通訓定聲》偶字注

相人偶至東漢時尚為通行的成語,可見二人為耦,在古代極為普遍。不獨耦耕是如此,射法亦兩人相對,以決勝負(《禮記·曲禮下》"君使士射"疏語)。如《左傳》所說"射者三耦"(襄二九年),《儀禮·大射儀》則記耦射之事甚詳:

> 遂比三耦,三耦俟于次北,西面,北上。司射命上射曰:"某御於子。"命下射曰:"子與某子射。"卒,遂命三耦,取弓矢于次……上射先升三等,下射從之,中等。上射升堂,少左;下射升,上射揖,並行。皆當其物北面揖,及物揖,皆左足履

物，還，視侯中，合足而俟……上射既發，挾矢，而后下射射……

此全是古代習慣使然，實與合力同奮無關。當是耦耕之另一重要原因。

在封建社會裏，世族與平民截然成兩個階級，所以農之子恒爲農（《齊語》管仲之言），耦耕制在這種社會之下，是不會有什麼改變的。到了戰國以後，世族有時也降爲皂隸，白屋之士或至公卿，農之子於是也不必恒爲農了，那時首先受影響的，自是耦耕秩叙的破壞。我們看：

一人蹠耒而耕，不過十畮。——《淮南子·主術訓》

古者耜一金，兩人併發之，……今之耜歧頭兩金，象古之耦也。——《考工記·匠人》鄭注

兩漢時人的著作說當時的農事，已經不是耦耕了。

雖然，耦耕之制，沿習既久，亦不至驟然衰歇。如漢武帝時趙過教民耦犂二牛三人，耦犂自是就當時的耦耕略加改革的一種耕作。

七　牛耕的興起與耒耜的遺存

牛耕或用他種家畜耕，在世界農業史上，都屬後起之事。《世本》云"胲作服牛"，《吕氏春秋·勿躬篇》"王亥作服牛"，王靜安先生謂胲及王亥即殷之先王王亥（説見《觀堂集林·殷先王先公考》）。又《世本》云："相土作乘馬"，相土亦殷代先王。《世本》所載多屬傳説，但甲骨文中已有兩馬或牛所駕之車。故古謂服牛，亦僅指駕車而言，籀文駕即從牛作𩡺。

肇牽車牛，遠服賈用。——《尚書·酒誥》

見輿曳，其牛掣。——《易·睽》六三

睆彼牽牛。不以服箱（《毛傳》"箱，大車之箱也"）。——《詩·大東》

天下乘馬服牛，而任之輕重有制矣。一宿之行，道之遠近有數矣。——《管子·乘馬》

今夫商……負任擔荷，服牛輅馬，以周四方。——《管子·小匡》

楺①輪建輿，駕馬服牛，民以致遠而不勞。——《淮南子·氾論訓》

---

① 編者按："楺"，原文作"揉"，據《淮南子》改。

> 今夫僦載者，致一車之任，極一牛之力。——《淮南子·氾論訓》
>
> 剝牛皮鞹以為鼓，以正三軍之衆，然為牛計者，不若服於軛也。——《淮南子·氾論訓》

古代服牛乘馬，似由戰爭而起。古書中載周武王的故事有一段說：

> 稅馬於華山，稅牛於桃林，馬弗復乘，牛弗復服，釁鼓旗甲兵，藏之府庫，終身不復用，此武王之德也。——《呂氏春秋·慎大覽》

此故事起源必甚早（又見《樂記》《韓詩外傳》《史記》諸書）。《偽古文尚書·武成篇》亦有此語。孔疏云：

> 華山之旁，尤乏水草，非長養牛馬之地，欲使自生自死。此是戰時牛馬，故放之，示天下不復乘用。

據此文我們可以猜想當此傳說發生時，牛馬除了戰爭時乘載外，是沒有別的用途的。要表不打戰，只有將這些牛馬放之華山、桃林，使其自生自死。那時民間不但沒有牛耕的習慣，連服牛乘馬，也不多見。不然，這些牛馬何必要放之自生自死？《周禮·地官》備載牛之用途，而獨無耕稼之事。

> 牛人掌養國之公牛，以待國之政令。凡祭祀，共其享牛、求牛，以授職人而芻之。凡賓客之事，共其牢禮積膳之牛。饗食、賓射，共其膳羞之牛。軍事，共其槁牛。喪事，共其奠牛。凡會同、軍旅、行役，共其兵車之牛與其牽傍，以載公任器。凡祭祀，共其牛牲之互與其盆簝，以待事。

可見作《周禮》時尚無牛耕之事，後魏賈思勰《齊民要術序》云：

> 故趙過始為牛耕，實勝耒耨之利。

唐賈公彥《周禮·里宰》疏也說：

> 周時未有牛耦，至漢時搜粟都尉趙過始教民牛耕。今鄭云合牛耦可知者（鄭玄注《里宰》語），或周末兼有牛耦，至漢趙過乃絕人耦，專用牛耦，故鄭兼云焉。

牛耕始於趙過，似覺太晚。古代交通不便，地方情形各有不同，漢時就有些地方不宜牛馬。

> 內郡人衆，水泉薦草，不能相贍，地勢溫濕，不宜牛馬。——《鹽鐵論·未通篇》

趙過推行耦犁時，民間"或苦少牛"的就逃亡到澤中做盜賊去了（見《漢書·食貨

《志》)。《後漢書》說:"九真、廬江不知牛耕,每致困乏,任延、王景乃令鑄作田器,教之墾闢。"(用《齊民要術》序語)觀此種記載,我們可以猜想在趙過時必有些地方已經施行牛耕了。趙過不過使這種耕作方法,推行到各地去。《漢書·食貨志》說:

> 民或苦少牛,亡以趣澤,平都令光教過以人輓犁。

此必平都有用人輓犁的方法,所以平都令得舉以教過。宋葉夢得也說(見《漢書校刊記》齊召南引):

> 古耕而不犁,後世變為犁法,耨用人,犁用牛,過特為增損其數耳,非用牛自過始也。

周必大《泰和曾氏農器譜序》並舉出幾個證據來討論牛耕不始於趙過:

> 《山海經》曰,后稷之孫叔均始作牛耕,世以為起於三代。厥後王弼傳《易》,以為稼穡之資。宋景文公闢之曰:"古者牛唯服車,《書》'肇牽車牛',《易》'服牛乘馬',漢趙過始教牛耕。"蓋本賈思勰《齊民要術》。予謂輔嗣固失矣,賈氏、景文亦未為得也。竊疑牛耕起於春秋之間。故孔子有犁牛之言,而弟子冉耕亦字伯牛。彼《禮記·月令》季冬出土牛,示農耕早晚。賈誼《新書》、劉向《新序》俱載鄒穆公曰:"百姓飽牛而耕,暴背而耘",大率在秦漢之際,何待趙過?

周氏所舉的證據:(1)《山海經》有后稷之孫叔均始作牛耕之說,(2)孔子有犁牛之言,(3)冉耕字伯牛,(4)《月令》季冬出土牛示農耕早晚,(5)《新書》《新序》載鄒穆公飽牛而耕之言。此五說宜分別論之。

(1)《山海經》有后稷之孫叔均始作牛耕之說 此文出於《山海經·海內經》中。《海內經》多漢郡縣名,書最晚出,只能視為漢代的傳說,即只能認為漢代實有牛耕的證據,漢以前有無牛耕,則須待他事證明。

(2)孔子有犁牛之言 此出《論語·雍也篇》。何晏注:"犁,雜文也",《淮南·說山訓》"氂屯犁牛,既科以橢",高注:"犁牛不純色。"雜文或不純色之牛為犁牛,與農耕無關。

(3)冉耕字伯牛 此出《史記·孔子弟子列傳》。《論語》只云冉伯牛不傳其名,春秋時名耕字牛者,尚有宋司馬牛。《說文》牼下引《春秋傳》"宋司馬牼字牛",段注云:"按《仲尼弟子列傳》宋司馬耕字牛,《左傳·哀十四年》兩書司馬牛不稱其名,許云司馬牼,豈即司馬耕與?外此昭二十年、二十一年宋有華牼,

《孟子》書有宋牼，皆不傳其字。"此兩名耕字牛者，皆出《史記》。漢人之說，恐不足據。《論語》孔《注》說，司馬牛一名犂，陶宗儀《輟耕錄》載張孟兼《弟子章句》又作司馬犂耕，可見後人展轉附益的痕跡。王引之《春秋名字解詁》更從字義上反對名耕字牛者與牛耕有關。他說："古者耕以人耦，不用牛力，作耕非本義也。耕當爲牼，《說文》'牼，牛䯒下骨也'，引《春秋傳》曰'宋司馬牼字牛'，即司馬耕也。……冉耕亦當爲冉牼，古字假借耳。"

（4）《月令》季冬出土牛示農耕早晚　《月令》原文云"命有司大儺，旁磔，出土牛，以送寒氣"，並無"出土牛示農耕早晚"之言。高誘注："出土牛令之，鄉縣得立春節出勸耕土牛於東門外，是也。"高氏東漢人，所言即漢時習俗，如《鹽鐵論·授時篇》云："發春而後，懸青幡而策土牛，殆非明主勸耕稼之意，而春令之所謂也？"明是漢代之事。高氏見漢人以土牛勸耕，因誤認《月令》送寒氣之土牛，亦爲勸耕之用，其不足據甚明。

（5）《新書》《新序》載鄒穆公飽牛而耕之言　《新書》《新序》都是漢人所著書。以漢人述古代事，自然要加上許多漢人色彩。此飽牛而耕，自是漢人色彩，不能就視爲鄒穆公時事。

以上五說，都不足爲牛耕始於春秋的論證。

牛耕的開始，今唯於古代遺物中求之，如前犁錧形圖（見前），其上黃人（或釋元）二字，確是先秦以前物。此種大農具，決非人力所能勝任，故由此物即可推知先秦以前已有牛耕。但亦不得在戰國初期以前。《史記》載：

> 魏有李悝盡地力之教。——《孟子荀卿列傳》
> 當魏文侯時，李克務盡地力。——《貨殖傳》

李悝即李克，悝、克古同來母，故得相通（《漢書·藝文志》《李克》七篇在儒家，《李悝》三十二篇在法家，乃後人誤分，王應麟《困學紀聞》據此以悝、克爲二人，非是）。魏文侯時的李克只能做到盡地力之教。《漢書·食貨志》云："李悝爲魏文侯作盡地力之教……治田勤謹，則畝益三升，不勤則損亦如之"。其要點只在勤謹與不勤謹，可見其時的農具還沒有什麼改革。

牛耕盛行以後，耒耜退居於輔助農具的地位，亦未至全然絕迹。其可徵者，略舉如下：

> 欤　賈公彥《考工記》疏云："耒狀若今之曲柄欤也。"
> 鏵鍬　顏師古《急就篇》注："耒，今之曲把枺（鏵）鍬，其遺製也。"

長鑱　王禎《農書》云："長鑱，踏田器也，鑱比犁鑱頗狹，製為長柄，謂之長鑱。杜工部《同谷歌》曰：'長鑱長鑱白木柄'，即謂此也。柄長三尺餘，後偃而曲，上有橫木如拐，以兩手按之，用足踏鑱柄後跟，其鋒入土，乃捩柄以起墢也。在園圃區田，皆可代耕，比於钁劚，省力，得土又多，古謂之蹠鏵，今謂之踏犁，亦耒耜之遺製也。"

《農書》之鑱　　《農書》之鋒

鋒與耩　王禎《農書》云："鋒，古農器也，其金比犁鑱小而加銳，其柄如耒，首如刃鋒，故名鋒，取其銛利也。地若堅垎，鋒而後耕，牛乃省力，又不乏刃，《古農法》云：'鋒地宜深，鋒苗宜淺。'《齊民要術》云：'速鋒之地，恆潤澤而不硬'，注曰：'刈穀之後，即鋒發①下，令卒起，則潤澤易耕。'《種穀篇》云：'苗高一尺，則鋒之'，《黍穄篇》云：'苗生壟平，鋒而不耩。'《農書》云：'無鐴而耕曰耩'，既

---

① 編者按："發"，《農書》及《齊民要術》均作"茇"。

鋒矣，固不必耩。蓋鋒與耩相類，今耩多用歧頭，若易鋒爲耩，亦可代也。近世農家不識此器，亦不知名，茲特録其功用，知不可廢也。"

以上枚、鏵、鍬、耩，爲耒的遺制。長鑱、鋒，及前述之日本子日手辛鋤，爲耜的遺制。王禎云："長鑱……今謂之踏犁"，又云"今耩多用歧頭"，足證長鑱與耩尚存於元代。至於鋒，則元代已"不識此器，亦不知名"，觀此亦可知宋元以後的耒耜，在農事上已無足重輕了。

十八，七，九，初稿。十一，二七，改稿。在北平

原載《中央研究院歷史語言研究所集刊》第 2 本第 1 分，1930 年；又《農業考古》1983 年第 1、2 期；收入《徐中舒歷史論文選輯》（上），中華書局，1998 年；又收入宋鎮豪、段志洪主編：《甲骨文獻集成》第 26 冊，四川大學出版社，2001 年；又收入傅傑編：《二十世紀中國文史考據文録》（上），雲南人民出版社，2001 年；又收入徐中舒：《徐中舒論先秦史》，上海科學技術文獻出版社，2008 年；又收入徐中舒：《古器物中的古代文化制度》，商務印書館，2015 年。今據《中央研究院歷史語言研究所集刊》收入，並吸收了《農業考古》所刊（經作者本人校閱）和《徐中舒歷史論文選輯》中的部分修訂意見。

商承祚

釋申　釋靁

釋申

《説文》:"申,神也,七月陰氣成體,自申束。从臼,自持也,吏臣餔時聽事,申旦政也……古文申,籀文申。"案申,甲骨文作㇏、㇏、㇏,金文楚公逆鏡作㇏,不㝬簋作㇏,杜伯盨作㇏,黃韋俞父盤作㇏,其形左申右曲或右申左曲無定態,以形言乃電字,以義言乃神字,殆兼二説二義者。《説文》雨部"電,陰陽激燿也,从雨从申。古文電"(以申之古文及陳字古文从㇏例之,則此應是籀文),又虫部虹"籀文(應作古文)虹,从申,申,電也"。許君皆以申訓電,説其形也,初民渾噩,穴居野處,或不能蔽風雨,一旦迅雷風烈,觸電死亡,電自天降,見而畏之,且能殺人,乃以爲神,雷聲隆隆,謂天神在擊鼓,此原始人之心理也,至後世,借用爲十二支字,遂加示旁作神,電形申屈不定,又引申爲申屈之申,即今伸字。《説文》"伸,屈伸"。初義之電既爲十二支所專有,遂增雨爲電,增示爲神,增人爲伸,而本義晦,漢楊震碑額神从㇏,吳禪國山碑从㇏,漢祀三公山碑从㇏,漢開母廟石闕,少室石闕額,魏蘇君神道闕皆从申,吳天璽紀功碑从申,電形不可見,許君遂誤訓爲"叉手"之臼,幸於電虹下猶具古説,此又其存古之功也。

釋靁

《説文》:"靁,陰陽薄動,靁雨生物者也,从雨,畾象回轉形。古文靁,

▦古文靁，▦籀文靁，間有回，回，靁聲也。"金文楚公遂鐘作⚡，洺罍作⚡，父乙罍蓋器皆作⚡，雷甗作⚡，皆作連鼓而無 ⊙ 形，與《說文》古籀文异，其所從之 ⟋，✕，ㄅ，ㄋ 皆象電雷之先兆首見電，電可見而雷僅能聞其聲，其聲隆隆如鼓，故造字者圖鼓形而附之以電也，因此悟知許說古籀所從之 ⊙，乃電形之寫譌，電之誤 ⊙，亦有其理，奚以明其然耶？雷之發聲也，或急或徐，或遠或近，其聲殷殷，迂回旋轉，此古籀文鼓中間回之所由生，人以其近乎情理，遂始終信而不疑，王充《論衡·雷虛篇》："圖雷之狀，纍纍如連鼓之形。"殆王充所見之雷字，其篆法與我們所見之楚公逆鐘近似，因不明乙爲電形而以爲系帶，鼓中間之電形，實爲電之初字，籀文從雨，爲其繁體，小篆約易，省而爲靁，而與"象回轉形"之訓不協，隸書又省作雷，其初形初義益不可見，又疑回即雷字，《說文》"回，轉也，從囗，中象回轉形，⊙，古文"。 ⊙ 既象雷聲之旋轉，後將其形其聲合而爲一作▦，《說文》古文之▦從○○，即⊙⊙之寫誤，靁既專行，⊙亦變作回，爲囘轉之義所專有矣，又《說文》囘作回，非是，乃⊙（囘）形之筆誤，以回無以見其囘轉之形義也。

原載《師大國學叢刊》第 1 卷第 2 期，1931 年；收入《商承祚文集》，中山大學出版社，2004 年。今據後者收入。

郭沫若

釋五十　釋七十——殷文紀數之一新例

釋五十

　　數生於手。古文一二三四字作一 二 三 三，此手指之象形也。手指何以橫書？曰，請以手作數，於無心之間必先出右掌，倒其拇指爲一，次指爲二，中指爲三，無名指爲四，一拳爲五；六則伸其拇指，輪次至小指，即以一掌爲十。一二三四均倒指，故橫書也。

　　以手作數之法，依民俗而不同。中國以右掌者，西人則先出左拳，伸其小指爲一，無名指爲二，中指爲三，次指爲四，以一掌爲五。六復循環，以二掌爲十。故羅馬數字之一二三豎書作 Ⅰ Ⅱ Ⅲ，巴比侖、印度亦然。五作 Ⅴ 即掌之象形文。中國以一掌爲十，故金文十字作●，甲骨作|，以不易作肥筆而省之。一豎而鼓其腹，亦掌之象形也。此掌與彼掌之異，在拇指之併與不併而已。

　　古人本以三爲衆，即現存未開化民族，其數字觀念猶有僅能數至七者，故表數之文字自三四以上將不免發生變例，蓋造字之時期異也。如羅馬數字之四作 Ⅳ，示一掌減一，六作 Ⅵ，示一掌加一，七八準此，九作 Ⅸ 示二掌減一。凡此，當於數理觀念大有進展以後始能規定。中國亦猶是。中國數字之一二三今古無別。四則頗有出入，《許書》小篆作四，古文作𠃜，以三爲籀文。然卜辭及彝銘均無作𠃜者，邵鐘之"其寵四黼"作四，梁司寇鼎作四，轉與小篆形近。石鼓文四與小篆同。明刀背文始有作𠁁 𠀬 諸形者，然均晚周文字矣。故數字系統大抵即以四字爲界，由四之異體以至于九，則別爲一系。蓋四乃呬之初字，象張口呼吸之形，《說文》云"東夷謂息爲呬"。丁山說。① 五作 ✕，乃𠂉（甲骨文午字）之變形，午

---

① 丁說見《集刊》第一本第一分，丁山《數名古誼》。

乃御索之象。说在《释支干》篇。六作 ⋀ 或 ⋀，與入字同形，恐即入之假借。丁山亦有是说。七作十，丁山以爲切之初字。八作)(，八者別也，分也。九作 ⋌ ，肘也。馬叙倫有此説。①故此六字均屬假借。此較之 一 二 三 三 自屬後起者矣。

十之倍數，古文則多合書。如二十作 ⋃ 若 ⋃ ，三十作 ⋃ ，四十作 ⋃ ，骨文金文均如是。廿與卅今人猶用，卌則廢矣。五十之見于金文者，如盂鼎之"人鬲自馭至于庶人六百又五十又九夫"，"人鬲千又五十夫"，召尊之"寶畢土方五十里"均作。效卣之"王錫公貝五十朋"作。六十則閃布六十二作。七十未見。八十，小盂鼎"萬三千八十一人"作。九十於齊子仲姜鎛"侯氏錫之邑二百又九十又九邑"作，析書。十之倍數析書者僅此一例，然此一例以原銘案之似先留空白而後實數目者。空白處可容七字，僅實以"又九十又九"五字，故致析書耶？

百與千之倍數亦合書，蓋百千之倍數均十之倍數也。二百、三百、四百、五百、六百、九百諸例，卜辭均有之。

　　王田梌〔往來亡〕《《，丝御。□□⊙又，□□，雉二。　　《前》二卷，卅葉，四片
　　丙子 當是穽鹿二字合書。允隼⊙出九□□　　《前》四卷，四葉，二片

以上乃二百合書之例也。金文則小子𠭯殷"卿事賞小子𠭯貝二百"作，子仲姜鎛之"二百又九十又九邑"作。

　　丙申卜貞叶馬左右中人，六月。　　《前》三卷，卅一葉，二片

以上乃三百合書之例，金文未見。
四百於明義士《殷虛卜辭》第一五一七片有之，僅餘三字，"牛"。金文未見。

　　癸丑卜𣪊貞□　𣪊貞。　　《前》七卷，九葉，第二片

此五百合書之例也。金文則虢季子白盤"折首五百，執訊五十"作。

　　八日辛亥允戈伐人二千六人。　　《後編》最末一片

此六百合書之例也。金文則大盂鼎之"六百又五十又九夫"作。
七百八百之例未見。
九百，《明》第八三二片有之，作。金文則小銅柱之"北𨸏𨸏"　"西𨸏室"，疑即"北九百堂"，"西九百室"。
千則二千作，即見《後編》最末一片。金文未見。三千之例頗多：

---

①　馬説見《六書解例》第十三頁。

庚子卜賓貞：勿登人♦乎♦方，弗受出又。　　　　《前》七卷，二葉，第三片
登人♦乎伐（下缺）。　　　　　　　　　　　　《前》六卷，卅四葉，二片
登人♦乎夋。　　　　　　　　　　　　　　　　同卅八葉，四片
（上缺）人♦乎伐♦方，受□□。　　　　　　　《後》上十七葉，一片

金文則《小盂鼎》之"萬三千八十一人"作♦。

四千之合書者於《鐵雲藏龜》有一例：

丁酉卜㱿貞：勿登人♦。①　　　　　　　　　《鐵》二五八葉，一片

金文齊侯鎛鐘之"造國徒四千"亦作♦。舊釋爲三千，此从羅振玉說。

五千合書之例卜辭亦多見：

丁酉卜♦貞：今者王□人♦□□方。　　　　　《後》下，一葉，三片
貞今者王伐♦方，登人♦乎□。　　　　　　　《前》七卷，十五葉，四片

亦有析書之一例：

丁酉卜㱿貞今者王奴人♦♦正征土方，受出又。　《後》上，卅一葉，五片

六千、七千、八千、九千之例均未見。

萬與蠆古本一字，乃假蠍之象形文爲之，金文"萬年無疆"字樣極多。小盂鼎"萬三千八十一人"字雖殘泐，尚存蠆形文之二螯。但二萬三萬以上數未見。卜辭雖有蠆形文，然無一例係用爲千萬之萬者。大抵卜辭中言數，以五千爲最多。②

不足十百千之數，於文每加"又"，如盂鼎之"六百又五十又九夫"、"千又五十夫"，子仲姜鎛之"二百又九十又九邑"，是也。然亦有不加者，如小盂鼎之"萬三千八十一人"、"羊廿八羊"、"百卅七職"，是也。其爲名數時，數名或係於十下，如十三示卜辭言"十示又三"，《後》上，廿八葉，八片。十一月或十二月稱"十月又一"、"十月又二"。此例頗多。或繫于零數之下，則"十又一月"、"十又二月"，是也。金文凡紀祀者兼用二例，其紀年月者則用後例。有鄭虢仲𣪘二器，銘首之"隹十又一月"，二蓋與一器均同文，獨一器文作"隹十一♦月"，於♦字之下加一橫鈎，余以爲此乃金文中鈎倒之一例也。此以今人觀之，即省一又字亦無所不可，然古人之拘守成法有如此者。名數於金文竟有雙繫之例，如《遽伯還𣪘》之十四朋作♦ ♦ ♦（十朋又四朋），是也。不足十之數，據余所見，實未有

---

① 編者按：覆核原片拓影（《合》7323），所謂"四千"實作"♦"（三千）。
② 《殷契粹編》第一一七一片有三萬合文。

合書者。然而有異説焉，則羅振玉釋卜辭之🗶🗶爲十五，十六，容庚以紳毁之🗶爲十二朋。《金文編》（一九二五年版）卷四，第七葉。此三事，正余此釋之所由作也。

據余所見，則🗶與🗶實殷文五十與六十之合書，決非十五與十六。🗶頗多見，其可斷定爲五十者有左列三事：

（上缺）狩獲𠦪鹿🗶出介。《前》四卷，八葉，一片，五卷，十四葉，五片重出

羅釋爲"十五之六"，案乃假之爲又，實"五十又六"也。

八日辛亥允戋伐人🗶🗶🗶人　　　　　　　　　　　　　　　前出

羅釋爲"二千六百十五六人"，案此亦甚不辭。凡言數之目，上既詳揭二千六百之數，則不得于奇零之數復作疑辭。此古今中外之通例也。故此實當爲"二千六百五十六人"。

第三例，原刻頗奇特，爲卜辭中罕見之一例，今摹録其原式如下：

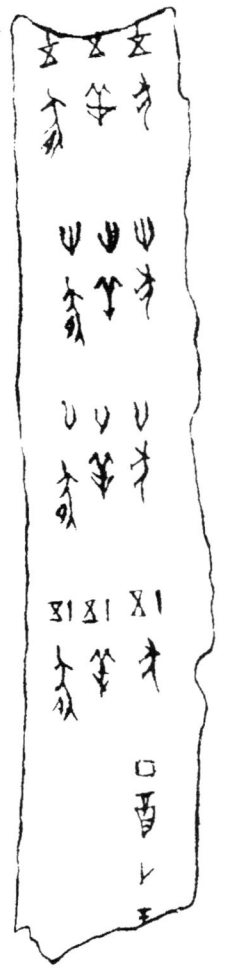

《殷虚書契前編》卷三，廿三葉，第六片

羅釋此爲"十五犬、十五羊、十五豕；卅犬、卅羊、卅豕；廿犬、廿羊、廿豕；十五犬、十五羊、十五豕"。上𠄡與下𠄡均釋爲"十五"。案此實以數之多寡爲次，乃五十，卅，廿，十五也。知𠄡之爲十五者，以下端右崛尚有"丁酉卜王"四字。凡卜辭刻例，如文左行者則單行在右，如文右行者則單行在左。此四字單行在右，故知文乃左行，而𠄡遂得知其爲十五。不然，卜辭行文本左右互行，其構字亦反正不分，則𠄡之爲十五或五十，胥莫能定矣。用知此𠄡字亦非不足十之數之合書，蓋偶爾變竪行爲橫行而已。

又案此中之紀牲法，實爲卜辭中之一特例，疑乃卜殉葬之牲數與排列，中亞古墓中頗多此現象，將來中國之發掘盛行時，此疑或可以證實。

要之𠄡終當爲五十。五十而作𠄡者，猶五千之作𠂂。然終因易於混淆，故周人之五十因改作𠀤也。

𠂂僅一見，原辭亦頗有可商之處，今摹錄之如次：

《殷虛書契後編》卷下，第一葉，第四片

此例羅釋爲"丁卯□□□狩正□畢獲鹿百十六二百十三豕十𠔼一□□"，《增訂殷虛書契考釋》卷下，卅葉。即于第一行之下缺三字，第二行缺一字，末行之外復置有二字之缺文。余初改釋爲：

丁卯□□□獸正□□畢獲鹿百六十二，百十四豕，十兔，一□。①

容庚謂當釋爲：

丁卯□□□獸正□□畢獲鹿百六十二，□百十四，豕十，兔一。

① 畢應釋畢，𠔼應釋旨大麋也。見《卜辭通纂》第二〇片眉批。

謂卜辭書獲之例均先獸後數，故第二行"二"字之下當缺一獸名，"兔一"以下無缺文之餘地。容釋較余前所釋者更爲妥帖。

然此處所注重之問題爲 ᚕ 一字，羅釋"十六"，則自當以"二百十四"^{原釋四作}_{三，恐筆誤。}連文。百之倍數當合書者今乃析居二行，已屬不安。今依容說，則"二"下尚缺一字，羅釋愈不能成立。

故 ᚕ 終當爲六十。ᚕ 之爲六十，亦猶 ᚕ 之爲五十，此二事實可以爲互證。然終因如 ᚕ 之易與十五混淆，故周人亦改書爲 ᚕ 矣。六十，《殷契佚存》第九三四片有一例，作ᚕ。

準此二事，余謂紳毁之 ᚕ 當釋爲二十朋。其銘云：

> 隹十月初吉丁卯王令奠仲子紳征司邡，錫貝ᚕ。紳對揚王休，用作父丁尊彝。①

首用"初吉"乃周制，末稱"父丁"乃殷習，器如不僞，_{原器余尚未見。}則當屬於周初之制作。古文二十字雖有 U ⊔ 之成文，然當殷末周初之際其文字尚未固定，故如效卣之廿朋作ᚕ，而匽侯鼎則作ᚕ，結構亦畧有不同，則二十者古人亦正不妨作 ⊥ 也。且準古文通例，如此果爲十二朋者，縱不必如遽伯還毁"十朋又四朋"之例，作"十朋又二朋"，至少亦當作"十又二朋"或"十朋又二"。再退讓一步，云可不加又，然亦不得合書。再讓到極端，於古人不足十之數亦可以爲此銘而開出一合書之特例，然尚有可疑者存焉，即古人以數與名物相連時每以名物之上筆與數字共通。如紀朋數者，圀子鼎②之二朋作ᚕ，豐鼎作ᚕ，女嫘毁作ᚕ。三朋則陽亥毁作ᚕ，四朋如遽伯還卣之 ᚕ 人 ᚕ，五朋則宰㮣角、宰峀毁、遣卣、遣尊，均作ᚕ，弡毁作ᚕ，均數字之下筆與朋字之上筆共通。此之ᚕ何如？二不與朋連，如連朋字上橫而釋爲"十三朋"，_{胡光煒《甲骨文例》中正有此釋。}則上二畫又未免過短。故此ᚕ而非二十朋者，則原器直是贗鼎而已。器之真偽，余在目前自無其它根據可言，然余所深信者則不足十之數古人並無合書之例也。卜辭月份多合書，因而十一月、十二月、十三月等亦合書，然此乃月份合書之例，非不足十之數合書也。且其合書之法亦無定準，決非十一作 ⊥、十二作 ⊥、十三

---

① 後記　案此乃僞器，不足據。作僞者不明古人書數慣例，蓋即以 ⊥ 爲十二，而不知十与奇零之數古不合書。如爲二十則當作 U。一九五二年八月廿八日。

② 圀子鼎即戍ᚕ鼎。

作㊤。

又聞燕京大學藏骨有左列一片：此得諸容庚教授之函示。

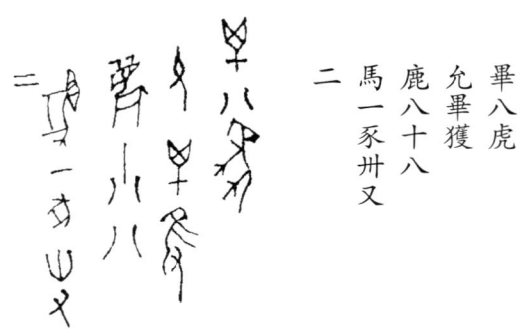

畢八虎
允畢獲
鹿八十八
馬一豕卅又
二

未見原骨，亦未見拓片，不能作如何之品評，惟此八十作八，與五十作㐅，六十作六者正同，使後二者無所剔發，則鮮有不讀爲十八者矣。八十，《殷契佚存》第五四七片亦有一例，作八。

以上所論，乃殷周人紀數法之大凡，就中可剔發出二大原則：

（一）十之倍數合書，千百亦如是；雖間有一二例析書者，乃是例外，蓋古人亦不能保無筆誤也。

（二）不足十之數析書，且或加"又"以繫之，此則決無例外。

知此，庶於讀古人紀數之文時不至有所錯誤，其由前人所誤讀者，亦可以明朗糾正之也。如王國維讀"貞㞢于王亥叀三白牛"《後》上，廿八葉，一片。爲"三百牛"，以爲"祭禮之最隆者"，《先公先王考》王亥條下。又讀盂鼎之"邦嗣三白伯"與"王臣十又三白"爲"四百""十又三百"，見《觀堂古金文考釋》。均是誤讀。其於不䳟䰙釋"錫女弓一矢束"下注引"䵋矦駿方鼎云'王䆥錫駿方玉五□，沫若案乃彀字。馬四匹，矢五□此字已泐，殆十字。（王氏原注），是以五十矢爲錫"，亦誤。蓋不知如係五十，古必合書，矧此"矢五"二字與下所缺一字，在原銘中更隔居二行，其非"五十"字斷然無疑。古人於矢言束，此與"玉五彀，馬四匹"爲對文直"矢五束"耳。王氏未深考，遂謂"以五十矢爲錫"，寔未免失之武斷。凡此均不審古人紀數法之所由致誤者也。

補遺

七十之例，卜辭中已有發現。《殷契佚存》第四三片"麋七十一、豕四十一、麋百"，七十作十。此外尚有二例，均十上七下。詳見拙箸《古代銘刻彙考・釋七十》。

八百作⌾，《殷契萃編》一〇七九片。八千作𠂆，同上第一一九片。三萬作𦥒。同上第一一七一片。

一九五二年八月廿八日補記。

釋七十——殷文紀數之一新例

殷周古文紀數之字，其見於卜辭及金文者，凡十百千之倍數合書，不足十百千之零數析書，或加又字以係之。而卜辭十之倍數，如五十作𠂇，此例甚多。六十作𠆢《通纂》二〇片，《後編》下，一、四。若𠆢，《佚存》九三四，《續編》三·四·一。八十作𠇂《通纂》二二片，《燕大》四一〇。若𠇂，《佚存》五四七。均十在上，而倍之之數在下，與周金文相反。余曩已有專文論之。《甲研·釋五十》。唯"七十"與"九十"二例曩所未見。今於《殷契佚存》第四三片。得"七十"一例作𠃊，亦十上而七下。其原片揭之如次：

麋卋豕七麋兀
百一　十十

商承祚釋𠃊為七。案此字中直上段過長，且不直，與七字有異。且"麋𠃊一"與"豕卋一"同例，決為七十字之合文無疑。此外尚有二例。

前例"龟七十止囗"，止於卜辭均與又字同義，下缺一字當為一至九之數字。此七十字中直上段亦長而顯示有連契痕。後例中辭"𢎥方出𤐷此字舊釋牧，今改從唐蘭說釋侵。我示甕田七十人五"，言七十人又五，或七十五人，下七上十之合尤明悉。余曩釋為"七人"，而於五字下補一月字，雖明知其非，凡卜辭於文末標示月份之例，其字必較小，又𠃊字與上"七月己巳"之七字亦皎然有別。然苦無確證。今得《佚存》一例可以斷定此二例之必為七十，而此二例與第一例又為互證者矣。

戊寅卜㱿貞……
豕四，龟七十㞢……

《林》二,二六,三,此僅取其左半

《通纂》第五百一十二片

又戩壽堂所藏有左列一片。原書四五・二，所録稍晦，此據《續編》五・二〇・五。

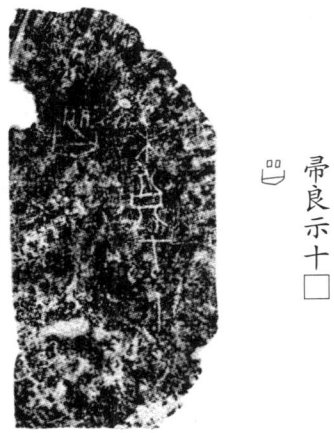

王國維釋爲"木𠂤七十凵"。《戩》考釋七十葉。七十字余曩已論其非，唯於本辭全文亦有未諦。今案此乃骨臼刻辭之一例，前出董文三一例。示斷非七，十下當尚缺一𠂤字。尚有一例云"帚良示十𠂤，方"，林一，一八，一〇；董文三二例。爲例正同。王氏未明骨臼刻辭之例及殷文紀數之法，故有此誤也。

九十之例迄今未見，其於殷文意必亦十上而九下，將來終必有出現之一日。

《釋五十》原收入《甲骨文字研究》，二卷二册，上海大東書局石印本，1931年；又重訂本，人民出版社影印本一册，1952年；又科學出版社影印本一册，1962年；又收入《郭沫若全集・考古編》第一卷，科學出版社影印本，1982年，又再版本，2002年。

《釋七十》原收入《古代銘刻彙考續編》，日本東京文求堂，1934年；又收入《卜辭通纂》重印本附録，日本朋友書店，1977年；又收入《郭沫若全集・考古編》第一卷，科學出版社影印本，1982年，又再版本，2002年。

今據《郭沫若全集・考古編》第一卷（1982年版）收入。

郭沫若

012 骨臼刻辭之一考察

殷代卜骨之用牛肩胛骨者，其骨臼削成半月形，每有文例一定之簡單刻辭，與卜之紀錄無關，與同一骨上之卜辭亦無聯絡。舊多視爲不可解，解之者亦多憑肊度。安陽發掘者之一人董作賓氏，對此項刻辭之注意特深，近有《帚矛説》一文發表，《發掘報告》四期。如其副題所示，即"骨臼刻辭的研究"也。

刻辭文例，其根幹爲"某日、某示、若干㣇、某"，對此根幹有省有益，亦間有不用骨臼者，今畧舉數事以示例。

第一例《後編》下·二七·一〇，董文第十八例。

甲子、帚
斂示，三㣇、
小㞢、仲？

此例"帚斂"或作"帚夋"，《林》一·二〇·一七，董文第十五例。葉玉森釋斂爲"竹婦"二字，《研契枝談》八葉。非也。董云："此版先刻'中''㞢'二名後乃改刻'中'與'小㞢'，筆畫粗細不同，一望可辨。"案中乃仲字，唯中直兩端鋒鋭，與餘字著筆有異，又多此一字與它例不同，疑是先刻一口丁字，知誤，乃鑿棄之，復於

它側改刻也。除此可疑之一冗文外，此乃骨臼刻辭中最普通之例。

第二例《續編》五·一六·三，董文第二〇例。

自㞢川　小蔑、
丁卯、女示，二𢀛、

此例多"自㞢川"三字，它辭尚有"自畐川"，董文二二與二三例。"川自雩"，董文六二、八二、八三，共三例。"川自喦"，董文九七。"川自缶"。董文六八。㞢乃常見之卜人名，其它大率同職。川字說詳後。董文八〇例作"自川雩"，蓋乃契誤。

第三例《後編》下·三三·一〇，董文第三十八例。

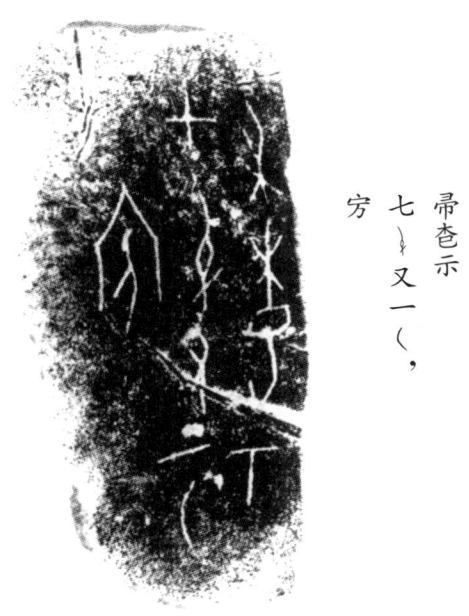

帚㚅示
七𢀛又一〈，
宁

此例省去日辰，於𢀛下復有零餘，〈或作），說詳下。

第四例《林》二·三〇·一二，董文第廿五例。

□ ㄑ 妿示，四 ㄓ一🔲，

此亦省去日辰，㞢即又字之異，🔲與ㄑ當是一事，説詳下。

第五例《續編》五·二五·七，此例董文未收。

己酉，兇示，十ㄑ、🔲、

此非骨臼，董文曾舉四例，九六至九九。益此僅五例而已，似即肩胛骨之背面。

就上舉五例觀之，末一字之方與𠂤，恒見於卜辭卜貞二字之間，其見於它辭者尚有𦯧、亘、殻、𣪊、箙諸例，董氏說爲殷時大史大卜等之署名，其說無可易。唯因辭例中多見帚字，又恒見𠂤字，沿舊釋帚爲歸，讀爲餽送之餽，釋𠂤爲矛，讀如字，還有餽送兵器至邊疆之說，雖煞費苦心，然寔大有未諦也。蓋歸矛二字之釋均不確，字釋既不確，則全說爲之動搖矣。今請先釋帚字。

帚固箕帚字，然見於卜辭者均非本字本義，羅振玉釋爲歸，以嫁適之意解之。然卜辭自有歸字作歸，"歸帚二字用法迥乎不同"，董氏已言之。其用歸者如：

辛卯卜㱿貞：翌甲午王涉歸。	《前編》五·二九·一
貞翌辛卯王勿涉歸。	《續編》三·三九·三
丙寅卜殻貞：其歸，若。	《續編》四·三五·一
貞勿歸于商。貞歸。貞勿歸。	《續編》三·一三·六
貞勿令沚馘歸。貞令沚馘歸。六月。	《林》二·五·六
辛未卜㱿貞：今日令方歸。□月。	《前編》五·二九·二
貞令𠂤侯歸。	《續編》三·一三·二以下二片
貞勿令𠂤歸。	《前編》四·四三·五。又同六·一四·一
貞勿乎呼歸。五月。	《續編》三·三八·六
貞王歸。	同三·三九·一

凡此均是歸字，義亦是歸，用例多見，然無一例用帚字以代者，而用帚字之例尤爲多見，亦未見有用歸字以代者。

用帚之例，除見於骨臼刻辭者外，今就其辭之完整者，揭之如次：

一、言受黍年者：

一、乙丑卜㱿貞：帚妌魯于黍年。	《續編》四·二五·二，《佚存》五三一
二、貞：帚妌黍受年。	《續編》四·二五·三
三、辛丑卜殻貞：帚妌乎黍于商。	同二六·一
四、貞：翌辛丑乎帚妌黍于殷。	同二六·二
五、甲□卜韋貞：帚妌受黍年。	同二六·四
六、帚妌受黍年。	《佚》七六二
七、□□卜𠂤貞：帚妌年萑。	《林》二·一三·一二

八、貞：帚妝黍萑。　　　　　　　　　　　　《續編》四・二五・四

九、帚井黍不其萑。　　　　　　　　　　　　《後編》下四〇・一五

二、言儐御者：

一、貞御帚井于母庚。　　　　　　　　　　　《鐵》二一〇・一

二、貞于甲介御帚好。　　　　　　　　　　　《林》一・二一・三

三、貞御帚好于妣甲。　　　　　　　　　　　同二二・一一

四、貞御帚好于高。　　　　　　　　　　　　《續編》四・三〇・三

五、御帚好于父乙。　　　　　　　　　　　　《前編》一・三八・三

六、□寅卜韋貞：嬪帚孜。貞弗其嬪帚孜。　　同七・二七・四

七、□寅卜㱿貞：御帚媒于母□。　　　　　　同七・一七・二

八、甲申卜御帚鼠妣己二牝牡。妣己帚鼠一牛御。一牛一羊御帚鼠妣己。

　　　　　　　　　　　　　　　　　　　　　《前編》一・三三・七

三、言征伐者：

一、貞勿乎帚妝伐□方。　　　　　　　　　　《續編》四・二六・三

二、乙丑卜，卜㱿貞：王宙婦好令正征夷。　　《佚存》五二七

此辭重一卜字，即示㱿爲卜人。與《通纂》別二上野甲骨第五片同

三、甲申卜殻貞：乎帚好先奴人于龐。　　　　《前編》五・一二・三

四、乙酉卜㱿貞：乎帚好先奴人于龍。　　　　同七・三〇・四

四、言田遊者：

一、貞乎帚妝田于㕁。　　　　　　　　　　　《前編》二・四五・一

二、貞翌丁巳乎帚好往于□。　　　　　　　　《續編》三・三九・二

五、言生育者：

一、帚井毓。　　《戩》三五・四；《續》四・二六・六；《佚》九六七

二、辛丑卜亘貞：王固，曰好其㞢有子、御。辛丑卜殻貞：帚孜㞢子。二月。

　　　　　　　　　　　　　　　　　　　　　《通纂》別二中村獸骨

三、貞帚嫀虫子。　　　　　　　　　　　　　　　　《前編》三・三三・八

附　言　㲋放者：

一、〔壬戌〕卜㱿貞：帚妝㲋，放。王固，曰其隹庚㲋，放。旬辛亥帚妝㲋，允放。二月。此辭由二斷片合成，見下插圖

《續編》四・二五・一（《簠》，典禮一一七）
燕大・一八四

二、壬午卜㱿貞：帚妝▢，放。壬午卜㱿貞帚妝▢，放。二月。

《續編》一・五三・一

三、乙巳卜㱿貞：帚妝▢，放。帚妝下缺。　《後編》下三七・一片

四、帚妝▢，放。　《前編》四・三二・二

五、貞妝帚▢，放。　《林》一・三・四

六、己丑卜㱿貞：翌庚寅帚孜▢。貞翌庚寅帚孜不其▢。一月。

《續編》四・二九・二

七、丁酉卜㱿貞：帚孜▢，放。王固，曰其隹甲▢，止希止□。　同二九・三

八、壬戌卜㱿貞：帚好▢，幼。　《佚存》五五六

九、丁巳卜㱿貞：帚好▢，不其幼。十月。　《明》二三六一

一〇、壬子卜㱿貞：帚斁▢，放。四月。　《續編》四・二八・四

一一、丙午卜亘貞：帚枼▢，幼。四月。　《前編》四・四一・五

一二、帚飲▢，不其放。　《後》下三四・四

一三、帚鼠▢，幼。　《前編》七・一四・四

此等辭例均屢見，此外尚多有，然此中帚字無一例可以釋爲歸，亦無一例有作歸字者。通審諸例，凡"帚某"均當爲人名，就中如言儐御例第八，帚鼠與妣己同御，假爲禦，《說文》"禦，祀也。" 而參錯出之，除說爲人名外，斷無第二種說法。知帚鼠爲人名，而言▢放例第十三亦有帚鼠，則同言▢放之帚妝、帚孜、帚斁、帚飲等均人名矣。凡帚下所系之字大抵從女，其或不從女者多是省文，如妝之省作爿，媒之省作枼，羅釋爲媒果，誤。是也。又與生育之事有關，則帚某必係女字矣。女字之上通冠以帚，則帚乃婦之省文矣。帚某之位甚尊，生時可參預兵食行政之權，死後與妣母同列於祀典，是知必殷王之妃嬪矣。殷王之妣母以甲乙稱，而妃嬪則以姓字著，足證甲乙乃廟號而非生名，妃嬪無專廟，僅附祭於母妣父祖，故無廟號。以上所舉例均武丁時所卜，其卜人之▢、㱿、韋、▢、㱿、亘等，均武丁時人，儐御第五例之父乙即武丁之父小乙，第一例之母庚即小乙之配妣庚，武丁以後人所儐。則帚妝、帚孜、帚斁、帚飲、帚致、帚鼠等均武丁之婦也。此等婦名僅見於武丁一代，蓋爲其子者追祀之時已改儐廟號。武丁之配所知者有妣辛、妣癸、妣戊，不知於此等婦名孰當於孰矣。

附此有當討論者爲▢放二字，此二字舊釋爲弃奴，字形既異，義亦難通。細審此二字，▢當爲動詞，上舉▢放第六例"帚孜不其▢"可證，而放當是形容▢之狀詞，第一例之"帚妝▢允放"及第十二例之"帚飲▢，不其放"可證。又此

二字恒專係於帚某之下，此外無所見。放字有下列二例稍異：

　　□辰王卜在兮〔貞〕：娥㚻，放？〔王〕凪，曰吉。在三月。《前》二·一一·三
　　乙亥卜自貞：王曰，出󰀀，放？󰀁曰放。　　　　　　　　　　《佚》五八六

第一例乃帝乙時所卜，娥下一文左旁从毓，右旁从止衣又，當即毓之繁文，象女人產子，持褓裸以待之。第二例當在帝乙之前，武丁之後，󰀀即身之緐文，象人懷娠之形。放字係於毓與身之下而加以貞問，必係吉祥之意。前例答曰吉，後例答曰放，是放亦猶吉矣。準此則放當是娶之省，讀爲嘉。

放字係於󰀁下既與係於毓下身下之例相同，而󰀁又專爲女子所有事，則󰀁蓋孕之古文，从向从󰀂攀，󰀂亦聲也。

既知帚爲婦省，今請返論骨臼刻辭。

骨臼刻辭爲董文所徵集者凡九十九例，除晚出《殷虛書契續編》尚有三四例未及外，已可云詳備。就中稱"某日王示"者一，第七六例。"小臣□示"者二，九六，小臣以，九七，小臣中。"子□示"者二，七四至七五，子下一字俱泐，疑是一人。"帚□示"者二十一，一至四七，有署去帚字者。其它均單稱"□示"。由"王示"之例例之，知凡□之字均爲人名。又由"小臣□"與"子□"之例例之，知"帚□"之帚與小臣若子同例，必當爲婦省，斷非歸字也。而言"帚□"之例爲帚井、帚嬕、或省女。帚臺、帚妥、或作敊。帚女、帚󰀃、帚見皐、帚𡥀、帚良、帚𡥀、帚喜、帚妥、帚龐、帚杳、帚杏、帚羊、帚汝、帚八、帚宅、帚跂、帚楚等，多係从女之字，而帚井即前揭之帚妌。故此骨臼刻辭之"帚□"，與上非骨臼刻辭之"帚□"恰爲互證，知"帚□"必爲女字，而且必爲殷王之妃嬪。《曲禮》云"天子有后，有夫人，有世婦，有嬪，有妻，有妾"，漢人更有"天子三妃、九嬪、二十七世婦、八十一御妻"之説，天子多妻之習蓋自殷代以來，其妻統稱爲帚，由其有見於祀典者與不見於祀典者觀之，似亦有等差，特不必即是三之階乘耳。

示字之義，董氏舉出三種，一神祇，二祭祀，三設置。前二義董均以爲非，是也。董取後義，以"姑備一説"。知董於此義亦未安。案此乃叚爲眡字也。欲明此義，須先推考骨臼刻辭之用意。

骨臼刻辭之用意，董氏以爲乃"廢物利用"，即殷代史官見牛肩胛骨骨臼天然光滑，即利用之以作爲記載之簡册，時亦用胛骨及龜甲之背面。余竊以爲不然。蓋骨臼刻辭之事由其中之卜人名觀之，均武丁時所爲。武丁乃殷之盛世，史官縱尚經濟，何遽缺少此區區骨簡，乃必利用骨臼而爲之？可利用之物如胛骨背

龜甲背正恢恢乎其有餘地，而殷虛所出無字之甲骨尤多，何必專好此骨臼？且所刻之辭，如董氏所說，均關戎事，而戎與祀乃古國之大事，史官記之，何至如此苟且？既刻辭於骨臼矣，又何專記戎事而不記它事耶？凡此均足證董說難安矣。

今案骨臼所刻之辭雖與卜辭無涉，然其事必與卜骨有關。由其所刻之地位以覘之，其性質寔如後人之署書頭或標牙籤耳。蓋甲骨既經修治以待卜用，必裹而藏之。由肩胛骨之性質而言，勢必平放，平放則骨臼露於外，故恰好利用其地位以作標識。其曰"王示"，曰"小臣某示"，曰"帚某示"，蓋其檢封時經王及王之代理者所省視。曰"自某川"或"川自某"，蓋言卜辭之內容乃自某人所卜或所錄者蟬聯而下之意，川即取其貫穿不斷也。每辭末字乃陪觀者之署名，董氏謂爲卜人或史官，其說無可易。

本此刻骨之用意以求之，可知彡字斷不得釋爲矛。董氏雖引金器及金文从矛之字以爲證，然其字殊不類。余謂此當是勹包之古文，象有所包裹而加緘縢之形，小篆作◯即從此而出。壽景所出《楚王鼎》匍字作🅰，所從勹字，形未盡失。又卜辭有㭁字，曰："今㭁凡受虫又。有祐。"《前》七・二八・四。"今㭁王勿黍。"《續》一・五三・三；又同五・九・三。舊釋爲林，以爲彡矛一字之證。案諸原辭義均不明，是否㭁字未能必。葉玉森釋爲夏，尤不足信。即是㭁字，說爲从林勹聲亦無不可，蓋勹矛同在幽部，且同屬脣音也。苟牽就舊釋，字釋爲矛，讀爲包，余說亦可通，特字形終不類耳。

知彡爲勹，則刻辭中之若干彡，即言卜骨之包裹，如爲竹木簡當爲若干冊，如爲帛當爲若干卷，以爲骨故言勹耳。上舉第三例之"七彡又一("，第四例之"四彡虫一🅱"，均言於七勹四勹之外尚有零餘，可知一勹不止一骨。言及零餘之例此外尚有之。

　　帚八，十彡虫一□，□。　　　　　　　　　　《福》三一片，《董》四三例
　　礿示，三彡虫一」，旁。　　　　　　　　　　《林》一・一八・一四，《董》六三例
　　奠示，十彡虫一□，辰。　　　　　　　　　　《董》七七例

言零餘之例無過一以上者。由此以推，則一勹必僅二骨，彡字亦正如合二骨而締結之之形。蓋以骨臼之兩半月形合而爲一圓，而於其骨頸處拴之。（若）即骨臼半月形之象形，即《說文》"ㄟ流也，讀若移"之ㄟ字，古音當在歌部，本義當即是骨棄。其作🅱者當即是凸字，《說文》"凸，剔人肉置其骨也，象形，頭隆骨也"。 凸骨同紐，義亦相禪，此處乃以骨言。

以上所論，茲述其要點如次：

一、凡卜辭帚字均是婦省，帚某乃殷王之妃嬪世婦之屬，生時參預國政，死或列在祀典；婦不稱甲乙，僅著其姓字，生死無間；蓋甲乙乃廟號，婦僅祔祭，無廟號也。

二、卜骨之用牛髀者，每治畢二骨則合爲一勹，積得若干勹_{數無過廿者}。曰王或王之代理者加以省視而封存之；陪觀之大卜或大史於骨臼刻記日期省視者及勹數等以醒目。

三、凡書帚某及刻辭骨臼之例均武丁時物，其前其後均所未見，蓋一代之典禮習尚如是也。

原收入《古代銘刻彙考續編》，日本東京文求堂，1934年；又收入《甲骨文字研究》重訂本，人民出版社影印本一册，1952年；又科學出版社影印本一册，1962年；又收入《郭沫若全集·考古編》第一卷，科學出版社影印本，1982年，又再版本，2002年。今據《郭沫若全集·考古編》第一卷（1982年版）收入。

郭沫若

013 | 釋祖妣

古人常語妣與祖爲配，考與母爲配。《易·小過》之六二"過其祖遇其妣"，《詩·小雅·斯干》"似續妣祖"，又《周頌·豐年》及《載芟》"烝畀祖妣"，此皆祖妣對文之證。《離》之"既右烈考，亦右文母"，則考母對文也。金文中其證尤多。

其言祖妣考母者：

> 齊侯鎛鐘① "用亯于其皇祖皇妣、皇母皇考。"
> 子仲姜鎛② "用亯用孝于皇祖聖叔、皇妣聖姜；于皇祖又成惠叔、皇妣又成惠姜；皇考遵仲、皇母。"
> 陳逆簠③ "以亯以孝于大宗、皇祖皇妣、皇考皇母。"

其單言考母者：

> 諶鼎 "諶肇作其皇考皇母者比君鬻鼎。"
> 頌鼎及毁壺諸器 "皇考龏叔、皇母龏姒。"
> 史伯碩父鼎 "朕皇考釐仲、王母泉母。"
> 仲威父毁 "皇考遲伯、王母遲姬。"
> 召伯虎毁 "我考我母。"
> 師𧽻鼎 "文考聖公、文母聖姬。"

準此可知考妣連文爲後起之事，《爾雅·釋親》"父爲考，母爲妣"，當係戰

---

① 《兩周金文辭大系·圖錄考釋》稱叔夷鎛。下同。
② 《大系》稱鰲鎛。下同。
③ 《大系》稱陳逆簠。下同。

國時人語。舊説"妣,比也,比之於父亦然也",《釋名·釋喪制》。可知非妣之初義。《尚書·帝典》"帝(放勳)乃殂落,百姓如喪考妣三載",不獨百姓字古無有,古金中作"百生"。三年之喪古無有,《孟子·滕文公上》"定爲三年之喪,父兄百官皆不欲,曰吾宗國魯先君莫之行,吾先君亦莫之行也"。即此考妣二字連文,亦可知《帝典》諸篇爲孔門所僞託。

祖妣父母之稱謂古亦有別。其在周人,一切男子均稱父,一切女子均稱母。王國維有"女字説"《觀堂集林》卷三。於古彝器中發見女字十有七,或母氏爲其女作器而稱之曰"某母",或女子自作器或爲他人作器而亦自稱曰"某母"。王氏曰:"此皆女字,女子之字曰某母,猶男子之字曰某父。案《士冠禮記》'男子之字曰某伯甫,仲叔季惟其所當',《注》云'甫者男子之美稱'。《説文》甫字注亦云'男子之美稱也'。然經典男子之字多作某父,彝器則皆作父無作甫者,知父爲本字也。"此誠揭破三千年來之祕密。然王氏更晉一解曰"男子字曰某父,女子字曰某母,蓋男子之美稱莫過於父,女子之美稱莫過於母,男女既冠笄有爲父母之道,故以某父某母字之也"。此則不免囿於鄭、許二君之舊説而出以蓋然之推臆,非必古人之實際矣。

閒嘗考家族進化之歷史,得知婚姻之演進亦有一定之郵程。上世男女雜居與禽獸無別,無所謂夫婦,亦無所謂父母。《吕氏春秋·恃君》云:"昔太古嘗無君矣,其民聚生羣處,知母不知父,無親戚兄弟夫妻男女之别,無上下長幼之道。"即此羣居時代之發明。此時男女之事,近世學者稱之爲雜交。然因生育之故,父子之關係雖疎,母子之關係較密,在羣居生活中,漸進則於同一母氏之下自然成一集團。而交接之事在同一集團中初無限制,學者稱之爲血族羣婚。繼進知"男女同姓,其生不蕃"[①],而羣婚之習猶未除也,大抵由異姓之兄弟羣與姊妹羣互爲婚姻,即兄弟共多妻,姊妹共多夫,是之謂亞血族羣婚,更進始漸趨於一夫一婦之現行制度。此婚姻進化之大凡也。現存未開化民族猶多在演進之途中,而各文明民族之古代,大抵猶可考見其遺痕。其在中國亦不能獨外。

中國古代帝王傳説多由周秦諸子所縣擬或改造,其事不可盡信,然其中亦有若干之史影不盡爲後人所能僞託者,則如誕生傳説之感天而孕是。帝王均感天而生,知母不知父,此實雜交時代或血族羣婚時代所必有之現象。其次如二女傳説

---

① 引文出自《左傳》僖公二十三年。

之真相，則亞血族羣婚制之例證也。舜娶堯之二女，而舜弟象與之"並淫"，《孟子》亦有象"二嫂使治朕棲"之語。孟子所云雖爲未遂之事，然迺傳説入後之轉變耳。

　　據余所見，傳説轉變之最烈者無過於二女之事。即以二女之名而言，劉向《列女傳》曰娥皇女英，《大戴禮》作倪皇女匽，《五帝德》"依于倪皇"，又《帝繫》"帝舜娶于帝堯之子，謂之女匽氏"。 而女英於《系本》作女瑩，《史記·五帝本紀索隱》。《漢書·古今人表》作嫈。其在《山海經》，則云"帝俊妻娥皇"，又云"有女子名曰羲和，方浴日于甘淵。羲和，帝俊之妻，生十日"。《大荒南經》。 又云"有女子方浴月，帝俊妻常羲，生月十有二"。《大荒西經》。 帝俊與帝舜，羲和與娥皇、倪皇，常羲與女匽、女英、女瑩，均當爲一人。其在《九歌》，則二妃爲湘君與湘夫人，《湘君》云"女嬋媛兮爲余嘆息"，"余"即湘君自謂，"女嬋媛"迺指湘夫人。"女嬋媛"即常羲、女匽、女英、女瑩之異辭也。嬋常雙聲，羲媛迺歌元陰陽對轉。《離騷》"女須之嬋媛兮，申申其詈予"，前人以爲屈原之姊或妹，《説文》"嬃，《楚詞》云'女嬃之嬋媛'，賈侍中說，楚人謂姊爲嬃"。 段注："王逸、袁山松、酈道元皆言女嬃屈原之姊，惟鄭注《周易》'屈原之妹名女須'，《詩正義》所引如此。" 案其實即以常羲爲女侍，猶言"吾令羲和弭節"也。羲和在《帝典》復轉變而爲羲氏、和氏職司星曆之二官。《呂氏春秋·審分覽》復云"羲和作占日，常儀作占月"。 常羲復變而爲月精之常娥而爲羿妻。常娥亦稱嬋娟，是猶《楚辭》之"嬋媛"矣。

　　二女之變若此所述已可云紛挐，然其變尚不止此，它如精衛衛石之女娃，始制笙簧之女媧，無夫九子之女歧，與此均有一脈相通之處，擬別爲説以伸論之，兹不贅述。今所欲究者迺帝俊與帝舜之異同。《山海經》自《大荒東經》以下帝俊之名凡十五見。郭璞於首出之"帝俊生中容"下注云："俊亦舜字，假借音也。" 而於《大荒西經》"帝俊生后稷"下則注云："俊宜爲嚳，嚳第二妃生后稷也。" 近時王國維作《卜辭中所見殷先公先王考》及《續考》，發現卜辭有"高祖夒"，王初釋爲夋，謂即帝嚳名夋之夋，亦即《山海經》之帝俊。後又改釋爲夒，字讀納告反，與嚳同告音，謂即嚳之本字，夋與俊均因形近而譌。説雖改變，然於帝俊與帝嚳爲一人，則倍有見地矣。知帝俊與帝嚳爲一人，則帝舜與帝嚳亦當爲一人。《禮記·祭法》稱"殷人禘嚳而郊冥，祖契而宗湯"，而《魯語》云"殷人禘舜祖契"，此正其明證。蓋同一夒字，或讀爲嚳，或讀爲夋，或讀爲舜，或讀爲俊，故夋遂爲嚳之名，而舜與嚳復由後世儒家分化而爲二帝也。王氏以郭璞俊爲舜之假借爲非，謂"《大荒經》自有帝舜，不應前後互異"。然而《大荒經》中亦

有帝嚳，《大荒南經》云"帝堯、帝嚳、帝舜葬於岳山"，與帝俊亦正前後互異。《山海經》之輯録者傳聞異辭，蓋以舜、俊、嚳爲三人也。古説嚳有四妃，上妃有邰氏女曰姜嫄生后稷，次妃有娀氏女曰簡狄生契，次妃陳豐氏女曰慶都生帝堯，次妃諏訾氏女曰常儀生帝摯。常儀即常羲，古儀羲同讀我音。亦即女英、女匽，余疑與簡狄是一非二。摯契古音同部，亦當爲一人。姜嫄實即娥皇，亦即羲和，娥嫄歌元對轉也。堯母慶都殆後人之所附益耳。卜辭稱湯爲唐，疑唐堯亦即湯之轉變。凡神話傳説之性質，一人每化爲數人，一事每化爲數事，此迺常見之事實，殊不足怪。又《山海經》之帝俊實即天帝，日月均爲其子息。故《詩·生民》言姜嫄之孕迺"履帝武敏歆"，《商頌》言簡狄生契迺"天命玄鳥"，可知所謂帝嚳或帝舜實如希臘神話中之至上神"瑳宇司"Zeus，並非人王也。

知舜嚳爲一，從可知《天問篇》中何以叙舜象事於夏桀之後，於殷先公先王之前或其間。其叙象事於殷先公先王間者，即"眩弟並淫，危害厥兄，何變化以作詐，而後嗣逢長"二韻。其前由"簡狄在臺嚳何宜"以下十二韻皆詠殷先公之事，其下自"成湯東巡"以下六韻皆叙湯事。獨此二韻雜厠其間，王逸《章句》以爲象事，前人每疑之。王國維《殷先公先王考》發明"該秉季德，厥父是臧，胡終弊于有扈，牧夫牛羊"之該，即《大荒東經》"有易殺王亥取僕牛"之王亥，郭注引《竹書》云"殷王子亥賓于有易而淫焉，有易之君綿臣殺而放之。是故殷主甲微假師於河伯以伐有易，克之，遂殺其君綿臣也"之殷王子亥。王亥見於卜辭，季亦見於卜辭。又"恒秉季德"之恒亦當即卜辭之王恒。而"昏微遵迹，有狄不寧"，昏微即上甲微，有狄即有扈，亦即有易，王氏以扈爲易之誤。以上均確鑿無可易。然謂"眩弟並淫"二韻亦當叙上甲微事，斥王逸之説顯然爲非，則未必然也。舜與嚳本一人，故舜象二女事已叙於殷先公先王之前，此復出象事者蓋以作有狄若有扈之結束。余謂有狄即象之後，《孟子》云"象封于有庳"，庳狄易古音同部，而庳扈古爲雙聲①，古輕脣與重脣無別。是庳兼三字之音，當以庳爲正讀，餘皆假音也。細玩原辭之意蓋言舜象不睦，其後人亦世相爲仇，綿臣殺王亥，上甲微亦殺綿臣。綿臣被殺而後象之後嗣始滅，故結之以"何變化作詐而後嗣逢長"也。似此實文從字順，舜嚳爲一人，"並淫"爲象事，殊無可疑。夫舜嚳同出者猶有扈與有狄同出，迺傳聞異辭，或後人之所改易也。

帝俊、王亥、王恒、上甲微等胥於卜辭有徵，余意娥皇、常羲之名亦所應

---

① 《説文解字》"庳或讀若逋"，此或讀與扈同類。

有。卜辭有所祭之妣名"娥"者，辭曰：

　　　貞子漁人名㞢有凹①豐于🅾酒。

　　　　　　　　《鐵》二六四葉一片。凹與𠙴同意，从二🅾在皿中。

　　　　　　　　🅾者亞（朋）之省，从二朋，猶从二玉（玉）

　　　貞㞢有犬于🅾，卯䖏。　《前》四卷五二葉二片。羅以"娥卯"爲人名，非也。

　　　　　　　　案卯迺用牲之法，卯䖏猶它辭言卯牛、卯羊

　　　□卯卜殷②貞：求年🅾于妣乙③

　　　　　　　《林》一卷廿一葉十四片。"于"猶與也，意當爲"求年于娥與妣乙"

"娥"，許書云"帝堯之女，舜妻，娥皇字也"，字於人名之外古無他義，則此妣名之"娥"非娥皇沒屬矣。

又有人名🅾，辭曰：

　　　己未，圖于🅾，芍三，卯十牛，中。　　　　　　　《前》六卷二葉三片
　　　己未，圖□🅾，芍缺人，卯十牛，左。　　　　　　　同葉二片

此人名奇字，王國維疑娥，羅振玉謂从義京，見商錄《待問編》。余謂此實義京二字之合書，人名合書迺卜辭習見之通例。🅾當即常羲若常儀之初字，義、羲、儀，古同歌部，京、常，古同陽部。🅾之讀當爲京義，猶🅾之讀五千，🅾之讀五十也。詳《釋五十篇》。

二女之名既可徵於卜辭，舜妻二女而弟象與之"並淫"，則是殷代先人猶行亞血族羣婚之古習。在此羣婚制下，自男女而言爲多夫多妻，自兒女子而言則爲多父多母。多父多母之事於卜辭猶有明文。卜辭曰"貞帝禘……多父"，《林》一卷十一葉十八片，此辭似有缺，然"多父"二字却相連。曰"庚午卜凹貞：告于三父"，同上五葉五片。曰"戊子卜庚于多父旬"。《前》一卷卅六葉四片。更有列舉二父或三父之名者，如曰"貞㞢于父庚，貞㞢于父辛"，《戩》七葉一片。曰"父甲一牡，父庚一牡，父辛一牡"。《後上》廿五葉九片。此父甲、父庚、父辛，羅王二氏均以爲即陽甲、盤庚、小辛。辭爲武丁所卜，三人均爲武丁諸父，故均稱"父某"。此解雖甚巧合，然伯叔稱諸父，其實已是亞血族羣婚制之孑遺矣。又保定南鄉近年所出土之三商勾刀④《夢郼艸堂》中卷

---

① 案凹當爲㫃，此誤。注文亦当删削。
② 釋殷不確，孫詒讓釋殼可從。下同。
③ "妣乙"誤，應改爲河。注亦當删削。
④ 案此所謂"商勾刀"實即商戈，商戈無胡，僅有援有内（枘）而已。

有影片，《周金文存》亦有拓影。其一銘多祖之名，其一銘多父之名，又其一銘多兄之名。其銘父名者曰"祖曰乙，大父曰癸，大父曰癸，仲父曰癸，父曰癸，父曰辛，父曰己"。計一祖之外，大父二，仲父一，父三。王國維謂大父即《爾雅·釋親》之"世父"，古世大同字。《觀堂集林》卷十八《商三勾兵跋》。然此除二大父一仲父外，一人猶有三父也。

其多妣者則祖乙之配有二，曰妣己，《前》一卷卅四葉兩見，《後上》二葉及三葉三見，共凡五見。曰妣庚；《後上》二葉及三葉凡三見。祖丁之配有二，曰妣己，《前》一卷十七葉及卅四葉各一見，《後上》三葉三見。曰妣癸；《後上》三葉二見。武丁之配有三，曰妣辛，《前》一卷十七葉及卅七葉各一見，《後上》四葉一見。曰妣癸，與妣辛同見于《前》一卷十七葉第四片，又《後上》四葉二見。曰妣戊。《後上》四葉八片。羅氏《考釋》中已詳言之矣。惟羅氏未得其解，謂"猶少康之有二姚與，抑先妲而後繼與，不可知"者，參以多父之例，其實即亞血族羣婚之遺習也。在此制度之下猶以母性為中心，男子須連翩出嫁，女子承家，故父子不能相承，而兄弟轉可以相及。殷代帝王多兄終弟及者，正職此故。其或有父子相承者，然所謂父子，實屬疑問，蓋母權時代之翁婿關係實如父子也。

母權與父權之交替即當在殷周之際，殷末帝王已四世傳子，而周初則周公曾及武王而"誕保文武受命"[①]，此正新舊交替時所必有之波動現象。亞血族羣婚之古習大約於入周以後即逐漸廢除，然如春秋諸侯娶婦必有同姓之娣姪為媵，則猶其半面之存根。蓋母權已轉移為男權，故男子尚可以多妻，而女子則當從一而終。且從一之制亦未甚古，如祭仲迺鄭國之上卿，而其妻之訓女，竟有"人盡夫也"之說，《左氏》桓十五年傳。從可知矣。

以上由史跡之證明，可知中國古時確曾有亞血族結婚制之存在。此外於《爾雅·釋親》之稱謂中亦饒可以考見其遺痕。如"女子謂姊妹之夫為私""母與妻之黨為兄弟"，此大有異於後人者也。又如"婿之父為姻，婦之父為婚，婦之父母，婿之父母，相謂為婚姻"，父母之相謂為婚姻，即兒女子之互為夫婦也。又如"姑之子為甥，舅之子為甥，妻之昆弟為甥，姊妹之夫為甥"，郭注謂"四人體敵，故更相為甥"。案此四人在亞血族結婚制下實僅一人，蓋姑舅迺互為夫婦者，姑舅之子即妻之昆弟，妻之昆弟亦即姊妹之夫，故統於一名，後世婚姻之制已異於古，而四人之稱謂尚仍舊貫，人亦習以為常而不怪矣。

知古有亞血族結婚制而行之甚久，則知男字何以均可稱父，女字何以均可稱母

---

① 引文出自《尚書·洛誥》。

之所由來。蓋當時之爲兒女子者均多父多母，故稱其父均曰"父某"，而稱其母均曰"母某"。周人習之，故男女之自爲名，亦自稱曰某父某母也。周人用此名而不嫌，可知多父母之事在周未盡廢。後世制改則名涉於嫌，故某母之稱絕跡於世，而某父之字亦改用某甫。此雖一二字之差違，然正表明時代之一大遷變矣。

男字"某父"，女字"某母"，迺周人之習尚。其在殷人，則男名"祖某"，女名"妣某"。

商代帝王以祖爲名者有祖乙、祖辛、祖丁、祖庚、祖甲，此已見於典籍，亦均見於卜辭。而卜辭中更有祖丙、祖戊。人臣之名有祖伊、祖己，卜辭亦有祖己而應受王之享祀，未知是否一人。王國維疑是雍己。彝銘中祖丁、祖乙、祖戊、祖己、祖庚、祖辛、祖癸之名習見。其稍罕者如《東觀餘論》有"祖甲爵"，《殷文存》有"雞形祖甲卣"，有"祖丙觶"，"山形祖壬爵"等。凡十日之干，無日而無祖名。

祖之配爲妣，卜辭"妣某"之稱多至不可勝數，亦無日而無妣名。詳見羅氏《考釋》。知妣某之必爲女名者，以其所配舉者之爲祖名也。如卜祭王賓之例，上言示壬而下言"奭妣庚"，上言示癸而下言"奭妣甲"，上言大乙而下言"奭妣丙"，上言大丁而下言"奭妣戊"。示壬、示癸、大乙、大丁，迺祖名，則妣庚、妣甲、妣丙、妣戊，必爲妣名。妣名之見於彝器者亦多有，如戊辰彝之"遘于妣戊，武乙奭"，與卜辭同例。武乙迺祖名，則其奭之妣戊必妣名矣。前人不解此意，往往以考妣字釋之，以爲爲母作器，不知古人母妣有別，且如卜辭迺盤庚遷殷以後物，而於先公先王之奭均稱爲"妣某"，此可知非盡子孫之追稱矣。

男子皆得以祖名，女子皆得以妣名，從可知殷人之所謂祖妣亦有異於周人之所謂祖妣矣。

然則祖妣之朔爲何耶？曰祖妣者牡牝之初字也。卜辭牡牝字無定形，牛羊犬豕馬鹿均隨類賦形，而不盡從牛作。其字之存者今表列之如次：

	馬	牛	羊	犬	豕	鹿
牝	𢒉	𤘴	𢒉	𤞌	𢓊	
牡		牡	𦍙		𢓊	𪋿

〔備考〕鹿之牝爲麀，石鼓文《丙鼓》有此字作𪊍，亦從匕，迺僅存之古字而卜辭適缺，則所缺之牝馬、牝犬字亦所應有者矣。

統觀上表所列，均从⊥ᒣ象形。⊥ᒣ爲何？⊥ᒣ即祖妣之省也。古文祖不从示，妣不从女。其在卜辭祖妣字有下列諸形：

祖　　🅰《前》一卷一葉。　　🅰同九葉。　　🅰同葉。　　🅰同十一葉。

妣　　ᒣ《前》一卷卅七葉。　　ᒣ同卅二葉。　　ᒣ同葉。　　ᒣ同卅八葉。

是則且實牡器之象形，故可省爲⊥；匕迺匕柶字之引伸，蓋以牝器似匕，故以匕爲妣若牝也。

王國維《釋牡》曰："《説文》'牡，畜父也，从牛土聲'。案牡古音在尤部，與土聲遠隔。卜辭牡字皆从⊥，⊥古士字，孔子曰'推十合一爲士'，⊥字正丨古文十字。一之合矣，古音士在之部，牡在尤部，之尤二部音最相近，牡从士聲，形聲兼會意也。士者男子之稱，古多以士女連言，牡从士與牝从匕同，匕者比也，比於牡也。"

余案"匕者比也"迺後起之説，其在母權時代，牡猶不足以比牝，遑論牝比於牡。"推十合一"之説亦必非士之初意。孔子之意殆謂士君子之道由博返約，然士爲士女之士實遠在士君子之士以前。故此與"一貫三爲王"之説，實不免同爲望文生義之解釋。⊥若果爲十與一之合，則土亦何不可爲十與一之合耶？據余所見土、且、士，實同爲牡器之象形。土字古金文作▲，卜辭作Ω，與且字形近。由音而言，土、且，復同在魚部，而土爲古社字，祀於内者爲祖，祀於外者爲社，祖與社二而一者也。此於下尚有説。士字卜辭未見，从士之字如吉，於作吉形《後上》十九葉四片。之外，多作吉、《後下》九葉一片、《林》二卷十葉一至四片。吉、《前》五·十六葉四片。吉、同上。吉同上一片。諸形，是士字古亦作▲、▲、✦若士矣。金文吉字有作士旂鼎。若士奞。者，與卜辭之从士作者同。此由形而言與土、且，實無二致。士音古雖在之部，然每與魚部字爲韻。如《射義禮記》引《詩》"曾孫侯氏"八句以舉、士、處、所、射、譽爲韻，《詩·常武》首章以士、祖、父、武爲韻，武本作"戎"，據江有誥校改。士字段玉裁、王念孫入韻，江不入韻，以《射義》按之，當以入韻爲長。是士字古本有魚部音讀也。又今人之所謂古音實僅依據周、秦、漢人文之韻讀以爲説者，周以前之音，茫無可考。周秦以後音有變，則周以前之音，至周亦必有變。余謂其變且必甚劇烈，蓋殷周之際禮制之因革頗彰，而文字之損益亦甚著，則如士字蓋古本讀魚部音而轉入之部者，未可知也。牡从士聲而讀在尤部者，亦同此説。尤魚二部亦有爲韻之例，如《民勞》二章以恔韻休、逑、憂、休者，是也。是故士女對言，實同牡牝、祖妣。而殷人之男名"祖某"，女名"妣某"，殆以表示性別而已。

知祖妣爲牡牝之初字，則祖宗崇祀及一切神道設教之古習亦可洞見其本源。蓋上古之人本知母而不知父，則無論其父之母與父之父。然此有物焉可知其爲人世之初祖者，則牝牡二器是也。故生殖神之崇拜，其事幾與人類而俱來。其在西方，新舊石器時代之器物已有發現，足證其事之遠古。中國考古之事尚未脫盡玩好之畛域，而縉紳先生亦視此事爲不雅馴而諱莫如深，石器時代可無論，即於典籍有徵者亦多未經剔發也。其關於神事，與祖妣二字可爲互證者，今揭舉若干事如次。

　　第一，古來凡神事之字大抵从示。《說文》云："示，天垂象見吉凶，所以示人也。从二古文上字。三垂，日、月、星也。觀乎天文以察時變。示，神事也，凡示之屬皆从示。⫯古文示。"案此所謂光明崇拜之說也。然卜辭示字多作丅形，上不必从二，下不必垂三。其垂更有多至四五者，如祝或作⿰丅兄，《前》四卷十八葉七片。祀或作⿰丅巳，《明》二二八片"王廿祀"。宗或作⿱宀丅。《後下》三葉六片，《類編》以爲泉字重文，非也。金文戲鐘之一"用濼好宗"亦作⿱宀丅。此由字形而言，丅實上之倒懸，其旁垂迺毛形也。金文示字其中垂更有肥筆作者，如迴伯毁之宗字作⿱宀丅，仲追父毁之宗字作⿱宀丅①。戒者鼎"戒者作旅鼎，用匃偁魯⿰丅⿱北示，用妥眉彔，用作文考宮伯寶尊彝"，⿰丅⿱北示字與彔祿字對文，當是福字，从示北聲，與福之从示畐聲同②。殷彝有戈祝盉，曰"戈⿰祝作父丁彝"，此以卜辭之祝或作⿰祝《後下》廿三葉十七片。若⿰祝同上十九葉十片。例之，自是祝字。其爲象形更顯著，可知余說之非妄誕矣。知此則可知卜辭於天神、地祇、人鬼，何以皆稱示，蓋示之初意本即生殖神之偶象也。又凡从示之字，得此亦頓若明白如畫。故宗即祀此神象之地，祀象人跪於此神象之前，祝象跪而有所禱告，祭則持肉⿱目示獻於神。凡此等字均卜辭所有，且多未脫圖畫文字之畛域，揆其意實象形文字也。

　　第二，示迺牡神，亦有以牝爲神者，其事當在祀牡之前。卜辭祭字於从示之外，亦从匕作⿰匕⿱⺈示、⿰匕示、《後上》八葉五片。⿰匕示、⿰匕示同《下》卅三葉一片。諸形。从匕與从示同意，然匕廢而祭行矣。

　　又如賓字，《說文》云"賓，所敬也，从貝𡧍聲。⿱宀貝古文"。此古文之形與

---

① 仲追父毁宗字中垂非肥筆。
② 周孚卣："隹九月既生霸乙亥，周孚鑄旅宗彝，用言于文考庚仲，用匃永⿱爿示。孫孫子子其永寶用。⿱宀田。"見《寧壽鑑古》卷七第四葉。福字从北聲，與此同。古文畐字實作酉，會意，謂以酒奉神，形變爲畐，乃成聲符。

金文形近。金文大抵作🔲王孫遺諸鐘"用樂嘉賓"。若🔲，史頌毀"賓章馬四匹"。亦或省貝，如郑公鐘①之"用樂我嘉賓"作🔲，戲鐘之一之"用樂好賓"作🔲。卜辭不從貝從止，亦或省止，變形頗多，如🔲省為🔲，🔲省為🔲，🔲省為🔲，🔲省為🔲。余謂此後二者當係賓之最初字，蓋從宀匕，匕亦聲。賓、匕，脂真陰陽對轉也。從匕在宀下，與宗同意。或從亼者，與宀同。其或一之，所以縣之。近時鄉人猶有祀飯瓢神者，當即古俗之孑遺也。日本亦有此習，凡社祠多以飯匙晉獻，以飾於壁。戲鐘一器其"用樂好賓"語一作"用樂好宗"，其二編鐘亦一作賓，一作宗，四器具見《周金文存》。是賓宗同義之證。又卜辭賓字乃祀神之意，王祀其祖若妣每曰"王賓"。字從止者即示人至神下頂禮也。字或從女疑是母字，卜辭母女字每不別。作🔲若🔲，於意尤顯。或省匕作🔲若🔲，則是字之變例。

賓之省為方，字作🔲若🔲，曰"甲寅卜其帝禘方，一羟，一牛，九犬"，《明》七一八片。曰"貞方帝亦禘字，猶言禘方。卯一牛，屮青"。《前》七卷一葉一片。羅云"疑即五方帝之祀"。案所疑近是。蓋古人於內外皆有牝神，祀於內者為妣，祀於外者為方，猶牡之祀於內者為祖，祀於外者為土社也，古人每以方社連言，如《詩・雲漢》"祈年孔夙，方社不莫"，《甫田》"以社以方"。《墨子・明鬼篇》引古逸書云"吉日丁卯，用伐祝社方"。社方猶言祖妣矣。故方又稱母，曰"壬申卜貞：屮于東母、西母，若"，《後上》廿八葉五片。曰"貞于東母，豕三，犬三"，《鐵》一四二葉。曰"貞寮于東母，三牛"，《後上》廿三葉七片。曰"貞于東母，有匚"，《林》一卷廿二葉二片。比正"方"為牝神之證。又方有比義，古人每以比方連言。如《墨子・明鬼篇》"百獸貞蟲，允及飛鳥，莫不比方"，《莊子・田子方篇》"萬物莫不比方"。又有併義，有類義，皆從匕之義所引伸者也。國亦稱方。如《書》言"多方"、"兄弟方"，《易》與《詩》有"鬼方"，《詩》有徐方、朔方、不庭方，金文南宮中鼎有虎方，不嬰毀有駿方，卜辭有土方、🔲方、羌方②、洗方、井方、人方、馬方、羊方、林方、苜方、🔲方、盂方、繩方、二丰方、三丰方，幾於無國不稱方。揆其意殆如後人言某族某宗，蓋同一母姓下之血族也。

第三，神事迺人事之反映，於神事有徵者，於人事亦不能無徵。

人稱育己者為母，母字即生殖崇拜之象徵。母中有二點，《廣韻》引《倉頡篇》云"象人乳形"，許書亦云"一曰象乳子也"。骨文及金文母字大抵作🔲，象

---

① 此郑公鐘為郑公鈦鐘。
② 羌方應作🔲方，洗方應作滿方，羊方應作芍方，參見《卜辭通纂》。

人乳形之意明白如畫。

別有爽字,於卜祭之例屢曰"王賓祖某爽妣某",戊辰彝亦云"遘于妣戊、武乙爽",羅氏以爲赫字,謂"从大从二火,亦即召公名之奭,有配義"。然卜辭原字不盡从二火,亦無从皕作者,《類編》有十五種異形,並揭錄之如下:

○ 卷一十二葉二片。　○ 同二葉四片。　○ 同三葉七片。　○ 同上二片。
○ 同八葉一片。　　　○ 同十七葉二片。　○ 同上二片。　　○ 同卅一葉八片。
○ 同卅三葉五片。　　○ 同卅四葉三片。　○ 同卅七葉一片。　○ 同上四片。
○ 同上三片。　　　　○ 《後上》二葉三片。○ 同上一片。

从二火者僅第一例而已。戊辰彝爽字作○,亦非从二火若皕。諦審其字形,實象人形而特大其二乳也。余謂此即母字之別構,如祖丁之配曰妣己者,它辭均言"祖丁爽妣己",凡五見,見上。然有一例曰"□辰貞:其求之①于祖丁母妣己",《後上》廿六葉六片。是爽與母爲一之證也。②惟此母字限用於先公先王之配偶,揆其初當係王母之意。此字形與歐洲各地所出土之生殖女神象"奶拏"(Nana)頗相類。"奶拏"之象均特大其乳,或以兩手護其下,以爲生殖崇拜之象徵。余意如爽字形之雕象,將來必有發現於中國之一日。

后辟之后亦崇拜生殖之意。字於卜辭與毓爲一,有○、○、○、○、○諸形。王國維曰"此字變體至多,从女从○,倒子形,即《說文》之充字。或从母从○,象產子之形。其从丶丶、丶丶、丶丶者,則象產子時之有水液也。从人與从母从女之意同。以字形言,此字即《說文》育字之或體毓字。毓从每即母字。从充,即倒子。與此正同。故產子爲此字之本誼。"惟卜辭此字均用作后辟之后與先後之後。王氏又云:"象倒子在人後,故引伸爲先後之後,又引伸爲繼體君之后。《說文》'后,繼體君也,象人之形,施令以告四方,故厂之,从一口'。是后本象人形。厂當即○之譌變,口則倒子形之譌變也。"立說均甚精到,惟採許書后爲繼體君之說,則事有不盡然者。考古人之用后字並無繼體君之意,如《書·盤庚》曰"古我前后",曰"我古后",曰"我先神后",曰"高后",曰"先后",及《商頌》之"商之先后",凡此等稱述之中,即創業垂統之成湯亦被含括,且爲主要之中心人物,此非繼體君之謂也。又《詩·下武》毛氏傳以太王、王季、文王爲"三

---

① "求之"應是"奉生",參見《卜辭通纂》第一三六片《考釋》。
② 又大乙之配曰妣丙,它辭均言"爽妣丙"(《前》一卷三葉七片,《後上》一葉十二片,又下四十一葉八片),而《新獲卜辭》有一例云"乙巳卜,○出大乙母妣丙一牝"(三三六片)。

后"，《書·吕刑》以伯夷、禹、稷爲"三后"，此亦非繼體君之謂也。卜辭屢稱"自上甲至于多毓"，則自上甲以後之先公先王均在其中，成湯亦在其中，此亦不得爲繼體君。又典籍中用后之例均限于先公先王，其存世者則稱王而不稱后。卜辭亦如是。是則后若毓必王者之稱謂之至古者，故其字已早爲古語，而入後終至意義轉變也。準此，余謂后迺母權時代女性酋長之稱謂。母權時代，族中最高之主宰爲母，而母氏最高之屬德爲毓，故以毓爲王母之稱。其用爲先後字者，蓋出於假借矣。

后迺母權時代之遺字，其必遭廢棄迺意料中事。入周以後義轉爲王妃，實猶存其本來面目。《周語》云"昔昭王娶於房曰房后"，妃后義之見於典籍者疑旦此爲最古。其后辟義之繼承者則爲王字。《史記·殷本紀》云："周武王爲天子，其後世貶帝號，號爲王。"按以卜辭，此説殊不確。蓋卜辭天子已稱王，且已稱其先公爲王亥、王恆、王矢矣。然王之當屬後起，由王字本身可以證明。《説文》云："王，天下所歸往也。董仲舒曰：古之造文者三畫而連其中謂之王，三者天、地、人也，而參通之者，王也。孔子曰：'一貫三爲王。'"此迺就後起之字形以爲説，非王字之本義也。王之古文，畫不限於三，中不貫以一。卜辭王字極多，其最常見者作 ⛬，與士字之或體相似。繁之則爲 ⛬《前》六卷卅葉七片。若 ⛬，《後下》十六葉十八片。省之則爲 △《前》四卷卅葉六片。若 ⊥。《前》三卷廿八葉三片。金文王字多作三畫一連，然中直下端及第三橫畫多作肥筆，其第三橫畫之兩端尤多上拳，如宰峀毁①作 王，孟鼎②作 王，其最顯著者。姑馮句鑃"隹王正月"作 王，四畫。貫者非一，所貫非三，據此可知孔仲尼不識古字，每好爲臆説。近人始有新説出焉。吳大澂《説文古籀補》即據孟鼎王字注爲"盛也，大也，从二从 ⛬，⛬ 古火字，地中有火其氣盛也。火盛曰王，德盛亦曰王"。羅氏採其説，謂"卜辭从 ⊥ 从 △ 並與 ⛬ 同。又或作 △ 作 ⊥，但存火亦得示盛大之誼"。余案吳氏未見卜辭，以 ⛬ 爲火字，其説自較一貫三之舊解爲長。然卜辭既出，則此説又當更正。△若 ⊥ 實即且若士字之變，羅氏以爲並與 ⛬ 同者，非也。其在母權時代用毓以尊其王母者，轉入父權則當以大王之雄以尊其王公。且已死之示稱之爲祖，則存世之示自當稱之爲王。祖與王，魚陽對轉也。又如後起之皇字，金文中其器之稍晚者如秦公毁作 皇、鄦侯毁作 皇、禾毁作 皇、陳侯因𩫱毁作 皇、齊陳曼簠作 皇、齊子仲姜鎛作 皇、王孫鐘作 皇、沇兒鐘作 皇、邾公華鐘作 皇，皆從王作。而器之較古

---

① 宰峀毁應爲宰甫鼎，參見《卜辭通纂》第一〇二葉。下同。
② 盂鼎《大系》稱大盂鼎。下同。

者如毛公鼎之𠂉、宗周鐘之𠂉、頌鼎之𠂉、善夫克鼎之𠂉，則皆从士作。羅氏以爲从土，非也。是則王與士爲同一物之明證矣。余謂士、且、王、土，同係牡器之象形，在初意本尊嚴，並無絲毫偎褻之義。入後文物漸進則字涉於嫌，遂多方變形以爲文飾。故士上變爲一橫筆，而王更多加橫筆以掩其形。且字在金文中器之較古者無變，器之較晚者如都公簠作𠂤，師虎殷作𠂤，伯家父殷作𠂤，益以手形。陳逆盨作𠂤，子仲姜鎛始从示作𠂤。土字上肥筆亦變作橫畫，後且从示矣。匕字亦如是。匕之作妣者始見於鄷侯殷之𠂤字，其它如羲妣鬲作𠂤，召仲作生妣鬲作𠂤，陳侯午敢作𠂤，子仲姜鎛更从示作𠂤，皆較晚之器，有所文飾者也。

第四，有人神兼用之字爲帝。卜辭帝字多用爲至上神之稱號，人事之吉凶，天時之風雨，均由帝命主宰。如曰：

我其祀賓，則帝降若。我勿祀賓，則帝降不若。　　《前》七卷卅八葉一片①

伐𢀛方，帝受我又。祐　　　　　　　　　　　　　《林》一卷十一葉十三片

貞勿伐𢀛，帝不我其受又。　　　　　　　　　　　《前》六卷五十八葉四片

帝令雨足年　貞帝令雨弗其足年。　　　　　　　　《前》一卷五十葉一片

亦有王名"帝甲"者，《後上》四葉十六片。雖未知確爲何人，然可見人王確亦可稱帝號。又有用爲祭名者，蓋假爲禘字也。

其字形大抵作𠂤若𠂤，亦有作𠂤者。王國維曰："帝者蒂也，不者柎也，古文或作𠂤、𠂤，但象花萼全形未爲審諦，故多於其首加一作𠂤、𠂤諸形以別之。"見《觀堂集林》卷六《釋天》。余案帝爲蒂字之說草創於吳大澂，吳於"𠂤己且丁父癸"鼎之𠂤字注云"疑古帝字本作𠂤，如花之有蒂，果之所自出也。後人增益之作𠂤，象根枝形，从艸者俗字也"。《古籀補》附錄。𠂤是否即帝雖無確證，然以帝爲蒂，實爲倡始，特象根枝形之說未爲圓滿。王謂象花萼全形者，是也。分析而言之，其▽若▽象子房，⌐象萼，↑象花蕊之雄雌。以不爲柎，說始於鄭玄，《小雅・常棣》"常棣之花，鄂不韡韡"，《箋》云"承華者曰鄂。不當作柎，柎，鄂足也。古音不柎同"。王謂"不"直是柎，較鄭玄更進一境，然謂與帝同象萼之全形，事未盡然。余謂"不"者房也，象子房猶帶餘蕊，與帝之異在非全形。房熟則盛大，故不引伸爲丕。其用爲不是字者迺假借也。

知帝爲蒂之初字，則帝之用爲天帝義者，亦生殖崇拜之一例也。帝之興必在

---

① 《殷契粹編》第一一一三片作我其已賓……我勿已賓。

漁獵牧畜已進展於農業種植以後，蓋其所崇祀之生殖已由人身或動物性之物而轉化爲植物。古人固不知有所謂雄雌蕊，然觀花落蒂存，蒂熟而爲果，果多碩大無朋，人畜多賴之以爲生。果復含子，子之一粒復可化而爲億萬無窮之子孫。所謂韡韡鄂不，所謂綿綿瓜瓞，天下之神奇更無有過於此者矣。此必至神者之所寄，故宇宙之真宰即以帝爲尊號也。人王迺天帝之替代，因而帝號遂通攝天人矣。

　　又案帝字西方學者謂起源於巴比侖。巴比侖有⁂字，據波爾氏云有神王二義，讀 DIN-GIR, DI-GIR, DIM-MER, DIMER 等音，首音與帝聲相近，字形亦近。二字當同出於一源。見 C.J. Ball: *Chinese and Sumerian* p.26. 原書以二國古文字相比照者數百字，然近似者僅數字耳，此字即其中之一。然巴之⁂字迺星形之轉變，諸家多讀作"安"AN音。以形而言，與卜辭裔字之或作⁂者尤近。然裔自裔，帝自帝，⁂亦自⁂耳。字義之相同，殆出於偶然。

　　祖妣之義既明，古書古義迺多有緣此而得通讀者。
　　《墨子·明鬼篇》載燕有馳祖之習，曰"燕之有祖當齊之社稷，宋之有桑林，楚之有雲夢也，此男女之所屬而觀也"。前人於此"祖"字即多不得其解。王念孫云"畢沅釋祖字云祖道也。念孫案畢說非也。《法苑珠林·君臣篇》作'燕之有祖澤，猶宋之有桑林，國之大祀也'。據此則祖是澤名，故又以雲夢比之。下文'燕簡公方將馳於祖塗'，亦謂祖澤之塗也，然則祖非祖道之謂"。《讀書雜志》七之三。孫詒讓云"王說近是。顏之推《還冤記》又作'燕之沮澤當國之大祀'。祖與沮菹字通，《王制》云'山川沮澤'，孔疏引何胤《隱義》云'沮澤，下溼地也'。《孟子·滕文公篇》趙注云'菹澤，生草者也，今青州謂澤有草者爲菹也'。俞正燮據《說苑·臣術》云'魏翟璜乘軒車，載華蓋，時以間暇祖之於野'，蓋所謂馳祖者也。未知是否"①。余案王孫之說皆非也。祖若爲沮澤則於"當齊之社稷"無說，於"馳祖"亦不辭。《法苑珠林》正因"楚有雲夢"句故讀祖爲沮而益之以澤，《還冤記》竟改祖爲沮，非《墨子》之初義也。祖與社古人每對言，如《書·甘誓》"用命賞于祖，弗用命戮于社"，《墨子·明鬼篇》引作"是以賞於祖而僇于社"。《周禮·春官·大祝》"出師宜于社，造于祖"，《考工記·匠人》"左祖右社"。祖社同一物也，祀於內者爲祖，祀於外者爲社，在古未有宗廟之時其祀殊無內外。此云"燕之有祖，當齊之社稷"，正祖社爲一之證。古人本以牡器爲神，或稱之

---

① 孫詒讓語見《墨子閒詁》卷八，第廿一葉同。

祖，或謂之社，祖而言馳蓋荷此牡神而趨也。此習於近時猶有存者，揚州某君爲余言，往歲於仲春二月上巳之日，揚州之習以紙爲巨大之牝牡器各一，男女羣荷之而趨，以焚化於純陽觀之前，號曰迎春。所謂"男女之所屬而觀"者，殆即此矣。《周禮·地官》"媒氏掌萬民之判，中春之月令會男女，於是時也奔者不禁。若無故而不用命者罰之。司男女之無夫家者而會之。凡男女之陰訟，聽之于勝國之社"。《月令》仲春之月"是月也玄鳥至，至之日以太牢祠于高禖，天子親往，后妃帥九嬪御。乃禮天子所御，帶以弓韣，授以弓矢于高禖之前"。 又云"是月也耕者少舍，乃脩闔扇。寢廟畢備，毋作大事以妨農之事"。 此上言耕者少舍，下言毋妨農事，則所謂農事即"仲春通淫"之事也。古人習於神前結婚，所謂寢廟迺前廟後寢，寢所以備男女之燕私。《小雅·斯干》《楚茨》等篇，其所叙燕寢之生活，正栩栩如生。然此迺已有寢廟之世或能有寢廟之人之生活，其在未有寢廟時之古代或不能有寢廟者之庶人，在此通淫之仲春則野合而已。《商頌·玄鳥傳》云"玄鳥，鳦也，春分玄鳥降。湯之先祖有娀氏女簡狄配高辛氏帝，帝率與之祈于郊禖而生契"。 此即《月令》祠高禖之事。契之生迺吞卵而孕，即知母不知父之文飾，亦即歡合於野之文飾。《小雅·甫田》"琴瑟擊鼓，以御田祖，以祈甘雨，以介我稷黍，以穀我士女"，《大田》"田祖有神，秉畀炎火"，《周禮·春官·籥章》"凡國祈年于田祖，龡豳雅，擊土鼓，以樂田畯"。此所謂"田祖"即毛傳或《毛傳》、《月令》之郊禖、高禖，卜辭之"毌土"①，《前》四·十七。《祭法》之國社。所謂"御田祖"，即燕之馳祖矣。

燕之祖當於齊之社，則燕之馳祖當於齊之觀社。齊之觀社《春秋》以爲非禮。《春秋》昭二十三年"夏公如齊觀社"，三《傳》均謂非禮，而《公》《左》未言非禮之由，《穀梁》謂"以是爲尸女也"。范《傳》訓尸爲主，謂"主爲女往爾，以觀社爲辭"。案范説殆未知社之真相而曲爲之解耳。《説文》云"尸，陳也，象卧之形"。是尸之本義。故尸女當即通淫之意，如《鄭風》之《溱洧》，《鄘風》之《桑中》，所詠者皆此事。《溱洧》之詩詠溱洧之間遊春士女既殷且盈而兩相歡樂。"女曰觀乎？士曰既且"，觀者歡也，委言之也；且者祖也，言已與他女歡御也。《出其東門》之"匪我思且"與"匪我思存"對言，且亦是祖。而求歡之女與既祖之士終復謔浪相將，誓無相忘。觀此，可知士之所祖者非只一女，而女之所歡者非只一士。所謂尸女，所謂觀社，其實際有如是者，《春秋》以爲非禮，蓋以行非其時，

---

① 毌土，《卜辭通纂》第四三一片釋爲邦土，謂即相土。

或則亦素王改制之意耳。

　　知燕之祖與齊之社稷，則可知宋之桑林。孫詒讓云："《左》襄十年傳云'宋公享晉侯於楚丘，請以《桑林》'，杜注云'《桑林》，殷天子之樂名'。《淮南子·脩務訓》云'湯旱以身禱於桑山之林'，高注云'桑山之林能爲雲雨，故禱之'。《呂氏春秋·慎大篇》云'武王勝殷，立成湯之後於宋以奉桑林'，高注云'桑山之林，湯所禱也，故所奉也'。《莊子·養生主篇》云'合於《桑林》之舞'，《釋文》引司馬彪云'《桑林》，湯樂名'。案杜預、司馬彪並以'桑林'爲湯樂，《左傳》孔《疏》引皇甫謐説又以'桑林'爲《大濩》別名，以此書及《淮南》書證之，桑林蓋大林之名，湯禱旱於彼，故宋亦立其祀，《左》昭二十一年傳云'宋城舊廂及桑林之門'，當即望祀桑林之處。因湯以盛樂禱旱於桑林，後世沿襲，遂有《桑林》之樂矣。"余案孫説非也。"桑林"既當於燕之祖，齊之社，則亦爲宋之社神無疑。林迺《爾雅》"林、烝、天、帝"之林，"桑林"者桑山之林，桑山之君，桑山之神也。惟神故能興雲雨而成湯禱之，宋奉其祀。祀神必有樂舞，故有《桑林》之樂，《桑林》之舞。祀神之處或有華表，故有桑林之門。古之異説得此均可圓通，釋以"大林"則四處齟齬矣。

　　知此，則桑林之祀必與馳祖觀社同，故宋公享諸侯，請以《桑林》而荀罃辭。荀罃之辭《桑林》猶曹劌之諫觀社，蓋嫌其涉於非禮也。而荀偃、士匄則以古禮解之，曰："諸侯宋魯於是觀禮，魯有禘樂，賓祭用之，宋以桑林享君，不亦可乎？"是知魯之禘祭與馳祖觀社事亦復相同。《論語》孔子有"禘自既灌而往者，吾不欲觀之矣"《八佾》第三。之説，蓋古禮或先燔燎而後灌，王國維説見《洛誥解》。既灌之後則祭之終而燕私之始，故孔子曰"吾不欲觀之"也。《桑林》之舞，《左氏》僅隱約其辭曰"舞師題以旌夏，晉侯懼而退入于房"。杜注"旌夏，大旌也，題識也，以大旌表識其行列。旌夏非常，卒見之人心偶有所畏"。案旌夏何以遽能使人生畏，實屬費解。然此殆僅以樂舞爲言，其祀桑林時事，余以爲《鄘風》之《桑中》所詠者，是也。邶鄘衛迺殷之舊地，詩中之沬鄉即《書》之妹土，殷都之朝歌，今之湯陰附近也。所謂"期我乎桑中，要我乎上宮"，要者交也，抱也，桑中即桑林所在之地，上宮即祀桑林之祠，士女於此合歡。而一人所追思之女子迺有孟姜、孟弋、孟庸三人，此與《溱洧》既且之士又與它女相謔者正同。一士而思三女，一女所要可知亦必不止一士，此迺古習，不能一概以淫風目之也。

　　楚之雲夢實亦猶是，宋玉《高唐》《神女》二賦言之甚詳。其《高唐賦》曰：

>昔者楚襄王與宋玉遊於雲夢之臺,望高唐之觀,其上獨有雲氣。……王問玉曰:"此何氣也?"玉對曰:"所謂朝雲者也。"王曰:"何謂朝雲?"玉曰:"昔者先王嘗遊高唐,怠而晝寢,夢見一婦人曰:'妾巫山之神女也,爲高唐之客,聞君遊高唐,願薦枕席。'王因幸之。去而辭曰:'妾在巫山之陽高丘之岨,旦爲朝雲,暮爲行雨,朝朝暮暮,陽臺之下。'旦視之如言。故爲之廟,號曰朝雲。"……

其《神女賦》曰:

>楚襄王與宋玉遊於雲夢之浦,使玉賦高唐之事。其夜王寢,夢與神女遇,其狀甚麗。

觀此可知楚之雲夢迺楚社所在之地。其中有陽臺,有高唐觀,有巫山神女之朝雲廟,而爲爲雲爲雨之所。"高唐"者余謂即高禖或郊社之音變,禖古亦讀魚部音,如《小雅·巷伯》六章謀字與者、虎爲韻,即其證。魚陽陰陽對轉,故禖若社音變而爲唐也。是則楚之遊雲夢,與《月令》之祀高禖,燕之馳祖,齊之觀社,宋之祀桑林正同,故《墨子》書如彼云云也。後之學者不察,迺僅以雲夢爲澤名,而釋桑林爲大林,讀燕之祖爲沮,或竟改爲沮澤,謬矣。

以上所述與祖妣字之解釋均可爲互證,且於宗教之起源與古代文化之認識上大有關係,故余備論之如是。

>原收入《甲骨文字研究》,二卷二册,上海大東書局石印本,1931年;又重訂本,人民出版社影印本一册,1952年;又科學出版社影印本一册,1962年;又收入《郭沫若全集·考古編》第一卷,科學出版社影印本,1982年,又再版本,2002年;又收入傅傑編:《二十世紀中國文史考據文錄》(上),雲南人民出版社,2001年。今據《郭沫若全集·考古編》第一卷(1982年版)收入。

董作賓

甲骨文斷代研究例

這可以說是今後研究甲骨文字一個新的方案。

安陽殷虛出土的甲骨文字，拓印考釋，研究討論，已有三十年的歷史了，三十年的研究，在中國古史學文字學上，確也有不少的貢獻；但是實在說起來，研究的方法，仍只是混亂的，籠統的，東撿西拾，支離破碎，找不到正當的途徑；致使這真實而難能可貴的史料，降而爲斷爛朝報，故紙堆中的廢物；這其間最大的毛病，就在不能精密的鑒別，把每一塊甲骨上所記的史實，還他個原有的時代。每一種學問，都要經了由粗疏而趨於精密的過程，甲骨文字的研究，當然也不能例外。即如這斷代研究的問題，也經過長時期的演進。

第一，是甲骨文字所包涵的時期的延展。最早的收藏家劉鐵雲，他開始從"祖乙，祖辛，母庚，以天干爲名"認爲是殷人的遺物（《鐵雲藏龜自序》）；嗣後，經過羅叔言先生的考定，乃知殷虛甲骨文字所包涵的時期爲武乙，文丁，帝乙三世，謂殷虛建都，"徙於武乙，去於帝乙"（《殷虛書契考釋自序》）；王靜安先生又謂"盤庚以後，帝乙以前，皆宅殷虛"（《古史新證》第五章，殷）；是甲骨文字所包涵的時期，由武乙而向上延展以至盤庚之世。近年來因迭次的發掘，坑位的分佈及出土情形的觀察，隨時給予吾人以新的啟示，知殷虛非因水患而遷徙，實緣亡國而廢棄；器用文物的窖藏，宗廟宮室的基址，都還有蹤蹟可尋；而許多晚期卜辭，亦決非僅止於帝乙之世；至此，而《竹書紀年》所稱"自盤庚徙殷，至紂之滅，二百七（？）十三年，更不徙都"之語，乃完全可以徵信。由羅氏說，甲骨文字所包涵的時期，來自武乙，去於帝乙，中經文丁一世，多不過三四十年，而今兹所知，時期的延展，乃逾七倍，姑以今本《竹書紀年》爲準，殷人年祀已有二百五十三年之久；三四十年間，文物制度，變易尚可云少，籠統研

究，大體不至甚差，若二百餘年的一切史料屢雜錯亂，混爲一談，則研究結果，與事實相去，真不可以道里計了。甲骨文字所包涵的時期的前後延展，實爲斷代研究的出發點，而斷代研究的需要，亦應運而生。

第二，是斷代研究的標準逐漸成立。這在王静安先生作《殷卜辭中所見先公先王考》時，已引出以稱謂定時代的端緒。王先生因父甲父庚父辛的稱謂而定爲"武丁時所卜"；因兄己兄庚的稱謂，而定爲"祖甲時所卜"（俱見原考"祖某，父某，兄某"條，《觀堂集林》第九）；可惜他不曾利用稱謂的不同，擴而充之，以定其他卜辭的時代；但他能把殷虛的時期，向前延展到盤庚之世，也正是憑藉着這些材料。卜辭中常見的卜下貞上的一字，以前都以爲是貞卜的事項，自從大龜四版出世，乃成立了"貞人"之説（詳見拙著《大龜四版考釋》時代考，《安陽發掘報告》第三期 437—440 葉），同時因肩胛骨臼刻辭的研究，又證明了許多貞人是武丁時代記事的史官（見拙著《帚矛説》，將刊入《安陽發掘報告》第四期），於是我們知道貞人即史，從同時的史官，定同一的時代，在斷代研究上，添了一個最確實而有力的憑證。五次的發掘，因坑位及出土的甲骨文字的差別，於是更有從文法，詞句，書體，字形等方面區分時期的標準。在《大龜四版考釋》文中，我曾舉出斷代研究的八事：一，坑層；二，同出器物；三，貞卜事類；四，所祀帝王；五，貞人；六，文體；七，用字；八，書法。現在斷代研究的標準，除了同出器物，須待分頭研究之後，才可以拿來比較之外，就甲骨文字的本身説，擬定了下列的十個標準：

一，世系；二，稱謂；三，貞人；四，坑位；五，方國；六，人物；七，事類；八，文法；九，字形；十，書體。

裏面一二兩項，同於前擬的第四；三同於五；四同於一；五，六，七由三分化；八同於六；九同於七；十同於八。

斷代研究的旨趣與標準，已署如上述，而此時所謂斷代，也只是初步工作，自盤庚以至帝辛，擬先分爲五期：

第一期，武丁及其以前（盤庚，小辛，小乙）；

第二期，祖庚，祖甲；

第三期，廩辛，康丁；

第四期，武乙，文丁；

第五期，帝乙，帝辛。

斷代研究，本應以每一帝王爲一代，如稱兄甲（陽甲），母己（祖丁配妣己），可定爲盤庚至小乙時卜辭；稱父丁（武丁），兄己（祖己），可定爲祖庚時卜辭；稱父己（祖己），兄辛（廩辛），可定爲康丁時卜辭之類。自然，不但各個帝王應有區分，就是每一帝王，仍有他時期早晚的不同，如武丁在位有五十九年之久，差不多相當於由祖庚以至康丁的四世，在五十九年間的史實，也當然有個先後；關於這些精密的分劃，皆有待於將來。現在，只是粗畧的分爲五期，先樹立起來這五個時期的檔架，等待架上各期的史檔填滿了之後，再做進一步的工作；那時，更可以從卜旬，甲子，曆法諸方面，去細分每一個帝王的時代了。

以下，便本着五個時期的劃分，就十種標準，一一舉例論述之。

一，世　系

斷代研究的第一步工作，即是定殷人的世系，世系定了，然後才有分割時期的可言。在卜辭中，有很明白的刻在一塊甲骨上的殷人祖先的世次，一世一世的排比着；同時，又有許多先公先王，見於卜祀之典。現在就論述這兩項材料。

甲，見於卜辭的殷人世次

據《史記·殷本紀》殷商一代先公先王的世數，畧如下表：（表1）

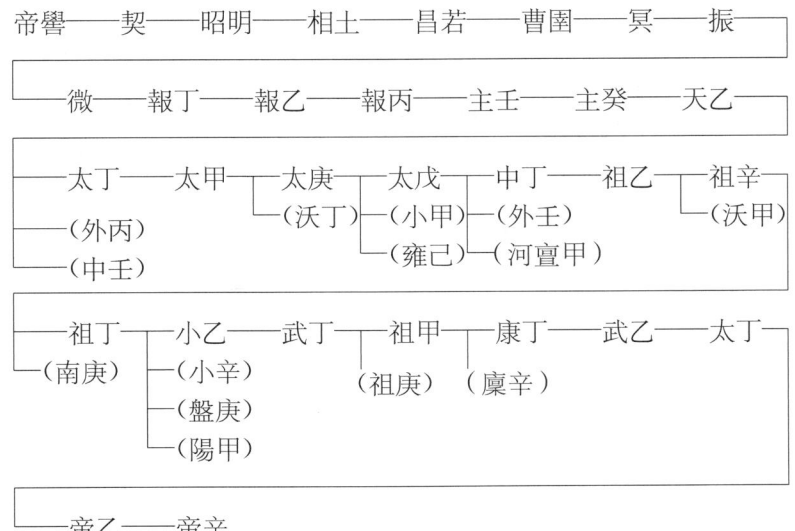

此表稍有變通，以載在祀典的世次爲主，每世只舉一人，不計繼統先後，即繼位在前者，亦附列於下，加括號以別之。

現在以甲骨文字所列的世次，證《殷本紀》所列，可以說大體不誤，自微起，至武乙止，分爲三段。

　　第一段　自微至主癸
　　第二段　自大乙至祖丁
　　第三段　自小乙至武乙

子，自微至主癸

從上甲微到主癸這一段的稱謂，王靜安先生以爲乃"成湯有天下以後"的"追名"，其說甚是。我疑心這是武丁時代重修祀典時所定，這是一種新觀察，有三事可證：

1. 載籍之證。《國語·魯語》云"殷人禘嚳而祖契，郊冥而宗湯"，是泛稱奉祀先世而不及上甲微。又云"上甲微，能率契者也，商人報焉"；韋昭注"報，報德也，祭也"。《孔叢子·論書篇》引"《書》曰惟高宗報上甲微"。今本《竹書紀年》武丁"十二年，報祀上甲微"。由此看來，殷人報祀上甲，似是始於武丁了。

2. 名稱之證。成湯以下，至於祖丁的廟主，疑是武丁時代所釐定，將於下段述說。因此次的修訂祀典，並及於成湯以前的六世之廟。成湯以來，以日干爲名（我以爲當是死日，非生日，將別有說），已成慣例，至於成湯以前，先世忌日，似已不甚可考，武丁乃以十干之首尾名此六世。卜辭有：

（辭1）乙卯卜貞：求年自上甲六示，牛，小示㭃羊

　　　　2·2·0296（此編號第一位2，表第二次發掘，第二位2，表字骨類，
　　　　　　　　　第三位以下爲所列之號，以下皆同）

之文，所謂上甲六示，即此六世。殷人稱祖先曰示，"示"即《史記》之"主"，主壬，主癸，卜辭作示壬，示癸，報丁也作示丁（見《書契菁華》第九葉），上甲也作主甲（《山海經》郭璞注引《紀年》作主甲微），是上，報，主，皆可爲示。又《史記》以丁居乙，丙之前，次序亦誤。觀於甲，乙，丙，丁，壬，癸的命名次第，並列十干首尾，可知如此命名，實有整齊劃一之意，不然無論此六世先公，生日死日，皆不能夠如此巧合。

3. 卜辭之證。王靜安先生在《戩壽堂所藏殷虛文字》拓本中，發現一片可以與《殷虛書契後編》相合的卜辭，文曰：

（2）乙未酒䄟咎上甲十，報乙三，報丙三，報丁三，示壬三，示癸三，缺大丁

十，大甲十，下缺　　　　戩 1·10　後上 8·14（戩，《戩壽堂殷虛文字》，後，《殷虛書契後編》，以下並同）

以爲田即上甲，⇁，⇂，彐即報乙，報丙，報丁，示壬，示癸即主壬，主癸；其説至不可易（但示癸之下應有"大乙十"一句，王氏説有遺誤）。我們在第三次發掘殷虛，得骨版一，亦有

（3）上甲，報乙，報丙，報丁下缺　　　　　　　　3·2·0121 背

四世。均可證六世的名諡。

由以上三項證之，可知卜辭中的六世與《史記》所載，僅主與示字有小異，與報丁之位次錯亂而已。考之載籍，證之十干命名的次第，謂此六世爲武丁所訂定的名諡之說，似可成立。又《國語》稱"玄王勤商，十有四世"，玄王即契，謂自契至湯，十有四世而王天下。今自契計，至王亥（振）七世，加湯及此六世，恰足十四之數。吾友劉盼遂謂上甲六示，即"六世之廟"，其説甚是（説詳所著《甲骨中殷商廟制徵》載《女師大學術季刊》一卷一期）。茲更列六世系統如下：

上甲—報乙—報丙—報丁—示壬—示癸

丑，自大乙至祖丁

大乙《殷本紀》作天乙，即成湯。自大乙至於祖丁爲殷人世次的第二段，這一段，更可證武丁重修祀典時所訂定的神主名諡。我們整理第三次發掘所得的骨

版時，發現了分散四處的一塊卜辭，合而讀之，可得殷人所謂"十示"的世次。這一篇卜辭是：

(4) _{上缺}求雨自上甲，大乙，大丁，大甲，大庚，大戊，中丁，祖乙，祖辛，祖丁十示，率牡。　　3・2・0074，77，63，120 相合，參閱原版拓片

這是由這塊殘碎的版骨上，第一行（由右而左）與第四行相湊而成的一篇卜辭，我們所求的只在他排列的世次，由上甲大乙以至祖丁的"十示"。所謂十示，排列得何等整齊。殷人於祀典中的各種稱謂，都是很嚴格的，主祭者（當時的帝王）之兄稱兄，父稱父，母稱母，祖稱祖（詳下節"稱謂"）；這十示中的祖丁被稱爲祖，至早也不能過於武丁之世；武丁稱小乙爲父乙；陽甲，盤庚，小辛爲父甲，父庚，父辛；(後上・25) 稱祖丁爲祖，祖辛爲曾祖，祖乙爲高祖。於前六示，

除了上甲之外，都冠以大字，重了一個名丁的，更冠以中字。這樣的劃一齊整，決非偶然的，也決非逐漸的，這是有意的排比與定名。殷人於祖先稱謂，是可以隨時更定的，如小乙，在卜辭中也稱父乙，也稱祖乙，也稱小祖乙，也稱后祖乙，更後才定名小乙，祖宗稱謂可以隨時不同，所以我說武丁時重修祀典，整齊劃一，更定了許多神主的名諡，這是很可能的事。後人稱武丁之世，"禮廢而復起"，這重修祀典，也算其中的一件事實罷。

更列由大乙至祖丁九世次第：

大乙—大丁—大甲—大庚—大戊—中丁—祖乙—祖辛—祖丁

十示之外，有所謂"九示"者，

(5) 貞求于九示　　　　　　　　　　　　　　　　　　　　　後二·28

大概所指的是由大乙至祖丁的九世了。又有但舉三世而稱爲"三示"者，

(6) 缺亥卜貞：三示御，大乙，大甲，祖乙，五牢。　　　《殷虛文字考釋》引

則祇及於太祖，太宗，中宗三世而已。

寅，自小乙至武乙

《殷虛書契後編》卷上第二十葉有卜辭云：

(7) 甲辰卜貞，王賓：求祖乙，祖丁，祖甲，康祖丁，武乙衣。亡尤。

後上·20·5

王靜安先生説之云：

案武乙以前四世爲小乙，武丁，祖甲，庚丁，則祖乙即小乙，祖丁即武丁，非河亶甲之子祖乙，亦非祖辛之子祖丁也。又此五世之中，名丁者有二，故於庚丁云康祖丁以別之，否則亦但云"祖"而已。　　　《古史新證》第十五

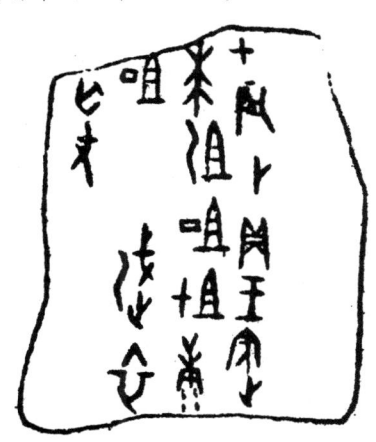

於友人孫伯恒先生處見一辭，亦爲龜版拓本，云：

(8) 己丑卜，大貞：于五示告，丁，祖乙，祖丁，羌甲，祖辛。

文左行，此辭中大爲祖甲時貞人，所謂"五示"，丁即父丁（武丁），祖乙即小乙，惟於祖丁祖辛之間，列入陽甲，次序稍異。祖甲時嘗見父丁，祖乙之辭，此版又連稱祖乙，祖丁，可知小乙直承祖丁，與第二段世次，恰相衔接了。

更將第三段世次列如下：

小乙—武丁—祖甲—康丁—武乙

殷人祀典到了第二期以後，便多合祭，合祭多從上甲起始，如"自上甲十示有三"，"自上甲至于武乙"，"自上甲至于多后"，"自上甲廿示"之類，分述如次：

《後編》上第二十八葉有辭云：

(9) 乙未貞：其求自上甲十示有三，牛；小示，羊。

由第二段排比着的從上甲，大乙到祖丁的十示，可知這十示有三，是加了三示，祖丁以後的三世，是小乙，武丁，祖甲，可知此片至早也須在第三期（廩辛，康丁之世），但從字形考之，自作 ✦，未作 ✧，當是武乙時物，武乙稱祖己，祖庚，祖甲三人爲祖，觀於三人的名稱，可知是武乙時所定，亦可證此片當在武乙時代（第四期）了。

祀上甲至武乙或多后的卜辭，皆屬於第五期（帝乙，帝辛之世），如：

(10) 丁丑卜貞：王賓自上甲至于武乙，衣，亾尤。　　　　　　　　後上・20・6
(11) 癸卯王卜貞：酒，翌日，自上甲至多后，衣，亾悔，自庚。在九月，惟王
五缺　　　　　　　　　　　　　　　　　　　　　　　　　　　後上・20・7

兩辭皆有"衣"，衣爲祭名，假借作殷，即大合祭之意。次片所謂"多后"即指上甲以下至於武乙的先公先王。又有僅舉世數，不言至於某某者，如：

(12) 癸卯卜酒，求，貞：乙巳，自上甲廿示，一牛；二示，羊△彘；三示 麤
牢；四示犬。　　　　　　　　　　　　　　　　　　　　　　戩1・9

原本拓印莫胡，王靜安先生釋如此。此版同載有"丙辰卜辜戈"之文，戈作 ✦，辜作 ✧，皆與村中出土骨版字體相同，村中出土有一辭"辛丑王祼辜戈"（寫本309）文法書體並同，可定此爲文丁以後之物。更以世數計之，

上甲，大乙至祖丁，十世。小乙至武乙，五世。

報乙至主癸五世。

截至武乙爲止，恰足二十世之數。又疑大示即大宗，小示即小宗，觀上列三段，每世僅一人入宗廟，嫡長相承，皆爲大宗，二示，三示，四示，疑皆小宗。卜辭有可證上甲以下各示爲大宗者，如：

（13）缺午貞：辛亥酒肜，自上甲，在大宗𠂤。　　　　　　　容氏藏拓本

此辭可證"自上甲"以下各世，一世一人爲大宗，反之，如辭（9）稱"自上甲十示有三"，而別稱"小示"，可知此"十示有三"爲"大示"即"大宗"了。有逕稱爲元示，大示者，在祖甲時稱"元示"，如：

（14）辛巳卜大貞：出自上甲元示三牛，二示一牛。十三月。

前3・22・6（前，《殷虛書契前編》之簡稱，以下並同）

武丁時則稱"大示"，如：

（15）甲申卜，賓貞：王𠂤大示。　　　　　　　　　　　　　前3・22・3
（16）貞：御，王自上甲𠂤大示。十二月。　　　　　　　　　前3・22・4

由以上三段的世次，可知自上甲至於武乙，殷人所稱爲大示，元示，大宗者，蓋一世一人，共二十世，二十人，與《殷本紀》所載世數，甚爲吻合了（參看圖1）。

乙，見於卜辭的殷先公先王

王靜安先生作《殷卜辭中所見先公先王考》及《續考》（《觀堂集林》卷九），考定夒，季，王亥，王恒，上甲，大乙，唐，陽甲諸人，皆極精確，惟因所見卜辭尚少，猶有不能考定者。王先生在他所著的《古史新證》裏，說到：

有商一代三十帝，其未見於卜辭者，中壬，沃丁，雍己，河亶甲，沃甲，廩辛，帝乙，帝辛，八帝。而卜辭出於殷虛，乃盤庚至帝乙時所刻辭，其先王中自當無帝乙帝辛之名，則不見卜辭者，二十八帝中僅六帝耳。

他所謂二十八帝中之六帝，今在卜辭中可以確定者三，爲沃丁，沃甲，廩辛，尚在疑似之間者三，爲中壬，雍己，河亶甲。是殷代帝王，除末二世之外，全都見於卜辭中了。殷之先公，今增一夔，餘仍王先生舊說。茲就新近所識，以前考定

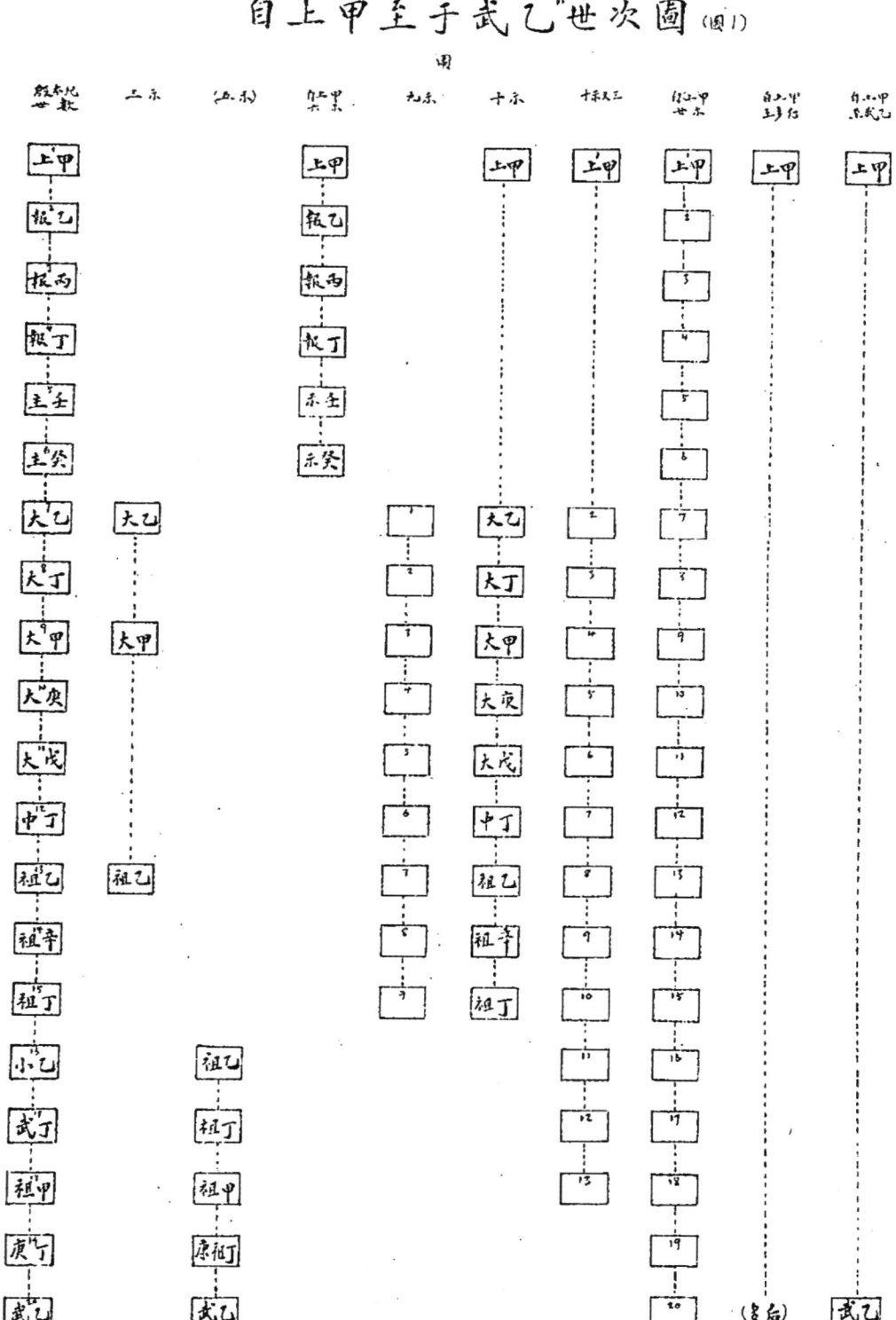

自上甲至于武乙世次圖（圖一）

之殷代先公先王，作爲世系圖（圖2），以《殷本紀》所載父子兄弟之次序爲底本，加以增訂，所舉見於卜辭之名號，均詳於下列各例。關於殷人世系，新舊各說，這裏也算一個小小的結束了。

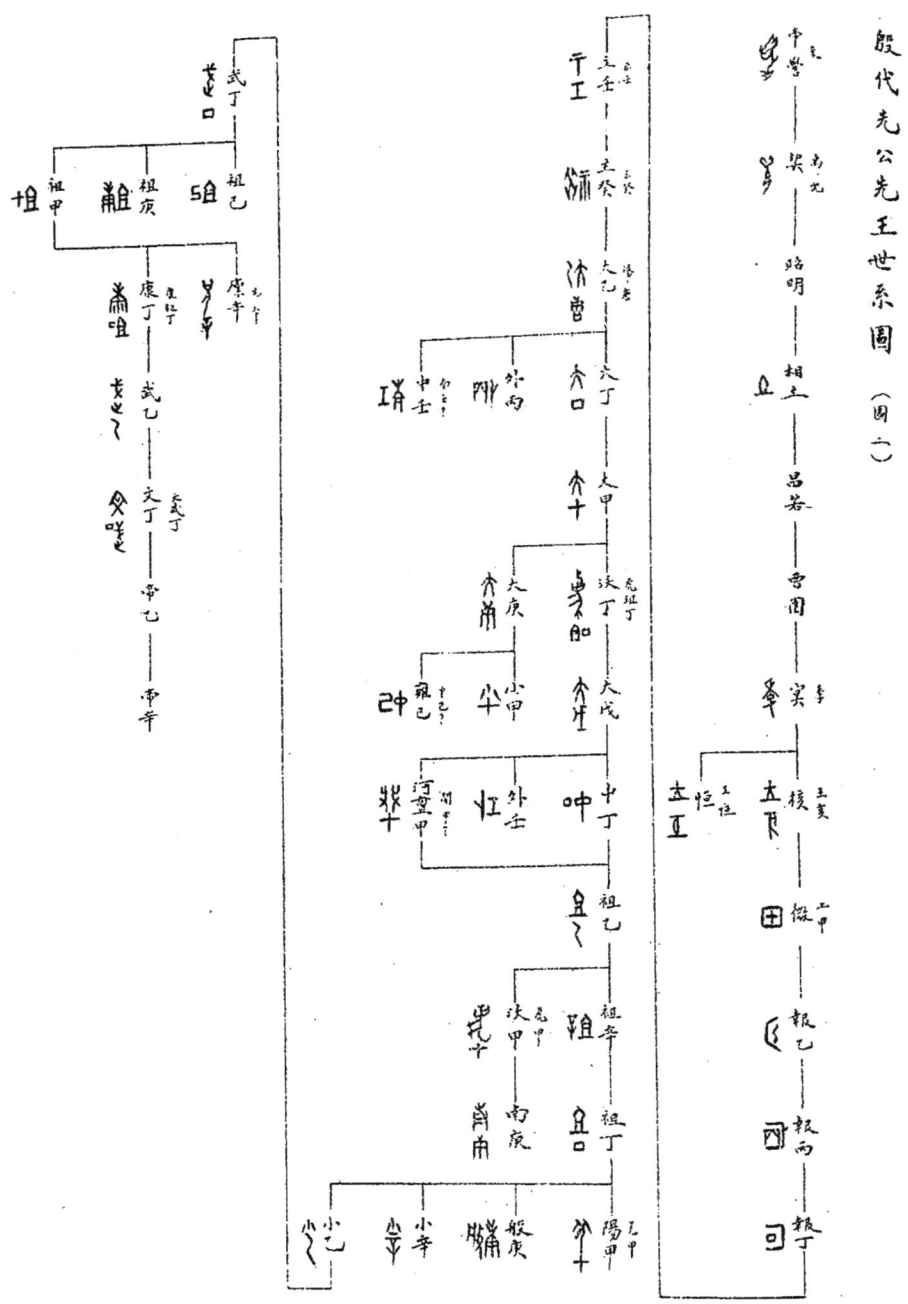

以下，就圖2所列見於卜辭的殷先公先王，各舉原辭爲例，加以述說。

夒（即嚳）　（17）煑于夒，宰。十月。　　　　　　　　　　　　前6·18·4

王静安先生释𥄎爲夋，謂即帝嚳。舉《史記·五帝本紀》索隱引皇甫謐曰"帝嚳名夋"爲證，説甚精確。

兕（即契） （18）袞于兕。貞勿袞于兕。　　　　　　　　　　　　　　　前1·51·2

卜辭祭兕用袞，同於夋，土，王亥諸先祖，疑即是契。《漢書·古今人表》契作卨。《説文解字》："卨，蟲也。"段氏《注》云"殷玄王以爲名"。按卨上所從之㕣，與兕首之㕣，形近易訛，又或因契，兕，卨，音同相假。《國語》稱殷人禘嚳郊冥，祖契宗湯，今卜辭中夋爲嚳，季爲冥，唐爲湯，不應獨無契。且陽甲爲羌甲，沃丁爲虎丁，皆同音相假，則契之爲兕，自屬可能。《簠室殷契徵文·考釋》帝系一二兩則，王氏釋爲卨者，仍是夋字（見原書第一葉），非卨。

土 （19）袞于土，三小宰，卯一牛，沉十牛。　　　　　　　　　　　前1·24·3

《史記·殷本紀》："契卒子昭明立，昭明卒，子相土立。"土即相土。

季（即冥） （20）貞㞢于季。　　　　　　　　　　　　　　　　　　後上·9·6

王静安先生《考》云"季亦殷之先公，即冥是也。《楚辭·天問》曰'該秉季德，厥父是臧'。又曰'恒秉季德'。則該與恒皆季之子，該即王亥，恒即王恒，皆見於卜辭，則卜辭之季，亦當是王亥之父冥矣"。其説甚是，今從之。

王亥 （21）貞袞于王亥。　　　　　　　　　　　　　　　　　　　前1·49·7

《史記·殷本紀》作振，《系本》作核，振即核之訛誤，卜辭作王亥。

王恒 （22）貞勿㞢于王恒。　　　　　　　　　　　　　　　　　　後下·7·7

説略見"季"條。疑恒爲亥弟，據《國語》由契至湯十四世（見甲，子引），恒如獨爲一世，則世數不合，故恒亦當爲季子。

上甲（即微） （23）乙亥卜，賓貞：作大御，自上甲。　　　　　　後下·7·12
報乙 （24）乙丑卜，允貞：王賓報乙祭，不壱。　　　　　　　　　後上·8·11
報丙 （25）丙申卜，旅貞：王賓報丙袞，亾囚。　　　　　　　　　後上·8·13①
報丁 （26）丁亥卜，貞：王賓報丁肜日，亾尤。　　　　　　　　　後上·8·15
示壬（主壬） （27）壬戌卜，殷貞：㞢于示壬。　　　　　　　　　後上·1·3
示癸（主癸） （28）癸酉卜，貞：王賓示癸，肜，亡尤。　　　　　前1·2·3

---

① 編者按："8·13"，原文誤作"81·3"，今據《後編》實際出處徑改。

自上甲至示癸六示，有在一版中以次排比者，故皆確定無疑。又經羅王兩家考證，已成定案，這裏不再述說了。

大乙　　（29）乙丑卜，貞：王賓大乙，彡，亾尤。　　　　　　　　前1・3・15

唐（即湯）（30）甲寅卜，㱿貞：㞢于唐，一牛，其㞢下缺　　　　前1・47・1

　　王靜安先生謂唐即成湯，舉《齊侯鎛鐘》"虩虩成唐"爲證。《鐵雲藏龜》214葉一版有"唐，大丁，大甲"三世並列，唐居大丁前，亦可證王說不誤。

大丁　　（31）㞢于大丁。　　　　　　　　　　　　　　　　　　前1・4・3

外丙　　（32）乙酉卜貞：王賓外丙，肜，亡尤。　　　　　　　　前1・15・1

　　卜辭作"卜丙"羅叔言先生以爲即外丙。

南壬（疑即中壬）（33）丙寅卜貞南壬缺延缺　　　　　　　　　　前1・45・4

　　卜辭中不見中壬，疑南壬即是中壬。卜辭中帝王名稱，日干上一字，多與後世所傳者異，如示之與主，虎之與沃，羌之與陽，康之與庚，皆是，而其他先祖皆有祭，中壬不能獨無，《春秋經傳集解・後序》引《紀年》"仲壬即位，居亳"，亳在殷南，稱曰南壬，或即以此。

大甲　　（34）㞢于大甲。　　　　　　　　　　　　　　　　　　前1・4・3

大庚　　（35）辛丑卜貞：求于大庚，一牛。　　　　　　　　　　戩3・1

虎祖丁（即沃丁）（36）己丑卜，彭貞：其賓虎祖丁門，叀，衣，御，肜。

　　　　　　　　　　　　　　　　　　　　　　　　　　　　　　3・2・0701

　　卜辭中常見虎甲一名（原文見下"虎甲"條），疑虎，沃音近相通，即是沃甲，丁山先生亦有此說，因苦無他證，未敢必。今於第三次發掘所得骨版中，發現虎祖丁一辭，知即沃丁，而虎甲之爲沃甲，也同時可以斷定了。

大戊　　（37）㞢于大戊，三宰。　　　　　　　　　　　　　　　前1・7・2

小甲　　（38）癸亥卜貞：王旬亡㞢，在五月甲子，肜日小甲。　　前1・7・1

中己（疑即雍己）（39）己酉卜，顯貞：其又中己。其馭鼖。　　 後上・8・5

　　卜辭有中己，疑即雍己，中，雍音近可假。此片顯爲第三期貞人，在廩辛時，稱祖己爲父己，考殷世系中，名己者只有祖己、雍己二人，父己既爲祖己，則中己當是雍己了。殷先王多見於卜辭，不宜獨無雍己，以此比附，並不爲過。

中丁　　（40）癸丑卜貞：王賓中丁夾妣癸，肜日，亾尤。　　　　前1・8・1

外壬　(41) 壬午卜貞：王賓外壬，翌日，亾尤。　　　　　　　前1・9・1

外作卜，同外丙。

㐨甲(疑即河亶甲)　(42) 癸丑卜在霍貞：王旬亾戾，甲寅肜日㐨甲。

王簠室藏拓片

此辭見王簠室所藏拓本，北京大學研究所國學門有其影片。又一版有兩辭，亦見於《殷契徵文》帝系類。

(43) 癸酉，王卜貞：旬亾戾。王旬曰大吉，在十月。甲戌，祭羌甲，祼㐨甲。

徵・帝・151之二（徵，《殷契徵文》簡稱，下並同。

《徵文》爲翻刻本，不僞，詳見拙作《帚矛說》文中）

(44) 癸未，王卜貞：旬亾戾。王旬曰大吉，在十月。甲申，祭虎甲，祼羌甲，魯㐨甲。

徵・帝・151之一

這兩辭所舉的次第是：

羌甲，㐨甲。

虎甲，羌甲，㐨甲。

㐨，㐨當是一字。我們知道，殷世系中名甲的有以下七位：

上甲，大甲，小甲，河亶甲，沃甲，陽甲，祖甲。

上甲，大甲，小甲，祖甲，卜辭皆同，祖甲又稱父甲，都可以不論。其餘三人，陽甲，卜辭作羌甲；沃甲，卜辭作虎甲；只有河亶甲不見。殷世系中以三字名者，除河亶甲外無第二人，則"河亶"二字似已有誤。疑㐨甲即是河亶甲本名，觀上兩辭，二世三世，皆相銜接，可知㐨甲必在小甲之後，祖甲之前，㐨甲爲其間三個名甲者之一，非河亶甲莫屬。《太平御覽》引《竹書紀年》有開甲之名，以爲即沃甲，似誤，開甲疑即㐨甲，即河亶甲，開從兩又，從門，與㐨形極近，開或即㐨之誤字，又誤以爲即沃甲，展轉錯訛，真象更不可知了。姑存此說，以待他證。

祖乙　(45) 出于祖乙。　　　　　　　　　　　　　　　　　前1・9・5
祖辛　(46) 辛巳卜貞：王賓祖辛，翌，亾尤。　　　　　　　前1・11・7
虎甲(即沃甲)　(47) 甲寅卜貞：虎甲，肜日，缺　　　　　　後上・8・1

虎甲即沃甲，有虎祖丁即沃丁可證。虎字有加口形偏旁者，凡七，有不加偏旁者凡四，茲就現在所見之卜辭中，虎甲之合體字，列舉如下：

[甲骨文字] 後上·8·1　　[甲骨文字] 簠室拓本　　[甲骨文字] 徵·帝·146　　[甲骨文字] 前1·16·3（缺甲字）

[甲骨文字] 前1·19·5　　[甲骨文字] 徵·帝·145　　[甲骨文字] 徵·帝·147　　[甲骨文字] 寫·352（寫，《新獲卜辭寫本》簡稱，下並同）

[甲骨文字] 戩8·10　　[甲骨文字] 卜·742①（卜，《殷虛卜辭》，下並同）　　[甲骨文字] 卜·500

據上列，虎甲之辭凡十一見，皆祖甲以後各王所卜祀者。虎字作高額，侈口，修尾，張牙，爪露之形，皆爲虎之特徵。虎，爲殷時國名，《殷虛書契前編》有"虎方"（卷六第六十三葉）之辭，稱虎丁，虎甲，或因曾征伐虎方之故，如羌甲，名羌，亦必與羌人有特殊關係。至於武丁之武，文丁之文，殷人先王名諡，皆自有其意義。

祖丁　　（48）貞告疾于祖丁。　　　　　　　　　　　　　　　　前1·12·5

南庚　　（49）貞南庚壱。　　　　　　　　　　　　　　　　　　前1·13·8

羌甲（即陽甲）　（50）貞于羌甲告。　　　　　　　　　　　　　前1·42·6

羅叔言先生以卜辭中[字]即羊，羊甲即陽甲，謂"羊陽古通，《漢書·古今人表》有樂陽，師古注即樂羊"。按字作[字]，當爲羌，羌在殷爲西方民族之一（説詳拙作《獲白麟解》，《安陽發掘報告》第二期葉331—333），羌爲羊人合字，乃牧羊人之意，音當同於羊，非即羊字。

盤庚　　（51）庚寅卜貞：王賓盤庚，㲋，亾尤。　　　　　　　　前1·16·3

小辛　　（52）庚辰缺貞：翌缺巳其缺小辛，㲋，下缺　　　　　　前1·16·6

小乙　　（53）乙丑卜貞：王賓小乙，㲋日，亾尤。　　　　　　　前1·17·1

武丁　　（54）丙戌卜貞：武丁，丁，其牢下缺　　　　　　　　　前1·17·3

祖己　　（55）己巳卜貞：王賓祖己，祼，亾尤。　　　　　　　　前6·19·1

祖己乃武丁之子孝己，未立，不見於《世本》及《殷本紀》。稱祖己在武乙（第四期）以後，祖庚，祖甲（第二期）稱兄己，廩辛，康丁（第三期）稱父己。

祖庚　　（56）庚午卜貞：王賓祖庚，祼，亾尤。　　　　　　　　前1·19·1

祖甲　　（57）癸巳卜貞：祖甲，丁，其牢兹用。　　　　　　　　前1·19·6

兄辛（即廩辛）　（58）兄辛歲，叀，御，各于日[字]。

　　　　　　　　　　　　　　　　　　　　　　　3·2·0484（3，第三次發掘，下並同）

此版出大連坑，以字體證之，當爲康丁時卜辭，所稱兄辛即廩辛。

康祖丁（即康丁）　（59）丙辰卜貞：康祖丁，丁，其牢兹用。　　前1·21·1

---

① 編者按："742"，原文筆誤爲"724"，今依實際出處徑改。

羅氏《殷虛書契考釋》云："《史記》作庚丁爲康丁之訛，商人以日爲名，無一人兼用兩日者。"今從其説。

武乙　　（60）甲子卜貞：武乙，丁，其牢兹用。　　　　　前1·21·1

文武丁（即文丁）　（61）丁酉卜貞：王賓文武丁伐十人，卯六牢，鬯六卣，亾尤。　　　　　　　　　　　　　　　　　　　　　　　前1·18·4

羅氏《考釋》云："以康祖丁，武祖乙例之，知文武丁即文丁。"今從之。

以上殷人之世系及世數大略皆見於此。所祀先王先公，止於文丁，可知最後主祀者爲帝乙帝辛。《尚書·多士》稱"自成①湯至於帝乙，罔不明德恤祀"，觀於文丁以上各先祖祀典之隆重，可見一斑。《牧誓》稱商王受"昏棄厥肆祀弗答"，實則帝辛時卜祀之辭，也還不在少數。

世次，世系，爲斷代研究之基礎，世數既有定序，其他分期之標準，便可得而言了。

二，稱　謂

殷人祭祀，於近親屬的稱謂，一以致祭之時王爲主，兄稱兄某，父稱父某，母稱母某，祖父，祖母以上，則稱祖某，妣某；輩次較遠則稱名謚；如此以主祭之王本身關係定稱謂，秩然有序，絲毫不紊。由各種稱謂，定此卜辭應在某王時代，這是斷代研究的絶好標準。以下分三項論述之。

甲，祀典中祖，妣，父，母，兄的稱謂例

子，祖的稱謂

高祖夋　　（62）癸巳貞：于高祖夋。　　王氏《殷先公先王續考》引羅氏拓本
高祖王亥　（63）癸卯卜貞：从缺高祖王亥，于叀缺　　　　　後上·21·13
高祖乙　　（64）甲戌其又于高祖乙。　　　　　　　　　　　後上·3·7

此云高祖，皆泛稱遠祖，王靜安先生以高祖乙爲大乙，按大乙之配爲妣丙，先妣中名丙者僅此一人，卜辭亦稱爲高妣丙（前1·33），與高祖乙相對，可爲大乙之證。但同時祖乙之配妣己妣庚，也稱高妣己，高妣庚，則高祖乙又可爲祖乙的

---

① 編者按："成"，原文脱，今據《尚書》逕補。

稱謂。此辭以字體論當在第三，四期，此期稱小乙爲祖乙，故於祖乙加高字以爲區別，正如武丁時代爲別於祖辛之配妣庚，祖丁之配妣己，而稱祖乙之配爲高妣庚，高妣己。故此高祖乙究竟誰屬，尚待考定。

祖乙　（65）乙巳卜，賓貞：三羌用于祖乙。① 　　　　　　　前1·9·6
中宗祖乙　（66）中宗祖乙，牛，告。　　　　　　　　　　　　戩3·4

此亦祖乙之稱，加"中宗"爲名，所以別於小乙。觀此辭字形，當在武乙之世，時稱小乙爲祖乙，或小祖乙，后祖乙，故於河亶甲子祖乙，加"中宗"爲別。王靜安先生據此證明《史記·殷本紀》稱大戊爲中宗之誤。又明義士牧師所藏卜辭，有

（67）中宗祖乙，后下缺。

缺處當爲"后祖乙"，此片亦第四期物，於兩祖乙，皆加區別字。

祖辛　（68）癸酉卜：㞢于祖辛，二牛。　　　　　　　　　　前1·23·3
祖丁　（69）貞：告疾于祖丁。　　　　　　　　　　　　　　前1·12·5
小祖乙　（70）癸巳卜，即貞：翌丁未，其又于小祖乙。　　　戩5·10
后祖乙　（71）乙卯卜，即貞：王賓后祖乙，父丁，歲亡尤。　戩3·8

即，是祖甲時的貞人，父丁就是武丁，后祖乙，小祖乙，也就是小乙。祖甲時，稱小乙爲祖乙，與河亶甲子祖乙不別，故加以"小"字，"后"（同後）字以爲記識。王靜安先生以后祖乙爲武乙，誤。

后祖丁　（72）其告在后祖丁，王受又。　　　　　　　　　2·2·0315

在第三，四期，廩辛武乙之世，已稱武丁爲祖，因與祖辛子祖丁同名，故稱武丁爲后祖丁。此版出於村中，當是武乙時的卜辭。

祖戊　（73）戊戌卜，旅貞：祖戊歲㞢羊。　　　　　　　　　前1·23·2

旅是祖甲及廩辛時的貞人。此辭當在廩辛以後，祖戊，乃是武丁之兄戊，祖甲之父戊（俱見下文），於廩辛，康丁之世則稱之爲祖。祖戊一名，不見於載籍。

祖己　（74）己卯卜貞：王賓祖己，翌日，亾尤。　　　　　　前1·23·3

即武丁之子孝己，未立而死，與大丁同入祀典。稱祖，在武乙以後。此辭當

---

① 編者按：原文引卜辭"于"或有寫作"於"者，徑改爲"于"。下同。

在第五期帝乙帝辛時。

祖庚　（75）庚午卜貞：王賓祖庚，祼，亡尤。　　　　　　　前1·19·1

祖甲　（76）癸未卜泳貞：王旬亾戾。在正月。甲申，祭祖甲，曾虎甲。

　　　　　　　　　　　　　　　　　　　　　　　　　　　前1·19·5

康祖丁　（77）丙辰卜貞：康祖丁，丁，其牢丝用。　　　　前1·21·1

武祖乙　（78）甲申卜貞：缺武祖乙，丁，其牢丝缺　　　　後上·4·15

康祖丁即康丁，武祖乙即武乙，稱祖皆在第五期。至此時，祖之名丁者三，名乙者三，故各加一字以爲誌別。康祖丁亦省稱康丁（《後編》上，第四葉），武祖乙，亦省稱武乙（見辭60）。

丑，妣的稱謂

妣乙　（79）貞：于妣乙求年。　　鐵196·3（鐵，《鐵雲藏龜》簡稱，下並同）

妣乙不見合祭於某先祖，當是殷代上世的先妣。傅孟真先生以爲即契之母簡狄，乙，爲後世玄鳥故事之所本，有文論述之。嘗見王簠室藏拓本，有一辭

（80）貞：于南方將妣乙六示。十月。

將當訓請，請妣乙六示於南方，可見妣乙之廟不在殷。又卜辭中於妣乙之祭，除"求年"一事外，又有求雨及夒祭：

（81）缺未卜，弋貞：求雨，匄于妣乙。十三月。

　　　　4·0·0008（第一位4，即第四次發掘，第二位0，爲字甲，下並同）

（82）缺賓貞：夒于妣乙。　　　　　　　　　　　　　　　4·0·0057

皆與王亥以上各先祖同，後世各妣，即無如此祀典。又王亥以上各先祖如季，土，兕，夋，及妣乙之祀，多屬於武丁之世，武丁之後，祀上甲以前的遠祖者，尚不甚多見。

妣己　（83）戊辰卜，其于妣己重小牢。　　　　　　　　2·2·0413

妣己是祖丁之配，爲武丁之祖母。祖乙以上各先祖之配，亦皆曰妣，本文斷自祖乙之配，遠妣不具錄。

高妣己　（84）庚子卜殸貞：王虫阝于高妣己，妣缺母缺　　後上·6·7

殸爲武丁時貞人，武丁之祖母祖丁配有妣己，高祖母祖乙配亦有妣己，兩名不別，故於祖乙配稱高妣己。此辭所缺當爲"妣己，母庚"，由庚日卜可證爲母

庚，蓋祭母庚而兼及祖乙祖丁之配。母庚即小乙配妣庚。

妣庚　（85）庚子卜，旅貞：王賓妣庚，歲，亾尤。在九月。　　卜·69

小乙之配，祖丁之配，皆名妣庚，旅爲祖甲貞人。

高妣庚　（86）貞：勿业于高妣己，高妣庚。　　前1·36·5

即祖乙之配妣己，妣庚，因祖丁祖辛之配，亦曰妣己，妣庚，故加"高"字以別之，爲武丁時的卜辭。

妣癸　（87）癸亥卜貞：王賓武丁奭妣癸，翌日，亾尤。　　後上·4·10①

祖丁之配，亦有妣癸。

妣辛　（88）叀妣辛册，用。　　2·2·0320

武丁之配有妣辛，康丁之配，亦曰妣辛。

后妣辛　（89）庚戌卜，㱿貞：翌辛亥，其又后妣辛，鄉。　　本所藏拓片

殷人先妣名辛者有三，一大甲配，二武丁配，三康丁配。此片㱿爲廩辛康丁時貞人，同版又有

（90）癸酉卜，㱿貞：翌甲午，登于父甲，鄉。

一辭，此父甲，即武丁之子祖甲，可證此版確爲第三期之物。時，於武丁之配，可以稱妣辛，與大甲配妣辛無別，故加后字以別之，與稱武丁爲后祖丁同例。

妣戊　（91）戊午卜貞：王賓祖甲，奭妣戊，祼，亾尤。　　前1·33·5

武丁配亦有妣戊。此辭當爲第五期物。

寅，父的稱謂

父甲　（92）貞业豕于父甲。　　前1·24·3

同版有𡶿，爲武丁時貞人。父甲即陽甲。又第三次掘獲一骨版，文曰：

（93）癸卯卜，㱿貞：翌甲辰，其又丁于父甲，宰，鄉。　　3·2·0367

同版又有"后祖丁"之文，㱿爲第三期貞人，稱武丁爲祖，亦可爲證。此父甲當爲武丁子祖甲，與上一辭稱陽甲之父甲非一人。

父庚　（94）癸卯卜亘貞：业于父甲犬。貞：业于父庚犬。　　前1·26·6

---

① 編者按："後上·4·10"，原文誤作"後上·4"，今據實際出處徑補。

亘爲武丁時貞人，此父庚當爲盤庚。同版有父甲爲陽甲，亦可互證。此辭全由貞人及字體定之，不然，亦可誤認爲第三期物，因在廩辛，康丁之世，祭祖甲，祖庚，亦可稱父甲，父庚。如大連坑出土的一版：

  （95）缺卜尢貞：翌缺登父庚，卿。　　　　　　　　　　　　3・2・0676

因尢爲第三期貞人，故可定此版所稱之父庚，爲武丁子祖庚。

 父辛　（96）父甲一牡，父庚一牡，父辛一牡。　　　　　　　後上・25・9①

王靜安先生以爲"此武丁時所卜，父甲，父庚，父辛，即陽甲，盤庚，小辛，皆小乙之兄而武丁之諸父也"。王先生於十餘年前即注意由稱謂定卜辭時期之一事，可謂治學細心，故特於此表而出之。

 父乙　（97）貞：疾齒，御于父乙。　　　　　　　　　　　　　前1・25・1

武丁於小乙，文丁於武乙，皆稱父乙。此武丁時卜辭。

 父丁　（98）丁卯卜，旅貞：王賓小丁，歲，眔父丁伐（?）伐，羌五下缺　卜・740

同版有祭妣庚，兄庚之文，旅又爲祖甲貞人，均可證爲祖甲時卜辭，父丁即武丁，小丁疑爲武丁之兄丁。又村中出土一辭：

  （99）祖甲叀，其至父丁。　　　　　　　　　　　　　　　　2・2・0324

辭稱祖甲爲祖，在武乙之世，又稱父丁，則父丁當指康丁而言。此以坑位及字體爲證，不然，如説祖甲父丁爲陽甲武丁，而此辭也可以在祖庚祖甲之世了。

 父戊　（100）戊寅卜，即貞：叀父戊歲，先酒。　　　　　　　後上・5・11

武丁有兄，曰兄戊，爲祖甲之父，廩辛之祖，子項有祖戊，即廩辛時祭兄戊之辭。此爲祖甲時辭，即，祖甲貞人。

 父己　（101）己酉卜，丁巳酒祖丁，缺祖辛二牛，父己二牛。　前3・23・4

此父己，即武丁子孝己，武乙時之祖己，祖庚祖甲時之兄己，爲廩辛，康丁之父。祖辛祖丁，疑即小辛，武丁。

卯，母的稱謂

 母己　（102）貞：于母己御。　　　　　　　　　　　　　　　前1・39・1

殷先妣名己者爲祖乙及祖丁配，如於祖丁配稱母，必在小乙或盤庚小辛之

---

① 編者按："25・9"，原文誤作"20・9"，今據實際出處逕改。

世。此版又有：

  （103）貞：于兄丁御。

之文，兄丁及武丁之兄，詳下辰項，則母己當爲武丁之諸母，非祖丁配。姑記於此以待他證。

  母庚 （104）貞㞢于母庚，二牛。 前1·29·1

此母庚即小乙配妣庚，武丁時稱母庚。

  母癸 （105）貞：酒母癸。 戩7·10

祖丁，武丁之配，皆有妣癸，稱母，一在小乙時，一在祖庚時。

  母辛 （106）己酉卜，即貞：告于母辛㞢農。十月。 前5·48·1

即爲祖甲時貞人，此母辛即武丁配妣辛。

  母戊 （107）其告于母戊。 後上·6·13

武丁祖甲配皆名妣戊，此稱母戊，疑是第三期卜辭。

  母壬 （108）缺卜旅缺其㞢于缺其眔母壬。 卜·123①

旅爲祖甲及廩辛時貞人，此辭母壬，疑是廩辛之母。

辰，兄的稱謂

  兄丁 （109）丙子卜將兄丁于父乙同。 後上·7·5

稱父乙，爲武丁及文丁之世所有之卜辭。前於母己條亦曾言及兄丁，疑兄丁爲小乙之子，母己所出，故武丁於祀父乙母己時，並祀及之。

  兄戊 （110）叀羊兄戊。 前1·40·3

此武丁之兄，與祖甲時之父戊，康丁時之祖戊爲一人。同版有祭祖丁之辭

  （111）丙子卜，王勿缺祖丁。

稱祖丁爲祖，最早須在武丁之世。

  兄壬 （112）甲申卜，即貞：其又于兄壬，于母辛宗。 後上·7·9

此條即爲貞人可定爲祖甲時之卜辭。母辛，即武丁配妣辛，疑是祖甲生母，則兄壬亦祖甲之同母兄，爲母辛子，故祀於母辛宗。宗，從示，從宀，當爲藏置

---

① 編者按："卜·123"，原文脫漏，今據實際出處逕補。

神主之室，《説文》："宗，尊祖廟也。"卜辭於唐，中丁，祖乙，祖辛，祖丁，父己（即祖己）均稱宗，疑皆有專廟，當另文考證之。

  兄己 （113）己丑卜，行貞：王賓兄己歲，叙，亾尤。   前1·40·5

  行，爲祖甲貞人，祖甲稱祖己爲兄己。

  兄庚 （114）癸亥缺貞：兄庚歲，眔兄己畄缺   後上·7·7

  此條並稱兄庚兄己，確爲祖甲時卜辭。兄庚即祖庚。

  兄辛 （115）兄辛歲，畄，御，各于日⺈。   3·2·0484

  盤庚以下諸王名辛者，惟小辛，廩辛，帝辛三人，而小辛廩辛皆有弟嗣位。此版出土大連坑，多第三期卜辭，又由字體證之，當爲康丁時物，兄辛即廩辛。

  以上，由祖，妣，父，母，兄各種稱謂，可以確定許多卜辭的時期，更以各期貞人互證，實爲時期分劃的最好標準。

  乙，祖與妣的合祀

  殷人祀典，是在隨時改革的，雖然盤庚以後，不過二百餘年，而祀典已有許多的不同，如肜日，叠日，翌日之祭，皆不常見於前四期，袞與沉，薶之典，獨第一期爲多；所祀先祖，亦時有不同，自上甲至於多后的衣祭，第一期無之，而第一期所祀王亥以上各祖妣，如妣乙，夋，兕，土等，後四期亦皆少見；諸如此類，將來斷代研究的結果，定多創獲。這裏只就以先妣配食先祖一事考之。

  以妣配食，大概是始於第二期祖甲之世，祖與妣之間，必有"奭"字，羅氏釋赫，葉氏釋夾，皆以爲即合祀配食之意。如曰"祖辛奭妣壬"，"羌甲奭妣庚"（見王簠室藏拓本，兩辭有行爲貞人，故定爲祖甲時）之類，實開祖妣合祀的先例。到了第五期帝乙之世，祖妣合祀之典大盛，於是我們乃能據以考知某祖的配爲某妣。現在自示壬起，至康丁止，就祖妣合祀之辭，各舉一例。

  示壬 （116）庚辰卜貞：王賓示壬奭妣庚，翌日，亾尤。 後上·1·6

  示癸 （117）甲子卜貞：王賓示癸奭妣甲缺亾尤。   後上·1·8

  大乙 （118）丙寅卜貞：王賓大乙奭妣丙，翌日，亾尤。 前1·3·7①

  大丁 （119）戊戌卜缺：王賓大丁奭妣戊，祼，亾尤。 後上·2·1

  大甲 （120）辛丑卜貞：王賓大甲奭妣辛，肜日，亾尤。 前1·5·8

  大庚 （121）壬寅卜貞：王賓大庚奭妣壬，叠，亾尤。 後上·2·7

---

① 編者按："前1·3·7"，原文誤作"後上·1·3·7"，今據實際出處徑改。

大戊	（122）壬寅卜貞：王賓大戊奭妣壬，彡，亡尤。	後上・2・9
中丁	（123）癸丑卜貞：王賓中丁奭妣癸，祼，亡尤。	後上・2・11
祖乙	（124）乙未卜貞：王賓祖乙奭妣己，肜日，亡尤。	後上・3・3
	（125）庚午卜貞：王賓祖乙奭妣庚，彡，亡尤。	後上・3・1
祖辛	（126）庚子卜貞：王賓祖辛奭妣庚，肜日，缺尤。	後上・3・8
祖丁	（127）己巳卜貞：王賓祖丁奭妣己，肜日，亡尤。	後上・3・11
	（128）癸酉卜貞：王賓祖丁奭妣癸，彡，亡尤。	後上・3・25
小乙	（129）庚午卜貞：王賓小乙奭妣庚，彡，亡尤。	後上・4・6
武丁	（130）辛巳卜貞：王賓武丁奭妣辛，祼缺	後上・4・7
	（131）戊子卜貞：王賓武丁奭妣戊，祼，亡尤。	後上・4・8
	（132）癸未卜貞：王賓武丁奭妣癸，祼，亡尤。	後上・4・9
祖甲	（133）戊午卜貞：王賓祖甲奭妣戊，祼，亡尤。	後上・4・12
康丁	（134）辛巳卜貞：王賓康丁奭妣辛，缺亡缺。	後上・4・14

康丁以下，如武乙之配爲妣戊，見於《戊辰彝》（《殷文存》上，十九葉），不應卜辭無之；又示壬以上，亦未必無合祀之先妣，如晚期衣祭，多稱自上甲至於多后，或至於武乙，則上甲以來的各先祖，自爲系統，若與先妣合祀，不能僅自示壬始，至康丁止，或此時猶未發見而已。

更將合祀祖妣，列爲下表：（表2）

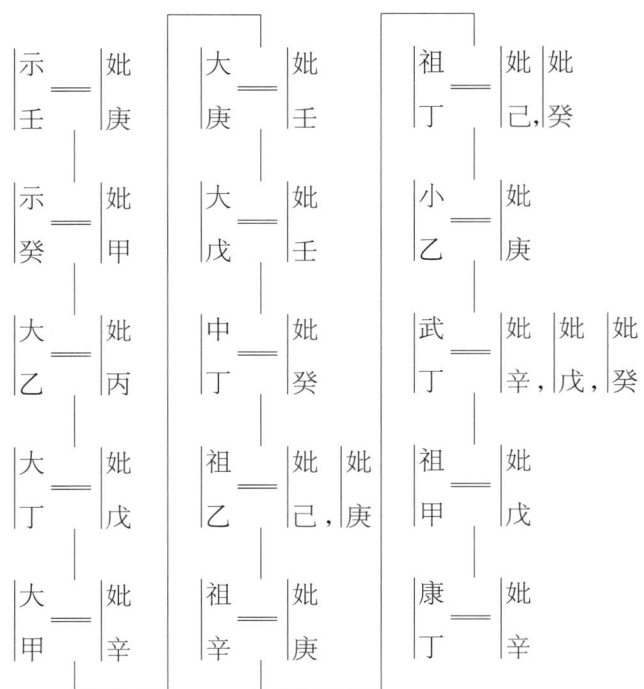

丙，主祭者與被祭者稱謂圖

由第二節，可以知道某祖與某妣的關係；由第一節可以知道主祭的帝王與被祭的神示因種種關係而稱謂不同；現在更製成一圖（圖三），爲本章作一結束。圖中所舉，主祭者自武丁始，至帝辛止，凡七世；被祭者自祖乙始，至文丁止，凡九世。因武丁以前三世，卜辭中尚不易區分，祖乙以上遠祖，稱謂又大略相同，故皆不列。

三，貞 人

貞人説的成立，爲斷代研究的主要動機，由許多貞人定每一卜辭的時代，更由所祀先祖等的稱謂，而定此許多貞人是屬於某帝王的時代，這樣，我們就可以指出某貞人是某王的史官。如果我們把同在一版上的貞人，聯絡起來，他們就可以成爲一個團體；不過這並不足以包括所有的貞人，因爲在這些殘龜斷骨之中，見到他們互相聯絡的機會，實在太少了，所以有許多貞人，還不能用此方法去定他們的時代。又貞人的書名，到武乙時代（第四期）已完全沒有了，有時，貞卜之人就是帝王的自身，憑貞人以定時期的方法，也至此而窮。所以以貞人爲標準，只是一種，無貞人的卜辭，便須從字句，書體，文法，坑位等等方面定其時期了。

以下就關於貞人的各項，分別論述。

甲，貞人即是史官

在《大龜四版考釋》一文中，曾確定了貞上一字是人名，叫他作"貞人"，如大龜四版之一，有貞人㱿與賓，

（135）丙寅卜，㱿貞：翌丁卯屮于丁。 　　　　　　　版1・辭15

（136）丁巳卜，賓貞：屮于丁，一牛。六月。 　　　　版1・辭14

這兩辭所卜之事，乃是㱿同賓去貞問的，辭中記載的"屮于丁"就是他們所貞之事，所以叫他們"貞人"。在肩胛骨臼的刻辭中，又發現了這問卜的貞人，也就是當時記事的史官。這可以說是一件極有趣味的發現，三千多年以後的我們，可

自祖乙至文丁九世稱謂圖

主祭者\被祭者	武丁	祖庚	祖甲	廩辛	康丁	武乙	文丁	帝乙	帝辛
祖乙 妣己 妣庚	祖乙 高妣己 高妣庚	祖乙 妣己 妣庚		中宗祖乙		中宗祖乙		祖乙 妣己 妣庚	
祖辛 妣庚	祖辛	祖辛		祖辛				祖辛 妣庚	
祖丁 妣己 妣癸	祖丁 妣己			祖丁				祖丁 妣己 妣癸	
陽甲	父甲								
盤庚	父庚								
小辛	父辛								
小乙 妣庚	父乙 母庚	小祖乙 妣庚	后祖乙 小乙 妣庚	小乙 妣庚		后祖乙 小乙		小乙 妣庚	祖乙
兄丁	兄丁								
兄戊	兄戊	父戊		祖戊					
武丁 妣辛 妣戊 妣癸		父丁 母辛		后祖丁 妣辛 后妣辛	后祖丁			武丁 妣辛 妣戊 妣癸	祖丁
祖己		兄己		父己		祖己		祖己	
祖庚 兄壬			兄庚 兄壬	父庚		祖庚		祖庚	
祖甲 妣戊				父甲 母戊		祖甲		祖甲 妣戊	
廩辛					兄辛				
康丁 妣辛						父丁 母辛		康祖丁 妣辛	
武乙							父乙	武祖乙 武乙	
文丁									文武丁

以看見三千年前的史官所親手書寫的文字，並且可以指出這是某人某人的作品，而欣賞他們每個人的書體與作風，豈不是一大幸事！這發現在骨臼的刻辭上。

由刻辭的史官，字體，所在的骨版上的貞人等，均可證這種刻辭是在第一期武丁的時代。這是一時的風氣，武丁的史官們，想出了廢物利用之法，把骨版窠臼之處，拿來用作記事的簡册。骨版的窠臼，本是圓形，中間少窪，因為平面放置骨版時要穩定的緣故，他們便鋸去了一半，留下一半，恰似那上下弦的月光，這半月形的骨臼，雖然徵窪，却甚光滑，所以當時史官就拿他作記載一椿事體之用，這事體便是"帚矛"。在每一個記載之下，很明白的簽著記事的史官的名子。例如：

(137) 帚井示五矛。亘。

龜 1·18·2（龜，即《龜甲獸骨文字》簡稱，下並同）

(138) 乙未，帚妹示矛。㕭。

戩 35·8

這兩辭均刻在肩胛骨臼的內面，很明白的表現這不是卜辭，因為第一他沒有卜，貞的字樣，第二他不能鑽灼，沒有兆璺。這是一種純粹的記事文字，記載的是頒發各處兵器"矛"的日子，件數，和經手記事的人——史官。上兩辭的亘，㕭，便是簽名的史官。可以注意的，就是亘，㕭，兩位也同時是武丁時代的貞人（詳下節）。關於骨臼刻辭的整理，別詳拙著的《帚矛說》，這裏只舉出骨臼上記事的史官。

骨臼上記事的史官，有下列各人：

岳，岳丙，憂，小憂，㐭，㐱，彀，亘，賓，㞢，㠯，㕭，永，犬，兹，箙。

這十六位，可以確定他們是武丁時代（詳《帚矛說》）執筆記事的史官，可是十六位中却有九位同時也作了武丁時的貞人，這九位是：

㐱，彀，亘，賓，㞢，㠯，㕭，永，箙。

所以說貞人就是史官，在這裏是可以證明的了。他們既能在骨臼上記事，刻辭，簽名；那末骨版或龜版上的卜辭，有他們書名貞問的，也當然可以是他們所寫的了。

乙，貞人集團

我們現在既已知道了殷虛所包涵的時代，是始自盤庚，至於帝辛，那末依今本《竹書紀年》推算，也應有二百五十餘年。現在依年數比例，可以署知各帝王

時期的長短與貞人的多寡。盤庚遷殷，經過了小辛，小乙，這三世不過二三十年，這時也許因爲播遷伊始，百端待舉，貞卜之事尚少，卜辭也不易分析，姑且存而不論。武丁，是中興的令主，據各種記載，都說他在位有五十九年之久，所以他這時的卜辭也最多，據我觀察，幾佔全量三分之一；貞人也特別的多，可以戎爲一個集團。這是第一期。第二期，祖庚祖甲，兄終弟及，繼位多在暮年，合計兩世，不過四十四年，這一期的卜辭，數量不過佔十之一二，貞人也多不見同版，失其聯絡（自然是太破碎了之故），所以確知的貞人也較少。第三期，廪辛，康丁之世，年祀更短，不過十餘年，但是卜辭發現於一坑之內（大連坑，第三次所發掘），又找到些他們同版的關係，所以也可以成爲一個小小的團體。其餘有些貞人一時不能確定時代的，只有於字形，文法，事類，坑位各標準中，一一求之了。第四，五期爲不錄貞人及王親卜貞的時期，皆詳於次。

子，武丁時的貞人集團

現在將武丁時的貞人，見於同版者，列爲一表（表3）。

同版貞人	所見書	備　注
賓，㞢	大龜四版之一	
㕐，彡，㞢，罒，吾	大龜四版之四	
賓，亘	鐵 242 之 1	
賓，㱿	鐵 151 之 1	
韋，㞢	鐵 241 之 1	
㞢，賓	鐵 127 之 2	
㕐，亘	鐵 250 之 1	
㕐，韋	鐵 255 之 2	
亘，罒	鐵 247 之 1	
永，㕐，賓，㱿	菁 7（菁，《殷虛書契菁華》簡稱，下並同）	以下爲骨臼刻辭中之史官，與骨面貞人見於一版者。
韋，亘	4・2・0008	
永，罒	戩 14 之 5	
亘，㱿	卜 2339A	
㱿，㞢，賓	北大國學門藏片	
籫，韋	同上	
彡，賓	3・2・0751	

以上不過各舉一例，也並不曾搜輯完全，這是應該聲明的。可是僅就這些貞人看起來，他們所佔的時期，已是很久，他們所經手貞卜之辭，已是很多了。更就表中所列，曾在同版的貞人，作爲一圖如次，以見他們的關係。

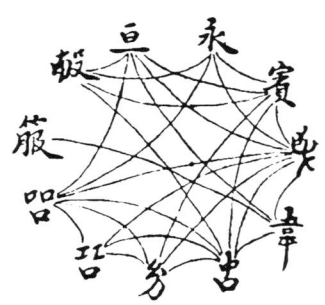

貞人集團的關係確定了之後，從其中的任何一個貞人，所貞卜的事項中，找出他的時代，則其餘同時各人的時代，也可以連帶着知道了。例如上列的貞人集團，何以知是武丁時代？那末我們就可以請出其中的任何兩位作證。

(139) 乙卯卜，亘貞：今日往至于羍，夕，酒，子央于父乙。　　鐵 196・1

(140) 庚辰卜，㞢貞：㞢母庚。　　前 1・29・3

父乙，母庚，確是武丁時對於小乙妣庚的稱謂，子央是武丁的一個兒子（見下"人物"節），這兩個貞人亘和㞢也當然是武丁時的史官了。他兩個既是武丁時人，他們同時的人，也就不言可知了。

五，第二期的貞人集團

第二期爲祖庚祖甲之世，他們的時代不易劃分，現在以祖甲爲主，將可以推知爲第二期的貞人，列爲下表（表4）。

貞 人	所見書	辭中證據	備 注
大	卜 742	兄庚	兄庚，即祖庚，父丁，母辛即武丁，妣辛，妣庚即武丁時之母庚，爲祖甲之祖母，故此時稱妣。
旅	卜 740	妣庚，兄庚，小丁，父丁	
即	卜 2360	妣庚，兄庚，父丁	
行	3・2・0819	父丁	
口	卜 1211	父丁	
兄	北大國學門藏片	母辛	

此外，有卜"今夕㞢㕛"的，疑多第二期的卜辭，將來據文法，事類，字形各方面還可以找出幾個第二期的貞人。

寅，第三期的貞人集團

第三期廩辛康丁時的貞人，不但出土於一個坑內，並且也常有兩個貞人，見於同版的，所以也可以集合起來。材料多是第三次發掘出土於大連坑的，未見著錄者爲多，茲列表如下（表5）。

同版貞人	編　　號	備　注
口，㞢	3・2・0287	
彭，㞢	3・2・0501	
彭，尤	3・2・0706	
卯，㞢	3・0・1703	皆第三次發掘出土者，出土地爲大連坑及其附近。
卯，⺷	3・0・0760	
彭，口	3・2・0517	
宁，尤	3・2・0706	
逆，口	拓本	本所購藏

這些貞人的關係，更繪爲一圖如次。

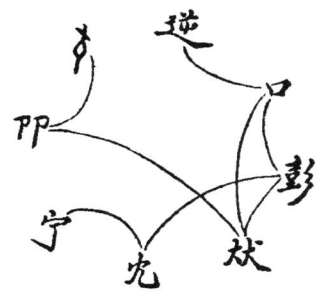

何以知這一些貞人都在廩辛康丁的時代？我們仍然可以用老法子找一個貞人作證，如其中的尤，他所貞問之辭有

（141）丁未卜，尤貞：御于小乙夾妣庚，其疒鄉。

（142）癸巳卜，尤貞：翌甲午登于父甲鄉。

（143）壬子卜，尤貞：翌癸丑，其又妣癸，鄉。　　以上見3・2・0731版

（144）丙午卜，尤貞：翌丁未，其又，升，歲后祖丁。

（145）庚子卜，尤貞：翌辛丑，其又妣辛，鄉。　　以上見3・2・0367

稱小乙之配爲妣，必在祖甲之後，又稱武丁爲后祖丁，爲祖，必在廩辛康丁之世，從此也可以說妣辛，妣癸，即武丁之配，父甲即是祖甲了。若說父甲是陽

甲，妣辛是大甲之配，妣癸是祖丁之配，尤是武丁時人，則武丁不應稱小乙，也無以解於后祖丁了。所以説尤是廩辛康丁時的貞人。其餘如彭貞也有后祖丁之辭，宁貞也有父甲之文，而彭，宁，皆與尤同時，則他們這一個集團中的貞人，都當在第三期是可以斷言的了。其中也有兩朝的元老，如旅，在祖甲時是常作貞人的，可是到了第三期貞人中仍然有他（如卜祀祖戊之辭）。口，也是並見於第二，第三兩期的貞人。

此外，不見於以上各表，而又不能確定時期的貞人，還有許多，如逐（前5·28·1），自（前8·42），專（前5·12），喜（鐵48·4），尹（後上15·1），顯（鐵10·1），教（3·2·0549），易（前3·28）等等，將來從各方面研究，總可以找出他們的時代來。

丙，不録貞人的時期

在前三期，也有許多卜辭是不録貞人的（如《大龜四版》之三，即全版不録貞人），到了第四期武乙文丁之世，便整個的不録貞人了。在小屯村裏所出的卜辭，就屬於此期，無貞人是他的特點。例如卜旬，在第一，二，三期，多用龜，既録貞人，又記月份，大龜四版之四即一好例：

(146) 癸巳卜，賓貞：旬亡囚。十一月。　　　　　　　　　大龜四·70

(147) 癸巳卜，𡧛貞：旬亡囚。十三月。　　　　　　　　　大龜四·75

又如尤是第三期貞人，我們是知道的，而他所記貞旬之辭，還是老的體例：

(148) 癸丑卜，尤貞：旬亡囚。　　　　　　　　　　　　　3·2·6558

(149) 癸亥卜，尤貞：旬亡囚。　　　　　　　　　　　　　同上

到了武乙之世，但稱貞，不書卜，不記貞人，不記月份，材料用骨，每版連用六次，約甲子一周，文例是這樣簡單的：

(150) 癸卯貞：旬亡☒。　1·2·0147（1·2·第一次發掘之字骨，下並同）

(151) 癸未貞：旬亡☒。　　　　　　　　　　　　　　　　2·2·0362

這是第一，二次發掘殷虛在村中得的骨版。

普通卜事，也都不録貞人，例如：

(152) 乙亥貞：又，升，伐自上甲𠀁，至父丁，于乙酉。　　2·2·0265

有時並且不書貞字，只書某日卜，便接着記事。

(153) 乙未卜：今日不雨，在來。　　　　　　　　　　　　1・0・0459

有時也並記卜貞，但不錄貞人。

　　　(154) 己亥卜貞：王其田并，凶戋。　　　　　　　　　　　2・2・0382

"凶戋"作𢦏，不作𢦏或𢦏，也是這時期的特點。總兩次村中所得卜辭，不錄貞人，幾乎無一個例外。

丁，王親卜貞的時期

殷人卜貞的方法，大概是太卜灼兆，太史問事，記辭，所以卜同貞是截然兩事。在第一期武丁的時候，已有王親臨貞的事實，如：

　　　(155) 辛未卜，王貞：今辛未大風，不隹囚。　　　　　　前8・14・1①
　　　(156) 丁丑卜，王貞：命冉㠯于盂，古朕事。三月。　　　前8・14・2
　　　(157) 丁丑卜，王貞：余勿衣，占，余戋。　　　　　　　同上爲一版

這三條的甲子字，王字，皆爲第一期書體，可證是武丁時卜辭。王貞就是王親臨貞，這有一個特徵，就是卜辭中的説話都是王的口氣，該用王字之處就改爲"余"字，"朕"字。譬如"古王事"是卜辭中常見的成語，郭沫若《甲骨文字研究》中以爲"古"即《詩》"王事靡盬"之盬，此釋最爲得之。這裏王親貞了，便可以説是"古朕事"了。又辭中"余"字，亦王之自稱，如史官貞祭祀，多稱"王受又"，而王親貞時，便可以説"余受又"（前2・5・3②有"庚寅王卜在羲貞，……余受又……"之辭）了。

第五期，王不但親貞，並且親卜。這大概都在帝乙帝辛之世。有時王不親卜貞了，但也很少記貞人的。爲王所親臨卜貞之事，以田，遊，征伐爲多，各舉一例：

　　　(158) 壬午王卜貞：田戲，往來亡𢦏。王乩曰吉。丝御獲鹿二。
　　　　　　　　　　　　　　　　　　　　　　　　　　　　　前2・44・4③
　　　(159) 癸亥王卜，在旁貞：旬亡咎。王乩曰吉。　　　　　前2・3・2④
　　　(160) （癸）巳王卜貞：旬亡咎。王乩缺月，在齊次。惟王來缺　前2・15・5

---

① 編者按："8・14・1"，原文誤作"8・14"，今據實際出處徑補。
② 編者按："2・5・3"，原文誤作"2・5"，今據實際出處徑補。
③ 編者按："2・44・4"，原文誤作"2・44"，今據實際出處徑補。
④ 編者按："2・3・2"，原文誤作"2・3"，今據實際出處徑補。

不錄貞人者，如：

(161) 癸卯卜在上甾貞：王旬亡虫。　　　　　　　　　前2·14·3①

錄貞人者，如：

(162) 癸亥卜，黃貞：王旬亡虫。在九月，正人方，在雇，彝。　　前2·6·6

在第五期，仍以不錄貞人爲原則，故無貞人者爲多，王親卜貞者次之，錄貞人者爲例外，不過百分之一二而已。

四，坑　位

由出土的坑位，定甲骨文字的時期，只有我們親手發掘的材料是可能的。在民國十七年秋季試掘殷虛時，我就感覺到三個區域中出土文字的不同，如第三區村中無"不台𠂤"之文，及"戈字的特見"（詳《新獲卜辭寫本後記》，《安陽發掘報告》第一册，葉188—190），當時就疑心這些是一個時代特別的字句。以至第二，三，四，五次的發掘，都隨時給我們不少新的啓示，使我們注意到每坑文字的特色。不過這以前的觀點所以不同的，其間還有重大的原因：第一，是初次發掘，乃至二次，三次，根本上我們認定了這遺墟是經過大水湮沒的，當然，甲骨要隨水漂泊淤積，他的分佈及相互的關係，也是凌亂無序了。第二，我們起初認爲殷虛時期，僅止於武乙至帝乙的三世，時期甚短，沒有分劃的必要。因此，前三次發掘及研究，都不甚注力到時期的分劃上。自大龜四版出世，貞人說成立，分劃時期，乃得一有力的證明；又因四，五次發掘，集中一地，發現宗廟，宮室的基址；版築，陶復的遺蹟；使我們完全打消了帝乙因水患而遷都的假說，而時期延展，亦上至盤庚，下訖帝辛之世。同時，這五次的發掘經驗又明白的告訴我們：

1. 甲骨文字在地下的情形，一部分是有意的儲藏，所以有許多是排列成層；有許多是聚積在一個地窖之内；他們的時期每每前後銜接。

2. 有些是當時就丟棄了的，隨時把甲骨改作別的器物，以致鋸去了文字的半邊。

---

① 編者按："2·14·3"，原文誤作"2·14"，今據實際出處徑補。

3. 有些是當時卜用過了，如同廢紙，初學的人，便拿來練習書契。

4. 一部分被後來（或當在殷代亡國的時候）擾亂了，屢雜堆積於糞土垃圾之中。

由第五次發掘的結果，可以知道這殷虛的構成，實在包涵一幕亡國的慘劇，"毀其宗廟，遷其重器"，滅國的恒例，殷人未必能幸而獲免。箕子朝周，過故都而有麥秀黍離的悲歌，也正爲宮室丘墟，舉目而生亡國之痛罷。這樣地決定了殷虛的成因，不由於水災而由於毀廢，關係却大極了。因爲如此，那每一片甲骨文字的所在，都有它的原因；那此版與彼版同出一地，都有他相互的關係，這是增多了坑位和甲骨相關的重要。因爲如此，甲骨文字時期的包涵乃延展至於帝辛，有二百五十餘年之久，經過如此的長期，各坑出土的甲骨文字，時期上就不能毫無分別了。

以下便就出土甲骨文字的坑位，分爲五區，逐一論述（參閱殷虛發掘五次出土甲骨文字坑位圖，圖四，五）。

甲，第一區

第一區包括小屯村北濱臨着洹河南岸附近的一塊地方，有朱姓的十四畝地，和何姓的七畝地的北半。這次區的分劃，仍沿着第一次發掘的三區老名，又加了第三次的大連坑附近張姓十八畝地，爲第四區，何姓七畝地南半爲第五區。五區的分劃，都有自然的關聯，如第一區以十四畝地爲中心，這十四畝地爲發現甲骨文字較早而又甚多的地方，地主朱老厚（坤）曾經大舉自己挖掘過（詳拙作《甲骨年表》），以後村人又再四翻掘，也就是我們第一次發掘第九坑的所在。這一區的坑位，計如下表（表6）。

子，第一區出土甲骨文字的坑位

發掘次數	坑位名稱
第一次	9　16　7　18
第三次	村北縱五，癸　又東支 村北縱六，甲　村北縱六，乙
第四次	E5　E8　E9　E21　E23

這一區出土的甲骨文字甚少，又非常的破碎，但是實際上却是非常重要。第五期，帝乙，帝辛時的卜辭，這一區就是他們的大本營；同出的又有第一，二期

殷虛五次發掘甲骨文字出土坑位圖（圖四）

甲骨文字出土五區坑位分布圖（圖五）

的卜辭。羅叔言先生所收藏購求的大部分都是此區出土,所以羅氏編印的《殷虛書契前後編》,《菁華》,包涵的卜辭,也以一,二,五期爲最多。第五期卜辭,僅見於四區少許,倘然不是這一些斷甲殘骨,真也找不到他們的老家了。

丑,第一區包涵的時期

這一區,只是一,三,四次發掘過,三,四次所獲不多,亦未清理,今舉第一次發掘的四坑出土甲骨文字示例(表7)。

時　期	標　準	例　證	見於寫本的號數
第一期 (武丁時)	貞人	賓	13　85
		殻	106
	方國	🅰	97
	文法	不台𢦏	6　14　28　66　80　236
	字形	大(王)	17　92
		☽(月)	51　96
		☾(夕)	55
第二期 (祖庚,祖甲)	貞人	行	47
	稱謂	父丁	42
	字形	王(王)	10　47　86　113
第五期 (帝乙,帝辛)	世系	武丁	7　46
	文法	亡尤	31　35
		往來亡𢦏	37　41　52　87
	字形	𣄰(庚)	30　36　43　59　64　74　89　98　100　105　108　114　121　123
		☐(日)	53　78
		☽(月)	11　30
		☾(夕)	64　95　100

表中材料,完全根據《寫本》中的一部分,第三,四次出土的卜辭,時期也都相同。這一區所見卜辭始自武丁,祖庚,祖甲,終於帝乙帝辛之世。只這首尾三期,中間三,四兩期的卜辭,都不在此區。由此,可知以前經土人挖掘售出,而見於著錄的第五期帝乙帝辛時的卜辭,完全是這一區的產物。這些殘碎的片子的重要處在此。

乙，第二區

第二區在西，第四區在東，是相連接的，出土物的時期也相差不遠，似乎可以不分，不過第二區爲村人挖掘最早最多之處，第四區大連坑附近都沒有挖過，出土甲骨也有特點，所以分爲兩區。這第二區是一，三，四次都曾發掘過的地方，坑位如次。

子，第二區掘①土甲骨文字的坑位（表 8）

發掘次數	坑 位 名 稱
第一次	25　26　33
第三次	橫 13 戊　橫 13 己　橫 13 庚　橫 13 壬南支　橫 13 癸　橫 13・5 戊　橫 13・5 己　橫 13・5 丁　橫 13・5 庚　橫 14 丁西段　橫 14 戊　橫 14 辛　橫 14 壬，中段　橫 14 西坑
第四次	A3　A13　A14　A16　A22

這一區現在也僅據第一次發掘所得甲骨之見於《寫本》中者，因爲第一次發掘的坑，皆是翻掘再四之處，這所謂熟坑，正是最早發現甲骨文字之地。據老的村人談起來，都說"出土'字骨都'最早的是劉家二十畝地"。這一區正當二十畝地的中段，也正是村人最早挖掘之處。由我們第一次發掘所得的殘片上，很可以看出所包括的時代是由武丁至祖甲，就是一二兩期。

丑，第二區所包涵的兩個時期（表 9）

時　期	標　準	例　證	見於寫本的號數
第一期	貞人	㱿	140　170　271
	文法	不台 屮	136　160　167
	字形	大（王） 𠃑（月）	
第二期	貞人	出	129　158

羅氏收藏的甲骨文字，是出於第一區的，有一，二，五，三個時期，劉氏所收藏的却是第二區出土的甲骨文字，所包涵只有一，二兩個時期；這是我向《鐵雲藏龜》中找第五期卜辭而發現的，在《藏龜》以及《藏龜之餘》，《藏龜拾遺》一個系統

---

① 編者按：據本部分各區"出土甲骨文字的坑位"諸表表頭，此"掘"當係"出"字誤植。

裏，見不到一片第五期的卜辭，這很可以證明劉家此批材料是最早出土在第二區的。

這一區，除了第一次發掘是熟坑之外，第三，第四次也曾發現過未被翻過的新坑，間有第五，第三期的卜辭，這是範圍大了，接近第四區的關係，其詳留待將來的研究報告。

丙，第三區

第三區，沿用的第一次發掘的老名子，地方就是小屯村中及村前。這一區確有些特異之點，出土的卜辭和村北地各區（包括一，二，四，五各區）大有不同。村中甲骨文字的發現，最初是清宣統元年（1909），較村北地晚在十年左右，所以收藏早期挖得的甲骨文字，如劉羅兩家的著錄，及明牧師的《殷虛卜辭》，都很少村中出土的卜辭。村中大舉挖掘，在民國十二年以後，接連着十四，十五，十七年都有大批掘獲；出土的卜辭，大部分售歸明義士牧師，在友人處見到一些他的拓片，多與我們村中所得的卜辭，文法，書體，事類畧同，小部分散入上海，開封估人之手，便不知下落了（詳拙作《甲骨年表》）。這一區的特色，除了少量的第三期（廩辛，康丁）卜辭之外，完全屬於第四期武乙，文丁時的卜辭。分述於下。

子，第三區出土甲骨文字的坑位（表 10）

發掘次數	坑　　位
第一次	24　27　28　30　31　35　36　37
第二次	101　102　103　104　105　106　109　110　114　117　118　120　130　131　斜1　斜1支　斜2　斜2支　斜2北支　斜3　斜3東正　斜4　西斜　西斜西支　西斜東支　連坑1　連坑2　連連1　連連2　小連溝　塲南橫溝
第五次	F1　F2　F3　F4

第三區的坑位，在第一次發掘時是比較稀疏的，因爲那時只不過一種試探。第二次，我們本來的計畫是從橫開兩道長溝，橫溝就在村的前面，接着第一次的 36 坑，橫貫東西的大道，向西挖起。在 36 坑西邊，數到 101 了，從 101 挖起，至 131 爲止，這些坑裏，也出了些龜版同字骨。末後，依着上一季的經驗，在 37 及 27 兩坑之間，張姓麥塲內，西北東南斜着開了一道長溝，就是斜1，2，3，4。隨後許多溝都是靠着斜溝開的，十八年春季大部分工作就只有此地。多數的甲骨文字，也就出此麥塲中。第五次發掘，爲的重新證明第一次所掘的 36 坑是不是

淤積，乃在 36 坑的附近開了 F1，2，3，4 四坑，所得甲骨文字雖然不多，而地下情形是堆積廢棄而非淤積，都已足以證明，在千瘡百孔的地層損壞之餘，還找出了殷人居處及儲藏的窟穴的遺址。這是第三區村中工作的大概。

丑，第三區卜辭中的稱謂與時代

村中的卜辭，有些該早到第三期康丁之世，這很明顯的有卜辭中父己（2·2·0418），父庚（2·2·0515），父甲（2·2·0416），三種稱謂可證。稱祖己，祖庚，祖甲為父，這當然要在康丁之世。不過，大部分該是第四期武乙文丁時代的。武乙時代的確證，是

　　　　（163）上缺其延祖己。　　　　　　　　　　　　2·2·0009

一辭，又前所舉 "祖甲夐其至父丁"（見辭 99）一辭。祖名己，名甲而父名丁的，盤庚以下，只武乙一世有之。這是村中卜辭為武乙時代之物的一個有力的證據。其次就是有父丁母辛稱謂的卜辭，本來，武丁之配有妣辛，康丁之配也名妣辛，稱父丁，母辛，固然可以是武乙時卜辭，但同時也可以説是祖庚祖甲時的卜辭，至此，單以稱謂定時期的方法，便窮於應付了。在貞人，文法，字形等方面，固然也可以幫着解決，而最有力的標準却是坑位。因為這父丁，母辛的卜辭出土村中（第三區），我們就可以斷然説這是武乙時的卜辭。如

　　　　（164）缺大乙，大丁，大甲，祖乙，小乙，父丁缺　　2·2·0358
　　　　（165）己亥卜：告方于父丁。　　　　　　　　　　2·2·0480
　　　　（166）丙子貞：丁丑，又父丁，伐三十羌，歲三牢，丝用。　2·2·0202
　　　　（167）缺卜兄于父丁。　　　　　　　　　　　　　寫 241
　　　　（168）缺未卜又母辛，缺十，犬十，丝用。　　　　寫 221
　　　　（169）丙戌貞：亡凸父辛。　　　　　　　　　　　寫 293

據現在所見出土村中的卜辭，稱父丁的五，稱母辛的一，父辛的一。上列第一條先王的次序，是由大甲起，隔去大庚，大戊，中丁三世而至祖乙，又隔了祖辛，祖丁，兩世而至小丁，再隔了武丁，祖甲而至康丁（父丁），這父丁是康丁，卜辭屬於武乙，是很可能的。如果説父丁是武丁，便可在祖甲之世了，但村口無第三期以上的卜辭，而祖甲時又必有貞人，今此版出土村中，亦可見非祖甲時物。故以下的父丁即康丁，母辛即康丁之配妣辛，而父辛亦即廩辛（如謂為小辛，則當是武丁卜辭，時代不能如此混雜）了。又村中有武乙時的卜辭，時期是同武乙相聯接的，如果我們已經承認了武乙時的卜辭，則

(170) 缺父乙羊，不。　　　　　　　　　　　　　　　　　　　　　　　　　　　　寫 31

一辭當是文丁時物，父乙即武乙了。不然，便只有武丁稱小乙，帝辛稱帝乙可以如此，而時期則又相隔甚遠，前者為第一期，後者為第五期，皆應在村北地出土，不會跑進村子來的。

寅，各區出土甲骨文字之數量與貞人

在村中，除了少數第三期卜辭之外，完全屬於第四期，這是從貞人一方面可以看出的。不錄貞人，是第四，五期的特點，而五期卜辭多出洹濱，四期則出村中。試把出土數量與貞人作個比較（以三次發掘的材料為例）。（表 11）

三次四區的總計	第一區	第二，四區	第三區
第一次所得甲骨	264	257	253
第二次所得甲骨			670
第三次所得甲骨		2 939	
總　　計	264	3 196	923

由第一次第一區碎片中，見過四次貞人的名子；第二，四區合起來，見過二百九十九次貞人的名子；獨獨村中第一，二次發掘所得的九百二十三片，却沒有一個貞人，再列為一表如下。（表 12）

分　區	甲骨版數	貞人所見次數	備　注
第一區	264	4	據寫本
第二，四區	3 196	299	
第三區	923	無	

由此表，可見不錄貞人，是一個時期的風氣了。不過村中尚有第三期卜辭，在廩辛康丁之世，是記載貞人的，所以遲早也許還有貞人出現。

卯，文丁時的大旱與"貧于洹泉"

村中卜辭，時代既可以確定，則"貧于洹泉"一辭，亦可為古史之證。《竹書紀年》文丁之世，有此一條：

三年，洹水一日三絕。

這一條是古本所有的，見於《太平御覽》卷八十三所引，即此可證文丁時仍居殷都，襟帶洹水，所以有一日三絕的記載。洹水俗名安陽河，據老的小屯村居

民言，無論如何大旱，這河水是不曾斷流過，能夠一天斷流三次，可見得旱災之甚。因爲這次旱災，才有卜辭中寉于洹水的載記，村中出土的骨版，有云：

(171) 戊子貞：其寉于洹水泉，大三宰，俎宰。　　　　　　　2·2·0570

(172) 戊子貞：其寉于洹水泉，三宰，俎宰。　　　　　　　同上爲一版

兩辭見於一版，稱寉于洹泉，必是祭祀山川求雨之典，"求雨"，是卜辭中常見的，《紀年》及《呂氏春秋·順民篇》，都載着成湯時因大旱而"禱于桑林"的故事，此條當也是文丁因洹水絕流而向洹水的源頭去祭寉求雨的故事了。

丁，第四區

第四區出土甲骨文字的中心，要算張姓十八畝地中部的大連坑，這坑及其附近，很明顯的包含着三個時期的卜辭，就是第一，二，三期。第一，二期，武丁及祖庚祖甲時的卜辭較少，第三期廩辛，康丁時的卜辭爲最多。第三期的卜辭，以前著錄的幾乎沒有，這一次却找到他們的老窠了。

子，第四區出土甲骨文字的坑位（表 13）

發掘次數	坑　位
第二次	村北縱 1　村北縱 2
第三次	大連坑 { 從1癸　從2甲　從2乙　從2甲，乙西支 橫13.5乙　橫13.5丙　又北支1　北支2　北支3 橫13.25乙　大連東段　大連西段　大連南段 橫13乙　橫13丙　又北支　從1己　從1丙
第四次	B3　B4　B8　B10　B12　B16　B30　B31　B46

第四區，除了大連坑所包各坑之外，出土甲骨文字都很少，所以這一區的材料，也以大連坑爲主體。

丑，第四區包涵的時期

這一區的時期，可以貞人定之，貞人分配如下表：（表14）

時　期	貞人及所見次數			
	人	次	人	次
第一期	賓	10	㱿	6
	由	3	殷	8

續表

時　期	貞人及所見次數			
	人	次	人	次
第二期	出	1	大	10
	旅	1		
第三期	彭	56	尤	44
	囗	26	叩	8
	宁	2	狀	92
	逆	1		
未　定	史	2	教	
	喜	2	畎	13

由上表，可以確定爲一，二，三期的貞人，總數如下：

第一期貞人，共見27次，

第二期貞人，共見12次，

第三期貞人，共見229次。

可見第三期卜辭之多，第一，二期佔最少數了。

第三期也可以分開廩辛康丁的時代，如稱兄辛的，可以是康丁時卜辭。前舉辭（115）有兄辛之文，爲大連坑出，尚有一辭，

（173）于古日乃有兄辛，歲。　　　　　　　　　　　　　　3・2・0355

兄辛當即廩辛。本來，稱兄辛也可以是小乙時卜辭，小乙於小辛可如是稱，不過此區武丁時物即甚少，不能更有以前卜辭；又第三期卜辭多祀后祖丁（即武丁），父甲（即祖甲，見3・2・0367），父庚（即祖庚，見3・2・0676）之文，又有多數貞人皆可爲證；更由字形，祀典觀察，亦非一，二期之物；故可決定此兄辛爲廩辛而非小辛。

此區，除一，二，三期卜辭之外，似尚有少量晚期卜辭，須待將來詳細研究。

戊，第五區

第五區範圍很小，實在說只有一個圓井，一個圓坑，所以坑位也很簡單。

子，第五區出土甲骨文字的坑位（表 15）

發掘次數	坑　名
第四次	E16（圓井）
第五次	E57　E59　E60（圓坑）

這一區，坑位雖少，出土的卜辭却很重要，因爲多是早期之物，可以證明那許多同出的器物的時代。

丑，第五區的貞人（表 16）

坑位及貞人次數	圓　井		圓　坑	
第一期 （武丁時貞人）	𠦪	4	𠦪	6
	賓	2	賓	6
	㱿	1	㱿	4
	古	1	古	4
	永	1	永	1
	叴	1		
	韋	1		
	亘	1		
第二期 （祖庚，祖甲時）			旅	1
			尤	1

　　兩坑比較，可見時期的關係。E16 圓井中皆第一期貞人，而 E57，59，60 圓坑中也只有兩個第二期貞人。本來旅是二期，三期皆見的貞人，尤是三期貞人，但亦可以早到第二期，與旅之兼作兩期貞人一樣。因爲兩坑中早期卜辭甚多，所以我推想這尤同旅不但是第二期貞人，並且應該是二期前半，祖庚時的貞人，這在圓井中祀典的稱謂上是可以看出的。

寅，圓井中卜辭的稱謂與時代

　　E16 圓井中卜辭，由稱謂可以定時代的，如稱

　　　　父乙（小乙），　　　　　　　　　　　　　　　　　　　4・0・0112①

　　　　母庚（妣庚），　　　　　　　　　　　　　　　　　　　4・0・0144

---

① 編者按："4・0・0112"，原文誤作"4・0・0111"，今據實際出處徑改。

都是武丁時的卜辭。稱

  祖甲（陽甲），   4・0・0264
  祖庚（盤庚），   4・0・0264
  祖辛（小辛），   4・0・0047
  祖乙（小乙？），   4・0・0044
  兄己（祖己）。   4・0・0026

在祖甲時，往往兄己兄庚同祭，此只祭兄己，可知是祖庚時的卜辭。祖甲以下四人，乃第二期祖庚祖甲所可共有的稱謂，這完全靠坑位同貞人互證的，不然便可以說稱祖庚祖甲爲武乙時的卜辭，稱祖辛，祖乙，也可以是文丁帝乙時的卜辭，這樣，則此圓井中出土卜辭的時代，要包括第一，第四，第五各期了。而事實並不如此，從字形，貞人，書體上，都可以看出這些卜辭是早期的（第一二期）。

卯，龜背甲上的灼兆與刻辭

第一次發掘殷虛所得的龜版，我就注意到似乎有在背甲上貞卜的；第三次發掘，在第四區大連坑出土的卜辭，龜版中，可以確知是背甲的有九塊之多。第四，五次發掘，在第五區裏更確切證明了殷人早年是有過在龜背甲上灼兆刻辭的習慣。E57 圓坑中出現了兩個大塊的龜背甲，乃是將背甲由中間鋸開，左右平分爲兩半的，刮削雖不如腹甲光滑，實際上也還能用；鑿灼在內，兆墨卜辭在外，也和腹甲相同。卜辭裏面有貞人古和先，可證爲第一，二期之物。這也是第五區的一個特色。

己，三個"五"的關係

坑位分了"五區"，卜辭分了"五期"，發掘分了"五次"，乍看是五花八門，令人摸不着頭腦，其實這並不是有意的"天數五，地數五"般的湊熱鬧，這三"五"的分列，也都有他們的相當的意義同歷史。

從民國十七年舊分的三區，又加了四，五而成五區，這分區的理由前面已然說明過了。爲研究的方便，分卜辭的時期爲五，這是粗疏的，暫時的，將來必要更求精細，這也在開首說及。至於五次發掘，更是不可更易的事實了。現在作爲一圖，附列於下，以清眉目，以見三五的關係。

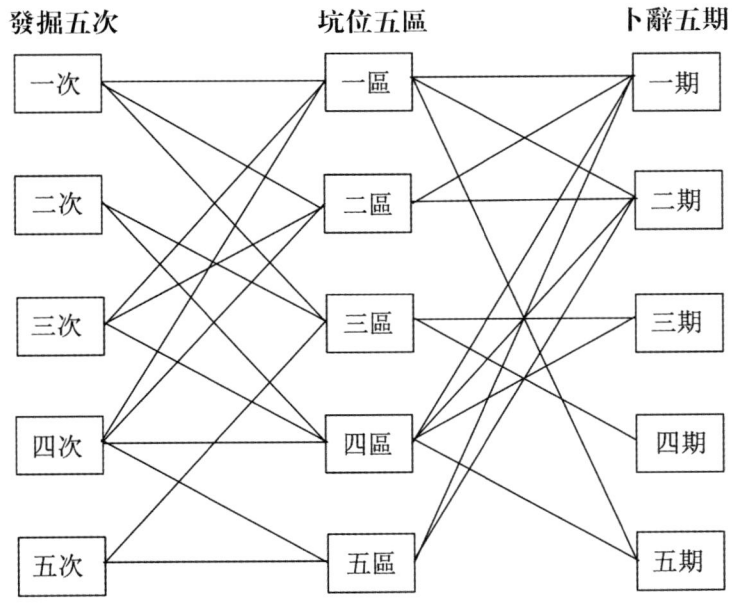

五,方　國

　　殷代武功極盛的時代,要推武丁,所以在武丁的時代,所征伐的方國也特別的多,其次各時期與各國的關係也都有不同。例如盂方,在武乙時候還常常到那裏去田獵,村中出土多"王田于盂"的卜辭,到了殷之末葉,他却叛變了,所以就命"多侯與多伯征盂方"(3·2·0259)。羌方是早被征服了的民族,武丁時有"師獲羌"(後上·30·4)的記載,祖甲以來,他們常供祭祀的樂舞,後來也不服從了,所以在廩辛康丁時有"于父甲求戈羌方"(3·0·1649①)之辭,是禱於祖甲在天之靈,要他降災罰於羌方。武乙之世,羌方又來賓了,卜辭有"王于宗門逆羌"(2·2·0562)的記載。人方在武乙文丁時,還是屬國,替他祈福,村中出土龜版有"惟人方受又"之辭,到帝辛時却叛變了,有勞帝辛的親征(詳乙條)。苦(從葉說釋苦)方,土方,在武丁時為西北的強敵,祖庚祖甲以後,彼此和好,再也不起戰爭了。從方國的關係上,也可以看出每一時期的特異之點。固然這種分類的研究,由方國以至當時的地理,此刻還不能精細去作;這裏只舉出兩個例子,以見方國和分期研究關係的重要。一是武丁時代的幾個方國;二是帝辛的征人方。

---

① 編者按:"3·0·1649",原文誤作"3·2·1649",今據實際出處徑改。

甲，武丁時的幾個方國

武丁時西北有兩個強鄰，就是苦方和土方。伐苦方，算是那時的一件大事，所以貞卜的次數也甚多。苦方是常常侵畧殷人土地的，《殷虛書契菁華》有一段較完整的記載：

(174) 癸巳卜，設貞：旬亡囚，王固曰："出求，其出來娘，三至。"五日丁酉，允出來娘自西，沚䵼告曰："土方征于我東鄙，䧟二邑。苦方亦牧我西鄙田。"

菁・2

沚䵼，沚是國名，䵼是人名。卜辭有但稱國名的，如

(175) 方其來于沚。貞：方允其來于沚。　　　　　　　前7・29・1

有但稱人名的，如

(176) 丁亥卜永貞：王从䵼。　　　　　　　　　　　4・2・0002

稱沚䵼曰䵼，也同蒙侯虎稱侯虎一樣，省去了國名的。沚是殷的屬國，與苦方，土方爲鄰，所以屢受這兩方的侵擾。有時殷王武丁册命他去伐土方，如

(177) 乙卯卜，㱿貞：沚䵼稱册，王从伐土方，受㞢　　徵征36

土方大國，比苦方還要強盛，所以征土方要五千人，伐苦方却只用三千。

(178) 丁酉卜，設貞：今春王登人五千，征土方，受出又。三月。

後上・31・6

(179) 庚子卜，賓貞：勿登人三千乎苦方，弗受出又。　前7・72・3

據《殷虛書契考釋（增訂本）》所輯卜辭，伐土方的只有四次，伐苦方的却有二十六次之多，這還是一部分的材料，可見土方苦方與殷人的關係了。

沚國在殷之西，他東鄰土方，西鄰苦方。這次他是丁酉來的報告，陳述土苦兩方侵略他的情形；但是不到半月（從丁酉到己酉十三天）光景，㠱國也來人報告了，報告苦方又侵略了他的土田，在同版上另一辭記載着：

(180) 上缺王固曰"出求，其出來娘，三至"。七日己酉，允之來娘自西㠱友角告曰"苦方出，牧我示幾田，十五人"。

菁・2

㠱也是殷人西方的屬國，也與苦方爲鄰，所以受到他的侵擾。

土方又省稱爲方，《菁華》第六版有

(181) 上缺四日庚申，亦虫來娯自北，子嚍告曰："昔甲辰，方征于蚁，俘人十虫五人。五日戊申，方亦征，俘人十虫六人。"六月。在缺。　　　　　　　　菁・6

這一辭是北方子嚍來的報告說"方征于蚁"可知蚁在殷之北，而所謂方的，則正是土方，有下一辭可證。

(182) 上缺王固曰："虫求，其虫來娯，三至。"九日辛卯，允虫來娯自北蚁，妻姍告曰："土方牧我田，十人。"　　　　　　　　　　　　　菁・2

此言"自北"，"蚁"，與上一辭之蚁爲一地，而稱牧我田者正是土方，可知上辭征蚁之方，乃土方之省文了。妻姍，子嚍於"人物"條皆別有說。此兩辭可知者即蚁爲殷北之屬地，又與土方爲鄰，則土方亦在殷之北了。

在武丁時，東方的屬國有肅，與兒和井方爲鄰；西方的屬國有戉，與羌和苦方爲鄰。卜辭有：

(183) 上缺東肅告曰："兒白（即郳伯）下缺。"　　　　　　　後下・4・11
(184) 丙申卜，㕚貞：兒人下缺。　　　　　　　　　　　　前7・16・2
(185) 上缺三日乙酉缺虫來自東肅，乎旨告井方舌缺。　　　後下・37・2
(186) 甲午卜，亘貞：翌乙未翌日，王固曰："虫求，丙其虫來娯。"三日丙申允虫來娯，自東肅，告曰："兒下缺。"　　　　　　　　前7・40・2

"自東肅"猶言自東方的肅國。肅，疑即肅慎氏，爲殷時東方的屬國，《國語・魯語》云：

　　昔武王克商，通道於九夷百蠻，使各以其方賄來貢，使無忘職業。於是肅慎氏貢楛矢，石砮，其長尺有咫。先王欲昭其令德之致遠也，以示後人使永監焉，故銘其括曰"肅慎氏之貢矢"。

肅慎氏在殷爲諸侯，殷滅之後，不得不納貢於周室。肅慎之鄰有兒與井，兒即春秋時的郳國，左氏襄六年《傳》：

　　齊侯滅萊，遷萊於郳。

《正義》"郳即小邾"，地當今山東鄒縣，在殷東方，卜辭稱兒人，兒伯，可知爲殷之諸侯。井方亦見於骨臼刻辭，帚矛有八次之多（詳《帚矛說》），可徵與殷人關係的密切了。

戉是殷西的屬國，卜辭中多"命戉"及"戉來歸"的記載，由第三次掘獲之

骨版殘片,可知戋在西方。

(187) 缺婡自西戋,缺　　　　　　　　　　　　　　3・2・0001

戋又常受苦方的侵凌,如:

(188) 己巳卜,㱿貞:苦方弗允戋戋。　　　　　　　前7・8・1①
(189) 苦允戋戋。　　　　　　　　　　　　　　　戩45・15

戋亦常同羌人打仗,俘獲羌人,

(190) 貞:戋獲羌,　　　　　　　　　　　　　　鐵244・1
(191) 貞:戋不其獲羌。　　　　　　　　　　　　同上
(192) 貞:戋其搏伐。　　　　　　　　　　　　　鐵216・3

綜以上各辭,可以略知武丁時,殷人東,西,北三面的幾個屬國同鄰邦的位置,如下圖:

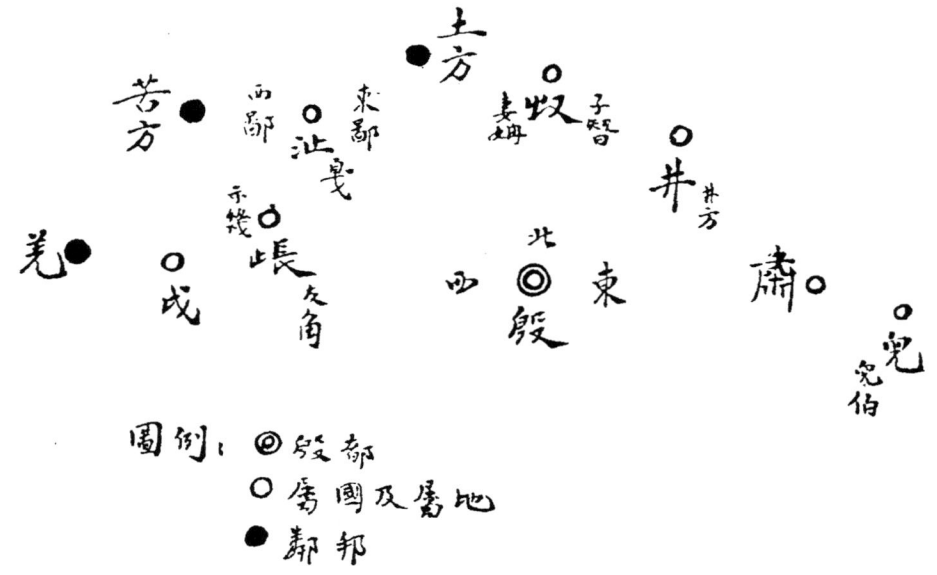

除了以上所列,還有不能推知地方的各國,而時代皆在武丁之世的,有

鬼方　(193) 乙酉卜,鬼方囚。五月。　　　　　　　　4・2・0010
見乘　(194) 丙戌卜,㱿貞:今春王從見乘伐下召,受㞢又。　鐵249・2
下召　見上辭。
蒙　　(195) 貞:今缺從蒙侯虎伐㕣方,受㞢又。　　　　前4・44・6

---

① 編者按:"7・8・1",原文誤作"77・8・1",今據實際出處徑改。

⌇方　見上辭。

中方　（196）貞：今春伐中方。　　　　　　　　　前 7・15・4

鬼方僅於吾人第四次發掘時一見，是否苦方的異名，尚待考證。其餘各國皆在何地，也待將來考證。以上爲可以推知是武丁時代之方國，不可知者，暫從闕。

乙，帝辛時的"正人方"

殷代末葉有一件重要的戰史，被史家湮沒遺闕了，這件戰史就是征人方。我們既已認定了殷虛遺物的包涵乃至帝辛之世，又殷虛之成因爲堆積廢毀而非漂沒（均詳"坑位"節），於是才發見帝辛時的征人方卜辭，及與征人方相關的各種遺物。在第四次發掘 E 區的一個坑裏有記着"征人方"的卜辭，來自海濱的鯨魚胛骨，刻着祀"文武丁"的鹿頭，和一個大象的下顎，這些有意義的堆積的各種遺物，使我們不能不承認它們有相互的密切的關係（參看附圖六）。

鹿頭刻辭的出土（圖六）

（1）鹿頭　（2）鯨魚胛骨　（3）象下顎骨　（4）牛胛骨

這裏就征人方的各種傳說，記載，卜辭，有關係的出土物，一一論述於次。

子，"紂克東夷"的傳說

春秋時代，有一種比較普遍的傳說，就是殷朝末年的東夷之叛和"紂克東

夷"。《春秋》昭四年《左氏傳》：

> 夏桀有仍之會，有緡叛之；商紂爲黎之蒐，東夷叛之。

昭十一年《傳》：

> 桀克有緡以喪其國；紂克東夷而隕其身。

以上，東夷背叛，紂克東夷的兩個傳說，一個是椒舉諫楚子的話，一個是叔向對韓宣子的話，而所舉都是紂與東夷的交涉，又同時用夏桀作陪，這故事是殷末的一件重大戰史，所以北至韓，南至楚，傳播得如此之遠。《呂氏春秋·古樂篇》也載有商人與東夷的故事：

> 商人服象，爲虐於東夷，周公以師逐之，至於江南。

商人爲虐東夷所服之象，有勞周公以師逐之，可見這殷人與東夷的戰爭在殷之末季。這些故事的素地，都包涵着一種重要的史實，不過因爲紂是亡國之君，所以就變成了"箭垛式"的罪人，"天下之惡皆歸焉"，所以各種傳說也隱隱中對他不表好意。可是我們不管他"叛之"也好，"隕其身"也好，"爲虐"也好，我們可以由此得知殷代末年的這些事蹟：

> 東夷曾在帝辛之世，背叛了殷人。帝辛曾征伐東夷，並且攻克了他。征東夷時曾服象。

《春秋》宣十二年《左氏傳》，稱"紂之百克而卒無後"。宣十五年《傳》，稱"恃才與衆，亡之道也，商紂由之，故滅"。這些都形容紂的暴虐，其實我們從所謂暴虐之中倒看出一些帝辛時代的武功之盛，"征人方"不過一種而已。

丑，銅器中"征人方"的記載

人方即是夷方，即是東夷。《說文解字》"夷，東方之人也，从大，从弓"。段玉裁注云"大象人形，而夷篆从大，與夏不殊，夏者中國之人也。从弓者，肅慎氏貢楛矢石砮之類也"。古文夷作𡰥，从尸，尸亦人字。《周禮》注"夷之言尸也者，謂夷即尸之假借也"。金文中東夷，淮夷，夷皆作𡰥。孫詒讓《古籀餘論》有論《史懋壺》云：

> 《王且尸方甗》云"王𠂤𡰥方"，𠂤當爲且，即祖之借字，𡰥當爲尸，讀爲夷。

又論《師酉敦》云：

> 鹵門𡰥，能𡰥，秦𡰥，京𡰥，鼻弓𡰥，五𡰥字舊並釋爲及，今諦審，似當爲尸字，即

夷之借字。後文《宗周鐘》南尸，東尸字作𡰥，與此正同。𡰥之爲尸，爲夷，於此可證，故夷方即是東夷。本所藏一銅器敦蓋有云：

　　虘東夷大反，伯懋父以殷八師征東夷。

夷正作𡰥。《殷文存》所錄《丁巳尊》，《般作父己甗》，皆有"人方"的記載：

　　丁巳王省夔京，王錫小臣俞夔貝，惟王來征人方，惟王十祀有五。肜日。

　　　　　　　　　　　　　　　　　　　　　　　　　　上卷二十六葉

　　王徂人方舞敎咸，王商作册般貝，用作父己障，來册。　　上卷十葉

從《丁巳尊》可知"征人方"在王之"十祀有五"，當是帝辛的十五年，而這兩件銅器也可確知是殷末之物了。

　　寅，鹿頭刻辭與征人方

第四次發掘殷虛在村北濱洹之地，發現了鹿頭的刻辭，這刻辭同坑出土的有刻着"王來征人方"的骨版（4·2·0025 文見下段），鹿頭可惜是殘缺了，文辭如此：

戊戌王蒿田缺**文武丁**，祊，缺**王來征**下缺

這刻辭的時期，有文武丁之祀，可以知道至早到帝乙之世，帝辛是更可能的。更從字形，書體來看，和卜辭中征人方正同，可見是同時之物，而末行正字下所缺的也當然可以是"人方"了。現在把金文，卜辭，鹿頭刻辭中"王來征人方"字比較如下：

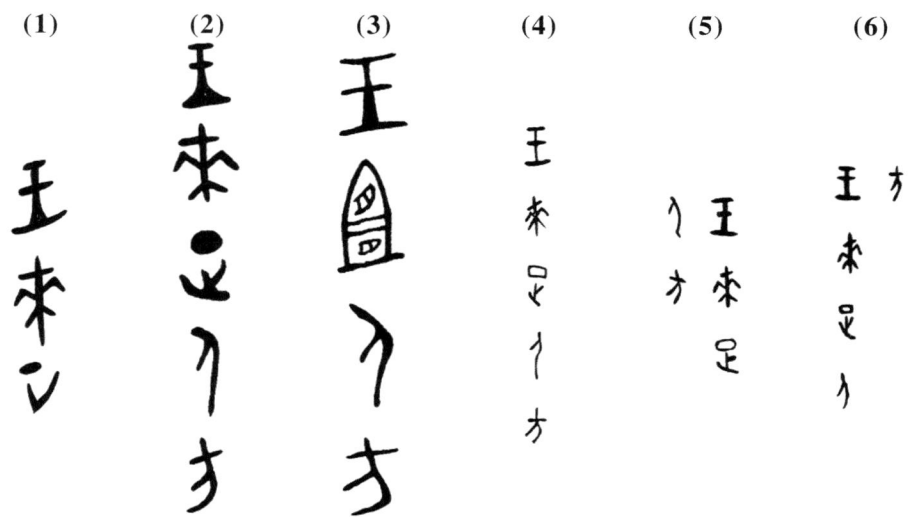

注：(1) 鹿頭刻辭　(2)《丁巳尊》　(3)《般作父己甗》　(4) 骨版上的卜辭前 2・15・3　(5) 龜版上的卜辭前 2・16・6　(6) 與鹿頭刻辭同坑之骨版卜辭 4・2・0025

鹿頭刻辭的出土情形（見圖六），是在一個鯨魚的肩胛骨的旁邊，中間又有巨象的下顎骨，而卜用的牛胛骨料也堆積在鯨魚骨的上面。看了這一幅鹿頭出土的寫真，可以知道他們相互間的關係，同時就可以這樣的解釋它們。這鯨魚的肩胛骨，無疑義的是得自海濱，不啻征人方所獲珍異的戰利品。這象的下顎骨，也許就是"服"以"為虐於東夷"的功象，因為它是服戰役而犧牲者，所以留作紀念。這並不算是附會，它們既然同在一坑，彼此就不能說是毫無關係了。

卯，"征人方"卜辭的排比

這可以說是帝辛時"征人方"破殘的史乘之一頁。由許多卜旬之辭，可以推知征人方的時間，前後在一年以上，以三塊有月份的卜辭為主幹，又以旬為單位，不使重複，依六旬之次而排比起來，其餘的可以聯貫的卜旬之辭也穿插其間，成為下表。這自然免不了錯誤與疏略，但是大體的輪廓已經有了，精密的研究與補正，皆有待於將來。（表 17）

(七月)	癸卯	(197) 癸卯卜,黃貞:王旬亡𡆥,缺來征人缺	
			4・2・0025,下同
	(癸丑)	(198) 缺卜黃下缺	
	(癸亥)	(此處應有一辭骨版原殘缺)	
(八月)	癸酉	(199) 癸酉缺貞:王旬缺𡆥,王缺征人方。	
	癸未	(200) 癸未卜,黃貞:王旬亡𡆥,王來征人方。	
	癸巳	(201) 癸巳卜,黃貞:王旬亡𡆥,王來征人方。	
九月	癸卯	(202) 癸卯卜,黃缺𡆥缺人下缺	同上,六辭共在一版
	(癸丑)		
	癸亥	(162) 癸亥卜,黃貞:王旬亡𡆥,在九月,征人方,在雇,彝。	
			前2・6・6
(十月)	(癸酉)	(203) 上缺黃缺𡆥缺征人缺	同上,在一版
	(癸未)		
	癸巳	(204) 癸巳缺湡倲缺王旬下缺	前2・16・6,下同
(十一月)	(癸卯)		
	癸丑	(205) 癸缺攸缺旬缺征下缺	
	癸亥	(206) 上缺攸缺王旬王來缺人方。	
十二月	癸酉	(207) 癸酉卜,在攸,泳貞:王旬亡𡆥,王來征人方。	
			同上,四辭共一版
	癸未	(208) 缺未王卜貞:旬缺𡆥,在十月又二,缺征人方,在舊。	
			前2・5・1
	癸巳	(209) 癸巳卜,黃貞:王旬亡𡆥,在十月又二,征人方,在湡。	明氏藏片,下同
正月	癸卯	(210) 癸卯卜,黃貞:王旬亡𡆥,在正月,王來征人方。于攸侯喜鄙,永。	
	(癸丑)	(211) 上缺在正月,王來征人方,在攸。	同上,三辭共一版
	(癸亥)		
二月	癸酉	(212) 癸酉卜在攸,黃貞:王旬亡𡆥。	徵地・9
	(癸未)		
	癸巳	(213) 癸巳卜貞:王旬亡𡆥,在二月,在齊倲,惟王來征人方。	
			前2・15・3

（三月）	癸卯	（214）癸卯卜缺旬下缺	同上，二辭共一版
（癸丑）			
	癸亥	（215）癸亥缺貞：旬缺王來缺人缺	後上・31・8
（四月）	癸酉	（216）癸酉王卜貞：旬亾㞢，王來征人方。	同上
	癸未	（217）癸未王卜貞：旬亾㞢，王來征人方。	
			龜1・1・10，與上一版可合，下同
	癸巳	（218）癸巳，王卜貞：旬亾㞢缺征下缺	
（五月）	癸卯	（219）癸卯，王卜缺旬下缺	同上，三辭爲一版
（癸丑）			
（癸亥）			
（六月）	（癸酉）		
	（癸未）		
	癸巳	（160）缺巳，王卜貞：旬亾㞢，王乩缺月，在齊歙，惟王來下缺	
			前2・15・5

此表雖然所集的十塊卜辭，不一定要在一年，但是這個排比，也有一種線索，可以聯貫下來，如七，八，九月的貞人是黃，十二月與正月同在一版，二月也見於卜辭，三月以後所列，皆是王親卜貞之類。

辰，征人方所至之地

觀前節，征人方的期間，依旬計之，至少也有一年之久，即自第一年的七月至第二年的六月，至於征人方所到的地方，據前表所列，也有五處可考，更列一簡表如下：（表18）

月	日	所在地	月	日	所在地
（七月 八月）		（？）	正月	癸卯	攸
九月	癸亥	雇		（癸丑）	攸
（十月）	癸巳	濔	二月	癸酉	攸
（十一月）	癸丑	攸		癸巳	齊
	癸亥	攸	（三月）		（？）
十二月	癸酉	攸	（四月）		
	癸未	舊	（五月）		
	癸巳	濔	（六月）	癸巳	齊

表中所列各地，除舊之一地不可知外，其餘可以考知者皆在山東境内。如：

齊　周武王封太公望於齊，初都營邱，即今山東臨淄縣地。

雇　卜辭从鳥从户，作鳫，鳥隹同文，當作雇，疑即古顧國。《詩·商頌·長發》"韋顧既伐，昆吾夏桀"。朱右曾《詩地理徵》"《左傳》哀公二十七年，'公會齊侯邾子，盟於顧'。杜預云齊地，即此"。《國語·鄭語》"祝融後八姓，己姓昆吾，蘇，顧"。可知顧爲古國，故地在今山東范縣東南五十里。

攸　王襄《簋室殷契徵文·考釋》地望十九，釋𠂇爲古攸字，亦即條之媘文，舉漢畫何篠題字作匜，攸即條之媘（説詳原考），疑攸即鳴條，其説甚是。《孟子》"舜生於諸馮，遷於負夏，卒於鳴條，東夷之人也"。是鳴條原屬東夷之地。焦循《正義》"《書序》云'伊尹相湯伐桀，升自陑，當與桀戰於鳴條之野，作《湯誓》。夏師敗績，湯遂從之，遂伐三朡，俘厥寶玉，誼伯仲伯作《典寶》'，《後漢書·郡國志》'濟陰郡定陶縣有三鬷亭'，三鬷即三朡，由鳴條遂伐三朡，則鳴條當亦不遠"。定陶在今山東濟寧道，鳴條或即在其左近。

鬲　卜辭从鬲从火从水作𤈮，𤈮當同鬲，疑即鬲水合文。鬲水當即鬲津，爲古九河之一。《尚書疏》"李巡曰，河水狹小，可鬲以爲津也，在鬲縣"。鬲縣古鬲國，《春秋》襄四年《左氏傳》"靡奔有鬲氏"即其地。後屬齊，爲鬲邑，故城在今山東德縣北。

以上各地，皆在山東境内，殷之東方，可徵爲征人方必至之地。關於殷卜辭中地名，當以古籍中異名，詳加參證，作系統的整理，如田遊之辭，言某日至某地，步于某地，踐于某地，入于某地，皆可由日期多少計行程遠近，以見兩地距離若何，並以今地證之，乃能真確。此僅就可以考見者，舉以爲例，姑備一説而已。

六，人　物

殷虚卜辭所包涵的時期，如果能詳密的分割，不但方國的關係每代不同，就是各時期的人物如史官，諸侯，臣僚，也都有所隸屬。這同分期研究是互爲因果的，能分時期，則各代的人物，自然成一個團體；反之，由人物的相互關係，也可以證明他們時代。"方國"同"人物"兩項，本是全部卜辭整理就緒之後才可以專門研究的問題，這裏一面把人物作爲斷定時期的標準，一面也就是專類分期研究的一種嘗試，所以材料的不完全，方法的不周密，也在所不計了。

人物，各時都有不同，暫舉史官，諸侯，小臣三項，更以武丁時的幾個特別的人物爲例，以見一斑。

甲，各時期人物的不同

子，史官

在"貞人"章中，我們已經證明了貞人就是史官，這裏把各期的史官，已知的分述於下：

第一期，武丁時的史官，共十二人。

殼 亙 永 賓 㱿 韋 㞢 㕣 夕 㠯 箙 史

第二期，祖庚祖甲時的史官，共七人。

大 旅 即 行 口 兄 出

第三期，廩辛康丁時的史官，共九人。末三人是前一期老的史官。

逆 ? 卯 宁 狀 彭 兊 口 旅

第五期，帝乙帝辛時的史官，共二人。

黃 泳（見辭 197，207）

五個時期中，第四期卜辭不錄貞人，所以也不見史官的名子，五期甚少，一，二，三期較多，大致是如此。當時的史官，可以考知的如韋同彭，都是當時的侯伯，今本《竹書紀年·武丁紀》，"四十三年，王師滅大彭"，"五十年，征豕韋，克之"。《國語·鄭語》"大彭豕韋，爲商伯矣"。武丁時，曾滅了大彭，征服了豕韋，所以在武丁之世，就有了韋爲史官，廩辛之世，更有彭爲史官，可見在其國則爲諸侯，在王朝則爲卿士，有時也作貞卜記事的史官了。

丑，諸侯

商代封建制度已同於周，《殷本紀》載湯時"諸侯畢服"。"伊尹攝行政當國以朝諸侯"，以後"殷道衰，諸侯或不至"。盤庚時，"殷道復興，諸侯來朝"。紂時"百姓怨望而諸侯有畔者"。《孟子》亦稱"武丁朝諸侯有天下"。殷時，方國已甚多，國各有君侯，見於卜辭者，舉蒙侯虎，攸侯喜爲例。

（220）戊戌卜，殼貞：王曰，"侯虎，往！余不燕，其合氏乃事，歸"。

（221）戊戌卜，殼貞：王曰，"侯虎毋歸，御"。

殷爲武丁史官，知侯虎亦武丁時人。侯虎乃蒙（☒釋蒙，從丁山説）國之君，有時也稱蒙侯虎，並舉其國名（見"方國"章辭195）。

攸侯喜已見辭（210），乃帝辛時人，帝辛征人方嘗至其國，有時亦省國名，但稱侯喜。

(222) 甲午王卜貞：_缺步从侯喜_缺右，不苜戋，_缺在庚，王乩曰_{下缺}

前 4・18・1

此辭以文法及王親卜貞證之，也當是帝辛時物。

以上兩例，都是時代可以確定的。其餘，如杞侯在武丁時作杞（後下・37・5），到帝辛時便作異侯（前2・2・6），杞，異，古今異字，便易誤認爲兩國，這些關係，和其他諸侯的時代，都留待將來研究，此處不再討論了。

寅，小臣

卜辭中嘗見"小臣"的記載，下面書着小臣的名子。《殷虚書契考釋》下，《禮制》第七有小臣一條云：

> 《周禮・夏官》有"小臣掌王之小命，詔相王之小法儀，及王之燕出入，及大祭祀，小祭祀"。以其職掌觀之，殆與卜辭之小臣略同矣。（增訂本下63, 64葉）

小臣對於大臣而言，伊尹爲有莘氏媵臣，出身微賤，戰國時有以"割烹要湯"的傳説，所以也稱他爲小臣，《楚辭・天問》"成湯東巡，有莘爰極，何乞彼小臣而吉妃是得？"王逸注："小臣謂伊尹也。"卜辭中小臣，有掌車馬者，有奉祭祀者，依時代分舉如下：（表19）

時 期	小臣名	所見之版	定時期的標準
武丁	小臣古	菁・3	貞人㱿
	小臣从	北大國學門藏	正面有貞人史
	小臣黍	前 4・30・2	大，米，ᒋ等字形可證
	小臣中	前 4・27・6，又前 7・7・2	肖字可證
祖甲	小臣俫	3・2・0772	玉，帚，ᒋ字形可證
廩辛，康丁	小臣囨，立	3・2・0545	貞人彭
		3・2・0712	同上版
	小臣取	3・2・0875	貞人允
	小臣麋	3・0・0314①	貞人狄

---

① 編者按："3・0・0314"，原文誤作"3・6・6314"，今據實際出處徑改。

續表

時　　期	小臣名	所見之版	定時期的標準
帝乙，帝辛	小臣𗊲	前 4·27·2	王作𤣩，在帝乙後，下同
	小臣吉	前 4·27·3	
	小臣醜	龜 2·25	
	小臣𗊲	前 2·2·6	

乙，武丁時代的人物

子，武丁的師傅

先說武丁的老師甘盤。《尚書·君奭》：

> 公曰："君奭！我聞在昔成湯既受命。時則有若伊尹，格於皇天；在太甲，時則有若保衡；在太戊，時則有若伊陟，臣扈，格於上帝，巫咸乂王家；在祖乙，時則有若巫賢；在武丁，時則有若甘盤。率惟茲有陳，保乂有殷，故殷禮陟配天，多歷年所。"

這是周公告召公的一段故事，所舉殷代賢臣六人，伊尹，巫咸皆見於卜辭，伊尹或單稱曰伊，巫咸則作咸戊（詳王靜安《古史新證》）。據分期整理的結果，武丁時代有"師盤"其人，我以為也就是甘盤。偽《書·說命》云：

> 王曰："來，汝說！台小子舊學於甘盤，既乃遯於荒野，入宅於河，自河徂亳，暨厥終罔顯。"

疏云："舊學於甘盤，謂為王子時也。"《史記·魯周公世家》《集解》引鄭曰："為其父小乙將師役於外也。"又引馬曰："武丁為太子時，其父小乙使行役有所勞苦於外。"可知《說命》所謂遯野，入河，徂亳，不無史實為之背景，而"學於甘盤"一事，也有相當的真實了。《漢書·古今人表》於商代列有甘盤，在上中欄，注"師古曰，武丁師也"。這也同說命所述為近，《說命》稱"學於甘盤"，此稱"武丁師"，必有所本。卜辭中甘盤正作師盤。稱師，如呂尚稱"師尚父"，以示尊崇賢臣之意。卜辭師作𠂤，盤作般，與盤庚之作般同。據現在所見而可定為武丁時的卜辭者，有以下各辭：

(223) 貞：王命師盤。　　　　　　　　　　　　　　　卜·705

(224) 貞：命師盤从_缺東　　　　　　　　　　　　龜1·28·3

(225) 命師盤。　　　　　　　　　　　　　　　　　　鐵24·3

(226) 庚午卜，韋貞：乎師盤出王于下缺　　　　　　　凡將齋藏片
(227) 戊辰卜，賓貞：乎師盤祭大下缺　　　　　　　　後上・11・7
(228) 貞：乎師盤。　　　　　　　　　　　　　　　　徵・人・64
(229) 乎師盤取。　　　　　　　　　　　　　　　　　前1・48・4
(230) 壬戌卜，賓貞：師盤。　　　　　　　　　　　　徵・人・65
(231) 貞：今二月師盤至下缺　　　　　　　　　　　　徵・人・66
(232) 貞：師盤氏缺勿于缺章。　　　　　　　　　　　徵・人・67
(233) 貞：師盤其㞢囚。　　　　　　　　　　　　　　北大國學門藏片

由命，乎，祭，至等事，可證師盤爲生人；由王字，干支字，貞人韋，賓等，可證師盤爲武丁時人；由稱謂如父，母，兄皆對時王而言，則師當爲時王之師，可證師盤即武丁之師甘盤了。所謂"命師盤"，也見於今本《竹書紀年》，《紀年》載：

　　武丁　元年，命卿士甘盤。

乎即評，即評詔之意，卜辭兩見"乎師盤"，三見"命師盤"，可知師盤確曾立於武丁之朝，並且受他的詔命了。一個時期的人物，見於卜辭的本屬偶然之事，竟有甘盤其人，足爲武丁時代信史添一新證，不可謂非契文研究的過程中，一件小小的幸事了。

卜辭中不但有武丁時的甘盤，並且有武丁時的傅說。一朝的良師賢傅，在三千年下，重復會面於殘甲斷骨片上，不能不推丁山先生發見之功。他認識了卜辭中的𤕫爲癙，舉了占夢之辭二十餘條（詳本所《集刊》一本二分《說冀》附錄二《釋夢》245—247葉）。又舉《殷虛書契菁華》第六葉𤕫，謂即夢父合文，疑即傅說，其說云：

　　癙父應作人名解，《尚書序》言"高宗夢得傅說，使百工營求諸野，得諸傅巖，作《說命》三篇"。今偽《說命》曰"王宅憂，亮陰三祀，夢帝賚予良弼，其代予言"。《殷本紀》亦謂"武丁夜夢得聖人，名曰說，以夢所見，視羣臣百吏，皆非也。於是乃使百工營求之野，得說於傅險中，舉以爲相，殷國大治"。癙父，豈猶伊尹之稱保衡，師保之稱保父，亦傅說之尊稱與？

丁山先生的見解極對，所惜的是證據薄弱。我在初以貞人定時代的時候，曾跑去告訴他，《菁華》中有夢父的卜辭，貞人㱃和𠬝，正是武丁時代的史官，是幫助他的夢父即是傅說說成立的一個絕好的證據。傅說疑即父說，傅，從專，從甫，從

父,與父本是一字,古者尊師如父,故名爲傅。太公之稱尚父,即是一例。我們既知道父即是傅,就可以知道夢父即是夢傅了。傅説之來,由於一夢,所以呼爲夢傅。是夢父之稱,在武丁時代,舍傅説別無他人了。殷人卜夢,確有其事。關於武丁夢得傅説的傳説甚多,如《國語‧楚語》:

> 如是而又使以象夢求四方之賢聖,得傅説以來,升以爲公而使朝夕規諫。
>
> (《叢刊》本卷十七,十三葉)

更合以僞《説命》,《史記‧殷本紀》,《書序》的記載,可知殷高宗寱得傅説的傳説,是如何的普遍了。至於尊之爲父,名之曰夢,並非不可能者,《史記‧齊太公世家》稱:"西伯將出獵,卜之,曰'所獲非龍非彲,非虎非羆,所獲霸王之輔'。於是周西伯獵,果遇太公於渭之陽,與語大説,曰:'自吾先君太公曰"當有聖人適周,周以興"。子真是耶!吾太公望子久矣。'故號之曰太公望。"因爲太公望之,就可號之曰太公望,那末因寱而得的賢傅,號曰寱父,當然也算不得離奇了。

卜辭所見寱父凡三處,皆大字,長篇,載在《殷虚書契菁華》中。分舉如下:

(234) 癸酉卜,殼貞:旬亾囚,王二告王固曰"俞!屮求屮寱父"。五日丁丑,王賓中丁,示降,在客阜。十月。　　　　　　　　　　　菁‧3

(235) 癸丑卜,㱿貞:旬亾囚,王固曰"屮求屮寱父"。甲寅,允屮來媸,又告曰"屮往㚔自盜,十人屮二"。　　　　　　　　　　　　　　　　菁‧5

(236) 王固曰"屮求屮寱父,其屮來媸"。七日己丑,允屮來媸自缺戈缺乎缺方征于我示下缺　　　　　　　　　　　　　　　　　　　　　菁‧6

卜辭中有不易索解者如"屮求"(缺姑釋求,未確)一語。下多接"其屮來媸",《菁華》中各版略同,言"其有成人來"之意。上列辭(234)有"王固曰俞"之語,如《尚書‧堯典》"帝曰俞!往,欽哉!"俞乃命令臣下的發語辭,《史記》作然,此俞下即接稱寱父,當是命寱父之語。辭(235)"又告曰"當是寱父來媸所告,與他辭言某國某人來媸報告,文例相同。辭(236)也是寱父來媸報告征伐之事。觀以上三辭,可以大略知道的:一,是命寱父從王去祭祀中丁,是十月的丁丑日,在客阜那地方。一,是寱父來媸報告,有十二人從盜往㚔的事。一,是寱父來媸報告鄰國征伐的事。這與寱父有關係的三辭,兩件是征伐(㚔牧也屬於征伐),一件是祭祀,"國之大事,惟祀與戎",所以都要謀之寱父的。

丑，武丁的妻子

1，妻妌

從稱謂裏，可以知道一切稱呼皆對時王的自身而言，如上文的師，傅，第二章所舉祖，妣，父，母等的稱謂，皆可爲證。由此可以推知所謂妻同子，當然也是時王的妻，子了。

武丁時代稱妻者有妻妌，已見於卜辭（182），這裏應該補充一下說明一個妻字。辭中的妻字作󰀀，各家多認爲敏，葉玉森先生獨釋爲妻，他在《說契》中妻字條云：

契文（妻）作󰀀，󰀀，󰀀，从女首戴髮，从又或二又，蓋手總女髮，即妻之初誼。總髮者，使成髻施笄也。

其説甚是。妻妌，乃武丁之妻，或因爲妌國之女故名曰妌。由書體，字形，及妌之見於骨臼刻辭，皆可確證爲武丁時人。妻妌與子𦥑是母子，已見於辭（182）及（181），這裏再演述一遍：

（癸未）這一旬的第九天辛丑，從北方𦥑這地方來了戍人，是妻妌派遣來的，報告説："土方牧我們的田，來的是十個人。" 菁·2（辭182）

（丁巳）的第四天庚申，也有戍人來，是從北方來的，是子𦥑派遣的人，報告説："甲辰那一天，（土）方來征，到𦥑這地方，虜去了十五個人。第五天戊申，（土）方又來了，這一次虜去十六個人。" 菁·6（辭181）

由這兩辭我們可以知道𦥑是殷北的一個地方，是妻妌所在，也是子𦥑的防地，這裏常受到土方的侵凌。妌同𦥑，她母子們是在北方戍邊的。

在骨臼刻辭中，也記載着帚妌矛的事體，如：

(237) 缺帚妌缺矛。 甍。 龜1·21·17
(238) 甲子，帚妌示三矛。 小甍。 國學門藏片
(239) 甲子，帚妌示四矛。 小甍。中。 後下·27·10
(240) 丁卯，帚妌示二矛。 岳。 徵·典·6·43

帚矛即是歸矛，乃是餽送兵器的記載，妌是同着子𦥑在守邊的，所以送兵器給她，三次共有九件之多。甍，小甍，中，岳，都是武丁時記事的史官，在帚矛的記載之後，簽着他們的名子。

武丁之妻，當然不止妌一個人，據後世的祀典，我們知道同他合祭的嫡妻已

有三人，是

　　妣辛，妣戊，妣癸。

姘是否這三人中之一，便不可得知了。

　2，武丁的二十個兒子

　　如果我們斷定時代的標準不錯，就可以知道的，至少也有二十個是武丁的兒子。

　　（一）子漁　（二）子央　（三）子戠　（四）子暜　（五）子豐　（六）子妊（七）子吉　（八）子弓　（九）子效　（十）子萅　（十一）子弢　（十二）子寅（十三）子誩　（十四）子定　（十五）子白　（十六）子亦　（十七）子妖　（十八）子鬲　（十九）子雝　（二十）子麇

子作♀，即辰巳之巳，在殷代亦確爲子孫之子。如毓字所从之古爲倒子形，即是一例。子爲兒子，則稱子某者，對國君言，當然就是他的兒子了。子下一字，譯爲今文，姑從一說，以便書寫，詳細考訂，待之將來。現在把武丁的二十個兒子，一一列叙於次。

　（一）子漁

（241）貞：宙子漁登于大示。	後上・28・11
（242）貞：乎子漁出于祖乙。	前5・44・5
（243）貞：子漁出于祖丁。	戩4・13
（244）缺貞：子漁出冊于娄，酒。	鐵264・1
（245）貞：子漁出冊于缺	鐵231・1
（246）貞：子漁出于父乙。	前1・25・2
（247）貞：翌乙未，乎子漁出于父乙，牢。	徵・帝・186
（248）壬申卜，賓貞：乎子漁出于缺	鐵184・1
（249）貞：翌乙未，乎子漁出于父乙。	遺2・5
（250）乙巳酒，子漁其缺	鐵265・3
（251）貞：御，子漁于父缺	鐵124・3
（252）貞：御，子漁下缺	前7・13・3
（253）子漁出｛	鐵242・3
（254）子漁勿出缺	前5・45・3
（255）貞：勿缺子漁缺	徵・人・90
（256）子漁出从，	戩43・9　鐵253・2同
（257）子漁出从，	前5・44・3

(258) 貞：子漁凶其从。　　　　　　　　　　　　　　　　後上・27・2

(259) 貞：子漁眔隹_缺　　　　　　　　　　　　　　　　前7・9・1

(260) 丁亥卜貞：子漁其㞢疾。　　　　　　　　　　　　　前5・44・2

(261) 丁_缺貞：子漁凶疾。　　徵・人・89（與上一版相對稱可合，龜腹甲）

(262) 癸巳卜，㱿貞：子漁疾，臣福告于父乙。　　　北大國學門藏片

子漁，也許就是武丁的嫡長子，他的時代是從貞人㱿，賓，和祭祀父乙可以看得出來的。祭祀時要他參加，如"登于大示（大宗）"，㞢于祖乙，祖丁，父乙，酉于娥等等；王出門的時候，也要他侍從（辭257同版有"貞于翌庚申，出"之辭，可知"㞢（有）从"即从王出行），可見他是王所親近之人。在有一年的三月丁亥，他有疾了，爲他穆卜，又在他病了的七日之後癸巳這一天，命他的家臣禱告於父乙，這很像後來的《金滕》故事，武王有疾，二公要爲王穆卜，周公却植璧秉珪，告於太王，王季，文王，並且祝告說"惟爾元孫某遘厲虐疾"云云。父乙，乃武丁之父小乙，武丁之子子漁，正是他的元孫了，這子漁有疾，臣福告於父乙，真也有些和《金滕》的故事相像了。子漁的事蹟，在卜辭中可知者如此。

（二）子央

(267) 貞：今癸巳_缺子央_缺于妣_缺　　　　　　　　　　前6・19・7

(268) 乙卯卜，亘貞：今日王至于㪤，夕酒，子央于父乙。　鐵196・1

(269) 貞：御子央于父乙　　　　　　　　　　　　　　　鐵272・2

(270) 貞：酒，_缺央御于父_缺　貞勿酒，子央御　　　徵・人・13

(271) 貞：來乙巳酒，子央_缺　　　　　　　　　　　　徵・人・12

(272) 貞：御子央于父（？）甲。　　　　　　　　　　　前6・19・6

(273) 丙申卜貞：翌丁酉用，子央歲于丁。　　　　　　龜1・20・3

(274) 癸未卜，㱿貞：子央觀，其㞢_缺　　　　　　　龜1・20・4

(275) 癸巳卜，㱿貞：旬凶囚，王固曰："乃茲亦㞢求若偁。"甲午，王逐兕，小臣古駕馬，𢦔駁王車，子央亦隨。　　　　　　　　　　　　菁・3

孫詒讓《契文舉例》上第二十九葉云："𢆉當即央字，《說文》冂部，'央，中也，从大在冂之内，大人也，央㫄同意，一曰久也'。金文《虢季子白盤》，作𢆉此與略同。子央當亦人名。"今從孫釋。子央的時代亦由貞人亘，㱿，㱿及祀父乙，可定爲武丁之世。他也是武丁的嫡子，所以也常奉祭祀，歲于丁，酒或御于父乙，有時也隨王出去狩獵。

（三）子𢦔

(276) 貞：御子𢦔于妣乙。　　　　　　　　　　　　　　鐵 209·4

(277) 丁巳卜，賓御，子𢦔于父乙。　　　　　　　　　　鐵 254·2

(278) 賓御子𢦔于兄丁。　　　　　　　　　　　　　　　同上

(279) 壬戌貞：乎子𢦔㞢于貴，犬。

　　　　　　　　　　　　　　　　餘 4·1（餘，《鐵雲藏龜之餘》簡稱，下並同）

(280) 乎子𢦔㞢于貴，㞢犬㞢羊。　　　　　　　　　　　同上

《契文舉例》卷上，二十九葉云："𢦔字从大从戈，字書無此字。攷《說文》大部'𢦔，大也。从大，或聲，讀若詩戴戴大猷'。疑此从大，从或省聲，於字例亦得通也。子𢦔當亦人名。"今從孫釋。子𢦔時代之證，即使他爲父乙，兄丁，妣乙之御，三人皆武丁時所祀，是子𢦔也是武丁的嫡子。

以上三人，皆曾爲父乙之御（辭 251，269，277），此爲大可注意之一事。"御"之義，《詩·小雅》"飲御諸友"《傳》"進也"。箋云"御，侍也"。卜辭云御，云㞢（㞢多作有字解），猶言有事于某，或進侍于某，疑皆爲祭祀之尸。《禮器》稱"殷坐尸"，是殷人祭祀有尸。《曲禮》"禮曰君子抱孫不抱子，此言孫可爲王父尸，子不可以爲父尸"。《曾子問》云"尸必以孫"。《祭統》云"夫祭之道，孫爲王父尸"。從這些記載裏，可知殷人有尸，而尸之法是以孫爲王父之尸，上面子漁，子央，子𢦔三人，皆是武丁之子，小乙之孫，小乙爲其王父，是此三人皆可以作父乙之尸了。由此更可以推知云"㞢"，云"御"，必有爲尸之意，而三人者亦皆武丁之嫡子了。餘詳次節。

（四）子晉

(181) 四日庚申，亦㞢來嬉自北，子晉告曰："昔甲辰，方征于奴，俘人十㞢五人。五日戊申，方亦征，俘人十㞢六人，六月。在缺"　　菁·6（重引）

(281) 上缺㞢來嬉，八日庚申缺告曰晉。　　　　　　　前 7·18·4

(282) 丁亥卜，殷貞：晉啇𢎨于𢎨。　　　　　北大國學門藏片（與 262 同版）

辭（181）已見"方國"章，晉字殘下半，作𢎨，由（281）（282）兩辭作𢎨又爲同時人名，可知𢎨下所缺爲𢎨，當與𢎨爲一字。子晉時代，由貞人殷，及大字書體可證爲武丁時人，且爲妻姍之子。

（五）子豐

(283) 癸丑卜，𢎨貞：旬㠯囚。三日乙卯，㞢嬉，單丁人豐夛于录缺丁巳𢎨子

豐今缺鬼亦得疾,下缺 　　　　　　　　　　　　　　　　菁·5

　　（284）壬寅帚豐示二矛。 岳。　　　　　　　　　　徵·典·40
　　（285）庚申帚豐示□矛。 岳。　　　　　　　　　　龜2·21·16
　　（286）自[?],己未帚嬞示一矛。 叜。　　　　　　　前6·28·5
　　（287）壬子帚嬞示一矛。 叜。　　　　　　　　　　歷史博物館藏片

由辭（283）貞人𠱠，及下四例骨臼刻辭史官岳，叜，皆可證子豐爲武丁時人。刻辭中加女旁者多與不加者同，如井與妌，豐與嬞，皆是。

　　（六）子妊

　　（288）缺妊三至。缺㞢來媸,畢缺子妊下缺　　　　　餘3·1①
　　（289）缺帚妊缺矛。 叜。　　　　　　　　　　　　卜·2349

叜爲武丁史官，"來媸"武丁時事，皆可證子妊時代。

　　（七）子吉

　　（290）丙申卜,亘貞:子吉不缺　　　　　　　　　前6·52·2
　　（291）癸亥卜,殼貞:旬亡𡆥。王固缺其亦㞢來媸,五日丁卯,子吉蠅不丼。
　　　　　　　　　　　　　　　　　　　　　　　　　菁·4

吉作[?]，與自形近，姑釋爲吉。子吉由貞人亘，殼可斷爲武丁時。

　　（八）子弖

　　（292）癸巳卜貞:命絫畢,子弖歸。六月。　　　　前6·52·1
　　（293）癸卯卜,殼貞;旬亡𡆥。王固曰"㞢求,其㞢來媸"。五日丁未,允㞢來媸,[?]御缺自弖圍六人。　　　　　　　　　　　　菁·1

子弖時代，由貞人殼可定。

以上自子𦣞至子弖五人，疑皆爲武丁將師在外者，子𦣞是不必說的，子豐，子妊，子吉，子弖，都曾記載過關於他們"來媸"之事，可見他們都是戍役在外。豐和妊，又有"帚矛"的記載，更可證他們是掌着兵柄。辭（292）記子弖歸，也可證他不在王朝。諸如此類，可知至少武丁的兒子，有此五人是將兵在外的。武丁是受過勞苦的人，在他幼年曾經久勞於外，爲他的父親小乙將師役（見上節"乙，子"），所以他也把自己兒子，如法炮製，使他們戍守邊疆，去執干戈，衛社稷。

---

① 編者按:"3·1"，原文誤作"2·1"，今據實際出處逕改。

（九）子效

　　（294）丁卯卜，㱿貞：命子效牢于▢。　　　　　　　鐵 22・4

　　（295）己丑卜，子效，㱿，在🝖虎獲。　　　　　　北大國學門藏片

　　（296）丙寅卜，子效不其羌。　　　　　　　　　　　鐵 59・1

　　（297）丁酉卜，子效毋其▢。　　　　　　　　　　　鐵 164・1

　　（298）丙寅卜，子效臣曰隹。　　　　　　　　　　　鐵 175・1

由㱿爲貞人，可謂子效在武丁時。稱"命子效"，可知他也是在王朝供職的。

（十）子春

　　（299）貞子春不死。　　　　　　　　　　　　　　　後下・29・7

子作🙹，不作🙺，皆第一期武丁時字體。死作丼，从丁山釋。

（十一）子弢

　　（300）癸未卜，㱿貞：旬亡囚。王固曰"往，乃茲㞢求"。六日戊子，子弢死。一月。　　　　　　　　　　　　　　　　　　　　　　菁・3

弢作🙹，由貞人可證時代。

（十二）子寅

　　（301）己卯婁子寅入俎，羌十。　　　　　　　　　　菁・3

同版貞人㱿，可證武丁時。

（十三）子䜌

　　（302）丙戌卜，賓貞：子䜌其凶囚。　　　　　　　　鐵 151・1

　　（303）貞：子䜌㞢王▢　　　　　　　　　　　　　　徵・人・94

　　（304）翌乙酉，乎子䜌酒，伐于父乙。　　　　　　　徵・帝・184

　　（305）乙酉卜，內貞：子䜌戈堪方。　　　　　　　　前 5・13・1

《契文舉例》云"🙹似从辛，从丙，然古無此字。竊疑當爲䜌之變體，《說文》言部'䜌，競言也。从二言'。龜文簡易，變兩口爲🙹，義亦得通"。今從其說。賓，貞人，可證子䜌在武丁時。

（十四）子定

　　（306）翌癸亥，子定歸。　　　　　　　　　　　　　鐵 78・4

　　（307）隹辛▢乎▢定。　　　　　　　　　　　　　　鐵 96・1

(308) 貞，出來定，帚好，不隹母庚。　　　　　　　　　　　　　鐵 261・1

母庚，即小乙配妣庚，爲武丁母，此稱母庚，在武丁世。定作 ▨，《契文舉例》說之云："▨ 即古文正字，從宀，從正，當即定字。然從 ▨ 即卪形與邲字同，此疑爲邑之省，古都邑名多增邑形，或古有此字也。"今從其說，姑釋定。

（十五）子白

(309) 缺亥卜，亘貞：畢缺爵缺子白。　　　　　　　　　　　　　前 5・15・2

亘，爲貞人，可證子白在武丁之世。

（十六）子亦

(310) 缺敵貞：雀凶囚，缺取射子亦。　　　　　　　　　　　　　前 5・41・8

敵爲貞人，可證子亦在武丁之世。

（十七）子妖

(311) 貞：乎▨途子妖來。　　　　　　　　　　　　　　　　　前 6・26・5

同版有"貞王狩"，王作 ▨，可證爲武丁時。

（十八）子鬲

(312) 丙寅卜，賓貞：子鬲辟缺　　　　　　　　　　　　　　　　後下・8・1

（十九）子雛

(313) 丁丑卜，賓貞：子雛其御，王于丁妻二妣，以食羊三，用羌十。

　　　　　　　　　　　　　　　　　　　　　　　　　　　　北大國學門藏龜版

由賓爲貞人，可證子鬲子雛皆在武丁之世。

（二十）子麋

(314) 癸丑卜，永貞：旬缺五日丁巳，子麋井。　　　　　容希白先生藏拓本

永爲貞人，可定爲武丁時。

以上二十人，均稱子某，又在武丁世，可以推知他們都是武丁的兒子。但武丁的兒子當猶不止此數，當時之載在卜辭者不過其中的一部分，而卜辭中除了現在未發見的以外，尚有不能確定時期的二人：

　　子育　(315) 貞子育缺　　　　　　　　　　　　　　　　　　後下・27・9
　　子▨　(316) 壬子卜貞，翌庚，子▨其見　　　　　　　　　　　龜 1・4・11

這兩人因時代未能確定，姑附於此。

3，祖己祖庚祖甲的故事及其比附

武丁的兒子，見於載籍的只有三人，就是祖己（孝己），祖庚，祖甲，現在分別叙述於下：

（一）祖己　見於卜辭中的祖己，是祖庚，祖甲之兄，即《漢書·古今人表》所列之孝己（《人表》中祖己似別是一人，即《高宗肜日》之祖己，爲商臣）。孝己，在祖庚祖甲時，祭祀稱兄己，廩辛康丁時，祭祀稱父己，稱祖己則在武乙以後。在故籍中，多稱孝己，實即一人。孝己的故事，流行春秋戰國之際，與虞舜，曾參，閔子騫，並以孝行見稱於當世。

> 孝己愛其親，天下欲以爲子。　　　　　　　　　　　　（《戰國策·秦策》）
>
> 孝己事親，一夜而五起，視衣厚薄，枕之高下也。　　　（《尸子》）
>
> 今有人於此，孝如曾參，孝己；信如尾生高；廉如鮑焦，史鰌。
>
> 　　　　　　　　　　　　　　　　　　　　　　　　　（《戰國策·燕策》）
>
> 天非私曾，騫，孝己而外衆人也，然而曾，騫，孝己，獨厚於孝之實而全於孝之名者何也？以綦於禮義故也。　　　　　　　　　　　　　　（《荀子·性惡篇》）

以上皆言孝己能孝其親。

> 人親莫不欲其子之孝，而孝未必愛，故孝己憂而曾參悲。
>
> 　　　　　　　　　　（《莊子·外物篇》，郭注云"孝己，李云殷高宗之子"）
>
> 殷高宗有賢子孝己，母早死，高宗惑後妻之言，放之而死。
>
> 　　　　　　　　　　　　　　　　　　（《戰國策·秦策》，高誘注引《世紀》）
>
> 殷高宗之子曰孝己，其母早死，高宗惑後妻言，放之而死。
>
> 　　　　　　　　　　　　　　　　　　　　　　　（《竹書紀年疏證》引《尸子》）
>
> 高宗以後妻殺孝己。　　　　　　　　　　　　　　　（《家語·弟子解》）
>
> 武丁二十五年，王子孝己卒於野。　　　　　　　　　（今本《竹書紀年》）

以上言孝己不見愛於親而死。孝己的故事可知者如此。我們從祖甲的卜辭裏，祀兄己，兄庚的次第，可知祖己是武丁的長子，祖庚時也祭父丁，兄己，可知他確是死在祖庚即位之前。以此比照上節的十八個兒子，可以說子漁最爲近似，理由有三：

（1）嫡長子奉祀大宗，又可以爲王父之尸，所謂登于大示，出于父乙，御于父乙，當即以子漁爲父乙之尸。孝己是嫡長子，子漁也是嫡長子，能奉祭祀，即所以爲孝，這是他們相同之點。

（2）載記稱孝己早死，他是死在武丁之世的，所以雖是嫡長，却没有嗣位。卜辭中曾占"子漁虫（有）疾"，又因疾而告於父乙，也許他從此就一病不起了。如果子漁死在武丁之世，就也是一個相同之點了。

（3）三個奉祀，作尸的嫡子，除了子央，子戠，與祖庚祖甲的名子相近之外，子漁就非祖己莫屬了。

（二）祖庚與祖甲　關於祖庚祖甲的故事，故籍載記裏並不很多，《周書·無逸》稱：

> 其在祖甲，不義惟王，舊爲小人；作其即位，爰知小人之依，能保惠於庶民，不敢侮鰥寡。肆祖甲之享國三十有三年。

因祖甲的故事，連帶講到祖庚的，有馬融鄭康成兩家之説：

> 祖甲有兄祖庚而祖甲賢，武丁欲立之，祖甲以王廢長立少，不義，逃亡民間，故曰不義惟王，久爲小人也。（《尚書古今文注疏》引馬融説）

> 祖甲有兄祖庚賢，武丁欲廢兄立弟，祖甲以爲不義，逃於人間，故云久爲小人。（同上，引鄭康成説）

爲解説"不義惟王，久爲小人"兩句話，馬，鄭兩家乃傳述了祖庚的故事，但是因爲一字的關係，兩家之説却又大不相同。據馬説，則祖庚不如祖甲之賢，所以武丁要廢長立賢；據鄭説則祖庚本賢，武丁却因愛祖甲之故而要廢賢立愛。這裏還有一點線索可尋的是替他們推算一下年齡。

殷代帝王在位年數，各書所載不同，但武丁祖甲却還可以推算，因爲他們的年數載在《無逸》，比較可信。武丁，《無逸》稱他"享國五十有九年"。熹平《石經》今文則作"肆高宗之享國百年"。《漢書·五行志》稱"高宗致百年之壽"。《論衡·氣壽篇》稱"高宗享國百年"。這裏只有五十九與百年的兩説，我以爲五十九年，是指他在位的年數，百年，是指他的享壽，如果這個説法不錯，那末武丁就是四十二歲才即位，在位共五十九年，壽至百歲而死了。武丁爲太子時，"久勞於外"，又曾"爲其父小乙將師役"，若小乙在位是十年（依今本《竹書紀年》），那末當小乙初立，武丁已是三十二歲，正年富力强之候，久勞於外，是很可以做得到的。祖甲，必是武丁的"老生子"，他在武丁死後，哥哥祖庚又坐了十一年王位（據《紀年》），他自己接着又坐了三十三年才死。現在假定他活了九十歲，除去四十四年，武丁死時，他已是四十六歲了，這就是説武丁在五十五歲上才生了他的（若假定祖甲活八十歲，是武丁六十五歲才生他）。一個白髮

斑駁精神瞿鑠的老皇帝，正當含飴弄孫之時，膝下又繞着聰慧的少子，一種偏愛的心理，自然難免了。依以上各說，更列爲一表：（表 20）

　　小乙元年　武丁爲太子 32 歲
　　　　十年陟　武丁 41 歲
　　武丁即位元年　時 42 歲　孝己爲太子
　　　　十四年　時 55 歲　祖甲生（？）
　　　　二十五年　時 66 歲　祖甲 12 歲（？）　孝己死
　　　　（《竹書紀年》，"二十五年王子孝己卒於野"。時祖己母死，祖庚母爲后。）祖庚爲太子
　　　　三十五年　時 76 歲　祖甲 22 歲（？）
　　　　（武丁欲廢兄立弟，當在此時前後，因祖甲已年長，能"逃之民間"了。）
　　　　五十九年陟　時 100 歲　祖庚嗣位　祖甲 46 歲（？）
　　祖庚元年　祖甲 47 歲
　　　　十一年陟　祖甲 57 歲（？）即位
　　　　（祖庚死時當在 60 歲以後。）
　　祖甲元年　時 58 歲（？）
　　　　三十五年陟　時 90 歲（？）
　　　　（祖甲死時，他的兒子廩辛，康丁，至少都在 40 歲以上，他們在位的年祀甚短〔廩辛 4 年，康丁 7 年，據《竹書紀年》〕，就不爲無因了。）

據上表，祖甲在諸兄弟中，年紀要算最小的，武丁要廢祖庚而立他，這事須在武丁的七十至八十歲之間，此時，祖己已死，祖庚爲太子，祖甲也年長了，武丁因愛少子之故而欲行廢立，祖甲便逃之民間。有這一段史實，所以在周初有"不義惟王，舊爲小人"的稱述，到了漢代，還留着"廢長立少"，"廢兄立弟"的兩種傳說。

祖庚名曜，祖甲名載，見於《太平御覽》（卷八十三）所引《竹書紀年》。上節前三個兒子，由他們奉侍祭祀，作父乙之尸，所以知道他們是嫡子，所以也很可能的就是祖己，祖庚，祖甲。祖己之名，不見於載籍，如果子漁即是祖己，則子央，子𢦏，也可以即是祖庚曜，祖甲載了。映，曜，音義極似；𢦏，載，形聲相近，在殷代也有通假的可能。殷人帝王名諡，與後世典籍多有不同，如大乙爲天乙，康丁爲庚丁，是爲形訛；唐即是湯，卨即是契，虎丁，羌甲即沃丁，陽甲，是爲音假；此例正多，不僅央之與曜，𢦏之與載了。

七，事　類

由貞卜事類可以分時期的，無如祭祀，每一時代的祭法和所祭的祖先神祇，

都有不同，如父、祖、母、妣的稱謂；如"六旬"，"四方"的祀典；將來都可逐一列舉，分期研究。其次如征伐（已略見"方國"章），如卜旬（將詳"文法"章），如尋矛的記載（別詳《尋矛說》），皆可爲分期研究的標準。這裏只舉關於遊、田的卜辭，以見一斑。

甲，《無逸》篇中所見的殷人田遊

從一個開國元輔訓戒嗣王的口中，傳述著前代帝王可爲法戒的重要事蹟，這是何等真實而有價値的史料！ 這史料就是《尚書·無逸》。《無逸》一篇，是周公告誡成王的話，主要的意思，是說作國君的，不可只圖自己逸豫耽樂，而忘了百姓們稼穡的艱難。換句話說，就是爲了自己的遊玩，打獵而悮了人家的農業。所以在這一篇話的劈首就是：

> 嗚呼！君子所其無逸！

鄭康成注"君子處位爲政，其無逸豫也"。周公所舉的殷代帝王不"逸"的有三人，並且都舉出事實來，大署如此：

> 第一，殷王中宗（大戊），嚴恭寅畏，天命自度，治民祗懼，不敢荒寧。
> 第二，高宗（武丁），不敢荒寧，嘉靖殷邦，至于小大，無時或怨。
> 第三，祖甲，知小人之依，能保惠于庶民，不敢侮鰥寡。

他又稱述到周家祖宗的不"逸"，說"大王、王季，克自抑畏"。說文王"不敢盤于遊田"。他告誡成王的話，是"嗚呼！ 繼自今，嗣王則其無淫于觀，于逸，于遊，于田！"從這些，我們就很可以知道他所謂逸，是什麼了。

> 逸，就是"淫于觀，于逸，于遊，于田"。

觀，是遊中之一事，逸，總括遊觀，田獵兩項而言，其實歸結起來，遊與田，便是逸了。他又舉出祖甲以後，殷代好"逸"之君，以爲鑑戒。

> 自時厥後，立王生則逸，生則逸，不知稼穡之艱難，不聞小人之勞，惟耽樂之從。自時厥後，亦罔或克壽，或十年，或七八年，或五六年，或四三年。

祖甲以後帝王年祀之短，此爲一有力的證據。而他所謂"生則逸"的，却不一定盡人皆然。祖甲以後，有廩辛、康丁、武乙、文丁、帝乙、帝辛六王五世。以今本《竹書紀年》爲準，則武乙 35 年，帝辛 53 年，這兩世年限要算最長，其餘的果然都甚短了。而周公所謂"生則逸"，好田遊的，也正以武乙、帝辛的時代爲

多，我們的証據就在下面。

乙，關於武乙、帝辛好田遊的記載

今本《竹書紀年》中，祖甲以後各王，關於田遊的記載是如此：

　　廩辛　（無）

　　康丁　（無）

　　武乙　三十五年。王畋于河渭，暴雷，震死。

　　文丁　（無）

　　帝乙　（無）

　　帝辛　四年。大蒐于黎。

　　　　十年。夏六月，王畋于西郊。

　　　　十七年。冬，王遊于淇。

　　　　二十年。冬，大蒐于渭。

　　　　四十三年。春，大閱。

《史記·殷本紀》，也有武乙、帝辛的記載：

　　武乙　獵于河渭之間，暴雷，武乙震死。

　　帝辛　才力過人，手格猛獸。

　　　　益廣沙丘苑臺，多取野獸蜚鳥置其中。

史公因為帝辛是亡國之君，極力羅織他的罪狀，反把五十餘年間的重要史蹟，都遺棄了（如"克東夷"之類）。但是我們從"手格猛獸"，"多取野獸蜚鳥"的記載中，也可以見到帝辛喜好田獵的一斑。

丙，卜辭中所紀武乙的遊田

武乙時期的卜辭，僅出土於小屯村中，祀典中有"祖己"之辭，即其確証。村中出土最多在近數年，所以以前的著錄中是不多見的。村中的卜辭，除了第一、二、五次我們發掘所獲之外，河南博物院也挖到了一部分，土人所得的，大部分都賣給明義士牧師了。此處所列，僅是所能見到的材料。

子，武乙時田遊卜辭的特徵

武乙時田遊卜辭，最易惹人注意的是凵巛多作"凵戈，"卜田又慣作"王其田"之語，卜遊則多稱"于某凵戈"。其次就是出土的地方，在村內的，才有武

乙時之物。現在依此標準，撮錄第一、二次掘獲的卜辭。

丑，見於《寫本》中的武乙田遊卜辭

在《新獲卜辭寫本》的後記裏，我曾舉出三區中各類卜辭分佈的情形，表中關於第三區田獵一項，為

  第三區。第一系　146　216　218　220　233　240　257
      第二系　301　304　324　325　365
      第三系　272　279

這表現在須要修正的是：第二系 36 坑的龜版，除了 365 一條之外，都不是田獵之辭而誤入了。第一、三系，皆骨版，除了 272 一條是誤收，279 一條應入遊觀類之外，其餘七版，共有八辭，皆武乙時物。分舉於下：

  (317) 戊午卜貞，王其田_缺　　　　　　　　　　寫本（下同）　233
  (318) 貞：王其田_{下缺}　　　　　　　　　　　　　　　　　　233
  (319) 王其_缺戋　　　　　　　　　　　　　　　　　　　　257
  (320) _缺戌卜貞：乙卯_缺其田盂凵㳚。　　　　　　　　　215
  (321) 叀盂田省凵戋　　　　　　　　　　　　　　　　　　146
  (322) 壬王異_缺盂田弗_缺　　　　　　　　　　　　　　　216
  (323) 㫃魝田，凵戋　　　　　　　　　　　　　　　　　　240
  (324) 田魝凵戋。　　　　　　　　　　　　　　　　　　　220

以上卜田之辭八。關於卜遊之辭，見於《寫本》者有：

  (325) 于盂凵戋。　　　　　　　　　　　　　　　　　　　279
  (326) 于盂凵戋。　　　　　　　　　　　　　　　　　　　156
  (327) 于宮凵戋。　　　　　　　　　　　　　　　　　　　279
  (328) _缺宮凵戋。　　　　　　　　　　　　　　　　　　　279

寅，第二次發掘，村中出土的田遊卜辭

第二次發掘殷虛，在小屯村中出土，可以斷為武乙時的卜田之辭，凡三十四：

  (329) 王其往田于阞。　　　　　　　　　　　　　　2・2・0082
  (330) 王其往田。　　　　　　　　　　　　　　　　2・2・0208
  (331) 王其往田，凵_缺　　　　　　　　　　　　　　2・2・0101
  (332) 戊辰，_缺王其往田，凵戋。　　　　　　　　　　2・2・0509

(333) 壬戌，王往田凸戋。　　2・2・0228
(334) 乙未卜在盂，犬₍缺₎告₍缺₎往田又₍缺₎　　2・2・0335
(335) 戊子卜貞：王其田凸戋。　　2・2・0036
(336) 壬寅卜貞：王其田凸戋。　　2・2・0331
(337) 翌₍缺₎王其田不₍缺₎　　2・2・0199
(338) 王其田，从₍缺₎　　2・2・0387
(339) ₍缺₎卜貞：王其田凸戋。　　2・2・0344
(340) 壬戌卜貞：王其田凸巛。　　2・2・0481
(341) 戊午卜₍缺₎王其田凸₍缺₎　　2・2・0481
(342) 王其田₍缺₎翌日₍缺₎　　2・2・0112
(343) 王其田，叀盂，湄凸₍缺₎　　2・2・0405
(344) 王其田于宮，湄日凸戋，衍王。　　2・2・0123
(345) 王省田其每。　　同上
(346) 叀歈田湄日凸戋。　　同上
(347) 叀䨻田湄日凸戋。　　同上
(348) 己亥卜貞：王其田幷凸戋。　　2・2・0382
(349) 于壬王逦₍缺₎日凸戋。　　2・2・0306
(350) 叀巚田凸戋。　　2・2・0360
(351) 于來辛王逦田虞凸戋。　　2・2・0075
(352) 王狱田，湄日，不冓大風。　　2・2・0179
(353) 叀客田凸戋。　　2・2・0222
(354) 王叀宰田凸戋。　　同上
(355) 叀楸，湄田凸戋。　　同上
(356) 叀盉田凸戋。　　同上
(357) 于辛田畢。　　2・2・0244
(358) 于壬田畢。　　同上
(359) 癸丑卜，王其田于 ，叀乙畢。　　同上
(360) 于戊田畢。　　同上
(361) 于辛田畢。　　同上
(362) ₍缺₎田湄₍缺₎大雨。　　2・2・0300

卜遊之遊，凡十九：

(363) 辛卯卜翌日壬王其遂于章,亡戈。　　　　　　2・2・0578

(364) 于棥亡戈。　　　　　　　　　　　　　　　　同上

(365) 于噩亡戈。　　　　　　　　　　　　　　　　同上

(366) 甲午卜翌日乙王其遂_缺　　　　　　　　2・2・0130

(367) 于噩亡戈。　　　　　　　　　　　　　　　　同上

(368) 于棥亡戈　　　　　　　　　　　　　　　　　2・2・0133

(369) 庚午_缺其遂_缺　　　　　　　　　　　2・2・0579

(370) 于噩亡戈。　　　　　　　　　　　　　　　　同上

(371) 翌日壬,王其遂于温,亡戈。　　　　　　　　　2・2・0556

(372) 于棥亡戈。　　　　　　　　　　　　　　　　同上

(373) 壬午王其遂_缺向,亡戈。　　　　　　　　2・2・0034

(374) 于盂亡戈。　　　　　　　　　　　　　　　　同上

(375) 于宮亡戈。　　　　　　　　　　　　　　　　同上

(376) 于向亡戈。　　　　　　　　　　　　　　　　同上

(377) 于噩亡戈。　　　　　　　　　　　　　　　　2・2・0374

(378) 于盂亡戈。　　　　　　　　　　　　　　　　同上

(379) 于宮亡戈。　　　　　　　　　　　　　　　　同上

(380) 于噩亡戈。　　　　　　　　　　　　　　　　2・20465

(381) 于盂亡戈。　　　　　　　　　　　　　　　　同上

卯,武乙田遊之地及貞卜次數

總上所列,武乙田遊之地,及貞卜之次數,可以考見者,如下表:(表21)

田之地	貞卜次數	遊之地	貞卜次數
盂	4	盂	5
噩	1	噩	5
宮	1	宮	4
魌	2	温	1
阞	1	向	2
Ψ	1	棥	3
虡	1	章	1
獸	1		

續表

田之地	貞卜次數	遊之地	貞卜次數
藝	1		
井	1		
牢	1		
㮃	1		
盂	1		
客	1		

據這一部分材料，可以知道的武乙曾田遊之地，亦田亦遊者三，田而不遊者十一，遊而不田者四。地名如并，㮃，藝，盂，宮，溫，多在黃河以北及其附近，其餘各地尚待考。

丁，卜辭中所紀帝辛的遊田

殷虛時期，上自盤庚之遷，下至帝辛之亡，已成爲不易之論。證據就在第五期的文字自成一個系統，這類文字因他們見於祀武祖乙、文武丁的卜辭，如干支字等，可定爲帝乙以後之書體。這類晚期的文字，見於卜辭的特別之多，決不是帝乙半世（如果是帝乙遷了都）所能有的，若並帝辛計之，依今本《紀年》，帝辛在位五十三年，爲武丁以後享國最久的一人，就可以有這許多卜辭了。反之，若無帝辛時物，而帝乙又曾徙都，則晚期的卜辭如彼之多，便無所歸屬了。而現在所舉晚期的卜田遊之辭，也正可爲帝辛好田遊的一証。

子，帝辛時田遊卜辭之特徵

區別何者爲帝辛時的田遊卜辭，有下之五個標準：

1，詞句　常見的特別的詞句爲"往來亾㞢"，"旬亾㡆"，"在某貞"，"茲御"，"王步于某亾㞢"，"王圂（乩）曰吉"等。

2，字形　干支字皆屬第五期形體，㞢，㡆的特見，月作 𝒟，日作 ▱，王作 王 等。

3，書法　字小而工整謹飭，甲骨都然，無大字及散漫錯綜者。

4，貞人　除泳、黃兩人外，多爲王親貞或王親卜貞，或不錄貞人者。

5，坑位　僅見於第一區，朱姓十四畝地，及何姓七畝地西北隅，爲吾人第一、第四次所發掘。羅氏所得，即出自十四畝地者。

根據上列五個標準，就可以斷定帝辛時卜田遊之辭了。

丑，出土地的確定

在發掘的五區內，只有第一區有帝辛時卜田之辭，雖然都是些殘碎之片，却已明白的告訴我們了出土之地。見於第一次所得的殘片，舉四例如下：

（382）戊①辰卜缺王田書，缺往來凶缺　　　　　　　　　寫本（下同）　110

（383）缺王卜缺書，往來凶冊，王乩曰缺　　　　　　　　　　　　　　　52

（384）缺貞王田缺弘吉，茲御缺　　　　　　　　　　　　　　　　　　119

（385）缺卜貞：缺往來缺乩曰弘吉。缺狼四　　　　　　　　　　　　　　37

這些都是第一次發掘，一區 9 坑所出，僅僅幾片殘碎不堪的卜辭，但是已經儘够告訴我們，他們以前出土的大本營就在這朱家十四畝地了。

第四次發掘，又在朱家地南鄰何姓七畝地的西北隅（E5、E23、E21 共爲一坑，參閱坑位圖），發現一塊骨版是記載著帝辛田獵之辭。

（386）辛丑，王卜貞：田書，往來凶冊。王卜缺　　　　4・2・0020（下並同）

（387）壬寅，王卜貞：田桼，往來凶冊。

（388）乙巳，王卜貞：田書，往來凶冊。王乩曰吉。

（389）丁未，王卜貞：田書，往來凶冊。王乩曰吉。

（390）戊申，王卜貞：田桼，往來凶冊。王乩曰吉。

（391）辛亥，王卜貞：田書，往來凶冊。王乩曰吉。

（392）壬子，王卜貞：田桼，往來凶冊。王乩曰吉。

看文法、字形、書體，都可証爲第五期物，這一坑所出雖然不多，却是第一區一系，包括一、二、五三個時期之物，故劃入第一區（參閱坑位圖）。由此可以確知帝辛時田遊卜辭的出土地，而羅氏著錄的《殷虛書契》前後編，及明義士牧師早年所得見於《殷虛卜辭》的版片，流傳於日本而著錄於《龜甲獸骨文字》的卜辭，多是此區出土之物。雖少許殘碎之片，可以定多許已著錄之卜辭的出土地，也不能算不重要了。這裏，並不是專史式的整理，只就《殷虛書契考釋》及《殷契徵文》所收關於遊田卜辭，提出帝辛一部分，以見一斑。

寅，《殷虛書契考釋》的著錄

據各種斷定時期標準，就增訂本《考釋》言步，言徣，言在各條中找出帝辛時"遊"的卜辭，就卜田漁田狩各條中找出帝辛時"田"的卜辭。本書具在，不

---

① 編者按："戊"，原文誤作"戌"，今徑改。

再列舉，僅舉條數，表於下。

帝辛時卜遊之辭，計：（表22）

種　類	由幾條至幾條	共若干條	原若干條
言步者	7 至 34	28	43
言徙者	1 至 2　5 至 29	27	29
言在者	3 至 33　37 至 47	42	48
總　計		97	120

言步的，是走到其地；言徙的，是去到某地一遊，當日便又返來，所以卜辭必言"往來亾㞢"；言在的，是在某地住下了。這三種都歸入遊類。但是有時是爲了田獵或征伐而徙于某，步某，在某的，那就不僅限於一遊了。《考釋》中記遊的共120條，而帝辛時的却有97之多，幾佔全數的五分之四，這是很可注意的。

帝辛時卜田之辭，見於《考釋》的各條，計：

25　27　30　32 至 100　120 至 153

《考釋》中卜田狩原共185條（誤爲186），而確知爲帝辛時的有106條之多，《考釋》所舉，原有一、二、五三個時期之物（無三、四兩期），但帝辛時辭，已超過了武丁、祖庚、祖甲三世田獵之辭過半數以上，也實爲可驚了。

卯，《殷契徵文》的著錄

見於《徵文》的，田遊原列在一起，其中關於帝辛田遊的卜辭，可以確知的略如下表。

1，關於遊：（表23）

種　類	"游田"原號	包涵卜辭	原　號	卜　辭
遊	8	1	37	2
	39	1	41	4
	43	2	44	2
	45	9	46	3
	47	2	48	1
	49	3	50	1
	51	1	52	2
	53	4	54	2
	55	1	56	2

2，關於田：（表 24）

種　類	"游田"原號	包涵卜辭	原　號	卜　辭
田	70	1	71	2
	72	2	73	4
	74	1	75	1
	76	2	77	1
	78	2	79	1
	80	1	81	1
	82	1	83	1
	84	1	85	1
	86	2	87	2
	88	1	89	1
	90	2	91	1
	92	2	93	1
	94	1	95	1
	96	1	97	2
	98	2	99	2
	100	1	101	1
	103	1	104	1
	105	1	106	4
	107	1	108	1
	109	1	110	1
	111	1	112	1
	113	1	114	3
	115	1	117	1

總上兩表，《徵文》中所收帝辛時"游田"的卜辭，與其他時期（第一、二期）的游田卜辭，共有的條數、辭數，再作比較表於下：（表 25）

種　類	原有條數	原有辭數	帝辛條數	辭　數
游	69	105	18	42
田	66	83	46	65
共計	135	188	64	107

《徵文》所收游田卜辭凡 188 則，帝辛時的卜辭 107 則，佔全數的七分之四，其餘的少半，還包涵著一、二兩個時期三世（武丁、祖庚、祖甲）之物。而這七分之三的數量中，還有些不是游田而誤入的，"亘貞"並非往還，"出貞"也非出入，"命乘先歸"，也非時王田游之歸，如此之類多誤入於游；"戉獲羌"，乃戉人俘獲羌人，並不是田獵獲了羊，如此之類誤入於田。《考釋》中也有九條誤入田狩。總之此種精密的分析、比較，皆待將來專門整理，此不過大略而已。

辰，兩書中田游卜辭的統計

從這一部分材料中，合計帝辛時田遊的卜辭，已足令人驚異，表如下：（表 26）

種　類	所　見	帝辛卜辭數	共　數
遊	《殷虛書契考釋》	97	139
遊	《殷契徵文》	42	139
田	《考釋》	106	171
田	《徵文》	65	171

帝辛時卜遊之辭至 139 次，卜田之辭至 171 次，這還只是一部分材料。據我所見，除了《鐵雲藏龜》，和這一系的《藏龜之餘》，《藏龜拾遺》，《戩壽堂所藏殷虛文字》所收早年出土於第二區（劉姓二十畝地）的卜辭，沒有晚期（第五期）之物以外，已著錄的如《殷虛卜辭》，《龜甲獸骨文字》，未著錄的如北大研究所國學門、燕大國學研究所及私人所藏，皆有多量晚期之卜辭，這須要集中了材料，方談得到整個的研究。

巳，帝辛遊田之地

這裏，總計一下帝辛遊田的地方。

1，田遊之地相同者及卜的次數：（表 27）

遊之地	《考釋》	《徵文》	田之地	《考釋》	《徵文》
盂	1	3	盂		1
曹		2	曹	12	10
噩	1		噩	8	5
宮	2	1	宮	8	2
麃	1		麃	8	6

續表

遊之地	《考釋》	《徵文》	田之地	《考釋》	《徵文》
雔	2	7	雔	5	
召	1	2	召	14	7
甫	1		甫	5	2

2，遊之地：（表28）

遊之地	《考釋》	《徵文》	遊之地	《考釋》
攸	3	1	𠀐	1
尌		1	索	1
鼄		1	𠙴	2
竷	1		鳴	1
虡	2		𠀐	1
杞	1		敁	1
𦥑	1		𩰙	1
䢃	1		羌	1
𦥒	1		𦥑	1
洒	1		𠂇	1
逢	1		淮	1
樂	1		𡨄	1
𦍋	1		𣏗	1
白	1		潢	1
𦥒	1		向	1
剛	2		旁	1
義	1		麥	1
桑	1		雇	1
𦥒次	1		矛次	1
滴次	2		橐次	1
𦥒次	1		齊次	1
上魯	11			

3，田之地：（表29）

田之地	《考釋》	《徵文》	田之地	《考釋》
高	1	1	天	1
梌	9	2	牢	2
雞	2	1	畕	2
奚	1	1	率	3
亳	6	3	衣	5
矛	1	1	羔	1
盂	1	1	燓	1
琜	2	1	干	1
嵯	2	1	溫麓	1
𦥑		1	玨	1
喿	3	2	祝	1
䯢		1	射	1
亦		1	羊	1
長		1	蠡	2

由上兩表，可知帝辛曾遊之地凡五十一，田之地三十六，內有亦田亦遊之地八。又帝辛田遊之地與武乙同者凡十：

盂，霝，宮，盂，牢，溫，向，梌，喿，蠡。

武乙、帝辛兩時期田遊情形，於此可見一斑。至於所列之字，姑譯爲今文，便於書寫，不必皆確，詳細考訂，尚待將來。

八，文　法

卜辭爲專門記載貞卜之辭，故敘述只求明晰，文法極爲單簡，然由文法的隨時變易上，也可爲劃定時期的標準。茲分篇段、詞句兩項，約述於次。

甲，篇段

子，長篇卜辭之一例

卜辭有在一版中文字甚多者，但同時分段亦甚多，如大龜四版之一，全版共

277 字，不爲不多，但分段有 28，每段自爲一辭，辭之多者不過十四五字。又如《菁華》所錄第一版，共約 126 字，却分爲五段，一段之多者不過 51 字。我們在第三次發掘時，於大連坑得骨版一，字較多，文如下：

(393) 丁卯，王卜貞：今󰀀󰀁九󰀂，余其从多田于多白正盂方。󰀃叀衣，翌日步，󰀄又自上下敉示，余受右，不曹戋，□告于玆大邑商，󰀄徔在戾。王乩曰"弘吉"。在十月。遘大丁，翌。　　　　　　　　　　3・2・0259

這是第五期帝乙、帝辛之世的卜辭，是由字形可以看出的。《前編》卷四 37 葉有一版文法略同（羅氏收入《考釋》下 44 葉，計 45 字），皆是晚期之物。卜辭中長篇者僅此而已。武丁時卜旬而繫錄本旬大事者，篇段較長，如《菁華》所載。餘二、三、四期，無長篇者。

丑，五期中貞旬文法的變易

殷代自盤庚遷殷，至紂之滅，二百餘年間有一種始終不斷、繼續貞卜之事，就是貞旬。於本旬之末日，貞問下旬的吉凶，這是始終不易之法。而每一時期貞旬之辭又各有不同，文法上亦多變化，爲比較文法的絕好材料。茲分期舉例爲證。

1，第一期　第一期貞旬，均列貞人名子，故時期易定。貞旬有繫月不繫月的兩種，如：

(394) 癸亥卜，永貞：旬亡󰀅。　　　　　　　　　　　　　　　3・2・0258
(395) 癸丑卜，󰀆貞：旬亡󰀅。五月。　　　　　　　　　大龜四版之 4 辭 88

在第一期，有於貞旬之後，繫以一旬間大事者，見於《菁華》前六版所載（其餘如《前編》卷七所載文法、書體相同者，皆是此類卜辭），如前"人物"章所舉辭（234），"方國"章所舉辭（174），一個是附記丁丑日祭中丁之事，一個是附記丁酉日沚國報告邊防之事，皆繫於貞旬之後。這是武丁時記載貞旬的一種習慣。

2，第二期　第二期貞旬文法極簡單，署如辭（394），（395），由貞人可以定他的時期。如：

(396) 癸亥卜，出貞：旬亡󰀅。　　　　　　　　　　　　　　　1・221
(397) 癸未卜，行貞：旬亡󰀅。在八月。　　　　　　　　　　　1・679

出、行，皆祖甲時貞人，可知祖甲時貞旬之法，一仍第一期之舊，所異者貞人

而已。

3，第三期　第三期貞句文法，同一、二期，亦甚單簡。

  （398）癸卯卜，彭貞：旬亡囚。　　　　　　　　　　　3・2・0290

  （399）癸亥卜，狀貞：旬亡囚。　　　　　　　　　　　3・2・0360

同時也有省去貞人的，如上辭（399）同版上有一辭，即省貞人。

  （400）癸酉卜貞：旬亡囚。　　　　　　　　　　　　3・2・0360

這已開第四期不錄貞人的先例了。

4，第四期　第四期貞句更簡單，只用六個字，不惟省去了貞人，並且又省去了卜字。這也是應有的現象，貞句本是例行公事，日子久了自然會生厭，所以要減到最少的字數。

  （401）癸卯貞：旬亡囚。　　　　　　　　　　　　　　寫223

  （402）癸亥貞：旬亡囚。　　　　　　　　　　　　　　寫149

這實在也省無可省了，干支字記日的又不能減，貞是問事，旬是所問的事，亡囚是吉語，皆不能減。這一期的卜辭無貞人，專靠著字形、坑位、同出的卜辭的時期而定的。

5，第五期　殷虛文字到了晚期，確有一種整頓振作的氣象。就形式來說，篇段的排列，比較的整齊而有規律了，文的書體，也細密而工楷了；就內容說，許多事項王必躬親爲之，如貞句一事，第四期如彼敷衍，到了第五期，不是王親卜親貞，也須冠以王字，可見事無鉅細，王都能隨處留意；在外巡遊、征伐，也要注出年、月、所在地，同重要事體；有時也注出貞人。計第五期卜旬之辭，文法不同者，有下之七例。

  （403）癸巳，王卜，在麥貞：旬亡戾。王乩曰吉。　　　　前2・16

  （404）癸卯，王卜貞：旬亡戾。王乩曰"大吉"。甲辰肜大甲。　後上・19・4

  （405）癸未卜貞：王旬亡戾。　　　　　　　　　　　　卜・509

  （406）癸卯卜貞：王旬亡戾。在二月。在上薦。　　　　前2・14

  （407）癸未，在上薦貞：王旬亡戾。在□月。王廿司。　　前2・14

  （408）癸巳卜貞：王旬亡戾。在二月，在齊次，隹王來征人方。前2・15・3

  （409）癸酉卜，在攸，泳貞：王旬亡戾。王來征人方。　前2・16

第五期貞句之辭，除了以字形判定之外，每辭必有王字，也是一個標準，不曰

"王卜貞"，便曰"王旬亡囚"。又在貞句之後繫以年、月、地名、事項，可見對於貞句的重視，不似第四期的支吾了事了。

更將五期貞句文法，列爲一表，以見他們的公式。（表30）

期	辭例	癸□	王	卜	在□(地)	貞人	貞	王	旬亡囚/戾	在□月	在□地	繫事	繫年
1	394	癸□		卜		□	貞		旬亡囚				
1	395	癸□		卜		□	貞		旬亡囚	□月			
1	234	癸□		卜		□	貞		旬亡囚	□月	在□□	嬪中丁	
1	174	癸□		卜		□	貞		旬亡囚				來嬉
2	396	癸□		卜		□	貞		旬亡囚				
2	397	癸□		卜		□	貞		旬亡囚	在□月			
3	398	癸□		卜		□	貞		旬亡囚				
3	400	癸□					貞		旬亡囚				
4	401	癸□					貞		旬亡囚				
5	403	癸□	王	卜	在□		貞		旬亡戾			王乩曰吉	
5	404	癸□	王	卜			貞		旬亡戾			肜大甲	
5	405	癸□		卜			貞	王	旬亡戾				
5	406	癸□		卜			貞	王	旬亡戾	在□月	在□□		
5	407	癸□		卜	在□□		貞	王	旬亡戾	在□月			王廿司
5	408	癸□		卜			貞	王	旬亡戾	在□月	在□□	征人方	
5	409	癸□		卜	在□	□	貞	王	旬亡戾			征人方	

按著以上各時期的公式，一望可以知貞句之辭的時代，如果再不能區分時，則由旬字、干支字、貞人等等，細加判定，便可一覽無餘了。貞句，雖是常見之辭，許多雷同，但他的重要却不減於別的卜辭，如果我們能完全把出土的貞句之辭萃集起來，無論如何殘碎，只要有一個"旬"字，便可以認定他有這"十天"，再從字形上分別時期，排列帝王，便可由此推得每一帝王在位之年數若干，這又何等重要！ 所惜者殘辭碎片，散在各處，搜集不易，這種計畫，難於實現而已。

乙，詞句

卜辭中句法不同，用詞各別，在上節貞句辭中，已可畧見一二。茲禹分句

法、用詞兩類，各舉例證。

子，句法

以卜田狩爲例，以見各時期句法之異。在第一期武丁之時，田亦稱狩，如：

(410) 王往于田，亡𡿩。　　　　　　　　　　　　　　　　前 3・26・4①

(411) 貞：王狩于乂。貞：王勿狩于乂。　　　　　　　　　前 1・44・7

(412) 甲申卜，𣪊貞：王涉，狩。　　　　　　　　　　　　前 4・1

在第二期祖甲時，則作：

(413) 乙未卜，行貞：王其田，亡𡿩。在二月。在𣪊卜。　　　後上・11・2

(414) 壬子卜，行貞：王其田，亡𡿩。在二月。　　　　　　3・0・0770

第三期廩辛、康丁時，亦作：

(415) 乙酉卜，允貞：王其田，亡𡿩。　　　　　　　　　　前 3・26・3

與第一、二期畧同。亦有稱"往來亡𡿩"者，

(416) 戊申卜，允貞：王其田，往來亡𡿩。在缺　　　　　　前 4・14・3

又有比較複雜的記載，

(417) 乙丑卜，狄貞：今日乙，王其田溢日，亡𡿩。不遘大雨，大吉。

3・0・1816

第四期，武乙時則省去貞人，𡿩亦變爲𡿩或戈了。第五期又多作"田某，往來亡𡿩"，戈又變作𡿩了（皆已詳"事類"章）。從卜田和貞句的文法上，很可以看出殷人文風的一斑，大概第四期已有小的變動，第五期却大變動了，而二、三兩期多是因襲著第一期之舊。

其次，如卜征伐之辭，語句亦因時不同，如武丁時的

(418) 庚申卜，𣪊貞：王勿征苦方，下上弗若，不我其受又。　前 5・22

所云"下上弗若"，"不我其受又"（即我其不受又），皆一時特用的語句。

又如"不跎蹢"，"無來艱"兩語，亦只用於一時。

不跎蹢，爲武丁時習用之語。字作"不𧾷羊"，吾友余永梁先生曾申述胡小石先生說，謂即不龜黽，假爲不跎蹢。我曾誤釋𧾷爲罡，又從孫詒讓釋羊爲龜，近

---

① 編者按："3・26・4"，原文誤作"3・20・4"，今據實際出處徑改。

細審卜辭，仍覺胡氏之說爲是，特訂正於此。按🅥當爲絲，絲黽，即作絲之黽，黽黽結網時，欲前不前，正可借以喻人之跙蹢，也同以獸之猶豫喻人之遲疑一樣。卜辭中，凡一事兩三卜時，必有極簡之語句，不跙蹢即是一例。茲舉見於同版而相關之辭兩則，如下：

  （419）貞：勿乎伐苦方，弗其受又。不跙蹢。　　　　　　　4・0・0051

  （420）乙酉卜貞：今春勿从憂伐土方。不跙蹢。　　　　　　3・2・0003

這兩則都是否定的貞辭，因爲一卜再卜而未決，所以三卜時即決定了，說"不跙蹢"。

  亡來艱，也是一時習用的語句。

  （421）丁未卜，即貞：今日亡來艱。　　　　　　　　　　　戩 26・11

  （422）缺寅卜，旅缺今日亡來艱。　　　　　　　　　　　　3・0・1864

  （423）缺大缺日亡缺艱。　　　　　　　　　　　　　　　　前 5・40

  （424）缺旅缺來艱。　　　　　　　　　　　　　　　　　　前 5・41

艱，卜辭作囏，《殷虛文字類編》第十三，所收凡八字，除五、六兩字誤入外，餘六字，由殘辭觀之，皆當爲"亡來艱"。更從即、大、旅爲貞人證之，知此語用於祖甲之世，其餘各時期，便不見用他了。

  丑，用詞

  用詞，這裏舉三個例子。

  1，馭蠱　在第三、四期有一種常見之詞，即是"馭蠱"。這兩字每每獨見於一個卜兆之旁，用法畧同於"上吉"，"弘吉"，"不跙蹢"等，也有列入辭中的。字形也有幾種變化，舉例如下：

   3・2・0597　同版有囗貞及祀父己之辭，當爲第三期字。

   3・2・0534　此辭爲尤貞，第三期字。

   後上・5・12　同版有父己，可證爲第三期。

   2・2・0211　出村中，約爲第四期武乙時物。

   前 2・28・3　由全辭字形，可證爲第五期物。

前四例第一字爲馭字，即御，从又牽馬，有加水滴作🅑者（後下・33・1），與牧之作🅚同意。左从🅑，即馬之省形，首、足、尾、鬣仍畧具，駁之馬旁作🅑（《類編》第十，三），駋之馬旁作🅑（《類編》第十，二），均相似。从馬从又，正是馭

字。《荀子·王霸篇》"王良造父者,善服馭者也",注"馭與御同"。《詩·小雅·六月》"飲御諸友",《毛傳》御"進也"。馭亦改作延,見上列第五例。《儀禮》"祝延尸"注:"延,進也。"是御與延皆訓爲進,音近義通,故以相假。釐,卜辭作斄、麳,即釐之初文,後又加里爲聲。釐从來,故釐與來可以通用,《詩》"貽我來牟",《漢書·劉向傳》作"貽我釐麰"。是來、斄、麳、釐,聲本相同,可以互通。釐訓爲福。《漢書·文帝紀》"祠官祝釐",如淳注:"福也。""馭釐","延釐",實即進福之意,與卜辭中常見之"受又"(詳下節)畧同。近世有於門內大書"延釐"二字者,與"介福","戩穀"並用,此語意即"受祐",但不詳所本,不意上下三千年,古今習用之語有暗合如此者。

2,受又　"受又"一詞,在卜辭中習用最久,可以説五期中每期皆有。又亦作㝢,爲後世右、佑、祐之初文。《詩·周頌》"維天其右之",《僞書·太甲》"皇天眷佑有商",《易·大有》"自天祐之",諸右字,皆有受天神佑助之義。卜辭"受又",即《詩》箋所謂"神享其德而助之"了。茲分列五期,各舉一例。

　　第一期　不我其"受又"。　　前 5·22·2　　㱿爲貞人,武丁時。
　　第二期　王"受又"。　　　　3·0·1241　　大爲貞人,祖甲時。
　　第三期　王"受又"。　　　　後上·5·12　同版有父己。
　　第四期　王"受又"。　　　　2·2·0079　　出小屯村中,爲四期物。
　　第五期　余"受右"。　　　　前 2·5·3　　以字形定時期。

在一至四期,皆作"又",即以右手爲佑助之意,晚期加小二字於下,作㝢,即右字了。後世加口,加人,加示,皆所以補足佑助之義。"受又"與"馭釐"皆吉祥語,有兩詞並用者,如:

　　(425) 王受右,馭釐。　　　　　　　　　　　　　　　　　　3·0·1223

3,亡它　卜辭中用語,每以否定之詞定凶之反面爲吉,如亡囚(或釋爲咎)、亡㱿(姑釋戾)、亡尤、亡戈、亡巛、亡來艱、亡不若之類皆是。亡它一辭亦常見,胡小石先生《甲骨文例》云:

　　亡它,用與亡尤同。《説文》:"上古草居患它,故相問無它乎?"

其説甚是。卜辭中常於出行或祭祀時用之,田遊之用,同於"亡戈";祭祀之用,同於"亡尤"。此詞據現在所見的,已用於一、二、四、五,四個時期之中。

　　第一期　王步于𩫏,"亡它"。　　前 2·26·3　　𠂤爲貞人,武丁時。
　　第二期　祭于中丁,"亡它"。　　後上·2·10　　行貞,祖甲時物。

第四期　㞢"亡巷"。　　寫143　出村中，武乙、文丁時。

第五期　"亡徔"。　　前3·28·1　以字形定爲五期物。

亡巷，除第三期尚未發見外，一、二、四、五期皆有，五期巷字增彳旁，這是一個異點。第一期武丁時，也有稱"巷"或"不巷"者。如：

（426）丁酉卜，㕡貞："巷。"王貞："不巷。"　　　　　　　　　　　　　前7·9·4

兩辭在一版，大意是說丁酉這天的卜事，命㕡去貞，有"巷"，王親貞便"不巷"了。

九，字　形

殷虛文字，經過了二百餘年的長期，許多字都有他由簡而繁的演變過程，這在分期整理完竣之後，自然可以找出一個系統來。現在只就四項論述之：甲，甲子表；乙，習見字的演化；丙，象形、假借變爲形聲之例；丁，月夕的互易。

甲，甲子表

甲子表，自然有些是爲的檢查六十甲子之方便而作的，有如現世的月份牌子，但也有許多只供習字之用，而所列甲子並不完全。這種表因爲干支字排列在一起，很可以看出每一時期的甲子書法，他們自然成爲一個結集，決不屬雜錯亂，如第五期的甲子表，便和第一期的迥然不同，由此我們可以確定了每一時期的甲子字形，而拿他斷定時代。這在甲骨文字斷代研究上佔著重要的地位，因爲干支字是差不多每版必有的，如果能作一個精密的分畫，區別出各時期字形的特點（自然要除了少數的前後同一並無變化的字），可以說是再好沒有的標準。同時，更就其他關係，如貞人、帝王、稱謂等找到可以確知時代的干支字，排比對照，更足以互證甲子表的時代。"干支字演化表"（附表31），即是依此法作成的。

從干支字演化表上，可以很顯明的看出：

祖甲時，一切多沿襲第一期之舊，惟辛酉二字筆畫加繁。

第三期，巳字下一橫變爲左右兩筆。

第四期武乙時，子字加繁；辰字下一直向內屈曲；未字筆畫繁變，由 ᛉ 而 ᛞ；午字由虛而實。

文丁時銳意復古，庚、午、未、酉，多還第一期之舊；但辛、子、辰、巳，仍沿已變之體。

第五期，變化最多，戊、庚、癸、子、寅、辰、申、酉，皆成為一時特別書體；在甲子表及散片中，一望瞭然。

尤其可以注意的，是附錄的金文。金文，殷代為少，多在周初，所以干支等字，絕無早期（第一、二期）之形，如庚、癸、子、辰、巳、午、未、申、酉、戌，皆可比較而知。干支字隨時代而演化，由此可見一斑，至於精密研究，全盤整理，皆有待於將來了。

乙，習見字的演變

殷虛文字，在二百餘年之間，形體的演進變化，是很有可觀的，如果能依各種斷代標準，逐一加以整理，很可以找出文字變化的線索和系統來，這在文字學上，將有極大的貢獻。現在僅就可以依他斷定時代的字，舉出幾個作例。

子，先後異字例

卜辭中先後用字不同，最常見者為災字。如卜田之辭，在武丁、祖庚之世用 〰〰，大龜四版第三版 46 條云：

（427）丁未貞：王往于田，亡〰〰。

祖甲之世，也把〰〰字直書作 ⧚，如：

（428）乙亥卜貞：王其▶舟于河，亡⧚。　　　　　　　前 2・26・2①

這字一直用到廩辛、康丁之世。

（429）乙酉卜，允貞：王其田亡〰〰。　　　　　　　　前 3・26・3

到了武乙時代，田遊卜辭，一律改用戋字。村中出土的卜辭多是如此。

（430）田甾亡戋。　　　　　　　　　　　　　　　　寫 220

（431）于宮亡戋。于盂亡戋。　　　　　　　　　　　寫 279

同時也用一個从⧚在聲的字，作 ⧚。如：

（432）缺戌卜貞缺其曰盂，亡⧚。　　　　　　　　　寫 218

---

① 編者按："2・26・2"，原文誤作"2・26・3"，今據實際出處徑改。

從此字又過渡到𠦂字，第五期帝乙、帝辛之世，便完全改用𠦂字了。如：

(433) 辛酉卜，王田，往來亡𠦂。　　　　　　　　　　　　　　前 3·26·1

𝌆象橫流氾濫，爲水災本字。戋从戈在聲，爲兵災本字。𝌆字豎書，又加在聲乃變爲𠱭，再省爲𠦂。這個系統是很顯明的。更表列如右：

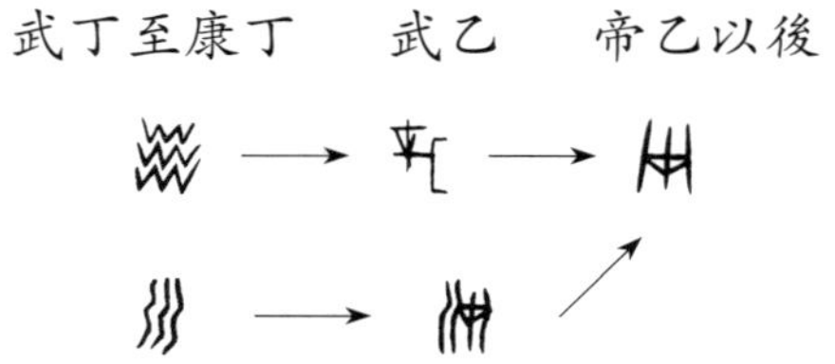

武丁至康丁　　武乙　　帝乙以後

𝌆 ⟶ 戋 ⟶ 𠦂

�川 ⟶ 𠱭 ↗

此外，如伊尹亦作寅尹。王靜安先生謂"古讀寅爲伊"，其説甚是。今以時期證之，作寅尹多在武丁之世，至武乙時則書伊尹。例如：

(434) 癸丑卜賓貞：㞢于寅尹。二月。　　　　　　　　　　　　前 1·51·6
(435) 丙寅貞：又，升，歲于伊尹，二牢。　　　　　　　　　　後上·22·3

上一辭賓爲貞人，可確知爲武丁時物。下一辭以干支字體觀之，時期當在武乙前後。吾人村中發掘，亦常見伊尹之文，可知在武乙時正作伊尹。是武丁時之"寅"，至武乙已改爲"伊"了。

又如"馭釐"一語，爲康丁至武乙時所習用，至帝乙時則改作"延釐"。馭同御，御、延，皆有進納之意，馭釐，延釐，意皆受福，故可以通用（已詳"文法"章）。是第四期之"馭"，第五期又易爲"延"了。

丑，附形以足義之例

殷代文字變易，實由簡單趨於繁複。附形、附聲，皆不外文字孳乳公例。茲舉四字，以見一斑。

1，冓　冓字早期在武丁時作𦫵，象構木爲棟樑之形，本義爲木相結構，引申之爲相遇，爲遇。如"其冓雨"（前 3·18·3 雨作𣲼，武丁時），至祖甲以後，乃加止爲遘（後上·14·8①），因冓爲動，加止形以示走而相冓。以後又加彳形爲遘（前 2·30·6），以示相冓必於行道。自此以後，冓皆作遘了。

2，賓　武丁時史官有名賓者，常爲貞人，字作𠂤。帝乙之世，"王賓"（例多不舉）字作𠂤，皆常見。賓本賓客字，初作从人在室內，已有入幕爲賓之意，

---

① 編者按："14·8"，原文誤作"14·7"，今據實際出處徑改。

後又加止，內向，更可顯見此室內之人，爲方從外來之賓了。

3，蒦　蒦卜辭多假作觀看字。早期，在武丁時作萑（前4·39·4"觀黍"，同版有"今春伐苦方"），借萑雀之萑爲之。祖甲以後，加兩目形作蒦（後下·6·6"王其觀"，王作 ），以示舉目觀看之義。

4，羌　羌是西方民族之一，殷代常常征伐他，他也常常來享、來王，並且進獻樂舞，以供祭祀。字在武丁時作 （前7·2·4），从羊从人，表示他們是牧羊的民族。後來便加上了繩索，作 （後上·23），作 （寫198），以示羈縻之意了。

這四個字附形的關係，更表之如右：

寅，增加筆畫之例

文字演變，在乎幾微，有時一筆一畫之細，偶然增加，便師弟相傳，約定俗成，永遠不會復原了。這種現象，在殷虛文字中甚多，舉其、來、雨、王諸字爲例。

1，其　其作 ，本象木條編製的箕形，卜辭中最常見，自武丁至武乙前四期皆作是形（武丁時如前1·27·4，武乙時如寫233）。至第五期，則於箕之口部加一橫畫作 （如後上·27·13有康祖丁之文），此爲帝乙、帝辛時其字的特徵。《金文編》所錄，除《父己鼎》以外，共四十二字（作 者在內），其上皆有一橫，同於殷代晚期字形，由此可見殷周之間，文字因革的關係了。

2，來　來本爲瑞麥之形，假作往來之來。武丁時皆作 （菁華1，貞人殼），至武乙以後，則加橫畫於上作 （寫348），第五期時，"王來征人方"（前2·16·6），"往來亡 "（前2·34·1），便均作 了。《金文編》所收如《宗周鐘》等來字，上皆有橫畫，無作 者。

3，雨　雨字在武丁、祖甲之世，皆作☒（後上·33·9武丁時，前3·19·2祖甲時），上象雲，下象雨滴。武乙前後，已參差其雨滴作☒，重雲作☒（前4·42·6），帝乙以後則作☒，與小篆之雨，金文之☒（《楚公鐘》）皆相近了。

4，王　王字變化有三，因所見最多，頗可據為斷定時代標準。明義士牧師曾注意及此，嘗為我言☒，☒，王三體時代之次，其說甚是，特記於此，以示不掠人美。☒為武丁至祖庚時書體，祖甲以後加橫畫於上作☒，此體直寫至武乙之世。文丁時，銳意復古，干支字多復第一期之舊，王字亦復作☒。但書法却有不同，武丁時☒字凡四畫，文丁時却為五畫，即分中二畫為三畫，形亦小異，一作☒，一作☒。又文丁時辭，頗易與武丁時相混，如字體，如祀"父乙"，但仍可以區別之點有三：第一，出土地完全在村中，與出土武丁卜辭之村北地相去里許。第二，此期絕無貞人。第三，字之書體如干支之類，雖有復古者，亦有仍沿襲變體，始終未改之字，自與武丁時有別。這裏應當有這樣一段故事，即自祖甲以來，至於康丁，文風漸漸凋敝（這是從第三期卜辭中可以看出的），文丁能夠起四代之衰運，於文字書體，力求復古，所以才諡之曰"文"。這是我們由村中發掘所得新的觀察，明氏却未嘗知之。帝乙之後，☒字中畫相合為一，變而為王，以至於帝辛之世。中間除了文丁的復古，這王字的演化，確是由☒而☒，而王的。

卯，筆順訛誤之例

由許多親筆簽名的史官，看出他們每個人的書法、作風、筆蹟，這是何等有趣之事。在廩辛、康丁時，文風衰落，有些史官當他們初學書契之時，不能專心所業，反胡亂刻些圖畫，一個老虎，一個大象，肚子裏又畫一個小象，身子下又畫一隻鹿（見《安陽發掘報告》第三期528葉），這種滑稽有趣的當日逸事，令人直追懷到三千年以上。初學書的人，自不免要有錯誤，甚至於不知道"筆順"，以訛傳訛，確也不少。現在舉兩字示例。

1，自　自字，武丁時的史官殷寫作☒（菁華1），簸寫作☒（前7·15·4），大概是先寫兩邊的☒，後寫一或二，再寫☒。武乙時的史官抄的第一體，却已把筆順弄錯了，他誤把中間☒形與兩旁連接起來，先作☒，又將兩邊與橫畫相連作☒，於是寫成功了☒形（後上·5·9，同版有父丁），這在村中武乙時期曾見過五次以上。到了帝乙、帝辛時，却改正過來，從第二體，但又扯直了兩旁而作☒形（後上·20·7）了。

2，酉　酉是酒尊，本作☒（前3·3·1甲子表），象侈口、圜底、細頸、頸下有平

行線之形。有時寫作 🔲（見上節干支表，下同），這是武丁時的書法。到了祖甲，史官行有時寫作 🔲，加了一道平行線紋，有時又誤作 🔲 形。使他的頸更細了，肩也寬了。第四期廩辛、康丁時作 🔲，有時把平行線紋加多作 🔲，帝辛時又作 🔲、🔲，毛也不會回到 🔲 形了。干支字中，如未、申、辰、寅、子等字的變化，多半是由於筆順之誤，一檢干支表便知，這裏不再列舉了。

丙，象形變為形聲

殷墟文字中，形聲之字甚多，如從女之妃、妊、妹、姪、娥、姍、姘、媒、妣、媸、妪、嬧等；從馬之驪、騽、禡、獁、䲹、䮍、焉、瑪等；從水之洹、洋、瀺、淮、汜、潢、濤等；從木之槀、樹、杞等；從隹之雇、堆、雒等；從宀之寓、牢、寐等（均見《殷虛文字類編》）皆是。而由象形變為形聲的過程在殷文中最顯明的當為鷄、鳳兩字，茲分別述說於此，以見時代推進與文字演變的關係。

1，鷄 《類編》第四第四葉，舉鷄字五文，說之云：

> 卜辭中諸鷄字皆象鷄形，高冠修尾，一見可別於他禽。或從奚聲，然其他半仍是鷄形，非鳥字也。《說文解字》鷄從佳，籀文從鳥，均失之矣。

（1）🔲　（2）🔲　（3）🔲　（4）🔲　（5）🔲

現在就把此五字按時期排列一下，便可知象形與形聲先後之次了。

（1）見前7·23·1① 文曰"命雪罕鷄"，鷄當為國名或人名。有貞人㱿，確為武丁時字。

（2）見前4·43·2 文曰"鷄丼"，當為人名。丼為早期常見之字。

（3）見前2·37·2 文曰"田鷄亡🔲"，地名。以王、🔲 等字，定為第五期之字。

（4）見前2·37·1 文曰"王田鷄"，地名。以王、🔲 定為第五期。

（5）見前2·36·7 文同上。時期亦同上。

觀（1）（2）兩體，一望而知為鷄之象形字。（3）（4）（5）鷄形已少變，而皆加奚聲，為後世篆文雞、籀文鷄之所本。時期則武丁時為象形字，至第五期帝乙、帝辛之世，已演變為形聲之字了。

2，鳳 《類編》第四第九葉有鳳字，共錄二十八文。內計象形字13，朋字

---

① 編者按："7·23·1"，原文誤作"7·23·2"，今據實際出處徑改。

6，从 ⟨月⟩ 者6，从 ⟨凡⟩ 者3，説之云：

> 《説文解字》，鳳古文作 ⟨𩾰⟩，⟨𩾌⟩ 二形，卜辭从 ⟨鳳⟩ 與 ⟨𠃉⟩ 畧同；从 ⟨月⟩，與篆文同；惟从 ⟨屮⟩，或省作 ⟨Ｙ⟩，與許書篆古二文不合耳。龍字从 ⟨辛⟩，鳳字所从亦與龍同，此於古必有説，今無由知之矣。

這裏所收，瞿字有與鳳同版者，當非一字。三個瞿字，均在待考之列。六個朋字，亦當爲朋貝之義，與鳳無涉。兹但舉象形、形聲之假借爲風者各三字，以見一斑。

(1) ⟨⟩　(2) ⟨⟩　(3) ⟨⟩　(4) ⟨⟩　(5) ⟨⟩　(6) ⟨⟩

（1）見後上・31・14 文曰"今日鳳（風）"，亘爲貞人，可證爲武丁時字。

（2）見菁華5 文曰"大雷鳳（風）"。⟨⟩爲貞人，武丁時。

（3）見前4・43・1 文曰"其虫（有）大鳳（風）"。同版㱿爲貞人，武丁時。

（4）見前4・42・6 同辭"有大雨"，雨作 ⟨⟩，時期在武乙前後。

（5）見後上・14・8① 文曰"不遘大鳳（風）"。王作王，翌作 ⟨⟩，當在武乙前後，第四期字。

（6）見前2・30・6 文曰"不遘大鳳（風）"。其作 ⟨⟩，日作 ⟨⟩，王作 ⟨⟩，爲第五期字。

這六個字的時期，前三字象鳳鳥之形，似是鳳之本字。這三字確皆爲武丁時的書體，不但如此，同樣的《類編》所收其餘十個象形字也皆屬於早期之物。武乙以後，至於帝辛，第四、五期的鳳字全都加了凡聲，而一旁却仍是鳳鳥的形象，並且格外來得逼真，高冠（即 ⟨屮⟩、⟨屮⟩、⟨Ｙ⟩ 等）如舊，修尾上又加了眼球形的彩斑。近人有謂鳳即孔雀者，看（5）（6）兩體，確也甚肖。這裏《類編》所收的从凡之字，共有六個，都可以斷定爲晚期之字。無論象形或形聲，在卜辭中皆是假作風字用的，而第一期用象形字，第四、五期用形聲字，也是無可疑義的。

丁，月與夕的互易

斷代研究中最有趣味的發現是月夕兩字的互易。因爲有這種關係，所以治契學的，永遠是弄不清月夕之分，我也曾隨聲附和著説過"卜辭中月夕同文"。我只算認對了一半，是武丁至文丁時的月夕之分，却還不曾發見月、夕之用在殷代

---

① 編者按："14・8"，原文誤作"14・7"，今據實際出處徑改。

是前後互易的（參看《安陽發掘報告》第三期 489 至 490 葉）。其實，這可以分爲前後兩期：

由武丁至文丁爲前期，這一期中，以 ☽ 爲月，以 ☾ 爲夕。

由帝乙至帝辛爲後期，這一期中，以 ☾ 爲月，以 ☽ 爲夕。

證據就在這裏了。

(436) 癸卯卜，㱿貞：旬亡囚。甲辰，大雷風，之☾(夕)㠯。乙巳夆缺五人。五☽(月)，在缺　　　　　菁・3

㱿爲武丁史官，故可確知此版爲武丁時物。

(437) 戊辰卜，行貞：今☾(夕)亡囚。在六☽(月)。　　　　　卜・10

行爲祖甲貞人，可知祖甲時月夕之用，同於武丁時。

(438) 甲戌卜，在㠯貞：㕣邑今☽(夕)弗濼。在十☾(月)又一。　　　　　前 2・13

由字形、文法可定爲第五期物。

(439) 丁亥卜貞，王今☽(夕)亡戾。癸卯卜貞，旬亡戾。九☾(月)。　　　　　卜・66

以王、戾等字證爲第五期物。

由以上四例月夕二字同見於一版的關係，很可以看出他們的用法了。月作☽，夕作☾的時期，一直用至文丁之世，村中出土的龜版，見於《寫本》的 307, 315, 333, 337, 351, 366 等皆是。至第五期帝乙、帝辛之世，却反轉來，以 ☾ 爲月，以 ☽ 爲夕了。

由此我們可以推想月夕所以互易的原因。

古人造字，有他們一定的公例，不是亂雜無章的。我以爲夕即是夜，夜即是月，本來只是一字。這很可以拿同例的日字來作比證。最初造字時，因爲白天是見日的時候，所以就名之曰"日"，同樣的黑夜是見月的時候（一個月內，夜間可以見月之時最多），所以就名之曰"月"。有日之時爲日，有月之時爲月。實在說月就是夜，夜就是夕，月、夕、夜原本一字。以後因爲年月之月的關係，月的一圓一缺爲一月的月，和黑夜的月，容易相混，所以加一畫以爲識別，於是有☽與☾之分。這時形雖可判，音仍相似，所以到了帝乙以後，又有人把他弄錯了，以至彼此互易。再後，才有从月而加亦爲聲的夜字，可以知道未加亦聲之前，月字已讀爲夜了（亦，也一音之轉）。

在金文中，月字多是有直畫的，無直畫者甚少。《金文編》所收月字 46 文，

作𝈎者只有一字，其餘都作𝈐了。所收合文七，月字皆作𝈐。所收夕字凡六，作𝈐者五，作𝈐亦一字而已。所收夜字有从夕者，亦有从月者。茲並舉例如右（皆見《金文編》第七，四至七葉）：

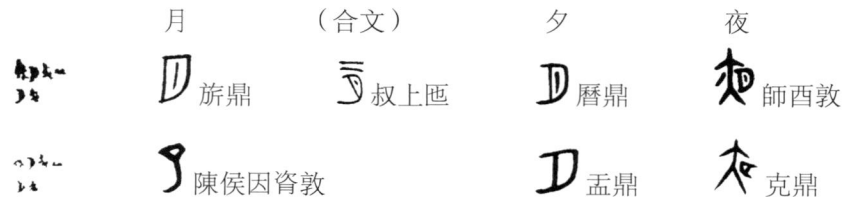

由此可知月、夕互用的關係，在金文中也是常見的了。金文中字多與商代末期文字相近，如上節所述，此亦一例。

殷人有卜夕之事，卜夕即是"卜夜"，春秋時代還有"卜夜"之說。《左傳》：

> 陳敬仲爲齊工正，飲桓公酒，公樂，使繼以火，辭曰："臣卜其晝，未卜其夜，不敢！"

此云卜夜，當即殷人的卜夕。

十，書　體

從各時期文字書法的不同上，可以看出殷代二百餘年間文風的盛衰。在早期武丁的時代，不但貞卜及所記的事項重要，而且當時史官書契的文字，也都壯偉宏放，極有精神。第二、三期，兩世四王不過守成之主，史官的書契，也只能拘拘謹謹，維持前人成規，無所進益；而末流所至，乃更趨於頹靡。第四期中，武乙終日遊田，書契文字，亦形簡陋。文丁銳意復古，力振頹風，所惜的當時文字也只是徒存皮毛，不見精采。第五期帝乙、帝辛之世，貞卜事項，王必躬親，書契文字極爲嚴密整飭，雖屆亡國末運，而文風丕變，制作一新，功業實不可掩沒。這裏，就殷人書契體式，略舉數端，以見各時期特異之點，並及於書契的方法。茲分工具、款式、作風三項述之。

甲，工具

子，書契之具

1，筆　筆即毛筆，殷代已有了毛筆的使用，這話似乎要使人驚異，不過這

裏所謂毛筆，不必如現世所用的竹管兔毫，只要是一支小獸的尾巴，或者一叢捆在一起的細毛，功用同於毛筆的，都可以叫他作毛筆。無疑的，仰韶期的陶片上小狗、小鳥或較精細的花紋，都須要用毛筆去圖繪。而在民國二十年冬季我們在距小屯三里以内的後岡所得的仰韶期用毛筆彩繪的陶器，也至少在四千五百年以上（詳見本刊①梁思永先生的《小屯龍山與仰韶》一文所列的後岡期）。這些，是要證明在殷代以前，已有了毛筆的使用。至於殷代使用毛筆，我們還有直接的證據，是在卜用的牛胛骨版上發見了寫而未刻的文字。在三塊骨版上，偶然發現了幾個殘缺的毛筆書寫的字，兩版是第三次發掘所得的，編號 3·2·0531 及 3·2·0961 出土於村北大連坑東畔；一版是第二次所得的，編號 2·2·0506，出土於村中連連二（見摹寫本及照片）。前者屬於第一期，後者屬於第四期。這兩版，確是毛筆書寫之字，墨色因年久而又經過洗刷泥土之故，業已淡黃了，但是淡黃之色，却又侵入骨裏，永久不退。由此我們可以看到毛筆書寫的筆鋒與姿勢。有這樣堅實的證據，殷代已用毛筆的話，便不算徒托空言了。

書寫卜辭的骨版（圖七）

2，刀　在第三次發掘大連坑附近大龜四版出土之地，我們曾發現過一把小的銅刀，甚似現世刻字者所用，這大概就是殷人契刻文字的工具。古人所謂書契，我以爲是二，不是一。有但書而不契的，如竹帛之類；有先書後契的，如甲骨文字、銅器銘識、石刻之類。明白了書契本是二事，然後可以解釋甲骨文字中

---

① 編者按：指發表本文的《中央研究院歷史語言研究所集刊外編　慶祝蔡元培先生六十五歲論文集》。

先刻直畫後刻橫畫之理。葉溁漁先生在他的《殷契鉤沉》中曾講到這種現象，他舉出三例，說這是卜辭中"全辭祇刻縱筆，淆刻橫筆者"。摹錄兩例如下：

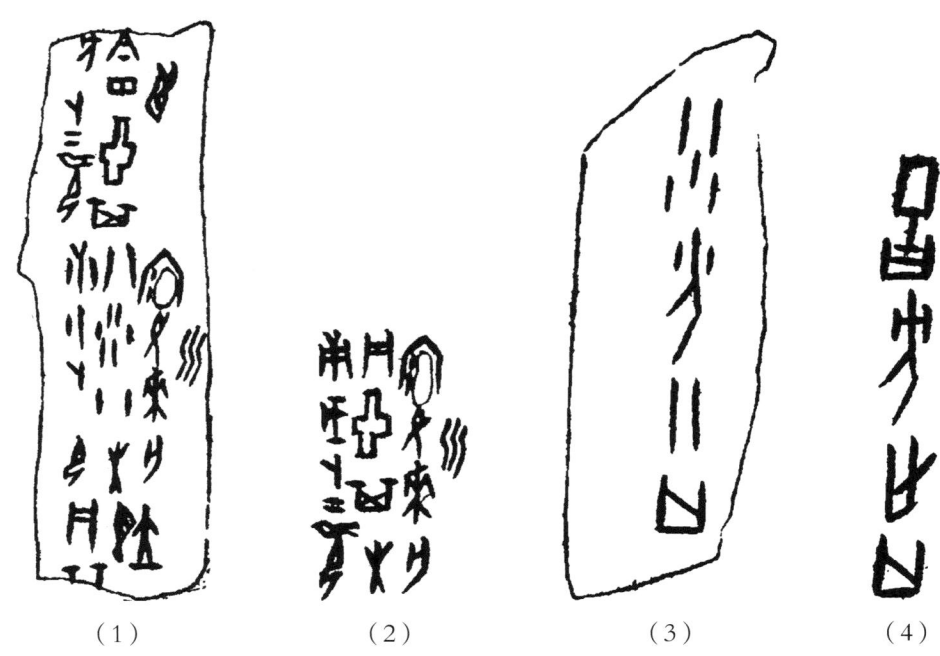

（1）　　　　（2）　　　　（3）　　　　（4）

（1）見於《戩壽堂所藏殷虛文字》第四十六葉之十四，王靜安先生釋乙條云"庚子卜□貞缺今日亞其□往來亡巛"。葉氏謂王誤釋戌爲子。此辭刻全當如（2）。（3）葉釋"苦方出"，甚是，此辭刻全當如（4）。由此兩例，可見書與契是分工的。卜辭有僅用毛筆書寫而未刻的，又有全體僅刻直畫的，可見是先寫後刻。這種先直後橫的契刻方法，也同於三千年後今日的木版刻字，工匠們爲著方便都是先刻了橫畫，然後補刻直畫（這固然是相反的，其實爲的便利則一）。卜辭既經寫過，就一手執版，一手捉刀，爲的版是向著自己，所以就先刻縱筆及斜筆，刻完了，橫轉過來，再一一補足橫畫。如果不寫而刻，那末在每一個字的結構上，稍繁的便不容易刻，何況每一筆畫又須刻兩面刀鋒。一個字猶難先直後橫，何況全行？何況全版？如果刻的"下上若"一句，上下二字皆橫畫，便可不刻而專刻若字；而十一、十二、十三月，便皆須刻作十月了，事實上決不可能。又如《後編》下第一葉五版一個未刻成的甲子表，由左而右，共有八行，都是先刻縱筆，斜筆，只有首二行是填過橫筆的，其餘便皆缺了（只有中間二月的"二"字却特別刻出）。由此，可見書與契的關係。以上所舉，皆是早期文字，早期如此，以後更可知了，所以我們可以說殷虛甲骨文字，都是先寫後刻的。

丑，塗飾的朱墨

將已刻文字的甲與骨，加以朱或墨的裝潢塗飾，這是武丁時代卜辭的一種特色。固然我們見的實物並不算多，但也各期皆有，而塗朱塗墨的甲骨文字，也僅只見於武丁之世。像《書契菁華》式的大字，無論甲、骨，許多都塗過硃砂（塗墨的較少，字也細小一些）。我記得最清楚的一段有經驗的工人的談話：

> 村子裏也出大的骨版，但是字太稀疏，也小，永沒有見過像十四畝地（在第一區）出的那樣骨版，滿刻著紅鮮鮮的硃砂大字。

不錯，第一區的殘片裏，有塗朱砂的大字，而我們在第二、四、五區所得武丁的卜辭，甲與骨也都有不少塗朱塗墨之版。這為什麼要裝潢朱墨？朱墨之塗，又有何別？這塗朱塗墨的都是何類卜辭？許多問題，只有留待將來詳細研究後再作解答了。

從塗朱墨之版，塗得如彼的均勻而又不出字外看起來，也可以為殷人應用毛筆的一證。

寅，甲與骨

殷人貞卜文字的原料，始終是甲骨並用。但前後時期却又微有不同，精密的比較、統計，一時尚難於作出。在約畧的觀察中，覺到在五期中有下表所列的不同。（表31）

第一期	武丁	龜腹甲、牛胛骨（以下簡稱甲，骨）並用。以牛胛骨骨臼刻辭記事。同時也用龜背甲貞卜刻辭。
第二期	祖庚	甲、骨並用。 同時用龜背甲。
	祖甲	
第三期	廩辛	骨多甲少。
	康丁	
第四期	武乙	骨多甲少。同時用牛肋骨刻辭。
	文丁	甲多骨少。
第五期	帝乙	甲骨並用。
	帝辛	

這是一部分材料的粗畧觀察，當然須俟有了詳密的統計，才能得更真實的結果。至於第一、二期的兼用龜背甲貞卜刻辭，第四期兼用牛肋骨刻辭，都是第五

次發掘（二十年冬）所得的新穎而真實明確的知識。

乙，款式

殷虛書契文字的款式，可以說前後是一致的。爲了卜兆有左右向的關係，而貞卜的文字，也分了左行與右行。其實，所謂左右，仍以下行爲原則。我在《大龜四版》的文例一項，曾再說明龜版刻辭的公例：

> 沿中縫而刻辭者向外，在右右行；在左左行。沿首尾甲兩邊刻辭者向內，在右左行；在左右行。

龜版文例，大致如此，在骨版上，也只有左行右行的兩類。所謂左右行，仍是下行，左行者，下行而第二行以下皆在左；右行者，下行而第二行以下皆在右，卜辭中行款不外此兩類，而殷人一般的記事文字，確又以下行而左爲原則。殷虛出土的甲骨文字，除了卜辭之外，純粹記事者爲肩胛骨臼刻辭及獸頭刻辭的兩種。骨臼刻辭，因爲在卜用的肩胛骨之一端，於是沿卜辭的習慣而有下行而左、下行而右之別，至於獸頭刻辭，前後得到三個，雖然時期較晚（當在第五期），而文例却是一致的，完全脫離了卜辭式左右對稱之習，而一律下行而左，與殷、周傳世的金文銘識相同。由此很可以推知殷人一般的行文款式，如典册之類，皆是下行而左的。卜辭之有下行而右的一種款式，乃是爲的適於特殊情形而設，不能據此而概括殷代一切的文字，這是我們應該注意的。不過在卜辭中，由第一期以至第五期，文字體例，無論是甲或骨，大致相同。

丙，作風

我們確定了貞人即是史官，史官們又曾在骨臼刻辭上自己簽過名子，更由此可知卜辭中書名的貞人，也就是這一個卜辭的書契者。更由此我們可以看到許多史官的手筆，以及他們各個人的作風。所惜的是第四、五期不記貞人了，書契卜辭者，也就永遠不能知道他們的名子。但是這些不知名的作家，至少我們還可以鑑賞他們遺留下來的作品。談到作風，便應該摩挲原版，才可以欣賞到書寫與契刻的藝術，不得已而看影片，其次拓本。摹寫之本，只能存其形態，已失去原作品的本來面目了。

以下，就五個時期中各舉一版爲例，以見他們的特點。

書體中五期之作風（圖八）

子，第一期的雄偉

例（1）為第一期的卜辭，這一版亙的筆法，是可以代表本期書體雄健宏偉的一例；韋的書法也有他的特點，字畫雖細，却甚精勁；記卜兆的數字，也可以看出亙、韋兩人書體的不同，左行之二，右行之一、三、四、上吉皆韋書；左行之兩一字、不跼蹢字，皆亙書。亙、韋均為武丁時的史官，可確定此版為武丁時物。兩個史官的書體各別，於此顯然可見。又此版填有朱墨，凡韋書皆填朱砂，亙書皆填墨，骨版也黃潤光滑，與朱墨炯彩，殊為美觀。

第一期大字的代表作品，收輯最多者為《殷虛書契前編》卷七及《殷虛書契菁華》一至八葉。如果你仔細地欣賞過一遍，你就可以相信殷高宗的幾位史官他們的筆力是如何的雄健？如何的宏偉？《鐵雲藏龜》多半是第一期卜辭，但是原版拓印不佳，再版描飾過甚，原來的精采盡失。《殷契徵文》是翻刻本，更不足

道了。

第一期也有不少的小字，大龜四版即是一例。其餘，就貞人找去，總可見當時書法的大致情形。如 ✦ 在《菁華》第五版寫過大的字，可是你如果要看他的小字寫得如何，一翻《前編》卷一，三葉四版，便可以一望而知。小字，普通大小的字，在這一期也佔有多數。

丑，第二期的謹飭

武丁固然是殷代中興的英主，祖庚、祖甲也至少算得守成的賢君，所以在第二期甲骨文字的書體中，你總可以看到他們謹飭守法的態度。這是說比較的沒有第三期那樣的頹靡。例（2）所舉行所書的一版，字體大小適中，行款均齊，可見謹飭的一斑。

二期文字的著録，《殷虛書契》的前後編皆有，但都不多。《戩壽堂殷虛文字》中，二期文字較多，可以依據貞人去參看。明氏《殷虛卜辭》中二期卜辭不少，惜是摹寫，不能見原書的精神。

寅，第三期的頹靡

第三期廩辛、康丁之世，可以説是殷代文風凋敝之秋。在這期，雖然還有不少的工整的書體，但是篇段的錯落參差，已不似前此的守規律，而極幼稚、柔弱、纖細、錯亂、訛誤的文字，又是數見不鮮的。例（3）固然是選的不好的例子，可是這樣一個初學書契的人，却也讓他正式參加"卜夕"之典而刻辭記事於卜骨。狀以後也曾寫過較完好整齊的字，這一版却是他學書未成時的作品。

三期卜辭，以前出土者甚少，我們第三次發掘，在大連坑得到有一大批。據我所見，私人收藏的也有，但多未著録過。

卯，第四期的勁峭

第四期的卜辭，不著書契者（貞人）的名子，無從分別這些作品的誰屬，不過在書體中，有一種他期所沒有的特徵，是較纖細的筆畫中而帶有十分剛勁的風格，峭拔聳立，有如銅筋鐵骨。例（4）僅有一點這時期的風尚，還不算代表的作品，可是像牢、卅、羌、又、父等字，已帶有不少的勁峭的風味了。四期也有圓潤（如寫本 296），工整（寫本 221）的書體，但不能代表多量的作風。

這一期的特殊現象，是文丁時文字復古的運動，文丁之所以諡之曰文的，恐怕也正爲此事。就王字說，第一期作 ⚒，第二期祖庚因之，祖甲以後便加一横作

王以至於武乙之世，文丁時却復了古體，一律作土了。干支字體，也顯見多半復了古體（已詳上節），但仍不免有俗體羼雜其間而已。書體亦有勁峭之概，行款多參差錯落，沿三期之習。

四期甲骨，前後編收入也有幾版，《戩壽堂殷虛文字》中 29 葉 7 版至 31 葉 1 版卜旬之辭皆是。出土地在村中，土人所得多歸明義士牧師。我們第二次村中發掘大部分是第四期之物。

辰，第五期的嚴整

例（5）一版見前"文法"章甲，子，所引（例 393），爲卜辭中最長的一篇記載，可惜殘缺了五六個字。由這一版，可見第五期文字記載的比較繁縟，而行款的排列，字形的勻整，都是這一期的特點。這是我們一望可知的，無論他是祭祀、征伐、遊、田之辭，那結構比較齊整、嚴密，而又有方正的段，勻直的行，細小的字的甲或骨，不用問便是第五期之物，你如果再仔細去看，那其間一定會有一貫三的"王"字，後期的干支字，特別的詞句之類，使你覺到判然別於其他的四期。這一期也有記載貞人的，但是極少，判定時期是在所祀的先王及書體上。

五期卜辭著錄的，如《前編》卷一，一至三十葉，多祭祀之辭，卷二多田、遊之辭，卷三，二至十三葉多甲子表之類。《後編》及《龜甲獸骨文字》中，也可以常常見到五期的卜辭。

就以上十項標準，如果能一一精密的加以研究，我相信必獲以下的結果：
1，可以還他殷代每一帝王的真實而貴重的史料。
2，可以編著每一帝王的傳紀。
3，可以作各種專史的研究，如禮制、曆法、地理等等。
4，從各期史實中，可以看出殷代社會發展的程序。
5，從各期文字上，可以看出殷代文化演進的階段。
6，對於發掘工作，由每坑卜辭的時代，可以證明同出的一切遺物的時代。
7，可以印證古代記載裏的真實材料。
8，可以糾訂前此混合研究的各種謬誤。

本篇忽忽寫成，所舉一些粗疏的例證，作者自己也不認爲是十分滿意，所以在末後要鄭重的聲明：這不是斷代研究成功後的一篇結論，這乃是斷代研究嘗試中的幾個例子。大體的輪廓是有了，一個研究甲骨文字的新方案，我已提供在這

裏。希望治此學者，平心靜氣來批評這方案是否可用？是否完備？既然甲骨文字有斷代研究的需要，那我們先決問題就是如何斷代？以何者爲斷代的標準？標準有了，方法定了，我們就可以把所有出土的材料統統薈萃起來，然後用這標準，這方法，去整理研究他，以完成殷代的一部信史。

二十一年三月卅一日抄寫完，於洹上村。

原載《中央研究院歷史語言研究所集刊外編第 1 種　慶祝蔡元培先生六十五歲論文集》上冊，1933 年；收入《董作賓先生全集·甲編》第 2 册，藝文印書館，1977 年；又收入劉夢溪主編：《中國現代學術經典·董作賓卷》，河北教育出版社，1996 年。今據前者收入。

容 庚

甲骨文編序

昔杜預有《左傳》癖，簡文帝有詩癖，和嶠有錢癖，李澄有地癖，均是癖也，而雅、鄭分焉，癖亦當慎所擇哉。癖金石者始于歐陽修。修之言曰："予性顓而嗜古，凡世人之所貪者，皆無欲于其間，故得一其所好于斯。好之已篤，則力雖未足，猶能致之。故上自周穆王以來，下更秦、漢、隋、唐、五代，外至四海九州，名山大澤，窮崖絶谷，荒林破冢，神仙鬼物，詭怪所傳，莫不皆有，以爲《集古録》。"今者山川所出鼎彝，過于宋代。余乃不癖石而癖金。所見彝器①欵識逾五千種，集其器以爲《寶藴樓》、《武英殿》②諸圖録，集其銘以爲《秦漢金文録》，集其字以爲《金文編》，意天下可樂之事未有過乎此也。嘗集《石鼓》③字爲楹帖曰："自樂其所樂，不爲以有爲。"教于燕京大學，得士曰孫海波，乃不癖金而癖甲骨。孫子習聞余編纂殷、周、秦、漢文字之説，毅然以《甲骨文編》自任，取《殷虚書契》等書八種逐字排比之。賃屋與余比鄰，朝夕過從，以析疑爲樂。妻子之啼饑號寒不顧也，朋友之非笑亦不顧也。五年而《甲骨文編》成④，丐序于余，並問繼今所以爲學與謀生之道，其意有若不釋然者。

乃爲之言曰：爲學之道，譬如積薪，後來居上。此書之度越《簠室⑤殷契類纂》、《殷虚文字類編》，固矣。將期至于無憾，則晚出之《殷虚書契續編》等書尚未盡收，中央研究院所發掘尚未盡覩也。且古文字之學，纂録其文，考釋其

---

① 編者按："彝器"二字，手書原序無。
② 編者按："《寶藴樓》、《武英殿》"，手書原序作"《武英》、《寶藴》"。
③ 編者按："石鼓"，手書原序作"秦十刻石"。
④ 編者按：手書原序此處有"余爲介于哈佛燕京學社印行"一句。
⑤ 編者按："簠室"二字，手書原序無。

義，而參證于繹史①，乃爲盡之。卜辭文字，前賢釋者雖勤，賸義猶多未發：《說文》："次，不前不精也。"考甲骨文不前作㑰，不精作次。《說文》："君，尊也，從尹、口，口以發號。"考甲骨文多君與多尹同誼，是君當爲尹之緐文。《說文》："天，顚也，至高無上。"考甲骨文或言"天邑商"，或言"大邑商"；《書·多士》"肆余求爾于天邑商"，孟子引《逸書》"惟臣附于大邑周"，則天之義當如大。又云"天戊五牢"，天戊即大戊也。又云"丁卯卜貞，王田天，往來無巛"，則天乃地名，此義之有待考釋也。昔王國維先生作《卜辭中所見先公先王考》，學者咸宗其說。孫子謂卜辭合祭則自上甲始，稱高祖則自王亥始，夔與伊尹同祭，疑夔非帝嚳。此經史之有待參證也。孫子方繼此書而作《卜辭小記》以釋義證史，鍥而不舍，余安測其學之所至哉。

至于謀生之道，韓子《代張籍與李浙東書》云："無所能人，乃宜以盲廢；有所能人，雖盲，當廢于俗輩，不當廢于行古人之道者。"以孫子治學之勇，乃"以蓄妻子憂饑寒亂心"，此可爲太息者也。抑孔子有云："富而可求也②，雖執鞭之士吾亦爲之；如不可求，從吾所好。"孫子寧將抱學以待時乎，抑將去所癖以求所不必得乎？余知孫子必將有以處此矣。

廿三年九月容庚序于燕京大學

原載孫海波：《甲骨文編》，哈佛燕京學社石印本，1934 年；收入容庚：《頌齋述林》，香港翰墨軒出版有限公司，1994 年；又收入《容庚學術著作全集》第 22 冊，中華書局，2011 年；又收入曾憲通編：《容庚雜著集》，中西書局，2014 年。今據《頌齋述林》本收入，並以《甲骨文編》容庚手書原序勘校。

---

① 編者按："繹史"，手書原序作"經史"。
② 編者按："富"下手書原序誤衍一"貴"字。

唐 蘭

《殷虛文字記》選

釋龜蠹

卜辭叚借爲秋。

▨《前》五·二五·一片　庚戌卜，貞㞢▨龜，隹帝令。　▨《後》下四二·三片　戊午卜，我，貞今龜我入商。　▨《林》二·一八·三片　庚戌卜，貞㞢▨龜告□丁。四月①　▨《林》二·一五·九片　……▨……龜……再至……商。六月　▨《前》二·五·三片　今龜其章。　▨《拾》七·三片龜隹來。　▨《前》四·五·五片、林二·一八·四三片　……卜……龜……至……四月　▨《前》五·二二·三片　……龜……受又。……才十月又二。　▨《林》二·一八·二片　丁巳……□龜……于西……□七月　▨《明》一五五二片　□酉卜□……燮……龜……　▨《北大藏龜》拓本、《佚》一三九片龜不再□

▨《拾》七·四片　龜多　▨《後》下一二·一四片　□□□完，貞甫今龜……　▨《契》五九二片　戊申卜貞……龜……　▨《佚》九九一片　戊戌卜，䚄，貞祈祀六來龜。　▨《明》一四一四片　▨《鐵》一五三·二片　其龜　▨《前》六·五一·三片　壬子……貞……龜……　▨《林》二·二六·一三片　今龜其㞢降徦。　▨《契》五九二片　貞帝龜于▨于土。　▨《佚》五二五片　甲申卜，完，貞告龜于河。

右龜字，卜辭亦習見。舊不識，葉玉森謂"狀綾首翼足，與蟬逼肖。疑卜辭叚蟬爲夏，蟬乃最箸之夏蟲，聞其聲而知爲夏矣"。《殷契鉤沈》。按葉說謬妄，董作賓乃和之，謂"甲骨文中夏之形，象蟬之側面"，過矣。董說見《卜辭中所見之殷厤》。葡亞角鋬內蟬形作▨，《敬吾心室款識》下南亞角。殷虛白陶片上蟬紋作▨，董氏文中所引，

---

① 此辭本殘缺，此爲余以二斷片復合者。詳《契合編》。

其所摹繪，脫上二足。與此龜字頭載二角者判然有異，謂龜是蟬，一妄也。夏蟲不足以語冰，夏蟲多矣，何以不舉蠱蠅，謂叚蟬爲夏，再妄也。文字之學不修，故葉氏得售其妄，今辨正之，庶來者無惑。然操觚之士，率爾者衆，自檜以下，我不欲觀，亦不能悉論及也。

以字形言之，此龜字者本象龜形而具兩角，試以卜辭所見龜字對校之，如：𤢖與𤣻，𤣛與𤣺，𤣼與𤣽，自頸以下，背腹足尾，纖悉畢同，固不待繁言而見也。其或作𤣾與𤣿者，未詳所狀。似多一足形。①其或作𤤀者，似口尚有鬚也。

龜字《說文》遺漏。《廣雅・釋魚》："有角曰竜龍。"竜正當作龜，蓋龜黽易亂。如：䵶或爲䵷，黿或爲鼇。《萬象名義》廿五龜部有龜字，"奇樛反，虯也，龍無角也"。天治本《新撰字鏡》同。②蓋原本《玉篇》當有此字，今本龜部則已爲俗人刪之矣。《龍龕手鑑》誤入艸部，然其字作龜，則猶未甚誤也。

龜讀爲虯者，叚借義也。其本義當爲龜屬而具兩角者，其物今不可知。然余頗疑其即《說文》之鼀也。《說文》："鼀，鼃屬，頭有兩角，出遼東。"又"鼃，水蟲也，薉貉之民食之"。按所謂水蟲者，如䵷是也，其非黿鼉蠅鼀之屬可知。鼀字從句聲，句從丩聲，而龜叚爲虯，虯字亦從丩聲。鼀頭有兩角，而龜字之首亦具兩角，兩者間關係似頗密切也。

從龜之字，今可考者凡四。其間見於卜辭者二。一龜字，見《後》下四一・一片，及《契》一二四片。未詳。一龖字，見後，即《說文》之𧈧字也。見於字書者二：原本《玉篇》九龠部有籲字③："思條反，《蒼頡篇》：'籲韶九成也'，……字書或簫字也。"今本《玉篇》譌爲籥。漢楊箸碑云："畏如𤾗旻"，秋作𤾗。《隸韻》引燕然銘秋作𤾗，《萬象名義》作𤾗，並從龜，今《說文》則譌爲𥝩。然則凡從龜之字，後世多誤爲從黽，故龜字遂湮晦矣。

卜辭曰"今龜""來龜"，又曰"今龖"，龜及龖，並當讀爲𥝩，即"今秋"與"來秋"也。蓋龜聲本有聚斂之義，故假以爲收斂五穀之稱。《盤庚》言："若農服田力穡，乃亦有秋"，是秋本收穫之義，引申之乃爲收穫之時矣。因有收斂五穀之義，故後世注以禾旁，而爲形聲字之"𥝩"，其後又省龜，遂爲"秋"字矣。

---

① 《爾雅》："鼈，三足能；龜，三足賁。"注："《山海經》曰：'從山多三足鼈。大苦山多三足龜。'今吳興郡陽羨縣君山上有池，池中出三足鼈，又有六眼龜。"然則龜屬固多異形也。

② 天治本印本難得，頃託友人借到一帙，方付景照，未及檢查。僅憶其龜部龜字凡兩出。

③ 本誤作籲，依《萬象名義》正。

《說文》："秋，禾穀孰也。从禾龜省聲。𪚰，籀文不省。"雖誤龜爲龜，其說固猶有本也。六國文字作䅸，則當是從日秋聲。其演變如下圖：

秋本收穫之時，百穀各以其熟爲秋，本無定時也。惟穀多一年一熟，故秋之義略當於年，《詩》"如三秋兮"是也。卜辭云："今秋""來秋"，當亦如此，惟未必如歷術中稱年之精確耳。若四時之秋，則後起之名矣。

🦗《後》下三三・一片　今龜王其从。　🦗《佚》七八〇片　亞于龜

右龜字，舊不釋。今按當是從火從龜，象以火熟龜，據余所定象意字聲化例，《古文字學導論》上四五。則龜乃聲也。故卜辭以龜龜同叚爲秋。《說文》："龜，灼龜不兆也。從火，從龜。《春秋傳》曰：'龜龜不兆。'讀若焦。"龜即龜字之誤。疑《傳》文本作"龜龜"，龜焦音近，得相通叚，而讀者誤認龜爲龜焦之專字，遂改從龜耳。董作賓乃謂龜字不見於《說文》，何其疎也。

龜字孫詒讓釋𦎟，《契文舉例》下四二。亦誤。①《新撰字鏡》九卷龜部，出䴇字云："奇樛反，虬字，無角龍。"又出䴇字云："奇樛反，字書亦虬字也。虬龍之無角者也，在部。"當云在虫部。後條似出原本《玉篇》。

釋𠂇𠂊𠂉𠃌𦥑

𠂇小篆作𠂇，卜辭或叚爲𠂊。

𠂇《前》二・二一・四片　貞𠂇冊辜弗其𠂉出取。　𠂉《菁》十一・七片　辛酉卜，𡧊，貞𠂇𠂉出族从🦗口來……　𠂉《前》四・二九・六片　□子𠂇　𠂉《前》七・四三・一片　乙巳卜，囧，貞𠂇不其受年。　𠂉《林》一・七・二一片　貞征𠂇出　𠂇

---

①　眉批：亞龜爵作🦗，一器作🦗，舊釋犧形，亦誤。

〻《前》五・三八・三片　戊申貞䎆又曰　〻同上　〻〻《前》六・一七・七片　中日曰
〻〻《林》二・二〇・四片……㞢……曰……告　〻〻《林》二・二〇・二片　癸酉卜……
曰……　〻〻《簠》歲四片　乙巳卜，㗬，貞曰受秊。

〻〻《前》七・二三・一片　乙丑卜，允，貞令曰眔崔㞢𦘒从䨮由事。七月　〻〻
《後》下二五・九片　己酉卜，貞亞从止㞢曰。　〻〻《契》二〇一片　……㞢曰……
〻〻《續》二・一九・一片　……㠯，貞曰𢼸牧。①

右曰字，即小篆𦘒字。孫詒讓釋夊，又釋羽，皆誤。《契文舉例》下一五。羅振玉
釋〻〻爲羽，〻爲濯。並見《考釋》。葉玉森改釋〻〻爲雪，象雪片凝華形，〻爲霰，象
水雪雜下，《說契》。後又謂〻仍雪之省變。《前編集釋》七・一六。今按諸說皆非也。卜
辭以䨮爲雪，《說文》䨮從彗聲，則〻〻固彗之本字也。卜辭習字從〻〻，而《說
文》彗字或作篲，古文作𥳎，從竹習，正合展轉相從之例，則〻〻即彗字，更可無
疑矣。②

《說文》："彗，埽竹也，從又持甡。篲，彗或從竹。𥳎，古文彗，從竹
從習。"

按彗爲埽竹，古之通詁，然從又持甡，無繇取象。別本作𦘒，亦乖帚形。獨
卜辭作〻〻，與𡳿形相近。然則𡳿是王帚，本象草形，〻〻爲掃帚，乃狀其器。③及
〻〻變爲𦘒，其本義遂不可尋矣。

卜辭曰字，多爲人名，或叚爲䨮，䨮者彗之孳乳字也。

䨮《後》下一・十三片　甲辰卜丙午雨雪　䨮《後》下四一・六片

右雪字，即小篆䨮字，於卜辭當爲從雨〻〻聲。羅振玉謂從二又，雪爲凝雨，得以手
取之，亦不經之談也。

〻〻《佚》二二〇片　癸未卜，習一卜。　〻〻同片　習二卜。　〻〻《明》七一五
片　……習龜卜，又來䊠其用于……

右習字，舊不識。商承祚謂當非習字，《佚存考釋》三四。蓋受羅振玉以〻〻爲友字
之影響也。羅說詳騷下。郭沫若訂正羅說，釋爲習是矣，然謂"此字分明從羽從日，
蓋謂禽鳥於晴日學飛"，《通纂攷釋》一五六。則誤〻〻爲羽，與《說文》同。

《說文》："習，數飛也。從羽，從白。"④今按卜辭從〻〻，從日，既不從白，

① 眉批：〻〻廬江劉氏藏骨　……曰令允㞢于口
② 展轉相從例見王筠《說文釋例》九。如收、共、拱之類，與曰、習、𥳎正同，皆古今字也。
③ 眉批：作〻者并象塵土之狀。
④ 小徐本作白聲，誤。白非聲，或讀爲脂部之自，以轉入侵部，更非。

亦不從羽。蓋☒、☒本殊，後世誤以☒爲羽字，遂又誤謂習爲從羽耳。羽當作☒，已詳上文。古日或作☒，與☒白相近，故又譌從白。①

以聲類求之，習字當從日☒聲，☒今彗字也。古緝部字每變入脂部，金文"即立"、"朕立"之立，今作位，是其證，則習可從☒聲也。《說文》彗古文作簪，從竹從習，今按當作從竹習聲，然則彗之古本音若習，習從☒聲，可無疑焉。

習既從日☒聲，則"鳥數飛也"，非其本義也。《賈誼傳》云："日中必熭。"《說文》："熭，暴乾也"，按暴曬者日之事，作熭者特叚借字耳。疑習之本訓當爲暴乾矣。《玉篇》："曊，呼惠切，衆星皃。"《萬象名義》同。則假借爲"有曊其星"，"曊彼小星"之曊，彗引申之，當爲搖動皃，舊說微皃，非。其字則即習之後起字，猶☒之爲彗矣。習聲與疊襲相近，故有重義，慣義，引申之乃有學義，本無飛義也。《月令》："鷹乃學習"，始有飛義，蓋誤☒爲羽，始自戰國也。

卜辭云："習一卜"，"習䮸卜"者，習重也。《金縢》云："一習吉。"《左》襄十三傳云："先王卜征五年而歲習其祥，祥習則行，不習則增，修德而改卜。"皆其證。

☒《前》二·五·七片 戊午卜，才潢，貞王其畢大衆，叀焉眔驔，亡災，旱。②
☒《前》四·四七·五片 叀驪眔小驔亡災。 ☒同片 叀驪眔驔亡災。

右驔字。《爾雅·釋畜》云："驪馬黃脊騽。"《說文》作驔。《魯頌》："有驔有魚"，毛傳："豪骭曰驔。"《說文》則云："騽，馬豪骭也。从馬習聲。"許說與《爾雅》、毛傳相違。今驗卜辭云："叀驪眔驔"，則似以訓驪馬黃脊爲優，覃習聲近，疑許氏顛倒其解說矣。

驔從習聲。羅振玉謂"☒爲古文友字，疑許譌☒爲習"，是不獨忘友之作☒，并忘驔之爲形聲字矣。

釋帚婦𡚦歸𥛛帰𡟽𥛛𥧌帚𠬝帰𥝲

☒《鐵》五三·一片 㚔弗☒帚☒。 ☒《鐵》七三·二片 貞弜乎帚㞷…… ☒《前》一·四三·四片 貞于甲☒卜帚妌。 ☒《前》一·五二·四片 貞收牛于帚。

---

① 眉批：後驔字所從習，日形或小譌似甘，甘白亦易亂。魯從甘，《說文》譌爲從白。
② 此片與四·四七·五片，爲一片之折，郭沫若所復合。詳《契合編》。

①《鐵》一二二・三片　己亥……令……及……帚……方。　《前》一・三〇・五片　……三帚宅新帚……　《前》八・一四・三片　叀豕卲帚妊匕壬。　《前》四・三三・七片、《戩》四八・三片、《續》二・二八・四片　庚辰貞寧㞢䘏帚不才𢆶……　《契》五九〇片　癸丑卜，貞㞢㞢皇龍从帚西及。

右帚字，作 、 、 、 諸形者，最多，今不悉録。其作 及 者，舊不釋，今以卜辭歸作 證之，知實亦帚字也。

《説文》：「帚，糞也。从又持巾，埽𠀆内。」②帚而從巾，事本可疑，故戴侗以爲象手持帚形也。然小篆之 ，乃 形之譌，則從又，初亦無據也。羅振玉謂「卜辭帚字从 象帚形， 其柄末所以卓立者，與金文戈字之 同意，其从𠀆者，象置帚之架，埽畢而置帚於架上，倒卓之也」。《考釋》。按羅説亦誤。卜辭戈字作 ，金文大抵作 ，與卜辭 之必從 作者迥異，且一帚也而必卓立何爲哉？凡爲架者，將以盛器， 以盛矢，是也。今 字之𠀆，在 之中，如何能盛？凡此皆臆説之遠於事實者也。余謂卜辭作 、 者，帚之初文，與 、 等字相近，實象植物之形。《爾雅・釋艸》：「萑，王彗。」注：「王帚也。似藜，其樹可以爲埽彗，江東呼之謂落帚。」是帚字之形，正象王帚一類之植物，以其可爲埽彗，引申之，遂以帚爲埽彗之稱，習久忘本，遂不知帚字之本象樹形矣。

 象帚形，其或作 者，字體之增繁，猶庚字作 ，或作 耳。並見金文。古文字，凡直垂之筆，恒增一横畫，如 爲 是。横畫或變爲𠀆，如才爲 是。知𠀆爲繁畫，本無意義也。其作 等形者乃譌體，猶土譌㞢， 譌 也。葉玉森反謂「譌 爲 ，復誤省作 」，《𥎿契枝譚》。誠所謂大惑終身不解者。

自孫詒讓謂卜辭叚帚爲歸，學者多從之。孫説見《契文舉例》上十三又下廿六。董作賓謂歸爲歸回，帚爲餉遺餽送之義。《帚矛説》。按歸當爲從帚自聲，與帚殊字，孫説誤也。歸餽聲近，帚既非歸，安能讀餽，董説亦誤也。卜辭云：「帚好㞢㞠子」，讀爲歸好有子，餽好有子，寧非笑譚。

卜辭之帚，以辭例推之，當讀爲婦。《匋齋吉金録》載比毁，一・四九葉。以白帚爲伯婦，是帚可讀婦也。卜辭每言帚…… ，㚯，《殷契卜辭》七二三片云：婦…… ，㚯，是尤帚叚爲婦之明徵也。曩閲郭沫若《卜辭通纂》，於其讀帚爲婦，九十二葉。深契余懷。郭氏由「卲帚 匕己」一辭，悟帚 之爲人名，雖誤謂帚

---

① 眉批： 當在 字上。
② 此從段玉裁説。別本俱從冂，非。

姘同御，見《通纂攷釋》及《古代銘刻彙考續編》六葉。於理解卜辭文法爲小疵，①其結論則殊正確也。

卜辭叚帚爲婦，習用于人名，如：

帚好　帚妌亦作帚井②　此二人於卜辭各數十見。　帚媒亦作帚葉。帚❀ 此二人各數見。　帚姪見《前》一・二五・三片、四・二六・五片，《續》四・六・二片　帚婐《拾》九・三片、九・四片　帚媓《後》下三四・四片　帚娘《前》四・一・六片、《後》下三四・一片　帚妊《前》六・四九・三片、八・一四・三　帚嬉《佚》七三二片　帚妓《續》四・二・七・八片③　帚娃《續》四・二八・三片　帚嬪新五〇片　帚從《前》八・三・五片　帚白《續》一・八・八片　帚𢆉《續》五・五・三片④　❀帚《後》下四二・七片　角帚《佚》一五片

然亦有但用爲公名者，如"多帚"，《佚》三二一片。"三帚"，《前》一・三〇・五片。即多婦與三婦也。亦有但稱帚而不舉其名者，如"卻帚于□丁"《前》五・二九・五片。之類，帚即婦也。

殷虛甲骨中，別有記事之辭，不關貞卜者。凡用❀之祭，多刻于骨臼，或甲骨之背面。董作賓之《帚矛説》，郭沫若之《骨臼辭》，均研究此問題者。二氏研究之當否，余別有論列。其所祭之示，亦有帚名，如：

帚井示　帚𡥈示亦作帚豐示。　帚寡示　帚安示　帚❀示或作❀示。　帚❀示　帚良示　帚妹示　帚貝示　帚喜示　帚婓示　帚龐示　帚杳示　帚杏示　帚羊示　帚汝示　帚妮示　帚楚示　帚梔示

以帚井爲最多，帚井即帚妌，凡此帚字，亦均叚爲婦也。

甲骨所載帚字，並讀爲婦。又㝨字卜辭作帚，犙字或作犒，是又讀帚如侵也。今音帚婦侵迥異，在甲骨則相通叚，可知商時此三字之音尚未甚變，其距離不甚遠也。諧聲之字，以㝨爲最多，與帚音近者，只一埽字，婦字則更無同音者。余意㝨乃其本音，帚婦皆其變音，㝨帚聲近而變，帚婦則韵近而變也。

❀《契》七二三片　婦❀不其妫

右婦字，《説文》："婦，服也。从女持帚，灑掃也。"今按當作從女帚聲，帚

---

① 見於《前》一・三三・七片者，凡三辭：（一）"甲申卜，卻帚❀妣己，二牝牡。"（二）"一牛一羊，卻帚❀妣己。"（三）"一牛，卻帚❀妣己。"按卻帚❀妣己者，猶云"卻帚好于妣甲"，特省"于"字耳。然則帚❀固生存也。郭誤讀第二辭爲"卻妣己帚❀一牛一羊"，又以帚❀爲故妃，與妣同祀，均非。
② 眉批：帚妌亦作妌帚，見《林》一・三・四片。
③ 編者按："四・二・七・八"，實應爲"四・二七・八"。
④ 眉批：帚〰《鐵》五三・一片。

之孳乳也。

卜辭且祖之配曰匕妣，父之配曰母，婦者殆今王之配與。

🦴《前》五・三二・一片　癸巳卜，王，貞令夫霎亡囗。令夫征戈。　🦴《前》六・六三・一片　令田①子執霎。

右霎字，羅釋彗非，孫海波以與歸字混，釋侵字，亦未是。卜辭從又從帚，只當是霎字耳。《說文》無霎字，於藔、寰、寑、櫕、駸、綅、墋等字，並謂爲從侵省聲，而侵下云："漸進也，从人，又持帚，若埽之進也。"今據卜辭有霎字，則侵字正從霎聲，其餘從霎作之字，亦非從侵省矣。凡從霎之字，得變從侵，如藔爲薓，寰爲寢是，非侵省。

🦴《前》八・六・五片　囗囗卜，歸。　🦴《前》八・九・一片　癸酉卜，歸。🦴同片　甲戌卜，歸。

🦴《前》五・三一・五片　貞㲋囗夒囗幸。　🦴《後》下八・一三片　己未卜，🦴夒罘幸。一月

右歸及夒字，當爲一字之異構，卜辭從帚從霎每通也。此字羅釋彗誤，蓋帚與霎之繁文。

卜辭霎作🦴，夒作🦴，其帚旁小點，蓋像塵土，帚以去塵土也。其後從土，《說文》："埽，棄也，从土，从帚。"又："墋，地也，从土侵省聲。"埽墋亦一字。

🦴《鐵》一四〇・二片　壬囗于歸㞢犬。　🦴《前》五・三二・二片　戊子帚🦴示三🦴。叔　🦴《契》八五片　丁亥壺示一🦴。小帚

🦴《後》下八・一八片②　于既歸……迺歸。

右歸字，羅亦誤釋彗，董作賓、容庚並釋霎，今按亦未碻。霎字作🦴，象手執帚，而此作🦴若🦴，則手在對方，非執也。案從又之字，後世多變從手，則此字當釋掃。此字在卜辭不多見，今所錄🦴、🦴二文是。🦴祭辭中則習見，均爲人名，若帚，若小帚，今不贅錄。

《說文》有埽字而無掃字，故後多以掃爲俗字。然經傳習見。今據甲骨，知商時已有掃字，則掃非俗可知。按掃與霎異者，以手持帚爲霎，但象掃之而已，而歸字則掃塵土於手中，實兼象坌除之義。《詩・東山》："洒掃穹室"③，箋云："掃，拚。"《伐木》："於粲洒掃"，箋云："粲然已洒拚矣。"是掃兼坌也。坌多用

---

① 編者按："田"，原拓字形作"囮"。
② 編者按："《後》下八・一八片"，應爲"《後》下八・一七片"。
③ 編者按："洒掃穹室"，《詩經》實作"洒掃穹室"。

箕，然亦或用手。

此字從帚，有掃義，猶伐字從戈，有伐意，執帚執戈之手，並省。

◯明義士藏甲　己未……◯◯……

右◯字，象掃塵土而垚以筐，匚爲筐象。今無此字，殆掃之異文耳。

◯《後》下八・十四片①

右鱟字，羅釋糞非。一手持帚，一手持箕，以事拚掃，當亦掃之異搆。

糞除之字，當作垚，糞與鱟，字形亦迥異。

◯《前》一・三十・五片　……三帚宅新寢。……　◯《後》下三・十二片　新寢　◯《契》五九五片　貞今二月宅東寢。　◯《前》四・十五・五片　𣏾王寢于□。　◯《前》六・十六・一片　庚辰卜，大，貞來丁亥寇寢又梱，戠羌卅，卯十牛。十月　◯《後》下三・十三片②　貞丁亥其寇寢宰。十二月　◯《前》六・三十・三片　……寢于宅□帝……　◯《後》下三十・十三片③　□未卜，完，……令……寢……　◯《佚》九二一片　辛亥卜，出，貞今日王其氺寢。五月　◯《佚》四四六片　癸未卜，……寢亡……

◯《續》六・十七・一片　甲午，貞其令多尹乍王寢。　◯《佚》九一五片　……乙丑寢……　◯《佚》四二六片　……宰丰寢小𠂤兄。　◯《佚》五一八片　王易宰丰寢小𠂤兄。

右寢字。《説文》：“寢，卧也。从宀侵聲。寑籀文寢省。”按籀文寑字當是從曼聲。甲骨金文俱作寢，則从帚聲，帚古讀如侵也。葉玉森乃謂“从宀从帚，當爲歸屋之誼”，而謂籀文從宀從曼爲已譌變，《説契》。真野言也。

◯《後》下二九・四片　己未卜，𠦃子厦亡疒。

右厦字，舊釋寢。按宀厂二形不近，疑厦乃掃之異文。卜辭爲人名，無以攷定，姑附於此。

◯《菁》一葉　自西沚馘告曰：“土方𢼊于我東啚，戈二邑，吕方亦侵我西啚田……。”　◯《菁》二葉　自北𠭯𣪘告曰：“土方侵我田十人。”　◯《遺》五・十二片　貞乎侵方眔◯。

◯《菁》一葉　自西𡵂友角告曰：“吕方出，侵我示禨田七十人。”

右侵或作牧字。羅振玉釋牧，殊誤。

《説文》無牧字，而有駸字。卜辭牧字當與駸相近。自字形言之，當是象以帚

---

① 此片下一片亦有此字，惜斷缺只存◯形，諸家摹録作◯，所補太多，今不敢取。
② 編者按：“《後》下三・十三片”，應爲“《後》下三十・十三片”。
③ 編者按：“《後》下三十・十三片”，應爲“《後》下三・十三片”。

拭牛之意，而自象意字聲化例言之，則當讀爲從牛尋聲。或夒聲。

卜辭㨃㩒二字蓋叚借爲侵，云："㨃我西啚田"，"㩒我示纔田七十人"①者，侵我西鄙田，侵我示纔田七十人也。《穀梁》隱五年傳云："苞人民，歐牛馬，曰侵"，是侵或掠人也。卜辭以土方之証征，與呂方之㨃並言，則㨃即侵字之借無疑。羅氏誤釋爲牧，因以此諸辭入于芻牧類，遂使重要商史，湮晦不彰，殊可惜也。

釋壴鼓設𧭈喜𧯢偖卽娭嬉尌

𧯢《簠》帝二七片、《續》一·六·七片　癸丑卜，史，貞其障壴告于唐，牛。　𧯢《前》五·四·四片　癸丑……貞羽……障新……壴示……　𧯢《戩》廿五·十二片、《續》四·二六·一片　己亥卜，㠯，貞壴屮于且囗。　𧯢《簠》歲廿四片、《續》一·四七·二片　甲申卜，亙，貞希曰不于壴，𠃊八人，畵五人。　𧯢《續》五·二四·五片　貞弓乎宁壴𢿨。　𧯢《鐵》二五八·三片、《續》五·十七·五片　癸亥卜，亙，貞王屮囗壴𤉲。　𧯢《續》六·十三·一片　王固曰，壴。丙其屮來，不，丁未囗……　𧯢《契》四〇九片　貞王𦣞不隹壴。　𧯢《後》下三九·四片　丁酉卜，大，貞三告其壴于唐，衣。　𧯢《後》下六·二片　辛巳卜，囗，貞壴……

𧯢《林》一·二六·十八片　癸巳卜，貞叔于壴。　𧯢《北京大學藏骨》甲午卜，貞叔于壴。　𧯢《林》二·六·十一片　囗囗卜，壴。　𧯢《林》一·九·七片　貞壴其乎來。　𧯢《拾》八·十七片　貞壴囗乎來。　𧯢《前》五·三六·四片　乎執周壴戠。　𧯢《前》五·三六·五片　執周壴。　𧯢《前》五·二·七片　令壴歸　𧯢同　𧯢《簠》人一〇八片、《續》五·十二·三片　……貞令壴歸。　𧯢《簠》雜一二八片　癸丑卜，完，貞囗从壴……　𧯢《契》六一七片　貞弓壴。　𧯢《後》下二六·十三片　……貞……令𧯢……取壴𠙵……白幸三月　𧯢《庫》一〇三片　庚辰卜，貞壴亡若。

𧯢《佚》二九九片　癸未卜，壴。　𧯢《佚》三〇四片　囗卯卜，壴。　𧯢《鄴》下四十·六片　癸亥卜，壴。

𧯢《明》一四九片　……其帚壴于……　𧯢《庫》九八五片　癸丑卜，弜壴。　𧯢《佚》二三三片　戊戌，貞告，其壴彡于……六……　𧯢《佚》三一九片　壬辰卜，壴。　𧯢《佚》二三三片　庚子貞其告，壴于大乙六牛，叀伐祝。　𧯢《佚》七五片　戊辰，貞其征壴，又若。

---

① "七十"二字，依郭沫若説。

☗《後》下三十·九片 癸卯卜，貞壴亡囚。 ☗《佚》五八四片 甲申卜，其壴。

右壴字①。《説文》云："陳樂立而上，見也，从屮，从豆。"徐鍇《繫傳》曰："豈樹鼓之象，中其上羽葆也，象形。"戴侗《六書故》曰："豈樂器類，艸木籩豆，非所取象。其中蓋象鼓，上象設業崇牙之形，下象建鼓之虡。伯曰：'疑此即鼓字，鼓擊鼓也，故从支。'"徐灝《說文段注箋》云："楚金仲達説是也。鼓、鼙、彭，皆从壴，是其明證。豈上从屮與芦同意。中口象鼓，下象虡，與樂同意。至戴伯以爲壴即鼓字，雖無明據，然其説自通。蓋樂器之興，必先有鼓，然後建之虡而立崇牙焉。若先有壴立字，乃加支以爲鼓，非其序矣。"按徐戴二說均近是，徐灝説壴即鼓字，尤得文字發生之真，昔人但憑空想，其成績亦往往可驚也。郭沫若曰："豈當爲鼓之初字，象形，作☗乃伐鼓之意。卜辭二字通用，如：'辛亥卜，出，貞其鼓彡告于唐九牛。一月。'《餘》十葉。'丁亥卜，大，貞告其壴于唐，衣，亡尤。九月。'《後》下三九葉。二辭同例，而一作鼓，一作壴，此其明證。"《甲骨學文字編》五·五引。 其《卜辭通纂攷釋》又引泉屋清賞古銅鼓以證與壴形酷肖，皆極確。《簠》帝二七片云："癸丑卜，史，貞其陴壴告于唐，牛"，與《餘》九片一辭更相近，可爲郭説佳證。②然則壴爲鼓之本字，殆爲不可移動之鐵案矣。

壴既鼓之象形，則其本讀當如工户切，今《説文》音中句切者，乃其轉音耳。③卜辭壴字大抵用爲鼓。其云："貞希曰不于壴"，《簠》歲二四片。"王囚曰：'壴'"，《續》六·十三·一片。"貞王☗不隹壴"，《契》四〇九片。 則並叚爲蹇，即艱，今音古閑切，與鼓音相近。然則卜辭時代之壴字，固無中句之音矣。

☗《鐵》三八·三片 癸酉卜，甴毘即鼓囗文……壱 ☗☗☗《佚》一〇六片 己卯卜，王貞鼓其取宋白盃，鼓囗由朕事，宋白盃从鼓。二月。

☗《前》四·一·四片 ……彡鼓…… ☗《前》五·一·一片 貞其酌彡弓鼓。十月。 ☗《餘》十·二片 辛亥卜，出，貞其鼓彡，告于唐，牛。一月。 ☗《簠》雜一一七片、《續》五·二二·一片 ……华……其鼓于…… ☗《後》下十四·十五片 囗丑卜，即，……昆鼓 ☗《後》下二八·三片 ……鼓于…… ☗《契》六八一片 貞韋

---

① 羅振玉釋侸，誤。
② 《佚》二三三片："戊戌貞告，其壴彡于……六……"，尤相近。
③ 鼓與擊鼓聲近，若作中句切，則殊遠。

亡其來，才瑴。①

　　右鼓及瑴，皆即鼓字。《說文》以鼓爲鐘鼓字，而以鼓爲擊鼓，讀若屬。小徐本。戴侗《六書故》謂鼓不應有二字，擊鼓爲鼓，猶箸衣爲衣，非分爲二。又云當从支爲是，攴乃支之譌。蘭按戴所據本鼓譌作瑴，故云。徐灝《說文段注箋》謂："鼓从壴，从又，持半竹擊之，其始蓋專爲考擊之稱，後爲鼓鼙之名，故又改支爲攴，爲鼓擊之鼓，實一字耳。"較戴說爲勝。金文鼓字，或從𢶏，或從攴，殊無別。卜辭則有從支從殳二體，又竷字偏旁從支。蓋古文字凡象以手執物擊之者，從攴，殳，或支，固可任意也。壴爲鼓之正字，爲名詞；鼓，皷，瑴，爲擊鼓之正字，爲動詞。《說文》既以鼓爲名詞之鼓，遂以皷專動詞，而所謂"讀若屬"者，乃後世之變音，與壴轉音爲中句切同科矣。

　　𪔐《前》二·一二·四片　癸酉卜，才帛，貞王步于竷，亡巛。

　　右竷字，字書所無。殆象擊鼓屋下之意。依象意字聲化字之例，當爲從宀鼓聲之字，與福或作䘺，略同。卜辭此字用爲地名。

　　𠺖《新》二〇〇片　……喜……王其……　𠺖《續》四·十二·二片　丙子卜，喜。𠺖《戩》四五·七片、《續》五·二九·一四片　□戌卜，喜。𠺖《後》下二一·四片　壬子□，喜。　𠺖《簠》貞六片　庚子卜喜。　𠺖《鄴》下四一·一片　庚□□，喜。　𠺖《前》五·十八·二片　癸巳卜，喜。　𠺖《前》一·一·三片　□□卜，喜。　𠺖同　辛亥卜，喜。　𠺖《鐵》四八·四片　□□□喜。　𠺖《前》四·四三·二片　□申卜，喜。

　　𠺖《鐵》百八二·三片、《前》五·十八·一片　□□卜，出，……羽辛卯……喜𠺖……　𠺖《前》四·十八·一片　余步从厎喜正尸方。②　𠺖③《明》一五四片　同上。　𠺖明義士藏骨　王來正尸方，才攸厎喜啚辰。

　　右喜字。《說文》："喜，樂也，从壴，从口。"往日學者俱以此爲會意字，謂"聞樂則樂，故从壴，樂形于談笑，故从口"，見朱駿聲《說文通訓定聲》。其迂曲可笑，與《春秋元命苞》"兩口銜士爲喜"之說，亦僅伯仲之閒耳。按《說文》從口之字，於古文字當分兩組，其一爲口齒之口，如：鳴，吠，聞，啓之類是；其一爲凵盧之凵，如：吉，本作𠮷。喜之類是。後者之作凵形，多象盛物之狀，喜者象以凵盛壴，壴即鼓形也。

　　以象意字聲化例推之，喜當從口壴聲。壴喜二字，後世讀音迥異，然卜辭娸

---

① 眉批：𠺖《明》二一三六片。
② 此片與《前》三·二七·六片合，乃郭沫若所發見。
③ 編者按："𠺖"，原拓作"𠺖"。

或作嬉，裦、侸、鼛等字，後世作裦、僖及韇，金文鼓字，沇兒鐘作鼓，《說文》鼓籀文作鼛，當本作鼓，後人誤改從古聲。皆可證古音壴喜相近也。

喜今音虛里切，在曉母，古音當在溪母，溪曉二母，古多通流，猶虛之與墟矣。壴字古讀如鼓，在見母，音轉入溪母，又轉爲曉母，因爲今音，而與壴鼓之聲似不相屬，後人遂不知喜爲形聲字矣。豈字見於金文者，尸鎛（《嘯堂》七八）劊字偏旁作 ，趙毀趙字偏旁作 ，似即 字之變。豈字今音墟喜切，在溪母，古讀當如凱或愷。疑壴音初變爲豈，更變爲喜，後世從壴之字多改從喜，而溪母之豈，則變其形而爲豈耳。

 《前》五·八·五片　己卯卜，貞 征于丁宗裦。　 《菁》雜一二七片、《續》六·一九·一二片　……乎，貞……裦。

 《後》下四一·七片　庚……裦

右裦，即禧字，商承祚謂從喜省聲非是，古從壴之字，後世多从喜，非先从喜而後省爲壴也。《說文》：“熹，炙也，从火喜聲。”

卜辭云：“征于丁宗裦”，蓋以裦爲禧也，《呂覽·仲冬》“湛饎必潔”，《淮南·時則》作熹。《詩·玄鳥》：“大糦是承”，《韓詩》：“糦，大祭也。”

 《鐵》一七二·四片

右侸，即僖字，羅振玉釋侸，非也。古從壴之字，後多從喜，侸即僖，與娃即嬉，固無殊也。孫詒讓云：“ 即侸字，《說文》人部'侸，立也，從人豆聲，讀若樹'。此從人從壴，即以讀與樹同，故豆壴通用。以喜作欹，嬉作娃例之，又或爲僖字之省。”①孫氏猶豫於兩說之間，羅氏蓋襲用其前說耳。然自文字學言之，孫氏後說，實遠優於其前說也。

《說文》：“僖，樂也。从人喜聲。”無侸字。《玉篇》：“侸，時注切。《說文》作侸，立也。今作樹。”此蓋因壴字轉爲中句切，而隨以俱轉耳。尌本由壴得聲，故侸樹之聲得相近，然侸侸固非一字也。後人既不知侸僖一字，見侸從壴聲，與侸讀若樹相近，而侸侸字形亦相近，遂臆謂侸即侸字矣。

 《鐵》一一五·三片　貞其自南出郗。　 《鐵》一八二·三片、《前》五·一八·一片　癸丑卜，出，貞勺出希，其自西出來郗。　 《庫》一二一三片　丁未卜，王，貞多兇 ，亡來郗。

右郗字，孫詒讓釋欹甚是，羅振玉併壴侸郗娃四字，通釋爲侸，實大誤也。郗即欹字者，古文字於人形之偏旁，恒變如欠，如卜辭 或作 ，《後》下二二·三片。金文 或作 ，白放鼎。 或作 ，毛公䇟鼎。 或爲 ，秦公毀。皆可證，則

---

①　眉批：見《舉例》下廿。

自易變爲🈳，或🈳也。孫詒讓謂《鐵》——五葉作🈳，乃印本糢糊所致。

《説文》喜字下有歖字，注云："古文喜，从欠，與歡同。"欠部有欯字，云："卒喜也。从欠喜聲。"大徐本作从喜，此依小徐。按欠部欯篆，宋本，葉本，趙本，毛氏初印本，《繫傳》朱本，《五音韻譜》均同，然篆文作欯，而注中則作从喜，故毛氏後剜改篆文作欯，以與解合；而改爲欯後，又與喜下古文歖複出，於是段玉裁、嚴可均輩又議改喜古文歖爲欯矣。孫詒讓以欯爲喜重文，蓋誤據段説。今按欠部篆文欯，喜部古文歖，皆不誤，《玉篇》於喜部有歖字引《説文》，於欠部有欯字，訓同《説文》，後別有歖字，乃據字書。可證。然則所誤者，乃欠部之注，從欠喜聲，本當云從欠壴聲耳。蓋《玉篇》欯欣疑切，《説文》欯許其切，後人既不知喜從壴聲，而狃於讀壴如樹，因致疑於欯之從壴聲，遂改爲喜聲耳。然幸篆文未改，猶留微罅，而毛斧季、段懋堂等紛紛改之，則併此微罅亦不可得見矣。

欯從壴聲，而讀許其切，此喜從壴聲之鐵證也。然則《説文》喜字古文之歖字，亦即欯字，所謂"異部重文"也。欯之爲歖，正猶偯婼之爲僖或嬉矣。

卜辭郣字當讀如嬉，說詳婼下。

🈳《鐵》五九·三片 ……雨，不隹婼。 🈳《餘》六·二片 貞不□婼。 🈳《拾》八·十八片 貞行□不隹婼。 🈳《拾》八·十六片 貞勹來婼，□方。 🈳《前》六·五三·三片 貞弖咸楚丁宗，其㞢來婼。 🈳《後》下三五·八片 貞□㞢□婼。 🈳《簠》人一〇六片、《續》四·三三·二片 貞亡來婼，自方。 🈳《簠》人一〇七片、《續》同上 同上。 🈳《戩》二六·二片、《續》四·三一·三片 貞亡來婼，自西。 🈳《簠》人一〇三片 壬戌卜，㱿，貞今十月其㞢來婼。 🈳《契》三八六片 ……婼來自西。 🈳《庫》一三〇五片 □□□，兄，□□日亡□婼，自方。 🈳《續》四·三一·二片 其婼。 🈳《續》四·三〇·八片 貞□甲辰其㞢至婼。 🈳《庫》五二八片 貞羽甲辰其㞢至婼。 🈳《鐵》二七二·二片、《戩》九·五片、《續》六二一·四片 □㞢□婼。 🈳大龜四版之三 癸酉卜，貞其自皋㞢來婼。 🈳同 貞不自皋㞢來婼。 🈳《北大藏骨》 丙不……來婼。 🈳《林》一·二二·九片 ……□不……婼。 🈳《林》一·二二·十片 ……氏婼。 🈳《前》七·二·四片 王固曰：婼。 🈳《前》四·二九·六片 ……貞勹……固曰：㞢……婼，其隹……不吉其……兇丮……辰子…… 🈳《前》七·十八·三片 王固曰：㞢希，其㞢來婼。八日庚……雉㞢甾曰𦥑。① 🈳《前》七·三一·三片 ……之日二㞢來婼。丂奻卲事……由亦殳人…… 🈳《前》七·五·一片 ……勹亡囚。王固

---

① 與七·二三·二片合。

曰：㞢𡆥，其㞢來娪。 [甲] 《前》七·三七·一片　……允㞢來娪自西。幽告曰，……戈⿰大方，罙三邑。① [甲] 《前》七·四十·二片　甲午卜，𠶷，貞羽乙未易日。王固曰：㞢𡆥，丙，其㞢來娪。三日丙申，允㞢來娪自東。妻告曰，兒…… [甲] 《前》七·四二·一片　……其㞢娪。其隹…… [甲] [甲] 《後》下二七·十四片　王固曰：……娪丝至……娪，自西。…… [甲] 《林》一·二一·一片　□固曰：㞢𡆥，其㞢來娪。三至六…… [甲] [甲] 《菁》一葉　癸巳卜，㱿，貞旬亡𡆥。王固曰：㞢𡆥，其㞢來娪。三至五日丁酉，允㞢來娪，自西。沚𢦔告曰：土方𢦔于我東啚，戈二邑。呂方亦𡴪我西啚田…… [甲] [甲] 同　王固曰：㞢𡆥，其㞢來娪。三至七日己巳，允㞢來娪，自西。崖戔角告曰：呂方出，𡴪我示𠭯田七十人。 [甲] [甲] 同　癸卯卜，㱿，貞旬亡𡆥。王固曰：㞢𡆥，其㞢來娪。五日丁未，允㞢來娪。 [甲] ②𨒪……自邑圍六人。 [甲] [甲] 同二葉　王固曰：㞢𡆥，其㞢來娪。三至九日辛卯，允㞢來娪，自北。蚊敏⿱告曰：土方𡴪我田十人。 [甲] 《菁》四葉　癸亥卜，㱿，貞旬亡𡆥。王固曰：……其亦㞢來娪。五日丁卯，子𢀜蠅，不囧。 [甲] 《菁》五葉　癸丑卜，㱕，貞旬亡𡆥。王固曰：㞢𡆥，㞢𢦔。甲寅，允㞢來娪。又告曰：㞢㞢𡰻自𧌒，十人㞢二。 [甲] 同　癸丑卜，㱕，貞旬亡𡆥。三日乙卯，……㞢娪。單只豐⿰于彔……丁巳，⿰子豐⿰……兒亦旻𠂤。 [甲] 《菁》六葉　三日庚申，亦㞢來娪，自北。子娻告曰：昔甲辰，方𢦔于蚊，𢀜人十㞢五人。五日戊申，方亦𢦔，𢀜人十㞢六人。六月，才…… [甲] 《簠》人一一一片、《續》四·三二·五片　王固曰：其㞢來娪。三至……卜其隹甲㞢至吉，其……其隹戊亦不吉。 [甲] 《簠》地五八片　癸未□，㱿，貞旬亡……𡆥，其㞢來娪。三至……允㞢來娪，目……告曰，呂方…… [甲] 《續》四·三二·四片　……㞢𡴪……來娪…… [甲] 《續》四·三一·一片　癸巳卜，……來娪。三至……𢦔告曰：土……呂方亦…… [甲] [甲] 《簠》人一一〇片、《續》四·三二·二片　……娪……娪，自西。𢦔我 [甲] 《簠》人一〇四片、《續》四·三一·五片　……，㱕，貞旬亡𡆥。……固曰：其㞢來娪。㞢……丙戌，允㞢來娪……俑…… [甲] 《佚》三八六片　丝㞢𡆥，其㞢來娪。 [甲] 《明》一七〇三片　……貞旬……來娪…… [甲] 《明》二三六六片　癸未……王固……娪三……丙戌…… [甲] [甲] 《簠》地五二片、《續》四·三一·六片　……㱿囧。王固曰：……來娪，六日戊……㞢來娪。沚𢦔乎……呂 [甲] 《鐵》一七八·三片、《戩》三五·一二片、《續》四·三一·四片　貞亡來娪，自南。 [甲] 《庫》一七七五片　貞亡來娪。 [甲] 《鐵》一一三·三片、《佚》八一九片　乙丑卜，貞娪亡若。 [甲] 《庫》六九〇片　其隹娪。 [甲] 《佚》三八六片　貞其㞢來娪。 [甲] 《庫》五五四片　同上。 [甲] 《林》

---

① 此兩片合。
② 編者按："⿱"，原拓作"⿱"。

一·二二·八片 ……王，不其……北屮……嬉。 ▨《前》六·二八·七片 癸卯卜，王，貞其屮來嬉。 ▨《前》四·二九·四片 □辰卜，子耒不乍嬉，不井。 ▨《北大藏骨》 ▨《北大藏骨》……固曰：屮希，嬉。……其亡⋯曽。 ▨《餘》三葉，《續》四·三二·一片 ……嬉。三至七……屮來嬉。旱……子姪……屮……沚曰……▨《簠》人一〇五片、《續》四·三二·三片 ……嬉，其屮來▨。 ▨《後》下九·一片 ……不吉……屮希，其屮來嬉。 ▨《菁》六葉 王固曰：屮希，屮▨，其屮來嬉。 ▨同 七日己丑，允屮來嬉，自□。□戈化乎告曰：……方征于我□……

▨《林》一·二一·十二片 丙戌卜，䍃，貞取效▨嬉。 ▨《明》二〇六八片

右嬉字，亦作嬉。从壴之字，多變从喜也。孫詒讓曰："▨字从女从壴，《說文》無此字，疑即嬉之省。《說文》女部亦無嬉字。夏桀后末嬉，見《楚辭·天問》，《呂氏春秋·慎大篇》，則古有其字，此即嬉之省也。"《舉例》下二十。 其說甚是。然自羅振玉舉壴偳卽嬉四字並釋爲侸，舉世學人咸從其說，而孫說反晦，信乎是非之難定也。

羅氏之言曰："《說文解字》：'侸，立也，从人，豆聲。讀若樹。'案以讀若樹觀之，則當从壴聲。此作▨者从人，从壴，壴即樹也。故或省人。此爲後世僕豎之豎字。卜辭又有嬉，从女，殆與从人之▨同。"《類編》八·二。 按羅氏此說，其思想殊不清晰。既以壴爲樹字，又以爲卽之省，實自爲矛盾。考羅氏作考釋時，尚未釋此字，改訂本考釋有之，已在《類編》之後。而禮制篇紀殷之官制則云"有豎"，說之云："文曰：'命壴歸'，壴與樹當爲一字，亦即後世之豎字。"一百七葉。 然則羅氏胸中先有一"壴"即"豎"之成見，而壴即讀爲樹，亦與豎難相附會，至多可謂樹立等於豎立耳。至卽字說出，則以卽釋爲侸，更讀侸爲豎，此巧妙之附會，始能成立。故壴字必須附於侸下，爲侸之省，而不能獨立爲壴或樹字，可見其彌縫之苦心矣。後人以壴字別出，而以偳卽嬉爲侸，亦失羅氏之本意矣。①

夫卜辭云："令壴歸"者，其壴字必爲人稱，固無以知其爲官名也。羅氏立說之根據，已爲丐辭，故其辛苦造成之豎字說，僅如紫色蛙聲，餘分閏位而已，終不能久假而不歸也。

郭沫若釋壴爲鼓之初字，甚確，已詳上文。而以嬉字釋爲蚤，則亦誤也。郭氏謂："象於壴旁有人跽而戍守之，乃象形之文，非形聲之字，蓋古蚤字也。"②

---

① 眉批：又按王襄《簠室殷契類纂》校商氏《類編》早三年印行，書中已釋卽嬉爲侸，則此說似發於王氏。羅氏或即取王說以增成壴即豎之說耳。

② 眉批：《通纂攷釋》：四八八葉。

此説在文字學上不能成立。研究文字學，必當有字形或歷史之根據，娪鼕二字，在字形上既無線索可尋，在歷史上又無踪跡之遺留，但憑一己理想以決定古代之文字，實最危險之方法也。蓋解釋文字者，必在字形確定爲某字以後，釋其何以有此現象而已。不可在未識其字之先，漫然加以解釋，即憑一己之解釋而斷其必爲某字也。娪字郭釋爲蘯，象壴旁有人跽而戍守之。然何以從女，豈"夜戒守鼓"，乃需女子耶？且人跽鼓旁，安見其不爲擊鼓，然則更可釋爲鼓或軸字乎？郭氏天資過人，於卜辭發明頗多，然疵纇亦所不免，如此等處，不能謂非千慮之一失也。

十餘年前，余初治卜辭，即釋偩娪爲僖及嬉，時猶未見孫仲容之書也。蓋叀之即叀，藎之即藎，既無可疑，則偩娪等字，烏能例外，此理本甚易明也。然除孫氏外，竟無知之者，豈非怪事。故知人之耳聰目明，有蔽塞之時，而規矩準繩爲不可缺也。

或謂偩卽娪等字，如爲形聲字，自當如子之説矣，然安見其非象形與會意耶？余曰，不然。偩卽娪三字，姑不論其爲聲化象意，爲純粹形聲，其爲形聲字，固可無疑。卜辭有嬉字，我人既以叀藎爲熹藎，豈能强分娪嬉爲二字。①此一證也。偩之爲僖，娪之爲嬉，自古相傳，爲形聲字。即《玉篇》讀偩爲時注切，亦仍是形聲。此二證也。即以卜辭言之，卽娪通用，事甚昭箸。其云"王固曰：壴"，《續》六·十三·一片。即"王固曰：娪"也。《前》七·二·四片。② 其曰："貞王𢼃③不隹壴"《契》四〇九。 與"……雨，不隹娪"，《鐵》五九·三片。"貞行□不隹娪"《拾》八·十八。 句法正同。然則壴娪亦相通也。壴卽娪三字之通用，如謂非卽娪之同諧壴聲，固不能解釋。此三證也。則偩、卽、娪之必爲形聲字，且必當讀僖、卽、嬉，其證據至明確也。

然於此有一難題焉，即卜辭卽娪等字之意義是已。《説文》："僖，樂也。"又："歖，猝喜也。"又歖爲喜之重文。《廣雅·釋詁》："嬉，戲也。"蓋古文字從人者或轉從女，或改從卩，又變从欠。僖歖嬉在後世雖殊爲各字，在古昔則音義全同，實一字之異文也。然僖樂之義，非卜辭所用也。

卜辭恒云："㞢其㞢來娪"，羅氏讀爲"之求其之來偩"者，固不可解，然讀娪爲嬉，亦正難通。余之懷此疑，蓋亦久矣。

---

① 眉批：商承祚於嬉下云"此字與《集韻》同。又疑爲偩之異體"。是已知娪嬉當爲一字，惜拘於羅説而不能自拔耳。
② 眉批：云"貞壴亡若"（《庫》一〇三片）即"貞娪亡若"（《鐵》一一三·三片）也。
③ 編者按："𢼃"，原拓作"𣪊"。

郭沫若依胡光煒説，讀㞢爲有，依孫詒讓説，釋 㞢 爲 希，而讀㞢希爲有祟，此類卜辭，始露一綫之光明。郭氏謂"娨字必與 希 字相貫而含凶咎之意"，誠爲不刊之論。惜其釋娨爲蠱，於字形爲錯誤耳。

余於前歲暑假讀《戩壽堂殷虚文字》，忽悟"㞢來娨"者，與"亡來娨"對文，"亡來娨"即"亡來艱"，因以知郙娨均當讀爲艱。後撰《古文字學導論》，於自序中涉及此説。且以壴，鼓，喜，艱四字，今所謂古音系統分屬各部，而卜辭時代猶相通用。因謂今之古音，出周以後，不足爲周前之準繩。

此説既出，學者間雖有贊同者，而疑難者亦復不少。難者之意見，約分三端。學貴求是，故不避煩瑣，聊復詳辨焉。

一：難者謂卜辭之"亡來娨"與"亡來艱"，辭例不同，娨艱既不必同義，自不必同音。今按此乃未詳檢卜辭而致誤耳。難者謂卜辭用娨字，有一定之格式，於"貞勹亡囧"之後，繼之以"王固曰㞢希其㞢來娨"，云云，與用艱字者必曰"貞今日亡來艱"不同。今按如謂一爲固辭，一爲貞辭，則請檢本篇所録娨字，强半爲貞辭也。本篇所録，於已見箸録之娨字，大致無遺。如謂後者必繫以"今日"與前辭異者，則可以"貞今十月其㞢來娨"《簠》人一〇三片一。 辭證之，繫月與繫日固無異也。其尤重要者爲《庫方二氏藏甲骨卜辭》一三〇五片，中有兩辭，均殘缺，今對照之如次：

其全辭當云"（某日）卜，兄，貞今日亡來娨，自方"。娨艱同義，此其鐵證也。難者或謂前者"㞢來娨""亡來娨"並見，後者僅有"亡來艱"爲異者，不知卜辭自有"又來艱"《後》上三十·三片。 之辭也。難者或又謂前者多屬邦國變故，後者多與雨同卜者。不知卜辭用壴郙娨等，其範圍殊廣，如夢疒之類，而《鐵》五九·三片云："雨，不佳鼓"，足證亦用於卜雨。且《鐵》一八二·三片云："貞勹㞢希，其自西㞢來郙"，其同片云："貞今日不雨"，正與雨同卜之證也。

要之，娨艱同義，證之卜辭本身，決無疑義。然難者更謂"㞢希其㞢來娨"之辭，何以不作艱字。難者如執此一隙，而抹殺一切重要證據，則余可無言。不然，余將告之曰，此時間爲之也。卜辭用娨字者，其卜人爲亘、㱿、㪿、辰諸氏，皆武丁時①，惟上文所舉之兄，爲祖庚或祖甲時。用郙字者爲出②，用艱字者

---

① 眉批：用壴字亦武丁時。
② 眉批：按出亦用艱字，見《庫》一二九二片。其用郙者，蓋尚襲前期之風氣耳。

爲旅、大、即、矵，並祖庚祖甲時卜人。由此可知早期多用嬉字，後期多用艱字；早期多卜屮嬉，而晚期多卜亡艱。出於後期中獨以屮嬉爲卜，乃改用鄄字。兄獨沿用嬉字，而其云"今日亡來嬉"，則與同時卜辭相同。此嬉艱等字演變之略史，而早期卜辭中所以未見艱字也。

二：難者謂艱諧壴聲爲不可通，因而嬉艱同聲相借爲不可能。今按此未明於古音之流變也。饎從喜聲，昔人有言之者。宋保《說文諧聲補逸》云："艱古音在諄，文，欣，魂，痕部內，喜在止，海部內，如存从才聲，欥讀若銀，來聲，駛讀若迅，吏聲，是其例也。"近人楊樹達氏謂之部與諄部可對轉，亦舉饎從喜爲證。楊文載《清華學報》，手下無此書。按諧聲之變例，與對轉，大抵韻變而聲不變，而喜音與艱較遠，故若可疑。然若古文字艱字之從壴聲，則絲毫無可疑也。壴即鼓之本字，卜辭既有明證，艱與鼓一聲之轉耳。艱初從壴聲，其後變爲饎，時人疑其非聲，故改從艮聲而爲艱，饎字尋廢，幸《周禮》存一艱字，故猶得保存於《說文》耳。《說文》引籀文，或出《史籀篇》。凡文字不屬於形，必屬於意，不屬於意，必屬於聲。艱字既不能釋爲象形象意，自當爲形聲也。卜辭時代，一部分諧聲系統，尚未紊亂，故壴鄄嬉艱四字，同音通叚，足見鄄嬉艱之同諧壴聲也。及周以後，或入侯部，或入之部，或入諄部，分崩離析而不可復合矣。然壴喜鼓豈等字之所諧，交互雜錯，苟細心分析，不難知其故也。學者其疑我言乎？請閱下表：

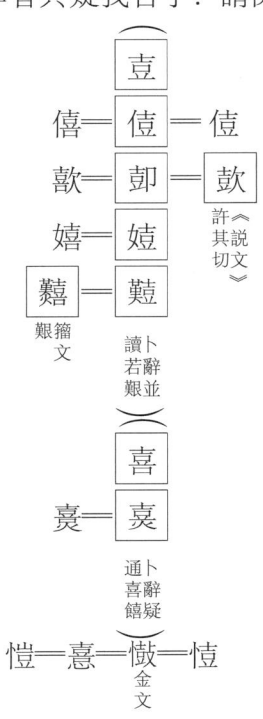

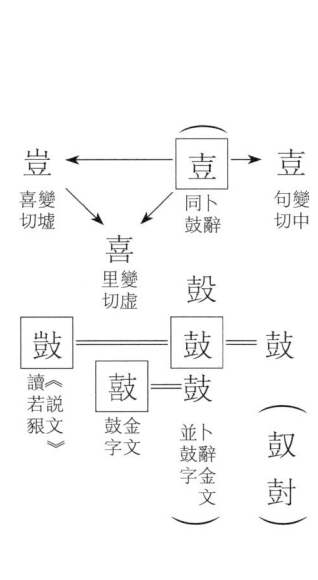

注　凡與主諧字之今音異者，以口圍之。

然則沾滯於目前之古韵系統，固不能與論周以上之古音也。

三：難者謂古韵系統，二十八部，條理井井，自《詩》以下，其用韵幾無出入，不容輕易推翻，因以余說爲妄作。今按此非可以口舌爭也。余所抉而出之者，古文字中自然之現象耳。有可定爲形聲字者，有可知其相通叚者，類而觀之，則商代諧聲系統可見矣。此本不僅從壴聲之字爲然，凡諧聲字皆可類聚，此僅其一例耳。且余所言者，必有依據，未嘗率爾，故如商代諧聲系統，與今之古韵系統不合者，乃其本來面目，非余以意爲之也。余於古韻之學，所知固尟。然深信音之多流變，戴震所謂："音之流變無方"是也。一時有一時之音，一地有一地之音，豈能強同。故今之音，非《切韻》系統之音也；《切韻》系統又不齊於古韵系統也。今之古韵系統，周以下音也。若謂周以前音，不能有出入，是謂周以前固定而無流變也；是猶謂小篆爲倉沮古文，而卜辭金文爲妄作也。昔之學者，知代表中古音之《切韻》系統，不足以論周代之音，故創造古韵系統以代之。然《說文》之諧聲系統，已與《詩》之用韵多不合矣。如從董旁之字，《詩》韵或入真部，或入元部。《說文》雖出漢世，然因分析文字之故，其諧聲系統，實較三百篇之用韵爲古，而言古韵者爲三百篇用韵所囿，不能悉依也。然則今之古韵系統，僅足說明三百篇時代之用韵，然猶有彌縫補苴，未能盡善，又豈能爲周以前音之準繩哉。余故分析商代文字，以觀其諧聲系統，亦即《說文》之法而擴充之耳。其與今之古韵系統不合，實理之所當然，無用驚駭也。言古韵者，未嘗推翻《切韻》，然則言商代之音，亦豈推翻古韻。我人只須明今所謂古韻，只限三百篇時代足矣，又安能推翻之哉。

卜辭壴尌媂等字，並叚借爲艱難字，上文所論，既已詳悉。此類卜辭俱以明白。故治卜辭當以研究文字爲第一義也。

《明》五九六片　己巳卜，貞今夕亡來艱。　《戩》二六·十二片、《續》六·八·九片　戊寅卜，貞今日亡來艱。　《明》一九七四片　……卜……今日□來艱。　《庫》一一八五片　丙午卜，貞今日亡來艱。　《庫》一六七一片　戊寅卜，即，貞今日亡來艱。　《纂》別二·九·十六片　□酉卜，即，貞今日亡來艱。　《戩》二六·十一片、《續》六·八十片　丁未卜，即，貞今日亡來艱。　《前》三·十六·二片　《前》三·二四·五片　己卯卜，□，貞今日亡來艱。　《前》五·四十·六片　……大……日亡……艱。　《前》五·四十·七片　□戌卜，貞□夕亡□艱。　《前》五·四一·一片　……旅……來艱。　《後》上三十·四片　□□卜，□，貞今日亡來艱。　《契》六八八片　甲戌卜，……，貞……

囏。 ▨《明》一三六九片 ……亡來囏。 ▨《明》一七六一片 ……曰……囏。
▨《明》九八片 ▨ 明》六〇五片 ……今日……來囏。 ▨《佚》七八九片 ▨
《前》五·四一·二片 ……卜……日亡……囏。 ▨《明》八三九片 ……日亡……
囏。 ▨《鄴》下三九·三片 庚寅卜，��，貞今日亡來囏。 ▨《後》上三十、三
片 ……又來囏。

右囏即囏字。羅振玉説："《説文解字》：'艱，土難治也，从堇艮聲。籀文从
喜作囏。'此从喜省。或又省喜。又古金文囍字从蓳，蓳从黄从火。此又省火，或
借用堇。"《考釋》六五葉。 按羅説多舛。羅以蓳囏爲一字，故云或又省喜，其實卜辭
蓳字，自與囏殊也。詳後釋蓳。又云此從喜省，蓋謂囍省爲囏。不知凡云省者，必先
有其形而後省之也。商世作囏，周以後作囏或囍，此乃後世增繁，非先有囍囏之
形而後省之也。學者拘泥於《説文》，不合於《説文》者，動歸之淆變，亦昧於文
字發生之史矣。

卜辭囏字，用爲艱難之義。《大誥》："寧王遺我大寶龜，紹天明即命，曰：
'有大艱于西土。'"與卜辭正合。《易·大有》："艱，則無咎"，是艱與咎有
殊也。

卜辭多借壴尌婝等字爲囏，囏字從蓳，蓳者嘆也；難也；饉也；壴其聲也。
囏從壴聲之説詳上。周時囏字變爲囍，毛公曆鼎、不嬰毁均然。後人以喜聲不
諧，故改從艮聲作艱，而囏字遂無人知其從壴聲，且亦不通行矣。艱字不知始於
何時，以金文猶作囍字言之，殆當在宗周以後矣。

　　節選自《殷虛文字記》，北京大學講義石印本，1934年；又中華書局影印
本，1981年；又收入《唐蘭全集》第6册，上海古籍出版社，2015年。今據後兩本
互校收入。

唐 蘭

017 ［釋 斤］

從"斤"的偏旁，在周代金文裡作 𣂪 等形，是誰都知道的，但在甲骨裡有狠多的從斤旁字，至今未被人認識。我尋出了這偏旁的寫法，例如：

𠂉 𠂇 𠂊 並 "靳" 字　見《後編》下二十葉五片，《藏龜》一四二葉四片，《後編》下廿二葉十八片。舊並不識。按《說文》蘄從靳聲，但沒有靳字，大概是遺漏了。

𣂪 㫃　《戩壽堂殷虛文字》四七葉九片。王國維釋"㫃"，近是。按此字從㫃靳聲，舊以為從㫃從單，誤。

𣂪 斯　《前編》四卷八葉六片。舊不識。按卜辭 𣂪 或作 𣂪，可證 𣂪 即斯字。

𣂪 斫　《前編》五卷二一葉三片。舊不識。按𠂆古石字。

𣂪 破　《前編》八卷六葉一片。舊釋為"石"，"扔"二字誤。按此蓋斫字異文。

𣂪 䋌　《後編》下二一葉三片。舊不識。此字《說文》沒有，疑是絮的本字。

𣂪 兵（兵）　《後編》下二九葉六片。舊不識。按《殷契佚存》七二九片云："貞出兵 𣂪。"

𣂪 陃　《前編》四卷四三葉五片。舊不識。按此字《說文》沒有，金文折或作𣂪，疑此亦斯字。

𣂪 炘　《佚存》七〇八片。舊不識。此字《說文》遺漏，古書習見，或作焮。

𣂪 朙（昕）　《佚存》八九九片。舊不識。按朙或作明，可證此即昕字。

𣂪 胏　《殷契卜辭》四一二片。舊不識。此字《說文》沒有，疑是胏的本字。《廣雅》釋器："胏，脂也。"《說文》缺。

𣂪 骲　《前編》六卷三六葉三片。舊不識。按詳上。

𣂪 𣂪 𣂪 並 "弅" 字　見《前編》五卷二四葉五片，六卷三六葉五片，《龜甲獸骨文字》一卷十一葉二片。舊並不識。按此字《說文》沒有。疑是弅的本字。《玉篇》弅同弅，《說文》闕。

𣂪 斧　《前編》二卷四葉三片。舊不識。

𣂪 𣂪 𣂪 𣂪 並 "新" 字　《前編》一卷三十葉五片："新帝"，七卷十四葉一片："业 𣂪 新祖"，《後編》下三葉，十二片："新帝"，九葉一片："业新六品。"舊並不識。《甲骨文編》把 𣂪 當做"匕辛"合文，大誤。按"新"字《說文》沒有，當即"新"字。金文亦每以"新"為"新"。

新　《前編》五卷四葉四片，《佚存》五八〇片。舊並不識。

寈　《藏龜拾遺》十四葉十九片。舊不識。按當即寈字。

寴　《佚存》一三三片，二一七片，並云："寴宗"，舊不識。《説文》闕。此字當是"新"的繁文，從宀新聲，猶"親"或作"寴"。

斯　《前編》一卷四七葉六片。舊不識。今疑即"析"字。

斯　《後編》下二三葉七片。舊不識。按從 當是枼字，斯就是析的異文。卜辭以 爲采，又有 字，舊亦不識，葉玉森附會爲"冬"字，今謂即"杳"字，均可證。

所　《佚存》八五八片。舊不識。按此字不見字書，未詳。

由此，我們可以推出"斤"字在甲骨裡作 ，或作 ，《前編》八卷七葉一片的 字，也可以釋做"斤"。利用這個方法，我們可以多認二十多個前人亓識的字，並且，以後再碰上了從"斤"旁的字，也有了辦法，不致於但說" 象矰繳之形"，而束手無術了。

　　節選自唐蘭：《古文字學導論》下編，北京大學講義石印本，來薰閣書店，1934 年；又齊魯書社增訂影印本，1981 年；又收入《唐蘭全集》第 5 册，上海古籍出版社，2015 年。今據《唐蘭全集》收入。

唐　蘭

卜辭時代的文學和卜辭文學

一　卜辭時代的社會和文化

研究卜辭，當然得先知道那時代的社會和文化，但是，學者間能留意到這一方面的，還不很多。

郭沫若氏在民國十八年所著的《中國古代社會研究》裏曾有過一篇《卜辭中的古代社會》，裏面包含了兩個子目：（一）社會基礎的生產狀況，（二）上層建築的社會組織；這是做這種研究的第一聲。郭氏書裏所提到的問題的結論，由現在看來，很多錯誤。但因類此的研究太少的緣故，一般人總不免受到那篇文章裏的影響。

郭氏書中最大的錯誤，是關於社會組織方面。照他的意見，商代還是用"亞血族羣婚制"，是兄弟姊妹羣婚的時代；換一方面說，就是商代還是野蠻時代。這一個結論，深入於現代一般人的心目，因而對商代社會文化，常發生誤解。其實"亞血族羣婚制"即是莫爾剛（Morgon）所謂"彭那魯安家族"（Punaluan Family）。照莫氏的解釋，這種制度，發生於"野蠻狀態"下面（漢譯本《古代社會》下冊二八八頁），但一直到"文明狀態"，才發明了聲音字母，開始書寫文字（同上上冊一六頁），而從"野蠻狀態"到"文明狀態"的中間，還有一個"未開化狀態"的時代。卜辭時代是有文字的，而且有很多的聲符文字，那時早已遠離了"野蠻狀態"和"未開化狀態"，是毫無疑問的。在這種狀態下，那能還是"亞血族羣婚"呢？

郭氏所以發此說，實在給一種稱謂欺騙了。卜辭裏有"三父"，"多父"一類的話，驟看去很可奇怪，其實這和後來的諸父有什麼分別呢？有許多地方，凡異

姓的年老而可尊敬的，常稱爲"父"，這難道也是雜婚制嗎？有許多名稱的含混，或者是野蠻時代的遺習，但我們不能就這一點來斷定那時代的文化。

卜辭裏面，示壬的妣是妣庚，示癸的妣是妣甲，從湯以下，直系的祖，各有各的妣，這豈是羣婚時代所有的現象。但像配祖丁的有妣己、妣庚、妣癸，和配武丁的有妣戊、妣辛、妣癸①，我們反可以知道那時所行的是一夫多妻制。

莫爾剛氏所稱爲"父系家長家族"的制度，是屬於未開化時代的晚期的家族形態，但在文化時代的初期，也一時地保存着（漢譯本下册三七三葉）。商代的家族形態，大致和這相近。

照郭氏在《卜辭通纂》（考釋七三葉）裏的説法，和他寫給作者的信裏，均已承認商代的父權制度。那末，他的舊説應取消，是無疑的。但一般人却還很多迷信他的舊説。有人説，春秋時齊、楚等國，諸姑姊妹可婚，還沒有脱離血緣婚的範圍，何況商代。這種説法，翹舉一時的變態，來當做常態，實是一種重大的錯誤。

上面説商代已是文明時代，而遠離了未開化時代，只文字一端，已是極好的證據，卜辭時代使用的文字，早已跨入了用聲符的新途徑。照文字學的觀點，判別文字的上古期，和近古期，以有没有聲符字爲標準。那末，單就商代的文字而言，也可以窺見那時的文化了。

商代的青銅器，發現很多。李濟氏在《安陽發掘報告》（五七五葉）裏説到那種青銅武器的形制，多像歐洲青銅時代的第四期物品，和葉尼塞河流域出土的青銅器。這可以證明那時已是青銅器時代了。但郭沫若氏却把殷虚時代列爲金石併用時代（《古代社會研究》二五一葉），這也是一個重大的錯誤。這個錯誤，又把商代搬出文明時代去了，和他定商代是"亞血族羣婚"是相聯的。不知金石並用時代，只是從石器到金屬器的一個極短的時期，所用多半是黄銅和黄金，和殷虚完全不合。青銅器時代以青銅器爲主體，但石器也還存在，正和鐵器時代還有銅器一樣。所以，就殷虚還有石器發現的一點，不能説商代是金石併用時代。

照人類學家的説法，新石器時代的人們，已知道種植和牧畜，因而母系的社會轉而爲父系社會。在那時候，已有很多石製的兵器，爲後來銅器時代所仿傚的。因農業的發展，人都有安定的生活，人口便繁殖起來，因而共同社會發達，促成支配權的發生，因而形成國家。金屬器時代和國家的發生是同時的，因爲堅硬的武器，增加了酋長們的勢力，王侯就因而出現了。歷史記錄的出現，大體上和國家

---

① 卜辭裏的婦好，婦妌等，均武丁之妻生時之名，妣戊等乃後世追稱。

的出現，是一致的。（參考漢譯本西村真次《人類學汎論》一八七——一八九頁）

由商代的青銅器的形式和花紋，可以看出不是初期的產品；這種極高的技巧，不是人類開始仿傚石器或陶器的時候所能得到的。由文獻上說，在殷虛時代（即殷商後期）以前，六—七百年，夏后啓的時代，有一個昆吾的民族，已經開始鑄鼎了。而銅兵的起源，還在其前。

雖則有些學者，盡量把中國文化縮短，以爲商周以後，才是有史時期。但由夏中葉以後，有王的詳細世系，有每個王的在位年數，有各樣紀事，曾載在《紀年》、《世本》和《史記》裏面，是不容抹殺的。卜辭所見商代的先公，從王亥到示癸正當夏的後期，和《史記》所說差不多，可見這種記載是可信的。歷史和傳說的分界，大概在夏后啓的時候，所以夏后啓和有窮后羿，一方面是古代神話的後鎮，一方面却是歷史記載的前驅。

關於夏后啓以前的傳說，在戰國以後，固然真贗錯雜，但在戰國中期以前的記載，像《山海經》、《左傳》、《國語》、《紀年》、《天問》等書，却頗一致。這種傳說裏最早的時代，有太昊、少昊、炎帝和黃帝，炎黃的戰爭，和黃帝、蚩尤的戰爭，是中國最早的戰爭。而銅兵的起源，也在這個時候。由黃帝而帝顓頊、帝嚳、帝鴻、帝堯、帝丹朱、帝舜，就到了夏后禹，夏后啓，這一個在歷史記錄前的傳說的時期，大概有兩三百年。

當銅兵發生以後，黃帝的一個民族，得到了勝利而組成了國家，這是兩昊諸帝時代。隔了兩三百年，變成羣后時代，不久，就演成世襲的王朝，國家的構成，更堅固了。同時，就有別的銅器的出現，也有歷史記錄的發現。那麽，這種傳說，和事實的距離，大概不十分遠。

卜辭時代以前，已經有了六—七百年的歷史，是無疑的。單就商民族而論，從王亥、上甲以下，也有四—五百年的歷史了。國家的形成，據傳說是在黃帝時代，到此時總有一千年的左右了。那麽，那時代的社會組織的進化，和一切文化的進步，是可以想見的。

在卜辭裏面，王的同族是王族，王以外的貴族有公、侯、伯，以至於亞，政府裏面有尹、宰、師、工、卿事、太史、大又、小臣、籍臣、卜人、巫、祝之類；供驅使的有奚和役，——即奴隸；大體上都和周初的情形差不多。王后雖稱爲婦，但婦人稱姓，像：婦好（即子姓）、婦妌（即井姓）之類，也和周世無異。①

---

① 王國維《殷周制度論》說殷時女子不以姓稱，甚誤。

在商代的產業方面，郭沫若氏以爲"是由牧畜進展到農業的時期"（《古代社會研究》二五四頁），或"以農藝牧畜爲主"（《卜辭通纂考釋》一〇三葉），也都是錯誤的。卜辭説到牧畜的極少，郭氏因用牲之數有到三百四百，就以爲是牧畜最蕃盛的時代。其實後來秦德公祀鄜時用三百牢，《左傳》"吳人徵百牢"，可見用牲的多，不足證明那時畜牧是"主要產業"。郭氏又説：

> 其所以罕爲芻牧貞卜者，蓋包含於祈年之例中也。《詩·小雅·無羊》乃考牧之詩，末章云"大人占之，衆惟魚矣，實爲豐年"，是知古之祈年，不限於稼穡矣。——《卜辭通纂考釋》一〇〇頁。

但年字作𠂹，本從禾字演變，所以卜辭裏的"受年"就是"受禾"，"㞢年"就是"㞢禾"，本只有農業的意味。卜辭裏的"受年"，又分析做"受黍年"和"受穅年"①，也和畜牧無關。

農業的重視，在卜辭裏是很明顯的，除了普通的"受年""㞢年"外，有專指那一個地方受年的。例如"甲辰卜，商受年"（《前編》三，三〇，六片）；也有泛指各方受年的，像北方受禾、西方受禾之類。此外有"觀耤"的禮，有"告麥"的禮，而且管耤事的還有"耤臣"。可見只有農業才是商代的主要產業。

我以爲牧畜在新石器時代，確是主要產業，但初期的畜牧者，過的還是流浪生活，一直到農業發達，才能有定居的生活。②農業發達以後，人有定居，才能有村落、有國家，而牧畜也就退居次要了。商代已有大都會，像大邑和師，而王所居有宫、帝、宗、室，試問住在這種都會和宮室裏的民族，還能把牧畜做主要產業嗎？所以，商代只是農業發達的時期，和周代略同，牧畜已是農業的副產物了。祭祀用牲的多，只是特殊階級特意去豢養的。

商人工藝的進步，盡人所知，現在不必特別詳細去記述。傳世的器物，取材的廣泛，品類的衆多，式樣的新異，刻鏤的精美，在《殷虛古器物圖錄》、《鄴中片羽》、《殷文存》、《續殷文存》等書裏，可以得到一個概略。中央研究院所發掘出來的物品，尤可以供我們去研討。總之，這些東西，完全和青銅器時代相應而不是一個野蠻時代。

從工業品方面，我們已能知道商代藝術的優美。在那時已用筆墨，書法已頗講求，有好些作風。商畫雖無傳，但在卜辭裏有些文字，幾和圖畫一樣。音樂方

---

① 穅字舊誤釋爲酉，詳見拙著《殷虛文字記》。
② 後來有許多地名，像卜辭裏所見的"易牧"却還是畜牧時代遺留下來的痕迹。

面，現所知道的有籥、鼓、磬、鐃等樂器，和濩舞。

宗教方面，商人也很崇拜自然神，像上帝、土、河、岳①之類。尤其重視的是人鬼，祭祀的繁多，貞卜的頻數，都是"商人尚鬼"的明徵。商人相信一切災咎，有鬼神作祟，因而有通鬼神的巫祝和問吉凶的卜筮。但有些並不是商人創始的，春秋時有夏祝和商祝，可知祝是從夏世已有的。

關於曆數，商人大概只是承襲前世的，從夏世起已有紀年，和春秋時還存有"夏時"，都可以證明。雖則卜辭的記載，有時錯誤，例如一個月裏有了四次卜旬，或因失了一閏而有十四月之類，但像後一種錯誤，就是春秋時還會發生的。②

有一個末節，可以特別注意的，商代對本族的人鬼，像祖、妣、父、母，和兄，往往用十干爲稱號③，這是很有趣的問題。前人把這種當做商代的人名，而爲什麼有這名，却有兩種說法。《史記·殷本紀》索隱說：

> 皇甫謐云：微字上甲，其母以甲日生故也。商家生子，以日爲名，蓋自微始。譙周以爲死稱廟主曰甲也。

皇甫謐以爲用生日爲名，這是一說，而最近董作賓氏却主張死日爲名（《甲骨文斷代研究例》），這又是一說。

用生日爲名的一說最錯誤，因爲王亥、王恒的亥和恒，上甲的微、天乙的湯，才是真正的名，而十日決不是生時稱的；卜辭裏的婦好、婦妌，決不稱甲乙，但稱爲母或妣的時候，便用甲乙了，更可以證明甲乙是死後若干時才稱的。用死日爲稱的一說也不對。紂死於甲子，爲什麼叫做辛呢？

我以爲上文所引譙周的說法，死稱廟主，實比這兩說爲優。這種稱號，是和祭禮有關的。用甲日祭就叫做甲，用乙日祭就叫做乙。在銅器裏面，常看見，祖日乙、祖日庚一類的名稱，而史喜鼎說"史喜作朕文考翟祭，秊日唯乙"，更是一個確證。王國維氏說：

> 殷之祭先，率以其所名之日祭之。祭名甲者用甲日，祭名乙者用乙日，此卜辭之通例也。

這是一般學者所公認的，但事實上却是看倒了。

---

① 河字依郭沫若說，他以爲是人名，却錯了。岳字即嶽，依孫詒讓說。卜辭河、岳每和夔同祭。
② 孫海波氏以十三月爲正月，十四月爲二月，非是。
③ 羅振玉氏等以爲人名有用十二支者，其實皆誤。

在夏的世系裏，太康、仲康、少康，似乎就是大庚、中庚、小庚。夏帝用十干做稱號，大都已遺漏，只有帝廑又叫做胤甲，他的兒子叫做帝孔甲，隔了兩代，又有一個履癸，即是桀。在商民族方面，當夏的時候也有了上甲、報乙、報丙、報丁、主壬、主癸，和妣庚、妣甲。這種相同，實在不是偶然的。在這一點上，至少可以說商代的文化，有些是起源於夏世的。

在商代所用的禮文裏，郭沫若已經說過"多已與周人同，孔子所謂周因於殷禮者也"的話（《卜辭通纂考釋》一〇三頁）。但這種文化是商時突然產生的嗎？我們根據上面的推論，便還得補充一下。商代文化，在中國古史裏已到了很奐爛的時期，因為它是從夏文化演進的，孔子所謂"殷因於夏禮"者也。

二　卜辭時代的一般文學

甲　商代有沒有文學的問題

現代的文學史家，所最感到困難的，無過於中國的古代文學。中國古代文學的資料，本就不多。加之，這幾年來，受了疑古運動的影響，大部份都被上了可疑的色彩，於是材料就更缺乏了。

就商代來說吧。商代的文學，本來有《商書》可以做代表①，但一般的文學史家大都不敢接觸到這個問題。這裏有兩層原因：第一，在疑古風氣極盛的時候，學者們總抱着"不食馬肝，不為不知味"的念頭，有人說《盤庚》是真，有人說《盤庚》是假，在沒有定論以前，只好不提。第二，由文學史的看法，韻文是應該先於散文的，但一般所公認的最早韻文，只有《詩經》，而《詩經》只有周人作品，如其說有早於周詩的《商書》，就變做散文先於韻文，所以也只好不提。

除了《商書》以外，還有彝銘和卜辭，無疑地是商人的作品了。但因記載這種銘辭的文字，非專家不能研究，而專家的研究也還沒有完密，因而文學史家不能做較深邃的探討。

所以，周以前的文學，在中國文學史裏幾乎是一張白紙，在白紙裏，却充滿

---

① 《商頌》是後人仿作。

了很多待決的問題。

有些研究者，沒有注意到這些問題，以爲只有《詩經》是中國最古的文學，於是，商代便被判決爲沒有文學或文學剛在萌芽的時代了。照他們的説法，《商書》是後人所作，卜辭和彝銘，才是商人做的，那樣簡短而素樸的體格，只是文學起源時代的東西。在疑古風氣極盛的時期，一切中國古代文化總得移後幾百年，文學又豈能例外，所以，這種説法，是容易博得一部分羣衆的信仰的。

但是，商代有沒有文學，不是這樣輕率的説法所能解決的。文學不是一個孤立的東西，在上一章裏，我已經指出商代一般文化的絢爛，在這種文明社會裏，難道不能作一個較長的演説，或談話（像《盤庚》或《微子》裏所記的）嗎？商代的文字，見於卜辭和彝銘，雖不過三千字左右，但在當時，至少總得有一兩萬。①有這麼多的文字，難道不能寫一篇比較長的文章嗎？

我在《頌齋吉金圖錄》的序裏，曾指出卜辭、彝銘所以多簡短而質樸，只是實用的關係，而尋常長篇文字，是應該寫在竹帛上的。不幸，竹帛的保存不易，所以，我們目前所能見到的只是些短篇。在《殷契佚存》的序裏，我又曾指出古代在竹帛以前，大概還用過玉石，雖則我們現在只發見了卜辭、彝銘，而沒有發現商以前別的材料，但不能斷然説商代沒有長篇的文字。同時，郭沫若氏所發表的《周代彝銘進化觀》，和我的意見，幾乎完全一致。

郭氏文裏引《書·多士》"惟殷先人有册有典"來證明殷時就有竹簡，是有充分理由的。②《多士》是現代學者所公認的周初作品。"惟殷先人，有册，有典，殷革夏命"，意思是説：你們殷人的祖先，有典籍流傳下來，説殷的代夏而有天下，是革夏的命。(《易傳》説"湯、武革命"，就本於此文。)這段話見於周初的記載，出乎成王的口，是何等彊有力的證據。周初書裏常常説到夏、商的史事，當然都是根據這種典册的記載。那末，商代已有很完備的記載，是無可疑的。

只要稍具一些進化觀念的人，一定相信周初許多長篇文章，尤其是只有一個論點而講了七百來字的《無逸》，決不會突然地產生的。整整齊齊，六十四卦，三百八十四爻的《周易》繇辭，也不是文學剛在萌芽時代所能有的。如上面所説，商代有很高的文化，很多的文字，和很完備的記載，那末，一定也有很優美的文學。周初的文學家，受過商代文學的影響，是無疑的。

---

① 于省吾氏《續殷文存序》與余意見正同。
② 董作賓氏謂典册皆龜甲，甚誤，余別有文論之。

卜辭、彝銘的素樸和簡短，不夠做商代沒有文學的證據。春秋的記事，何嘗不素樸簡短，戰國時的匋器銘辭，何嘗不是一兩個字，——最多不過十數字，我們能說春秋戰國時期還沒有文學嗎？

乙　商代文學和文學的起源

商代是應當有文學的，那末，商代的文學是些什麼呢？

前面我說過，商代文學是可以拿《商書》來做代表的，現在讓我們把《商書》的內容，檢討一下。《尚書》裏所收的《商書》，據舊說有四十篇，現在把《書序》抄下來，如下：

自契至于成湯，八遷，湯始居亳，從先王居，作《帝告》、《釐沃》。

湯征諸侯，葛伯不祀，湯始征之，作《湯征》。

伊尹去亳適夏，既醜有夏，復歸于亳，入自北門，乃遇汝鳩汝方，作《汝鳩》、《汝方》。

伊尹相湯伐桀，升自陑，遂與桀戰于鳴條之野，作《湯誓》。

湯既勝夏，欲遷其社，不可，作《夏社》、《疑至》、《臣扈》。

夏師敗績，湯遂從之，遂伐三朡，俘厥寶玉，誼伯、仲伯作《典寶》。

湯歸自夏，至于大坰，仲虺作誥。

湯既黜夏命，復歸于亳，作《湯誥》。伊尹作《咸有一德》。

咎單作《明居》。

成湯既沒，太甲元年，伊尹作《伊訓》、《肆命》、《徂后》。

大甲既立不明，伊尹放諸桐，三年復歸于亳，思庸伊尹，作《太甲》三篇。

沃丁既葬伊尹于亳，咎單遂訓伊尹事，作《沃丁》。

伊陟相大戊，亳有祥，桑穀共生于朝，伊陟贊于巫咸，作《咸乂》四篇。大戊贊于伊陟，作《伊陟》、《原命》。

仲丁遷于囂，作《仲丁》。

河亶甲居相，作《河亶甲》。

祖乙圮于耿，作《祖乙》。

盤庚五遷，將治亳殷，民咨胥怨，作《盤庚》三篇。

高宗夢得說，使百工營求諸野，得諸傅巖，作《說命》三篇。

高宗祭成湯，有飛雉升鼎耳而雊，祖己訓諸王，作《高宗肜日》、《高宗之訓》。

殷始咎周，周人乘黎，祖伊恐，奔告于受，作《西伯戡黎》。

殷既錯天命，微子作《誥父師少師》。

這四十篇的《商書》，今文《尚書》裏只剩了七篇，五個題目：一，《湯誓》；二，《盤庚》三篇；三，《高宗肜日》；四，《西伯戡黎》；五，《微子》——即序的《誥父師少師》。①據鄭玄注《尚書》，則壁中古文裏還有《湯誥》、《咸有一德》、《典寶》、《伊訓》、《肆命》、《原命》等篇。②壁中古文原是些零辭斷簡，文字又難識，人都不能屬讀，所以，漢以後就都亡佚了。

在現存的七篇裏面，後面三篇——《高宗肜日》、《西伯戡黎》，和《微子》，因爲篇幅都不很長，時代較後，比較容易相信是真的。到了《盤庚》三篇，懷疑的人就多了。到了《湯誓》，相信的人更少。

我以爲大部分古書總是經過許多變動的，這種變動，常常是無意的錯誤，而不是有心的作僞。例如：

（一）因古文字難認而錯誤　像"文王"變成"寧王"，"玲瓐"變爲"玲瓏"。

（二）因傳寫而致的錯誤　像"己亥"的寫做"三豕"。"粵在位"的寫做"由乃在位"。

（三）因臆改而錯誤　像"腹腎腸"的爲"優賢揚"，下二字是經過改讀的。

（四）因爲口授的關係而聽錯的　像"惟口起羞"的變成"惟口出好"。

（五）因口授的關係，由方音而變化的　像"非台小子"的"台"，本當作"我"。

（六）因受後世語法或文法的影響而加字　像"取亂侮亡"，變爲"亡者侮之，亂者取之"。又像《盤庚》裏的許多"之"字，本來不一定有，"若顛木有由蘖"，"紹復先王大業"，在當時已可達意，但後人一定要嵌進一個"之"字去，才覺得順適。正和唐人寫書喜歡加"也"字一樣。

（七）因錯簡而錯誤　像《書序》的《疑至臣扈》本應作《伊陟臣扈》，在《咸乂》、《伊陟》、《原命》一起而錯在《夏社》下。"疑至"兩字乃"伊陟"的聲誤。③

此外，也許還有基於別種原因的錯誤。凡一篇文章，流傳的時代愈久，地域愈廣，這種錯誤就愈多，有時，和原來大相徑庭；但這只是錯誤，我們不能說成

---

① 據此知《書序》所據的本子和今本不很同。

② 《肆命》一本作《伊陟》。

③ 《君奭》說"若大戊時則有若伊陟、臣扈"，可證。《堯典》疏引鄭玄注《咸有一德》云"伊陟臣扈曰"，似鄭所據壁中本不誤。

是"偽"。

《盤庚》裏面儘管經過若干變動，或者有若干地方和原本有出入，但我們沒有理由可說它是後人所偽作的。《盤庚》裏的史實，大致是可信的。文章的格式方面，只是簡短的記事和演說辭，和商末周初的文相近。雖說文章較長，——以上篇最長，有五百七十多字①，但從那時到周初，據《紀年》說只二百七十三年，周初既有許多極長的文章，在二三百年前有此，並不足奇。本來記言記事，和歌謠差不多，在文學裏同是很原始的，事有多寡，言有繁簡，多就多記，少就少記，所以這種文章的長短，和技巧無關，不妨先有像《盤庚》的長文，而後有《高宗肜日》一類的短文。

近代學者對於已亡佚的《書》不很注意，其實，佚《書》在歷史上或文學史上却是佔有重要地位的。我們只見《湯誓》以後，隔了多少時才有三篇《盤庚》，而《盤庚》以後，只有些短文，一直到周初，才有長文，這種現象是可怪的。但我們應知道做《書序》的時候，《尚書》裏所收的《商書》原有四一篇之多。這四十篇裏②，大約有十二篇是作於湯時，六篇作於大甲時，一篇作於沃丁時，八篇作於大戊時，一篇作於仲丁時，一篇作於河亶甲時，一篇作於祖乙時，三篇作於盤庚時，五篇作於武丁時，二篇作於紂時，時代本都銜接。在《盤庚》以前，還有《太甲》的三篇，《咸乂》的四篇，盤庚以後，也還有《說命》的三篇，那末，《盤庚》有三篇，不能說是篇幅獨長了。

在普通歷史方面，一定要注意到這部分佚書，像"仲丁遷于囂"一類的話，商代的史事，纔可以比較完備。在文學史方面，也一定要注意到它，才能得到商代文學史上的連鎖。比如《說命》三篇雖已亡了，但並沒有完全亡去。《楚語》白公子張說：

> 昔殷武丁能聳其德，至於神明，以入于河，自河徂亳。於是乎三年默以思道，卿士患之。曰："王言以出令也。若不言，是無所稟令也。"武丁於是作書，曰："以余正四方，余恐德之不類，茲故不言。"如是而又使以象旁求四方之賢，得傅說以來，升以爲公，而使朝夕規諫。曰："若金，用女作礪，若津水，用女作舟，若天旱，用女作霖雨；啓乃心，沃朕心；若藥不瞑眩，厥疾不瘳；若跣不視地，厥足用傷。"……曰"必交修，無余棄"也。

---

① 但《盤庚上》似是兩篇演說所組成。
② 所謂篇數，依舊說，確否不可定。

所引的書，大概都出於《說命》，而且是《說命》裏面很精彩的一部分。

在商末周初的文章裏，我們常看見一種譬喻的句子，像：

若涉大水，其無津涯。——《微子》

若涉淵水，予唯往，求朕攸濟。——《大誥》

若考作室既底法，厥子乃弗肯堂，矧肯構；厥父菑，厥子乃弗肯播，矧肯穫，厥考翼，其肯曰予有後弗棄基。——同上

若穡夫，予曷敢不終朕畝。——同上

若稽田，既勤敷菑，惟其陳修爲厥疆畎；若作室家，既勤垣墉，惟其塗墍茨；若作梓材，既勤樸斲，惟其塗丹艧。——《梓材》

今在予小子旦，若游大川，予往，暨女奭其濟。——《君奭》

這種句法和上面所引《說命》的"若金，用女作礪；若津水，用女作舟；若天旱，用女作霖雨"及"若藥不瞑眩，厥疾不瘳；若跣不視地，厥足用傷"的句法，差不很遠。

這種句法，不是《說命》裏才有的。《盤庚》說：

若顛木之有由蘗。

予若觀火。

若網在綱，有條而不紊，若農服田力穡，乃亦有秋。

若火之燎于原，不可嚮邇，其猶可撲滅。

若射之有志。

若乘舟，女勿濟，臭厥載。

顯然就是《說命》所據的藍本。

然而《盤庚》裏也何嘗是獨創的。《禮記‧緇衣》引《太甲》說：

若虞機張，往省，括于度，則釋。

這是商初的文章，比《盤庚》大概又得早上二百年了。

人類一切的進化是遲鈍的，——尤其是在古代，他們創造的能力，還不很豐富，所以這種句法，轉輾摹仿了幾百年，大概從商初到周初，是應有的現象。（以文字來說，從西周到春秋，用了五六百年，還沒有劇烈的變動，是一個很好的例子）。這種文章本來大都是對話或演說，所以常有豐富的取譬。這種取譬，大都是日常習見的事情，聽者最容易領悟，所以常成爲原始文學裏最精

采的一部分。

除了譬喻以外，在古代文學裏最重要的部分，要算格言了。在《商書》裏面，格言極多，例如：

> 取亂侮亡。——《仲虺之誥》①
> 民非后，無能胥以寧；后非民，無以辟四方。——《太甲》
> 天作孽，猶可違；自作孽，不可活。——同上
> 遲任有言曰："人惟求舊；器非求舊，惟新。"——《盤庚》
> 念終始典于學。——《說命》
> 學學半。——同上
> 敬孫務時敏，厥脩乃來。——同上
> 惟口起羞；惟甲冑起兵；惟衣裳在笥；惟干戈省厥躬。——同上

格言都是本人生的經驗而來的，是人生哲學的萌芽。所以，到了《周易》裏就有損和益、否和泰、剝和復、既濟和未濟等相對的觀念，可以明白思想是漸進的。有些人懷疑這種格言，以為商代還不能有，但據我們看來，假如商人還沒有這一類東西，而周初突然發生，那才是怪事哩。

在《商書》裏，記事的部分是很少且很簡單的，大部分都是說話。但這種說話因時代較遠的緣故，很多是不能懂的（商代文字，有許多是周人不認識的，所以，周人讀《商書》已未必全懂，至少讀起來不像《秦誓》順口）。但是，譬喻和格言，是沒有時代性的。在一個句子裏，即使有難識的字，也不難意會，所以，只有這一部分，常在周以後的古書裏引到。

造《偽古文尚書》的人，利用這部分材料，所以不去造孔壁尚存的《典寶》、《肆命》，而去造久已亡的《太甲》、《說命》。我們也應該利用這一部分的材料，才能得到文學史上的連鎖。只有把現存的和已佚的兩部分《商書》合併起來，纔可以看見前後相承的痕迹，可以斷定它們不是偽書，並且可以說《商書》是商代文學的代表。

但在這裏，又有兩個問題：一，商代何以不見韻文呢？二，文學的起源，到底在什麼時候呢？

關於第一個問題，我以為商代是有韻文的。《湯誓》說"時日害喪，予及汝皆亡"，喪、亡是韻。《說命》說"惟口起羞；惟甲冑起兵；惟衣裳在笥；惟干戈省

---

① 或引作"亡者侮之亂者取之"。

厥躬";"兵"字據《墨子·尚同中》所引當作"戎"。① 戎、躬是韻。《墨子·非樂》引《湯之官刑》說:"其恒舞于宫,是謂巫風。"② 宫、風是韻。又《明鬼篇》引《商書》說:

> 嗚呼!古者有夏方未有禍之時,百獸貞蟲,允及飛鳥,莫不比方。矧惟人面,胡敢異心。山川鬼神,亦莫敢不寧。若能共允,佳天下之合,下土之保。

蟲、方、心、寧,都是韻,似乎全篇本是韻文。這一類的材料,可惜流傳得不多。但我們已可以證明《周易》的用韻,《孟子》和《墨子》所引《太誓》的用韻,和有些周初詩篇,——像《七月》之類的用韻,都不是突然發生了。

說到文學起源的問題,我們可先把《虞夏書》檢討一下。這部分的材料,在《書序》裏據說包含了二十篇,計有《堯典》、《舜典》、《汨作》、《九共》九篇,《槀飫③》、《大禹》、《皋陶謨》、《棄稷》、《禹貢》、《甘誓》、《五子之歌》、《胤征》,共十二個題目。孔壁古文還有《舜典》、《汨作》、《九共》、《大禹》、《棄稷》、《五子之歌》、《胤征》等篇。現存的今文只有《堯典》、《皋陶謨》、《禹貢》、《甘誓》四篇。

誠如郭沫若氏所說,今文《尚書》二十八篇是害了大頭症的。《堯典》、《皋陶謨》、《禹貢》三篇,太大而無當,從各方面看來,都可以證明是商周以後的作品,雖則其間還包含了一部分的古代傳說。今文以外的佚書,像《舜典》、《汨作》、《九共》、《槀飫》、《大禹》、《棄稷》等篇,所說也都是虞、夏間的事情,據《書序》和古書所引佚文看來,和《堯典》等篇性質差不多,大概也是後人補作的,這裏且存而不論。

《甘誓》是極簡單的一篇文章,并且不像《堯典》、《禹貢》之類的編者,有滿腹經綸,而只是寥寥數言的演說辭,不像是後人所做的。④ 據《書序》,這是啓做的。據《墨子·明鬼》,却是禹做的。《吕覽·先己》又說是夏后相的事情。⑤ 郭沫若因為商的先世,也有伐有扈,因而疑心是上甲微做的,而把它也改入《商書》,但如果真是上甲微做的,也還應列為《夏書》。

---

① 《墨子》引《術命》"惟口出好,興戎",孫詒讓說《術命》即《説命》甚是。"惟口出好","出好"即"起羞"。"興戎"即"起兵",但脫"惟甲胄"三字。
② 這是百篇《尚書》所沒有收的佚書。《左傳》昭六年:"商有亂政而作《湯刑》"即此。
③ 編者按:"飫",原文誤作"沃",此下一處不誤。
④ 《甘誓》裏牽涉到五行三正的問題,但解釋或許不同,例如三正可讀作三政。
⑤ 一本作夏后柏,或說是柏禹,或說是柏啓。

大概這是一篇商以前無主的古文，究竟是誰做的，周人已不很明白，因此也可以知道決不是後人所偽託的。

《書序》在《甘誓》下還有《五子之歌》和《胤征》兩篇，《胤征》今無可考，據《書序》作於仲康時，所以次在《五子之歌》的後面。①關於《五子之歌》，《書序》說："太康失邦，兄弟五人，須于洛汭，作《五子之歌》。"這一件事，在古書裏的記載很多，像《周書・嘗麥解》說：

其在殷（當作夏）之五子，忘伯禹之命，假國無正；用胥興作亂。遂凶厥國。
皇天哀禹，賜以彭壽，思正夏略。

《離騷》說：

啟九辨與九歌兮，夏康娛以自縱。不顧難以圖後兮，五子用失乎家巷。

這都和《書序》相合。但是"子之"二字，恐怕是後加的。沒有收入《尚書》的時候大概只作五歌，聲變就成五觀，後人誤以為人名，或逕作觀，以為國名。像《楚語》說：

堯有丹朱，舜有商均，啟有五觀。

《左傳》昭元年說：

夏有觀、扈，商有姺、邳，周有徐、奄。

《墨子・非樂》又變成武觀，但仍是書的篇名，可見"觀"字是由"歌"字轉變過來的。五子本有五人，所以儘管變成了五觀，而《漢書・古今人表》太康下說："啟子兄弟五人，號五觀。"《潛夫論》也說："夏后啟子太康、仲康更立，兄弟五人，皆有昏德，不堪帝事，降須洛汭是謂五觀。"還都以為五人的號是五觀，本是很清楚的。偽本《紀年》"帝啟十一年，放王季子武觀于西河。十五年武觀以西河叛。彭伯壽帥師征西河，武觀來歸"。始誤以武觀為一人的名，又合《墨子》及《周書》來附會《古本紀年》啟征西河一事，以前學者多誤信為真《紀年》。於是五觀是一個人呢，五個人呢？這問題就鬧不清。《武觀》和《五子之歌》是不是一事，也沒法判斷了。

段玉裁因《武觀》就是《五子之歌》，就附會成五子到觀地去，魏默深又改

---

① 鄭玄注《禹貢》引《胤征》"厥篚玄黃，昭我周王"，據《孟子》應該在《周書》裏，壁中書這篇恐怕多錯簡。逸十六篇所以不能行，這大概是主要的原因。

做《五子之過》，這都可以不必的。無論觀地不在洛汭，把"之"字解爲"往"，在《尚書》同樣句法的目錄裏，却沒有這一個例。段氏以爲《尚書》裏不應以詩歌名篇，也不對。《皋陶謨》後面是收了三個歌的，《尚書》裏既可收歌，爲什麽不可把歌名篇呢？《詩經》所收，只限于周時，假使《尚書》不能收歌，這首古歌就無家可歸了。

《墨子》引《武觀》說：

> 啓乃淫溢康樂，野于飲食。將將銘（疑鎗鎗二字之誤），莧（當作筦）磬以力。
> 湛濁于酒，渝食于野，萬舞翼翼。章聞于天，天乃弗式。

食、力、翼、式，都是韻。由這段佚文看來，似乎不是抒情的歌，而只是一種記事詩的體裁。

《左傳》哀四年引《夏書》說：

> 惟彼陶唐，帥彼天常，有此冀方。今失其行，亂其紀綱，乃滅而亡。

唐、常、方、行、綱、亡，都是韻。注《左傳》的各家都以爲指夏桀，但這是不對的。因爲如果是夏桀亡了以後做的，便應叫做《商書》了。僞古文把這一段稍加改動，收入《五子之歌》，却頗有眼光。太康失邦以後，據《書序》說"須于洛汭"，《古本紀年》說太康住在斟鄩，后相即位時住在商邱，後來住在斟灌，可見那時已離開冀方。所以，這一段佚名的《夏書》，很可疑爲《五子之歌》的一部分。也許這就是五子所歌的話，後來因此就把全詩叫做《五子之歌》。

關於《五子之歌》的紀載和佚文，所能知道的，只有這些了，現在讓我們來看這篇書背後的故事。

在上文所論到的，當夏以前，約兩三百年，就有了國家了。但照古來的傳說，古代文化，在夏初有很大的變革。在氏族制度方面，炎帝、黃帝本是兄弟，而一姓姜，一姓姬，少昊和顓頊顯然是兩個民族，但《山海經》有"少昊孺帝顓頊"，孺大概當讀做乳；舜據說是黃帝後，却是姚姓；後來娶堯二女，釐降嬀汭，就改姓嬀，禹也說是黃帝後，但又是姒姓；這些似乎都可以證明還沒有超出母系社會，所以堯可以不傳給丹朱而傳給舜。在器物方面，雖已有了銅兵，普通銅器還沒有發達，大概只是由金石並用時代剛進到銅器時代。在文化方面，大概還沒有歷史的紀載。到了夏以後就大不同了，禹傳位給啓，是由母系中心而轉變到父系中心，於是就有了世襲的王朝了。洪水退了以後，因治水時的經驗，知道金屬的產地，便促進了銅器的發展，成爲正式的青銅器時代，同時，因洪水後新

恢復的繁華，加以政治社會工具等的新刺激，一切文化都向前發展，便產生了歷史。

夏后啓是開創這個新時代的主角，所以儘管有人駡他康娛淫縱，却依舊是禹的賢子。當那個時候，除了有苗或有扈以外，没有什麽外患；雖然還有一個有窮后羿在旁窺伺，也未曾覺察，所以他便淫縱起來了。淫縱的故事是這樣的：

> 大樂之野，夏后啓於此舞九代（當作成），乘兩龍，雲蓋三層，左手操翳，右手操環，佩玉璜。在大運山北。一曰大遺之野。——《海外西經》

> 夏后開上三嬪於天，得《九辯》與《九歌》以下。此天穆之野，開焉始得歌《九招》。——《大荒西經》

> 啓登后九年，舞《九韶》。——《路史》後紀十三注及《大荒西經》注引《紀年》

> 啓棘賓商（當作天），《九辯》《九歌》。——《天問》

把這種記載和上邊所引《武觀》和《離騷》對照，就知道所謂淫縱，只是舞《九招》的一樁事情。

《九韶》的樂，有人說是舜作的，有人說是禹興的，也有人說做帝嚳時就有的，這且不管，但舞《九韶》於野，大概是啓創始的。《九韶》的名稱，是因《九成》來的，所以《淮南·齊俗訓》說："夏后氏其樂夏籥《九成》。"成是奏樂一遍，遍通作辯，所以又叫《九辯》（後世舞曲的遍，即由此出）。又作《九變》（見《周禮·大司樂》），也可以叫做《九奏》（《史記·趙世家》："廣樂《九奏》萬舞。"）。《九韶》的樂器在《呂氏譓》裏記得雖多，但是堂上樂，也許還有後來增入的。大概它的主要樂器是管和磬，所以《武觀》說"管磬以力"（《呂氏譓》說"簫韶"，《淮南子》說"夏籥"，簫籥都是管）。

《武觀》裏只說"萬舞"，萬舞和舞九招是一件事情。萬舞是舉着兩手學蝎子式的跳舞。① 舞的時候，據《海内西經》的描寫——舞者赤裸着身體，只在腰以下掛着玉璜，舞時可聽見玎瑽的玉聲，左手執着鳥羽做的翳，右手拿一個環。這種相類的舞底姿勢，我們在現代許多别的民族裏，還可以看到。

舞的時候，還有歌，所以說"九辯九歌"。不過這種歌總是很簡短的，而且總是有唱有和的，所以我疑心《呂氏譓》裏所收入的歌就是《九歌》。因爲《九歌》的名，由《九辯》而起，所以不一定是九篇。那個歌是：

---

① 這是吳世昌先生提醒我的。舊說萬是舞的總名。

　　　　股肱喜哉！元首起哉！百工熙哉！——歌辭

　　　　元首明哉！股肱良哉！庶事康哉！——和辭

　　　　元首叢脞哉！股肱惰哉！萬事墮哉！

《咎繇謨》在"簫韶九成"後，説到："帝庸作歌"，可見這歌正是配《九成》或《九辨》的韶樂用的。《左傳》文五年引《夏書》説："戒之用休，董之用威，勸之以九歌，勿使壞"，《九歌》可以做勸戒，和這個歌辭的意思正相合。

　　但含有教訓意義的《九歌》，在啓時只用爲娛樂了。當他在這曠野裏快樂地宴享，而且舉行空前的，大規模的歌舞的時候，這種偉大的藝術，激動了當時的羣衆，引起各種的議論。有的人看慣前人的勤苦，就説這是太放縱了。有的人以爲這樣新奇的玩意，一定是從天上得來的。

　　若干年後，啓死了，國家的威權也中落了。他的兒子太康、中康等很平庸。他們建都的地方，給有窮氏奪了去，不得已而逃出來，他的子姪輩五人在洛汭等待的時候，就做了一首歌就是《五子之歌》。照後人看來，總是啓的奢縱過分，給天知道了，上帝生氣，才有這樣的事情。

　　從啓的舞《九招》起，太康失國，寒浞殺羿，澆滅斟灌和斟鄩，滅夏后相，少康妻二姚，靡伐浞，女艾諜澆，一直到少康歸夏，這是多麼長，多麼有聲有色的一個故事。《五子之歌》不過是這個故事裏的一個序幕罷了。我疑心這個故事，原先本是一篇或幾篇極長的史詩，《左傳》襄四年魏絳引《夏訓》"有窮后羿"一句，下面就講從羿到少康的故事，《夏制》恐怕就是這類史詩的一部分，魏絳因它太長，所以引了一句後，只揀節目去説。除去魏絳所引外，《左傳》和《離騷》、《天問》等還有很多記載，假如沒有史詩流傳下來，是不會知道這樣詳細的。

　　那末，文學在商以前，包含了兩個部分：一部分是簡短的演説辭，例如《甘誓》，《胤征》恐怕差不多。[①]一部分由歌謠而變成史詩。歌謠的起源，大概遠在夏前，韻文先於散文的定律，是同樣能適用於中國的。《孟子》裏引的一首《夏諺》確否尚不確定，但我們至少可以説《九歌》是在啓時已有的，啓死後又有《五子之歌》，後來變成史詩。這兩部分的時期雖難確定，但總是商前流傳下來的東西，是可以無疑問的。

　　夏代是文學剛在萌芽的時候，到商代，日漸發展，周初尤其輝耀，到春秋以

---

① 《墨子·兼愛》引《禹誓》，是伐有苗用的，和這類相近。至於別的書裏所引禹的書，很多是後人僞託的。

後，却漸漸微弱下去。這一千多年的古代文學，和整個青銅器時代，世襲王朝，都是不能分離的。到了春秋末年，老子、孔子、墨子等一班處士出來，文學史上就起了劇烈的變動，另一新時期於是開始了。

三　銘識的起源和卜辭時代的銘識

許多學者崇信實物而輕略記載，但是地下實物的發現往往不如人意。周以前大批的文獻是寫在竹帛上的，但古竹簡的發現，在六朝以前，我們都看不見了。最近汲縣聽説又發見竹簡，可是看不清文字了。三代的帛書，從未出土過。我們想望中的東西，總不能見到，而意想不到的卜辭，却突如地發現了。

地下材料的發現常常是偶然的，有出乎意外的新發現，可也有出乎意外的不發現，假如因爲没有發現而斷定那時代一定没有這東西，那是很危險的。因爲古物而沉薶在地下的，本只是一部分，而這一部分，不一定能發現；即使發現，未必能保存；即使保存，我們也未必看見；即使看見了，也未必能懂得。我們能看見而且懂得的，實在太有限了，所以只能考其已有的現象，而不要輕率地下結論，説某物或某種現象是那時所没有的。

就現在已發現的屬於商代的地下材料説，除卜辭以外，只有銅器銘辭，材料較多。但無論在何種材料裏，都還没有長過百字的文章。在前面，我根據記載，認爲商代一定有很長的文章，但地下實物是不夠證明的。在這一方面只有寄希望於將來的新發現了。但從別一方面説，單是文章的長短，却不夠做文學進步與否的標準的。

器物銘識的起源，在什麼時候，現在還不很明瞭。據傳説，這種銘文是很早就有的。蔡邕《銘論》説："黄帝有巾几之法，孔甲有盤杅之誡，殷湯有'甘誓'之勒，毚鼎有'丕顯'之銘。"《文心雕龍·銘箴》："昔帝軒刻輿几以弼違，大禹勒筍簴而招諫。"所謂黄帝的巾几，和帝軒的輿几，大概都是本於《漢書·藝文志》的《黄帝銘》六篇，其中有三篇是巾、几和輿，但黄帝書大概都是春秋後人僞作的。禹勒筍簴的故事，見今本《鬻子》，更靠不住了。《孔甲盤盂》見《漢書·田蚡傳》和《藝文志》，班固説："黄帝之史，或曰夏帝孔甲，似皆非。"這二十多篇的内容，現在不知道，恐怕也不很古。殷湯勒"甘誓"的話，很奇怪，皮錫瑞附會爲先有《甘誓》，殷湯勒銘。其實"甘誓"兩字，只是"日新"之誤，

"日新"和下句"不顯"相對。就是《大學》裏所引的湯之盤銘。至於鼂鼎見《左傳》,大概是周以後的銅器了。

古代的銘識,不單在銅器上。在安特生所發見的仰韶期匋器裏,我曾指出有幾個畫在上面的圖形文字,這種文字,大概遠在商以前。中央研究院在安陽發掘出來的匋器上,有刻的文字。這種刻文字在匋器上的習慣,在周以後盛行,而用朱砂寫在匋器上,漢以後也習見。而且在近代所見的實物裏,匋器以外玉石器、骨器等,也常有銘識。

在文字發生以後,使用的器物上,就可以塗寫或刻劃上幾個文字;在文學發生以後,就也可以在那上面做一篇銘文。所以玉石、匋、骨、木等器的有銘識,實遠在銅器銘識之前。《大學》裏引湯之盤銘,我們雖沒有積極的證明,但這種格言式的銘辭,在那時,確是可能的。① 在商初的時候,食器之類,許已有銅製,而槃杅恐怕還只是木製。在木器上面寫字,或刻字,比銅器裏的銘識,需要進步的工藝的,當然要容易得多多。槃杅容積較大,不妨寫上很多的字,而且是日用的器,所以,要寫上一篇格言的時候,這是最適宜的地方了。

早期的銅器銘識,完全是范鑄的而不是隨便的塗寫和刻劃所以比較是很後起的。最初的銅器,大概都是飲食器,是從匋器蛻變來的;——冶金術就是從製匋術發展出來的,——銅器的形製和花紋,都是摹仿匋器的;在那時,大概還沒有銘識。後來,范鑄的技術逐漸進步,就發明了銘識的范。這種銘識最初不過一兩字,有的記明自己的族徽,有的記載器所屬的祖父的稱號。大概商中葉以後,才漸漸發展起來,銘長的可以到三四十字但所載的還不過是作器的原由,一直到周以後,才有極長的銘識。

已發見的商代銅器,拿量來說,真是不少,但有較長銘文的,却不很多。現在把較重要的鈔錄如下:

丙寅,子易(錫)□貝,用乍(作)文繼己寶彝。才(在)十月又三,撲。——《薛氏鐘鼎款識》十二文□己匜

乙亥,子易(錫)小子䍚王商(賞)貝,才(在)𠂤師,䍚用乍(作)父己寶障(尊)彝。——《續殷文存》上廿五小子䍚鼎

丙申,王易(錫)葡亞囂奚貝,才(在)彙。用乍(作)父癸彝。——《殷文存》下廿三葡亞角

---

① 可參考余所撰《頌齋吉金圖錄序》。

戠。辛巳，王易騽八貝一具，用乍（作）父巳障彝。——《續殷文存》上八六騽卣

乙未，卿事易（錫）小子野貝二百，用乍（作）父丁障毁。攑——《續殷文存》上四八小子野毁

甲寅，子商（賞）小子耑，貝五朋，耑玨（揚）君商（賞），用乍（作）父己寶彝。攑。——《續殷文存》上八六小子耑卣

丁巳，王易（錫）萬甾貝，才（在）□，用乍（作）兄癸彝。才（在）九月，隹①（唯）王九祀，肜日。⿰。——《薛氏款識》卷三萬卣

癸巳，王易（錫）小臣邑貝十朋，用乍（作）母癸障彝。隹（唯）王六祀，彡（肜）日，才三月。妣亞。——《續殷文存》下六六小臣邑卣

王易（錫）小臣茲易（錫）才（在）寑，用乍且（祖）乙障。爻⿰。——《續殷文存》上八六小臣茲卣

癸巳，□商（賞）小子□貝十朋，才（在）□□，隹（唯）□令伐尸方𣦼。肇用乍（作）文父丁障彝。才（在）十月三。攑。——《續殷文存》上四九小子□毁

丁巳，王省（省）夔且，王易（錫）小臣艅夔貝。隹（唯）王來正（征）尸方。隹（唯）王十祀又五，彡（肜）日。——《殷文存》上廿六小臣艅尊

乙巳，子令小子⿱先吕尸于董（觀），子光商（賞）⿱貝二朋。子曰貝隹（唯）丁蔑女厤。⿱用乍（作）母辛彝。才（在）十月，隹（唯）子曰令望尸方𣦼。——《續殷文存》上八六小子⿱卣

庚申，王才（在）東闈，王各，宰㭭从，易貝五朋，用乍父丁障彝。才（在）六月，隹（唯）王廿祀羽（翌）又五。——《殷文存》下廿三宰㭭角

乙亥，王□才彙師，王卿酉，尹⿱遷，隹（唯）各，商（賞）貝。用乍（作）父丁彝。隹（唯）王正（征）井方。⿰。——《續殷文存》上廿五尹⿱鼎

王來獸（狩）自豆彔，才（在）⿱師，王卿酉，王姿宰甫貝五朋，用乍（作）寶鼎。——《續殷文存》上四八宰甫毁

辛巳，王禽多亞旱，憙遷易（錫）貝二朋，用乍（作）大子丁□。——《續殷文存》四八憙毁

砚亞。丁卯，王令俎子迨西方于省，隹（唯）反，王賞伐甬貝二朋，用乍（作）父乙𣪘。——《殷文存》上八俎子鼎

---

① 編者按："隹"，原文誤作"佳"，今逕改，下同。

己酉，戍伶隻俎于篁，泰廩蕭九律，蕭商（賞）貝朋，万𠤎用㝬丁宗彞。才（在）九月，隹（唯）王十祀，劦日五，隹（唯）來東。——《薛氏款識》卷二蕭彞

　　戊辰，弜師易（錫）𤔲眚卣，賣（賞）貝，用乍（作）父乙寶彞。才十月一，隹（唯）王廿祀，劦日，遘于匕戊，武乙奭，彔一。㽙。——《殷文存》上十九𤔲彞

　　乙酉。商貝。王曰："市□易工，母不戒。"遘于武乙，彡（肜）日，隹（唯）王六祀。三日，萬俊□商（賞）豐，用乍（作）父丁隩彞。市子。——《薛氏款識》卷二豐彞

　　辛亥，王才（在）䧹，降令曰："歸福于我多高𢼸，易（錫）赞（鬯）"用乍（作）毓且（祖）丁隩（尊）。𠨀。——《貞松堂集古遺文·補遺》上三四毓且丁尊

　　隹十月又一月，丁亥，我乍（作）祊（禦）𢓊且（祖）乙匕（妣）乙，且（祖）己，匕（妣）癸，祉𥛱，二女咸𥃝（承），遣（遣）禫二，蚕貝五朋，用乍，父己寶隩彞。羋亞。——《續殷文存》上廿六羋亞鼎

以上共廿二個銘辭，可以做最長的商代銅器銘識的代表。

　　除銅器外，安陽出土的小玉器刻有

　　　　乙亥，王易（錫）小臣𪄿篙，才（在）大室

十一字，雖寥寥短文，但和銅器銘識極近。

　　在《殷契佚存》裏，還有三個骨製的匕①，有兩個同銘的，說：

　　　　壬午，王田于麥菉（麓）隻（獲）商戠𥃝，王易（錫）宰豐寢小䇞②兄，才（在）五月，隹（唯）王六祀，劦日。

另外一個背嵌綠松石的匕，銘說：

　　　　辛巳，王副武□……彔（麓）隻（獲）白𥃝。丁酉……

這種銘文和銅器也差不多。

　　有一個例外，是中央研究院發掘出來的三個獸頭骨，上面刻着

　　　　……于貞彔（麓），隻（獲）白𥃝，于……才（在）二月，隹（唯）王十祀，彡（肜）日，王來正（征）盂方□……

　　　　己亥，王田于羌……才（在）九月，隹（唯）王十……

---

① 舊不知是何器，郭沫若以爲兕觥，非。此同銘的二器和羅振玉《殷虛古器物圖錄》所說的殘疏匕正同。此器下端窪下作匕形，正羅說絕佳的證據。又一嵌綠松石的，與羅氏所謂柶形同。馬衡氏說，匕、柶實一物。

② 䇞字，大旁像矢，古大、矢字多亂。此當即䇞字，見《埤倉》及《廣雅》。在此疑借爲匕字。

戊戌，王蕁田，……文武丁……王來正（征）……

三個刻辭。這並不是器用，只是商王在田獵後，矜伐他所獲的野獸，因而刻這短文在獸頭上而收藏起來的。

在這許多商代的遺文裏，幾乎完全是紀事的短章，而且大多記因事所受的賞錫，因而作器，在這種一套板的文章裏是很少文學意味的。

但我們要知道，器用是為實用的，普通的長篇文字，自有玉、石、竹、帛的簡書去記載，不能求之於銘識。格言式的銘，雖然可以在器用上寫，但喜歡寫格言的人，在一個時期裏不是很多的——周代可考的只有《大戴記》等所引武王各銘，《左傳》所引的正考父鼎，《考工記》所引鬴銘，——是偶然的，不是普通的，本來的數量就少，所以不容易發見。并且在商代，銅器的銘識，還沒有發展到勒格言的程度，而其他的器物，在目前發見的太少了，所以更不容易有了。

商代的銘識，是不足以代表商代文學的。但是我們在這種銘識裏面，也未嘗不能找到一些有趣的材料，如豐彝說"巿囗易工，毋不戒"，毓且丁尊說"降令曰：歸福于我多高嫈，易（錫）氂（釐）"却已把那時代的文學背景無形洩漏出來，雖然，這種材料，是太少了。

四　卜辭文學

甲　卜辭的起源

關於卜辭本身的史料，在記載裏幾無可考，因為當它沒有發現以前，沒有人知道過，三千年前還有這樣一部檔案。

卜的起源，文獻也很缺乏。現在的《商書》裏從《盤庚》以下，常常講到龜卜，可以證明商人由盤庚時已尚卜。但據傳說，卜的起源，還不始於商。《左傳》哀十九年引《夏書》："官占唯能蔽志，昆命于元龜"；《墨子·耕柱》說夏后啟鑄鼎的時候，"卜於且若之龜"，像在夏時已有了龜卜。《堯典》和《咎繇謨》，雖後人所輯，却沒有龜卜的痕迹。①

---

① 《禹貢》說"九江納錫大龜"，《禹貢》成書或較《堯典》等更遲。錫疑即蜥蜴，納蜥蜴與大龜，也似不為卜用。

用骨來卜，據《初學記》引楊方《五經鉤沈》說："東夷之人，以牛骨占事。"中央研究院山東城子崖的發掘，在黑陶文化裏，發見了許多卜骨。那末，商代的兼用骨卜，似乎是從東方民族的習慣來的。

卜後刻辭的起源，大概是極遲的。李濟氏說："甲骨遺留下來的，以無文字記載者為多，有文字者不過十分之一。"（《安陽發掘報告》五七五葉）這種現象，固然也可以解釋做卜後不一定要刻辭。但刻辭制度既行以後，大體總該刻的多，不刻的少。殷虛發現未刻辭的骨，如此其多，只能解釋做刻辭制度未行前所遺留下來的，那末，刻辭制度的晚起是無疑的。

董作賓氏的《甲骨文斷代研究》裏把卜辭分做五期，而把第一期假定在高宗時，我想是遲了一些。據我所知道的，武丁時的卜人，像𣪘、完等至少還有一班老前輩，像邑、中等人，或許是盤庚、小辛、小乙時的卜人。但刻辭的起源離此總不十分遠。

卜了之後，為什麼要刻辭呢？這是大家所願意知道的。我以為不外乎下面兩種理由：（一）卜人們自己記下他們的經驗，（二）他們的主人要考驗他們的成績。《周禮·占人》："凡卜筮，既事則繫幣以比其命，歲終則計其占之中否。"注："杜子春云：'繫幣者，以帛書其占繫之於龜也。'玄謂：'既卜筮，史必書其命龜之事及兆於策，繫其禮神之幣而合藏焉。'《書》曰'王與大夫盡弁，開金縢之書，乃得周公所自以為功代武王之說'，是命龜書。"可見把命龜之事和卜兆記下來是與考驗成績有關，不過，周人不逕寫在甲骨上而別有帛書，和殷人不同。

商代的卜，本來不必記辭，日子久了，覺得有記下來的必要，而甲骨上又有許多空隙，所以逕在甲骨上刻辭，這是最簡捷的，和錫匕記在匕上，獲冢記在獸頭上一樣。周以後只用龜而不用骨，大龜又日漸稀少而變成寶物，於是卜辭另寫在竹帛上了。刻辭於甲骨的習慣，古書裏沒有記載，於是老先生要疑心是後人偽造了。

乙　卜辭的組成

殷虛所出甲骨刻辭，除了卜人們必須參考的干支表，和他們練習書法，或隨意刻畫外，全部都是卜辭。卜辭的組成，可分為敘事、命辭、占辭、占驗四部分。

卜辭的敘事，是在命辭占辭以外的。最簡單的是記卜兆的數目。後來漸漸擴展，就有記時、記人、記地、記事四類；可是，在每一辭裏，是不必全備的。很

多卜辭，就只記一個日名。

卜辭的敘事，大都和命辭占辭摻合一起，但也有獨立的。例如：

> 乙巳。丙午。——《卜辭通纂》四七四片
> 庚寅卜。——《戩壽堂殷虛文字》三四葉十一片
> 瑟——同上四四葉十三片
> 癸卯卜，王。——同上五十葉八片
> 甲申卜，王。才夾卜。——《殷契佚存》七九二片

有的只寫日名，有的只寫卜人，也有兩項合寫的，也有更寫地名的。在這種型式裏，有時不記命辭和占辭，有時記在別處。

記時裏的日名，總是在全辭的最前，例如：

> 乙未，貞大邟其蕘，羽日。——《殷虛書契後編》上二六葉六片
> 癸亥卜，貞王㱿示癸，魯日，亡尤。——同上一葉九片

日名下卜字的有無，是不一定的。

記月在早期的卜辭裏，多附在全辭的最後，和本文稍遠，字體大小也不一致。有時在某月上，繫一"才（在）"字，例如：

> 癸□卜，旅，貞旬亡囚。才十一月。——《龜甲獸骨文字》一卷七葉八片

後期的卜辭裏，却往往把"才某月"變成卜辭的一部，在它後面，也常有別的事情。

記年是晚期卜辭才有的。有時稱祀，例如"隹王九祀"；有時稱司，例如"王廿司"。都在記月的後面。

和命辭連在一起的卜人簽名的形式，有三種：一種簽在最後，例如：

> 己未，俎于義京，羌三，卯十牛。中。——《殷虛書契》六卷二葉三片

這種形式，似乎是早期所獨有的。一種在"某日卜"下面，例如：

> 庚午卜，岊，貞告于三父——《龜甲獸骨文字》一卷五葉
> 庚子卜，行曰：貞羽辛丑共又彳㦰于且辛。——《殷契佚存》四〇一片
> 壬午卜，卜即，貞其殁。——《卜辭通纂》別二七葉十三片

第一例最普通，第二例示卜人所言命辭，第三例的"卜即"就是卜人而名即。還有一種，則在王或子親卜的，當寫在卜字上面而成爲某日某卜。

記地的方式不一，有的在命辭後，例如：

　　貞旬亡囚。才⿰。——《殷虛書契後編》下三葉八片

　　癸巳卜，貞王旬亡囚。才二月。才齊師。隹王來正尸方。——《殷虛書契》二卷一五葉三片

　　甲寅卜，旅，貞今夕亡囚。才二月。才㠯裘卜。——同上六卷三四葉四片

　　庚午，貞酒大𤊾……于帝五丰臣，皿……，才且乙宗卜。——劉晦之藏骨

有的記在命辭前，例如：

　　癸丑卜，才⿰，貞王旬亡畎。甲寅，羽兔甲，才八月。——《殷虛書契菁華》九葉二片①

但如記卜人的話，又有下列三種形式：

　　癸巳卜，王，才豐，貞旬亡囚——《殷虛書契後編》上卷十葉九片

　　庚寅，王卜，才義，貞余其𨻵才丝上會。……——《殷虛書契》二卷五葉三片

　　癸酉卜，才攸，永，貞王旬亡畎。王來正尸方。——同上二卷一六葉六片

記事都是因記時聯帶而及的，像"王來正尸方"，或"甲囗，祭囗甲……"，常在全辭的最後，和在彝銘裏差不多。

命辭是卜辭的主體，形式上較自由，但大體上也還都拘於格例。貞旬、貞夕、貞雨、王狂、王戎、王田一類的句法，都差不多。貞旬和貞夕，大都用"亡囚"和"亡畎"，王狂大抵用"亡尤"，王戎和王田，總用"亡𢦔"、"亡巛"或"亡戈"。

普通在起始的時候，用一個"貞"字，例如：

　　貞㞢囧牛三百——《殷虛書契》四卷八葉四片

也有作貞曰的，例如：

　　貞曰：氐來，乃坐于章。——同上四卷三五葉一片

但有很多命辭是不冠"貞"字的，例如：

　　㞢于且辛八南。——《龜甲獸骨文字》一卷十二葉十七片

　　戊申，帚貞示二⿰。辰。——《殷虛書契續編》六卷九葉四片

---

① 編者按："九葉二片"，應爲"十葉二片"。

以前，董作賓、郭沫若和我，都以爲骨臼刻辭是記事文，不是卜辭，因爲那是沒有卜貞二字的。其實是錯了，卜辭裏面，卜貞二字，原來都是可寫可不寫的，前面所引"己未，俎于義京，羌三，卯十牛。中"就是一個很好的例子。這是貞祭祀的辭。㔾字是㔾形的倒寫，只是豕形而無足，舊釋茅，董作賓釋矛，固誤，郭沫若釋包，也不對。

占辭都是很簡單的。有一部分的占兆，最先單獨寫在兆旁，可分爲三類，如：

一告　二告　三告　小告
不午　不午黽
吉　大吉　弘吉

後來往往變成卜辭的一部分，例如：

癸酉卜，王，貞旬亡�。吉。告。——《殷契佚存》三八五片
帝㗊貞不午。——《鄴中片羽》下四一葉三片

至於"王囗曰：吉""王囗曰：大吉""王囗曰：弘吉"的轉爲卜辭，寫在命辭後，更是極普通的。

"又㘏"、"又㞢"、"㞢帚"、"亡㘏"、"亡尤"、"亡巛"、"亡帚"、"利"、"不利"一類，都是占辭。有時在貞旬辭後面，記一"寧"字，在王田辭後面記一"率"（禽）字，也都是占辭。但假如用占辭去命卜的時候，就變成命辭了。

占驗是有記有不記的。像：

壬申卜，殷，貞㞢㘨麀，丙子，屠，允㞢二百㞢九。——《殷虛書契》四卷四葉二片
壬子，王卜，貞田盂。㞢來亡巛。王囗曰弘吉。兹郊隻狂卅一麀八豩一。——同上二卷二七葉一片

這種禽獲野獸的數目，都是占驗的追記。又在"王固曰：㞢帚，其㞢來婼"之後，常常說"允㞢來婼"，以下也都是占驗。

以上四類，命辭和占驗的範圍較廣泛，形式也稍自由，但大體上看來，也還是很呆板的。所以，從卜辭的構造剖析起來，形式的束縛太多，在文學一方面是無法發展的。

丙　卜辭文學的研究

卜辭的本身，本和銘識一樣，不能代表商代的文學。它只是屬於太卜的龜室裏面的一大批陳年斷爛檔案，除了等因奉此以外，所餘都不過幾個字，所以，要在這裏面求偉大的文學作品，是不可能的。有些學者把這部分材料的價值看得太高，以爲只有這種真是商代的文學，而紙上材料，是完全不足信的。他們只顧把卜辭抬高，却把商代整個文化壓抑的太低了。

自然，在文學史上，卜辭還要佔很重要地位的。傳世的商代文字，只有《商書》，《商書》雖足以代表商代文學，但傳寫多誤，很多是不能懂的，不如卜辭還能看出商代文章的真面目。其次商代的銘識，材料既遠不如卜辭的多，也不能像卜辭這樣和文學有關。周以後的銘識，有偉大的文學作品，但在一般文化方面，也不像卜辭所包含的廣泛。所以，研究古代文學，在目前，卜辭實在是很重要的材料。

卜辭裏雖然沒有很長的篇幅，但實有很好的斷句，這是前人所沒有注意到的。不過，這種句子是很難找的。第一要點是不可殘缺過多，不能句讀。第二，不可有不能認識的字（偶有一二，必無礙文義）。尤其不可有認識錯誤的字。所以，在幾萬斷片中，我只選出六十餘條來做代表（每辭只截取較精粹的斷句，其餘不錄。卜貞等字亦均節去，因爲這樣才可脫離形式上的拘束）。如下：

自（師）毋才（在）丝（茲）延。——《殷虛書契》一卷九葉

余弗其子帚（婦）姪子。——同上一卷二五葉三片

眔來羞。——二卷十一葉一片

王其尋舟于汙（河）。——同上二卷二六葉二片

今三月帝令（命）多雨。——同上三卷十八葉五片

及丝（茲）二月虫（有）大雨。——同上三卷十九葉三片

今夕奏舞，虫（有）从雨。——同上三卷二十葉四片

帝其降堇（嘆）。——同上三卷二四葉四片

王今夕寧。——同上三卷二五葉四片

其隹（唯）今九祀，正（征）戈（哉）。——同上三卷二八葉三片

禾虫（有）及雨。——同上三卷二九葉三片

又（有）豚才（在）行，其屮（左）躬隻（獲）。——同上三卷三一葉一片

帚（婦）媒虫（有）子。——同上三卷三三葉八片

弜(勿)耋(侄)帚(婦)娘子子。——同上四卷一葉六片

余其柞(作)邑。——同上四卷十葉七片

我家舊𦣞臣亡壱我。——同上四卷十五葉四片

王于正(征)，辟(闢)門，袞(燎)。——同上四卷十五葉七片

其于西宗奏王。——同上四卷十八葉一片

亞多鬼𦥑(夢)，亡疒(疾)。——同上四卷十八葉二片

乎(呼)貯(賄)眔內，入邞(御)事。——同上四卷二八葉三片

其用龜。——同上四卷五四葉七片

其酌(酒)，彡(肜)，弜(勿)鼓。——同上五卷一葉一片

乎(呼)帚(婦)好先收人于龐。——同上五卷十二葉三片

日若兹(兹)敏(晦)，隹(唯)年𡆥(咎)。——同上五卷十七葉五片

今夕子亡不若——同上五卷二十葉六片

王初制令(命)。——同上五卷三九葉八片

季希(祟)王。——同上五卷四十葉五片

兹(兹)雈(風)不隹(唯)旁(孽)。——同上

役(役)隹(唯)出(有)不足。——同上六卷四葉一片

隹(唯)我妾(媵)不足。——同書六卷十九葉二片

鬲(獻)龜珝(翌)日。——同書七卷五葉二片

雨不足，辰不隹(唯)年。——同書七卷三十葉一片

王大令眾人曰，劦田，其受年。——同書七卷三十葉二片，又《續編》二卷二八葉五片

帚泠冥(挽)余子。——同書八卷十二葉三片

月一正曰食麥。——《殷虛書契後編》下卷一葉五片

叀𢍰不益，隹(唯)之又𥊽(譴)。——同書下卷三葉十片

今其雨，不隹(唯)鬱(穛)。——同書下卷七葉二片

王疒(疾①)首，亡征(延)。——同書下卷七葉十二片

子鬲(獻)斎眈(畯)三方。——同書下卷八葉一片

羽(翌)奏卯，王亦東录(彔)出，出(有)𦕠。——同書下卷十三葉十四片

其乍(作)亞宗。——同書下卷二七葉一片

---

① 編者按："疾"，原文誤植爲"疒"，今徑改。

亡降疒(疾)。──《龜甲獸骨文字》二卷二一葉八片

之日，王坐(往)于田，从①東，允隻(獲)豕。──同書二卷廿二葉十一片

告龜(秋)于汅(河)。──《殷契佚存》五二五片

王曰，㞢(有)身，妨(嘉)。炏曰，妨(嘉)。──同書五八六片

出兵，若。──同書七二九片

我弓(勿)涉于東兆(洮)。──同書六四七片

方來入邑，今夕弗疐(震)王自(師)。──《殷契卜辭》八九片

王㫃(夢)白牛，隹(唯)囚(咎)。──《籑室殷契徵文》人名六片

……旬，壬申夕，月㞢(有)食……。──同書天象二片

王涉滴，躬，又(有)鹿，罕(禽)。──《殷虛書契續編》三卷四四葉三片

立中，允亡雚(風)。──同書四卷四葉，五片

洹其乍(作)兹(兹)邑囚(咎)。──同書四卷二八葉四片

其祓(登)新邑二升一卣。──同書一卷四十葉五片

王匋(復)不安，亡徂(延)。──同書五卷六葉一片

其令多尹乍(作)王宿(寢)。──同書六卷十七葉一片

自今十年㞢(有)五，王豐……──同書一卷四四葉五片

不其⚡(終)夕雨。──《福氏所藏甲骨》三二片

其于一人囚(咎)。──大龜四版之三

若兹(兹)不雨，帝隹(唯)兹(兹)邑龍(寵)，不若。──《卜辭通纂·別錄》

二中村獸骨

帚(婦)㴬冥(娩)余弗其子。──《鄴中片羽》下四十葉五片

㞢(有)祟(祟)娥(艱)。……亡⚡(終)酋(讎)。──北京大學藏骨

自東西北㲋(逐)山麀(麋)，亡戈。──劉晦之藏骨

罕(寧)于三方，其五犬。──明義士藏骨

王其令(命)皇乘帚(婦)，其告于且(祖)乙一牛。──同上

王于南門逆羌。──同上

余帝(禘)兹(兹)亡祀。──拓本

我們看這種斷句，文從字順，仿佛在看《周易》，《詩》或《左傳》，却不像商周間的《尚書》。這是什麼原因呢？我以爲《尚書》本來也是很好懂的。經過

---

① 編者按："从"，原文作"從"，今據卜辭改。

幾回的傳譯，錯誤太多，就不好懂了。以卜辭出土後而論，研究它的學者已學得了幾百年來古文字學的經驗，比之周朝人讀《商書》，漢朝人讀《周書》，總要高明得多。然而像"乎訽及内"的"訽"，誤釋做"坅"，"告䆉于河"的"䆉"，誤釋爲"夏"之類，還觸目都是。尤其彆扭的，像"奏舞，有从雨"，讀成"奉伞之从雨"，"有祟艱"讀成"之求㤅"，就是《尚書》也不能獨美於前。由此可見《尚書》的艱澀，不足爲奇。同時，也可見商代文學本來是很美麗的。

但是，卜辭受形式的束縛太甚，大都是照例的套語，這種較好的句子，是不容易碰到的。在幾萬斷片裏，較長和較完整的卜辭，不過十多條，現在抄下來，做一個比較，如下：

　　庚寅，王卜，才羍，貞余其皇（追），才（在）丝（兹）上魯（魯）今䆉（秋）其章。其乎（呼）潒示于商正，余受乇（祐）。王𡆥（繇）曰吉。——《殷虛書契》二卷五葉三片

　　乙丑卜，貞才獄。天邑商公宫衣，丝（兹）夕亡𦦨（咎）。寧。才（在）九月。——同書二卷三葉八片，四卷十葉五片合

　　甲午，王卜，貞祚（作）余酉（酒），朕秦酉（酒）。余步从厌喜正（征）尸（夷）方，三鞏示受（授）余乇（祐）。不曹戔（哉）！𢍜告于大邑商，亡巷（它）自𦦨（繇）。王𡆥（繇）曰吉。才（在）九月，遘上甲蚕。隹（唯）十祀。——同書四卷一八葉一片，三卷二七葉六片合

　　乙巳，王，貞啓乎（呼）兄（祝）曰，盂方収人，其出伐↓，𠂤（師）高其令（命）束迌□，高弗每。不曹戔（哉）王𡆥（繇）曰吉。——《龜甲獸骨文字》二卷二五葉六片

　　丁卯，王卜，貞今囚，巫九备，余其从多田（甸）于多白（伯）正（征）盂方白，叀衣，羽（翌）日步，亡尤。自上下敊示，余受乇（祐）。不曹戔（哉）。𢍜告于丝（兹）大邑商，亡巷（它）才（在）𦦨（繇）。王𡆥（繇）曰弘吉。才（在）十月，遘大丁，羽（翌）。——中央研究院藏骨

　　□□卜，羍，貞帚（婦）姘冥（娩），㚢（嘉）。王𡆥（繇）曰：其隹（唯）庚冥（娩），㚢（嘉）。旬辛丑，帚（婦）姘冥（娩）允㚢（嘉）。——《殷虛書契續編》四卷廿五葉一片，《殷契卜辭》一八四片合

　　己亥卜，辰，貞羽（翌）庚子酉（酒）。王𡆥（繇）曰丝（兹）隹（唯）庚雨卜。之夕雨，庚子酉，三齒云䆉，其既祁攸（啓）。——《殷契卜辭》二片

　　□□卜，羍，貞羽（翌）乙卯其俎，易（賜）日。乙卯，俎，允易（賜）日。昊，雈于

西。——《鐵雲藏龜》十三葉三片，又六九葉一片，又八五葉一片，又百十葉一片合

　　王固(繇)曰业(有)希(祟)，其业(有)来嬉(艱)。三至九日辛卯允业(有)来嬉(艱)。自北，蚰、㪅、笈告曰：土方㚎(侵)我田十人。——《殷虛書契菁華》二葉

　　癸巳卜，殼，貞旬亡囚(咎)。王固(繇)曰：乃丝(兹)亦业(有)希(祟)，若偁。甲午，王坒(往)㘸(逐)㲋，小臣由車馬戚，㪅王車，子𡿨亦阤。——同上三葉

　　王固(繇)曰：业(有)希(祟)。八日庚戌，业(有)各云自東宦母。昃，亦业(有)出虹自北，歠于汙(河)。——同上四葉

　　癸卯卜，㲋，貞旬亡囚(咎)甲辰，大叟萑(風)。之夕良。乙巳，□𢆶□五人。五月，才(在)□。——同上五葉

這種卜辭雖像很長，但除去照例的話外，至多也不能過二十字，在這種形式的束縛裏，就是大文學家也束手無術。卜辭作者，不能放筆去寫，他們就盡量去捶鍊。他們用"品"字，是當祭祖宗的牲數高下講的，例如：

　　其品司(祠)才(在)兹——《殷虛書契後編》下卷九葉十三片

　　乙未，酌(酒)。𢆶(系)品，匚十、匚三、匞三、匚三、示壬三、示癸三、大乙十、大丁十、大甲十、大庚七、采(燔)三，……三，且乙十……——同上上卷八葉十四片，《戢壽堂殷墟文字》一葉十片劉晦之藏骨合

一個極大的祀典，只用"系品"兩字，真是簡無可簡了。在這種文章裏，而要略施狡獪，像常常說的"王囚曰吉"，忽然改做"王吉斯卜"，這真是難能可貴了。

　　雖然這樣說，卜辭裏有這許多優美的斷句，已經儘夠贊嘆了。這種句子，決然不是文學剛在萌芽的時代所能有的。一個人在隧道裏過生活的時候，瞧見一線陽光，就可以斷定地面上正有絕大的光輝：我們從這許多精美的斷句，也可以斷定商代已有極燦爛的文學。

　　前面已說過，文學的高下，不以長短為標準。《春秋》、《法言》、《世說新語》，篇幅都很短，但我們不能說周和漢、晉沒有很高的文學。在卜辭裏所用字彙的豐富，文法的完密，顯然已和周以後相近。許多成語，像"王賓"、"彡日"、"告麥"、"有年"之類，都是後來所本的。又如："徣方"就是《尚書》裏的"陟方""逯旅"就是《詩經》裏的"振旅"①，"征敖"就是後世的"延釐"，卜

---

① 許多人要讀徣為循，是錯誤的。《集韻》徣同陟。

辭裏喜歡用這種成語，可見在那時的文學的背後，已有很長的歷史了。

卜辭裏的"之"字還只用做形容字，像"之日"，"之夕"，《詩經》和"之子"相類，而沒有像普通的用法。但"哉"字確已應用了。有些累贅的句法，像"百日有七旬有囗日"（《殷契佚存》一二三片），和《堯典》的"朞三百有六旬有六日"正同。這種偶見的例子，雖可以證明商代的文法，有些不如周代的進步，但大體上却已很接近了。

關於卜辭的文學部分的各種專門的研究，尚未開始，所以現在能討論到的只有這些，這在我們研究卜辭的人是十分感覺到不滿足的。不過，在本文裏，只用以證明商代已極有高的文化和文學，這是較容易做到的，所以也無須十分地精密了。

五　結　論

由上文的論證，可以得到如下的結論：

一　商代已是青銅器時代。氏族組織是父系家長制度。在那時已有很高的文化，這種文化是從夏時開始的，而一直到周時還繼續着，商民族適當著極盛的時期。

二　在文學方面，也是一樣。夏是文學剛萌芽的時代，有許多史詩或短文遺留下來。商代到周初的文學，則非常燦爛。這種古代文體一直到春秋時才衰歇。

三　地下材料裏的銘識，尤其是銅器銘識，起源太遲，所以不能代表商代文學。但也有些句子，偶然反映出那時代是有很高的文學的。

四　卜辭是一部分檔案而不是純粹文學，所以也不能代表商代文學。它有形式的拘束，所以在文學方面不能十分發展。但有許多極精美的句子，在文學史上佔極重要的地位。并且，可以證明商代的文學已十分發展，和周代相差不遠。

許多流行的說法，總是把中國古代文化抑得太低。他們要把一切文化移後幾百年，所以周人或漢人的功績特別加大了。但是文化能突如地產生而成長嗎？在進化史的立場上，總說不通。

這種弊病，是由於對周以前的歷史文化認識不明而起的。因爲不明，而去懷疑，本是應當，但只去懷疑，是不能有收穫的。

古代的記載，固然是不可盡信，大部分却不能不信。我們一定得先有標準才

能去判别记载的真伪。所以研究古史，一定得由考古学和古文字学入手。

　　怀疑以后，一定要有所确信。我们不能尽说周以前没有什么，我们应当去研究周以前有什么。怀疑只是破坏的工作，有确信才能有建设，所以希望学者们大家来做后一种的工作，庶几，真正的中国古代史可以重新建设起来。

　　原载《清华学报》第 11 卷第 3 期，1936 年；收入《唐兰论文集》第 2 册，上海古籍出版社，2018 年。今据《唐兰论文集》收入，《文集》误录而《清华学报》不误者据之径改。

聞一多 釋豕

卜辭𢎹，𢎸，𢎹三文諸家一概釋豕。今案𢎹𢎸有並見於一辭者，見下引8、17二例。是二字有別。至𢎹雖未見與𢎸並用，然以𢎹𢎸異字推之，則𢎹腹下一畫，必亦非虛設。唐立厂先生曩爲余言：此字象豕腹下有根器之形，當釋豭。案家卜辭或作𠁢，《前》四，一五，四。金文作𠁣，枝家卣。作𠁣，小臣告鼎。作𠁣，𣄰鬲。作𠁣，叔向毀。且有直作豕者，頌鼎。而許君復謂家豭省，則唐釋殆確，惟卜辭豝字有作𢎸者，《拾》四，二。如唐説則不得不委爲誤刻耳。要之，釋𢎹爲豭，不爲無據。今所欲論者，𢎹𢎸二形顯然有別，似亦不當同字。余初疑卜辭十作丨，又有合書之例，因之𢎸即有讀"十豕"如𠦡爲十牛之可能，三𢎹亦有讀"十三豕"如二𠕋爲十二月者之可能。及見諸辭中有曰"十𢎸"者，見下引4、25二例。曰"十白𢎸"者，見下引15、16二例。遂知合文之説不能成立。且以𠕋或作𠕋，𠦡或作𠦡之例衡之，𢎸而果爲十豕之合文，即應有作𠦡者。然此例從未一見。此亦前説之一反證也。今案腹下一畫與腹連著者爲牡豕，則不連者殆即去勢之豕，因之，此字即當釋爲豕。許君謂豕爲"豕絆足行豕豕，从豕繫二足"，此蓋不得其解而妄以驪駬等字之義説之。實則豕之本義，當求之於經傳之椓及劅斀等字。

《詩‧大雅‧召旻》篇"昏椓靡共"，《傳》"椓，夭椓也"，《箋》"昏椓皆奄人也，昏，其官名也，椓，椓毀陰者也"。

《書‧呂刑》篇"爰始淫爲劓，刵，椓，黥"，鄭《注》"椓，破陰"。《堯典》正義引鄭本作劅。

《説文‧支部》"斀，去陰之刑也"。引《書》作斀。參追記二

案椓劅斀並與豕音同義通。豕去陰之稱，通之於人，故男子宮刑亦謂之豕。《詩》、《書》作椓，用借字。毛訓椓爲夭椓，夭者折也，椓讀爲豕，故曰夭椓。鄭訓椓爲椓毀陰，又曰破

陰，則讀豕如字，不若毛義爲長。鄭作劇，許作㝅者，並後起形聲字。許君訓㝅爲去陰刑，固無可議，特不知豕乃其最初文耳。豕之聲轉爲豛，《詩‧周頌‧有客》篇"敦琢其旅"，敦亦琢也。豕之轉豛猶琢之轉敦。《廣韻》引《字林》曰"豛，去畜勢也"，《說文‧豕部》"豮，羠豕也"。趙宧光云：《方言》或讀若敦，《易‧大畜》釋文引劉表曰"豕去勢曰豮"，豛旁轉爲𧱔，《廣雅‧釋嘼》"吳羊犗曰𧱔"，𧱔爲𧱔之譌，𧱔之言劃也，斷也。《莊子‧說劍》篇"試使士敦劍"，司馬注"敦，斷也"，𧱔之訓斷亦猶敦之訓斷。𧱔對轉爲豷。《說文‧豕部》"豷，豮也"。豷之言墮也，《方言》十二"墮，脫也"。豕之本義既爲去陰之豕，則卜辭之⟨⟩就其字形所示，釋爲豕字，最爲確切。去陰之豕，自無性別可言，故卜辭牝牡二字，絕無从豕作者。且卜辭中所見鳥獸之名，除一部分用爲人名、國族名、地名者外，其用爲普通名詞者，要不外祭祀所用之牲與畋獵所獲之禽。卜辭此字果爲去勢之豕，則必爲牲而非禽，蓋田獵所獲，決無既劇之豕也。今檢各書，凡辭中出豕字者，悉逐錄於下：

1. 辛巳卜，🅰貞㞢三犬，貣五犬五豕，卯四牛。一月。　　　《前》七，三，三
2. 庚戌卜，🅱貞貣于西🅲一犬一南，貣四豕四羊南二，卯十牛南一。
　　　　　　　　　　　　　　　　　　　　　　　　　　《庫》一二八，一九八七
3. 壬午卜，🅱貞貣三豕，卯一羊。貣三豕三犬，卯一羊。
　　　　　　　　　　　　　　　　　　　　　　　　　　《庫》一〇九，一七〇一
4. □辰卜，𣪘貞羊貣十豕洋卯……　　　　　　　　　　　《藏》八，六三
5. 壬辰卜，翌甲午貣于蜀羊㞢又豕。　　　　　　　　　《後》上九，一一
6. 今丁酉夕，貣豕方帝。　　　　　　　　　　　　　　《佚》五四，五〇八
7. 貞㞢于祖乙。貞貣豕。　　　　　　　　　　　　　　《續》一，一五，三
8. 貣于東母……🅳豕三豕三。　　　　　　　　　　　　《藏》一四二，二
9. 貞貣🅴㞢又豕。　　　　　　　　　　　　　　　　　《續》一，一，四
10. 丙戌卜，貞叀犬㞢又豕帝。　　　　　　　　　　　　《前》七，一，二
11. 甲戌卜，㞢丑在今日。叀豕。　　　　　　　　　　　《後》上五，四
12. 由豕司衍，吉。　　　　　　　　　　　　　　　　　《前》六，二三，一
13. 貞由……豕，令……　　　　　　　　　　　　　　　《藏》二一三，二
14. □午卜，方帝，三豕㞢又犬卯于土社宰库，夆雨。　　《佚》五，四〇
15. 貞🅵豕百。九月。　　　　　　　　　　　　　　　　《前》六，四二，八
16. 丙午卜，完貞㞢于祖乙十白豕。　　　　　　　　　　《前》七，二九，二
17. 貞㞢于祖乙十白豕。　　　　　　　　　　　　　　　《續》一，一五，一
18. 丁巳卜貞帝禘雉。貞帝禘雉三羊三豕三犬一豕。　　　《前》一，一七，五

19. □酉貞福……豕……　　　　　　　　　　　　《戩》四五，三
20. 癸卯卜酒，求貞乙巳自甲廿示一牛□羊一㲋㚈虁宰五豕十。
　　　　　　　　　　　　　　　　　　　　　　《續》一，二，四
21. ……帝禘既餼，……于豕二羊。　　　　　　《藏》一七八，四
22. ……屮貞御……嬉豕于㚅。　　　　　　　　《藏》二七二，二
23. □□其至致二白豕父甲。　　　　　　　　　《前》八，五，四
24. ……□母……豕。　　　　　　　　　　　　《拾》一一，七
25. ……于……十豕屮又南　　　　　　　　　　《庫》一一六一，七七三
26. ……豕二。㲋　　　　　　　　　　　　　　《佚》六五，六二一

1至9曰奭，10至13曰更，14曰卯，皆祭祀用牲之法。15 㲋一作㲋，《前》六，四三，一。與金文㲋字同意，當釋盃，《說文》盃訓調味，此殆亦用牲之法。16、17之屮，18之禘，19之福，20之酒皆祭名。21之既疑當讀《論語·八佾》篇"子貢欲去告朔之餼羊"之餼，《說文》槩餼並為氣之重文，《儀禮·聘禮》記"曰如其饔既之數"，注"古文既為餼"。"帝既"謂禘祭所用之餼也。22之㚅，23之父甲，24之□母，皆被祭者之名。又22御訓進御，御豕與23致豕同誼。25與南並舉，南於卜辭習見，每為祭祀所用之物。26與㲋並舉，字不可識，然非畋獵所得之生物則可斷言。綜之，二十六條中絕對無一卜問畋獵之辭，卜辭中凡从豕之字與田獵有關者，若𧰼（逐）、𧱏、𧱖、及𧱷，亦皆从豕不从豕。反之其為卜問祭祀之辭，則什九確有明徵，此正與吾人釋𧰼為豕之假設密合。意者祭祀用牲，本尚肥腯，而既劇之豕，膚革尤易充盈，故殷人祭祀，多用豕為牲歟？姑記之以俟續證。

原載《考古社刊》第6期，1937年；收入《古典新義》，《聞一多全集》第2冊，開明書店，1948年；又古籍出版社，1956年；《中國文字》第49冊，1973年；又生活·讀書·新知三聯書店，1982年；又收入《聞一多全集·語言文字編》第10冊，湖北人民出版社，1993年；又收入《古典新義》，商務印書館，2011年；又上海古籍出版社，2013、2014年；又商務印書館，2017年。今據開明書店本收入。

陳夢家

[釋注　釋丐　釋生月]

釋　注

注形與聲

（a）象形＋聲符→形聲（一）＋形符→形聲（二）—象形→形聲（三）

　　萑＋凡→𩙿 金文鳳。《周禮》作䲰＋虫→［蠟］→萑→風

　　𠙴＋六→其 甲金＋竹→箕《說文》→𠙴→𥬔 金文

　　𠙴＋六→其 甲金＋日→𣍘 金文期字—𠙴→㫑 "古文" 陶文【陶文基作至】

（b）聲假＋聲符→形聲（一）＋形符→形聲（二）—聲假→形聲（三）

　　羽 甲文昱字＋立→翌 甲文＋日→𣍘 金文—羽→昱《說文》

　　盟 甲文注字＋壽→鑄＋金→鑄—盟→鑄

𪓐甲骨文作𪓐（《前》六・四二・八及六・四三・一，《河南》七六八、七六四省收），象兩手奉一有耳的皿注水于其他一皿，其一復著水流注形。此字舊不釋，它和金文鑄及𪕅所從一樣，𪓐上的申就是毁的倒文。古音鑄和注相同，所以甲骨文這個字乃是注的象形文，金文假借爲鑄。

釋　丐

王敦缶于丐　　　《上》9・7，《粹》1175，《明》2330，《續》1・52・1，《天》68

王从人…正丐　　《下》27・7，30・10

至䚽，我又事	《前》8·3·8
至䚽，亡禍	《乙》1811，《剑》71
才䚽	《库》1096，1110

此字孫詒讓以爲是蜀字而省虫（《舉例》下9）。我們以爲此字從目、從力，力即旬字。金文《筍伯盨》和《伯筍父鼎（盨、甗）》的筍字從竹、從目、從力，其音符即卜辭的䚽字。卜辭先公高祖中的䚽，或從力（《拾》2·9，《庫》1644，《攈續》2），或從䚽（《下》36·3），可證力、䚽是一。《說文》"旬目搖也"，義與瞬同；《說文》"䖡，側行蟲也"，今之蚯蚓，力象其形，加目爲䚽。卜辭之䚽是後世的筍國，史籍作荀。

《澮水注》引《竹書紀年》曰"莊伯以曲沃叛，伐翼，公子萬救翼，荀叔軫追之於家谷"。莊伯卒於周桓王四年，是在其前。《河水注》卷五又引《竹書紀年》曰"晉武公元年尚一軍，芮伯乘京，荀人董伯皆叛"。是爲周桓王四年。芮在晉南，京、董當與荀近。《左傳》文六"改蒐於董"，杜注"河東汾陰縣有董亭"。汾陰在今榮河縣北。沈欽韓《春秋地名補注》據《後漢書·郡國志》臨汾縣東有董亭，以爲汾陰乃臨汾之誤。《左傳》宣十二"董澤之蒲"，杜注"聞喜縣東北有董池陂"，《涑水注》"涑水西逕董澤，陂南即古池……《春秋》文公六年蒐於董，即斯澤也。涑水又與景水合，水出景山北谷，《山海經》曰景山南望鹽販之澤，北望少澤……郭景純曰鹽販之澤即解縣鹽池也"。董地當在今聞喜、榮河一帶。《涑水注》又曰"又西逕荀城，古荀國也"，故城在今新絳縣西。《汾水注》和《漢書·地理志》注引《汲郡古文》"晉武公元年滅荀，以賜大夫原氏黯，是爲荀叔"。是年爲周桓王四年，據《紀年》荀人董伯皆叛。《左傳》桓九"虢仲、芮伯、荀侯、賈伯伐曲沃"，此在周桓王十七年。《漢書·地理志》引《汲郡古文》"文公城荀"，當更在後。

晉地又有郇：《左傳》僖廿四"郇，文之昭也"，《說文》"郇，周文王所封國，在晉地……讀若泓"。《文選·北征賦》注引《汲郡古文》之"荀"作"郇"，二字常相混。《左傳》僖廿四"盟於郇"，成六"必居郇瑕氏之地，沃饒而近鹽"，此近解縣之鹽池。《涑水注》"涑水又西逕郇城，《詩》（《下泉》）郇伯勞之，蓋其故國也，杜元凱《春秋釋地》云今解縣西北有郇城，服虔曰郇國在解縣東，郇瑕氏之墟也。……今解縣東北二十四里有故城，在猗氏城西北鄉，俗名之爲郇城"。《春秋地名考略》以爲在今臨晉東北十五里。

荀、郇應有所別，卜辭之䚽或應是荀。

釋生月

卜辭"生月"之生作 𡉚，向來誤釋爲之，讀作之月，以爲是本月、是月。下列各辭可以證明"生月"是下月：

1. 茲月至生月又大雨　　　　　　　　　　　　　　　　　　　　《庫》998
2. 茲月又大雨——于生月又大雨　　　　　　　　　　　　　　《下》18・13
3. 丁丑卜賓貞䍆往，六月
   丙辰卜賓貞于生八月酚　　　　　　　　　　　　　　　　　《粹》508
4. 辛亥卜生月乙亥酚系，立中　　　　　　　　　　　　　　　《粹》398
5. 乙亥卜生四月妹㞢史——今三月㞢史　　　　　　　　　　　《甲》209
6. 帝其及今十三月令䶄——帝其于生一月令䶄　《乙》3282（參《乙》6809）
7. 庚寅卜貞于𧾊，十月
   貞于生十一月令䍆　　　　　　　　　　　　　　　　　　　《金》569
8. 丁亥卜王出，今五月——［丁］亥卜王于生月出　　　　　　《庫》983
9. 辛亥卜内貞今一月肯正化其㞢至——其于生二月至　　　　《乙》7288
   王固曰今一月其㞢至，隹母其于生二月□　　　　《乙》7289（7288之反）

由1.2.知生月與茲月相對而生月在茲月之後。由3.可知六月丁丑至丙辰爲40日，丙辰爲七月，則生八月指丙辰卜時之下一個月。由4.知辛亥至生月乙亥爲25日，則生月應指下一個月而非下兩個月。由5."今三月""生四月"之對貞，知所卜是今月或下月。由6.因十三月之後爲明年之一月，故"今十三月"後之"生一月"是明年的一月。7.之十月在銘末，義爲今十月，"生十一月"指下月。8.於丁亥日卜王今五月出或下月出。由9.今一月與生二月對貞，可以確定生二月乃是正月後的一個月，即二月。

卜辭稱"生月"者多武丁之辭，其例如下：

　　　生月
《粹》398，461，1273；《庫》983，1139；《續》6・20・5；《下》18・13；《林》1・27・15
　　　生一月　　　　　　　　　　　　　　　　　　　　　　　　《乙》3282
　　　生二月　　　　　　　　　　　　　　　　　《前》3・19・3；《乙》7288，7289

生四月	《甲》209
生七月	《佚》493;《前》2・1・2,4・6・3;《續》3・14・1;《綴》331
生八月	《佚》938,《粹》508
生十一月	《厦》12,《甲》954,《金》569
生十二月	《金》474,483
生十三月	《乙》3282,《林》1・20・11

卜辭的現在式與未來式常結合起來，其例如下：

辛亥卜爭貞今來乙卯屮于成十牛	《乙》4761
丁丑卜今來乙酉屮于成五宰,七月	《續》1・48・3
辛未卜殼貞今來甲戌酯王亥	《乙》5355
丁酉卜何貞今來辛丑勻祭其酯	《甲》2476
庚寅卜爭貞今來乙未桒	《善》4435,4438
（丙戌卜爭貞于來□巳［桒］	《善》4435）
□丑卜爭貞今來歲帝［令雨］	廣州市博物館（容）
今來歲我受年	《乙》979,1732,4229
庚寅卜今生一月方其亦屮告	《甲》3066
今羽受［黍年］——今秋昌黍年	《粹》878
辛未貞今羽卯王	《甲》909

以上除《甲》2476 爲廩辛卜辭外，多係武丁卜辭。"今來"附於日名之前，其義仍爲未來式，從卜之日計數，則今來某日在

下旬	《乙》4761,5355;《續》1・48・3;《善》4435,4438
本旬	《甲》2476

皆不出二旬。今來云云近乎"最近的將來"。以此例之，則"今生一月"即即來之下月，"今來歲""今羽"當指最近的下季。惟最末一辭，羽或是祭名，或指今明。

《釋注》節選自《中國文字學・文字學甲編》，中華書局，2006年。後二篇節選自《殷虛卜辭綜述》，科學出版社，1956年；又中華書局，1988、2004年。

于省吾

《甲骨文字釋林》選

釋屯、旾

甲骨文❦字習見，王襄釋爲矛，以爲"古茅字"（《簠類》一·三）。唐蘭同志釋❦爲"豕形無足而倒寫者"（《天考》一七）。又甲骨文之"帚❦"，董作賓釋爲"餽矛"（《安陽發掘報告》第四期《帚矛説》）。郭沫若同志釋爲"婦勺"，謂"刻辭中之若干❦，即言卜骨之包裹"（《銘考續·骨臼刻辭》）。按以上各説並誤。

甲骨文❦字作❦、❦、❦、❦、❦等形，即屯之初文。屯父己鼎二器作❦❦，《金文編》入于附録。屯作兄辛殷之器與蓋作❦❦。以上二鼎一殷均係商器。屯字，周代金文作❦、❦、❦、❦、❦、❦等形，《説文》作屯。此乃屯字之演變源流。至于甲骨文之多屯、示屯、气屯之屯，舊説均不可據，存以待考。

甲骨文春秋之春作❦、❦、❦、❦、❦、❦、❦、❦、❦等形，舊誤釋爲棶或槮。甲骨文今屯、來屯屢見，是有時亦以屯爲春。《説文》："旾，推也，从艸从日，艸春時生也，屯聲。"旾字隸變作春。商代和周初只有春秋兩季，後來發展爲四季。甲骨文有龜字，唐蘭同志隸定作龝，釋爲秋（《天考》二〇），是也。甲骨文有時以旾與龝爲對貞，例如："叀今龝○于𩁹。"（《粹》一一五一）"叀楚令□田○叀龝令邑。"（《續存》上一九九九）甲骨文無夏字，雖有冬字，但均作終字用，當然亦無冬夏對貞之例。此乃商代有春秋而無夏冬之明徵（詳拙著《歲、時起源初考》）。

釋 气

甲骨文 ☰ 字習見。商承祚同志釋爲三（《類編》一·六），容庚同志疑肜字（《燕釋》一九七甲），《甲骨文編》列入肜字。郭沫若同志謂："☰ 字習見，舊均釋三。案釋三無義，且中畫特短，字亦非三。余謂當是川之古文，從川之侃字，敔狄鐘作𠉂，兮仲鐘作𠈻，三畫均直而橫作，蓋古川字如是，後嫌與三字易（原誤作異）混，乃曲筆而縱書之也。川雨者蓋謂大雨，言雨至如川也。"（《通考》三八〇）按釋三釋肜釋川，既背于形，復乖于義。

甲骨文之 ☰ 即今气字，俗作乞。《說文》："气，雲氣也。"石鼓文迄字從气作气，其三畫均邪作，爲《說文》所本。气字，周初器天亡毀作☰，矢令毀作☰，猶存初形。東周器齊侯壺作气、气。晚周行氣玉銘有氣字，從气作气，晚周陶文有䒱字，從气作气（《匋文錄》附二四）。此例晚周古文常見，不備引。就東周以來之气字加以推考，以其與三字易混，故一變作气；取其左右對稱，故再變作气。

甲骨文之 ☰ 即气字，已如上述。气字之用法有三：一爲气求之气，二爲迄至之迄，三爲終止之訖。气訓气求，典籍常見。气字孳乳爲迄或訖，二字典籍每互用無別。《爾雅·釋詁》："迄，至也。"又："訖，止也。"《詩·生民》之"以迄於今"，毛傳："迄，至也。"《書·秦誓》之"民訖自若是多盤"，孔疏："訖，盡也。"訖之訓止訓盡，與終義相因。

一，甲骨文之气訓气求。例如："貞，今日其□雨。王固曰，伇（疑），兹气雨。之日允雨。三月。"（《前》七·三六·二）按今日其雨之其應讀作"該"（詳《釋其》）。今日該雨，則信否尚未可知也，故以疑爲言。下言兹气雨，但气雨亦未知其能否降雨？是日允雨而後驗也。"气酘䂂自上甲衣至于多毓。"（《粹》八五）"气令伐呂。"（《戩》一二·九）"气來于羑。"（《佚》八五五）以上各條气字均應訓气求。

二，甲骨文之气訓至。例如："王固曰，屮（有）祟，其屮來嬉（嘉）。气至五日丁酉，允屮來嬉。"（《菁》一）"王固曰：屮祟，其有來嬉。气至九日辛卯，允屮來嬉自北。"（《菁》二）"甲辰卜，亘貞，今三月，光乎來。王固曰，其乎來，气至隹乙。旬屮二日乙卯，允屮來自光。"（《通別》二·二）按气至五日丁酉，即迄至五日丁酉；气至九日辛卯，即迄至九日辛卯；气至隹乙，即迄至惟

乙。甲骨文又稱："丙寅气壬申，☐戊兇，气丁酉，气辛☐。"（《粹》一二五〇）郭沫若同志謂："此例頗特異，爲自來所未見。"按气通迄，丙寅迄壬申，即由丙寅至壬申，迄丁酉，即至丁酉。此辭雖殘，然文例固一貫也。

三，甲骨文之气訓終。例如："之日气出來娭。"（《前》七·三一·三）气讀亙訓終。言是日終有來囏也。甲骨文又稱："貞，隹我气出不若。"（《明》二三二二）"丙戌，弖隹我气出不若。"（《明》二三二四）若訓爲順利。以上兩段是貞問我歸終有無順利之義。此外，周初器天亡殷，有"不（丕，語詞）克 ≡ 衣（讀殷）王祀"之語。陳夢家引余說釋 ≡ 爲气。并謂"可有兩種解釋"：一爲"終其天命"，一爲"繼續殷王的祭祀"（《西周銅器斷代》一）。按陳氏前一解釋得之。气應讀亙訓終。《書·多士》言"殷命終于帝"，邢侯殷言"帝無終命于有周"。上述兩語，以反正爲義。而"殷命終于帝"與"丕克亙殷王祀"，可以互相驗證。

總之，甲骨文气字作 ≡，自東周以來，爲了易于辨別，故一變作 ⩮，再變作 ⌐。但其橫畫皆平，中畫皆短，其嬗演之迹，固相銜也。气訓气求、迄至、亙終，驗之于文義詞例，無不脗合。

釋勹、身、匊

《說文》勹字作 ⊃，并謂："勹，裹也，象人曲形，有所包裹。"按許氏據小篆之形爲說，語意含混，似是而非。自來《說文》學家也均不得其解。甲骨文从勹的字常見，例如芍字（《陳》一四九）从勹作 ⊃，梦字屢見，从勹作 ⊓。⊃與⊓象人側面俯伏之形，即伏字的初文。周代金文匍、匐、匊、匐、匊等字均从勹。商器伏尊的伏字作⊐。《說文》："伏，司（伺）也，从人，犬司人也。"《史記·留侯世家》的"良與客狙擊秦皇帝博浪沙中"，《索隱》引應劭說："狙，伺也。一曰，狙，伏伺也，音七豫反。謂狙之伺物，必伏而候之，故今云狙候是也。"按伏之本義爲犬伺人，後世借伏爲俯伏之伏，遂不知其本作勹。《說文》："匍，手行也，从勹甫聲。"又："匐，伏地也，从勹畐聲。"匍匐二字係由象形的勹字附加甫和畐以爲音符，遂發展爲雙聲謰語。典籍匍匐也作蒲服、扶服或俯伏。古人把俯其身以爬行叫作匍匐。《說文》勹部凡十四字，除去勻、旬二字本應从勹（甲骨文以勹爲旬），其餘諸字均應从勹。這就澄清了《說

文》勹部的混沌無別。

第一期甲骨文稱："貞，王入于鳬，束。貞，弓于鳬，束。"(《乙》五八〇) 鳬字作 (甲骨文鳬字只三見，《明》一六二一有鳬字，文已殘)，舊不識，《甲骨文編》入于附錄。鳬字上從隹，古文從隹從鳥每無別。下從 ，即伏之本字。鳬字後世典籍中作鳧。《說文》："鳧，舒鳧，鶩也，從鳥九聲。"又："九，鳥之短尾飛九九也，讀若殊。"林義光《文源》謂鳧"不從九，從人，人所畜也，取其近人"。按許氏謂鳧從九是錯誤的，林氏從人之說也不足據。周代金文的鳧字，再簋作 ，鳧弔匜作 ，均從勹。《詩·鳧鷖》毛傳："鳧，水鳥也。"《爾雅·釋鳥》的"舒鳧，鶩"，舍人及李巡注："鳧，野鴨名。鶩，家鴨名。"《說文》："鶩，舒鳧也，從鳥孜聲。"《說文通訓定聲》："以其行步較鳧爲舒遲，故曰舒鳧。"《說文義證》引《禽經》："鳧好没。"又引《易林》："鳧得水没，喜笑自啄。"《莊子·達生》的"若乃夫没人"，郭注："没人謂能鶩没于水底。"依據上述，則鶩與鳧只是家禽野禽之別。又典籍鳧與鶩有時互作。由於鳧能没水，故人之没水也稱爲"鶩没"。伏、没雙聲，典籍多訓伏爲隱爲藏，和没字的義訓也相涵。以《說文》爲例，則鳧字應解作："鳧，水鳥也，從鳥勹，勹亦聲。"是會意兼形聲字。甲骨文以王入于鳬束和弓入于鳬束對貞，以鳬爲地名，即《詩·閟宫》"保有鳬繹（嶧）"之鳬。鳬山在今山東鄒縣，商王遊畋往往在魯東一帶。

甲骨文朋貝之朋作 或 ，象兩串穿貝形。又佴字作 或 ，從朋從勹。商器佴尊作 。西周金文以佴爲朋友之朋，作 、 、 等形。《說文》："佣，輔也，從人朋聲，讀若陪位。"其實，佣字的古文本作佴，以勹爲音符，《說文》譌勹爲人，文字學家遂不知其非。古讀勹如憑。《漢書·周緤傳》的"皆更封緤爲鄲城侯"，顏注："呂忱音陪，而楚漢春秋作憑城侯，陪憑聲相近。"王念孫謂："服膺之爲馮膺，猶伏軾之爲馮軾，伏琴之爲馮琴，茵伏之爲茵馮也。"(《讀書雜志·餘編·文選》)按勹爲伏之本字，古無輕脣音，故讀伏如憑（古也省作馮）。兩字既係雙聲，又係之、蒸對轉。然則佴之從朋勹聲，是由于象形字附加音符而變爲形聲字。關于佴字的甲骨文已多殘缺，只有"己丑卜，方貞，令射佴衛。一月"(《續》三·四七·一)，文尚完整。典籍皆借朋爲佴，又每訓朋爲羣爲輩。射佴之佴應讀作朋。是說王令司射的朋輩從事保衛。

綜上所述，則俯伏之伏本作 或 ，乃是一個新的發現。這既糾正了《說文》對于勹字形與義的誤解，又糾正了《說文》對于鳧和佣字的誤解。《說文》鳧

之从鳥九聲，應改爲从鳥勹聲。佣之从人朋聲，應改爲从朋勹聲。

《釋屯》，《輔仁學誌》第 8 卷第 2 期，1939 年；《釋屯》、《釋气》，《雙劍誃殷契駢枝》（初編），大業印書局，1940 年。《甲骨文字釋林》，中華書局，1979 年。今據《甲骨文字釋林》收入。

張宗騫

卜辭弜弗通用考

卜辭❡或作❡❡❡，羅振玉釋弜，謂"疑弜乃弼之古文（《增訂殷虛書契考釋》中四十三頁）"是也。王國維云：

> 《說文》"弜，彊也，从二弓"，又"弼，輔也，重也，从弜丙聲"。案《說文》說此二字皆誤。弜者柲之本字，《既夕禮》"有柲"注，"柲弓檠，弛則縛之於弓裏備損傷，《詩》云'竹柲緄縢'，今文柲作枈"。案今《毛詩》作閉，柲所以輔弓，形略如弓，故从二弓，其音當讀如弼，或作柲，作枈，作閉，皆同音假借也。弜之本義為弓檠，引申之則為輔為重，又引申之則為彊，許君以第三義系於弜下，又以其第二義系於弼下，胥失之矣（《觀堂集林》卷六《釋弼》）。

案王說至塙，蓋❡正象檠施於弓裏之形，弓弛則加檠以定其體，以保其力，故有輔重彊諸義。惟卜辭習見之弜字，既不用其本義，亦不用其引申義。王氏於卜辭弜字，不從羅釋，而疑為比（《戩壽堂殷文字》三頁七版考釋），王襄釋从（《簠室殷契徵文》天象五十一版考釋），皆誤。諸家闕釋，惟葉玉森云：

> 弜即古文柲字，从二弓，彊與輔重之誼並顯。卜辭則叚弜為弗，亦含彊意，故每以其與弜為對文，其為疑詞，弜為決辭，如本辭曰："其❡日。弜祀❡日。"他辭曰："其葬翼日。弜葬翼日（《後》上第二十六頁之二）。""其㽵鼎。弜㽵鼎（《後》下第十一之四）。""己丑卜其❡昆，告于父丁。弜❡（又第三十八頁之九）。""王其又于小乙羊五人，王受又。弜又羊（《寫本》第一百九十八版）。""其作坖于否杏。弜作（又第二百六十版）。""其摯弜摯（同上）。"並其與弜為對文，可證（《殷虛書契前編集釋》四卷六頁）。

案葉氏本王國維弜為柲之本字說，謂"叚弜為弗"，以其與弜為對文，謂"其為疑詞，弜為決詞"，未允。試觀：

其弜御，又大雨。弜弖，亡大雨。《粹》779①

弜如叚爲必，則不辭矣。竊謂卜辭弜字蓋與弗相通叚。其證有三：

一　弜弗同聲

弜之音讀有二：大徐其兩反，小徐其緪反；《廣韻》渠羈切，《類篇》翹移切。王國維謂弜當讀如弼，蓋從《廣韻》所切，孫海波《古文聲系》弜入陽部，蓋從二徐所反。孰爲本音？苗夔云：

> 夔案其緪反，望彊之訓而爲音，其實非也。《類篇》弜音翹移切，《廣韻》《集韻》五支併收弜，渠移切，㲻重文作弜，亦音翹移切，本部弼輔也，重也，从弜丙聲，夔案丙非聲……弼重文作㲋，弗聲，知弼當從弜聲，不得從丙爲聲也，當從本部建首字聲例，作从弜丙，弜亦聲（《說文聲訂》弜字下）。②

案苗氏謂弼當從本部建首字聲例，訂弼當從弜聲，而以弼古文㲋弗聲爲證甚有見。弜爲建首字，則弼所從之聲，即弜之本音也，弜之本音與弼同，亦即與弼古文㲋所從之弗聲同也。弜弗同聲，《毛公鼎》《番生敦》"簟弼魚菔"，《毛詩》《采芑》《韓奕》弼皆作茀，《說文》"奅，大也，从大弗聲，讀若'予違汝弼'"。奅佛一字，《周頌》"佛時仔肩"，《韓詩外傳》佛作弗，皆其證。弜弗同聲，故可通用。

二　弜與弗勿不毋亡同用

卜辭弗勿不毋亡等字互相通用，如弗正，勿正，不正；弗又，不又，毋又；不風，亡風，勿風；數見不尠。而弜字用法又每與弗勿不毋亡等字相同，如：

弜正《前》2·38·1③　弗正《藏》194·2④　勿正《藏》244·2　不正《佚》97⑤

---

① 《殷契粹編》第七百七十九版，下仿此。
② 編者按："彊"下苗夔《說文聲訂》有"也"字；"從"字苗書作"以"；"渠移切"，苗書及《廣韻》《集韻》均作"渠羈切"。
③ 《殷虛書契前編》第二卷，第三十八頁，第一版，下仿此。
④ 《鐵雲藏龜》第一百九十四頁，第二版，下仿此。
⑤ 《殷契佚存》第九十七版，下仿此。

弜再《前》5·21·5　　不再《佚》139

弜又《前》5·47·6　　弗又《藏》8·3　　不又《前》7·30·3　　毋又《佚》401

弜夕《後》上24·8①　　勿夕《戩》7·2②

弜冓《後》上26·6　　不冓《前》3·16·1　　亡冓《拾》14·10③

弜省《後》上30·6　　勿省《簠》游9④　　亡省《佚》111

弜征《後》上30·16　　勿征《藏》88·3　　不征《藏》31·1

弜用《後》下13·5　　勿用《藏》34·2　　不用《戩》31·13

弜宜《後》下16·8　　弗宜《佚》872　　勿宜《粹》424

弜乩《後》下20·13　　勿乩《藏》89·2

弜烄《後》下22·14　　勿烄《前》5·33·2

弜采《後》下23·16　　勿采《簠雜》126

弜令《後》下42·6　　勿令《藏》108·4

弜若《續》1·21·2⑤　　弗若《前》5·17·6　　不若《前》5·23·6

弜涉《續》3·44·3　　勿涉《佚》647　　不涉《侯》66⑥

弜循《續》6·10·1　　勿循《前》7·12·4

弜酌《戩》21·13　　勿酌《簠人》13

弜彳《戩》23·9　　勿彳《前》4·42·2

弜从《戩》38·1　　勿从《前》1·47·5

弜射《戩》43·4　　勿射《佚》774

弜合《戩》45·5　　勿合《前》5·44·3

弜屮《甲》1·9·2⑦　　勿屮《藏》194·3　　不屮《前》4·50·3　　弗屮《明》1916⑧

弜章《簠雜》192　　弗章《拾》4·12

弜鄉《佚》220　　勿鄉《藏》59·4

弜御《佚》640　　勿御《藏》70·3　　不御《餘》9·3⑨

---

① 《殷虛書契後編》卷上，第二十四頁，第八版，下仿此。
② 《戩壽堂所藏殷文字》第七頁，第二版，下仿此。
③ 《鐵雲藏龜拾遺》第十四頁，第十版，下仿此。
④ 《簠室殷契徵文》游田第九版，下仿此。
⑤ 《殷虛書契續編》第一卷，第二十一頁，第二版，下仿此。
⑥ 《安陽侯家莊出土之甲骨文字》（載《田野考古報告》第一册）第六十六辭，下仿此。
⑦ 《龜甲獸骨文字》第一卷，第九頁，第二版，下仿此。
⑧ 明義士《殷虛卜辭》第一千九百十六版，下仿此。
⑨ 《鐵雲藏龜之餘》第九頁，第三版，下仿此。

弜漁《佚》656　　勿漁《佚》770

弜夐《佚》910　　勿夐《粹》921

弜風《錄》94①　　勿風《誠》144②　　不風《佚》856　　亡風《簠天》10

弜乎《新》260③　　勿乎《藏》14・1　　亡乎《粹》943

弜乍《新》260　　弗乍《佚》67　　不乍《粹》401　　亡乍《前》4・33・5

弜兄《侯》64　　勿兄《藏》53・3

弜雨《粹》24　　不雨《前》1・8・8　　亡雨《餘》8・3

弜告《粹》218　　勿告《前》1・47・4

弜至《粹》241　　不至《藏》154・3

弜巳《粹》330　　勿巳《侯》128

弜賣《粹》433　　勿賣《前》1・51・2

弜奏《粹》530　　勿奏《粹》1314

弜祭《粹》542　　勿祭《佚》666

弜漿《粹》629　　勿漿《前》4・4・3

弜舞《粹》771　　勿舞《佚》83　　不舞《簠典》31

弜冊《粹》779　　勿冊《前》1・44・7　　不冊《藏》248・3

弜往《粹》904　　勿往《藏》78・3

弜食《粹》919　　勿食《粹》917

弜獸《粹》923　　勿獸《前》1・44・7

弜登《粹》1198　　勿登《前》7・20・7

弜桒《通》459④　　勿桒《簠歲》18

弜田《珠》915⑤　　毋田《鄴》初下40・1⑥

弜方《珠》932　　勿方《錄》383

弜叔《零》17⑦　　勿叔《戩》37・1

弜其戈《戩》45・4　　弗其戈《藏》219・3

---

① 《甲骨文錄》第九十四版，下仿此。
② 《誠齋殷虛文字》第一百四十四版，下仿此。
③ 《新獲卜辭寫本》第二百六十版，下仿此。
④ 《卜辭通纂》第四百五十九版，下仿此。
⑤ 《殷契遺珠》第九百十五版，下仿此。
⑥ 《鄴中片羽》初集，下卷，第四十頁，第一版，下仿此。
⑦ 《鐵雲藏龜零拾》第十七版，下仿此。

上舉五十條，多爲習見之辭，由此可見弜與弗勿不毋亡互用之普遍。然不足爲吾說之力證也。卜辭有對貞例，考弜字對貞，與弗勿不毋亡等字對貞之辭，文例相同，亦數數覯，此確可爲其同用之明證。兹分舉於下，以辭例兩字別之。

辭　王宭祭。弜宭[祭]。　　　　　　　　　　　　　　　　　　　　　《新》259
　　戊午卜，狄貞，王弜宭。戊午卜貞，王宭。　　　　　　　　　　　《侯》19·20
　　癸酉卜貞，其翌于沈，王宭。貞弜宭。　　　　　　　　　　　　　《侯》59·60
　　子癸歲，王宭祭。弜宭祭。　　　　　　　　　　　　　　　　　　《粹》381
　　貞小丁歲，其宭。貞弜宭。　　　　　　　　　　　　　　　　　　《珠》850
例　乙巳卜，王宭日。弗宭日。　　　　　　　　　　　　　　　　　　《佚》872
　　丙寅貞，其宭。貞勿宭。　　　　　　　　　　　　　　　　　　　《粹》424
　　乙丑卜，即貞，王宭唐，翌，亡尤，三月。乙丑卜，即貞，毋王宭唐，叔，亡尤。
　　　　　　　　　　　　　　　　　　　　　　　　　　　　　　　《鄴》二下 38·1
辭　貞于父御。貞弜御。　　　　　　　　　　　　　　　　　　　　　《粹》484
　　貞御于母。弜御于母。　　　　　　　　　　　　　　　　　　　　《誠》168
例　貞于母己御。貞勿于母己御。　　　　　　　　　　　　　　　　　《藏》106·1
　　貞御于羌甲。勿御。　　　　　　　　　　　　　　　　　　　　　《藏》70·3
辭　癸酉卜，桒年于三甽。癸酉卜，弜桒受年。　　　　　　　　　　　《後》下 33·5
例　于汙桒年。勿桒。①　　　　　　　　　　　　　　　　　　　　　《佚》375
辭　出于卜賣。弜宣方賣。　　　　　　　　　　　　　　　　　　　　《後》上 24·7
　　弜賣于閃，亡雨。其賣于霝，又大雨。弜賣亡雨。叀閃賣酌，又雨。
　　　　　　　　　　　　　　　　　　　　　　　　　　　　　　　《金》188②
例　貞賣于兄。貞勿賣于兄。　　　　　　　　　　　　　　　　　　　《前》1·51·2
辭　乙未貞，大御，其冓，翌日。乙未貞，大御，弜冓，翌日其興。　　《後》上 26·6
　　戊，王弜其冓雨。其冓大雨。　　　　　　　　　　　　　　　　　《粹》694
例　辛未卜，行貞，其乎伇行又冓。貞亡冓。　　　　　　　　　　　　《粹》511
　　甲午貞，翌乙不冓雨。貞其冓雨，一月。　　　　　　　　　　　　《戩》17·10
辭　王其鄉，在帘。弜鄉。　　　　　　　　　　　　　　　《佚》220，《通別》一，何 13③

---

① 按原辭作"于汙桒年。貞勿隹侯虎从。勿桒。貞叀侯虎从"。桒年與勿桒對貞，勿隹侯虎从與叀侯虎从對貞，此相間刻辭例也，多見於骨上刻辭。
② 金璋所藏《甲骨卜辭》第一百八十八版，下仿此。
③ 《卜辭通纂》別錄一，何氏第十三版，下仿此。

	大乙事,王鄉于宫。弜鄉于之若。	《粹》142
例	叀王鄉。貞勿隹王自鄉。	《前》4・21・6
辭	癸未卜,歷酚□歲。弜酚。	《戩》40・3,《續》2・7・7
	□□卜,來乙亥酚鼓。弜酚。	《佚》33,《珠》632
	貞庚午歲竝酚。貞弜竝酚。	《佚》878
例	貞酚,[子]㞢御于父□。貞勿酚,子㞢御。	《簠人》13
辭	又羌。弜又羌。	《戩》25・3,《續》2・21・1,《庫》81①,《庫》1648,《粹》80
	又羌。弜又。	《續》1・19・3,《佚》162,《佚》165,《珠》665
	甲辰卜,又兄。弜又。	《後》下19・6
	弜又羌。王其又于小乙羌五人,王受又。	《新》198
	弜又。其又羌,王受又。	《金》398
	其又于大乙至于大甲。弜又。	《粹》132
	己巳貞,其又歲于南庚,丝用一牛。弜又。	《珠》365
例	庚申卜,王貞,其又于母辛,十月。庚申卜,王貞,毋又于祖辛,于母辛。	《戩》7・8,《續》1・42・5
	己亥卜,即貞,翌庚子,其又彡伐。貞毋又,六月。	《粹》329
辭	叀丝豐用。弜用丝豐。	《佚》242
	叀㲋麐用。弜㲋麐用。叀小乙乍羹麐用。弜用。	《粹》282
	弜用一牛峚,王受又。叀二牛用,王受又。	《粹》484
	戌,叀義行用,遘羌方,又戈。弜用義行,弗遘方,亡戈。	《後》下13・5
例	貞用。貞勿用。	《藏》116・1
辭	辛未貞,王令即竝。弜令即竝。	《粹》1052
	叀小臣牆令乎从,王受又。弜令。叀豁令。弜令。	《粹》1161
例	貞令多馬羌。貞勿令多馬羌。	《粹》1554
辭	庚戌卜,叀王自正人方。王弜正,令。	《佚》187,《粹》1186
	↓盂方…曾盂方白炎田㞢正盂。弜正。	《粹》1190
例	己酉卜,步,王正邛方,下上若,受我又。貞勿正邛方,下上弗若,不我受又。	《藏》244・2
辭	癸未卜,方从㐄。弜从。	《戩》38・1

---

① 庫方二氏所藏《甲骨卜辭》第八十一版,下仿此。

	庚子，乎⿰示人从🅐。弜从。	《續》6・9・7
	弜从。其从犬廿㘴又伇。	《佚》81，《粹》924
例	辛巳卜，殻貞，王勿从征䧹。王从。	《粹》1100
辭	癸丑又⼁于大乙，乎射。弜乎射。	《粹》130
例	貞乎。貞勿乎。	《錄》564
	叀多馬乎射，畢。叀多馬亡乎射，畢。	《粹》492
辭	其乍塦于凶杏。弜乍。	《新》260
例	殻貞洹其乍丝邑。貞洹弗乍丝邑。	《簠地》47
辭	王涉滴，射又鹿，畢。弜涉。	《續》3・44・3，《簠游》34
例	貞不涉。貞其涉兕⼁洮。	《侯》66・67
辭	弜田其每。叀靈田亡戈。	《粹》974
	壬，弜田其雨。于壬，王迺田不雨。	《粹》999
	壬，王弜省田。于壬，王迺省田。	《後》下20・4
	弜田其每。叀妻田亡戈。	《戩》11・6，《續》2・33・10，《續》6・30・4
例	庚午卜，王曰貞，翌辛未其田，往來亡災，丝用。庚午卜，王曰貞，	
	毋田。	《鄴》初下40・1
辭	貞后祖乙告物犂①，四月。貞弜勻。	《戩》3・7，《續》1・16・2
	貞翌丁亥，父丁歲物。弜物。	《戩》6・4，《續》1・30・7
	丙申卜行貞，父丁歲物。貞弜勻。	《戩》6・6，《續》1・31・2
	丙申卜行貞，父丁歲物，在五月。貞弜勻。	《戩》6・7，《續》1・30・6
	貞父丁[歲]勻牛。貞弜勻牛。	《續》1・32・2
	貞物，七月。貞弜[物]，七月。	《明》129
	貞翌辛丑，祖辛歲勻牛。貞弜勻。	《鄴》初下27・5，《佚》401
	丙戌卜行貞，翌丁亥，父丁歲其勻牛。貞弜勻。	《粹》301
例	叀勻馬。叀不勻馬。	《通別》一何8

上揭對貞辭例，計窆、御、萃、眞、菁、鄉、酌、又、用、令、正、从、乎、乍、涉、田、勻十七類，參例覘辭，弜與弗勿不毋亡用法相同，可無疑矣。

---

① 𤊡𤉣舊釋物，董作賓郭沫若謂犂之初文，董說見《殷契佚存》二〇三版考釋，郭說見《古代銘刻彙考續編》，《釋勻勿》。

三　對　貞

　　弜字對貞之辭，上舉者外，尚復多有。夫有例可援，義自無忒，但辭爲對貞，義亦可曉，蓋一正一反，最爲顯然。茲分次於下，一以爲吾說之佐證，一以供讀者之參考。

（甲）同辭對貞

其歷异。弜歷异。	《後》下 11・4
辛酉貞，在大六，眢其孔。辛酉貞，眢弜孔，戠年。	《後》下 20・13
戊辰□，烄于□。弜烄，雨。	《後》下 22・14
二纙眔，王受又。弜眔。	《後》下 23・16
弜犙。己丑其犙眔告于父丁一牛。	《後》下 38・9，《粹》369
其于小乙弜受又，王受又。	《戩》5・1，《續》2・30・8
辛巳卜，毌癸其日。弜日。	《戩》6・13，《續》1・34・3
庚寅卜，行貞，兄庚歲先日。貞弜先。	《戩》8・8，《續》1・44・2
戊辰貞，其征壴，又若。弜征壴。	《佚》75
其匚父丁。弜又匚父丁。	《佚》175，《珠》634
于大乙征妣。弜于宗其征。	《佚》535
叀丁午貞，弜新。叀新鳴⚁。	《佚》580
其射。弜射。	《庫》1675
呂眔。弜呂。	《新》220
其摯。弜摯，乎歸，克鄉王事。	《新》260
册至，王受又。弜册。	《粹》265
乙巳貞，惀夕其饎。弜饎。	《粹》368
乙巳貞，其力劦。弜力。	《粹》368
甲辰卜，饎歲牢。弜牢。	《粹》468
弜卯。其卯。	《粹》478
庚辰貞，其奏丁示于□。弜奏。	《粹》530
麇壴其眔熹□障。弜障。	《粹》539
叴二示卯，王祭于之若，又正。弜祭于之若，又正。	《粹》542

弜翌日壬其風。于翌日壬酒歧麋不冓大風。	《粹》835
其各，又正。弜各。	《粹》1062
弜敕。其敕焚。	《粹》1539
于丁亥，奏㸚不雨。丁，弜奏㸚其雨。	《粹》1546，《誠》77
其叚頿□又月。弜叚頿𠂤。	《粹》1194
丁卯王其㲋牢埜其宿。弜宿其每。	《粹》1199
貞王其兄，允半。貞弜兄。	《侯》63·64
壬戌卜貞，叀貝，用。貞弜貝，吉。	《侯》113·114

（乙）異辭對貞

王弜漁，其獸。	《佚》656
弜巳祀。其𣎴于上甲，其兄。	《粹》330
弜酌。己未卜，其又于子熹。	《粹》410
弜田，其每。獸，亡戋。	《粹》922
王弜𤔲，其雨。王叀牢田，不冓雨。	《粹》996
弜又戠。丁未卜，其又杏于父丁□一牢。	《珠》637

（丙）省辭對貞

（子）弜下因對貞之辭已具而省者。

弜。其又祖丁豕。	《前》5·16·1
弜。其又亳土社。	《粹》22
弜。于父庚告。	《粹》321
弜。癸卯卜，方其出。	《粹》1181
弜。〔其〕又𡴂歲。	《珠》627
貞弜。貞王其田于兕，罙于沈。	《侯》61·62

知此爲對貞者，以與

壬午卜，卜即貞，其澂。貞勿。	《通別》二上野2

例同。郭沫若謂"貞其澂與貞勿爲對貞見該版考釋"，是也。該辭勿下省澂字，亦蒙對貞之辭已具而省。今將辭一，二，五"弜"下補又字，辭三"弜"下補告字，辭四"弜"下補出字，辭六"弜"下補田字或罙字則意自顯。葉玉森每遇此等單字，謂爲殘文，葉說散見於《殷虛書契前編集釋》中。

蓋有昧於斯例。

（丑）弜下不省而對貞之辭有省者。

［庚］子卜，弜又。庚子卜，甲辰大甲。　　　　　　　　　　　　《庫》1016

弜食。癸酉于丁。　　　　　　　　　　　　　　　　　　　　　　《粹》919

弜告。壬寅卜，王于商。　　　　　　　　　　　　　　　　　　　《粹》1069

此類卜辭，如不知其因對貞之辭已具而有省文，則詞意費解。今將辭一"甲辰"下補又字，辭二"癸酉于丁"下補食字，辭三"王于商"下補告字，則語意完足。

（丁）多辭對貞

弜。叀多生姓鄉。叀多子［鄉］。　　　　　　　　　　　　　　　《新》197

弜。叀小丁。叀小乙。叀妣庚。叀子。其又小丁叀羊。　　　　　　《粹》287

弜。叀豚。叀犬。叀犬又豚，用。犬三豚三。叀今日丁酚。于戊酚。　《粹》592

弜田其每。叀盂田省，亡戈。叀宮田省，亡戈。　　　　　　　　　《粹》966

弜田其每。王叀宮田省，亡戈。叀噩田省，往至于之亡戈。　　　　《粹》1013

辭一"弜"與"叀多生鄉，叀多子鄉"對貞，弜下省鄉字。辭二"弜"與"叀小丁，叀小乙，叀妣庚，叀子"對貞，弜下省又字，蒙卜驗"其又小丁叀羊"之辭而省。辭三郭沫若云："弜字在此不明何義。但其下諸卜，步驟甚明。先卜用牲之種類，用豚乎？用犬乎？抑豚犬兼用乎？結果乃豚犬兼用。其次卜豚犬之數。再次卜祭之日。"按郭說是也。弜弗也，與"叀豚，叀犬，叀犬又豚用"對貞，弜下省用字。辭四"弜田"與"叀盂田省，叀宮田省"對貞。辭五"弜田"與"叀宮田省，叀噩田省"對貞。

由上弜弗同聲，弜弗同用，與弜字對貞諸辭觀之，弜弗通用，已足徵信。試將卜辭弜字，除作方國人名者外，以弗解之，意無不適，則益信矣。

原載《燕京學報》第28期，1940年。

胡厚宣

武丁時五種記事刻辭考

一　引論
二　釋名
三　輯例
四　辨誤
五　考義
六　結語

一　引　論

　　有清之季，地不愛寶，龜甲獸骨，發於洹墟，四十年來，所出極富。① 迄於今日，凡言中國之古文字者，無不知溯於殷商；凡言殷商文字者，無不知其爲甲骨文；凡言甲骨文者，無不知其爲殷商王室之貞卜文字也。然殷商文字者，固不僅爲甲骨卜辭而已。由殷墟發掘之啓示，使吾人知殷人對於文字之應用，已極爲廣普。除甲骨文外，在若干石器、玉器、骨器、角器、陶器之上，每寫刻一種欸識文字，少則一二，多或十餘。② 又如中央研究院發掘所得之三個獸頭③，江夏黃濬所藏之三件花骨④，其上皆

---

① 參看拙著《甲骨文發現之歷史及其材料之統計》一文。
② 參看拙著《甲骨學緒論》。
③ 中央研究院歷史語言研究所拓印本，又《卜辭通纂》五七七、五七八、五七九等三片。
④ 《殷契佚存》四二六、四二七及五一八片。《鄴中片羽》卷下四七葉。又《古代銘刻彙考》三〇葉《宰丰骨刻辭》。

刻有長文，記載田獵獲獸之事。而明義士得一人頭骨，且亦有刻辭。① 又先後出土流傳之殷代銅器，約有兩千，文長者更多至四十餘字。② 殷代已有極精緻之毛筆與契刀③，又有紅、白、黑、黃、赭、綠等不同而美麗之寫繪顏料④。其著錄文字之物，除石、玉、骨、角、人頭、獸頭、陶、銅之外，由殷墟文字與遺蹟推之，尚有竹、木、縑帛、與獸皮。⑤ 在傳世之十萬片甲骨文中，其可識與不可識之字，約有五千⑥；在傳世之兩千件殷商銅器中，其不見於甲骨文之字，亦約有千名⑦。則由此以推殷代當時通行之文字，至少亦當有萬數乃至兩萬以上⑧。甲骨文者，不但寫刻精美，在多數契刻文字之筆畫中，皆填塗朱墨及深淺不同之赭色⑨，或迺鑲篏綠松石⑩。知此種文字且早已成為一種絕高之美術作品。論者或以甲骨文字多為象形，是其文字猶為原始。⑪ 不知甲骨文中象形字固多，然其筆畫已漸趨固定，多數且為行文之便，已由正面之象形，變為側面之象形，由正書變為側書，則似已非原始之象形文字。⑫ 又甲骨文中形聲字極多，其數量至少約居全數十之三四。夫古代文字，自原始圖繪象形，進而知用聲符，須經一極長久之演變歷史。則殷代文字之進步程度，又可知矣。⑬ 殷代文字之進步既如此，而其一般文化之

---

① 見所著《表較新舊版殷虛書契前編並記所得之新材料》一文，刊《齊大季刊》第二期。（編者按：" 較 " 當作 " 校 "。）

② 參看于省吾《續殷文存序》。

③ 看董作賓《論殷人之書與契》，刊《教育部第二次全國美術展覽會專刊》，又《中國藝術論叢》，商務出版。又拙著《中央研究院殷虛出土展品參觀記》，刊二十六年四月二十八至三十日之南京《中央日報》專載欄，又刊商務《中國藝術論叢》。

④⑨ 看聞宥《甲文彣飾初論》，刊中山大學《文史研究所輯刊》第二册。又美國皮其來（A. A. Benedetti Pichler）《中國卜骨塗色之顯微分析》（Microchemical Analysis of Pigments used in the Fossae of the Incisions of Chinese Oracle Bones），《工業工程化學雜誌》第九期（*Industrial and Engineering Chemistry*，Vol.9，p.149，1937）。

⑤ 看拙著《甲骨學緒論》及《中央研究院殷虛出土展品參觀記》一文。

⑥ 詳拙著《甲骨學緒論》。

⑦ 余另有文詳之。

⑧ 參看于省吾《續殷文存序》。

⑩ 《殷契佚存》四二七片，《鄴中片羽》卷下四七葉。

⑪ 如丁迪豪《中國古代文學史論》曰：" 我們看見的最早文字，是殷墟的龜甲獸骨文字，在甲骨文字中，有許多還是圖繪，可見殷墟出的甲骨是距離文字的形成期不遠的。" 刊《讀書雜志》三卷六期頁三七。民國二十二年六月二十日出版。又如胡秋原《中國社會文化發展草書》亦曰：" 甲骨文大部都是象形字，且一字有幾種寫法，可見文字還在形成的途中。" 刊《讀書雜志》三卷三四期。二十二年四月出版。此外治社會史者，頗多與此相同之論調不備舉。

⑫ 看唐蘭《殷契佚存序》。

⑬ 看唐蘭《殷契佚存序》及《卜辭時代的文學和卜辭文學》，刊《清華學報》十一卷三期。

高，又遠出於常人所想像之外①，則其經國綱紀，除此種文尚簡約之片斷的石、玉、骨、角、人頭、獸頭、陶、銅、龜甲、牛骨文字之外，必尚有鴻篇巨製之史乘典册，而《多士》所言"惟殷先人，有典有册"，蓋不難想像而知之也。②

不特如此，即在甲骨卜辭本身之中，亦常包含若干記事文字。早期卜辭之後，每隨記徵驗之辭。如卜某日是否降雨，及既雨之後，則於此卜辭之後，隨記某日允雨。又如卜某日是否天晴，及是日果晴，則於此卜辭之後，隨記某日允戌。或卜某日王往田獵，及時果有所獲，則於卜辭之後，隨記允獲某獸若干，某獸若干。又卜旬之後，王占有凶，亦每隨記幾日某某允有某種災禍來臨之長篇記事。晚期帝王，尤好田獵，故王田卜辭之後，其隨記獲獸之例，尤多至不可勝舉。③總之，此種記驗之辭，已顯然溢出於占卜文字之外矣。

又所謂甲骨文者，亦實非全係卜辭。如甲骨中有甲子表，乃初學習刻者所為④；有祭祀表，乃史官備忘所用⑤。武丁時甲骨有記圂于義京之事者⑥，武乙文丁時甲骨有記🪶幾🪶幾之事者⑦，亦皆不得為卜辭也。又如安陽侯家莊出土"大龜七版"之一，第十五辭"乙酉，小臣🪶羹"（觀）⑧，刻於左骨橋之邊際，無鑽灼卜兆之痕，與同版其他卜辭亦不相連屬，蓋偶然附刻之記事文字也。又中央研究院十三次發掘所得一大龜，其左骨橋之邊際，亦記曰："丁酉雨，至于甲寅，旬业（又）八日，九月。"九月自丁酉至于甲寅，連雨凡十又八天，此非一平常之事也，故利用龜甲上卜辭之餘間以記之。⑨

除此之外，武丁時甲骨中又有所謂：

甲橋刻辭

---

① 看傅斯年《性命古訓辨證》中卷二十葉。又拙著《殷代姻家族宗法制度考》《殷代封建制度考》諸文。
② 看郭沫若《周代彝銘進化觀》，收入所著《古代銘刻彙考》；唐蘭《殷契佚存序》《頌齋吉金圖錄序》及《卜辭時代的文學和卜辭文學》，于省吾《續殷文存序》；又拙著《論殷代的記事文字》，刊二十六年六至八月天津《益世報·人文周刊》二十五至三十一期。
③ 詳拙作《卜辭成語研究》，及《論殷代的記事文字》。
④ 詳拙作《論殷代的記事文字》一文。
⑤ 同前。
⑥ 前六·二·二　通三六二　前六·二·三　龜二·二·一二　契一〇　甲三三六一　粹四一一　粹四一三　粹四一五　粹四一二　粹四一四　契二二七　徵人三〇
⑦ 粹一五二四　粹一五二五　粹一五二六　粹一五二七　粹一五二八　粹一五二九　粹一五三〇　粹一五三一　粹一五三二　粹一五三三　粹一五三四　續六·一四·一　續六·二七·三　龜一·七·三
⑧ 甲三九一三　看董作賓《安陽侯家莊出土之甲骨文字》一文，刊《田野考古報告》第一冊。
⑨ 看拙著《論殷代的記事文字》及《卜辭中所見之殷代農業》。

甲尾刻辭
背甲刻辭
骨臼刻辭
骨面刻辭

等五種刻辭者，亦皆記事文字。是即本篇所討論之問題也。

二　釋　名

龜腹甲中部之兩邊，有與背甲相接連之骨骼，因似自腹甲渡於背甲之橋梁，故學者名之曰骨橋。殷人取龜備卜，先將龜之腹甲與背甲鋸開，除背甲將其圓邊錯使平勻之外，其腹甲則往往使兩邊各帶有凸出之橋骨。武丁時之龜甲，在此種橋骨之背面，多寫刻一種簡單之記事文字，吾人名之曰"甲橋刻辭"，甲即龜甲，橋即骨橋，謂刻於龜甲骨橋背面之一種記事文字也。如插圖一：①

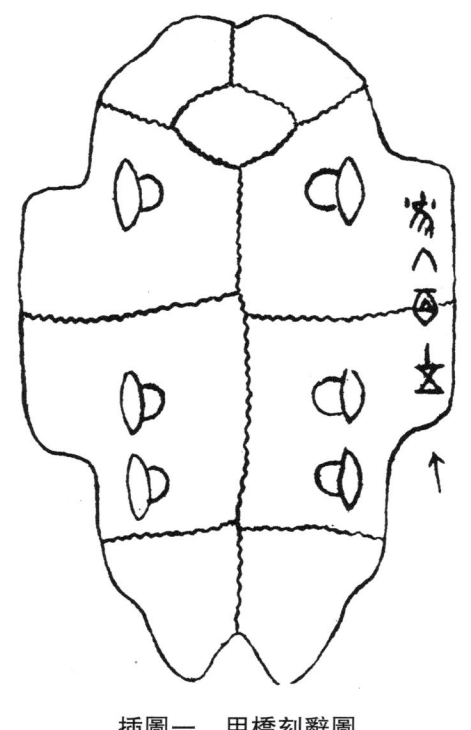

插圖一　甲橋刻辭圖

---

① 十三次，已發表於拙著《論殷代的記事文字》一文，刊二十六年六至八月天津《益世報・人文周刊》二十五至三十一期。

其刻於龜腹甲正面之尾端者，曰"甲尾刻辭"。此"甲尾刻辭"者，董作賓先生名之曰"尾右甲"，唐蘭先生名之曰"尾右甲卜辭"。①如插圖二：②

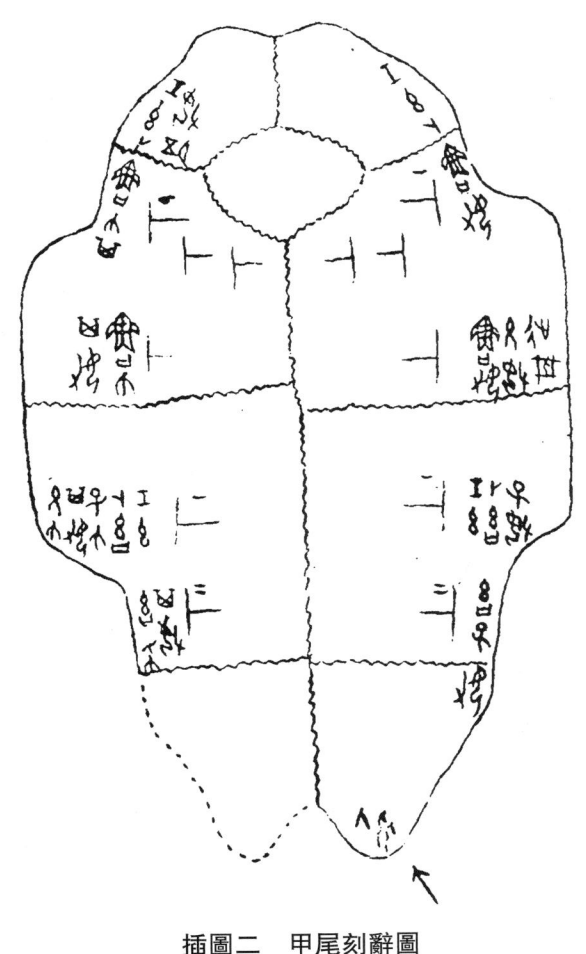

插圖二　甲尾刻辭圖

一完整之龜背甲，因高高凸起，甲面不平，無論鑽灼卜兆，或寫刻卜辭，皆不方便，故卜用龜背甲，往往從中縫剖開。武丁時之龜背甲，在背面近鋸縫之邊緣，亦常刻有一行與前二種刻辭相類似之記事文字，吾人名之曰"背甲刻辭"。如插圖三：③

---

① 看董作賓《商代龜卜之推測》刊《安陽發掘報告》第一期；又唐蘭《關於尾右甲卜辭》刊《國學季刊》五卷三期。
② 甲三〇〇〇。
③ 十三次，已發表於拙著《論殷代的記事文字》一文，刊二十六年六至八月天津《益世報·人文周刊》二十五至三十一期。

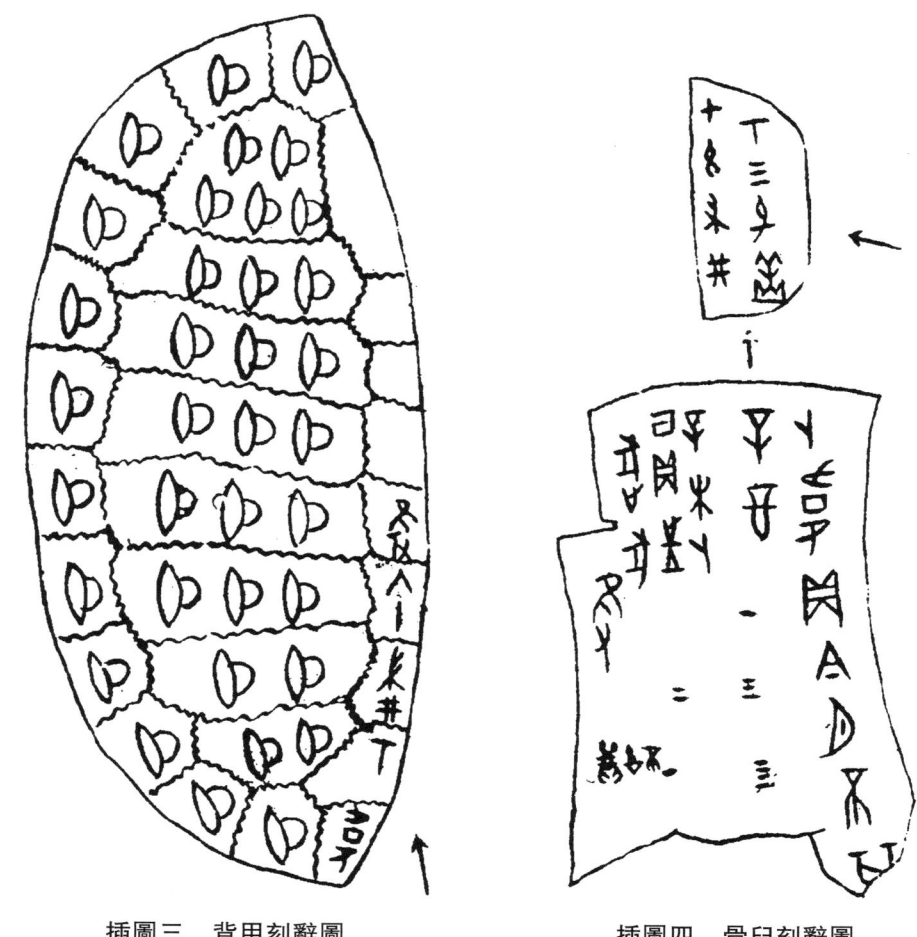

插圖三　背甲刻辭圖　　　　插圖四　骨臼刻辭圖

　　一完整之牛胛骨，其窄狹之一端，轉節處，乃一渾圓之棄臼，在占卜之先，常將此圓臼鋸成半圓形，此一部分學者名之曰骨臼。武丁時之卜骨，在此種骨臼中，每刻一種與卜辭無關之記事文字，是即所謂骨臼刻辭也。如插圖四：①

　　與此相類似之刻辭亦每刻於骨面之上。如刻於正面，則常在骨面寬薄一端之最下方。如刻於反面，則常靠近邊緣。此亦利用偏僻地方，刻記與卜辭不相干之另一事件者也。此種記事文字，吾人名之曰"骨面刻辭"。如插圖五：②

　　五種刻辭命名之意義，大畧如此。

　　至於時代，則由坑位，人名，及同版其他卜辭，知其皆屬於武丁時期。祖庚祖甲以後之卜辭中絕不見。蓋此種記事刻辭，乃武丁時所特有之風氣也。

---

① 甲三三三九　甲三三四一
② 佚五三一　前七‧二五‧四

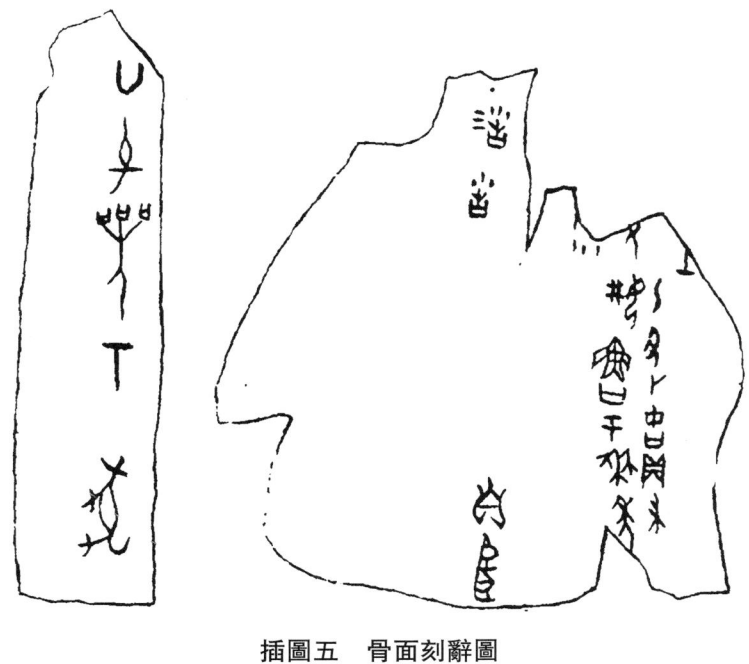

插圖五　骨面刻辭圖

三　輯　例

甲橋刻辭，在已著錄之材料中，實並不少。惟四十餘年以來，從無一人注意及之者。此種材料，余嘗輯得五百七十三條，其中以中央研究院史語所第十三次發掘殷虛所得者爲多。今此批材料，尚未發表，不便引用。姑舉其已發表及早見著錄之材料，凡二百七十三條，如下：

（辭一）㱃入百。　　　　　　　　　　　　　　　　　　　　　（善齋藏）

（二）㱃入百。　　　　　　　　　　　　　　　　　　　　　　（佚三七〇反）

（三）㱃來十三。在辜。　　　　　　　　　　　　　　　　　　（十三次）

（四）㱃入☐　　　　　　　　　　　　　　　　　　　　　　　（善齋藏）

（五）㱃入☐　　　　　　　　　　　　　　　　（院一・〇・〇三五〇反）

（六）㱃來☐　　　　　　　　　　　　　　　　　　　　　　　（錄八一九反）

（七）㱃來☐　　　　　　　　　　　　　　　　　　　　　　　（佚五九二反）

（八）㱃☐　　　　　　　　　　　　　　　　　　　　　　　　（契七八六反）

（九）㱃☐　　　　　　　　　　　　　　　　　　　　　　　　（善齋藏）

（一〇）㱃☐　　　　　　　　　　　　　　　　　　　　　　　（善齋藏）

（一一）畫☐　　　　　　　　　　　　　　　　　　　　　（善齋藏）

（一二）我來卅。　　　　　　　　　　　　　　　　　　　（十三次）

（一三）我十六。　　　　　　　　　　　　　　　　　（院五・〇・〇一一九）

（一四）我來☐　　　　　　　　　　　　　　　　　　　　（善齋藏）

（一五）我氏。　　　　　　　　　　　　　　　　　　　　（善齋藏）

（一六）我☐在辜。　　　　　　　　　　　　　　　　　（契五八三反）

（一七）我☐在☐。　　　　　　　　　　　　　　　　　　（虛三七）

（一八）我☐　　　　　　　　　　　　　　　　　　　（契八二三反）

（一九）我☐　　　　　　　　　　　　　　　　　　　　（陳中凡藏）

（二〇）我☐　　　　　　　　　　　　　　　　　　　　　（善齋藏）

（二一）我☐　　　　　　　　　　　　　　　　　　　　　（善齋藏）

（二二）我☐　　　　　　　　　　　　　　　　　　　　　（善齋藏）

（二三）畺入百廿。　　　　　　　　　　　　　　　　　　（十三次）

（二四）自畺五十。　　　　　　　　　（續五・二・五・一一　徵雜一三三）

（二五）自畺六。　　　　　　　　　　　　　　　　　　（契三八六反）

（二六）自畺三。　　　　　　　　　　　　　　　　　　　（徵雜一三二）

（二七）自畺三。　　　　　　　　　　　　　　　　　　　（徵雜一三一）

（二八）畺三。　　　　　　　　　　　　　　　　　　　　（陳中凡藏）

（二九）自畺☐　　　　　　　　　　　　　　　　　　　　（善齋藏）

（三〇）自畺☐　　　　　　　　　　　　　　　　　　　（佚八〇九反）

（三一）畺☐　　　　　　　　　　　　　　　　　　　　　（陳中凡藏）

（三二）自畺。　　　　　　　　　　　　　　　　　　　　（善齋藏）

（三三）癸巳自✤十。中。　　　　　　　　　　　　　（院五・〇・〇一九四）

（三四）✤十。　　　　　　　　　　　　　　　　　　　（龜二・六・九）

（三五）自✤五。　　　　　　　　　　　　　　　　　　　（善齋藏）

（三六）三自✤。　　　　　　　　　　　　　　　　　（院五・〇・〇二〇六）

（三七）自✤☐　　　　　　　　　　　　　　　　　　　　（善齋藏）

（三八）✤☐　　　　　　　　　　　　　　　　　　　　（龜二・四・一三）

（三九）✤☐　　　　　　　　　　　　　　　　　　　　　（虛一五五四）

（四〇）自✤。　　　　　　　　　　　　　　　　　　　（前六・五八・一）

（四一）自✤。　　　　　　　　　　　　　　　　　　　　（善齋藏）

（四二）自✤。　　　　　　　　　　　　　　　　　　　　（善齋藏）

（四三）☐卯㞢☒　　　　　　　　　　　　（院五・〇・〇一四二反）
（四四）㞢☒　　　　　　　　　　　　　　（陳子彝藏）
（四五）㞢☒　　　　　　　　　　　　　　（善齋藏）
（四六）㞢☒　　　　　　　　　　　　　　（善齋藏）
（四七）㞢☒　　　　　　　　　　　　　　（院三・〇・〇一六一反）
（四八）㞢☒　　　　　　　　　　　　　　（院九・〇・〇二二九反）
（四九）㞢卅☒　　　　　　　　　　　　　（龜一・六・一二）
（五〇）雀入二百五十。　　　　　　　　　（十三次）
（五一）雀入百五十。　　　　　　　　　　（十三次）
（五二）雀入十。曼。　　　　　　　　　　（龜一・一四・一二）
（五三）雀入☒　　　　　　　　　　　　　（陳中凡藏）
（五四）雀☒　　　　　　　　　　　　　　（院二・〇〇五〇反）
（五五）雀☒　　　　　　　　　　　　　　（院四・〇・七一一反）
（五六）㞢入☒　　　　　　　　　　　　　（院九・〇・〇四一〇）
（五七）㞢☒　　　　　　　　　　　　　　（龜二・四・一三）
（五八）㞢☒　　　　　　　　　　　　　　（佚四八九反）
（五九）㞢☒　　　　　　　　　　　　　　（善齋藏）
（六〇）㞢☒　　　　　　　　　　　　　　（善齋藏）
（六一）戔來冊。帚井示三。賓。　　　　　（十三次）
（六二）戔入一。　　　　　　　　　　　　（善齋藏）
（六三）戔來☒　　　　　　　　　　　　　（院三・〇・一六七九反）
（六四）行取廿五。帚井示。㞢。　　　　　（十三次）
（六五）行取☒　　　　　　　　　　　　　（後下二・一二）
（六六）行取☒　　　　　　　　　　　　　（善齋藏）
（六七）行☒　　　　　　　　　　　　　　（後下一三・四）
（六八）奠入廿。　　　　　　　　　　　　（十三次）
（六九）奠來廿。在曲。　　　　　　　　　（十三次）
（七〇）奠☒　　　　　　　　　　　　　　（善齋藏）
（七一）🌂入☒　　　　　　　　　　　　　（善齋藏）
（七二）🌂入☒　　　　　　　　　　　　　（善齋藏）
（七三）來自🌂。　　　　　　　　　　　　（善齋藏）
（七四）旬入廿。在☐。　　　　　　　　　（善齋藏）
（七五）旬氏自☒　　　　　　　　　　　　（龜二・四・一〇）

（七六）旬來。　　　　　　　　　　　　　　　　　　　　　　（善齋藏）

（七七）壴入廿。　　　　　　　　　　　　　　　　　　　　　（十三次）

（七八）壴☒　　　　　　　　　　　　　　　　　　　　　　　（善齋藏）

（七九）竝入十。　　　　　　　　　　　　　　　　　　　　　（十三次）

（八〇）竝☒　　　　　　　　　　　　　　　　　　　　　　　（善齋藏）

（八一）宁入。　　　　　　　　　　　　　　　　　　　　　　（十三次）

（八二）宁☒　　　　　　　　　　　　　　　　　　　　　　　（善齋藏）

（八三）又入十。　　　　　　　　　　　　　　　　　　　　　（善齋藏）

（八四）鳳入百。　　　　　　　　　　　　　　　　　　　　　（善齋藏）

（八五）虎入百。　　　　　　　　　　　　　　　　（院四・〇・〇〇八〇反）

（八六）卒入五十。　　　　　　　　　　　　　　　　　　　　（善齋藏）

（八七）自帚卅。　　　　　　　　　　　　　　　　　　　　　（北大藏）

（八八）貯入廿。殼。　　　　　　　　　　　　　　　　　　　（十三次）

（八九）犬廿。竝示。　　　　　　　　　　　　　　（院四・〇・〇〇二一）

（九〇）隹入十。　　　　　　　　　　　　　　　　　　　　　（善齋藏）

（九一）🐚入十。　　　　　　　　　　　　　　　　（院一・〇・〇一五四反）

（九二）丙入十。　　　　　　　　　　　　　　　　　（庫一八一七反）

（九三）自↘十。　　　　　　　　　　　　　　　　　　　　　（善齋藏）

（九四）☒雫十。　　　　　　　　　　　　　　　　　　　　　（善齋藏）

（九五）囗亥三自🐚十。　　　　　（院二・〇・一八二九及三・〇・一八三四反）

（九六）🐚亞十。　　　　　　　　　　　　　　　　　　（佚三四〇反）

（九七）卣入二。在囗。　　　　　　　　　　　　　　（院三・〇・〇〇六〇）

（九八）丙寅二自己入。　　　　　　　　　　　　　　　（前八・四・六）

（九九）🐚入一。　　　　　　　　　　　　　　　　　　　（虛二〇五三）

（一〇〇）爻入。　　　　　　　　　　　　　　　　　（五・〇・〇二一八反）

（一〇一）象入。　　　　　　　　　　　　　　　　　　　（虛一二四一）

（一〇二）🐚入。　　　　　　　　　　　　　　　　　　（後下二八・一）

（一〇三）🐚霾來。　　　　　　　　　　　　　　　　（院八・〇・〇一八三）

（一〇四）邑氏。　　　　　　　　　　　　　　　　　　（契二七七反）

（一〇五）自𢆶三。亘。　　　　　　　　　　　　　　（院三・〇・一七五五反）

（一〇六）庚戌三自帚井☒　　　　　　　　　　　　　（院四・〇・〇〇二九反）

（一〇七）自𥬲☒　　　　　　　　　　　　　　　　　　（佚六二八反）

(一〇八) 自東☐ （院五・〇・〇一七九反）
(一〇九) 自西。 （善齋藏）
(一一〇) 亞🯄☐ （龜二・一二・一四）
(一一一) 🯄☐ （佚・四九〇反）
(一一二) 🯄☐ （戩四〇・四）
(一一三) ☐己🯄畫☐ （院三・〇・一八七五反）
(一一四) ☐☐五百。 （龜一・一四・一七）
(一一五) ☐來三百。旱。 （院四・〇・〇〇四三反）
(一一六) ☐☐三百。 （陳中凡藏）
(一一七) ☐來二百。 （善齋藏）
(一一八) ☐☐百卅。 （善齋藏）
(一一九) ☐入百廿。 （陳中凡藏）
(一二〇) ☐入百。亘。 （粹七五七）
(一二一) ☐入百。亘。 （院九・〇・〇〇四六反）
(一二二) ☐入百。 （善齋藏）
(一二三) ☐☐百。在🯄。 （續六・二四・六）
(一二四) ☐☐百。賓。 （院一・〇・〇〇三一反）
(一二五) ☐☐百。 （院八・〇・〇一九〇反）
(一二六) ☐☐百。 （善齋藏）
(一二七) ☐☐百。 （佚四八七反）
(一二八) ☐來五十。在🯄。 （庫二一七八）
(一二九) ☐來五十。 （善齋藏）
(一三〇) ☐☐五十。在🯄。 （前二・一八・四）
(一三一) ☐☐五十。 （契八二一反）
(一三二) ☐☐五十。 （契四一四反）
(一三三) ☐☐卅。 （善齋藏）
(一三四) ☐☐卅七。 （陳中凡藏）
(一三五) ☐☐卅。殻。 （院一・〇〇一一四反）
(一三六) ☐☐卅。 （善齋藏）
(一三七) ☐來廿。在🯄。 （鄴下四一・九）
(一三八) ☐入十。 （善齋藏）
(一三九) ☐☐十。🯄。 （佚三三一反）
(一四〇) ☐☐十。亘。 （院四・〇・〇六九〇反）

（一四一）□□十。殼。　　　　　　　　　　　　　　　　（善齋藏）

（一四二）□□十。在□。　　　　　　　　　　　　　　　（善齋藏）

（一四三）□□十。　　　　　　　　　　　　　　　　　　（善齋藏）

（一四四）□入五。　　　　　　　　　　　　　　　　　（戩四八・七）

（一四五）□入五。　　　　　　　　　　　　　　　　　　（善齋藏）

（一四六）□□五。亙。　　　　　　　　　　　　　　　（庫四九八反）

（一四七）□□五。　　　　　　　　　　　　　　　　　（契四〇九反）

（一四八）□□五。　　　　　　　　　　　　　　　　　（庫三五三反）

（一四九）□□五。　　　　　　　　　　　　　（院九・〇・〇一三三反）

（一五〇）□□五。　　　　　　　　　　　　　　　　　　（善齋藏）

（一五一）□入四。在□。　　　　　　　　　　　　　　　（善齋藏）

（一五二）□入四。　　　　　　　　　　　　　　　　　　（善齋藏）

（一五三）□來四。　　　　　　　　　　　　　　　　　　（善齋藏）

（一五四）□入三。　　　　　　　　　　　　　　　　　　（善齋藏）

（一五五）□□三。亙。　　　　　　　　　　　　　　　　（善齋藏）

（一五六）□□三。　　　　　　　　　　　　　（院三・〇・〇三四八反）

（一五七）□入。賓。　　　　　　　　　　　　　　　　（佚三三五反）

（一五八）□入。殼。　　　　　　　　　　　　　　　　　（善齋藏）

（一五九）□入。　　　　　　　　　　　　　　　　　　　（善齋藏）

（一六〇）□來。　　　　　　　　　　　　　　　　　　（庫六七八反）

（一六一）□來自☒　　　　　　　　　　　　　　　　　　（善齋藏）

（一六二）自☒　　　　　　　　　　　　　　　　　　　　（善齋藏）

（一六三）自☒　　　　　　　　　　　　　（院八・〇・〇〇〇三反）

（一六四）自☒　　　　　　　　　　　　　　　　　　　（佚三三〇反）

（一六五）□氏。　　　　　　　　　　　　　　（院三・〇・〇一〇七反）

（一六六）□氏。　　　　　　　　　　　　　　　　　　　（善齋藏）

（一六七）□氏自□　　　　　　　　　　　　　　　　　　（善齋藏）

（一六八）丙辰三自☒　　　　　　　　　　　　（院四・〇・〇〇二四反）

（一六九）丙寅三自☒　　　　　　　　　　　　　　　　（庫二一七六反）

（一七〇）丁未三自☒　　　　　　　　　　　　　　　　（佚三五一反）

（一七一）丁未三自☒　　　　　　　　　　　　　　　　　（善齋藏）

（一七二）□午三自☒　　　　　　　　　　　　　　　　　（善齋藏）

（一七三）三自☒　　　　　　　　　　　　　　　　　　　（善齋藏）

（一七四）三自☐　　　　　　　　　　　　　　　　　　　　（善齋藏）
（一七五）乙巳☐在☐　　　　　　　　　　　　　　　（院五・〇・〇二六〇反）
（一七六）☐在☐。　　　　　　　　　　　　　　　　　　　（善齋藏）
（一七七）☐在🐚。　　　　　　　　　　　　　　　　　　（佚六八九反）
（一七八）☐在匿。　　　　　　　　　　　　　　　　　　　（善齋藏）
（一七九）☐在🐚。　　　　　　　　　　　　　　　　　　　（善齋藏）
（一八〇）☐在韋。　　　　　　　　　　　　　　　　　　　（善齋藏）
（一八一）帚井示百。殳。　　　　　　　　　　　　　　　　（十三次）
（一八二）帚井示。　　　　　　　　　　　　　　　　（院四・〇・〇四六〇反）
（一八三）帚井示。　　　　　　　　　　　　　　　　　　　（善齋藏）
（一八四）帚井示。　　　　　　　　　　　　　　　　　　　（善齋藏）
（一八五）帚井示。　　　　　　　　　　　　　　　　　　　（善齋藏）
（一八六）井示。　　　　　　　　　　　　　　　　　　　　（善齋藏）
（一八七）井示。　　　　　　　　　　　　　　　　　　　　（善齋藏）
（一八八）帚井☐　　　　　　　　　　　　　　　　（院四・〇・〇二一九反）
（一八九）帚井☐　　　　　　　　　　　　　　　　（院四・〇・〇五五六反）
（一九〇）帚井☐　　　　　　　　　　　　　　　　　　　（善齋藏）
（一九一）邑示卅。　　　　　　　　　　　　　　　　（院九・〇・〇三七四反）
（一九二）邑示四。　　　　　　　　　　　　　　　　　　（庫二八七反）
（一九三）邑示。　　　　　　　　　　　　　　　　　　　　（善齋藏）
（一九四）☐巳邑示。　　　　　　　　　　　　　　　（院四・〇・〇〇九〇反）
（一九五）丁酉邑示。　　　　　　　　　　　　　　（院四・〇・〇〇四五反）
（一九六）丁巳邑示。　　　　　　　　　　　　　　（院三・〇・一八一一反）
（一九七）☐亥邑示。　　　　　　　　　　　　　　（院八・〇・〇二〇七反）
（一九八）邑示。　　　　　　　　　　　　　　　　　　　　（善齋藏）
（一九九）邑示。　　　　　　　　　　　　　　　　　　　　（善齋藏）
（二〇〇）邑示。　　　　　　　　　　　　　　　　　　　　（善齋藏）
（二〇一）🐚示。　　　　　　　　　　　　　　　　　　　　（善齋藏）
（二〇二）帚🐚示　　　　　　　　　　　　　　　　　　（契六五〇反）
（二〇三）癸酉🐚☐　　　　　　　　　　　　　　　（院三・〇・一八五〇反）
（二〇四）己未🐚☐　　　　　　　　　　　　　　　　（龜一・二二・八）

（二〇五）☒☐　　　　　　　　　　　　　　　　　　（善齋藏）

（二〇六）☒☐　　　　　　　　　　　　　　　　（院一・〇・〇三六〇反）

（二〇七）帚喜示廿。　　　　　　　　　　　　（院四・〇・〇二三四反）

（二〇八）喜示☐　　　　　　　　　　　　　　　　（颮一・二・六）

（二〇九）龐示十七。　　　　　　　　　　　（院四・〇・〇〇四四反）

（二一〇）龐示四。　　　　　　　　　　　　　　　（善齋藏）

（二一一）我示六。　　　　　　　　　　　　（院五・〇・〇一一九反）

（二一二）帚彳示十。　　　　　　　　　　　（院四・〇・〇二三二反）

（二一三）帚☒示。　　　　　　　　　　　　　　　（北大藏）

（二一四）虎示。　　　　　　　　　　　　　　　　（善齋藏）

（二一五）子☒示。　　　　　　　　　　　　　　　（善齋藏）

（二一六）漁示五。　　　　　　　　　　　　　　（颮二・一八・六）

（二一七）中示。　　　　　　　　　　　　　　　（契五九八反）

（二一八）竝示。　　　　　　　　　　　　　　　　（善齋藏）

（二一九）☒示。　　　　　　　　　　　　　　　　（善齋藏）

（二二〇）☒示。　　　　　　　　　　　　　（院五・〇・〇一二〇反）

（二二一）帚汝☐　　　　　　　　　　　　　（院八・〇・〇一七六反）

（二二二）☐示卅。　　　　　　　　　　　　　　　（善齋藏）

（二二三）☐示廿。　　　　　　　　　　　　（院四・〇・〇七四〇反）

（二二四）☐示十。　　　　　　　　　　　　（院四・〇・〇七三六反）

（二二五）☐示十。　　　　　　　　　　　　（院四・〇・〇〇一三反）

（二二六）☐示十。雯。　　　　　　　　　　　　　（善齋藏）

（二二七）☐示五。　　　　　　　　　　　　　　（契三八三反）

（二二八）☐示一。　　　　　　　　　　　　　　　（善齋藏）

（二二九）☐示。　　　　　　　　　　　　　　　（佚三二九反）

（二三〇）帚☒☐　　　　　　　　　　　　　　　（拾一四・五）

（二三一）帚良☐　　　　　　　　　　　　　　　（陳中凡藏）

（二三二）甲午帚☐　　　　　　　　　　　　　　　（善齋藏）

（二三三）庚申帚☐　　　　　　　　　　　　（院四・〇・〇二三六反）

（二三四）癸巳帚☐　　　　　　　　　　　　（院四・〇・〇七三九反）

（二三五）☐丑帚☐　　　　　　　　　　　　（院八・〇・〇二一三反）

（二三六）丁丑帚☐　　　　　　　　　　　　　　（庫二八二反）

（二三七）戊辰帚☐　　　　　　　　　　　　　　（庫六九三反）

（二三八）甲寅帚⧄　（庫一八一六反）
（二三九）己未帚⧄　（庫一八八二反）
（二四〇）庚子帚⧄　（粹一二一七 B）
（二四一）帚⧄　（善齋藏）
（二四二）帚⧄　（院五・〇・〇〇二三反）
（二四三）帚⧄　（院九・〇・〇二四二反）
（二四四）子⧄　（院四・〇・〇七〇二反）
（二四五）甲申子⧄　（契四〇四反）
（二四六）辛丑⧄　（庫五二八反）
（二四七）辛丑⧄　（庫六七八反）
（二四八）己丑⧄　（院一・〇・〇〇六九反）
（二四九）戊寅⧄　（善齋藏）
（二五〇）戊子⧄　（院四・〇・〇〇五〇反）
（二五一）丁卯下⧄　（院五・〇・〇二七二反）
（二五二）㱿。　（庫二五三反）
（二五三）㱿。　（院一・〇・〇一六二反）
（二五四）㱿。　（善齋藏）
（二五五）㱿。　（善齋藏）
（二五六）[illegible]。　（院四・〇・〇六〇三反）
（二五七）[illegible]。　（院一・〇・〇五三九反）
（二五八）𠬶。　（契四二九反）
（二五九）𠬶。　（庫四一五反）
（二六〇）𠬶。　（院四・〇・〇七四六反）
（二六一）𠬶。　（院五・〇・〇二二六反）
（二六二）𠬶。　（善齋藏）
（二六三）𠬶。　（善齋藏）
（二六四）亘。　（院四・〇・〇四二一反）
（二六五）亘。　（龜二・一〇・一七）
（二六六）亘。　（陳中凡藏）
（二六七）賓。　（陳中凡藏）
（二六八）旬。　（善齋藏）
（二六九）旬。　（善齋藏）
（二七〇）小𠬶。　（院九・〇・〇〇九九反）

（二七一）岳。　　　　　　　　　　　　　　　　　　　（院九・〇・〇三八八反）
（二七二）𠙵。　　　　　　　　　　　　　　　　　　　（院七・〇・〇七七六反）
（二七三）中。　　　　　　　　　　　　　　　　　　　（契三四七反）

關於甲尾刻辭，民國十八年，董作賓先生作《商代龜卜之推測》一文①時，共得三例。民國二十五年，唐蘭先生作《關於尾右甲卜辭》一文②，於董氏三例之外，又增得十一例，除"後下二八・一"一條，誤以"甲橋"爲"甲尾"之外，共得十。今吾人於董、唐十三例之外，又續得二十四例，共計三十有七，列之如下：

（二七四）从入。　　　　　　　　　　　　　　　　　　　（善齋藏）
（二七五）从入。　　　　　　　　　　　　　　　　　　　（虛一三八四）
（二七六）从入。　　　　　　　　　　　　　　　　　　　（虛二三〇七）
（二七七）从入。　　　　　　　　　　　　　　　　　　　（院四・〇・〇〇六〇）
（二七八）从入。　　　　　　　　　　　　　　　　　　　（院四・〇・〇二六一）
（二七九）从入。　　　　　　　　　　　　　　　　　　　（院一・〇・〇一七六）
（二八〇）从入。　　　　　　　　　　　　　　　　　　　（善齋藏）
（二八一）从入。　　　　　　　　　　　　　　　　　　　（善齋藏）
（二八二）从入十。　　　　　　　　　　　　　　　　　　（院三・〇・〇三一七）
（二八三）㇇入。　　　　　　　　　　　　　　　　　　　（庫一九三一　唐一四）
（二八四）㇇入。　　　　　　　　　　　　　　　　　　　（善齋藏）
（二八五）㇇入。　　　　　　　　　　　　　　　　　　　（院四・〇・〇一一七）
（二八六）册入。　　　　　　　　　　　　　　（院一・〇・〇四五四　董一　唐一）
（二八七）册入。　　　　　　　　　　　　　　　　　　　（何叙甫藏）
（二八八）册入。　　　　　　　　　　　　　　　　　　　（善齋藏）
（二八九）㕚入。　　　　　　　　　　　　　　　　　　　（拾一三・四　唐八）
（二九〇）㇇入。　　　　　　　　　　　　　　　　　　　（院四・〇・〇〇三五）
（二九一）㇇入。　　　　　　　　　　　　　　　　　　　（院四・〇・〇一三六）
（二九二）㇇來。　　　　　　　　　　　　　　　　　　　（院一・〇・〇五一二）
（二九三）㇇入。　　　　　　　　　　　　　（院一・〇・〇四四九　董三　唐三）
（二九四）㇇入。　　　　　　　　　　　　　　　　　　　（院四・〇・〇一二二）
（二九五）㇇（臣）㇇（入）。　　　　　　　　　　　　　（院四・〇・〇〇四一）
（二九六）㇇（臣）入。　　　　　　　　　　　　　　　　（善齋藏）

---

① 刊《安陽發掘報告》第一期。
② 刊《國學季刊》五卷三期。

（二九七）⚬入。
　　　　　　　　　（續四・一二・五　徵天五九　雜一〇四　文一六　唐一一）
（二九八）⚬入。　　　　　　　　　　　　　（前六・二九・三　唐五）
（二九九）⚬入。　　　　　　　　（院二・〇・〇〇〇二　董二　唐二）
（三〇〇）⚬入。　　　　　　　　　　　　　（前五・二一・三　唐四）
（三〇一）⚬（堯）入。　　　　　　　　　　（後下三二・六　唐七）
（三〇二）⚬入。　　　　　　　　　　　　　（院四・〇・〇〇六六）
（三〇三）⚬（去）入。　　　　　　　　　　（院四・〇・〇一四一）
（三〇四）⚬（戍）入。　（院四・〇・〇一八三及四・〇・〇一八九合）
（三〇五）⚬入二。　　　　　　　　　　　　（拾八・五　唐九）
（三〇六）⚬王入。　　　　　　　　　　　　（虛七三三　唐一〇）
（三〇七）⚬（來）⚬入。　　　　　　　　　（院四・〇・〇一四〇）
（三〇八）⚬入。　　　　　　　　　　　　　（佚七二〇　唐一三）
（三〇九）⚬（复）來。　　　　　　　　　　　　　　（十三次）
（三一〇）戻⚬來。　　　　（續五・五・六　徵人一〇及九七　唐一五）

關於"背甲刻辭"，前人亦从無注意及之者。因早期背甲甚少，故此種"背甲刻辭"即不多見。據吾人今日所得，共有下之十三例：

（三一一）小臣入二。　　　　　　　　　　　　　　（十三次）
（三一二）⚬入二在茁。殸。　　　　　　　　　　　（十三次）
（三一三）我來二。　　　　　　　　　　　　　　　（十三次）
（三一四）囗囗三自⚬十。　（院三・〇・一八二九及三・〇・一八三四合）
（三一五）囗囗三自⚬。　　　　　　　　　　　　（善齋藏）
（三一六）囗囗十。　　　　　　　　　　　　　　（院・〇）
（三一七）巤入三。帚示。　　　　　　　　　　　（十三次）
（三一八）鮫入七。帚井示。　　　　　　　　　　（十三次）
（三一九）我入六，在囗。丙寅⚬示四⚬。　　（院四・〇・〇〇五二反）
（三二〇）囗十，在韋。乙巳囗五⚬。　　　　（院四・〇・〇七五一反）
（三二一）壬午⚬自⚬十⚬业一⚬。伐示廿。　（院五・〇・〇〇六〇反）
（三二二）囗五⚬。　　　　　　　　　　　　　　（院四・〇）
（三二三）囗⚬。　　　　　　　　　　　　　（院四・〇・〇二一三反）

關於"骨臼刻辭"，民國二十二年董作賓先生作《帚矛說》一文[①]時，共得九

---

① 刊《安陽發掘報告》第四期。

十五例。二十三年郭沫若作《骨臼刻辭之一考察》一文[①]，乃據董文爲説，亦未增補其例。今據吾人所得，例共一百七十有七，列之如左：

（三二四）□寅，帚〓示三屯。岳。（北大藏）
（三二五）□戌，帚〓示三屯。𠭰。（徵典四九　董三六）
（三二六）丙寅，帚〓示五屯。㚔。（戩四八・八　續五・二〇・七　董一九）
（三二七）戊戌，帚〓示□屯。岳。（粹一四八〇）
（三二八）□□，帚〓[示]□屯。賓。（庫一五九七）
（三二九）庚□，帚〓示□[屯]。賓、中。（粹一四八二）
（三三〇）丙戌，帚〓示□[屯]。亘。自匿三。（虚二三三九A　董二三）
（三三一）〓示二屯。𠳋。（粹一四八一）
（三三二）〓示四屯。賓。（粹一七〇五）
（三三三）〓示四屯㞢一〓。（龜二・三〇・一二　董二五）
（三三四）戊申，〓示□[屯]。賓。（凡將齋藏　續六・二七・一　董二一）
（三三五）乙酉，〓[示]二屯。𠳋。自匿三。（虚二三四一　董二二）
（三三六）丁卯，〓示二屯。自𠳋三。小㚔。
（徵典四六　續五・一二・三　董二〇）
（三三七）帚井示四屯。㱿。（歷史博物館藏　董六）
（三三八）帚井示五屯。亘。（龜一・一八・二　董三）
（三三九）帚井示七屯。賓。（虚二三三一A　董五）
（三四〇）帚井示七屯。賓。（戩三五・六　續四・二六・七　董四）
（三四一）癸巳，帚井示一屯。亘。（徵典四一　董二）
（三四二）壬戌，帚井示二屯。𢍏。（金五二二）
（三四三）甲午，帚井示三屯。岳。（院四・二・〇〇〇八　董一）
（三四四）壬午，帚井示三屯。亘。（院四・二・〇〇〇七　董七）
（三四五）乙亥，帚井示九屯。賓。（院三・二・〇九五二）
（三四六）□□帚井示□[屯]。岳。（粹一四八四）
（三四七）□□[帚]井示□[屯]。□。（明義士藏　董八）
（三四八）丁卯，帚妥示二屯。岳。（徵典四三　續五・一一・三　董一七）
（三四九）甲子，帚妥，示三屯。小㚔（北大藏　董一六）
（三五〇）□巳，帚妥示十五屯。小㚔。（粹一四九一）

① 收入所著《古代銘刻彙考續編》。

（三五一）□□帚笅㞢□㞢。曼。　　　　　　　　　　（龜一・二一・一七　董一五）
（三五二）甲子，帚笅示四㞢。小曼、中。
　　　　　　　　　　　　　　　　　（後下二七・一〇　善齋藏　董一八）
（三五三）□巳，帚竹示五㞢。小曼。　　　　　　　　　　　　　　（善齋藏）
（三五四）壬子，帚嬞示一㞢。曼。　　　　　　（歷史博物館藏　董一一）
（三五五）壬寅，帚豐示二㞢。岳。（徵典五・四〇　續五・一一・七　董一九）
（三五六）庚申，帚豐示□㞢。岳。　　　　　　　（龜二・三・一六　董一〇）
（三五七）自宾。己未，帚嬞示一㞢。曼。　　　　（前六・二八五　董一二）
（三五八）□未，豐示二㞢。亘。　　　　　　　　　　　　　　　　（善齋藏）
（三五九）癸酉，帚㞢示一㞢。辰。　　　　　　　　　（北大藏　董二九）
（三六〇）戊子，帚㞢示三㞢。曼。　　　　　　　（龜一・二五・一八　董二七）
（三六一）戊子，帚㞢示四㞢。岳。　　　　　　　（歷史博物館藏　董二六）
（三六二）乙丑，帚㞢示四㞢。小曼。　　　　　　　　　　　（粹一四九〇）
（三六三）庚申，帚㞢示□㞢。小曼。　　　　　　（後下二八・四　董二八）
（三六四）帚喜示二㞢。咼。　　　　　　　　　　　　　　　　　（善齋藏）
（三六五）戊戌，帚喜示一㞢。岳。　　　　　　（院四・〇・〇〇〇二　董三五）
（三六六）癸未，帚喜示□㞢。咼。　　　　　　　　　　　（粹一四八六）
（三六七）□□，帚喜示□，□㞢。岳。　　　　　　　　　（粹一四八七）
（三六八）庚午，帚寶示三㞢。曼。　　　　　　　（後下一八・三　董一三）
（三六九）庚午，帚寶示三㞢。岳。　　　　　　（院四・二・〇〇〇一　董一四）
（三七〇）壬寅，帚寶示三㞢。岳。　　　　　　　　　　　（粹一四八九）
（三七一）戊寅，帚汝示二㞢。　　　　　　　　　　（善齋藏　董四一）
（三七二）辛未，帚汝示六㞢。小曼。　　　　　　　（福又三五　萱四二）
（三七三）帚良示十㞢。㞢。　　　（戩四五・二　續五・二〇・五　萱三一）
（三七四）帚良示□㞢。賓。　　　　　　　　　　（龜一・一八・一〇　萱三二）
（三七五）帚）十㞢㞢一□。　　　　　　　　　　　（福三一　董四三）
（三七六）帚）□□㞢。㞢。　　　　　　　　　　　　　　（粹一四八五）
（三七七）帚杏示三㞢。□。　　　　　　　　　　（龜二・一八・一一　董三九）
（三七八）帚羊示十㞢。　　　　　　　　　　　　（凡將齋藏　董四〇）
（三七九）己亥，帚龐示一㞢。賓。　　　　　　　　（徵典四二　董三七）
（三八〇）戊申，帚貝示二㞢。辰。　　　　（凡將齋藏　續六・九・四　董三四）
（三八一）戊戌，帚㞢示二㞢。箙。　　　　　　　　（北大藏　董四四）

（三八二）戊寅，帚姍示三⚑囗。　　　　　　　　　　（粹一四八三）

（三八三）囗囗，帚娅示囗⚑。曼。　　　　　　　（虛二三四九　董四五）

（三八四）乙未，帚妹示⚑。⚚。　　　　　　　　（戩三五・八　董三三）

（三八五）帚杳示七⚑㞢一）。賓。　　　　　（後下三三・一〇　董三八）

（三八六）辛卯，帚楚⊠　　　　　　　　　　　（虛二三六四　董四六）

（三八七）帚囗示一⚑。囗。　　　　　　　　　　　　（珠三四一臼）

（三八八）帚囗示七⚑。亘。　　　　　　　　　　（虛七二四　董四七）

（三八九）帚囗示三⚑。亘。　　　　　　　　　　　　（粹一五一九）

（三九〇）庚寅，帚囗示三⚑。亘。　　　　　　　　　　（七Ｔ一二）

（三九一）甲午，帚囗示三⚑。囗。　　　　　　（院四・二・〇〇〇六）

（三九二）壬寅，帚囗示三⚑。囗。　　　　　　　　　（虛二三四四）

（三九三）壬午，帚囗示三⚑。囗。　　　　　（院四・二・〇〇〇七）

（三九四）丁未，帚囗示一⚑。自囗三。小曼。　（虛六八〇Ａ　董八七）

（三九五）囗囗，帚囗示。⚑。　　　　　　　　　　（粹一四八八）

（三九六）甲申，帚⊠　　　　　　　　　　　　　　（粹一五一〇）

（三九七）戊辰，邑示一⚑。岳。　　　　　　　（福又三六　董四九）

（三九八）乙亥，邑示二⚑。小曼。　　　　　　　（續六・一九・九）

（三九九）辛丑，邑示二⚑。曼。　　　　　　（甌一・一八・五　董五二）

（四〇〇）辛丑，邑示二⚑。小曼。　　　　　　　　（粹一五〇一）

（四〇一）壬申，邑示三⚑。岳。　　　　　　　（虛二三五三　董四八）

（四〇二）癸巳，邑示三⚑。曼。　　　　　　　　　　（金四七三）

（四〇三）囗申，邑示三⚑。小曼。　　　　　　　　（粹一五〇二）

（四〇四）囗卯，邑示三⚑。小曼。　　　　　　　　（粹一五〇〇）

（四〇五）壬申，邑示三⚑。小曼。　　　　　　　　（庫一六〇四）

（四〇六）乙巳，邑示四⚑。曼。　　　　　　　　（續五・一二・四）

（四〇七）丁丑，邑示四⚑⚚。　　　　　　　（後下一五・一〇　董五六）

（四〇八）壬申，邑示三⚑。曼。

　　　　　　　　　　　（北大藏　續五一一・五　佚一六〇臼　董五四）

（四〇九）己未，邑示四⚑。岳、內。　　　　　（甌一・一三・一　董五〇）

（四一〇）己未，邑示四⚑。岳、內。　　　　　（甌一・一八・四　董五一）

（四一一）丙寅，邑示七⚑。曼。　　　　　　　　（徵典四四　董五三）

（四一二）□亥，邑示□🦴。小㲋。　　　　　　　　　　（徵典四五　董五五）

（四一三）戊申，邑示一🦴。箙。　　　　　　　　　　　（庫一六一〇）

（四一四）辛未，雪示二🦴。岳。　　　　（徵典三七　續五・二三・九　董五七）

（四一五）己卯，雪示三🦴。岳。　　　　　　　　　（佚一六二　董五八）

（四一六）己卯，雪示三🦴。　　　　　　　　　　　　　（庫一七〇三）

（四一七）□未，雪示三🦴。小㲋。　　　　　　　　　　（粹一四九六）

（四一八）丁丑，雪示四🦴。小㲋。　　　　　　　（虛二三五七　董五九）

（四一九）丁丑，雪示□🦴。岳。　　　　　　　　　　　（粹一四九七）

（四二〇）戊戌，雪示九🦴。　　　　　　　　　　（後下一三・九　董六〇）

（四二一）□□，雪示□🦴。小㲋。　　　　（院一・二・〇〇二五　董六一）

（四二二）□□，雪示□🦴。㲋。　　　　　　　　　　　（粹一五一五）

（四二三）壬寅，三自雪十🦴。㲋。　　　　　　　　　　（珠四五八臼）

（四二四）乙亥，三自雪十🦴。咼。　　　　　　　　　　（金五三五）

（四二五）丁亥，三自雪十🦴。旬示。　　　　　　　　　（金五二一）

（四二六）丁亥，三自雪十🦴。旬示。率。
　　　　　　　　　　　　　　　　　　（徵典三八　續五・二二・五　董八二）

（四二七）甲辰，三自雪十🦴。旬示。㲋。　（院三・二・〇七六四　董八三）

（四二八）癸亥，旬三自雪十🦴。咼。　　　　　　　　　（粹一五〇三）

（四二九）癸亥，旬自三雪十🦴。率。　　　　　　　（明義士藏　董八〇）

（四三〇）丁亥，三自雪十二🦴。旬示。㲋。　　　　　　（珠三二八）

（四三一）□寅，三自雪□🦴。㲋。　　　　　　　（後下八・一六　董六二）

（四三二）丁丑，🦴示一🦴。岳。
　　　　　　　　　　　　　　　　　（前六・二二・四　龜一・一八・一六　董六七）

（四三三）戊戌，羌🦴示七🦴。小㲋。　　　　　　　　　（凡將齋藏）

（四三四）戊戌，羌🦴示七🦴。小㲋。　　　　　　　　　（珠四二六臼）

（四三五）戊戌，羌🦴示七🦴。㲋。
　　　　　　　　　　　　　（戩三九・一一　續五・二〇・九　續六・一六・三　董六九）

（四三六）丙寅，羌🦴示□🦴。岳。　　　　　　　　（徵典四七　董七一）

（四三七）丁丑，🦴示□🦴。□。　　　　　　　　　　　（粹一五〇七）

（四三八）丁丑，🦴示□🦴。小㲋。　　　　　　　　　　（粹一五〇八）

（四三九）己丑，三自缶五🦴。🦴示三🦴。岳。　　　（善齋藏　董六八）

（四四〇）利示六🦴。亘。　　　　　　　　　　　（凡將齋藏　董六四）

（四四一）利示六🐚。✲。　　　　　　　　　　　　（粹一五〇五）

（四四二）利示三🐚㞢一)。賓。　　　　　　　　（佚四五七　董六六）

（四四三）利示三🐚㞢一)。賓。　　　　　（龜一・一八・一四　董六三）

（四四四）利示三🐚㞢□)。殼。　　　　　（龜一・一八・一一　董六五）

（四四五）畫示四🐚。亘。　　　　　　　　　　　　（粹一四九九）

（四四六）畫示，四🐚。殼。　　　　　　　　　　　（粹一四九八）

（四四七）畫示□🐚。□。　　　　　　　　　　　　（粹一五〇九）

（四四八）壬申，龜示四🐚。岳。　　　　　　　　　（粹一四九五）

（四四九）龜⬚示⬚□🐚。亘。　　　　　　　　　　（粹一四九四）

（四五〇）甲午，咠示十🐚㞢一(。賓。　　　　　　（善齋藏）

（四五一）□□，咠示十🐚㞢一)。賓。　　　　　　（粹一五〇四）

（四五二）丁亥，壺示一🐚。小臱。　　　　　　　（契八五　董八四）

（四五三）己丑，吏示三🐚。岳。　　　　　（粹一五〇六　誠四二六）

（四五四）壬戌，后示三🐚。岳。　　　　　　　　（善齋藏　董七八）

（四五五）癸丑，辜示十🐚。耳。　　　　　　　　　（粹五〇八）

（四五六）奠示十🐚㞢一。辰。　　　　　　　（歷史博物館藏　董七七）

（四五七）乙巳，陕示□🐚。岳。　（凡將齋藏　續六・一〇・一〇　董七九）

（四五八）□酉，旬⬚示⬚□🐚。小臱。　　　　　（虛七二六　董八一）

（四五九）甲寅，帚見辜示七🐚。率。　　　（院三・二・〇七五一　董三〇）

（四六〇）戊寅，羌🗝示三🐚。臱。　　　　　　（徵典四八　董七三）

（四六一）己丑，羌立示四🐚。岳。　　　　　　　（契八四　董七二）

（四六二）□巳，王示殼二🐚。臱。　　　　　　　（徵典三九　董七六）

（四六三）庚午，示三🐚。岳。　　　　　　　（龜一・一九・一　董八五）

（四六四）己巳，示🐚五。□。　　　　　　　　　　　（善齋藏）

（四六五）丙寅，□⬚示⬚二🐚。□。　　　　　　　（明義士藏　董八六）

（四六六）壬寅，□示三🐚。□。　　　　　　　　　　（善齋藏）

（四六七）□□，□示四🐚。□。　　　　　　　　　　（粹一五一三）

（四六八）□□，□⬚示⬚五🐚。凹。　　　　　　　　（粹一五二〇）

（四六九）丁酉，子□示六🐚。小臱。
　　　　　　　　（戩四八・九　續五・二〇・一一　續六・一八・六　董七五）

（四七〇）丁酉，子□示六🐚。□。　　　　　　　（明義士藏　董七四）

（四七一）丁亥，□□示十🐚。臱。　　　　　　　（虛二三四七Ｂ　董八八）

（四七二）己□，□□示五☐㞢一（。亘。　　　　　　（粹一五一六）

（四七三）□□，□□示□☐一）。賓。　　　　　　（粹一五一七）

（四七四）癸□，□□示□☐。☐。　　　　　　　　（粹一五一八）

（四七五）□□，□□示□☐。岳。　　　　　　　　（粹一四九二）

（四七六）□□，□□示□☐。岳。　　　　　（虛七二九　董八九）

（四七七）□□，□□示□☐。岳。　　　　　　　　（虛二三五一）

（四七八）辛丑，三自☐□　　　　　　　　　　　　（粹一四九三）

（四七九）示。中。　　　　　　　　　　　　　　　（粹八七九）

（四八〇）乙。　　　　　　　　　　　　（虛二三二八Ｂ　董九二）

（四八一）岳。　　　　　　　　　　　　　　　　　（虛一五八九）

（四八二）岳。　　　　　　　　　　　　　　　　　（虛一六一四）

（四八三）岳。　　　　　　　　　　　　　　　　　（虛一六四七）

（四八四）岳。　　　　　　　　　　　　　　　　　（粹一五一二）

（四八五）岳。　　　　　　　　　　　　　　　　　（粹一五二二）

（四八六）岳。　　　　　　　　　　　　　　　　　（粹一五二三）

（四八七）夒。　　　　　　　　　　　　　　　　　（虛一五六四）

（四八八）夒。　　　　　　　　　　　　　　　　　（虛一六一〇）

（四八九）夒。　　　　　　　　　　（歷史博物館藏　董九一）

（四九〇）夒。　　　　　　　　　　　　　（契五六　董九四）

（四九一）小夒。　　　　　　　　　　　　　　　　（粹一五二一）

（四九二）小夒。　　　　　　　　　　　　　　　　（十三次郭獲）

（四九三）小夒。　　　　　　　　　　　　　　　　（金五二一）

（四九四）賓。　　　　　　　　　　　　　（虛七二八　董九〇）

（四九五）賓。　　　　　　　　　　　　　　　　　（粹一五三一）

（四九六）亘。　　　　　　　　　　　　　　　　　（虛一六七〇）

（四九七）㚔。　　　　　　　　　　　　　　　　　（粹一五一四）

（四九八）箙。　　　　　　　　　　　　（戩四四·一三　董九五）

（四九九）☐。　　　　　　　　　　　　　　　　　（金三六七）

（五〇〇）內。亘。　　　　　　　　　　　（福二五　董九三）

關於"骨面刻辭"，除民國二十二年董作賓先生於《帚矛說》一文，曾舉四條之外，學人論者極少。今據吾人所見，除董舉四例之外，尚有二十二條，即共二十六例，列之如下：

（五〇一）自匚。　　　　　　　　　　　　　　　　　　　　（佚五三一）
（五〇二）自匚。　　　　　　　　　　　　　　　　　　　　（善齋藏）
（五〇三）自匚三。　　　　　　　　　　　　　　　　　　　（徵雜一三二）
（五〇四）自匚三。　　　　　　　　　　　　　　　　　　　（徵雜一三一）
（五〇五）三自匚。　　　　　　　　　　　　　　　　　　　（庫一六一七）
（五〇六）丁丑，三于匚廿￼。￼。　　　　　　　　　　　　（前六・二七・四　董九九）
（五〇七）自匚五十￼　　　　　　　　　　　　　　　　　　（徵雜一三三　續五・二五・一一）
（五〇八）殼三自匚。　　　　　　　　　　　　　　　　　　（善齋藏）
（五〇九）辛丑，三自￼。　　　　　　　　　　　　　　　　（庫一六三五）
（五一〇）三自￼，廿￼，小臣中示。茲。　　　　　　　　　（前七・七・二　董九七）
（五一一）￼示。　　　　　　　　　　　　　　　　　　　　（善齋藏）
（五一二）己丑，￼示十￼。率。　　　　　　　　　　　　　（續五・二五・七）
（五一三）☐廿￼。￼示。犬。　　　　　　　　　　　　　　（前七・二五・四　董九八）
（五一四）帚井來。　　　　　　　　　　　　　　　　　　　（甲二九一二）
（五一五）☐十￼。小臣从示。　　　　　　　　　　　　　　（北大藏　董九六）
（五一六）☐廿￼。小臣☐示。　　　　　　　　　　　　　　（善齋藏）
（五一七）☐￼。小臣☐示。　　　　　　　　　　　　　　　（庫一六三四）
（五一八）乙亥，三廿￼。￼五☐　　　　　　　　　　　　　（院三・二・〇　七七三反）
（五一九）☐五十￼。☐　　　　　　　　　　　　　　　　　（善齋藏）
（五二〇）帚井三自☐　　　　　　　　　　　　　　　　　　（善齋藏）
（五二一）癸酉，三自☐　　　　　　　　　　　　　　　　　（善齋藏）
（五二二）殼三自☐　　　　　　　　　　　　　　　　　　　（善齋藏）
（五二三）中示。卋。　　　　　　　　　　　　　　　　　　（前四・三七・三）
（五二四）￼示六。　　　　　　　　　　　　　　　　　　　（前六・五一・五）
（五二五）帚羊示十￼。　　　　　　　　　　　　　　　　　（續六・二四・九）
（五二六）畫示十屮☐　　　　　　　　　　　　　　　　　　（龜一・二・七）

總上五種記事刻辭，"甲橋"凡二百七十三例，"甲尾"三十七例，"背甲"十三例，"骨臼"一百七十例，"骨面"二十六例，共計五百例。倘並中央研究院史語所發掘所得尚未正式發表之三百條"甲橋刻辭"計之，則"甲橋刻辭"共五百七十三例，五種刻辭共八百例。

四　辨　誤

　　以上五種記事刻辭，惟"甲尾刻辭"及"骨臼刻辭"，曾經學人注意，然所論多誤，辨之如下：

　　關於"甲尾刻辭"，董作賓先生於民國十八年，作《商代龜卜之推測》一文①時，即早已注意及之，文中凡舉新出之例三，曰"⿰冊入"，釋爲"冊六"，曰"⿰kk入"，曰"⿰Φ入"，皆釋爲"編六"。董先生嘆此爲"冊六與編六之發見"，言"冊與編，異名而同實"，"編六猶冊六"，又以龜版即古之典冊，謂"冊象編成龜版之冊，典爲兩手奉此龜冊而藏之之形"。然"冊"之爲"冊"，雖無可疑，但"入"字明明爲入；釋"kk"爲"編之古文"，亦毫無文字學上之根據可言；又"Φ"字亦見中央研究院第四次發掘殷墟所得之"四·〇·〇　一二二"及"四·〇·〇　一四〇"兩片②，與"kk"決非一字，董先生誤摹爲"kk"，乃以爲與"kk"同字，其實非也。且即使釋"入"爲"入"，釋"kk"爲"編"，以"冊六"即"編六"，"冊與編，異名而同實"之說不誤，然如前舉"甲尾刻辭"之例，其"入"上一字，除"冊""kk"之外，尚有十八名之不同，亦固可釋爲"冊""編"或其同類之字，而皆以爲"異名而同實"乎？故其說之誤，誠如唐蘭先生之辨③，不可從也。

　　且此說之誤，即董先生其後亦自知之。彼於民國二十五年發表《安陽侯家莊出土之甲骨文字》一文④，有《冊六的訂正》一節，更正前說，改釋"入"爲"入"，放棄釋"kk"爲"編"之說，而以"冊"及"kk"皆爲人名，謂：

　　　　因以大龜一、六兩版及其他甲尾有史官狄簽名之例證之，上一字當是史官之名，下一字以釋入爲宜，其意當爲史官某"入"値，某即記名於下，此一時之特殊習慣，並非通例。以上之三版，意當爲冊及kk入卜府輪値之記識，乃史官私人刻記，與卜辭無關，故皆在甲尾空隙處。狄僅記己名，此又注一"入"字，猶言某史入値所爲。侯家莊骨文有"入于卜"記載，有"出于卜"記載，似皆史官記出

---

① 刊《安陽發掘報告》第一期。
② 現已發表於《殷虛文字甲編》。
③ 唐文刊見《國學季刊》五卷三期。
④ 刊見《田野考古報告》第一冊。

入於太卜府貢職之辭，可與記"某入"相印證。

今案董先生改釋"册入""㠯入"之"入"爲"入"，以册㠯爲專名①，並以此種刻辭乃記事，與卜辭無關，其説甚是。惟此種"甲尾刻辭"，自今日所能見之材料觀之，皆屬於武丁時期，係一時特有之風尚。而廩辛康丁時尾甲之"狄"，乃史官簽名之例②，與恒作"某入"之"甲尾刻辭"，絕不相同。又"入于卜""出于卜"之"卜"，乃地名③，不能引此以"某入"爲"史官某入值卜事"之證也④。

唐蘭先生於民國二十四年發表《關於尾右甲卜辭》一文，於董氏三例之外，又增舉十一例，除"後下二八·一"一片誤以"甲橋"爲"甲尾"，"續五·五·六"一片實爲"甲橋刻辭"，"續二·二·四"一片却非"甲橋刻辭"之外，共得十例。文中辨董氏"册六""編六"及"典册即龜版"學説之誤，甚是。惟言"這一類的刻辭，也只是卜辭的一種"，則仍有可商。考此種"甲尾刻辭"，實與"甲橋刻辭""背甲刻辭""骨臼刻辭""骨面刻辭"爲一類，其在龜甲牛骨上，所處皆契刻卜辭所餘極不重要之位置，在八百二十五例中，絕無一條含有"貞""卜"或其類似之字樣，亦絕無所屬鑽灼卜兆之痕跡，顯然爲卜辭以外之一種記事文字。倘謂"貞""卜"等類之字，乃被省署，則何以八百二十五條中，無一不省之例乎？知其絕非偶然之事也。⑤至唐氏又謂：

> 我以爲"入"和"來"是動詞，上面的字是名詞，這是説一個人入或來的事情。雖則有些人的名字，像㠯或㕣之類，還不能認識，雖則像"𦣞王入"，一辭還不能完全解釋，但由"王入"⑥和"厎屮來"⑦的例子看來，我們可以決定這一個解釋是無誤的。

此與董氏更正後以"某入"爲"史官某入值卜事"之説，雖皆較"册六""編六"之説爲近理，然證之全部"甲尾刻辭"，則知其説仍不可通也。

---

① 此種專名，亦有爲地名或國名者，詳下節，若必以此種專名，皆爲人名，亦非是。
② 詳拙著《卜辭記事文字史官簽名例》一文，刊中央研究院《史語所集刊》十本一分，已陷於上海。
③ 卜爲地名之例，又見粹五二六及粹一二五三兩片。
④ 又㠯與中並非一字，董氏作此文時尚未更正。
⑤ 參看拙著《論殷代的記事文字》，刊二十六年六至八月天津《益世報·人文周刊》二十五至三十一期。
⑥ 按此條實非"甲尾刻辭"。
⑦ 按此條實爲"甲尾刻辭"。

試觀前引"甲尾刻辭"二八二言：

从入十。

三〇五辭亦言：

𢆶入二。①

"入"後皆有數字，又與此同類之"甲橋刻辭""背甲刻辭"，其"入""來"或相類似動詞之後，有數目字者，尤多至百分之八九十以上，則以"某入""某來"爲"史官某入值卜事"及"某人入""某人來"之説皆非也。

"𢆶入二"一條之"二"字，在《鐵雲藏龜拾遺》所著録之拓片上，本極爲清晰，不知何以葉玉森《考釋》奪之？而以唐氏治學之細心，亦遺而不與摹釋？又"从入十"一條，爲中央研究院史語所第三次發掘殷虚所獲，今已著録於《殷虚文字甲編》，董先生躬與發掘整理研究之役，與其再三修正其"册六""編六"之説，何如取此片而研之？因此兩條極重要之關鍵，終爲學者所忽，則無怪乎"甲尾刻辭"意義之難以解決也。

關於"骨臼刻辭"，最早注意者，亦爲董作賓先生。彼於民國二十二年作《帚矛説》一文②，凡集九十九例，除末四例爲"骨面刻辭"之外，共得"骨臼刻辭"九十有五。從舊説釋"帚某示幾𠂤"之"帚"爲"歸"，讀爲餽送之餽，釋"𠂤"爲"矛"，讀如字，謂此種刻辭爲"帚矛刻辭"，以爲"帚矛刻辭是專門記載餽送頒發銅矛於各地各國各人及守衛者的文字"。

其明年郭沫若氏作《骨臼刻辭之一考察》③訂正董説，釋"帚"爲"婦"，以"帚某"爲武丁之后妃；釋"𠂤"爲"勹"，謂即"包"字；"示"假爲省視之"眡"。以爲此種刻辭乃卜時每用畢二骨則合爲一包，積得若干包，由王或王之代理者加以省視而封存之，陪觀之太卜，或太史，於骨臼刻記日期省視者及包數等以醒目，其性質如後人之署書頭標牙籤。

至民國二十五年，唐蘭先生於《卜辭時代的文學和卜辭文學》文④中謂"𠂤爲豕形的倒寫"，又以此種刻辭乃"貞祭祀的卜辭"。

---

① 𢆶字唐氏誤摹爲𢆶。
② 刊《安陽發掘報告》第四期。
③ 收入所著《古代銘刻彙考續編》。又見所著《殷契粹編考釋》二〇三葉。
④ 刊《清華學報》十一卷三期。

二十八年，又作《天壤閣甲骨文存考釋》①，仍持"此類刻辭爲貞祭祀之辭"，"㲋爲豕形倒寫"之説，又以"示"爲人鬼，謂"帚□示者，諸婦之初卒而祭之也"，"小臣某示及邑示䢴示之屬，則諸先正之祭"。

今案董説之非，郭沫若②、唐蘭③兩氏辨之已詳，"蓋歸矛二字之釋均不確，字釋既不確，則全説爲之動搖矣"④。

唐蘭先生"祭祀卜辭"及"㲋爲豕形倒寫"説之不可信，誠如郭沫若氏之所説⑤。至以"示爲人鬼"，謂"帚□示者，諸婦之初卒"，"小臣某示，及邑示，䢴示之屬，則諸先正之祭"，其説亦非。如前引"甲橋刻辭"六四及一八二至一八五皆言"帚井示"，八九、二一八皆言"竝示"，一八六、一八七皆言"井示"，一九三至二〇〇皆言"邑示"，二〇一言"㦮示"，二〇二言"帚㦮示"，二一三言"帚丙示"，二一四言"虎示"，二一五言"子㦮示"，二一七言"中示"，二一九言"㫃示"，二二〇言"㦮示"，二二九言"口示"，"背甲刻辭"三一七言"帚示"，三一八言"帚井示"，"骨臼刻辭"三九五言"帚口示"，"骨面刻辭"五〇九言"小臣中示"，五一一及五一三皆言"㦮示"，五一四言"小臣从示"，五一五及五一六言"小臣口示"，倘解爲祭祀卜辭，以"示"爲人鬼，"㲋"爲豕之倒寫，則此諸辭者，不特無貞卜等字，無祭名，且並祭用之牲亦省之。卜辭雖簡，諒不至省至只一被祭之人名而已也。又唐氏不以"骨臼刻辭無鑽灼卜兆之痕跡即非卜辭"之説爲然，謂"余所知者，骨臼爲胛骨之一端，距此不過一二寸，即見纍纍之灼兆矣"，其誤則以未得細玩甲骨實例之所致。余曩在中央研究院，曾得發掘所得及其他公私所藏完整零碎甲骨兩三萬片細玩之，知甲骨中有有卜兆而無卜辭者，絕無有卜辭而無所屬之卜兆者。而凡余所見"甲橋刻辭"，"甲尾刻辭"，"背甲刻辭"，"骨面刻辭"之諸多實例，其辭皆刻於卜辭所餘之偏僻地方，絕無一例有其所屬之卜兆，固不只"骨臼刻辭"而已。乃知凡無所屬之卜兆者，大約當爲記事之辭；"甲橋刻辭"，"甲尾刻辭"，

---

① 北平《輔仁大學叢書》之一，二十八年北平輔仁大學出版。
② 郭辨見《骨臼刻辭之一考察》一文，收入所著《古代銘刻彙考續編》。又唐蘭先生亦有辨，見所著《天壤閣甲骨文存考釋》十八葉。
③ 唐辨見《天壤閣甲骨文存考釋》葉十八。
④ 郭沫若語，見所著《骨臼刻辭之一考察》一文，葉三。
⑤ 唐辨見《天壤閣甲骨文存考釋》葉十八。

"背甲刻辭","骨臼刻辭","骨面刻辭"絶無一例有鑽灼卜兆之痕跡,則其絶非卜辭,必爲一種卜辭以外之記事文字可知矣。

郭沫若氏釋"帚"爲"婦",以"帚某"爲武丁之后妃,其説至碻。釋）爲勺,雖未敢必然,但以二骨爲一），義亦近是。惟讀示爲賑,謂此種"骨臼刻辭"猶後世之署書頭標牙籤,則實有未諦也。郭氏曰:"蓋骨既卜必集若干骨爲一組,裹而藏之。由肩胛骨之性質而言,勢必平放,平放則骨臼露於外,故恰好利用其地位,以作標識。"今案"骨臼刻辭"之文例有六,列之如下:

一 右胛臼,以右爲上,右行　　二 右胛臼,以左爲上,左行

三 右胛臼,以左爲上,右行　　四 左胛臼,以左爲上,左行

五 左胛骨,以右爲上,右行　　六 左胛骨,以右爲上,左行

由郭氏之意,兩骨裹爲一勺,"由肩胛骨之性質而言,勢必平放",平放後,則露於外面之骨臼,其形式應如下方:

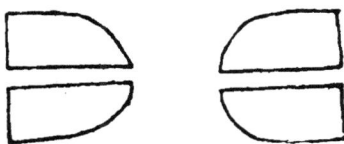

如"骨臼刻辭"猶"後世之署書頭標牙籤",則其文例應如:

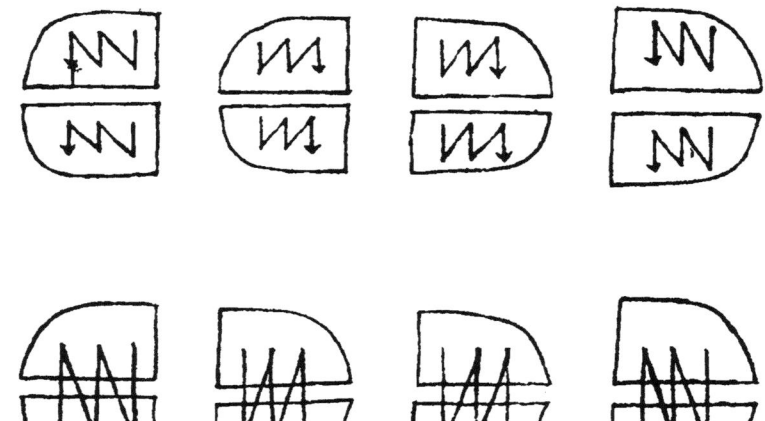

或爲:

然吾人所見"骨臼刻辭"之文例,並不如此。則"署書頭標牙籤"之說,實難置信。一勺胛骨,裹而平放之後,其所標之書籤,皆側而讀之,此不可通也。且與"骨臼刻辭"同類者,尚有"甲橋刻辭","背甲刻辭"及"骨面刻辭",或刻於龜腹甲骨橋之背面,或刻於背甲背面靠近中剖線之邊緣,或刻於牛胛骨較寬薄之一端,或刻於胛骨背面靠近邊緣之處,亦均難以"署書頭標牙籤"釋之也。

近于省吾氏作《釋屯》,釋𡴍爲屯,讀爲純,純,疋端名也,因謂"骨臼刻辭"所記,乃婦某舍賜絲帛之事。其說亦非,詳後第六節"考義"中。

五　分　析

然則此種"甲尾刻辭"及"骨臼刻辭",所記果何事耶? 曰:此當通"甲橋""甲尾""背甲""骨臼""骨面"等五種刻辭所有全部例證而論之。因此五種記事刻辭,乃屬於一類也。

總觀"甲橋""甲尾""背甲""骨臼""骨面"等五種刻辭,五百二十五例,其較完整者,凡包含兩主要部分,一部分言"某入若干",或"𠀲自某若干",一部分言"某示若干",此外尚有一附加之部分,則記日期,地域,及史官之簽名。

倘分而論之,則"甲橋刻辭",其第一部分言"某入若干"之類者,體式有八:

一、"某入"　辭八一、一〇〇、一〇一、一〇二、一五七、一五八、一五九,凡七見。

二、"某入若干"　辭一、二、二三、五〇、五一、五二、六二、六八、七四、七七、七九、八三、八四、八五、八六、八八、九〇、九一、九二、九七、九九、一一九、一二〇、一二一、一二二、一三八、一四四、一四五、一五一、一五二、一五四，凡三十一見。

三、"若干自某入"　如辭九八，凡一見。

四、"某來"　辭七六、一〇三、一六〇，凡三見。

五、"某來若干"　辭三、一二、六一、六九、一一五、一一七、一二八、一二九、一三七、一五三，凡十見。

六、"來自某"　辭七三、一六一，凡二見。

七、"某氐"　辭一五、一〇四、一六五、一六六，凡四見。

八、"某氐自某"　辭七五、一六七，凡二見。

此類刻辭，又可分爲三部分，曰專名，當爲人名或地名，共二十有七：

一、畫　辭一至一一，凡十一見。

二、我　辭一二至二二，凡十一見。

三、匡　辭二三，凡一見。

四、雀　辭五〇至五五，凡六見。

五、𢀛　辭五六至六〇，凡五見。

六、㕥　辭六一至六三，凡三見。

七、奠　辭六八至七〇，凡三見。

八、𡆥　辭七一至七三，凡三見。

九、旬　辭七四至七六，凡三見。

一〇、壴　辭七七、七八，凡二見。

一一、竝　辭七九、八〇，凡二見。

一二、宁　辭八一、八二，凡二見。

一三、又　辭八三，凡一見。

一四、鳳　辭八四，凡一見。

一五、虎　辭八五，凡一見。

一六、卒　辭八六，凡一見。

一七、貯　辭八八，凡一見。

一八、犬　辭九八，凡一見。

一九、𣪊　辭九一，凡一見。

二〇、丙　辭九二，凡一見。

二一、甾　辭九七，凡一見。

二二、己　辭九八，凡一見。

二三、㠯　辭九九，凡一見。

二四、爻　辭一〇〇，凡一見。

二五、象　辭一〇一，凡一見。

二六、𣪠　辭一〇二，凡一見。

二七、邑　辭一〇四，凡一見。

曰動詞，有入、來、氏三種。

一、入　辭一、二、四五、二三、五〇至五三、五六、六二、六八、七一、七二、七四、七七、七九、八一、八三至八六、八八、九〇、九一、九二、九七至一〇二、一一九至一二二、一三八、一四四、一四五、一五一、一五二、一五四、一五七、一五八、一五九，凡四十五見。

二、來　辭三、六、七、一二、一四、六一、六三、六九、七六、一〇三、一一五、一一七、一二八、一二九、一三七、一五三、一六〇、一六一，凡十八見。

三、氏　辭一五、七五、一〇四、一六五、一六六、一六七，凡六見。

曰數字，有五〇〇、三〇〇、二五〇、二〇〇、一五〇、一三〇、一二〇、一〇〇、五〇、四〇、三七、三〇、二〇、一六、一三、一〇、五、四、三、二、一等數：

一、五〇〇　辭一一四，凡一見。

二、三〇〇　辭一一五、一一六，凡二見。

三、二五〇　辭五〇，凡一見。

四、二〇〇　辭一一七，凡一見。

五、一五〇　辭五一，凡一見。

六、一三〇　辭一一八，凡一見。

七、一二〇　辭二三、一一九，凡二見。

八、一〇〇　辭一、二、八四、八五、一二〇至一二七，凡十二見。

九、五〇　辭八六、一二八至一三二，凡六見。

一〇、四〇　辭六一、一三三，凡二見。

一一、三七　辭一三四，凡一見。

一二、三〇　辭一二、一三五、一三六，凡三見。

一三、二〇　辭六八、六九、七四、七七、八八、一三七，凡六見。

一四、一六　辭一三，凡一見。

一五、一三　辭三，凡一見。

一六、一〇　辭五二、七九、八三、九〇、九一、九二、一三八至一四三，凡十二見。

一七、五　辭一四四至一五〇，凡七見。

一八、四　辭一五一、一五二、一五三，凡三見。

一九、三　辭一五四至一五六，凡三見。

二〇、二　辭九七、九八，凡二見。

二一、一　辭六二、九九，凡二見。

其言"三自某若干"之類者，體式有四：

一、"自某三"　辭二六至二八、一〇五，凡四見。

二、三"自某"　辭三六、一〇六，凡二見。

三、三"自某若干"　辭九五，凡一見。

四、"某取若干"　辭六四至六六，凡三見。

此類刻辭，可分爲四部分，曰主名，當爲人名，凡一人：

　　　行　辭六四至六六，凡三見。

曰介名，亦當爲人名，凡五人：

一、匡　辭二六至二八，凡三見。

二、⊗　辭三六，凡一見。

三、⊗　辭九五，凡一見。

四、卣　辭一〇五，凡一見。

五、帚井　辭一〇六，凡一見。

曰動詞，有三、取二種：

一、三　辭二六至二八、三六、九五、一〇五、一〇六、一六八至一七四，凡十四見。

二、取　辭六四，凡一見。

曰數字，只一"十"數：

一〇　辭九五，凡一見。

大抵有言"某入若干"一類之辭者，即無"三自某若干"一類之辭，有"三自某若干"一類之辭，即無"某入若干"一類之辭，二者不竝俱，此定例也。其

第二部分言"某示若干"之類者，體式有二：

一、"某示"　辭八九、一八二至一八七、一九三至二〇二、二一三至二一五、二一七至二二〇、二二九，凡二十五見。

二、"某示若干"　辭六四、一八一、一九一、一九二、二〇七、二〇九、二一〇、二一一、二一二、二一六、二二二至二二八，凡十七見。

此類刻辭，亦可分爲三部分，曰人名，有帚井（井）、帚喜（喜）、帚𩵋（𩵋）、帚彳、帚丙、子𡆥、漁、中、凸、邑、竝、虎、我、𠂤等十四人：

一、帚井（井）　辭六一、六四、一八一、一八七，凡四見。

二、帚喜（喜）　辭二〇七、二〇八，凡二見。

三、帚𩵋（𩵋）　辭二〇一、二〇二，凡二見。

四、帚彳　辭二一二，凡一見。

五、帚丙　辭二一三，凡一見。

六、子𡆥　辭二一五，凡一見。

七、漁　辭二一六，凡一見。

八、中　辭二一七，凡一見。

九、凸　辭二一九，凡一見。

一〇、邑　辭一九一至一九三、一九五至二〇〇，凡九見。

一一、竝　辭八九、二一八，凡二見。

一二、虎　辭二一四，凡一見。

一三、我　辭二一一，凡一見。

一四、𠂤　辭二二〇，凡一見。

曰動詞，即示字：

示　辭六一、六四、八九、一八一至一八七、一九一至二〇二、二〇七至二二〇、二二二至二二九，凡四十四見。

曰數字，有一〇〇、三〇、二〇、一七、一〇、六、五、四、三、一等數：

一、一〇〇　辭一八一，凡一見。

二、三〇　辭一九一、二二二，凡二見。

三、二〇　辭二〇七、二二三，凡二見。

四、一七　辭二〇九，凡一見。

五、一〇　辭二一二、二二四至二二六，凡四見。

六、六　辭二一一，凡一見。

七、五　辭二一六、二二七，凡二見。
八、四　辭一九二、二一〇，凡二見。
九、三　辭六一，凡一見。
一〇、一　辭二二八，凡一見。

其附加之部分日期有：
一、甲寅　辭二三八，凡一見。
二、甲午　辭二三二，凡一見。
三、甲申　辭二四五，凡一見。
四、乙巳　辭一七五，凡一見。
五、丙寅　辭九八、一六八，凡二見。
六、丙辰　辭一六八，凡一見。
七、丁丑　辭二三六，凡一見。
八、丁卯　辭二五一，凡一見。
九、丁巳　辭一九六，凡一見。
一〇、丁未　辭一七〇、一七一，凡二見。
一一、丁酉　辭一九五，凡一見。
一二、戊子　辭二五〇，凡一見。
一三、戊寅　辭二四九，凡一見。
一四、戊辰　辭二三七，凡一見。
一五、己丑　辭二四八，凡一見。
一六、己未　辭二〇四、二三九，凡二見。
一七、庚子　辭二四〇，凡一見。
一八、庚申　辭二三三，凡一見。
一九、庚戌　辭一〇六，凡一見。
二〇、辛丑　辭二四六、二四七，凡二見。
二一、癸巳　辭三三、二三四，凡二見。
二二、癸酉　辭二〇三，凡一見。
二三、□丑　辭二三五，凡一見。
二四、□卯　辭四三，凡一見。
二五、□巳　辭一一三、一九四，凡二見。
二六、□午　辭一七二，凡一見。

二七、□亥　辭九五、一九七，凡二見。

地名有：

一、辜　辭三、一六、一二八、一三七、一八〇，凡五見。

二、苗　辭六九，凡一見。

三、匡　辭一七八，凡一見。

四、🅰　辭一二三，凡一見。

五、🅱　辭一三〇，凡一見。

六、🅲　辭一七七、一七九，凡二見。

七、□（殘去不詳者）　辭一七、七四、九七、一四二、一五一、一七五，凡六見。

其史官之簽名者，有：

一、中　辭三三、二七三，凡二見。

二、🅰　辭六四、二五六、二五七，凡三見。

三、殸　辭八八、一三五、一四一、一五八、一八一、二五二至二五五，凡九見。

四、亘　辭一〇五、一二〇、一二一、一四〇、一四六、一五五、二六四至二六六，凡九見。

五、賓　辭一二四、一五七、二六七，凡三見。

六、🅰　辭一三九，凡一見。

七、🅱　辭二七二，凡一見。

八、雯　辭五二、二五八至二六三，凡七見。

九、小雯　辭二七〇，凡一見。

一〇、㚔　辭一一五，凡一見。

一一、旬　辭二六八、二六九，凡二見。

一二、岳　辭二七一，凡一見。

在同一"甲橋刻辭"之中，有既有第一部分言"某入若干"之類，又有第二部分言"某示若干"之類者，如辭八九。有既有第一、二部分言"某入若干"及"某示若干"，又附加史官簽名者，如辭六一及六四。在同一"甲橋刻辭"之中，有附加日期及史官簽名兩部分者，如辭三三。有附加日期及地名兩部分者，如辭一七五。一完整之"甲橋刻辭"，大約本應第一、二部分及附加部分俱備，惟殷卜辭及記事文字中，頗有省畧之例，又前引諸多實例，十之八九皆殘碎不全，故

此種全例，遂不甚多。

"甲尾刻辭"只有第一部分言"某入若干"之類者，其體式有三：

一、"某入"　辭二七四至二八一、二八三至二九一、二九三至三〇四、三〇六至三〇八，凡三十二見。

二、"某入若干"　辭二八二、三〇五，凡二見。

三、"某來"　辭二九二、三〇九、三一〇，凡三見。

此類刻辭，亦可分爲三部分，曰專名，當爲人名或地名，凡二十：

一、从　辭二七四至二八二，凡九見。

二、𡆥　辭二八三至二八五，凡三見。

三、册　辭二八六至二八八，凡三見。

四、𡆥（𡆥）　辭二八九、二九〇，凡二見。

五、𡆥（𡆥）　辭二九一、二九二，凡二見。

六、𡆥　辭二九三、二九四，凡二見。

七、𡆥（臣）　辭二九五、二九六，凡二見。

八、𡆥（𡆥）　辭二九七、二九八，凡二見。

九、𡆥　辭二九九，凡一見。

一〇、𡆥　辭三〇〇，凡一見。

一一、𡆥（堯）　辭三〇一，凡一見。

一二、𡆥　辭三〇二，凡一見。

一三、𡆥（去）　辭三〇三，凡一見。

一四、𡆥（𡆥）　辭三〇四，凡一見。

一五、𡆥　辭三〇五，凡一見。

一六、𡆥（王）　辭三〇六，凡一見。

一七、木（來）𡆥　辭三〇七，凡一見。

一八、𡆥　辭三〇八，凡一見。

一九、复　辭三〇九，凡一見。

二〇、矣𡆥　辭三一〇，凡一見。

曰動詞，有入、來二種：

一、入　辭二七四至二九一、二九三至三〇八，凡三十四見。

二、來　辭二九二、三〇九、三一〇，凡三見。

曰數字，有二、一〇兩數：

一、一〇　辭二八二，凡一見。
二、二　辭三〇五，凡一見。

此類刻辭與"甲橋刻辭"之第一部分，幾乎全同。惟言"三自某若干"一類，及第二部分言"某示若干"一類，及附加部分，皆未見。豈以"甲尾"地位有限，恐與腹甲卜辭相混，遂皆省署之耶！

"背甲刻辭"其第一部分言"某入若干"之類者，體式有二：

一、"某入若干"　辭三一一、三一二、三一七至三一九，凡五見。
二、"某來若干"　辭三一三，凡一見。

此類刻辭，亦可分爲三部分，曰名詞，凡五：

一、小臣　辭三一一，凡一見。
二、𦘒　辭三一二，凡一見。
三、我　辭三一三、三一九，凡二見。
四、虤　辭三一七，凡一見。
五、𩰫　辭三一八，凡一見。

小臣爲官名，其餘當爲人名或地名。曰動詞，有入、來二種：

一、入　辭三一一、三一二、三一七至三一九，凡五見。
二、來　辭三一三，凡一見。

曰數字，有七、六、三、二數種：

一、七　辭三一八，凡一見。
二、六　辭三一九，凡一見。
三、三　辭三一七，凡一見。
四、二　辭三一一至三一三，凡三見。

其言"三自某若干"之類者，體式有三：

一、"三自某"　辭三一五，凡一見。
二、"三自某若干"　辭三一四，凡一見。
三、"三自某若干𦘒"　辭三二一，凡一見。

此類刻辭，亦可分爲三部分，曰名詞，乃人名，凡三：

一、𤔔　辭三一四，凡一見。
二、𤔔　辭三一五，凡一見。
三、𤔔　辭三二一，凡一見。

曰動詞，即三字：

三　辭三一四、三一五、三二一，凡三見。

曰數字，凡二種：

一、一〇　辭三一四，凡一見

二、十✦㞢一✦　辭二三一，凡一見。

"某入若干"及"三自某若干"二者於"背甲刻辭"中亦只俱其一，不同時竝有其第二部分言"某示若干"之類者，體式有三：

一、"某示"　辭三一七、三一八，凡二見。

二、"某示若干"　辭三二一，凡一見。

三、"某示若干✦"　辭三一九、三二〇，凡二見。

此類刻辭，亦可分爲三部分，曰人名，凡三：

一、冄　辭三一七，凡一見。

二、冄井　辭三一八，凡一見。

三、田　辭三一九，凡一見。

冄爲泛稱，冄井及田則爲專名。曰動詞，即示字：

示　辭三一七至三一九、三二一，凡四見。

曰數字，凡二種：

一、二〇　辭三二一，凡一見。

二、四✦　辭三一九，凡一見。

此外附加之部分，日期有：

壬午　辭三二一，凡一見。

地名有：

一、羍　辭三二〇，凡一見。

二、茁　辭三一二，凡一見。

三、□（殘去未詳者）　辭三一九，凡一見。

史官之簽名者，有：

殻　辭三一二，凡一見。

在同一"背甲刻辭"之中，亦有既有第一部分言"某入若干"之類，又有第二部分言"某示若干"之類者，如辭三一七至三二一。有既有第一、二部分言"某入若干"及"某示若干"又附加地名者，如辭三一九。在同一"背甲刻辭"中，有附加地名，與史官簽名兩部分者，如辭三一二。一完整之"背甲刻辭"，大約亦應一、二部分及附加部分俱備，惟今所能得見者，多不全。此類"背甲刻

辭"各部分大約與"甲橋刻辭"各部分全同，惟"背甲刻辭"之紀數，每"若干㕣"爲"甲橋刻辭"所不見耳。

"骨臼刻辭"雖多，但絕無第一部分言"某入若干"一類之辭，其言"三自某若干"一類者，體式有五：

一、"自某" 辭三五七，凡一見。

二、"自某三" 辭三三〇、三三五、三三六、三九四，凡四見。

三、"三自某若干㕣" 辭四二三至四二七、四三〇、四三一、四三九，凡八見。

四、"某三自某若干㕣" 辭四二八，凡一見。

五、"某自三某若干㕣" 辭四二九，凡一見。

此類刻辭，亦可分爲四部分，曰主名，乃人名，凡一：

旬 辭四二八、四二九，凡二見。

曰介名，亦人名，凡七：

一、宲 辭三五七，凡一見。

二、匡 辭三三〇、三三五，凡二見。

三、古 辭三三六，凡一見。

四、雩 辭四二三至四三一，凡九見。

五、缶 辭四三九，凡一見。

六、𠂤 辭四七八，凡一見。

七、□（殘去未詳者） 辭三九四，凡一見。

曰動詞，即三字：

三 辭三三〇、三三五、三三六、三九四、四二三至四三一、四三九，凡十四見。

曰數字，凡四種：

一、十二㕣 辭四三〇，凡一見。

二、十㕣 辭四二三至四二九，凡七見。

三、五㕣 辭四三九，凡一見。

四、□㕣 辭四三一，凡一見。

其第二部分言"某示若干"之類者，爲例特多，體式有九：

一、"某示" 辭三九五、四二五至四二七、四三〇，凡五見。

二、"示㕣若干" 辭四六四，凡一見。

三、"某示若干㕣" 辭三二四至三三二、三三四至三七四、三七六至三八四、三八七至三九四、三九七至四一二、四一四至四二二、四三二至四四一、四

四五至四四九、四五二至四五五、四五七至四六一、四六三、四六五至四七一、四七四至四七七，凡一百二十八見。

四、"某示某若干㱿" 辭四六二，凡一見。

五、"某示若干㱿屮一" 辭四五六，凡一見。

六、"某示若干㱿屮一凵" 辭三三三，凡一見。

七、"某示若干㱿屮一)" 辭三八五、四四二至四四四、四五〇、四五一、四七二、四七三，凡八見。

八、"某若干㱿屮一口" 辭三七五，凡一見。

九、"某示一)" 辭四一三，凡一見。

此類刻辭，亦可分爲四部分，曰人名，共三十有九：

一、帚[字]（帚[字]，[字]） 辭三二四至三三六，凡十三見。

二、帚井 辭三三七至三四七，凡十一見。

三、帚笅（帚竹） 辭三四八至三五三，凡六見。

四、帚豊（帚豐，豊） 辭三五四至三五八，凡五見。

五、帚[字]（帚[字]，帚[字]） 辭三五九至三六三，凡五見。

六、帚喜 辭三六四至三六七，凡四見。

七、帚寶 辭三六八至三七〇，凡三見。

八、帚汝 辭三七一、三七二，凡二見。

九、帚良 辭三七三、三七四，凡二見。

一〇、帚八 辭三七五、三七六，凡二見。

一一、帚杏 辭三七七，凡一見。

一二、帚羊 辭三七八，凡一見。

一三、帚龐 辭三七九，凡一見。

一四、帚貝 辭三八〇，凡一見。

一五、帚[字] 辭三八一，凡一見。

一六、帚姗 辭三八二，凡一見。

一七、帚妠 辭三八三，凡一見。

一八、帚妹 辭三八四，凡一見。

一九、帚杏 辭三八五，凡一見。

二〇、帚楚 辭三八六，凡一見。

二一、帚囗（殘去未詳者） 辭三八七至三九六，凡十見。

二二、邑　辭三九七至四一三，凡十七見。

二三、雫　辭四一四至四二一，凡八見。

二四、旬　辭四二五至四二七、四三〇、四五八，凡五見。

二五、𦫿　辭四三二至四三九，凡八見。

二六、利　辭四四〇至四四四，凡五見。

二七、畫　辭四四五至四四七，凡三見。

二八、龜　辭四四八、四四九，凡二見。

二九、咼　辭四五〇、四五一，凡二見。

三〇、壴　辭四五二，凡一見。

三一、睾　辭四五五，凡一見。

三二、奠　辭四五六，凡一見。

三三、陝　辭四五七，凡一見。

三四、王　辭四六二，凡一見。

三五、后　辭四五四，凡一見。

三六、吏　辭四五三，凡一見。

三七、帚見、睾　辭四五九，凡一見。

三八、羌、ᅙ　辭四六〇，凡一見。

三九、羌、立　辭四六一，凡一見。

曰動詞，即示字：

　示　辭三二四至三七四、三七六至三八五、三八七至三九五、三九七至四二二、四二五至四二七、四三〇、四三二至四七七、四七九，凡一百四十七見。

曰數字，皆以♂稱：

一、十五♂　辭三五〇，凡一見。

二、十♂　辭三七三、三七八、四五五、四七一，凡四見。

三、九♂　辭三四五，凡一見。

四、七♂　辭三三九、三四〇、三八八、四一一、四三三至四三五、四五九，凡八見。

五、六♂　辭三七二、四四〇、四四一、四六九、四七〇，凡五見。

六、五♂　辭三二六、三三八、三五三、四六四、四六八，凡五見。

七、四♂　辭三三二、三三三、三三七、三五二、三六一、三六二、四〇六、四〇七、四〇九、四一〇、四一八、四四五、四四六、四四八、四六一、四

六七，凡十六見。

八、三⚹ 辭三二四、三二五、三四三、三四四、三四九、三六〇、三六八至三七〇、三七七、三八二、三八九至三九三、四〇一至四〇五、四〇八、四一五至四一七、四三九、四五三、四五四、四六〇、四六三、四六六，凡三十一見。

九、二⚹ 辭三三一、三三五、三三六、三四二、三四八、三五五、三五八、三六四、三七一、三八〇、三八一、三九八至四〇〇、四一四、四六二、四六五，凡十七見。

一〇、一⚹ 辭三四一、三五四、三五七、三五九、三六五、三七九、三八七、三九四、三九七、四三二、四五二，凡十一見。

一一、⚹ 辭三八四，凡一見。

一二、十⚹屮一） 辭三七五、四五〇、四五一，凡三見。

一三、十⚹屮一 辭四五六，凡一見。

一四、七⚹屮一） 辭三八五，凡一見。

一五、五⚹屮一） 辭四七二，凡一見。

一六、三⚹屮一） 辭四四二至四四四，凡三見。

一七、一） 辭四一三，凡一見。

一八、囗⚹一） 辭四七三，凡一見。

一九、囗⚹（殘去不詳者） 辭三二七至三三〇、三三四、三四六、三四七、三五一、三五六、三六三、三六六、三六七、三七四、三七六、三八三、四一二、四一九、四二一、四二二、四三六至四三八、四四七、四四九、四五七、四五八、四七四至四七七，凡三十見。

至其有附加之部分者尤多，日期有：

一、甲子 辭三四九、三五二，凡二見。

二、甲寅 辭四五九，凡一見。

三、甲辰 辭四二七，凡一見。

四、甲午 辭三四三、三九一、四五〇，凡三見。

五、甲申 辭三九六，凡一見。

六、乙丑 辭三六二，凡一見。

七、乙巳 辭四〇六、四五七，凡二見。

八、乙未 辭三八四，凡一見。

九、乙酉 辭三三五，凡一見。

一〇、乙亥　辭三四五、三九八、四二四，凡三見。

一一、丙寅　辭三二六、四一一、四三六、四六五，凡四見。

一二、丙戌　辭三三〇，凡一見。

一三、丁丑　辭四〇七、四一八、四一九、四三二、四三七、四三八，凡六見。

一四、丁卯　辭三三六、三四八，凡二見。

一五、丁未　辭三九四，凡一見。

一六、丁酉　辭四六九、四七〇，凡二見。

一七、丁亥　辭四二五、四二六、四三〇、四五二、四七一，凡五見。

一八、戊子　辭三六〇、三六一，凡二見。

一九、戊寅　辭三七一、三八二、四六〇，凡三見。

二〇、戊辰　辭三九七，凡一見。

二一、戊申　辭三三四、三八〇、四一三，凡三見。

二二、戊戌　辭三二七、三六五、三八一、四二〇、四三三至四三五，凡七見。

二三、己丑　辭四三九、四五三、四六一，凡三見。

二四、己卯　辭四一五、四一六，凡二見。

二五、己巳　辭四六四，凡一見。

二六、己未　辭三五七、四〇九、四一〇，凡三見。

二七、己亥　辭三七九，凡一見。

二八、己□　辭四七二，凡一見。

二九、庚寅　辭三九〇，凡一見。

三〇、庚午　辭三六八、三六九、四六三，凡三見。

三一、庚申　辭三五六、三六三，凡二見。

三二、庚□　辭三二九，凡一見。

三三、辛丑　辭三九九、四〇〇、四七八，凡三見。

三四、辛卯　辭三八六，凡一見。

三五、辛未　辭三七二、四一四，凡二見。

三六、壬子　辭三五四，凡一見。

三七、壬寅　辭三五五、三七〇、三九二、四二三、四六六，凡五見。

三八、壬午　辭三四四、三九三，凡二見。

三九、壬申　辭四〇一、四〇五、四〇八、四四八，凡四見。

四〇、壬戌　辭三四二、四五四，凡二見。

四一、癸丑　辭四五五，凡一見。
四二、癸巳　辭三四一、四〇二，凡二見。
四三、癸未　辭三六六，凡一見。
四四、癸酉　辭三五九，凡一見。
四五、癸亥　辭四二八、四二九，凡二見。
四六、癸□　辭四七四，凡一見。
四七、□寅　辭三二四、四三一，凡二見。
四八、□卯　辭四〇四，凡一見。
四九、□巳　辭三五〇、三五三、四六二，凡三見。
五〇、□未　辭三五八、四一七，凡二見。
五一、□申　辭四〇三，凡一見。
五二、□酉　辭四五八，凡一見。
五三、□戌　辭三二五，凡一見。
五四、□亥　辭四一二，凡一見。
五五、□□　辭三二八、三四六、三四七、三五一、三六七、三八三、三九五、四二一、四二二、四五一、四六七、四六八、四七三、四七五至四七七，凡十六見。

史官簽名者，有：

一、岳　辭三二四、三二七、三四三、三四六、三四八、三五五、三五六、三六一、三六五、三六七、三六九、三七〇、三九七、四〇一、四一四、四一五、四一九、四三二、四三六、四三九、四四八、四五三、四五四、四五七、四六一、四六三、四七五至四七七、四八一至四八六，凡三十五見。

二、𠭯　辭三二五、三七三、三九五、四二四、四二八、四六八，凡六見。

三、㞢　辭三二六、三五一、三五四、三五七、三六〇、三六八、三八三、三九九、四〇二、四〇六、四〇八、四一一、四二二、四二三、四二七、四三〇、四三一、四三五、四六〇、四六二、四七一、四八七至四九〇，凡二十五見。

四、小㞢　辭三三六、三四九、三五〇、三五二、三五三、三六二、三六三、三七二、三九四、三九八、四〇〇、四〇三至四〇五、四一二、四一七、四一八、四二一、四三三、四三四、四三八、四五二、四五八、四六九、四九一至四九三，凡二十七見。

五、賓　辭三二八、三三二、三三四、三三九、三四〇、三四五、三七四、

三七九、三八五、四五〇、四五一、四九四、四九五，凡十三見。

　　六、亘　辭三三〇、三三八、三四一、三四四、三五八、三八八至三九〇、四四〇、四四五、四四九、四七二、四九六，凡十三見。

　　七、㞢　辭三三一、三三五、三六四、三六六，凡四見。

　　八、㱿　辭三三七、四四〇、四四六，凡三見。

　　九、率　辭三四二、四二六、四二九、四五九、四九七，凡五見。

　　一〇、𣪘　辭三五九、三八〇、五四六，凡三見。

　　一一、🌱　辭三七六、三八四、四四一、四七四、四九九，凡五見。

　　一二、箙　辭三八一、四一三、四九八，凡三見。

　　一三、🌙　辭四〇七、四五五，凡二見。

　　一四、中　辭四七九，凡一見。

　　一五、□　辭三四七、三七五、三七七、三八二、三八六、三九一至三九三、四三七、四四七、四六四至四六七、四七〇，凡十五見。

　　又有兩人一同簽名者，如：

　　一、賓、中　辭三二九、四四二、四四三、四七三，凡四見。

　　二、岳、內　辭四〇九、四一〇，凡二見。

　　三、內、亘　辭五〇〇，凡一見。

　　在同一"骨臼刻辭"之中，有既有第一部分言"𢎥自某若干"之類，又有第二部分言"某示若干"之類，又附加日期干支者，如辭四二五。有既有第一、二部分言"𢎥自某若干""某示若干"，又附加日期及史官簽名者，如辭三三〇、三三五至三三七、三九四、四二六、四二七、四三〇、四三九。惟此類"骨臼刻辭"終以只有第二部分言"某示若干"者爲最多，且十九皆附加日期及史官之簽名，如辭三二四至三二九、三三四、三四一至三五六、三五八至三六三、三六五至三七〇、三七二、三七九至三八五、三九〇至三九三、三九五、三九七至四一五、四一七至四二二、四三二至四三八、四四八、四五〇至四七七。其只附加史官簽名而不附加日期者較少，如辭三三一、三三二、三三七至三四〇、三六四、三七三、三七四、三七六、三七七、三八五、三八七至三八九、四四〇至四四七、四四九。其只附加日期而不附加史官簽名者，如辭三七一、四一六；其日期史官簽名皆不附加者，如辭三三三、三七五、三七八，則益少見。又此類"骨臼刻辭"與"甲橋""甲尾""背甲"三種刻辭所大不同者，即此種"骨臼刻辭"，絕無彼三種刻辭第一部分言"某入若干"一類之辭者，其餘"𢎥自某若干"及"某

示若干"一類之辭，尚大體不異。惟"骨臼刻辭"之數字，恒以𠂤稱，與"背甲刻辭"同，爲"甲橋""甲尾"兩種刻辭所不見耳。

"骨面刻辭"大體與"骨臼刻辭"相同。亦絕無第一部分言"某入若干"之類者。其言"㞢自某若干"一類者，體式有八：

一、"自某"　辭五〇一、五〇二，凡二見。

二、"自某若干𠂤"　辭五〇七，凡一見。

三、"㞢自某"　辭五〇五、五〇九，凡二見。

四、"㞢自某若干𠂤"　辭五一〇，凡一見。

五、"某㞢自某"　辭五〇八、五一九、五二一，凡三見。

六、"㞢于某若干𠂤"　辭五〇六，凡一見。

七、"自某㞢"　辭五〇三、五〇四，凡二見。

八、"㞢若干𠂤"　辭五一七，凡一見。

此類刻辭，亦可分爲四部分，曰主名，乃人名，凡二：

一、殼　辭五〇八、五二一，凡二見。

二、帚井　辭五一九，凡一見。

曰介名，亦人名，凡二：

一、匡　辭五〇一至五〇八，凡八見。

二、𦥑（𦥑）　辭五〇九、五一〇，凡二見。

曰動詞，即㞢字：

㞢　辭五〇三至五〇六、五〇八至五一〇、五一七、五一九至五二一，凡十一見。

曰數字，凡四種：

一、五十𠂤　辭五〇七、五一八，凡二見。

二、廿𠂤　辭五〇六、五一〇、五一三、五一五、五一七，凡五見。

三、十𠂤　辭五一四，凡一見。

四、囗𠂤　辭五一六，凡一見。

其第二部分言"某示若干"之類者，體式有三：

一、"某示"　辭五一〇、五一一、五一三至五一六、五二二，凡七見。

二、"某示若干"　辭五二三，凡一見。

三、"某示若干𠂤"　辭五一二、五二四、五二五，凡三見。

此類刻辭，亦可分爲三部分，曰人名，凡七：

一、小臣中（中）　辭五一〇、五二二，凡二見。

二、小臣从　辭五一四，凡一見。

三、小臣□　辭五一五、五一六，凡二見。

四、帚羊　辭五二四，凡一見。

五、畫　辭五二五，凡一見。

六、🌿　辭五一一至五一三，凡三見。

七、🐚　辭五二三，凡一見。

曰動詞，即示字：

示　辭五一〇至五一六、五二二至五二五，凡十一見。

曰數字，凡三種：

一、十屮□🌿　辭五二五，凡一見。

二、十🌿　辭五一二、五二四，凡二見。

三、六　辭五二三，凡一見。

至其附加之部分，日期有：

一、乙亥　辭五一七，凡一見。

二、丁丑　辭五〇六，凡一見。

三、己丑　辭五一二，凡一見。

四、辛丑　辭五〇九，凡一見。

五、癸酉　辭五二〇，凡一見。

史官簽名有：

一、🌿　辭五〇六，凡一見。

二、茲　辭五一〇，凡一見。

三、率　辭五一二，凡一見。

四、犬　辭五一三，凡一見。

五、㫖　辭五二二，凡一見。

在同一"骨面刻辭"之中，有既有第一部分言"㠭自某若干"之類，又有第二部分言"某示若干"之類者，如辭五一四至五一六。有既有第一、二部分言"㠭自某若干""某示若干"又附加史官簽名者，如辭五一〇、五一三。在同一"骨臼刻辭"之中，有附加日期及史官簽名兩部分者，如辭五〇六、五一二。此類"骨面刻辭"，亦只有第一部分言"㠭自某若干"及第二部分言"某示若干"之辭，絕無言"某入若干"者，此幾乎與"骨臼刻辭"全同。

茲更綜合五種刻辭，列爲五表，曰：五種記事刻辭體式表，三種龜甲刻辭"某入若干"一類刻辭表，五種記事刻辭"㠭自某若干"一類刻辭表，五種記事"某示若干"一類刻辭表，五種記事刻辭附加部分表，則其異同關係，益覺明朗。

附表一：五種記事刻辭體式表

	龜甲刻辭				牛骨刻辭	
	甲橋刻辭	甲尾刻辭	背甲刻辭		骨臼刻辭	骨面刻辭
"某入若干"類	某入(七) 某入若干(三二) 若干自某入(一) 某來(三一) 某來若干(一○) 某氏自某(二)	某入(三二) 某入若干(五)	某來若干(一)			
"三自某若干"類	三自某若干(一)	三自某(四) 三自某(三)	三自某(一) 三自某若干(一) 三自某(二)		自某(一) 自某若干(一) 自某(二)	自某(三) 三自某(二) 三自某(三) 三自某若干(八) 某旬三某若干(一) 三于某若干(一) 三若干(一)
"某示若干"類	某敗若干(三) 某示(三五) 某示若干(一七)		某示(三) 某示若干(一) 某示若干又(三八)			某示(五) 某示(七) 某示若干又(三) 示若干又(一) 某示若干又(三)

附表二：三種龜甲刻辭「某人若干」一類刻辭表

	甲橋刻辭	甲尾刻辭	背甲刻辭
壴(一一)			
我(一一)			我(二)
匡(一)			
雀(六)			
半(五)			
戔(三)			
莫(三)			
吳(三)			吳(一)
冏(三)			
壹(二)			
竝(二)			
宁(二)			
又(一)			
鳳(一)			
虎(一)			
卒(一)			
貯(一)			
犬(一)			
魚(一)			
从(九)			
冊(三)			
弓(三)			
唱(二)			
氵(二)			
臼(二)			
阳(一)			
卩(一)			
思(一)			
竿(一)			
曾(一)			
去(一)			
殷(一)			
邑(一)			
戌(一)			
又(一)			
田(一)			
己(一)			
兕(一)			

若干 類
某示某若干 ヌ(一)
某示若干ヌ业(一)
某示若干ヌ业一盲(一)
某示若干ヌ业一ノ(八)
某示一ノ(一)

分			動詞部分	數
串(一)			氾(六)	五〇〇(三)
吃王(一)			來(一八)	三〇〇(一)
來呂(一)			入(四五)	二五〇(一)
皀鯀(一)				一五〇(一)
复(一)				一三〇(一)
庚昨(一)				
小臣(一)			來(一)	
虚(一)			入(五)	
敂(一)			來(三)	
			入(二四)	

字	部		分
一〇〇(一二)	五〇(六)		一(三)
二〇(一)	四〇(一)		二(二)
三七(一)	三〇(三)		三(三)
一六(一)	二〇(六)		四(三)
一三(一)	一〇(一二)		五(七)
	一〇(一)		
			二(一)
六(一)	七(一)		三(一)
			二(三)

附表三：五種記事刻辭「三自某若干」一類刻辭表

龜 甲 刻 辭			牛 骨 刻 辭		主 名
甲橋刻辭	甲尾刻辭	背甲刻辭	骨臼刻辭	骨面刻辭	
			旬(三)		行(三)
匡(三)		匡(二)		匡(八)	
				設(三)	
				帚井(一)	

附表四：五種記事刻辭「某示若干」類刻辭表 (table content not transcribed due to hand-drawn oracle bone characters)

附表五：五種記事刻辭附加部分表

字 部 分				
四(六)				
三(一)				
一(一)				一
			四又(一)	
				十五又(一)
				九又(一)
				十又(四)
				七又(一)
			六又(五)	
			五又(五)	
			四又(六)	
			三又(三)	
		二又(七)		
		一又(二)		
	九又(一)			
	十又(二)			十又(二)
	十又业丁(一)			
	七又业二(一)			
	五又业丁(一)			
	三又业一人(三)			
	一人(一)			

紀	龜 甲 刻 辭	牛 骨 刻 辭
	甲橋刻辭 甲尾刻辭 背甲刻辭	骨臼刻辭 骨面刻辭
甲寅(一)		甲子(一) 甲寅(二)

分			數
			示(四四)
			一〇〇(一)
			三〇(一)
		二〇(一)	二〇(一)
帚(一)			一〇七(一)
四(一)			六(一)
			五(一)
刻(五)			
畫(三)		畫(一)	
蠱(三)			
虫(二)			
壹(二)			
卓(一)			
莫(一)			
陕(一)			
王(一)			
后(一)			
夋(一)			
帚見卓(一)			
羌刀(一)			
羌立(一)			
	示(四)	示(一四七)	
		示(二一)	
小臣以(一)			

日																	
干																	
甲午(一)	甲申(一)	乙巳(一)			丙寅(三)	丙辰(一)	丁丑(一)	丁卯(一)	丁巳(一)	丁未(一)	丁酉(二)	戊子(一)	戊寅(二)	戊辰(一)	己丑(一)	己未(三)	庚子(一)
甲辰(一)	甲午(三)	甲申(一)	乙亥(二)	乙酉(一)	乙未(一)	乙巳(三)	乙卯(一)	乙丑(一)	丙寅(四)	丁卯(二)	丁未(一)	丁酉(二)	丁亥(二)	丁丑(一)	丁戌(一)	丁子(六)	戊子(五)	戊寅(三)	戊辰(二)	戊申(三)	戊戌(七)	己丑(二)	己卯(三)	己未(三)	己亥(二)

地名		史												
支														
庚申(一)	庚戌(一)	辛丑(二)		癸酉(一)	癸巳(二)		苗(一)	章(五)	匡(一)	商(一)	中(一)	史(一)	敢(九)	旦(九)	賣(三)
							苗(一)	章(一)					段(一)		
庚寅(一)	庚午(三)	庚申(二)	辛丑(一)	辛卯(一)	辛未(二)	辛亥(三)	壬寅(二)	壬子(一)	壬午(五)	壬申(一)	壬戌(一)	癸丑(一)	癸未(三)	癸酉(二)	癸亥(一)	中(一)	炎(五)	敢(三)	旦(一三)	賓(一三)

官	簽	名
曰(一)		
曰(一)		
曼(七)		
小夐(一)		
辛(一)		
貝(三)		
	岳(一)	
曰(六)		
曼(三反)		
小夐(二七)		
	岳(三五)	
	吉(四)	
	辛(五)	
	戌(三)	
	箙(三)	
	ㄨ(二)	
	賓中(四)	
	岳内(二)	
	内亘(一)	

總之以"某入若干"一類刻辭觀之，則"甲橋""甲尾""背甲"三種龜甲刻辭爲一類，"骨臼""骨面"等兩種記事刻辭爲一類。即前者"某入若干"一類之刻辭極多，後者則絕未之見。至"三自某若干"及"某示若干"一類之刻辭，則龜甲與牛骨皆有之。若以"若干丙"之辭例觀之，則"骨臼""骨面"等牛骨刻辭，獨與龜甲刻辭中之"背甲刻辭"相同，似亦爲一類也。

以上分析五種刻辭竟，兹再試探其含義。

六　考　義

"某入若干"一類龜甲刻辭，其主要部分有三：曰專名，曰動詞，曰數字。而以動詞部分爲尤要。故欲知"某入若干"一類刻辭之意義，必先釋"入""來""氏"三動詞。

入字在卜辭中之用法有二：一曰自動詞，如卜辭或言出入：

　　（五二六）☐亥出入☐　　　　　　　　　　　（鐵一三二・四）

或言王入：

　　（五二七）乙亥卜，㞢，貞王入。　　　　　　（鐵五七・二）

　　（五二八）甲☐卜，賓，貞王入。　　　　　　（前一・九・七）

　　（五二九）己亥卜，㱿，貞王入。

　　（五三〇）己亥卜，㱿，貞叀酒王入。

　　（五三一）貞勿入。　　　　　　　　　　　　（金六九九）

　　（五三二）貞王入若。　　　　　　　　　　　（前四・三三・一）

或言王于某月入：

　　（五三三）乙亥卜，㞢，貞王于八月入。　　　（前四・六・三）

　　（五三四）貞王于之（茲）七月入。　　　　　（鐵一九二・四）

或言王入于東：

　　（五三五）貞王勿入于東。　　　　　　　　　（甲）

或言王入于商：

　　（五三六）甲戌卜，㱿，貞今六月王入于商。　（前二・一・一）

　　（五三七）辛未卜，㞢，貞王于之（茲）七月入于商。（前二・一・二）

　　（五三八）己丑卜，㱿，貞來乙巳王入于商。

　　（五三九）庚寅卜，㱿，貞來乙巳王入于商。

　　（五四〇）辛卯卜，㱿，貞來辛丑王入于商。　（前二・一・三）

　　（五四一）貞今七月王入于商。

　　（五四二）貞王八月入于商。

　　（五四三）辛卯卜，㱿，貞來乙巳王勿入。　　（前二・二・一）

　　（五四四）貞今七月王入于商。　　　　　　　（七T二四）

或言入于雀：

　　（五四五）乎人不入于雀。

　　（五四六）乎入。　　　　　　　　　　　　　（甲）

或言入❏：

　　（五四七）隹丁入❏。　　　　　　　　　　　（甲）

或言王入于弇：

　　（五四八）丁酉，㱿，貞來乙巳王入于弇。　　（鐵一八・六　戩九・一四）

　　（五四九）☐☐卜，☐☐乙☐王入于弇。　　　（前六・一四・七）

或言入爻：

（五五〇）☐新庚至自🯄入爻。

（戬四二・二　續六・一九・四　佚一二〇　鐵一〇〇・二）

諸 "入" 字皆爲出入之意，即自動詞也。董作賓先生以 "某入" 之意，爲 "史官某入值卜事"①，唐蘭先生言 "這是説一個人入或來的事情"②，即皆主此説。然觀前舉諸例，"入" 後既多有數字則其必不能爲自動詞，固不待解。是此説不可從也。

除此之外，"入" 字在卜辭又有一義，爲他動詞，如卜辭或言入寶：

（五五一）庚辰入寶。　　　　　　　　　　　　　　（甲三一三六）

或言入馬：

（五五二）乙未卜，𡧊，貞辰入馬，🯄其勒。　（菁九・一五與一〇・五合）

（五五三）乙未卜，𡧊，貞☐🯄入馬，王🯄其勒，不🯄。

（五五四）乙未卜，𡧊，貞☐子入馬，王🯄之勒。

（五五五）乙未卜，𡧊，貞自𡧊入赤瑪，其勒，不🯄，吉。

（後下一八・八與龜二・二六・七合）

民國二十四年春，中央研究院於安陽侯家莊西北岡 HPKM1003 號，大墓口發現一石殷斷耳，銘曰入𡧊：

（五五六）辛丑，小臣𢎨入𡧊（擒），🯄，在曹，目殷。③

又在 HPKM1001 號大墓中發現一骨笄，銘曰：

（五五七）冒入二。④

此諸 "入" 字，蓋皆與《堯典》"九江入⑤錫大龜"，《左傳》僖公十五年 "乘小駟，鄭入也" 之 "入" 字相同，爲他動詞，而有進貢之義。"入寶" 者，貢寶也。"入馬"

---

① 見所著《安陽侯家莊出土之甲骨文字》一文，刊《田野考古報告》第一册。
② 見所著《關於尾右甲卜辭》一文，刊《國學季刊》五卷三期。
③ 此銘已發表於拙著《論殷代的記事文字》一文，刊二十六年六至八月天津《益世報・人文周刊》二十五至三十一期。
④ 此銘已發表於拙著《論殷代的記事文字》及《中央研究院殷虛出土展品參觀記》一文，前文刊二十六年六至八月天津《益世報・人文周刊》二十五至三十一期，後文刊二十六年四月二十八至三十日之南京《中央日報》專載欄，又刊商務《中國藝術論叢》。
⑤ 據《史記・夏本紀》《禹貢》"入" 作納，案納入古通。《禹貢》釋文引馬云 "納，入也"。《堯典》"出内朕命"，《史記》作 "出入"。又 "寅餞納日"，《伏生大傳》引作 "入日"。金文《舀壺》"邢公内右舀"，《揚殷》"嗣徒單伯内右揚"，"内右" 即 "入右"。《敔殷》"南淮夷遷及内伐"，"内伐" 即 "入伐"。《蔡殷》"出入姜氏命" 即 "出納姜氏命"。

者，貢馬也。殷本地不產馬，馬皆自殷之西北貢來，故馬爲較稀貴之動物。① "入
罕"者，罕即禽，讀爲擒獲之擒，入擒者，獻俘之禮也。② 昌地名，嘗以侯稱③，
"昌入二"者，言昌侯貢入二笲也。而"昌入二"之稱，尤與"某入若干"一類之
記事刻辭，幾乎全同。故記事刻辭"某入若干"之"入"字，倘非自動詞出入之
義，則其必爲他動詞，即進貢之義無疑也。

　　"來"字在卜辭中之用法有四：一爲地名，如言：

　　　（五五八）己酉卜，行，貞王其步自勐于來，亡巛。　　　　（後上一二・一二）
　　　（五五九）戌值往于來取迺畠僲衛又戈。　　　　　　　　　（後下二二・一六）
　　　（五六〇）己未卜，今日不雨。在來。　　　　　　　　　　（甲二四二）

二爲狀詞，意爲將來，如言：

　　　（五六一）壬午卜，來乙酉雨。　　　　　　　　　　　　　（前三・二五・三）
　　　（五六二）戊辰卜，㱿，貞來乙亥其雨。
　　　（五六三）戊辰卜，㱿，貞來乙亥不其雨。　　　　　　　　（前七・二七・二）
　　　（五六四）丙申卜，㱿，貞來乙巳酒下乙。　　　　　　　　（十三次）
　　　（五六五）甲辰，貞來甲寅又伐上甲羌五卯虫一。　　　　　（後上三・一・三）
　　　（五六六）甲辰卜，㱿，貞來辛亥夐于王亥卅牛。二月。　　（後上二三・一六）
　　　（五六七）丁卯，貞來乙亥告自上甲。　　　　　　　　　　（後上二九・五）
　　　（五六八）乙巳卜，㱿，貞來辛亥酒。　　　　　　　　　　（後上二一・一）

地名"將來"與"某來若干"之"來"義，絕不相干，自不待言。"某來若干"之
"來"，無論如何，當爲一動詞則毫無疑問。然卜辭中有用爲自動詞者，如：

　　　（五六九）羌來。　　　　　　　　　　　　　　　　　　　（拾五・四）
　　　（五七〇）貞之（兹）十三月帚（婦）好以其來。　　　　　（龜一・二〇・一一）
　　　（五七一）□帚好□來。　　　　　　　　　　　　　　　　（庫二六〇）
　　　（五七二）己卯卜，內貞今已帚（婦）鼠不來。　　　　　　（庫四六九）
　　　（五七三）己丑卜，㱿，貞令戍來，曰戍　伐舌方。七月。
　　　　　　　　　　　　　　　　　　　　　　　　　　（金五二五　前六・三〇・二同文）

此貞某人之來不來也。

　　　（五七四）貞舌方來。　　　　　　　　　　　　　　　　　（北大藏）

---

① 余另有《殷代之車馬文化》一文詳之。
② 詳拙著《小臣𢆶石毀斷耳銘文跋》一文。
③ 看拙著《殷代封建制度考》一文。

（五七五）辛丑卜，㱿，貞舌方其來，逆伐。
　　　　　　　（前四・二四・一　後上一六一一　前四・二四・三　福一一司文）
（五七六）貞舌方其來王逆伐。
（五七七）舌方其來王逆伐。　　　　　　　　　　　　　　　　（金五〇八）

此貞某方之來不來也。

（五七八）其自東來雨。
（五七九）其自南來雨。
（五八〇）其自西來雨。
（五八一）其自北來雨。
　　　　　　　（通三・七五　龜一・二一・三　前六・五七・七　後上三三・六合）

此貞雨之來自某方也。

（五八二）☐嬉（艱）其业（有）來齒。　　　　　　　　（續四・三二・三）
（五八三）貞亡來嬉。　　　　　　　　　　　　　　　　（庫一七七五）
（五八四）貞亡來嬉自南。　　　　　　　　（續四・三一・四　戩三五・一二）
（五八五）貞亡來嬉自西。　　　　　　　　　　　　　　（續四・三一・三）
（五八六）癸巳卜，㱿，貞旬亡囚（禍）。王固（占）曰，业（有）希（祟），其业（有）來嬉（艱）。三（迄）至五日丁酉，允业來嬉自西，沚㦰告曰，土方正（征）于我東啚（鄙），戈二邑，舌方亦㞢（侵）我西啚田。　　　　　　　　　　　　　　　　　　　　　　　　（菁二）

此貞嬉齒之來不來也。

（五八七）庚申卜，王，貞往來亡囚（禍）。　　　　　　（鐵二六一・三）
（五八八）辛巳卜，狄，貞王其田往來亡巛。　　　　　　（佚二八一）
（五八九）戊申卜，貞王田曹往來亡巛。
（五九〇）壬子卜，貞王田寋往來亡巛。
（五九一）丁卯卜，貞王田夫往來亡巛。
（五九二）壬辰卜，貞王田噩往來亡巛。　　　　　　　　（前二・二七・八）

此貞往來之有無災禍也。諸"來"字皆用爲自動詞，而有來去，往來之義。但"某來若干"之"來"，其後既多有數字，則亦必不能爲自動詞，亦猶"某入若干""入"之決不能爲自動詞也。

苟三說皆不能以釋"某來若干"之"來"，則"來"字在卜辭尚有第四種用法，即他動詞，而意義爲進貢，是必爲"某來若干""來"字之意義矣。卜辭中或言來象：

（五九三）貞☐其來象三。　　　　　　　　　　　　　　（後下五・一一）

或言來馬：

  （五九四）甲辰卜，㱿，貞奚來白馬，王固（占）曰，吉，其來馬五。 （甲）

  （五九五）☐☐來馬☐廾。 （後下三〇・一二）

或言來黿：

  （五九六）戊戌卜，㱿，貞𠂤祀今來黿。 （甲三三五三）

  （五九七）戊戌卜，㱿，貞𠂤祀今來黿。 （佚九九一）①

或言來羌：

  （五九八）庚子卜，賓，貞翌甲辰用㞢乘來羌。 （契五九六）

  （五九九）乙亥卜，賓，貞沚用來羌。 （甲五九）

  （六〇〇）貞𠦪來一羌一牛。 （甲五二五）

諸"來"字，即皆用爲他動詞，義爲進貢。"來象三"者，貢象三也。"來馬"者，貢馬也。黿者，龜之一種。②"來黿"者，貢來之黿也。"來羌"者，獻羌也。"用來羌"者，用獻來之羌俘以祭也。"用㞢乘来羌"者，用㞢乘所獻之羌俘以祭於先祖也。執此以釋"某來若干"之"來"，其義正合，知"某來若干"之"來"，亦進貢之義也。

  氏字原作𠂆，孫詒讓釋侶，讀爲目③。葉玉森从之④。王襄引華石斧説釋氏，謂通作地⑤。商承祚从之⑥。郭沫若釋挈⑦。吳其昌以爲𠂆字在卜辭訓義甚廣，可以爲動詞，可以爲人名地名⑧。唐蘭釋氏，以爲氏讀作提，提之義爲挈⑨。今案唐氏釋氏是也。蓋以字形言，王華之説較爲近是；以字義言，郭氏之説，亦似不誤。惟合字形字義，通所有卜辭觀之，則皆畧有微舛。卜辭有氒字作𠂤與𠂤，則𠂆字自當爲氏字無疑也。氏者疑當讀爲致，卜辭言：

  （六〇一）戊寅卜，貞王往氏衆黍于囧。 （前五・二〇・二）

  （六〇二）貞王勿令𠦪氏衆伐舌方。 （後上一六・一〇）

  （六〇三）貞𠦪弗其氏王臣。 （鐵一・一）

---

① 以上兩辭乃一事之異卜，詳拙作《卜辭同文例》一文，刊中央研究院《史語所集刊》九本二分。
② 此唐蘭先生説，見所著《殷虛文字記》及《天壤閣甲骨文存考釋》葉二五。
③ 見所著《契文舉例》下卷三三葉。
④ 見所著《殷虛書契前編集釋》一卷六三葉。
⑤ 見王襄《簠室殷契類纂》正編五六葉。
⑥ 見所著《福氏所藏甲骨文字考釋》三葉。
⑦ 見所著《甲骨文字研究・釋挈》。
⑧ 見所著《殷虛書契解詁》第八十片，刊《文哲季刊》四卷二號。
⑨ 見所著《天壤閣甲骨文存考釋》三六葉。

（六〇四）乙丑卜，率，貞令㲋（及）鳴氏󰀀尹从󰀁󰀂叶事。七月。

（前七・二三・一）

（六〇五）☐氏王族从󰀁󰀂叶王事。六月。　　　（前七・三八・二）

（六〇六）辛酉卜，𠂤，貞㲋氏业族从󰀃伐󰀄。　　　（菁一一・七）

（六〇七）戊午卜，而，弗其氏我吏母󰀄。　　　（鐵二〇〇・二）

（六〇八）癸亥卜，辰，貞󰀅克氏多白。九月。　　　（庫一六〇二）

（六〇九）戊辰卜，☐，貞翌辛未亞三氏衆人󰀆☐彔乎（呼）仔（保）我。

（前七・三・一）

諸"氏"字蓋無不用爲提挈致送之義者。"某氏若干"之"氏"，疑亦此義已。

"入""來""氏"三動詞，既皆有呈貢致送之義，則"某入若干"一類之龜甲刻辭其言"某入若干""某來若干""某氏若干"者，必謂某國或某人呈貢某種物件若干也。此種物件爲何？由前引五五七辭骨笄銘言"昌入二"之例，知其必指龜甲無疑也。"昌入二"者，昌侯貢入二笄，因刻於骨笄之上，故省笄字也。"某入若干""某來若干""某氏若干"之辭，因刻於龜甲之上，故亦省去其龜字也。卜辭中又每言氏龜：

（六一〇）丁巳卜，𠂤，貞氏龜。

（六一一）貞不其氏龜。　　　（庫六二四）

（六一二）戊子☐氏一龜。　　　（菁齋藏）

或言有來自南氏龜：

（六一三）业（有）來自南氏龜。

（六一四）貞业來自南氏龜。　　　（十三次）①

（六一五）貞业來自南氏龜。　　　（前四・五四・四）

又或言龜不其南氏：

（六一六）貞龜不其南氏。　　　（前四・五四・五）

而"某入若干"一類之龜甲刻辭，亦每言"某氏"或"某氏若干"，益可證其所省者必爲龜字也。

然則"某入若干"一類龜甲刻辭者，記貢龜之事也。何以只見於龜甲刻辭，而不見於牛骨刻辭耶？曰：殷代北方不產龜，卜用之龜，皆南方所貢，前引六一三至六一五辭言"有來自南氏龜"，六一六辭言"龜不其南氏"，即可爲明證，故

---

① 此條已發表於拙著《中央研究院殷虛出土展品參觀記》一文。

遂於龜甲之上，隨記其來源也。殷代北方多牛，卜用牛骨，可以自給，無需他求，故牛骨刻辭不見"某入若干"一類之記載也。此事已詳於拙作《殷代卜龜之來源》一文，兩文需要互參，故不複贅。

觀附表二，知貢龜者四十八，其可知爲人名者二十：䇂四見，旬三見，壹二見，竝二見，宁二見，虎一見，貯一見，囗一見，囗一見，己一見，邑一見，从九見，囗三見，囗一見，扸一見，囗王一見，來囗一見，囗囗一見，疾牛一見，鮫一見；可知其爲官名者四：囗一見，册三見，臣二見，小臣一見；可知其爲地名或國名者十一：畫十一見，我二十三見，匿一見，雀六見，戔三見，奠三見，鳳一見，犬一見，㞢五見，爻一見，囗二見；其未詳爲人名或地名或官名者十三：又一見，卒一見，囗一見，囗二見，囗二見，囗二見，囗一見，囗一見，囗一見，去一見，囗一見，复一見，堯一見。大抵貢龜之人，非殷王之官，即與殷王關係密切之人。龜之產地雖在殷之南方①，但貢龜之地，則不限於南方，如畫與鳳，殷東方之國也。雀、奠與犬，殷西方之國也。凡此亦當於他處詳之。以細論必甚冗長，不能過煩於此也。

其貢龜之數，最多者五百凡一見，次三百凡二見，二百五十凡一見，二百凡一見，一百五十凡一見，一百三十凡一見，一百二十凡二見，一百凡十二見，五十凡六見，四十凡二見，三十七凡一見，三十凡三見，二十凡六見，十六凡一見，十三凡一見，十凡十三見，七凡一見，六凡一見，五凡七見，四凡三見，三凡四見，二凡六見，一凡二見，共貢四千一百三十龜。倘並中央研究院尚未發表之三百條"甲橋刻辭"統計在內，則共貢一萬二千三百三十四龜。②

惟此種統計乃僅就吾人今日所能得見之材料而言，其尚未發現，及發現後已經毀滅，及發現後雖未經毀滅但爲吾人所未得見之材料，當仍有不少，故不能據此統計謂殷代貢龜之事，即止於此也。

其次，"㞢自某若干"一類之刻辭，其意義又何如耶？曰：此類刻辭主要部分有四，曰主名、曰介名、曰動詞、曰數字，而動詞部分，實爲其關鍵，故欲知此種刻辭之意義，亦不能不能不先考動詞，動詞有二，曰取與㞢：

取者，《說文》"捕取也"，此意至明，無勞詳述。

㞢在卜辭中極常見，或言㞢至某日，除前舉五八六辭之外，又如：

---

① 卜辭中亦有言"西龜"者，只一見，詳拙作《殷代卜龜之來源》一文。
② 看拙作《殷代卜龜之來源》一文。

（六一七）癸□卜，□，貞旬亡囚（禍）。五月。王固（占）曰，㞢（有）希（祟），其㞢來艱（艱）。三至七日己巳，允㞢來艱自西，㞢双角告曰，舌方出，㞢（侵）我示𤔲田七十人五。　　　　　　　　　　　　　　（菁二）

（六一八）王固（占）曰，㞢（有）希（祟），㞢來艱（艱）。三至九日辛卯，允㞢來艱自北，𡥂敏笒告曰，土方㞢（侵）我田十人。　　　　　　　　　　　（菁六）

（六一九）王固曰，其㞢來嬉。三至□日□□☒其隹甲㞢至吉，其☒其隹戊亦不吉☒　　　　　　　　（續四·三二·五　徵人一一一與一〇三合）

（六二〇）王固曰，㞢希，其㞢來嬉。三至□日□□☒
　　　　　　　　　　　　　　　（佚三八六反　鄴下二四·三）

（六二一）王固曰，㞢希，其㞢來嬉。三至六日□□　（甌一·二一·一）

（六二二）☒敔。三至七日□□允㞢來嬉。辜☒子妌☒㞢☒沚曰☒
　　　　　　　　　　　　　　　　　　　（餘三·一　續四·三二·一）

（六二三）甲辰卜，亘貞今三月光乎（呼）來。王固曰，其乎來，三至隹（于）乙。旬㞢（又）二日乙卯，允㞢來自光，氐羌芻五十。　（通五三〇　通別二·三）

或言某日三某日：

（六二四）丙寅三壬申三☒戊子三丁酉三辛☒　　　　（粹一二五〇）

或言三令：

（六二五）壬戌卜，㱿，貞三令我吏步伐舌方，受㞢又。

（六二六）三令我吏。　　　　　　　　　　　　（圖一二至一三）

（六二七）戊午卜，㕢，貞三令伐舌受㞢（有）又。
　　　　　　　　　　　　　　　　　　　（續三·七·三　戩一二·九）

（六二八）壬戌卜，㕢，貞三令㞢（擊）田于先侯。十月。（前二·二八·二）

（六二九）□□卜，㕢，貞王三令曰，翌庚寅囧易（錫）日。　（鐵一六·三）

或言三乎：

（六三〇）辛卯卜，□，貞三乎（呼）酚河，不酒正。　　（甲三六六〇）

（六三一）三乎卯賓告于丁。　　　　（續二·二五·一〇　徵人三八）

或言三告：

（六三二）丁酉卜，大貞三告其壴于唐，衣，亡□，九月。（後下三九·四）

或言三酚：

（六三三）甲辰卜，□，貞三酚㞢录羋。　　　　　　　（粹五〇一）

或言三用：

或言彡寞：

  （六三五）☐襞☐彡寞于岳。十月。　　　　　　　（佚八五五）

  （六三六）甲申｜彡彡寞☐☐。　　　　　　　　　（甲八七〇）

或言彡正河：

  （六三七）庚戌卜，㱿，貞王彡正河，新鬯允正。十月。（後下一六·二）

  （六三八）丁卯卜，㱿，貞王彡正河，新鬯允正。☐☐。（粹五二四）

或言彡屮秦：

  （六三九）己未卜，王，貞彡屮秦于祖乙。王吉。兹卜。（佚八九四）

或言彡氏衆人：

  （六四〇）戊辰卜，☐，貞翌辛未亞彡氏衆人齒☐录乎保我。（前七·三·一）

或言屮彡雨：

  （六四一）丙戌卜，㱿，貞今三月屮彡雨。　　　　　（鐵二四九·二）

或言彡雨：

  （六四二）貞今日其雨。王固（占）曰，疚（疑）兹彡雨。之（兹）日允雨。
三月。　　　　　　　　　　　　　　　　　　　（前七·三六·二）

  （六四三）庚申卜，今日彡雨。　　　　　　　　　（粹七七一）

或言彡屮來嬄：

  （六四四）☐之日彡屮（有）來嬄（艱），乃𠬝御吏。　（前七·三一·三）

或言彡戈：

  （六四五）☐辰卜，☐貞彡戈。　　　　　　　　　（前五三七四）

字商承祚《殷虛文字類編》列入三字。容庚於《殷契卜辭釋文》釋彤，曰：

  彤字卜辭多作斜畫，或五，或四，或三。此彡字作三平畫，上下兩畫長，而中畫短，疑亦彤字。《書契菁華》云，癸巳卜，般，貞旬亡𡆥，王固曰，屮求，其屮來艱，彡至五日丁酉允屮來艱，彡亦當釋彤，言繼續不絕也。①

孫海波《甲骨文編》亦列入彤字。郭沫若釋彡，以"彡雨蓋謂大雨"，曰：

  彡字習見，舊均釋三。案釋三無義，且中畫特短，字亦非三。余謂當是川之古文，从川之侃字，《敔狹鐘》作𠈷，《兮仲鐘》作𠈨，三畫均直而橫作，蓋古川字

---

① 見《殷契卜辭釋文》三一葉。

如是,後嫌與川字易混,乃曲筆而縱書之也。川雨者蓋謂大雨,言雨至如川也。①

以"㐅至者盛至也"曰:

　　此㐅字亦正是川字,"㐅至"者,盛至也,《詩·小雅·天保》"如川之方至"。②

又釋"骨臼刻辭"之"自某㐅"及"㐅自某"曰:

　　曰自某川,或川自某,蓋言卜辭之內容,乃自某人所卜,或所錄者蟬聯而下之意,川即取其貫穿不斷也。③

今案釋三釋彡釋川均非是。古文三字三畫同長,絕無如㐅字中畫特短之例。彡字作彡、彡、彡,畫皆斜形,無如㐅字者。川字卜辭作巛、巛、巛,象川流之形,亦與川字無涉。郭氏釋㐅爲川,其惟一之根據,即侃字所從之彡。然侃字所從之彡皆斜形,並非"直而橫作",又中畫亦不特短。且侃所從者乃彡,而非川。林義光《文源》辨之甚悉,曰:

　　侃古作𠐽(《敦狄鐘》),作𠐽(《兮中鐘》),从彡(二亦彡字),不从川。侃者衎之古文,和樂也(《兮中鐘》用衎前文人,《太保彝》王衎太保,皆作侃),和樂之言有文飾,故从人口彡,《論語》冉有子貢之於孔子,孔子之於下大夫,皆無所用其剛直,剛直者謇謇之訓(侃謇古同音),漢以後相承,以侃侃爲剛直者誤也。《太保彝》王衎太保,衎作彳,彳即衍省,从彡與衎字从行同意。

侃字所從,既非川字,則郭氏釋川者,遂失其根據矣。近于省吾釋气,曰:

　　㐅即今气字,俗作乞。《說文》气,雲气也。獵碣文有迄字,作迄,三畫均邪作。然在金文、古玉銘、古陶文、古鉢文,從無邪作者。《雍公緘鼎》作气,《齊侯壺》作气气。古玉銘氛字作氛。《陶文編》二·二有吃字,作气。《古璽文字徵》④四六有氛字;《古籀補補》二·十一有氛字,上均从气,下畫右曳有點。晚周古文每以點爲飾,此例在金文習見,不煩舉證。容庚所藏摹本三兒毀,爲晚周器,气作气。以上所列諸气字或从气之字,其三橫畫皆平,而中畫皆稍短,猶以其與三

---

① 見所著《卜辭通纂考釋》七九葉。
② 見所著《卜辭通纂考釋》九一葉。
③ 見所著《骨臼刻辭之一考察》九葉。
④ 編者按:于省吾《雙劍誃殷契駢枝·釋气》此處有"附錄"二字,胡文引用脫漏。

字易掍，故上畫左彎，下畫右彎。如七字卜辭金文均作十，後以其與十易掍，故小篆作七以別之。內字卜辭作囗，後以其與丙易掍，故金文作囗以別之。此其畫均相差於幾微之間，《齊侯壺》气字一作㐁，與卜辭三字相較，僅上畫微曲耳，則三爲气之初文，了無可疑。①

又以三在卜辭之用法有三："一爲气求之气，一讀爲迄至之迄，一讀爲終止之訖。"而謂"迄訖經傳每互作無別，迄訖古並省作气"。今案于氏之説良是。如前引六一七至六二三辭言，"三至某日某某"者，迄至某日某某也。六二四辭言"某日三某日"者，由某日迄至某日也。六二五至六二七辭言"三令伐舌受㞢又""三令我吏步伐舌方受㞢又"者，气令伐舌受有祐，气令我吏步伐舌方受有祐也。六二八辭言"三令擎田于先侯"者，气令擎田于先侯也。六二九辭言"三令曰翌庚寅囗易日"者，气令翌庚寅囗能錫日也。六三〇至六三一辭言"三乎某某"者，气呼某某也。六三二至六四一辭言"三告"，"三酹"，"三用"，"三賓"，"三正河"，"三㞢桒"，"三氐衆人"，"㞢三雨"，其三字亦皆气求之義也。六四二，六四三辭言"三雨"者，訖雨之義，猶言終雨也。六四四辭言"三㞢來嬉"者，訖有來艱，終有來艱也。六四五辭言"三戈"者，訖戈，猶終戈也。執此義以釋卜辭中所有之三字，無不可通，知其說無可易也。惟于氏又曰：

骨臼刻辭有气自畱，气自雩之語，未知訓气求乎？訓迄至乎？存以待考。②

則於五種記事刻辭中之"三"字，猶未能詳也。

余謂五種記事刻辭中之"三"字，亦應釋气，讀爲取。气古亦讀作迄訖，《爾雅‧釋詁》"迄，至也"。《詩‧生民》"以迄於今"，《傳》"迄，至也"。《書‧禹貢》"聲教訖于四海"，言聲教至於四海，及於四海也。是气有至及之意。《説文》"取，捕取也"，從又從耳會意。从又（即手）持耳謂之取，亦猶从又持貝謂之叟（即得），从又持隹謂之隻（即獲），从又持肉謂之有，从又持人謂之及也。取古又通趣，《莊子‧齊物論》趣舍不同，《釋文》"趣本作取"，《釋名‧釋言語》"取，趣也"。《漢書‧王吉傳》注"取，進趣也"。而《漢書‧食貨志》集注："趣，及也。"是取气義亦通也。又"三自某若干"一類之記事刻辭，又作"某取若干"，亦可證"三"之必有取義。《周禮‧春官‧龜人》"凡取龜用秋時"，气龜

---

① 見所著《雙劍誃殷契駢枝‧釋气》五五至五六葉。
② 見所著《雙劍誃殷契駢枝‧釋气》五七葉。

即取龜之義，猶言採龜也。

知"三自某若干"一類刻辭所記，乃採集龜甲牛骨之事，而龜甲刻辭及牛骨刻辭皆有之，是殷人於龜甲牛骨皆有採集之事也。前言"某入若干"一類之記事刻辭，只見於龜甲，不見於牛骨。是殷代卜用之牛骨，大約只自行採集之一途，若龜甲者，以其產自南方，則除自行採集之外，多數乃由他處進貢而來也。

採集龜甲之人，有六：行三見，匿三見，✱二見，✱二見，✱一見，㞢一見，帚井一見。帚井為武丁之后妃，㞢為武丁之史官，行、匿、✱、✱、✱，當亦武丁之近臣也。至其採集之數目，則十龜者凡兩見，"十✱㞢一亻✱"者凡一見，言✱者乃"背甲刻辭"，✱字之義，當於後節詳之。

採集牛骨之人有九，旬二見，殻二見，帚井一見，匿十見，㞢一見，雩九見，宰一見，缶一見，✱三見。帚井為武丁之后妃；殻、㞢、旬、缶，為武丁之史官；匿、宰、雩、✱，當為武丁之近臣也。至其採集之數目，則五十✱二見，廿✱五見，十二✱一見，十✱八見，五✱一見。✱字詳後節。

其兼採龜甲牛骨之人，則有帚井、㞢、匿等。

又其次，"某示若干"一類之記事刻辭又何義耶？曰：此亦當於其動詞"示"字求之。

"某示若干"一類之刻辭，以"骨臼刻辭"之數量居多，此類刻辭自早即經學者注意及之。"示"字奚侗①、王襄②、葉玉森③並釋為祭名。董作賓釋置④，郭沫若釋眎⑤，唐蘭釋為"天神地示"之"示"⑥。董說之非，已見郭⑦、唐⑧二氏之辨。而郭、唐二說之不可信，吾人亦於前第四節"辨誤"中詳之。余謂五種記事刻辭中之"示"字，仍以釋祭名為妥，"示"在卜辭中固有用為"人鬼"之例如唐氏所言者至多，如言：

示壬（鐵一四七·一　餘四·二　前一·一·一　後上一·三　後上一·五　後上八·一四　戩二·二　續一·六·二　續一·六·三　續一·六·一）

示癸（拾一·八　戩一·一〇　續一·六·四）

示✱（粹八五四）

---

① 見葉玉森《殷虛書契前編集釋》五卷三十四葉所引。
② 見所著《簠室殷契徵文考釋·典禮》五葉。
③ 見所著《㝢契枝譚》及《殷虛書契前編集釋》五卷三四葉。
④ 見所著《帚矛說》刊《安陽發掘報告》第四期。
⑤⑦　見所著《骨臼刻辭之一考察》八葉。
⑥⑧　見所著《天壤閣甲骨文存考釋》二〇葉。

※示（虛五一八）

❀示（後上二八·六）

黄示（續五·九·二）

丁示（龜一·一八·七　甲二〇七八　粹一二六五　粹五三〇）

示丁（粹四二九）

上示（前七·三二·四）

下示（粹七九）

大示（前三·二二·二　前三·二二·三　前三·二二·四　前四·三四·五　後上一·二　後上二八·一一　後下三五·六　佚四一二　佚五六一　庫三二五　粹一二六一　契六　粹四三一　甲二九〇五　粹三六七　粹四〇二　甲七四二　録二五二　續一·五·三）

夫示（前五·二·四）

小示（後上二八·八　契六　甲七一二　甲二一二三　粹二二七）

元示（前三·二二·五　前三·二二·六　後上一九·七）

二示（前三·二二·六　後上二八·七　戩一·九　庫一一四四　續一·四三·一　庫一〇六一　庫一五四二　粹二二一　粹二二二）

三示（前四·一七·一　戩一·九　佚九一七　粹四八八　續一·五·八）

四示（戩一·九）

五示（佚五三六　佚八八二　福一）

六示（庫一一四四　佚八八二　甲七一二）

九示（鐵一〇·四　前三·二二·七　後上二八·一〇　後上二八·一二　龜一·一一·三　續三·一·一　甲三四二三　龜一·九·一四）

十示（後上二八·九　甲六九五）

十示又三（後上二八·八　佚九八六及甲二二八二合　庫一〇四九　佚二一一）

廿示（戩一·九　粹二二一　粹二二二）

又如：

（六四六）癸未，貞辛卯其桒禾于示。　　　　　　　　　　（粹一九五）

亦當爲人鬼神祇之義。但如以下之諸辭，其"示"字則明明用爲祭祀之義也。如言：

（六四七）令因眾❀示妣囗。　　　　　　　　　　　　　　（佚五三五）

（六四八）庚午❀，辛亥王夢我大囗，辛亥❀，壬子王亦夢尹，勿㞢囗于父乙示，余見耂在之。　　　　　　　　　　　　　　　　　　（前七·三三·一）

（六四九）戊午卜，狄，貞隹兇于大乙隹示，大吉。

（六五〇）戊午卜，狄，貞隹兇大丁隹示。吉。

（六五一）戊午卜，狄，貞隹兕于大甲隹示。　（甲三九一四）

“示妣□”，即示祭妣某，“于父乙示”即于父乙示祭，“隹兕于大乙隹示”“隹兕大丁隹示”“隹兕于大甲隹示”，即用兕以示祭于大乙大丁大甲也。又如：

（六五二）貞勿示[glyph]四人。　（龜一・一一・七）

即謂示祭於[glyph]，用四人也。又如：

（六五三）□巳卜，日辛在示。　（佚四二五　鄴下四七・六）

即謂示祭於日辛也。又如：

（六五四）叀舊册用示，王受又。　（甲五三六）

（六五五）期（其）示先羌六。示。　（粹五三六）

（六五六）貞令从沚戠示又。七月。　（前四・五・八）

（六五七）貞不隹㞢示。　（契三一）

（六五八）⧄取耤㠯又示⧄廼正方。　（前六・六一・七）

（六五九）⧄示兄。　（龜一・二三・八）

（六六〇）甲午王卜，貞其于西宗奏示，王𠧩（占）曰，弘吉。

（前四・一八・一與前三・二七・六合　通五九二）

（六六一）貞兄叀羊示，王言王受又。　（甲一一四三）

此言“叀舊册用示”，言“示先羌六”，言“示又”，言“㞢示”，言“又示”，言“示兄”，言“奏示”，言“兄叀羊示”，其“示”字亦顯然爲祭名也。又如：

（六六二）庚寅王卜，在義貞余其𠂤（次）在兹上醬，今𪛙（秋）其𦎫，其乎𣶃示于商，正，余受又又（有祐）。王𠧩（占）曰，吉。　（前二・五・三）

（六六三）𦎫自賨亡㝄，王其示京𠂤。又𠭰若。

（前四・三一・六與續三・二〇・八合　通七五七）

（六六四）辛未卜，王令厚示𠙹。

（六六五）□□卜，⧄歲⧄伊⧄示又。　（佚二一一）

（六六六）戊寅卜，自，貞阦弗其氏𢀛示𢾈。二月。

（六六七）戊寅卜，自，貞阦其氏𢀛示𢾈。　（續五・一・四）

亦謂示祭於商，示祭於京師，示祭於𠙹，示祭於𢾈也。又如：

（六六八）貞王往出示若。　（甲）

（六六九）勿[glyph]出示若。

（六七〇）今六月入示，弗其若。　（前四・四九・六）

亦謂出入示祭也。以上諸“示”字，蓋非釋爲祭名不可。卜辭又曰：

（六七一）示又于𪕊。

（六七二）乙卯貞又伐龜，示五羊三牢。

（六七三）丙寅貞㞢　目羊罙　于龜示用。

（六七四）貞來丁丑又歲于伊龜示。　　　　　　　　　　（明義士藏）

此皆武乙文丁時所卜，龜疑爲龜之繁文，則卜辭中固有示龜之祭矣。

故"某示若干"一類之刻辭者，乃祭祀龜骨之記載，大約殷人既得龜甲牛骨之後，在卜用之時，須先經過一種祭典。《周禮·春官·龜人》"上春釁龜，祭祀先卜"，《禮記·月令》孟冬"命大史釁祠（同祀）龜策"，即其禮也。

觀附表四，知祭龜之人有十六：帚井十見，帚喜二見，帚　二見，帚行一見，帚　一見，子　一見，漁一見，中一見，　一見，邑九見，竝二見，虎一見，我一見，　一見，帚一見，　一見。帚帚井、帚喜、帚　、帚行、帚　爲武丁之后妃，子　、漁爲武丁之兒子，中、　爲武丁之史官，邑、竝、虎、我、　、　當亦武丁之近臣也。至其祭龜之數，則一百者一見，三十者二見，二十者三見，十七者一見，十者四見，六者一見，五者二見，四者二見，三者一見，一者一見，四　者一見，言四　者乃"背甲刻辭"，　義後詳。

祭骨之人四十二，帚井十一見，帚喜四見，帚　十三見，帚笒六見，帚嬧五見，帚　五見，帚寶三見，帚汝二見，帚良二見，帚八二見，帚杏一見，帚羊二見，帚龐一見，帚貝一見，帚　一見，帚　一見，帚妊一見，帚妹一見，帚查、帚楚一見，帚名殘缺者十見，邑十七見，雩八見，旬五見，　八見，利五見，畫四見，龜二見，舌二見，壺一見，皐一見，奠一見，阩一見，王一見，后一見，吏一見，小臣中二見，小臣从一見，小臣之名殘去者二見，　三見，　一見，帚見與皐一見，羌　一見，羌立一見。祭龜之人，有王，有后，有吏，而以武丁之妃耦居最多數，如帚井、帚喜、帚　、帚笒、帚嬧、帚　、帚寶、帚汝、帚良、帚八、帚杏、帚羊、帚龐、帚貝、帚　、帚　、帚妊、帚妹、帚查、帚楚、帚見以及殘缺之帚某，皆武丁之妃也。小臣中、小臣从、舌、旬皆武丁之史官，其餘如邑、雩、　、利、畫、龜、壺、皐、奠、阩、　、　等，亦皆武丁之近臣也。

至其祭骨之數，除一次言六之外，其餘皆以　稱。十五　者一見，十　者六見，九　者一見，七　者八見，六　者五見，五　者五見，四　者十六見，三　者三十一見，二　者十七見，一　者十一見。又有言　者一見，約亦一　之省稱。又有言幾　又幾及幾　又幾丿者；計言十　㞢一者一見，十　㞢一丿者三見，七　㞢一丿者一見，五　㞢一丿者一見，三　㞢一丿者三見。又有言一丿者一見。此外言幾　之　數殘缺者凡三十見，幾　㞢一丿之　數殘缺者一見。

然則◊字者又何義耶？曰：記事刻辭中之◊字惟牛骨及背甲有之，言若干◊，龜腹甲刻辭，即"甲橋""甲尾"刻辭中，則絕無一見，此爲研究◊字含義之惟一綫索。

◊字王襄釋矛，讀爲茅①。奚侗②、柯昌濟③亦釋茅。葉玉森初釋茅④，繼改釋矛⑤，後又據奚侗説，仍當釋茅⑥。郭沫若釋勹，謂：

> 象有所包裹而加緘縢之形，小篆作○，即從此而出。壽縣所出楚王鼎匋字作㲽，所從勹字，形未盡失。刻辭中之若干◊，即言卜骨之包裹。⑦

又據"七◊又一（""四◊㞢一◸"等例，謂：

> 於七勹四勹之外，尚有零餘，可知一勹不止一骨。言零餘之例無過一以上，則一勹必僅二骨，◊字亦正合二骨而締結之之形。蓋以骨臼之兩半月形合而爲一圓，而於其骨頸處拴之。（苦）即骨臼半月形之象形，即《説文》ㄟ流也，讀若移之ㄟ字，古音當在歌部，本義當即是骨窠。其作◸者當即是冎字，冎骨同紐，義亦相襌，此處乃以骨言。⑧

唐蘭先生以◊爲豕形之倒寫。⑨于省吾氏則釋屯，曰：

> ◊即屯之古文。《貞松堂集古遺文續編》上二三，《𢆉父己鼎》二器，《金文編》附錄下二摹作𢆉 𢆉，下一字已作橫畫。《續殷文存》上四六及四七有《屯作兄辛毁》，屯字器文作𢆉（目錄𢆉寫作◊，誤），蓋文作𢆉。以上二鼎一毁，均係商器，𢆉即卜辭之◊字，了無可疑。《金文編》所輯諸屯字以《善鼎》時期爲最早，其屯子作◊，中間作（，向右彎，與卜辭作◊形者相符。又《蔡伯毁》屯字作◊，上點向左突出，猶存卜辭屯字作◊之遺風。⑩

---

① 見所著《簠室殷契類纂》正編三葉。
② 見葉玉森《殷虛書契前編集釋》五卷三十四葉所引。
③ 見所著《殷虛書契補釋》。
④ 見所著《殷契鉤沈》。
⑤ 見所著《𢍆契枝譚》。
⑥ 見所著《𢍆契枝譚》及《殷虛書契前編集釋》五卷三四葉。
⑦ 見所著《骨臼刻辭之一考察》九葉。
⑧ 見所著《骨臼刻辭之一考察》十葉。
⑨ 見所著《卜辭時代的文學和卜辭文學》一文，刊《清華學報》十一卷三期，又《天壤閣甲骨文存考釋》二十二葉。
⑩ 見所著《雙劍誃殷契駢枝·釋屯》一至二葉。

而以屯讀作純，純正端名也，因謂"骨臼刻辭"之某示幾ㄓ，爲某舍帛幾疋，謂"商代蠶桑業已甚發達，故每以帛爲舍賜之物，卜辭記舍純以婦某爲最多者，蠶桑絲織之事，乃婦職也"①。

今案金文矛字之偏旁及矛字作↑②↑③↓④，甲骨文有矛字作↓⑤與記事刻辭中ㄓ字作偏斜之形者不類，知釋矛釋茅者全非也。郭沫若氏釋勹，以二骨爲一勹，字像合二骨而締結之形，說若可通。惟其所根據者，乃《楚王鼎》之笱字，作笱，其所从之勹作ㄇ形。又除郭氏所舉此字之外，古鉢上有軍字作軍⑥，ㄇ即ㄇ，亦似可於郭說增一佐證。但《楚王鼎》及古鉢，皆晚周之物，與甲骨文字時期相距過遠，在甲骨文以後《楚王鼎》以前之勹字，从無作ㄇ者。且《楚王鼎》及古鉢之ㄇ字，／畫在上，與ㄓ形亦不相同。又以ㄓ象合二骨而締結之形，亦無解於其橫畫必斜，下端必向一邊彎曲。則釋ㄓ爲勹，仍未信也。⑦唐蘭先生以ㄓ爲豕形之倒寫，其不可信，誠如郭沫若氏所說："凡骨臼刻辭均武丁時物，武丁時豕字屢見，無一無足而倒寫者，何以此獨盡爲無足倒寫，而無一有足正寫者？"⑧至于省吾氏釋ㄓ爲屯，讀爲純，亦似是而實未安。于氏所舉屯字，其下半ㄩ皆作雙曲之形，從無斜橫作八如ㄓㄓ者，則其不能爲一字可知。又倘以此種刻辭乃記舍帛之事，則何以在甲骨卜辭之餘間，獨刻此種記事文字，亦誠不可解。至于氏謂"胛骨卜辭有國家要事如田獵、征伐、祭祀、册命、風雨、出入等，往往於其骨臼或灼面刻有示屯一類之辭，二者之關係，在乎國家有大事，而後有舍純之舉"⑨，則益近於想像之談矣。

郭沫若氏釋ㄓ爲勹，雖不可盡信，然據"七ㄓ又一("、"四ㄓ屮一凸"等例謂"於七勹四勹之外，尚有零餘，可知一勹不止一骨，言零餘之例，無過一者，則一勹必僅二骨，ㄓ字亦正合二骨而締結之之形"。以一ㄓ爲二骨，其說誠無可易。

余謂《無異毀》匹字作ㄹ，與ㄓ字極相似，ㄹ字之下筆稍一不慎，即可衝出，而成ㄹ形，故疑ㄓ即匹字也。《詩·文王有聲》"作豐伊匹"，《傳》"匹，配也"。

---

① 見所著《雙劍誃殷契駢枝·釋屯》三葉。
② 見《鄭楸叔壺》。
③ 見《謎毀》。
④ 殷虛出土銅戈文。
⑤ 後上一五·一一。
⑥ 見《說文古籀補補》十四。
⑦ 見所著《殷契粹編考釋》二〇三葉。
⑧ 看《天壤閣甲骨文存考釋》二十二葉。
⑨ 見《鄭楸叔壺》。

《禮記·三年問》"失喪其羣匹"，注"偶也"。《楚辭·懷沙》"獨無匹兮"，注"雙也，二人爲匹"。《公羊傳》宣公三年"無匹不行"，注"匹合也"。言配，言偶，言雙，言合，與記事刻辭若干∮，即若干對之義，正相合。蓋牛胛骨有左右二骨，龜背甲必中刻爲二而後用之，皆兩骨爲一對，故刻辭之中，惟牛骨刻辭及背甲刻辭獨以∮計也。

郭沫若氏釋🅰爲冎，讀爲骨，其説可从。至丿字者，余疑爲片字之古文。一🅰一丿皆半副牛骨或背甲之謂。故"背甲刻辭"言"三自某若干∮"者，某人或自某處採背甲若干對也。"某示若干∮"者，某人祭背甲若干對也。言"十∮屮一丿∮"者，背甲十對又一半也。"骨臼刻辭""骨面刻辭"言"三自某若干∮"者，某人或自某處採牛胛骨若干對也。"某示若干∮"者，某人祭骨若干對也。其言"若干∮屮一🅰"者，牛胛骨若干對又零一骨也。言"若干∮屮一丿"者，牛胛骨若干對又一半也。言"若干∮屮一"者，牛胛骨若干對又零一也。言"一丿"者，半對牛胛骨也。執此以釋"背甲"及牛骨刻辭，則無不可通也。

觀附表五，知"甲橋""背甲""骨臼刻辭"，皆附加日期，六十干支除殘缺者之外，計甲子二見，甲寅二見，甲辰一見，甲午四見，甲申二見，乙丑一見，乙巳三見，乙未一見，乙酉一見，乙亥三見，丙寅六見，丙辰一見，丙戌一見，丁丑七見，丁卯三見，丁巳一見，丁未三見，丁酉三見，丁亥五見，戊子三見，戊寅四見，戊辰二見，戊申三見，戊戌七見，己丑四見，己卯二見，己巳一見，己未五見，己亥一見，庚子一見，庚寅一見，庚午三見，庚申三見，庚戌一見，辛丑五見，辛卯一見，辛未二見，壬子一見，壬寅五見，壬午三見，壬申四見，壬戌二見，癸丑一見，癸巳四見，癸未一見，癸酉二見，癸亥二見，蓋入龜、採龜、採骨及祭祀龜骨之事，六十干支，幾乎無日不可以爲之，並無甚禁忌也。

其附加地名者，惟"甲橋""背甲"等龜甲刻辭有之。且只限附加於"某入若干"之一類刻辭。除殘缺者之外，計辜六見，茁二見，匿一見，🅰一見，🅰一見，🅰一見。知殷代貢龜，可隨王之行程而貢，不必皆貢之商朝也。

其附加史官簽名者，於龜甲刻辭之"甲橋""背甲"，及牛骨刻辭之"骨臼"，皆見之。計中三見，🅰八見，🅰十三見，亘二十二見，賓十六見，🅰七見，🅰一見，🅰三十二見，小🅰二十八見，🅰一見，旬二見，岳三十六見，🅰四見，率五見，辰三見，箙三見，🅰二見，賓、中合簽者四見，岳、内合簽者二見，内、亘合簽者一見。常見者十八人。

又觀前第二節所舉"背甲刻辭"之一例，甲版完整，可以看出此種刻辭與卜

辭之關係。蓋此版背面雖已鑽鑿，然未經燋灼，故正面無卜兆，通版亦即不見卜辭，及與卜辭有關，若"吉""用""告""不$\S$$\S\S$"及紀序一類之文字。但背面緣剖線邊緣之"背甲刻辭"，則先已刻好。知龜骨作好之後，往往先記其來源及祭祀之事，然後始卜用之。而此類刻辭，絕與卜辭無關，亦即可以確證。惜刻辭之中，除中央研究院尚未發表者之外，如此完整之例甚少，使吾人不能暢論此事爲憾耳。

七　結　論

以上拉雜論證，頓成長篇，茲更揭其要點，爲結論如次：

"甲橋刻辭"刻於龜腹甲兩橋之背面，"甲尾刻辭"刻於龜腹甲正面之尾端，"背甲刻辭"刻於龜背甲背面緣中剖線之一邊，"骨臼刻辭"刻於牛胛骨狹端轉節處之骨臼內，"骨面刻辭"刻於牛胛骨寬薄一端之正面，或背面近於兩邊緣之地方。前三者爲龜甲刻辭，後二者爲牛骨刻辭，五種刻辭所記，事類畧同，故本文總括論之。

五種刻辭之時代，由坑位、人名、字體及同版其他刻辭等，知其皆屬於武丁時期。由五種刻辭絕無"貞""卜"一類之字，又絕無所屬鑽灼卜兆之痕跡，知其乃卜辭以外一種特殊之記事文字。此類刻辭，絕不見於祖庚以後之甲骨中，蓋此種記事刻辭乃武丁時所特有之風氣也。

據吾人今日所能得見之材料觀之"甲橋刻辭"凡二百七十三，"甲尾刻辭"凡三十七，"背甲刻辭"凡十三，"骨臼刻辭"凡一百七十七，"骨面刻辭"凡二十五，總計五百二十五例。倘並中央研究院史語所發掘所得尚未正式發表之三百條"甲橋刻辭"計之，則"甲橋刻辭"共有五百七十三，五種記事刻辭共有八百二十五例。

五種記事刻辭之中，有前人曾加注意並論證者，如"甲尾刻辭"中之"冊入""╊入"，董作賓先生初釋爲"冊六""編六"，以此爲殷代典籍之第六冊，後又改釋"六"爲"入"，而以"某入"爲"史官之入值"。唐蘭先生亦以"某入"爲"這是說一個人入或來的事情"。又如"骨臼刻辭"董作賓先生以爲乃"專門記載餽送頒發銅矛於各地各國各人及守衛者的文字"。郭沫若氏以爲乃卜時每用畢二骨則合爲一包，積得若干包，由王或王之代理者，加以省視而封存

之，陪觀之太卜，或太史，於骨臼刻記日期省視者及包數等以醒目，其性質如後人之署書頭標牙籤。唐蘭先生釋◊爲"豖形的倒寫"，而以此種刻辭仍是"貞祭祀的卜辭"。于省吾氏釋◊爲屯，以此種刻辭乃含賜絲帛之記事。惜其説皆非也。但其餘"甲橋""背甲""骨面"三種刻辭，則前人鮮有注意及之者。

據吾人總合五種記事刻辭研究之結果，知五種刻辭，其完整者，凡包含兩主要部分，一部分言"某入若干"，或"三自某若干"，一部分言"某示若干"。兩部分可以同時並有，但言"某入若干"即不再言"三自某若干"，言"三自某若干"即不再言"某入若干"。又"某入若干"一類刻辭，僅限於"甲橋""甲尾""背甲"三種龜甲刻辭中有之，"骨臼""骨面"等牛骨刻辭中則絶未之見。至"三自某若干"及"某示若干"一類之刻辭，則龜甲與牛骨皆有之。

而由各刻辭主要部分之動詞，研究之結果，知"某入若干"一類"甲橋""甲尾""背甲"等龜甲刻辭所記者，貢龜之事也。所以只見於龜甲刻辭而不見於牛骨刻辭者，殷代北方不產龜，卜用之龜，皆南方所貢，故於龜甲之上，隨記其材料之來源也。殷代北方多牛，卜用牛骨，可以自給，無需他求，故牛骨刻辭不見"某入若干"一類之記載也。

由龜甲刻辭觀之，貢龜者四十，其可知爲人名者二十，可知爲官名者四，可知爲地名或國名者十一，未詳其爲人名地名或官名者十三。大抵貢龜之人，非殷王之官，即與殷王關係密切之人。龜之產地，雖在南方，但貢龜之地，則不限於南方。又人員或地方之貢龜，可隨王之行程而貢之，不必皆貢之於殷都。至貢龜之數，少則一龜，多則五百，自今日所能得見之材料觀之，共貢四千一百三十龜。倘並中央研究院尚未發表之三百條"甲橋刻辭"統計在内，則貢龜之多者可至一千，共貢龜爲一萬二千三百三十四。

至"甲橋""背甲""骨臼""骨面"等龜甲及牛骨刻辭言"三自某若干"一類者，記採集龜骨之事也。龜甲牛骨所以皆有之者，殷人於龜甲牛骨，皆有採集之事也。前言"某入若干"一類之記事刻辭，只見於龜甲，不見於牛骨，蓋殷代卜用之牛骨，大約只自行採集之一途，若龜甲者，則以其產自南方，除少數自行採集者之外，多數乃由他處進貢而來也。

採龜之人六，有武丁之妃，有史官，有近臣。採集之數目或十，或十◊又一。◊即匹字，一對剖開之背甲稱一◊也。採骨之人九，亦爲后妃，史官，近臣等。採集數目最多者五十◊，最少者五◊，◊者，一對左右胛骨稱一◊也。

又"甲橋""背甲""骨臼""骨面"等龜甲及牛骨刻辭言"某示若干"一類

者，則記祭祀龜甲牛骨之事也。蓋殷人既得龜骨之後，必須先經過一種祭典而後用之。《周禮·龜人》所謂"上春釁龜，祭祀先卜"即其典矣。

祭龜之人十六，皆武丁之后妃，兒子，史官，近臣等關係密切之人。祭龜之數，多者一百，少者一龜。祭骨之人四十二，或王，或后，或吏，或史官，或近臣，而尤以武丁之后妃居最多數。祭骨之數，皆以屮稱，最多者十五屮，即十五對胛骨也，少者一丿，丿爲片之古文，一丿者，一骨也。

由附加之日期，六十干支，幾乎備俱，知入龜採龜採骨及祭祀龜骨之事，無日不可爲之，並無甚禁忌也。其刻記五種刻辭最常見之史官，則有十八人。

總之，五種記事刻辭所記者，凡兩事。一爲甲骨之來源。其來源分兩種：曰進貢，只龜甲而然；曰採集，則甲骨皆然，惟龜甲之由於採集者較少，牛骨則大部分皆由採集而來也。二爲甲骨之祭祀，蓋甲骨在卜用之先，必須經過此種典禮也。

補　正

一、本文於五種記事刻辭之例，有遺而未舉者，補正如下：

（一）甲橋刻辭

（六七五）□□五殼。　　　　　　　　　　　　　　　　（天六三）

（六七六）喜示。　　　　　　　　　　　　　　　　　　（珠一三五〇）

（六七七）井示。　　　　　　　　　　　　　　　　　　（七Ｂ四三）

（六七八）𠂤氏。　　　　　　　　　　　　　　　　　　（七Ｂ五九）

（六九七）帚井□。　　　　　　　　　　　　　　　　　（天九三）

（六八〇）□西邑☒　　　　　　　　　　　　　　　　　（七Ｐ六）

（二）甲尾刻辭

（六八一）𠙴入。　　　　　　　　　　　　　　　　　　（拾一三·一二）

（三）背甲刻辭

（六八二）☒示八屮。　　　　　　　　　　　　　　　　（七Ｂ四七）

（四）骨臼刻辭

（六八三）邑示。　　　　　　　　　　　　　　　　　　（天二四）

（六八四）丁巳，邑示五屮。工夒。　　　　　　　　　　（天四二）

（六八五）□子，帚相示一屮。夒。　　　　　　　　　　（天三九）

二、本文第二節"釋名"之末，應補入下之一段：

所以知此五種刻辭爲記事文字者，因此種刻辭，絕無"貞""卜"等類之字，無論从實物或拓本觀之，又絕無其所屬之鑽灼卜兆之痕跡，且此五種刻辭，在甲骨上所佔之地位，皆極偏僻而不關重要，顯與卜辭不同，而觀後五五七辭之骨笄銘文，與"甲橋""甲尾""背甲"刻辭文體全同，尤爲此種刻辭必爲記事刻辭之確證也。

三、本文所引卜辭六〇九與六四〇誤重出。

四、本文言除"甲尾""骨臼"刻辭外，若"甲橋""背甲""骨面"等刻辭，學人極少注意及之者。今按關於"甲橋"及"骨面"刻辭，唐蘭先生於所作《天壤閣甲骨文存考釋》十八至十九葉曾注意及之，計蒐得"甲橋刻辭"之例十五，"骨面刻辭"之例一，惟名此兩種刻辭爲"刻於胛骨或龜甲之灼面者"耳。

五、卜唐蘭先生釋氏，余疑讀作致。今案于省吾氏已先有此説，見所著《雙劍誃殷契駢枝·釋氏》，謂氏字應讀作厎，《爾雅·釋言》"厎，致也"，《堯典》釋文引王云"厎，致也"，《顧命》鄭注"厎，致也"，凡物由彼而使之至此謂之致。

原收入《甲骨學商史論叢初集》第 3 册，成都齊魯大學國學研究所專刊，1944 年；又收入《民國叢書》第一編之八十二歷史地理類，上海書店出版社，1990 年；又收入北京圖書館甲骨文研究資料彙編編委會編：《甲骨文研究資料彙編》，北京圖書館出版社，2000 年；又河北教育出版社，2000、2002 年；又收入宋鎮豪、段志洪主編：《甲骨文獻集成》第 21 册，四川大學出版社，2001 年。今據 1944 年版收入。

董作賓

[大采、小采]

大采小采，亦稱大采日，小采日。其時間，一在大食之前，一在小食之後，大采略當於朝，小采略當於暮也。卜辭中，如：

乙卯卜，䐩貞："今日王往于𦣞？"之日，大采，雨王不步。

《日譜》一，辭一一（武丁時）

癸酉卜，貞旬。二月。大采日，格雲自北，霾風。兹雨，不延隹好。

《日譜》二，辭四（文武丁時）

壬戌卜雨。今日小采，允大雨。延伇，菁日隹啟。　《佚》二七六（文武丁時）

癸亥卜，鼎貞。三月。乙丑，夕雨。丁卯，明，雨。戊，小采日，雨，風。巳明，啟。壬申，大風自北。

《日譜》二，辭六（文武丁時）

第一例，"之日"以下，乃乙卯以後所追記，蓋乙卯卜王往𦣞，因雨未能成行，故追記云："是日大采時落雨，故王不步也。"大采在大食之前，是王將出發，已落雨，乃決定不行，否則落雨稍晚，必於途中遭遇之矣。第三例，"壬戌卜雨所得兆必爲有雨，至小采時果有大雨，故追記稱允"。言"今日"，是大雨之時，猶在日間，可知小采爲日暮傍晚之時。

大采，小采，舊不得其解。《國語·魯語》載公父文伯之母訓文伯語，舉天子，諸侯，卿大夫，士，庶人，每日之行事，云：

是故天子大采朝日，與三公九卿祖識地德日中考政，與百官之政事，師尹維旅牧相，宣序民事；少采夕月，與大史司載，糾虔天刑；日入，監九御，使潔奉禘郊之粢盛，而後即安。

諸侯，朝修天子之業命；晝考其國職；夕省其典刑；夜儆百工，使無慆淫；而

後即安。

　　卿，大夫，朝考其職；晝講其庶政；夕序其業；夜庀其家事，而後即安。

　　士，朝受業；晝而講貫；夕而習復；夜而計過無憾，而後即安。

　　自庶人以下：明而動，晦而休，無日以怠。

此少采，即小采，此"夕"，相當於少采及暮，在殷代則以夕爲夜也。韋昭《注》云：

　　《禮》，天子以春分朝日，示有尊也。虞説曰"大采袞職也"。昭謂《禮·玉藻》，天子玄冕以朝日。冕服之下，則大采非袞職也。《周禮》：王者搢大圭，執鎮圭，藻五采五就以朝日，則大采謂此也。

　　夕月以秋分。或云"少采，黼衣也"。昭謂朝日以五采，則夕月其三采也。

韋《注》，以五采説大采，三采説少采，又泥於春分朝日，秋分夕月，均未允當。蓋原文固明言天子一日間之行事也。今試就原文作一比較。

天子	諸侯	卿大夫，士	庶人
大采	朝	朝	明
日中	晝	晝	
少采	夕	夕	晦
日入	夜	夜	

則可知"大采"相當於"朝"，而"少采"，相當於"夕"；於殷代則爲"小采"與"暮"也。大采，小采之時間，於此可以確知。惟其命名之義，或爲"朝日""夕月"時，五采三采之服章？或爲日初出，日將没時，光采之强弱？今已不可詳矣。

　　節選自《殷曆譜》，中央研究院歷史語言研究所專刊，1945年；收入《董作賓先生全集·乙編》第1冊，藝文印書館，1977年；秦始皇兵馬俑博物館藏董作賓手批本《殷曆譜》上編卷一，巴蜀書社，2009年。

張政烺

古代中國的十進制氏族組織

一 叙 言

"古代中國"一詞在作者用來相當於中國的銅器時代和鐵器時代初期,即野蠻時代的中級階段和最高階段,這約略相當於歷史上的夏商周和春秋時代。關於古代中國的歷史有許多問題應當加以説明,作者亦曾作過這樣的準備,只因個人的精力有限,還未能如願以償。這裏發表的只是許多問題中的一個,因爲未經説明的問題太多了,在一篇裏不可能完全照顧到,所以有些地方便不敢盡情的發揮,這要在陸續發表的文章中,彌補這些缺憾。

古代中國由於生產力逐漸的發展,氏族制已進步到部族聯合,有些氏族勢力膨脹了,取得了長期的領導權,其餘的氏族便變成了他的從屬。部族及聯合的出現本來是基於利害關係的,現在利害的關係更爲顯明了,於是從民主的平等的結合變而爲帶有武力的强制的性質,許多被征服的氏族亦常被編入部族中,這樣在部族及聯合中公然的出現了統治氏族和被統治氏族。統治氏族爲了便於管制,容易達到戰爭和生產的目的,把被統治氏族在原有的血緣爲基礎的組織上加以人工的調整,使每一氏族都包含一百個壯丁,從氏族宗族到部族都成爲一種十進制組織,即每一部族包含一百個氏族一萬個壯丁,這便是《尚書·堯典》上所説的"平章百姓,百姓昭明"。這樣組織的辦法雖然不是一般的氏族制發展的必然路徑,但是我們可以在某一發展階段上處處遇到,如印加族統治前後的古秘魯印第安人,綸繆拉斯時代的羅馬人,凱撒和塔西佗記載中的日耳曼人,便都施行過。這些社會發展的實例都曾經恩格斯肯定的指明是處在野蠻時代中級階段和最高階段的氏族社會,正好同古代中國作一個比較的説明。此外,類似的組織在中央亞

細亞和中國北部的蒙古利亞種游牧人裏亦曾存在過，不過這些"東方民族"的出現都在中世紀以後，不免帶有游牧封建主義的色彩，不是古典的正常的發展，我們就不必理會他了。

從各方面講這篇文章都不適宜於在《歷史教學》上發表，但是編者盛意難却，只好在此分期登載。讀者或許急於要知道作者對於古代中國社會性質的見解，因此特別在這裏作一個簡單的說明：古代中國是中國從氏族的社會進步到政治的社會的過渡形態，十進制氏族組織不過拿在社會發展上所產生的組織體使之固定，使之更進一層的組織化起來，所以大體說來，還是一個氏族社會。古代中國的社會性質和世界上任何民族處在野蠻時代中級階段和最高階段都一樣，就我們現有的材料和認識而論，決談不到什麼"特殊性"，更談不到什麼"早熟性"。只因中國的銅器時代比較長（即鐵器的出現遲了一點。這和阿兹忒克、馬亞、印加等印第安人很相似），氏族組織發育得比較龐大，象形文字應用得比較廣泛，史料流傳很豐富，如果自其內而觀之便不免感覺到眩亂反覆了。在父系家長制家族下照例是有奴隸的，中國亦並不例外。前進的史學家，像我們的新史學導師郭沫若先生，和我們敬愛的國際友人蘇聯科學院的許多中國史專家，都強調周代的奴隸制度。當然，奴隸制在當時是一種新興的有着遠大前途的制度，所以這一看法是正確的。不過，作者以為周代奴隸人數既不多，當時主要的直接生產者和革命鬥爭者是國人和庶人（這類似羅馬史上的國民和平民），而不是奴隸，因此想按照恩格斯《家族私有財產及國家的起源》裏處理同樣問題的方法，把它叙述在氏族社會的末期，而把"奴隸社會"劃在文明時代。

二　軍事編制

印加族統治前後古秘魯印第安人的十進制氏族組織和軍隊編制相適合，普通每族係由十大氏族，每一大氏族係由十氏族，每一氏族係由十血族所組成。他們大抵是以各氏族在戰爭期間所能提供的戰士數目為標準，因為大氏族同時又名千人團體，普通氏族同時又名百人團體，家族又名十人團體，而且這些名稱的由來，明顯是因為平均每一氏族能夠提供一百壯丁（能作戰的男子，二十五歲至五十五歲），每一大氏族能夠提供一千壯丁。

我們熟讀過甲骨文和《詩》、《書》等重要古文獻，經過長期的仔細的研究，

知道古代中國的氏族組織和軍隊編制中亦有一種百人團體和千人團體存在。現在先舉甲骨文的材料：

　　　　貞：戜◎百人……（武丁時）

　　　　　　　　　　　　　　　（《殷虛文字乙編》〔簡稱《乙》〕五六七三加五六七二）

這片卜辭已殘缺，戜是一位將軍，◎是動詞，不知何義，疑是伐字之省。百人是軍事編制。

　　　　丙申卜，貞：☷馬，左右中人三百，六月。（武丁時）

　　　　　　　　　　　　　　　　　（《殷虛書契前編》〔簡稱《前》〕三・三一・二）

　　　　□□卜，宁，貞：勿☷多馬人三百。六月。（武丁時）

　　　　　　　　　　　　　　　　　（《鄴中片羽・第三集》〔簡稱《鄴三》〕下・四七・八）

　　　　☷惟人百。（武丁時）　　　　　（《鐵雲藏龜》〔簡稱《鐵》〕六三・四）

☷字从戈貫○，係一動詞，不知道是現在的什麼字。馬是殷代軍隊的一種，我們將另有說明。殷代的軍隊常是分作左、右、中的，"人三百"分作三路，每路便是一個百人團體了。

　　　　丁酉貞：王作三𠂤右中左。（文丁時）　　（《殷契粹編》〔簡稱《粹》〕五九七）

𠂤字在甲骨文和金文裏都可以看出是軍隊屯駐的地方，和邑字約略相當，所以殷人常占"今夕𠂤不震"（震驚即有警），同樣也占卜"今夕邑不震"（參考《六同別錄》卷中屈萬里《𠂤不震解》）。一𠂤所屯駐的軍隊可能就是一個百人團體。

　殷代的軍隊又有叫做射的，亦常常是以"三百"出現，如：

　　　　登射三百。勿登射三百。（武丁時）　　　　　　　　　（《乙》七五一）

　　　　貞：☷旁射三百。（武丁時）　　　　　　（《乙》四四七三及四四七五）

這類材料尚多，不必遍舉。登字在甲骨文裏常見，是徵集或提供之義。三百大約就是三個百人團體。

　　　　……受惟衆百。王弗悔。（武乙時）　　　　　　　　　（《粹》一一五〇）

"受惟衆百"和上舉"☷惟人百"句法相同，衆就是人，是當時的直接生產者，同時亦是軍隊的來源。

　　　　……二百人。王……多方……（武乙時）

　　　　　　　　　　　　　　　　　（《殷契摭佚續編》〔簡稱《摭續》〕六二）

這片卜辭已殘缺，大約占卜征戰的事情，二百人自然是指的兩個百人團體了。

　　……吕方征……八百。（武丁時）　　　　　　　　　　　　（《粹》一〇七九）

吕方是武丁時最強大的敵人，八百大約指出征軍隊中的八個百人團體。

　　貞呼……人九百。（武丁時）（《庫方二氏藏甲骨卜辭》〔簡稱《庫》〕一五六）
　　呼……九百人。（武丁時）　　　　　　　　　　　　　　（《殷虛卜辭》八三二）

呼是調動的意思，這大約都是調動九個百人團體出征的卜辭。

　　以上列舉了十二條卜辭，足够說明殷人軍隊的編制中有一種百人團體存在。十個百人團體結合起來便成爲一個千人團體，這在甲骨文中更常見，如：

　　丁未卜，殸，貞：王登千人，呼伐……戈。（武丁時）

　　　　　　　　　　　　　　　　　　　　　　　（《殷契佚存》〔簡稱《佚》〕三二四）
　　甲寅卜，㱿，貞：登千……（武丁時）　　　　　　　　　（《殷契卜辭》一三五）

這都是占卜徵集一千人出征的事。其一次登人三千者最常見，如：

　　庚子卜，㱿，貞：勿登人三千呼伐吕方，弗受有祐。　　　（《前》七·二·三）
　　戊寅卜，㱿，貞：勿登人三千呼伐吕方，弗……

　　　　　　　　　　　　　　　　　　　（《龜甲獸骨文字》〔簡稱《林》〕二·二七·六）
　　貞王登三千人。　　　　　（《金璋所藏甲骨卜辭》〔簡稱《金》〕四九八）
　　丙午卜，㱿，貞：勿登人三千呼伐吕方，弗其受有祐。　　（《金》五二四）
　　貞登人三千呼伐吕方，受有祐。
　　貞：勿呼伐吕方。
　　貞：勿登人三千。
　　貞：登人三千。　　　　　　　　　　　　　　　　　　　　（《庫》一六四九）
　　貞：登人三千呼伐吕方，受有祐。
　　貞：勿呼伐吕方。　　　　　　　　　（《殷虛書契續編》〔簡稱《續》〕一·一〇·三）
　　……人三千，呼伐吕方，受有……　　（《元嘉造像室所藏甲骨文字》九六）
　　……人三千，呼伐吕方，受……（《殷虛書契後編》〔簡稱《後》〕上·一七·一）
　　……三千，呼伐吕……　　　　　　　　　　　　　　　　（《粹》一〇七八）
　　……登人三千，呼伐土方……　　　　　　　　　　　　　（《甲骨綴存》七四）
　　庚寅卜，韋，貞：登人三千……　　　　　　　　　　　　（《前》七·二五·二）
　　丁酉卜，㱿，貞：勿登人三千呼伐……　　　　　　　　　（《鐵》二五八·一）

辛卯卜，㱿，貞：登人三千伐……	（《雙劍誃所藏甲骨文字》五六）
□□卜，㱿，貞：今……登人三千，呼……	（《續》五·一三·七）
戊戌卜，亘，貞：勿首登人三千……	（《庫》一一）
己巳卜，□，貞：登人三千，呼……	（《福氏所藏甲骨文字》三六）
……人三千……	（《殷契遺珠》〔簡稱《珠》〕七七七）
……貞：登人三千……	（《珠》一一八六）
貞：登人三千。	（《續》三·二七·四）
……登人三千，呼戔……	（《前》六·三八·四）
庚寅卜，𠃌，貞：𠂤三千人，伐……	（《續》五·一一·一）
貞勿𠂤人三千。	（《林》一·二五·一）

𠂤是動詞，和登字的意思相似，譬如卜辭常見"貞登牛百"，亦常見"貞𠂤牛百"，大約同是"提供"的意思。

以上列舉了一次徵集三個千人團體出征的卜辭，共二十多條，都屬於武丁時期。

丁酉卜，殼，貞：今𢀸王奴人五千，征土方，受有祐。	（《後》上·三一·六）
丁酉卜，爭，貞：今𢀸王奴人五千……方……	（《後》下·一·三）
……貞：今𢀸王伐㞢方，……登人五千，呼……	（《前》七·一五·四）

𢀸字不識，大約表示季節。奴和登在讀音和字義上都一樣。

貞：呂方亡聞。	
貞：登人五千呼見呂方。	
貞：勿登人。	（《續》一·一三·五）
貞：勿登人五千。	（《續》二·三〇·一〇）
登人五千，呼……	（《林》二·二八·一三）
……五千，惟……	（《誠齋殷虛文字》三七七）

以上列舉了一次徵調五個千人團體的卜辭七條，皆屬於武丁時期。根據上舉這些卜辭可見殷人出征常是調動三個千人團體或五個千人團體。

□人八千，在馭。	
喪馭衆。（文丁時）	（《粹》一一九）

馭是地名。衆等於人，是當時的兵源，亦是直接生產者。八千是八個千人團體。

十個千人團體結合起來便有"萬人"。《國語‧周語》和《呂氏春秋‧順民》都記載湯禱於桑林之辭說：

> 余一人有罪，無以萬夫。萬夫有罪，在余一人。

可見湯在當時只是一個萬夫長（部族的首領），但是到盤庚遷殷以後，人口和組織便很龐大了。

> 辛巳卜，貞：登婦好三千，登旅萬，呼伐羌。（武丁時） （《庫》三一〇）

這次伐羌的規模很大，竟一次動員了一萬三千人，即十三個千人團體。

> □巳卜，貞：□萬人歸。（武丁時） （劉體智藏骨拓本）
>
> 萬人般。（武丁時） （明義士藏骨拓本）

萬人亦皆是軍事組織。

> 癸卯卜，□獲□□其□三萬不？（武丁時） （《粹》一一七一）

卜辭中言數之例這是最高的記錄。可惜辭已殘缺，不知三萬究竟指的是什麼。個人推測，最大的可能是三個萬人團體。

以上把甲骨文中出征的記載，有人數可考的，一總抄出來，從這些材料裏我們可以看出殷代軍隊編制中有百人團體、千人團體和萬人團體。

現在再看周代的情形。《尚書‧牧誓》相傳是周武王伐紂時在牧野誓師之辭，在這一文件裏開頭便說：

> 嗟！我友邦冢君，御事：司徒、司馬、司空、亞旅、師氏，千夫長、百夫長，及庸、蜀、羌、髳、微、盧、彭、濮人，稱爾戈，比爾干，立爾矛，予其誓。

這裏記載着武王要他的麾下將隊伍排好，扛起了戈，擺好了盾，豎直了矛，好聽他的誓辭。武王伐紂的隊伍很複雜，友邦冢君是參加部族聯合的盟友，這時候還未變成周人的臣屬。庸、蜀、羌、髳、微、盧、彭、濮是西南方比周落後的種族，他們都不是周人的基本隊伍，周人直屬部隊的基層組織顯然是千夫長和百夫長。至於治事的司徒、司馬、司空當是周的高級官員（自然是由高級氏族的各位酋長擔任），而亞旅、師氏可能便是五個千人團體或三個千人團體的指揮者，可惜現在已經不能確切地說明了。《逸周書‧克殷》（朱右曾《集訓校釋》）記載牧野大戰的情形說：

> 武王使尚父與伯夫致師。（尚父，太公望。伯夫，四卒百人也。致師，挑戰也。

> 《周禮注》曰：致其必戰之志。古者將戰先使勇力之士犯敵焉。）

伯夫便是一個百人團體，在這裏是作爲敢死隊去衝鋒陷陣。《白虎通》卷五《三軍》條説：

> 傳曰：一人必死，十人不能當。百人必死，千人不能當。千人必死，萬人不能當。萬人必死，橫行天下。

《白虎通》引"傳曰"常是出於緯書，可惜我們已不能確切知道究係何書。在《説苑·指武》裏亦有類似的説法。從這些文獻裏可以看出十進制軍事編制的威力是如何強大。《管子·形勢解》："古者武王，地方不過百里，戰卒之衆不過萬人。"《春秋公羊傳》宣公八年"《萬》者何？干舞也"。何休《解詁》："《萬》者其篇名，武王以萬人服天下，民樂之，故名之云爾。"皆言武王是萬人團體的領袖。

從《詩經》裏也可以找到這類十進制軍隊編制的材料，如《秦風·黃鳥》：

> ……維此奄息，百夫之特……如可贖兮，人百其身。
> ……維此仲行，百夫之防……
> ……維此鍼虎，百夫之禦……

秦起自戎翟，社會的發展比較落後，一直到秦穆公時還保存着母系氏族社會遺留下的"兄終弟及"的繼承制度。穆公死時殺一百七十七人殉葬，内中有子車氏的奄息、仲行和鍼虎三位。這三位都是英雄，秦國人哀悼他們便作了這篇《黃鳥》詩。從詩裏看出秦人的意見以爲這三位英雄都可以選作百人團體的領袖。我們知道秦人有百人團體，那麼《國語·晉語》記晉文公復國時"秦伯納衛三千人"，便亦可以推斷秦穆公所送去的衛隊是三個千人團體了。

從甲骨文裏常可以見到用三族或五族出征的記載，如：

> □戌卜，爭，貞：令三族从沚馘伐土方，受有祐。
>
> （《殷虚文字甲編》〔簡稱《甲》〕九四八）

這是武丁時卜辭，沚馘是當時的大將。

> 眔令三族。　　　　　　　　　　　　　　　　（《後》下·二六·一六）
> 乙酉卜，惟三百令。
> 惟三族馬令。
> 眔令三族。

乙酉卜，于丁令馬。

惟一族令。　　　　　　　　　　　　　　（《戰後寧滬新獲甲骨集》五〇六）

馬是殷代軍隊的一種，丁日是乙酉後兩天，從這一條看，似乎三族是三個百人團體。

王惟次令，五族其戍羌〔方〕。　　　　　　（《後》下·四二·六）
癸巳卜，王其令五族戍㞷。　　　　　　　（《粹》一一四九）
□丑卜，五族戍，弗雉王衆。　　　　　　（《鄴三》下·三九·一〇）
五族，其雉王衆。　　　　　　　　　　　（《鄴三》下·三八·二）

以上這六片都是武乙時卜辭。羌方是當時的強敵。㞷是和殷人關係最親密的氏族，土地接近𠮷方（如《續》三·一·三"𠮷方不至于㞷"），戍㞷大約就是爲了對抗𠮷方。根據這些甲骨文來推測，最大的可能是五族等於五個百人團體，三族等於三個百人團體，而一族就等於一個百人團體了。果真如此，那麽甲骨文裏的族字便等於我們現在所用的氏族。

今日講西周的歷史，材料反不如殷代來得豐富，但如明公殷：

唯王令明公遣三族伐東國。（成王時）　　（《兩周金文辭大系考釋》一〇）

從這裏亦可以明白的看出軍隊編制和氏族組織有分不開的關係，這裏的族字大約也是百人。

三　農業生產

古秘魯印第安人的百人團體不僅是軍事編制，亦是農業生產上的組織，即經濟合作體，這便叫作"馬克"。在秘魯一個百人團體的馬克內，除各家住宅附近的園圃係私有外，全部村外的耕地，都是公有，每年分配一次，每家各得一份，但是仍要共同耕作。播種期到來之前，村長便和村內耆老商定開始耕作的日子，並事前通知全村，到了這天，男婦和成年兒童便一齊到郊外，行過一個小小儀式（工作是用唱歌開幕的），就分頭在田裏工作，順序耕種各個成員的份田。

提到馬克便會使人想到古代的日耳曼人。日耳曼人的部族全是分成一百個小區，又因每區住着一個血族共同體，所以是一部族包括一百個大氏族。他們的基

層組織叫作"百人組"，百人組定住在一定的地域後，便構成一個馬克。在馬克團體內，除居住的地方外，無論什麼土地都是公有。在馬克內的個人却沒有成員的人格性，嚴格的說家才是成員。馬克團員所有的權利之最重要的部分，爲對於耕地有平等所有權，爲了要維持團員所有權的平等的緣故，不得不采取每年分割一次的制度。馬克的耕地是由馬克團員全體共同耕種的，在共同的計劃上，舉行同時的經營。馬克團體內執行"耕作強制"的制度，假如某一個團員不受"耕作強制"的裁判，他的事業的前途就要受着種種不利的打擊。在這樣的經營組織之下，各人是不能任意耕作收穫的，即是各人都須在"耕作強制"的制度之下，和其他團員在同一的時候，播種共通的作物，耕作共通的作物，收穫共通的作物。

以上略述古代秘魯和日耳曼的馬克，以供瞭解古代中國十進制氏族組織下農業耕作情況的參考（當時的耕具以木製爲主，或許偶然亦用銅，這和秘魯相似，日耳曼則較爲進步，我們將在另外的一篇文章中說明）。古代中國的氏族成員叫作"衆"，是兵源（例證很多，略見上章所舉卜辭，詳細情形將另文說明），亦是直接生產者。

　　乙巳卜，殻，貞：王大令衆人曰：協田！其受年。十一月。

（《前》七·三〇·二，《續》二·二八·五，《粹》八六六）

　　戊寅卜，穷，貞：王往視衆黍于同。　　　　（《前》五·二〇·二）

　　貞：惟小臣令衆黍。一月。　　　　　　　　（《前》四·三〇·二）

這都是武丁時卜辭。"協"是"同力"即"通力合作"的意思。"黍"是種黍。"令"字有"耕作強制"的意味。"大令"更可以見出參加種田者人數之多。

甲骨文裏常見"藉"字，像一個人用手推耒，同時用脚向下蹈踏的情狀，用作動詞，即用耒種田的意思，所以下文常接着說到"受年"（即得到好收成）。藉字在中國古書上有幾個意思，在這裏有加以說明的必要：一、藉就是"耕"（《續漢書·禮儀志上》注引盧植《禮記·月令注》），這和卜辭中一切藉字的用法都相合。二、藉就是"蹈"，《後漢書·明帝紀》注引《五經要義》說"言親自蹈履于田而耕之"，這和甲骨文藉字的形體相合。這種原始的耕種方法在漢代生產落後的地區和受剥削最重的農民間還保存着，便叫作"跖耒而耕"，如《淮南子·主術》說：

　　一人跖而耕不過十畝。

《鹽鐵論·未通》說：

> 民蹠耒而耕，負擔而行，勞罷而寡功。

這都說明了這種耕法效率很低，耒是由"掘土棒"演變來的，美洲印第安人的耕具與此很相似，使用這種耕具就只能用這種耕法。如果一個人自己經營，工作很慢，效率很小，疲勞而無興趣，必須彼此互助，集體耕作，才可以得到好的收成。所以土地雖是平均分配給各家，而耕種却是團體的。國王小臣或族長既是耕作時的指揮者，他們分得的份田自然就由大衆首先助他們耕作。三、藉就是"助"和"借"。《孟子》說：

> 殷人七十而助，助者藉也。

這是說殷代每人分得七十畝田，而行助法，助就是藉。趙岐作《孟子注》，解釋藉字說：

> 藉者，借也。猶人相借力助之也。

古代"族"或"國"常保留大塊公有土地，亦由衆人共同耕作，收成則送入公共倉庫（有神倉和御廩等）以爲祭祀、軍旅和賑宗收族（救濟鰥寡孤獨）之用，這種土地亦便叫作"藉田"。這種制度並不能看作一種剝削，《穀梁傳》（宣公十五年）和《禮記·王制》都說：

> 古者公田藉而不稅。

許慎《說文解字》：

> 藉，帝藉千畝也。古者使民如借，故謂之藉。

都和藉田的原義相去不遠，《尚書大傳》說"天子知民之緩急，急則不賦藉"，注文說：

> 藉，公家之常徭。

這便是用漢代的眼光來瞭解古代了。

武丁時卜辭：

> 丙子卜，呼……藉。受年。　　　　　　　　（《前》七·一五·三）
> 己亥卜，貞：令吳小藉臣。
> 己亥卜，……勸藉。　　　　　　　　　　　（《前》六·一七·六）
> 庚子卜，貞：王其勸藉，惟往。十二月。　　（《後》下·二八·一六）

吴是武丁時很重要的小臣，兼管耕作的事情。呼和勸都有"耕作強制"的意味，《禮記·月令》仲秋：

> 乃勸種麥，毋或失時。其有失時，行罪無疑。

這或許就是沿襲着殷代的制度。

> 丙辰卜，爭，貞：呼藉于陲，受有年。
> 貞：呼廩歸田。　　　　　　　　　　　　　　　　　　（《乙》三〇九一）

陲是地名，卜辭亦常見"貞陲受年"。

> 丁酉卜，殷，貞：我弗其受甫藉，在姰。　　　　　　　（《乙》四三〇六）

姰是地名，卜辭亦嘗見"貞姰受年"。

關於周代的藉田，在《國語·周語》裏保存一段很好的史料，可惜原文太長，現在節錄於下（原有韋昭注，亦節錄之）：

> 宣王即位，不藉千畝（藉，借也。借民力以為之。天子田藉千畝，諸侯百畝）。虢文公諫曰："不可。夫民之大事在農，上帝之粢盛於是乎出，……和協輯睦於是乎興（協，合也。輯，聚也。睦，親也）。……是故稷為大官。古者太史順時覛土，……先時九日，太史告稷曰：'自今至于初吉，陽氣俱蒸，土膏其動。……'稷以告王，……王乃使司徒咸戒公卿、百吏、庶民。……先時五日，瞽告有協風至，……及藉，后稷監之，膳夫、農正陳藉禮，太史贊王，王敬從之。王耕一墢，班三之（班，次也。王耕一墢，一耦之發也。耜廣五寸，二耜為耦，一耦之發，廣尺深尺。三之，下各三其上也。王一墢，公三，卿九，大夫二十七也），庶民終于千畝（終，盡耕之也）。……是日也，瞽師、音官以風土（音官，樂官。風土以音律省土風。風氣和則土氣養也）。廩于藉東南，鍾而藏之（廩，御廩也。一名神倉，東南生長之處。鍾，聚也。謂為廩發藏王所藉田，以奉粢盛也）而時布之於農。稷則徧誡百姓，紀農協功（紀謂綜理也。協，同也）。……王則大徇（帥公、卿、大夫親行農也），穮穫亦如之（如耕時也）。民用莫不震動，恪恭于農，修其疆畔，日服其鎛，不解于時，財用不乏，民用和同。是時也，王事唯農是務，無有求利於其官，以干農功。三時務農而一時講武，故征則有威，守則有財。若是，乃能媚於神而和於民矣，則享祀時至而布施優裕也。今天子欲修先王之緒而棄其大功，匱神之祀而困民之財，將何以求福用民？"王不聽。

這段材料說明國王親自參加藉田，領導群眾生產的重大意義。一則說"和協輯睦

於是乎興"，再則説"徧誡百姓紀農協功"，三則説"民用和同"，可見古人很看重集體勞動，通過"通力合作"來進行一種合群的教育。這裏所説的廩就是公共倉庫，藉田的收入藏在這裏面，以供祭神之用，亦隨時布之於農民，如果公共倉庫的蓄積充實，自然亦就"享祀時至而布施優裕"了。農民三時（春夏秋）務農，一時（冬季）講武，所以在軍事編制和農業生產上要有統一的組織，這便是我們要講的十進制氏族組織了。

周代在十進制氏族組織下的耕作規模較殷代更來得偉大。我們先講幾篇《詩經》。《大田》：

> 大田多稼，既種既戒，既備乃事。以我覃耜，俶載南畝，播厥百穀。既庭且碩，曾孫是若。

大田是族或國保留的公有土地，不須分割，所以沒有阡陌而稱爲大田。曾孫指族長即周王。

> 有渰萋萋，興雨祁祁，雨我公田，遂及我私。彼有不穫穉，此有不斂穧。彼有遺秉，此有滯穗，伊寡婦之利。

公田即大田，指族或國保留的公有土地，私田則是各家分得的份田。在土地公有的時代，普通人都是耕份田爲生，無窮富的差別，不可能有奴隸、奴農、佃農或雇庸代替耕田。"有人斯有土，有土斯有財"。寡婦沒有勞動力便分不到份田，年青的大約都改嫁了，老邁無子的雖有宗族照顧，生活卻不免很苦了（在古代中國，一般的説，鰥寡孤獨不能勞動的人都很苦，所以經典和銅器銘文裏常有照顧他們的話）。《甫田》：

> 倬彼甫田，歲取十千。我取其陳，食我農人，自古有年。……曾孫之稼，如茨如梁。曾孫之庾，如坻如京。乃求千斯倉，乃求萬斯箱。

甫田就是大田，亦就是族或國保留的公田。歲取十千的"取"字讀作"聚"，《左傳》（昭二十年）"鄭國多盜，取人於萑苻之澤"，王引之《經義述聞》説"取讀爲聚"，並舉了許多例子證明"聚古通作取"（此條承中國科學院丁聲樹先生告余，非常感謝）。每歲聚集十個千人團體共同耕作，規模真是偉大。在近代陝西的黃土高原上因爲水份缺乏，人力尚不能控制雨水，每家必須保存三五年足用的糧食以防旱災，到過陝北而留心農民生活的人，多知道此事。古代生產力微弱，情形更應當是如此。《逸周書·文傳》篇説：

> 《夏箴》曰：國無兼年之食，遇天饑，百姓非其有也。

《漢書·食貨志》説：

> 民三年耕則餘一年之畜……故三載考績。……三考黜陟，餘三年食，進業日登。再登曰平，餘六年食。三登曰泰平，二十七歲遺九年食。然後王德流洽，禮樂成焉。故曰"如有王者，必世而後仁"，繇此道也。

這便是説一個國家在新建設的時代，必須人人勒緊褲帶，要經過九個三年計劃，一般人的生活程度便可以提高。但是他們吃的糧食如何呢？如果"新陳代謝"的工作掌握得好便吃九年的陳糧食，否則亦許要吃二十七年的陳糧食了。在這種情狀下越是"自古有年"，越脱不掉要吃陳糧食，明清時期，漕米在大倉中發熱，變成了黄硬而無黏性的"老米"很不好吃，但是帝后王公到包衣廝養都以此爲主要食糧，便亦不分身份的貴賤。古代中國既是要吃陳糧，想來亦不容易從這上面看出身份的差別。族或國保留的公田，收穫所得都送入公共倉庫，以供種種的公共費用（如祀、戎和收族等等），族長或國王按照習慣對於公共倉庫有絕對的支配權，這樣便像是他的私産。我們知道古代社會的人民熱愛領袖，因爲領袖代表着全體的光榮和利益，這樣亦便高喊出"曾孫之稼"、"曾孫之庾"了。《臣工》：

> 嗟嗟臣工，敬爾在公。王釐爾成，來咨來茹。……命我衆人，庤乃錢鎛，奄觀銍艾。

這詩開頭是告誡農官，用心爲公家服務，遵受王的成法，時時來請教。"命我衆人"和甲骨文的"令衆"相同。準備好了田器，很快的就可以進行收割了。《噫嘻》：

> 噫嘻成王，既昭假爾。率時農夫，播厥百穀。駿發爾私，終三十里。亦服爾耕，十千維耦。

這詩説成王親自告誡農官，要他們率領着農夫播穀。"私"是各家分得的份田。土地雖然平均分配給各家，但是還要集體耕作。十個千人團體同時進行耦耕，所以便有三十多里的場面了。過去注解這詩的人如鄭玄、朱熹都根據《周禮·遂人》職，説"萬夫之地方三十三里少半里，言三十里者舉其成數"。

《遂人》職原文引如下：

> 凡治野：夫間有遂，遂上有徑。十夫有溝，溝上有畛。百夫有洫，洫上有涂。千夫有澮，澮上有道。萬夫有川，川上有路，以達於畿。

這裏叙述了從一夫到萬夫的耕地。遂、溝、洫、澮、川，指田間大大小小的水溝。徑、畛、涂、道、路，指田間寬寬窄窄的人行道。郭沫若先生很看重這段材料，在《古代研究的自我批判》裏說道：

> 周室治野的辦法在《周官・遂人》職裏面還保持着，那是純粹十進位的辦法。……這項資料我覺得同樣值得寶貴，並不是出於劉歆的杜撰。因爲《周官》儘管是有問題的書，但只是經過劉歆的剪裁添削，割裂改編而已，其中自有不少的先秦資料。故《周官》和《左傳》一樣，固不可盡信，然亦不可盡不信，使用時須得有一番嚴密的批評。

郭先生的這一指示，我們完全擁護。《載芟》：

> 載芟載柞，其耕澤澤。千耦其耘，徂隰徂畛。

這詩說芟除草木開始耕田，一個千人團體在一片土地上進行耦耕。《良耜》：

> 黍稷茂止。穫之挃挃，積之栗栗。其崇如墉，其比如櫛，以開百室。百室盈止，婦子寧止。

這詩說黍稷茂盛，收成很多，堆起來像城一樣高，像梳一樣密。鄭玄的注解說：

> 百室，一族也。……其已治之，則百家開戶納之。千耦其耘，輩作尚衆也。一族同時納穀，親親也。百室者出必共洫間而耕，入必共族中而居，又有祭醋合醵之歡。

這裏描繪出周代一族百室共同生產的情狀。在當時百人集體耕作大約是最基本的組織，所以《逸周書・作雒》叙述周初經營雒陽，亦說道：

> 都鄙不過百室，以便野事。

野事當然就是農耕之事。這雖然不一定是周初作雒的實情，却當是《作雒》篇寫作時的景況。一族聚居一處這對於集體耕作自然是很方便的。

既說明了這一點，我們試看周代幾篇有關建築的詩，《綿》：

> 捄之陾陾，度之薨薨，築之登登，削屢馮馮。百堵皆興，鼛鼓弗勝。

這說周的先王古公亶父初遷到岐時的事情，族人共同興建，搬土投土、打夯修治，手忙脚亂要蓋成一百堵房子，用大鼓的節奏來調濟衆人的精神，因爲勞動是爲了自己，人人作主人，所以就"樂事勸功，鼓不能止"了。《史記・周本紀》記此事說：

> 古公……乃與私屬遂去豳……止於岐下。豳人舉國扶老攜弱，盡復歸古公於岐下。及他旁國聞古公仁，亦多歸之。於是古公乃貶戎狄之俗，而營築城郭室屋，而邑別居之。

這裏所説"邑別居之"就是以血緣氏族爲基礎，分成若干百人團體，使它聚居在一起。《詩經》裏又有：

> ……之子于垣，百堵皆作。雖則劬勞，其究安宅。　　　　　　　（《鴻雁》）
> ……似續妣祖，築室百堵，西南其户。爰居爰處，爰笑爰語。　　（《斯干》）

這兩首詩都是西周晚年的作品，作邑還要以百家爲標準，可見當時軍事組織還是以百人團體爲基礎，農業耕穫是要通力合作。《逸周書・大聚》（朱右曾《集訓校釋》）説：

> ……發令以國爲邑，以邑爲鄉，以鄉爲閭，禍灾相卹，資喪比服（資，助。比，合。服，事也。比服猶云通力合作）。五户爲伍，以首爲長。十夫爲什，以年爲長。合閭立教（閭，二十五家也），以威爲長。合旅同親（旅當爲族，百家也），以敬爲長。飲食相約，興彈相庸（趙曰：功作則互相勸，是興。游墆則互相糾，是彈）。耦耕俱耘，男女有婚，墳墓相連，民乃有親。六畜有群，室屋既完，民乃歸之。

古書裏像這一類的記載還不少，可惜寫作的時代都不很早。不過，就此推測十進制氏族組織下一個百人團體的馬克内人民生活的情形，亦可以知其大概了。

古代羅馬實行過一種"百分田"的辦法，從原文名詞的字面上看和軍事上的"百人隊"有顯著的關係。這種分田的方法和古代中國的阡陌很相似。郭沫若先生在二十年前曾注意到此事（《中國古代社會研究・附庸土田之另一解》）。現在爲了瞭解古代中國的田制，特把古羅馬從土地公有到平均分配的情形，加以叙述。

古代羅馬的氏族制本來是土地共有，部族、諸氏族、家族均有他們共有的土地。到綸繆拉斯時代建立了十進制的氏族組織，亦實行了班田的辦法。當時土地區劃的方法和計算面積的單位是這樣：先決定一中央地點，畫出一個十字路，將地面四分開，然後在路的兩旁劃成許多方田。長二四〇尺（羅馬尺，下同）、寬二四〇尺的一區（二百四十乘以二百四十等於五萬七千六百方尺，約等於四五英畝），便是一夫之田。十倍於這個的一邊的長度的一區（二千四百乘以二千四百等於五百七十六萬）便叫作"百分田"，所以羅馬把區分土地這回事叫作"百分"（這很像周代人説"徹"）。但是土地不一定都適宜於劃成方田，所以百分田

的經界有時亦成爲種種的矩形。合若干百分田的單位有"薩爾妥斯"的總稱，但是並無確定的內容，這大約因爲羅馬褊小，缺乏大片土地的緣故。

百分田一區容納一百個"家"，內有房子及菜園，每家對此分得的土地及建造的房屋菜園等完全有主權。在百人團體所在地以外的荒地草場則共同使用。關於綸繆拉斯班田的性質，莫爾甘《古代社會》"羅馬的氏族制"章"土地之共有"節（楊東蓴等譯本）中，曾有說明：

> 這種攤派是個別的絕對所有權之嚆矢，是安定的生活及理智上的顯著的進步之前提。這樣的所有權不單是由政府所分賦的，而且是由政府所給予的，進而與從個人的行爲所發生的土地所有權，全異其趣。土地之絕對的個人所有之觀念，乃是經過經驗的一種產物，這種觀念之到達完全的境地，却還在文明時代。縱令如此，可是這些土地還是從羅馬人共有土地取來的，所以到文明發軔以後，氏族、胞族及部族等，在個別地爲各人所有的土地以外，還是共有若干之土地。

百分田是羅馬從氏族的社會進步到政治的社會過程中的產物，耕者對於土地已可長期佔有，不必年年分割，但非個人的真正私產，而是族或國所"授"與私人者。這比秘魯和日耳曼已進步，古代中國却曾經有過，從春秋到戰國初年，有些地方便是如此了。《國語・晉語》（韋昭注）說貴族氏族"食祿"的標準是：

大國之一卿一旅之田（五百人爲旅，爲田五百頃）。

上大夫一卒之田（百人爲卒，爲田百頃）。

從這裏可以看出當時土地劃分和軍事編制還有密切的關係。

從氏族的社會進步到政治的社會曾經過一段很長的路程，這便是古代中國的歷史。在這一發展過程中十進制氏族組織的出現還只是前一段。由於生產力不斷的發展，繼此當然還要有許多翻新的花樣，而與之相適應的土地分割制度亦就紛紛的出現。這裏面有時代先後和地理條件的不同，而最重要的却在軍隊組織的改變。最顯明的如《春秋左氏傳》所記載，僖公十五年晉作州兵，成公元年魯作丘甲，昭公四年鄭作丘賦。這已不是十進制，需要另作說明，便不列於此了。

四　氏族組織

古羅馬的十進制氏族組織，莫爾甘在《古代社會》（楊東蓴等譯本）裏叙述得

很詳細，今摘要如下：

氏族的社會在羅馬人之間，顯示着關於組織上的四階段：第一，即氏族，這一組織乃同血族之集團，而且成爲社會的體制之單位。第二，即胞族，……成自十氏族，結合而爲一個比較高級的集團。第三，即部族，成自十胞族，備有民族在氏族制度之下所表現的若干特色。第四，即"羅馬國民"。……在有史時代之初，所有意大利部族，概形成同樣的組織。

羅馬胞族所包含的諸氏族，大抵都是持有親族關係的氏族，並且他們在再結合的過程中，即在形成高級組織的過程中，由互相嫁娶的結婚法，質言之，即由同一胞族內之各氏族互相供給妻室的結婚法，而使其結合益臻於強固。

拉門雷人之百氏族，概屬拉丁氏族，當他們組織成爲十個胞族（每一胞族成自十個氏族）的時候，綸繆拉斯便十分重視血族之聯繫，在可能範圍內將持有親族關係之氏族編入同一胞族之中。他復採用專擅手段，從自然形成的甲胞族的裏面，抽出過剩的氏族，以補乙胞族之不足，從而數字上之均衡始得以完成，這一事實是無可疑的。……至於第三部族（即盧西勒人）是由漸次加盟和征服的關係，較後成立的。這一部族就其構造要素而言，可謂是異質的，其中一面包含其他的氏族，一面又包含一部分伊特剌斯坎氏族。他們在組織上也採取數字上的十進法，質言之就是十個胞族各由十個氏族所構成。在這樣再行組織情形之下，氏族（即組織的單位）依然保持純粹的狀態，不曾遭遇何等變化。但胞族則上升到它的邏輯的水平綫以上，並且在某種情狀中，包含着不屬於嚴密意義的自然的胞族之外來分子。同時部族也上升到它的自然的水平綫以上，包含着不屬於自然發生的部族之外來分子。由此種立法的抑制，所以部族及其所包含的胞族和氏族，得以維持其均衡，不過第三部族在環境壓迫之下，其大部分，是屬於人工的創造物。……依照上述的方法所得到的數字上的比例，致使當時社會之政治的行動，敏捷迅速，能夠減少許多困難。

少數外來分子被迫而加入到第二及第三部族所包含之胞族中，尤其是加入到第三部族，可說是難以否認的事實。但是對於氏族，或是改變其組成分子，或是出於改造，抑或重新建設，這簡直是不可能的事體。立法者除掉以持有親族關係的諸氏族爲核心，結合於其周圍的既存的氏族外，實不能創造氏族，也不能創造胞族，它只能出於強制的手段，對於胞族中的氏族數目，以及部族中之胞族數目，予以增減而已。

在羅馬社會發達之遞升的階段中，居胞族之次位的便是部族。部族由十個

胞族或一百個氏族所構成。……如果單就我們現在所研究的羅馬部族而言，那麼我們便可以說它是爲着特殊的目的，藉特殊的手段，由人工擴大而成的一種組織，雖是如此，但是部族之基礎與本體仍然不失爲自然的產物。

以上引證了莫爾甘的許多議論，我們可以充分的了解古代羅馬在十進制氏族組織發生及形成時的社會性質。古代中國的許多史料，常是被封建主義和資本主義的學者歪曲了。我們多看一點可資參考的材料，對於整理自己的史料總是有益的。

古代中國的十進制氏族組織是社會發展上自然的產物，最初的出現當然是積無窮的歲月而慢慢形成的。及至統治氏族認識了這種組織的效能，總結了這種組織的經驗，便亦會機動的有步驟有計劃的加以推廣和鞏固。但是這位和羅馬史上綸繆拉斯相當的首出英雄究竟是誰呢？却很難講。《尚書·堯典》裏説到帝堯的功績是：

> ……以親九族，九族既睦。平章百姓，百姓昭明。協和萬邦，黎民於變時雍。

古代的"九族"指同姓（從古文家及馬、鄭説），作者另在《古代中國的家族形態》一文中説明，此處不再討論。現在我們想要説明的只是介於"九族"和"萬邦"之間的"百姓"。在前兩節裏我們已經指出古代中國在軍事和農事上都可以很清楚的看到有一種十進制氏族組織，一個部族包含一百個氏族，這便是所謂"百姓"了。根據鄭玄的注解，"平"是辨別，"章"是章明，"平章"就是整頓清楚的意思。那麼"平章百姓"亦就是綸繆拉斯在古代羅馬所作的工作了。《堯典》是春秋戰國間人的著作，史料不算很古，把制定十進制氏族組織這一功績歸之帝堯是否失之過早？我們從各方面考慮亦頗有可能，那麼便開始於公元前的二十三世紀，比起羅馬早了一千五百年。

説百姓就是百族並非空談，我們亦有證據，只是材料不太早，《周禮·地官·司市》：

> 大市，日昃而市，百族爲主。朝市，朝時而市，商賈爲主。夕市，夕時而市，販夫販婦爲主。

鄭衆注："百族，百姓也。"百族分處在一百個馬克內，要有來去的時間，所以是日昃而市。又《周禮·秋官·大司寇》：

> 若禋祀五帝，則戒之日涖誓百官，戒于百族。

鄭玄注"戒之日"就是"卜之日"，而《禮記·郊特牲》却説：

> 卜之日，王立于澤，親聽誓命，受教諫之義也。獻命庫門之內，戒百官也。大廟之命，戒百姓也。

這亦可見百族就是百姓，不過在太廟受命的大約不是百族的全體氏族成員（萬人），而只是他們的領袖，一百個族長。

稱百姓之長爲百姓，亦有很多證據，如周代銅器銘文的兮甲盤上有"諸侯"、"百姓"，史頌鼎上有"里君"、"百姓"，"百姓"必是族長，所以才和"諸侯"、"里君"並稱。"里君"亦見於矢令尊和《尚書·酒誥》，據《尚書·序》説"康王命作册畢分居里成周郊"，那麽"里君"是王國近郊許多馬克的首領，和百姓的性質便很相近了。

古代羅馬十進制氏族組織結合的經過，據莫爾甘説是：

> 因爲藉着引誘或征服的佔有，致令從周圍諸部族得到允許加盟的同意，致令數字上的調整益成爲可能。

古代中國的情形亦復如此，既憑藉着武力，亦依靠了"引誘"。在這裏我們應當注意一句古話"柔遠能邇"（拉遠方的氏族要它向自己靠攏）。這事實上就等於古代中國團結氏族的一貫的政策。《尚書·舜典》記載舜命十二牧時要他們"柔遠能邇"才可以"蠻夷率服"。又《顧命》記載成王將死，召集諸侯百姓，要求他們共保太子釗（即康王），要他們：

> 弘濟於艱難，柔遠能邇，安勸小大庶邦。

《詩經·民勞》（傳召穆公作）説：

> 惠此中國，以綏四方……柔遠能邇，以定我王。

在西周的銅器銘文裏亦常見此四字，如克鼎（《兩周金文辭大系考釋》一二一葉，厲王時器）叙述克的先祖師華父的功勳：竭誠擁護恭王"惠于萬民，柔遠能邇"，萬民便是百姓。番生簋（《兩周金文辭大系考釋》一三三葉，厲王時器）説他個人應當努力從政，"用諫四方，柔遠能邇"。從這些資料裏可以看出"柔遠能邇"是古代政治的最高理想。"道得衆則得國，道失衆則失國"，被他們從很多的經驗教訓中體會到了。當時要懷柔各族首先是"修德行善"（像《史記》裏説的商湯和周文王），却亦不免運用酒食宴享等手段，因爲"食、色"正是人類的天性。春秋時椒舉説"諸侯無歸，禮以爲歸"，便指的這一類事情。試看甲骨文：

> 惟多子饗。惟多生饗。　　　　　　　　　　　　　　（《甲》三八〇）

這是武乙時卜辭，占宴享多子和多生的事，多子是殷王的許多兒子，多生即多姓，即許多族的族長。在周代銅器銘文裏百姓亦寫作百生，臣辰父癸卣（《兩周金文辭大系考釋》三二葉，成王時器）：

> ……王令士上及史寅殷于成周，禮百生豚，及賞卣鬯貝，用作父癸寶尊彝。
> 臣辰。雙冊形。先。

這是很重要的一段材料，我們應當仔細說明。這裏說周王命士上和史寅兩個人殷于成周（洛邑）。殷字从宀从殷，是動詞。《周禮·大行人》職"殷同以施天下之政"，鄭玄注說：

> 殷同即殷見也。王十二歲一巡守，若不巡守則殷同。殷同者六服盡朝，既朝，王亦命爲壇於國外，合諸侯而命其政。

《周禮》和鄭注所說不一定是周初的情形，但是可知"殷"是開會的意思（是否與殷代有關却很難講了）。"禮百生豚"是送百姓豬肉吃。又賞了他們一卣香草酒和許多貝。這種牢籠的手段周王是慣用的，《論語·堯曰》說：

> 周有大賚，善人是富。雖有周親，不如仁人。百姓有過，在予一人。

便是說的這一類事情。"大賚"是普通的賞賜，善人、仁人指馴順的殷民。"雖有周親，不如仁人"兩句朱熹《集註》上了僞《古文尚書·泰誓》的當，說是指的商紂王，因此講得很糊塗。據何晏《集解》：

> 孔曰："親而不賢不忠則誅之，管、蔡是也。仁人謂箕子、微子，來則用之。"

"孔曰"據說是傳自孔安國，可見《尚書》僞孔《傳》裏不同而又不通的講法，決不可信。事實上《堯曰》這幾句正是周初的懷柔政策，即殷代的氏族歸周後仍爲百姓，不過從殷遷徙到洛邑罷了。這一久不爲人注意的史實從臣辰父癸卣上可以得到充分的證明。在這段銘文裏臣辰是作器者的名字，他是百姓，受到周王豚卣鬯貝的賞賚，認爲很榮幸，所以作了一批銅器來光宗耀祖。在人名下畫了兩個冊形，這表明他的官職是"作冊"（即史官）。又寫了一個"先"字（並不真是一個"先"字，爲排版方便計假定它是先字），這是他的族徽。臣辰父癸卣係二十年前在洛陽出土，同時出土有銅器三十餘件，已被帝國主義的文化強盜劫掠以去。現在用《河南吉金圖志賸稿》一書所載各器爲例，說明如下：

第三十二圖　臣辰父癸尊（現在日本）

這個尊的銘文和前舉臣辰父癸卣相同，乃臣辰爲紀念周王賞賚而作，是用來祭祀父癸的。

  第五圖　父乙臣辰鼎（河南博物館藏）
  第十一圖　父乙臣辰簋（現在紐約）
  第二十六圖　父乙臣辰卣（現在紐約）

這三件銅器是臣辰同時所作，亦有"先"字族徽，是用來祭祀父乙的。臣辰一人而有兩父（父癸和父乙），這是殷人"多父"的習慣。

  第八及九圖　乃子父辛甗（現在歐洲）

這兩個甗的器形和銘文都相同，釋文如下：

  乃子作父辛寶尊彝。雙册形。先。

兩銘末尾都有雙册形和"先"字族徽，可見是臣辰的同族。作器者不具名而稱"乃子"（意即"你的兒子"，或許這便是他的名字），被祭者則稱父辛，究竟這兩人和臣辰的關係如何，我們不得而知。不過就此我們可以推測"先"族在當時準是一個強宗。稱父癸、父乙、父辛和祭祀的方法有關，是殷人的禮俗，周人從來沒有仿行過，所以我們完全有理由推斷"先"族是殷遺民。他們雖然被周公、召公遷到洛邑，却保全了氏族組織和舊有的習慣。我們試從甲骨文裏探尋他們的祖宗，找到"先"是人名（祖庚、祖甲時卜人，見《林》一·二二·一五及《戩壽堂所藏殷虛文字》三四·一四）、地名（見《前》二·一五·二及《前》二·二八·二），亦就是氏族名（這一道理在甲骨文裏表示得很清楚，將來另作說明）。殷墟出土銅器銘文上亦常見過"先"（《鄴三》上·七，先羊鼎），可見"先"族從殷代祖庚、祖甲時當卜人（即史官），到周初又擔任作册，雖然亡國被遷到洛邑，職業未變，氏族組織和禮俗依舊保存，並且是"百姓"，即編入十進制氏族組織之中。

  從這一個很好的例子來看《尚書·多士》及《多方》等篇，便可以得到一點真切的瞭解。如《多士》：

  王曰："告爾殷多士！今予惟不爾殺，予惟時命有申。今朕作大邑於茲洛，予惟四方罔攸賓，亦惟爾多士攸服，奔走臣我多遜。爾乃尚有爾土，爾乃尚寧幹止。爾克敬，天惟畀矜爾。爾不克敬，爾不啻不有爾土，予亦致天之罰於爾躬。今爾惟時宅爾邑，繼爾居。爾厥有幹有年於茲洛。爾小子乃興，從爾遷。"

這裏周王露出凶惡的面孔，但是最可注意的是"宅爾邑，繼爾居"兩句，我們曾在上節裏說明"百室一族"的馬克，那麼這裏的"邑"便應當是殷人的氏族共同體了。又如《多方》：

> 爾乃自時洛邑，尚永力畋爾田。天惟畀矜爾。我有周惟其大介賚爾，迪簡在王庭，尚爾事，有服在大僚。

這裏周王又表示親善，用賞賚、大官來拉攏殷人。可見殷人亡國以後，被迫遷移，遭受嚴厲的管制，聽盡了威嚇利誘的話，但是氏族組織仍舊存在，因此亦還有官做（古代中國做官必須通過氏族組織，沒有氏族的人便不容易做官。詳下）。既不是奴隸亦不是農奴，而只是低階氏族。難道說周人不願意把殷人轉化成奴隸嗎？不是的，而是事實上行不通，因爲當時還沒有真正的政治組織，沒有法律、監獄、軍隊、警察等等階級壓迫階級的工具。這說明了，只有生產力是決定社會發展的因素。武力膨脹，組織龐大，就社會性質來講，只算作到量的改變而並不等於質的改變。

此外，銅器銘文上提到懷柔百姓的，如善鼎（《兩周金文辭大系考釋》六五葉）：

> 用作宗室寶尊……余其用格我宗子與百生。

叔狀簋（《三代吉金文存》卷八第三九葉）：

> 叔狀作寶尊簋……用侃喜百生朋友。

兩銘都說銅器作成要用它拉攏百姓和宗子朋友，這當然是指的"辦招待"了。晉姜鼎（《兩周金文辭大系考釋》二二九葉）：

> 用作寶尊鼎，用康䰙（擾）妥懷遠邇君子。

這說作銅鼎要用它拉攏遠近的族長，自然亦指的酒食等事。沇兒鐘（《兩周金文辭大系考釋》一六○葉）：

> 用盤飲酒，和會百生。

這是徐國的王子沇兒所作的鐘，說要作樂吃酒和百姓開部族大會。從這些銅器銘文裏我們可以看出古代中國部族拉攏氏族的辦法。至於一個"百姓"如何團結他的氏族成員呢？說穿了仍舊離不了酒食宴會。《國語‧楚語》（韋昭《解》）：

> 日月會于龍䤰（謂周十二月，夏十月也），土氣含收，天明昌作，百嘉備舍，

> 羣神頻行。國於是乎蒸嘗，家於是乎嘗祀。百姓夫婦擇其令辰，奉其犧牲，敬其
> 粢盛，潔其糞除，慎其采服，禋其酒醴，帥其子姓（子，眾子。姓，同姓也），從其時
> 享，虔其祝宗，道其順辭，以昭祀其先祖，肅肅濟濟，如或臨之。於是乎合其州鄉朋
> 友婚姻，比爾兄弟親戚。於是乎弭其百苛，殄其讒慝（弭，止也。苛，虐也。殄，覆也。
> 止覆謂解怨除恨），合其嘉好，結其親暱，億其上下（億，安也），以申固其姓。

從這一套道理看，我們可以瞭解古代中國爲什麼特別注重禮了。

古代中國建立在十進制氏族組織上的酋長雖已叫作王，這只是個名詞的問題，事實上還保存着基本的民主形式，這可以從兩方面來說明：一、部族全體會議。二、選舉。現在先談前者。關於殷代的部族會議，我們可以看《尚書》裏的《盤庚》三篇。盤庚當時遷都到殷，人民感覺不便，最後在王庭開民衆大會來討論，開會時王任主席，民衆否決方法係用口出怨言（這和古日耳曼人的習慣相同）。最後盤庚用說服的方法解決了這一問題。在這三篇書中共用了十二個"衆"字，有兩處亦提到"百姓"，稱人民爲"衆"和甲骨文完全相合，證明了這幾篇文件的眞實性，因此我們推斷"百姓"一詞雖不見於甲骨文，在殷代却應當早就有了。關於周代的部族會議我們可以看《周禮·小司寇》職：

> 小司寇掌外朝之政，以致萬民而詢焉。一曰詢國危。二曰詢國遷。三曰詢立
> 君。其位：王南鄉，三公及州長百姓北面，羣臣西面，羣吏東面。小司寇擯以敘進
> 而問焉，以衆輔志而弊謀。

金鶚說"百姓即萬民"（《求古錄禮說》）。那麼這裏所說的便是一個部族全體會議。關於周代詢國危、詢國遷、詢立君，都有實際的例子，孫詒讓在《周禮正義》（卷六十六）裏曾舉了許多，現在爲着節省篇幅就不更列舉了。

其次談十進制氏族組織下選舉的辦法。《禮記·禮運》說三代以前是"天下爲公，選賢與能"，可惜選舉的方法現在已不可知。氏族組織走上十進制以後，選舉的方法在先秦古書上亦沒有明白記載，但在西漢人的著作中還可以找到一些痕跡。賈誼《新書·大政下》：

> 故王者取吏不忘（妄），必使民唱，然後和之。故夫民者，吏之程也，察吏於
> 民，然後隨之。夫民至卑也，使之取吏焉，必取其愛焉。故十人愛之有歸，則十人
> 之吏也。百人愛之有歸，則百人之吏也。千人愛之有歸，則千人之吏也。萬人愛
> 之有歸，則萬人之吏也。故萬人之吏選卿相焉。

這段議論出於《鬻子》（見葉德輝輯本）。《史記》謂鬻子爲周文王師，是否今不敢

定，其書爲先秦古籍則無可疑。這篇文獻已是"王"選"吏"的説明，不是民主選舉，其引人注意的是十進制組織猶有規模，這反映社會存在，故寫起來不嫌麻煩，東漢以後人著述決不會再現這樣拙劣的文章。《春秋繁露·爵國》：

> 大功德者受大爵土，功德小者受小爵土。大材者執大官位，小材者受小官位。如其能宣，治之至也。故萬人者曰英，千人者曰俊，百人者曰傑，十人者曰豪。豪傑俊英不相陵，故治天下如視諸掌上。

《淮南子·泰族》：

> 古者法設而不犯，刑錯而不用，非可刑而不刑也。百工維時，庶績咸熙，禮義修而任賢德也。故舉天下之高以爲三公，一國之高以爲九卿，一縣之高以爲二十七大夫，一鄉之高以爲八十一元士。故智過萬人者謂之英，千人者謂之俊，百人者謂之豪，十人者謂之傑。……英俊豪傑，各以小大之材處其位，得其宜，由本流末，以重制輕……

董仲舒、劉安著書的時候離開三代已遠，對於十進制氏族組織已經毫無所知，只從古書裏抄録了英俊豪傑一系列的名詞，至如怎樣選舉自然亦不曉得。試想十進制氏族組織消滅了以後，這樣的選舉如何能再實現？但是我們根據這些文獻却可以考歷史。我們推測古代中國的選舉，大約是由大家族推選出來的叫作"豪"，代表參加氏族會議。由氏族推選出來的叫作"傑"，代表參加胞族會議。由胞族推選出來的叫作"俊"，代表參加部族會議。由部族推選出來的叫作"英"，代表參加部族聯合。這樣層層推選出來的領袖最初的任務只是參加各級會議，後來便慢慢的分擔各種官職了。《禮記·禮運》（鄭玄《注》）：

> 孔子曰："大道之行也，與三代之英，丘未之逮也，而有志焉（大道，謂五帝時也。英，俊選之尤者）。"

根據上下文義我們知道"大道"指五帝，而所謂"三代之英"指的是三代之君。那麼《禮運》的作者是把夏商周的王都看作參加聯合的部族領袖了。《孟子·告子下》篇述説三代天子考查諸侯的政績：

> 入其疆，土地辟，田野治，養老尊賢，俊傑在位，則有慶。

古代的諸侯相當於一個部族酋長，在他下面只能有胞族、氏族選出來的代表，所以説"俊傑在位"。但是，這已經不是俊傑二名本來的意思了。在晚周諸子裏關於英俊豪傑一系列的名詞很常見，不過用得很混亂，我們在這裏便不多講了。

古代中國從氏族的組織到政治的組織中間曾經過不少的演變。在這一演變過程中，百家爲族的氏族始終是一個很頑强的組織，所以十進制打破了而它還存在，這在《周禮》的許多處，如《大司徒》、《小司徒》、《遂人》等職，看得很清楚。《大司徒》職：

> 令五家爲比，使之相保。五比爲閭，使之相受。四閭爲族，使之相葬。五族爲黨，使之相救。五黨爲州，使之相賙。五州爲鄉，使之相賓。

改十進制爲五進制，是生產力發展，氏族衰微，家的地位逐漸提高的表現。但是在這新的編制中，却仍安插四進的一級維持百家爲族的舊辦法，可見氏族組織裏面保存着許多舊規矩舊習慣，一時還不容易打破這個局面。這裏提出的族葬一事在《周禮》裏便有許多的材料，如《地官·大司徒》：

> 以本俗六安萬民，……二曰，族墳墓。

這裏明白地講出族葬是本俗。又如《春官》屬官有：

> 冢人，掌公墓之地，辨其兆域而爲之圖。先王之葬居中，以昭穆爲左右。凡諸侯居左右以前，卿大夫士居後，各以其族。

> 墓大夫，掌凡邦墓之地域，爲之圖，令國民族葬，而掌其禁令。

我們看齊國從"大公封於營丘，比及五世皆返葬周"（《禮記·檀弓》），雖則遠封在東方仍不放棄這一"本俗"，便可以明白古人是怎樣看重他在本氏族內的成員資格了。《地官·鄉師》：

> 正歲，稽其鄉器：比共吉凶二服。閭共祭器。族共喪器。黨共射器。州共賓器。鄉共吉凶禮樂之器。

"共"就是共有。既然族葬因而亦就"族共喪器"。這裏說的是"五進制"下的情形，共有的亦只是一些吉凶禮樂之器，但是我們却可以就此發掘前一個時代財產共有的痕跡。我們知道禮儀的發生常是由於生活習慣的凝固，前一個時代的日常生活，保存下來便成爲後一個時代的禮儀。根據這些吉凶禮樂之器共有的現象，我們便可以推測在十進制氏族組織下的更爲豐富而生動的內容了。至於古代大家族"異居而同財"的情形，作者另在《古代中國的家族形態》一文中說明，這裏便不必講了。

五　"軍事的民主政治"與"宗法封建"

氏族發展到部族聯合，進一步要走上政治的社會，一般的都要經過一個"二權政府"的階段，一方面酋長會議管民政，一方面軍務總指揮官管軍事、司法和宗教等事，這便是所謂"軍事的民主政治"。在這一過渡時期，酋長會議的權力日趨削弱以至於消滅，同時，軍務總指揮官的權力逐漸膨脹，便變成了階級社會的元首（在中國便是專制的帝王）。古代中國在十進制氏族組織下，酋長會議便是百姓（百族的酋長）的大會，這在上節已舉過一些史料，雖然不算很豐富，却毫無理由可以懷疑其存在。三代的"王"，《禮運》稱爲"三代之英"，意謂"俊選之尤者"，我們用現代術語來解釋，便是本部族的領袖軍務酋長又兼任了聯合的軍務總指揮官。以下便按照這一看法將所有的史料作一簡單的説明。

郭沫若先生在《中國古代社會研究》裏，首先用北美洲易洛魁部族聯合的二頭軍務總指揮官來解釋堯舜禹等的禪讓問題，這是中國新史學上一大發明。易洛魁聯合中的二頭軍務總指揮官是處在這一制度的發生和成長階段，而舜禹之事已是這一制度的破壞時期。《孟子·萬章上》：

> 昔者堯薦舜於天。……堯崩，三年之喪畢，舜避堯之子於南河之南。天下諸侯朝覲者不之堯之子而之舜，訟獄者不之堯之子而之舜，謳歌者不謳歌堯之子而謳歌舜。故曰，天也。夫然後之中國踐天子位焉。
>
> 昔者舜薦禹於天，十有七年舜崩，三年之喪畢，禹避舜之子於陽城，天下之民從之，若堯崩之後不從堯之子而從舜也。禹薦益於天，七年禹崩，三年之喪畢，益避禹之子於箕山之陰，朝覲訟獄者不之益而之啟，曰吾君之子也。謳歌者不謳歌益而謳歌啟，曰吾君之子也。……啟賢，能敬承繼禹之道。益之相禹也歷年少，施澤於民未久。
>
> ……

這裏説"天下諸侯朝覲者"便是部族聯合擁護他作軍務總指揮官。當時在制度上有很大的變動。本來軍務總指揮官是二頭，正死副繼，彼此同時存在可以互相監督，充分的發揮民主精神，此後改爲一頭便容易走上專制的道路。本來二頭軍務總指揮官是由各族中選出，此後却由夏后氏一族世襲了。不過這一轉變無疑的是

經過民意的，所以孔子説"唐虞禪，夏后殷周繼，其義一也"。

關於夏代缺乏可信的史料。大約夏王是本部族的領袖軍務酋長，兼任聯合的軍務總指揮官，其職務在軍事、司法和宗教方面，亦管理一些民政。軍事是本職，《史記·夏本紀》記載夏王一些征伐的事情。古代兵刑不分，古書上亦常説"禹作肉刑"。《論語》説禹"致孝乎鬼神"，"致美乎黻冕"，便指着宗教方面的事。又説"盡力乎溝洫"，主要在防除水害，當時雖然工具簡陋，古代中國"協作"的精神（通力合作）實是無比的力量，作些水利工程亦盡有可能。《夏小正》説"春正月農率均田"，又説"農及雪澤初服於公田"，可見農人的土地不私有，要每年平均分配一次，同時還要同力耕作公田。這與當時的生產力相適合。龍子所説夏代"校數歲之中以爲常"的貢法（見《孟子·滕文公上》），却與生產力發展的情況不合，所以絶不會出現。在部族聯合下武力壯大起來，自然要征服一些未加入聯合的部族，要他們朝貢。野蠻時代中級階段從被征服部族徵取貢品主要的不外既製織物和園藝上的作物，所以《尚書·禹貢》裏所説的"厥貢漆絲，厥篚織文"等等，或許倒保存一部分傳説的歷史。這樣，"協作"的力量，再加上貢納制的財富，便出現了古代中國的文明。

《史記·夏本紀》：

> 自孔甲以來而諸侯多畔夏。桀不務德而武傷百姓，百姓弗堪。……湯修德，諸侯皆歸湯。

"諸侯多畔夏"指聯合解體，"百姓弗堪"則是部族內部發生問題了。《詩經·商頌·長發》説到湯伐桀時的情形道：

> 苞有三蘖，莫遂莫達，九有有截。韋顧既伐，昆吾夏桀。

這用一本生三枝比喻桀和韋、顧、昆吾的關係，大約這是聯合的殘餘形態，即夏后氏的死黨了。

湯是商部族的領袖軍務酋長（萬夫長，見前引湯禱於桑林之辭，祈禱正是領袖軍務酋長的宗教上的職務），伐夏放桀以後諸侯服湯，才兼任了部族聯合的軍務總指揮官，這一職務便永久歸商"王族"內世襲了。世襲的辦法則是"兄終弟及"，這是母系氏族社會的遺風，必須通過一定的民主選舉的形式，關於這一點孔子還明瞭，《論語·憲問》：

> 君薨，百官總己以聽于冢宰，三年。

這是説舊君死後醞釀選舉有三年無君的時期（類似的情形我們還可以從元代初年見到），所以百官要聽命於冢宰。所謂"冢宰"相當於堯時之舜，舜時之禹，禹時之益的身份，不過繼位者已不是冢宰，而常常是舊君的兄弟了。《尚書·無逸》篇説到商代的先王高宗（武丁）"舊勞于外，爰暨小人"，祖甲（疑是太甲，當列武丁之前，參考段玉裁《古文尚書撰異》）"不義惟王，舊爲小人"，接着又説：

> 自時厥後，立王生則逸，生則逸不知稼穡之艱難，不聞小人之勞，惟眈樂之從。

可見在兄終弟及的時代，商王即位以前只是普通人，參加農業生產，並無甚麼特殊身份，要到當選以後才繼位稱王。自從康丁以後王位改由父死子繼，這才開始"立王生則逸"，不問生產只貪玩樂，王與勞動人民越來越處於對立的地位了。

殷墟的考古發掘工作得到了長形家屋的基址五十餘座，以中間一個最大的黃土臺基爲中心，東西對稱，密集的排列在一處。這僅是久經洹水破壞後殘餘的部分，當時的規模當然不止於此。長屋普通寬八至十公尺，長三十公尺，最長的到六十公尺。大約是木建築，所以墙壁和頂蓋一概不存。從這些遺址上，我們可以推想出殷部族的戰士聚族而居的壯大場面。當時的領袖軍務酋長在出兵作戰時當然有絕對的權力，但在定謀決策時却要開會徵詢眾人的意見。《吕氏春秋·有始覽·諭大》引《商書》説：

> 萬夫之長可以生謀。

或許便指的這種會議的功用。這裏解釋一個成語，甲骨文裏有關征伐的卜辭常説"下上若"或"下上弗若"，如：

> □酉卜，王征呂方，下上若，受我祐。
> 貞勿征呂方，下上弗若，不我其受祐。（武丁時） （《鐵》二四四·二）

"若"就是"順"，這説明吉利。相反的，"弗若"便凶了。關於"下上"過去學者間沒有一致的解釋，今按上指天道，下指人言。《春秋穀梁傳》莊公元年：

> 人之於天也，以道受命；於人也，以言受命。不若於道者，天絶之也。不若於言者，人絶之也。

這段文章很難懂，但是明白的指出了天和人對立，和"下上不若"的厲害。古人常説"師眾以順爲武"（《國語·晉語》），所以在出征時不僅要卜天意，亦要考慮到"人和"了。這類軍事上的民主作風在周代亦還保存，《周易·蒙卦象傳》：

利用禦寇，上下順也。

這和上引卜辭意思相同。又《同人》卦（摘引，經傳不別）：

> 同人于野。……唯君子爲通天下之志。……君子以類族辨物（按物即圖騰）。……同人于宗。……伏戎于莽，升其高陵，三歲不興。……乘其墉，弗克攻，吉。……同人，先號咷而後笑，大師克相遇。

"同人"就是開會，"同人于宗"當然是氏族的會議，按照一般野蠻人開會的習慣，號咷是反對，而笑便是同意通過了。

從《史記·殷本紀》亦可以看到商代部族聯合的情形，摘述如下：

> 契興於唐、虞、大禹之際，功業著於百姓，百姓以平。……於是諸侯畢服，湯乃踐天子位。

> 帝太甲修德，諸侯咸歸殷，百姓以寧。

這說明商本來是個部族，基層組織是百姓，湯以下才作部族聯合的軍務總指揮官。又：

> 帝雍己，殷道衰，諸侯或不至。

> 帝大戊，殷復興，諸侯歸之。

> 帝陽甲之時殷衰……於是諸侯莫朝。

> 帝盤庚行湯之政，然後百姓由寧，殷道復興，諸侯來朝。

我們看雍己以後到大戊，陽甲以後到盤庚，這兩段時間，殷衰諸侯莫朝，可知當時的聯合仍是民主的，商人的領導權並不固定，亦沒有絕對的力量可以控制一切。又：

> 帝紂……百姓怨望而諸侯有畔者……惡來善毀、讒，諸侯以此益疏。西伯歸，乃陰修德行善，諸侯多叛紂而往歸西伯。西伯滋大，紂由是稍失權重。

從這些記載裏還可以看出商王的統治有內外之分，內爲百姓，說明他是部族的領袖軍務酋長；外爲諸侯，說明他是聯合的軍務總指揮官。

古代中國社會在殷周之際又起了一次變化，推動的原因應當是冶鑄青銅技術的由熟練而推廣，這且不談，其表現在社會方面的便是母系氏族消逝和父系家長制出現。簡單的舉例來說，如上文所述"兄終弟及"制到康丁以下四代便變爲"父死子繼"。統治氏族因爲經濟條件優越，常是最進步的形態，一般的氏族則

往往要落後一點。甲骨文第一到第四期裏常見一些將官的名字，如吳、爯、望乘、師般、沚馘……等，難道說他們一生可以作七朝（從武丁到文丁）元老嗎？任憑怎麼壽命長亦決不可能。可見他們都是些軍務酋長，職務永久歸他們一族內世襲，便都頂替着原有的氏族名字。但是到第五期甲骨文裏這些名字却不見了，可見商末和王族繼承制度改變，相應的各氏族的軍務酋長世襲方法亦有了改變。換句話說，就是這些母系氏族一齊垮臺了。在這一轉變中給商紂王增加了許多罪名，《尚書·微子》篇說"咈其耇長舊有位人"，《牧誓》篇說"昏棄厥遺王父母弟不迪"，都指的這類事情。時代永遠是向前進的，但是在舊勢力太深厚的地方不容易建立起新制度，前進的人物却往往成了犧牲品。古人講"易姓改物"，就是說統治氏族不換便不可能改革。中國史上社會變革往往便是政事治亂朝代更迭的關頭，就是這種原因。試想在這樣大的社會轉變中不能建立起一套新秩序，夫婦、兄弟、父子、君臣之間會要多麼混亂啊。（關於父系排斥母系的材料在《古代中國的家族形態》一文中說明。）

　　殷代的銅器銘文常是簡單的圖形文字，郭沫若先生認爲圖騰的遺迹，這是完全正確的。郭先生說：

> 凡圖形之作鳥獸蟲魚之形者必係原始民族之圖騰或其子遺。其非鳥獸蟲魚之形者乃圖騰之轉變，蓋已有相當進展之文化，而已脫去原始畛域者之族徽也。（《殷周青銅器銘文研究》上册《殷彝中圖形文字之一解》）

古代中國能有相當進展之文化而脫去原始畛域，即脫離母系社會而步入父系家長制，這一蛻變時期大體說來便在周初了。《呂氏春秋·慎大覽》：

> 武王勝殷，得二虜而問焉，曰："若國有妖乎？"……一虜對曰："……吾國之妖甚大者，子不聽父，弟不聽兄，君令不行，此妖之大者也。"武王避席再拜之。

我們的理解，子不聽父是懷戀兄終弟及的守舊派，弟不聽兄是擁護父死子繼的革新派，這是社會改革的大問題，關係每家每人的利益，殷王不能簡單粗暴的處理。周代的新制度起自文王成於周公，首先便是確定父系，排斥母系。《尚書·康誥》裏有一段論到殷遺民滅亂天倫的話：

> 王曰："封。元惡大憝，矧惟不孝不友。子弗祗服厥父事，大傷厥考心。于父不能字厥子，乃疾厥子。于弟弗念天顯，乃弗克恭厥兄。兄亦不念鞠子哀，大不友于弟。惟弔，兹不于我政人得罪。天惟與我民彝大泯亂，曰：乃其速由。文王作

罰，刑兹無赦。……"

殷末父死子繼和兄終弟及兩種制度的衝突，大概到處都演着骨肉間鬥爭的局面，並且成爲社會上的一種風氣，無法制止。周人看到這種慘痛的教訓，趁着族中人口還不甚多，產業還不甚發達的時候，便確定下了進步的父子繼承的制度。武王崩後，成王年幼，周公攝政，又演出了管、蔡、霍三叔之變。到周公歸政成王，於是在文王作罰、周公作則的教育下，父子世襲的辦法才慢慢的建立起來了。

周武王是部族的領袖軍務酋長兼任部族聯合的軍務總指揮官，這從前引《尚書·牧誓》篇看得很清楚，伐紂以後造成了部族聯合征服部族聯合的局面。當時只是軍事勝利了，把局面弄得很開展，還没走上政治的社會，不可能有真正的國家組織出現。因此，在疆土上有畿服內外的分別，畿內是周王直接管理的區域，自成一個獨立的完整的系統，仍是軍事民主主義的形式。在父系家長制初期，限於生產力，奴隸的發展是很慢的，還不能起質的變化，所以大體說來還應當劃在氏族社會。至於畿外，即東方廣大被征服地區，則只有利用原有的氏族的組織來進行統治。這約有兩種方法，即一立"監"，二建"侯"。立監是不破壞原有的氏族的組織，保存原有的最高酋長，僅由周王派遣王族作監督，而單以獲得貢物爲滿足，建侯是立監進一步的發展，周王派遣王族（或貴戚）到被征服的地區，代替原有的統治氏族，結合殘餘的氏族的組織，鞏固並擴大領土，成爲軍事殖民地。這兩種辦法對被征服者都保存了基本的氏族組織，所不同的，前者是間接剝削和統治，除定期交出一定的貢納品外，氏族社會的一切依然保存。後者則是直接剝削和統治，土著的氏族共同體系除割讓出許多土地並代耕穫外，布縷力役之徵皆所不免，政治權則是自上而下的，氏族的民主參政權被壓縮到最低的限度。但是，就在這樣的情況下氏族社會的許多特點（如土地公有、平均分配、定期調整等等）亦還依然存在。這是古代中國氏族的組織發展到最高級的構造形態，等待鐵器出現，生產力大革命，這才起了變化。

武王伐紂時隊伍並不壯大。僅相當於諸侯兵會者的十幾分之一，比起紂的兵力更爲懸殊。《逸周書·作雒》：

> 武王克殷，乃立王子祿父俾守商祀。建管叔于東，建蔡叔、霍叔于殷，俾監殷臣。

周的控制力量不夠，不能破壞殷人的氏族的組織而直接有其地、奴其民。只可立紂子祿父維持舊體系，而派管叔、蔡叔、霍叔來監督殷臣，這便是所謂"三監"

（見《尚書·大誥》序等）。究竟西周立過多少"監"，現在不得而知，傳世銅器有史幾簋（《陶齋吉金錄》卷二第五葉），看形制花紋是西周末期（厲、宣前後）所作，銘文有"諸侯諸監"等字，可見當時監的數目猶不很少。《左傳》定公四年：

> 昔武王克商，成王定之，選建明德，以蕃屏周，故周公相王室以尹天下，於周爲睦。分魯公以大路，大旂，夏后氏之璜，封父之繁弱，殷民六族：條氏、徐氏、蕭氏、索氏、長勺氏、尾勺氏，使帥其宗氏，輯其分族，將其類醜，以法則周公，用即命于周，是使之職事于魯，以昭周公之明德。分之土田陪敦，祝宗卜史，備物典策，官司彝器，因商奄之民命以《伯禽》而封於少皞之虛。分康叔以大路、少帛、綪茷、旃旌、大呂，殷民七族：陶氏、施氏、繁氏、錡氏、樊氏、饑氏、終葵氏，封畛土略，自武父以南及圃田之北竟，取於有閻之土以共王職，取於相土之東都以會王之東蒐。聃季授土，陶叔授民，命以《康誥》而封於殷虛。皆啓以商政，疆以周索。分唐叔以大路、密須之鼓，闕鞏沽洗，懷姓九宗，職官五正，命以《唐誥》而封於夏虛，啓以夏政，疆以戎索。

這是新舊史學家公認的説明周初封建的最好史料。這些特別提出的殷民六族，殷民七族，懷姓九宗，職官五正，被分封給各國是同許多古董寶物一樣看待，不僅不是奴隸、農奴，且亦不是庶民而是百姓。魯國分到的六族，保存着原有的氏族的組織，在魯國擔任官職，《左傳》定公六年：

> 陽虎又盟公及三桓於周社，盟國人於亳社。

周社是周人的社神，亳社是殷人的社神（殷人起於亳，所以移住的地方都立亳社）。魯公和三桓都出自周王族，所以陽虎和他們盟於周社。魯的"國人"多是殷民六族的後人，到春秋末期還未打破氏族的組織，保存着固有的宗教信仰，所以陽虎要和他們盟於亳社。衛國是殷的老根據地，殷民七族當然亦是"帥其宗氏，輯其分族，將其類醜"，並擔任職事。唐叔分到的懷姓九宗、職官五正亦復如此，《左傳》隱公六年（杜預《注》）：

> 翼九宗五正頃父之子嘉父逆晉侯於隨，納諸鄂，晉人謂之鄂侯（唐叔始封受懷姓九宗、職官五正，遂世爲晉强家）。

可見到春秋時九宗五正還是支持晉君的極大力量。這只是一些顯著的例子，周初封建諸侯大概如此。《史記·周本紀》：

> 武王追思先聖王，乃襃封神農之後於焦、黃帝之後於祝、帝堯之後於薊、帝舜之後於陳、大禹之後於杞。

這些原始部族對周都是一種朝貢的關係，生產方法順着自然發展却不因周的武力而改變。周王族的勢力一天天的膨脹，殖民地一天天的擴張，許多原始部族便漸歸消滅。於是"諸侯"一詞意義和前代大不相同。龔自珍《古史鈎沈論》說"商法盟先異姓，周法盟先同姓"，這一觀察很銳敏，大體上講夏商和諸侯還是一種部族聯合的關係，而周的諸侯則是王族的擴大了。

周代確定了父死子繼制度以後，國王即位似乎不經過民主的選舉形式，但是否專憑着世襲權呢？不是的。一、他必須得到氏族的承認。二、他必須代表氏族的利益。這可以從許多材料上說明。《史記·周本紀》說：

> 孝王崩，諸侯復立懿王太子燮，是爲夷王。

《左傳》（昭公二十六年）和《竹書紀年》（晉文侯十年）都記載幽王死後諸侯分別擁立攜王和平王。《孟子·萬章下》：

> 齊宣王問卿。……王曰："請問貴戚之卿？"曰："君有大過則諫，反覆之而不聽則易位。"

周代貴戚之卿相當於氏族的世襲酋長，在國君既立之後還有這樣大的罷免權力，不承認時便可以"易位"。這樣諸侯立王、貴卿易位的舉動，決不是胡來亂來，而是有他禮俗的傳統和理論的根據，前引《周禮·小司寇》"致萬民、詢立君"則是他羣衆的基礎。所以我們敢於說一句：周王必是代表氏族的組織下一切成員的利益的（沒有氏族的庶人和奴隸則不包括在內）。

生產力繼續不斷的發展，奴隸的勞動剩餘增加，手工業和商業都抬頭了，山林陂澤之利便成了嚴重的鬥爭的對象。過去人民所注意的只是可耕的地，由氏族平均分配定期調整。山林陂澤不可耕便由氏族公有，不再分配。現在成了工商業資料的主要來源，大利所在，大小世襲酋長便想打主意獨佔。《國語·周語下》說：

> 厲始革典。

周厲王是一個很能幹很厲害的人，這從銅器銘文和《史記》裏都可以看出來。"專利"嚴重的破壞了氏族制度，從此氏族社會便開始急速崩潰。《左傳》昭公二十六年：

> 至于厲王，王心戾虐，萬民弗忍，居王于彘。諸侯釋位以間王政，宣王有志

> 而後效官。

這裏說厲王無道,被萬民(百姓,即國人)趕到彘,諸侯分番交代以參預王政。在《史記·周本紀》說:

> 召公、周公二相行政,號曰共和。

《左傳》僖公二十四年亦說:

> 召穆公思周德之不類,故糾合宗族於成周。……

這都是說厲王逐後曾出現過半貴族半民主的共和政治,雖然時間不久,可見當時亦還可以有"無君"的政府。這事並不偶然,充分的說明了周王權是些什麼性質。共和時代結束,宣王即位,說明在"專利"鬥爭中王族勝利國人失敗。我們讀變風變雅和《左傳》,可以看到大大小小的暴君,許多的暴政,而國人逐君立君亦就時有出現。中國氏族社會就這樣因內部利益不一致而解體,一直到真正的國家建立後才肅清了殘餘的勢力。

附 記

本文原定計劃還有:六、庶人和奴隸,七、結論,兩節。現在因爲笮者要到中南區參加土地改革工作,匆匆出發,沒有時間整理;如果等到五六個月後再繼續登載非常不便,所以暫告結束,不盡之意將來另作專篇發表。謹向讀者道歉,並誠懇的請求給以批評和指教!

一九五一年十一月於北京大學

原載《歷史教學》第 2 卷第 3、4、6 期,1951 年;收入宋鎮豪、段志洪主編:《甲骨文獻集成》第 28 冊,四川大學出版社,2001 年;又收入《張政烺文史論集》,中華書局,2004 年;又收入《張政烺文集·甲骨金文與商周史研究》,中華書局,2012 年。今據《張政烺文集》收入。

貝塚茂樹　伊藤道治

甲骨文斷代研究法の再檢討
―― 董氏の文武丁時代卜辭を中心として
（甲骨文斷代研究法的再檢討――以董氏所謂文武丁時代卜辭爲中心）

序　論

　　董作賓氏が一九三二年に發表した「甲骨文斷代研究例」は、その前年に公けにした「大龜四版考釋」において始めて發見した貞人を斷代の基礎として、殷墟から發掘されるあらゆる卜辭の製作年代を五期に區分しようとする大膽な試論であつた。從來全然その意味が不可解のまま殘されていた卜辭冒頭の卜日の干支を記した言葉につづいて、卜いの言葉との間におかれた卜と貞とにはさまれたさまざまの文字が、それぞれの龜卜において神に卜いの問いかけをする貞問の擔當者である「貞人」の名前を書いたものと解釋したのは、まことに非凡の着想であつた。そしてこれらの貞人の名前を、同一版上に並記された多くの卜辭中の貞人名の組合せをもととして、三個の貞人集團に分け、さらにこれらの貞人の卜辭に現れる殷代の先王王妃たちの稱謂の特異な組合せからその貞人集團の在職した時代を推定して、第一期武丁、第二期祖庚・祖甲、第三期廩辛・康丁、第四期武乙・文武丁、第五期帝乙・帝辛の五期にあたるとしたのもまた巧妙を極めた構想であつた。
　　この新説は先ず斯學の一方の雄である郭沫若氏を驚嘆させ、一、二の異論は出されたが、その誤解はやがて雲散霧消して、ほとんど全甲骨學界の支持を受けるようになつた。「甲骨文斷代研究例」は王國維の不朽の名論文である

「殷卜辭中所見先公先王考」、「同續考」についで、甲骨學史上永遠に記憶されるべき著述である。中道にして世を去つた王氏がもし長生したとしても、恐らくはついに考え及ばなかつたかも知れないし、もし彼を地下から起してこの論文を讀ましたとしても、必らず快哉を叫ぶに相違ないであろうと思われる。

「甲骨文斷代研究例」はそのような名聲を馳せたにもかかわらず、その發表後約三十年間、郭沫若氏らによつて董氏の漏らしていた若干の貞人名の補充、その時代比定がなされただけで、斷代研究法自體について問題にするものがなく、今日に及んできた。その間にあつてわれわれ著者の一人貝塚は早く董氏の新説について「東洋史研究」上に紹介したが、その後東方文化研究所に寄托せられた未刊の甲骨資料約四百餘片を入手した。これを董氏の新説によつて斷代的に整理しようと試み、甲骨實物を五期に分けることを實行して見たのであるが、豫想外の困難にうち當つて、事業の進行は容易でなかつた。

この豫期しない困難さはよく檢討して見ると、やがて甲骨文斷代研究法の五期に區分した卜辭のほかに、まだこの研究法が十分な用意をもつて時代を決定しなかつた若干の卜辭が存在することに由來していることに氣付いた。そのなかでも特に目を引いたのは、

　　　己丑子卜貞、余又呼出墉。

と書かれた牛骨上の卜辭であつた。これは非常な小字で、その筆劃は細く、しかも流動的な柔い書體をもつている。まず卜日の干支、次に子卜貞と書き、その次に卜問の内容を書いた卜辭は、董氏も「五等爵在殷商」において注意して、十四例をあげ、その字體は纖細で一手に出たようだとし、その卜事を行わせた首長であり、貞問まで自分で行つた「子」は殷の王子の略稱であろうとしたが、その特異な書風の時代が五期のどの期に入るかを明言しなかつた。

ところがこの種の卜辭を調べて行くうちに研究所所藏の一片と『殷虛書契前編』にのせられた

　　　丁亥子卜貞、我⿱冖皿田𪊲。
　　　己丑子卜貞、子𦥑呼出墉。　　　　　　　　　　　　　　（前八・一〇・一）

とが接合するものであることが判つた。しかもこのなかに出てくる子𦥑は董氏の同論文では第一期武丁の二十三人の王子中の一人として登録されているのである。これによると子卜貞形式の卜辭にもし董氏の斷代研究法をそのまま適用

すれば、まさに第一期武丁時代にぞくするものであるといわねばならぬ。

ところが、この種の卜辭は前にも述べたように小字でかかれるが、第一期では大字、中字が一般的で、小字は絕無ではないが珍らしい。しかもこれらを通じて第一期の書風はすべて力強い筆で書かれ、とくに大字の雄勁さは殷代の書の一つの頂點をなすものだとされている。子卜貞形式卜辭の書の纖弱さはこれと日を一にして語ることは出來ない。十干十二支のような標準字について字形を調べて見ると、董氏のいわゆる第一期には類似點が少く、むしろ四期五期の晚期と一致するものが多い。

著者は「東方學報」第九冊に殷代金文の圖象文字を論じたうちで、研究所の卜辭を偶然の機緣として、この子卜貞形式卜辭の一類を考察し、これが殷王朝の重要な部族である多子族の族長たる太子が卜つた卜辭であろうと推定し、この太子は𩓥という名を世襲したのかも知れないとして、この子卜貞卜辭は五期の多子族長太子の卜辭ではないかという想像說を提出しておいた。

この多子族卜辭の時代に關して、書體・字形よりする董氏のいわゆる晚期性と、歷史的人名による第一期への歸屬との矛盾の間に立つての苦鬪の結果である暫定的な、何等の實證を伴わない假說は、それ自身極めて弱いものであることは發表の當初から自覺していた。しかし僅か三十か四十の少數ではあるが、その時代歸屬は、董氏の見事に構成された「甲骨文斷代研究例」の體系の一つの盲點をつく重大な意義をもつものであることを豫感して、この時以來何度となく問題を反芻して見ていた。

多子族は殷王朝の有力な部族であり、王室と密接な關係をもつものではあつたが、王室の祖宗の祭祀に參加するだけで、殷の王室の直系の祖宗の祭祀權を保有していなかつたのか、そのなかに殷王室の祖宗の祭祀を卜つた例は殆ど見當らない。そして卜辭の時代を決定する直接の證據は何よりもこの祖宗の稱謂にあるのであるから、この偶然とも見える子𩓥の名を除いて、時代を決定しうる絕對的な根據は、全然見出すことが出來なかつた。

幸にして著者はやはり研究所所藏の甲骨中から多子族卜辭とは類似しながらしかも多少第一期卜辭に近似した卜辭の存在に氣が付いた。それは董氏が「斷代研究例」で論じ及ばなかつた「自」という貞人の卜辭である（第三圖）。この特色は貞字を第一期の𠁁とは異つて𠁂という型に書いていることである。これらの卜辭例を旣刊書に探つて「王」「𢆶」「勺」「叶」の四貞人が

あることを知つた。これらの卜辭のうち「王」の卜辭を董氏は第一期に入れているが、この卜辭群の集成を作つて、これに含まれる祖宗の稱謂を見ると、「父乙」「母庚」「父甲」「父辛」などがあつて、まさに王武丁がその四人の伯父及び父のなかの陽甲・小辛・小乙とその配偶である母庚を祭つたときの稱謂と解釋すべきものであることを知つた。われわれはこの種の卜辭群が、殷の歴代の王に隷屬した王族という部族の卜辭ではないかと考え、これを王族卜辭と稱した。この卜辭は内容・形式・書風ともに多子族卜辭と可成り類似した晩期的な性質をもちながら、しかも第一期武丁時代の貞人の卜辭にも類似した點が少しある。もし稱謂によつてこの時代が第一期と確定しうるならば、第一期において、一般の貞人卜辭とは異つた形式書風をもつ別の卜辭が並存したことになる。もしこのような第一期王族卜辭が存在し、第一期における異質の卜辭の共存が認められるならば、これを媒介として、これよりさらに晩期的な多子族卜辭もまた第一期に上げ、子䓕を武丁の子として見ることができると考えるに至つた。

　第一期においては多子族・王族卜辭を論じ、第二期において貞人を大出兄㒸などの一群と、行旅卽などの晩期の群に區分するなど、その他多くの點において董氏の斷代研究例を檢討し、その結果に基づいて研究所の約四百片の甲骨の時代區分を試みた『甲骨文の基礎的研究』と題した著者の研究報告は戰火によつて印刷所で燒失し、著者の手許には僅かに原稿の一部を殘すのみとなつた。ただ王族・多子族卜辭に關した所論の要旨を雜誌「書苑」に掲載し、戰後『中國古代史學の發展』のなかに「甲骨文斷代研究法の書體變遷觀の批判」として再錄した。

　著者が爆撃の危機の迫つた古都で董作賓氏の斷代研究法について補正說をねり、甲骨文の研究の校正に從事しつつあつたとき、董氏その人はさらに窮乏した事態の下にありながら、甲骨文斷代研究を踏臺として、殷代の長曆を復原する『殷曆譜』の大著を完成して出版し、このなかでこの一群の卜辭の時代決定に關しても新說を發表していようとは夢にも思いえなかつたのである。

　終戰以後中國の戰時中の學界消息が傳つてくるうちに、董作賓氏の大著の存在もやつと知つたが、入手の道は全く無い。そのうち國府の臺灣移轉の後、臺北から殷墟の正式報告の第一として『小屯』甲編・乙編上中冊の三冊が人文科學研究所に寄贈せられ、乙編の序によつて董氏の新說を始めて讀むことがで

きた。そして董氏が著者のいわゆる多子族・王族卜辭を一括して第四期後半の文武丁時代に比定していることを讀んで意外の感にうたれた。

著者は多子族卜辭を晚期に下げることからはじめて、また王族卜辭を媒介とし、これらを第一期にまで上げようとした。一度董氏の原說から離れて、またそこに戾つたといえるかも知れない。これに對して董氏はその舊說から、私の第一回の考えに行かれたといえるでもあろう。その行路は測らずして相前後し、相逆行している。董氏の論文は例によつて新奇な着想をもととして、華麗な展開を行つているが、その問題は正しく私がかつて何度となく考えてはこわし、反復したと同じである。從つてその行論の一つ一つはひしひしと私に思いあたるものがある。しかし唯一點『殷曆譜』にかかげる殷長曆に重大な關係があるとされていることは、私にはまつたく測り知ることができない。

あたかもそのころ本硏究所は偶然現存する本邦最大の甲骨のコレクション三千片を文部省の科學硏究費によつて入手することができた。わずかに十餘片が『鐵雲藏龜』に載せられた外は全く學界に未知の資料のなかに、大量の四期卜辭と一緒に二百五卜餘片の董氏のいわゆる文武丁時代の卜辭、われわれのいわゆる王族卜辭が含まれている。これは今まで公刊せられた甲骨書のなかには比較的少數しか發見されなかつたこの種の卜辭の例としては、『小屯』甲編・乙編のなかに見える大量の例を除いては、稀に見る纒つた群といわねばならない。著者たちはこの本硏究所の新資料を『小屯』に紹介された中央硏究院の安陽發掘によつて得られた諸片とともに考察した結果、王族卜辭に現れる祖宗稱謂の例は第一期に適合するものが多く、これを卜辭、世本その他の殷代王系に佚した祖妣名の暗合として、解釋することは不可能であり、これを第一期に溯らした著者の舊說は決して變えることはできないとの結論に到達した。そして王族卜辭多子族卜辭に現れる他の人名のなかで第一期固有のものと目すべきものの例をまだ外に多數發し得た。ここにおいて董氏のいわゆる文武丁時代の卜辭というものについて直ちに根本的な檢討を加えて氏の教を請いたいと思つた。

しかし『殷曆譜』の原書を見ない著者は、董氏の新說と『殷曆譜』との關連が未知であるため、決定的な見解を發表することをはばかつで控えていた。昨夏梅原教授宛に同書が寄贈され、同教授の好意によつて披讀することができた。本硏究所藪內教授は早く殷長曆の復原について疑問をもち、本學報に批判を公けにされているので、やがて同書を精讀してさらに精密な檢討を行われる

はずである。從つて長曆とは一應切離して、卜辭自身の問題として董氏の新說を批判して見ようと思う。『小屯』乙編の下册の未刊甲骨と、戰中戰後の中國及びアメリカで出版された甲骨書のうち未見のものが少くない。また殷墟の正式の發掘報告が記錄的に不完全であるため、隔靴の感は免れないが、ともかく一應考を纒めて見た。（この論文は貝塚・伊藤兩人が分擔して資料を調査し、これをもととして問題の卜辭の集成を行つた。序論・第二章・第四章・結論は貝塚、第一章・第三章は伊藤が執筆し、重複を去り統一をつけた。）

第一章　董氏斷代研究法の新說

董作賓氏はその名著「甲骨文斷代研究例」において、二百數十年にわたる殷代卜辭の編年を行い、第一期武丁、第二期祖庚・祖甲、第三期廩辛・康丁、第四期武乙・文武丁、第五期帝乙・帝辛の五期に區分した。この研究の基礎となつたものは、氏がその著で行つた如く、一、世系、二、稱謂、三、貞人、四、坑位、五、方國、六、人物、七、事類、八、文法、九、字形、十、書體の十個の標準であり、特にその中にあつても稱謂と貞人との二標準が最も重要であることは、周知の事柄である。

然しながら、この研究法によつても、そのどの時期に屬するか不明の卜辭が多くあり、幾多の問題が殘された。これに對して、我々は干支卜王貞形式と干支子卜貞形式との二つの貞人集團の存在を第一期武丁時代に認めようとする說を『中國古代史學の發展』に提出した。

その後、董作賓氏が自說を如何に展開して行つたかは、長く我々の知ることが出來なかつたのである。然し安陽發掘によつて得られた甲骨文の圖錄『小屯』甲編及び乙編上・中が戰後我が國に將來されるに及び、その乙編の序文において、先に我々が一期に屬せしめた干支卜王貞と干支子卜貞兩形式卜辭の貞人を一括第四期後半文武丁時代の貞人とした新しい說が提出されていることが明らかとなつた。

この董氏の新說と我々の說との間における相違は、單に卜辭編年の問題であるのみならず、一般の殷代史研究に重大な關聯がある。我々はこの論文において董氏の新說を檢討するが、この章においては、先ず『小屯』乙編序の第二章

「掲穿了文武丁時代卜辭的謎」に提出された氏の説の概略を見ることとする。

第一節　董氏の出發點

　　乙編の序によれば、董氏がこの新說を採用するに至つたのは、これより先、『殷曆譜』を作成するに當り、殷墟時代の各期にわたつてその祭祀制度の變遷を硏究し、そこに改革と復古とのあとを見、新舊兩派の交替を考えたことが大きな原因の一つであつたと考えられる。

　　そのなかでも特に重要なことは、一期の武丁及び二期の祖庚時代には成湯を唐と稱したが、それ以外の時期にはすべて大乙と書いたことである。董氏が序においてあげる甲編二九〇七（第二圖）の

　　　　丁巳卜、㞢父戊。　　　丁巳卜、㞢咸戊。
　　　　辛未、福大乙。　　　　甲戌 卜 㱿、于來丁酉父乙祝。
　　　　乙亥卜、求又大乙。　　丙子卜、求又大丁。

という骨版は、同版の他卜辭にあらわれる王字が一期獨特の土に作られでいるけれども、當然一期以外の卜辭と考えざるを得なくなつた。從つて一期以外に父王を稱して父乙とすることの出來るのは、第四期後半の文武丁時代以外になく、この骨版は第四期の卜辭と決定された。而してこの骨版にあらわれる㱿は、後にも述べる如く、貞字を省略した形式の卜辭を特色とするこの文武丁時代の貞人と決定したのである。

　　このような決定に對して更に一つの根據を與えたのは、次章で述べる如く、小屯の發掘に際して、B區一一九坑とYH六坑との二坑出土の甲骨であつた。先にあげた甲二九〇七を見ても明らかな如く、この貞人㱿のあらわれる甲骨のもつ字體は、干支の未字、或は貞字、于字をはじめとして一種獨特の風をもつている。このような字體をもつ甲骨が右の二坑から一括多量に出土したことが、董氏をじてこの一群の卜辭がある一つの時期のものであると考えることを一層促したようである（第二圖参照）。

　　即ちB一一九坑からは總數二九八版、うち一期武丁に屬するもの二版を除き、他はすべてこの一群のものであり、YH六坑は、二〇七版のうちに六版の一期卜辭をのぞき、同じくこの一群獨自のものである。

かくして、董氏は「斷代研究例」において第四期とした武乙・文武丁時代を二つに分け、卜辭内容の性格から見て、武乙時代のものは第三期と同じものであり、その特色を干支貞形式にもとめた。これに對して、この貞人狄に代表される一群を文武丁時代の卜辭としたのである。

　今次に董氏が文武丁時代に屬せしめた貞人を、例證とする出典と共に列記すると、

　　　狄、後下三五・二、新三三六。
　　　㠯、佚五八六（狄と同版）、乙一二二。
　　　余、前八・九・三。
　　　子、前八・一三・一、乙四九四九（余・我と同版）。
　　　術、續一・三八・七、乙四七五八（我と同版）。
　　　帚、前八・九・一。
　　　史、乙八三〇（我と同版）。
　　　幸、乙三八。
　　　卣、後下一六・一六、乙一二四。
　　　叶、續三・四三・二。
　　　勹、前四・四二・五、後下二四・一〇（狄と同版）。
　　　医、前八・六・一（狄と同版）。
　　　我、前八・三・三。
　　　車、乙三二四。
　　　萬、乙三六七。
　　　忰、新三五一。
　　　取、前八・五・七。

の十七人である。このうち史と叶との二貞人について、董氏は、史は第一期貞人史と、叶は同じく小臣叶と同名であることを注意しているが、これに關しては第三章でのべるであろう。

第二節　董氏新説の展開

　前節の如く、文武丁時代の卜辭群が決定されたことは、卜辭の研究にどのような影響を與えることとなつたか。董氏の説に從うならば、最初にあげた五期の

區分は、更に次の如く編次され、これによつて舊派新派の二派に分けられる。

  1 第一期武丁及び第二期祖庚。
  2 第二期祖甲、第三期廩辛・康丁及び第四期武乙。
  3 第四期文武丁。
  4 第五期帝乙・帝辛。

このうち、1・3が舊派、2・4が新派であり、武丁時代の諸制度は祖甲により改革されて武乙まで引き續き行われた。然し文武丁に至つて一度武丁時代の制度に復古されたが、次の帝乙・帝辛時代には再び祖甲の改革に戻されたとする。董氏のこの考え方は、先にあげた大乙＝唐の稱謂の問題と共に、『殷曆譜』研究の途上において提出されたものであるが、以下乙編序に從つて重要なる點を見て行こう。

  1 文字の問題

　もつとも明瞭な點は、他の期にあつては王字を王・王・王のように上に一橫劃を加えて書くに對し、文武丁時代には第一期の字體王に復古した字體を使用していることである。董氏は「斷代研究例」においては、この時期の王字は一期體に復するが、筆畫が異なり王と書いていると述べているが、新説においてこの期の卜辭とするものを檢討すれば、全く一期そのままの字體をとるものがはるかに多いことは注意すべきである。

　次に干支字體について見ても、辛・巳・午・酉を各々平・平・8・U に作り武丁時代の古い字體をとるものもあるという。然しこの時期においては獸類を示す文字の腹部の線を祖甲以後の體にしたがつて刻さないものもあれば、また古體によつて書くものもあり、後にも述べる如く疾字についても新舊兩字體を併用するものが多く、この時期についてはその字體を簡單に說くことは困難であると述べている。然し序論でも述べた如く、王族と多子族との二集團の卜辭を區別することなく、一括してこの時期のものとした所に、このような複雜性が生じたのであることは、順次明らかにされるであろう。

  2 曆法の問題

　この問題に關しては、董氏の『殷曆譜』卷一「殷曆鳥瞰」に、舊新兩法の異同を對照表としているからこれを借用したのち、董氏の說を見るのが便利である。

	舊派（武丁、祖庚、文武丁時代）	新派（祖甲、廩辛、康丁、武乙、帝乙、帝辛時代）
一、時	稱全日爲「日」。	同。
	稱全夜爲「夕」。	同。
	分一日爲「明」、「大采」、「大食」、「中日」、「昃」、「小食」、「小采」七段。	增「妹」「兮」「昏」三段，以「朝」代「大采」、「暮」代「小采」。
二、日	以干支紀日。	同。
	以「明」爲一日之始、以「夕」屬于日。	以「妹」爲一日之始、以「夕」屬于日，如舊。
	以干支爲獨立系統、以數字計其日。	以干支繫于太陰月。不以數字計日。
三、月	以二九・五三〇八五一〇六日爲「朔策」。（卽一太陰月之長）	同。
	以「節氣」所在爲「月建」。	同。
	以「建丑」之月爲「一月」。	同。改稱「一月」爲「正月」。
	分大月、小月、頻大月、閏月。	同。
四、年	以三六五・二五日爲「歲實」。（卽一太陽年之長）	同。
	以「節氣」（小寒）爲曆法起算之元。	同。
	平年有十二太陰月、閏年有十三太陰月。	同。
	歲首之月稱「一月」。有「十三月」之名。	歲首稱「正月」。無「十三月」。
五、閏	以「十九年七閏」爲閏法。	同。
	以無「節氣」之月爲置閏標準。	同。

　このような兩派の異同についての說明は省略するが、この間にあつて文武丁時代の卜辭はどのような特色をもつているか。特に同じく舊派に屬する武丁時代のものとの差異について、氏が最も注意するのは日數計算の方法である。新派においては數字をもつて日をしるすことは見られない。これに對し、一期武丁時代には「甲午卜……三日丙申」（前七・四〇・二）「癸巳卜……五日丁酉」（箸一）の如く、卜いを行つた日から起算して日數をしるすのであるが、文武丁時代には卜いの翌日より起算し、「辛卯卜……四日乙未」（後下三五・二）、或は「壬寅卜……四日丙午」（前八・一二・五）の如くに書かれている。然し卜いの日より起算するときは、「己丑卜、自今五日至癸巳、其雨。」（乙五九）の如く必ず「自今」の二字を加える。氏はこのような相違點に復古をしながらも、時代による差異があると述べているが、この文武丁時代の計算法は中國史全體を通じて見ても亦特殊なものであることは、これとは別に注意する必要がある。

3　祭祀の問題

殷代卜辭には祖宗の祭祀に關するものが非常に多く、これが當時いかに重要なことであつたかが明らかであるが、董氏はこの重大な祭祀の變遷について次の如く述べている。

氏の所謂舊派の時期には、上甲以前の高祖夒、王亥、王恒、季などを祭り、上甲以下の祭祀の對象は大宗に限られ、その配偶者である先妣は五世以上のものは祭られない。これら祖宗以外には黃尹・咸戊の先臣、土・河・岳・洹など山川の神が祭られている。そうしてこれら祭祀對象は、彡・翌・𠂤・ㄓ・賓・勺・福・歲・御・𠂤・酚・帝・校・告・求・祝などの祭典を受け、祭祀の順序など何等規則は見出だされない。

これに對して新派では、上甲以前の祖先神はその對象とならず、これに代つて大宗小宗、卽ち直系傍系の祖宗を併せて世次と出生日干支によつて規則正しく順次に祭り、先妣は示壬の配偶者妣庚よりはじめて大宗の配妣を同樣順次に祭り、先臣山川の神の祭りは廢された。このような祭祀は彡・翌・祭・𠂤・酚の五祭典を主として行い、このほか又・叙・勺・夕福・濩・𢼄・歲・彡侖・彡夕・御・𩰬などの祭禮があつたというのである。

文武丁時代には祖甲にはじまる新派の制度から武丁時代に復したのであるが、成湯を一期には唐と稱するに對し、祖甲以後は大乙と呼ぶ習慣は文武丁の時にも改められることなく、新派と同じく大乙と呼び、一期の黃尹を伊尹と呼ぶ。又、一期の「ㄓ」の祭りは祖甲以後「又」と書かれたが、この時代には「ㄓ」に戾つた。然し先に擧げた甲編二九〇七の「求又大乙」、「求又大丁」の如く、稀には新派の「又」を踏襲していることもある。

以上は董氏の特に注意する點であるが「ㄓ」「又」の問題については王后の妊娠、或は疾病についての卜辭とも關連して後に再びふれるであろう。

次に董氏はこの時代の卜辭を、その文の構造の上から見ようとする。

	類　別	干支	卜	人	卜	貞	人	貞	貞　文	
a	但稱卜	丁丑			卜				今日命匚。	（乙五五）
		乙酉			卜				夕。	（乙一九）
		癸丑			卜				旬。九月。	（乙三二六）
b	稱卜、記貞人	丁酉			卜		自		自丁酉至于辛丑。	（乙一）

續表

類別	干支	ト人	ト	貞人	貞	貞 文
c 稱卜、記卜人	丙午	㸚	卜			我不入商。　　　　　（乙四一七一）
d 但稱貞	戊寅				貞	翌巳雨。　　　　　　（乙一四七）
	癸巳				貞	旬。　　　　　　　　（乙七〇）
e 以鼎爲貞	庚辰				鼎	卣從系賫亡囚。四月。（乙一〇五）
	癸未				鼎	旬。一月。　　　　　（乙四〇三）
f 稱卜貞	戊申		卜		貞	翌己酉又大庚父癸。十月。 　　　　　　　　　　（乙一〇八？）
	癸酉		卜		貞	旬。二月。　　　　　（乙一二）
g 以鼎爲貞	癸亥		卜		鼎	旬。三月。　　　　　（乙一六三）
h 稱卜貞、記貞人	癸卯		卜	自	貞	克妾宰□日。　　　　（乙四〇七）
	庚辰		卜	我	貞	今夕亡囚。　　　　　（乙一八〇五）
i 稱卜貞、記卜人	己巳	余	卜		貞	亞雀衆□。　　　　　（前八・九・三）

　　上記の文例のうちfとhとは各期を通じて見られる最も普通の形式の卜辭であり、a、dは武乙の時に行われたものをつぎ、iは五期の王親卜貞形式と同じである。このうち最も注意しなければならないのは卜夕、卜旬の卜辭であり、「斷代研究例」にあげた各期卜旬の文と比較して明らかなように、普通「旬亡囚」、「王旬亡畎」と書くのとことなり、單に「旬」と稱し、又「今夕亡囚」を「夕」と簡稱することである。これと共に干支卜或は干支貞と書く省略形式にも注意している。董氏はこのような簡稱形式が多いことをこの期の特色としているようであり、又鼎字を以つて貞にあてたことも重要な一事であるという。

　　以上主として外形の上からこの期卜辭の特性を見て來たのであるが、卜文の內容については如何がであろうか。董氏によれば、一期の武丁時代の卜辭の內容は次の二十種に大別される。

　　　1 卜祭祀　2 卜征伐　3 卜田狩　4 卜游　5 卜章　6 卜行止　7 卜旬
　　　8 卜夕　9 卜告　10 卜勻　11 卜求年　12 卜受年　13 卜日月食　14 卜有子
　　　15 卜娩　16 卜夢　17 卜疾　18 卜死　19 卜求雨　20 卜求啓

このほか天候・天災人禍の徵驗・甲骨貢納などの記錄がある。
　　これに對し祖甲にはじまる新派では、卜貞の事類にも嚴格な規律が施され、1より8までの寧ろ定例的な事柄が中心となり、9以下のことに關する卜占

は多く廢止された。

　董氏の說によれば、文武丁時代には一期に復古して、雜多な事類が卜貞の對象とされた。然しこの時代と一期との差異は王后の受孕と疾病の文例における字體の差に求められる。
a 受孕

　　　一期　庚子卜、𣪊貞、婦好㞢子。三月。　　　　　　　（鐵一二七・一）
　　　四期　癸酉余卜貞、婦霝又子。　　　　　　　　　　　（後下四二・七）

の如く、有を一期には㞢、文武丁時代には又と書いている。
b 疾病

　　　一期　丁亥卜貞、子漁其㞢疾。　　　　　　　　　　　（前五・四四・二）

に對して、この時代では

　　　癸未卜貞、医弗疾（𤕫）。㞢疾𠙹凡。　　　　　　　　（前八・六・一）
　　　辛亥卜貞、犬𠙹凡疾（𤕫）𠬝。一月。　　　　　　　　（乙三八三）
　　　癸酉卜鼎、方呪𠙹凡又疾（𤕫）。十二月。　　　　　　（乙三五＝一二五）
　　　戊戌卜鼎、丁未疾（𤕫）目不喪明。六月。其喪明。　　（乙六四）

の如く、有字に㞢と又とを用い、疾字についても古體の𤕫と共に𤕫を併用する。祭祀の項でも述べた如く、一期㞢の祭りは、祖甲以後又と書き、文武丁に至つて㞢に復歸した。然し「有子」の場合は復古運動からもれて、新派の字體を用い、疾病の場合には新舊兩體を併用したというのである。然し董氏も斷つている如く甲二九〇七の如く祭祀に「又」と書した場合もあり、一つの場合には復古、他では新派の踏襲などと明確に區分することが果して正確であるか多少疑問に思われる。

　このほか、天候の卜占も一期と同樣に行われ、より詳細な記錄を殘したという。而して董氏はそれらの記錄として乙編一二、一六三、一九九、三〇三、四七八を用いて文武丁六年十二月より七年四月までの氣候をとき、當時安陽地方の氣候は現在と變らないものであつたとしている。

第三節　新說の歸著點

　以上のように董氏は文武丁時代の卜辭として貞人𠨘などの一群をとりあげ

たのであるが、かく提出された卜辭は殷代王室の世系稱謂にどのような問題を
なげかけることになつたか。最後にわれわれも董氏に從つてこの問題にふれて
見よう。

　　先ず第一に氏がとりあげるのは三代一癸、卽ち康丁・武乙・文武丁の三代
にわたつて癸の日を生日とする一人の人物があつたことである。

　　　　　戊申卜貞、翌日己酉、又大庚父癸。　　　　　　　（一三・〇・一四五）

という卜辭は、董氏によつて文武丁時代の卜辭とされ、父癸は文武丁の父武乙
と同輩であり伯父の一人である。從つて武乙時代には

　　　　　壬辰卜、其又兄癸叀羊。王受…。　　　　　　　　（南北・明・六四五）

という卜辭の兄癸であり、康丁の時には

　　　　　壬申卜、母戊歲叀牛。子癸歲。王賓祭。彡賓祭。　（粹三八一）
　　　　　叀母己及子癸酒。叀兄辛及子癸先。大吉。　　　　（粹三四〇）
　　　　　壬申卜、其叔子癸叀豕。叀牛。叀牢。　　　　　　（南北・明・六五〇）

などにあらわれる子癸であり（この兄辛は廩辛を、母戊は祖甲の后をさす）、
康丁の長子であつたが、その在世時代に早く死に、子癸として祭りを受けたの
である。かくして康丁・武乙・文武丁の三世にわたつて一人の癸を名とする人
物が祭祀の對象としてあらわれ、これによつて世系表に一人が補充されるわけ
である。

　　第二は五世四戊、卽ち武丁より文武丁の五世にわたり、世系に殘らない四
人の生日が戊の日である人物が存在したということである。

　　　　　乙巳又祖戊。　　　　　　　　　　　　　　　　　（乙三三）
　　　　　丁卯卜、㱃、王耏父戊。
　　　　　丁卯卜、王耏兄戊。　　　　　　　　　　　　　　（乙四〇九）
　　　　　戊申卜、午杲于父戊。　　　　　　　　　　　　　（乙三四七八）
　　　　　□□卜、帝御子自祖庚至于父戊。　　　　　　　　（乙九八二）

などの文武丁時代とする卜辭により、この時期には、祖戊、武乙と同輩の父戊
及び文武丁と同輩の兄戊の三人が祭られていたことがわかる。從つて卜辭には
あらわれないが、武乙の時に兄戊と稱される可き人物があつた筈である。

　　次に第三期の卜辭を見ると、

　　　　父己、父戊歲、王賓。　　　　　　　　　　　　　（粹三一一）
　　　　戊戌卜、旅貞、祖戊歲。叀羊。　　　　　　　　　（前一・二三・二）

など數例あり、この父己は祖己であるから、父戊も祖己・祖甲と同輩の人物である。故にこの父戊は祖甲の時には兄戊と稱した筈である。またこの祖戊は祖甲の時には父戊と稱したものであり、これは一期武丁時代の兄戊に當ることは、次の

　　　　戊寅卜、卽貞、叀父戊歲。先酒。　　　　　　　　（後上五・一一）（第二期祖甲）
　　　　辛未卜、殻貞、王夢兄戊荷從。不隹囚。　　　　　（佚六二）（第一期）

という二例で明らかである。よつて武丁より文武丁に及ぶ五世の間に、四人の戊日を生日とする人物が存在していたことになつた。以上を董氏に從つて圖示すれば次の如くなる。

	世代	三代一癸	五世四戊		
1.	武丁		兄戊		
2.	祖甲		父戊（兄戊）		
3.	康丁	子癸	祖戊	父戊	
4.	武乙	兄癸	祖戊（兄戊）		
5.	文武丁	父癸	祖戊	父戊	兄戊

　かくして董氏は殷王朝一族の史書の記載にもれた人物を卜辭によつて補うことが出來るというのである。然しながら董氏は「甲骨斷代研究的十個標準」上（「大陸雜誌」第四卷八期）に、先の斷代研究例の稱謂表の補正をあげているが、これでは三代一癸及び武丁の兄戊以外なんらふれていないのは何故であろうか。

　以上三節に分つて董氏の新說の概略を見て來た。元來董作賓氏は先王先妣の世系稱謂と貞人との二つを中心にして斷代研究法を創唱し、これを出發點として『殷曆譜』において新舊兩派の交替という說を提出した。然しながら『小屯』乙編序にあげた𠂤をはじめとする一群を文武丁時代貞人とする說は、逆にこの舊派新派の說から出發したものである。故にこの文武丁時代貞人集團を設けることによつて見出された稱謂をもつて世系を補充するには嚴密な檢討を必要とする。われわれは次章以下においてこの𠂤などの貞人を文武丁時代の貞人とすることの可否をはじめとして董氏の說の批判を行うであろう。

第二章　出土坑位より見た甲骨とその時代

　董作賓氏が甲骨文斷代研究法を思いついた端緒は、一九二九年に行われた第三次發掘の際出土した四枚のほとんど完全な龜甲の上に刻された卜辭のなかに見出した貞人の自署にあつた。この四個の龜甲、すなわち所謂大龜四版は小屯村北の大連坑の南部の縦三米、横一・八米の長方形の穴に堆積していたものである。殷墟におけるこの種類の方形、圓形さまざまの形をした穴は、アンダーソン博士がかつて河南省仰韶の彩陶の遺跡において發見した貯藏用の穴庫と同一性質のものであり、從來盜掘によつて骨董商に賣り出された甲骨の大部分は、このような窖から出土したものであつたらしい。この坑には貝殻の層があり、また銅器と石刀とが見出だされた。これと近い長方坑から土器、人骨、獸骨とともに卜骨が見出だされたといわれている。この科學的な發掘によつて得られた伴出遺物をも含めた一つのフンドとしての甲骨文の一群は、出土の不確實な從前の甲骨文資料とは全く別の價値をもつたものであり、これこそ甲骨文の編年的研究の基準資料とすべきものである。この點に着目し、出土地點をば一つの主要な手掛りとして構想された董氏の甲骨文斷代研究法が甲骨文の實證的な研究として革命的な意義をもつに至つたのは當然であつた。

　今回董氏によつて提出された甲骨文斷代研究の修正説の中心をなす文武丁時代の卜辭といわれるものも、何よりも若干のフンドとしての卜辭群を基として、これから推論されたものに外ならないから、董氏の新説にたいする批判もまずこの同一坑位から出土した甲骨群の檢討から手をつけるのが適當であろう。

　董氏が𠂤自以下十七人の貞人集團によつて卜われた卜辭が、かつて考えたように第一期武丁時代にぞくするものではなくて、文武丁時代に下ると改説したのは、これらの貞人卜辭のうちのある部分、しかもこの種卜辭だけが中央研究院の第十三次殷墟發掘において、小屯村の北の狹い意味の殷墟のB區のB一一九坑とYH六坑の二窖から出土した事情を重要視し、そこから推論されたのである。『小屯』乙編上輯に載せられたB一一九坑出土の卜辭は一號（一三・〇・

一）から二三七號（一三・〇・二九五）に至るまでの龜甲と、YH六坑から掘り出された二九九號（一三・〇・三九三）から四四六號（一三・〇・五九六）に至るまでの龜甲に刻された卜辭に現れた貞人名は次のとおりである。

（一）B一一九坑出土卜辭中貞人

〔貞人名〕　　　　　　　　〔所見卜辭〕

　　𢀛　　九六（一三・〇・一三三）、九八（一三・〇・一三五）、一四五（一三・〇・一八八）、一六〇（一三・〇・二〇三）、一九七（一三・〇・二五〇）。

　　自　　四一（一三・〇・五七）、四二（一三・〇・五八）、四六（一三・〇・六七）、八〇（一三・〇・一一〇）、一一〇（一三・〇・一四七）、一二六（一三・〇・一六六）、一二八（一三・〇・一六九）、一八三（一三・〇・二二九）。

　　徣　　七九（一三・〇・一〇九、一二三、一二五）、一五九（一三・〇・二〇二）、二三四（一三・〇・二九〇）。

　　㞢　　四（一三・〇・四）。

　　爭　　五九（一三・〇・八二、九八）。

（二）YH六坑出土卜辭中貞人

〔貞人名〕　　　　　　　　〔所見卜辭〕

　　𢀛　　三一四（一三・〇・四〇九）、三二二（一三・〇・四二一）、三二九（一三・〇・四二九）、三九一（一三・〇・五〇一）、四〇九（一三・〇・五一三）。

　　自　　四〇七（一三・〇・五二〇）。

　　王　　三〇九（一三・〇・四〇四）、三三八（一三・〇・四四一）、三六五（一三・〇・四六九）、四〇〇（一三・〇・五一二）、四一二（一三・〇・五二五）、四五六（一三・〇・五七八）。

　　取　　三五七（一三・〇・四六一）、三六九（一三・〇・四七五）。

　B一一九坑から出土した卜辭に自署した五人の貞人のうち最後の㞢と爭との二貞人は董氏によつて第一期にぞくするものとされているが、他の三貞人の時代は不明のまま置かれていた。YH六坑の卜辭の四貞人のうち王を除いた三人の時代もはつきりしていなかつた。この二群の貞人中に𢀛と自との貞人が共通に見出され、しかも最も頻繁に現れていることが、すでに兩群貞人が親密な關係にあつたことを示しているが、さらに兩群卜辭中には「干支卜貞」または「干支貞」の形式で書き始めた卜辭が次表の如く非常に多く、總計二十一例に上つている。

（一）B一一九坑出土卜辭

　　　　干支卜貞形式卜辭　　一二（一三・〇・一二）、一〇八（一三・〇・一四五、一四八、一

四九)、一二五(一三・〇・一六六)、一三五(一三・〇・一七八)、一六三(一三・〇・二〇六、二二二)。

　　干支貞形式卜辭　六八(一三・〇・九二)、一〇五(一三・〇・一四二)、一三九(一三・〇・一八二)、一五六(一三・〇・一九九)。

（二）YH六坑出土卜辭

　　干支卜貞形式卜辭　三〇三(一三・〇・三九八)、三五六(一三・〇・四六〇)、三八三(一三・〇・四九一)、三九七(一三・〇・五〇八)、四四三(一三・〇・五六三、五八〇)。

　　干支貞形式卜辭　三八八(一三・〇・四九六)、四〇三(一三・〇・五一五)、四〇五(一三・〇・五一八)、四一三(一三・〇・五二六)、四一四(一三・〇・五二七)、四二八(一三・〇・五四四)、四五三(一三・〇・五七五)。

　しかもこれらの卜辭の貞字は普通一般の貞字とは字形が少し異つていて、特に鼎字をもつて代用したものが多數見出だされる。またこれらの卜辭の書體は一般には小字で、その筆劃は毛髪のように細いと評されるものが多いが、なかには乙一一五(一三・〇・一五四)、乙一七一(一三・〇・二一五)、乙四〇九(一三・〇・五二三)、乙四一二(一三・〇・五二五)、乙四一三(一三・〇・五二六)のように大字で太い筆劃で書かれたものもある。小字大字の兩書體を通じて、筆は柔く美しい流動的な曲線をし、一期四期の筆劃が硬く強い直線を引いているのと對照をなし、特別な一群を成すものであることは動かし難い事實である。

　中央研究院の第一次殷墟發掘に際して、いわゆる第三區の小屯村中の第三六坑から出土した百二片の龜甲もまたその卜辭に記した貞人の名としては（『小屯』甲編）、

　　㱿　一九六(一・〇・四〇七)、二〇七(一・〇・四二一)、二二八(一・〇・四二五、四二六)、二五四・二四八(一・〇・四七三、四六七)、二四九(一・〇・四六七)、二六四(一・〇・四八五)、二八〇(一・〇・五一二)、二八一(一・〇・五一三)。

　　㚔　二四一(一・〇・四五八)。

　　王　一八五(甲一八五)。

のように㱿・㚔・王の三人があり、その書體も概して細字で、時に肥大な字をえらんでいる點、また貞字に代えるのに鼎字をもちいる（一・〇・三九四、甲二〇

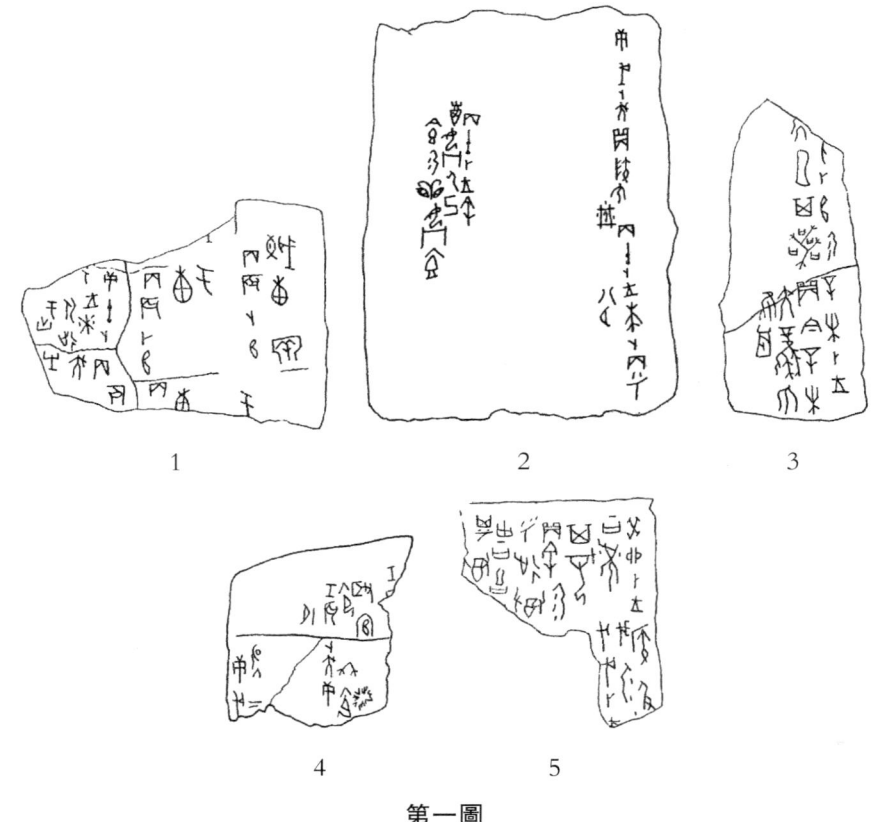

第一圖

㈡）ように、ほとんど上述の二坑出土の卜辭と一致している。王・𠬝・自を代表とした貞人が同一時代の同一の占卜機關にぞくするものとして一括して取扱うべき性質のものであることが、發掘報告により今や次第に考古學的に明かになつてきたのである。ただ第一群中に含まれる乙四（一三・〇・四）の第一期貞人𡆥の卜辭だけは全然孤立して除外例をなしているが、同じ乙五九（一三・〇・八二、九二）の第一期貞人爭の卜辭は第一期の普通の書體とは異つて、この一群と同じ書風を示している。そのようにこの二群の貞人の卜辭は第一期の貞人をごく少數含みながら、第一期の通常の卜辭とは著しく變つた特異な書體で書かれているのであるから、董氏のいうようにこの王・𠬝・自以下の貞人の卜辭が一般に殷墟卜辭のなかで特別な一群をなすものであることは動かし難い事實である。われわれはかつて甲骨文斷代研究法の書體變遷觀を批判して董氏が斷代研究法において逸して顧みなかつた卜辭を取上げ、王族所屬五貞人の卜辭と、多子族所屬貞人卜辭の二類があり、どれも第一期武丁時代にぞくすることを論じたことがある。この時代については後に讓つて、まず貞人集團について考えて見る

と、この董氏が取り出した貞人犾𠂤はまさにわれわれの王族所屬貞人中に含まれている。

　ただしわれわれは次に上げるような同一版上に並刻された卜辭、例えば犾𠂤王（佚九）、犾王（前八・一・一）、𠂤王（前八・一四・一）、犾勹（後下二四・一〇）、王叶（前四・四二・二）に現れる貞人名によつて、犾・𠂤・王・勹・叶の五貞人を見出だし、彼等をば王族に所屬する貞人の一集團であろうと考證したのであつた（第一圖參照）。われわれはまたその際にこれと類似しながらも多少差異のある極小の細字體のみをもつて書いた一群の卜辭があることに注意した。そのうちには

　　　　己丑子卜貞、余又呼出墉。　　　　　　　　　　　　（人文三二四一）

のように「子」なるものが單なる貞問ばかりでなく卜問を主宰するものとして現れ、これらの卜辭と關聯して

　　　　辛□余卜貞、事于入商。
　　　　辛未余卜、呼从射異。若。
　　　　丁亥卜、我貞、我彶□于人。　　　　　　　　　　　（菁一一・一九）
　　　　癸酉我卜貞、人歸。　　　　　　　　　　　　　　　（龜一・六・一四）

などのように余・我が卜問の主格として現れる同一書體の卜辭が存在する。この余または我は、前卜辭の卜問の主格である子の自稱に過ぎす、後にも述べるように、この子は殷王朝の王室において王族とともに重要な構成部族である多子族の族長である。この族長である子が多子族の行事を卜つたのが、上にあげた「子卜貞」「余卜貞」「我卜貞」という形式の卜辭なのであると解釋すべきである。

　このほかに上述形式と酷似した書體で書いた卜辭に

　　　　□酉卜、𠂤貞、我亡……　　　　　　　　　　　　（續六・一三・八）
　　　　癸酉卜、䎽貞、今十月人歸。　　　　　　　　　　　（前八・九・一）

などのように𠂤・䎽という貞人が出てくる。𠂤はまた

　　　　　貞、婦𠂤有子。　　　　　　　　　　　　　　　（前八・三・五）

とあるように婦𠂤が子を懷妊するであろうかということが卜われていることから見ると、多子族長である「子」の婦人が貞問の儀を司つたものであるらしい。「䎽」というのはこの「婦𠂤」の他の稱呼であるか、または多子族長の他

の夫人の名であつて、㱿と同じように貞問を行つたものであろうと想像される。

　このようにして「子」及びその代名詞としての「余」「我」及び「㱿」「帚」の五つの名によつてあるいは卜され、あるいは貞問された卜辭をわれわれは多子族卜辭として、前の王族卜辭とは可成り類似しているが、多少の相違がある點から一つの種類として別々に取扱うべきであると考えていたのであつた。ところが今囘の董作賓氏が提出した十七人の貞人というものには扶自以下と並んで子・余・我・㱿・帚の五貞人があがつているのに驚いた。

　われわれはB一一九、YH六及び三區第三六坑出土の三群の卜辭及び既刊の同一版上に刻された卜辭によつて、

　　　　扶　自　叶　勺　徝　取

の六貞人に貞人者としての「王」を含めて、計七貞人をわれわれの王族卜辭に包含することには賛成するものではあるが、遺憾ながらこれを直ちにわれわれの多子族卜辭と同一列に入れることには多少躊躇をせざるをえないのである。

　その理由は第一に今まで知られている限りの同一坑から出土した卜辭群中に兩類の卜辭が混合して現れないことである。B一一九、YH六、三區第三六坑の出土の卜辭がわずか二片の第一期卜辭を除いて扶・自兩貞人を主としたわれわれの所謂王族卜辭だけによつて占められていること、純粹な王族卜辭のみから成つていることは度々繰返した。第四次發掘にE一六坑から掘り出された卜辭は、賓・爭・殼・㫚・內などの第一期武丁時代の貞人の卜辭多量と一緒に少量の王族卜辭を包含していた。すなはち第一期貞人としては（『小屯』甲編）、

爭　二九四五(四・〇・六)、二九四九(四・〇・八)、二九六七(四・〇・二八)、三三三〇(四・〇・二一)。

殼　二九五五(四・〇・一六)、二九五六(四・〇・一八)、三〇二六(四・〇・九一)、三〇三〇(四・〇・九六)、三〇八三(四・〇・一三八、一五二)、三三三八(四・二・七)。

賓　二九九八(四・〇・五七)、三三三七(四・二・六)。

㕣　二九八二(四・〇・四三)。

㫚　三〇三八(四・〇・一〇一)。

內　三〇八四(四・〇・一五三)、三三三六(四・二・五)。

韋　三三三九（四・二・八）。
　　　亘　三三三九（四・二・八）。
　　　永　三三三七（四・二・六）、三三四二（四・二・九）。

の九人の卜辭二十片を始めとした第一期卜辭の斷片の多數とともに、王族貞人である

　　　𠂤　三〇一三（四・〇・七七）、三〇四五（四・〇・一一一）、三〇四六（四・〇・一一二）、三〇四七（四・〇・一一三）。
　　　叶　二九四一（四・〇・一）、三〇一二（四・〇・七五）、三〇四五（四・〇・一一一）。
　　　㳂　三〇〇三（四・〇・六三）。
　　　王　三一〇三（四・〇・一七五）。

の四貞人の卜辭八片と、その他これの破片と目することができる少量の斷片とが見出されている。そしてこれとともに多子族貞人である

　　　術　三〇四九（四・〇・一一七）。

の卜辭が一片だけ存在している。この群の大部を占める第一期貞人卜辭と、その殘部をなす王族貞人卜辭との兩者の混在、從つてそれから考えられる兩貞人集團の關連については後に問題とすることであるが、例外的な多子族卜辭は、第一期貞人卜辭または王族貞人卜辭の何れに特に關係をもつものか、あるいは兩者を一括した全體との關係をもつのか不明である。從つてこれのみから王族卜辭と多子族卜辭についての關係を結論することは不可能な狀態にある。

　　一九三七年の殷墟第十三次發掘における最大の收穫として有名であるばかりでなく、半世紀をこえる甲骨學史上でも同一坑からする空前の大量出土であるといわれている、B區のYH一二七坑から發見された總登記數一七〇九六片の甲骨のうち、上中二冊に一二七二二片だけが公刊され、殘りの三九三二片が未發表である。董氏はその翌年に公刊した『甲骨年表』に、この大發見を速報するとともに、この內容について、百分の九十は第一期のものと思われ、貞人には殷・亘・永・內・爭・賓・𠂤・𠂤などがある。その外に第二期の貞人術がただ一片現れ、また小字の第三期の卜辭に似たものが十餘版ある。思うにこの坑は廩辛康丁時代に埋藏したものであろうと記している。

　　この坑出土の卜辭の大部分が第一期貞人の署名のあるもの、またはそれの

斷片、或は同一書體のものから成つていることについては殆んど問題はないのであるが、これに混在している少数の卜辭については、董氏は最初は第二・第三期と推定したが、後にこれを『小屯』乙編に正式に刊行したとき、その序文のなかで、この殘餘の小部分は貞人㣇・余・子・我などの第四期後半文武丁時代の貞人の卜辭であるという説を述べた。

このように殘餘の卜辭の時代比定について、第二・第三期から第四期後半に引下げた董氏の改説の當否については後に論ずることとして、この卜辭に現れる貞人名として董氏の上げたものが子・余・我・㣇などわれわれのいわゆる多子族にぞくする貞人ばかりであることは注意を要する現象である。今まで上中冊に發表された卜辭を調べて見ると、これらの貞人とともに、同じく多子族貞人の一員である韜が現れていて、しかもその例はもつとも多く、上述のこの坑出土の多子族貞人卜辭を後にかかげる多子族卜辭集成から抜き出すと約六十二例に上つている。これらの多子族卜辭の特徴の一は極小字で書かれ、その筆劃は毛のように細いことであるから、董氏が『甲骨年表』で第三期と見なした小字の卜辭はこれらを指したものであろうと考えられる。

董氏は第四期文武丁時代の貞人として多子族貞人のほかに犾・自・叶・勹・䤺などわれわれのいわゆる王族所屬貞人を入れるのであるが、今までに約三分の二まで發表されたYH一二七坑出土の卜辭群のなかには、この多子族卜辭が見られる以外、王族にぞくする貞人の名を署した卜辭がほとんど見當らない。このような現象はたぶん未發表の殘餘三分の一についても見られるところではないであろうか。これはB一一九坑、YH六坑、第三區三六坑においては單に王族卜辭のみが見出だされるのと相表裏するものであつて、多子族卜辭と王族卜辭とが本來それぞれ獨立して卜辭の別の種類を構成していたことを示す證左と見うるのである。もちろんYH一二七坑出土の卜辭のうちにはさらに時代不定の一群の卜辭があり、内容書體などから王族卜辭と多少連絡を認められるのであるが、これについても今少しく後にふれるであろう。

このように今までに報告された同一坑から出土した卜辭群を考察したところでは、われわれがかつて王族卜辭と多子族卜辭という二つの種類の卜辭を一應區別して取扱つたのが妥當であることを示しているらしい。董氏がこの二類を文武丁時代の卜辭として一括した論據は、甲編二九〇七號（三・二・八七六）の牛骨の大版（第二圖）の

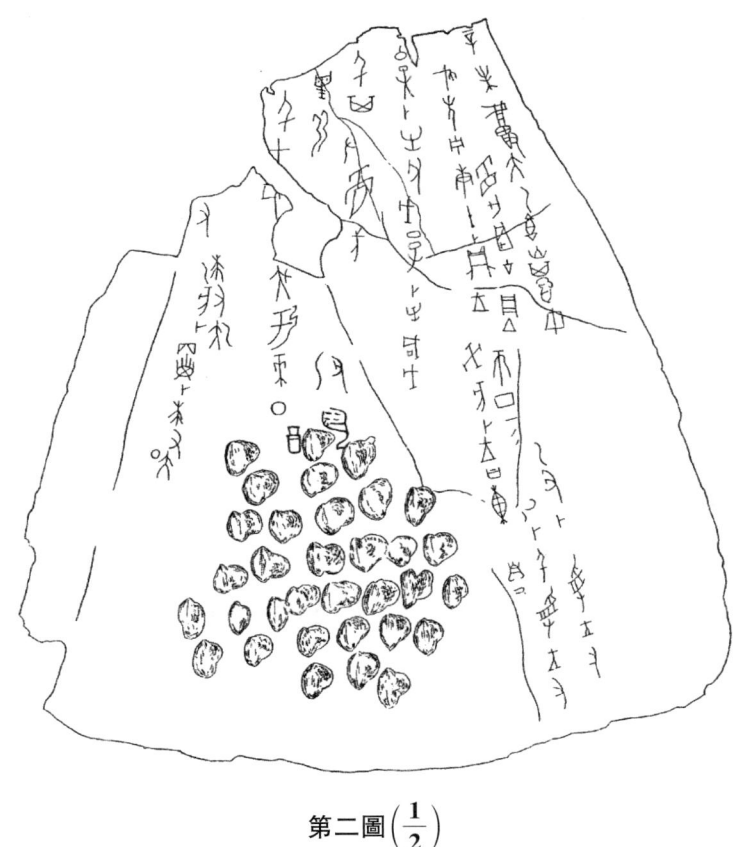

第二圖 ($\frac{1}{2}$)

　　甲戌 卜 㱿、于來丁酉父乙祝。

という貞人㱿の卜辭と同版の卜辭に「余」を貞人とした卜辭が存在するからであるといわれる。しかし同版の卜辭は董氏が引用したとおり

　　丁巳卜、㞢父戊。
　　辛未福大乙。
　　乙亥卜、求又大乙。
　　□□ 卜 、興母庚、允史。
　　丁巳卜、㞢咸戊。
　　丙子卜、求又大丁。

のほかに

　　癸亥卜、王曰甫……

以下若干數の卜辭があるけれども、余が貞人となつた卜辭は見當らない。しか

も多子族の「卜余貞」形式の卜辭は他の同種の卜辭と全く同じように小字で書かれていて、この版の卜辭の相當の大字で書いたのと、書風が全く相違している。從つて董氏がわれわれのいわゆる王族卜辭と多子族卜辭とを結合させようとして提出した例は全くその證據とはならないもので、むしろ誤記乃至失檢から生れたものにすぎない。

われわれは上のような理由から、これから董氏のいわゆる文武丁時代の卜辭を檢討するに際して、これを王族卜辭と多子族卜辭とに分析して、それぞれについて考えて見るべきだと信ずる。その點について、さらに詳しく考えて見た上で、二類の卜辭の集成を行いたい。

第三章　所謂文武丁時代卜辭の集成

第一節　省貞形式の貞人

われわれは前章において、發掘出土坑位によるこの貞人群卜辭の集成を行つて來た。次にこの章においては、廣く既刊甲骨書よりこれら貞人卜辭の集成をおこなう。

董氏は「甲骨文斷代研究的十個標準」下（「大陸雜誌」第四卷十期）において各期貞人の卜辭についてその特色をあげ、自說を更に確實なものとしようとしている。そのなかで、この期の卜辭の特色として字體などのほかに、貞人名の下の貞字を省略する卜辭が多いこと、「不」、「允」などの徵驗を好んで記していることなどをあげている。董氏は犾・自・卣の三貞人の文例から省略貞形式の可能であることを導き出したのであるが、これには、この樣な形式の卜辭が他の期に存在しなかつたという確證が得られなければならない。然るに同誌に董氏が第一期貞人箙の例證としてあげるものには

　　　　壬子卜、箙、翌癸丑雨。允雨。　　　　　　　　（前七・四四・一）

という卜辭がある。この箙が第一期貞人であることは、「斷代研究例」以來すでに明らかにされた通りであり、またこのような卜辭は他にも多數あり、第四期文武丁時代の特色とは必ずしも言いえない。

從つてわれわれは十七人の貞人のうち、すでに前節で明らかになつた子を除き、省貞形式の卜辭のみしか擧げられていない匡・萬・幸・㐭・車などの貞人について先ず檢討しなければならない。
1. 匡
　　董氏はこの貞人の例證として乙編序と「大陸雜誌」とにそれぞれ

　　　　癸未卜、㱿貞、匡弗疾。屮疾囗凡。　　　　　　　　　（前八・六・一）
　　　　庚子卜、匡、出不歪鬼。　　　　　　　　　　　　　　（乙四四）

をあげている。今この二者を見ると、前者の匡は匡に、後者は匡に作つている。この二體を直ちに同一の文字と認めるか否かは別として、先ず前者について見ると、これは明らかに人名ではあるが、貞人ではない。更にこれと同じ字形をもつものには

　　　　戊午卜、翌己未命旣匡。　　　　　　　　　　　　　　（乙一〇〇）
　　　　甲申卜、𠂤、王命匡人曰明于𢀛京。　　　　　　　　　　（後下二〇・一六）

などのほか乙三八九、四四五などすべて貞人としてあらわれるのでなく、㱿・𠂤などと同時代の人名として卜辭に見えるのである。従つてこの匡を貞人として扱うことは出來ない。
　　次に後者の匡について見るに、この乙四四の卜辭は第一章にのべた如く、董氏によればこの期の特色の一つである省貞形式の卜辭である。錄五九二、乙一八七、二一三、三二一、三四五などすべてこの形式と考えられ得る卜辭ではあるが、然し次の

　　　　丁未卜、命匡□風。　　　　　　　　　　　　　　　　（乙四〇六）
　　　　□□卜、𠂤、……匡……　　　　　　　　　　　　　　（前六・六六・四）

をはじめ拾一二・九、菁一一・一三、戩四九・六、乙五五など斷片ではあるが、この匡が貞人でないことを明らかに示している。従つて完全な干支卜貞人貞形式の卜辭、或は省貞形式であるにしても㱿・𠂤などと同版で貞人であることの明白なものが見出だされるのでなければ、今直ちに省貞形式のみから貞人と斷定することは危險であり、われわれはこの匡を貞人集團から一應除外するものである。
2. 萬
　　董氏のあげる乙三六七にはただ

　　　　丙午卜、萬（以下缺）

とあるのみで、貞文は缺除している。從つて董氏は省略形式としてこの卜辭を採用したものと理解される。然しこの期の卜辭には他にこの萬の字の書かれたものは今の所見當らないので、廣く卜辭について求めると、

　　　　□寅卜、萬受年。　　　　　　　　　　　　　　（前三・三〇・五）
　　　　□□卜、賓貞、𠦪其往萬。　　　　　　　　　　（前五・三一・三）
　　　　𠁢于萬。　　　　　　　　　　　　　　　　　　（龜二・二・一三）

などが擧げられる。このうち第一は、乙三六七と同じく省貞形式と見得るものであるが、他の二例は明らかに地名或は國名と考えざるを得ない。從つてこの萬も一應貞人として扱うことを保留すべきであろう。これとは別にこの後の三例は貞人・字體からすべて第一期の卜辭であることも注意しなければならない。

3. 幸

　　乙編三八の龜甲上にある次の

　　　　己酉卜、幸、今夕其雨。

という卜辭を董氏は例證としているが、これについては前にあげた貞人と同樣にその確證は得られない。この幸は恐らく固有名詞と解するより仕方のないものであるが、これとは別に、次の

　　　　貞、幸持土。　　　　　　　　　　　　　　　　（後下一一・二）①

という卜辭を見ると、幸は動詞持の主格としてあらわれている。この土字は普通には「之」字にあてられているが、前一・三三・三には

　　　　癸未貞、其求土于高妣丙。

とあり、「求禾于某」などの例、及びその字形が地表より生じた植物を型どるに似ていることなどから、何か植物を意味する文字とも考え得る。從つてこのような辭例を卜辭について廣く見ると、この「幸」は地名か國名と考えざるを得ない。よつて乙三八の卜辭は幸という地點での雨の有無を卜したものと考えるのが妥當であろう。

---

① 編者按："後下一一・二"，原文誤作"後下一・一二"，今據實際出處逕改。

4. 車

　　　　戊辰卜、車、允畋貝今生□。　　　　　　　　　　（乙三二四）

という董氏の辭例を見る以外、現在のところ貞人と考え得る他例は何等見出し得ず、從つてこの一例のみをもつて貞人車を設定するにはいささか危險と言わざるを得ない。

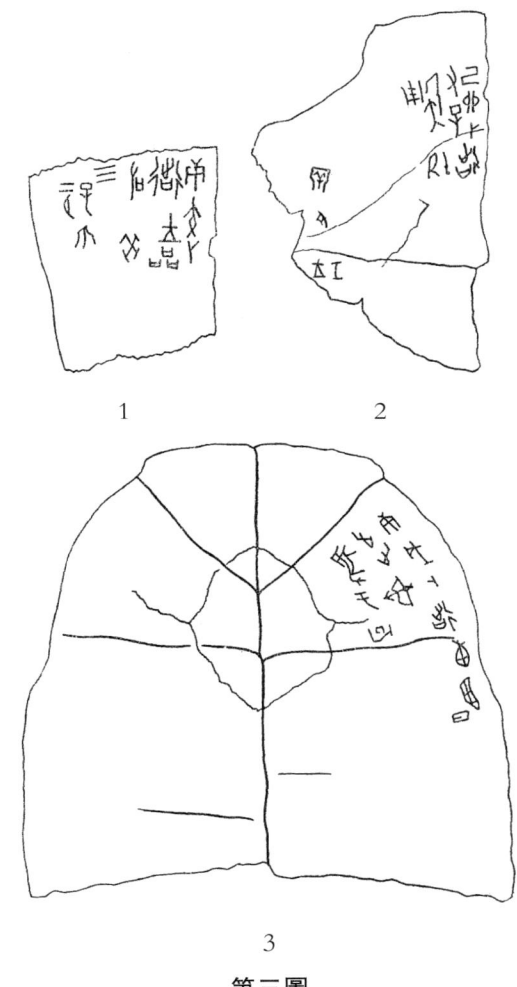

第三圖

5. 冊

　董氏が「新護卜字寫本①」から引用する

　　庚寅卜、冊、王品司癸巳。不。二月。（新三五一）第三圖1、という卜辭のほか、他例を求めて見ると、鐵一四・二（第三圖2）、新二三八、甲四五〇、甲三〇〇三

---

①　編者按：當作"新獲卜辭寫本"。

（第三圖3）などが得られる。このうち完全に卜辭の殘る第三圖2、3の例を見ると何れも「卜㞢」とあつて、省貞形式の卜辭と考え得るものであり、且つ第三圖1の如く王字を立につくつているから、ほかに同版貞人、稱謂などの確實な證據は得られないが、まずこの時期の貞人と認めても誤りはないと思われる。

勹については前章及び第二節で見る如く貞人であることは明らかであるから、ここでは省略したい。

次にこれと關連して考えねばならないのは史及び卣の二貞人である。

6. 史

董氏はこの貞人が文武丁時代のものであり、而かも貞人我と同版であるとして

癸酉卜、史貞、東若。　　　　　　　　　　　　　　　　（乙八三〇）

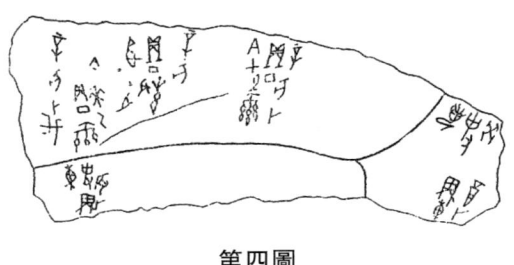

第四圖

をあげでいる。然しこの第四圖のような卜辭を、董氏のごとく解讀するのは多少無理と考えられる。同版卜辭でも明らかな如く、この我の一群の卜辭は極く少數の例外が貞字を⺆に作るほか、すべて⺆に作るものである。然るに、董氏が卜史貞と貞に釋する文字は⺆に作り、この樣な字體は、他の異體貞字にも見當らないので、この卜辭は史を貞人とすれば一應省貞形式としなければならない。從つて更に他例を求めると續二・一三・七、後上六・八の二例が求められるが、これは共に貞字を明らかに⺆の普通の字體につくり、我と一群にすることはまず不可能である。

故にこのト辭について、今一度改めて解讀を試みるならば

癸酉卜、使₌⺆東。若。

と釋すべきではないか。使と訓讀する文字は一般に事と釋字され、これは一般の卜辭では𠭯と作る。

貞、行古王事。　　　　　　　　　　　　　　　　　　（後下二五・一二）

然し次の貞人我の卜辭では、

　　　　　辛巳卜、我貞、我有事。今十月。　　　　　　　　　　　　（前八・三・三）

の如く事を🀆に作つている。

　以上のべた所から、われわれはこの董氏のいう貞人史については疑をもつものであり、この論文では貞人集團から除いて考えたい。

7. 卣

　　　　　癸亥卜、卣貞、今夕亡囚。八月。　　　　　　　　　　　　（後下一六・一六）
　　　　　庚辰卜、卣。從系🀆。　　　　　　　　　　　　　　　　　（乙一二四）

　右の二辭は董氏のあげる引例であるが、この卣は、前者は🀆に、後者は🀆に作り、この二體は明らかに相違した字體をとつている。而かも第一例は亥字（🀆）、貞字（🀆）の字體・書風から見て明らかに第一期に近いものと考えられるからこの卜辭を文武丁時代の貞人とするのは疑問である。從つて董氏が「大陸雜誌」第四卷九期にいう如く、この二例及び🀆・🀆の例から、この時期の卜辭に省貞形式を認めようとする證據の一つはなくなつた譯である。よつて、第二例について他の例を求めるに、この卣が貞人である例證は見當らないから、これが貞人か或は別の固有名詞か速斷を下すことに危險を感ずるので、前擧の數人と共に一應保留して考えるべきものと思う。

　以上の如く、董氏のあげる十七人の貞人のうち、その貞人として扱うことを一應保留すべきものとして匡・萬・幸・車・史・卣の六人があり、貞人である可能性の大きいものとして犾があることが明らかになつた。次節以下では此等の貞人以外について論じよう。

第二節　🀆字形の卜辭

　前節において、我々は十七人の貞人中より一應六人の貞人を除外しなければならないことを述べた。然し我々は更に殘る貞人について分析を加えなければならない。

　董氏が擧げている例文について見るに、今ここにそのうち叶と🀆との二貞人をとりあげるならば、この二卜辭は、明らかな相違點をもつていることに氣付くであろう。即ち叶の辭例では貞を🀆型につくり、🀆の場合では🀆型につくつていることである。この時代の卜辭には、一般の🀆とは別に、異形の🀆・🀆

などの鼎を示す文字をもつて貞に借用していることは董氏の指適する通りである。然し董氏のあげる例文は干支鼎、干支卜鼎の形式をとるもののみであつて、これのみをもつて文武丁時代の卜辭の一特色とすることは出來ない。寧ろ我々の注意しなければならないのは、上に擧げた如き門と門との字形についてであり、これに關して董氏が何ら言及していないのは、疎略であると言わねばならない。更に他例について見るならば、ここにあげた二貞人のみでなく、㱿・自・勺・取の四貞人の卜辭は門の形をとり、子・我・余・術・霱の五貞人は門と書いた卜辭が多いことが明らかになるであろう。我々はこの節では門字形をとる卜辭を中心として見ることとする。

　董氏が擧げる例文について見るに、自と叶との二貞人には、

　　　乙亥卜、自貞、王曰有孚、嘉。㱿曰嘉。　　　　　　　　　　　（佚五八六）
　　　己未卜、叶貞、匞獲羌。　　　　　　　　　　　　　　　　　　（續三・四三・二）

という卜辭が擧げられている。この二つは共に門字に作り、明らかに門と異なる。然しながら、次の如き辭例では

　　　辛卯卜、㱿貞、且毎日凡疾、四日（乙）未夕啓老。　　　　　　（後下三五・二）

貞を門に作り、最初にのべたような事柄と反することになるが、他の字體など一期との親近性を思わせるものがある。

　これに先立つて、今一度注意しなければならないのは、董氏も指摘する如き、省貞形式の卜辭についてである。董氏は「大陸雜誌」第四卷九期において、各期の貞人を列擧するが、この文武丁時代において、

　　　1.　辛卯卜、㱿貞、且毎日凡疾、四月（乙）未夕啓老。　　　　（後下三五・二）
　　　　　乙巳卜、㱿、㞢大乙母妣丙牝。不。　　　　　　　　　　　（新三三六）
　　　2.　乙亥卜、自貞、王曰有孚、嘉。㱿曰嘉。　　　　　　　　　（佚五八六）
　　　　　辛亥卜、自、不雨。　　　　　　　　　　　　　　　　　　（乙一二二）

の二組の辭例をあげ、この時期の卜辭には貞字を省略したことがあるとする。然しながら、すでに述べた如く、干支＋卜＋貞人という形式をとるものは、一期にもすでにあるのであつて、このグループの特色ではないことに注意しなければならないが、貞字をともなうことの確認し得る貞人に關しては省貞形式をとる卜辭であつても、これを貞人と認めることは許されるであろう。

從つてわれわれはこれら省貞形式卜辭をも含めて貞人の集團を構成して見る必要がある。卽ち貞人の同版にあらわれる關係をたどることによつて、先ずこの節で扱う可き貞人數を明らかにしなければならないが、既に前章において門字形をとる王族集團の卜辭としてこの關係を見たので、ここではこれを省略することとする。ただ以下において貞人としての王について少しく論じよう。

　董氏はその「斷代研究例」において、第一期武丁時代の貞人集團とは別に、

　　　辛未卜、王貞、今辛未大風、不隹囚。　　　　　　（前八・一四・一）
　　　丁丑卜、王貞、命冄祓于盅、古朕事。三月。
　　　丁丑卜、王貞、余勿衣、占余哉。　　　　　　　　（前八・一四・二）

という三例によつて、一期に王親貞の卜辭があつたことに注意している。然しながら、董氏は、この第一例が貞人自と同版であること、及び何れも貞字を門につくつていることを見落していたが、今度の新説においては、貞人自をとりあげたにもかかわらず、貞人としての王については何等言及していないのは何故であろうか。

　この王親貞の卜辭とは別に

　　　□□卜王貞好弇……
　　　□□卜□貞命壴帚……
　　　□□卜爭貞……　　　　　　　　　　　　　　　（續五・一二・三）

といふ卜辭の如く、第一期貞人爭と同版の王が貞問を行つたものがある。この場合には貞は門に作り、字體・書風も一期特有の雄勁なものであつて、先にあげた三の例の如き王親貞の卜辭とは明らかに區別され、第一期貞人集團にあつても王が自ら貞問を行つたことが明らかである。

　このような一期貞人集團の卜辭では、「王占曰」という言葉で始まる繇辭、卽ち卜問に對する判定の言葉はすべて王を主格として書かれているのであるが、この狄をはじめとする貞人の卜辭では先にもあげた

　　　□亥卜、自貞、王曰有孚、嘉。狄曰嘉。　　　　　（佚五八六）

という例の如く、一般の貞人によつて判定が行われているのも重要な差異であ

り、董氏がこの「𢨻曰嘉」をも貞問の文にいれているのは誤りと言わねばならない。それは

    癸卯卜、王曰㞢其🯄、貞余勿呼延🯅。叶曰吉、其🯆。　　　（前四・四二・二）

という辭例でも明らかである。この叶は貞人として次の

    己未卜、叶貞、医獲羌。　　　　　　　　　　　　　　（續三・四三・二）

の卜辭にあらわれ、貞問を行う貞人としての同版關係は今の所得られないが、「癸卯卜、王曰……貞……」の卜辭と共に貞を𦅩に作つているから、𢨻と同集團の貞人であることは明らかである。しかも「曰吉、其🯆」という言葉は、「吉」という判定を下したものであることに間違いはない。從つて佚五八六と前四・四二・二とを比較すれば、前者の「𢨻曰嘉」も判定であることに誤りはない。なおこれについては次章でもふれるであろう。

　以上のべて來た所と前章とを併せ考えるならば、王以下𢨻・𦧆・勹・叶からなる一つの貞人集團が構成されることが明らかであるが、最後に貞人取について見るならば、董氏の引く前八・三・七によれば、王と同版にして貞を𦅩に作り、この𢨻などの貞人集團に屬するものとしてよい。從つてこの節では、最後に王・𢨻・𦧆・勹・叶・取の六貞人について集成表をかかげるが、干支卜王の形式の卜辭では、貞問する事柄の主格として余、朕を含まぬものが大部分であり、この王が貞問を行う當事者か、或は事象の主格であるか考察を要するので、ここには卜王貞の完全形式のみをとりあげることとする。

    卜王𦅩　前四・七・五、一七・一、二七・七、四一・六、四六・一、三、四九・一、五〇・二、六・二六・一、二、四七・三、六五・一、八・一〇・三、一一・四、一二・三、一四・一、二。後上三一・三、下七・一〇、一二・一四、一五・四、三〇・五、三五・五。續一・八・八、三・一三・四、四・一二・五、五・一一・四、一六・四、五・一八・八、二八・二、六・一一・八、二一・一二。柏八。殊三四、一〇二四。庫二二〇、四三八、六九一、一〇九四、一八〇七。零六四。誠三三五、三七一。錄一一三。佚六六二、九五四。粹九一六。甲二三〇四、三〇一九、三七四六、三八二七。乙三六五、四〇〇、五六六〇。南北師一・六〇。

    卜𢨻𦅩・卜𢨻　龜一・二〇・五。前四・三・八。八・二・七、六・一、八・一、一二・五。後下五・一四、二四・一〇、三二・一〇、三五・二、三九・

一一、四三・七。續五・七・四、一四・五。庫一〇九一、一一〇八。燕二一三。佚九一九。鄴二下、三六・二、三六・七。鄴三下四七・五。甲二〇七、二一〇、二四八、二四九、二五四、二六四、二八〇、二八一、四五四、二三一四、二三二四、二三七八、二三八〇、二三八五、三七六三。乙九六、九八、一二〇、一四五、一六〇、一九七、三一四、三二二、三二九、三八六、三九一、四五四、四五八、四七四。南北坊五・二三。

　　　卜㠱𠂤・卜㠱　　鐵一八三・四、一九三・一。前四・二・二、六・六六・四、八・一四・一。後上七・六、下二〇・一六、四二・九。續五・一・四、六・一九・七。零五六、八二、殊五三〇、六一二、六一五。燕六三〇。庫四八八。佚一〇八、五〇二、五〇三、五八六、九五四。甲三〇一三、三〇四五、三〇四六、三〇四七、三二八一、三三〇四。乙一、四二、八〇、一一〇、一二二、一二六、一二八、一八三、三三九。寧三・五八。

　　　卜勺𠂤・卜勺　　鐵二〇四・一。前四・一・二、四二・四、五。後下二四・一〇。續一・三九・二。錄一一二。佚七四三。甲四八八、二九四一、三〇一二、三〇四五。南北師二・一四六。

　　　卜叶𠂤・卜叶　　前一・四四・五、四・四二・二、六・一九・五、三九・一。後上二六・四。續一・一・一、三・四三・二。錄一二〇、五七六、六六五。佚八三三。摭續一五二。

　　　卜取𠂤　　前八・三・七。乙三五七、三六九。

　　　卜𢓇　　鐵一四・二。新二三八。甲二四一、四五〇、三〇〇三。乙七九、一五九、二三四。

第三節　𠂤字形の卜辭

董作賓氏はその「五等爵在殷商」という論文において

　　　己亥子卜貞、在川人歸。　　　　　　　　　　　（前八・一二・四）
　　　乙亥子卜、來己酉羊妣己。　　　　　　　　　　（前八・一三・四）

など十四例の卜辭をとりあげ、この卜貞を兼ね行う子とは、子漁などの王子の略稱であるとしてその特殊性に注意した。然るに乙編序・「大陸雜誌」などその新説では、これにふれることなく文武丁時代の貞人として提出した。

　前章でもすでに述べて來た如く、この子をはじめとする貞人は多子族の卜

占を行つた貞人である。この節ではこの貞人集團を扱うのであるが、これに屬する卜辭にも

   癸巳子卜、高作不若。　　　　　　　　　　　　　（前八・一三・一）

の如く、貞字を省略したものが多數にあるので、これをも併せて考えなければならない。そうして、これら卜辭の書體は細小であり、干支字體も晚期に近い體をとるけれども、そのどれとも多少ことなつた一種特別のものであると共に、最も注意しなければならないのは、子をはじめとして

   辛巳卜、我貞、我有事。今十月。　　　　　　　　（前八・三・三）
   己巳余卜貞、亞雀及□。　　　　　　　　　　　　（前八・九・三）
   丙子卜、术貞、乙用一牛。　　　　　　　　　　　（後下四二・五）
   癸酉卜、㸂貞、今十月人□。　　　　　　　　　　（前八・九・一）

の四人の貞人の卜辭すべてが、貞字を月という形に作つていることである。これは一般の卜辭が月に、前節にのべた王族卜辭が月につくつているのに對し、そのいずれとも異つた字體である。

　このような字體の貞を使用する子・我・余・术・㸂の五人の貞人は、董氏が文武丁時代貞人とした十七人のうち、既に第一・二節でとりあげた十二人を除いた殘りのものである。從つて、われわれはこの五人が同一集團を構成するものであるか否かを檢討しなければならない。これについては同版關係を述べるのが、最も確かな方法である。

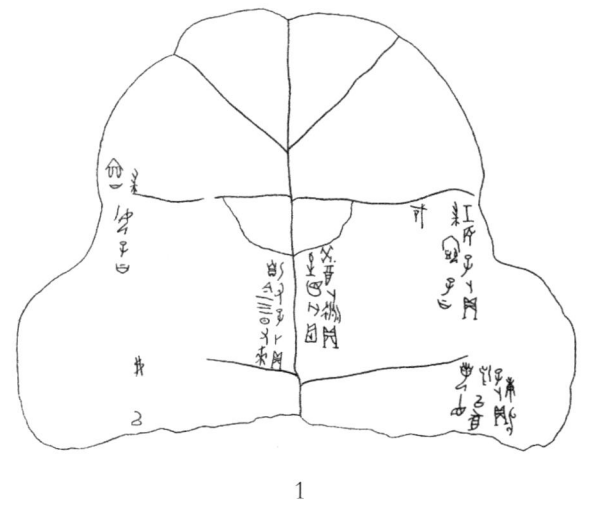

第五圖 ノ一（乙四八五六）

第五圖 ノ二（後下四二・一一）

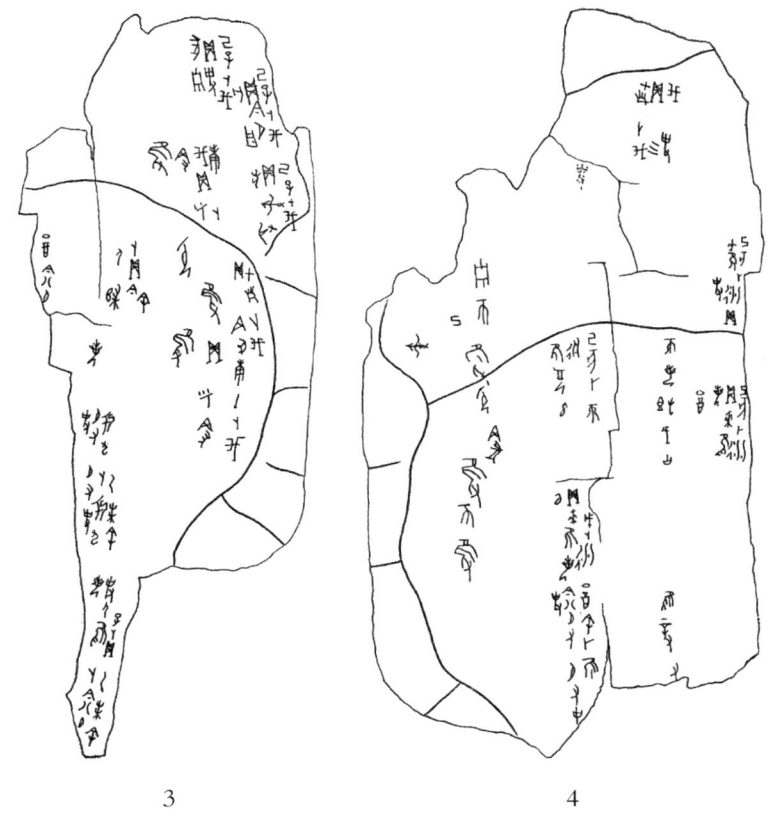

　　　　3　　　　　　　　　　　4

　　第五圖　ノ三（乙四九四九）　　第五圖　ノ四（乙四七五八）

　第五圖（一～四）にとりあげた四例を見れば、子・我・余・𧗲の四貞人が一つの集團に屬することが明らかである。この四人のうち子・我・余の三人は實は同一人を言うのではないかと考えられるのであるが、これについては第二章で述べたところである。

　こうして同版關係によつて得られた集團の卜辭と同一の特徵をもつ貞人鼎については、今のところ同版關係を見出だし得る卜辭は得られていない。更にこれとともに注意しなければならないのは、

　　　己亥子卜貞、在川人歸。　　　　　　　　　　　　　（前八・一二・四）
　　　癸酉我卜貞、…　　　　　　　　　　　　　　　　　（珠一三二九）
　　　戊□余卜貞、貝…　　　　　　　　　　　　　　　　（前八・八・三）
　　　乙酉𧗲卜、我入商…　　　　　　　　　　　　　　　（珠一一四）

などの例に見られる如く、子・我・余・𧗲が貞問のみでなく、卜いを兼行しているのに對し、鼎については、この様な例が見られず、貞問を行つているのみ

である。更にその出土狀態を見るに、第十三次發掘で大量に一期卜辭を出土したYH一二七坑において、『小屯』乙編上・中册に見る限りでは、この群の卜辭のうち貞人祊のみが、ある層から一括出土したと考え得ることもこの貞人を扱う上に注意しなければならぬことである。このようなことは肖字を用いるこの貞人集團を扱うのに一つの問題を提出するものであるが、これについては更に精密な檢討を後日に待ちたい。

以上述べて來た如く、尙問題が殘るとはいえ、同版關係、字體、書風などから見て、子・我・余・徝・祊の五貞人の卜辭は、一つのグループをなすものと見ることができ、その最も特徵となるのは貞字を肖につくる點である。從つて「干支卜貞」、「干支卜」などから始まる貞人を省略した卜辭であつても、これと同一の字體・書風をもつ卜辭は一群として扱うことが出來るものである。

かくして、董氏が嚴密な同版關係による證明もなく、舊派新派という說から出發して、文武丁時代貞人として提出した十七人の貞人のうち、約三分の一は一應保留しなければならないことが明らかになつた。殘る貞人については、その時代の如何は後論をまつとしても、少くとも二つの集團に分けられ、この二つの集團間には貞人の同版關係は全く見出だされない。我々はこの二集團を分つことによつて、次章において更にこれらの卜辭の性格を詳細に論ずる。

最後に前節と同樣に、この節でとりあげた貞人卜辭の集成表をかかげておく。

子卜貞及び子卜形式　鐵七六・二、八一・二。前八・一・二、四、五、六、八、二・四、六、三・二、五、七、五・五、八、六・三、一〇・一、一一・一、一二・四、一三・一、四、一五・二。後下四二・一〇、一六、四三・三、五。續四・三四・九、六・二三・八。菁一一・一七、一八、二〇、二二。戩二一・一三。龜二・六・四、二六・四。卜一〇〇九、一四七〇。新一七〇。通一六三。粹一二四〇。珠四二一、八九九、一三二八。庫一五五七、一九四九。乙四五八六、六〇九二。摭續八三。

我卜及び卜我貞形式　前八・三・三、五・六、一四・四。後下四一・九、四二・三。菁一一・一九。龜一・六・一四。卜二〇四九。珠一三二九。庫六九八。甲三二一五。乙七六七、八三〇、九四一、一四二四、一五二五、一七六七、一七七八、一八〇五、四七五八、四八一四、四九四九、五七二五。

余卜形式　前八・一・一、二・五、八・三、九・三、一〇・二、一二・一。後下四二・一一。卜一七一。庫一二、六二六。乙四七五八、四八一四、四九四九、五二三七。

貞人帚　前八・三・八、六・五、九・一。續五・一四・三。庫六四五。乙六一七、七五七、八三一、八五六、九九九、一〇〇一、一〇〇四、一〇一四、一一〇五、一一七五、一一七六、一二〇八、一三一〇、一三一七、一四三七、一四五七、一五一五、一五三七、一五五一、一五五五、一五六〇、一六〇〇、一六二一、一六二四、一六五〇、一七六三、一七八六、一七八七、一八一一、一八四三、一八四九。

貞人術　前八・一四・三、一五・二。後下四二・五。續一・三八・七、三・三五・八、六・一三・八、二三・八。佚九〇七。珠一一四。庫六四八、七〇三。甲三〇四九、三二九一。乙三三五一、三六八九、四一七一、四一七二、四一七四、四一七七、四一八〇、四七五八、四八一四、四八五六、四九一一、五一二三、五九八五。

第四章　全卜辭中における王族卜辭・多子族卜辭の位置

第一節　王族卜辭に現れる祖宗稱謂人名

　董作賓氏の斷代研究は世系、稱謂、貞人、坑位、方國、人物、事類、文法、字形、書體の十の標準によつて五期の時代判別を行うものであるが、そのなかで貞人が最も重要である。貞人が何王の時代にあるかを定める根據はこの貞人が王の祖妣の祭祀を卜うときの祖妣の呼び方、すなわち祖妣稱謂に求められる。稱謂は殷代王室の世系が明らかでなければ解釋がつかない。そこで世系、稱謂、貞人の三者は三位一體として斷代の基礎となつている。このことは「斷代研究例」でも力説したところであり、昭和二十七年「大陸雜誌」に載せた「甲骨文斷代研究的十個標準」にも明言しているから、今もこの考えに變りがないはずである。

　問題の文武丁時代卜辭に出てくる先王の稱謂はどうであろうか。まず王族卜辭について考えて見よう。

董氏はこの貞人群中でもつとも著名な貞人㕠の卜辭のなかに父乙・母庚(甲二九〇七)の名が現れてくることに注意して、もし普通ならば武丁がその父である小乙とその配偶である妣庚を祭つたと解すべきであり、從つて㕠を第一期の貞人に入れねばならない。しかしもしそうすると、第一章に述べたような字形、文法、事類、方國、人物など多數の點において第一期と差異があるこの類卜辭を同時に並存させることになる。同一時期にこのような異質の卜辭の並存を許すことは不可能である。そこで父乙を文武丁時代にその父武乙を祭つたとして、武乙の妣は妣戊であることだけが知られていて、母庚は卜辭と殷代金文に見える殷代世系にあらわれないが、ともかく他資料にもれた武乙の妣の一人として妣庚の存在を假定し、この卜辭を文武丁時代に下げようと試みた。

　　その傍證としては、この類の卜辭が第二期祖甲時代の稱謂の改正を踏襲して殷王朝の開祖である湯を「大乙」と稱して、決して第一期卜辭の如く「唐」と呼ばないことをあげている。いわゆる文武丁時代の卜辭はすべて第二期祖甲時代の改革からさらに逆行して第一期に復古しようという傾向を示していて、董氏のいわゆる新派貞人は文武丁時代に舊派貞人に一轉するのであるが、その間になほ新派の名殘があり、この類卜辭における湯を大乙と稱したのはその一例であると見なすべきである。そしてこれこそ他方文法において第一期の存在を示す動詞の虫に代つて又を使用したことと共に、文武丁時代の復古もれの適例として特筆さるべきであるとするのである。

　　卜辭貞人における舊派新派の區別は、董氏獨特の解釋であり、また示唆にとむ解釋でもあるが、これを根據である卜辭に現れた現象に還元するならば、稱謂における第一期と王族卜辭との差異のそれに見ることが出來よう。父乙・母庚のように第一期の典型的稱謂ともいうべきものがあるにかかわらす、これを第一期の小乙・妣庚ではなくて、第四期後半文武丁が武乙と祀典に俟された妣庚とを祭つたと解することを直接に證明する積極的な根據とはならないことは明らかではあるが、そう論斷することを消極的に支持する情況的證據とはなりうるであろう。しかしこのような稱謂上の唯一の論據も決して例外がないわけではない。

　　研究所所藏龜甲のうちに㕠・自のような貞人の名こそないが、王親貞形式卜辭の省略である干支卜王形式卜辭に

　　　　乙亥卜王、于唐告。　　　　　　　　　　　　　　（人文二九九一）（圖版一）

として湯に告祭した記事があり、明らかに湯を大乙ではなくて唐と書き、又人文二九九二にも同様な文が發見される外に、また干支字形その他から王族卜辭から派生した干支卜省略形式卜辭と思われるものに

　　　庚午卜、命雀僑菓唐。　　　　　　　　　（人文二九九三）（圖版一）

があり、大乙を唐と稱している。王族卜辭のみのフンドと見るべき第十三次B一一九坑出土の龜甲のうちにも唐が一見している（乙一七一・一三・〇・一五七、一七一）。これらによつて、王族卜辭と第一期卜辭との間に唐と大乙の稱謂の差があるという說は、有力な反證があつて一概に論じ去ることは早計だといつてよいであろう。

　この王族卜辭のなかに現れる祖宗の稱謂を次に表示する。

殷王室世系稱謂	貞人名	出　　典
父甲	王	柏一四。研一三〇九。
父辛	王（略） 犾 勺	續一・三三・六。甲二八七。 研一〇。 甲四八八。
父乙	王（略） 自 叶	前一・二五・三、（四・二六・七）、六・一九・五。續一・三三・六。柏八。甲二三一、二九〇七。乙四〇五。 甲三〇四六。 前六・一九・五。
母庚	王（略） 王 犾 勺	前一・二九・七。 續一・四二・三。 甲二三五六。 柏一〇。
兄丁	自 犾	後上七・六。 甲二三五六。
兄戊	王（略）	前一・四〇・三。甲一八五。
小王	王（干支貞） 勺	粹二六。 南北・師二・一四六。
子亦	叶	前六・一九・五。
黃尹	王	柏八。

　この表によつて見ると父と稱せられるものは父甲・父辛・父乙である。そのうち父乙がもつとも頻繁に現れ、同じ樣に現れる母庚と並んで祭られる例

（甲二九〇七）があり、また時に母庚は兄丁とも同時に祭られている例（甲二三五六）がある。その他に兄戊兄丁らのどれも第一期武丁時代卜辭に通有の稱謂と解することができるものが多いことは著しく人目をひいている。これらは武丁がその伯父である陽甲を父甲、小辛を父辛、小乙を父乙と呼んで祭つたと見なすべきで、武丁の四人の父のうち、ただ盤庚が父庚の名で現れないだけである。特に小乙の配偶の妣庚が母庚として父乙、または第一期貞人の卜辭によく母庚と共に祭られる兄丁とともに祭られた例もある。これら六個の單獨に現れる場合は、たとえば父乙は文武丁がその父の武乙を祭つた稱とも考えられるし、父甲は廩辛・康丁が祖甲を父として祭つた稱とも見られ、父辛は武乙がその父廩辛を祭つた號と解することができるかも知れない。然しこの六稱謂は同版卜辭などから同時代に在職したと考えられる王族所屬貞人の卜辭に組合されて出てくるのである。もしこれらの貞人の時代が董作賓氏の主張するように文武丁時代であるとすると、父乙は武乙を父として祭つたと解しうるだけで、他の父辛・父甲・母庚などすべて殷の世系に佚した祖妣があつたと假定せねばならない。父乙・母庚の組合せの如きはあるいは世系に佚したとする蓋然性は多少はあるかも知れないが、母庚に加えて父辛・父甲が組合せて在世したということ、そのような暗合が現れる蓋然性が非常に少ないことは計算に訴えて見なくとも明白である。果して董氏はこのような暗合を期待して文武丁時代説を主張されるのであろうか。これが著者の董氏の指敎を仰ぎたいと欲する第一の疑問である。

　氏はあるいはこれらの稱謂が、長命した貞人たちによつて、異つた世代に生じたと考えられるかも知れない。前に述べたように父甲を第三期廩辛・康丁時代の稱謂、父辛を第四期前半武乙時代の稱謂、父乙を後半文武丁時代の稱謂として解釋せられるでもあろう。われわれは氏が『殷曆譜』において定めた殷王の在位年代をそのまま信ずるものではないし、その廩辛を六年、康丁を八年、武乙を四年、文武丁を十三年としたのは、『尙書』無逸篇の祖甲以後の諸王は短命で十年、又は七、八年、又は五、六年、又は三、四年という言葉に成數を與えたに止るとは思うが、ともかく廩辛・康丁・武乙・文武丁などの諸王の在位年數が非常に短かつたことは周王朝が殷王朝から受けた歷史的傳承であつた。よつて廩辛・康丁・武乙・文武丁の在位年數を合せて一世代と見るべきであろう。そこで第三期廩辛・康丁、第四期武乙・文武丁を通計して第一期武丁の五十九年、祖甲の三十三年に足りない。從つて問題の貞人群が三期四期を

通じて在職したことも或はあり得ることかも知れない。

　王族貞人群が四代に亙つて在職し、その間に父甲・父辛・父乙の稱謂を卜辭にとどめたという想像說も立てる余地はあるかも知れない。しかしこの場合、第四期前半武乙時代においては伯父廩辛を父辛として祭ることよりも、實父康丁を父丁として祭る機會の方が遙かに多く、現に武乙時代とされる干支貞形式卜辭に父丁を稱した例に頻りに出逢うことからすると、この三父の父辛に續いて父丁が全然現れないのはこの想像說にとつて大きな弱點である。董氏は從來貞人は各期每に交代し、二期にわたるものが稀であると考えて世代により明確に區分していた。新說では第一期貞人が盤庚・小辛・小乙時代に在職していたという假定を立て、長曆中の世代に卜辭をはめこんでいる。しかしこれは董氏の復原した長曆を正確と假定した上でのことであり、しかも第一期貞人の稱謂は武丁時代のそればかり、小乙の世代の稱謂と見なすべきものを含んでおらず、甲骨文自體には何等の根據がないから、今はこの說にすぐ贊意を表することができない。問題の王族所屬貞人らの世代は、たとえ短かくとも四代にわたつて在職したと解するのはやや困難なようでもある。

　そのような難點はありながらも、王族貞人は廩辛以後文武丁時代まで在職したと假定して、その卜辭に現れる稱謂をその各王の治世にトわれたものとして解釋することはこれらの稱謂に關するかぎりでは必ずしも全然不可能とはいえない。かりにその樣な解釋が成立するとしても、問題の卜辭は第三期廩辛から第四期後半の文武丁時代まで及ぶものであるから、これを文武丁時代だけに歸屬さす董氏の說はここに大きな修正を被ることになる。

　王族貞人の署名をもたない干支卜形式の卜辭ではあるが、字形書體がよく似たものに

　　　辛未卜、求雨自上甲・大乙・大丁・大甲・大庚・大戊・中丁・祖乙・
　　祖辛・祖丁・十示率牡。　　　（甲二二八二。三・二・六三、七七、一二〇）

がある。この十示は上甲大乙から武丁の祖父の祖丁までを合祭したのであるから、武丁時代の卜辭と推定される。これと似たものに

　　　庚申卜、酒自上甲一牛至示癸一牛、自大乙九示一牢、礿示一牛。

　　　　　　　　　　　　　　　　　　　（人文二九七九）〔圖版二〕

があり、この九示も大乙から武丁の祖父の祖丁までを指し、武丁時代の卜辭で

あろうと推定される。以上二片に現れた十示、九示の世系はこの類の卜辭が武丁時代にぞくすることを示している。

前卜辭では庚の字を第一期貞人の通有字形である⿱型ではなく第四期以降の⿱型に近い⿱型に書いている。ところが

　　　隹父甲壱。隹父庚壱。隹父辛壱。隹父乙癸巳壱。（鄴一下・三九・十一）

の一片は武丁が陽甲を父甲とし、盤庚を父庚、小辛を父辛、小乙を父乙としてその祟を卜つた卜辭である。その庚字が前者と同じく⿱型に書かれている。恐らく王族卜辭の一異例であるかも知れない。

右に上げた十示、九示または父甲・父庚・父辛・父乙並擧卜辭のように、王族卜辭に準ずる書風の卜辭には、その世系稱謂から武丁時代にぞくすることが確實なものがあつて、間接に本類の時代決定を支援する證據を提供している。

このほかに表中に第一期固有の人名として董氏によると武丁の王子の一人である子亦が叶の卜辭に出ていることを記しておいた。これもさらにわれわれの時代比定の誤まらないことを直證するものである。

このような稱謂、世系、固有人名等によつてこの類の卜辭の製作年代が第一期武丁の治世にあることが確からしいとすると、つぎに同じく第一期武丁時代に屬する賓・殼以下二十五人の貞人集團の署名卜辭とこの種の卜辭との關係が問題とならねばならぬ。

もしこれら王親貞卜辭及び自等四貞人の卜辭が第一期二十五貞人と同じく同一の武丁時代に生存したとするならば、當然に相互に同版にその署名した卜辭が並存した例が存在する筈である。然るにこの多數の前後群の署名した卜辭の同版並存例が今迄に殆んど發見されたことがないのは何故であろうか。それは特に次に述べる所の五貞人と二十五貞人との貞人としてこの職掌の差異を考えることによりこの難點を或程度迄解決するであろうと思われる。

　　　乙亥卜、自貞、王曰有孕、嘉。㱿曰嘉。　　　　　　　　　（佚五八六）

自を貞人とする卜辭の貞辭に於て王が孕卽ち王妃の妊娠の有無を問うたに對して㱿なる貞人が確に妊娠するであろうと云う判斷を下している。この㱿が王の問に對して判斷を下したのは卽ちこの卜兆を見て兆の判斷を與えたのである。これは第三章に吾人が論じた如く繇辭をば㱿なる貞人が下したことを意味する

のである。
　また

　　　　丙午卜、叶、主告取兒。叶占曰。若、往。　　　　　　　　（卜五七四）

の貞人叶の卜辭では叶が自ら貞人として王が出でて兒國を取ることの吉凶をとい、叶がまた自らその兆を見て、若卽ち諾す、往つてもよろしいという繇辭の判斷を下している。

　この二例は叶及び歺の二貞人が龜甲獸骨に對して疑問を問いかける貞問のみではなくて、龜甲獸骨を焦灼した結果生じた裂け目卽ち兆についてそれが吉凶何れを現わすかという判斷の言葉である繇辭をば告げることを司つているのである。すでに「龜卜と筮」（東方學報京都第十五册の四）で詳述した如く、殷代の龜卜に於ては貞問は專門の貞人に委ねられていたが、兆の判斷は王者が親ら下したのであつた。けだし兆の判斷をし繇辭を告げることは神聖なる卜問の最後の決斷をなすことであり、これは神政國家である殷國ではこれが王者の大權の一として殷王自らこれに當り決して專門の貞人にまかすことを敢てしなかつたのであつた。

　然るに賓・𣪘以下二十五人の貞人が決してこの繇辭を司ることがなかつたに反して、前に述べた如く自・歺・叶・勹の四貞人中の歺・叶の二人が繇辭を司つた例が發見せられることはこの卜辭の一般原則からすると、非常な異例といわねばならない。

　この樣な異例の卜辭こそは賓・𣪘以下二十五人の貞人と歺・叶等四貞人とがその官の職務、從つてその所屬の官廳に性質を異にするものがあつたことを示すものではないか。卽ち二十五人の貞人は貞問のみを專職とするに對して、四人の貞人は貞問のみを專職とすることなく繇辭をも兼職していたのである。二十五人の貞人集團の關與する卜問は、貞問は專門の貞人、繇辭は殷の帝王にと完全に分れることを要求する所の嚴格な儀禮をもつて行われる公式のものである。これに對して四人の貞人集團の關與する占卜では貞問・繇辭が王者と貞人とに分掌されることを必要としないような非公式の行事であつたのである。

　叶、歺などの卜人が貞問のみでなく繇辭をも司ることがあつたとともに先に示した

癸卯卜、王曰㊤其㊥、貞、余勿呼延㊦。叶曰吉、其㊦。　（前四・四二・二）

の樣に王が貞問し叶なる貞人がそれに對してその兆を見て吉なりと云う繇辭を下している例もある。ここでは王者と貞人との職掌は正規の儀禮のそれから見ると完全に逆となつているのである。

王者と貞人との完全な職掌の分化を必要とする公式の儀禮を遵守して執行される二十五貞人の關與した占卜は殷王朝の國家的行事であり、この二十五貞人は殷王國の公的の占卜機關に所屬するものである。これに對して王者と貞人との職掌が分化せず正反對となつている樣な王及び四貞人の關與している占卜は、この樣な嚴格な儀禮を必要としない所の殷王國の王室の私的行事であり、この四貞人は王室私屬の占卜機關に外ならなかつたと解することは出來ないであろうか。

かく解釋することができるとすると、二十五人の貞人集團と王及び四人の貞人集團とは相互に別の占卜機關に屬していたのではないかという疑がでてくる。

このことに關連して注意すべきは前群と後群との貞人の名が同一版に現れる次の稀有の一例である。

すなわち

（表）｛辛巳卜、叶、入令並箙。
　　　並㊤
　　　辛巳卜、㕦、箙。十月。
（背）癸酉卜、不其雨。　　　　　　　　　　　　　　（燕一四一）

はこれである。この同一の版上の辛巳の日に後群の貞人叶の署名卜辭と前群の貞人㕦の署名卜辭とが並刻されている。辛巳の日に時恰も十月であつたので、貞人㕦が『周禮』司馬司弓矢の職にかかげられている「仲秋獻矢箙」の仲秋に行われるべき矢とこれを盛る箙との兩種の兵器を朝廷に獻上する儀式の吉凶を卜つた。その日後群の貞人の叶も特に命ぜられてこの朝廷に於ける儀式に立ち合うことが許され、その吉凶を卜辭に問うたのである。

なおこの時矢箙を獻ずる儀式とともに㊤というその内容不明の儀式がある。恐らく前群の貞人である㕦の卜辭が缺けたため、この斷片は後群の貞人叶がこの儀式に參加する吉凶を問うた卜辭だけが殘存したのであろう。

この兩貞人集團の卜辭が同一骨版上に並列されたきわめて稀な例によつて、この叶のぞくする王族貞人集團が第一期に在世し在職したことは確證されたといつてもよいのであるが、なお王族卜辭に出てくる固有名詞、とくに人名にはそれと同じような一期の歴史的人物と推定されるものが混つている。稱謂表にのせた王族貞人叶の卜辭

　　　癸卯卜、叶、御子亦 于 父乙。

　　　癸卯卜、叶、御子亦于 父 乙。　　　　　　　　　（前六・一九・五）

に父乙の祭りに奉仕することを卜つている子亦なるものがある。この子亦は董氏がかつて「五等爵在殷商」の論文において第一期貞人設と同版の卜辭に出ることから武丁の王子の一人と斷定した人物である。ただ當時氏は叶の貞人名であることを知らなかつたので、すべて告と誤讀し、無條件に第一期卜辭として引用し、この子亦を他の卜辭と同一人と見なしていたのであるが、叶を貞人として取扱うことになつた現在、これら子亦をすべて同一人とされるか否か。もし同一人でないとするならば、武丁時代の子亦とは別人の文武丁時代の子亦があることを他の史料によつて證明される用意があるか否かを承りたい。

　われわれの管見する限りで卜辭のなかにこの二代に別人の子亦が存㐲したことを示す史料をまだ見出しえないから、簡單に子亦を同一人として、叶の卜辭は第一期に武丁がその子亦をして父乙卽ち小乙の祭を行わしたのであると解せざるを得ないし、從つて叶がかつて一度第一期貞人㞢と同一の行事に參加して同版に卜辭を刻していることとともに、少くとも第一期にも在職した貞人であることはほとんど疑問の餘地がないと信ずるものである。叶を一員とする王族貞人の卜辭に現われる父甲・父辛・父乙・母庚は武丁が陽甲・小辛・小乙、その配偶妣庚を祭つた稱號であるとして解さねばならぬことは、これによつて明瞭になつたと見てよいであろう。

　稱謂表にはなお兄丁・兄戊という二兄の祭りが現れる。董氏はかつて「斷代研究例」において第一期武丁時代の卜辭にこの二兄の名があることから、今は殷代の王系からは佚したが、武丁には早世した二人の兄があつたので、その祭祀を怠らなかつたであろうと推定しており、近刊の「大陸雜誌」でもその說を保持している。王族卜辭に現れる兄丁・兄戊もまた武丁が二亡兄を祭つたの

であると定めて大過はないであろう。

　元來殷王朝に於ける公的の行事である獻籩の行事に列し、またこの行事をトうことは本來は㞢のような王朝の公的占卜機關である二十五貞人の管轄であつた。何か特殊の事情によつて王朝の私的占卜機關の卜人である叶が特に命ぜられてこの儀式に參加し、またその吉凶をトつたことがあつたので、兩集團貞人が同一の骨版上に署名し、同一の行事の卜問に與るという稀有な例を生んだのである。

　しかしこれは全く例外の現象で、一般に兩集團貞人の署名卜辭が決して同一龜甲獸骨版上に存しないことは、兩集團の貞人が別の占卜機關に屬したため共同の龜甲獸骨を使用することが無かつたからであつたと見られる。かく解すると二集團の貞人が上に舉げた一例のほか、決して同版に署名卜辭を殘さなかつたということは、二貞人集團が同一時代に屬することがなかつたという證據をなすものとはいえないのである。

　またこの解釋から二集團貞人が殷國家機關と殷國王私屬の部族とに分屬していたことが想像される。王族卜辭がＢ一一九坑、ＹＨ六坑、三區第三六坑らの如く、殆んど他の種類の卜辭を混えず純一のフンドとして出土したことは、王族貞人が公的な二十五貞人とは別の場所に居住し、別の機關において各々獨立して占卜を行い、別の窖にトいに使用した甲骨を收藏していたことを示すものであろう。しかしこのＢ一一九坑及びＹＨ六坑等に極少數混在した異種の卜辭が第一期の二十五貞人の卜辭であり、またＥ一六坑において多量の第一期の政府貞人卜辭とこれに比較するとやや少量の王族貞人の卜辭が混合して出土したこととは、前の卜辭例に示したように時には兩貞人集團の間に交渉があつた結果、兩種の卜辭が交り合つて堆積せられたことがあつた結果であろう。そしてこの出土狀態がまた王族卜辭の時代を第一期に比定させる有力な考古學的な根據を提供しているのではなかろうか。われわれは甲骨出土狀態、及びこれと共存する他の考古學的遺物との關係などについてはこれ以外にまだ充分な報告に接していないのでこのことを確かめられないのは殘念である。

　第一次の二區第二六坑發掘の甲骨八十八片（『小屯』甲一一〇―七八、三六八―三七五、三九一）について、董氏は『小屯』甲編自序に第一期武丁時代の貞人殷・爭等

の大字の卜辭、第二期貞人出の卜辭のほかになお第四期文武丁時代貞人狄とこれに類する纎弱な書體の卜辭がある。この二區第二六坑は小屯村北の村人劉氏の畑地にあり、光緒二十五年劉鶚が最初に北京で手に入れた甲骨はここから出土したものであることは、『鐵雲藏龜』など所載の卜辭によつて明らかであるといつている。

　『小屯』甲編の影片によつて見ると、八十八片中の大部分は第一期貞人及びこれに類する卜辭に占められ、そのほかには第二期早期の貞人出の卜辭二例（一三一、一五一）、王族貞人狄の一例（一四五）、王の親貞辭二例（一六八、一六九）及びこれに類する卜辭二例（一二八、一三六）、多子族の子卜貞卜辭一例（一五八）があるばかりである。大量の第一期卜辭に第二期早期貞人と問題の王族、多子族卜辭が混じて出土しているのである。

　同一地點から出土したろうと推定された『鐵雲藏龜』所收の卜辭を調べて見ると大多數は殻・賓・爭などの第一期貞人及びこれらの斷片と見られるものであり、その間に出・大・兄・喜などの第二期早期貞人の卜辭が少しあり、これに混じで王族の王親貞卜辭及びこれに類するものが十例（一四・一、一五・一、三五・二、六二・一、六九・四、七五・二、一二五・一、一三七・四、一四九・三、二六一・三）と多子族卜辭二例（七六・二、八一・二）が共存している。多量の一期卜辭と二期早期卜辭にごく少量の王族・多子族卜辭が混在していることは、まさに二區第二六坑と同一の傾向を示しているのであるから、これをこの地點から出土した遺物だとする董氏の想像は正しいといわねばならぬ。これは更に問題の王族卜辭・多子族卜辭が、多量の一期卜辭及びやや少量の二期卜辭と混じて、微量同一坑から出土するという考古學的事實を明かにしている。そしてこの考古學的事實の意味は一期二期早期と問題の卜辭の親近性を示した點に求められるべきで、上述のわれわれの想像にさらに有力な支持を與えるもののようである。

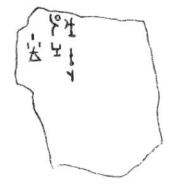

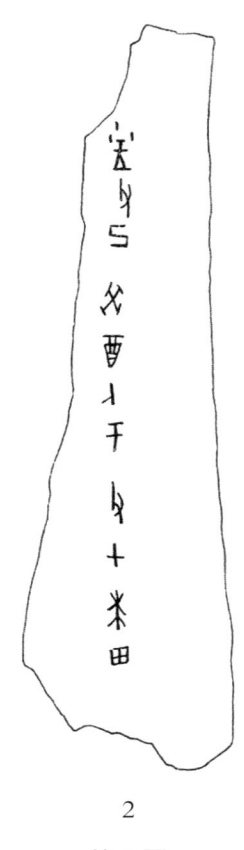

2

第六圖

　　さらに二區第二六坑出土の卜辭は王族卜辭・多子族卜辭が單に一期卜辭ではなくて、二期早期の卜辭にも連關をもちうることをあらわしているのであるが、この考古學的事實の意味は決して無視できないものがある。われわれはまえに王族卜辭にみた稱謂表において小王というものを載せておいた。その文は

　　　　戊午卜、叶、出小王。　　　　　（南北・師友・二・一四六）（第六圖の一）

とあつて、叶が小王を祭ることを卜つているのである。この小王については今まで不明であつたが、第三期卜辭に

　　　　癸酉卜、于父甲求田。
　　　　……小王父己。　　　　　　　　　　　　　（南北・明六三一）（第六圖の二）

とあり、父甲（祖甲）とともに小王父己が祭られているから、祖庚の兄である孝己の號であることが明らかとなり、董氏も「大陸雜誌」の稱謂表の第二期の欄に小王兄己、第三期小王父己なるものを載せている。前例には單に小王とあ

つて兄己あるいは父己のどれとも書いてないので、二期の小王兄己か、三期の小王父己の何れともわからない。

　研究所所藏の龜甲に

　　　　己未卜、御子辟小王。不。
　　　　御子辟中子。不。　　　　　　　　　　　　　　　（人文三〇二八）

なる王族卜辭に類した書風の卜辭がある。ここで小王は中子とともに祭られている。中子は

　　　　辛丑卜、大貞、中子歳、其延酒。　　　　　　　　　　（卜一一七）
　　　　□□卜、行貞、王賓……。
　　　　己酉卜、□貞、王賓中子歳……。　　　　（寧三・一九四）（第七圖）

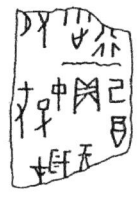

第七圖

の二期貞人大・行の卜辭にその祭りを卜つている。これと似た西子というものが、

　　　　庚戌卜、旅貞、西子歳叀□、王受又。　　　　　　　　（粹四〇七）

右の如く同じ第二期貞人旅の卜辭に現れている。郭氏は西子は祖庚・祖甲の子で早世したものを祭つたと解している。中子も同じく二王の子が第二期に祭られたものであろう。王族卜辭に中子と共に祭られた小王孝己はたぶん小王兄己であろう。小王の稱謂はもちろん三期にも下りうるけれども、王族卜辭に祭られた小王は二期時代の小王兄己である蓋然性が大であるといえるであろう。この小王の稱謂は王族卜辭が最下限としては第三期、蓋然的には第二期祖庚・祖甲時代に下るべきことを明らかにしていると見られる。二區第二六坑において王族卜辭多子族卜辭が一期のみでなく二期早期卜辭とも混じて出土することは、この類卜辭が二期に下り、最下限は三期にも下る可能性があることを示唆していると見られる。

王族卜辭に現れる稱謂及び人名を檢討し、さらに同坑出土の卜辭とも關係させた結果、われわれはその時代が第一期武丁の治世を固有の期間として、二期にもかかつているのであろうという結論に到達したのである。しかし貞人の時代歸屬を決定する根本的な基準は稱謂にあるとしても、さらに他の字形・書風及びこれに卜われた事がらなどについてこれを驗證して見なければならないが、それは後にふれるであろう。

第二節　多子族卜辭に現れる人名

　　若い王子たちを主要な成員とした多子族は王の命によつて殷の祖宗の祭祀に奉仕はしたが、自らこれを祭る特權をもつていなかつたらしく、多子族の卜辭には殷の祖宗の祭祀を卜つたものは見當らない。普通の各期の貞人の卜辭や王族卜辭のように祖宗の稱謂によつて時代を判定しようとするのは難しい。ただ時代判定の手掛りとなりうるものに

　　　　己丑子卜貞、小王㞢田夫。　　　　　　　　　　　　　　　（庫一二五七）

というのがある。これは

　　　　丁亥子卜貞、我㞢田麓。　　　　　　　　　　　　　　　　（前八・一〇・一）

とまさしく同じ文例であり、恐らくこれと同一版の斷片として綴合しうるものである。卜問の我と小王とが同じく主格として使われている。多子族卜辭の卜いの主格として、卜われている人物は多子族族長であることは前に述べたとおりであるが、この族長はまた小王とも呼ばれていたことをこの例は示しているのである。後例は前に序論でふれたところの研究所所藏の骨と綴合しうる影片で、これにつづいて

　　　　己丑子卜貞、子䓞呼出墉。

という卜辭が刻されている。子䓞はすでに董作賓氏によつて武丁の王子の一人であると確認されているし、その後もこれにたいして何の反證も上げられていないから、この卜辭が第一期にぞくすることを認めても、今のところ何の支障もない。これらによつて多子族卜辭の時代は第一期武丁時代にぞくすること、この卜辭が武丁時代の多子族の卜辭であることはほぼ明らかとなつた。

　　小王は前節に引いたように第三期卜辭に小王父己と書かれる。董氏がかつ

て、『戰國策』・『荀子』・『莊子』など戰國諸子によるとその名を孝己とい
い、また殷高宗武丁の孝子で、後妻の讒言にあつて勘當されて死んだと傳えら
れているものに外ならないと考證したところの祖庚・祖甲時代の第二期卜
辭の兄己、第三期卜辭の父己に相當する。孝己はかつて武丁の在世時代に多子族族
長として在職し、その主要成員である多子すなわち二十餘人の王子を率いて、
しばしば祖宗の祭祀を奉行したことがあり、小王とはこの武丁時代の多子族族
長である孝己の生前の號であつた。多子族は殷王朝における有力な部族であ
り、王につぐ權力をもつていたから小王と號されたのであろう。孝己はついに
王位をつがずに早世し、武丁をついで相次いで王位についた弟祖庚・祖甲は彼
を小王兄己として祭祀し、子王廩辛・康丁時代にはこれを小王父己と號して奉
祀されるようになつたと推定せられる。

　戰國時代に至孝の行いで有名で、天下これを子とせんと願つたという孝己
の記事は、孝己がこの多子族族長の小王として祖宗祭祀に任じていたことを儒
教倫理によつて傳説化された結果生れたものかも知れない。

　以上多子族の卜辭に出てくる子斱という第一期武丁の王子名を手掛りと
し、これと同一版に刻された卜辭中の小王という多子族族長稱號と意味との發
見によつて、この細小字の特異の書風をもつている多子族卜辭の時代が第一期
を中心とした時代におかれねばならないことが明確にされたのである。

第三節　王族卜辭と多子族卜辭の特質

　前二節においてわれわれは主として王族卜辭に現れる斷代の根本的基準で
ある貞人・世系・稱謂と人名の檢討を了え、これらの點から見ると第一期武丁
時代に歸屬さすべきであるという結論に到達した。董氏は決して稱謂などの重
要な基準を無視したのではないが、二類卜辭の集成が完全でなかつたため、先
王の稱謂については、わずかに父乙・母庚の如き一、二の例だけに注目したに
止つて、われわれのようにこの卜辭に現れる稱謂の全體を確實に捕捉していな
かつた憾がある。しかしもし氏がこの稱謂などについて十全な知識をもちえた
としても、あるいはわれわれと同様な結果を導き出しえたかは疑問である。

　氏がいわゆる文武丁時代卜辭の時代決定を行うに當つて、稱謂から見ると
𢼊の卜辭に現れる母庚は小乙の配偶である妣庚の武丁時代の稱謂であり、武乙
の配は妣戊であるから、父乙を文武丁が武乙を祭る稱謂とすると、配偶は妣戊

でなければならぬことは十分に承知している。しかもこの明白な稱謂の示すところの第一期的特徴をすて、この基本的な基準を無視して派生的な基準に決を求めようとしたのは、もしこの類の卜辭を第一期に上げるとすると、武丁時代に各種不同の書體・字形・文法・事類・方國・人物が並存することを認めねばならなくなり、それは明らかに背理であると考えたからである（乙編序一一頁）。

氏はこの種の卜辭と第一期卜辭との書體・字形・文法などの差異がどれほどのものであるか、そしてそれが二種の卜辭が同時並存を許容しえないほどのものであることを具體的に示していない。董氏は文武丁時代が祖甲時代の新制をさらに武丁時代の舊制にひきもどそうとする復古の時期として捕え、この卜辭の特徴としては第一期への復古の傾向がおもに取上げられている。たとえば祖甲時代の祭祀される祖先を上甲以下に限り、祭祀を彡・翌・祭・壹・夻の五種のみに限定した規則的な祭典が、この類の卜辭では夒・王亥・河・岳・社などの神話的高祖神などの廣範圍のものに及ぼされた第一期の祀典に逆もどりしたと説かれる。祭典においてはこの類の卜辭と第一期卜辭とは殆んど完全に一致していて、むしろこの類の卜辭が第一期そのものにぞくするのではないかとさえ考えさせるものがある。

もしもこの種の卜辭が實際文武丁時代にぞくしていて、第二期祖甲の新制を第一期武丁の舊制にもどそうとしたのであるならば、それが復古である限り、全面的な舊制の復古だけではなくて、若干の新制の殘存が伴つており、そこになにほどかの新舊兩制の混亂が現象として現れているはずである。ところが新舊兩制の混亂と解釋しうる第一期とこの類卜辭との差異點は氏によつて余り多くは説かれていない。それらのうちで字體・書風における古今字體の雜亂混用がもつとも強く指摘されている。

まず多子族卜辭について見ると、この類の卜辭には特有な書體、書風がある。第一期卜辭の書風は、董氏はこれを雄偉という言葉をもつて表しているが、子卜貞卜辭に對してはこれを纖細と評している。まことに第一期卜辭の筆劃は直線乃至折線であり鋭い筆致を示し、その刻された字の大きさも細字が少く、中字及び大字が多い。特に『殷虛書契菁華』に收められている巨大なる獸骨の版上に刻せられた卜辭は、すべて徑五分以上に及ぶ甲骨文中の大字であり、その雄勁なる書風は第一期を代表するものとされている。

これに對して子卜貞卜辭の筆劃は細くかつ曲線的であり、全體として柔媚な趣きをもち、大字、中字は絕對になく、悉く細字ばかりで書かれている。當研究所の子卜貞卜辭、余卜卜辭（圖版四）を『殷虛書契菁華』所載の第一期卜辭大版等と比較すれば一目瞭然である。子卜貞卜辭及び余卜卜辭その外我卜貞卜辭及び貞人衒及び䰙の署名卜辭は皆子卜貞卜辭と同じ纖細な書風をもつているのである。この第一期卜辭と子卜貞卜辭との書風の差こそ董作賓氏をして子卜貞卜辭の時代を第一期と比定することを躊躇せしめた理由の一をなすものではないかと考えられる。

　子卜貞卜辭のこの書風は第一期の雄渾な書風とは全然異るのみでなく、もしこれに類似のものを董氏の所謂五期卜辭のなかに求めると最後の第五期卜辭を外にしてはこれを見出し得ない。第五期卜辭に對しては董氏は嚴整という言葉をもつてこれを表わしているが、この表現はやや曖昧である。この嚴整とは金文篆文に比較してその書體が類似していることを指しているのであろう。それはまた篆文に似て曲線的な筆劃をも用いているのである。そればかりでなく、その筆劃は細く字の大きさは極小細字のみから成つていることは子卜貞卜辭と同樣である。この樣な第五期卜辭との書風の類似も亦董氏をして子卜貞卜辭の時代所屬を未決定に終らしめた一理由と想像されるのである。

　以上が看者の眼に訴える美感を基として考えられた子卜貞卜辭の特徴ある書風である。今この審美的見地から離れて客觀的にさらに一字一字の書體について吟味して見なければならぬ。これについてはかつて拙著『中國古代史學の發展』中に說いたことがあるから、簡單に述べよう（二二六—二二九頁）。先ず董氏も各期書體の差異を調べる第一の標準とした十干十二支の常用文字中特に五期の下に於いて著しい變遷を示している第一表の丁・戊・庚・辛・子・寅・辰・巳・午・未・申・酉・戌・亥の十四字についてこれを見ることとしたい。

　さきに子卜貞卜辭及びその派生形式卜辭を集成したが、吾人はこの集成から十四干支字を採集した。甲骨文中には卜辭以外に十干十二支を組合せ甲子より癸亥に至る迄六十干支を記した干支表なるものがあり、董氏の干支字形演化表はこの第一期及び第五期の干支表をば主なる資料と仰いだのであつた。その後郭沫若氏は『龜甲獸骨文字』卷一に載せられた二斷片の干支表を接合してこれを紹介し、更に金祖同氏はこれと同一版として接合し得べき一斷片を三井源

右衞門氏所藏甲骨中に見出しこれを『殷契遺珠』下巻に影印した（『中國古代史學の發展』二二六頁）。この干支表は今迄知られた第一及五期のそれとは各多少の差異がある爲に、その時代が不明であつたのであるが、いま子卜貞卜辭から撰び出された干支字と比較して見ると兩者は全く一致しているのである。第一・五期の干支表はそれぞれの時代の貞人の練習の筆刻であると云われているが、これは正しく多子族所屬の㷊・婦術などの習作と見るべきである。子卜貞卜辭系の干支表より撰ばれた十四干支字を第一表に示そう。

今この子卜貞卜辭及びその貞人の習作である干支表の字を第二表にかかげた干支字演化表と對照して見ると、先ず丁・庚・子・巳・午・未・酉の七字は吾人がかつて後期と名付けた書體に類似することが注意せられる。上の七字は第四期及びそれ以前に於て書體が變化したものであつた。然るに第五期に至つて始めて著しい變化の現われる戊・寅・辰・申・戌の五字をとつて見るとそのうち辰字は後期に合するが他の四字は前期のそれに類似している。このことは、もし董氏の原表をば絕對的な標準とするならば、この子卜貞形式卜辭は後期ことに最後期の第五期よりは以前恐らくは第四期と第五期との中間に位すると云えるかも知れない。このいわゆる文武丁時代卜辭の一半を占めている多子族卜辭の干支字形は第一期のそれよりははるかに第四期・第五期に類似している事實、この字形書體の晚期性が氏をしてこれを第四期後半の文武丁時代卜辭という群をたてさす動機となつたのである。

多子族卜辭とともに問題の卜辭の一部をなしている王族卜辭の書體は多子族のそれに比較するとずつと複雑で純一性を缺いているので一概に論じ去ることは難しい。多子族卜辭は極小字で、筆劃は細く曲線的であり纖弱な感じをもつ書體で書かれていたが、王族卜辭は小字のものもかなりあり、そのなかには細く曲線的な筆劃で纖弱な感じを與える書體のものも少くない。しかし小字のなかでも直線的でやや太い筆劃をもつて第一期ほど雄偉ではないが、なお相當な力強い書體をもつものも存在している。

しかも全體的に見ると、王族卜辭は多子族卜辭のような極小字で書いたものよりは、今少し大きく、普通の小字から中字位までのものがむしろ大多數をしめている。そのなかにはやや筆劃太く、直線的なものもあるが、概してやや流動的な柔い筆劃をもつたものが多數であり、一般的にいつて第一期卜辭ほど直線的で雄勁ではなく、少し曲線的で柔か味を帶びているといえる。またなか

には大字ないし中字で筆劃は線ばかりではなくて太くほられているものがある。この大字のものは第一期にもつとも多く、第二期早期の大・出・兄などの三貞人の卜辭にやや用いられたのち、全く廢絕してしまつて、第四期武乙時代に再興するが、第五期にはまた消失する。この類の大字のほり方は第四期よりもむしろ第一期に近似し、しかも第一期の直線的な筆劃よりは流動性を帶び、卜辭中では珍らしい異國的とも思われる特異の書風を現している。

　要するに王族卜辭は多子族卜辭と比較して小中大字のどれも自由に書き、書體は統一性を缺き、第一期に似たやや直線的な筆劃をもつものもあるが、より流動的で曲線的な筆劃を多用していて、多子族卜辭よりは第一期卜辭へより接近してはいるが、なお流動的という特異性をもつているのである。

　つぎに王族卜辭の字形をさきの干支の十四字について干支字表と比較せねばならぬ。王族卜辭中豐富な例がある王・㹜・自などの卜辭を材料とした第四表を對照すると、丁・戊・寅・辰・巳・未等は三者が完全に一致し、辛・申については王・自、庚・戌・亥については王・㹜が同一形である。子は王・自では𦥑、㹜では𦥑に作つているに對し、酉字は自・㹜が𠂤形のみに作つている點が相異するのみである。王・自・㹜の三貞人の干支書體は大體に於て同一と認められる。勺・叶二貞人の卜辭は、僅に前者は辛・子・巳・未、後者は庚・辰・巳・酉・亥について前三貞人と同形であることしか知り得ないけれども、すでに此等の干支字に於て一致し別に重大な異同がない以上、前三貞人と同一書體と推定しても差支ないであろう。

　第四表所載の實例によつて王・自・㹜・叶・勺の五貞人の干支書體は殆んど同一であることがわかつた。これは先に五貞人の署名の卜辭が同一版に共在する例によつて推定した五貞人の同一時代生存說を確かめるものである。

　つぎに大體に於て同一書體と見做される第四表の王族卜辭の干支字を第一表に比較して見る。第一表によると干支字の著しく變化したのは第四期にあつたらしい。戌が第一期に𢦏と𢦏との二體あり、第二期から𢦏、第四期にまた𢦏が現れ、第五期には𢦏となる。これは第一期に於てすでに異體が現れはじめているもつとも珍しい例である。その他酉字が𠂤から𠂤に變つたのは第二期に萌芽し、第三期に確定的となつたのが次に變化の早く現れた例である。巳字が第三期に於て𠂤から𠂤に移りかけた早い例がある。その他の庚・子・辰・午・未の五字については第四期に於て變化が現れる。戊・寅・戌は第五期に入つ

て著しい變化が出て來るのはその變化の始る時期が晚れた例である。これによつて見ると第四期は干支字體の變化轉換期に當つているのであつて、この期を境目として大體に於て前後二體の字體に區別し得るのである。

王族卜辭の干支書體を第一表に對照すると戊・庚・寅・未・酉・戌の六字は前期に、辰・巳・午は後期に合致し、子は前後二期の二體を混じているから、前後二書體の何れにも屬せず、勿論五期の何れの期の書體とも異同をもつているのである。

董作賓氏の干支書體變化表から見ると、王族の卜辭は前後二時代或は五期の何れとも完全に一致せず、もし大局から立言しても前時代にやや多く類似しながら後時代に類するものも多少含むと云う樣に、その時代を確定することの不可能な風變りの書體をなしているのである。

相互に比較して見ると多少の相異のある多子族卜辭と王族卜辭の字形と書體とをとつて第一期卜辭のそれと對照すると全體的にかなりな差異があることがわかつた。しかしこの差異は貞人・稱謂・世系と固有人名などの基礎的な斷代基準の示している武丁時代との關連を全く無視して、第四期後半文武丁時代に歸屬させることが許されるほど絕對的なものであろうか。われわれはすでにこの卜辭群が干支字形において早期的な特徵と晚期的な特徵とを並有していること、とくにこの傾向は王族卜辭においてより著しいことを觀察してきたのであるから、この字形の差異がそれほどの絕對的な判定規準とはならないと考えるものである。

董氏は「大陸雜誌」上の甲骨文斷代研究の槪論にはさきの「斷代研究例」にのせた干支字演變表を改訂し、新たに四期を武乙・文武丁の二世に分け、文武丁時代の干支字をとくに補入している。もしもこの新干支字表（第二表）に具現されているこの字形の自然的發展の傾向が、はたして動かすことが出來ぬ確固たる事實であるとするならば、われわれの第一期說も大きな動搖を來たさざるを得ないであろう。しかし原干支表及びこれを改訂した新干支字表はその表面的な正確さにかかわらず、なお重要な缺陷をもつていることを忘れてはならない。それはこの干支表にもれている各期の字形があるということである。

氏は原干支字表では佚していた多子族卜辭と王族卜辭とを文武丁時代卜辭として新干支字表に編入したのであるが、なお重要な一群の卜辭がこの表には未採用のまま殘された。それは第十三次發掘の重要發見であるYH一二七坑出

土の大量の第一期卜辭中に混入しているある種の卜辭である。第一期の諸貞人卜辭のなかに相當量の多子族卜辭が混合していることはさきに述べたが、まだ他に冒頭の日の干支と卜との下に全然貞人名を省略した干支卜形式とも稱すべき一類の卜辭がかなりの量混在していることは、ひとの注意に上つていない。

王族卜辭が純一でなく、その書體などによつて明確に特徴づけることができなかつたように、この種の卜辭の書體も決して一樣でないが、第一期諸貞人卜辭と多子族卜辭とは別な一つの群をなしている。例によつてこれらに現れる先王の稱謂を表示しよう。

先王稱謂	『小屯』乙編卜辭例
母庚	四六七七。
兄己	一〇〇六、四三三三、四五四四。
父丁	四〇六四、四六〇三、四七一九、五三九九、五四〇五。
父己	四八五七、五四五五。
父戊	九八二、四五二一、五一六二、五三二一、五三九四。
父辛	五三二八、五七九七。

このうち最初の母庚は小乙の配偶である妣庚を武丁が祭つたときの稱號ではないかと思われるから、第一期に溯りうる。最後の父辛は武丁が父小辛を祭つた號とも、また武乙が父廩辛を祭つた號とも見なすことができるから、第一期にも上りうるとともに、第四期にも下りうる稱謂である。以上は必らずしも一義的に時代を決定しえない稱謂であるのにたいして兄己は確かに第二期の祖庚または祖甲がその亡兄孝己を祭つた號であり、父己は廩辛・康丁が孝己を父として祭つた號であり、第二期第三期特有の稱謂と見られる。父丁は第二期に祖庚・祖甲が父武丁を祭つたとも解しうると共に、第四期に武乙が父康丁を祭つたとも解することができる。この父丁・父戊は恐らく第二期に祖庚・祖甲が武丁並びに武丁の亡兄兄戊を祭つた號と解するのが穩當であろう。母庚・父辛・父丁・父戊はしばらく問題としておいても、兄己・父己によつてこの一群の卜辭が二期三期を中心とした時代にぞくすることはほとんど疑をはさむ餘地がない。

この類の卜辭はよく探せば既刊の卜辭集のなかにも若干は見出だすことができるが、特に明義士舊藏の甲骨中の

戊辰卜、其延兄己兄庚歲。　　　　　　　　　　　（南北・明六三九）
戊辰卜、其延兄己兄庚。　　　　　　　　　　　　（南北・明六四〇）

の二片がある。この片の兄己・兄庚が祖甲が亡兄の孝己・祖庚を祭つた號であることは何人も疑い得ないところである。これらの書體は『小屯』の卜辭一群と同様に流動的であつて、王族卜辭などと類似した書體で、第二期の通常の貞人の直線的な整然とした書體とは全く異つている。この干支字形は辰が𠂤に、庚が𨦼又は𨦼に書かれたのが董氏によると第四期以降に始めて現れる新型であり、問題の王族・多子族卜辭にしばしば見かける字形でもあり、決して第二期の通常貞人の卜辭に見ることができない字形である。

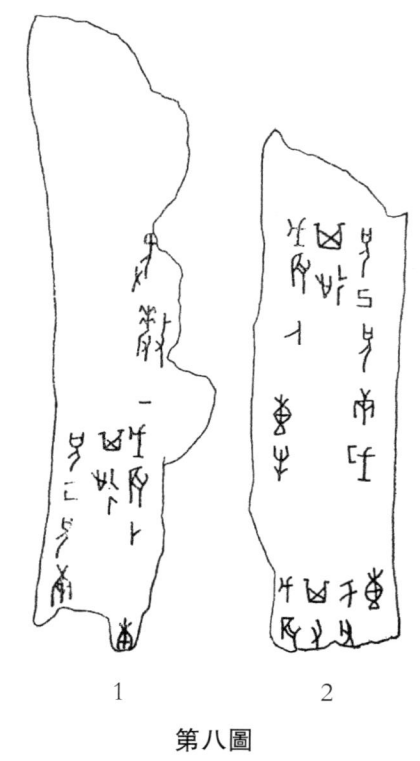

1　　2

第八圖

　この事實は第二期において通常の貞人の卜辭とは別に、後の第四期以降の卜辭や王族・多子族卜辭と類似した字形・書體をもつた貞人の名をかかない卜辭が第二期に存在していたことを示すものである。これはさらにまた、このような第二期における異體卜辭を洩している董氏の干支字表が決して完全のものでなく、この表によつて示される干支字の一期から五期に至るまで順次に整然として干支字の變化してゆく發展が決してそのまま信用できないことをも意味

するのである。われわれは少くとも庚・辰のようなある干支字においては、氏が晩期に始めて起つたとする字形變化が晚くとも第二期において生じていることを知ることができたのであつた。

　このような字形變化の現象は、注意すれば多くの普通の字において見出だすことができる。例えば王族卜辭の特徵をなしている門型の貞字はすでに第一期卜辭にその例がある（小屯乙三一七七）。多子族卜辭が于字を㓝型に書いていること、王族卜辭もまたこれを使用していることは、この種卜辭の字形上の一特徵と見てよい。この㓝型は殷晚期及び周初期の金文にその例が多く、第一期卜辭にたえて見出だしえないから、一見すると殷晚期の字形だと見なされるかも知れない。然し第二期卜辭（錄二九九）にこの字形を書いたものがあるから、この變化も少くとも第二期にはすでにできていたのである。

　氏の干支字表を中心とした字形發展の系列が信用できないならば、このような字形およびこれをもととした書體から見たいわゆる文武丁時代卜辭の晚期性は動かすことのできない絕對的のものではなくなつてきた。もし晚期字形の變化が第二期にすでに確實に跡づけうるとするならば、これが第一期に全く存在しなかつたということを積極的に主張する根據はなくなつた。王族卜辭ないし多子族卜辭のような一見晚期的な書體字形をもつたものも、その貞人禰謂によつて第一期に上げることができるならば、これに從つて第一期に溯らすことは決して妥當でないとはいえないであろう。われわれはそのような根據によつて、問題の王族・多子族卜辭の二群の年代を董氏の新說のように文武丁時代に引き下げることに反對し、董氏の斷代研究法の正道に從つて、もつとも基礎的な貞人稱謂の基準に照らしてこれを第一期を中心とする早期に溯らさせようと主張するものである。

結　論

　われわれは甲骨文斷代研究法に自ら新しい補正を加えた董作賓氏の文武丁時代卜辭說について檢討して見た結果、むしろ氏の舊說に從つて第一期式丁時代に歸屬させた方が穩當であろうという、われわれのかつてもつていた見解を變えることは出來ないことを確認するに至つた。われわれは不幸にして氏の文

武丁時代卜辭說に賛成することができなかつたが、氏の新說によつてわれわれは多くの暗示をうけ、われらの舊說をふり返つて反省する機會を與えられたことに對し、敬意と感謝の念を表すのにやぶさかでないものである。

氏の提唱された文武丁時代卜辭說は、その時代比定はしばらくおいて、これにおいて氏が二十年前の舊著「甲骨文斷代研究例」では閑却していたこの一群の卜辭に注意せられるに至つたことは、甲骨文斷代研究法の進展において大きな意義をもつものである。それは單に甲骨文において今まで餘り注意されていなかつた少數の一類の甲骨文を斷代研究の對象にしたということに止るものではない。これらの一群の卜辭はその數においても、小屯の公刊によつてかなり多量の資料をもつようになつたのであるから、資料の量からいつても決して看過せられないものである。

しかしこの一群の卜辭の意義は量よりはむしろ質にある。われらが王族卜辭ならびに多子族卜辭と呼んだ卜辭群が、今まで董氏によつて研究せられてきた第一期・第二期・第三期の各貞人集團の卜辭と書體・字形が著しく異つていることについては、われわれが詳細に述べたところである。この書體・字形の差異は、氏をして貞人名の省略された第四期以後の晩期の卜辭との類似から、これを第四期後半である文武丁時代に引き下げる強い動機となつたのであるが、われらはこれに現れた殷先王稱謂・貞人・世系・人名などの斷代基準を吟味して當然第一期に溯らせるべきことを論證したのであつた。

われわれのこの主張は、董氏が干支字表によつて示したような字形・書體の發展の體系と明らかに矛盾するものである。董氏によると第四期以降の晩期に生起したはずの字形・書體が、王族卜辭並びに多子族卜辭として第一期において早期書體の貞人卜辭と並存することになるのである。これは干支卜形式の貞人を省略した第二・第三期の卜辭に、この晩期の字形・書體が既に現れていることによつて、決して許容しえないことではないことを立證したのであつた。

殷墟第一期において、通常の貞人集團卜辭の書體と並行して王族卜辭及び多子族卜辭の異質の書體が通行していたことが事實であるとするならば、このような異質の書體がいかにして生じ、いかにして維持されたか、その過程を說明しなければならない。われわれはこの點に關してかつて「甲骨文斷代研究法の書體變遷觀の批判」として發表するところがあつたが（『中國古代史學の發展』二三四―二三七頁）、われらはその後『小屯』の出版によつて第一期貞人卜辭・王族卜

辭・多子族卜辭の出土狀態について多少の知識をえたので、われわれの舊說を
さらに自信をもつて主張することが出來るようになつた。

　殷墟十三次発掘にさいしてB一一九坑とYH六坑から、二、三の第一期貞
人卜辭を除いて大多數は純粹に王族卜辭のみから成る龜甲のフンドが發見され
た。これは王族にぞくする貞人集團が殷王國の一般の貞人集團とは別の場所に
居住し、相互に直接の交涉なく占卜を行い別の穴に甲骨を貯えていたことを示
す。もしこの樣に相互隔絕した機關に勤務し、各々獨立して占卜を行つていた
とすると、この兩集團の貞人の書風が、同時代でありながら、干支字によつて
見ると大體に於て類似しながらも可成りの差異を示すことも、決して不自然で
はなく、獨自の傳統をもち、獨自の書體を發展分化させたことの方が寧ろ當然
と見られる。

　われわれは多子族卜辭についてはYH一二七坑において大多數の第一期貞
人集團卜辭に混合して現れることを知るだけで、まだ王族卜辭のように純粹に
一坑から出土した例がないから、王族卜辭の如く確證はできないが、これから
の類推と、多子族卜辭の貞人が決して第一期貞人と同版に現れないことから、
元來多子族貞人もまた殷王朝の貞人集團から離れて居住し、別に占卜を行つた
ので、第一期貞人集團の卜辭とは異つた書體を使用することもできたと說明す
ることができるであろう。

　さきに賓・爭等の二十五貞人署名卜辭を中心とする第一期卜辭の書風を子
卜貞卜辭と比較し、前者が大字が多く直線或は折線的な筆劃を用いたことを注
意した。この筆劃は甲骨の如き物質の上に刃物をもつて彫るに適したものであ
る。この樣な筆劃を要素とした文字はその形とこれに應じ雄渾なる筆意をもつ
た大型の文字を發生せしめたのである。

　これに對して子卜貞卜辭の筆劃は曲線的であつた。この曲線的な筆劃をも
つ文字を甲骨に契刻するのは技術的に非常に困難を伴うことは云う迄もない。
本形式卜辭が極細字でだけ書かれているのは、この契刻に不便である大字をさ
けたからである。董氏の所謂第五期卜辭が本形式と同じく曲線的筆劃でもつて
細小字で書かれているのもこの消息を示すものである。

　凡そ本形式及び第五期卜辭の如き書風は彫られた文字としてよりは筆で書
かれた文字としてふさはしい。曲線的筆劃をば驅使し極小字を書いて優美流麗
の趣きをもたすことは、筆を使用して書くならばそれ程困難でなく寧ろ容易で

ある。實はこの書體は本來は契刻される文字の書體ではなくて筆で書かれる文字の書體なのである。子卜貞卜辭或は第五期卜辭の書風は、この筆で書く文字に適した書體をばその儘に甲骨に寫してこれを契刻したものであつて、契刻する文字の書體としては不自然極まるものと云うべきである。

　卜辭は元來獸骨龜甲の表面に彫りこまれている。中央研究院の殷墟第二及び三囘發掘に際して三個の骨版上に朱及び墨で文字が書かれているものを發見した。その字體を見ると大字で雄渾であり第一期卜辭と類似している。これは筆を使用し朱墨をつけて文字を書寫する技術がすでに殷墟の初期に於て成立していたことを意味する。そこで元來卜辭はぶつつけに刀をもつて契刻したものではなく、筆をもつて甲骨上に書いた草稿の上を木版工の如く刀をもつて彫つたのもあつたとされているのである。

　そして今吾人が述べた樣に、第一期卜辭に於て二十五貞人卜辭の書體と子卜貞卜辭の書體との二種を區別出來るとすると、殷墟の初期に於て專ら刀をもつて甲骨に刻する文字として發達した書體と筆をもつて書く文字として發達した書體と、二種類の表出方法に應ずる二つの異つた書體の分化がすでに發生し、第一期二十五人の署名卜辭は前の彫られる書體を代表するに對して、子卜貞卜辭は彫られたものでありながら書かれる書體を寫したものとしてこれを代表すると考えられるのである。

　この樣な兩書風の並存は如何なる意味をもつであろうか。吾人は二十五貞人は殷王朝の公式の貞卜機關に屬する專門の卜人であつたから、書かれる文字から離れて專ら契刻するために便利な書體を作り出し發展せしめるのは當然であると考える。これに反して子卜貞卜辭は殷王朝の多子族族長が多子族の行事を卜つたものであるが、その命龜貞問は專門の卜人ではなくして族長夫人の臨時に委託せられた。卜辭の契刻も亦た夫人等の臨時貞人の司る所であつたのである。その卜辭は王室の專門貞人の如く契刻に適した書體には依らずして日常筆をもつて書く書體をば其儘刀をもつて彫つたことは固より有り得べき事柄と考えられる。同じ第一期に於て二十五貞人の契刻書體と子卜貞卜辭の筆寫書體が並存する理由は占卜機關の性質の差として一應解釋することが出來るのである。

　先に第一期王親貞及び四貞人署名卜辭の干支文字の書體を比較すると二十五貞人の所謂前期書體とは大體に於て類似しながらも後期書體に近いものが可

成りあることを述べた。今これを後期書體と多く類似する子卜貞卜辭と比較すると、五期に至つて始めて變化の現われる戌・戍・寅・申の四字が後期ではなくして前期書體をとることは兩者ともに一致している。そこで干支字を標準とするならば王親貞卜辭の書體は二十五貞人卜辭と子卜貞卜辭との中間に位すると見做すことが出來るわけである。元來王親貞卜辭は王が王に私屬する王族內に於て舉行した龜骨卜を錄したものである。

　これを契刻した貞人の職掌は二十五貞人の樣に命龜貞問の行事に限定せず王の專職である繇辭にも干與したことは前章に述べた。四貞人は卜事を司る役人ではあつたが、殷王朝の公式の占卜機關に屬する二十五貞人に較べるとやや非專門的であり、云わば半專門家と云つてもよいであろう。この樣な半專門家の卜辭の書體が二十五貞人の甲骨契刻專門家の契刻書體と子卜貞卜辭の非專門家の書寫書體との中間に位することも自然の趨勢と云わねばならない。

　第一期武丁の王子である子㝩等を包含する多子族の族長の卜辭である子卜貞卜辭の書體は、董作賓氏の干支字演化表を標準とすると、第一期とは著しい差異を示し、寧ろ後期の書體に類似するが爲に、その時代の所屬が未定の儘殘されていた。さきに吾人は子卜貞卜辭に第一期武丁の王子である子㝩の行動が卜われている實例によつてその時代が第一期に屬することを確證した。そしてこの形式の卜辭がその書體に於て第一期よりは寧ろ後期に類似點をもつことに注意し、多子族族長の夫人の如き非專門貞人の契刻する所であるから、その書體は彼等が第一期に於ける殷王朝公式占卜機關に屬する二十五專門貞人の契刻書體に依らずして普通の書寫書體に依つたものとして說明しうるであろう。そして前章に於て董氏がその存在に氣付きながら、多子族卜辭と比較して全面的に檢討することを怠つた所の第一期の王族所屬諸貞人署名卜辭について、その本質及び製作の時代を徹底的に究明して置いた。この類の卜辭の書體が二十五貞人署名卜辭とは可成りの差異を示すことも、諸貞人は王朝の公式の占卜機關ではなく王に直屬する王族の占卜機關であり、子卜貞卜辭が完全に多子族私屬の占卜機關であるに比すると半官半私とも云うべき性質をもち、兩者の中間にあり、その貞人は半專門家と見得る。從つてその彫つた卜辭の書體が二十五貞人の契刻書體と子卜貞卜辭の書寫書體との中間的書體であることも、この貞卜機關及び貞人の中間的性質から派生したものとして解釋することが出來た。かく

して董氏が多子族卜辭と混同していた王族卜辭を區別しこれを中介とすることによつて、子卜貞卜辭と董氏の所謂第一期卜辭、卽ち吾人の所謂二十五貞人卜辭とが同時代に屬することも今や全面的に實證されたのである。

　殷墟初期に於て王親貞卜辭を過渡的形態として二十五貞人の卜辭と子卜貞卜辭との二書體が並存していたという現象は、二種の占卜機關の性質の差を示すものであるが、この占卜機關の差異は殷王國の政治組織の形態を表現すると考えられる。この點に關してはわれわれはかつて殷王朝の占卜機關について考察するところがあつた（『中國古代史學の發展』二七〇―二八二頁）。第一期の貞人の勤務したのは神政國家であつた殷王朝の氏族連合の公的占卜機關であつたと思われる。殷王はこの龜卜を主宰し、國家の公的行事として儀式を行い、貞人はこの貞問の職を分掌し、普通の貞人署名卜辭を刻したのであつた。

　これにたいして王自身にぞくする私的な占卜機關として王族貞人が存在し、殷王國の國家の公的な出來事としてでなく、王自身の私的な行爲として占卜を行つて、王族卜辭を刻したとともに、他方多子族の私的占卜機關があり、婦人たちが貞人として多子族の行事を占い、多子族卜辭を刻したのである。氏族連合によつて成立した殷王朝の政治組織と、王の私的部族、多子族の部族などの多元的な部族的政治形態がこのような重複した占卜組織を生ぜしめたのであると解釋することができるであろう。

　もちろん殷王族を構成する部族は多數あつたと想像され、卜辭にも三族（後下二六・一五）、などと呼ばれているが、そのうちにおいて軍團として重要な意義をもつのは多子族と王族とであつた（『中國古代史學の發展』二三五頁）。また

　　　丁酉卜、王族受多子族。立于𠬝。　　　　　（南北・明・二二四）（第九圖）

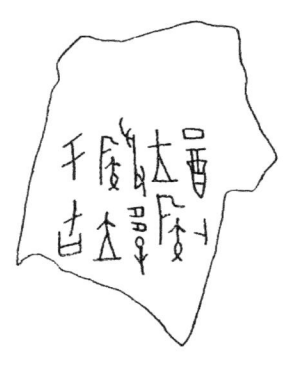

第九圖

というト辭は、祖先の祭祀にさいして、王族が多子族を接待したことをトつたのである。このように殷王朝においてもつとも有力な二部族がそれぞれ占卜機關をもち、それぞれのト辭を殘したとしても少しの不思議はない。またこれ以外の部族も各自の占卜機關をもち、獨自のト問を行つたかも知れない。われわれが『小屯』乙編において檢出した干支卜形式のト辭の如きもののなかにこれに相當するものがあるかも知れないが、これはさらに今後の研究に待たねばならぬ。

なお最後の問題として第一期の多子族ト辭らが後期ト辭と書體に於て類似點をもつ事實の解釋がある。子卜貞ト辭乃至王親貞形式ト辭は第一期の二十五貞人署名ト辭に比しては著しく少數である。そこで問題は初期に於ては契刻書體が多く流行したのに、何故に後期に於て書寫書體が普遍的となつたかと云い換えることが出來よう。純粹に書體の問題としては甲骨の如き契刻せる文書に對して、次第に簡策上に書寫する文書が增大し、書寫文字の書體が甲骨上に刻せられるト辭にまで深い影響を及ぼし始めたのであるとして理解することが一應可能であろう。

董氏の文武丁ト辭說は氏の殷長曆の復原と大きな關係をもつている。この點に關しては藪內敎授が專論を公けにされる豫定であつたが、病氣のため本書に掲載出來なかつた。これらについては異日われわれの見解を述べたいと思う。（完）

〔附　記〕

本論に引用した甲骨圖錄の簡稱については參考文獻甲骨圖錄の項を參照されたい。本文を校正しているうちに、陳楚光氏から『內破殷曆譜稿』、『武丁刻辭疏證稿』を贈られた。前者の文武丁時代說批判の主旨は本論文と同じであるが、論證その他敎えられる點が少くない。後者は、そのなかで骨臼刻辭に現れる「並」を殷代の國名として取扱われ、本文五五頁に引用したト辭の並を國名と見なされている。曹毅公の『甲骨地名通檢』でも地名として採用していないし、骨臼刻辭の並はともかくとして、本文の並を地名とすべきか多少疑問の

餘地がある。もし氏の說が正しいとしても、著者の獻籠の儀の解釋が保留されるだけで、叶と㞢の二貞人同貞の事實は不動である。

<small>なお本論文は著者たちが昭和二十五年文部省科學研究費の交附をうけた「日本現存の未刊甲骨文の研究」によってえた成果の一部分である。また本論文中に引用し、圖版に拓影をのせた王族卜辭、多子族卜辭の大部分は同研究費の補助によつて本所に購入した三千片に上る甲骨のコレクションから選んだものである。</small>

〔圖版解說〕

　　圖版第一より第六にあげた二八片の甲骨は研究所所藏のものであり、何れも本論文にとりあげた王族・多子族卜辭に關係あるものである。

　　このうち一四＝一九、一二九五、一七三九には唐、一〇は父辛、一三〇〇、一三〇六、三〇〇一は父乙、一三〇九は父甲、一二九四は小王と中子、一三〇二、一七〇二は大乙、一二九八には大乙より九示とあることに注意されたい。一〇七には貞字鼎、八二には鼎があらわれ、四四〇一には于字于が明瞭である。

　　圖版第二の一一＝一七二九は六片を接合したものであり、圖版第五の寫眞を參照されたい。この龜甲で注意しなければならないことは、日數計算が卜日から起算していて、董氏が新說で唱えた方法とことなることである。この龜甲片と殆んど同內容同字體の乙四七八は氏が『殷曆譜』卷九・日譜二の文武丁日譜に引用したものであるが、これにも「癸亥卜貞…九日辛未…（下略）」とあり、董氏の新說が必ずしも嚴密なものではないことがわかる。

　　圖版第五・第六は寫眞により實物を例示したものである。このうち六片はすでに拓影にも舉げた。一三三三、一七〇一には貞字鼎が、二〇六には鼎があらわれている。そのほか四一〇、二七、一三〇六は字體が太く流動的な線である。なお一三三三には「癸巳卜、𠂤鼎…」とあり、この𠂤が貞人であるか否か、ここにあげて御教示を仰ぎたい。

第一圖　王族卜辭Ⅰ（拓影）

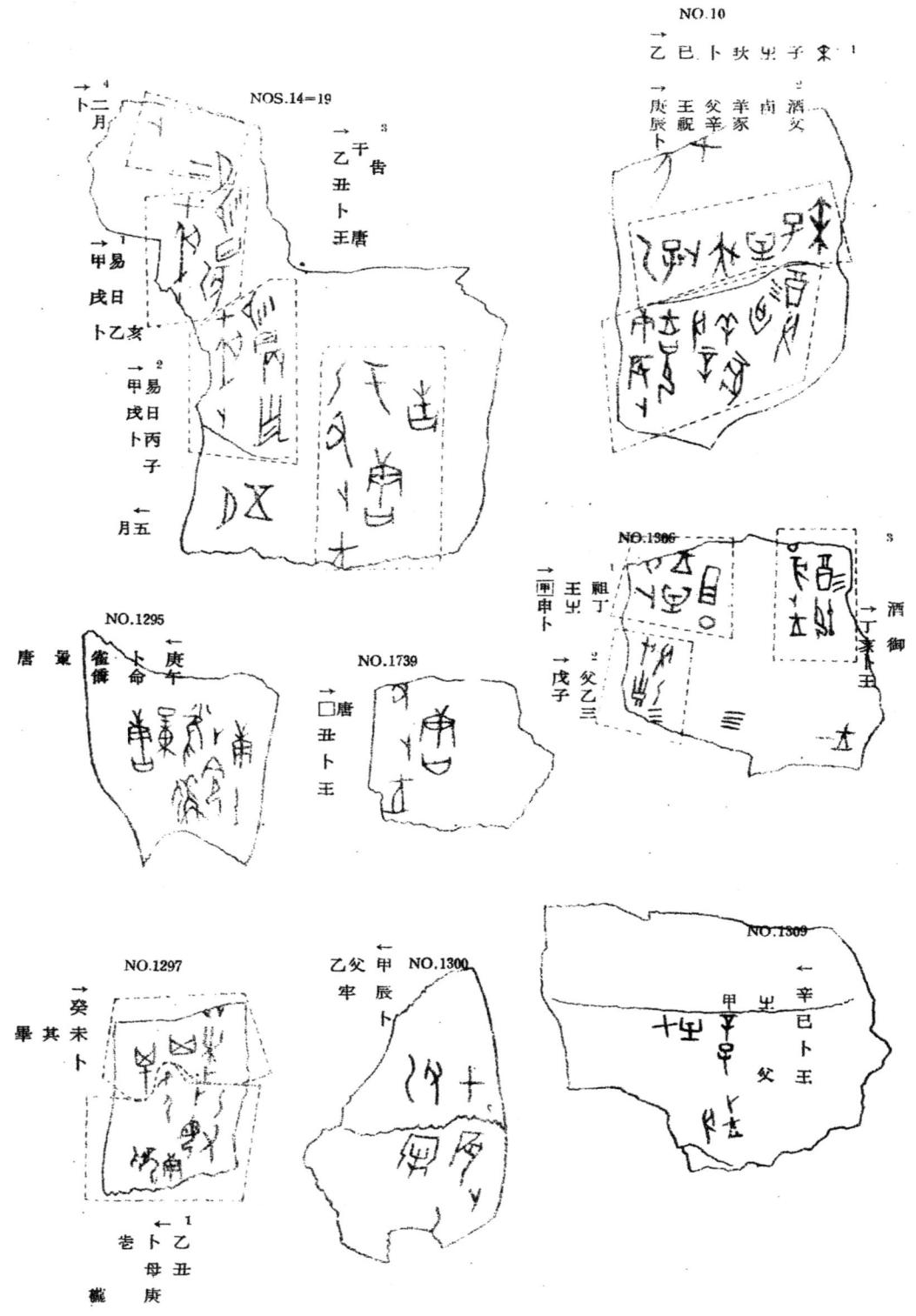

第一圖　王族卜辭Ⅰ（釋文）

第二圖　王族卜辭Ⅱ（拓影）

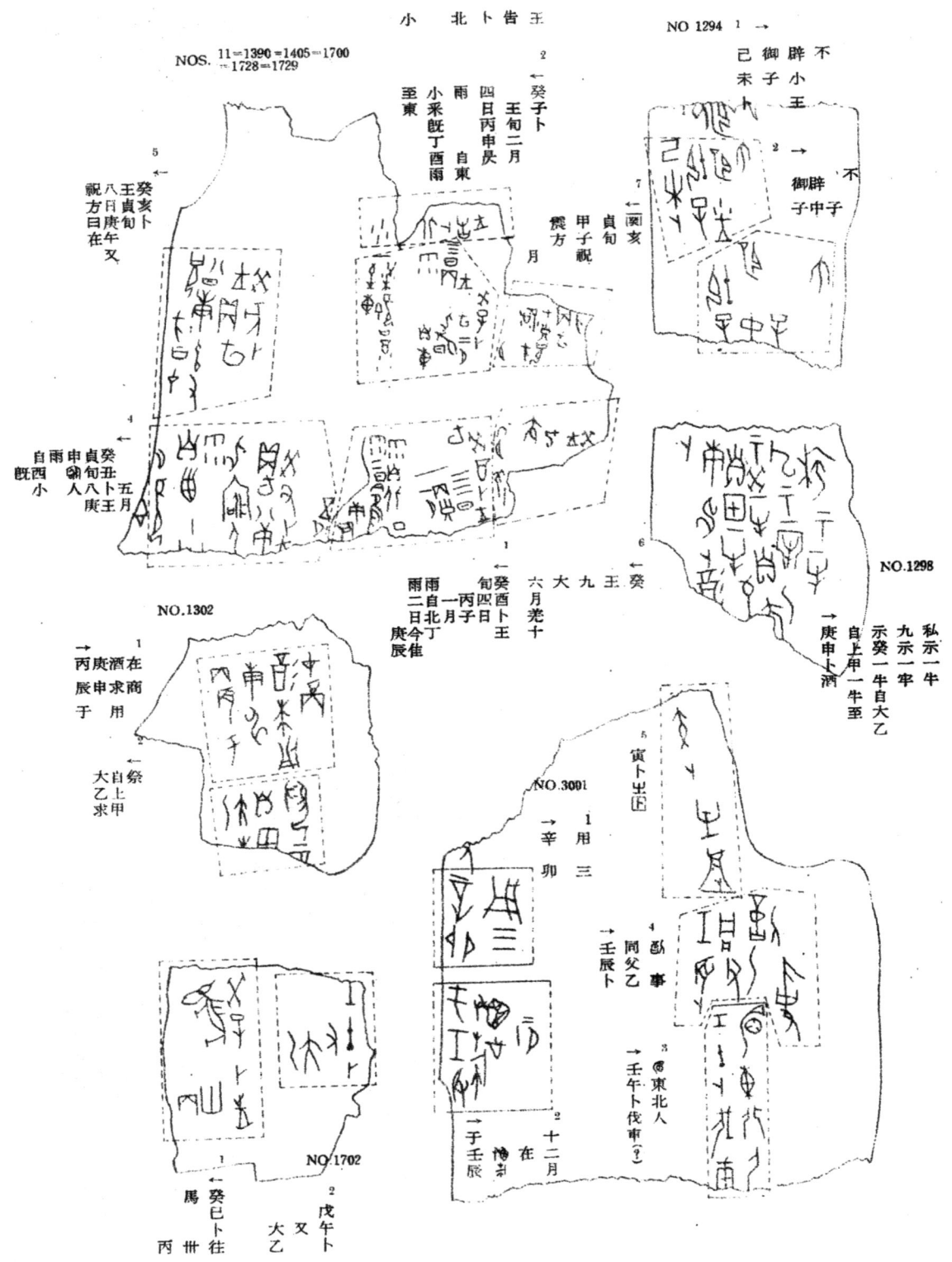

第二圖　王族卜辭Ⅱ(釋文)

第三圖　王族卜辭Ⅲ（拓影）

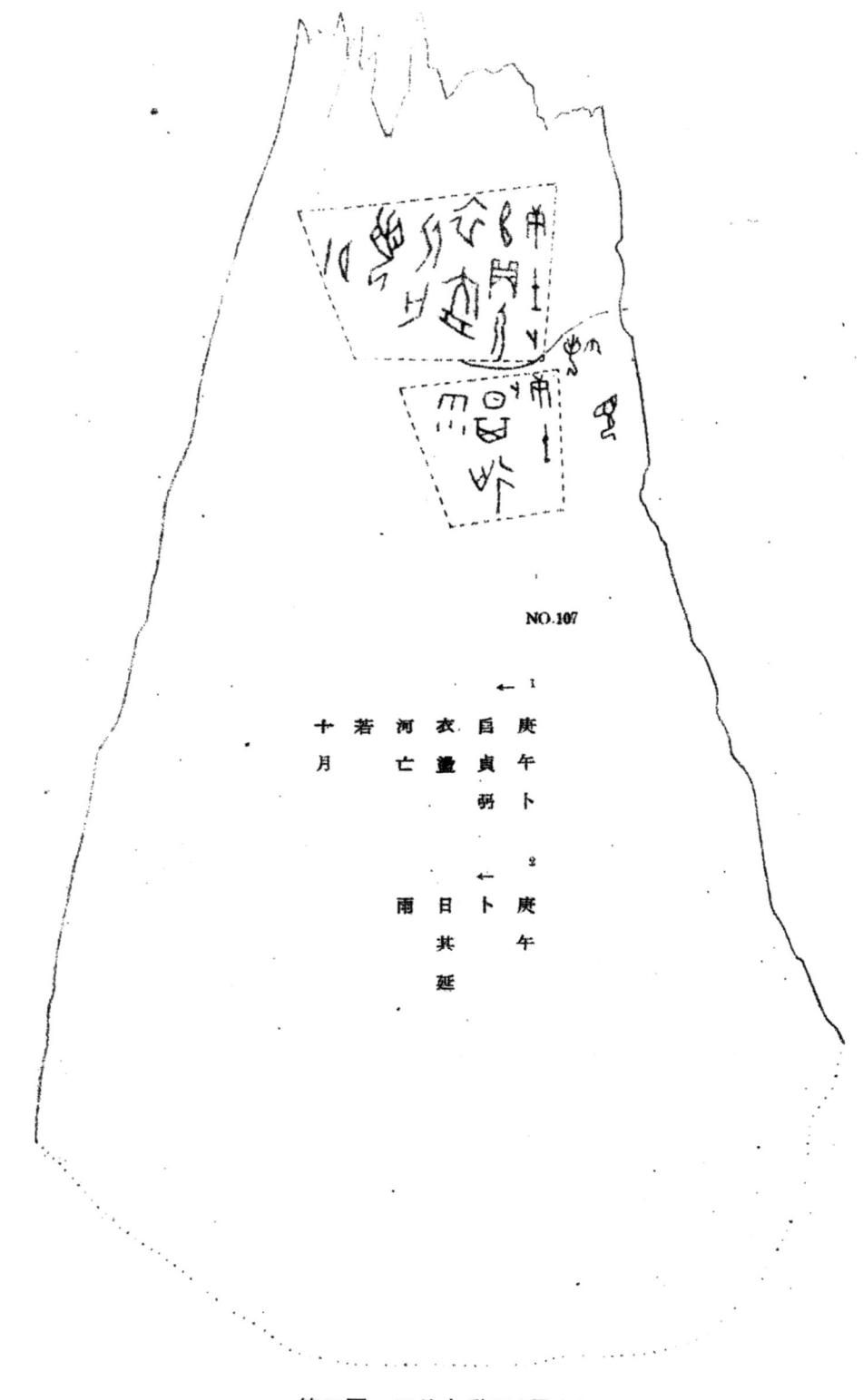

第三圖　王族卜辭Ⅲ(釋文)

第四圖　王族卜辭Ⅳ及多子族卜辭（拓影）

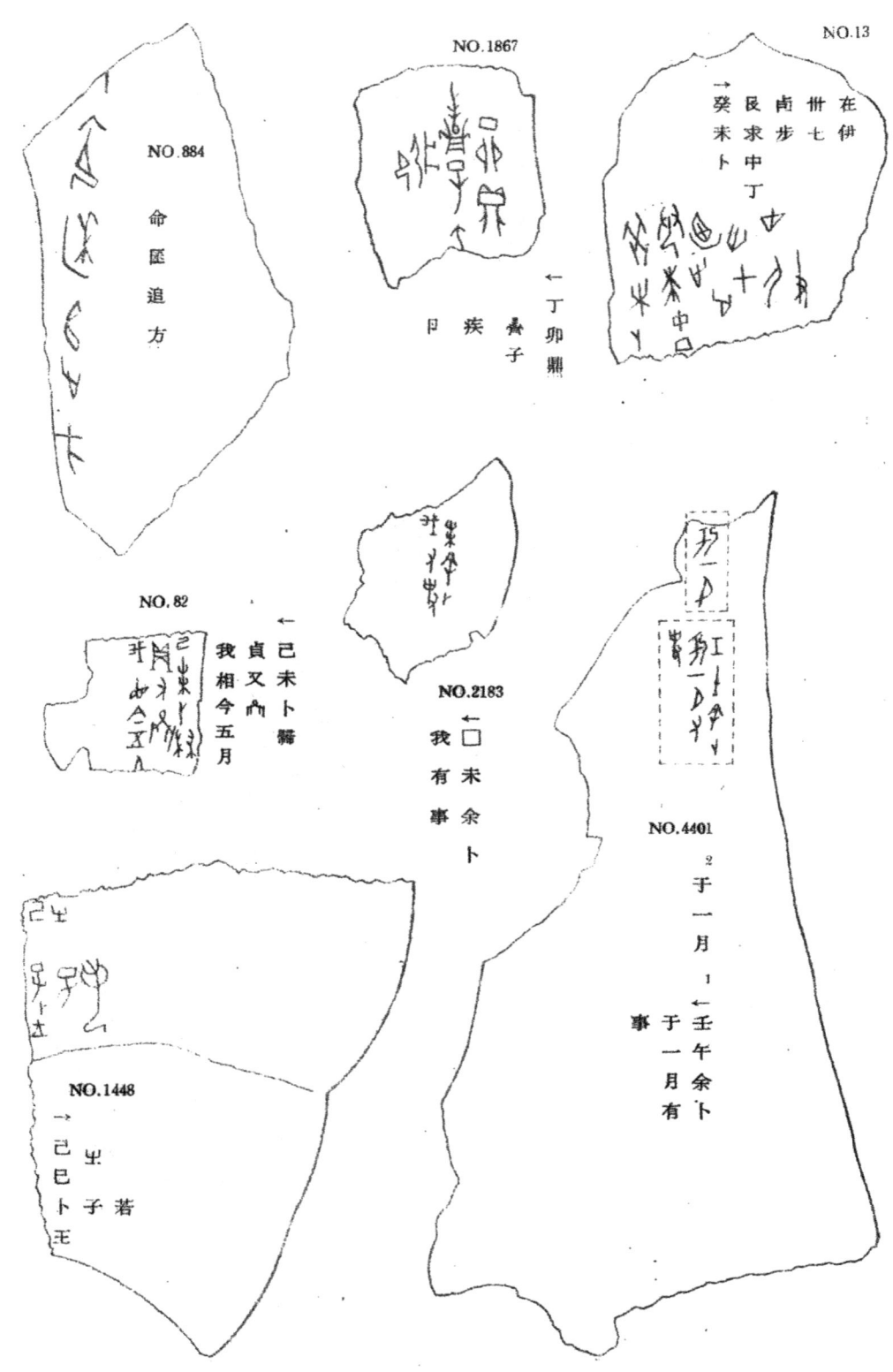

第四圖　王族卜辭Ⅳ及多子族卜辭(釋文)

026 甲骨文斷代研究法の再檢討　貝塚茂樹　伊藤道治

圖版第五　王族及び鼎型卜辭 I

NOS.1324-1348

NO.1295

NO.206

NO.1309

NO.1302

NO.1701

圖版第六　王族及び鼎型卜辭Ⅱ

殷代王室世系圖

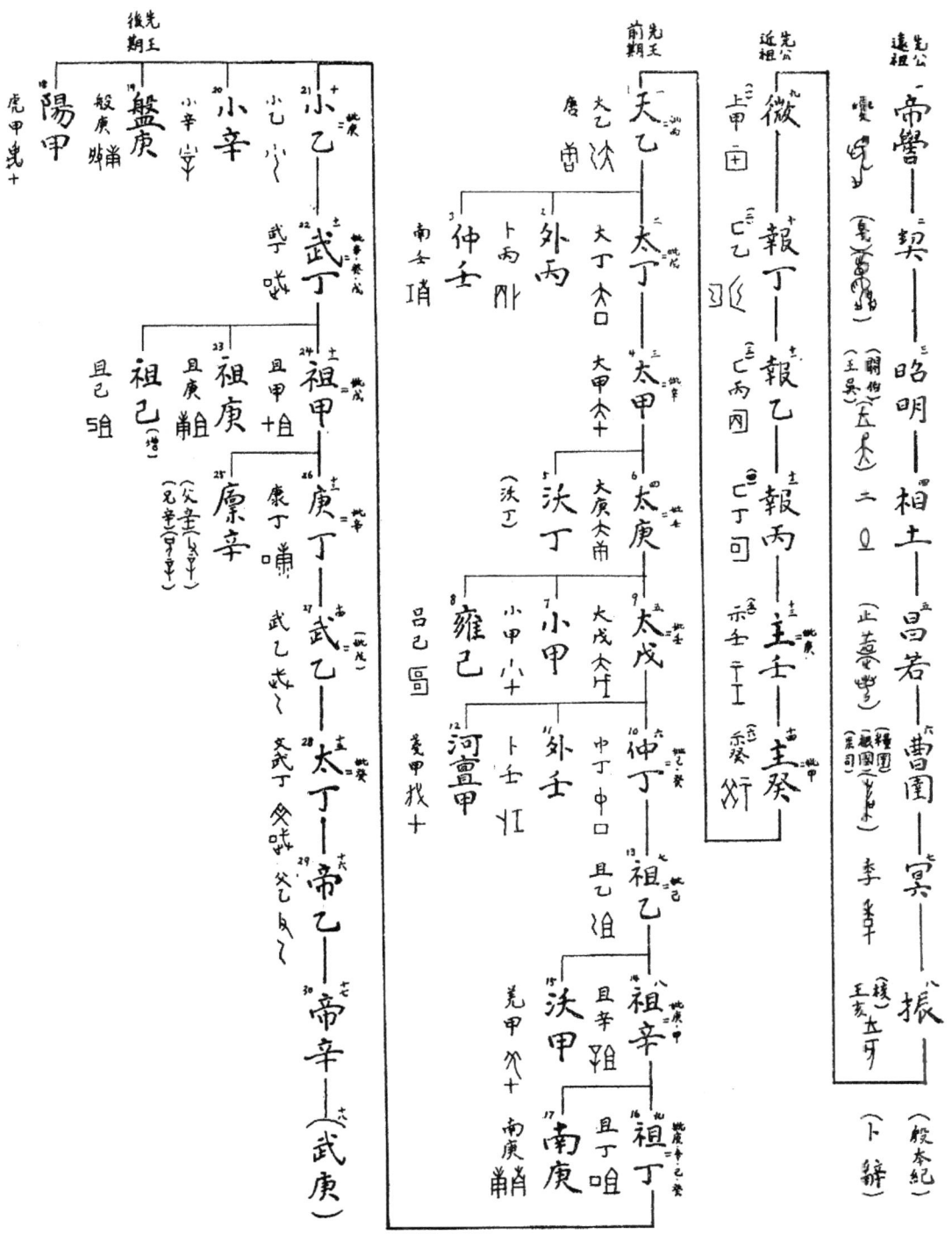

董作賓『甲骨文斷代研究的十個標準』(上)による

卜辭五期稱謂表

董作賓『甲骨文斷代研究的十個標準』（上）大陸雜誌第四卷第八期による

受祭者＼時王稱謂	第一期 武丁	第二期 祖庚	第二期 祖甲	第三期 廩辛	第三期 康丁	第四期 武乙	第四期 文武丁	第五期 帝乙	第五期 帝辛
夒（先公一世）	夒					夒・高祖夒			
王亥（八世）	王亥					高祖王亥			
大乙（先王一世）	唐	唐	大乙	大乙	乙	大乙・高祖乙		大乙（帝辛時同）	
祖乙（七世）	祖乙	祖乙	大祖乙	中宗祖乙		中宗祖乙		祖乙	
妣己	高妣己	妣己	妣己	妣己				妣己（祖甲及此期皆在妣名上冠祖名如「祖乙配妣己」，表従省畧．）	
祖辛（八世）	祖辛	祖辛	祖辛	祖辛				祖辛	
妣庚	高妣庚	妣庚						妣庚	
祖丁（九世）	祖丁	祖丁	祖丁	祖丁				祖丁	
妣庚	妣庚	妣庚						妣庚	
妣辛	妣辛							妣辛	
妣己	妣己	妣己						妣己	
妣癸	妣癸							妣癸	
虎甲（十世）	父甲	虎甲	虎甲		虎甲		虎甲		
盤庚	父庚	盤庚	盤庚		盤庚		盤庚		
小辛	父辛	小辛	小辛		小辛		小辛		
小乙	父乙	小乙	小乙 小后祖乙	小乙		小乙		小乙	
妣庚	母庚	妣庚	妣庚	妣庚		后祖妣庚		妣庚	
兄丁（十一世）	兄丁								
兄戊	兄戊				祖戊		后祖戊		
武丁	武丁（武丁至此）	父丁	父丁	后祖丁		后祖丁		武丁	丁
妣辛	妣辛		母辛	妣辛	后妣辛		妣辛		辛
妣癸	妣癸							妣癸	癸
妣戊	妣戊							妣戊	戊
祖己（十二世）		兄己小王兄己	兄己	小王兄己*	父己	小王父己	祖己	祖己	己
祖庚		（祖庚至此）	兄庚		父庚		祖庚	祖庚	庚
祖甲				（祖甲至此）	父甲		祖甲	祖甲	甲
妣戊					母戊		妣戊	妣戊	戊
廩辛（十三世）				（廩辛至此）	兄辛	父辛			
康丁						父丁	康丁	康丁	丁
妣辛						母辛	妣辛	康祖丁	
子癸（康丁之子）					子癸	兄癸	父癸		
武乙（十四世）					（康丁至此）	（武乙至此）	父乙	武乙 武祖乙	乙
文武丁（十五世）							（文武丁至此）	父丁	文武丁 文武帝 文武	丁 帝宗
妣癸							母癸（帝乙至此）	妣癸（帝辛時）	癸

＊ 原表には小王父己とあるが誤植であることは明らかであるから，小王兄己と訂正した。

第一表　董氏五期及び多子族卜辭干支字對照表

時代\干支	丁	戊	庚	辛	子	寅	辰	巳	午	未	申	酉	戌	亥
第一期 武丁														
第二期 祖庚祖甲														
第三期 廩辛康丁														
第四期 武乙														
第四期 文武丁														
第五期 帝乙帝辛														
子卜貞卜辭														

第二表　干支字五期演變表

大陸雜誌第四卷第十期による

第三表　多子族及び一般卜辞干支字變遷圖式

辞別干支	酉	丑	巳	午	未	辰	子	戌	戊	丙	癸	寅	申
子卜貞卜辞干支表													
董氏干支文字表 第一期―四期	第一期	第一期―二期	第一期―二期	第一期―三期	第一期―四期後半	第一期―三期	第一期―三期	第一期―四期	第一・三期	第一期―四期	第一期―四期	第一期―四期	第一期―四期
董氏干支文字表 第二期―五期	第二期―四期	第三期―五期	第三期―五期	第四期―五期	第五期	第四期	第四期						
董氏干支文字表 第五期	第五期				第五期	第五期	第五期	第五期	第五期	第五期	第五期	第五期	第五期

第四表　王族卜辭干支字對照表

貞人 \ 干支	丁	戊	庚	辛	子	寅	辰	巳	午	未	申	酉	戌	亥
王親貞	(字) 一前八・二 / 一前八・四	(字) 一前八・三 / 一前四・一	(字) 二鐵一六・二 / 九佚一	(字) 一鐵一四九・三 / 三後下五・五	(字) 八錄五四 / 四續一二・三	(字) 一錄一三 / 七佚一	(字) 六燕〇一 / 五前〇四・二	(字) 三佚三四八 / 三後下〇五	(字) 九佚一 / 一龜一・四・五	(字) 一龜一・四・五 / 一前八・一四	(字) 二鐵六一・三 / 八錄八八	(字) 三後下五・五 / 四前六四・一	(字) 九佚一 / 一續六一・八	(字) 二零 / 一〇八
自	口 前六六・四 / 一珠〇二四	比 燕六三〇 / 一續五・四			平 一藏一九三・一	乙 甲三〇四五 / 六珠一二	丙 五佚〇二 /	丙 前四二・一 / 一鐵一九三・一	丄 後下四二・九 / 五珠三〇	木 六佚一五	子 九佚五四	日 五零六		
犾	口 一續一四・五	十 七佚七七 / 八前八・二	(字) 八前八・二 / 二前七八		(字) 二後下二四・一〇 / 五後下二四	(字) 一前八・五 / 五後下二四	(字) 一續一四・五 / 六後下二四	(字) 七續五・四 / 一續一四・五	(字) 一續五・四 / 四後下三五・二	(字) 三後下三五・二	(字) 一續一四・五	(字) 八前八・二	(字) 七佚九一	(字) 七佚九一

原載《東方學報》（京都）第 23 冊・殷代青銅文化の研究，1953 年；收入《京都大學人文科學研究所紀要》第 11 冊特輯，1953 年；又收入《甲骨文字研究》（本文篇），同朋舍，1980 年；又收入宋鎮豪、段志洪主編：《甲骨文獻集成》第 15 冊，四川大學出版社，2001 年。今據《東方學報》收入，原文一些錯誤，已據該文《正誤表》徑改。

島邦男

禘祀

卜辭習見"㞢于囗"和"㡀㞢囗㞢㗊"之辭。關於囗字，前者是祭祀的對象，後者爲祭名；前者多見於第一期，後者殆見於第五期。下面將作爲祭祀對象的"囗神"和作爲祭名的"囗祭"分別加以考察。

第一節　囗神

作爲祭祀對象的囗字的用例如下：

(1)
告于囗　　續 1.3.2
侑于囗　　前 6.39.8
侑于囗　　續 2.31.5
燎于囗　　前 1.46.5
報于囗　　甲 2127
祈于囗　　遺 1092
用于囗　　續 2.16.3

(2)
𤉡囗　　乙 991
㚔囗　　前 1.363

(3)
囗于帝　　粹 1265
囗㞢　　乙 4684
囗豐　　文 650

上面所舉若干用例，如果着眼於時代的不同，可列成下表：

用　例	第一期	第二期	第三期	武乙時	文武丁時	第五期
屮于□	前6・39・8 後上25・6 續1・45・2	續1・45・5 文519 遺349	續2・31・5 甲2764	佚175		
屮于□	續1・3・2 佚945 粹249	續1・45・6		粹529 南明602		

續表

用 例	第一期	第二期	第三期	武乙時	文武丁時	第五期
☒于☐	前 1・46・5 2・21・4	庫 96	續 2・5・2	南明 603		
☒于☐	林 2・11・1 甲 2127	前 1・44・5 4・34・1 佚 413 庫 476				
☒于☐	前 7・34・2 續 1・44・4 1・45・4					
☐☒	前 5・4・7 6・33・6 7・28・2 林 1・20・3 後上 27・4	前 1・40・5 文 338 佚 924	金 87 遺 850			前 5・35・3 續 2・1・7
☐☒	粹 1265 卜 721 京 1155			粹 530 甲 2078 3343 乙 8728	乙 197 8861	
☐☒	續 4・36・5 5・8・5 6・53・3			粹 527	粹 532	

由此可以看出，"☐" 在五期中都被作爲祭祀對象。各家把這個 "☐" 字全釋爲丁，但沒有說明是祭祀什麼。只有金祖同和楊樹達釋爲祊，謂是祭祀宗廟之義。陳夢家也釋爲 "☐"，謂是祭祀 "帝丁"。這些說法依次列在下面，在往後的論述中再進行評論。

金祖同說：☐舊釋丁非，吳其昌釋祊，即郊宗石室，說文祐受主之器，冂其側視也，上甲則正視矣。☐則代表一切普祭，與宗同意。（《殷契遺珠考釋》一九）

楊樹達說：佚存 126 片云 "甲子卜㱿貞燎年于☐☒十勿牛卯百勿牛"，☐者祊也。商承祚釋☐爲丁，非也。☐爲四方，又爲宗祊，既如上述，然義猶不止此也。古人名動二義往往相因，宗廟謂之☐，因而祭於宗廟亦謂之☐。（《積微居甲文說》二七頁）

陳夢家說：卜辭丁和祊字都作☐形，因此此致祭的 "丁" 也有釋作 "祊"

的。我們今仍決定他爲先公之主名，其理由是：（1）根據了粹249 250、乙3797、鄴初38·4等片，則丁在成唐、祖丁、祖乙之後，在武丁的兄庚之前，似與兄丁、帝丁爲一人。（2）武丁和祖庚卜辭常於丁日祭丁，如珠19 20、京津721 378、續1·44·5、庫476、甲3083 3510 3523 3600等，可以證丁之爲人名。（3）武乙卜辭中"宗""祊"相對，而上述武乙卜辭除第一例外，皆作扁形的"丁"字，與同時的父丁、大丁、小丁的丁字同形，與同時的"祊"之作正方形者有别。(《卜辭綜述》四三七頁,《商王廟號考》四〇頁)

卜辭的□又有干支的□字和上甲的□字。關於干支的□字，有郭沫若的魚睛說、葉玉森的顛頂說、吳其昌的釘頂說、楊樹達的城郭說。

郭沫若說：《爾雅·釋魚》曰"魚枕謂之丁，魚腸謂之乙，魚尾謂之丙"。……余案"枕"或係字之訛，而丁則當係睛之古字。……丁之古文既象目瞳子，丁睛古音同在耕部。(《甲骨文字研究》釋支干八葉)

葉玉森說：古鉨文魯丁之丁作↑，有尾象鑯，今言釘也。先哲造丁字果取象於鑯，似當作♀♀↑形方顯，不應僅象鋪首。予疑實象人顛頂也，故⼈⼈等字如是作。丁顛頂並一聲之轉。(《前編集釋》一·四〇)

吳其昌說：丁之本義"釘"也。……第一類字(金文作♀↑▽的丁字)象釘之側視之形。……第二第三類字(金文作□■○●的丁字)則象自顛下視，但見鋪首之形。……又金文凡人形皆作⼈或⼈，至其元首之形之作●或〇狀者，與丁字之作●或〇狀者，正無二致，此蓋即原始之"頂"字也。……其象"礩"之義，亦至顯不可揜也。(《金文名象疏證"說丁"》,《文哲季刊》六·一所收)

楊樹達說：丁字作□，作四方蔽障之形，殆城之初字也。城與丁同音，故得相通假矣。(《耐林廎甲文說》五六葉)

關於上甲的□字，有王襄的幖識說，陳邦福、陳直的象矢說，王國維的匚祐說。諸家從王說。

王襄釋冋字，謂□加⼚爲幖識，與上甲之十加口意同。(《簠釋帝系》三葉)

陳直說：卜辭於上甲加□。……《魯語》稱殷人報上甲微，甲稱上猶乙稱天，微故名甲，箸上者報以祭天之禮而名之也。祭天於圓丘，故加甲以□識矣。□□古圓方字。(《殷契賸義》二葉)

陳邦福說：□乃天象。殷人以上甲帥契德，配如天者也。(《殷契辨疑》一頁)

王國維說：至囗⼜丙冋四名所以从□或从⼚者，或取匚主及郊宗石室之義，然不可得考矣。(《戩壽堂殷虚文字考釋》一·一〇)

葉玉森説：王國維氏匣主之説似較精塙，特爲詳言之。《説文》"匣，宗廟盛主器也。从匚，單聲。《周禮》曰：祭祀共匣主"，杜子春云："匣，器名。主，謂木主也。"□象盛主之匣，故作□作□並可象匣。《説文》"匚，受物之器也"，段注："器蓋正方，文如此作者，橫視之耳。直者其底，橫者其四圍，右其□也。"是則匚亦不失爲匣，象□則正視之耳。或□象搦匣表示最敬，置甲乙丙丁于□⊐中作田匸匜匚，猶之置示於⊐中作⊐，⊐所加之⊐亦匣象也。（《集釋》一・二七）

傅斯年説：上甲之从□者必設位於中。報乙報丙報丁之从⊐匚者必設位於旁。□與⊐當即祐一類者。（《新獲卜辭寫本後記跋》）

唐蘭説：蘭謂王説報乙報丙報丁即取報上甲微之意是也。報即祟祊二字之雙聲，報祭即祊祭。……蓋殷人祊祭上甲于門內，故田字从□。而乙丙丁三人配兩旁焉，故从⊐或匚以象之也，□匚皆象方形。（《殷契卜辭考釋》四一葉）

吳其昌説：□或⊐乃郊宗壇墠石室之形，居中南向者爲□形，居兩旁左右向者爲⊐及匚也。□即方，亦即祊閎祟報也。（《解詁》二六六葉）田即祊甲是也。或作匚作⊐，匸匜匚即祊乙祊丙祊丁是也。溯其最初之義，蓋謂祭時納主于方形石室之中，故□⊐匚意同方也。（《解詁一續》四三○葉）

楊樹達説：余於一九四○年九月撰釋□篇，以甲文假□爲丁，及説文云□象國邑，合勘求之，釋□爲城。然施之此文（田⊐），義殊不合。甲文多同形異字，故當別釋。余疑□字象東南西北四方之形，今作方者，方爲併船，乃同音借字，非本字也。□或作⊐，則四方省爲三方之省形字也。國字从□……从⊐……知□匚本不異也。……吾人已知□爲古方字，然則甲文田字所從之□爲何字乎，曰此即經傳之祊字也。《國語・周語》云："今將大泯其宗祊"，韋注云："廟門謂之祊，宗祊猶宗廟也。"……余謂韋注"宗祊猶宗廟"之説最爲得之。蓋祊即是廟，其訓廟門，又或訓廟門內，或訓廟門外，皆廟義之引申也。《國語》曰："上甲微能帥契者也，殷人報焉。"……行此報祭，必有其所，於是特立廟焉。故田从□从十者，謂特起一廟施行報祭上甲也。乙丙丁从乙丙丁在匚中者，亦謂特起一廟見祭之乙丙丁也。……上甲與報乙報丙報丁皆爲特廟，□與匚乃特廟之標符，蓋無疑義矣。（《積微居甲文説》二七頁）

這樣，把干支的□和上甲的□看成是不一樣的，于是就產生了兩種不同的説法。前者被釋爲丁，把"屮于□"的□看作干支的□字，這個丁被看成是神名，如前引陳夢家之説；後者被釋爲祊，把它看作田的□，這個祊被看成是宗廟，如前引金、楊二氏之説。

檢查卜辭口字的用例，口作爲祭祀對象，有時指"祖神"，有時指"上帝"。

（1）指祖神

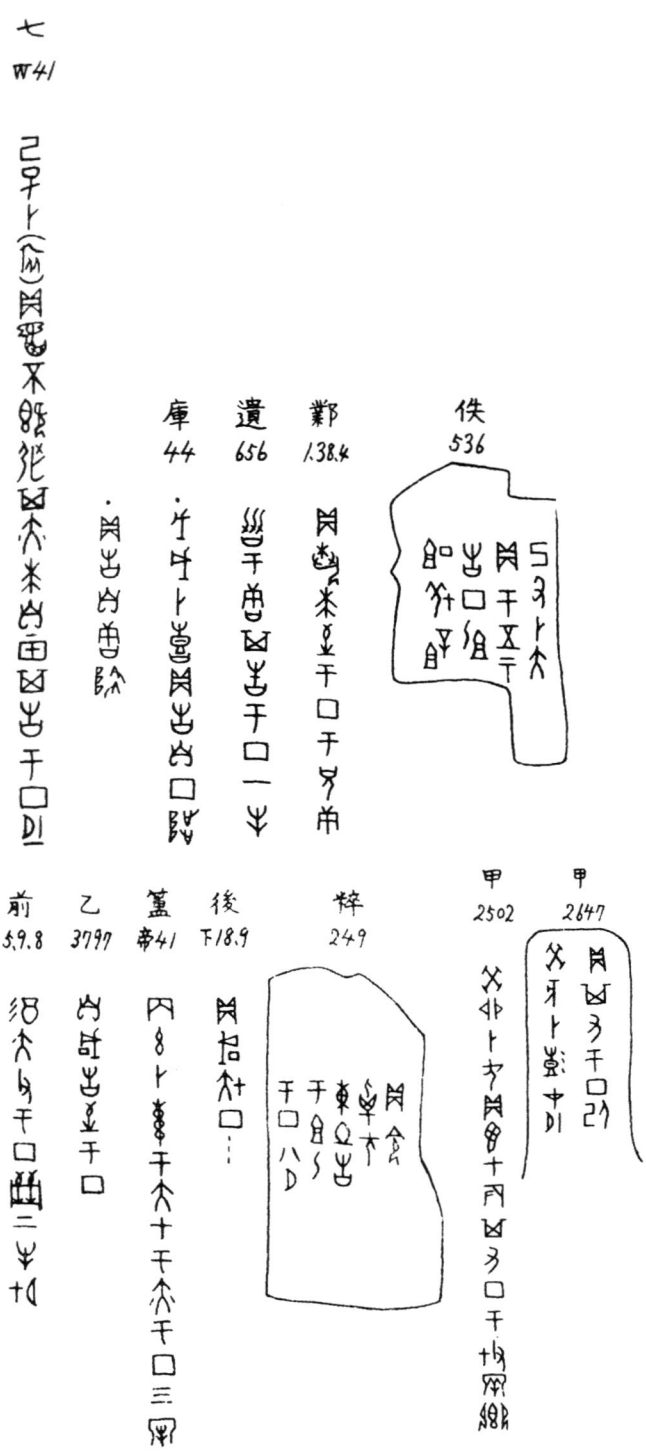

上列佚 536 版的"□"和祖乙、祖丁並列，从祀序來看，其順序是武丁、小乙、祖丁、沃甲、祖辛。這個"□"當爲武丁。由此可知第二期的父武丁可以只稱"□"。那麼，上列第二期卜辭中和兄庚、唐、上甲並列的"□"也是指父武丁。

這樣的例子在第一期、第三期也存在。第一期的例子如粹 249。這一版的"□"列於祖乙之後。因爲在第一期，祖乙以後的先王只有祖丁，而把命令殷將󰀀征伐（這一版的󰀀[伐]字系省文。這樣的例子也見於乙 1986、2000、8810）。東土這件事報告給"□"的這個"□"，只能是祖丁。那麼第一期卜辭記於大甲之後，或與大父（第一期的大父即小乙）並稱的"□"皆爲祖丁（如後下 18・9、簠帝 41、乙 3797、前 5・9・8）。又第三期卜辭如甲 2647 的"□"，記在妣己之前。前面講過，第一期武丁的配偶有妣己，在第二期稱爲"母己"。這一版的"其侑于□妣己"的□當指武丁。從而第三期卜辭中記於父甲之上的"□"即是武丁（甲 2502）。

這樣，"□"在第一期當爲祖，即祖丁；在第二期當爲父，即武丁；在第三期當爲祖，即武丁。陳夢家注意到"□"和先王併記的一些例子，認爲"□"是人名，比起舊說"□"爲宗祊的見解進了一步。但是，把"□"認爲是武丁之兄的"兄丁"或"帝丁"，即陳所說"根據了粹 249 250、乙 3797、鄴 1・38・4 等片，則丁在成唐、祖丁、祖乙之後，在武丁的兄庚之前，似與兄丁帝丁爲一人"，則是不妥的。陳氏無視粹 249 乙 3797 爲第一期，佚 536（粹 250）、鄴 1・38・4 爲第二期，而統統把這些卜辭中的"□"看做同一人。並且不顧鄴 1・38・4 爲第二期卜辭，把這一版的兄庚看成是武丁之兄，把列於兄庚之上的"□"武斷地定爲兄丁。如序論所說，武丁無兄庚，以"□"爲兄丁是沒有根據的。又定粹 249、乙 3797 之"□"爲兄丁只是臆測，謂兄丁稱爲帝丁亦是附會（《卜辭綜述》四三三頁），這一點後面再論述（"□祭"部分）。這些"□"不是兄丁、帝丁。

（2）指上帝

正如前面所講的，"□"是以丁爲名的父、祖的略稱，則用例中的󰀀、󰀀、󰀀、󰀀、󰀀、󰀀，可以理解爲對於祖神"□"的祭儀。但是，用例中"󰀀于□"、"󰀀□"、"󰀀□"的"□"不能釋爲祖神之名。可知"□"用爲以丁爲名的父、祖的略稱外，還用爲某神之名。

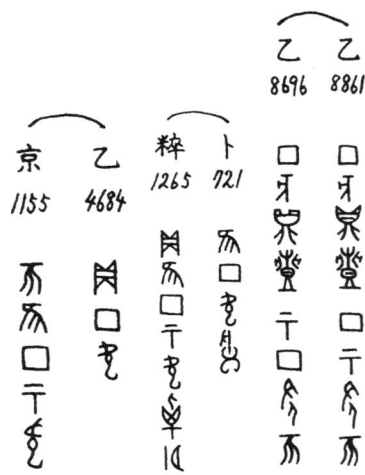

其次，"口"又可稱爲"口干"，"口干"又可稱爲"干口"，可知"口"爲口干、干口的略稱（干即示即神）。而特定的先王以干稱者不外乎干工、干乂，例如以甲爲名者絕無甲示、示甲之稱，則這個口干、干口不可能看成是祖丁、武丁的別稱，而是上帝的稱謂。

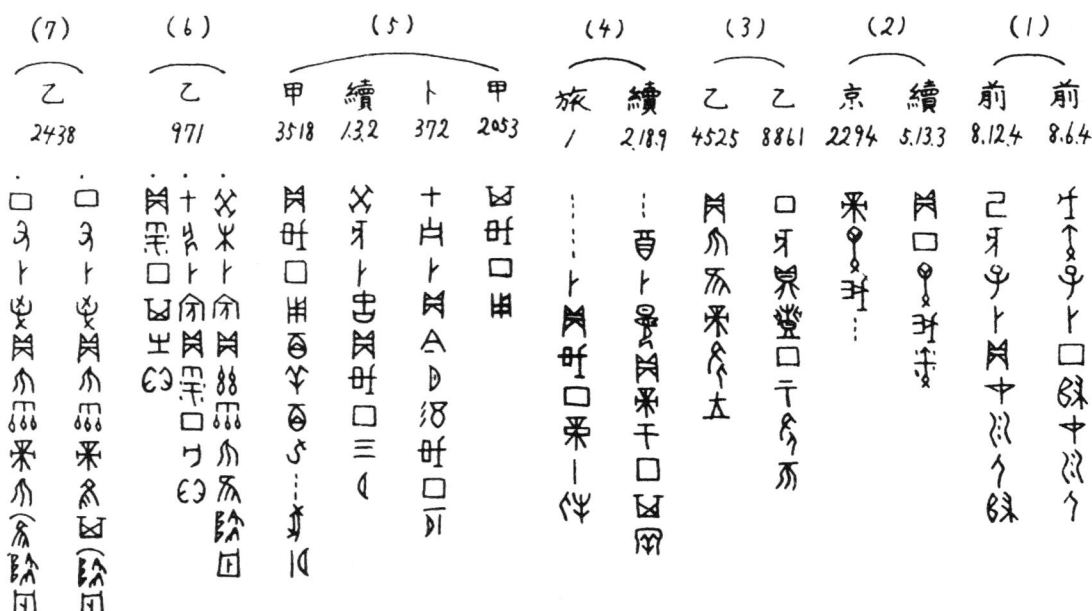

卜辭同音通假之例甚多，如上列（1）的口（丁）和 ㄓ（貞）可通假，不僅和口（丁）同音的 ㋀（帝）可能通假。（2）的口正和 ㋀ 能通假。又（3）的口干可用爲帝的別稱，則口、口干即 ㋀。這一點，（4）的對於"口"舉行 ㋀ 祀，又

(6)的對於"□"舉行禦祀，可作旁證。根據禘、禦爲通假字，則續2·18·9版的禘乃禦的假借，是祭名，即對□進行禦祀。又旅1版（拓片藏京都人文科學研究所）的"叶□"與（5）的各版所記相同，"叶□"是以供牲祭祀□。旅1版是舉行禦祀，則其它各版的"叶□"也是對□進行禦祀。根據禦祀是對上帝的祭祀（參照第三章"禦祀"），這個□就是帝。另外，（6）類和（7）類文略同，（7）類降尤（𠂤爲尤義）的主格是帝，則（6）類降尤的主格亦爲帝。又卜問"降茲雨是否會降尤"的第二天甲申卜"雩□"。雩字羅振玉以爲"从雨从于，與古金文同"（《考釋》中七七），似是雩。這兩條卜辭都是因爲乾旱而卜問上帝是否降雨，並卜祈雨的雩祀。雩祀以帝爲對象，"雩□"和《月令》的"雩帝"同一語法，這個"□"也就是帝。這樣，"□"被假爲帝，"□丅"被作爲"帝"的別稱，對於"□"舉行禦祀、雩祀，和帝同格，因此□、□丅、丅□即指帝。從而可知對於"□"供奉百牛、三百𦊆也因爲它是上帝（"其禘□于大室"［前一·三六·三］、"王其禘□"［續二·九·八］的對於□舉行的禘祀即禘祀，和《詩經·生民》"克禋克祀，上帝居歆"的對於上帝舉行禋祀是一致的。這也是□即上帝的一證。）

要之，作爲祭祀對象的"囗"，有的是對於以丁爲名的父、祖如祖丁、武丁的稱謂，有的是指上帝。由此可知，釋囗爲武丁之兄的兄丁、帝丁説，釋囗爲祊的宗廟説，都是不妥當的。被祭祀的"囗"是祭祀卜辭中的一個難題，現在總算得到了解決。

第二節　囗祭

第五期卜辭中，"囗"作爲祭祀名的用例有一百幾十版，其所祭祀的神僅限於武丁、祖甲、康祖丁、武乙、文武丁這五個直系先王，以及母癸、妣己、妣癸，所以這個囗祭是對於祖妣的特殊祭祀。

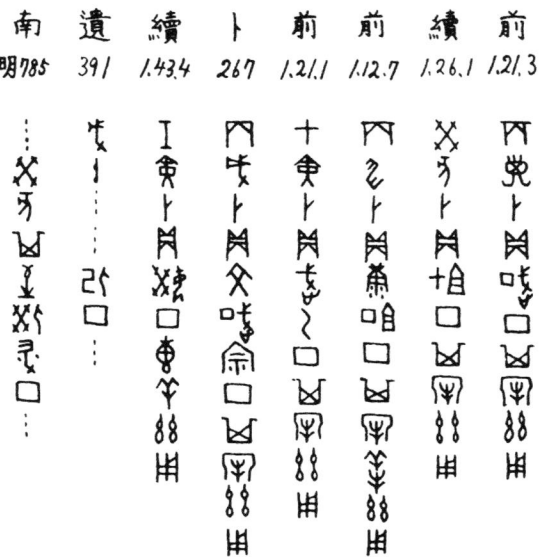

囗祭一般在王名之前一日卜，如甲日卜武乙，丙日卜武丁、康祖丁、文武丁，壬日卜母癸，癸日卜祖甲，也有在王名之日卜者（粹365、前1·31·3、續1·25·8、卜277、遺391）。從南明785於癸日對妣癸進行引囗之祭，可知囗祭於王名之日進行。從這個囗祭卜辭在同一版上有幾個例子來看，可以列如下表。前1·12·7版，連續六旬在王名的前一天卜問康祖丁的囗祭，由此可知，囗祭是在一定時期於王名之日對於上述直系五先王以及母妣進行的祭祀。

旬	卜日	續1·24·10	卜246	續1·25·8	前1·21·1	前1·18·1	前2·25·5	前1·31·3	前1·12·7
第一旬	甲				武乙	武祖乙	武乙		
	丙	文武丁			康祖丁	文武丁		康祖丁	康祖丁
	壬						母癸	母癸	
	癸	祖甲							
第二旬	甲		武乙		武乙	武祖乙	武乙	祖甲	
	丙	武丁	武丁	武丁	康祖丁	文武丁			康祖丁
	壬								
	癸		祖甲						
第三旬	甲		武乙	武乙	武乙	武祖乙			
	丙								康祖丁
	壬								
	癸		祖甲 母癸						
	甲								

　　這一祭名"▢"，或作"✦▢"、"✧▢"，或單作"✦"、"✧"。這一些都屬於▢祭，看下列各版就很清楚。然而，▢祭有這樣一些用法的只限於武乙、文武丁。對於武丁、祖甲、康祖丁以及母癸，單作"▢"、妣癸單作"✦"（舉例者略，只一例），情況如下表。這個"✧▢"，一般認爲是在宗即宗廟舉行▢祭，"✦▢"是用✦即升鬯酒（參照祭儀）進行▢祭。如果說僅在武乙、文武丁進行這種▢祭，那麼就會認爲▢祭的重點就在這裏，換句話說，這種▢祭是一連數旬對祖武丁以來的五世直系先王及母妣在他們之名的那一天進行的祭祀，其重點是父文武丁和祖武乙。

　　這個"▢"字，王國維、葉玉森、王襄釋"丁"，吳其昌、陳夢家、楊樹達釋"祊"，董作賓釋"日"。

　　王國維：丁疑亦祭名。（《戬釋》一四葉）

　　王襄：考卜辭凡下文云其牢茲用，或更羊更牛茲用者，上文每有丁字。丁即丁日當即卜牲與日之禮。周時猶用其禮，以郊祀也，見《春秋》僖公三十一年

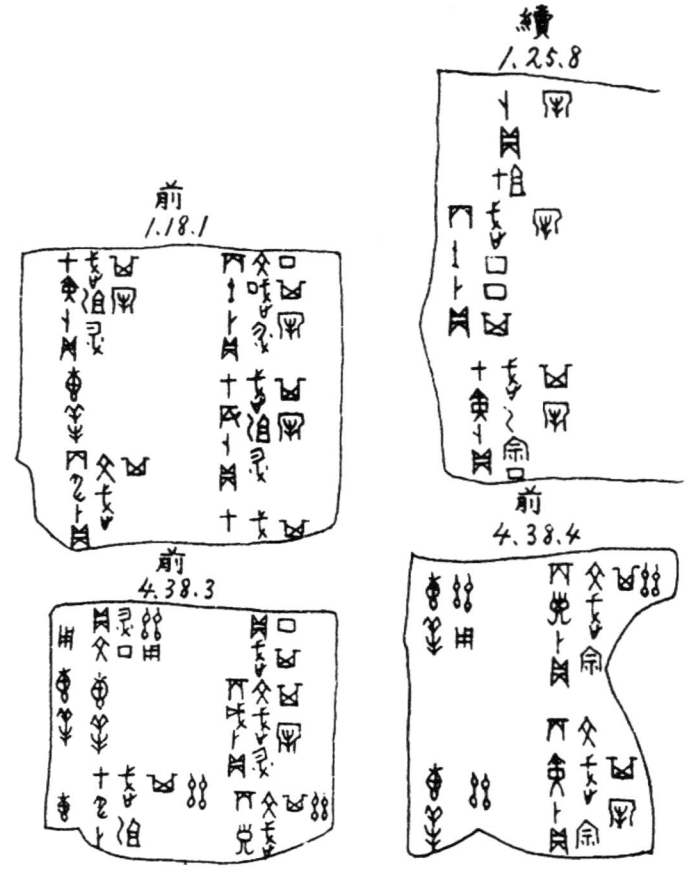

▢祭	武丁	祖甲	康祖丁	武乙	文武丁	母癸	妣己	妣癸
▢	前1·17·3	前1·19·6	前1·10·3	前1·21·1	遺391	續1·25·8	遺391	
佘▢				續1·24·9	南上119			
灵▢				續1·26·7	前1·18·1			
灵				前1·18·1	前4·38·3			林1·13·18
佘					前4·38·4			

《左氏傳》。(《簠釋帝》五二)

葉玉森：卜辭均就甲丙癸三日卜，或先丁一日或先丁三日四日，則丁必爲用牢之日，非祭名。(《集釋》一·六〇)

王國維釋爲祭名，但未言及它的意義。王襄認爲"卜牲與日之禮"，葉玉森認爲"丁必爲用牢之日"，沒有把它看作祭名。

吴其昌："武祖乙宗☐（祊）"者，"宗祊"爲卜辞之成语……"宗祊"者谓於宗庙之内举行祊祭也。(《解诂三续》二三五—二三六頁)

楊樹達：☐爲四方，又爲宗祊，既如上述矣。古人名動二義往往相因，宗廟謂之☐，因而祭於宗廟，亦謂之☐，卜辭云癸巳卜貞祖甲☐其牢兹用，是其例也。前人釋爲丁，非也。(《積微居甲文説》卷上二七頁)

陳夢家：武乙卜辭中"宗"、"祊"相對(《商王廟號考》四〇頁)。又曰，由此可見升、宗是相對，升是禰廟，宗是宗廟(《卜辭綜述》四二一頁)。

吴、楊、陳三氏釋爲"祊"，理解成"祊祭"、"祭於宗廟"。

董作賓：帝乙帝辛時對於近祖五世舉行日祭（這種日祭的"日"字，舊解爲"丁"，故不得其解）(《大陸雜誌》十四卷九期四頁)。這是把"☐"字看做"日"字。

這一些把"☐"釋爲丁、祊、日，但關於☐祭的意義，缺少説明。前面所講的☐祭，在武乙、文武丁的情況下稱爲"宗☐"、"升☐"，是在宗廟進行☐祭，是升鬯酒進行☐祭。只有下述的文武丁也作"文武帝宗"、"文武帝升"。這個"父吉秉畀"在前 1·22·2 版於"武乙"祭祀的下一次被卜問；在簠帝143 版又連續兩句被卜問(此版一是乙丑，一是☐子。這個殘缺的字，王襄認爲是"甲子"，陳夢家從之，見《綜述》四二二頁。其實，在乙丑之後，就不是甲子，乙丑之後的子日應是丙子)。這種卜法具有前面所講的☐祭卜辭的特色，很明顯這是☐祭。

關於"文武帝畀"的"帝"字的意義，郭沫若謂前 1·22·2 版的帝"讀爲禘"(《通釋》三八片)；葉玉森亦釋禘，謂"卜辭之帝亦多假作禘禮，大傳不王不禘，惟王者宜禘"(《集釋》一·八二)。但是，檢查☐祭卜辭記載武乙、文武丁的辭例，"王名"和"畀"（或宗）之間沒有記祭名的例子，因而絶無"武乙☐畀"、"武乙☐俞"或"文武丁☐畀"、"文武丁☐俞"之例，則"文武帝畀"的帝字既不是☐祭的☐字的通假，也不是作爲祭名的"禘"，因而寧可把上表第三段"文武丁畀"的丁寫作帝。至於第二段"文武畀"的文武，只能是使用帝號作爲尊稱，這一點可以從別的卜辭使用"文武帝"的稱謂得到證明(陳夢家認爲文武帝是帝乙，他説：如此文武帝應是帝乙，則舊説以文武帝爲文武丁是不確的。帝乙的宗廟則稱爲文武帝升，文武帝宗，所以文武帝與帝甲之帝不同[《卜辭綜述》四二二頁]。爲了證明這一説法而曲解了☐其卤關於"文武帝乙"的稱謂。但是這一説法之錯誤，參看前述帝辛祀譜和上面的論述就非常清楚)。附帝號於父而稱，不僅在帝乙時流行，在帝辛時也是稱父乙的"帝乙"。附帝號於父而稱的辭例各期都能見到。

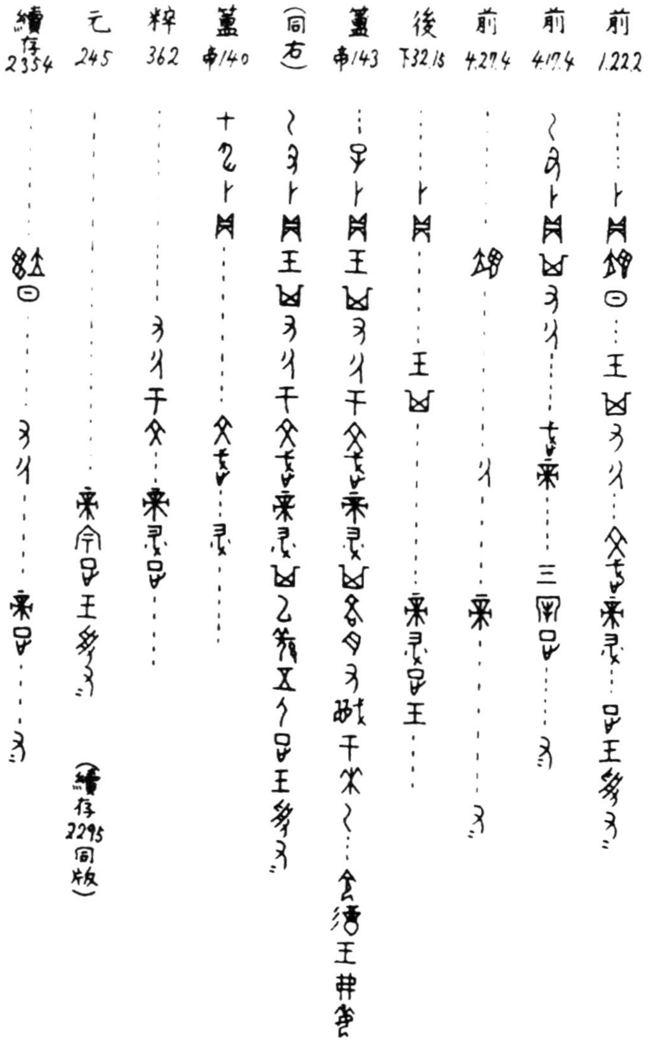
前 1.22.2
前 4.17.4
前 4.27.4
後 下32.16
簠 帝143
(同右)
簠 帝140
粹 362
元 245
續存 2354
(續存2295同版)

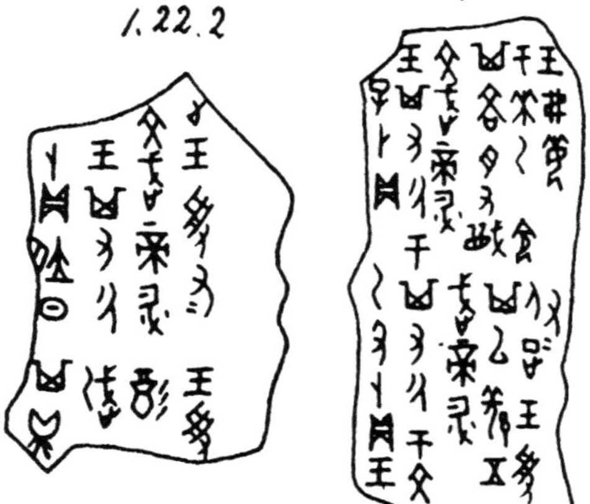

前 1.22.2　　簠 帝143

武　乙		文武丁
武乙☐（前1・21・1）		父丁☐（遺391）
武乙䰟（前1・20・7）	文武䰟（前4・38・3）	文武丁䰟（通579）
武丁䰟☐（前1・22・3）	文武䰟☐（前4・38・3）	文武丁䰟☐（前1・18・1）
武乙侖☐（粹358）	文武侖（前4・38・4）	文武丁侖（林2・25・4）
		文武丁侖☐（南上119）

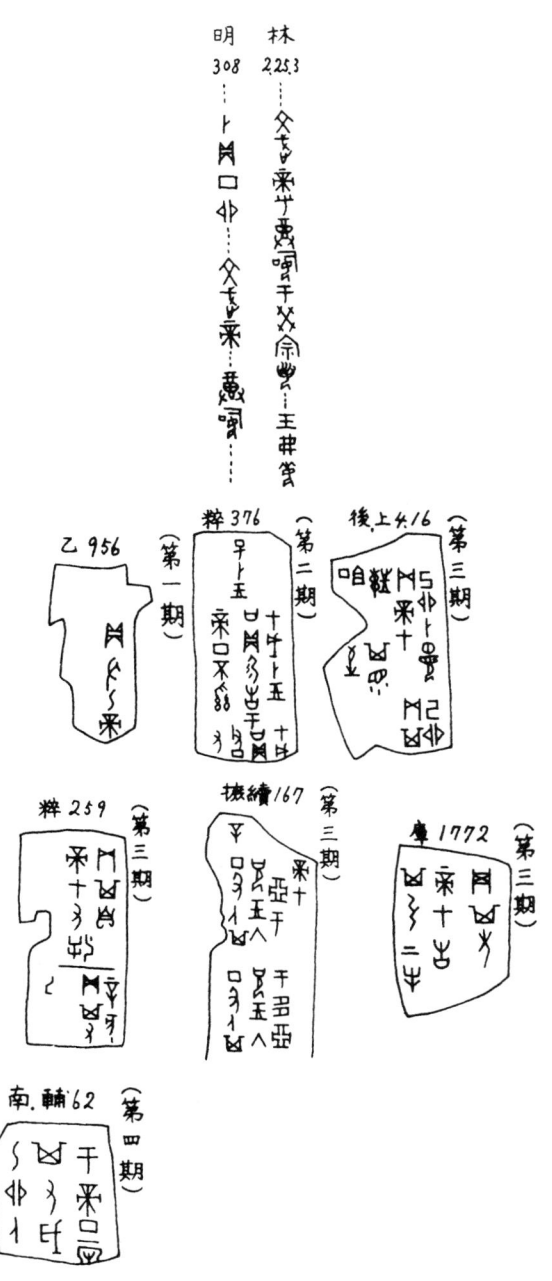

上列第一期的乙 956 版稱父小乙爲"父乙帝";第二期的粹 376 版稱父武丁爲"帝丁"（這個帝丁陳夢家以爲是武丁之兄丁［《卜辭綜述》四三五頁］，但是，對武丁之兄丁被加以帝號，沒有提出根據）；第三期的後上 4·16、粹 259、摭續 167、庫 1772 版有"帝甲"的稱謂，王國維謂"帝甲爲祖甲"（《戩釋》一四），"帝甲即沃甲"（《觀堂集林》九、十），陳夢家從王氏之前說，謂"帝甲可能仍是武丁子祖甲載"（《卜辭綜述》四〇八頁）。後上 4·16 版所記"貞帝甲㲋其祼祖丁"，在第三期，武丁被稱爲祖丁，和祖丁幷記的帝甲，是武丁以後以甲爲王名者，即祖甲。第四期的南輔 62 版的"帝丁"，按照前例，在武乙時只能是稱父康丁。用帝號稱父，不僅卜辭如此，也見於金文。除了前面所說的 ⿰⿱卜从 卣的"帝乙"之外，還有這裏列出的"帝考"。這個"帝考"，劉心源釋爲"帝考猶皇考"，《尸子·廣澤》篇"帝皇皆大也"（《爾雅·釋詁》邢疏所引），則皇考、帝考乃大考，即大父之義。這些帝號不外是對於父的尊稱。卜辭也有如上列尊稱父爲"大父"的用例（大父謂小乙，□謂祖丁，參照第一節"□神"），從而卜辭的帝號和金文同義。前述文武帝的帝號是尊稱，斷不能作"禘"義。

　　仲師父鼎　　用亯用孝于皇祖帝考

　　嬴王鼎　　　用亯于厥帝考

　　買敦　　　　用追考于朕皇祖啻考

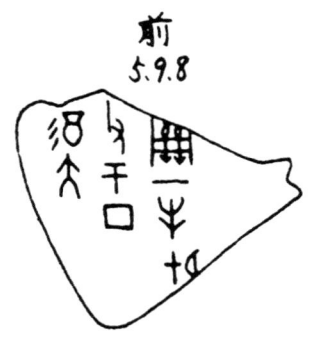

　　前述的 □ 祭，重點是對於父、祖的祭祀，而於 □ 祭以帝號尊稱者僅只父文武丁，所以 □ 祭的中心意義明顯地在於尊父之祀。以尊父爲重點的祭祀，後世和 □（丁）同聲的祭祀只有"禘"，從而 □ 祭不外就是"禘"。卜辭的 □ 祭和後世的"禘"，如下所述是符合的。

　　小盂鼎　　用牲啻周王□王成王

　　剌鼎　　　用牲于大室啻邵王

大殷　　　　用啻于乃考

大豐殷　　　乙亥王又大豐、王凡三方、王祀于大室、降、大亡、尤王、衣祀于王丕顯考文王、事熹上帝、文王監在上、丕顯王作德、丕緐王作唐、丕克三衣王祀、丁丑王饗大俎

"禘"在金文作"啻"，如周初康王時器小盂鼎。大殷所記"啻于乃考"的啻祭，正是祀父之祭名。又武王時器大豐殷，有衣祀父文王之記事，乙亥祀於大室，翌丙子祭祀文王並祭祀上帝，翌丁丑舉行大俎之饗禮。辭中讚美文王爲"丕顯考文王"、"文王監在上"、"丕顯王作德"、"丕緐王作唐"。這是武王或周公祭祀"考文王"。銘文的內容與《孝經》的"孝莫大於嚴父……昔者周公宗祀文王於明堂以配上帝"（"聖治"章）正相符合。銘文不作"啻祀"而作"衣祀"，王國維認爲"古殷衣同音（《戠釋》四五葉），"大豐敦之衣殆皆借爲殷字"（《殷禮徵文》六葉），衣祀即"殷祀"。據毛奇齡的"禘名殷祭，殷者大也"（《郊社禘祫問》），鄭玄的"周以禘爲殷祭"（《禮記·王制》注），則此"衣祀"即"殷祀"，不外就是"禘祀"。由此可知，衣祀即禘祀，是祀父的祭祀，即《孝經》所謂以父爲嚴之祭祀，這和卜辭口祭的意義在於尊父之祀相一致。其次，由此銘文和《孝經》以文王配祀上帝，可知禘祀是對於上帝的祭祀。然而口祭卜辭中無直接配祀上帝之例，只第五期卜辭有一例（通河井大龜）。這一口祭卜辭版中還記了乙巳這一旬以前卜問對於武乙、祖甲的口祭："甲午卜貞武乙宗口其牢"、"癸巳卜貞祖甲口其牢"。在口祭卜辭版中，一般不記別的卜辭，因而可知這一卜辭與口祭有關係。郭沫若解釋這一卜辭的"帝史"爲"帝使"，即上帝的使者。但是，王賓卜辭的原則是王◇之後是神名，神名之後是祭名，所以，這個帝是神名，事是祭名。事作爲祭祀用語的例子如"◇田事又◇"（粹91）、"◇己事玉◇"（後上6·1）、"◇◇事◇◇"（南明44）、"卜彡◇◇事"（後下42·7），又大豐殷"事熹上帝"，用於上帝，相當於後世"有事武宮"（《春秋》昭十五年）、"有事於大廟"（宣八年）、"有事於上帝"（《禮記·禮器》）的"事"（後下42·7有"◇事"即"有事"的用法）。《易·震》卦"有事"虞注："事謂祭祀之事"，又《尚書大傳》"天子有事"鄭注："事謂祭祀"，則"帝事"不外是"有事於上帝"之義。又"王◇"如後所述是王進入祭場之意（參照祭儀"王◇"），卜辭多用於宗廟祭祀的場合，《尚書·洛誥》作"王賓殺禋咸格，王入太室祼"，亦用於宗廟之祭祀，從而"王賓帝事亡尤"是卜問王進入宗廟祭祀上帝。這一卜辭，記在上述口祭卜辭版中，則這個對於上帝的祭祀，是在宗廟裏舉行口祭之時進行的。和同初的禘

祀在太室中以文王配祀上帝一樣，殷末也有尊父之祀以配祀上帝者。其次，鄭玄在《禮記·王制》的注釋中對於禘禮作過說明："魯禮三年喪畢，而後祫於大祖廟，明年春禘於群廟，自爾之年，五年而再殷祭。""祫於大祖廟"相當於卜辭的"文武帝宗"、"文武丁宗囗"。"禘於群廟"相當於囗祭對於五世直系先王及母癸、妣癸進行的囗祭。而"五年而再殷祭"的殷祭是父王歿後九年的禘祀，這和帝乙時的一版（參下圖）于王九祀對於父文武丁舉行囗祭的卜辭相符合。鄭玄的禘説和卜辭一致。

這樣，囗祭和禘祀，其祭祀的意義以及在儀禮上是一致的，又因爲囗祭和禘祀是同聲的祭名，則卜辭的囗祭不外是周代的禘祀。卜辭的"囗"在周初作"啻"，到後世作"禘"。把尊嚴其父的祭祀稱爲"囗"，可以認爲是起因於以父配祀囗即帝。而記作"囗"，可以認爲是爲了和外祭中祭祀上帝的"帝"區別開來。

被稱爲千古聚訟的禘禮乃是殷代的祭禮，其溯義實在是尊嚴其父，爲此要配祀上帝，又禘祀於五世之宗廟，父王歿後九年再舉行殷禮。孔子對某人的禘説進行質疑時曾説"知其説者之於天下也，其如示諸斯乎"，指的這個掌大概是《孝經》所謂的"孝莫大於嚴父"。又孔子説"禘自既灌而往者，吾不欲觀之矣"，大概就是因爲象大豐毀的以饗禮爲結束吧！

譯者説明：

一、本文即《殷墟卜辭研究》第一篇第二章"禘祀"，見該書一七七頁至一八九頁。

二、原書一七八頁倒數第二行，作者引葉玉森説，其中有一句作"似當作

ㄼㄼ形、方顯不應、僅象鋪首"，應斷爲"似當作ㄼㄼ形方顯，不應僅象鋪首"，今已改。

三、原書一七九頁第六行，作者引王襄説，出處作（《簠·釋帝》一六），誤，應爲《簠·釋帝系》三頁，今已改。

四、原書一八七頁第九行，作者所引《矢殷》即《大作大仲殷》，見《三代吉金文存》八 44，簡稱當作《大殷》。

五、個別引文有所補正，因關係不大，不一一指出。

節選自《殷墟卜辭研究·本論》第一篇第二章，1953 年油印本；弘前大學，1958 年；汲古書院，1975 年。趙誠譯，張政烺、陳應年校，《古文字研究》第 1 輯，中華書局，1979 年；收入宋鎮豪、段志洪主編：《甲骨文獻集成》第 30 册，四川大學出版社，2001 年；又收入温天河、李壽林譯，《殷墟卜辭研究》，鼎文書局，1975 年；又收入濮茅左、顧偉良譯，《殷墟卜辭研究》，上海古籍出版社，2006 年。今據趙誠譯本收入，文中手寫字形、圖版以日文原版替換。

楊樹達

028 釋追逐

《説文》二篇上《辵部》云："追，逐也，从辵，𠂤聲。""逐，追也，从辵，从豚省。"余按《説文》追逐二字互訓，認二字爲同義。余考之卜辭，則二字用法劃然不紊，蓋追必用於人，逐必用於獸也。卜辭云："癸未，卜，宁貞，由禽㞢_{古往字}追羌？"《前編》伍卷貳柒葉壹版。此云追羌者也。又云："貞乎_{古呼字}追寇。及？"《藏龜》百壹陸葉肆版。及今言趕上，《左傳》定公四年云："吳從楚師，楚人爲食，吳人及之。"《後漢書·吳漢傳》云："及光武於廣阿。"是其義也。此言追寇者也。追羌追寇，皆追人也。卜辭又云："己未，卜，亘貞，逐豕，隻？"《前編》叁卷叁叁葉叁版。"辛巳，卜貞王于翌△△㞢逐△豕？"《前編》陸卷肆肆葉柒版。此言逐豕者也。又云："△△卜，亘貞；逐馬，隻？王固曰：其隻。己酉，王逐，允隻二。"《前編》柒卷叁肆葉壹版。"逐馬。"《前編》柒卷肆壹葉壹版。"貞其逐馬，隻？"《藏餘》叁葉貳版。"貞乎△逐馬？隻？"《後編》上卷叁拾葉拾壹版。"乙巳，卜，出貞，逐六馬，禽？"《後編》上卷叁拾拾版。此皆言逐馬者也。又云："癸巳，卜，王逐鹿。"《前編》叁卷叁貳葉叁版。"今夕隻？王其㞢逐鹿。"《前編》叁卷叁貳葉伍版。"△午，卜，毃貞，逐鹿于△"《藏餘》捌葉壹版。"△巳，△逐鹿，隻？"《後編》下卷拾玖葉拾肆版。"逐鹿，隻？"《前編》叁卷叁貳葉貳版。此皆言逐鹿者也。又云："壬寅，卜，逐麋，禽？"《佚存》伍捌戊。此言逐麋者也。又云："△子，卜，翌辛丑，王逐兔？"《前編》陸卷肆玖葉陸版。此言逐兔者也。又云："癸巳，卜，毃貞，旬亡𡆥？王固曰：乃兹亦㞢祟，若偁。甲午，王㞢逐兕。"《菁華》叁葉。此言逐兕者也。豕馬鹿麋兔兕皆獸也，然則逐謂逐獸也。又他辭多言"王田逐"《前編》貳卷柒葉叁版、拾葉伍版、拾壹葉叁版、拾伍葉壹版、肆壹葉壹版，《後編》上卷叁拾葉玖版。以逐與田連言。其爲逐獸之義，又不待論矣。按追字从𠂤，説文𠂤訓小𨸏，與追逐義無關。甲文𠂤字恒見，羅振玉謂即師字，其説良是。卜辭云："△△，卜，貞，王自

戈？"《藏龜》肆葉叁版。此貞王師有烖否也。又云："△亥卜，在🐾貞：今夕𠂤不趹？"《前編》貳卷拾叁葉叁版。《説文》趹訓動，此貞今夕師有無震動也。《説文》官字下云："𠂤猶衆也"，師字通訓衆，或者許君亦知𠂤師之爲一字也。甲文追字作🔣，象師在前而人追逐之，蓋追字用於戰陣，見追者必爲人也。逐字《説文》云从豚省，其實不然。豕性喜奔突，故逐字从之：説詳余《釋遯篇》。甲文逐字作🔣，象豕在前而後有逐之者。亦別有从犬从兔與从鹿者，或云與逐爲一字，未知信否。逐字本專用於狩獵，見逐者乃禽獸而非人，故與追爲追人者不同。然則二字用法之殊，由於二字構造之本異。蓋殷商時代較早，故其用字與造文初義密合也。至《左傳》記周祝聃逐鄭覆兵，隱公九年。鄭子都拔棘逐潁考叔，隱公十一年。見逐者爲人，義當爲追，乃不言追而言逐。《孟子》言如追放豚，《盡心下篇》。見追者爲獸，義當言逐，乃不言逐而言追。此緣《左傳》《孟子》皆晚周時代之書，其時距造字時已久，用字已分別不嚴，故與初義不能密合也。許君未見甲文，著書立訓，但據經傳互通之文，不瞭初文別白之義，殆事之固然，不足怪矣。

余爲此文後，曾寄示茶陵周生，周生來書云：曾以余説徧檢卜辭，無不相合云。

一九四六年二月十六日

《積微居甲文説》，中國科學院排印本一册，1954年；又與《耐林廎甲文説》、《卜辭求義》合，上海古籍出版社新一版，1986年。今據前者收入。

胡厚宣

029

釋殷代求年於四方和四方風的祭祀

一、甲骨文裏的四方和四方風名

殷代甲骨文中，或記東南西北四方名和四方風名。如武丁時一大塊牛胛骨，刻字四行，説：

東方曰析，鳳曰劦。

南方曰[illegible]，鳳曰岂。

西方曰[illegible]，鳳曰彝。

北方曰勹，鳳曰[阝殳]。　　（《京》520　附圖一）

原骨頂端殘缺。通版没有鑽鑿灼兆的痕跡，文辭中也没有關於貞卜的字樣，疑當與《殷契卜辭》165片的干支表，和《殷契粹編》113片的翌祭表，同爲備查用的一種記事刻辭。四行各七字，共字二十八。末一行前三字殘缺，但參照前三行的辭句，都還可以補得起來。四行各稱東南西北一方，説某方曰某，鳳曰某。鳳在甲骨文都讀作風，鳳曰某即風曰某。所謂某者，便是四方名和四方風名。

這種四方名和四方風名，也見於武丁時另一塊大龜腹甲，刻某年一月辛亥所卜六條貞雨求年的卜辭，説：

辛亥，内，貞今一月帝令（命）雨。四日甲寅夕，允雨。一二三四

辛亥卜，内，貞今一月帝不其令（命）雨。一二三四

辛亥卜，内，貞帝（禘）于北方曰㕁，鳳曰伇，桒年。一月。一二三四

辛亥卜，内，貞帝（禘）于南方曰𡵂，鳳（風）𠂤，桒年。一月。一二三四

貞帝（禘）于東方曰析，鳳（風）曰劦，桒年。一二三四

貞帝（禘）于西方曰彝，鳳（風）曰㳄，桒年。一二三四

（《乙》4548，4794，4876，5161，6533，《京》428 合　附圖二）

這版大龜腹甲，係由六碎片拼合而成，全龜大體完整，僅尾端和右橋，略有殘缺。六辭都是武丁時某年一月丁亥日所卜，每辭各卜四兆，辭末一二三四等數字記兆序，内是貞人名。原辭亦缺數字，但互相參照，仍然可以全部補讀。

第一、二兩辭卜一事的正反面，問在本一月份裏上帝會不會命令下雨。帝即上帝，殷人已有至神上帝的宗教信仰，以爲雨乃上帝所降。第一辭省或奪一"卜"字。卜正面説，"辛亥日卜，貞人内問卦，問在本一月份裏上帝曾命令下雨麼？"第二辭卜反面説，"辛亥日卜，貞人内問卦，問在本一月份裏上帝不會命令下雨麼？"後來從辛亥日起，到第四天甲寅的晚上，果然下了雨。於是在第一辭後面，又隨記上"四日甲寅夕，允雨"的驗辭。

第三、四、五、六辭卜一事的四方面。帝作㱿，祭名，讀作禘。①卜辭通例，除極個別例外②之外，一般上帝的帝作㱿，禘祭的帝作㱿③。桒有祈求之義。金文伯㮮簋"唯用祈桒萬年"，祈桒連稱。桒年卜辭常見，猶言祈年。《詩·大雅·雲漢》，"祈年孔夙"。《周禮·春官·籥章》，"祈年于田祖"。又或言祈穀，《禮記·月令》"孟春之月，天子乃以元日祈穀于上帝"。又或言祈農事，《左傳》襄公七年，"孟獻子曰，夫郊祀后稷，以祈農事也"。祈年祈穀祈農事，都和卜辭裏的桒年意同，就是祈求年成能夠得到豐收。這四辭分別卜問求年於東南西北四方和四方風，舉行禘祭好不好。第三辭説，"一月辛亥日卜，貞人内問卦，問求年於北方和北方風，舉行禘祭好不好？"第四辭説，"一月辛亥日卜，貞人内問卦，問求年於南方和南方風，舉行禘祭好不好？""鳳"後省或奪一"曰"字。④月份記在辭末，這乃是甲骨文的通例，到周金文猶然。第五、六辭省去了"辛亥卜"和"一

---

① 羅振玉《殷虚書契考釋（增訂本）》中卷 14 葉。1927 年。
② 如"方帝"的帝，一般多作㱿，作㱿者見《佚》236，《粹》431，《乙》2639。"帝于四方"的帝，一般亦多作㱿，作㱿者見《京》4379。"上帝"的帝，一般多作㱿，作㱿者見《南輔》15。
③ 看日本島邦男，《祭祀卜辭之研究》。1953 年。
④ 卜辭中有奪文之例，看拙作《卜辭雜例》，刊《歷史語言研究所集刊》八本三分。1939 年。

月"等字。第五辭説,"問求年於東方和東方風,舉行禘祭好不好?"第六辭説,"問求年於西方和西方風,舉行禘祭好不好?"

　　總括六辭,乃同時一人所卜。一、二辭先卜在本一月份裏上帝會不會命令下雨;三至六辭後卜舉行禘祭,以求年於四方和四方風。兩事也可以説卜問一事。盼雨求年,都是爲了農產的豐收。武丁時卜辭常説"帝命雨足年",或"帝命雨弗其足年":

　　　　帝令(命)雨足年。
　　　　貞帝令(命)雨弗其足年。　　　　　　　　　　　　　　　　(《前》1·50·1)
　　　　帝令(命)雨足年。　　　　　　　　　　　　　　　　　　　(《虚》1382)

這是卜問上帝所命降的雨水,是否充足,够得上使年成豐收。又説"年有足雨"或"年無足雨":

　　　　貞我年㞢(有)足雨。　　　　　　　　　　　　　　　　　　(《庫》140)
　　　　……年□足雨。　　　　　　　　　　　　　　　　　　　　(《虚》968)

這是卜問年成能不能得到充足的雨量。又説"黍年有足雨"或"黍年無足雨":

　　　　己酉卜,黍年㞢(有)足雨。　　　　　　　　　　　　　　　　(《前》4·40·1)
　　　　辛未卜,㱿,貞黍年亡(無)足雨。
　　　　貞黍年㞢(有)足雨。　　　　　　　　　　　　　　　　　　(《乙》3285)

黍是殷代主要農產品之一。這是卜問有没有充足的雨量,使黍的年成,能够得到豐收。又説"在某田有足雨":

　　　　己亥卜,㱿,貞在㚸田㞢(有)足雨。　　　　　　　　　　　　(《乙》3184)

㚸,地名,爲武丁婦帚㚸之所封。這是卜問在㚸的土田,有没有充足的雨量。祖庚祖甲時卜辭又説"禾有及雨":

　　　　庚午卜,貞禾㞢(有)及雨。三月。　　　　(《前》3·29·3　《龜》2·24·12)

乃卜問在春天三月,長着的禾苗,會不會得到及時的雨水。又禾字或即爲年之省文,[①]亦可通。或言"雨足年",或言"年有足雨",或言"田有足雨",或言

[①] 楊樹達《卜辭求義》13葉。1954年。

"禾有及雨"或"年有及雨"，是殷人知雨和年收的關係，乃是不可分的。所以甲骨文中除爲了農業生產而求雨的千百條卜辭①之外，廩辛康丁武乙文丁時的卜辭，又往往以桒年與侑雨連稱，如言：

其桒年黻重（唯）酒，又（侑）大雨。	（《粹》16）
其桒年于河，此又（侑）雨。	（《南明》424）
其桒年 于 河。重（唯）大牢，此又（侑）雨。	（《南明》425）
桒于河年，又（侑）雨。	（《粹》834）
其桒年于岳，兹又（侑）大雨。	（《南明》426）
其桒年于娥，重（唯）今日酒，又（侑）雨。	（《粹》850）
于虁，桒年，又（侑）雨。	（《甲》885）
桒 年示壬，重（唯）辛用，又（侑）大雨。	（《粹》121）
其桒年祖丁，先酒，又（侑）雨。	（《甲》1275）
其兄，桒年，又（侑）大雨。	（《粹》859）
桒年，又（侑）大雨。	（《粹》862）

又讀爲侑，侑即勸，有勸望要求之義。桒年侑雨，猶言求年以祈雨。求年，祈雨，都是爲了年成的豐收。武丁時大龜腹甲的六條卜辭，先卜雨，後卜求年，也就是這個道理。

其求年禘祭的對象，是東南西北四方和四方風。四方和四方風，也各有專名，同前舉牛胛骨記事刻辭一樣。

除此東南西北成套的四方名和四方風名之外，殘片甲骨卜辭中，又有單稱某一方名或某方風名者。如武丁時牛胛骨卜辭説：

……卯 于□方□，四牛、四羊、𡧊四。卯于東方析，三牛、三羊、𡧊三。

（《金》472）

卯祭名。𡧊郭沫若先生讀爲豰②，《説文》"豰，小豚也"。此卜問卯祭東方析，用三牛三羊和豰三。上段卜辭，以四羊豰四例之，疑亦卜祭於某方某者，惜已殘缺。若然，則卯祭即不只一方。今就其殘存部分看來，其稱"東方析"，與大牛胛骨刻辭和大龜腹甲卜辭説"東方曰析"相合。又如廩辛康丁或武乙文丁時牛胛骨卜辭説：

---

① 詳拙作《卜辭中所見之殷代農業》，刊《甲骨學商史論叢二集》。1945 年。
② 郭沫若《殷契粹編考釋》165 葉。1937 年。

> 癸未，貞辛卯其桒禾于示。乙酉，貞又歲于伊西彝。　　　　　　　　（《粹》195）

禾者當爲年之省，桒禾猶言桒年。甲骨文稱示者，有示壬示癸❈示❈示大示小示，此單稱示，未知誰指。或者泛指先祖而言。又歲祭名。伊即伊尹。此骨共兩辭，前一辭先在癸未卜問辛卯祈年於示，後一辭在癸未的第三天乙酉日又卜問又歲祭於伊尹和西彝。知其亦必是祈年之祭。而稱西彝，這和大龜腹甲卜辭祈年於四方，説"西方曰彝"相合。又説：

> 其罕叀（唯）日彝韋用。　　　　　　　　　　　　　　　　　　　（《京》4316）

日祭名。罕即寧，寧風雨之祭。此卜問寧日祭於彝韋。彝韋猶西方曰彝風曰韋之彝韋，與大龜腹甲卜辭説"西方曰彝，鳳曰𠃑"相合。韋即𠃑。𠃑與𡚇𡚇字同，作韋𩨹者，加從韋聲。又説：

> 𩨹鳳（風），叀（唯）豚，又（侑）大雨。　　　　　　　　　　　（《前》4·42·6）

此卜問用豚祭𩨹風，以侑大雨。稱𩨹風者，也和大龜腹甲卜辭説"西方鳳曰𠃑"相合。𩨹即𠃑的繁文而從韋聲者。

　　以上六片甲骨，就種類而言，其中大版龜腹甲一，大版牛胛骨一，小片牛胛骨四。就時期而言，屬於武丁時的三片，廩辛康丁武乙文丁時的三片。就性質而言，屬於記事的一片，卜辭的五片。就所記方風的名數而言，記四方風名的二片，記二方的一片，記一方風的一片，一風的一片。其所稱四方名和四方風名，大體一致，惟間有方名與風名互相顛倒者，現在更列表明之如下：

方 風		大 骨	大 龜	《金》	《粹》	《京》	《前》
東	方	析	析	析			
	風	劦	劦				
南	方	𡴂	兇				
	風	兇	𠂢				
西	方	𡚇	彝		彝	彝	
	風	彝	𠃑			韋	𩨹
北	方	勹	勹				
	風	殳	殳				

其稱東方名，大骨和大龜都説"東方曰析"，《金》説"東方析"，無異辭。其稱東方風名，大骨説"鳳曰卨"，大龜説"鳳曰劦"。鳳即風。劦即卨，甲骨文字從口與否得相通。㞢亦作屯，卨亦作册，召亦作力，呂亦作弓，㞢亦作才，曹亦作叀，昌亦作日可證。是關於東方和東方風名，各片是相同的。

其稱北方和北方風名，大骨和大龜都説，"北方曰勹，鳳曰殳"。只是勹字大骨作𠃑，大龜作𠂊，一向左，一向右；殳字大骨作𣪡，大龜作𣪠，日旁一在左向左，一在右向右，殳旁一在右從又在下，一在左從又在上。實則甲骨文字，以左右對稱的關係，向左向右，或在左在右，或在上在下，皆相同。是關於北方和北方風名，各片亦相一致。

其稱西方和西方風名。大骨説，"西方曰𢎛，鳳曰彝"。大龜説，"西方曰彝，鳳曰𢎛"。𢎛即𢎛字。彝𢎛字同，而方名與風名互倒。但由《粹》195 言"西彝"而不言"西𢎛"，《前》4·42·6 言"韋鳳"而不言"彝鳳"，《京》4316 言"彝韋"而不言"韋彝"，似當以大龜言"西方曰彝，鳳曰𢎛"者爲是。再以後引《大荒西經》及《堯典》證之，《大荒西經》於西方説，"西方曰夷，來風曰韋"，《堯典》於西方説，"厥民夷"，夷即彝，夷彝音近；韋即𢎛，𢎛亦作韋韓，俱從韋聲。也和大龜所説的相合。

其稱南方和南方風名。大骨説，"南方曰夾，鳳曰兇"。大龜説，"南方曰兇，鳳𠂊"。大龜鳳後奪或省一"曰"字，説已見前。兇字大骨作𠃑，大龜作𠂊，一向左，一向右，字同。大骨之夾，即夾字，甲骨文夾字亦作夾，大龜作𠂊者，疑夾之省。大骨與大龜夾兇字同，而方名與風名互相顛倒。兇，古讀作豈，《説文》豈下云"散省聲"，散下云"豈省聲"。《詩·邶風·凱風》，"凱風自南"。《爾雅·釋天》，"南風謂之凱風"。《山海經·南山經》，"旄山之尾，其南有谷曰育遺，凱風自是出"。《楚辭·遠遊》，"順凱風以從遊兮，至南巢而壹息"。《吕氏春秋·有始覽》，"南方曰巨風"，高誘註"一曰凱風"。《淮南子·地形訓》，"南方曰巨風"，高註"一曰愷風"。俞樾以爲"巨疑豈之壞字"。凱愷豈，都和兇聲相近，可以相通。而稱南風爲凱愷豈風，實與大骨説南方"鳳曰兇"者相合。大骨與大龜，方名與風名相互顛倒，説有不同，似當以大骨爲是。

爲什麼大骨大龜關於南西方名和風名，會有顛倒的現象呢？由前引《京》4316 言"彝韋"推測起來，也可能方名與風名可以連稱互用。不敢必定，有待於更多的證據，和學者進一步的解決。

二、《山海經》裏的四方和四方風名

甲骨文中東南西北成套的四方名和四方風名，也見於古典的經籍。《山海經》説：

名曰折丹，東方曰折，來風曰俊，處東極以出入風。　　　　（《大荒東經》）

有神名曰因因乎，南方曰因乎，夸風曰乎民，處南極以出入風。

（《大荒南經》）

有人名曰石夷，來風曰韋，處西北隅以司日月長短。　　　　（《大荒西經》）

有人名曰鹓，北方曰鹓，來風曰狻，是處東極隅以止日月，使無相間出沒，司其短長。

（《大荒東經》）

《大荒東經》北方一條，當爲《大荒北經》文，錯簡於此者。①這四節叙述東南西北四方各有神人，有的管着出入風，有的管着日月，使它們不要相間出沒，並司其短長。四方和四方風也各有專名，所謂某方曰某，來風曰某，同甲骨文裏的四方名和四方風名完全相合，分別散列在《大荒經》的各篇之中。自從晉郭璞以後，明清兩代學者，校釋《山海經》的人不少，注意到這四條的關係的，有晚清的孫詒讓。他在《札迻》卷三《校山海經》説：

《大荒東經》，"大荒之中，有山名鞠陵于天，東極，離瞀，日月所出。名曰折丹，東方曰折，來風曰俊，處東極以出入風"。郝云"名曰折丹上，疑脱有神二字。《北堂書鈔》一百五十一卷引作有人曰折丹，《太平御覽》九卷引亦同"。按郝校是也。後云"東北海外，有女和月母之國。有人曰鹓，北方曰鹓，來之風曰狻，是處東極隅以止日月，使無相間出沒，司其短長"。《大荒南經》云，"南海渚中，有神名曰因因乎，南方曰因乎，夸風曰乎民，處南極以出入風"。《大荒西經》云，"有人名曰石夷，來風曰韋，處西北隅，以司日月之長短"。以上諸文，與此分係四方，文略相類。今本多譌羨不可通。綜而校之，折丹、鹓、因乎、石夷皆四方神人之名。其神出入，其方之風，蓋各隨之而來。俊、狻、乎民、韋皆四方風之異名。此東方當作"有人名曰折丹，東方曰折，來風曰俊"。北方當作"有人名②曰鹓，

---

① 王佩諍先生説。
② 原刻本奪一"名"字。

北方曰鹓，來風曰狹"。今本"來"下衍"之"字，當刪。"是處東極隅"，"極"當作"北"，與西方云"處西北隅"，文例同。南方當云"有神名①曰因乎，來風曰乎"。今本"因"字誤重，"來"又誤"夸"，"乎"下有"民"字者，當爲"是"，"是"古通作"氏"，與民形近而致誤。"是處南極"②與北方云"是處東北隅"，文例亦同也。西北方當云"有人名曰石夷，西方曰石，來風曰韋"，今本無"西方曰石"四字，誤挩也。

孫氏注意到這四節的互相關係，綜合起來，認定其中含有四方神人之名和四方風之異稱，可謂卓識。惟今以甲骨文四方風名比勘起來，則孫氏所校，仍間有可商者。試更述之。

東方一節，郝懿行謂"名曰折丹上疑脱有神二字"，孫謂"當作有人名曰折丹"。今按作神與作人義通，但《北堂書鈔》及《太平御覽》引文既都作"有人"，即當以作"人"者爲是。而以北方作"有人名曰鹓，北方曰鹓"例之，知原文實當作"有人名曰折，東方曰折"。

南方一節，孫謂"因字誤重，來又誤夸"，皆極是。王念孫手校本也説"《大荒西經》來風曰韋，來或作本，夸隸作李，與本字字形相似"③。惟謂"來風曰乎"則非。今按由後引《堯典》於南方説，"厥民因"，知此當作"南方曰因"。由北方作"有人名曰鹓，北方曰鹓"證之，知此當作"有神名曰因，南方曰因"，兩"乎"字皆衍文。"因乎"之"乎"既是衍文，則"乎民"之"乎"又因"因乎"之"乎"而衍。故疑此實當作"來風曰民"。孫以"民字者，當爲是"者，亦非。

西方一節，孫謂"當云有人名曰石夷，西方曰石，來風曰韋"。以"有人名曰石夷"之後"來風曰韋"之前，誤脱四字，極是。惟以當爲"西方曰石"則非。今按由後引《堯典》於西方説"厥民夷"及甲骨文作"西方曰彝"證之，知所脱四字，當作"西方曰夷"。而由北方作"有人名曰鹓，北方曰鹓"證之，知此當作"有人名曰夷，西方曰夷"，而"石"字爲衍。

北方一節，孫謂"當作有人名曰鹓，北方曰鹓，來風曰狹"，以"今本來下衍之字"。又謂"是處東極隅，極當作北，與西方云處西北隅文例同"。皆確不可易。

---

① 原刻本奪一"名"字。
② 原刻本誤作西極。
③ 據范祥雍先生過録涵芬樓舊藏王氏手校本。

所以《山海經》的四節，原文實當如下：

> 有人名曰折，東方曰折，來風曰俊，處東極以出入風。　　（《大荒東經》）
> 有神名曰因，南方曰因，來風曰民，處南極以出入風。　　（《大荒南經》）
> 有神名曰夷，西方曰夷，來風曰韋，處西北隅以司日月長短。（《大荒西經》）
> 有人名曰鵷，北方曰鵷，來風曰狹，是處東北隅以止日月，使無相間出没，司其短長。　　（《大荒東經》）

其某方曰某來風曰某，與甲骨文的某方曰某風曰某者相合，即所謂四方和四方風名。

關於東方，《大荒東經》説，"東方曰折"。甲骨文説，"東方曰析"。作折者，或因折析形近而誤。又析字從斤破木，折字從斤斷艸，甲骨文從艸與從木不分，段玉裁説，"以斤破木，以斤斷艸，其義一也"①。《説文》"析，破木也。一曰折也"。《廣雅·釋詁》"析折分也"。《春秋》桓公十一年"盟於折"，《公羊》釋文"折本所析"。《禮記·檀弓》"吉事欲其折折爾"，朱駿聲説："案當作析，從木，猶媞媞也。"②《史記·仲尼弟子列傳》"伯虔字子析"，《正義》"《家語》云子哲"，哲即折。是折析不但形近，而且義亦相同。

《大荒東經》説，"來風曰俊"。甲骨文説，"鳳曰劦"。劦者，《説文》，"同力也，從三力"。饒炯説，"同力謂合衆力以爲力，篆從三力會意者，猶云合衆力也"③。俊者，《説文》，"才過千人也"。《尹文子》，"千人才曰俊"。《淮南子·泰族訓》，"智過千人者謂之俊"。《鶡冠子》，"德萬人者謂之俊"。《白虎通》引禮别名記，"百人曰俊"。《孟子·公孫丑》趙注，"俊美才出衆者也"。《尚書·堯典》鄭注，"俊德賢才兼人者"。蓋必同心合力，其才乃可以兼人；才德兼人，猶之乎同心合力。是劦和俊，義可相通。《大戴禮記·夏小正》"正月時有俊風"，黃模《分箋》説"俊風即協風"。《説文》劦字下引《山海經》"惟號之山，其風曰劦"，和甲骨文同。

所以《大荒東經》的"東方曰折，來風曰俊"，即甲骨文的"東方曰析，鳳曰劦"。

關於南方，《大荒南經》説，"南方曰因"。甲骨文説，"南方曰夾"。《説

---

① 段玉裁《説文解字注》。
② 朱駿聲《説文通訓定聲》。
③ 饒炯《説文解字部首訂》。

文》"夾持也，從大，夾二人"。王筠説，"大受持者也，二人持之者也。取兩人相向，以會左輔右弼之意"①。林義光説，"字象二人相向夾一人之形"②。其義爲夾輔。《左傳》僖公二十六年説"夾輔成王"。因亦有輔助之義。《堯典》孔安國傳："因，謂老弱因就在田之丁壯以助農也。"因之義同襄，《逸周書·謚法》説"因事有功曰襄"；《尚書·皋陶謨》"思曰贊贊襄哉"，《釋文》引馬融注"襄因也"。襄通作儴，《爾雅·釋詁》説，"儴因也"。而襄之義，則爲襄助輔佐。《史記·仲尼弟子列傳》，"顔祖字襄"，祖即助，襄有助義，故顔祖字襄。阮元作釋相，謂相假爲襄，有佐助輔相之義。③張祥齡作釋襄，謂襄古文從臼，曰彐即丬丬字，言以㐅又輔佐其腰，義爲夾輔。④而因與襄通，故因夾義同。

《大荒南經》説，"來風曰民"，甲骨文説，"風曰凯"，凯字從人，人即人民，故《山海經》錯成了"民"字。

所以《大荒南經》的"南方曰因，來風曰民"，即甲骨文的"南方曰夾，鳳曰凯"。

關於西方，《大荒西經》説，"西方曰夷"。甲骨文説，"西方曰彝"。夷彝音近，得相通。《詩·大雅·烝民》，"民之秉彝"，《孟子·告子》及《潛夫論·德化》俱引作"民之秉夷"。《詩·大雅·皇矣》"串夷載路"，《瞻卬》"靡有夷屆"，毛傳"夷常也"，孔疏"夷作彝，音義同"，陳奂説"《皇矣》《瞻卬》皆假夷爲彝"。《禮記·明堂位》"夏后氏以雞夷"，鄭注，"夷讀爲彝"，《周禮·司尊彝》鄭司農注正作"夏后氏以雞彝"。是夷彝二字音義俱同。

《大荒西經》説，"來風曰韋"。甲骨文説，"鳳曰㐆"。㐆字又作㐆，加聲符作韋、䡺、䡺，讀如韋。王國維以爲甲骨文䡺字即《説文》的𩍃字。⑤《説文》"𩍃，束也，從束韋聲"。《大荒西經》説"來風曰韋"者，韋乃㐆之聲。是《山海經》的"來風曰韋"，即甲骨文的"鳳曰㐆"。

所以《大荒西經》的"西方曰夷，來風曰韋"，就是甲骨文的"西方曰彝，鳳曰㐆"。

關於北方，《大荒東經》説，"北方曰鵷"，甲骨文説，"北方曰勹"。鵷字不見

---

① 王筠《説文句讀》。
② 林義光《文源》。1920 年。
③ 阮元《揅經室集》卷一。
④ 據《説文解字詁林》收録。
⑤ 《殷虛文字類編》7 卷 7 葉引王國維説。1923 年。

《説文》，疑當讀作宛。雷浚説，"《説文》無鵷字，《文選》司馬長卿《子虛賦》，鵷鶵孔鸞，《漢書·司馬相如傳》作宛"①。《説文》，"宛，屈艸自覆也，於阮切"。勹疑勻之省文。章太炎《文始》説，"勹孳乳爲勻"。《説文》，"勻，覆也，從勹從人"。容庚先生據魏三字石經免古文作䍃，篆文作䍃，定爲免字。②《廣韻》，"勹，武粉切"。《玉篇》，"勹，亡粉切"。《顏氏家訓·音辭篇》説，"《戰國策》音刎爲免"，唐蘭先生説"袒免之免，古讀若問，則知䍃即免字"③。朱駿聲説宛之重文當作𡨀，即免字。是甲骨文勹爲勻省，即宛字重文。與《山海經》作鵷者，爲同字。

《大荒東經》説，"來風曰狹"，甲骨文説，"風曰殳"。狹字不見字書，郭璞説，"音刻"，案當即讀爲剡字。《説文》，"剡，鋭利也"。《荀子·彊國篇》④，"剡其脛"，楊注"剡斬也"。殳字甲骨文作𠘧，𠘧，即役字。役字，《説文》古文從人，從人和從𠂇同。《説文》，"役戍邊也，從殳從彳。古文役從人"。《國語·吳語》，"吳國之役"，韋注，"役兵也"。《詩·漸漸之石》序鄭箋"役謂士卒也"。字象手執兵器以刺人之形，與剡義相當。

所以《大荒東經》的"北方曰鵷，來風曰狹"，即甲骨文的"北方曰勹，鳳曰殳"。

从上看來，《山海經》裏東南西北四方的某方曰某來風曰某，乃全與甲骨文的四方名和四方風名相合。

三、《堯典》裏的四方和四方風名

又此四方名和四方風名者，亦見於《尚書·堯典》，説：

> 乃命羲和，欽若昊天，歷象日月星辰，敬授人時。

> 分命羲仲，宅嵎夷，曰暘谷。寅賓日出，平秩東作，日中星鳥，以殷仲春。厥民析，鳥獸孳尾。

---

① 雷浚《説文解字外編》。
② 容庚《金文編》，重訂本 8 卷 7 葉。1939 年。
③ 唐蘭《名始》上篇人部 17 葉。1934 年。
④ 編者按："彊"，原文誤作"疆"，今徑改。

申命羲叔，宅南交，曰明都。①平秩南訛，敬致②，日永星火，以正仲夏。厥民因，鳥獸希革。

　　分命和仲，宅西土③，曰昧谷。寅餞納日，平秩西成，宵中星虛，以殷仲秋。厥民夷，鳥獸毛毨。

　　申命和叔，宅朔方，曰幽都。平在朔易，日短星昴，以正仲冬。厥民隩，鳥獸氄毛。

　　羲和在古代神話傳說裏是一個女姓的日月之神④，或以爲即傳說中的女媧⑤，堯時立羲和爲掌四時之曆官。《山海經・大荒南經》說，"東海之外，甘水之間，有羲和之國，有女子曰羲和"。揚雄《河東賦》"羲和司日"。郭璞說，"羲和，蓋天地始生主日月者也。故啟筮曰，空桑之蒼蒼，八極之既張，乃有夫羲和，是主日月，職出入以爲晦明。又曰，瞻彼上天，一明一晦，有夫羲和之子，出入暘谷。故堯因此而立羲和之官，以主四時"。

　　漢代的古文經學家以乃命羲和爲天地之官，以下分命申命爲四時之職，天地四時，猶周的六卿。馬融說，"羲氏掌天官，和氏掌地官，四子掌四時"。鄭玄說，"此命羲和者，命爲天地之官。下云分命申命，爲四時之職。天地四時，于周則冢宰司徒之屬，六卿是也"。今文家則以乃命羲和，即是下文四子，先總舉，後分述之。《漢書・成帝紀》陽朔元年詔曰，"昔在帝堯，立羲和之官，命以四時之事，令不失其序"。《百官公卿表》說，"《書》載唐虞之際，命羲和四子，順天文，授民時"。《論衡・是應篇》說，"堯候四時之中，命曦和察四星以占時氣"。孔安國《堯典傳》"羲氏和氏，世掌天地四時之官，故堯命之，敬記天時，以授人也。此舉其目，下別序之"。

　　今案當以今文家的說法爲是。羲和即四子，四子即羲和。爲什麼羲和會生了四子呢？這猶同古代神話說黃帝有四面；舜號"重華"，"是謂重明"，"目重瞳子"，有四目四聰。《太平御覽》七十九引《尸子》說，"子貢問於孔子曰，古者黃帝四面，信乎？孔子曰，黃帝取合己者四人，使治四方，不謀而視，不約而成，

---

① 曰明都三字據鄭玄說補。
② 敬致兩字疑衍。
③ 土字據《史記・五帝本紀》補。
④ 法國伯希和《書經中的神話》，馮沅君譯本。
⑤ 日本出石誠彦《〈堯典〉所見羲和之由來》，刊《東洋思想研究第一》。又《中國神話傳說之研究》。1945年。

大有成功，此之謂四面也"。《堯典》"舜明四目達四聰"。孔傳説："廣視聽於四方。"經此解釋，則四目四聰，原不過是廣視聽於四方，四面原不過是治四方的四人。① 這同由日神變成了曆官，由羲和分成了四子，都是一樣的演化規律。

《堯典》這一段，記堯命曆官羲和，觀察天文，授民以年曆四時，並教以祭祀農作之事。羲仲，羲叔，和仲，和叔，即所謂羲和之官，亦即所謂四子。

嵎夷，南交，西土，朔方，猶言東方南方西方北方。② 嵎夷者，《爾雅·釋地》"齊有海隅"，《釋文》"隅本作嵎"。又《釋水》"河出崑崙西北隅"，《釋文》，"隅又作嵎"。《列子·周穆王》，"西極之南隅"，《釋文》"嵎與隅同"。是嵎者隅之或體。《説文》"隅陬也"，《淮南子·原道》"經營四隅"，高注，"隅猶方也"。夷，《説文》"東方之人也"，《白虎通·禮樂》"東方爲九夷"，《公羊傳》隱公二年注，《周禮·職方·大司農》注，《禮記·王制》注，並云"東方曰夷"。所以嵎夷猶言夷隅，夷隅猶言東方。南交者，交讀爲郊。《易·小畜》，"密雲不雨，自我西郊"，西郊猶言西方，南郊猶言南方。西土猶言西方，甲骨文"西土受年"又作"西方受年"。朔方者，猶言北方，《爾雅·釋詁》"朔，北方也"，《史記》即作"北方"。東稱嵎，南稱交，西稱土，北稱方，其義相同。

暘谷，明都，昧谷，幽都，是就日在東南西北四方的情況而言。暘谷者，東方日之所出，孔傳，"暘明也，日出於谷而天下明，故稱暘谷"。昧谷者，西方日之所入，孔傳"昧冥也，日入於谷而天下冥，故曰昧谷"。明都者，日在南而明。幽都者，日出於東，没於西，在南而明，惟北爲幽。

"寅賓出日"，"寅餞納日"，言祭日。據孔傳，寅的意思是敬，賓的意思是導，餞的意思是送，納《史記》作入。日出於東，所以在東方要舉行敬導日出的祭祀。日入於西，所以在西方要舉行敬送日入的祭祀。 關於祭出入日的祭祀，也見於甲骨文。③

"平秩東作"，"平秩南訛"，"平秩西成"，"平在朔易"者，平秩《史記》作便程，《索隱》説，"言便課與作程"。平在《史記》作便在。南訛之訛當作譌，譌即僞，僞即爲。《史記索隱》，"春言東作，夏言南爲，皆是耕作營爲勸農之事"。西成者孔傳"秋西方萬物成"。朔易者朔即北，《史記索隱》引《尸子》"北方者伏

---

① 看顧頡剛《書經中的神話序》。又刊《經世》一卷九期。1937年。
② 看丁山《羲和四宅説》，刊《語言歷史學研究所週刊》1集10期。1928年。
③ 看拙作《殷代之天神崇拜》，刊《甲骨學商史論叢初集》第二册。1944年。又《甲骨續存序》。1955年。

方也",言"謂人畜積聚,冬皆藏伏",故《史記》作伏物。這是以東南西北,配春夏秋冬,説春夏以次耕作,秋以次收,冬以次藏。

"日中星鳥,以殷仲春","日永星火,以正仲夏","宵中星虚,以殷仲秋","日短星昴,以正仲冬"者,日中爲春分,宵中爲秋分,日永爲夏至,日短爲冬至。孔傳,"殷正也"。又,"春分之昏,鳥星畢見,以正仲春之氣節",其他三節亦同。這是初昏時,觀測正南方向所見的鳥火虚昴四星,以定仲春,仲夏,仲秋,仲冬,即春分夏至秋分冬至等四時的節氣。①

"厥民析,鳥獸孳尾","厥民因,鳥獸希革","厥民夷,鳥獸毛毨","厥民隩,鳥獸氄毛"者,則與甲骨文和《山海經》的四方名和四方風名適相合。

《堯典》所謂"羲和四宅",言嵎夷、南交、西土、朔方,即東方、南方、西方、北方。這同甲骨文和《山海經》説東方、南方、西方、北方者相合。甲骨文和《山海經》説東方曰某,南方曰某,西方曰某,北方曰某,《堯典》説"宅嵎夷,曰暘谷","宅南交,曰明都","宅西土,曰昧谷","宅朔方,曰幽都",雖然曰後的稱謂内容不同,但兩者俱稱曰,曰後俱爲四方名則相一致。

《堯典》東方説"厥民析",和甲骨文説"東方曰析"的析字相同。《尚書大傳·虞夏傳》祀東方泰山春伯之樂"名曰晳陽",鄭注"晳當爲析"。漢張遷碑説二月"陽氣厥析"析即析。亦與甲骨文和《堯典》合。②《堯典》南方説"厥民因",同《山海經》説"南方曰因"的因一樣。《堯典》西方説"厥民夷",與《山海經》説"西方曰夷"的夷字同。甲骨文作"西方曰彝",彝夷音同義通。《堯典》北方説"厥民隩",隩鄭玄作奥,隩奥字通。《説文》"奥宛也",宛奥音近。朱駿聲説,"奥古音讀如隩,亦讀如宛。《禮記·禮器》,燔柴於奥,以奥爲爨。《荀子·富國》,夏不宛暍,以宛爲奥。《爾雅·釋言》,隩忱也。《太玄·樂》陽始出奥,注暖也。皆聲相近。《説文》媼篆讀若奥,即讀如宛也。皆聲之轉耳"。甲骨文説,"北方曰勹",勹即勹兔,即宛字。《山海經》説"北方曰𤞜",𤞜讀作宛。隩奥字通,奥宛音近,則《堯典》"厥民隩"的隩,和甲骨文"北方曰勹"《山海經》"北方曰𤞜"的勹𤞜字又相通。

所不同者,甲骨文《山海經》的四方名,在《堯典》則以説明"厥民"的情

---

① 看竺可楨《論以歲差定〈尚書·堯典〉四仲中星之年代》,刊《科學》11卷12期;又《二十八宿起源之時間與地點》,《思想與時代》34期。錢寶琮《論二十八宿之來歷》,刊《思想與時代》43期。1947年。

② 陳邦福先生説。

况，而另以太陽的出入明幽，作爲羲和四宅的地名。

至於四方風名，甲骨文於東南西北四方都說鳳曰某，《山海經》則說來風曰某，鳳即風，甲骨文鳳字都讀作風。撰集《堯典》的人，不知道這一點，把鳳字錯誤的解釋成了鳳皇，鳳皇是一種鳥，《說文》"鳳神鳥也"。引申演變而爲鳥獸。

甲骨文於東方風說風曰劦，劦有"同力""合力"之義，說已見前。劦即協，其義又爲和。《爾雅·釋詁》"協和也"。《國語·周語》"有協風至"，韋昭注"協和也"。又《鄭語》"能聽協風"，韋注亦云"協和也"。《尚書·洪範》"協同五紀"，孔傳"協和也。"又"相協厥居"，《史記》，協作和。其義又爲合。《堯典》"協和萬邦"，孔傳"協合也"，《史記》協作合。《國語·周語》"和協輯睦"，韋昭注"協合也"。《周禮·太史》"讀禮書而協事"，鄭玄注"協合也"。鳥獸羣居，和合雌雄，乃成交接。《堯典》既將鳳字錯釋成鳥獸，就不能不再將劦字錯釋成乳化交接的孳尾。而說"鳥獸孳尾"。孔傳"乳化曰孳，交接曰尾"。《列子·黃帝篇》，"孳尾成羣"，張湛注"孳尾，牝牡相生也"。

甲骨文於南方風說風曰屶。屶即微。微之義爲小，少，細，纖。《廣雅·釋詁》"微小也"。《禮記·祭義》，"則微矣"，鄭注"微猶少也"。《荀子·非相》"微小短瘠"，楊注，"微細也"。《法言·修身》"君子微慎厥德"，注"微纖也"。《堯典》於南方說"鳥獸希革"，希革者，鄭玄注，"夏時鳥獸毛疏皮見"。《漢書·晁錯傳》，"揚粵之地，鳥獸希毛，其性能暑"。希微義相近。

甲骨文於西方風說風曰𠂤，𠂤又作𠂤，又從韋聲作韑，韑，即《說文》的𣏟，𣐊字。《說文》"𣏟艸木垂華實也，從木弓"。又"𣐊𣏟也①，從𣏟韋聲"。《堯典》說"鳥獸毛毨"，鄭注"毨理也，毛更生整理"。《說文》"毨，仲秋鳥獸毛盛，可選取以爲器用，讀若選"。《玉篇》"毨毛更生也"。草木垂實，鳥獸毛盛，都有繁茂之義，可以相通。

甲骨文於北方風說風曰伇，伇即役役，字象手執兵器以刺人之形。《山海經》說，風曰狹，狹讀作剡，剡之義爲利爲斬，均有北方寒風刺人之義。《堯典》說，"鳥獸氄毛"，《漢書·晁錯傳》"胡貉之地，鳥獸毳毛，其性能寒"。氄毛即毳毛，顏師古曰"細毛也"。北方風寒，故鳥獸生細毛以禦之。《史記正義》說，"冬時鳥獸生氄毳細毛以禦冬寒也"。

由此可見，《堯典》的宅某方曰某，是因襲甲骨文和《山海經》的某方曰某；

---

①　據王筠《說文句讀》。

厥民某，是因襲甲骨文和《山海經》的四方名；鳥獸某某，則由甲骨文的鳳曰某訛變，並因襲其四方之風名。是甲骨文和《山海經》裏的四方名和四方風名，也整套的保存在《堯典》裏。

四、四方和四方風名的演化

甲骨文的四方和四方風名，倒底是什麼意思呢？

首先，所謂四方和四方風名者，在殷人心目中，都是一種神靈。

我們看前引卜辭，既然説禘祭四方和四方風，卯祭東方析，又歲祭於西彝，寧日祭於彝㐭，用豚祭斡風，則殷人必以四方和四方風爲一種神靈，乃明白可知。求年祈雨，生產大事，都要禱告四方和四方風，是殷人除了天神上帝日月星辰之外，也還有很隆重的關於四方和四方風神的崇拜。

楊樹達先生謂甲骨文的四方名，都和草木有關，並與四時相配合①，其説可通。

東方曰析，析謂草木之甲坼，《説文》析訓破木，折訓"裂也"，破裂之義亦爲解，《易解彖傳》，"天地解而雷雨作，雷雨作而百果草木皆甲坼，解之時大矣哉"。這和春天的現象合。南方曰夾，夾讀爲莢，《説文》"莢，艸實也"。夏爲草木著莢之時。北方曰勹，勹即宛，《説文》"宛，屈草自覆也"。冬季萬物潛伏，草木有覆蔽之象。惟西方曰彝，與草木秋季之義不合。

又四方風者，東方風曰劦，劦即協。《國語·周語》説春天"瞽告有協風至"，韋昭注"協和也，風氣和，時候至也。立春日，融風也"。劦風《山海經》亦作俊風，俊劦義同。《大戴禮記·夏小正》"正月時有俊風"。都以東方的劦風俊風爲春風，南方風曰岂，岂即微，微風猶言溫風。《逸周書·時訓》，"小暑之日，溫風至"。《禮記·月令》"季夏之月，溫風始至"。都以夏風爲溫風，即微風。北方風曰殳，殳即役役，字象人手持兵器以刺人之形，殳風或者猶言冬天的寒風。至於西方風曰𣄼，𣄼即彝，《説文》"彝，艸木垂實也"。𣄼爲秋熟，或者用以稱秋天的西風。

殷代農業，已經相當發達，殷代曆法，已經有了閏月，閏月所以調節四時，

---

① 楊樹達《甲文中之四方神名與風名》，刊《積微居甲文説》卷下。1954年。

《堯典》說"以閏月定四時成歲",則殷人已有四時的觀念,乃毫無問題。甲骨文的四方和四方風名,由上看來,與四時相配合,也好像有此線索。但是關於四時的字樣,在甲骨文中,則還一直沒有被認識出來。甲骨文春秋之義,用作年,並不是說的春天和秋天。夏冬二字,用為夏季秋季之義者,迄今亦尚未發現。① 我疑心殷人雖然已有以四方配四時的觀念,但這只可說是一種趨勢和萌芽,明確的"其神為四,分司四季"的制度,恐怕還不曾有。

《山海經》雖多錯簡錯字,但其四方和四方風名因襲甲骨文的痕跡,還可以清楚的看得出來。在《山海經》的四方風名裏,也還沒有春夏秋冬等四時的字樣。

在甲骨文只說某方曰某,風曰某,以方名風名為一種神靈而禱祭之。到《山海經》就把方名看成是一種神人,說"有人名曰折,東方曰析","有神名曰因,南方曰因","有神名曰夷,西方曰夷","有人名曰鳧,北方曰鳧"。郭璞注,人謂"神人"。孫詒讓說,"經或云神,或云人,義並通"。② 把四方神當成了一種神人,以方名為神人之名。又把風看成神人所操作,變甲骨文的"風曰某",為"來風曰某"。甲骨文的"風曰某",某是風神名。到《山海經》的"來風曰某",來風者,神人所來,來風曰某者,某神人所來的風曰某,某就成了單單的風名。又把四方的神人與以分工。把東方的"有人名曰折"和南方的"有神名曰因",看成了分工專管"出入風"的神人。《山海經》於東方神人說"處東極以出入風",於南方神人說,"處南極以出入風"。郭注"言此人能節宣風氣,時其出入"。郝懿行說"蓋巽位東南主風,故二神司之,時其節宣焉。東次三經云,無皋之山多風。《初學記》引《荊州記》云,風井夏則風出,冬則風入,亦其義也"。又把西方的"有神名曰夷",和北方的"有人名曰鳧"看成了分工專管"日月長短"的神人。《山海經》於西方神人說"處西北隅以司日月長短"。於北方神人說"處東北隅以止日月,使無相間出沒,司其短長"。東北隅為日月所出,西北隅為日月所入,故以西方和北方的神人為日月之神,管理着日月,按時出沒,不要相間,並司其短長。這些都是由甲骨文四方和四方風名演變,而為甲骨文所無者。由西北兩神司日月短長,知其時可能已知測量日影的方法。

至於《堯典》,更由《山海經》的司日月長短的神人,演化成了主日月之神的羲和。由羲和司四方,又變成所謂四子和四宅。宅東南西北四方,曰暘谷、明

---

① 看拙作《殷代年歲稱謂考》,刊《中國文化研究彙刊》第二卷。1942年。
② 孫詒讓《札迻》卷三《校山海經》。

都、昧谷、幽都，謂日之出入明幽，日出於東方的暘谷，没於西方的昧谷，在南方爲明，在北方爲幽。東方寅賓出日者，祭日之所出；西方寅餞納日者，祭日之所入。凡此都是從《山海經》的司日月的神人演化而來。

又言"平秩東作，日中星鳥，以殷仲春"，"平秩南訛，日永星火，以正仲夏"，"平秩西成，宵中星虚，以殷仲秋"，"平在朔易，日短星昴，以正仲冬"。從甲骨文、《山海經》演變，直到《堯典》，才把東南西北四方和春夏秋冬四時明白的相配合起來。另外，由於曆法的逐漸發達，並以初昏所見星象，推定四時四仲即二至二分的季節。春夏耕作，秋收冬藏，都是説的農業勞作之事，開後來《大戴禮記・夏小正》，《吕氏春秋・十二紀》，《禮記・月令》，《淮南子・時則》和《逸周書・周月》《時訓》之先聲。

惟《十二紀》，《月令》，《時則》等篇，於四方之外，又增加中央爲五方，與五行，五色，五聲，五味，五蟲，五祀，五穀，五畜，五臟，五帝，五神之屬，相配合。春木夏火秋金冬水，所餘之土無所屬，就在四季的中間夏秋交界時，爲它安排了一個位置，這樣就構成了一套極有組織的五行學説。

《管子・四時》説：

> 東方曰星，其時曰春，其氣曰風。風生木與骨。
> 南方曰日，其時曰夏，其氣曰陽。陽生火與氣。
> 中央曰土。土德實輔四時。
> 西方曰辰，其時曰秋，其氣曰陰。陰生金與甲。
> 北方曰月，其時曰冬，其氣曰寒。寒生水與血。

氣就是風。《廣雅・釋言》，"風氣也"。《淮南子・氾論》高誘注同。《左傳》襄公二十九年"八風平"，杜預注"八方之氣，謂之八風"。《莊子・齊物論》"大塊噫氣，其名爲風"。某方曰某，其風曰某，句法和甲骨文、《山海經》一樣。四方名日月星辰，也和司日月的神人有關。疑這幾條的來源很早，不過方名和風名不同。濃厚的漸染上了後來的色彩和成分。不但以四時配四方，並且增加了一個中央土，五行之外，還增加上了陰陽。在四時五方的年曆中，陰陽五行的學説，就益臻完備了。

在甲骨文的四方和四方風名之後，大約以《山海經》的時代爲最早，所以保存甲骨文的本來面目比較多。《堯典》稍後，雖有訛變，但演化的踪跡，還依然可尋。《夏小正》，《十二紀》，《月令》，《時則》，《周月》，《時訓》等篇，時代雖然

有先後不同,大體本乎《堯典》。《管子·四時》來源也比較早,但頗多改動。其由殷武丁時甲骨文逐漸演化的蛛絲馬跡,還可以清楚的辨得出來。

五、殷代求年于四方和四方風的祭祀

其次,我們特別探討一下殷人爲了求年祈雨而禘祭四方和四方風的問題。

從甲骨文看來,殷代的宗教信仰,有天神崇拜,祖先崇拜和自然崇拜。殷人把自然現象中的風雲雷虹雨水,都看成是受天神上帝所驅使的一種神靈,以爲它們掌握着人間農作年收豐歉的命運。

如武丁時卜辭説"帝令鳳":

  貞翌癸卯帝其令鳳(風)。 (《乙》3094)

  翌癸卯帝不令鳳(風)。夕星。 (《乙》2452)

以風爲上帝所命令。又説"帝史鳳":

  于帝史(使)鳳(風)二犬。 (《通》398 《珠》935)

以風在帝左右,爲上帝之使。《太平御覽》九引《河圖地通紀》説"風者,天地之使"。又引《龍魚河圖》説"風者,天之使也"。天使即帝使。《荀子·解蔽篇》引詩説"有鳳有凰,樂帝之心"。古人以鳳凰爲風神,風神實處在上帝的左右。①和帝史意同。帝乙帝辛時卜辭亦言"帝史":

  乙巳卜,貞王賓帝史(使)亡尤。 (《通》64 《通》別2·2)

王賓是祭名。此亦祀風之辭。武丁時卜辭祭風者又或言"禘風":

  帝鳳(風),九犬。 (貝塚氏藏骨)②

  貞帝鳳(風),三羊三豕三犬。 (《前》4·17·5)

帝即禘,祭名。廩辛康丁或武乙文丁時卜辭卜祭風的又或言"酒風":

  乙酉,酒蘉(風)其受又(祐) (《粹》452)

---

① 看郭沫若《卜辭通纂考釋》81葉。1933年。
② 據日本島邦男《祭祀卜辭之研究》所引。

蓶從楊樹達先生釋風①，他辭言"其遘蓶"(《後》下 6·7)、"王其遘蓶"(《南明》543)與"其遘大鳳。不遘鳳"(《前》3·29·2)語例相同可證。酒即用酒祭。武丁時卜辭又或言"寧風"：

  癸卯卜，賓，貞甹鳳(風)。   (《契》455)

"寧風"之祭，亦見廩辛康丁武乙文乙時卜辭：

  弜甹鳳(風)。   (《粹》186)
  弜甹鳳(風)。   (《粹》456)
  其甹大鳳(風)。   (《粹》827)
  甲戌，貞其甹鳳(風)三羊三犬三豕。   (《續》2·15·3 《徵·典》16)

甹即寧，《説文》"甹定息也"。有安定息止之義。《周禮·小祝》"寧風旱"。《爾雅·釋天》"祭風曰磔"，郭璞注"今俗當大道中磔狗，云以止風"。《周禮·春官·大宗伯》注引鄭司農云"罷辜披磔牲以祭，若今時磔狗祭以止風"。止風猶寧風。祭風用犬，與甲骨文合。甲骨文常見"大擻風"，于省吾先生釋爲大驟風，猶言大風暴。②大風暴則爲禍害。甲骨文常説"風唯禍"：

  丙午卜，亘，貞今日鳳(風)囚(禍)。   (《後》上 31·14)
  鳳(風)不隹(唯)囚(禍)。   (《鐵》188·1)
  乙□□貞鳳(風)隹(唯)囚(禍)。   (《續存》上 174)
  辛未卜，貞今辛未大鳳(風)不隹(唯)囚(禍)。 (《前》8·14·1)

此武丁時所卜。或言"風唯孽"：

  貞丝(茲)鳳(風)不隹(唯)孽。   (《前》6·4·1)

此亦武丁時所卜。風唯禍孽，則求止息，因而乃有寧風的祭祀。

  風過大固可爲害，風不大，則常有益人生，因爲風可以吹雲降風，對農業生產有利。武丁時卜辭說：

  辛未卜，帝(禘)風，不用，雨。   (《佚》227)

用的意思是施行。③這辭説辛未日占卜，禘祭風神，後來沒有施行，因爲天下了

---

① 楊樹達《卜辭求義》60葉。1954年。
② 于省吾《雙劍誃殷契駢枝三編·釋大叟蓶》。1943年。
③ 看拙作《釋丝用丝御》，刊《歷史語言研究所集刊》八本四分。1940年。

雨，用不着再禘祭風神了。是禘風是爲了求雨，求雨則爲了農耕。

雲者，殷人知其可以降雨，如武丁時卜辭説：

各云不其雨。	（《乙》108）
貞丝（兹）云其㞢（有）降，其雨。	（《乙》3294）
庚寅貞丝云其雨。	（《續存》上 107）
貞今丝（兹）云雨。	（《前》6・43・4）
貞丝（兹）云其雨。	（《庫》597，21331 同文）
丝（兹）云雨。不其雨。	（《契》553）
丝（兹）入云其雨。	（《續存》下 95）
貞丝（兹）未云其雨。	
貞丝（兹）未云不其雨。	（《乙》6723，6724 正反）
□云自南雨。	（《鐵》172・3）

云即雲，各之義爲來。都稱降雨者爲雲。《易》所謂"雲行雨施"，《孟子》所謂"油然作雲，霈然下雨"，《淮南子》所謂"八極之雲，是雨天下"。雲亦在上帝左右，故又稱"帝云"：

貞袞于帝云。	（《續》2・4・11）

此亦武丁時所卜。袞於帝云，即袞祭於帝云，謂袞祭在帝左右的雲。雲既能降雨，殷人求年祈雨，所以也祭雲。武丁時卜辭言"袞雲"者又如：

袞于云。	（《通》別 2・4・5）
己丑卜，㱿，貞亦乎雀袞于云，犬。	
貞勿乎雀袞于云，犬。	（《乙》5317）

到廩辛康丁武乙文丁時卜辭，或言袞二云：

貞袞于二云。	（《龜》1・14・18）

或言袞四云：

己卯卜，袞豕四云。	（《庫》972）

或言袞六云：

癸酉卜，又袞于六云，五豕，卯五羊。	
癸酉卜，又袞于六云，六豕卯羊六。	（《後》上 22・3 與 4 合）

四云就是四方之云，猶《墨子》說，"逢逢白雲，一南一北一西一東"，《淮南子》說，"四海之云"。二云即層雲之分上下層者。六云就是四方上下之云，猶言"六合之雲"。

甲骨文有字作🜚，🜚，舊釋電黽，俱非。于省吾先生釋雷①，極是。大的霹靂，往往擊劈萬物，有害於人。武丁時卜辭說：

　　　　□□卜，貞雷不隹（唯）囚（禍）。　　　　　　　　　　（《佚》367）

占卜大的霹靂，會不會作禍。所以武丁時又有告雷的祭祀卜辭說：

　　　　□□卜，貞告雷于河。　　　　　　　　　　　　　　　（《珠》840）

但雷者，雨之先聲，雷雨交作，有益農田，實爲殷人所祈望。武丁時卜辭說：

　　　　烙云自北，西單雷。　　　　　　　　　　　　　　（《前》7·26·3）

言從北方來了黑雲，在西郊平地上就打起雷來，希望能夠下雨。又說：

　　　　□□卜，貞今己亥雷，不雨。　　　　　　　　　　（《前》3·22·1）

言今天己亥打了雷，不會下雨麼？又說：

　　　　□雷，其雨。　　　　　　　　　　　　　　　　　（《前》4·11·7）

言打雷了，會下雨了吧！又說：

　　　　七日壬申雷，辛巳雨，壬午亦雨。　　　　　　　　（《前》3·19·3）

此卜辭中的驗辭。言過了七天到壬申打雷了，果然辛巳下了雨，壬午也下了雨。雲雷，雷雨連稱，都是殷人爲了農業生產，所喜盼的事情。雷者，殷人亦以爲是上帝所命，武丁時卜辭說：

　　　　貞帝及今十三月令雷。
　　　　貞帝其于之一月令雷。　　　　　　　　　　　　　　（《乙》3282）
　　　　□□□，邑，貞之一月帝其弘令雷。　　　　　　　　（《乙》6809）
　　　　貞及今二月雷。王固（占）曰，帝隹（唯）今二月令雷。（《乙》529，530 正反）

十三月，一月，二月，正是春季。殷人春季農作盼雨，雷爲雨之先聲，故希望上帝能先命令打雷。又按照後世《月令》等篇所說，春雷發聲，萬物萌動。那麼，

---

① 于省吾《雙劍誃殷契駢枝三編·釋靁》。1943年。

殷人希望上帝命雷，也許是爲了萬物的發生。

虹字在甲骨文作𧈢，象虹形而兩端有首。①所以虹蜺字俱從虫。殷人以爲虹能飲水，其出現恒爲不祥之兆。如武丁時卜辭說：

> 王固（占）曰，业（有）希（祟）。八日庚戌，业各云自東冒母。昃，亦业出虹自北，猷（飲）于河。　　　　　　　　　　　　　　　（《菁》4）

> 戊……又。王固（占）……隹（唯）丁吉，其……未允……允业（有）酘。明，业各云……昃，亦业酘，业出虹自□□（飲）于河。在十二月。
>   　　　　　　　　　　　　　　　　　　（《前》7·43·2　《龜》1·10·12）

> ……庚吉，其……业酘，虹于西……　　　　　　　　　　（《前》7·7·1）

三辭均爲卜辭中之驗辭。前兩辭，都說虹飲於河。是殷人認爲虹能飲水。這信仰也見於後世的書中。漢劉熙《釋名·釋天》"虹攻也。又曰蝃蝀。其見每於日在西而見於東，啜飲東方之水氣也"。《漢書·燕王旦傳》"虹下屬宮中，飲井水，水泉竭"。《北堂書鈔》一五一引《異苑》"晉陵薛願，義熙初，有虹飲其釜，願輦酒灌之"。《太平御覽》一四引《黃帝占軍訣》"攻城有虹從南方入飲城中者，從虹攻之勝"。《太平廣記》引《祥驗集》，"唐宰相韋皋鎭蜀，方就食，忽虹霓自空而下，直入庭，吸其食飲，且盡"。宋沈括《夢溪筆談》"世傳虹能入溪澗飲水，信然"。都以虹能飲水，與甲骨文合。②

又三條驗辭，都說有祟，有酘。皆以虹的出現，爲災禍之徵。《逸周書·時訓》"虹不藏，婦不專一"。《釋名·釋天》，"虹又曰美人。陰陽不和，淫風流行，男美於女，女美於男，互相奔隨之時，則此氣盛，故以其盛時名之也"。又"霓齧也，其體斷絕，見於非時，此災氣也，傷害於物，如有所食齧也"。《北堂書鈔》一五一引《春秋演孔圖》"霓者斗之亂精也，斗失度則虹霓見"。《太平御覽》一四引《易通卦驗》"虹不時見，女謁亂公"。都以虹見爲不祥，亦與甲骨文一致。

武丁時卜辭又說：

> 庚寅卜，㱿，貞虹隹年。

> 庚寅卜，㱿，貞虹不隹年。　　　　（山東博物館藏與《徵·雜》109合看插圖）

> 貞虹于年囚（禍）。　　　　　　　　　　　　　　　　　　　　（《珠》452）

---

① 看于省吾《雙劍誃殷契駢枝·釋虹》。1940年。
② 看熊海平《三千年來的虹蜺故事》，刊《民族學研究集刊》第二期。1940年。

是虹者亦關係年收的休咎。爲什麼虹的出現，會是不祥之兆，它會關係於年收的休咎呢?《詩·鄘風·蝃蝀》"朝隮於西，崇朝其雨"。朱熹《集傳》"言方雨而虹見，則其雨終朝而止矣。今俗謂虹能截雨，信然"。因古人以爲虹能截雨，虹見則雨止，雨量不足，所以才會影響到年收。

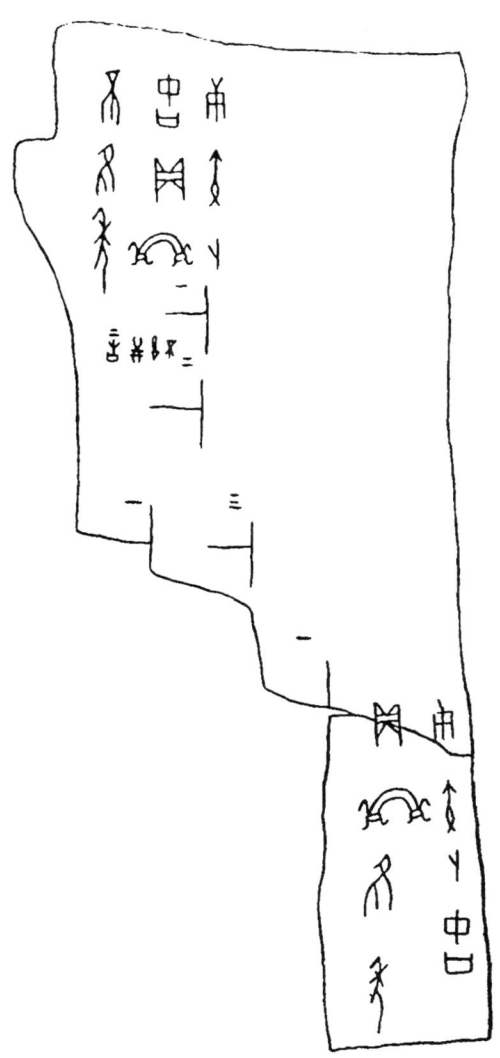

上：山東博物館藏
下：《徵·雜》109

雨者，殷人亦以爲上帝所命令。武丁時卜辭，除前因各辭之外，又如：

貞帝令雨。　　　　　　　　　　　　　　　　　　　　　　　(《乙》3769)

壬申卜，㱿，貞帝令雨。

貞帝不其令雨。　　　　　　　　　　　　　　　　　　　(《乙》6666，6667 正反)

帝隹(唯)癸其雨。　　　　　　　　　　　　　　　　（《前》3·21·3）

翌甲寅帝其令雨。　　　　　　　　　　　　　　　　（《乙》7266）

貞翌丁亥帝其令雨。　　　　　　　　　　　　　　　（《南坊》5·3）

□丑□□寅帝令雨。　　　　　　　　　　　　　　　（《乙》1894）

□□□,㱿,翌乙丑帝其令雨。　　　　　　　　　　　（《庫》607）

戊辰卜,㱿,貞翌□巳帝不令雨。　　　　　　　　　　（《乙》851）

來乙未帝令雨。

來乙未帝不令雨。

王固(占)曰,乙帝其令。　　　　　　　　　　　　　（《乙》6406,6407 正反）

丙寅卜,□□□□卯帝其令雨。

丙寅卜,□□□□卯帝不□雨。允□□。

丁卯卜,㱿,貞翌戊辰帝其令□。戊……

丁卯卜,㱿,翌戊辰帝不令雨。戊辰允雈。

戊辰卜,㱿,翌己巳帝不令雨。己巳帝允令雨,至于庚。

辛未卜,□翌壬□帝其□雨。

辛未卜,□翌壬□帝不□雨。壬回。

壬申卜,□翌癸酉帝其令雨。

壬申卜,㱿,翌癸酉帝不令雨。

甲戌卜,㱿,翌乙亥帝令雨。

甲戌卜,㱿,翌乙亥帝不令雨。

乙亥卜,㱿,翌丙子帝其令雨。

乙亥卜,㱿,翌丙子帝不□□。

丙子卜,㱿,翌丁丑帝其令雨。

　　　　（《乙》835,851,852,1070,1164,1312,1157,1579,1580 合）

自今至于庚寅,帝不其令雨。　　　　　　　　　　　（《乙》5578）

壬子卜,㱿,□自今至□丙辰,帝□雨,王□□。　　　　（《前》6·20·2）

今二月帝不□令雨。　　　　　　　　　　　　　　　（《鐵》123·1）

□□卜,㱿,貞今三月帝令多雨。　　　　　　　　　　（《前》3·18·5）

戊子卜,㱿,貞帝及四月令雨。

貞帝弗其及今四月令雨。　　　　　　　　　　　　　（《乙》3090）

辛未卜,㱿,貞之八月,帝……

貞之八月帝不其令多雨。 （《乙》5329）

丙寅卜，㱿，貞今十一月令帝雨。

貞今十一月帝不其令雨。 （《乙》4628，4826，4947合）

都説帝令雨，天久不雨，造成旱災，殷人即以爲是上帝降嘆。武丁時卜辭或言上帝降莫：

□□卜，㱿，□上帝降莫。 （《續存》上168）

或言帝降莫：

庚戌卜，貞帝其降莫。 （《前》3·24·4）

丁卯卜，帝其降莫。 （《甲》766）

其言帝降我莫：

戊申卜，㱿，貞帝其降我莫。一月。

貞帝不我降莫。 （《乙》7793）

……降我莫。 （《佚》764）

或言帝莫我：

□丑卜，貞不雨，帝隹（唯）莫我。 （《龜》1·25·13）

庚戌卜，㱿，貞雨，帝不我莫。 （《鐵》35·3）

戊寅□，亘，貞帝其莫我。 （《庫》1811）

辛卯卜，殻，貞帝其莫我。 （《續存》下156）

己酉卜，亘，貞帝不我莫。

□□不其莫我。 （《乙》7124）

戊午□，□，貞帝不我莫。王固（占）曰吉。

（《乙》953，1274，1949，1950合）

貞帝隹（唯）我莫。

貞帝不我莫。 （《契》785）

……曰，帝莫我。

……□不我莫。 （《鐵》159·3）

莫讀如暵，其義爲旱。①雨水，是土田農作物的所必需。殷代農業已成爲主要生

---

① 看唐蘭《殷虛文字記釋·莫暵》。1935年。

產，則雨水問題，即特別重要。前引卜辭，說"帝令雨足年"，"帝令雨弗其足年"，"我年有足雨"，"我年亡足雨"，"黍年有足雨"，"黍年亡足雨"，"在𡇠田有足雨"，"禾有及雨"，便是很好的證明。而甲骨文求年祈雨的卜辭，更有千百條之多，將在另文詳之①，這裏就不再煩述了。

古典文獻中，祭風神雨神的記載，見於《周禮‧大宗伯》，說，"以槱燎祀風師雨師"。《爾雅‧釋天》說"祭風曰磔"。《獨斷》說"風伯，能興風，雨師，能興雨，祠此神以報其功也"。《風俗通義‧祀典》說，"鼓之以雷霆，潤之以風雨，養成萬物，有功於人，王者祀以報功也"。祭雲神的記載見於《楚辭‧九歌》，《雲中君》，朱熹注，"雲中君謂雲神也"。又《漢書‧郊祀志》說，高祖六年，"置祠祀官女巫，晉巫雲中君，以歲時祠宮中"。顏師古注，"雲中君謂雲神也"。其祭雷神者，則唐天寶五年詔說，"發生振蟄，雷爲其始，畫卦陳象，威物效靈，氣實本乎陰陽，功先施於動植，今雨師風伯，久列於常祀，惟此震雷，未登於羣望，其已後每祀雨師宜以雷師同壇"。自此以後，歷代的封建王朝，於風雨雲雷，都有專祭，並設有祭壇，把它當作國家關繫國計民生的重要祀典。

殷代農業，已成爲主要生產。殷人求雨，是爲了年收。風雲雷虹，都和雨水有密切關係。風吹則雨來，有雲乃雨降，雷爲雨的先聲，虹見則雨止。風雲雷虹雨水，殷人皆以爲上帝所命，帝在天上，而風雲雷虹雨水之來，則恒自四方。如早期卜辭說：

  延(延)大鳳(風)自西。　　　　　　　　　　　　　　　　(《京》2921)
  乙卯大鳳(風)自北。
  大鳳(風)自北。　　　　　　　　　　　　　　　　　　　　(《京》2915)

此言風之所自。又說：

  乙酉卜，乙雨自東。　　　　　　　　　　　　　　　　　　(《乙》144)
  辛亥，㝱雨自東。　　　　　　　　　　　　　　　　　　　(《乙》8503)
  庚寅雨自南。　　　　　　　　　　　　　　　　　　　　　(《粹》801)
  㞢(有)來雨自西。　　　　　　　　　　　　　　　　　　　(《京》431)
  不雨自西。　　　　　　　　　　　　　　　　　　　　　(《續》4‧24‧5)

---

① 看拙作《卜辭中所見之殷代農業》，刊《甲骨學商史論叢》二集。1945年。

甲子卜,翌丙雨。乙丑昃自北小。　　　　　　　　　　　　　(《乙》181)

己未允雨自北。　　　　　　　　　　　　　　　　　　　　(《乙》40)

昃雨自北,小。　　　　　　　　　　　　　　　　　　　　(《乙》60)

昃雨自北。　　　　　　　　　　　　　　　　　　　　　(《京》2985)

大采雨自北。　　　　　　　　　　　　　　　　　　　　　(《乙》16)

亦雨自北。　　　　　　　　　　　　　　　　　　　　　　(《乙》32)

允雨自北曰鳳(風)。　　　　　　　　　　　　　　　　　　(《乙》18)

此言雨之所自。又前引卜辭説,"有各云自東","云自南","各云自北,西單雷","有出虹自北","虹于西",是雲雷虹霓之來,也特別注意它們的方向。又如一片早期卜辭説:

癸丑卜,貞旬。甲寅大食雨自北。乙卯小食大㱿。丙辰中食大雨自南。癸亥卜,貞旬,一月。昃雨自東。九日辛未大采,各云自北,雷,征(延)大鳳(風)自西,弗雨。

此乃連續卜旬之辭,而隨記徵驗。大食中食小食和大采,疑皆同昃一樣,記時間。第一旬説,癸丑日占卜,問下一旬好不好。後來到第二天甲寅大食的時候,從北方來了雨。第三天乙卯小食的時候,天晴了。第四天丙辰中食的時候,從南方來了大雨。第二旬卜辭説,一月癸亥日占卜,問下一旬好不好。這天下午從東方來了雨。到第九天辛未大采的時候,從北方來了雲,又響了雷,一直從西方吹來了大風,就没有下起雨來。其言風雲雷雨,都特別舉出了來自那一方。武丁時卜辭又説:

癸卯卜,今日雨?
其自東來雨?
其自南來雨?
其自西來雨?
其自北來雨?　　　　　(《前》6·57·7 《龜》1·21·3 《後》上32·6合)

此癸亥日卜雨,而特別卜問雨會從東南西北那一個方向來。

殷人既以風雲雷虹雨水,都是一種神靈,在帝左右,而受其命令驅使。又特別注意到風雲雷虹雨水,都是來自東南西北的四方,因而也就把四方當成了一種神靈,而加以崇拜。武丁時卜辭有祭四方者,如言:

　　　　貞尞于東。　　　　　　　　　　　　　　　　　　　　(《佚》459)

　　　　貞尞于東。　　　　　　　　　　　　　　　　　　　　(《續》1·52·5)

　　　　貞尞于東。　　　　　　　　　　　　　　　　　　　　(《續存》上 379)

　　　　貞勿尞于東。　　　　　　　　　　　　　　　　　　　(《前》3·24·6)

　　　　己巳卜，王尞于東。　　　　　　　　　　　　　　　　(《前》4·15·7)

　　　　辛巳卜，賓，貞尞于東。　　　　　　　　　　　　　　(《續存》上 442)

　　　　甲申卜，賓，貞尞于東，三豕，三羊，囧犬，卯黃牛。

　　　　　　　　　　　　　　　　　　　　　(《續》1·53·1　《徵·典》13)

　　　　□□卜，殷，貞尞于東，五犬，五羊，五□。(《續》1·52·6　《徵·典》17)

　　　　□□卜，㫃，貞㞢于東。　　　　　　　　　　　　　　(《前》7·11·1)

　　　　丁巳卜，賓，貞𢆶于東。

　　　　貞勿𢆶東。　　　　　　　　　　　　　　　　　　　　(《乙》6708)

　　　　甲申卜，賓，貞勿于東方告。　　　　　　　　　　　　(《南師》2·56)

此單祭東方者。

　　　　貞祁（禦）于南。　　　　　　　　　　　　　　　　　(《乙》4798)

此單祭南土者。

　　　　貞尞于西。　　　　　　　　　　　　　　　　　　　　(《後》上 24·5)

　　　　尞于西，一牛。　　　　　　　　　　　　　　　　　　(《乙》7061)

　　　　㞢（侑）于西。　　　　　　　　　　　　　　　　　　(《乙》3188)

此單祭西方者。

　　　　尞于東西，㞢伐，卯圭，黃牛。

　　　　貞尞于東西，圭，卯黃牛。　　　　　　　　　　　　　(《乙》5225)

　　　　貞方告于東西。　　　　　　　　　　　　　　　　　　(《前》1·48·4)

　　　　貞方告于東西。　　　　　　　　　　　　　　　　　　(《前》1·48·5)

　　　　貞□□于東于西。　　　　　　　　　　　　　　　　　(《前》1·48·6)

此並祭東西方者。

　　　　煉于西南。

　　　　勿煉于西南。　　　　　　　　　　　　　　　　　　　(《乙》5386)

此並祭西南方者。

> 煉于東。
> 勿煉于東。
> 貞煉于南。
> 勿煉于南。
> 貞煉于西北。
> 勿煉于西北。　　　　　　　　　　　　　　　　　　　　　（《乙》4733）

此並祭東南西北方者。到廩辛康丁武乙文丁時，則常不分東南西北而統祭四方，如言：

> 辛卯卜，㞢彡酒，其又（侑）于四方。　　　　　　　　　　（《南明》681）
> 庚戌卜，哷（寧）于四方，其五犬。　　　　　　　　　　　（《南明》487）
> ……酒四方。　　　　　　　　　　　　　　　　　　　　（《續存》上 1829）

所謂侑四方，寧四方和酒四方，都是統祭四方之辭。武丁時卜辭又或言桒于四戈：

> 丙寅卜，桒于四戈。　　　　　　　　　　　　　　　　　　（《前》6·38·3）

四戈即四國，四國即四方。《詩·大雅·崧高》南國南邦南土並稱，《常武》徐方，徐國，徐土並稱，以邦國方土同用。《書》《詩》屢言四國，猶言四方。《詩》毛傳"四國四方也"。此亦統祭四方之辭。

武丁時卜辭，有貞東南西北四方受年者。如言：

> 東受年。　　　　　　　　　　　　　　　　　　　　　　　（《粹》903）
> 東土受年。　　　　　　　　　　　　　　　　　　　　　　（《六清》45）
> 癸巳卜，㱿，貞東土受年。　　　　　　　　　　　　　　　（《乙》5242）

東土即東方。此單貞東方受年者。

> 南土受年。　　　　　　　　　　　　　　　　　　　　　　（《粹》904）
> 癸卯卜，大，貞南土受年。　　　　　　　　　　　　　　　（《京》530）

此單貞南方受年者。

> 貞西土受年。
> 貞西土不其受年。　　　　　　　　　　　　　　　　　　　（《乙》7009）

　　　　□午卜，韋，貞西土受年。　　　　　　　　　　　　　　（《乙》8167）

　　　　乙巳卜，㱿，貞西土受年。三月。　　　　　　　　　　　（《後》下 38・3）

此單貞西方受年者。

　　　　□卯卜，北受年。　　　　　　　　　　　　　　　　　　（《粹》906）

　　　　……北土受年。　　　　　　　　　　　　　　　　　　　（《乙》4423）

　　　　我北田不其受年。　　　　　　　　　　　　　　　　　　（《乙》5584）

北田猶北土，即北方，此單貞北方受年者。又有總問東南西北四方受年不受年者，如言：

　　　　西㞢南，北㞢東不受年。　　　　　　　　　　　　　　　（《南師》2・46）

此貞西及南，北及東是否不會受年。又如：

　　　　甲午卜，㱿，貞東土受年。

　　　　甲午卜，㱿，貞東土不其受年。　　　　　　　　　　　　（《乙》3287）

　　　　甲午卜，賓，貞西土受年。

　　　　貞西土不其受年。　　　　　　　　　　　　　　　　　　（《乙》3409）

　　　　甲午卜，㫃，貞北土受年。

　　　　甲午卜，㫃，貞北土不其受□。　　　　　　　　　　　　（《乙》3925）

這六辭分刻在三版完整的龜腹甲上，乃同日不同貞人所占，問東西北三方是否受年的正反兩面。疑尚有卜南土的一版，尚未發現出來。這應該是同一個日時，用四版完整的龜腹甲，由四個不同的貞人，卜問東南西北四方是否受年之辭。以上各辭都是武丁時所卜。到廩辛康丁武乙文丁時，則每用牛胛骨分兆占卜四方的受年，如言：

　　　　癸卯，貞東受禾。

　　　　北方受禾。

　　　　西方受禾。

　　　　南方受禾。　　　　　　　　　　　　　　　　（《佚》956　《續》2・29・7）

此爲廩辛康丁或武乙文丁時所卜。受禾猶言受年，受年之辭，廩辛康丁武乙文丁時卜辭常作受禾，除本辭外，如言：

　　　　南禾受。　　　　　　　　　　　　　　　　　　　　　　（《粹》905）

甲子,貞大邑受禾。

不受。　　　　　　　　　　　　　　　　　　　　　　　　　　　（《粹》899）

丁未卜,大邑受禾。

不受禾。　　　　　　　　　　　　　　　　　　　　　　　　　　（《佚》653）

己巳貞受禾。　　　　　　　　　　　　　　　　　　　　　　　　（《摭續》111）

皆其例。前引卜辭説,"禾有及雨",其例亦同。而如前引"𠦪禾"之例,更多至不可勝舉。① 禾字或爲年之省文。此言東及北方西方南方,知作東南西北及東土南土西土北土及北田者,皆指東南西北的四方而言。

到帝乙帝辛時,除四方之外,又加一中商,而卜五方受年。如言:

己巳,王卜,貞今歲商受年。王𡆥(占)曰吉。

東土受年。

南土受年。

西土受年。

北土受年。　　　　　　　　　　　　　　　　　　　　　　　　　（《粹》907）

此貞商和東南西北四方受年之辭。商者他辭又説中商,如言:

戊寅卜,𡧊,貞受中商年。十月。　　　　　　　　　　　　　　　（《前》8·10·3）

□巳卜,𡧊,貞于中商乎御方。　　　　　　　　　　　　　　　　（《佚》348）

……于中商。　　　　　　　　　　　　　　　　　　　　　　　　（《京》1558）

庚辰卜,鼻中商。　　　　　　　　　　　　　　　　　　　　　　（《乙》9078）

中商即是商。前引卜辭於商稱大邑,猶言首都商。此稱中,猶言中央商。中商和東南西北並貞,是殷代已有中東南西北的五方觀念,爲後世五方五行的濫觴。② 不過在殷代還没有五方的稱謂而已。這乃是貞五方或商和四方受年的卜辭。

殷人以爲農業生產,主要依靠雨水,風雲雷虹雨水,皆由上帝所命,來自四方。四方各有神靈,與上帝和風雲雷虹雨水,共同掌握着人間農作的年收。天神上帝是總的神靈。命爲風雲雷虹雨水,則風雲雷虹雨水,也就成了神靈。風雲雷虹雨水,來自四方,則東南西北四方,也就都有了神靈。所以廩辛康丁武乙文丁時卜辭,或言𠦪年于方:

---

① 看拙作《卜辭中所見之殷代農業》,刊《甲骨學商史論叢》二集。1945 年。
② 看拙作《論五方觀念及中國稱謂之起源》,刊《甲骨學商史叢初集》第二冊。1944 年。

    其桒年于方，受年。　　　　　　　　　　　　　　　　（《南明》425）

或言桒年于方，侑雨：

    桒年于方，又（侑）大雨。　　　　　　　　　　　　　（《粹》808）

    于方雨，㞢桒年。　　　　　　　　　　　　　　　　（《南明》425）

或言袞方侑大雨：

    袞其方，又（侑）大雨。　　　　　　　　　　　　　　（《粹》785）

    方袞叀（唯）庚酒，又（侑）大雨。

    叀（唯）辛酒，又（侑）大雨。　　　　　　　　　　　　（《佚》247）

或言寧雨于方：

    丁丑貞，其䍃（寧）雨于方。　　　　　　　　　　　　（《粹》1545）

方即四方。這些都是求年於四方，侑雨寧雨於四方之辭。殷人以四方各有神靈，掌握農作的年收。既貞四方受年，又常祭祀四方，以祈年侑雨，四方者，不啻爲殷代農業之神。

  本文所舉關於四方和四方風的甲骨，除大版牛胛骨只記四方和四方風名爲記事刻辭外，其餘五版都是祭祀卜辭。《金》472 辭，用三牛三羊三㞢卯祭東方析。《京》4316 辭，寧祭日祭於西方彝和西風韋。《前》4·42·6 辭，用豚祭西風彝，以侑大雨。《粹》195 辭，侑歲祭於西方彝，以祈禾。而武丁時大龜腹甲的六辭，更是一整套的祈年侑雨於四方和四方風的卜辭。六辭中，前兩辭卜問在一月中上帝是否命令下雨，這分明是盼望上帝能夠命雨的意思。後四辭則卜問爲了祈年，而禘祭四方和四方風。一方面卜問是否下雨，一方面卜問祈年，亦猶他辭所言祈年侑雨之意。殷人以四方爲神靈，亦以四方風爲神靈。農作年收，主要靠雨。雨之來，靠雲雷，又主要靠風，風雨之來，自四方。所以殷人求年祈雨，才禘祭四方和四方風。

  四方之祭，也常見於周代以來的古典文獻中。《禮記·曲禮》"天于祭四方"。《公羊傳》僖公三十一年"天子有方望之事"。何休注"方望謂望祭四方羣神"。《史記·高祖本紀》"令祠官祀四方"。此言天子有祭四方的典禮。《禮記·祭法》，"四坎壇，祭四方也"。《尚書大傳·虞夏傳》"壇四奧"，鄭注"謂祭四方之帝，四方之神也"。此言祭四方所用的坎壇。《周禮·春官·大宗伯》"以玉作六器，以禮天地四方。以青圭禮東方，以赤璋禮南方，以白琥禮西方，以玄璜禮

北方"。又《邕人》"凡四方用蜃",又《大宗伯》"以疈辜祭四方"。《詩·小雅·甫田》"以我齊明,與我犧羊,以社以方",鄭箋"秋祭社與四方"。又《大田》"來方禋祀,以其騂黑,與其黍稷",鄭箋"禋祀四方之神"。《周禮·夏官·大司馬》"致禽以祀祊",鄭注"祊當爲方,聲之誤。秋田主祭四方"。《禮記·月令》"命主祠祭禽於四方"。《周禮·地官·舞師》"教羽舞帥而舞四方之祭祀"。此言祭四方所用的禮物和樂舞。《詩·大雅·雲漢》"祈年孔夙,方社不莫",鄭箋"我祈年甚早,祭四方與社又不晚"。何楷《世本古義》説,"方社指雩祭四方之神及后土言。前此春冬既行祈年之禮,及巳月萬物始盛,得雨而大,復行雩祭之禮"。此言爲了祈年求雨,而祭四方。鄭箋《詩·小雅·甫田》以社以方説,"秋祭社與四方,爲五穀成熟報其功也"。孔穎達疏説"秋功報成,總祭四方"。鄭箋《詩·小雅·大田》來方禋祀説,"禋祀四方之神以祈報焉"。又注《周禮·夏官·大司馬》説"秋田主祭四方,報成萬物"。《淮南子·天文訓》"涼風至,則報地德,祀四郊",高誘注"立秋節農乃登穀嘗祭,故報地德,祀四方神也"。《太平御覽》引《易緯通卦驗》"立秋涼風至,報土功,祀四鄉"。孫詒讓説,"四鄉即四方也"。此言秋季五穀成熟,爲了報功而祭四方。

卜辭祭四方,常舉行禘祭。如武丁時卜辭説:

  帝于東。   (《庫》213)

  貞涉帝于東。   (《乙》7693)

  甲辰卜,㱿,帝于東。九月。   (《珠》612)

  貞帝于東,埋☐犬,㚔三宰,卯黃牛。   (《續》2·18·8)

帝讀作禘。此言禘祭東方。

  帝于西。   (《乙》2282)

  帝于西。   (《前》5·13·3)

  帝☐西。   (《乙》2399)

  帝☐西。   (《續存》上471)

  勿乎雀帝于西。   (《乙》5329)

此言禘祭西方。

  帝于北,二犬,卯……   (《續存》下245)

此言禘祭北方。廩辛康丁或武乙文丁時亦説:

　　　　癸丑卜,帝東。
　　　　癸丑卜,帝南。　　　　　　　　　　　　　　　　　　　　　(《京》4349)
　　　　丁酉卜,晏帝南。　　　　　　　　　　　　　　　　　　　(《粹》1268)

此言禘祭東方南方。
　　其總的禘祭四方者,則武丁時卜辭常説方帝,如言:

　　　　方帝。　　　　　　　　　　　　　　　　　　　　　　　　(《佚》236)
　　　　方帝。　　　　　　　　　　　　　　　　　　　　　　　　(《粹》431)
　　　　貞方帝。　　　　　　　　　　　　　　　　　　　　　　　(《庫》574)
　　　　貞方帝。　　　　　　　　　　　　　　　　　　　　　　　(《乙》5576)
　　　　貞方帝。
　　　　貞勿方帝。　　　　　　　　　　　　　　　　　　　　　　(《掇》2·126)
　　　　方帝。
　　　　勿方帝。　　　　　　　　　　　　　　　　　　　　　　　(《龜》1·11·1)
　　　　方帝。
　　　　勿方帝。　　　　　　　　　　　　　　　　　　　　　　　(《録》383)
　　　　貞勿方帝。　　　　　　　　　　　　　　　　　　　　　　(《甲》1157)
　　　　貞勿方帝。　　　　　　　　　　　　　　　　　　　　　　(《乙》5754)
　　　　勿方帝。　　　　　　　　　　　　　　　　　　　　(《柏》29 《七》B70)
　　　　勿方帝。　　　　　　　　　　　　　　　　　　　　　　　(《乙》710)
　　　　勿方帝。　　　　　　　　　　　　　　　　　　　　　　　(《乙》1942)
　　　　□□□,巳,□翌乙亥方帝。　　　　　　　　　　　　　　　(《京》971)
　　　　今丁酉夕賣豕方帝。　　　　　　　　　　　　　　　　　　(《佚》508)
　　　　貞方帝卯一牛出吉。　　　　　　　　　　　　　　　　　　(《前》7·1·1)
　　　　……方帝三羌。　　　　　　　　　　　　　　　　　　　　(《乙》683)
　　　　貞方帝一羌二犬卯一牛。　　　　　　　　　　　　　　　　(《乙》2639)
　　　　賣于土窜,方帝。　　　　　　　　　　　　　　　　　　　(《乙》2844)
　　　　戊申卜,殸貞方帝,賣于土𠂤𠀁卯上甲。　　　　　　　　　　(《乙》5272)
　　　　甲申卜,□,貞方帝,罕(寧)徴。九月。　　　　　　　　　　(《甲》1148)

廩辛康丁武乙文丁時卜辭或言帝方:

……申帝方。　　　　　　　　　　　　　　　　　　　　（《佚》236）

　　甲寅卜，其帝方，一羌，一牛，九犬。　　　　　　　　　（《虛》718）

方帝猶言帝方，帝即禘，帝方即禘祭四方。武丁時卜辭又說：

　　[庚]午卜，方帝，三豕，业犬，卯于土，窜，㞢雨。　　　（《佚》40）

廩辛康丁武乙文丁時卜辭說：

　　□□卜，丙申雨。乙未卜，于丁酉雨。于戊戌雨。于己亥雨。方帝。（《粹》810）

　　戊戌卜，其㞢年方帝。　　　　　　　　　　　　　　　　（《庫》1738）

是禘祭四方，也是爲了求雨和祈年。

　　禘者，《爾雅·釋天》說"禘，大祭也"。《禮記·喪服小記》，"王者禘其祖之所自出，以其祖配之"。又《大傳》，"禮不王不禘，王者禘其祖之所自出，以其祖配之"。《國語·魯語》，"有虞氏禘黃帝而祖顓頊，郊堯而宗舜。夏后氏禘黃帝而祖顓頊，郊鯀而宗禹。商人帝嚳而祖契，郊冥而宗湯。周人帝嚳而郊稷，祖文王而宗武王"。《禮記·祭法》，"有虞氏禘黃帝而郊嚳，祖顓頊而宗堯。夏后氏亦禘黃帝而郊鯀，祖顓頊而宗禹。殷人禘嚳而郊冥，祖契而宗湯。周人禘嚳而郊稷，祖文王而宗武王"。由此看來，禘是一種極隆重的"大祭"，古代"王者禘其祖之所自出"，才用禘祭的典禮。

　　甲骨文於殷之先公才舉行禘祭。如武丁時卜辭說：

　　帝于河。　　　　　　　　　　　　　　　　　　　　　　（《乙》5707）

　　帝河。　　　　　　　　　　　　　　　　　　　　　　　（《後》下30·2）

　　丁巳卜，貞帝鴻。

　　貞帝鴻，三羊，三豕，三犬。　　　　　　　　　　　　　（《前》4·17·5）

　　丙辰卜，𡆥，貞帝于岳。　　　　　　　　　　　　　　　（《珠》846）

　　貞帝龜(秋)于𡆥于土。　　　　　　　　　　　　　　　　（《契》592）

　　貞帝于王亥。　　　　　　　　　　　　　　　　　　　　（《後》上19·1）

廩辛康丁或武乙文丁時卜辭說：

　　乙酉帝伐自上甲。　　　　　　　　　　　　　　　　　　（《南明》520）

　　河，岳，𡆥，土，王亥，上甲，都是大乙湯以前，殷的先公。王亥，上甲，

自不用説。河岳爲祖先名，由卜辭言"高祖河"（《寧》1·119）可證。鴻爲河的繁體，猶王亥之亥，亦作雊（《佚》888，《京》3926）。土爲相土，❏容庚先生以爲昭明。① 大乙湯以後的先王，其受禘祭者，僅一下乙，説：

  癸未卜，帝下乙。　　　　　　　　　　　　　　　　　　　（《乙》4549）

下乙即祖乙。② 祖乙在卜辭又稱中宗祖乙（《甲》1264，《續》1·14·6，《戩》3·4，《甲》1436，《南明》555），又稱"下乙賓于帝"（《乙》7197，7434）。賓有配意，言祖乙之德可以配天。《書·無逸》"在昔殷王中宗，嚴恭寅畏，天命自度，治民祇懼，不敢荒寧，肆中宗之享國，七十有五年"。《史記·殷本紀》，"帝祖乙立，殷復興"。《竹書紀年》，"祖乙之世，殷道復興，號爲中宗"。《晏子春秋·内篇諫上》"祖乙天下之盛王也"。因祖乙爲殷之盛王，所以才用禘祭。這些都和舊籍言禘祭者相合。

而由前引甲骨卜辭看來，殷人爲了祈年求雨，對風，對雲，對東南西北四方，都舉行禘祭。武丁時大龜腹甲一方面問上帝是否命雨，一方面祈年於四方和四方風，也特別舉行極隆重的禘祭。禘甲骨文作帝，意思是以上帝之禮祭，甲骨文没有祭上帝的卜辭。先公死後，可以賓帝配天，故以帝禮禘祭之。風爲帝使，又與雲雷虹雨，都是來自四方，所以殷人於四方和四方風，也以帝禮禘祭之。這一方面可以看出，殷人除上帝之外，還特別崇拜着風雲雷雨以及四方之神，另一方面也可以説明殷人對於農業生産的重視程度。

六、結　語

茲總括全文，舉其要點，試爲結語如下：

（一）殷代於東南西北四方和四方風，各有專名，屢見於甲骨文，並可與若干古典文獻相印證。

東方，甲骨文説"東方曰析"，又説"東方析"。《堯典》説"厥民析"，《山海經》説"東方曰折"，折析形近義同。《尚書大傳》説"名曰晳陽"，晳即析。

---

① 容庚《卜辭研究》。
② 看拙作《卜辭下乙説》，刊《北京大學四十週年紀念論文集乙編》上册。1940年。

漢張遷碑説"陽氣厥桴"，桴亦即是析。

東方風，甲骨文説"風曰劦"，又説"風曰旨"，旨即劦。《山海經》説"其風曰劦"，劦亦作飇。《周語》"有協風至"，《鄭語》"能聽協風"，協即劦。《山海經》又説"來風曰俊"，《夏小正》説"時有俊風"，俊劦義同。《堯典》説"鳥獸孳尾"，乃由甲骨文的"鳳曰劦"訛變，鳳變爲鳥獸，劦變爲孳尾。

南方，甲骨文説"南方曰夾"，又説"南方曰𡴎"。𡴎夾互倒，𡴎應作夾。《山海經》説"南方曰因"，《堯典》説"厥民因"，因夾義同。

南方風，甲骨文説"風曰𡴎"，又説"風曰夾"，夾𡴎互倒，夾應作𡴎。《詩》"凱風自南"，《爾雅》"南風謂之凱風"，《呂氏春秋》"南方曰凱風"，《山海經》説"凱風自是出"，《楚辭》"順凱風以從遊"，《淮南子》"南方曰愷虱"，凱風愷風即𡴎風。《山海經》又説"來風曰民"，民字由𡴎字從人而誤。《堯典》説"鳥獸希革"，希革由𡴎義訛變。

西方，甲骨文説"西方曰彝"，又説"西彝"，又説"彝韋"。又説"西方曰𢎨"，𢎨彝互倒，𢎨當作彝。《山海經》"西方曰夷"，《堯典》説"厥民夷"，夷彝音近義通。

西方風，甲骨文説，"風曰𢎨"，又説"彝韋"，又説"韓風"，韋韓即𢎨。又説"風曰彝"彝𢎨互倒，彝當作𢎨，𢎨即𢎨。《山海經》説"來風曰韋"，韋爲𢎨之聲。《堯典》説"鳥獸毛毨"，毛毨由𢎨義訛變。

北方，甲骨文説"北方曰勹"，勹即宛。《山海經》説"北方曰鳧"，鳧讀若宛。《堯典》説，"厥民隩"，隩通作奥，與宛音近。

北方風，甲骨文説"風曰殳"，殳即役、役。《山海經》説"來風曰㹷"，㹷讀若剡，剡役義近，猶言寒風。《呂氏春秋》《淮南子》都説"北方曰寒風"。《堯典》説"鳥獸氄毛"，氄毛由寒風訛變而來。

（二）甲骨文的四方和四方風名，還全套的保存在《山海經》和《堯典》裏。《山海經》雖多錯字錯簡，但關於四方和四方風，不但名稱基本上與甲骨文相同，而且句法也和甲骨文幾乎完全一樣。到《堯典》雖略有訛變，但其因襲演化的痕跡，還依然清晰可尋。《管子·四時》，句法與甲骨文、《山海經》相似，來源亦早，不過方名風名已經換上了後世的東西。

在甲骨文裏，只説某方曰某，風曰某，把方名和風名當作一種神靈。到《山海經》則把方名看成是一種神而加以人格化。將四方的神人，與以分工，東方南

方的神人管着風的出入，西方北方的神人管着日月的長短。到《堯典》，則由《山海經》的"司日月長短"的神人，演化成了主日月之神的羲和之官。四宅四方，都以日的動態爲名，並特別祭祀日的出入。在甲骨文僅有以四方與四時相連屬的觀念和萌芽，到《堯典》，則明白的以春夏秋冬四時配合了四方。並以初昏星象，推定四時四仲的季節。後來演變到《呂氏春秋·十二紀》《禮記·月令》《淮南子·時則》等，則由十二節逐漸完成了二十四節氣。又於四方四時之外，另加中央爲五方，以與五行相配合。到《管子·四時》，則於五行之外，又加上陰陽，才構成了在四時五方中陰陽五行的全部體系。

其由甲骨文逐漸演化的踪跡，還可以清楚的辨得出來。

（三）從甲骨文看來，殷代已有濃厚的宗教信仰。殷人把自然現象中的風雲雷雨虹霓，都看成是一種神靈。帝在天上，爲總的神靈，風雲雷雨虹霓，在帝左右，其受命令驅使，而來自四方。所以又把四方也認爲都有一種神靈。

殷代農業已爲主要生產，殷人知道雨水的够不够，關係着土田農作物的收成。風吹則雨來，有雲乃雨降，雷爲雨的先聲，虹見則雨止，這四者都和雨有着密切的關係。尤其是風，常能吹來雲雷，終止雨降，所謂"飄風驟雨"，"斜風細雨"，所謂"習習谷風，以陰以雨"，所謂"山雨欲來風滿樓"。所以殷人常常求年祈雨，又常爲了求年祈雨即祭祀四方和四方風。

（四）殷人求年於四方和四方風，特別要舉行禘帝。禘是一種"大祭"，意思是祭以上帝之禮，故字即借帝字爲之。甲骨文沒有祭上帝的卜辭。惟祭先公常用禘禮。因先公可以賓帝配天，故以帝禮祭之。《禮記》所謂"王者禘其祖之所自出"。風爲帝使，在帝左右，又與雲雷虹雨諸神，來自四方。殷人把四方和四方風當作了受帝驅使的農業神，故亦以帝禮禘祭之。

由此可見殷代對於天神的宗教信仰，並可知其對於農業生產重視程度。

（五）《山海經》一書，自來學者多視爲荒誕不雅訓之言。疑古之甚者，且以《大荒經》爲東漢時代的作品。王國維氏雖然在《大荒東經》曾發現王亥，以與甲骨文字相印合。但論者或以事出偶然，固不信其中還保存有整套的古代史料。《堯典》者，近人所認爲秦漢時之書，甚或以爲乃出於漢武帝時，亦難以想到其所包含的史料，或早到殷之武丁。今以與甲骨文字相參證，乃知殷武丁時的四方和四方風名，蓋整套的全部保存在《山海經》和《堯典》裏，三種史料所記，息息相通，幾乎完全密合。即《管子·四時》，雖然內容已經羼雜上後世的東西，但

就其句法看來，亦似有極早的根據。由此乃知我們祖國有許多古代史料，都是極重要的文化遺產，我們應該運用科學方法，去僞存真，深入地加以研究。絶不可以因爲偶然雜有一些後世的色彩，就一筆抹殺。

所以説甲骨文的四方和四方風名，是一件極有意義的發現。

1941年初稿，1956年4月重訂

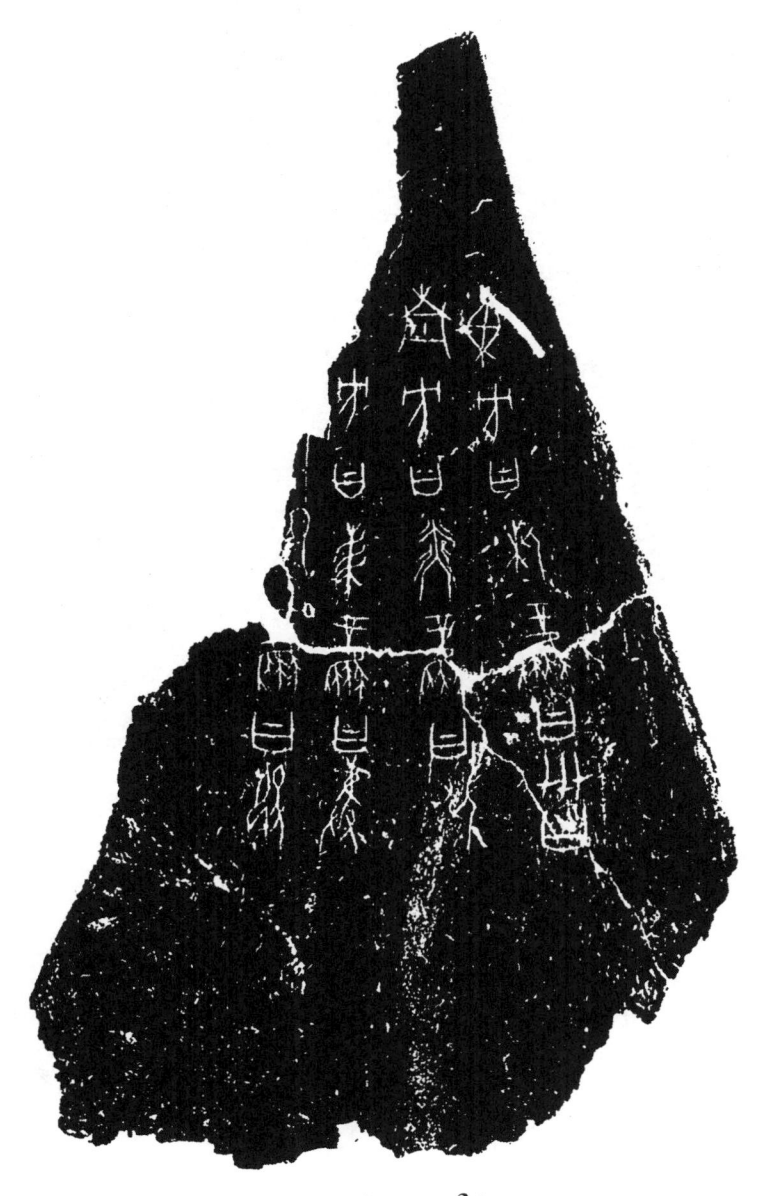

附圖一（約原大 $\frac{3}{4}$）

附圖二（約原大 $\frac{3}{4}$）

原載《復旦學報（人文科學）》1956年第1期；收入宋鎮豪、段志洪主編：《甲骨文獻集成》第30冊，四川大學出版社，2001年；又收入傅傑編：《二十世紀中國文史考據文錄》（下），雲南人民出版社，2001年。今據前者收入。

陳夢家

殷虛卜辭綜述・斷代　上

第一節　斷代的分期及其標準

　　研究甲骨與銅器最基本與主要的工作，莫過於考定年代與分別時期。由此才可以着手研究字體、詞彙與文例的演變，花文、形制與鑄作的演變，以及其它一切。以銅器而論，其情形與甲骨稍有不同。銅器出土於不同的地域，占據了很長的時期，而除銘文以外還有花文、形制和鑄作可作判別時地的標準。不但如此，與銅器同時的文獻資料還有不少流傳於世者，足資互相印證、發明與校勘。就目前的資料而言，有卜辭的甲骨只出土於安陽一地，其時期自殷庚遷殷以迄殷亡，紀元前 1300—1028 年。除了少數雕花骨以外，大多數的卜辭皆契刻於曾經人工削磨的龜甲與牛骨之上，罕有文鏤。殷代文獻，很少有流傳下來的，《尚書》中的《商書》諸篇很可能是春秋時宋國殷遺的擬作，並無法證明其爲殷代作品。除了卜辭以外，殷代銘刻僅見於較少數的玉器、石器和陶器上，只有若干晚殷銅器有較長的銘文，最長者亦不過 50 字。因此，與甲骨卜辭同時期的材料，實亟有限。
　　1923 年出版的《觀堂集林》，王國維首先用卜辭中的稱謂定甲骨的年代，大約羅振玉也已有見於此。該書卷九"祖某父某兄某"條曾引《後編》四片甲骨而加以申述：

　　　　《後》上 20・9 有父甲父庚父辛　王氏曰"此當爲武丁時所卜，父甲、父庚、父辛即陽甲、盤庚、小辛，皆小乙之兄而武丁之諸父也。羅參事説"。
　　　　《後》上 7・7，7・9，19・14 有父丁兄庚兄己　王氏曰"考商世諸帝中凡丁之子無己庚二人相繼在位者，惟武丁之子有孝己有祖庚有祖甲，則此三條乃祖甲時所卜"。

這種推斷是很正確的。準此，凡卜辭有康祖丁的稱謂者是屬於文武丁或帝乙、帝辛的卜辭，凡有武祖乙的稱謂者是屬於帝乙或帝辛的卜辭。

1928 年明義士將其未收於《殷虛卜辭》的甲骨一千餘版拓成墨本，名爲《殷虛卜辭後編》(未印)。其未完成的敘言，曾將 1924 年冬小屯村中一坑所出三百餘片加以分類，企圖以稱謂與字體決定甲骨年代。此坑所出我定爲康丁、武乙、文丁三王卜辭，而明氏誤認"父丁"爲武丁(其實是武丁稱康丁)，"父乙"爲小乙(其實是文丁稱武乙)，因此他的斷代不免全錯了。

1929 年 10 月前中央研究院在安陽作第三次發掘，獲整龜四版，其中之一《甲》2122 記九閱月卜旬之辭，在"甲子卜"與"貞"之間有六個不同的字，董作賓氏認定他們是不同的"貞人"的名字。他又説"凡見於同一版上的貞人，他們差不多可以説是同時"。以上見 1931 年 6 月董氏所作《大龜四版考釋》。1932 年 3 月又作《甲骨文斷代研究例》更加發揮，並定世系、稱謂、貞人、坑位、方國、人物、事類、文法、字形、書體爲甲骨斷代的十標準。他分甲骨爲五期：

第一期　盤庚,小辛,小乙;武丁　二世四王
第二期　祖庚,祖甲　一世二王
第三期　廩辛,康丁　一世二王
第四期　武乙;文丁　二世二王
第五期　帝乙;帝辛　二世二王

1945 年董氏著《殷曆譜》更由曆法制度分爲新舊兩派：

新派　祖甲,廩辛,康丁,帝乙,帝辛
舊派　武丁,祖庚,武乙,文丁

又由曆法分出第一期小辛、小乙的卜辭，第二期分別爲祖甲和祖庚，第四、五兩期各含兩世的也分別爲二。

當董氏發表《斷代例》之際，郭沫若氏正在日本寫定《卜辭通纂》。時在 1933 年 1 月。郭氏在《後記》中説該書付印後始獲董氏《斷代例》校稿，"此中旅、即、行三名與余所見同。……別有名尹者董氏未能考定，今據其例知亦祖庚、祖甲時人"。

董氏的貞人説，自然是一個很重大的發現。但是董氏後來用全力研究殷曆，對於貞人始終沒有作徹底的整理。

在研究銅器斷代的時候，我們常用一種交互證成的法則，即是從有可定年代的銘辭的某些器來決定這些器上花文、形制的年代；從已知的某些花文、形制的年代來比較同具這些花文、形制的其它某些器，因而推定它們的年代。如此作時，我們必須先選取那些由銘辭而可決定年代的某些器，它們的銘辭及其相伴的花文、形制乃決定任何其它器的標準。由此可以擴張爲如下的處理：（1）凡屬於同一作器者或同一家族者可認爲一組，此組包含了若干同時而不盡同花文、形制的諸器；（2）凡屬於同墓或同坑出土的諸器，可分別其爲一組或若干組。作此分析時，我們亦得注意出土地、鑄作、色澤以及其它足以輔助斷代的徵象。

　　上述的法則不能應用在甲骨斷代上，因爲甲骨除了銘辭外很少有相伴的形制花文。甲骨出土的坑位，在斷代上只能作有限的指示，將論述於下。因此，甲骨斷代的主要標準只有求之於銘辭。甲骨刻辭除了少數"記事刻辭"以外，大多數是占卜辭；而所占卜者之關於祭祀與求告於祖先者，爲數甚多。從這些"卜辭"中可以有下述的資料：甲、祖先的世系，乙、占卜當時的人對其祖先的稱謂，丙、占卜者的名字。由甲可知各王之間的距離，就是位次、世次以及直系、旁系。由乙可知占卜當時的王對於其祖先的距離，就是他們之間的親屬關係。丙的年代依乙而定，因爲占卜者與時王是同時的。此三者（世系、稱謂、占卜者）乃是甲骨斷代的首先條件，我們姑名之爲第一標準。

　　三者之中，占卜者尤爲重要。卜辭的占卜者不外乎時王與卜人。時王在卜辭只署一"王"字，故無從定其爲何王，只有從其對祖先的稱謂而定。"卜人"即董氏所謂"貞人"，於卜辭署其私名。占卜者之所以重要，因爲僅僅依靠稱謂斷代，其材料究屬有限。並且，單獨的稱謂不足以爲斷代的標準，如"父乙"可以是武丁稱小乙，也可以是文丁稱武乙。占卜者是最好的斷代標準，因爲：（1）同一卜人可以在不同卜辭中記載若干稱謂，如卜人行於某片稱"兄己兄庚"，於另片稱"父丁"，則行必須是祖甲時人；（2）在同一版甲骨上往往載有若干卜人，他們是同時的人，因此將同時卜人見於不同版的諸種稱謂彙聚起來，可以得到某一時代整個的稱謂系統。關於後者，必須先有一假定：即同一版甲骨上出現的卜人必定是同時代的，就是沒有一版甲骨刻着兩個世代的卜辭。這種假定是可成立的，因爲事實上由同版卜人的各自在別版上的稱謂看來，凡屬同版卜人的各自稱謂是一致的。如卜人何與彭是同版卜人，何和彭在若干不同版的卜辭中都有"父甲父庚"的稱謂，都是廩辛時代卜人所以稱祖甲、祖庚者。在他們的卜辭中是不允許有"父乙"這稱謂的。

根據第一標準，我們可以有兩種標準片：一種是不具卜人名而可由稱謂決定年代者，屬於此者不很多；一種是具有可定年代的卜人名字者，屬於此者為數甚多。從上述兩種標準片，我們便有足夠數量的斷代材料來研究不同時代的

甲、字體，包括字形的構造和書法、風格等；

乙、詞彙，包括常用詞、術語、合文等；

丙、文例，包括行款、卜辭形式、文法等。

如此排列為表，可知某一時代字體、詞彙與文例的特徵，用此特徵可以判定不具卜人的卜辭的年代。我們姑名之為第二標準。

利用上述兩標準，可將所有的甲骨刻辭按其內容分別為不同的事類而加以研究。卜辭內容大別為六：

一、祭祀　對祖先與自然神祇的祭祀與求告等；

二、天象　風，雨，啓，水及天變等；

三、年成　年成與農業等；

四、征伐　對外戰爭與邊鄙的侵犯等；

五、王事　王之田獵、遊止、疾、夢、生子等；

六、卜旬　來旬今夕的卜問。

此各類如以分期之法研究，即可綜合成某一時期的祀典、曆法、史實以及其它制度。各種制度的不同，也可作為判別時代的一種用處，姑名之為第三標準。

上述的三種標準，必須要依照先後次序逐步進行，必須要根據了材料作歸納的工作，必須要在嚴格的管制下尋求條例。

根據上述的標準，已出土於安陽小屯的殷代卜辭並少數的記事刻辭可以分為以下九期：

一、武丁卜辭		1	一世	早期
二、庚、甲卜辭	祖庚卜辭	2	二世	
	祖甲卜辭	3		
三、廩、康卜辭	廩辛卜辭	4	三世	
	康丁卜辭	5		中期
四、武、文卜辭	武乙卜辭	6	四世	
	文丁卜辭	7	五世	
五、乙、辛卜辭	帝乙卜辭	8	六世	晚期

帝辛卜辭　9　七世

但在實際分辨時，常有困難，所以我們一則提出早、中、晚三期大概的分期，同時也保留了董氏五期分法。在可以細分時，我們盡量的用九期分法；在不容易細分別時則用五期甚至於三期的分法。

胡厚宣從《甲骨六錄》以來所編印的甲骨摹本和拓本，是分期分類編排的，這種分法是很便於檢查的。他在分期當中有着實際的困難，所以采用了四期分法，如《南北》序例將時代暫分四期：

一、般庚、小辛、小乙、武丁時期
二、祖庚、祖甲時期
三、廪辛、康丁、武乙、文丁時期
四、帝乙、帝辛時期

他所編印的《寧滬》和《京津》采取同樣的分法。他所分的第三期包容了三世四王，究竟太長，而且我們在斷代的實踐上是可以分開的。因此，他將董氏的三、四兩期合併爲一，是不妥當的。我們在本章之内將要討論廪辛和康丁卜辭的分別；至於武、文卜辭和廪、康卜辭的不同，也是容易看出的，其困難只在武乙和文丁的分別而已。

安陽是般庚所遷之都，所以武丁以前的般庚、小辛、小乙三王的卜辭的存在，應是極可能的。但是王國維、董作賓所指出的武丁以前的卜辭都不能成立。胡厚宣在《甲骨六錄》中指出《清暉》1、《束》1、《曾》1 等片爲武丁以前物；在《京津》序要中説"其中 1—2907 當屬於武丁時；2908—3068 筆劃纖細，3069—3114 筆劃扁寬，3115—3160 筆劃挺勁，疑皆當屬於武丁以前，或爲般庚、小辛、小乙之物。其筆劃挺勁者或以爲當屬於武乙、文丁時。凡此均未敢必，尚待究明，姑附於武丁之後"。這裏他也是只根據了筆劃，這和王氏的誤補殘辭和董氏的由月食而推定武丁以前卜辭，都是没有充分的證據的。

第二節　坑位對於甲骨斷代的限度

董作賓氏在《大龜四版考釋》中最先發表貞人斷代的學説，同時並提到坑層爲斷代方法之一。後來在《甲骨文斷代研究例》特立坑位一章，加以發揮。從

1928年到1937年，前中央研究院在安陽小屯一帶一共作了十五次的科學發掘，所獲甲骨約 25 000 片，都有坑位和層次的記錄。這批材料過了很久纔出版爲《殷虛文字甲編》和《乙編》，《乙編》先出上中兩輯，下輯後出。《安陽發掘總報告》至今没有出來，董氏在《甲編》自序中説："本來既列登記號，就應該有詳細的坑位層次……恕我不能同時發表。"在《乙編》卷首董氏也有一篇很長的自序，幸而在末了附載了"本編登記號與坑位對照表"，對於讀者是很有便利的。李濟氏跋《甲編》時曾列了 E16 坑的甲骨號數，再有董氏在《新獲卜辭寫本》之後列了一張"新獲甲骨統計表"，也是對照坑位與第一次發掘所得甲骨號數的。以上這些，是我們現在僅僅可得的坑位資料。因爲坑位對於甲骨斷代有相當重要的關係，所以不得不暫就有限的資料加以研究。（參看本章末的附録，《乙編》下輯重印後記。）

在《斷代例》中，董氏以爲某區某些坑只出某幾期卜辭。他的分期共是五期：一、武丁，二、祖庚、祖甲，三、廩辛、康丁，四、武乙、文丁，五、帝乙、帝辛。他的五區一、二、三、四、五相當於第四次發掘時重訂的 E、A、F、B、E，我們把新定的區名放在相當的舊區名之後。下列是他對於第一至第五次發掘中五區甲骨的分期：

[區名]	[所在]		[卜辭期數]	[發掘次數]
一，E	村北	朱坤十四畝地 何姓七畝地北半	一，二，五	1，3，4
二，A	村北	劉姓二十畝地中段 在大連坑之西	一，二間有三，五	1，3，4
三，F	村中	廟前 村南	三，四	1，2，5
四，B	村北	張姓十八畝地 大連坑在中部	一，二，三	2，3，4
五，E	村北	何姓七畝地南半	一，二	4，5

此所謂某區實包含了若干發掘坑，如第一區包含：

第 9，16，7，18 等坑　第一次發掘

村北縱五癸，又東支，縱六甲，乙等坑　第三次發掘

E5，8，9，21，23等坑　第四次發掘

因此他在《甲編自序》中每區只舉一坑爲例：

第一區第9坑　朱姓地　一，二，五期卜辭

第二區第26坑　劉姓地　一，二，四期卜辭

第三區第24坑　張姓地　三，四期卜辭

除此以外，他在《甲編自序》中曾作了若干硬性的判斷，我們在以下將要加以討論。在討論之先我們先要問什麽是坑位？坑位對於斷代有什麽作用？應用它斷代有什麽限度？

第一，所謂坑位應該和"區"分別，A、B、C、D、E等區是爲發掘與記錄方便起見在地面上所作人爲的分界，並非根據了地下遺物的構成年代而劃分的。必須是某些獨立的儲積甲骨的穴窖纔有可能定這個坑包含某個或某些朝代的卜辭；或者某一隣近地帶所發掘出來的甲骨，可能同屬於某一段時期的卜辭。第二，即使如上所述，那些坑穴必須是屬於有意的儲藏或堆積甲骨所用的，纔有作爲斷代的可能；然而也有限度，一個只包含武丁卜辭的坑穴最早是武丁時代的儲積，也一樣可能是武丁以後的儲積。第三，某坑若只出武丁卜辭，則同坑出土的其它實物不一定是武丁時代的，可能是以後的；因此，不可以某坑的甲骨年代來拘束同坑的其它實物的年代，反之其它實物的花文形制足以決定此坑堆積中的實物的最晚時期，而不是堆積的最晚時限。第四，坑以外我們自得注意層次。第五，我們說某坑出土的甲骨屬於某某期，必須根據了卜辭本身的斷代標準，如卜人、稱謂、字體、文例等等；這些斷代標準必須嚴格而準確，纔能定出某坑甲骨的時期。

由上所述，坑位只能供給我們以有限度的斷代啓示，而在應用它斷代時需要十分的謹慎。一個獨立的有意儲積的穴窖，就其實物本身的斷代可知此窖所包含實物的最早與最晚的期限，而實物的最晚期限乃是此窖停止堆積的最早期限。上述的穴窖所包含的甲骨至少有三種可能：（1）只包含一個時期，如武丁卜辭；（2）包含連續幾期卜辭，如武丁、祖庚、祖甲卜辭；（3）包含自首至尾幾個時期的卜辭，如武丁、庚、甲和乙、辛卜辭。關於（3），因爲它包含了太長的時期，對於我們的斷代，沒有很大的幫助。關於（2），可消極的指示沒有更晚的卜辭。關於（1）在斷代上有用，譬如某一組不能決定年代的甲骨，若總是和具有武丁卜人的甲骨同出一坑，則此組甲骨很可能是武丁時代的。

第三節　村中出土的康、武、文卜辭

　　1928 年 10 月前中央研究院第一次在小屯村中及村北試掘，其初步報告見《安陽發掘報告》第一册 3—48 頁。其所獲甲骨寫本見同册 131—182 頁，又拓本見《甲編》1—447。此次試掘共分三區。

　　第二區即 A 區，在村北劉姓二十畝穀地中。此地據董氏説是村人最早發掘甲骨之地，大約劉鶚一系的甲骨全出於此地帶。26 坑（25 坑附）所出甲骨，就卜人審定，都是屬於武丁和祖庚、祖甲的，所謂一，二期卜辭，33 坑所出二片骨，也是武丁字體。

　　第一區，即 E 區，在村東北河濱朱姓三十畝穀地中。據董氏説，羅振玉和明義士《殷虛卜辭》（初編）的甲骨全出於此地帶。9 坑（16—18 坑附）所出甲骨以一，二，五期爲多，但亦有例外：

　　　　《甲》30，63　好像是廩辛卜辭的字體。
　　　　《甲》336　是子組卜辭的字體。

　　第三區即 F 區，在小屯村中廟西南及村南：

　　　　28，31 坑　張學獻住宅對面之菜園南部
　　　　24，27，30，35 坑　張學獻住宅東南及墻外
　　　　37 坑　麥田東與韓宅西之間的道上
　　　　36 坑　村南大道上（在韓宅南）

這個地區，顯然應該分別爲二：一是村南的 36 坑，一是其他村中（以大道爲南盡）的各坑。村中所出的都屬於康丁和武乙、文丁卜辭，村南 36 坑所出則有𠂤組的卜辭。這裏有兩個重要的問題：第一，村中所出是康、武、文（即三下，四期）的卜辭，第三期廩辛和康丁的卜辭是怎樣區别、怎樣分佈的？第二，36 坑不屬於村中的一系，那末𠂤組卜辭的年代應該如何確定？在此先論廩辛、康丁卜辭的區分。

　　五個時期的卜辭，由字體文例及制度可大别爲早中晚三類：早期是武丁、祖庚、祖甲和廩辛，中期是康丁、武乙和文丁，晚期是帝乙和帝辛。中期的康、武、文自成一系。因此所謂第三期正爲早中兩期所平分，"三上"廩辛屬於早期，"三下"康丁屬於中期。它們之間的分别如下：

a. 字體　廩辛沿襲祖甲謹嚴的作風（晚期亦然），但刻劃粗而不平勻，每一筆勢首尾尖而中部粗；康丁和武、文比之早晚兩期較爲散逸，康丁卜辭刻劃纖細而勻，《上》7·10，《佚》203，《粹》340，342，《甲》2489，2589 稱謂有"兄辛"各片，可爲例證。武乙初期亦同，如《粹》372，《甲》413，830 稱謂有"父丁"各片，可爲例證。武乙、文丁卜辭漸發展而爲剛勁的直筆與銳利的轉折，字也刻得大起來。

b. 卜人　廩辛和其它早期卜辭都有卜人，康、武、文沒有卜人（除武乙卜旬之辭有卜人厤數見），晚期也有一些卜人。

c. 龜骨　早晚期占卜龜甲（腹甲與背甲）與牛胛骨並用，康、武、文多用牛骨，罕用龜甲。

d. 前辭形式　所謂前辭者即卜辭開端如"甲子卜貞"，廩辛及其它早期卜辭以作"甲子卜某貞""甲子卜貞""甲子卜某"爲常例，康丁卜辭常作"甲子卜"，武乙卜辭作"甲子卜"，"甲子貞"，到晚期又恢復早期形式。又廩辛、康丁附刻占辭"吉""大吉"於卜辭之旁，康丁尤爲普遍。康丁卜辭往往省去"甲子卜"這前辭；亦有作"甲子卜貞"的，見清華大學藏骨。

e. 稱謂　廩康卜辭都可以有父甲、父庚（稱其父祖甲、祖庚）的稱謂，但是屬於粗筆常有卜人的廩辛卜辭絕沒有兄辛（即康丁所以稱廩辛者）的稱謂，只有屬於細筆的康丁卜辭纔有"兄辛"的稱謂。

f. 周祭與記月　康、武、文卜辭沒有記月名的；也極少有周祭；在此以前以後則皆有之。

根據上述的標準來看第一次村中發掘所得的卜骨，我們可以説村中只出康、武、文的卜辭。1924 年冬季有一批甲骨出土於村中的，大半歸明義士，就其拓片，可知是屬於此時期的卜辭。孔德圖書館在抗戰期間由上海聽濤山房所購的（今箸錄於《殷契摭佚續編》）以及清華大學購自胡厚宣的一批（今箸錄於《寧滬》卷一）都説是出於村中，同於這一時期。但是我們不能因此即下斷語説一切康、武、文卜辭皆出於村中，村外絕對不出康、武、文卜辭。試以第二，三，五等次發掘所得而檢其屬於康、武、文的卜辭如下：

[發掘次]	[康丁卜辭]	[武文卜辭]	
2	《甲》680	《甲》$\begin{cases}635，690，729，742，\\754，795，810，840\end{cases}$	（有父丁）
	《甲》801，803（有父甲）		

3	《甲》2489，2589（有兄辛）	《甲》2667
5	《甲》$\begin{cases}3578，3581—2,\\ 3586—88，3593\end{cases}$	《甲》3642，3643，3649
	《甲》3592（有母己）	
	《甲》3652（有父甲）	

　　第二次發掘在村中廟西南和村南兩地；村中就在張學獻住宅東邊的麥場內，村南在 36 坑順了橫貫東西的大道向西挖。各坑位號數如下：

　　　　村中：斜 1—4，西斜，連 1—2，連連 1—2，小連溝，南橫溝
　　　　村南：100—106，109—110，114，117，118，120，130，131

第二次所獲牛骨部分（《甲》490—928）全是康、武、文卜辭，大約只出村中；只有《甲》508 屬於第二期的，但此次也在 B 區的縱 1—2 坑也曾發掘，可能出於 B 區。第二次所獲龜甲（《甲》448—489）凡屬於自組卜辭的（《甲》450，454，488 等）或出於村南 36 坑之西大道邊；凡屬於二期（《甲》451，471）和五期（《甲》477—481）的可能出於 B 區的縱 1—2 坑。據《斷代例》說這一次在大道邊所出有龜版，則我們定自組卜辭出此，大約是可能的。

　　第五次發掘地點有二：

　　　　F1—4　在 36 坑之東及東南
　　　　E57，59，60

這一次所獲康、武、文卜辭和自組的龜甲（《甲》3483）可能出於 36 坑附近的 F1—4，其它一，二，五期的龜甲可能出於 E 區。如此，則村南也出康、武、文卜辭，也出自組卜辭（36 坑出自組卜辭是確定的）。

　　第三次在 A、B、E 三區發掘，都在村北，這一次發掘以 B 區的大連坑爲主，出了極多的廩辛卜辭，但是也出自組（《甲》955）和康、武、文的卜辭。可見康、武、文的卜辭也出在村北，不過數量較少罷了。

　　與康丁同世的廩辛卜辭，還沒有出現於村中。它出土的地域，分佈的情形如下：

第一次	E 區的 9 坑	《甲》30，63
第三次	B 區大連坑	出土最多，見《甲編》
第四次	《甲》3224，3234	大約出於 B 或 E 區
第五次	《甲》3636，3638	大約出於 E 區

第九次　　《甲》3865，3885　　　　出於 D 區
　　　　　《甲》3913—3919　　　　出於侯家莊 H.S.20

第三次所掘大連坑，據董氏說是一個未經挖過的新坑，內容包含第一至第五期卜辭，時在 1929 年 10 月。同年河南博物院亦派人前往發掘，發生糾紛，以此有一部大連坑甲骨流入北京廠肆爲施密士所得，見錄於《佚存》（參看董氏《佚存》序）。第四次發掘 E16 坑出土不少甲骨，其號數見《甲編》李跋；餘下的出土於 A、B、E 三區，廩辛卜辭大約以出於 B 或 E 區的可能性最大。第五次發掘地在 F1—4 與 E57，59，60，上述 F1—4 出康、武、文卜辭，則此次廩辛卜辭可能出於 E 區諸坑。第九次所獲甲骨分出於 D 區及侯家莊，後者可看董氏《安陽侯家莊出土之甲骨文字》，載《田野考古報告》第一册。《甲》3913—3919 是七塊完整的龜腹甲和一塊背甲，出於一個圓坑的底層，它們是同時代的有意儲積。

由上所述，廩辛卜辭在 B、D、E 和侯家莊等地都有出土。就現在已有材料而言，廩辛卜辭尚未在村中出現；康、武、文卜辭出在村中，但在村南村北也有一些出土的。

董氏在《甲編自序》中曾說："在村中挖掘（指 1909 年村人所掘）以前是絕無第三期卜辭的，第四期卜辭也以村中出土者爲最多。三期卜辭在我們發掘的第三次，有一批出在大連坑，第九次有一批在侯家莊，這是以後的事。所以以前箸錄，除了《佚存》所收美國施密士的一部分，《粹編》所收善齋的一部分之外，別的書都是沒有的。……在 1909 年以前出土的，有第五期卜辭，無村中的三，四期卜辭，是朱姓地。1909 年以後所得的，如果有三，四期物，必是村中出土無疑。"董氏的叙述雖非完全錯誤，但是很不精確，兹分條論之。

1. 他說 1909 年以前出土的，絕沒有第三期（他指的廩辛、康丁）卜辭。查《庫方》和《七家》中普林斯頓大學所藏的是庫、方二氏於 1909 年以前得的，《金》是英國金璋氏得於 1908 年的，這是有記錄的而爲董氏所承認的。此三書中却有廩辛卜人的卜辭：

卜人宁　《庫》1207，1242，1840；《普》87

卜人口　《庫》1405

卜人何　《金》496，628

卜人䁅　《金》3，14，87；《普》81；《庫》1249，1371，1771，1837

2. 他說除了《甲編》、《粹編》和《佚存》以外，別的書都沒有第三期卜辭，

這話也是不對的。《前》、《後》、《續》、《菁》、《誠》、《掫》、《林》、《珠》、《明》、《燕》、《戩》、《福》、《清暉》、《中大》、《零》（後五者是劉鐵雲舊藏）都有廩辛卜人的卜辭，而且爲數不少。這些書中的甲骨大部分出土於1929年以前，有不少出版於1929年以前。可證在1929年發掘大連坑以前早已有了不少廩辛卜辭出土了。廩辛卜辭也不限於出於大連坑或侯家莊。我們只可以説1909年以前，很少出康丁卜辭罷了。

3. 他説村中出土的甲骨屬於三，四期，他又説"至於三區包括所有在小屯村中出土的甲骨文字，只有三，四期而絕無一片是一，二，五期的。在本編（指《甲編》）中可以見到村中出土第三期廩辛、康丁時的卜辭"。我們在以上已辨明：村中不出廩辛卜人的卜辭，只出細筆的康丁卜辭。因此，我們應修正此説，以爲村中只出康、武、文卜辭，還没有出過廩辛卜辭。

4. 他説1909年以後如果有三，四期卜辭必是村中出土無疑，但是我們在以上已舉例説明康、武、文卜辭也出現於第一至第五次發掘所獲於村北者。

凡上所辨，都是董氏在斷代和作斷語時的種種疏忽。下列作者所見康、武、文卜辭箸録之書及拓本：

1.《甲編》　第一，二，三，五等次發掘所得
2.《粹編》　有一部分與下明氏同出，參《甲骨綴合編》334—336
3.《佚存》194—254　何遂舊藏，今歸北京圖書館
4.《掫續》　孔德圖書舘舊藏，今歸上海博物館
5.《鄴三》　一部分歸輔仁大學，今歸北京師範大學
6.《遺珠》621—701　日本堂野氏所藏，亦見《佚存》孫壯拓本
7.《後編》
8. 謝氏瓠廬甲骨拓本（一部分見京津）
9. 明義士《殷虛卜辭後編》拓本（見《明續》）
10. 清華大學所藏甲骨拓本

以上各書皆有一部分係康、武、文卜辭，其它各書亦間有之。

第四節　㠯組卜辭

㠯組的卜人，在第一，二，三，四，五，八，十三等次發掘中都有出土的。

這一組的主要卜人有三：

  自　　寫作 ⌀

  扶　　寫作 ✶✶ 或 ✶（《甲》207）金文矩字所從

  勻　　寫作 ✶✶ 或 ✶（《前》4・1・2，《續》1・39・2）

這三個卜人的隸寫，是權宜的辦法，以下賓、子、午各組的卜人名也是如此，用一個近似的隸字替代。這三個卜人往往見於同版：

  扶、自、勻：《佚》9　扶、勻：《下》24・10，《無想》156，《鐵》54・2　自、勻王：《甲》3045

  扶、王：《乙》409，《前》8・8・1　自，王曰，扶曰：《佚》586

這一組的卜辭中的稱謂如下：

1. 妣己　《燕》284 扶卜　《甲》3045，《續》1・39・2 勻卜
2. 妣癸　《佚》919 扶卜
3. 父甲　《佚》791 自卜　《乙》146，B119；《乙》456，YH006
4. 父乙　《佚》599 扶卜　《甲》3046+3052，《明》2103 自卜
  《甲》231，36 坑；《甲》3072，E16；《乙》189，B119
5. 父戊　《乙》409，2907 扶卜　《甲》243，36 坑；《甲》2123，E16
6. 父庚　《鐵》204・1 勻卜　《珠》530 自卜
7. 父辛　《甲》488，2941；《曾》3 勻卜　《甲》185，36 坑　《京都》10 扶卜
8. 父癸　《乙》108，B119（摹本見《殷曆譜》下 3・2）
9. 母丙　《甲》3047+3048 自卜
10. 母丁　《乙》412，YH006（同版似有子庚）
11. 母庚　《柏》20 勻卜　《甲》2356 扶卜
12. 母壬　《甲》3045 勻卜
13. 兄甲　《金》415 自卜
14. 兄丁　《鐵》54・2 勻卜　《上》7・6 自卜　《甲》2356 扶卜
  《甲》243，36 坑；《甲》3072，3154，16
15. 兄戊　《乙》409 扶卜　《甲》182，36 坑
16. 兄己　《甲》3322，E16
17. 子癸　《甲》454 扶卜
18. 子咸　《甲》280 扶卜　《甲》3047+3048 自卜
19. 子伐　《甲》3047+3048 自卜

20. 子屖　《甲》3013，《金》415 自卜
21. 子族　《甲》3047＋3048 自卜　《甲》273，36 坑；《乙》341，YH006
22. 餋甲　《甲》2356 扶卜　《庫》488 自卜　《甲》244，36 坑
23. 丁示　《乙》197 扶卜
24. 小王　《曾》3，何遂片勺卜
25. 咸戊　《甲》264＋《萃》425 扶卜
26. 侯呇　《甲》3483 扶卜

以上根據了兩種材料：一是有自組卜人的卜辭，上所引書號後作某卜者；二是出於某些坑的自組卜辭，上所引書號後注出"E16""YH006""B119""36"坑皆是坑名。這些稱謂可分爲數類：

（1）同於賓組的　妣己，妣癸，父甲，父乙，父庚，父辛，母丙，母丁，母庚，母壬，兄丁，兄戊，子癸，子伐，餋甲，丁示，咸戊，伊尹

（2）同於子組的　妣己，父甲，父乙，父戊，父庚，兄丁，小王

（3）同於午組的　妣己，妣癸，父戊，父辛，母丁，兄己

（4）獨有的　父癸，兄甲，子屖，子族，子咸，侯呇

所謂賓、子、午各組，我們以下要分別討論。試比較自與賓組，則知兩者相同之多。兩組所同的父甲、父庚、父辛、父乙實即武丁所以稱其父輩陽甲、般庚、小辛、小乙者，所以兩組都是武丁時代的卜辭。

武丁卜辭中，父癸僅此一見，兄甲又見於《前》1·38·7，《掇一》60。《乙》3047＋3048 子咸、子族、子伐與母丙同見於一版，可知此三子是同時的。子伐見於賓組字體的卜辭（《乙》2236）；子族又見於《鐵》14·2 告所卜和《甲》2315＋2374。侯呇亦見於《續》5·5·2。凡此都是武丁字體。《續》1·41·5 子屖和母庚同版，母庚當是小乙的配偶。

自組卜辭的出土，可分爲兩類。第一類是零碎出土於某些坑中而記載不詳者，下列甲至庚各項。第二類是一坑出大量的自組卜辭而坑位有記載者，下列子至辰各項。

第一類

甲、A 區 26 坑，第一次，《甲》110—178（軀）

出自組卜人扶（《甲》145）和少數的自組卜辭（《甲》168，169）；其它多是賓組卜辭和少數的祖庚卜辭（《甲》131，156 出卜）。這坑所出的牛骨（《甲》368—375，391）都是武丁時代的。

乙、第二次，《甲》448—489（龜）

出自組卜人扶（《甲》454）和勺（《甲》488）。此次所獲甲骨除了少數乙辛卜辭（《甲》477—481）外，其餘多是自體卜辭。此次在村北村南村中三地發掘，所得牛骨（《甲》490—928）很多康、武、文卜辭，大概出在村中。自組的龜甲，或者出於村南 36 坑以西沿大道的諸坑（101 坑數起）。又有卜人㐭（《甲》450）是附屬於自組的。

丙、第三次在 A、B、E 三區發掘而以在大連坑所獲廩辛卜辭占多數。《甲》929—2238 龜，2239—2940 骨。此次所獲只有一片龜甲（《甲》955）是扶所卜的。在卜骨中有一大批用自組的扶作範本的習契之作，如《甲》2303，2314，2324，2347，2356，2361，2378，2380，2385，2904，2907 等。這些都是刻在牛胛骨上的，而我們知道所有自組卜辭多是刻在龜甲上的。但是這些習作中的稱謂還保持扶當時的稱謂，如《甲》2907 大乙、父戊、咸戊，《甲》2356 母庚、叁甲、兄丁，《甲》2431 子族等。此次所出《甲》2902，2426 和《佚》383 背，392，皆屬於一體而與自組同時，《甲》2902 有母壬、母庚、母癸，《甲》2426 有妣母己，《佚》383 背有母癸、母甲。除母甲外，其它都見於賓組卜辭。

丁、第四次，除 E16 坑外，其它在 A、B、E 三區發掘所獲的有兩片是自所卜（《甲》3281，3304）。

戊、第五次在 E 和 F1—4 發掘，後者在村南 36 坑之東；此次所獲卜人自（《甲》3483）和其它自體卜辭（《甲》3371，3372，3576）或出於此。

己、第八次在 D 區發掘，出自組卜人扶（《甲》3763）。

庚、YH036，第十三次，只出了一片（《乙》474）扶所卜。

第二類

子、F 區 36 坑，第一次，《甲》182—281（龜）

這一坑全是自組卜辭，全是甲，其卜人是

  扶　《甲》196，207，210，234，248+254，249，264，281
  衙　《甲》241　參《下》9·13，10·1 兄、出所卜

上述第一類乙、戊兩項所出，或在此坑左右。此坑不出賓組卜辭，由《下》9·13，10·1，知衙不能晚於祖庚。

丑、E 區 16 坑，第四次，《甲》2941—3176，3322，3324—3328（龜）

這一坑是自組與賓組的混合，同坑所出牛骨（《甲》3329—3346, 3361—3362）都是賓組的，可證自組只用龜甲而賓組龜甲牛骨并用。這一組的卜人是

賓組　爭　《甲》2949, 3338
　　　殼　《甲》2955, 2956, 3083, 3138
　　　賓　《甲》2998, 3337
　　　永　《甲》3333, 3342
　　　內　《甲》3336, 3343
　　　古　《甲》2982
　　　韋　《甲》3339
　　　品　《甲》3038
　　　羨　《甲》3113　參《續》5·5·2

自組　自　《甲》3013, 3045, 3046, 3047
　　　勺　《甲》2941, 3012, 3045

附屬　徣　《甲》3003　參《鐵》14·2徣卜又子族
　　　衍　《甲》3049＋3089
　　　勿　《甲》2014＋3020

寅、B區119坑，第十三次，《乙》1—237（龜）

這一坑是自組爲主，亦有賓組和子組的卜人：

賓組　古　《乙》4　參《乙》236亦屬此組，有爻戉
自組　扶　《乙》96, 98, 120, 145, 160, 192, 197
　　　自　《乙》1, 41, 42, 46, 110, 122, 126, 128, 183
　　　勺　《乙》179
　　　哏　《乙》87　參《坊間》4·155
子組　余　《乙》131, 139
附屬　徣　《乙》59, 79＋234, 159
　　　羍　《乙》38
　　　豖　《乙》33
　　　卣　《乙》124

卯、B區YH006，第十三次，《乙》299—467（龜）

這一坑和B119, YH044是相聯系的，都出背甲，《乙》12, 163, 303, 478四片分出三處而可綴合，見《殷曆譜·日譜二》。這一坑所出卜人和B119相似：

賓組　吏　《乙》460，461，465
自組　扶　《乙》314，322，329，386，391，409，454，458
　　　自　《乙》407
子組　余　《乙》373，393
附屬　取　《乙》357　參《前》8・5・7
　　　卣　《乙》192　參《下》16・16
　　　車（？）　《乙》324
　　　丁　《乙》443
　　　萬（？）　《乙》367

辰、B區 YH044，第十三次，《乙》477—482（龜）

這一坑都是自組卜辭，沒有附卜人的。

以上兩類，其出土的集中地可歸併爲五：一，村南 36 坑及其附近；二，E16 坑；三，B119 坑；四，A 區 26 坑；五，D 區。第三、四次在 A、B、E 發掘所得的，可以包括在以上五處之中。如此可知自組卜辭並不限定出於一地。B119 的自組卜辭，很多卜旬卜夕卜翌卜今日卜風雨天象的記載，如《乙》186 有"大風"，《乙》194 有"小風"，《乙》12，163，303，478 所綴合的背甲有"大食""小食""大采""小采""明""中日""昃"等記時的名目。根據以上所述附有自組卜人的卜辭以及一坑之中以自組占多數的卜辭，可以研究自組的字體、文例等等。

E16 所出《甲》3013，3045＋3047 各片，是自組卜辭而其字體實近於賓組卜辭。兩組的"不"字都是一個寫法，沒有上面的一平劃，和後來的寫法不同。但是，自組的寫法和賓組確乎有些差異的地方。自組的干支字有和賓組相同的，有接近晚期的，後者實爲自組的新形式。茲舉"子""午""于"三字爲例。

賓組式的子　《拾》2・3，《甲》3045 自卜。《甲》207 扶卜。《明》1775 勺卜。
新式的子　《乙》458，474，《下》5・14 扶卜。
賓組式的午　《燕》630，《金》415，《珠》530，《甲》3047＋3048，《乙》46 自卜。
　　　　　　《燕》284 扶卜。
新式的午　《下》42・9 自卜。《前》8・12・5，《續》5・14・5，《佚》439，《乙》386 扶卜。《明》1775 勺卜。
賓組式的于　《下》43・7，《萃》1172 扶卜。《乙》1，42，183，《珠》612 自卜。
新式的于　《前》8・2・7 扶卜。《下》42・9 自卜。

其它的例子如"辛"字或多一平劃，"丁"字或方或圓。至於"貞"字在武丁卜辭

中至少有十種寫法：

武丁卜辭貞字異體

一 二 三 四 五 六 七 八 九 十

式一　賓組一律作此
式二　子組一律作此，兩直之下各有短橫
式三　《乙》1544
式四　自組　《乙》113，135，156—3119坑
　　　　　　《乙》383，400，407，428—YH006坑
　　　　　　《乙》975，1062，1855，5296，5660—YH127坑
　　　午組　《乙》973，1780，5384，5405—YH127坑
式五　午組　《乙》1527，1536，3478，3869，4064，4549，4581，4692，5327—YH127坑
式六　《乙》833，853，946，1002，1449，1508，1576，1607，4810—YH127坑
式七　《乙》105，146，163—B119坑
　　　《乙》303，388，403，405，414，453，466—YH006坑
　　　《乙》481—YH044坑
式八　《甲》202—36坑　《乙》12—B119坑　《乙》413—YH006坑
式九　《乙》70，147—B119坑　《乙》362，356，443—YH006坑
式十　《甲》2907扶卜　《乙》125　《乙》139余卜

若細加分別，尚不止此。其中式五至八象鼎形，乃貞字的最初形式。至於此字的演化過程，在此不能詳述。我們應指明者，是自組貞字只作方耳的（式四），一部分午組也作此式，另外有三個卜人亦作此式：

　　由—《河》665，《續》3·43·2，《劍》62　㝢—《甲》3177　取—《前》8·5·7
前二者和賓組卜人聯系，可證此種寫法存在於武丁時代。

　　其次，自組的紀時法和賓組相似而有小異。兩組都稱"一月"而無祖甲卜辭的"正月"。兩組在某月之前通常不加"在"字，而祖甲卜辭常作"才幾月"；兩組亦偶然加"才"字，如《金》696亘所卜有"才九月"，《乙》15係B119坑所出自體卜辭有"才六月"。賓組卜辭十一月和十二月合書，到廩辛卜辭作"十月又二"見《甲》2491，2622，2647彭所卜；自組卜辭有下列兩式：

合書的　《乙》42 自卜 "十一月"

直行分書的　《佚》108 自卜，《鐵》54・2 扶卜，《乙》28，"十一月" 分書　《拾》
　　　　　　5・8 勺卜，"十二月" 分書

賓組卜辭凡稱幾日者以所卜之日為第一日，自組以所卜之次日為第一日計算，其例如下：

賓組　　癸巳卜殼貞……五日丁酉　　　　　　　　　　　　　　　　　《菁》1
　　　　癸丑卜爭貞……三日乙卯　　　　　　　　　　　　　　　　《菁》5
　　　　甲午卜亙貞……三日丙申　　　　　　　　　　　　　　《前》7・40・2
自組　　壬寅卜扶……四日丙午　　　　　　　　　《前》4・3・8；8・12・5
　　　　辛卯卜扶……四日乙未　　　　　　　　　　　　　　　　《下》35・2
　　　　癸卯卜王……三日丙午　　　　　　　　　　　　　　　《前》5・39・2

自組和賓組的最通常的前辭形式有二：（甲）甲子卜某貞，（乙）甲子卜某。自組以（乙）式較多，賓組以（甲）式較多。武丁卜辭中常於前辭之後用"曰"字之例，現在包括由的卜辭合併分類於下：

（甲）干支卜某，某固曰

　　　丙子卜由……由固曰　　　　　　　　　　　　　　　　　　《明》574

（乙）干支卜某曰　　干支卜王曰

　　　壬午卜由曰　　　　　　　　　　　　　　　　　　　　　　《劍》62
　　　□□卜扶曰　　　　　　　　　　　　　　　　　　　　　　《乙》391
　　　丁亥卜扶，余令曰　　　　　　　　　　　　　　　　　　《坊間》5.23
　　　丁巳卜王曰　　　　　　　　　　　　　　　　　　《乙》365—YH006 坑
　　　辛丑卜王曰　　　　　　　　　　　　　　　　　　　　　　《甲》460

（丙）干支卜某貞王曰　　干支卜王貞某曰

　　　辛巳卜自貞王曰　　　　　　　　　　　　　　　　　　　　《佚》108
　　　乙亥卜自貞王曰……扶曰　　　　　　　　　　　　　　　　《佚》586
　　　己巳卜王貞……由曰　　　　　　　　　　　　　　　　　　《中大》10
　　　丁亥卜王貞……扶曰　　　　　　　　　　　　　　　　　　《清暉》126

（丁）干支卜曰

　　　《甲》3104—E16 坑
　　　《乙》100，107，234—B119 坑
　　　《乙》410—YH006 坑
　　　《乙》545—YH127 坑

（戊）干支卜曰貞

　　　　甲申卜曰貞　《乙》43—B119 坑

（甲）（乙）是自組所特有；（丙）亦見於賓組（《續》4‧29‧1，5‧9‧1）和祖庚卜辭（《河》519）；（丁）亦見於賓組（《乙》5411，《庫》1535）和祖庚卜辭（《金》122）；（戊）則是祖甲卜辭所常見者，如《河》586，703，709，739 等。

自組常用的祭法是"屮"和"御"，又有"尞""酚""歲"等，都是賓組所常用的，但是賓組的祭法更多。自組的"屮"和"又"是通用的：

　　屮子族　《甲》3047，《乙》341

　　又子族　《甲》273，《鐵》14‧2

　　關於自組的稱號，有幾點需加申述：一，自組的配偶作

　　大乙母妣丙　《甲》248＋254 扶卜

　　示壬母妣庚　《甲》460

母即配偶之義，與祖甲卜辭之作"祖某奭妣某"者不同。二，《下》42‧15 勺所卜上甲作𤴴多見於庚甲卜辭（如《萃》83，《佚》318，《河》258，《金》119 等），賓組則作田。三，武丁稱陽甲為父甲，但賓組和自組有時也稱他為畗甲，詳下第五節。四，武丁卜辭稱成湯為成、唐，然亦稱大乙：自組稱大乙者如《甲》187，223，248，253，266（以上出 36 坑），《下》42‧15 勺卜，賓組稱大乙者如《前》1‧3‧4 "乙巳卜爭貞告方出于且甲大乙"。董氏《乙編》序說武丁、祖庚稱唐，祖甲改稱大乙，以後各王稱大乙不稱唐。這個說法是與事實不合的。《甲》1556 和《續》1‧7‧5 都是廩辛卜辭而稱唐。董氏讀《前》1‧3‧4 一辭為"且乙大甲"是不對的，因為該辭"且甲""大乙"都是兩字橫書而"且甲"與"大乙"之間留有很大的間隔。我們以為武丁時代通常稱唐，但到了晚期已有大乙之稱；祖甲時代的周祭通常稱大乙，但即在祖甲以後唐的稱謂並未全棄。

　　以上的敘述，可得到一個結論，即自組卜辭屬於武丁的晚期。由於稱謂，可知自組和賓組很多相同的，在下節中將要詳論賓組之所以必屬於武丁時代。由於字體，可知自組一方面遵守賓組的舊法，一方面已產生了新形式。自組的紀時法和賓組也是大同而小異。自組某種卜辭形式，或同於賓組，或為自組所特有，或下接祖甲卜辭，與字體的情形一樣，足以表示自組當武丁之晚葉，開下代的新式。自組祭法見於賓組，而"屮""又"通用亦顯示交替之迹。至其稱號中，或守武丁舊制，或開新例如大乙、上甲諸例。凡此可見自組大部分和賓組發生重叠的

關係，小部與下一代重叠，它正是武丁和祖庚卜辭的過渡。

由此可知，即在同一朝代之內，字體文例及一切制度並非一成不變的；它們之逐漸向前變化也非朝代所可隔斷的。大體上的不變和小部分的創新，關乎某一朝代常例與變例（即例與例外）之間的對立，乃是發展當中的一個關鍵。這一朝代的變例或例外，正是下一朝代新常例的先河。已經建立了新常例以後，舊常例亦可例外的重現。例如武丁卜辭以稱唐為常例、大乙為變例，祖甲卜辭建立稱大乙的新常例，而廩辛卜辭中的唐乃是祖甲新常例建立以後的例外。

第五節　E16 坑與𠂤組的時代

在討論 E16 坑以前，我們先論所謂甲尾刻辭。此種刻辭多作"某入"等字，刻在龜版正面右部甲尾上。今就坑位之可考者，列其例如下：

　　E16　　《甲》2974，2980，3000，3006，3049，3054，3070，3073，3074，3113，3163

　　F 區 36 坑　《甲》237，280

　　A 區 26 坑　《甲》122

　　B119 坑　《乙》207

　　第二次發掘　《甲》449

　　第三次發掘　編號 3·0·0317，《甲編》未錄

這些占了現有甲尾刻辭總數之半，而都是出於𠂤組集中的坑中，尤以 E16 坑所出的最多。𠂤組是武丁卜辭，那末甲尾刻辭也是武丁時代所特有的。其中如《甲》3049，《庫》1931 和善齋所藏一片（未箸錄）都作"勺入"，勺字是我們上述卜人"勺"第三種寫法（《前》4·1·2，《續》1·39·2）。胡厚宣氏把這種刻辭列入武丁五種記事刻辭之一是不錯的（參《商史論叢》初集第三册）。

E16 坑出土的甲骨有不少是本來完整的，《甲編》付印前沒有好好綴合，今就我偶而綴合的列之如下（其他見《殷虛文字綴合》）：

　　《甲》3022+3070　3047+3048　3046+3052　3067+3071　2999+3034
　　　　　3121+3128　3049+3089　3014+3020　2988+3129　3150+3145

其它可綴合的尚不止於此。這個坑和 B119，侯家莊的 H.S.20 都出較完整的龜甲，都是一坑之中只包含一個朝代的卜辭，都是未經擾亂的坑，都是有意的

儲積。

　　董氏在《甲編自序》中説："第四次發掘的 E16 坑，這是一個圓井應該叫做竇的。井中只有一，二期的卜辭，深至 10 米，下及水面，因爲兩丈以下全是沙土，在第二期祖甲時，此竇塌陷，也就廢而不用了。"又説："E16 坑可以證明是在祖甲以前。"李濟氏的跋，説他是看守此坑的人，根據了當時的記錄（載《安陽發掘報告》Ⅳ：564—567）説："我始終没有看出，有何種現象或事實，可以算作這坑在祖甲或其他時代塌陷的證據。"又説："我們並没找着任何可以作解釋這坑早期塌陷的物證。"李氏在此短跋中還有許多關於斷代的意見，是正確的。

　　關於 E16 坑甲骨的時代，董氏是根據了他的《斷代例》舊作。該文曾論第四區（即 E 區）的兩次發掘，就是第四次 E16 坑（所謂圓井）的發掘和第五次 E57，59，60（所謂圓坑）的發掘。他據貞人定 E16 坑所出甲骨全是第一期的，所舉的是賓組卜人而没有列自組卜人。他説 E57，59，60 所出甲骨屬於一、二期，因爲所出《甲》3522 的旅是第二期卜人，《甲》3553 的何是第三期（他説何可以早到二期）的卜人。又《甲》3322 有兄己，是出於 E16 坑的，照他的説法是祖甲時代的稱謂。因此之故，他定 E16 和 E57，59，60 出一、二期的卜辭。

　　E16 坑所出自組卜人和甲尾刻辭的時代，董氏在《乙編自序》中也有論到。他根據了《殷曆譜》的研究，以爲自組卜人屬於文武丁，又以爲甲尾刻辭是第四期的。自組卜辭在村南大道旁（36 坑一帶）出土不少，他把村南和村中廟前混合爲一區，認爲只出三、四期卜辭，因此定自組卜人爲文武丁的。

　　在這裏我們可以發現董氏對於 E16 坑斷代的矛盾了。他一方面説 E16 坑塌陷於祖甲以前，坑中只出一、二期卜辭，一方面又以 E16 所出自組卜辭與甲尾刻辭定爲文武丁的。要是根據後説，那末 E16 坑應該遲到文武丁時代；要是根據前説，自組卜辭和甲尾刻辭應該屬於一、二期了。

　　按照我們以上各節的結果，就不會産生這種矛盾與不一致。照我們的説法，村中與村南是要區別的，第三期廩辛和康丁卜辭是不同的；村中只出康、武、文卜辭而康、武、文卜辭也出在村外，廩辛卜辭出於村外各處而不出在村中；自組卜辭不出於村中，出於村南和村北各處。自組卜辭按其内在所表示的時代性乃是屬於武丁的，所以像 E16 和 B119 等坑都是一坑之中自組卜辭與賓組卜辭並見。在這些坑中，可能有祖庚卜辭，没有祖甲以及其後的卜辭。

　　按照我們的看法，字體文例如一切制度是逐漸向前演化的，不能機械的武斷的用朝代來分割。因此董氏《殷曆譜》所標的新派舊派不但是不需要的，也是不

正確的。他所謂舊派指武丁、祖庚，新派指祖甲以至帝辛，但把文武丁列入舊派而説文武丁復古。在《乙編自序》中他列舉了文武丁卜辭復古的種種現象，足以證明他所謂文武丁卜辭（我們稱爲自組的）不應該排在祖甲以後而實在就是武丁卜辭。如此自組在它本來的地位（武丁之晚葉），上承早期的武丁（賓組卜辭），下接祖庚卜辭，乃是極自然而合理的安排了。

自組以及以其同期非賓組卜辭和武文卜辭是容易錯認的。《殷曆譜》中所有稱爲文武丁的都是武丁卜辭，只有《交食譜日食一》所舉"日月又食"兩片牛骨却是真正的武文卜辭。

第六節　賓組卜辭

1936 年春季第十三次的發掘，在 C 區 C113 的 M156 墓葬之下發現了一個未經擾亂滿儲龜甲的圓坑，就是 YH127。關於這個坑的情況，可看石璋如氏《殷虛最近之重要發現》（《考古》Ⅱ：41，又 62 頁 C 區現象圖；又《考古》：Ⅳ最末一頁插圖壹）。這個坑所出的龜甲一共編爲 17088 號，完整和已經綴合的龜腹甲和修治過的背甲約在 500 個以上。《乙編》487—8530（拓本號）都是此坑所出，另外尚有 8 片牛骨見《乙編》8663—8673。這一大批龜甲，十分之九是賓組卜辭，十分之一是子組、午組和其他。我們根據這批材料，來研究賓、子、午三組和其它少數一羣龜甲，並論其時代。

在下一章中我們把互見同版而可系聯的一羣武丁卜人稱之爲賓組，其它一些少見的卜人而其字體文例事物同於賓組者附屬於賓組。可系聯的賓組卜人如下：

賓　㱿　争　亘　韋　古　品　永　内　箙　共　掃　㕣　充　𠦪

共 15 人，少見而附屬於此組的約二十多人。在賓組 15 個卜人之中，前 9 人的卜辭最多，YH127 坑的賓組卜人就是這 9 個人，另外有幾個少見的卜人，例如：

　　𧼨　《乙》3287　　　𡆥　《乙》6772，8167，8320
　　䭫　《乙》1121，又見《下》17·16　　離　《乙》8172
　　宁　《乙》3925，又見《珠》931

這一坑出土的龜甲可以綴合成整甲的很多，因此現在拓本中失羣的，將來總可以慢慢拼回。在未綴合以前，我們以下所引的片子常失去同版卜人的名字，現

在只好暫就字體來決定。賓組的字體是一望可知的，所以不至於大錯。下述賓組稱謂，以出於 YH127 者爲主；凡不見於《乙編》者用它書所見材料；稱謂無助於我們以下的討論者不錄；三代以上的稱謂爲各朝所同者不錄。以下是賓組的稱謂：

1. 祖戊　《別二》中村 7，《前》1·23·1
2. 祖庚　《乙》3476　同版有父甲、羌甲、咸戊、南庚等

此版"貞隹南庚"與"貞隹祖庚"並見，所以祖庚不是南庚。

3. 妣甲　《乙》1984 殼卜（與妣己同版），3424 賓卜，4957（與妣庚同版）；4419
4. 妣丙　《元嘉》50"屮于妣丙""屮于妣庚"
5. 妣己　《乙》2216 殼卜；3297 殼卜；3317 賓卜（與妣庚同版）
6. 妣庚　《乙》3329 殼卜，4256 古卜；6746，7144（與高妣己同版）
7. 妣癸　《乙》4540 古卜，7442
8. 父甲　《乙》2680，2693，3476；2523（與父庚、父辛、父乙同版）
9. 父乙　《乙》1714 古卜；1881，1883 殼卜；1885 賓卜；1941，2036 爭卜
10. 父庚　《乙》721，1063，2700；2676（與父辛同版）；2523（與父甲、父乙、父辛同版）
11. 父辛　《乙》918 內卜；2030，2589（與父庚同版）；2040（與父乙同版）
12. 冎父壬　《乙》1900＋2033

以上各父，甲、庚、辛、乙即武丁諸父陽甲、般庚、小辛、小乙；父壬僅見。

13. 母丙　《乙》1670，7130；《前》1·28·3，1·28·4；《續》1·40·7，1·40·8
14. 母丁　《乙》1089；《前》1·28·5
15. 母戊　《乙》2343
16. 母己　《前》1·39·1（與母癸、兄丁同版），1·28·5，《續》1·41·3；《上》6·15
17. 母庚　《乙》496 殼卜，3205 內卜；《甲》3382 殼卜
18. 母壬　《安》4·1 賓卜
19. 母癸　《乙》4318，4836，7420；《前》1·39·1（與母己、兄丁同版）

以上母庚是小乙的法定配偶，見乙辛周祭卜辭。

20. 兄丁　《乙》5338 殼卜；1754，3251，3651，4684＋6111，5797，7353，7371；《甲》3083

21. 兄戊　《乙》4626；《佚》62 殼卜
22. 子癸　《乙》2961；《庫》75；《明》339

《鄴初》39·11 一片（今藏清華大學）是武丁時代非賓組卜辭，有父甲、父庚、父辛、父乙、兄丁、子癸，所以知武丁時代有子癸。

23. 子伐　《乙》2236 賓卜
24. 子䒭　《乙》1201，4516，5582，5605，5616 殼卜；4737，5323，5403 爭卜；2108 內卜

以上二子，只見於武丁卜辭。

25. 下乙　《乙》1983＋1985（三辭），5234，5411 殼卜；5303（四辭）爭卜；2455，4119，4368，5983，6664，7197，7338，7434，8109，8328
26. 耆甲　《乙》2113（與父乙同版），7767（與父庚、父辛一辭）；《林》2·15·2
27. 巴甲　《乙》1076，1463，3235；《續》5·25·5 殼卜；《前》6·19·6；《拾》3·7
28. 成　《乙》1904 殼卜；4761，5409 爭卜；2307，2471＋2539，2631，3797，5303，6043，7016，7267，7520
29. 咸戊　《乙》753 爭卜，1984 殼卜；3476
30. 爻戊　《乙》753 爭卜（與咸戊同版），2105；《別二》中村7（與祖戊同版）
31. 盡戊　《乙》3853 賓卜；《前》1·44·7，1·45·1；《續》1·46·6
32. 乙　《甲》2905"己巳卜古貞其秦年乙于上甲尞"
　　　《庫》1553"秦邛方于乙"　《乙》7781"乙保黍年——乙毋保黍年"
　　　《續》3·4·2"王其勿告于乙"
33. 丙　《粹》1227"貞勿卩帚好于丙"
34. 丁　《乙》3797"自成告至于丁"
35. 戊　《續》1·45·8"貞出犬于戊"
36. 庚　《乙》965"丙子卜亘貞出匚于庚百兕"
　　　《續》1·46·1"出于庚"
37. 高妣己　《乙》2533 古卜；2640，3429，3430 殼卜；5319，6746，7144，7572

以上凡屬於賓組的主要稱謂，已大略全備。甲骨斷代是以賓組之確定爲武丁卜辭爲起點的，而武丁卜辭的斷代是以所稱諸父甲、庚、辛、丁爲上代的四王爲基礎的。我們稱賓組爲正統派的王室卜辭，因它所祭的親屬稱謂多限於即王位的父祖母妣，此在自、子、午等組則擴張至未即王位的諸父諸祖諸兄諸子。賓組的

字體是謹嚴方正不苟的，祖甲和乙辛卜辭是接受這個傳統的，而𠂤、子、午三組的字體是非正統派的。

第七節　子組卜辭

1949 年我初步整理𠂤、子兩組卜辭，曾據兩組卜辭本身定其爲武丁卜辭。後來《乙編》出版，我們更得到這樣的現象：（1）B119 和 YH006 兩坑是𠂤組和子組的混合，且有少數的賓組；（2）E16 是𠂤組與賓組的混合，YH127 是子組與賓組的混合；（3）E16 和 B119 都有㱿的卜辭，他是和𠂤組同時代的卜人。既然 YH127 大多數都是賓組卜辭，摻合在這坑之中的子組午組和其它少數卜辭是否也屬於武丁時代的？我們認爲子組𠂤組和賓組常常出於一坑，而同坑中很少武丁以後（可能有祖庚）的卜辭，則子組𠂤組應該是武丁時代的，YH127 坑中的午組及其它少數卜辭也是屬於這一時代的。

所謂子組包括下列相系聯（即互見於同版）的卜人：

我、余、彶:《乙》4758　　子、余、我:《乙》4949,《下》41·9,《菁》11·19

子、彶:《乙》4856,《下》42·5　　我、彶:《乙》4814　　余、彶:《下》42·11

由此可知子、余、我、彶、𢓊是同時的，而後二者可能是一個名字的兩種寫法，就是後來的巡字。《乙》4504 和《前》8·3·5（即《粹》1242）同是子組字體，同卜一事曰"帚彶又子"，可能就是卜人彶。另外一個卜人𡥀雖不和子組系聯，然而其字體文例內容與子組是極一致的，必須屬於子組。

子組卜辭很多見於它書，但《前編》卷八和《後編》下 41—43 頁最多。《乙編》子組出於 YH127 坑的最爲豐富，列其拓號於下：

子　《乙》1106, 4507, 4856, 4949, 6092

余　《乙》4758, 4949, 5236+5237; 3558

我　《乙》767, 788, 830, 941, 1313, 1319, 1424, 1525, 1767, 1805, 1837, 4577, 4758, 4814, 4949, 5514

史　《乙》830

彶　《乙》3350, 4758, 4814, 4856, 4911, 5123, 5236+5237, 5985

𢓊　《乙》1948, 3689, 4171, 4172, 4174, 4177, 4180

𡥀　《乙》616, 617, 757, 796, 831, 856, 999, 1001, 1004, 1014, 1105,

1175, 1176, 1208, 1317, 1437, 1457, 1515, 1537, 1551, 1555, 1560, 1600, 1621, 1624, 1650, 1763, 1786, 1787, 1811, 1843, 8206

以上子組，其字體文例的特色如下：（1）貞字一例作平腳的，即式二；（2）常作小字；（3）"于"字亦作𠂤，"丁"字亦作圓圈，同於自組；又"隹"字寫得很像鳥；（4）干支如子丑未午庚等亦有作晚期的，同於自組；（5）卜辭內容習見"又史""某歸""至某（地）"等；（6）祭法常用"御"和"酚"，偶亦用"又"；又有"祄"見《乙》370，393，405。

子組的前辭形式共有四類：

（甲）甲子卜某貞

  我　《乙》767，830，940，1424

  余　《乙》3558（此片貞字與子組的不同）

  子　《下》43・3

  㣇　《乙》3350，4758，4814，4856，4911，5985

  㣇　《前》8・14・3；《庫》648，703；《續》6・13・8

  䋣　《乙》757 等（除了 1537）

（乙）甲子卜某

  我　《乙》788，1319

  史　《乙》830

  㣇　《乙》5236＋5337

  䋣　《乙》1537

（丙）甲子某卜貞

  子　《乙》4507，4856，4949，6092

  余　《乙》4949

（丁）甲子某卜

  子　《庫》1259，1557，1988；《珠》421，899，1328；《前》8・2・4，8・5・8，8・6・3，8・13・1；《上海》47

  余　《乙》4758

  㣇　《乙》3689，4172，4177

（甲）（乙）兩式是賓、自兩組所同，但賓組以（甲）式居多，子組同之；（丙）（丁）兩式是子組所獨有的。

子組的稱謂約如下述：

1. 祖戊　《乙》25＋33 豕卜　豕似當附屬於此組

2. 司妣甲　《庫》645 㱿卜
3. 妣丁　《乙》1106，《庫》1988 子卜
4. 妣己　《乙》5236＋5237 㱿卜；《前》8・13・4，《庫》1988，《摭續》83 子卜；《前》8・10・2 余卜；《乙》1839
5. 妣庚　《明》1009，《庫》1988 子卜
6. 妣辛　《乙》405，422—YH006 坑
7. 妣壬　《前》8・14・3 㱿卜
8. 父甲　《前》8・5・4　據字形
9. 父乙　《乙》105—B119 坑；《乙》405—YH006 坑
10. 父戊　《乙》393 余卜；《菁》11・19 我卜
11. 父庚　《乙》370—YH006 坑
12. 中母己　《乙》4507 子卜（兩見）
13. 母癸　《乙》5236 余卜
14. 兄丁　《乙》1650 㱿卜；5236＋5237 㱿卜（同版有妣己、小己）
15. 子丁　《庫》1988 子卜（同版有妣丁、妣庚）
16. 子㫃　《前》8・10・1 子卜；《下》41・9 我卜
17. 龍甲　《乙》4507 子卜（同版有中母己）
18. 龍母　《乙》4507 子卜；《乙》4911 㱿卜
19. 電帚　《下》42・7 余卜
20. 帚妊　《乙》1329；前 8・14・3 㱿卜
21. 帚妥　《乙》4856，《粹》1240 子卜
22. 帚鼓　《乙》1424 我卜
23. 小王　《庫》1259 子卜
24. 小己　《乙》5236＋5237 㱿卜
25. 司癸　《乙》4507 子卜，《乙》5985 㱿卜
26. 伊尹　《前》8・1・2，《菁》11・18 子卜
27. 亞雀　《前》8・9・3，8・10・2 余卜；《前》8・13・2

以上的稱謂可分爲數類：

（1）同於賓組的　祖戊，妣甲，妣庚，母己，母癸，子㫃，伊尹
（2）同於𠂤組的　父戊，小王
（3）同於賓組𠂤組的　妣己，父甲，父乙，父庚，兄丁
（4）同於午組的　祖戊，妣己，妣辛，妣壬，父戊，亞雀
（5）同於子丁羣的　妣丁，子丁

（6）獨有的　龍甲，龍母，司癸，小己，諸帚

由此可見子組稱謂主要的同於賓、自兩組，然而和午組子丁羣所獨有的幾種稱謂也相同。龍甲和賓組的巴甲寫法有繁簡之異，很可能是一個字。

以上的稱謂中有一條最重要，見《綴合編》附圖十三：

| 己丑子卜貞子辥乎出敦 | 《前》8・10・1 與下片綴合 |
| 己丑子卜貞余又乎出敦 | 日本京都東方文化研究所 |

子辥是武丁時人，下列各片記他伐基方：《乙》2108，《前》5・13・1 内卜，《粹》1174 黍卜，《佚》786 殼卜。下列各片記他祭父乙：《續》1・28・5， 1・28・9。因此可證子是武丁卜人。上舉《前》8・10・1 共有兩辭，其另外一辭和《金》622 岀所卜者相同，而《河》519 云 "丙寅卜矢貞卜岀曰……王曰……"，矢是祖庚時代的卜人，則卜岀也延到祖庚之世，此可證子辥和岀似屬於武丁的晚世。

衍的卜辭凡四見：《粹》1566，《甲》3049+3089 出 E16 又有甲尾刻辭，《續》1・38・7（即《佚》907）有妣己又有 "又龍甲"，《前》4・12・8 與上片同文而殘龍甲二字。由於坑位及甲尾刻辭，可知他和自組相近；由於他祭龍甲及字體較細，可知他和子組相近。今附屬之於子組之後。

第八節　午組卜辭

這一組只有兩個不系聯的卜人：

午　《乙》2478，4521，7512
兄　《乙》5328　參《乙》1625

我們所以稱它們爲午組者，一則它們字體自成一系，不與賓、自、子三組相同；二則其稱謂也自成一系。所謂稱謂自成一系者，指若干特殊的稱謂互見於若干版。

這一組字體好用尖銳的斜筆，和武文書體的剛勁有所不同。干支和 "于" 字寫法接近賓組；賓、自兩組 "不" 字没有上面一横，子組午組有此一横，午組之例如《乙》1428，5321，5328，5405。《乙》1434，4719，4925 各片 "辰" 字寫法很特別；《乙》4521，5328 "子" 字中筆是斜的，和《乙》96，197 等自組字體近似。午組的貞字很少出現，有兩種：一種同於自組（式四），一種是它獨有的（式五）。午組的 "牢" 字寫作军：《乙》1185，1609，3803，4603，4811，

4857，5321，5328，5384，5394，5399，《前》4・16・4，8・8・4。午組的"六"字寫作∧，見《乙》982，5162，5328，5399，和賓組之或作∧者不同。

午組最常用的祭法是"出歲"，偶爾亦作"又歲"（《乙》3748）；其次是"御"，"出""帝""興""新""羽日"（《乙》5394），"羍生"（《乙》4678）。就祭法說，它們是武丁的，"羽日"在武丁已有，見《乙》3274 殼卜和《乙》7766。

午組的稱謂約如下述：

1. 祖戊　《乙》597，4521，4603，4678，4745＋4763，5328＋5455
2. 祖己　《乙》1434，《前》1・27・1，《沫》
3. 祖庚　《乙》982，1428，1444（作庚且），4521，5321，5327，5405，8406
4. 祖辛　《前》3・23・4
5. 祖壬　《乙》4678，5327
6. 妣乙　《乙》973＋1780，1428，1785，4064，4508，5321，5328＋5455，5384，5394，6687，7261
7. 妣己　《乙》933＋1780，4678
8. 妣辛　《乙》933＋1780，2062，4603，4678，5328，5405，5455
9. 妣壬　《乙》4678
10. 妣癸　《乙》933＋1780，1785，2062，4678，4725，5328
11. 父丙　《乙》3521＋5825 "丁亥卜出歲于父丙罙戊"
12. 父丁　《乙》766，1704，2061，2254，3483，4521，4603，4719，5399，5405，《沫》
13. 父戊　《乙》982，1428，3478，4521，4603，4925，5156，5162＋5178＋5596，5321，5328，5394，5399；6690（同版有石戊，下乙，天等）
14. 父己　《乙》4857，5455；《前》3・23・4
15. 父辛　《乙》4725
16. 母丁　《乙》3478，5394
17. 母戊　《乙》762，1479
18. 兄己　《乙》4333，4544；1006（《續》1・44・1 與此同文）
19. 子庚　《乙》1464，4064，4521，4549，4745＋4763，5156，5327，5399
20. 下乙　《乙》4549（四辭），5113，5327（二辭），3521，6690
21. 內乙　《乙》1783，3478，3803，4544，4549，5328，5394，5455，5519，7812，8407；《善》20189
22. 內己　《乙》1434

23. 外戊　《乙》5162＋5178＋5596

24. 司戊　《乙》5327（司字省口）

25. 石甲　《乙》5327；《前》8·8·4

26. 子夢　《乙》5394

27. 乙　《乙》5328＋5483

28. 戊　《乙》3521＋5825

29. 庚　《乙》4925

30. 天　《乙》1538，4505，5384，6390，6690；《拾》5·14，《前》8·9·2

31. 武　《乙》4333

32. 美　《乙》5327

33. 㞢　《乙》5328，5384

34. 帚石，石　《乙》4925，5405

35. 妥，娘　《乙》5405

36. 亞雀　《乙》3478

37. 京妣己　《乙》5462，《粹》398

以上稱謂可分爲數項：

（1）同於賓組的　祖庚，妣己，妣癸，父辛，母丁，母戊，下乙，京妣己，庚，乙，戊

（2）同於自組的　祖戊，妣己，妣癸，父戊，父辛，母丁，兄己

（3）同於子組的　祖戊，妣己，妣辛，妣壬，父戊，亞雀

（4）獨有的　祖己，祖辛，祖壬，妣乙，父丙，父丁，父己，子庚，內乙，內己，司戊，外戊，石甲，天，武，美，子夢，帚石等

此組的稱謂約有半數與賓、自、子三組相同，而其中下乙一稱尤足證午組屬於武丁時代。午組稱下乙者凡九辭見於五版，都是爲胡氏《卜辭下乙說》所未錄的。《甲》3598有"將上乙"一辭，似乎也屬於這組，上乙可能指的是大乙。這種稱謂實爲某一時期的一種特殊形式，偶然出現以後就廢而不用了。

以上所舉各例，大體上是以前所描寫的午組字體，但有些書體稍稍粗一點，其所以歸入這一組乃因某些特殊稱謂之可系聯。此組多獨有的特殊稱謂，如上第（4）項祖戊至內乙都不止見於一版，用此互相系聯如下表：

《乙》4521　祖戊　祖庚　　父丁　父戊　　子庚

4745＋4763	祖戊									子庚											
4549										子庚	內乙	下乙									
3521				父丙								下乙								戊	
1428		祖庚				父戊							妣乙								
4544									兄己		內乙										
4678	祖戊		祖壬											妣己	妣辛	妣壬	妣癸				
4925						父戊		父辛									妣癸				庚
5328＋5455	祖戊					父戊	父己				內乙		妣乙		妣辛		妣癸		乙		
5394						父戊					內乙		妣乙					母丁			
1704					父丁								五妣								
5327		祖庚	祖壬							子庚		下乙									
3478						父戊					內乙							母丁			
系聯	祖戊	祖庚	祖壬	父丙	父丁	父戊	父己	父辛	兄己	子庚	內乙	下乙	妣乙	妣己	妣辛	妣壬	妣癸	母丁	乙	戊	庚

除上表外，下列各少見稱謂亦與上表系聯：

《乙》5162 外戊——父戊

1434 內己——祖己

5327 司戊，石甲，美——下乙，祖庚，子庚，祖壬

5394 子蔓——內乙，父戊，母丁，妣乙

5384 天——妣乙

5328 [illegible]——內乙，父戊，祖戊，妣乙，妣辛

4333 武——兄己

3478 亞雀——內乙，父戊，母丁，[illegible]

5405 帚石，叏，娘——父丁，妣辛，祖庚

除此以外，只有母戊没有系聯，但是《乙》1479 有母戊的一片與《乙》973＋1780 字體極相近，後者有妣乙、妣癸、妣己、妣辛，似乎是一龜之折。

這一組的文例是很别致的，下舉數例：

《乙》982　帝御子，自祖庚至于父戊，艮。

《乙》1704　戊申卜，桒生五妣于妣于父丁。

《乙》5161　戊午卜，至妻，御囗父戊囗ナ又更。

《乙》5328　甲午卜允，御于妣，至妣辛。
　　　　　　甲午卜允，御于内乙，至父戊。

《乙》5399　戊子卜，至子，御父丁百豕。

所謂五妣就是妣乙、妣己、妣辛、妣壬、妣癸。《乙》3521 有妣戊，因有其它問題，暫不列入。

第九節　結　語

YH127 的龜甲，除了上述大宗的賓組和較少的子組午組以外，還餘了幾小羣不能連系的卜辭。

第一羣字體柔弱的，貞字作式三，其稱謂如下：

《乙》1177 子丁　《乙》1325 妣丁　《乙》1318 妣癸　《乙》1539 父丁

《乙》1544 母癸

第二羣字體小，像子組，貞字作式六，喜將親屬稱謂放在天干之後，其例如下：

《乙》1174＋1446　丁妣、己妣、庚妣、丁子

《乙》1508　子丁　《乙》1532　子丁、庚妣　《乙》5268　子丁、庚妣

《乙》4810　庚妣、祖乙、帚丁

《乙》1324　己妣（《前》8·4·6 亦同）

這兩羣的丁字都寫作圓圈，和𠂤組子組相同，都有子丁、妣丁的稱謂為子組所特有的，所以我們可附屬此兩羣於子組之後。《乙》5140 有妣丁，丁字是方的，附隸於此。

以上在論𠂤組與第十三次各坑所出甲骨中，已附述一些少見卜人，今歸併於此，並約略就字體暫定其附屬的組别於下：

附屬於賓組的　銜　《甲》241—36 坑

附屬於𠂤組的　徣　《甲》450—第二次
　　　　　　　　　《甲》3003—E16 坑
　　　　　　　勿　《甲》3014＋3020—E16 坑
　　　　　　　　　《乙》59，79＋234，159—B119 坑
　　　　　　　卣　《乙》124—B119 坑
　　　　　　　吳　《乙》87—B119 坑,《坊間》4·155
　　　　　　　羍　《乙》38—B119 坑
　　　　　　　丁　《乙》443—YH006 坑
　　　　　　　取　《乙》357—YH006 坑,《前》8·5·7
　　　　　　　界　見下章
　　　　　　　由　《續》1·1·1，3·43·2;《河》120，665;《佚》833,
　　　　　　　　　《前》1·44·5,《劍》62,《燕》141,《明》574,《戩》46·7
附屬於子組的　豕　《乙》33—B119 坑
　　　　　　　車（？）　《乙》324—YH006 坑
　　　　　　　萬（？）　《乙》367—YH006 坑
　　　　　　　術　《甲》3049＋3089—E16 坑

除此外尚有一些卜人，此不詳論。

我們所論的四組，雖都是武丁時代的，然而也有早晚之不同，𠂤、子兩組大約較晚。除了有早晚葉之分外，賓組似乎是王室正統的卜辭；𠂤組卜人也常和時王並卜，所以也是王室的，而其內容稍異。午組所祭的人物很特別，子組所記的內容也與它組不同。子組卜人㱿和巡（或與婦巡是一人）很像是婦人，該組的字體也是纖細的。第十五次發掘出土的（《乙》8691—9052）字體近子、𠂤、午組的，內容多述婦人之事，可能是嬪妃所作。這些卜人不一定皆是卜官，時王自卜，大卜以外很可能有王室貴官之參與卜事的。

上述各組與坑位的關係，已稍加說明，大致獨立的有意儲積的穴窖，其一窖所出的卜辭可能是同時代的，或連接下一代。各朝卜辭出土地的分佈，也可能有一些分別；這可能由於每一朝代集中住用的地方各有移動。較爲顯明之例，就是小屯村中多出康、武、文卜辭。我們對於當日商王都邑各部門之如何分配，很難有明確的輪廓，故一切推測是不成熟的。

我們曾屢次涉及字體文例及其它制度作爲斷代的一種輔助，凡此皆是初步的，此中情形複雜，變化多端，尚待作詳細的精深的研究，才可以用來斷代。據《尚書·無逸》說高宗武丁"享國五十有九年"，此說若可信，則五十九年之

久，其間字體文例制度的有所變異，乃是必然的事。因此，四組卜辭字體間的差異，同一稱謂的先後形式，或由於時有早晚，或由於卜者身分之不同，我們似不可執賓組卜辭爲武丁惟一的卜辭。

　　坑位字體文例等用於斷代是有限度的，就是親屬稱謂也是有限度的。卜辭所稱祖妣可以是祖父母，也可以是三代以上的；商人多妻，稱母不止於生母，所謂父即諸父，兄即諸兄。只有稱子而系以私名者如子伐、子咸之例，才是固定的指某個人。不但不同的朝代都可有父丁、父戊，就是同一個朝代所稱的妣戊可以是祖母戊，也可以是高祖母戊；就是同一朝代所稱的祖母戊也不一定指哪一個名戊的祖母，因爲可能有幾個祖母都名戊的。商人的習慣，把同輩的同類親屬依其死亡先後用十天干的順序爲廟號，因此若某代有十四個諸父，則有二個父是同名（干支）的。傳易州出土三商戈（《三代》19・20—21）：其一戈有二大父曰癸，一中父曰癸，一父曰癸；其二戈有二兄癸；其三戈有二祖曰己，二祖曰丁。由此知同輩兄弟有多於十二人者，而商人祭直系大宗，亦祭旁系小宗和王族及其配偶。

　　由於上述的緣故，或限於發掘報告之簡略，或由於卜辭本身所可用作斷代的標準頗有限度，因此我們以上所論只是一些推測，還需要修正補充或更改的。我們曾對董氏所作各點論定，加以討論批評與修正，實由於我們對他所作的硬性的判斷有不可以完全同意之處。董氏貞人説的倡明，斷代的擬議和用坑位斷代的嘗試，都是極有功於甲骨學的研究。但是，我們先要把一切已有材料作徹底盡量的搜集與分析，然後纔可歸納出一些條例，來作有限度的解釋。

　　　　節選自《殷虛卜辭綜述》，科學出版社，1956年；又中華書局，1988、2004年。

李學勤

論殷代親族制度·日名的意義

日名只用天干，不用地支。其意義自來説解不一，有所謂生日、死日、祭名、次序等不同的推測。最近，陳夢家先生主張次序説[①]，王玉哲先生主張死日説[②]。死日説主張日名依死亡日日干規定，是董作賓最先提出的[③]，但并無証據，可以不論。次序説起源很早，而以清代吳榮光所主張最爲明確。他説："甲乙丙丁猶一二三四，質言之，如後世稱排行爾。"[④]這個説法如果是真的，將使依親屬稱謂判斷卜辭時代的方法成爲不可能，因爲按照數學的原則，十干既是循環的，那麽如"父甲"便可能是第 1、11、21、……位父，可以用公式 $10N+1$ 來表示（N 爲 0 及正整數），所以一個舉稱者的親屬人數便不能確定。武丁四父（甲、庚、辛、乙）中父乙既不是第 2 父，又没有區別字，我們就不能判定他是第 2、12、22、……位父中的那一個。

對於這個疑難，我們可以用下列卜辭証明次序説的不確：

乙巳卜，其示？ 弜？

乙巳卜，其示帝？

乙巳卜，帝日惠丁？惠乙？又日。惠辛？又日。　　　　《庫》985＋1106

這片卜辭的意義須略加解釋。《曲禮》："措之廟，立之主，曰帝。"卜辭中殷王稱帝都是這個意義，如廩辛時的帝甲（《後》上 4·16）即指其父祖甲，武乙時的

---

① 《甲骨斷代學》乙篇，《考古學報》第八册。
② 王玉哲，《試論商代兄終弟及的繼統法與殷商前期的社會性質》，《南開大學學報》人文科學版，一九五六年第一期。
③ 《甲骨文斷代研究例》，《慶祝蔡元培先生六十五歲論文集》上册。
④ 《筠清館金文》卷一第二十頁。

帝丁（《南輔》62）即指其父康丁，帝辛時的帝乙（《三代》3·29·2鼎）即指其父帝乙。"示"就是主，此處係卜爲故王立主。"帝日"的意義可參看下列卜辭（缺字依文例補入）：

  癸未卜□貞，旬亡禍？己丑，小䜌因（殪），八月。(1)
  丁亥卜□貞，其有來艱？二日己丑，小䜌因（殪），八月。(2)
  己丑卜大貞，作喪小䜌？(3)
  己丑卜大貞，作朕小䜌，亡㭉？(3)
  貞，其㭉？(4)
  庚寅卜□貞，王□□小䜌……(5)
  庚寅。(4)
  辛卯。(4)
  丙申卜出貞，作小䜌日，惠癸？八月。(6)
  丁酉卜……小䜌老？八月。(7)
  丁酉卜大貞，小䜌老，唯丁叶？(7)
  貞，不唯丁叶？(7)

  版號：(1)《明》1983，(2)《掇》1·210，(3)《前》7·28·1，(4)《前》2·32·6、《林》1·26·6，(5)《南坊》4·16·1，(6)《後》下9·3、10·1、《籑人》4，(7)《綴》17、《掇》2·151。

這個人（小䜌）死在八月己丑，丙申日卜是不是作其日爲癸。丁酉所卜的"老"就是宮廟初成之祭"考"（《春秋》隱五年）。小䜌有宗廟，見《掇》1·211"小䜌之宗"、《綴》15"䜌宗"。可知"作某某日"就是卜他的日名。《籑人》5、《珠》1055卜祭小䜌都用癸日。與此相較，可以明白前舉"帝日"云云也就是卜故王的日名是丁，是乙，還是辛。看"乙""辛"下均注"又（有）日"，可見此故王日名是丁（案即康丁）。

  據上述，次序説以及前人種種異説都是不對的。日名有些象謚法，是在死後選定的，和生日死日無關。祭祀日依日名而定，并不是日名依祭祀日而定。

  日名起於夏代（三康即三庚、胤甲、孔甲、履癸），但殷王系有日名是從上甲開始。王亥稱王而無日名。

  原載《文史哲》1957年第11期；收入《李學勤早期文集》，河北教育出版社，2008年。今據前者收入。

董作賓

甲骨實物之整理

一、實物之認識

在吾人發掘殷虛以前，研究甲骨文字者，多僅據拓本以考釋文字，不但所考釋之文字，皆爲斷章取義，且亦一知半解，尚有問題。單字猶不能確定，何況句、讀；何況篇、段；何況全版之相互關係？在甲骨學上，此亦循序漸進，不可避免之一現象也。我在民國十八年八月十五日，曾寫過一篇文字，名曰《商代龜卜之推測》，刊於《安陽發掘報告》第一册。彼時，發掘僅有兩次，所得皆破碎之片，故所推論者亦限於龜腹甲一種。其後，頗得完整之腹甲、背甲，亦有完整牛胛骨。現在可以討論者，爲龜甲牛骨之全部。故所謂認識，範圍亦因而較廣。茲就個人多年之經驗，擇要加以敍述，與治甲骨學人士，共商討焉。以下仍分龜甲之部，1 背甲，2 腹甲；牛骨之部，加以述説。

1. 龜甲之部

龜甲用於占卜者，種類甚多，惜猶未能以較完整者，請古生物專家，一一予以考定。民國十八年秋季第三次發掘殷虛得完整之龜甲一個，曾請秉志先生加以研考，定名曰"安陽田龜"，有論文載於《安陽發掘報告》第三期（443—446葉）。及《静生生物調查所彙報》第一卷第十三號。茲據秉氏記載，分背甲與腹甲兩部份。加以補充，詳述於下：

甲、背甲

秉氏述背甲之特徵曰：

殼隆凸，周緣光滑。

頸甲頗大，六角形。前緣最長。

第一脊甲（Neural Plate），四角形，長大於寬。第二至第八脊甲，皆六角形。第五第七之中間，有小隆起。第一上尻甲（Suprapygal），四角形，長大於寬。第二，六角形，寬大於長。尻甲（Pyaal），四角形，後緣有凹，寬大於長。

肋甲（Costal Plate）與肋盾（Costal Shield）之邊緣，大部相合。左右肋甲各八，肋盾各四。第一肋甲七角形。第三至第八，皆五角形，第八最短。

邊甲（Marginal Plate）：左右各有十一。第一邊甲之前緣較薄，厚度向後漸增。第二大致亦如此。第三之腹面，為骨橋（Bridge），亦稱甲橋之前端。第四、五、六等，背面皆四角形，腹面隆起，為骨橋之本部。第七之背面，四角形，腹面向後漸薄，其前部為骨橋之後端。第八、九、十皆為四角形。第十一，係五角形。最後之四甲，其邊緣皆較薄於中部。

秉氏又述背甲上角質盾版之特徵曰：

背甲上各角質盾版，尚清晰易識。

頸版（Nuchal Scute）最小，四方形，長大於寬。

脊版（Vertelral Scutes）皆較大，六角形。第一版似五角。第二、三、四版，形體相似。第五似七角形。

肋版（Costal Scutes）共四，最後者最小。左右相對稱。第二三形體相似，皆五角形。第二版大於第三版。第四小於第二、三者，亦五角形。每肋版之發長紋甚清晰。

邊版（Marginal Scutes）共十二，皆四角形。第十二枚乃最小者，發長紋甚清晰。左右對稱。

以上有關龜背甲之特徵，秉氏敘述甚為詳細。在吾人發掘殷虛以前，一般甲骨學者，均注意及於龜腹甲，故我在《商代龜卜之推測》一文中，也僅以龜腹甲為例證而不及於背甲。以後屢經發掘，吾人親手摩挲龜甲斷片，乃有背甲之認識。十年十五次之發掘，偶然得到較完整者，乃知背甲之用，必先由中間剖開，自頸甲經脊甲，至於尻甲，平分為左右兩半，成兩個半月之形。其上之卜兆文例，且以左右對稱為標準（參閱圖版貳和肆）。

乙、腹甲

秉氏述"安陽田龜"之腹甲曰：

上腹甲（Epiplastron），五角形。左、右相同。

內腹甲（Entoplastron），似三角形，寬大於長。

舌腹甲（Hyoplastron），前側較厚，後側向上延展，爲骨橋之前下端。

下腹甲（Hypoplastron）之面積，與舌腹甲幾相若，前側向上延展，爲骨橋之後下端。

劍腹甲（Xyphiplastron）之前緣，其長度二倍於其後緣。

述腹甲上角質盾版之特徵曰：

腹甲各版：

喉版（Gular Scute）最小，楔形，其尖與內腹甲之尖相接。左右相對稱，以下並同。

腕版（Humero-pectoral Scutes），其下縫成一直線，橫貫內腹甲。

胸版（Breast Scute）大於喉及腕版，其側部向上延展。

腹版（Abdominal Scute）較大於胷版，其側部亦向上延展。

脛版（Shank Scute）四角形，較小於胷版。

臀版（Anal Scute）較小於脛版，與腕版大小相若，四角形。

腋版（Axillary Scute）與胲版（Inguinal Scute）皆長而窄。

秉氏分析腹甲及背甲，均甚精密，吾人今日如欲切實瞭解龜甲，必須據此而觀察現有之龜殼，一一加以注意。尤其須注意者，爲甲與甲接縫處之"齒縫"及盾版與盾版接縫處陷入甲面之"盾紋"，凡齒縫，拓時必有痕跡，"盾紋"亦有痕跡，甚爲顯然，即盾縫經過之處，雖經刮削，仍存其跡，即根本上必留白紙痕一條，如契刻痕蹟，但有一定部位，與契刻文字之筆劃必有不同。故觀此即可知甲之殘片部位所在也（參閱圖版貳和叁）。

秉氏並述及此一完整龜版之大小及其定名。

背甲中線，長　24.7 糎

腹甲中線，長　21.5 糎

殼中部，寬　16.4 糎

殼中部，高　9.7 糎

此殼之構造，與希臘田龜（Testudo Groecea）相近。然第五脊版比以前各版稍寬。其寬度之相去，非若希臘田龜之甚。且此殼過大，故不能視爲希臘田龜之同種。上述各種特徵，與現在已經定名之田龜不同，係一未定名之新種。茲特定名爲"安陽田龜"（Testudo Anyangensis）。然此物爲安陽之舊產乎？抑三千年前殷人得自他處乎？且此物已絕種乎？或其種仍存在乎？欲解決此等問題，尚須於

河南之動物及化石詳細調查，然後可得而言之也。

秉氏對於此一件全龜之背甲及腹甲，有詳細之記錄，至爲重要。他因它的出土地，定名爲安陽田龜。他所提出的問題，也是我們研究龜甲實物所早已注意到的（參閱圖版壹）。

這雖然只是一個實例，但殷人占卜所用之龜甲，確實如此，至於甲之大小及種類，我也曾整理過一部分較完整的腹甲，見於《武丁龜甲卜辭十例》一稿，曾於民國三十七年六月，由楊聯陞先生英譯，刊入哈佛大學刊物中。其中有最大之一版龜腹甲，我有説明云：

> 第十三次發掘所得，出小屯村北，編號 13.0.10110，武丁時。著錄於《乙》4330 號。
>
> 此版爲殷虛出土甲骨以來惟一之大龜腹甲。殷代貞卜所用之龜甲，類別不一，皆諸侯方國貢入之物，觀例二至四，可以知之。《禹貢》稱"九江納錫大龜"，此龜亦南方所產，伍獻文氏據葛來氏大英博物院《龜類誌》考得今馬來半島有此種。全腹甲：
>
> 長，約　44 生的
>
> 寬，約　35 生的
>
> 其第三角片（按當稱腕版、胸版之間，多出一版，作三角形，尖端向內腹甲）與普通之腹甲盾版紋理有異。
>
> 反面鑽鑿，復原之後，得二百零四處，灼用者僅有五十。正面卜辭僅八則。

據此例，可知吾人發掘所得之龜甲，大小不同，來原不一，而秉氏所研討之安陽田龜，確可爲一般卜用龜甲之代表品。故詳述如此。

2. 牛骨之部

牛骨可爲卜占之用者，僅肩胛骨左右各一。吾人發掘之完整者極少，但大致可以得其輪廓。肩胛骨甚簡單。又可分爲骨臼骨版之二部分。

甲、骨臼

骨臼部爲與前腿骨接觸部分，在卜骨之上端，作橢圓凹入之形。左右版微有不同，左版，臼部之右上角，有突出如半球形之骨端，右版則在左上角。今經刮削後之胛骨，此角有骨瘤之處皆經鋸去，作缺陷之曲尺形狀，故今日斷定牛胛骨時，對面平放之，其缺處在左，即牛之左胛骨，在右，即牛之右胛骨也。卜用之骨，骨臼之下面，必鋸去少半，使骨臼成半月形，使其宜於平放也。骨臼處，在

第一期武丁時，上有記事刻辭，吾人稱之爲"骨臼刻辭"。民國廿五年七月，我曾作《骨文例》一篇，入《集刊》七本一分中，曾論及骨臼。民國二十年九月，曾就實物觀察發現了牛胛骨的臼上，刻有文字，不屬於卜辭範圍，是一種記事文字。至二十二年四月，寫成論文一篇名《帚矛說》，發表於《安陽發掘報告》第四期，副題是"骨臼刻辭研究"。嗣經唐蘭、郭鼎堂、胡厚宣諸人提起研究興趣，對拙文有所修訂。民國四十三年，我又寫一篇《骨臼刻辭再考》，找到了更強之證據，證明骨臼刻辭乃是一種貢納牛胛骨的記錄，而點收之者，記其日名、貢納者、數量等事，最後簽名者是史官，也是貞人，且均是武丁盛世之物。

乙、骨版

骨版有正面與反面之別，舉左胛骨正面爲例。

左胛骨，平放下去，可以見左上角，有鋸去突出骨瘤之缺口，作長方形，因此可知缺處在左，則此骨必爲左胛骨。由上下兩部分作一垂直中線，可以看到左右兩邊原骨，凹度微有不同，左胛骨左邊原邊緣凹度較右邊爲大，即右邊較左爲直。本來，牛胛骨若骨臼在下，倒持之，頗似一把扇子，所以胛骨也有"扇子骨"之稱。下邊不甚平滑，因接連軟骨，曾被去掉，加以刮削。背面則業經鋸去附著骨塊之大部分，因而平正。所以牛胛骨不如龜甲之複雜，僅注意於以下數項即可。

骨臼　多作半月形，月牙之一端，曾經鋸爲小平面。

骨面　須注意原骨邊緣，必較爲圓滑，或稍凹曲。如四面均爲卜兆破裂痕，則可能爲骨版之中部。下部則較平直，但不圓滑。

骨反面，必有鑽鑿之痕跡在中部或邊緣。

關於牛胛骨之辨認，必據著錄之殘片而加以判斷，故以上所舉，均以殘版爲例。

在吾人發掘所得，極少完整者，故今日實物多殘碎與龜甲同。如不能觀察實物，但據著錄之拓本，往往有誤認胛骨邊緣部分，沿卜兆而破裂之一邊，作一長條形，以爲是脛骨者，雪堂即有此誤。據發掘經驗，則絕無脛骨刻卜辭者。在吾人十五次發掘之中，僅得牛肋骨一支，上有刻辭，當是習契者鈔自他處者，因肋骨中鬆，不能灼兆，亦無鑽鑿，而所刻乃是卜辭，則必爲習契鈔自其他胛骨者無疑。胛骨之全版，僅民國十八年秋季，河南博物館曾得祖甲卜文版一，著錄於《甲書文錄》42，爲右胛骨，計約長 36.5 生的，寬 21.5 生的。

3. 特殊之甲與骨

在上二項龜甲牛骨之外，亦有特殊情形者：

甲、龜背甲之改製

第十三次所發掘之龜背甲，有改製爲小型橢圓形者，蓋因背甲凸凹太甚，不易鑽鑿見兆，故於中間鋸開之後（未鋸開而卜用之龜背甲，僅一見），又取其近邊甲較平坦部分，鋸爲橢圓形，不及脊甲，僅用肋甲1至7、邊甲1至10，中間有必一孔。卜辭用法，如乙編中冊所錄4679—4683（13.0.10850—13.01085）此例甚少，僅有四版皆武丁時物。

乙、牛胛骨以外之胛骨

吾人一般印象，卜骨皆爲牛胛骨。然水牛與黃牛肩胛骨之外其較小者，亦用鹿與羊之肩胛。據陳夢家氏引楊鍾健氏之研究結果，見1953年3月12日他給陳氏的書面答覆。云：

(1) 用作占卜的肩胛骨，各種動物都有，如鹿、馬、豬、羊、牛等。不過肩胛骨一作占卜之用或刻上文字以後，出土時往往殘缺，不容易辨別它是屬於那一種動物的肩胛骨。因之，只能個別的判定。

(2) 肋骨的使用，除牛以外，也用其他動物，如鹿類。肋骨一經截斷成小節之後，很難鑑定出它的屬別。牛肋骨更不容易分別是屬那一種牛的。

(3) 上述的牛，當然包括兩種牛，即牛（Box exiguus Mats）和聖水牛（Bubalus mephistopheles Hopw）。它們只有習性上的區別：牛是在野田中生活的，水牛能在池沼中生活，而不大習慣於田野或山地。當初的用途如何，無從知道。

我記得，我們發掘所得的動物骨骼，大部分都請楊氏研究過，他曾發表了兩篇論文，一篇是刊在《中國古生物誌丙種》第十二號，第一冊，是德日進，楊鍾健合著的，題名爲《安陽殷墟之哺乳動物羣》。又一篇是刊在《中國考古學報》第三冊，題目是《安陽殷墟扭角羚羊之發見及其意義》。

關於卜用骨，確是也請古生物學者看過，誠如楊氏所說，不易判斷"屬於那一種動物的肩胛骨"。因此，我們也但憑直覺，小一種的，應該屬於鹿、羊之類；較大的，普通都是牛肩胛。是水牛或黃牛，也是不易分別的。胛骨之最大的，如《殷虛書契菁華》之四版大胛骨，羅雪堂即以爲是象骨，他在《殷虛書契考釋》中說，"卜用之骨，有絕大者殆亦象骨"。這些都是僅憑直覺，並未經過古生物學者的鑑定。即使每一骨版，均請專家鑑定，但是結果，也必如楊鍾健氏所言，更使人莫名其妙了。牛類的骨骼，有牛及聖水牛兩種。又近觀象骨標本，其

肩胛作三角形，知《菁華》四版，決非象骨。

肋骨殘片上，有刻文字者，僅上舉之一片，那是第五次發掘以得，只可以作爲例外而已。

小的胛骨，較爲完整者，在小屯曾發現過一次。經人鑑定，則有以爲是鹿骨的。

二、復原之重要

上一段，對於龜甲之腹背兩部分，不憚煩瑣，加以敍述，就是爲了拼合復原①時充分應用的。如果不肯細心觀察，更依現代甲骨，切實研究，則對於拓片，摹本將皆一無所知。以前或未見實物，或對之茫然，則考釋文字，也只有視之如斷簡殘編或鈔本古書而已。更不知甲骨復原，關係之重要。現在更就甲骨，加以說明。

1. 龜甲上"齒縫"與"盾紋"之最大作用

無論吾人所見著録原資料之書，爲拓本，爲摹寫，爲照像，如能辨認腹背甲，則其物之是否龜甲，爲其何部分，未有不一望而知者。不過於此亦應知卜用甲骨，對稱關係之重要（如圖版肆）。龜背甲，上下均必有齒形紋理，且上下之長，不能超過每版肋甲之寬度。腹甲每甲之高度與橫寬，不能超過左右之上、舌、下、劍各甲之度，如爲上下長條形，則必非龜甲而爲牛骨。

"齒縫"之表示，不平滑、且爲曲屈之小鋸齒形，無論拓、摹本皆然。"盾紋"，則雖經刮磨光滑，拓本上必有痕跡如陰文刻劃，且細審其部位而知其殘片所在。

2. 牛胛骨殘版之認識

牛胛骨之上半，左右骨易辨，觀其缺角所在，即可知其爲左右胛骨（但亦有不缺角者）。至於骨邊部分，觀其平滑稍曲之部分，而知其位置。下邊皆在文字之下，且不如左右邊之光平，亦無"齒縫"者，則必爲骨版。且版片之中部，皆無"盾紋"。吾人摹寫之片子，皆須顯示其特點，否則令人不知其爲龜爲骨。無論龜甲或牛骨，其主要用途在占卜，而卜之要件在卜兆，故卜兆不可不先明其

---

① 編者按："復"，原文誤作"後"，今徑改。

大概。

3. 卜兆在甲骨上之一般情形

甲骨在地下，堆壓日久，大都破碎，但經過吾人親手發掘之品，僅侯家莊大龜七版，出土時膠粘于一起，久乃分開，故最完整。十三次 H127 坑，經運至南京，細心剔取，尚稱完整，不幸抗戰播遷，又復分裂，即《殷虛文字乙編》上、中、下輯之慘狀。今經張秉權君努力復原之部分，已刊爲《丙編》，不過一部分而已。吾人發掘，罕見牛胛骨之完整者，如《殷虛契書菁華》之四大胛骨，羅氏乃於村人手中得之，可稱奇蹟。吾人在地下所見，大字而塗飾硃色者，皆爲殘破之骨片，可見在殷代埋藏地下時，均已殘損，此則不可不知者。甲骨文字，大部分爲卜辭故以卜辭稱之，甚爲扼要。自吾人以斷代法重新研究，乃知其一切制度，隨時在改變之中，所以每一國王，其禮制即稍有不同，卜辭亦因而略異，而大體上仍可以看出，殷人注意者爲左右對稱之美。左右對稱之美，自始至終，以卜兆文例視之大體不變。到了最後一期，即第五期，帝乙帝辛之世，已成固定形式，如圖版肆所舉，可以瞭解它們的一般情形。隨着卜兆的左右，而有文例的左行右行，而有龜腹甲、背甲之分別左右，牛胛骨之分別左右，一望可知。作者過去，曾於民國十八年，就殘破之腹甲，對證地位，作《商代龜卜之推測》一文，繼之作《大龜四版考釋》、《骨文例》，均曾見其一斑。今圖版肆，乃會通 273 年間之一般標準而已。至於小有異同者也不在少數，此不過示其大體輪廓而已。

三、復原之實例

復原甲骨卜辭之重要，在於接對、拼合，由一二片以至全版，爲研究甲骨文字者，現在共同之重要工作。殷虛文字研究之經過，我在《殷曆譜》序文中説過，是經了四個階段的：

其一，字句之考釋
其二，篇章之通讀
其三，分期之整理
其四，分派之研究

滯於一二階段者三十有餘年……自余《斷代研究例》發表，倡爲分期分類

之議，頗承並世①學人之採納。十餘年來，余所致力者即在於此。本書自祀譜以下，所錄材料，皆應用斷代研究法所得之結果也。惟分期分類，非已盡研究之能事，其更進一步之工作，則在於拼合甲骨之殘片而使之復其原狀。例如《帝乙祀譜》，八祀二、三月之祀典，不有"王八祀"殘片之接合，末由定其年代；《朔譜三》卜夕之五版，不據文例以補充復原，末由知其十一月朔之爲壬寅，十二月朔之爲辛未；《閏譜五》與《日譜三》，非有甲骨三十三版之復原，無從考帝辛征人方逐日之行程；凡此之類，其重要不下於新辭之發現，此吾人所當注意之一事也。余於拼合復原，未嘗盡其最大努力，九譜之中，偶或見之，治斯學者以三隅反可也。由本書分期分類整理卜辭之結果，乃得一更新之方法，即所謂分派之研究。此一方法，須打破余舊日分爲五期之說，即別分殷代禮制爲新舊兩派，以武丁、祖庚以上及武乙、文武丁爲舊派，以祖甲至康丁，帝乙、帝辛爲新派也。據此新舊兩派之觀點，以整理全部甲骨文字，則殷代禮制，瞭如指掌。在新舊兩派交相更迭之中，亦自有其特殊現象，即新派、舊派又復各有大同小異之點，細心研考，便可知之。

自民國三十四年，《殷曆譜》刊行之後，作者時常注意新材料之發現，自信此說之必能成立。所謂第一二期，羅雪堂僅從事字句之考訂，王觀堂氏，曾由《戩》1·10與《後》上8·14拼合爲一，考定了殷代先公自上甲至示癸世次，糾正了《史記》之訛誤。郭鼎堂氏，拼合了《粹》113三片爲一，得上甲以下祭祀順序之一部分關係。從此拼合殘片，已成爲治甲骨學者重要工作之一。1954年，北平的郭若愚、曾毅公、李學勤、張政烺、陳夢家諸氏，曾將拼合之殘版，名曰《殷虛文字綴合》，共482片，出版問世。

1952年，嚴一萍君拼合了甲1114、1289、1156、1749、1801，完成了八月乙酉食約片子，我曾據以寫定《卜辭中八月乙酉月食考》一文，載於《大陸雜誌特刊》第一輯，下冊中。嚴一萍君於拼合工作用力甚勤，貢獻亦多，1958年曾印行《中國畫譜殷商編》，收入書中的甚多，其餘尚未發表。又在《序文》中，指出《殷虛文字綴合》中拼合的錯誤。1957年，張秉權君發表了一部《殷虛文字乙編》復原選集，名曰《殷虛文字丙編》。共收九十五版，附有詳細的考解。這一冊，總算是補贖了《乙編》本身的損失一部分罪過。

---

① 編者按："世"，原文誤作"無"，據所引《殷曆譜·自序》校正。

四、流傳甲骨實物之方法

民國十九年二月，作者在北平曾發表《甲骨文研究之擴大》一文，載入《安陽發掘報告》第二期。文中曾談到拓印一事，其實我所擬定的不過是流傳甲骨文實物的原則而已。

1. 照、拓、摹三位一體法

當時的主張，就是希望能做到照像、拓本、摹寫，三件事同時做下去。我曾說：

> 拓印一事，《鐵雲藏龜》用拓本，《殷虛書契菁華》用照片，《殷虛卜辭》用摹寫。三種辦法，各有所短長。拓本自然清晰者爲多，但有時却不免一塌糊塗，讀者異常煩苦；照片可以見甲骨之形制，文字却有時不能清晰；惟有摹寫可補二者的缺憾，因爲倘有去不下來的土銹，和一坑一窪的剝蝕，於摹寫時都可以設法彷彿認辨，卜兆的形狀，也可以依樣摹繪；又摹寫時倘能影單拓本，比勘原版爲之，更使他逼尚逼真。關於拓印，我們覺得最好是兼及於照片、拓本、摹寫，採取"三位一體"的辦法。其次，以拓本爲主，原物重要的兼及照片，字跡不清的，並及摹寫。

此爲二十八年以前作者的看法，到現在並未變易。已竟照這樣做而可以稱許的，舉一個實例，要算日本的甲骨學者貝塚茂樹先生。他在1953年（昭和二十八年）《甲骨文斷代研究法之再檢討》一文中（刊入《東方學報》23册），所舉卜辭，即用三位一體之法，有拓本，有摹寫，附以解文，間有照片，極爲清楚。

甲、照片

據胡厚宣君《甲骨學論著目錄》，其第貳"著録之部"，分爲三項，一爲影照，二爲墨拓，三爲摹録。其第二項收入著録凡八種，但書成於1952年，近年新出之書，尚有缺略。照相之術，近今日形精良，較之數年前，更爲進步，計流傳甲骨實物，摹録最易，但須有素養，有耐性。墨拓最難，因須有訓練，又須技巧，甲骨易損，尤非有細心耐性不可。照像似屬較易爲力。但過去照像影印，亦頗需財力，影印之書，必價高於墨拓摹録之書，亦爲事理之常。甲骨文字最早之影印本，雪堂倡之，首以其《殷虛書契菁華》付印，因此書四大肩胛骨及一部分

小片，皆脆薄不敢墨拓，恐損實物而已。書成於民國三年，日本帝室博物館出版。鼎堂《卜辭通纂》，因無拓本，亦曾收錄日本所藏之影片，入於本書"別二"。其餘皆附見於各種關係書中，並無大量之書。

影照實物，可以見甲骨正面之卜兆形狀反面鑽與灼之真象，甲骨全形，亦可一目瞭然。

乙、墨拓

墨拓甲骨實物，大多數卜辭文字，清晰可辨，此在乎拓工之技巧，對於筆劃纖細之字，尤易模糊。拓本刊印之最早者，爲劉鶚氏之《鐵雲藏龜》，原爲石印，拓與印皆欠精良，讀者苦之。胡君收"墨拓"一項之書，共爲四十二種，猶未入近數年出版各書。過去拓本之付印者，有兩大弊病，一是版片甚大，僅拓有字部分，二是雖已將原物拓全，編排時，每每剪截去無字之邊緣，以致復原時無法接兌。尚有墨拓不能清晰之字，最好附以摹錄，否則不免給讀書留下許多遺憾。

丙、摹錄

胡君收入"摹錄"之書凡十三種。最早者爲 1917，即民國六年，坎拿大故友明義士（James Mellon Menzies）所印之《殷虛卜辭》（*Oracle Records from the Waste of Yin*），明氏此書，摹寫文字，繪畫甲骨輪廓，均甚粗疏，作爲一種卜辭之鈔本看而已。最努力之摹錄甲骨文字者，當推美國人方法斂氏（Frank H. Chalfant）。他曾在山東濰縣作牧師時，搜輯甲骨卜辭甚多，且有見必錄，有錄必誠，他在 1914（民國三年）病故之後，經他的好友白瑞華（Roswell S. Britton）氏把他的遺作，編成幾本專書發表，計有《庫方二氏藏甲骨卜辭》1935（民國二十四年），《甲骨卜辭七集》1938（民國二十七年），《金璋氏所藏甲骨卜辭》1939（民國二十八年）。方法斂氏，雖對於甲骨文字，在專心研究之途中，尚不能判別真贗，但摹繪版片，力求真實，凡齒縫，卜兆可見者，均能繪出。許多原物現藏於英國，學人未獲寓目，僅從摹本中，亦可以見其一斑，這是值①得稱許的。

1956 年，嚴一萍君曾負責刊印作者之《殷虛文字外編》行世，此書同時於拓本之外，加以摹錄，並注釋文於其旁。因此稿大部分皆係拓本，小部分雖曾見實物，編錄時，余方服田野考古之役，未能影照實物，故猶不免缺欠照片之遺憾，

---

① 編者按："值"，原文誤作"置"，今徑改。

而卜兆亦不見於拓本，未能摹出，此皆吾人所應注意者。同年香港大學饒宗頤君，亦曾以在法國巴黎所見甲骨，摹錄刊印名曰《巴黎所見甲骨錄》，對於原物觀察精審，摹繪細心，考釋尤臻完美。饒君更在香港大學1956年出版之《東方文化》三卷一期上，發表他訪問日本時，在東京所見之甲骨資料，題曰《日本所見甲骨錄（一）》。此乃東京大學考古研究室所藏甲骨文字。全爲精良照像，附有摹錄之片，蓋此批猶未經墨拓著錄也。考釋亦極精博。對於流傳甲骨資料之努力，在香港爲甲骨學者中乃最有貢獻之一人也。

五、今後之瞻望

甲骨學是一門嶄新之學問，雖然發現甲骨，到現在已經過了六十年，但是，我的看法，這門學問，整理工作，還未能完善，研究工作還是初入門徑，分門別類去作，需要人力，財力，時間尚多，一時是得不到正確的結論的。近來，在許多討論中國古文字學的場合之下，我總是對於青年學者，勸告他們，注意於所見甲骨文字，而設法使之流傳。無論摹寫、墨拓、照像，總使任何一片甲骨文字，得以流傳下來，不致於隨實物而趨於毀滅之一途。這是我嘗講的幾句老話，現在的願望，亦復如此。

對於以後發表研究甲骨文字的論著，我也希望作者把引用的材料，附以插圖，入於文中，使讀者免去翻求原書之苦，尤其是在不易找到原書的現在情形之下。抗戰期間，我在四川南溪李莊寫《殷曆譜》時，就注意到這一點，雖然未能全部實現，可是大部分都把摹寫的片子，插入石印本子上面了。因爲《殷曆譜》是我手寫石印的，也只有摹寫石印，因而沒有拓本同照像。現在印刷方便，所以希望拓、照、摹任何一種，都可以附入。

過去，在南京，我曾試驗過灼兆於新龜甲之法，因而知道卜字之取音同字形，就注意到卜兆的兆紋左向右向，和卜辭中的卜字，完全相同。在臺灣、香港皆曾採購牛肩胛骨，但是僅仿卜骨的形狀、做過樣本，並未做完全套工作。今後更擬：

1. 購買新的龜甲和牛骨。
2. 完全依照殷代甲骨的做法，從頭做起，直到刻上文字爲止。

我們要完全仿製成殷代甲骨的逼肖標本，這其間，用毛筆書寫，用銅鋸、銅刀刮

削契刻，必將可以得到更多的實際上對於殷代文化的瞭解。實物研究，可以說至此止步了。至於殷代歷史文化之全盤研究，更是千頭萬緒，有待於治此學者的共同努力了。

一九五八年十二月五日戊戌歲十月壬辰朔，廿四日乙卯寫訖於南港

原載《"中央研究院"歷史語言研究所集刊》第 29 本下，1957 年；收入《董作賓學術論著》下冊，臺北世界書局，1962、1967 年再版本；又收入《董作賓先生全集·甲編》第 3 冊，藝文印書館，1977 年；又收入劉夢溪主編：《中國現代學術經典·董作賓卷》，河北教育出版社，1996 年；又收入宋鎮豪、段志洪主編：《甲骨文獻集成》第 34 冊，四川大學出版社，2001 年。今據前者收入。

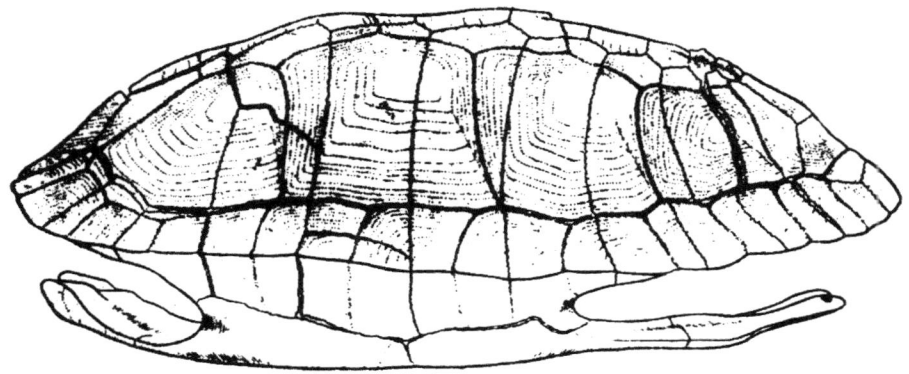

圖版壹：安陽田龜・全甲側面圖

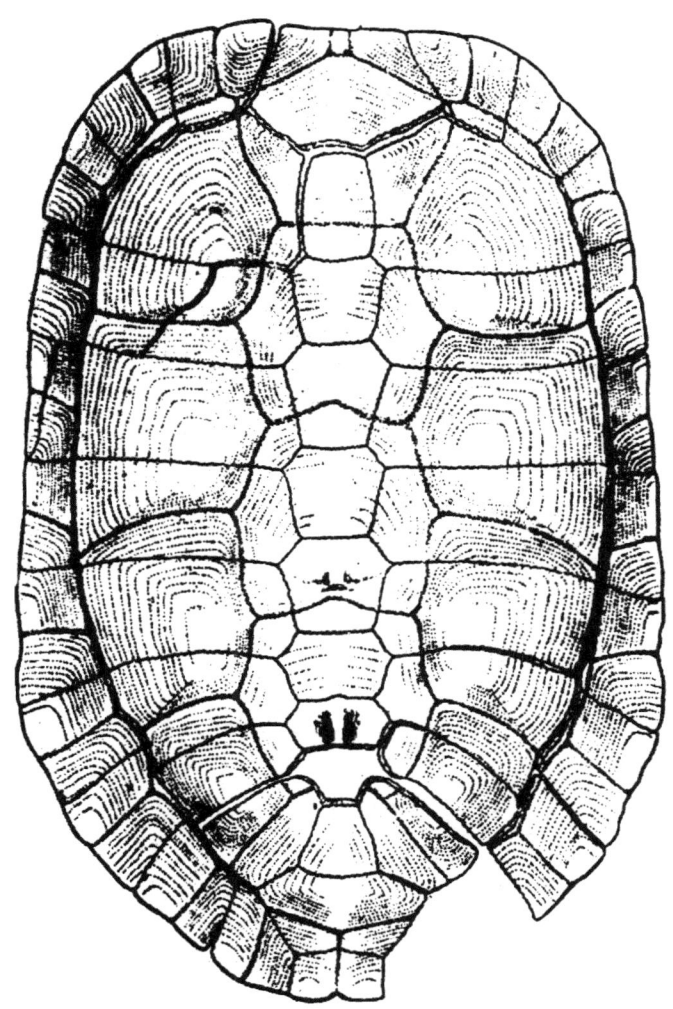

圖版貳：安陽田龜・背甲

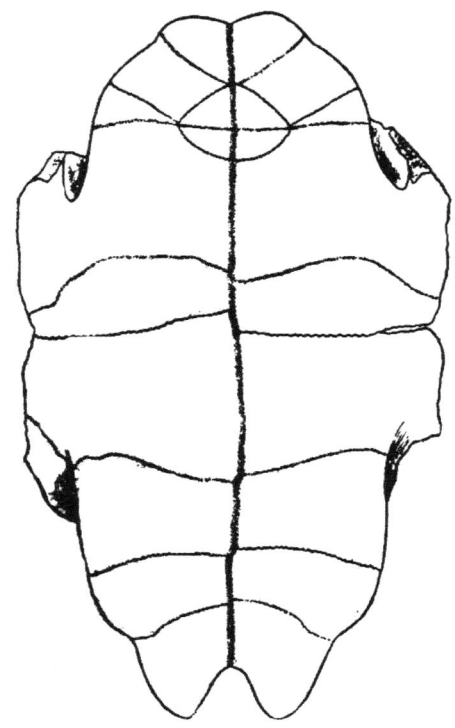

圖版叁：安陽田龜・背甲

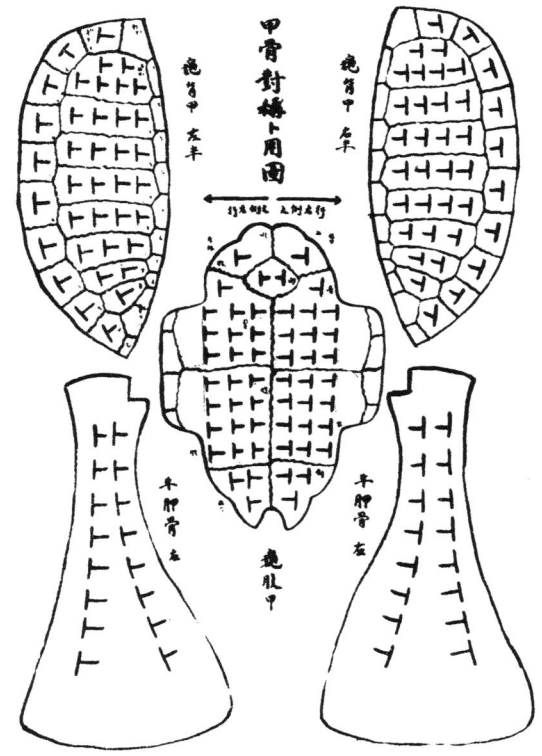

圖版肆

張秉權

論成套卜辭

一、何謂成套卜辭
二、成套卜辭的由來
三、成套卜辭的種類
四、成套卜辭的價值

一、何謂成套卜辭

什麼是成套卜辭？成套卜辭是指甲骨上的那些可以結合數條而成爲一套的卜辭。換句話説，成套卜辭是由甲骨上的那些在同一天内占卜同一事件而連續契刻在若干卜兆之旁的若干條辭義相同而序數相連的正問或反問卜辭組合而成的。譬如：《中國考古報告集之二，小屯，第二本，殷虚文字丙編》（以下簡稱《丙編》）圖版伍，拓片五的第（1）（3）（5）（7）（9）辭是一套正問的卜辭；第（2）（4）（6）（8）（10）辭是一套反問的卜辭，這二套合起來可以説是一組對貞的成套卜辭，實際上，其中第（3）（5）（7）（9）等辭不過是第（1）辭的重復契刻而已；同樣地第（4）（6）（8）（10）等辭也不過是第（2）辭的重復契刻。又如：《丙編》圖版壹壹、拓片一二；圖版壹叁、拓片一四；圖版壹伍、拓片一六；圖版壹柒、拓片一八；圖版壹玖、拓片二〇等版上的第（1）辭是一套正問卜辭；第（2）辭是一套反問卜辭，這二套合起來是一組對貞的成套卜辭。它們各由五版大小相似的龜腹甲上的五條同文而序數相連的卜辭結合而成的。又因那五版上的第（3）（4）（5）（6）（7）（8）（9）（10）等卜辭也都各自成套，所以又稱那五塊龜腹甲爲成套的腹甲，如

果這樣的情形發生在胛骨上，自然也該稱之爲成套的胛骨，可是我們還沒有發現那樣完整的成套胛骨，不過成套的卜辭分別刻在若干塊不同的胛骨上的事實是有的，譬如《丙編考釋》(p.29)插圖壹所舉的：《福》11＋《契》71、《前》4·24·1、《後》上16·11、《前》2·24·3等四版胛骨上的卜辭是成套的，不過這些胛骨殘缺的部分太多，而又沒有一版是比較完整的，無法推測它們的卜辭是否全是成套的，所以也無法推測它們是否爲成套的胛骨。又如：

《獸》2·9·6	〔癸〕丑卜，殼貞：勿隹王正〔口〕方，下上弗若，不我其受〔又〕?四
	癸丑卜，殼貞：勿隹王正〔口〕方，下上弗若，不我其受又?四
《佚》116	〔貞〕：勿隹王正〔口〕方，下上弗若，〔不〕我其〔受〕又?五
	癸丑卜，殼貞：勿隹王正〔口〕方，下上弗若，不我其〔受〕〔又〕?五

《獸》2·9·6版和《佚》116版也是兩塊胛骨的殘片，僅存骨臼附近的一小部分，其上卜辭各爲該套卜辭中的第四條；《佚》116上者爲第五條，這二套卜辭的第一、二、三條均已佚失，無法查考。但這一套分刻在五塊胛骨上的卜辭，則可由上舉二片殘骨得到證明。因此，我們似乎可以這樣地說：成套卜辭刻在胛骨上的，有時也可分刻在五塊不同的胛骨之上，正和龜腹甲上的情形相似。成套卜辭與成套腹甲的名稱，是我在拙著《卜龜腹甲的序數》中提出來的①，我不知道用成套二字是否能夠充分地表達出甲骨上的這些事實來，而使讀者可以獲得一個清晰的印象，但是我自己總覺得用成套二字還沒有表達出我所想要表達的意念來，不過到目前爲止，尚未找到更恰當的名稱，所以我這篇文章裏還是沿用成套二字。在《卜龜腹甲的序數》裏，我曾說打算寫一篇"成套卜辭與成套腹甲"幾年以來，似乎還沒有一個交代，那是因爲我的計畫已經中途稍有改變，有關這方面的材料，大部分都已收在《殷虛文字丙編》裏了，該書的一部分已經問世，其餘的也將絡續發表，所以那篇文章似可不必再寫了，但是也有一些意見是《丙編考釋》所無法容納的，因此我想在這裏提一提，本文的目的是討論一些有關成套卜辭的性質，由來，種類及其功用和價值等問題。

---

① 見《集刊》第二十八本《慶祝胡適先生六十五歲論文集》pp.229—271。

二、成套卜辭的由來

　　甲骨上面何以會有所謂成套的卜辭？這問題追溯起來，就要問到甲骨上面何以會有卜辭？《周禮‧春官‧宗伯》說：

　　　　凡卜筮，既，則繫幣以比其命。歲終則計其占之中否。

鄭氏《注》云：

　　　　杜子春云：繫幣者以帛書其占，繫之於龜也。玄謂：既卜筮，史必書其命龜之事及兆於策，繫其禮神之幣，而合藏焉。《書》曰：王與大夫盡弁，開金縢之書，乃得周公所自以爲功代武王之說，是命龜書。

這是一段敍述周代占卜之事的記載，將這一段記載和甲骨刻辭的情形作一對比，我們可以相信《周禮》所說的話，並非出於想像，而是在敍述一種從殷商時代所演變而來的制度。同時也可以明白甲骨刻辭的由來了，甲骨上的卜辭，正是爲了"書其命龜之事"而刻的，其目的，無非爲了便於"計其占之中否"，不過那時候他們並不以帛或策來書其占，而是直接將命龜之事及占兆之辭刻在甲骨上的卜兆旁邊，也無須等到歲終纔來計其占之中否，只要所卜的事情一旦分曉，立刻便將記驗之辭刻在卜辭及占辭後面，例如：

　　　　甲申卜，殼貞：（帚）好娩㚤？王固曰：其隹丁娩，㚤。其隹庚娩，弘吉。三旬㞢
　　　　一日甲寅娩，不㚤，隹女。一
　　　　甲申卜，殼貞：帚好娩不其㚤？三旬㞢一日甲寅娩㐁，不㚤。隹女。一

（《丙編》二四七）

其中"甲申"是記卜日，"殼"是記貞人，"帚好娩㚤"和"帚好娩不其㚤"是記命龜之事，事情雖祇一件，但是他們的習慣，往往同時要從這件事的正反兩面去卜問，所以又成了二個對立的問題，這就是正問與反問的對貞卜辭。"王固曰：其隹丁娩，㚤。其隹庚娩，弘吉。"是記占兆之辭，通常這類占兆之辭，每事只記一遍，而以記在甲骨反面的相當部位者爲多，這一版是記在甲骨的正面，緊接着卜辭。"三旬有一日甲寅娩，不㚤，隹女。"是記其占之中否之辭。通常這一類的記載，只附記在對貞卜辭的某一條下，而這一組對貞卜辭，却在右均附記驗之

辭，是一特例。"一"是序數，是記此一卜兆占灼的次第的，因爲這件事在那時祇正反地占卜了一次，所以只有左右二個卜兆，正問在右邊占卜，反問在左邊占卜，灼過之後，就在這二個卜兆的左或右上端各記以序數"一"，以便日後的查考。又如：

　　丙辰卜，殼貞：我受黍年？一二三四五

　　丙辰卜，殼貞：我弗其受黍年？一二三四上吉五　　　　　　　　（《丙編》八）

關於這一件命龜之事，連續地正反各貞卜了五次，所以左右各有五個卜兆，每兆之旁，各以"一""二""三""四""五"等數字記之。以標明它們的占卜次第，這左右二排卜兆，自上而下，佔滿全甲，所以卜辭也在這二排坼兆的外側，自上而下的刻着，表示在它旁邊的坼兆，是爲此事而卜的。又如：

　　戊午卜，㐬貞：般往來亡囚？一二三四五上吉

　　貞：般往來其㞢（囚）？一二上吉三四〔五〕　　　　　　　　　（《丙編》一三〇）

這一版刻辭的情形，和上舉那版相似，不過卜辭刻在卜兆的內側，即中縫的二邊，自上而下。這些都是貞一事於一龜的情形。而且那些龜甲上也祇貞了那麼一件事情。所以無論卜辭怎樣刻法，都還不會弄混。但是有些時候某一甲骨，在用過一回之後，說不定過了若干日子，還會取出來再用，如果一條卜辭佔盡了甲骨上的篇幅，則下次用時，便將發生困難了，而且若干較大的龜甲的篇幅也非一條卜辭所能佔盡。所以有些龜甲上的刻辭，並不按照上述之法，而是將命龜之事重復地刻在每一卜兆之旁，例如《丙編》五：

	右　邊	左　邊
(1)	庚子卜，爭貞：西史旨亡囚古？一	庚子卜，爭貞：西史旨其㞢囚？一
(2)	貞：西史旨亡囚古？二	西史旨其㞢囚？二
(3)	貞：旨亡囚？三	旨其㞢囚？三上吉
(4)	旨亡囚？四	其㞢囚？四不悟
(5)	旨亡囚？五不悟	其㞢囚？五

於是一件命龜之事的記載，有了五次記錄，這五次記錄，我們就稱之爲成套的卜辭，又如《丙編》一三二：

	右　邊	左　邊
(1)	□（寅）卜，殼貞：般亡不若？不䧅羌？一上吉	貞：龍亡不若？不䧅羌？一
(2)	貞：般亡不若，不䧅羌？二	貞：龍亡不若？不䧅羌？二

(3) ｜貞：般亡不若(不)〔羍〕〔羌〕？三　　　　　　　｜貞龍亡不若,不羍羌？三

(1) ｜般其羍羌？一　　　　　　　　　　　　　　　　｜龍其羍？一
(2) ｜其羍？二　　　　　　　　　　　　　　　　　　｜其羍？二

這一版上有二套卜辭，也都是每一卜兆之側均有重復契刻的卜辭。成套的卜辭，大概都是這樣地形成的，上舉數套，都是些明白清楚的例子，在那種情況之下，可以分刻數條而成爲一套卜辭，也可以只刻一條卜辭，查考之時，都還不至纏夾不清，但是在有些龜甲上，卜辭和卜兆的分佈情形比較複雜，那就非刻一套卜辭不可，否則在事後便無從稽考了，例如《丙編》四一：

　　　　　　　右　邊　　　　　　　　　　　　　　　　　左　邊
(1) ｜丙子卜,殸貞：今來羌率用？一　　　　丙子卜,殸貞：今來羌勿用？〔一〕上吉
(2) ｜貞：今來羌率用？二　　　　　　　　　〔二〕〔三〕
(3) ｜今來羌率用？三

(1) ｜貞：祖乙薛王？一二　　　　　　　　　貞：祖乙弗其薛王？一二
(2) ｜貞：祖乙薛王？三四五　　　　　　　　貞：祖乙弗其薛王？三四五

又如《丙編》九〇：

　　　　　　　右　邊　　　　　　　　　　　　　　　　　左　邊
(1) ｜丁巳卜,王,余勿悟肜？一二　　　　　　丁巳卜,王,余勿悟肜？一二
(2) ｜丁巳卜,王,余勿悟肜？三　　　　　　　丁巳卜,王,余〔悟〕〔肜〕？三
(3) ｜丁巳卜,王,余勿悟肜？十月。四五　　　丁巳卜,〔王〕,余悟肜？四五

它們的卜兆，並不集中在一塊地方，而且毫無規律地分佈在龜版的上中下各部，又和另一些事件的卜兆混在一起，如果這些卜兆的旁邊，沒有卜辭來加以注明，日子一久就無法稽考它們是屬於那一事件所占卜的事項了，如果卜兆的頂端，沒有序數，也就無法查出那一卜兆先占，那一卜兆後占的了。爲了便於"計其占之中否"起見，就不得不在卜兆之旁，一一刻上卜辭，於是在甲骨上就出現了成套的卜辭了，而在這種情形之下，成套的卜辭，顯屬必要，這也就是成套卜辭的主要起因吧。

三、成套卜辭的種類

　　成套卜辭的種類，究竟有多少？這要看分類的標準而定，而分類的標準又有以甲骨或以卜辭的不同。如果我們以甲骨作爲分類的標準，則可以分爲下列四類：

　　（一）一套卜辭同在一版，而該版卜辭均爲成套者，例如：《丙編》五、《丙編》七、《丙編》八一、《丙編》八五、《丙編》一三二、《乙編》6299等版都是。

　　（二）一套卜辭散在各版，而各版卜辭均爲成套者，這一類的甲骨，也叫做成套甲骨。例如：《丙編》一二、一四、一六、一八、二〇等五版爲一套。《丙編》三四、三五、三六、三七、三八等五版亦爲一套。《丙編》二八，及其《考釋》（p.57）中的插圖肆與《丙編》三〇是一套中的第二、三、四辭，亦即第二、三四版（該套已經不全）。《丙編》七一、七三是一套中的第二、四兩版（該套已經殘缺）。《丙編》八〇及其《考釋》（p.113）中的插圖陸是一套中的第一、五辭，亦即第一、五兩版（該套已經不全）。

　　（三）一套卜辭同在一版，而該版卜辭並非均爲成套者，例如：《丙編》四一、《丙編》九〇、《乙編》6668、《乙編》751、《乙編》3212（其上祇有一條爲不成套的卜辭）等版均是。

　　（四）一套卜辭散在各版，在各版上所有的卜辭不盡成套者，這是另一形式的成套甲骨，例如：《丙編》（二二）《考釋》（pp.49—50）插圖貳，叁是一套中的第一、五辭，亦即第一、五兩版（該套已經殘缺不全）。《丙編》七六、七八是一套中的第二、三辭，亦即第二、三兩版（該套已經不全）。

　　如果我們以卜辭作爲分類的標準，則又可分爲下列二大類：

　　（一）同文的成套卜辭，即一套卜辭中的各條，所有的文字全部相同者，這一類的卜辭，又可分爲下列二種：

　　（1）同文而又同版者，即一套同文的卜辭，刻在同一甲骨之上，亦即一件事情的若干次占卜，均在同一甲骨上舉行者，例如：《丙編》九〇、《丙編》一七四等版都是。

　　（2）同文而異版者，即一套同文的卜辭，分刻在若干塊不同的甲骨之上，換句話說，也就是分刻在一套甲骨上者，亦即一件事情的若干次占卜，分別在一套

甲骨上占卜者，例如：《丙編》一二、一四、一六、一八、二〇等版是一整套。《丙編》七一、七三是一套中殘存的二版上的二辭。

（二）省文或異文的成套卜辭，即一套中的若干條卜辭，或詳或略，繁簡不一，而非全屬同文者，或者其中有若干字體書法不同，互出異文者，這一類的卜辭，如果從同文的觀點去研究，就沒有機會將它們復原成套的。於是它們便將成爲無法瞭解的，或意義含糊的，無法運用的廢料了。這類卜辭也可分爲下列二種：

（１）省文或異文而同版者，即一套互有詳略的卜辭，刻在同一甲骨上者，例如：《丙編》九八、《乙編》3212、《乙編》3389、《乙編》751等版都是。尤其《乙編》751版上的一組成套的對貞卜辭，情形最爲特殊，省文的卜辭，分佈在龜甲的正反兩面，也最撲朔迷離，令人難解，例如：

（1）｜貞亡囚？一　　　　｜其㞢囚一
（2）｜亡？一

中，其第二條對貞卜辭，只在右邊刻了半個"亡"字，又在齒縫之上，連文字也看不清楚，在我還沒有發現成套卜辭這一事實的時候，對於這樣的一個似有缺筆的文字，感到非常困惑，現在有了"成套"的觀念，這纔恍然大悟，發現了它與"貞：亡囚"一辭的關係，原來它應是個"亡"字，而其反面（《乙編》752）相當部位的；"亡囚"及其對貞卜辭"其㞢"都是這一"亡"字的注脚，也是這一套中的卜辭。

（２）省文或異文而異版者，即一套互有詳略的卜辭，分刻在若干塊不同的甲骨之上者，例如：《丙編》七六、七八，《丙編》二八、三〇及《丙編》（二八）《考釋》（p.57）插圖肆，《丙編》三四、三五、三六、三七、三八，《丙編》一二、一四、一六、一八、二〇等版上的一部分卜辭都是。

四、成套卜辭的價值

前幾年，我因整理卜兆序數而發現了卜辭有成套的現象，接着又找出了許多成套卜辭的實例，從同版同文的以至異版省文的，各式各樣的例證，日積月累，漸漸增多，於是成套卜辭的觀念，愈來愈清晰，成套卜辭的辭例，愈來愈豐富

了，運用這個觀念和這些辭例去整理那些雜亂無章的卜辭，有許多一向晦澀難懂而無法瞭解的卜辭，都可以豁然貫通了，它們的意義，不再是不可捉摸的了，因為成套的觀念像一根索鍊一樣，將它們和那些可懂的，容易明白的卜辭聯繫在一起，而使那些隱藏着的真義，顯露出來，於是這一批向來無法運用的材料，被成套的觀念點活了。但是成套卜辭對於卜辭研究上的貢獻，還不止此，現在讓我略述數點，並舉例說明於下：

（一）成套卜辭可以糾正以統計為基礎而研究卜辭中某些問題的人們的技術上的若干基本錯誤。關於這，我在《卜龜腹甲的序數》曾說：

由於成套卜辭和成套腹甲的發現，使我們對於卜辭的研究，在基本觀念上和方法上，都有了改變，在以前，研究殷代農業和氣候等問題的人們，往往以卜辭的條數或片數作為研究和統計的基礎，譬如在統計下雨次數的時候，便以貞雨卜辭的條數或片數來作為統計的單位，現在，我們可以知道，這種計算的方法，實在是大成問題的。如果我們忽略了卜兆序數，而僅以一條或一片卜辭，代表一次貞卜，那麼對於上述各例的成套卜辭，與成套腹甲上的卜辭，（它們原來是碎成數十塊的破片，現在我把它們拼兌起來了），在統計的時候，勢必重覆地加以計數，如此，則在統計的單位上，先已發生了嚴重的問題，所得的結果，就不能夠準確了，又如《乙編》3090版，是一塊完整的小腹甲，有一組對貞卜辭，是問"四月雨"的：

（1）戊子卜，殼貞：帝及今四月令雨？一二三四五(左邊)
（2）貞：帝弗其及今四月令雨？一二三四(右邊)

以卜辭計算，正反二條，以序數計算，正反共計九次，但是這祇是一個問題的正反二面的卜問而已。又如《乙編》6299版，是一塊略有殘損的大腹甲，其中有四組半（有一條卜辭缺損，但可根據辭例擬補）對貞卜辭，是成套的卜辭，是問"十三月雨"的：

（1）〔丁〕〔未〕〔卜〕，〔殼〕貞：今十三月雨？一(右邊)
（2）丁未卜，殼貞：今十三月不其雨？一(左邊)
（3）丁未卜，殼貞：今十三月雨？二(右邊)
（4）貞：十三月不其雨？二(左邊)
（5）貞：今十三月〔雨〕？三(右邊)
（6）貞：今十三月不其雨？三(左邊)

(7)〔貞〕：〔今〕〔十〕〔三〕〔月〕〔雨〕？四(右邊)

(8) 貞：今十三月不其雨？四(左邊)

(9) 今十三月雨？五(右邊)

(10) 今十三月不其雨？五(左邊)

以卜辭計算，正反十條，以序數計算，正反共計十次，但是這也祇是一個問題的正反二面的卜問而已，所不同的只是在這一版上，每個卜兆的旁邊，都有刻辭，而在前一版上，則僅將卜辭刻在所有的卜兆之旁，如果依照以前的人們的統計方法，則這二版上的"四月雨"與"十三月雨"的比率，將成爲二與十之比了，但在事實上，它們只是一與一之比，而其灼卜的次數，也只有九與十之比。

（二）成套卜辭可以校刊異文。譬如：《丙編》七一與七三是一套小腹甲中的第二、四兩版，每版均有六辭，其中除了第（6）辭中的一個字之外，餘均相同。今錄其辭如下：

《丙編》圖版陸陸　拓本號七一　(6)　貞：我舞雨？
《丙編》圖版陸柒　拓本號七三　(6)　貞：戎舞雨？

在卜辭中，"我"與"戎"沒有通用之例，我作 ；戎作 ，二字只差三橫，形體極爲相近，如果"我"字漏刻三短橫，便成了"戎"字，所以這二字當是形近而誤。又如：《丙編》一二、一四、一六、一八、二〇等五版是一套完整的大龜腹甲，第（6）辭的"沚戛"有異文如下：

《丙編》圖版壹壹　拓本號一二　(6)　辛未卜，殷貞：王勿隹戛从？一
《丙編》圖版壹叄　拓本號一四　(6)　辛未卜，殷貞：王勿隹沚(戛)(从)？二
《丙編》圖版壹伍　拓本號一六　(6)　辛未卜，殷貞：王勿隹沚戛从？三
《丙編》圖版壹玖　拓本號二〇　(6)　辛未卜，殷貞：王勿隹沚戛从？五

除了第四版（《丙編》一八）的第（6）辭殘缺，其餘各版大致完整，只有第一版（《丙編》一二）稱戛，其餘均作沚戛，而其對貞的第五辭，亦均作沚戛，可知戛即沚戛之省稱，在《丙編》二八與三〇版（一套中之第三、四兩版）上也有這樣的情形。又如：《丙編》三四、三五、三六、三七、三八等五版是一套大龜腹甲，其第（3）（4）辭中的"賓"字有異文，除了《丙編》三八作 而外，餘皆作 形。

（三）成套卜辭可以分別章句，剖判混沌。在甲骨上有許多卜辭，往往很難區別它們的章句的，譬如胡厚宣《卜辭中所見之殷代農業》（三四頁）①所引的：

（四〇〇）丁酉卜，爭，貞乎甫(圖)秕于妇受出(有)年

（四〇一）旒眾殷甫耤于妇受年。(阮)

這就是《乙編》3212版上的成套卜辭，不過胡氏的（四〇一）辭，却將兩套中的二條不同的卜辭合而爲一，所以把"旒眾殷"作爲"甫耤于妇受年"的主語，而把應該作爲主語的"甫"字解釋成爲"乃象種禾于田之形"，現在把《乙編》3212版上的有關胡氏引所引的二套卜辭分錄於下：

（甲套）

右　邊　　　　　　　　　　　　左　邊

(1) 丁酉卜，爭貞：乎甫秕于妇受出年？一　　丁酉卜，爭貞：弗其受出年？一
(2) 甫耤于妇受出年？二三上吉　　　　　　　貞：弗其受出年？二三
(3) 受年？四　　　　　　　　　　　　　　　弗其受？四
(4) 貞：受年？五六　　　　　　　　　　　　弗受其出年？五六

（乙套）僅有右邊

(1) 戊戌卜，殷貞：旒眾殷亡囚┘告？一
(2) 旒眾殷？二
(3) 旒眾殷亡囚┘告？三四

這樣就可以一望而知胡氏誤將甲套中的右邊第（2）辭和乙套中的第（2）辭摻合在一起了。此外卜辭中也有以甫爲人名或地名的例子如：

庚辰卜，內貞：侯甫囚凡出疾？　　　　　　　　　　　　　　　（《佚》8）

☐子甫立？　　　　　　　　　　　　　　　　　　　　　　　（《乙編》5978）

乙亥☐貞：其☐醬衣亘冓雨？十一月，在甫魚。　　　　　　　　（《後上》31・1）

貞：其雨？在甫魯。　　　　　　　　　　　　　　　　　　　（《後上》31・2）

胡氏對於甲骨卜辭，功夫很深，造詣亦高，然而在辨章別句的時候，還不免有所違失，那是因爲他雖曾留意於同文卜辭，却沒有成套的觀念，難怪他不會發現這是二套中的二條卜辭。現在我們有了成套的觀念，像這一類的疑難，就可以迎刃而解了。

---

① 見《甲骨學商史論叢二集》上册。

（四）成套卜辭可以由繁知簡，觀微於著，譬如上舉《乙編》3212版上甲套中的第（3）（4）辭和乙套中的第（2）辭意義都很晦澀，如果單獨去看，就不易瞭解它們的真義何在，但是一經找出它們之間的成套關係，就可以從它們的第（1）辭中知道它們的真實意義了。又如：《丙編》九八的第（16）（18）和（17）（19）是一組對貞的成套卜辭：

　　　　　　　　右　邊　　　　　　　　　　　　　左　邊
（16）｜貞：王不禍示左？一上吉二　　（17）貞：示弗左王不禍？一二
（18）｜示左王？三　　　　　　　　　（19）示弗左？三

第（18）（19）二辭意義不顯，但是找出了它們與第（16）（17）辭的成套關係後，就可以明白它們所省去的部分了。又如同版的第（4）（5）（6）辭是成套的卜辭：

（4）貞：多介孽？一二
（5）介孽？三上吉四五
（6）介？六

其第（6）辭僅刻一"介"字，如果沒有找出它們的成套關係，根本就無法瞭解這是什麼意義。

（五）成套卜辭可以辨明缺筆。甲骨卜辭常有漏刻筆畫的情形，有修養的甲骨學者，固然可以一望而知，應為何字，所缺何筆。但是在成套的卜辭中，更加可以確定它們所缺的筆畫了，例如《乙編》3389：

　　　　　　　　右　邊　　　　　　　　　　　　　左　邊
（1）｜貞：呂其禽妾？一　　　　　　貞：呂不禽妾？一
（2）｜貞：呂其禽妾？二　　　　　　貞：呂不禽？二
（3）｜（貞）：（呂）（其）禽妾？三四五　貞：呂不妾？三四〔五〕

其右邊第（3）辭的"貞""呂""其"三字，都只有直畫而無橫畫及斜畫，由於成套的關係，我們就可以確定那是沒有刻完全的"貞""呂""其"三字。

（六）成套卜辭可以考察殷代占卜的制度，關於殷代的占卜制度，在文獻上，已經很難稽考，在甲骨實物上，可以看出一些，但是不多，現在由於成套卜辭的發現，又可提供我們一些資料，今略述如下：

（1）殷人有貞一事於成套甲骨的實例：《丙編》一二至二一與《丙編》三四

至三八是兩套相當完整的成套腹甲，各由五塊大小相似的龜腹甲組成，因此我們可以知道殷人有貞一事於數塊甲骨的習慣。而且在《丙編》三四至三八那一套腹甲上有兩套卜辭，其一是甲辰所卜，另一則爲乙卯所卜，這二個日子相隔至少在十天以上，但是每一次都是從第一塊卜到第五塊，所以它們留在甲骨上的序數，每一版只有一種，譬如《丙編》三四，無論甲辰或乙卯所卜，其卜兆的序數均爲"一"，可見這種成套甲骨，用的時候必須一起拿出來使用，收藏的時候也必須收藏在一起，像這樣的情形，如果沒有專人負責，恐怕很難辦到絲毫不亂，所以那個時候也許會有類似《周禮·春官·宗伯》中所說的"龜人""龜室"等的設置。

（2）成套甲骨通常由五塊（或少於五塊）大小相似的甲骨所組成，在目前的材料中似乎還沒有發現一套由六塊以上的甲骨所組成者，換句話說，我們還沒有看到過全版序數都是"六"或六以上的數字的完整甲骨。這一假設祇是就成套的甲骨而言。在同版上的成套卜辭，其序數有在"六"以上者，例如《乙編》3212、6299，均是。

（3）殷代已有數人共貞一事的實例，譬如：

  癸亥卜，大，即〔貞〕：王其田乎？   （《甲編》1274）

  癸亥卜，宁，❦貞：旬亡囚？   （《獸》1·26·11）

  癸未卜，爭，❦貞：旬亡囚？   （《粹》1424）

  〔癸〕〔未〕卜，爭，❦貞：旬亡囚？   （《獸》1·27·10）

  〔癸〕未卜，内，❦貞：旬〔亡〕〔囚〕？   （《獸》1·26·10）

都是數人共貞的例證，但是在那幾次占卜中，他們究竟怎樣地共同貞卜的？是每一次占卜都由二人共貞？還是其中的若干次占卜由一人擔任；其餘的若干次，再由另外的人擔任？諸如此類的問題，就無法深究了，可是成套的甲骨告訴我們所謂共貞，是由二人（或數人）分任其中的若干次貞卜的，例如《丙編》七六與《丙編》七八是一套大龜腹甲中的第二、三兩版（這一套腹甲，已經殘缺不全，今所存者，僅此二版），分別由爭與殼所貞，今舉其記有貞人之名的第（1）（2）兩辭於下：

  《丙編》七六　（1）丁未卜，爭貞：㞢正化受又？二

       （2）丁未卜，爭貞：㞢正化弗其受又？二

  《丙編》七八　（1）丁未卜，殼貞：㞢正化受又？三

　　　　　（2）丁未卜，㱿貞：㞢正化弗其受又？三

《丙編》七八的第（1）辭，原有殘缺，今年夏天，在我整理無字甲骨時，發現有一塊大龜的右腕腹甲，被土朽所覆蓋着，根據我們的經驗，凡是至今還留在甲骨上的土朽，多半是一些很難剔除的硬土，當時爲了恐怕損傷實物，所以將這泥土保存了下來，但是我對於這塊材料，放心不下，於是想盡了種種辦法，欲揭其覆，經過小心地剔除以後，果然現出了文字，正是我們踏破鐵鞋無處覓的那版可與《丙編》七八相合的碎片，從它們的折裂痕看來，可知其在出土以前，早已碎裂的了，這一版，我準備將來在《丙編》中再印一次，以饗讀者。由於第（1）辭的殘文的發現，可知其第（2）辭中的㱿字，決非爭字的筆誤，因此我們可以知道這一套至少是由二人共貞的，第二次由爭所貞，第三次由㱿所貞。又如《前》7·4·3與《佚》22是一套胛骨中的第一、四兩版（這一套殘缺更甚，即此二版，也只存很小的一部分了。）分別由爭與㱿所貞，其辭如下：①

　　《前》7·4·3　（1）辛卯卜，爭貞：勿令望乘先歸？九月。一
　　　　　　　　　（2）壬辰卜，爭貞：王叀沚戛从？一
　　《佚》22　　　（1）辛卯卜，㱿貞：勿令望（乘）〔先〕〔歸〕？〔四〕
　　　　　　　　　（2）壬辰卜，㱿貞：王勿叀沚戛〔从〕？四

第一次由爭所貞，第二次由㱿所貞。由於這些成套卜辭上的現象，我們可以推測到一些當時占卜的情形，同時也使我們相信《書·洛誥》的"我二人共貞"，《金縢》的"乃卜三龜"，《周禮·春官·宗伯》的"龜人掌六龜之屬……各以其物，入于龜室……若有祭事，則奉龜以往"等記載是有其歷史背景的。

　　　　　原載《"中央研究院"歷史語言研究所集刊外編》第 4 種上冊《慶祝董作賓先生六十五歲論文集》，1960 年；收入張秉權：《甲骨文與甲骨學》第九章，臺北"國立"編譯館，1988 年；又收入宋鎮豪、段志洪主編：《甲骨文獻集成》第 18 冊，四川大學出版社，2001 年。今據前者收入。

---

① 卜辭中有方括號者，其字原缺，有圓括號者，其字雖殘，尚可辨識。

金祥恒

034

釋 㠯

龜甲獸骨文字中常見𠂇與𠃌二字，學者多釋𠂇爲厷，𠃌爲㠯。今據《粹編》一一七八片"丁酉卜，亞畢𠃌眾涉于𠃌若"（圖一）與《後編》上一六、一〇"貞：王勿令畢𠂇眾伐舌方"（圖二），始知𠂇與𠃌爲一字而𠃌乃𠂇之媠，昔釋爲二字，非也。其例甚夥，今就"以羌"爲例，以作𠂇如：

貞㞢𠂇羌　　　　　　　　　　　　　　　　《乙》六八八三
辛丑卜𠁩貞：侑𠂤殷𠂇羌
貞：侑𠂤殷，不其𠂇羌　　　　　　　　　　《乙》六三七三
☐未卜，殼貞：疾，𠂇羌　　　　　　　　　《乙》六四四六
貞：勿㞢𠂇羌　　　　　　　　　　　　　　《前》六、六、四　（圖三）

而以作𠃌者，如：

且乙，豕𠃌羌　　　　　　　　　　　　　　《乙》八六五〇
豕𠃌羌　　　　　　　　　　　　　　　　　《乙》八六
癸（未）（貞）又𠂇且乙宰，翌日
丁亥貞：用𦎫乘𠃌羌自報甲。
丁亥貞：一用于父丁。　　　　　　　　　　《佚》八七五
戊午貞：叔，多宁𠃌羌，自報甲　　　　　　《續》一、四、五
丁卯貞：𢖳𠃌羌，用，其自報甲鑒，至于父丁。
丁卯貞𢖳𠃌羌于父丁。　　　　　　　　　　《摭續》二
癸酉貞：射𢖳𠃌羌，田，自報甲于甲申。　　《粹》八一

就"以射"爲例，以作𠂇。如：

贞：𢎥不其㠯射　　　　　　　　　　　《林》二、三、一〇　（图四）
辛未卜贞：令虚㠯从𢽳人方我　　　　　《续》三、四一五　（图五）
勿令畢㠯三百射。　　　　　　　　　　《乙》七六六一
贞：勿令宁㠯射。
贞：令宁㠯荷戈

以作ㄥ者，如：

　　□子卜，令从𢆶ㄥ多射，若。　　　《库》三　（图六）

就以眾爲例以作㠯者，如：

　　壬寅卜，宁贞：王往㠯眾黍。　　　《前》五二〇
　　丁未卜，争贞，勿令畢㠯眾伐吕（方）《粹》一〇八二
　　贞：勿令畢㠯眾伐吕方　　　　　　《后》上一六、一〇

以作ㄥ者，如：

　　甲辰贞，畢ㄥ眾𢼛伐旨方，受又（祐）。《粹》一一二四
　　己卯贞：令𢼛ㄥ眾伐龍，戋。　　　　《库》一〇〇一　（图七）
　　田省ㄥ眾。　　　　　　　　　　　　《新》四五七三　（图八）
　　ㄥ眾𢆶　　　　　　　　　　　　　　《新》四五六〇　（图九）

就"以某示"爲例以作㠯者，如：

　　贞勿于河，㠯㞢示　　　　　　　　　《乙》七二八四

以作ㄥ者，如：

　　叀父示ㄥ
　　辛巳贞：ㄥ伊示
　　弜ㄥ伊示　　　　　　　　　　　　　《双剑誃》一九〇
　　取㚔ㄥㄓ示，迺𡥄方　　　　　　　　《前》六、六一、七　（图十）

就"以人"爲例，以作㠯者，如：

　　甲申卜亘贞：𢦏㠯人
　　贞于河求年　　　　　　　　　　　　《龟》一九六、三
　　辛卯卜，𢀛不其㠯人　　　　　　　　《甲》三〇一八
　　戊申卜，庚㠯人　　　　　　　　　　《甲》三三三二

以作ዔ者，如：

　　叀又劦日蒴又ᐟ，王受又（祐）

　　其日ዔ人ዔ

　　其日每

　　伐隻、卪、攻ዔ

《粹》一一六〇

蓋人ዔ乃ዔ人之倒文。甲文倒文之例多不勝舉。何以倒置，於語法有關，暫弗詳論。由是可知ᐟ殆即ዔ無疑矣。

目，《説文》："用也，從反巳，賈侍中説，巳，意巳實也，象形。"小篆之目，上承殷周金文甲文ዔ，而ዔ乃ᐟ之婿。許氏據賈侍中説，象意目實也。意目即《本草》薏苡，俗名薏米仁。林義光《文源》非之。ዔ不象薏苡實。段氏亦疑之，故其《注》改，"目意"爲"己意"，引《春秋傳》"能左右之曰以"。以"己意"聯下讀爲"己意巳實"。林義光《文源》以爲"始之本字，象物上端之形"。物上端之形究竟爲何，亦不詳言。徐中舒以爲耜云"ዔ，《毛公鼎》……ዔ姑囗句鑵當爲耜之象形字。甲骨文目作ዔ"（見史語所《集刊》第二本第一分《耒耜考》）。然甲文又作ᐟ者，則何以言之？或曰象人操耜形，則爲徐氏所釋之"耤"字矣。郭氏以爲象人手提攜什物之形，釋ᐟ爲挈字（見《甲骨文字研究・釋挈》）。丁山釋爲氏，云：大體説示是氏三字，在古代是音同字通的。且從卜辭看：

又云："所從二或一，是上帝的象徵，其所從丨，正象祭天杆杆旁之八蓋，象所掛之彩帛，示之本誼就是設杆祭天的象徵。如《清史稿・禮志四》，清初起自遼瀋，有設杆祭天禮，杆木以松，長三丈，圍徑五寸，若帝親祭，司俎挂净紙杉柱

上諸王護衛，依次扶之。"（見《甲骨文所見氏族及其制度》）丁氏釋󰎤爲丁之分化，其形懸殊，絕不可能，然󰎤究爲何物？象何形？夫字已成符號，與原始圖形，相距甚遠，莫可究詰，蓋"不知彊以爲知之者愚也"。祇得付之闕如，待後俊彥士矣。

以甲金文之字形而言，既不如許書所謂从反巳，又不象薏苡實，亦不若丁山謂示之分化，然其義許訓成用則是也。如《粹》一一七八片"丁酉卜，亞畢以眾涉于凶若"，郭氏云："亞殆爲畢之官職，殷有官職曰亞，周人沿襲其制。如《周頌·閔予小子之什·載芟》：侯主、侯伯、侯亞、侯旅。《尚書·牧誓》亞旅師氏。《酒誥》：百僚庶尹，惟亞惟服，蓋亞爲官職見於金文如《䭫毁》。諸侯大亞，《尚書·立政》：司徒、司馬、司空、亞旅。文公十五年《左傳》、宋司馬華孫辭文公曰：諸承命於亞旅。成公二年傳，司馬、司空、輿師、侯正、亞旅，皆受一命之服。"（詳《卜辭綜述·百官》章）亞之官職，殆至春秋而未革。畢殆爲武丁之小臣。󰎤郭氏釋《說文》古文囚。眾，象眾人在日下操作，此言亞畢于凶渡黄河，若《國語·魯語》："魯人以莒人先濟。"

　　貞王勿令畢以眾伐呂方　　　　　　　　　　　　《後》上一六、一〇
　　丁未卜争貞勿令畢以眾伐呂方　　　　　　　　　《粹》一〇八二

呂方之地望即《易·既濟·文辭》："高宗伐鬼方"之鬼方，王國維《鬼方昆夷玁狁考》云："我國古時有彊梁之外族，其族西自汧隴，環中國而北，東及太行常山間，中間或分或合，時入侵暴中國，而文化之度不及諸夏遠甚……因地殊號，至於後世，或且以醜名加之，其見於商周間者曰鬼方、曰昆夷、曰獯鬻，其在宗周之季，則曰玁狁，入春秋後，則始謂之戎，繼號曰狄，戰國以降又稱之曰胡、曰匈奴。"此卜王勿命令畢以眾征伐呂方也。

　　己卯貞：令󰎤以眾伐龍戈。　　　　　　　　　　《庫》一〇〇六

龍之地望不詳，或謂《春秋》《左傳》成公二年傳："齊侯伐我北鄙，圍龍"之龍，杜《注》："龍魯邑，在泰山博縣西南。"即今山東泰安縣東南五十里龍鄉城。󰎤爲武丁之臣，此卜王命令󰎤伐龍城，有戈禍也。猶《易·師封·彖》曰："能以眾正，可以王矣。"《左傳》桓公十四年："宋人以齊人蔡人、衛人、陳人伐鄭。"僖公四年："僖公謂屈完曰以此眾戰，誰能禦之。"《小盂鼎》："告曰：王□盂󰎤□□伐䣙方。"《粹》一一六四："己亥卜貞，󰎤以沚或

伐献，受又。"貞卜冎用沚國之兵征伐献也，猶《左傳》僖公四年："齊侯以諸侯之師侵蔡。"

亞以王族眔黃,乎王族出□□,亞唐東在□　　　　《誠》三五六
乙丑卜𠁁貞令羽眔鳴以🗡尹从𠂤茍叶事。七月。　　《前》七、二三、一①
僻以王族从。𠂤茍叶王事。六月。　　　　　　　《前》七、三八、二（圖十一）

王族殆即《楚語》上："楚師可料②也，在中軍，王族而已。"韋昭注云："族，部屬也。"《左傳》成公十六年，苗賁皇言於晉侯曰楚之良，在其中軍王族而已。古王事與古事，楊樹達《卜辭瑣記》釋爲"叶王事"云："《周禮·春官·大史》云大祭祀與執事卜日戒及宿之日與群執事讀禮書而協事。"又云："大同朝覲以書協禮事。"協事、協禮事，與甲文句例同協者，《說文》同眾之龢也。謂臣僻以王部屬隨從𠂤茍同心協力共付王事也。

叀多子族令从叶王事。　　　　　　　　　　　　《林》二二五、一七
己酉卜爭貞：收眾人，乎从𠂤叶王事五月　　　　《前》七、三、二
令多子族从犬眔𠂤茍叶王事　　　　　　　　　　《卜》五三八
叀（多）尹令从𠂤茍叶王事　　　　　　　　　　《後下》三八一

此乃卜徵召眾人評令从𠂤同心協力，共付王事，以許書訓以爲用於此無不意明。郭氏釋挈，訓提也。孫氏釋侣訓以也（見《契文舉例》下三三頁），華石斧釋氏也（見《文字系》象人第七），于氏釋氏，訓致，皆隔閡難通。以用牲爲例，如：

貞追弗其㠯牛　　　　　　　　　　　　　　　　《後》下、四〇、六
貞王㠯勿（鷩牛四于□用）　　　　　　　　　　《前》二、一八二（圖十二）
貞㠯牛五十　　　　　　　　　　　　　　　　　《前》③四、二五、四（圖十三）
貞：㠯牛五十　　　　　　　　　　　　　　　　《前》一、二九、一（圖十四）
貞：㠯牛　　　　　　　　　　　　　　　　　　《林》二、一六六（圖十五）
貞：勿用昇㠯羌　　　　　　　　　　　　　　　《前》六、六、四

---

① 編者按："七、二三、一"，原文誤作"七、三三、一"，今據實際出處徑改。
② 編者按："料"，原文誤作"科"，今徑改。
③ 編者按："前"，當作"續"。圖十三圖注亦誤，當同改。

庚子卜，王㠯匁吉　　　　　　　　　　　　《前》六、四七、一　（圖十六）

皆謂或卜用勿（犙）牛或卜用牲數，或卜用羌人或卜用牡牝也。

郭氏《釋挈》云："'貞：ㄉ牛五十'（《戩》二五、一），'王貞ㄉ其十牛'（《前》五、二六、一），案此則當讀爲駤牛之駤。《周禮·地官·草人》：'凡糞種駤剛用牛。'鄭注：'故書駤爲挈，杜子春挈讀爲駤。'挈之讀爲駤，陰陽對轉也。卜辭別有羊字，羅氏據《說文》觲垟字之字旁从羊爲駤之本字是矣。然謂《周禮·草人》駤字'故書作挈。與羊形近，殆羊字之譌'。則未免出於臆斷。今知卜辭ㄉ字已可假爲駤，則《周禮》故書之，挈字斷非譌字。"今以《前》二、一八、二"貞，王㠯勿牛四于☐，用"証之，勿牛者犙牛也，㠯如以郭氏釋，則爲駤犙牛，不詞矣。況卜辭有"㠯羌"，羌無駤可言。郭氏釋挈，其非無待言矣。羅氏謂《周禮》挈與羊形近而譌是也。

㠯訓用今以甲橋刻辭爲例：

旬㠯自　　　　　　　　　　　　　　　《林》二四、一〇　（圖十七）

邑㠯　　　　　　　　　　　　　　　　《契》三七七反

我㠯　　　　　　　　　　　　　　　　《新》二一六　（圖十八）

僭㠯　　　　　　　　　　　　　　　　《新》二一八　（圖十九）

㠯自　　　　　　　　　　　　　　　　《新》二二一　（圖二十）

以上各片雖爲一鱗半爪，殘缺過甚，以甲橋刻辭之例言之，㠯與取來示入气自等均屬動詞，其義或有小異。然㠯訓用，辭順意明。如《林》二四、一〇，旬用黽自某地來納貢也。猶《乙》六六七〇："屮來有壱㠯黽。"从壱納貢來之黽也。《庫》六二四"貞不其㠯黽"，貞卜不以黽納貢也。《戰後南北所見甲骨錄·輔大》一"貞僭不其㠯黽"，正是《新》二一八甲橋刻辭"僭㠯"之注腳，謂僭納黽也。再以《前》八、八、三，武乙文丁卜辭："庚辰令譏鳴來，譏㠯黽二若命。"可知朝廷用黽係向諸侯徵索而來。《續存》下五七：

貞：屮☐☐來王☐☐隹來☐☐，允至㠯黽黿八，黿五百十。　　　（圖二十一）

此殘片中間辭有缺損，但㠯黽黿八，黿五百十則甚明。《周禮·春官》黽人掌大黽曰天黽，曰靈屬，此靈屬殆即黿也。

以祭祀卜辭爲例，如《續》二、一、五：

丁未卜爭貞：勿复先㠯歲，改，在涂。　　　　　　　　　　　　（圖二十二）

歲者歲祭也。若《墨子·明鬼》篇引古云"吉日丁卯，周代祝社方歲于祖若考，以延年壽"，《洛誥》"戊辰王在，新邑烝祭，歲，文王騂牛一，武王騂牛一"之歲，殷商祭祀有彤，有叠，有裛，有翌、告、帝、鄉、奭等等，至爲繁複，凡祭祀前，必貞卜。故此片爲在涂貞卜弗再㠯歲爲先也。

以植黍爲例，如《前》五、二〇、二：

戊寅卜貞：王往㠯眾黍于囧　　　　　　　　　　　　（圖二十三）

此片貞卜王㠯眾人往囧植黍也，亦有王親自植者，如《續》一五三、三、加五九三："王黍于南。王勿黍。"

以田獵爲例，如《甲編》一一八九：

㠯罘芈又鹿允芈　　　　　　　　　　　　（圖二十四）

謂用罘禽鹿，允禽也。田獵禽鹿之法，有以弓矢射者，如《粹編》一〇一八："王其射鹿。"有以三驅逐者，如《粹編》九五五："自東西北逐沓鹿，亡戋。"此乃以網罟擒之也。《爾雅·釋器》："麋罟謂之罘。"

其餘如《前》七、三、一：

戊辰貞：翌巳亞气，㠯眾人𠂤□彔乎保我。　　　　　　　　　　　　（圖二十五）

郭氏釋𠂤："疑爲撞之初文，《說文》撞扣擣也。"（見《釋挈》）而釋㠯爲挈，《說文》："挈，懸持也。"則皆非此片貞問，翌日己巳亞气以眾人及𠂤圍彔城，令保我也。猶如《大鼎》："王乎善夫駛召大㠯氒（厥）友，人孜（衛）。"《毛公鼎》："小子師氏虎臣，雩（與）朕事，㠯乃族于吾（敔）王身。"《不嬰毁》："弗以我車㠯于毄。"《乙》七三八五："壬辰卜，亙貞：弗其㠯𢎥。貞：行㠯止自眾止邑。"《粹》二二一："壬寅卜，求其伐歸。叀北巫用廿示一牛二示羊㠯四戈歲。"《前》五、三九、六："貞其𠂤垂侯㠯雪，它，卯二牛。"《後下》三三、一二："㠯子𠦪臣于𢀩。"等等，以㠯釋之，無不可通也。

至於㠯之音讀，《說文》羊上切，《玉篇》余上切，《廣韻》羊己切，而甲骨文字殷商之音讀蓋多不詳。孫海波《甲骨文編》以《後》下三四、八片"乙万"云："㠯，乙字誤刻文。"今查原片，疑非誤刻，乃牛胛骨之裂紋似㠯者也。因拓片不明，難以遽斷。如非誤刻，則假借㠯爲乙也。

目字形體之演變，西北岡出土之《小臣𫊣毀》"辛丑小臣𫊣入禽圖，在𠭯目毀"之𠃊，與甲骨文第四期武乙、文武丁時同。高去尋先生疑爲殷商晚期之物，胡厚宣以爲帝乙帝辛時物，雖無定論，但爲殷代晚期之器，則可斷言。周代金文仍沿襲殷商作𠃊。如《舀鼎》："（舀）吏（使）乎小子𣪘目限訟于井叔。"《沇兒鐘》："虡吾目匽目喜，目樂嘉賓。"亦有假台作目者，如《齊大宰盤》："台（以）禰（祈）釁（眉）壽。"《陳逆簠》："羇（擇）乎吉金，台（以）乍（作）乎之配季姜之祥器。"或假辝爲目者，如《䜊鎛》："是辝（以）可吏（使）。"因台从目辝从台之故。秦石鼓《汧殹》"隹鱮隹鯉，可以橐之"仍作𠃊。三體石經《無逸》"以庶邦惟正之供"之古文亦然。惟篆書作𠤎，蓋周代金文《口侣鼎》以已作𠃊，乃系殷商甲骨𠃊字之分離譌變。後以爲似。古原爲一字。隸書如漢三體石經《易‧說卦》"艮以止之兌以說之"之以，唐開成石經作以，以譌爲正以後再不復書目矣。茲就其字形之演變，列表於後：

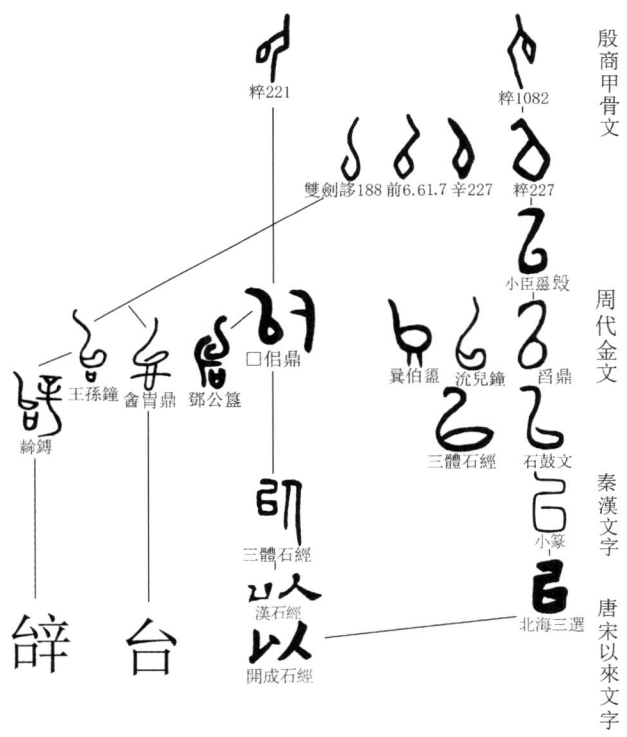

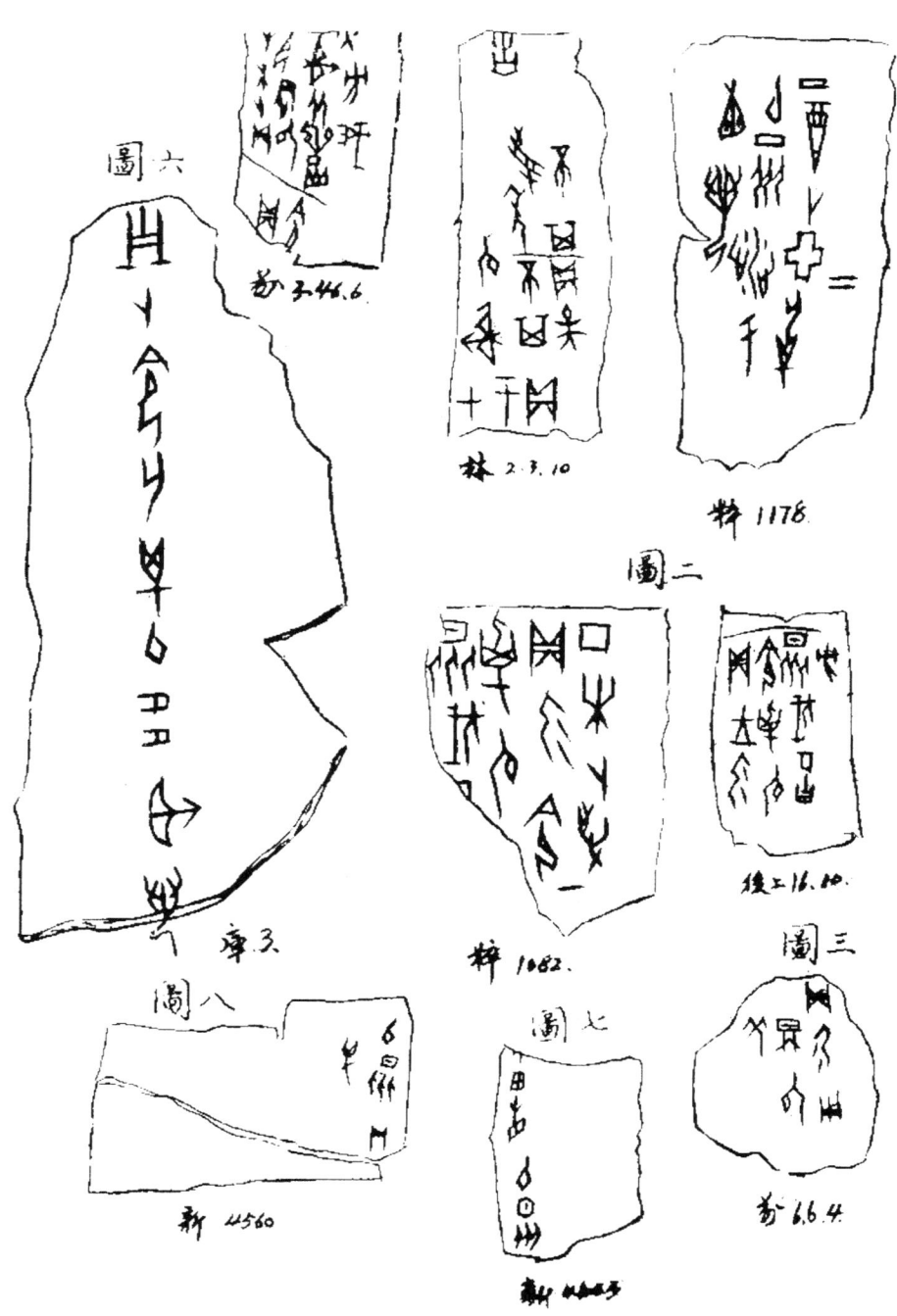

034 釋日 金祥恆 697

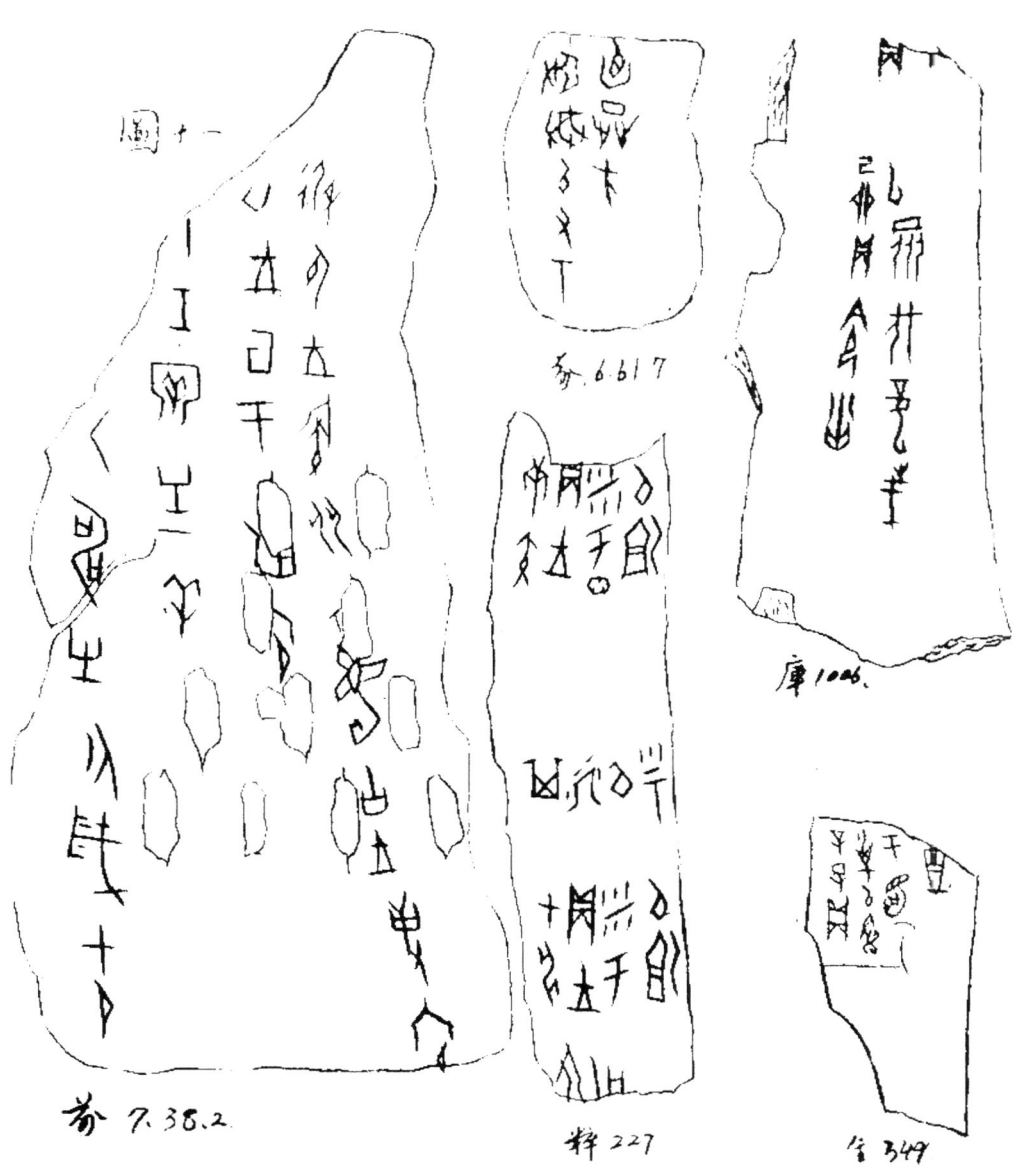

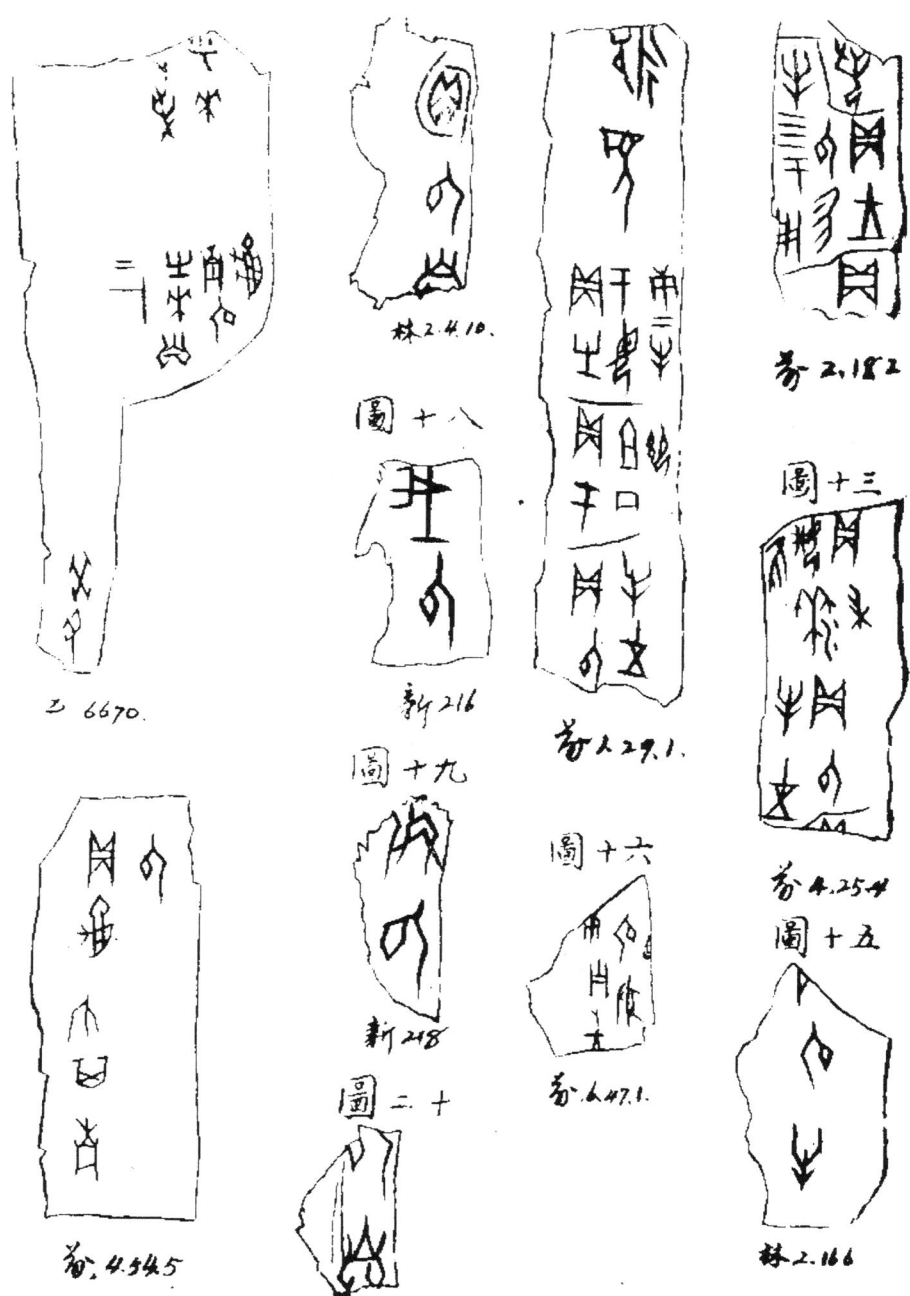

034 釋吕 金祥恒

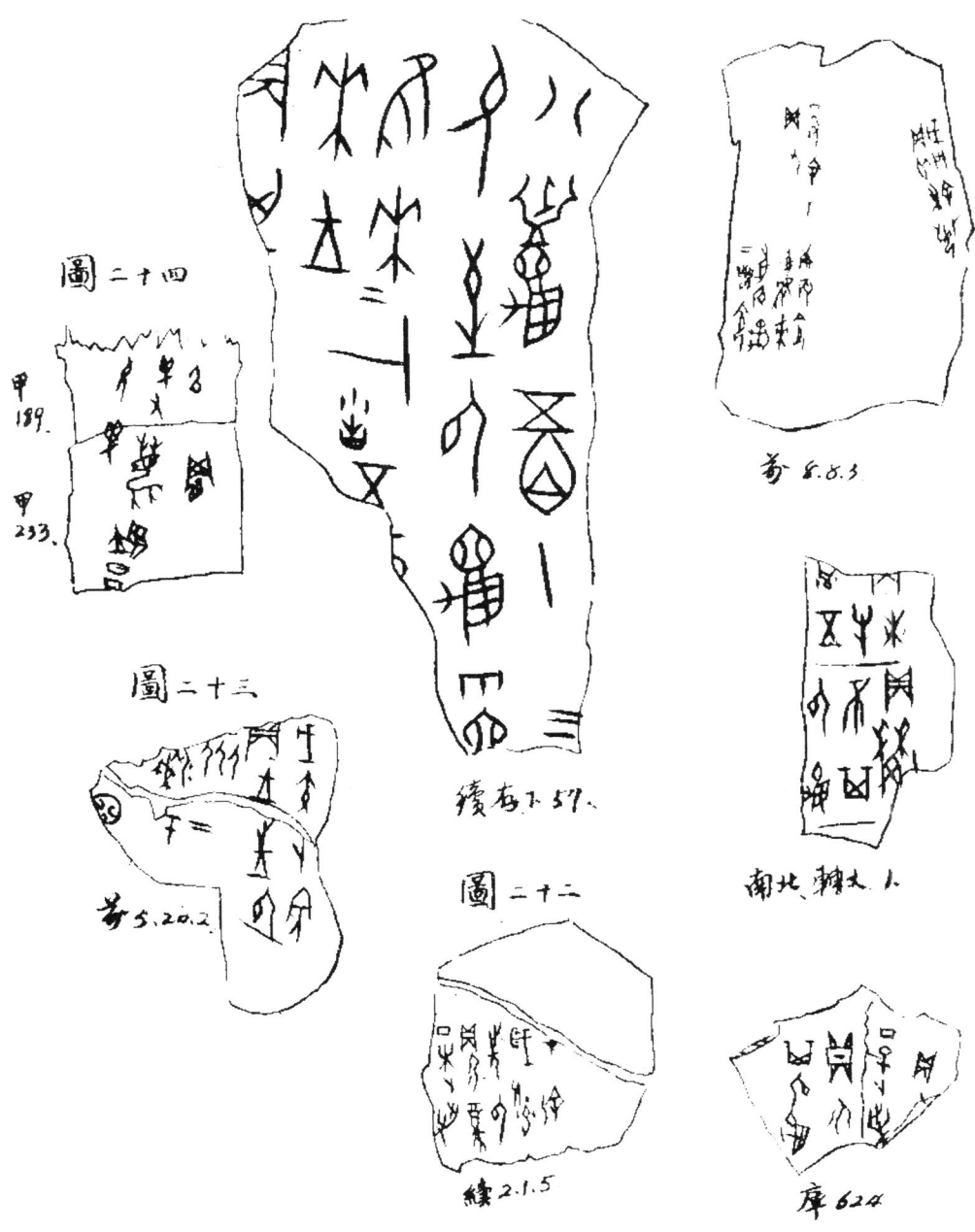

圖二十四
甲189.
甲233.

圖二十三
苓5.20.2

圖二十二
續2.1.5

續存下57.

苓6.8.3

南北·輔仁·八

庫624

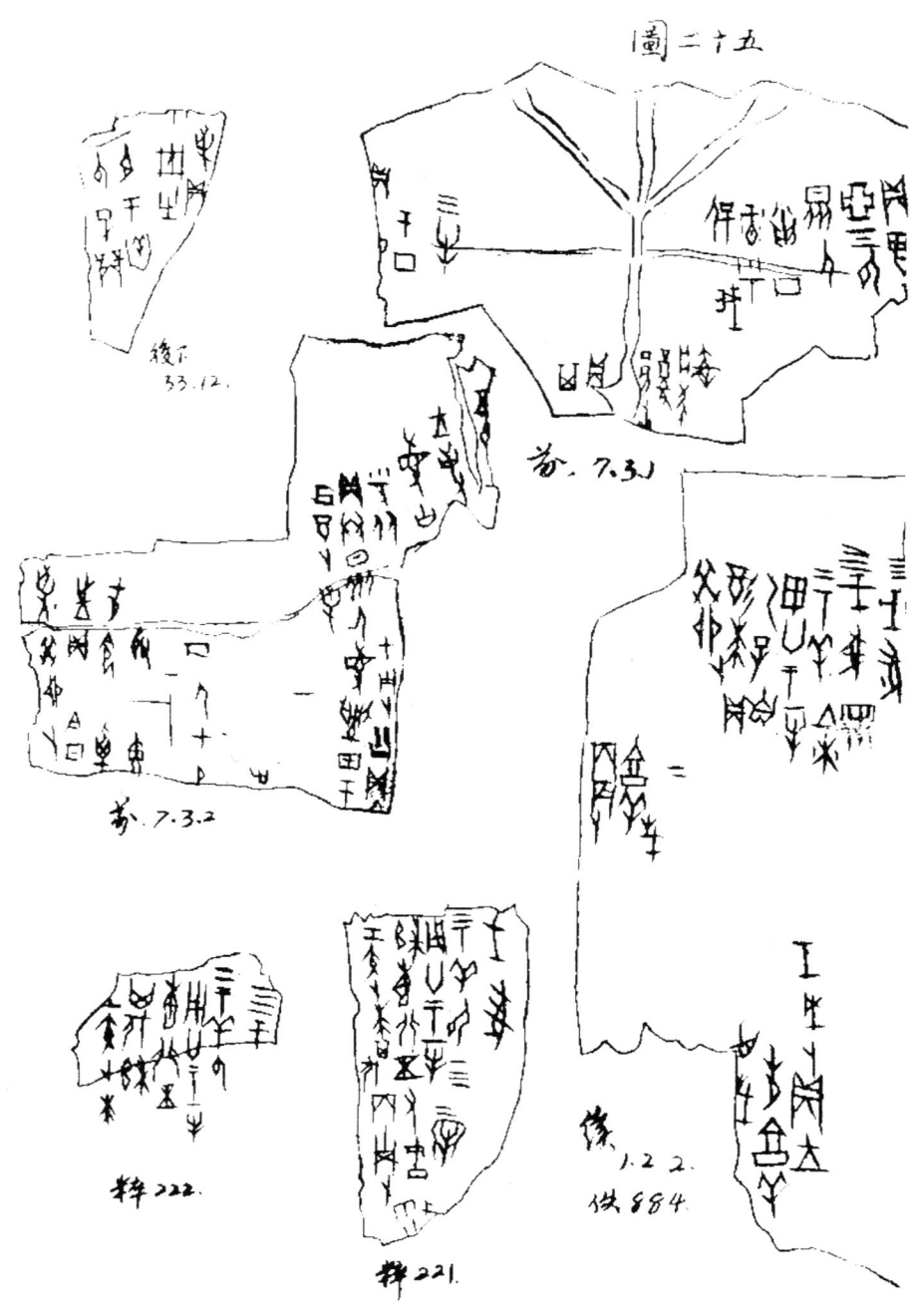

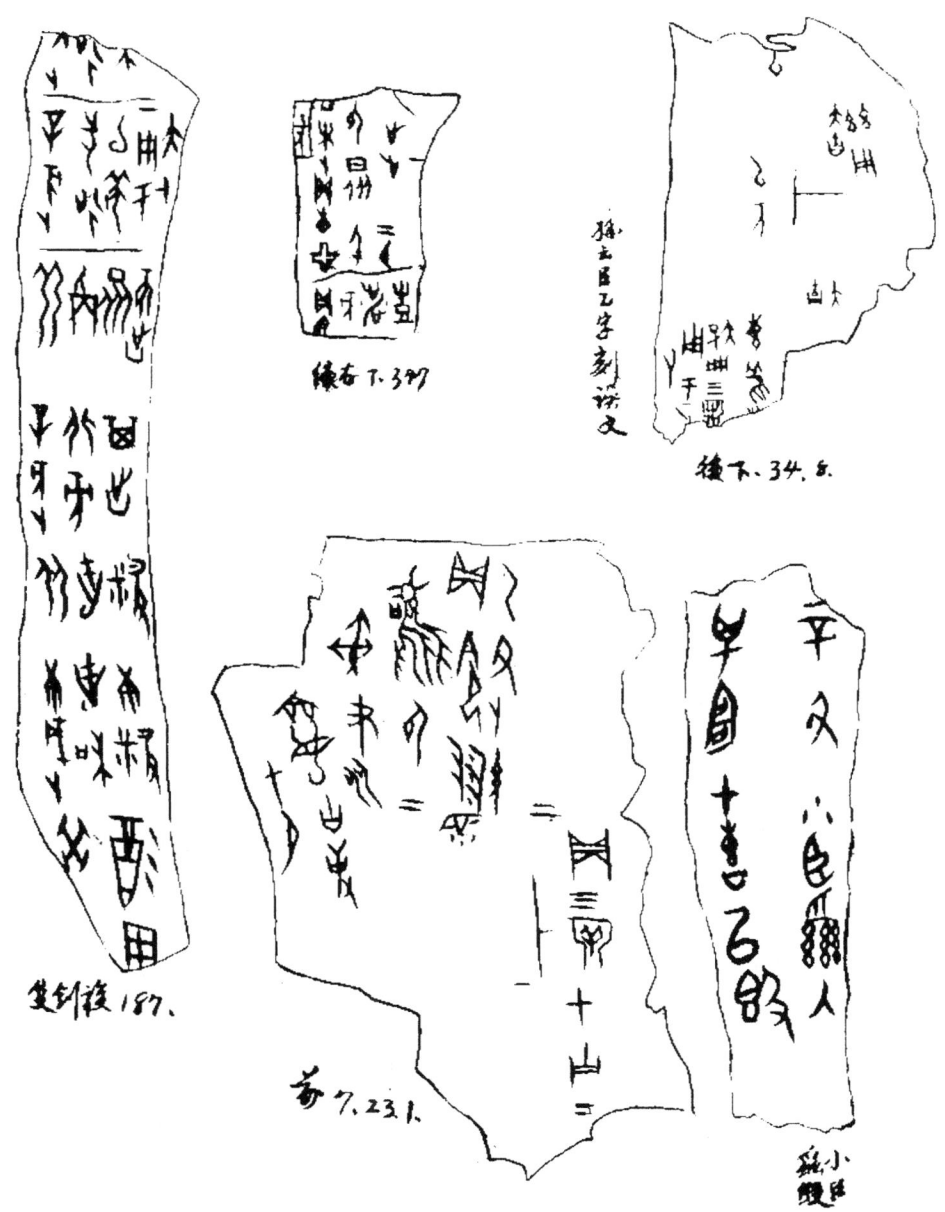

原載《中國文字》第 8 冊,1962 年;收入《金祥恒先生全集》第 3 冊,藝文印書館,1990 年;又收入宋鎮豪、段志洪主編:《甲骨文獻集成》第 12 冊,四川大學出版社,2001 年。今據《中國文字》第 8 冊收入(原文附圖或有缺失上邊、右邊者,《金祥恒先生全集》同,今亦照舊影入)。

朱芳圃

《殷周文字釋叢》選

吉

🔸《藏》一五九·一　🔸《前》二·一五·七　🔸《前》四·一八·四　🔸《前》八·七·二　🔸《後》上一〇·二　🔸《林》一·二·六　🔸《戩》一〇·三　🔸《戩》一三·九　🔸旂鼎　🔸毛公鼎　🔸沇兒鐘　🔸齊鎛　🔸虢季子白盤　🔸賢殷　🔸申鼎　🔸攻吳王監　🔸格伯作晉姬殷　🔸陳侯鼎　🔸黃韋愈父盤　🔸光伯殷　🔸中子化盤

《説文·口部》："吉，善也。从士口。"吳其昌曰："吉象一斧一碪之形。"《金文名象疏證》五〇八。于省吾曰："🔸形本象置句兵於筐盧之中。凡納物於器中者，爲防其毀壞，所以堅實之，寶愛之，故引伸有吉利之義。"《殷契駢枝三》二八。桉吳、于二説非也。字从 ᐱ，丄 等皆其省形。从 凵。ᐱ，兵器也。象形。黃濬《鄴中片羽初集》下四有銅器作 ᐱ 形，題曰"蟠夔古兵"，蓋即此物。當爲瘏之初文。《説文·矛部》："瘏，矛屬。从矛，害聲。"《廣雅·釋器》："瘏，鈹也。"考《説文·金部》："鈹，大鍼也。一曰，劍如刀裝者。从金，皮聲。"凡形似之物，古人即賦以同一之名。鈹爲大鍼，即《廣雅·釋器》"鑱謂之鈹"之鈹，古代醫家用以破腫潰癰之具也。劍如刀裝者，即《文選》左思《吳都賦》"羽族以觜距爲刀鈹"之鈹，劉淵林注："鈹，兩刃小刀也。"蓋謂兩刃如劍而形制如刀，故許君曰"劍如刀裝"，即《説文》所謂矛屬之瘏也。從聲類求之，古从吉从曷从害得聲之字例相通用，如《楚辭·遠遊》"意恣睢以拮撟"，拮撟今本誤作担撟，兹依《射雉賦》注引改。《文選》潘岳《射雉賦》"睨箱籠以揭驕"，拮撟即揭驕；《尚書·泰誓》"予曷敢有越

厥志",敦煌本曷作害,是𠙹之爲𣦵,猶拮之爲揭,曷之爲害矣。从凵乃附加之形符。古文通例,凡引申本義或假作他義之字,常加凵以別之。

　　𠙹爲利器,故引申有善實堅固之義。《釋名·釋言語》:"吉,實也,有善實也。"孳乳爲劼,《爾雅·釋詁》:"劼,固也。"爲詰,《尚書·立政》:"其克詰爾戎兵",馬注:"詰,實也。"爲佶,《詩·小雅·六月》:"四牡既佶",鄭箋:"佶,壯健之貌。"爲頡,《説文·頁部》:"頡,直項也。从頁,吉聲。"爲齕,《説文·齒部》:"齕,齒堅實也。从齒,吉聲。"爲硈,《説文·石部》:"硈,石堅也。从石,吉聲。"爲黠,《説文·黑部》:"黠,堅黑也。从黑,吉聲。"

方

丩《藏》三二·四　　丂《藏》一五一·二　　丈《前》一·三·一　　丩《前》四·四四·六　　丩《後》上一六·八　　丂《後》上二九·一〇　　丂毛公鼎　　丂孟鼎　　丂鄂侯鼎　　丂曾伯簠　　丂秦公殷　　丩不嬰殷　　丂彔伯殷

　　《説文·方部》:"方,併船也。象兩舟省,總頭形。"桉方當爲枋若柄之初文。从刀,一指握持之處。變形作凵。字之結構,與刃从刀,、指刀鋻相同。《鶡冠子·武靈王篇》:"手握兵刃之枋而希戰",陸注:"枋,柄也",當爲此字之本義。《考工記》:"秦無廬",鄭注引鄭司農云:"廬讀爲纑,謂矛戟柄",比則由刀柄引申爲一切器物之柄矣。

　　《説文·木部》:"柄,柯也。从木,丙聲。"桉柄與枋,音同字通,《儀禮·士冠禮》:"加柶面枋",鄭注:"今文枋爲柄";《士昏禮》:"綌幂加勺皆南枋",鄭注:"今文枋作柄",是其證也。從文字發展次第言之,方爲初文,指事。枋、柄皆後起字,形聲。

　　《説文·手部》:"把,握也。从手,巴聲。"桉把亦方之後起字。《禮記·曲禮上》:"左手承弣",鄭注:"弣,把中。"孔疏:"弣,謂弓把也。"釋文:"把,音霸,手執處也。"從音理言之,方與把,古讀幫紐雙聲,魚陽對轉。今人通呼柄爲把,讀必駕切,已不知把即柄之轉音,更不知方即把之初文,蓋古義之淹晦久矣。

我

〔《藏》三五・三　　〔《前》四・三一・七　　〔《後》上一六・九

《後》下二一・一八　　〔《戩》二六・八　　〔《粹》一四六九　　〔孟鼎　〔

毛公鼎　〔舀鼎　〔師袤毀　〔召伯毀　〔不嬰毀　〔鬲攸比鼎

〔散盤　〔曾伯簠　〔齊鞄氏鐘　〔弔向毀　〔郘公𣏾鐘　〔弔

我鼎　〔王孫鐘

《説文・我部》："我，施身自謂也。或説：'我頃，頓也。'从戈，手；手，古文垂也。一曰，古文殺字。𢦐，古文我。"郭沫若曰："余意，我字本即《詩・豳風》'既破我斧，又缺我錡'之錡。傳'鑿屬曰錡'。《説文》'錡，鉏鋙也'。舊於鉏鋙不得其解。今案古之所謂鉏鋙，即今人之所謂鋸矣。鋸之齒不相值，故鉏鋙引申而爲齟齬，齬牙。鋸音居御切，正鉏鋙之促音。鋸字在古本戈之别名，存世有燕昭王戈，文曰'郾王戠作五牧鋸'，《周金文存》六、二十。其證。戈之一名鋸，亦猶我若錡古音讀柯。之一名鉏鋙，同屬牙喉音之通轉。"《殷契粹編考釋》一九七。桉郭説近是，惜尚差一間。《詩・豳風・破斧》："既破我斧，又缺我錡。"毛傳："鑿屬曰錡。"釋文："錡，韓詩云，木屬。"陳喬樅曰："謹案毛詩云'鑿屬曰錡，木屬曰銶'，與韓詩以錡爲木屬，銶爲鑿屬者互異。馬瑞辰曰：'《説文》：錡，鉏鋙也。鋙，或从吾作鋙。《廣韻》：鉏鋙，不相當也。鉏鋙二字叠韻，蓋器之有齒，參差不齊，能相錯磨者，猶齒不相值曰齟齬，蓋即今之鋸也。《管子》曰：一車必有一斤，一鋸，一釭，一鑽，一鑿，一銶，一軻，則鋸與斧、鑿、銶同爲軍實所需。'胡承珙曰：'器之以木爲者多矣，不得遂名木屬，疑木屬爲朿屬之誤。《説文》：朿，兩刃臿也。《方言》：臿，宋魏之間謂之鏵。朿、鏵古今字。案《説文》又曰：枲，朿臿也。从木，入，象形，旰聲。朿从木，屮象形，宋魏曰朿也。或从金亐作鋘。魯商瞿字子木，亦當爲朿之誤，或省借作木耳。'喬樅謂《説文》錡下云：'江淮之間謂釜曰錡'，《毛詩・召南》傳云：'釜有足曰錡'，郭璞《方言注》云：'錡三腳釜也。'釜之有足者名錡，鏵之有齒者亦名錡，然則錡之爲物，蓋如臿而有三齒，與朿之有兩刃者相似，故韓詩以爲朿屬，而《説文》以鉏鋙爲訓也。今世所用鉏，猶有三齒五齒者，蓋即是物，而馬以錡爲今之鋸，其説非

是。"《韓詩遺說考》。桉陳説精確不移。我象長柄而有三齒之器，即錡之初文。原爲兵器，《破斧》三章以斨、錡、銶並言，是其證。自農業發達後，利用之以爲耕具，所謂鉏鋤，即鉏之緩音也。再從聲類求之，凡從我從奇得聲之字，例相通用，如《吕氏春秋·先識覽》："求國之長者得義蒔田邑而禮之。"義蒔，《説苑·權謀》篇作錡疇。是我之爲錡，形義既符，音亦切合。自假爲施身自謂以後，別造錡字代之，初形本義，因之晦矣。

節選自《殷周文字釋叢》，中華書局，1962年。

松丸道雄

殷墟卜辭中の田獵地について
——殷代國家構造研究のために
（關於殷墟卜辭中的田獵地——爲研究殷代的國家構造）（節選）

はじめに
一　田獵卜辭の形式
二　田獵日に關する規定
三　田獵地相互間の距離關係
四　田獵地比定に關する諸說とその批判
五　田獵地の比定
六　田獵と田獵區のもつ意義、およびそれと殷代の國家構造との關連
おわりに

はじめに

　　殷墟卜辭、すなわち河南省安陽のいわゆる殷墟から出土した殷代後期の甲骨卜辭のうちには、王の田獵（狩獵）に關する貞卜が、相當多數、含まれている。これは、武丁期より殷末帝辛期に至る殷墟卜辭の全期に亘って見いだされ、總數はこれまでに刊行された著錄書のうちからでも、三千片近くに達している。そこには、また多くの地名が記されており、ほぼ一五〇地にのぼる。全卜辭中に記されている地名の總數は約五〇〇と稱され

ており①、したがって、そのうちでこの田獵地は、重要な一部をなしているといってよいであろう。

　これら田獵地がどこに比定されるべきであるかについては、卜辭中の地名研究という立場から、のちに詳しく述べるように極めて多くの説があらわれ、結論的にかなり混亂しているのが現況だといわなくてはならない。そして、これらの諸研究にあって方法的に疑問だと思われるのは、それら地名を記している卜辭を、その史料的性格にもとづいて正確に讀みとるべく努力した上で地名比定に向うのではなく、單に地名として史料から遊離させて問題としている場合が多い點である。したがって、そこでは、對象である地名の性格、つまり、田獵地であるか、邑名であるか、また河名であるかはその限りで問題にならない。また、これはかかる研究態度と無關係ではないが、その地名を、安易に文獻中にみられる古地名に比定しようとしている場合も少くない。それが可能な場合もまったくないわけではなかろうが、少くとも、卜辭中での矛盾がおきないよう整理がおこなわれたのちに考えられるのでなければ、無用な混亂を増すのみであろう。本稿がまず目標とするところは、卜辭中の田獵地がどこに比定されるべきかという點にあるが、そのために、私は、まず田獵卜辭そのものを綜合的に檢討することからはじめたい。その結果、從來の田獵卜辭の讀み方、ないし史料としての取り扱い方にかなり大きな誤謬を見いだしたのであり、また、そこから田獵地比定についても、從來の諸説と大幅に相違する、狹隘な田獵區の存在を想定せねばならないという結論に達するに至った。

　そしてさらに、このような檢討を通じて田獵卜辭のうちから知られるさまざまな問題を考慮しつつ、當時の國家構造のうちにあって、殷王によっておこなわれた田獵がどのような意義をもったものだったかについて考察を加え、その上で、さきに明らかにしえた田獵區が、殷代國家構造を考えていく際にどのような關連をもちうるかを考えてみたい。周知のように、殷周時代の國家構造について、これを邑制國家、邑土國家、都市國家、城市國家などの概念によっ

---

① 陳夢家『殷虚卜辭綜述』（考古學專刊甲種第二號）二四九頁、一九五六年、島邦男『殷墟卜辭研究』三四九頁、一九五八年、などを參照。

て説明しようとする場合があり①、その各々には分析上の力點の置き方、理解の仕方にかなりの差異がみられるけれども、ほぼこれらに共通しているのは、邑、都市、城市などと呼ばれているものが、何らかの形態で結合しあって、國家的形態をとっていたと考えられている點であろう。ただ、問題なのは、ここに列擧したような、國家構造の理解のしかたが、實は當時の直接史料にもとづいて立證された、ないし立證されるべく志向されてきた、というよりは、むしろ後の文獻にもとづく、その解體過程の分析から溯って類推された結果である場合が多いと考えられる點である。したがって、私が本稿で考えてみたいのは、考證の結果から知られた狹隘な田獵區が、かかる國家構造のうちでどのような意義をもつものだったかであり、さらには、田獵卜辭というひとつの直接史料の檢討を通じて、上述のような國家構造の理解の仕方に對して、實證的にどの程度までせまりうるか、またどのような點に新たな問題を提起しうるか、というところにある。

一 田獵卜辭の形式（删略）

第一類　王田卜辭（删略）
第二類　王徣卜辭（删略）
第三類　その他の田獵卜辭（删略）

二 田獵日に關する規定（删略）

---

① 邑制國家とするものには、松本光雄「中國古代の邑と民、人との關係」『山梨大學學藝學部研究報告第三號』、一九五二年、同「中國古代社會における分邑と賦について」同第四號、一九五三年、宇都宮清吉「古代帝國史概論」『漢代社會經濟史研究』所收、一九五五年、など、邑土國家とするものに、中江丑吉「中國古代政治思想史」『中國古代政治思想』所收、一九五〇年、都市國家とするものに、宮崎市定「中國上代は封建制か都市國家か」史林第三三卷第二號、一九五〇年、貝塚茂樹『中國古代の國家』一九五二年、同「中國古代都市に於ける民會」東方學論集第二、一九五四年、同「中國古代都市國家の性格」『世界考古學大系』第六卷所收、一九五八年、など、城市國家とするものに、侯外廬『中國古代社會史』一九四九年、がある。

三　田獵地相互間の距離關係

　さて、以上に多く引用したような田獵卜辭のうちに記されている多數の田獵地が、どこに比定されるべきかを考えていくためには、まずこれら田獵地が相互にどのような距離關係にあったのか、つまり、その相對位置から檢討していかなくてはならない。ここでも、多數の史料がある、第四期および第五期の田獵卜辭から考えていくことにしたい。

　まず、この時期の田獵地にどのようなものがあるかを整理し、表示すれば、次のようになる。きわめて多數に上るため、すべての史料番號を舉げえないので、各項に一辭のみを例示しておくにとどめる。また、ごく少數しかない第三類卜辭については省略し、第五期王田、王徣卜辭中の卜下貞上に「在某」とする形式の卜辭も性格を異にすると考えるために、ここから除外しておく。

表9　第四、五期田獵地名表

	地名	計		地名	計		地名	計
1	噩	154	14	羞	12	27	𤲞	8
2	宮	123	15	𤉛	11	28	莫	6
3	盂	118	16	阠	8	29	安	3
4	梌	67	17	𣪠	7	30	呂	3
5	韋	30	18	淒	7	31	執	16
6	向	40	19	樊	4	32	虍	14
7	𤓯	7	20	麥	4	33	棥	11
8	獻	33	21	目	4	34	徏	7
9	牢	26	22	殷	4	35	𦱻	5
10	𠂤	20	23	溝	3	36	𢓊	4
11	呈	16	24	戈	2	37	𠂤	4
12	鷄	14	25	辜	11	38	𤔔	4
13	率	12	26	𤉣	13	39	𠂉	3

續表

	地 名	計		地 名	計		地 名	計
40	〔図〕	3	59	〔図〕	1	78	大	3
41	〔図〕	3	60	〔図〕	1	79	叡	2
42	〔図〕	2	61	〔図〕	1	80	小喜	2
43	淆	2	62	〔図〕	1	81	〔図〕	1
44	〔図〕	2	63	〔図〕	1	82	〔図〕	1
45	宕	2	64	〔図〕	1	83	〔図〕	1
46	〔図〕	1	65	〔図〕	1	84	〔図〕	1
47	〔図〕	1	66	〔図〕	1	85	演	1
48	〔図〕	1	67	〔図〕	1	86	〔図〕	1
49	〔図〕	1	68	〔図〕	1	87	〔図〕	1
50	白	1	69	喜	136	88	〔図〕	1
51	〔図〕	1	70	瀗	61	89	召	149
52	睍	1	71	澅	36	90	夫	2
53	敗	1	72	䜣	26	91	〔図〕	2
54	〔図〕	1	73	高	5	92	小䜣	1
55	〔図〕	1	74	瑾	6	93	小澅	1
56	〔図〕	1	75	喜	4	94	〔図〕	1
57	門	1	76	〔図〕	3	95	〔図〕	1
58	〔図〕	1	77	木	3			

　この九五地名のうち、1—25の二五地は、第四、五期に共通であり、26—68の四三地は第四期のみ、69—95の二七地は第五期のみであるから、第四期には六八地、第五期には五二地を数えることになる。地名の数はほぼ右のようであるが、各地名のあらわれる頻度には大きな差がみられる。いま、第四、五期を合して二〇回以上みられるのは、噩以下一四地にすぎないが、その合計は一〇一四に上って、總計一三三〇の四分の三以上に及んでいるのであり、比較地名出現頻度の偏り的少数の土地が、繰り返し、その目的地とされていたことが明らかである。

　ところで、前節において、第二期以降の各期における田獵日規制を明らか

にし、特に第四、五期については、第四期王田定形式卜辭、第五期王田定形式卜辭、第五期王徣定形式卜辭の三群のうち、骨版に刻されているためその干支推移をたどりうるものを、それぞれ表1.2、表4、表6として示しておいた。いまここで注意すべきなのは、

　　表1.2のうち　　（8）—（9）、
　　表4のうち　　　（4）—（5）、（8）—（9）、
　　表6のうち　　　（4）—（5）、（5）—（6）、（8）—（9）、

の部分では、二日連續して、田獵がおこなわれている點である。このうち、たとえば、

　　（前略）──丁酉（34）、王卜貞、田䝙、往來亡災。王𠚪曰、吉。──戊戌（35）、王卜貞、田䝙、往來亡災。王𠚪曰、吉。──（後略）（存上二三六八＋前・四〇・四）

のように、二日連續して同一地で田獵をしている場合もあるが、多くの場合は、異地に田しているのである。そこで、いまその二地を、A・Bとし、その間の距離をlとするなら、lは　$0 < l < 1$日行程　として示される範圍の値をとるはずである。すなわち、いまAB二地がもっとも遠隔に存在し、王がA地で田獵をしたのち、ただちに次の田獵地Bに向って直進した場合を考えても、A・B二地が一日行程で到達しうる距離以上に離れて存在したことはありえないはずである。たとえば、

　　丁酉（34）、王卜貞、田䵣、〔往〕來亡災。王〔𠚪〕曰、吉。──戊戌（35）、王卜貞、田喜、往來亡災。王𠚪曰、吉。──辛丑（38）、王卜貞、田桉、往來亡災。王𠚪曰、吉。──壬寅（39）、王卜貞、田䵣、往來亡災。王𠚪曰、吉。（珠一二二）

について言えば、王がどのように行動したかを問題外としても、䵣から喜へ、および桉から䵣へは、それぞれ最大限一日を要すれば到達しえた距離關係に、それぞれが存在していたことは確實だと見なくてはならないのである。いま、このような、二地間が最大限一日行程の距離關係にある場合を、上記三群中から摘出してみると、

〈第四期王田定形式卜辭〉
　　䵣→向　　粹九七三、粹九七五、人B二五〇三、
　　䵣→棼　　粹九七三、
　　䵣→安　　撫六八（＝京四四三六）
　　䵣→阹　　人B二五〇六、

宮→噩　人Ｂ二五〇六、

盂→向　後上一三・一二＋後上一三・九＋粹九八三（二例）、掇一・四六〇（＝寧一・三七三、京四四二一）、

盂→棥　粹九七二＋撫七四、

向→噩　寧一・三七四＋珠九一七＋續三・一七・六、粹九七五、鄴初下三三・一（＝頌一一、存上一九七）、

徛→宮　書一〇ｃ（＝人Ｂ二五〇五）、

〈第五期王田定形式卜辭〉

噩→啻　珠一二二、金四五三（二例）、

噩→宮　續三・一六・三（＝天七八、元二五〇、寧一・二三六六）、

噩→澅　前二・三三・三＋前二・三五・六、

噩→召　前二・二二・三＋前二・二一・五（＝通六二五）、

噩→瓊　前二・四二・四＋前二・三八・四、

噩→斄　菁九・一五、

啻→噩　天七七（＝雙二一五、存下九二五）、

啻→梌　前二・三四・三、書一一ｃ（＝人Ｂ二九二八）＋存上二三七六＋掇二・二一六（＝存上二三七〇）＋簠游八六、甲三三五〇（二例）、南北明七九〇＋人Ｂ二九二七、

啻→叀　書一一ｃ（＝人Ｂ二九二八）＋存上二三七六＋掇二・一二六（＝存上二三七〇）＋簠游八六、

啻→盂　南北明七九〇＋人Ｂ二九二七、

啻→章　續三・一・八・二、

梌→噩　珠一二二、

梌→啻　續三・二三・八、

梌→叀　金五八〇、綴付七一、

梌→宮　前二・三三・三＋前二・三五・六、

叀→啻　續三・一七・九、存上二三七四、

叀→梌　前二・三六・七＋前二・三二・七、

叀→豪　前二・四二・三、

叀→羣　續三・一八・三、

叀→斿（方向不明）　李氏引"拓本"（『殷代地理簡論』二五頁）、

宮→叀　佚四三四（＝鄴初下四三・一〇、京五二八三）、

宮→潛　金四五二、
宮→率　前二・三〇・五＋前二・四三・三、
潛→喜　前二・三六・四、
豪→栨　前二・四二・二、
盂→麥　續三・一八・六、
羣→栨　庫一六〇八、甲三三五〇、
羣→宣　南北明七九一＋前二・三九・四＋珠一二一、
〈第五期王徃定形式卜辭〉
噩→召　前二・二二・三＋前二・二一・五（＝通六二五）、
宣→召　前二・四〇・五＋珠一三三、
宮→噩　前二・三一・四、
宮→栨　續三・二二・六＋續三・一五・八、
宮→潛　前二・二二・一＋前二・二四・二、
潛→召　前二・二二・一＋前二・二四・二、
召→潛　珠四一一＋前二・二四・五、
召→斿　前二・二四・一＋前二・二六・七（通六二四）、
豪→召　金四六九＋金五九九、（＝又、燕四七？　豪字下缺）、
豪→盂　續三・二三・四（＝佚一八四）、
盂→召　陳零八三、

の六三例を見いだしうる。いま、ここにあらわれる二一地名相互間の關係を表示すれば、表10のようになるであろう。

　この表のうちで、1としたのは、該當二地間の距離を、右にあげた史料にもとづいて、最大限一日行程と見なしうる箇所である①。ところで、この表のうちの空欄の箇所、たとえば噩――宣間についていうと、噩から喜・栨・宮・召などへは最大限一日行程であり、更に、喜・栨・宮・召などから宣までも最大限一日行程であるから、當然、噩――宣間は、最大限二日行程の距離にあったと考えうるはずである。いま、表10のうちで、このように一地を中繼することによって最大限二日行程の距離にあると見なしうる地點間を2、同様に二地を中繼することによって最大限三日行程の距離にあると見なしうる地點間を

---

① 地形條件を考慮に入れれば、AからBへ一日で行きうるのに、逆にBからAへは一日で到達しえないような場合も考えられないわけではないけれども、距離單位を一日とするような概數計算ではほとんど無意味であると思われるので、ここでは無視することにする。

3……として、この空欄を埋めてみると、表11のようになる①。

表 10 第 4, 5 期 21 間の 1 日行程關係表

表 10.　第 4, 5 期 21 間の 1 日行程關係表

	噩	喜	棪	寬	宮	召	溍	槀	盂	尃	向	颡	斿	瑼	安	殷	陰	辜	徣	率	麥
噩		1	1		1	1	1				1	1		1	1	1	1				
喜	1		1	1		1			1									1			
棪	1	1		1	1			1		1											
寬		1	1		1	1	1			1			1								
宮	1		1	1		1		1											1	1	
召	1	1		1	1		1	1	1												
溍	1			1		1			1												
槀			1		1	1			1	1											
盂		1				1	1	1			1	1									1
尃			1	1				1													
向	1								1			1									
颡	1								1		1										
斿				1		1															
瑼	1																				
安	1																				
殷	1																				
陰	1																				
辜		1																			
徣					1																
率					1																
麥									1												

　この表によると、最大限四日行程の場合を含んでいる末尾の徣・率・麥の三地をしばらく別とするなら、噩から辜までの一八地のうちのどの二地をとり上げてみても、その間の距離が、最大限三日行程であることが確實となった。更に、噩から槀までの八地についていえば、どの二地間の距離も最大限二日行程、また、噩・喜・棪の三地のみについていえば、相互に最大限一日行程の距離にあったはずである。
　ところで、われわれは、
　　多數の點のうち、任意の二點間の距離がすべてlまたはそれ以下である場合、それ

---

① ここでは、表10において1とした史料にのみもとづいて、表11を作製した。もとより、二地點間が最大限二日行程、三日行程……であることを示す實際の史料、たとえば召――宮間が最大限二日行程であることを示している前二・二二・一十前二・二四・二のような例は多數存在するけれども、重複を避け、今は擧げない。ただし、この表中で3または4としたものを、2ないし3に短縮訂正しうるような場合は、これらの群中からは見いだせなかった。

らすべての點を含むような半徑$\frac{1}{\sqrt{3}}$の圓を描くことができる①。

---

① このことは、次のように證明される。

　　任意の二點間の距離が1またはそれ以下である點の集りがあるとき、これらの點を含む最小凸多角形をSとしよう。Sと任意の位置に描いた半徑$\frac{1}{\sqrt{3}}$の圓Oとの位置關係は、次の6通りの場合に分類される。

　　Ⅰ　Sが圓Oに含まれる場合（接していてもよい）。
　　Ⅱ　Sの周が圓Oの周上の二點A、Bを通る場合。
　　　　a ABが圓Oの直徑である場合。
　　　　b ABが圓Oの直徑でない場合。
　　Ⅲ　Sの周か圓Oの少くとも3點A、B、Cを通る場合。
　　Ⅳ　Sが圓Oの外部にある場合（接していてもよい）。
　　Ⅴ　Sが圓Oを含む場合（接していてもよい）。

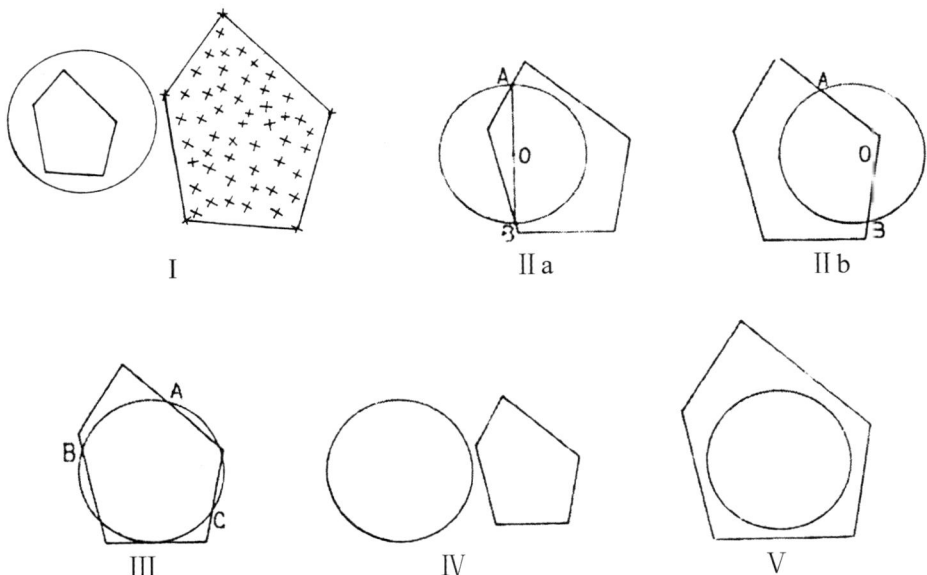

　　さて、ⅡbおよびⅣの場合は、圓Oの位置を適當に動かせば、他のいずれかの場合に歸着させうる。また、
　　　Sの二點間の距離≦1
　　しかるに、
　　　圓Oの直徑=23=1>1
　　ゆえに、ⅡaおよびⅤの場合は起らない。ゆえに。Ⅲの場合が起らないことをいえば、すべての場合にⅠに歸着されることになって、前述の命題がなりたつことになる。さて、
　　　∠AOB>120°
　　と假定すれば、（轉下頁）

ということを知りうる。したがって、この場合、噩から辜までの一八地は、そのうちのどの任意の二地をとり上げても、三日行程またはそれ以下であるから、ここにいうlを三日行程として、半徑が$\frac{3}{\sqrt{3}}$日行程、すなわち約一・七日行程の圓内に含まれることになる。言いかえれば、これら一八地は、半徑一・七日行程以下の圓で限られる地域内に、集中的に存在したことが確實になったのである。同様に、噩から稾までの八地に限っていえば、半徑$\frac{2}{\sqrt{3}}$（約1.2）日行

（接上頁）$AB^2 = OA^2 + OB^2 - 2OA \cdot OB \cos AOB$

$$= \left(\frac{1}{\sqrt{3}}\right)^2 + \left(\frac{1}{\sqrt{3}}\right)^2 - 2 \cdot \left(\frac{1}{\sqrt{3}}\right)^2 \cos AOB$$

$$> \frac{l^2}{3}(2 - 2\cos 120°)$$

$$= \frac{l^2}{3}(2+1)$$

$$= l^2$$

∴ AB > l

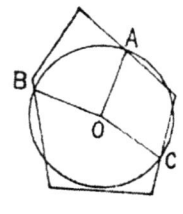 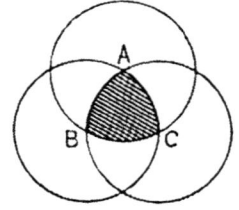

これは不合理である。ゆえに、
∠AOB ≤ 120°（1）
同様に、
∠BOC ≤ 120°（2）
∠COA ≤ 120°（3）
∴ ∠AOB + ∠BOC + ∠COA ≤ 360°
一方、
左邊 = 360°
ゆえに、（1）（2）（3）でいずれの場合にも等號が成り立たなければならない。ゆえに、△ABCは正三角形である。

S内の點は、いずれもA、B、Cからlまたはそれ以内の距離にあるから、A、B、Cを中心とする半徑lの三圓の共通部分（圓の斜線）の内部に含まれる。しかるに、この圓形は半徑$\frac{1}{\sqrt{3}}$の圓に内接する。これはⅠの場合である。ゆえにⅢの場合は存在しない。（證明終）

なお、この證明は、法政大學助教授平野鐵太郎氏の教示によった。

程、さらに噩・唐・桒の三地は、半徑$\frac{1}{\sqrt{3}}$（約0.6）日行程の圓で限られる地域内に存在したことが、明らかになった。そして、これは、言うまでもなく、個々の史料における最大の値を採って、その積み重ねの上に、あくまで數理的に處理してえた結果であるにすぎなく、實際には、さらにこれよりもはるかに狹隘を地域内に存在していたであろうことは、充分考慮しておかなくてはならないはずである。

　さて、以上の考察の上にたって、この種の田獵卜辭の作製された事情、ないし、殷王のおこなった田獵の實際の形態について考えるならば、次のようにいえるであろう。

表 11　第 4, 5 期 21 地間行程所要日數表

	噩	唐	桒	寬	宮	召	澅	纍	盂	專	向	麩	斿	瑧	安	殷	阢	臺	徛	率	麥
噩		1	1	2	1	1	1	2	2	2	1	2	1	1	1	2	2	2	2	2	3
唐	1		1	1	2	2	1	2	1	2	2	2	2	2	2	2	2	1	3	3	2
桒	1	1		1	1	2	2	1	2	1	2	2	2	2	2	2	2	2	2	2	3
寬	2	1	1		1	1	2	1	2	1	3	3	1	3	3	3	3	2	2	2	3
宮	1	2	1	1		2	1	2	3	2	2	2	2	2	2	2	3	1	1	4	
召	1	2	2	1	2		1	1	1	2	2	1	2	2	2	2	2	3	3	2	
澅	1	1	2	2	1	1		2	2	3	2	2	2	2	2	2	2	2	2	3	
纍	2	2	1	1	2	1	2		1	2	2	2	3	3	3	3	3	3	3	2	
盂	2	1	2	2	3	1	2	1		3	1	3	3	3	3	3	2	4	4	1	
專	2	2	1	1	2	2	3	2	3		3	3	2	3	3	3	3	3	3	4	
向	1	2	2	3	2	2	2	2	1	3		3	2	3	3	3	3	3	3	2	
麩	1	2	2	3	2	1	2	2	1	3	3		3	2	2	3	3	3	3	4	
斿	2	2	2	1	2	2	2	3	3	2	2	3		3	3	3	3	3	3	4	
瑧	1	2	2	3	2	2	2	3	3	3	2	3	3		3	3	3	3	3	4	
安	1	2	2	3	2	2	2	3	3	3	2	2	3	2		3	3	3	4	4	
殷	1	2	2	3	2	2	3	3	3	2	2	2	2	3	2		3	3	3	4	
阢	1	2	2	3	2	2	2	3	3	2	2	2	3	3	3	3		3	3	3	
臺	2	1	2	2	3	3	2	3	3	3	3	3	3	3	3	3	3		4	4	3
徛	2	3	2	2	1	3	2	3	3	3	3	3	3	3	3	3	3	4		4	4
率	2	3	2	2	1	3	2	3	3	3	3	3	3	3	3	3	3	4	2		4
麥	3	2	3	3	4	2	3	2	1	4	2	4	4	4	4	4	4	3	4	4	

　從來、この種の史料は、王が次々と田獵地を移動巡回しつつ、田獵した記錄と理解され、したがってそこから、連續する二辭間の日付の差が、そこに見られる二田獵地A・B間の移動所要日數を示していると考えられてきた。私もまた、上述の考察の前提として、この考え方に從ったわけであるが、それは、かかる考え方を結論的に正しいとしたためではなく、當面、そのように考えて

おくことが二地間の最大距離を見積る上で誤りないことになるからであったにすぎない。その前提に出發して、以上のような狹隘な地域に限定されたことが明らかになったわけである。そして、この際重要なのは、斷るまでもなく、その時點においては"王"なるひとりの人間が、この田獵をおこなっていることである。しかも、これは第五節で詳述したいと考えるが、前節でのべたような田獵日週期を守りつつ、狹隘な地域を殷王が田獵するという形態は、單にごく限定された一時期のみの特殊な狀態を示すものではなく、少くとも第四、五期においては、ほとんどその全期間を通じておこなわれていた、殷王にとっては至って日常的な狀態であったと考えられるのである。したがって、先の前提をそのまま認めようとするかぎり、殷王は、ほとんどその在位期間を通じて、一日ないし數日を要しつつ、以上のような狹隘な範圍を出ることなく、次々と田獵地間を、一定の田獵日週期に從ってこれを亂さずに行きつ戻りつしていなくてはならなかったということになるであろう。加えて、當然、二田獵地間が極めて近傍にありながら、田獵日週期をまもるために、間をおかなくてはならぬ場合も生じてくる。たとえば、前引の珠一二二では、喜→楙の間が、三日おかれているけれども、表10の示すところから明らかなように、實際には、この間は一日行程以上には離れていない位置に存在していたはずである。このような、二地間の日數が、史料によってまちまちである場合は、きわめて多く存在するのである。かつ、田獵日には、嚴格な週期が存在するのに反し、田獵地の撰擇には、規則性をまったく看取することができず、恣意的であるといってよいであろう。

　このように考えてくると、この種の史料を讀みとるうえで前提とした、Ａ・Ｂ二地で田獵をしている場合に、その日付の差が移動所要日數を示しているとする考え方が、實際の問題としては、そもそも無理だったのであり、殷王は、田獵地間を巡り歩いていたわけではないという考えを導きださざるをえなくなるであろう。そして、これに代って以上の條件を充すために當然考えられなくてはならないのは、これら集中的に存在した多數の田獵地のほぼ中央に、王の一定の據點（少くとも、この田獵をおこなう相當期間における居住地）が存在して、そこを根據地とし、定められた田獵日には、その地を發進し任意の田獵地に赴いて狩獵をおこない、少くとも、その日のうちに、ふたたび元の地に戻ってきている、という形態である。したがって、これら多くの田獵地は、

田獵そのものに要する時間を過少に見積ったとしても、いずれもその據點から、半日行程以下に存在しなくてはならないであろう。二日つづいて田獵をしている場合、二田獵地間を直進したのではなく、某日に某田獵地において狩獵をしたのち、その日のうちに據點に戻り、次の日そこから別の（場合によっては前日と同じの）田獵地に赴いているわけである。この據點を、「これら田獵地のほぼ中央」といったのは、必ずしもこの際考えうる唯一の場合ではなく、嚴密には、「これら田獵地のいずれへも、半日で到達しうるような任意の一地點」でありさえすればよい。ただ、その地點を、「中央」に想定するのが、諸田獵地すべてを含む範圍を、もっとも廣範圍に考えうる場合であるからにすぎない。つまり、いずれにせよ、この據點を中心とした半徑半日行程內にこれら田獵地を比定しなくてはならないが、その場合、その據點からみて、ある一定の方角にかたよって田獵地が集中していたと考えるよりは、その據點の四圍に分散していたとみるほうが、おそらく實態に近いのではないかと思われる。

　以上の考定は、表10に示された、二地間が一日行程以下である場合の史料をもつ二一地に關しての考察を基礎になされたものであるが、それ以外の田獵地、少くとも、第四期王田定形式卜辭、第五期王田および王徃定形式卜辭のうちにあらわれる地名についても、推し及ぼして考えられるものでなくてはならない。もし、これらには當てはまらず、したがって半日行程以遠に存在したと假定するならば、その地に田獵した場合には、一日以上を要して、その日のうちに終了しないことになるから、表1・表2・表4・表6において示したような、整然たる田獵日週期は崩れ去ってしまうからである。したがって、表9の九五地のうちの大多数は、ことごとく半徑半日行程の圓內に存在したと見なさなくてはならないであろう。この點は、さらに後述する「往來亡災」の句義の檢討によって保證されるであろう。

　以上のように第四期王田定形式卜辭、第五期王田および王徃定形式卜辭の考察を通じてえられた結論は、別に、第四期王徃定形式卜辭を考察することによっても、ほぼ同様に導きだすことができる。

　第一節で、この群の卜辭については、前二・二〇・五（＝珠六七

g 于宮亡戈
f 于盂亡戈
e 于𥁕亡戈
d 甲午卜㱿日乙王其後于向亡戈
c 于宮亡戈
b 于盂亡戈
a 辛卯卜㱿王其後日壬□亡戈

七）＋南北師一・一七一（＝外六二）を例として述べた。このト片の最下段にみえる殘辭「辛卯」は、他のト辭を參照することによって、'辛卯卜、翌日壬、王其　于□、亡㞢。'とあったのが確實であるから、このト片には、

のように記されていたはずである（二一頁、插圖4參照）。從來、この類のト辭は、a（不明）→b（盂）→c（宮）→d（向）→e（䍙）→f（盂）→g（宮）の順で王が遊歷した際のものと解される場合が多かったようである①。しかし、a辭は、辛卯（28）において、「翌日壬」、すなわち壬辰（29）の日に王が徣することに關する貞卜であり、d辭は、甲午（31）において、「翌日乙」、すなわち乙未（32）に王が徣することに關する貞卜であって、この29→32は、前節で明らかにした第四期田獵

粹1016

綴1.403
（＝寧1.411
＋寧1.412）

人B 2032

---

① たとえば、島邦男氏が「辛卯卜、翌日壬、王其徣于䍙亡㞢。――于桒亡㞢。――于䍙亡㞢。」（甲九〇七）について、「䍙より桒を經て……䍙に行つて居り、……」としていり（『殷墟卜辭研究』三七一頁）ごときが、それである。

日の推移の一部を示すものと考えられ、したがって、この間の癸巳（30）、甲午（31）の日において、「王𢓊」がおこなわれたと考えることはできないであろう。一版中に、a・d辭のような完結辭を二辭備えているものは、このほか、わずかに、とある三例しか見いだしえないが、そのいずれの場合をとってみても、右のように解しうるのは、說明を要さないところであろう。しからば、さきの卜辭について、bおよびc辭は、aまたはd辭に附屬するものであって、a—cまたはb—dでひと組をなし、異った地名を列記してそのうちの一地を撰ぼうとした形式の卜辭であると見なくてはならない。この場合、省略辭であるbおよびc辭がa・d辭のいずれに附屬すべきものであるかは、これだけからは明らかにしがたいが、いま、甲五〇六＋粹一〇二八には、

  h 于向亡𢦔。
  i 于宮亡𢦔。
  j 于盂亡𢦔。
  k 不雨。
  l 其雨。
  m 壬午卜、王其𢓊于向亡𢦔。
  n 于噩亡𢦔。
  o 于盂亡𢦔。

とあって、m辭にみえる向は、省略辭のh辭にも見えている。數辭を連ねて目的地を決定するためにおこなう貞卜において、同一地名を二回記すとは考えられないから、h辭とm辭は別の貞卜であり、したがって、m辭にはn辭以下が附屬することが明らかであろう。かかる關係は、京四四二五＋人B二〇八二および存上一九七八からも、窺い知ることができる。一般に、骨版は下部から上部に向って使用されていくのが常であるから、數辭を連ねて一貞をなす場合に、省略辭が完結辭の上部に記されているのは當然といわなくてはならない。さきの例についていえば、a—cとd—gが、それぞれ一貞をなすものであることが明らかになった。

 この群の卜辭が、以上のように解されるべきであることは、次のような事實によっても保證されるであろう。すなわち、一貞の範圍を以上のように限定してみた場合に、その一貞のうちに二箇以上の地名を讀みとりうる卜辭として、以下の表12に示すように、五一片・五六貞を見いだしうるが、このように

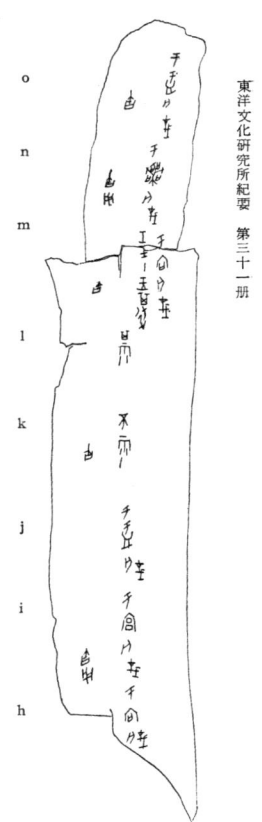

圖 13　甲 506＋粹 1028(縮尺　約 3/5)

して定められた一貞中に、同一地名が含まれている場合は、一例も存在していないのである。この群の卜辭にみえる地名にはかなり特徴があって、限られた地名が繰り返しあらわれている（噩・盂・宮・㭥・向の五地が、全體のほぼ九〇パーセントを占めている）のであり、したがって、以上のような解釋をとらない場合には、一版中に同地名を記している場合を極めて多數舉げうるにもかかわらず、上述の「一貞」の部分に同地名をまったく指摘できないというこの事實は、「一貞」の部分をこのように劃すべきであることを示しているものとみてよいであろう。第四期王田定形式卜辭や第五期王田および王徣定形式卜辭においては、その地名のあらわれ方にまったく規則性がなく、ある場合には、一地名が數辭連續（たとえば、庫一五三六—挿圖14—では、害が五辭連續）して見られる。第四期王徣定形式卜辭は、これらの卜辭とは、その貞

ト形式をまったく異にしているのであって、その點、明確に區別しておかなくてはならない。

表 12　第 4 期王徙地間關係表(1)

	服	盂	宮	栓	向	☖	塞	䊮	薹	☖
前2.20.5(=珠677)+南北師1.171(=外62)		○	○							
同	○	○	○		○					
後上10.15				○				○		
後上12.3	○			○			○			
後下9.9		○	○							
佚102(=珠676)	○			○						
佚183(=珠670)		○	○							
佚254	○	○								
庫23		○	○							
粹976	○		○		○					
粹1015	○	○	○							
粹1016		○	○							
同		○	○		○					
粹1018		○	○							
粹1020	○					○				
粹1022				○	○					
粹1025	○			○						
粹1026		○	○							
甲506+粹1028		○	○		○					
同	○	○			○					
金192		○	○							
同	○	○	○		○					
撫續168	○			○						
頌12(=存上1981)		○	○							
雙169(=存下828)	○	○								
甲445		○	○							
甲769	○	○	○							
甲837	○	○								
甲907	○			○					○	
寧1.412+寧1.411(=撫1.403)	○	○	○	○	○					
同				○	○					
寧1.413				○			○(?)	○		
寧1.417	○	○		○						

	麗	盂	宮	梌	向	(火)	鄴	豹	萑	ㄖ
寧1.418	○	○	○							
寧1.419	○	○			○					
南北誠84	○				○					
南北師1.168(=外73)	○		○		○					
南北師1.171(=外62)		○	○							
京4422	○	○								
京4423	○				○					
京4424(=存上1988)	○	○								
京4425+人B2082	○		○	○		○				○
存上1734(存上1977)		○	○							
存上1978	○	○	○							
存上1979	○	○			○					
存上1984		○	○							
人B2085+存上1985	○		○							
人B2027	○				○					
人B2029	○	○	○							
人B2034	○	○	○							
人B2066	○		○							
人B2076	○	○								
人B2078		○								
人B2083	○									
人B2090		○	○							
人B2096	○	○	○							

　以上の考察によって、この群の卜辭は、完結文一辭に省略文數辭を連ねて一貞をなし、「王祉」の目的地を決定するためにおこなわれた貞卜であることが明らかになった。いま、一貞中に二箇以上の地名を讀みとりうる卜辭を表示すると、表12のようになる。

表13　第4期王祉地間關係表(Ⅱ)

	麗	盂	宮	梌	向	(火)	鄴	豹	萑	ㄖ
麗		2	2	2	2	2	2		2	
盂	2		2	2	2	2				
宮	2	2		2	2	2				
梌	2	2	2		2	2	2	2	2	2
向	2	2	2	2						
(火)	2	2	2	2						
鄴				2				2		
豹				2			2			
萑	2			2						
ㄖ				2						

さてふたたびさきの前二・二〇・五（＝珠六七七）＋南北師一・一七一（＝外六二）の第二貞に例をとっていうと、甲午の日に、王がその翌日乙未に「後」する目的地を、向・嚚・盂・宮の四地のなかから撰擇しようとしているわけであり、したがって、この場合、王が何處でこの貞卜をおこなっているかは不明であるとしても、そこから、これら四地のどこへでも、一日のうちに到達しうる距離に、これら四地が存在しなくては、貞卜として意味をなさない。したがって、この四地間の距離關係についていえば、このうちの任意の一地から貞卜地まで最大限一日行程、さらに貞卜地から他の任意の一地まで最大限一日行程であって、その三地點が一直線上にあったと假定しても、計二日行程が、考えうる最大値となるはずである。このことから、この群の一貞中の任意の二地間の最大距離は二日行程である。以上から表12中一〇地間がたがいに最大限二日行程で結ばれる場合をまとめてみると、表13のようになる。

この表で、空欄の箇所について個々に檢討すれば、すべての場合、ある一地を經由して他の任意の一地につなぎうる（桼はすべての地と最大限二日行程であるから、これを中繼すればすべてをつなぎうる）から、この一〇池は、そのいずれの位置もたがいに四日行程以下の距離にあり、嚚・盂・宮・桼・向の五地のみについていえば、いずれもたがいに二日行程以下の距離に存在したことになる。しからば、さきの場合と同樣に、「多数の點のうち、任意の二點間の距離がすべてlまたはそれ以下である場合、それらすべての點を含むような半徑$\frac{1}{\sqrt{3}}$の圓を描くことができる」ことから、一〇地は、たがいに$\frac{4}{\sqrt{3}}$（約2.3）日行程を半徑とする圓內に存在しなくてはならず、また、嚚・盂・宮・桼・向の五地は、たがいに$\frac{2}{\sqrt{3}}$（約1.2）日行程を半徑とする圓內に存在しなくてはならないことが明らかとなるであろう。

ただ、以上は、各卜辭の「貞卜地」が卜辭ごとに異っている場合を想定したときのことであって、もしも、これら貞卜が、常に同一箇所においておこなわれていたと假定するなら（この點を、この群の卜辭の分析のみから論證するのは困難であるが、前述したところからその可能性は充分あると見なくてはならないであろう）、「貞卜地」から各地へ一日行程で到達しえなくてはならないから、當然、この群の卜辭中に見いだされるすべての地が、この「貞卜地」

を中心として、半徑一日行程の圓內に存在したことになるであろう。この群の卜辭中にみえる地名には、表12の一〇地のほか、細片となっているためにそのうちに表示しえなかった、⿰刂彡・莫・安・吕・⿱矢止・⿸疒止・𠙹・⿰食戈の八地（表9参照）があり、「貞卜地」を一地と見なす假定が正しいなら、この計一八地は、そこを中心として、すべて、半徑一日行程の圓內に存在したはずである。

　以上、貞卜形式を異にするふたつの卜辭群、つまり第四期王田定形式卜辭、第五期王田および王狩定形式卜辭の一群と、第四期王狩定形式卜辭の一群について考察を加えた結果、その各々から、そこにあらわれる地名が、きわめて狹隘な地域內に集中的に存在したことがあきらかになった。そして、前者については、その分析を通じて、田獵をおこなう場合には、王が、常にある一地點から出發してその日のうちにもとの地に戻ってきていることを明らかにしえた。ところで、ここまで考察を進めてきて、再びこれら史料に立ち戻って考えてみるならば、實は、當時の田獵が、このような形態のもとでおこなわれたものであることが、そこに明記されていることに氣づくであろう。というのは、第五期王田および王狩定形式卜辭における常套句である「王田（狩）某、往來亡災」の「往來」とは、往復の意に外ならないと考えられるからである。⿰彳止字が往であり、たとえば、第一節で指摘したように、第一期および第二期王田卜辭にみえる「往于田」が、田獵地に赴くの意であることには、疑問の餘地はない。「來」字については、甲骨文のうちに、歸路を示す語としての用例が指摘されている。それは、いわゆる人方遠征關係の卜辭に見られるものであって、陳夢家氏によれば、その往路では、「王正人方」とされ、歸路では、「王來正人方」と記されている、とされている①。人方遠征卜辭の編成には、次節でのべるように、多くの問題が殘されているけれども、數ケ月にわたっているこの遠征に關する多くの卜辭のうちにあって、前半の月と後半の月の卜辭に、來字の有無に區分がみられるのは確かであり、したがって、來字が歸路を示しているという陳氏の指摘は、認められてよいであろう。しからば、田獵卜辭における常套句「往來亡災」とは、「往路と歸路に災禍が無いだろうか」という意味と解されるのであり、形式的には、出發點から田獵地までの往路と田獵地から出發點まで戻る歸路の途次における災禍の有無が貞卜されているのである。そ

---

①　陳夢家『殷虛卜辭綜述』三〇四頁、一九五六年。

して、言うまでもなく、これは二日連續して田獵がおこなわれている場合でも、その各々の日に「往來亡災」が貞卜されている。たとえば、前引の珠一二二についていえば（七九頁參照）、丁酉（34）に王は罪へ「往來」し、翌日の戊戌（35）には喜へ「往來」しているのであって、したがってこのことから、おのおのその日のうちに、罪・喜へ往復していることが、いっそう明白であろう。

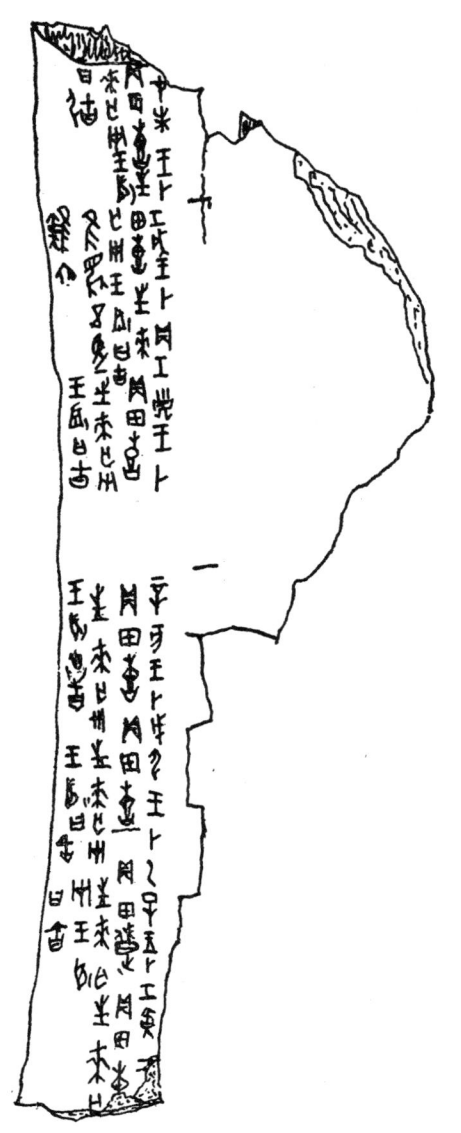

圖14　庫1536（縮尺　約9/10）

さらに、たとえば、第五期王田定形式卜辭のうちの一片である庫一五三六では、壬寅（39）—乙巳（42）—戊申（45）—辛亥（48）—壬子（49）—壬戌

（59）—辛未（8）の七日におこなわれた田獵が貞卜されており、その田獵地は、乙巳以外すべて喜であるが、その各辭には、もとより「往來亡災」とされている。二日連續して同一地で田獵している場合でもおのおの「往來」しているのであって、もし從來のように、田獵地間を直進したと解釋しようとするならば、說明に苦しむことになるであろう。これまで、この句の意味については、ほとんど考えられることがなかったようである。わずかに、聞一多氏が、

　　　戊午、王卜貞、田辜、往來亡災。王凪曰、吉。　　　（前二・三一・三）

などについて、「辜爲田獵之地、而往辜又必須卜問往來亡災、是其地去國都頗遠」と述べており①、「往來」の語は正當に解されていると言うべきであろうが、「往來亡災」と貞卜することをもって、ただちにその目的地が遠かったとするのは早計といわざるをえないであろう。

したがって、以上のような解釋にしたがうなら、「往來亡災」の句をもつ田獵卜辭にみえる地は、ことごとく、その出發點から、一日のうちに往復可能な範圍內に存在したものでなくてはならない。卜辭の性格を考えるうえから、かかる貞卜がなされても、實行されたか否かについては、見解の分れるところであるが、私は、少くとも後期卜辭では、常に實行されていたものと理解している。しかし、それは、ここでは問うところではない。「往復の途上に災禍があるか」と貞卜するのである以上、さきの場合と同樣、實行することになった場合には、それが可能である範圍內にその地が存在しなければ、貞卜として意味をなさないと考えられるからである。

すでに第一節において指摘しておいたように、「往來亡災」の句は、第五期王田および王徑定形式卜辭のみならず、第二、三期にも多數見いだしうる。これら卜辭にあらわれる地名もまた同樣に考えられることはいうまでもないであろう。さらに、たとえば、第四期王田定形式卜辭の辭末には、常に、單に「亡戈」と記されている。しかし、前述したところから明らなように、この群の卜辭が作製された事情について、第五期王田、王徑定形式卜辭との間に、そ

---

① 聞一多「釋省眚──契文疏證之一──」『古典新義（聞一多全集選刊之二）』五一八頁、一九五六年。（もと『言語與文學』一九三七年、所收）なお、上記のごとき「往來亡災」の句義に關する私見は、伊藤道治氏によって、すでに採用されている。貝塚茂樹『京都大學人文科學研究所藏甲骨文字』本文篇、六六八～九頁、一九六〇年、および、伊藤道治「甲骨文字研究の現狀」甲骨學第九號、一〇六頁、一九六一年。

の差異をまったく認めることができない。つまり、貞卜の内容は、「往來亡
戈」と記されても何らさしつかえなかったにもかかわらず、單にその時期にお
ける表現上の慣習から「亡戈」とのみされて、「往來」の語が省略されたもの
と考えてよいのではあるまいか。この點は、明記されていない以上、推測に止
まるものであるが、少くともそう考えるべき可能性は充分あると見なくてはな
らないであろう。

　なお、この「往來」の語と關連して付言しておきたいのは、第一節で觸れ
ておいたように、第三期に、たとえば、

　　　貞、翌日戊、王其田盂、湄日亡災。――丁亥卜、狄貞、其田𠂤、叀辛、湄日亡災。
不雨。　　　　　　　　　　　　　　　　　　　　　　　　　　（甲一六五〇）

とあり、第四期に、たとえば、

　　　丁丑卜、翌日戊、王其田、湄日亡戈。　　　　　　　　　（京四五三九）

とあるごとく、「湄日」の語を、かなり數多く見いだしうる點である。この語
の意義は必ずしも明確ではなく、たとえば胡厚宣氏は「溜日」と釋して、祭名
であろうとしているけれども、妥當ではない①。張秉權氏は多くの用例をあつ
めて檢討した上で、湄を彌と讀んで、終の意であり、たとえば「湄日亡災」と
は、「終日無災?」と貞問したものとしている②。また、楊樹達氏も同樣に、
「湄日者、湄當讀爲彌、彌日謂終日也。」といい③、池田末利氏もこれを認め
ている④。一方、貝塚茂樹氏は、

　　　□日戊、旦湄至昏、不雨。　　　　（鄴初下三二・三、京三八三八重出）

の「旦湄至昏」を「旦（あけがた）から昏（くれ）に湄（およ）ぶまで」と讀
み、「湄日亡災」は「日（ひる）におよぶまで災がないか」の意と解して、
「がんらい湄日は殷王の田獵卜辭に見える用語である。田獵はすべて未明に行
われるのであるから、その日の降雨とか、災害の有無は太陽が昇ってから書ま
での時間が問題なので、（田獵卜辭に――松丸）湄日以外の湄昏のような表現が
出てこないのは、當然すぎるほど當然なのである。」といっている⑤。いま、い

---

① 胡厚宣「殷代農作施肥說」歷史研究一九五五年第一期、九九頁。
② 張秉權「殷虛文字劄記」、一・湄日、"中央研究院"歷史語言研究所集刊第二五本、一九五
　四年。
③ 楊樹達『卜辭瑣記』六九頁、一九五四年。また、同『卜辭求義』第四四葉、一九五四年。
④ 池田末利「殷虛書契後編釋文」（三）、甲骨學第七號、四二頁、一九五九年。
⑤ 貝塚茂樹『京都大學人文科學研究所藏甲骨文字』本文篇、五〇五―七頁、一九六〇年。

ずれの解をとるべきか決し難いが、張・楊・池田氏のごとく解するなら、田獵には、ほぼ全一日を要したと考えるべきであろうし、また貝塚氏の説をとるならば、田獵に際しての「亡災」「不雨」などの貞卜は、田獵時のみではなく、その往復途次をも含めてなされたであろうから、當然、日（ひる）までに出發地點に歸着したのであって、更に短縮してほぼ半日以下で往復可能であったものと見なしうるであろう。多數の田獵地のうち、ことに頻見する田獵地が、その出發點から極めて近距離にあって、容易に往復することが可能だったろうことは、充分推測しうるところである。ただ、史料的にそれを明らかにするのは困難であり、この「湄日」の語から考えうることも、かかる推測をするための一手段としてここに補説しておくにとどめたい。

　以上、三點からみて、第四、第五期の田獵地が、ことごとく半徑半日行程の圓内に存在し、田獵は、おのおのその日のうちに終了していたことを明らかにしえた。しからば、第一の第四期王田定形式卜辭、第五期王田および王後定形式卜辭の考察によって考定された「諸田獵地の中心點」と、第二の第四期王後定形式卜辭の「貞卜地」と、第三の「往來亡災」という際の「出發點および歸着點」が、實際上、一地であって、ここを根據地として田獵がおこなわれていたことは、もはや、説明を要さないところであろう。

　次には、この考察をもとにして、第一〜三期の田獵地について、考えてみたい。まず各期の田獵地名を表示してみると、表14のようになる。ここでも、表9と同樣、史料番號は、各項に一例のみを擧げておくにとどめる。

表14　第一――三期田獵地名表

	地　名	第一期	第二期	第三期
1	噩	柏二二（＝七Ｂ四五）（他九）		甲一八二六（他一）
2	宮		庫一三一九（他二）	甲二一一九（他三）
3	盂			佚二八八（他一一）
6	向			甲一六五一
8	獻			甲一五五〇（他三）
9	牢		七Ｘ一一	甲一一八三（他三）
10	斿	簠游一二一（？）	後上一四・一＋京三四五五＋庫一〇三三＋……＋庫一〇三〇	前二・二九・二（他八）

續表一

	地　名	第一期	第二期	第三期
13	率			甲三二二四
15	󰎱			甲一九五〇（他三）
16	阭		七X一一（二例）	
18	淒			粹九八六
20	麥	珠一〇七	誠三〇九（＝京三四五七）（他一）	甲一二二八（他一）
21	目	七W四六（他一）		
31	執			甲一九九一（他二）
32	虎			佚四三六（＝鄴初下四三・一二）（他三）
33	糞			甲二一四八
38	󰎲			京四四四六（他二）
39	󰎳	京一四三五（他一）		甲三九一六
42	󰎴			甲二二〇八（？）
45	宕		後上一五・三	
54	󰎵		後上一四・一＋京三四五五＋庫一〇三三＋…＋庫一〇三〇	存真一・七二
57	門			京四四七七（他二）
69	嗇		甲二八二八＋佚二七一	
81	󰎶			甲二〇三三
96	󰎷	合一一六（他二）	後上一五・一	
97	京	燕五二（他二）		
98	泏	存下一六六（＝綜圖二〇・一）（他一）		
99	淼	人B二六八（他一）		
100	󰎸	存上七二六（他一）		

續表二

	地 名	第一期	第二期	第三期
101	蚰	乙一一三八（他一）		
102	罪	甲三三四〇		
103	ᴥ	後下一六·一三		
104	髞	乙五三二九		
105	唐	別二 IX 四（＝散三〇五）		
106	盖	前二·三七·八		
107	斅	乙二九〇八		
108	繫	續三·四三·六（＝佚九九〇、天七六）		
109	克	合三一〇		
110	先厌口	前二·二八·二		
111	皿	乙七二八八		
112	澶	前二·二八·四		
113	鼎	六中一〇七		
114	ᴥ	前七·二·四		
115	ᴥ	前二·三七·六		
116	ᴥ	別二 VI 一五（＝佚九五、珠九一四）		
117	ᴥ	前二·四五·一（＝林二·二二·一七）		
118	ᴥ	庫一二六三		
119	ᴥ	簠游一〇二		
120	ᴥ	南北明七三九		
121	ᴥ	後下四〇·一四		
122	ᴥ	元七九（＝存上七二三）		
123	大	戩四一·三（＝續三·四一·五）		

續表三

	地　名	第一期	第二期	第三期
124	[甲骨文字]	續三・四〇・一		
125	[甲骨文字]	前一・四四・七（＝綴付二五）		
126	[甲骨文字]	人Ｂ二六三		
127	[甲骨文字]	摭續一二五（＝掇二・三九九）		
128	[甲骨文字]	南北誠二二		
129	[甲骨文字]	後下二二・六（＝人Ｓ二七四ａ）		
130	[甲骨文字]	乙七六八〇		
131	[甲骨文字]	天七九		
132	[甲骨文字]	存上七二七		
133	[甲骨文字]		後上一四・四（二例）（他二）	
134	[甲骨文字]		後上一四・三（他一）	
135	[甲骨文字]		燕三九一（他一）	
136	[甲骨文字]		後上一一・二（二例）	
137	谷		簠游一一六（＝續三・二八・一、佚一一三）	
138	[甲骨文字]		後上一五・二	
139	[甲骨文字]		前二・二一・三	
140	[甲骨文字]		後上一三・一	
141	利			甲三九一四（他一）
142	[甲骨文字]			甲一六五〇（他一）
143	俟			甲三九一九
144	[甲骨文字]			甲三九一八
145	宑			前六・三〇・七
146	㡭			粹九三一
147	豆			甲一六一三
148	[甲骨文字]			粹九八六

この表によれば、第一～三期には、通算七七箇の田獵地名があらわれ、第一期に四一、第二期に一八、第三期に二八である。なお、これ以外に、異體卜辭のいわゆる多子族卜辭には、

　　　67　𠙴　南北明一九二、
　　　90　夫　前八・一〇・一＋人Ｂ三二四一＋金六二二＋庫一二五九、
　　　149　麓　前八・一〇・一＋人Ｂ三二四一＋金六二二＋庫一二五九（二例）、林二・二六・九（＝珠一一二）、

の三地があり、また、いわゆる王族卜辭には、

　　　1　䍙　前八・一一・四、
　　　57　門　珠三四、
　　　150　𠦪　乙四二三、

の三地がある。

　これらの地の相對位置に關しても、可能ならば、各期ごとに、前述第四、五期に關しておこなったごとき考察を試みるのが、もっとも望ましい。しかし、すでに述べたように、その史料數は後期と比較してはるかに乏しく、かつ、そのうちの多くは卜辭の體例が齊整ではない（これは、田獵日規制などに象徴的に見られるごとく、未だ田獵の制が確固たるものになっていなかったことと、おそらく對應する事であろう。）ために、かかる考察は、ほとんど困難である。今のところ、後期田獵地との重複關係から、その位置を考えるほかないであろう。

　表14の七七地のうち、表9に示した第四、五期の九五地（1—95）と重複するのは、第一期四一地中の四地（ないし三地）、第二期一八地中の九地、第三期二八地中の二〇地であり、また、第一～三期のうちのみで重複しているのは、一例のみ、96 𠦪 が、第一、二兩期に見えているにすぎない。これからすれば、第三期および第二期の田獵地は、第四、五期とほとんど同一性格のものと判斷して、まずさしつかえないであろう。これは、第二期に田獵日規制の萌芽を見いだしえた點と對應するものであり、また、さきに指摘しておいたごとく第二、三兩期にも、「往來亡災」の句を、數多く見いだしうる事實とも、よく合致するところである。しだがって、これらの田獵地の少くとも大多數もまた、第四、五期とひとしいある一根據地よりその日のうちに終了する形態でおこなわれた田獵の目的地であって、當然、最大限半徑半日行程の圓内に散在し

ていたものと考えてよいであろう。

　しかし、第一期の田獵地については、このように考えてよいかどうか、必ずしも問題が殘らないわけではない。たしかに、そのうちの五地（ないし四地）は、第二期以降のそれと重複しているけれども、それ以外に、なお他期にはみられない三六地を見いだしうるのであり、かなり顯著に相違しているというべきであろう。しかも、この期の卜辭のうちには、「往來亡災」と記した例は見られないようであり、さらに問題なのは、一節で指摘しておいたように、第二期以後の田獵卜辭が、ことごとく王が田獵をおこなう際の貞卜であるのに對し、第一期田獵卜辭のうちには、王が他に命じて田獵をおこなわしめる場合の貞卜を、かなり多數見いだしうる點である。また、田獵日規制も、ここには見いだし難い。このような點からすると、第一期における田獵は、第二期以降のそれとは、その形態を異にしていたという想像もあるいはなりたつかもしれない。少くとも、そのような想像をなりたたしめるような條件は存在しているというべきであろう。ただし、この場合、第一期と第二期以降の田獵地との間にはさして重複關係がみられないという點を、田獵形態の相違にもとづくと考えてよいか否かは、にわかに決しがたい。ここでの想像を超えたような事情が、あるいは存在したかもしれないと考えられるからである[①]。ただ、當面の問題としては第一期の田獵卜辭に見られる地名は、そのごく一部を除いて、第二期以降の田獵地とは、その性格を異にしたものだったのではないかと想像しておく方が妥當、ないし少くとも無難であろうしておくに止めたい。

　以上、本節の考察によって、第一期のそれは別として、第二期以降の田獵卜辭にみられる一一二地（表9・表14の1—96、133—148）の少くとも大多數は、ある一地を中心として、半徑半日行程の圓内に散在したものであることを明らかにしえた、としてよいであろう。

四　田獵地比定に關する諸説とその批判

　田獵卜辭中にみられる地名が、どこに比定されるかに關しては、從來、多

[①] この點に關しては、私は、甲骨文研究上の從來の見解と異った點からするひとつの推測をもっているけれども、當面の問題からは外れるので、後日、別稿において論じたいと思う。

くの見解が出されてきた。そこで、本節では、以上によって明らかにしえたところを考慮しつつ、これら諸説について檢討してみたいと思う。

　田獵地にかぎらず、ひろく甲骨文所見の地名に着目し、その位置に關する推定を試みたのは、王國維氏にはじまるとしてよいであろう。①王氏は、この論文において、わずかに八地の位置を、左傳、史記などの文獻中の地名に比定しようと試みたなすぎないが、このうちには、田獵地名として、盂および雝（本稿では潍に釋す）の二地が含まれている。盂については、「史記殷本紀、以西伯昌・九侯・鄂侯、爲三公、徐廣曰、鄂一作邘、音于、野王縣有邘城、左傳、邘・晉・應・韓、杜注亦云、河内野王縣西北、有邘城今河南懷慶府河内縣、盂、疑即邘也、」といい、雝については、「左傳、郜・雍・曹・滕、杜注、雍國、在河内山陽縣西、續漢志、河内郡山陽縣下、有雍城今懷慶府修武縣西、」といっているのがこれであって、それぞれ、河南省の河内縣と修武縣に比定している。この結論は、のちに郭沫若氏によって採り上げられているので、そこで改めて述べたいけれども、一般的にいって、ここに王氏によって採られたような、單純に甲骨文中の地名と文獻中の地名を結びつける方法をもってしては、たとえ甲骨文の隸定に問題が殘らなかったとしても、それは可能性の指摘以上の意味をもちえないというべきであろう。

　ついで、これとほぼ同様の方法によって、はるかに多くの地名を採り上げたのが、林泰輔氏であった②。林氏の場合には約三百の地名が擧げられ、うち百餘の位置が推定されており、この中に、約三〇の田獵地が含まれている。氏は愼重に、「姑く之を假定地として參考に備ふることも、亦研究の一方法なるべし。」と斷っているけれども、この三〇の田獵地が想定された範圍は、河南、河北二省を中心として、山東・江蘇・山西・陝西各省に及んでおり（插圖15參照）、前節までにおける私の考察と、極端に相違しているといわなくてはならないであろう。王氏の考定について、私はそれを、可能性の指摘以上ではありえないといったけれども、林氏がほとんど同様の方法で多數の地名を採り上げようとしたとき、ただちにその缺陷があらわれたといえるのではあるま

---

① 王國維「殷墟卜辭中所見地名考」雪堂叢刻、一九一五年、所收。又、海寧王忠愨公遺書初集・觀堂別集補遺、一九二七年、所收。
② 林泰輔「龜甲獸骨文に見えたる地名」斯文第一編第三、四號、一九一九年。のち『支那上代之研究』一九二七年、所收。

いか。
　これら地名の位置推定において、甲骨文の記述に則って相互間の距離を想定する方法を援用したのは、郭沫若氏にはじまる。すなわち、郭氏は、『卜辭通纂』自序において、

　　戊辰〔卜〕、在噩、〔貞〕、王田〔于〕衣。……　　（前二・四一・五、通六三五）
　　辛未〔卜、在〕盂、〔貞、王〕田衣。……亡災。　　（前二・三一・六、通六五七）
　　辛丑卜、貞、王田于噩、往來亡災。弘吉。――壬寅卜、貞、王田雝、往來亡災。
　　　　　　　　　　　　　　　　　　　　　　　　　（前二・三五・六、通六四二）

の三片を引用して、「據此四辭、足見噩衣盂雝四地必相近。」①といい、その上で、王氏の盂・雝の二地の考定を是とし、また、噩については「鄂侯」の鄂であって、盂と隣接するから、その國を統稱する際は、鄂とも邘ともいったのであろう、とした。さらに、衣に關しては、尚書、中庸、呂覽などにおいて、衣・殷二字が通用されているから、水經注沁水に、

　　朱溝自枝渠東南逕州城南、又東經懷城南、又東逕殷城北、

とある殷城がこれに当るのであって、その地は今の沁陽にあったとした。すなわち、この四地は均しく沁陽近邊にあった、としているのである。郭氏の新說は、第一には、個々の地名を文獻中の古地名に比定させるという王氏以來の方法に、新たに各地名を甲骨文の記載に則して關連させて理解する方法を併用しようとしている點、第二には、衣を殷と讀んで、水經注中の殷城に比定した點、第三には、これを中心としたいわば田獵區を沁陽に想定し、ここに殷人の離宮別苑があったのであろうとした點で、注目されるべきものである②。第三の點については、また後に觸れる機會があるから、そこで述べることとし、ここでは、衣に關する郭說を批判しておきたい。
　郭氏所引の三片の卜辭は、すべて第五期卜辭であり、このうち、衣に關するものは、前二片である。いま、同期でこれと同類の卜辭を集めてみると、この二片以外に、なお、前二・七・三、前二・一〇・二（＝林二・三・六）、前二・一一・五、前二・一二・三、前二・一五・一、前二・二八・

---

① 郭沫若『卜辭通纂』、一九三三年、序、第三～五葉。
② 誤解をさけるためにいうならば、郭氏は、すべての田獵地を、沁陽近邊に考定しているのではない。たとえば、鷄については、「春秋襄三年、同盟于鷄澤、杜注、鷄澤在廣平由梁縣西南在今河北永年縣西南、國語作鷄丘、地與安陽相隔僅一日路程、卜辭之鷄當卽此。」（『卜辭通纂攷釋』第一四二葉）としていることからも明らかである。

八、前二・三二・二、前二・三二・三、前二・四一・一、前二・四三・一、後上一一・七、後上三〇・九、明一一三二、林二・二〇・九、續五・一三・四、鄴三下四九・一三（＝京五二九六）、甲三九二八、南北師二・二五三、掇二・四二七、存上二三七五、存上二三七六、人Ｂ二八六三、人Ｂ二八六四、人Ｂ二八六五の二四片を指摘できる。これらの多くは零片であるが、缺字のない數例、たとえば、

　　戊午卜、在呈、貞、王田衣逐、亡災。――辛酉卜、在章、貞、王田衣逐、亡災。
　　　　　　　　　　　　　　　　　　　　　　　　　　　　　（前二・一五・一）

のごとき辭例をもとに比較すると、このほとんどすべてが、これと同樣の文體をもつことが明らかになる。わずかに、文體上の差異を指摘できるのは、

　　壬申卜、在□、貞、王田羞、衣逐、亡災。　　　　　（前二・一二・三）

や、また前二・四三・一のように、田と衣の間に、地名が記されている場合（殘辭から判斷すると、前二・三二・二、林二・二〇・九、續五・一三・四もおそらく、これと同樣であろう）と、

　　〔干支卜、在〕辜、〔貞、王〕田于□、衣逐……。　　　（人Ｂ二八六三）

とあつて、田字下に于字がある場合が一例と、また、

　　辛卯〔卜、存〕桐、〔貞〕、王衣〔逐〕、亡災。　　　　　（明一一三二）

とあつて、王下衣上に、田字がない場合が、これも一例あるのみである。人Ｂ二八六三は、おそらく前二・一二・三などとおなじ類に屬するものであり、于字下には地名が缺落しているのであって、「田于衣」と讀むべきではなかろうし、明一一三二は、誤刻によって田字が脱落したのではないかと思われる。したがってこれらを一括して第五期衣逐形式卜辭と呼ぶなら、これは、

　　干支卜在某貞王田衣逐亡災。

が通常の形式であって、まれに、田下衣上に、地名が記される場合もあった、と見なしうるであろう。郭氏は、前引の前二・四一・五で、「王田〔于〕衣」として、于字を補つているけれども、一字を補うなら、むしろ地名であろう。この衣逐形式卜辭を、第五期王田定形式卜辭の形式、すなわち、

　　干支卜貞王田某往來亡災。

と比較すれば、衣逐形式では、かならず卜下貞上に「在某」として地名が記されている點、「往來亡災」のかわりに「衣逐亡災」とされている點で、顯著に

相違していることに氣づかれるであろう。

　いま、衣逐形式で、在某として記されている地名を列舉してみると、盂（四例）・辜・呈・噩（以上各三例）・高、𡏡・木・雞・戠・叹・𢼸・演・柄・桐・漢・𤔔・（以上各一例）の一六地二五例があり、このうち、柄以下の四地は田獵地として見られないものであるが、演以上の一二地二一例は、すでに第五期田獵地として表9にあらわれているので、これらのほとんどすべてが田獵地であると見なして、ほぼさしつかえないと思われる①。

　前節で考定したように、王田定形式卜辭は、王が田獵に際して、その出發地點において貞卜したものであった。しかるに、この衣逐形式卜辭においては、貞卜地が常に田獵地なのであり、したがって、王がすでに田獵地に到達した段階で貞卜をおこなつているのは、明瞭である。そして、これを裏書きするように、定形式卜辭では、その貞卜事項が、田獵地との間の往復における災禍に關してであるのに對し、衣逐形式では、逐、すなわち動物を追うこと自體が貞卜されているのである（その意味では、衣逐形式卜辭は、他の王曰卜辭と異って、第三類卜辭に近い性格をもつといえよう）。また、田下衣上の一字を確實に讀み取りうる例は、前引の二例しかないが、これは、𢼸および率であって、いずれも、第五期田獵地である。したがってこの場合、これらの地は、在某とされた地のごく近傍であって、ここでも田獵がおこなわれたことを示していると思われる。

　このように考察を進めてくると、衣を地名と考ええないのは、もはや自明であろう。あくまで地名であるとするなら、なぜ、衣において田獵をおこなう場合にかぎって、在某と記され、また往來のかわりに逐字が用いられなくてはならなかったのかを妥當に說明せねばならないが、それはほとんど困難であろうし、また、少數例ではあるが田下衣上に田獵地を記している場合の衣字を讀み下しえないことになるであろう。なお、第一節で指摘しておいたように、これと類似の用例は、第三期にもあって、そこでは、「衣逐」のかわりに、「衣犬」ないし「衣人」とされている。この場合の衣もまた、おそらく地名ではないであろう。犬は、ここでは動詞で、逐と同義ではなかろう

---

① 柄以下の四地については、單純に田獵地と考えてよいかもしれないが、また、衣逐卜辭が、田獵地ないしその近傍に到達してからおこなわれた貞卜であるところから、田獵地そのものではなく、その近傍の地名である可能性もある。しばらく後考をまつ。

かと思われる①。

　衣字は、甲骨文中では、これ以外にはほとんど祭名としてのみ用いられている②。そこで、陳槃氏は、衣逐形式卜辭四片を舉げて、この場合の衣も祭名であるとしている③。しかし、確實に祭名であって、祖先名を目的格とし動詞として用いられている場合の衣と、この衣逐の場合とでは、明瞭にその用法が異なるので、ただちに贊じがたい。郭沫若氏が指摘しているように、衣は殷と古音が通ずるので、殷賑の殷の意に解し、「さかんに逐う」と解しうるかもしれないが、これも、一般的にいって甲骨文中では副詞的な用詞法はほとんどまれである點を考えれば、やはり多少の危懼が殘るというべきであろう④。いずれかをとるとすれば後者であろうが、後考をまつこととし、ここでは、衣を地名としてでは、いかにしても讀み難いことを指摘しておくにとどめたい。

---

① 第五期衣逐卜辭にみられる逐字はすべて豕に從っているが、このほか種々の動物に從っている諸體があり、羅振玉氏は、「說文解字、逐追也、从辵从豚省、此或从豕、或从犬、或从兔、从止、象獸走壙而人追之、故不限何獸、許云从豚省、失之矣。」といっている（『殷虛書契考釋』第六二葉、一九一四年）。第三期「衣犬」の犬は、㘴の止を省いたものではあるまいか。屈萬里『小屯第二本・殷虛文字甲編考釋』一九六一年、二〇七頁には、甲一五四九の「王其田衣犬亡災」について、「此辭犬字、蓋謂犬官。」としているけれども、これではほとんど文意が通じがたいであろう。また、同書、四九二頁では、「衣入」について、衣を地名とし、「衣入、入殷也。」といっているが、殷に入ることをいうなら、「衣入」では、語順がおかしいといわなくてはならない。なお、第五期卜辭はすでに論じたところから明らかであるけれども、第三期の場合も、第二節に述べておいたように田獵卜日と田獵日との間には數日の距りがある場合が多いにもかかわらず、「衣犬」「衣入」はつねに田獵當日に貞卜されているのであって、これからすれば、この場合も、やはり田獵直前の貞卜であったろうと考えられる。この點は、この問題を考えていく上で、ひとつの手懸りを提供するものであろう。乙三九一四はこの關係を明瞭に示している一例である（なお、第一期卜辭にも、田獵卜辭か否かは明らかでないが、「□□卜、㱿貞、生七月、王勿衣入。」（寧三・九〇）とある）。また、郭氏は、別に第四期卜辭の粹一〇四一に地名としての「衣」を認め（『殷契粹篇考釋』）、陳夢家氏もこれに從っているが（『殷虛卜辭綜述』二五九頁）、缺損部分が大きく、ほとんど衣字とは認めがたい。

② 羅振玉『殷虛書契考釋』第一〇三～四葉、一九一四年、王國維『戩壽堂所藏殷虛文字考釋』第四五葉、一九一七年、などを參照。王氏は、衣を祖先合祭の名とし、その後この說は、島邦男氏に異說があるほか（『殷墟卜辭研究』二七九～二八三頁）、ほぼ通說化している。

③ 陳槃「古社會田狩與祭祀之關係」"中央研究院"歷史語言研究所集刊、第二一本第一分、九頁、一九四九年。

④ 島邦男『殷墟卜辭研究』二八三頁では、衣祭の意義推定の過程で、前二・一二・三と粹九三を比較して、「「衣逐」が「大逐」と記されていて、「衣」には「盛大」の意があることがわかり」とあるが、この二片の卜辭を結びつけて「衣」を「大」に讀むには無理があるようである。

郭氏の所説のうち、衣を地名として認め難いとするなら、殘るのは、前二・三五・六によって、噩—雝（本稿濉）の間が一日行程以下であるとした点のみである。噩・盂・濉がたがいに近傍にあったのは、郭氏の論證そのものは正しくないとしても、前節でのべたところから、認められてよいが、噩（♀）を鄂、盂（♀）を邘、濉（♂）を雍に比定せねばならない必然性は、いずれも認めがたく、まして、一國を稱するのに、場合によって鄂とも邘ともいったとするにいたっては、あまりに牽强にすぎるといわなくてはなるまい。少くとも甲骨文で噩と盂とは明瞭に別地であって、第四期王徣定形式卜辭では、他地とともに並べて、どの地を撰ぶかについて貞卜している場合を、表12に數多く見いだしうるのである。以上から、郭氏のいわゆる沁陽田獵區說は、少くともその論證のかぎりでは成りたちえないというべきであろう。

この郭說をむしろ繼承發展させたのが、陳夢家氏であった[①]。陳氏は、まず、郭氏の衣を殷城として沁陽に比定する說を是とした上で、衣字の見える第五期王田卜辭八片を引用し、ここに記されている噩・盂・率・敦・膏（＝高）・呈・羞・演・祝・喜・琦・溝・叒の一三地は「皆在衣的附近、亦即皆在沁陽附近」とした。ついで、これら一三地とさらに同版關係にある召・雍・向など一三地もまた、この近傍であろうとし、文獻中に古地名を求めて、召（♂）を邵源鎭、雍（♂）を雍城、盂を邘城、向を向城、噩を敖などに比定して、「此田獵區以沁陽爲中心、西不過垣曲縣東之邵源鎭、東及於原武、北界爲獲嘉、修武、濟源、南以大河爲界。是在太行山、沁水與黃河之間、東西一五〇公里、南北五〇公里、地處山麓與藪汽澤之間。」と結論づけたのである（挿圖16參照）。

郭氏が、各辭の卜日にもとづいて二地間の距離を推定しようと試みたのにもかかわらず、陳氏のこの說は、卜日の關係を無視して、單に同版關係にあれば、その地がたがいに近傍にあったはずだとしている点で、方法的にはむしろ後退しているというべきであろう。かつ、前提になっている衣が地名でないのは、すでに詳述したところである。加えて、前節でのべたように、これら田獵地は、半徑半日行程の圓內に散在したと考えられるのであって、陳氏の結論のごとく、東西百五〇粁に及ぶとは考え難く、したがって、邵源鎭、敖以下に比

[①] 陳夢家『殷虛卜辭綜述』第八章方國地理、第二、三節、一九五六年。

定するのは困難であり、かかる比定の上に考えられている陳氏の沁陽田獵區說は、成り立ちがたいものというべきであろう。

　最近、李學勤氏は、『殷代地理簡論』を發表し、その第一章「殷、商與商西獵區」において、多くの田獵卜辭を用いて、田獵地の比定を試みている①。氏は、まず、その第一節において、田獵卜辭の體例について述べており、また、氏も私が第二節で詳述したような、田獵卜日に關する規則性の端緒を見いだしている。しかし、氏の場合それが、ただ規則性の存在を指摘するに止まって、地名比定のうえで、なんら役立てるに至つていないのは、遺憾としなくてはならない。第二節「滴」では、水名と考えられる甲骨文中の滴は沁水であろうとし、この滴の近傍の田獵地と考えられる戯、さらにこの近傍と考えられる盂をもととして、田獵區の位置推定を試みているようである。しかし、氏の論旨をたどってみると、滴の比定のためには結局前述の王・林・郭諸氏②の盂・向・㲋・雍・榆などの比定と同樣の方法に依據しているのであって、他に決定的な理由を見いだせない。しかも、李氏が、王氏以下の盂などの考證を是とする理由は、數例の卜辭から、個々に、二ないし數箇の地名が近距離に存在したことを明らかにしたものに過ぎない。したがって、滴が沁水であるとした點から、田獵區の位置を求めるのは、論理が循環しているのであって、沁陽田獵區說を支えるための新たな論證になっていないというべきであろう。

　そして、さらに理解に苦しむのが、第三～六節である。氏は、第二節で、史料の檢討を經たうえではないが、第四期王後定形式卜辭數片にもとづいて、盂・噩・宮・榆（本稿桼）・囚（本稿⒜）・向の六地が、ひとしく一日行程内にあるとしているのであって、その結論は認められてよいが、第三節以下では、この六地を中心として、その周邊に六十數箇の地名を、四區に分つて配置するという構想を示しているのである。すなわち、第三節には、凡區として、凡（本稿㠯）・雍（本稿雝）など五地、第四節には、敦區として、敦（本稿臯）・喜・𢖻・麥など一三地、第五節には、盂區として、斿、𣪊など二六地、第六節には、邵區として、邵（本稿召）・𡴎など一九地を擧げているのが、これである。そして、各區の相互關係として、滴水をはさんで、東側に凡區、西側に敦區、その西に盂

---

① 李學勤『殷代地理簡論』、第一章「殷、商與商西獵區」、一～三六頁、一九五九年。
② 李氏の說くところからすれば、陳夢家氏の說にもっとも近いようであるが、氏はなぜか陳氏の名を擧げていない。

區、更にその西に邵區があったとされている。かつ、各區內の各地間の距離關係を示すものとして、一日行程ないし五日行程であることを示すいくつかの田獵卜辭が指摘されている。

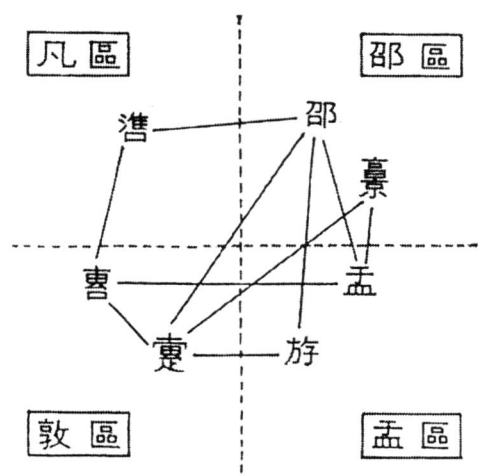

圖17　李學勤氏説にもづとく關係圖(一部分)

　たとえば、宺・奚は、敦區としてあげられ、ともに、第五期王田定形式卜辭にもとづいて、虘と五日行程の距離にあるとされている。この群の卜辭を、かく解すべきでないことは、すでに述べたところであるが、もし李氏の理解に從うならば、五日行程ほど距っている地が一區內にあって他區と區別されるためには、當然、この敦區は、これを包括しうるだけの大きさをもった區域でなくてはならないはずである。同樣のことは、他の各區についてもいいうる。しかるに、一方においては、別區に分屬せられた二地間の距離が、田獵卜辭の史料的なあり方からして、個々の甲骨片から任意の二地間の距離を定めうる最短の單位の一日行程である場合をかなり數多く見いだしうるのであって、その代表的なものを擧げて圖示すれば、揷圖17のようになる(この圖は李氏の作製したものではない。個々の史料は表10參照)。これからすでに明らかなように、李氏の説く四箇(ないし中央の六地を一區とすれば五箇)の田獵區に分類する考え方には、その必然性を見いだせない。まして、李氏によれば、凡區と邵區は、もっとも距っているとされているにもかかわらず、凡區內の湆と邵區の邵との間が、最大限一日行程であることを示す史料を、李氏自身が擧げているのを、いったいどのように説明するのであろうか。以上から、李氏の田獵區を分つ構想および全體を沁陽に比定する考え方には妥當性を見いだしえないと考えられる。

以上のごとき、結論的にはいわば沁陽田獵區說として一括してよいと思われる諸說と顯著に相違するものに、董作賓氏および島邦男氏の說がある。

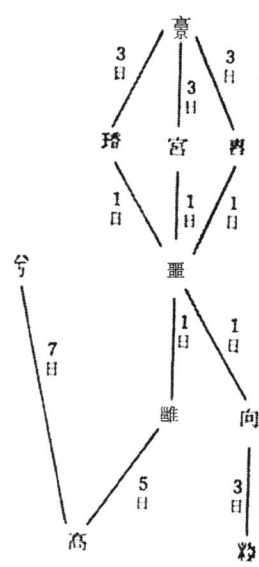

圖18　董作賓氏考定關係圖(『殷曆譜』下編 9.日譜 3.第 63 葉による)

　まず、董氏の所說を檢討しよう。氏は、その大著『殷曆譜』において、第五期の頻見田獵地を、かなり近接したものと考え、これを一括して、山東省の泰山・蒙山・嶧山の西、南は淮水から、北は濟水に至る間に當てている[①]。各田獵地間の關係を示す個々の史料は擧げられていないけれども、「舊日整理各期田獵卜辭之結果」として、「在此區內之各地、其距離多在一、二日之程、少數有三日至五日之程者、其範圍當不出五百里以外也。」といい、三三個の田獵地名を列擧している。そして、このうち一〇地に關しては、插圖18のような關係圖を示している。

　この董氏の考定した關係圖が、さらに縮小して考えられなければならないのは、すでに前述したところから明らかであろう。しかし、ここでさらに問題にすべきなのは、これら田獵地が山東の泰山、嶧山の西麓に比定された點である。以下、その論據をたどってみたい。

　董氏は、帝辛一〇祀九月より一一祀七月に至る人方遠征の日譜を考定した

---

① 董作賓『殷曆譜』下編卷九、日譜一、武丁日譜、第三七葉、および日譜三、帝辛日譜、第六二～三葉、一九四五年。

が、この日譜中には、續三・一八・四の一片を収めえなかったところから、これを「丁巳……隹王來正人方、隹王十祀又五、彡日」なる紀時をもつ殷金文小臣艅犧尊①と結びつけ、更にこれに數片の貞旬卜辭を加えて、帝辛一四祀十一月より一五祀九月に至る、第二次の人方遠征があったとし、その「旬譜」を作製した②。續三・一八・四には、

　　　　癸卯卜貞、王旬亡㳥。在五月。在㽙𠂤。隹王來正人方。——癸亥卜貞、王旬亡㳥。在五月。在㽙𠂤。③

とあるのみで紀年はなく、また小臣艅犧尊には月の記載はないから、この二者を結びつけるには、なおかなりの問題があると見なくてはならない。陳夢家氏は、續三・一八・四を帝辛一〇祀の曆譜中に挿入しうる可能性を示すとともに、これと小臣艅犧尊とを結びつけるのに關して、否定的な見解をとっている④。また別に、同じく殷金文と考えられる己酉戍命彝の「己酉戍鈴、𩫏𠂤于召、……在九月、隹王十祀叠日五。隹來東⑤。」も、この旬譜中に挿入されているけれども、「十祀叠日五」が、董氏の解するような十五祀の叠日の意に讀みうるかは、大いに疑問であろう⑥。董氏は、この二史料中の地名、㽙と召を媒介として、挿圖18に示されたような田獵區が、この人方遠征の路程中に存在したと考えたのである。

　　董氏のいわゆる第二次人方遠征の旬譜編成の過程には、以上にみたような、見過しがたい缺陷が含まれているように考えられる。また、もしこれを正しいとするならば、たとえば、王が㽙にいたのは、一五祀四月癸酉・五月癸卯・五月癸亥であり、召にいたのは一五祀九月己酉であり、したがって、㽙—召の間で八二日ないし一三二日を距てていることになり、人方への往復途次にあって、董氏においてもごく近傍としているこの二地間で、これ程の日數を要しているとするのは、理解に苦しむとしなくてはならない。更に問題なのは、

---

① 愙齋集古錄一三・一〇、殷文存上二六、周金文存五・五、小校經閣金文拓本五・三七、三代吉金文存一一・三四、書道全集（平凡社）第一卷二八などを参照。
② 董氏前揭書、下編卷八、旬譜七、第七～九葉。
③ 董氏は、啇と㽙を同一地とみなしたようで、すべて啇と釋している。
④ 陳夢家『殷虛卜辭綜述』三〇四～五頁。
⑤ 歴代鐘鼎彝器款識法帖二・三八、博古圖錄八・一五、嘯堂集古錄上二八、古文審五・二〇などを参照。なお、釋文に問題があるが、いま董氏に據っておく。
⑥ 島邦男氏は、これを十祀として、帝辛一〇～一一祀の人方遠征の曆譜の頭初に編入している。『殷墟卜辭研究』三九三頁、また三九九頁。

曩は郯であつて、今の郯城にあった、とするところから、この泰山・嶧山西麓説がでている點であって①、すでに白川靜氏や增淵龍夫氏によつて批判されているように、その必然性は認めがたいところである②。以上によって明らかなように、董氏の所說は、そのままでは從いえないと考えてよいであろう。

　最後に、島邦男氏の所說について考えてみたい。氏はさきに、甲骨文中の地名間の連絡をたどって一葉の地圖を作製し、「甲骨文の地名」と題して發表し、のちに、『殷墟卜辭研究』において、その推論過程を克明に記述している③。これによると、氏は、まず從來の、甲骨文の地名と古地名を對比する方法を排して、甲骨文のうちの地名相互の關係からのみ、その位置を考察すべきであるとし、一〇五の地名について、推定をおこなっている。このうちには、私の數えるところによれば、二九の田獵地が含まれており、それらは、山西、陝西の省境近くから淮河下流域にまでわたるきわめて廣大な地域に散布されている（挿圖19參照）。

　氏が、甲骨文の比較檢討のみをその方法として採用し、古地名との對比を排した點自體は、注目すべき事柄であると考えるけれども、甲骨文の理解のしかたそのものに關しては、從いがたいところが多い。島氏は、田獵卜辭のみを採り上げたのではなく、地名をもつ甲骨文全般を問題にしているので、當然、問題は多岐にわたるが、ここでは、當面、氏の甲骨文處理における前提、および田獵卜辭の取扱い方に限定して述べておきたい。

　島氏の所說は、一版中の二辭にあらわれる二地間の距離推定において、二辭の卜日の差を、そのまま、二地間の行程所要日數と見なす、という前提にたったものと考えられる。しかし、これはA～B二地間は最大限一日行程の距離にあり、それ以上へだたつて存在したわけではなかったことを示すに止まるのであって、これよりごく近傍に存在する可能性を充分にもつものである。例えば、貞旬卜辭中に在某として記されている地の相互距離關係の推定にあたって、每旬末の貞卜ごとに常に一〇日を要して移動していたとはかなり想像し難

---

① 董氏前揭書、下編卷九、武丁日譜、第三七葉。
② 白川靜「召方考」甲骨金文學論叢二集、九二～四頁、一九五五年。增淵龍夫「先秦時代の封建と郡縣」一橋大學研究年報、經濟學研究Ⅱ、二一五頁、一九五八年、のち同『中國古代の社會と國家』一九六〇年、所收。
③ 島邦男「甲骨文の地名」人文社會（弘前大學）第九號（史學篇）、九八～九九頁、一九五六年、同『殷墟卜辭研究』三六〇～三八三頁、一九五八年。

いと思われるにもかかわらず、島氏は何ら說明を加えることなく、これを一〇日行程の距離にあったとしている場合が多いなどは、その極端な例である。

田獵卜辭に關していえば、島氏は、第四期王徃定形式卜辭を多く利用し、これらを、王が次々と「徃」した記錄と解しているけれども、この卜辭は、前節で詳述したように、數地を並記して、そのうちから一地を選擇するためにおこなわれた貞卜と解すべきであり、このような誤解のために、島氏の結論的圖示である「卜辭地名關聯略圖」（揷圖19）は、不當に擴大されてしまったのであると考えられる。

加えて、島氏の研究において私が疑問に思うのは、本稿に詳論した第四期王田定形式卜辭、第五期王田および王徃定形式卜辭を、ほとんどまったく史料として用いていない點である。島氏のごとき方法による場合は、とりわけ史料の採否に恣意性があってはならないであろうが、これら多數の卜辭を整理した結果である本稿表10に示したところを、島氏の「略圖」に當てはめようとするなら、矛盾する場合が、あまりにも多いことに容易に氣づかれるであろう。一例をあげれば、安～𥁕の間は、撫六八（＝京四四三六）によって、最大限一日行程の距離にあったはずであるが、島氏は直線距離にしても、數百粁はあろうと思われる遠隔地にこれを置いている。これらについて妥當な說明が與えられないかぎり、島氏の構想全體を受け容れることは、現在の私には、困難である。

以上、田獵地をとりあげて、その位置推定を試みている諸說のうち、主要なものを紹介し、それぞれに對する私見をのべた。これ以外にも、諸說を考慮しつつ自說を展開している場合、たとえば結論的には陳夢家氏の說にもつとも近い白川靜氏や增淵龍夫氏の場合などはあるけれども[①]、少くともそこにおいておこなわれている地名考證の部分については、新たな方法にもとづくものではなく、したがってそれに對する私の批判もおのずから明らかであろうと思われるので、ここで特に觸れるのは避けることにする。また、多數の甲骨著錄の考釋中には、個々の地名の位置が論ぜられている場合がしばしばあるけれども、それらの方法上の缺陷についてはすでに述べたので、それもここではとり上げないことにする。

本節での考察により、今日ではなかば通說化している郭沫若氏以來の沁陽田獵區說をはじめ、董作賓氏の山東田獵區說、また島邦男氏のきわめて廣大な

---

① 白川氏前揭論文、六八～七二頁。增淵氏前揭論文、二〇四～八頁。

地域に比定する說などは、すべて立論の過程に誤りや疑問を存することが明らかになつたとしてよいであろう。したがって、前節までにおいて、半徑半日行程以下の圓内に集中して存在したはずであるとした、多數の田獵地は、一括して、何處に考定されるべきかは改めて新たな觀點から求められなければならなくなった。それが、次の課題である。

五　田獵地の比定

　　前節において、私は、田獵地比定に關する從來の諸說の檢討を試み、それらがいずれも比定方法上に缺陷をもっていることを指摘した。古典にみえる地名への比定についてはいうまでもないが、「人方遠征」に關連させて考定する場合にしても、その卜辭群の編成、さらにはその基礎とされる「殷曆」の編成自體に未解決の問題が多く殘され、これについての定論がえられないままでいる現狀では、これとの關連から田獵地を比定しても、單に循環論の弊におちいるのみだというべきであろう。むしろ、田獵地比定が、人方遠征路程の推定のためのひとつの據點とされている場合さえ少なくないのである。また、甲骨文中にみられる田獵地以外の地名との關連から考えようとしても、甲骨文中のほぼ五〇〇と稱せられる多數の地名のうち、現在の何處かに確實に、異論なく比定しえたものは、ひとつもないとして過言ではないのが、現狀であろう。この場合、一應、考慮すべきなのは、甲骨文中の「商」「大邑商」「天邑商」「中商」などとの關連であって、續三・二八・五によれば、「商」と田獵地噩とがかなり近傍に存在したことが明らかであり、また、岩間大龜（別二Ⅰ）によれば、「大邑商」と田獵地噩・喜・宮・𡈼・𠂤などとがかなり近傍に存在したと考えられる。しかし、ここに詳述している違まはないが、この「商」「大邑商」などが何處に比定されるべきかについては、多數の諸說の存在にもかかわらず、いまだ確定していない①。したがっ

---

① 卜辭中の「商」以下の地名の考定に關しては、羅振玉『殷虛書契考釋』自序および都邑第一、一九一四年、林泰輔「龜甲獸骨文に見えたる地名」『支那上代之研究』二〇四頁、一九一九年、王國維『觀堂集林』卷一二、一九二三年、董作賓『殷曆譜』下編卷九、日譜三、帝辛日譜、一九四五年、陳夢家『殷虛卜辭綜述』二五五～八頁、一九五六年，島邦男『殷墟卜辭研究』三六〇～一頁、一九五八年、貝塚茂樹『京都大學人文科學研究所藏甲骨文字』本文篇，二三八～九頁、一九六〇年、などを參照。

て、田獵地の確實な比定のためには、甲骨文中の田獵地以外の地名との關連から求める方法もまた、今のところ排除せざるをえないであろう。

　ここで、ふたたび第二節でのべた田獵日の問題に立ち戾って考えてみたい。史料的に豐富であり、その週期も明確に知りうる第四期および第五期についてみると、第四期には、乙～戊～辛～壬、第五期には、乙～丁～戊～辛～壬（王後卜辭では、これにさらに己日が加わる）の週期が存在した。

　いま、この第四～五期、つまり武乙・文武丁・帝乙・帝辛の四王の在位積年數が、おおよそどの程度であるかを想定してみたい。董作賓氏の考定によれば、武乙四年、文武丁一三年、帝乙三五年、帝辛五二年とされているので、計一〇四年になる①。一方、陳夢家氏は、武乙三五年、文武丁一一年、帝乙と帝辛を合せて四〇年を、それぞれ上回る程度と考えている②。兩氏の考定のうち、もっとも顯著に相違しているのは、陳氏が董氏に比して、武乙期を著しく長く考えている點であるが、これは竹書紀年の記載にもとづくものであって、必ずしも信憑しがたく③、貝塚茂樹氏も、祖甲から文武丁に至る諸王の在位年數が短かったのは確實であり、ことに廩辛・康丁・武乙・文武丁の四王の在位年數は、通算しても一世代程度でしかなかったろうと想定している④。また、帝乙・帝辛の在位年數に關しては、最近、島邦男氏によって、董氏の說をかなり短縮した、帝乙を二十年、帝辛を三十數年とする說が提唱されている⑤。ここで、これらの說の依據するところに溯って、檢討を加える餘裕はないけれども、今のところ、武乙～帝辛四王の在位積年數は、おおよそ八十～百年程度と見積っても、それが過少に偏することはあるまいと思われる。したがって、ここでは、これを概算百年と見なして、以下の考察をすすめてみたいと思う。

　しからば、いま、この第四、五期の約百年間を通じて、ほとんど恒常的に、表1・表2・表4・表6などにあらわされている程度の週期をもって田獵が

---

① 董作賓『殷曆譜』上編卷四、第一一葉。
② 陳夢家『殷虛卜辭綜述』二〇八～二一〇頁。
③ この點については、たとえば、山田統「竹書紀年と六國魏表」『中國古代史研究』一九六〇年、同「竹書紀年の後代性」國學院雜誌第六一卷第一一號、一九六〇年、などを參照。
④ 貝塚茂樹・伊藤道治「甲骨文斷代研究法の再檢討」東方學報京都第二三册、五〇頁。
⑤ 島邦男「帝乙、帝辛之在位年數」"中央研究院"歷史語言研究所集刊・外編第四種、慶祝董作賓先生六十五歲論文集、上册、一九六〇年、および、同「帝乙・帝辛の在位年數」甲骨學第九號、一九六一年。

おこなわれていた、と假定し、それがなりたちうるか否かを、以下で檢討してみたい。

　第四期の田獵日は、十干によって示される一〇日のうちの四日、第五期の田獵日は五日、ただし王徃卜辭では六日であった。したがって、第四、五期を通じていえば、一〇日のうち、ほぼ五日が田獵日であって、きわめて大まかな計算にもとづくならば、この百年間には、ほぼ一萬八千日程度の田獵日が存在したことになるであろう。しかし、このすべての日に田獵がおこなわれていたわけではなく、表1・表2・表4・表6を合して、田獵日における田獵實施率を求めてみると、ほぼ四八％程度となる①。したがって、さきの假定にもとづくなら、武乙～帝乙期に、大約八～九千回程度の田獵がおこなわれたものと推定して大過ないものと思われる。

　一方、現存の甲骨文中に、この期の田獵卜辭の總辭數を求めてみると、その著錄番號はここに列記しえないが、これまでに付印された甲骨著錄書から私の集めえた限りで、重載を去って、第四期九六一辭、第四・五期中間形二九辭、第五期一一九一辭、計二一八一辭という多數にのぼる②。このうち、第四期卜辭と見なしたもののうちには、第一節でのべたように、最近、貝塚茂樹氏によって「第三、四期」とされたものも含まれているが、この説を認めたとしても、第四、五期の田獵卜辭の總計が、二千辭を大幅に下回ることはないであろうと思われる。そして、私は、いま「現存の甲骨文」と書いたけれども、實は現在までに公刊され利用しえた甲骨著錄書に收められている總數は、重複が相當多いために確實には明らかでないとしても、ほぼ四萬五千片前後にすぎな

---

① 表1・表2・表4・表6に示した個々の史料について、その冒頭と末尾の一辭を除外した上で、田獵日總數（表中の○印數と×印數の合計）に對する田獵實施日（○印數の合計）の割合を求めると、

$$\frac{197}{410} \times 100 = 48.0\ (\%)$$

となる。

② 第五期田獵卜辭は、王田・王徃卜辭とも、一事一貞形式がとられているから、辭數算定上、問題はない。第四期卜辭中、王田卜辭には、一事一貞も多いが、對貞ないし多貞の場合も少なからず存在する。對貞の場合で一片中に否定辭のみしか見られない場合はこれを算えず、また、多貞辭の場合は、できるかぎり綴合を試みたうえ、一骨上に見られる範圍で一回の貞卜を一辭として計算した。王徃卜辭に關しても同様で、たとえば前二・二〇・五（＝珠六七七）＋南北師一・一七一（＝外六二）は二辭、後上一〇・一五は一辭として計算されている。

いと考えられ、一方、未刊のままに殘されているのが五萬片にものほるようである①。もとより、未刊の甲骨が、既刊のものほど質的に優れているとは考えがたく、したがって既公刊の田獵卜辭約二千辭を、ただちに倍加させて考えるわけにはいかないとしても、この數字をかなり上回る卜辭がすでに出土していると豫想すべきであろう。このように考えてみると、さきの假定にもとづいて想定したところの八～九千辭のうち、少なく見積っても四分の一程度が、確實に現存しているものと見なさなくてはならないと考えられるのである②。

　私は、この研究の過程において、田獵卜辭の綴合にかなり努力した。從來の卜辭綴合作業が、正式發掘による『小屯第二本・殷虛文字』甲、乙編に收められる甲骨の綴合を別とすれば、多くは偶然に賴っていたのは否みがたいであろうが、この場合、なかんずく第四、五期の骨版上に刻された定形式卜辭の場合は、その卜日が下邊から上に向つて整然と排列されており、かつその卜日に關する規則性を明らかにしえたのであるから、これにもとづいて卜辭摹本を整理・排列するならば、既刊卜辭のかなり多數を、なかば機械的に綴合しうるのではないかという期待に支えられたものであった。しかるに、結果は豫期したところからはかなり遠く、表1・表2・表4・表6などに示した程度の綴合に終った③。もとより、多少の遺漏はあるとしても、既刊甲骨中での定形式卜辭の綴合は、ほぼこの程度で滿足せねばならないのが現狀であることが、明らかになった。定形式卜辭のすべてが、元來は、下方から上方に向つて十數辭を連ねたいわゆる整骨であったに相違ない。現存甲骨が斷片化しているのは當然としても、それが綴合のための合理的な手段をもってしながら、尚、ほとんど前後

---

① 董作賓『甲骨學五十年』一六四～一八八頁、陳夢家『殷虛卜辭綜述』六五五～七頁などをもとに、その後の刊行著錄を考慮した。胡厚宣『五十年甲骨文發現的總結』一九五一年、などに見られる推定は、やや過大に失するようである。

② 卜辭の在るべき數と現存數を比較してみたものとしては、私の知るかぎりで董作賓氏の貞旬卜辭に關する見解があるのみである。董氏は、盤庚以後殷末までの二七三年間の貞旬卜辭を九千八百餘と考定したうえで、「今所能見之卜辭、在全量中猶不及十之一」といっている（『殷曆譜』下編卷八、旬譜、第一業）。しかし、二七三年とするのが正しいとしても、このうちから盤庚～小乙期を除外せねばならず、また『殷曆譜』以後これまでに、多くの甲骨著錄が刊行されて史料數が增加していること、さらに、ある時期には必ずしも毎旬末に卜旬されていたのではないように考えられることなどからすれば、董氏が十分の一以下としたのは、私の田獵卜辭における推算と、かならずしも矛盾するものではないであろう。

③ これらに表示した以外、龜甲や定形式以外の田獵卜辭で綴合しえたものもあるが、ここでは主題から外れるから、特に記さない。

を欠いたままに殘される、というこの事實は、當然、逆に失なわれてしまったト辭がいかに多いかを物語っていると考えなくてはならないのである。

　このように考えてくると、第四、五期を通じて貞卜された田獵卜辭の總數は、現存甲骨の數倍におよび、さきに想定した八～九千辭に大幅に接近するであろうと想定しても決して不自然ではない。むしろ何倍かして考えねば實數を過少に見なしてしまうことになるはずである。しからば、私が、さきに「第四、五期の約百年間を通じて、ほとんど恒常的に、表1・表2・表4・表6などにあらわされている程度の週期をもつて、田獵がおこなわれていた」とした假定は、もはや、單なる假定の問題ではありえない。田獵日と定められた一旬中の四日ないし六日のうち、ほぼ半數は田獵を實施したのは、少くとも第四、第五期においては、決して殷王にとって、ある特殊な期間の狀態だったのではなく、この約百年間を通じて、ほとんど間斷なく續けられた、きわめて日常的な狀態であったと見なさなくてはならないであろう。もとより、王の外征、疾病とか、連續的な降雨などといった條件によって、一時的に比較的長期間にわたって中斷された場合もあったことを考慮すべきであろう。しかし、それはあくまで例外的な場合だつたのであり、通常は右のような頻度をもつて田獵が繼續されていたと考えなくてはならないと思われるのである。はたして殷王の日常的行動のうちで、田獵がこれほどに大きな比重を占めていたとなれば、それが殷末の社會でいかなる意義をもっていたのか、それを連綿と繼續せしめた條件は何なのかが、改めて問題にされなければならないが、それは次節で考えたいと思う。ここではこの事實をこそ、直視しておかなくてはならないのである。

　この、殷末の四王によつて、一〇日に二～三日の割合で連綿と百年もの間、繼續しておこなわれた田獵の目的地が、すべて、ある「一地點」から、半日行程內に散在したことは、すでに詳論したところから明白である。しからば、この「一地點」とは、殷王の居地以外ではありえないと考えざるをえないであろう。

　田獵卜辭においては、特殊な場合、たとえば、衣逐形式卜辭その他數例を除いては、王の所在地、ないし貞卜地が記されていない。他の種類の卜辭、たとえば卜王步のごとく、その卜問の內容が王自身の行動におよぶ場合はもとより、卜旬のごとき場合でも、卜下貞上または辭末に、「在某」として、王の所在地が記されるのが、通例であるといってよい。しかるに、田獵卜辭では、そ

の目的地がほとんど常に記され、またその往・歸路における災禍の有無が卜問されているにもかかわらず、その卜問をおこなっている地——それはすなわち出發地點であり、同時に歸點でもある——を常に記していないのが何故かは、その限りで、問題にされるべきであろう。これは、定期的におこなわれた王の田獵が、かならず王の常住の地から出發し、そこへ歸ってくることが自明であつたために、當時の貞卜者ないし書契者たちにとっては、ことさら記しておく必要がなかったためであると考えることによって、はじめて理解しうるのではあるまいか。

　しからば、この第四、五期の諸王の居地とは何處か。甲骨文の發見以來、これと古典との比較研究、およびそれに引き續く考古學的研究の成果からして、盤庚ないしすくなくとも武丁から末王帝辛までの諸王の都が、いわゆる殷墟であつたとするのは、定說として、ほとんど疑いのさしはさまれたことはないといつてよい①。とりわけ、最近刊行された石璋如氏の報告によれば、一九二八〜三七年に、一五次にわたっておこなわれた小屯發掘において、ほぼ四萬平方米に、甲、乙、丙三組に分けられる計五三におよぶ大規模な建築基址が發見され、このうち甲組とされた一五箇の基址は、おそらく住居であつたろうと推定され、武丁期に建築が開始され、以後ひきつづき殷末まで使用されたと考えられている②。その規模の大きさから判斷するならば、この建築基址が當時の王宮に比定されるべきことは、ほとんど疑いえないところであろうと思われる。また、乙組基址二一箇は宗廟、丙組基址には祭壇があつたと考えられている。このほか、あらためて述べるまでもなく、洹水北岸の大墓群をはじめ、おびただしい豎穴・墓葬・工房址などが發見されており、また、最近では防御施

---

① この點についての異說としては、わずかに、かつて郭沫若氏が、『卜辭通纂』（一九三三年）自序および後記において、帝王世紀の記載などにもとづいて、帝乙時に殷墟から朝歌へ遷都したとする說があり、その後、この見解は、郭氏『十批判書』一九四五年〔野原・佐藤・上原譯『中國古代の思想家たち』上、八頁）においても、改められていない（ただし、一九五四年改版では、この部分は削除されている）。しかし、その後の研究の進展によって、第五期卜辭中には、帝辛時の卜辭の存在が確認されており、したがって、殷墟が殷末まで都であつたと考えるのが、通說である。これに關しては、たとえば、貝塚茂樹『中國古代史學の發展』二〇七〜八頁、一九四六年、陳夢家『殷虛卜辭綜述』四二一〜二頁、一九五六年、などを參照。

② 石璋如『小屯第一本、遺址的發現與發掘乙編、建築遺存』第七章「基址的時代」、一九五九年。

設かと想定される巨大な灰溝も發見されるに至つた①。加えて、從來發見された武丁～帝辛期の甲骨のすべてが、この地より出土したものであつた。われわれは、まず何よりもこれら考古學上の知見を重視せねばならないであろう。かつ、この事實は、竹書紀年など文獻上の記載とも、よく合致している。そして、甲骨文の整理の結果からしても、たとえば、少くとも第四、第五期の大約百年間を通じて、王の常住地が一地でなくてはならないのは、田獵卜辭の考察によつて、明らかにしえたところであつた。以上のごとき知見にもとづくならば、殷都——すなわち王の常住地を、この殷墟に求めるのは、決して無理のないところであろうと思われる。したがつて、田獵地の中心もまた、當然、この地に求めざるをえないのであり、多數の田獵地は、この殷墟の周邊の、殷墟からまる一日をもつて田獵をおこないうる程度の近傍に散在していたと見なさなくてはならないと考えられるのである②。

　しからば、この田獵地存在範圍の半徑を、半日行程の距離とするとき、實際にそれをどの程度と考えるのが妥當であろうか。

　まず殷墟と田獵地との間をいかなる方法で往復したのかについて考えてみるべきであろう。中國に、乘馬の風習が傳えられたのは、殷代をかなり降るものと考えられ③、事實、殷墟その他殷代遺址の發掘によつて、騎乘の痕跡、たとえば鞍・鐙などの遺物が發見されたという報告にはいまだ接していないし④、また、甲骨文のうちにも、それを示す語句は見いだしがたいようである。當時、重要な乘物として用いられたと確認されているのは、馬車である。

---

① 中國科學院考古研究所安陽發掘隊「一九五八——一九五九年殷墟發掘簡報」考古一九六〇年第二期。
② ただし、今後の考古學的研究の進展などによつて、殷末諸王の居住地は別地にあり、殷墟は、たとえば宗廟の地でしかなかつた、などといつた事情が明らかにされるとするならば、本節における推測はなりたたず、その地の周邊に多數の田獵地が散在していたことたなるであろう。しかし、少くとも今のところ、そのような推測をすべき何の根據もないように考えられる。
③ 松井等「古代支那の車戰」東洋學報第二卷第三號，四二〇～一頁、一九一二年、王國維「胡服考」『觀堂集林』卷一八、第五葉、一九二三年、など。
④ ただ、石璋如「殷墟最近之重要發現，附論小屯地層」中國考古學報第二册、二三～二四頁、一九四七年、では、小屯Ｃ區の墓Ｍ一六四に、人馬各一のほか、弓や鏃などの武器が埋葬されていたところから、當時、騎射がおこなわれたのではないか、と考えているけれども、騎乘されたと推測するに充分な根據とはいいがたいであろう。

すでに、小屯・侯家荘・大司空村および孝民屯などにおいて、多数の殷代車馬坑が發見され、實用に供された馬車の形狀が明らかにされている①。このような馬車が、田獵地への往復にも用いられたことは、卜辭にたとえば。

　　　癸巳卜、殷貞、旬亡𡆥。王固曰、乃茲亦㞢希。若偁。甲午、王往、逐兕、小臣古車馬硪、駇（？）王車子央亦墜（？）。

　　　　　　　　　（菁三。また、掇一・四五四、寧二・二四、外四六二重出は同文）

とあることによって、充分想像しうるであろう。もっとも、これによれば、王が田獵をおこなうとき、馬車に乘っていたことが明らかにされるのみであって、往復途次に馬車が用いられたか否かは必ずしも明らかでないが、田獵をおこなう際には馬車に乘っている王が、その往復の時には、別種の乘物ないし徒歩によったと考えるよりは、やはり馬車が用いられたと想定するのが自然であろう。しからば、當時の馬車の性能はどの程度のものであったろうか。林巳奈夫氏は、その構造を詳細に檢討し、また古文獻の馬車の性能の惡さを示す記述をも指摘しつつ、それが、まったく不可解なことがらであるとしながらも、「古代の繋駕は實際は喉で引く、蹄鐵をつけない二頭の馬であり、全然貧弱な能率しか持ちえなかった」點を指摘している②。このような馬車をもってしては、たとえばけものを追う際などに、一時的にはギャロップで驅るのが可能であったとしても、往復途次の全行程を驅るのはまず不可能であったろう。殷墟出土の馬車は、車輪が直徑一・五米ほどの大きなものであり③、惡路の場合に車輪を大きくせねばならないのは當然であるけれども、一方、これが、車軸およびその上に置かれる輿の位置を高くし、したがって重心が高くなって不安定となり、高速で疾驅するのが困難になる。このような點から想像するなら、田獵地への往復は、かなり遲い速度でなされたであろう。かつ、その獵物の數からすればかかる田獵には、かなり多數の人間が王と行動を共にしているように考えられるけれども、それらすべてが馬車によって往復したとも考えにくく、彼らの大部分は、おそらく、徒歩によつて王に從つたものであろう。こう考え

---

① 林巳奈夫「中國先秦時代の馬車」東方學報京都第二九册、一五六～一六五頁、一九五九年、には、小屯・侯家荘・大司空村發見の車馬坑に關する詳細な記述があり、孝民屯のそれについては、前揭「一九五八―一九五九年殷墟發掘簡報」七二～三頁に報告されている。
② 林氏前揭論文、二三九～二四三頁。
③ たとえば、馬得志等「一九五三年安陽大司空村發掘報告」考古學報第九册、六三頁、一九五五年、によれば、大司空村車馬坑（墓一七五）の車輪の直徑は、一・四六米である。

てみると、田獵の際には、一時的に疾驅し、そのために、たとえそれが稀な事件であったにもせよ、菁三に示されたような馬車から顚落することもありえたとしても、その往復に際しては、ほとんど人步程度の速度をもって行動したとみて、大過ないのではあるまいか。

　以上のような想定にたつならば、繼續して定期的にくりかえされる田獵の當日は、前述の「湄日」の語の解釋を暫くおき、その全一日がほとんど田獵のためのみに費やされたとしても、實際に田獵をおこなつた時間を考慮して、その片道の所要時間は、三～四時間以上には考えがたく、したがって、この時間內に行動しうるのは、ほぼ一五～二〇粁程度が一應の限度だつたと推定してよいのではあるまいか。以上の考察によって、殷末における田獵地は、殷墟を中心として、半徑二〇粁ないしそれ以下の程度の圓內に散在したとしか考えがたいことが明らかになったであろう。これは實際には、これよりはるかに狹隘な範圍、たとえば半徑五粁程度の圓內に限られていたかもしれず、その可能性は充分あるといってよいが、今のところ、史料的制約から、以上のごとき程度と推定しておくほかないであろう。

　なお、ここで、第一、二節で觸れたがそれ以後、考察の對象から除外しておいた、第五期王田、王徃卜辭中に少數見いだされる、卜下貞上に「在某」として貞卜地を明記している一群の卜辭について考えておきたい。

　王田卜辭中に九辭、王徃卜辭中に四辭見られるこの卜辭の卜日上の規制は、他の一般の田獵卜辭とは合致せず、したがってこれが性格を異にしたものであろうことは、すでに第二節でのべておいた。いまそのすべてをここに列擧しておくと、

　乙酉卜、在㽞、貞、王徃、往來亡災。——庚寅卜、在㽞、貞、王田、往來亡災。
　　　　　　　　　　　　　　　　　　　　　　　　　　（前二・八・二）
　辛卯〔卜、在〕㽞、〔貞、王〕田、往〔來亡災〕。——乙未卜、在㮃、貞、王步、亡災。
　　　　　　　　　　　　　　　　　　　　　　　　　　（前二・八・一）
　……王卜、在叉、貞、〔今日、王田〕于㽞、亡災。茲御、獲……。在二月。
　　　　　　　　　　　　　　　　　　　　　　　　　　（前二・一九・三）
　丙辰、王卜、在□、貞、今日步于㽞、亡災。——戊午、王卜、在㽞、貞、田舊、往來亡災。茲御、獲鹿□・㽞□。——己未、王卜、在㽞、貞、今日步于㽞、亡災。……（二辭略）……
　（綴二一九。前二・三五・四＋前二・二六・一＋前二・七・八。殷曆譜下九・五七參照）

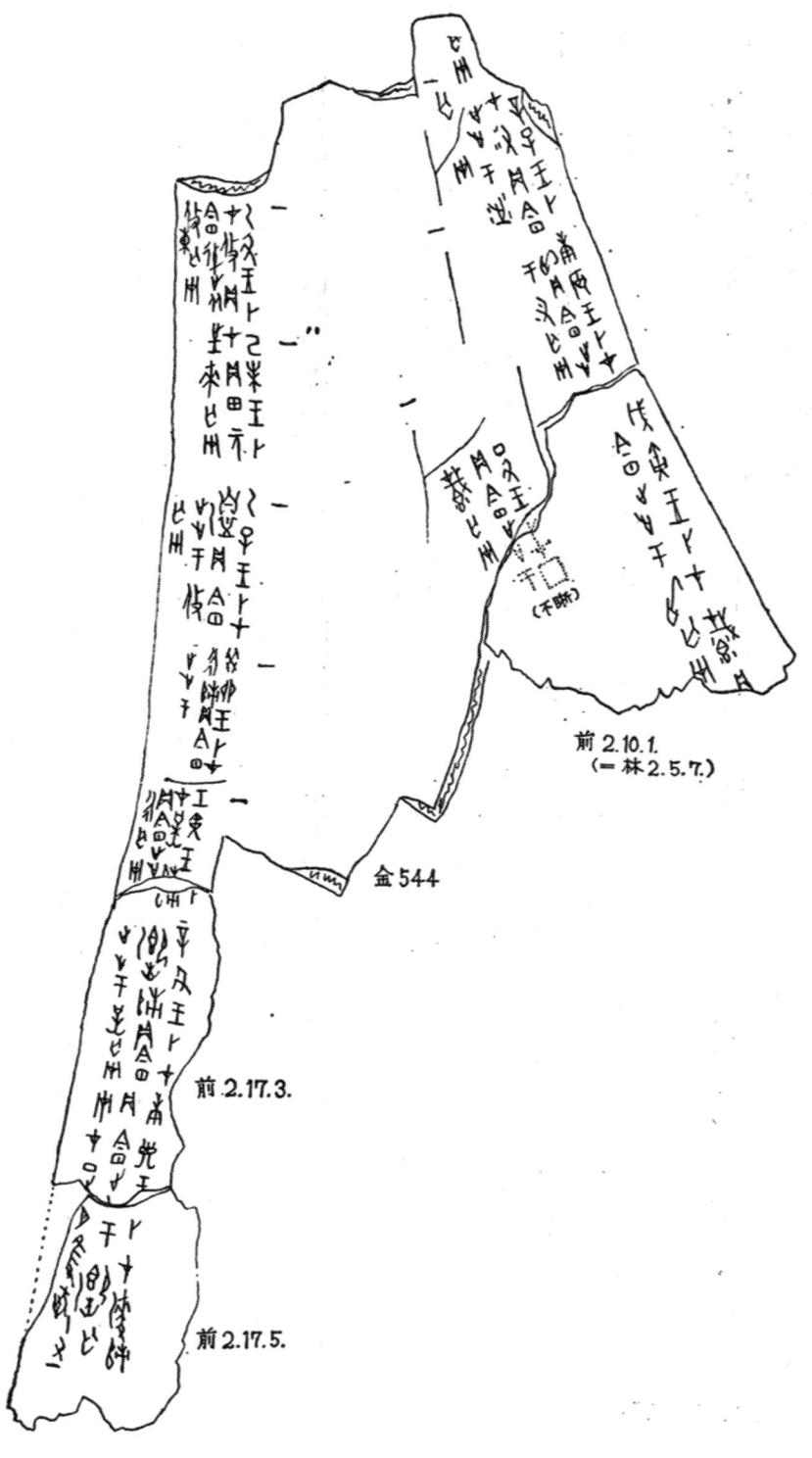

圖 20　綴 218（縮尺　約 3/4）

……〔卜〕、在奠、貞、王田自東、往來亡災。茲御、獲鹿六・䑕十。
　　　　　　　　　　　　　　　　　　　　　　　　　（前四・三六・三）

……〔卜〕、在品、貞、〔王田〕㬎、往來〔亡災〕。茲御、獲鹿四十八・䑕一。——……卜、在𠂤、……　　　　　　（䉛游一〇九、續三・三一・六重出）

壬午卜、在𡊬、貞、王田□、往〔來〕亡災。
　　　　　　　　　　　　　　　　　　　　　（䉛游一一一、續三・三〇・一〇重出）

丙戌、王卜、在喜、貞、田麥、往來亡災。——□亥、王〔卜、在〕辜、貞、今〔日〕、步于□、亡災。　　　　　　　　　（南北師二・二五二）

……（四辭略）……乙巳、王卜、在溫、今日步于攸、亡災。——己未、王卜、在①、貞、田元、往來亡災。——乙丑、王卜、在攸、貞、今日㣟从攸東、亡災。……（四辭略）……

　　　　　　　（綴二一八。前二・一七・五＋前二・一七・三＋金五四四＋
　　　　　　　　　前二・五・七（＝林二・一〇・一））

癸巳卜、在𠂤、貞、王後于射、往來亡災。　　　　　　　（前二・八・三）

……（二辭略）……壬辰卜、在杞、貞、今日、王步于𦥑、亡災。——癸巳卜、在𠂤、貞、王後𤔲、往來亡災。于自北。——……（一辭略）……　　　　　（前二・八・七）

の一一片一三辭である。いま、この王田、王後の目的地をみると、王田の場合は、𦱳・舊・奠の自東・㬎・麥・元の六地、王後の場合は攸東・射・𤔲の三地があり、表9に示した第五期田獵地と重複するのは、わずかに南北師二・二五二の、喜にあつて麥に田している場合のみである②。これは卜日の點についで、この群の卜辭が、通常の卜辭と性格を異にすることを示す第二點である。次に、注目すべきなのは、一辭のみしか殘らぬ細片は別として、並刻されている他辭が可讀なものは、そのほとんどすべてが、王步について貞卜している點であり、これも通常の第五期田獵卜辭には見いだしがたいところである。そして、これらの點にもまして重要なのは、こ

---

① 在字下に地名がなく、原骨に缺刻したものか、金五四四の摹本の誤りかは明らかでないが、前後の卜辭から、ここに「攸」字があるべきなのは疑いない。

② 南北師二・二五二版は摹本のみしか見えないので確言はしがたいけれども、内容上異例であって理解しがたいのみならず、全體の布字が亂れ、また「今〔日〕步……」の日字を缺落している點などからすると、あるいは偽刻骨ではないかと疑われる。

のうちの數片は、人方遠征關係の卜辭編成中に編入されている點である。す
なわち、多少の異見はあるが、董作賓、陳夢家、島邦男、李學勤諸氏の研究
により、ほぼ、前二・八・二、前二・八・一、前二・一九・三、綴二一
九、綴二一八、前二・八・七の六片が、人方遠征中の卜辭であることが示
されている①。たとえば、綴二一八についていえば、帝辛一〇祀九月より翌一
一祀四月にかけておこなわれた人方遠征の途次、一一祀正月から二月にわたる
王の路程を示す卜辭である點はほとんど問題なく、その過程で、元に田し、攸
束に徙しているわけである。このような點からすれば、この一群中の他の諸片
（南北師二・二五二のみは別に考えるべきであろうが）もまた、今のところ細片化しているた
めに月日や地名間の關係から確認しえずにはいるものの、同樣に王の外征の途
次、それも人方遠征に際しての卜辭であろうとして大過なかろうと思われる。
しからば、前節で述べたように、人方遠征の路程そのものには未だ多くの問題
が殘っているとしても、この少數の異例の卜辭群は、殷末、おそらく帝辛が殷
墟を遠く離れて人方の討伐に赴いた際におこなった田獵を記したものであっ
て、一般の殷墟を中心としておこなわれた日常的な田獵とは、その意味でまっ
たく異ったものと考えなくてはならない。この卜辭群を以上のように理解しう
るならば、ここで常に「在某」として王の現在地が明記されているのは、外征
の途次の田獵であればこそ、その基點を明示しておく必要があったためであろ
うと解しうるのであり、逆に、一般の田獵が、殷王の常住地を基點としておこ
なわれたのは、當時としては自明であったために、そこでは常に「在某」を記さ
なかったのであろうとしたさきの論點を保證するものであるともいえるであろう。

六　田獵と田獵區のもつ意義、およびそれと殷代の
　　　　國家構造との關連

　さて、前節までにとり上げてきた、殷王によって主宰され、きわめて頻繁
におこなわれた田獵は、當時の社會にあっては、いかなる意義をもっていたの

---

① この點に關しては、董作賓『殷曆譜』下編卷九、日譜三、帝辛日譜、陳夢家『殷虛卜辭綜
　述』第八章第八節、島邦男『殷墟卜辭研究』三九〇〜四〇三頁、李學勤『殷代地理簡論』第
　二章を參照。

であろうか。その點を考察ながら、そのなかにあって、殷墟を中心とした狹隘な地域に集中して存在していたこの田獵區のもった意義を推測しつつ、それとの關連において、殷代の國家構造を考えるうえでの問題點を、私なりに指摘してみたいと思う。

　卜辭中の田獵の目的に關してもっとも一般的な見解は、これを、王の遊樂とみなすものである。たとえば、郭沫若氏は、田獵および漁撈關係の卜辭を檢討した上で、すでにこれらが、當時の重要生産手段であったとは認めがたく、すでに牧畜社會に入っていたとみなすべき證據があるとして、「當時的漁獵確已成爲遊樂的行事、即是當時的生産狀況確已超過了漁獵時代。」と結論し①、また、「殷王好田獵、屢有連日从事田遊之事。……足見殷時之田獵已失去其生産價値、而純爲喜樂之事矣。」ともいい②、胡厚宣氏も「所謂田獵者、皆不過爲遊樂之事而已、亦決不能謂殷人即以田獵爲生産也。」といい③、陳夢家氏も「卜辭中所有關於田獵的記載、都足時王爲逸樂而行的遊田、並無關乎生産。」としている④。また、貝塚茂樹氏も「殷代末期の樣に、狩獵に異常な趣味を持った帝王が天下各地の獵場に離宮を設け、之を巡りながら大規模の遊獵に日を送って居た時代では、……」といい⑤、白川靜氏も、後述のように別の箇所ではこれと異なる見解を示しつつも、殷代牧畜説への反論のための一環として、「卜辭末期、董作賓氏のいふ斷代でいへば第四・五期に至ると、大規模な田獵がしばしば行はれ、……（以下略）。……王の豪華な田遊が藪澤を求めて行はれる。すなはちこの期に至つて田獵が盛になったのは王の遊びのためであって、王みづから生産に從うためであったのではない。」とも、述べているのである⑥。

　これらの見解にあっては、問題が多數の田獵卜辭の存在をもって殷代を狩獵時代と見なすべきではないことを強調するあまり、田獵の目的を遊樂にあったとしたもののように思われる。もとより、白川氏が指摘するように、殷王が自らの食肉、毛皮を求める生産の目的で田獵をおこなったとは到底考えられない。しかし、しからば、そのことからただちに、遊樂のためといえるであろう

---

① 郭沫若『中國古代社會研究』一九三〇年。新版、一九五四年、二一七～二二三頁。
② 郭沫若『卜辭通纂攷釋』第一六三葉、一九三三年。
③ 胡厚宣「卜辭中所見殷代農業」『甲骨學商史論叢』二集上册、第二葉、一九四五年。
④ 陳夢家『殷虛卜辭綜述』五五二頁、一九五六年。
⑤ 貝塚茂樹『中國古代史學の發展』三七二頁、一九四六年。
⑥ 白川靜「殷の社會」立命館文學第六六號、二六頁、一九四八年。

か。少くともこれら諸氏にあつては遊樂が目的だったとしたとする積極的な論據を示しているわけではなく、單に生産を直接の目的としたことの逆として、考えられているにすぎないようである。そして、さらにこのような考え方の根底には、おそらく、尚書や史記などにおける殷王の田獵に關する記載も關係しているのではないかと思われる。すなわち、尚書無逸篇では、高宗（武丁）、祖甲以後の諸王は、稼穡の艱難を知らずに遊田に耽ったとし、周公の言葉としてそれを戒むべきことを記しているし、史記殷本紀にも、武乙、帝辛は、田獵を好んだように書かれている。

　このことは、たしかに、甲骨文において、第四、五期に至ると田獵卜辭が急激に増加することと關連づけて考えうるように思われよう。しかし、いま、卜辭の内容全般について考えてみると、そのほとんどが、祭祀・征伐關係をはじめとして殷王朝のいわば國家的な問題に關わる貞卜であり、王個人が對象とされている場合でも、殷王朝の主宰者としての立場からの關心において貞卜されていると考えられる場合が大部分であるにもかかわらず、ひとり田獵のみが、それと無縁に、單に殷王の個人的興味のみからおこなわれ、それが、貞卜の對象とされたとは、はなはだ考えにくいであろう。古典において、殷王の田獵を難じているのは、後代において田獵が國家的ないし社會的にもつていた意義を喪失し、遊戲としての性格が強まつたときにはじめて成立した觀念にもとづいていわれたことではなかったろうか。

　白川靜氏は、前引のように、一方では「王の遊びのため」としたが、しかしまた、「殷末の諸王は田遊を好んだといはれ、事實田遊往來の卜辭は甚だ多く殘されてゐるが、殷にあっては田遊は祭政や軍事と直接に結びついてをり、單なる奢侈的な遊戯であったとは思はれない。」とし①、また「王の行爲はすべてつねに軍事的政治的な國家機能そのものの表現として理解されてゐたのであって、田獵も決して單なる遊獵ではなかった。」とも述べている。②氏は共にこれ以上には觸れてなく、したがって、具體的な論據は明らかではないが、貞卜の本質を考慮するとき、單に遊戯とするよりも、はるかに説得的であろうと考えられる。

　この點に關して、陳槃氏は「古社會田狩與祭祀之關係」において、中國古

---

① 白川靜「周初における殷人の活動」古代學第一卷第一號、二七頁、一九五二年。
② 白川靜「殷の基礎社會」立命館創立五十周年記念論文集・文學篇、二八九頁、一九五一年。

代の田獵が、祭祀と深く關り合っていたことを、古典と甲骨文の兩面から論じている①。陳氏の示す文獻史料からすれば、周漢の間にあって、田獵がほとんど儀禮化した形態として示されている。

　　春蒐、夏苗、秋獮、冬狩。　　　　　　　　　　　　　　　（左傳隱公四年）
　　諸侯曷爲必田狩、一曰乾豆、二曰賓客、三曰充君之。　　　（公羊、桓公四年傳）
　　四時之田、皆爲宗廟之事也。　　　　　　　　　　　　　　（穀梁、桓公四年傳）
　　天子諸侯無事、別歲三田、一爲乾豆、二爲賓客、三爲充君之庖。無事而不田、曰不敬。　　　　　　　　　　　　　　　　　　　　　　　　　　　　　　　（禮記王制）

などは、その典例であろう。古代の祭祀なるものが、一般的にいって、その社會集團を形成維持するための秩序としての意義をもつものであり、その社會構造の變化に伴つて、本來の意義を失いつつも、形式的に殘存して儀禮化するとすれば、田獵におけるこの顯著な儀禮化が、より古い時代において、祭祀と深く關わっていたこと、ひいては、田獵が、社會的に重要な意義をもつ事柄であったことを推測しうるであろう。

　一方、田獵は、軍事とも深く關わっていたと想像される。董作賓氏は、武乙・帝辛が、田獵を喜好したことを述べたあとで、さらに、「本來、古代打獵就是練兵、把野獸作爲假想敵、合力進攻、以獵獲多數野獸爲最大勝利、同時也可以向眞的敵人示威。每一王朝都是要舉行的、不過不如武乙同帝辛時代舉行次數之多而已。」と言つているように②、大規模な田獵が、一面において、練武の目的をも持っていたことは充分みとめてよいであろう。穀梁傳昭公八年の條に、「因蒐狩、以習用武事、禮之大者也。」とあるのは文獻にみえたその一例であり、また、詩小雅吉日篇や、車攻篇によつても、推測しうるであろう。

---

① 陳槃「古社會田狩與祭祀之關係」"中央研究院"歷史語言研究所集刊第二一本第一分、一九四九年。ただし、田獵と祭祀の關係をあらわす史料として氏の引用する甲骨文の讀み方には、かなり疑問がある。氏が擧げるのは、𤉜、衣、肜、用、𢃇、などであり、これらを、田獵の際におこなわれた祭儀の名としているが、𤉜は火田の意ないし田獵地名と思われ（貝塚茂樹『京都大學人文科學研究所藏甲骨文字』本文篇、五一七頁などを參照）、衣は前述、肜はいわゆる五祀（周祭）の一であって特に田獵と關係ある祭儀とは考えがたく、用および𢃇のここでの用法は祭名ではない（胡厚宣「釋𢆶用𢆶御」中央研究院歷史語言研究所集刊第八本第四分、一九三九年、參照）。なお、古典にみえる田獵と祭祀の關係については、Walter Böttger, Die Ursprünglichen Jagdmethoden der Chinesen, 1960, Berlin. pp.13-16.にもほぼ同様の見解がみられる。
② 董作賓『甲骨學五十年』一二六～七頁、一九五五年。

甲骨文中から、田獵と軍事ないし練武の關係を示す確實を根據を指摘するのは、今のところ、かなり困難である。ただ、第五期卜辭中に、

　　癸未、王卜、在喜𠂤、貞、旬亡𡆥。王𠂤曰、吉。在五月。……

　　　　　　　　　　　　　　　　　　　　　　（續三・一九・二）

のように、「某𠂤」として地名を記している場合があり、このほかでは、

　　喜𠂤――續三・一八・四、燕一一、

　　𦥑𠂤――前二・四〇・七、續三・一八・四、

　　召𠂤――續三・二二・五、

のごとき例がある。この𠂤字について、羅振玉氏は㳄と釋して、師の止まる所の義であつて、のちの次とし①、葉玉森氏は羅說を是としながらも、𠂤の𠂤が「古兵器」の形であつて𠃊はこれを架したところであり、師の止まつて、兵器を用いないさまをあらわしたものだ、としている②。また、林泰輔氏および楊樹達氏は、師の古字であるとし③、白川靜氏も、甲骨文字で𠂤をその一部分としている文字は、「師」關係の文字であるとし④、また、貝塚茂樹氏も「㳄は軍隊に關する語であり、駐屯地、宿營を指す語であろう」としている⑤。地名にこの字を付した場合、それは軍旅の止まる處と考えてよいであろう。ここに見られる喜・𦥑・召の三地は、いずれも第五期において田獵地とされたところであり、かつこの期でもっとも頻繁にその目的地とされたところである。このような點から判斷すると、田獵地のうちのいくつかは、練兵のための據點としての意味をもっていたのではないかと思われ、田獵と練兵との關連を、ある程度想像させるものがあるのではなかろうか。

　これと關連して考えられるのが、これまで王田卜辭とならんで考察の對象としてきた、王後卜辭のもつ意味である。

　第二節に列舉しておいたように、後にあてた文字の解釋については諸說あって定まらないが、私は、いま、これを武字と關連させて考えてみたいと思う。甲骨文中に武字はきわめて多數見いだされるが、それらは、武字と見るべき

---

① 羅振玉『殷虛書契考釋』第二三～四葉、一九一四年。
② 葉玉森の說は、朱芳圃『甲骨學文字篇』第一四、第三～四葉、一九三三年、所引によった。
③ 林泰輔前揭論文、『支那上代之研究』二二五～六頁。楊樹達『積微居甲文說』二頁、一九五四年。
④ 白川靜「釋師」甲骨金文學論叢三集、七～一七頁。一九五五年。
⑤ 貝塚茂樹『京都大學人文科學研究所藏甲骨文字』本文篇、六六五頁、一九六〇年。

か否か疑問のごく少數（甲三七三九、乙七七四六など）をのぞけば、すべて第五期において、武丁、武乙、武祖丁のごとく、先王の廟號として用いられたものに限られるのであり、かつ、その結體は、大部分が♦、少數が♦（林一・一三・八、續二・二六・八など）である。一方、これと同時期の徣字は、♦または♦につくられているので、兩字が同時期において多數の用例をもちながら、微細を點とはいえ區別して用いられている以上、徣字のイを去つた部分を、ただちに武字と見なすわけにはいかず、したがって、徣字が戈に從っていると見ることにも疑問が殘る。しかし、すでに、貝塚、伊藤兩氏が說いているように、徣字のこの部分が、第一期骨臼刻辭に習見の♦（矛）の倒立形であって、兵器をあらわしたものとするのは認められてよいであろう①。なお、武字は、止に從い、該字は、辵（＝イ＋止）にしたがっているが、イ・辵・止が同義であることは、たとえば冓字が、甲骨文中において冓・遘・冓につくられている場合もあることなどから自明であり、したがつて、徣字と武字におけるイの有無は、この場合、問題ではない。ところで、武字は、說文に「楚莊王曰、夫武、定功、戢兵、故止戈爲武。」とあつて②、兵器を止めて用いないのが武であると說明されているが、おそらく後起の觀念にもとづく解釋と考えられ、異說が多い③。余永梁氏は、戈を持って道を行く意であり、踵武、伐武がその本誼であるとしている④。甲骨文における多くの♦に從う字の意義からすれば、これがもっとも妥當な解釋であり、武は兵器を擔って討伐に赴くのが原義だったのではあるまいか。しからば、徣字もこれと同樣に、兵器を擔って行く意をもっていたのではないかと考えられるのであり、單なる行、往の意だったとみるべきではあるまい。

　　徣字の用法は、すでに詳述したように、田字ときわめて近似しているが、仔細にみると相違點も少なからずある。王田では、狩獵の結果たる獲物を記している場合が相當多いけれども、王徣の場合では、ほとんど例外的にしかな

---

① 貝塚氏前揭書、四九六～七頁。ただし、ここで、♦字（粹一一五）を徣と同一字と見なして、武器に從う字である點を裏付けようとするのは疑わしく、ここでのこの字の用例は、一般の徣字の場合とまったく異っているところからすれば、同字と見るべき根據はないように思われる。
② この句は、左傳によるもので、宣公一二年の傳に「楚子曰、非爾所知也、夫文止戈爲武、」また、「夫武、禁暴、戢兵、保大、定功、安民、和衆、豐財者也、」とある。
③ 諸說については、丁福保『說文解字詁林』第一二下、第五六九三～五葉、『同・補遺』第一二下、第八六八葉を參照。
④ この說は、朱芳圃『甲骨學文字編』第一二、第八葉、一九三三年、所引によった。

い。また、表9によつて明らかなように、第四期、第五期とも、その王田、王徣の目的地は、相當数が重複しているとともに、そのいずれかの目的地にしかされていない地もかなりある。このような點から、王田と王徣の行爲が、その行動樣式においてほとんど近似したものでありながら、その場合における主たる目的が異つていたと考えてみることができるのではあるまいか。つまり王田の場合は、田獵自體が主要目的であり、したがって、獲物の多くありそうな地が撰擇されたが、王徣の場合は、他の、おそらくは練武の目的を主としていたために、それに適した地が撰ばれたのではないか、と考えられよう。たとえば、噩は獲物が豐富なためにしばしば王田の目的地とされたと同時に、練兵のためにも使用されたのであり、召のごとく現存史料でも一四九回にもおよぶ王徣がおこなわれたにもかかわらず、王田の目的地とはされていない場合は、練兵のための適地ではあったけれども、田獵には適さなかったのではあるまいか。前引（第一節）の前二・二四・一＋前二・二六・七、簠游四九（＝續三・二二・一）、前二・二三・二などのように、例外的に召に徣しながら、驗辭に獲物を記している場合があるのは、練兵を目的としながらも、たまたま獲物があつたものとして解することができよう。徣の目的地が、田の場合と比較して、かなり限定されているのは、その好適地が常に撰ばれたためと見ることができるのではあるまいか。さらに、前述の⿰字についての解釋が正當なら、その某⿰とされる地は、喜・轟・召であったが、表9に見られるように、この三地がいずれも同期に王徣の目的地とされていることと無關係ではないであろう。

　徣字を、練武ではなく、實際の討伐の意とみるのは、その目的地はあまりに近傍であり、かつ、同一地を頻繁にその對象としており、しかも王徣の日に規則性があるなどからすれば、とうてい困難である。とすれば、徣字によって、武器を擔って往くことが明記されたのは、それが練武のためと解釋するのが、もっとも妥當ではあるまいか。貝塚・伊藤兩氏は、「李學勤氏は、田の使用される地と、遂（本稿の徣）の使用される地とは區別されると述べている」とし、かつ同時に遂が田獵と全く無關係ではなかったことを述べつつ、例えば盟（本稿の召）について、これが「安定した田獵地ではなく、寧ろ殷の武力を常に盟地に示しておく必要があつたために、遂（本稿の徣）という行爲が行われたと考えられる。」といい[①]、また、「同じ田獵地でも周邊の地は決して安

---

① 貝塚氏前揭書、六五五頁。

定した、支配地ではなかったようで、そう言った地域には、狩獵を意味する田字ではなく、その土地を屈服させることを意味したと考えられる𠨗という文字を使用している。」ともいっている①。すなわち、ここでは、田と𠨗の相違が、その目的地が近傍にあったのか遠方（＝周邊）にあったのか、ないし安定した支配地であったか支配の充分貫徹していない土地であったかの差として把えられているようである。しかし、表9に徵すれば明らかなように、第四期では、王𠨗の目的地一八のうち一二地が、また第五期でも、王𠨗の目的地一七のうち一〇地が、王田の目的地とされているのであって、同一時期においてこれほどの重複關係がある以上、その目的地の「支配」の强弱の差によって、田か𠨗かに區別されたと解するわけにはいかないであろう。前引綴二一八の、人方遠征の途次、宿營地攸から元に田し、六日後、攸東に𠨗、していることからもそのことは知られよう。そして、さらに貝塚氏は、𠨗が「武器による土地先占の標とした習慣」を示すものと考え、これを「台灣蕃族間の土俗」を援用することによって說明しようとしている②。民族學的知見を無媒介に結合させて歷史解釋を試みるのは、かなり愼重を要するのではあるまいか。

　このように見てくると、中國古代の田獵は、國の大事とされる祭祀と軍事に深く關わっていたのであり、殷代の田獵も、その例外ではなかったろうと考えられる。しからば、このような田獵がおこなわれた地域は、その主宰者である殷王ないし殷室といかなる關連をもつものだったと考えるべきであろうか。

　增淵龍夫氏は、「先秦時代の山林藪澤と秦の公田」において、戰國期の秦の專制君主權力確立のための經濟的基盤のひとつとして、君主によって山林藪澤が家產化されていくことのもつ意義の重要性を指摘し、かつ、それ以前の段階、つまり「霸王出現以前の所謂邑制國家の時代」においては、このような山林藪澤が、「漠然たる共同體的規制下において、一般に利用されていた」ことを强調した③。氏は、古典にみえる田獵に關しての禮的規制のうちから古い慣行を想定し、そこから次のように述べている。「春秋時代以前の國の始源的形

---

① 伊藤道治「宗教面から見た殷代の二・三の問題——殷王朝の構造、その二——」東洋史研究第二〇卷第三號、五五頁、一九六一年。
② 貝塚氏前揭書、四九七頁。
③ 增淵龍夫「先秦時代の山林藪澤と秦の公田」第三節、中國古代史研究會編『中國古代の社會と文化』、一九五七年。のち、增淵龍夫『中國古代の社會と國家』一九六〇年、所收。

態は邑であり、邑は、祭祀と軍事を共同にする氏族制的共同體であつた。邑はその周邊にその支配する民と耕地とをもち、その更に外邊には未開の山林藪澤がつらなっていたのであろう。その山林藪澤は、邑の氏族制的共同體にとっては、田獵の場所として重要な意味をもつものであったこと、そして田獵は、共同體結合の基本である祭祀と軍事と密接な關係をもつ共同體の行事であり、このことのために、氏族制的邑共同體の長は、諸氏族成員を引きつれて田獵を行って兵事を習ったこと、……等々の慣行は、邑の近邊の山林藪澤の田獵のための利用は始源的には邑の氏族共同體の規制下におかれ、諸氏族成員の個別的占有は許されていなかったことを私達に推測せしめるのである。そして、その様な共同體のもつ規制權を現實に代表していたのが、その氏族共同體の長（すなわち公きみ）であり、この族長の把握する規制權の下に、山林藪澤の共同體的利用が、先ず前述の様な意味での田獵の形においてなされていたのであろう。」と。増淵氏のかかる見解を參勘しつつ、以下に、殷王が日常的に田獵をおこなつた狹隘な區域が、當時の國家構造のうちにあって、どのような意味をもつものだったかを考えてみたい。

　研究の現段階からすると、殷代の國家構造がいかなるものだったかについて、少くとも實證的には、今後の解明にまつ部分が大きいといわなくてはならないであろうが、殷王室を中核として、多數の氏族が何らかの形態で結合したのが、基本的な性格であったとする一般的理解は、ほぼ認められてよいであろう。その氏族結合の形態がどのようなものであったかが問題であるが、それは別稿に讓りたい①。私は、殷王室と服屬諸氏族との間の關係を、單純に支配被支配關係として把えるのは疑問だと考えるが、しかし少くとも殷王室ないし殷王は、かかる構造の頂點に立つ存在であったことは誤りないであろう。そしてまた、殷王は同時に、自らもひとつの氏族にその基盤をもつものであり、その氏族の族長であつたに相違ないであろう。すなわち、殷王は、殷王室に服屬する諸氏族に對しては、その長としてのぞむと同時に、自らが基盤としていた氏族の内部にあつては、その長であつたという、ふたつの側面をもつものだったと考えなくてはならないと思われる。

---

① この問題については、近く「殷代の國家構造――とくに氏族結合の秩序構造について――」において私見を明らかにする豫定である。

古代における田獵のもった意義をたずねて、それが氏族の住地たる邑にとつてきわめて重要な意味をもったものであり、邑內部の秩序を形成維持するための主要な契機であった祭祀および軍事と深く關りあっていたと考えられる點からみるならば、かかる田獵は、各氏族によって排他的におこなわれ、また田獵をおこなった區域も、その邑の規制のもとに收められた周邊の原野にかぎって排他的に使用されたと推測してよいのではあるまいか。そして、このことは、當然、殷墟卜辭中の、殷王によっておこなわれた田獵についてもいいうべきことがらであろう。殷王が、定期的に、しかもきわめて頻繁におこなった田獵は人方遠征中の特例をのぞけばすべて殷墟の周邊においておこなわれたものであり、これは、殷王が、族長としての立場において、自己の基盤としていた邑がその規制下に收めていた原野においてのみおこなったものであったことを、推測させるのである。かかる事情は、のちの文獻にも、その遺制をうかがわせるかたちで、記されている。春秋僖公廿八年の條に、

　　　　天王狩于河陽。

とあり、その左傳に、

　　　是會也、晉侯召王、以諸侯見、且使王狩。仲尼曰、以臣召君、不可以訓。故書曰、天王狩于河陽、言非其地也、且明德也。

とある。すなわち、霸者である晉の文侯が、溫に諸侯を來會せしめ、王を招いてこれに朝せしめた際、文侯は王に狩をすすめるという口實をもつて招いたけれども、それは、左傳の解釋によれば、本來王が田狩すべき地ではないことをいったものであるとされているのであり、したがってそこには、本來、王が諸侯の田で狩をすべきではないこと、逆にいえば王の田獵は定まつた獵區でなされるべきであるとする觀念を看取できるのではあるまいか。正義の引く春秋釋例に、

　　　　天子諸侯田獵、皆於其封內、不越國。

とあり、よりいっそう、この間の事情を明瞭にしている。そして、このような、田獵は自己の直轄する領域內においてのみなされるべきだとする觀念の存在は、より古い時代において、各邑が自己の規制下に占有していた邑周邊の原野以外では田獵をおこなわず、たがいにそれを犯すことのなかつた慣行の存在を想定せしめるであろう。

　　かかる推測に立つことが許されるならば、これは、さらに彼らが常時管轄

し、田獵・練武などに使用しようと意圖した原野が、殷墟周邊のかなり狹隘な地域——最大限半徑二〇粁程度——であつて、それ以遠の地域は、かかる目的のための利用について關心外であつたこと、いいかえれば、殷王の基盤としていた邑が、その土地利用のための規制下にあると意識していた範圍、つまり邑の領域が、實はこの程度を出るものではなかつたと推測できるのではあるまいか。これ以遠の地域には、殷王の邑に對して從屬的な立場にあり、貢納その他の義務を負つた諸氏族の邑が存在し、それらの邑の周邊には、規模の差こそあれ、その規制下に共同體的利用に委ねられた原野がとりまいて、そこではその邑の田獵がおこなわれていたことであろう。そのうちのある邑の原野は、殷の邑の原野と隣接している場合もあつたろうし、また各邑にとつて田獵のためのいわば共同體的土地所有の對象とされずに放置されていた部分も、存在したことであろう。しかし、これらの地域は、殷王ないし殷王室による直接の土地利用の對象ではなかつたのであり、その意味で彼らが自己の規制下にあるとは意識していなかつたところであろう。かくて、私が前節までにおいて詳論した、殷墟を中心として半徑二〇粁程度の圓でかぎられ、あるいはこれよりさらにかなり狹隘であつた可能性を充分もつところの、あの田獵地の存在範圍は、ほぼ、殷王が自己の基盤とした邑の規模を示すものであると考えてよいのではあるまいか。もとより、殷墟を中心とした邑が、「大邑」と呼ばれているように、他の一般の邑とはその規模、構造において異つたものであつたろうし、その範圍內には、屬邑的性格の多くの小邑が包括されていたかもしれない。しかしそれを含めた範圍が、それ以遠の諸邑とは區別されて、殷王の基盤とする邑として意識されていたのではあるまいか。

　かかる推測に大過ないとするなら、私がやや疑問とするのは、增淵龍夫氏が、前引の「先秦時代の山林藪澤と秦の公田」と互いに補い合う論考「先秦時代の封建と郡縣」において、田獵地比定に關する諸說を檢討し、甲骨文にも照したうえで、積極的に陳夢家氏らによる河內田獵區說を支持している點であつて①、問題になるのは、これを、前稿で氏が、春秋時代以前、田獵がおこなわれたのは、邑の外邊につらなつていた未開の山林藪澤であつた、とした見解

---

① 增淵龍夫「先秦時代の封建と郡縣」一橋大學研究年報、經濟學研究Ⅱ、二〇四～八頁、また二一四～五頁、一九五八年。のち、增淵龍夫『中國古代の社會と國家』一九六〇年、所收。

と、どこで齊合させるかであろう。河内を殷王の田獵地とするならば、殷墟を殷王の住地と考える點が否定されないかぎり、これを中心とし、河内をその「外邊」とした巨大な「氏族制的邑共同體」の存在を考えなくてはならないであろうと思われる。しかし、殷墟―河内間の往來には、當時少くとも旬日を要したであろうと思われるのであり、このような廣大な地域を包含するものだったとするなら、その內部の構造に關しては今のところ明らかでないために不問に付すとして、單にその規模からのみいっても、もはやそれが、ひとつの「氏族制的邑共同體」としての性格・機能を喪失していたとみなくてはならないのではあるまいか。

　以上のように當時の田獵が、自己の邑の周邊の原野に限っておこなわれたとするとき、問題として殘るのは、前節末に指摘しておいた、殷墟を遠く離れた人方遠征の途次で數回の田獵をおこなっている事實であって、一見、自己の邑以外の地でも田獵のおこなわれた事例と考えられるかもしれない。しかし、この場合、特に考慮すべきなのは、「王正（＝征）人方」と記されているところから明らかなように、（人方そのものが何處であるかは不明であるとしても）王が討伐に遠征した際の事例なのであり、その地を占據したときに、一時的におこなわれた田獵であると考えられる點である。史料に則して、前引の綴二一八についていえば、帝辛――祀正月の42乙巳の日に攸に「步」した殷王は、十四日後の56己未の日に元に田し、さらに八日後の2乙丑の日に攸東に後している。攸とは、

　　癸卯卜、寅貞、王旬亡𡆥。在正月。王來正人方。在攸庚喜鄙永。……

　　　　　　　　　　　　　　　　　　　　　（南北明七八六）

とあるところからすれば、攸庚喜の邑名であり、したがって、おそらく元は、攸邑周邊の山林藪澤であり、攸の規制下にあった田獵地の一であろう。卜辭では單に「步于攸」と記すのみであるけれども、兵を交えたか否かは別として、殷王が攸庚の邑を占據し、支配下に收めたものと考えられる。したがって、この場合の田獵は日常的な祭祀や練武の目的で經常的におこなわれた田獵とは意義を異にし、その地を支配下に收めた直後に、領土を視察し、また支配を確認する意味でおこなわれたのではあるまいか。第一節で指摘しておいたように、田獵卜辭中には、ほとんど全期にわたって、「省田」「叀某田、省」などのごとく、「省」と言っている場合が少なからず存在する。省字の釋義については多くの說のあるところであるが、多數の用例を集めて檢討した聞一多氏は、卜

辭中の省には、巡視、田獵、征伐の三義があり、かつ、この三事が一字で表わされているのは、古代ではこれらが實は一事だつたからであるとし、「人君出遊、省視四方、謂之巡狩、明行不空行、有行必有狩矣。遊獵所屆、或侵入鄰境、獵弋之事、即同於劫掠、山林所有、皆民生所資、故不容異族捕取。於是爭端即肇、戰事生焉。故遊田與戰爭、亦不分二事。……」といつている①。戰爭の原因の多くを田獵に求めうるか否かは確言しがたいところであろうが、征伐とそれに引きつづく巡視の意味をもつた田獵とは、當時やはり切り離し難い慣行だったのではあるまいか。このことは逆にいって、聞一多氏も本來は異族の捕取を容れるべからざるものと言つているように、平時にあつてはその邑の外邊を形成していた田野以外では田獵をおこないえなかった慣行の存在を推測させるものであろう。

　最後に、本稿でとりあげたほぼ一五〇に上る田獵地名と關連するかと思われる族名、方名などについて、簡單に觸れておきたいと思う。甲骨文中では、或る個有名詞が地名、族名、人名などの明確な區分なしにそれらのいわば綜括的な表現として用いられている場合が少くないのは、一般的に認められる現象である②。しかし、それが具體的な史料のうちで、同一文字が地名、人名、族名などとして用いられている場合、そのことのみをもつて無媒介にそこに關連を考えてよいかとなると、それは疑問としなくてはならない。伊藤道治氏が、地名「大」、貞人名「大」、「子大」、方名「大方」をとり上げて問題としたときも、その點に注意されている③。その意味で、單なる文字上の合致から關連を求めていくのは危險であるとしなくてはならず、したがって以下は單なる推測の域を出るものではない。

　まず、田獵地と文字が一致するものを擧げると、子某とされるものに、

　子󰀀　乙三四〇一、

　子夆　前二・五・四、燕一六、寧一・四九四、

---

① 聞一多「釋省䈀——契文疏證之一——」『古典新義（聞一多全集選刊之二）』五二六頁、一九五六年。
② 松丸道雄「書評、饒宗頤著・殷代貞卜人物通考」東洋學報第四三卷第四號、九六頁、一九六一年。
③ 伊藤道治「宗教面から見た殷代の二・三の問題——殷王朝の構造、その二——」東洋史研究第二〇卷第三號、五〇～三頁、一九六一年、同「甲骨文字研究の現狀」甲骨學第九號、一一二～三頁、一九六一年、參照。

子目　乙三〇六九、

　　子豪　粹四一〇、

　　子亯　寧二・四五、

などがあり、某白、某方白というものに、

　　叞白　前二・八・五、

　　盂方白　前二・三八・二、後上二〇・九、甲二三九五、甲二四一六、

などがあり、また字體を異にしながらも、しばしば田獵地召（󰀀）との關連が說かれる、

　　召（󰀁）方　佚五二〇、粹一一二六（ほか多数）

がある。

　　子某の性格については、從來多くの見解があるが、董作賓、胡厚宣氏が武丁の王子とし、貝塚茂樹氏がそれを認めつつ「多子族集團」の成員とし、白川靜氏が王子集團である「多子集團」の成員とし、また島邦男氏が「殷と同氏姓の一族の稱」としたなどが、もっとも代表的なものであろう[①]。いま、これらについて私見を述べている遑まはないので別稿で論ずることにするが、結論的には私はこれら諸說と異なって、この場合の子とは、實際上の親族稱呼ではなく、殷王室とその服屬氏族との間に形成された秩序を維持するために、政治的につくられたいわば擬制的な親族關係を表示する稱呼であろうと考える[②]。すなわち、子某は、殷王朝の秩序構造內に編入された氏族ないしその族長、またはその族に出自をもち殷王室に出仕していたものであり、子某の某は、本來、族名であろうと考える。子妻の妻のごときは、いわゆる甲橋刻辭、骨臼刻辭のうちに多くみられ、たとえば、

　　妻入百。　　　　　　　　　　　　　　　　　　　　　　　（佚三七〇—甲橋）

[①]　董作賓「甲骨文斷代研究例」慶祝蔡元培先生六十五歲論文集上册、三七九〜三八六頁、一九三五年、同「五等爵在殷商」集刊第六本第三分、四二二〜九頁、一九三六年、胡厚宣「殷代婚姻家族宗法生育制度考」『甲骨學商史論叢』初集第一册、第八〜九葉、一九四四年、同「殷代封建制度考」同第四〜八葉、貝塚茂樹「殷代金文に見えた圖象文字󰀂について」東方學報京都第九册、九〇〜九四頁、一九三八年、同『中國古代史學の發展』二八九頁、一九四六年、白川靜「殷の基礎社會」立命館創立五十周年記念論文集・文學篇、二六四〜八頁、一九五一年、同「殷の王族と政治の形態」古代學第三卷第一號、二五〜六頁、一九五四年、島邦男『殷墟卜辭研究』四四三〜四五一頁、一九五八年、などを參照。

[②]　この問題については、近く「殷代の國家構造——とくに氏族結合の秩序構造について——」において私見を明らかにする豫定である。

妻示四✦。亘。　　　　　　　　　　　　　　　　（粹一四九九―骨臼）

とあって、これらが族名と考えられる點は問題ないと思われる。しからば、殷の邑の周邊で殷王によっておこなわれた田獵の目的地のうちに、かかる族名と同一文字であらわされるものがあり、もし、強いてその間に何らかの關連を考えねばならぬとすれば、それをどう理解すべきであろうか。少くとも、これまで述べてきたところから明らかなように、これら氏族の邑に王が出游して田獵したものとは、私には考えがたい。

　この點は、さらに、盂方白の場合について考えてみるべきであろう。田獵地盂は、表9・14に示したように、第三～五期にみられるが、同じ第五期卜辭中に、たとえば、

　　　丁卯、王卜貞、今囚巫九各、余其比多田于多白、正（＝征）盂方白炎、叀衣翌日步、亡ナ自上下于敦示、余受又又、不苜弋。告于茲大邑商、亡徔在𠬝。王凩曰、弘吉。在十月、遘大丁翌。　　　　　　　　　　　　　　　　　　　　　　（甲二四一六）

とあって、盂方白が殷と敵對してしているのは明らかであり、かつ、

　　　〔癸卯〕、王卜貞、旬亡𠬝。王凩曰、弘吉。……甲辰、酓祖甲。王來正（＝征）盂方白〔炎〕。　　　　　　　　　　　　　　　　　　　　　　　　（後上一八・七）

とあつて、繇辭部分の記し方が人方遠征の場合と合致している（この表現は人方と盂方の場合にしか用いられていない）ことを考えると、盂方白の邑が、殷王の邑の近傍であつたと見なすわけにはいかず、當然、盂方は田獵地盂と別地と考えざるをえないであろう。それにもかかわらず同一時期に同一文字によって地名が表わされているのを、どのように解すべきであろうか。いろいろの推測が成り立ちうるであろうが、ひとつの考え方としては、殷王がその支配秩序下の諸族、諸方の名をもって自己の邑の周邊の田獵地に命名し、その地で田獵をおこなうことを通じて、それら諸族、諸方の支配の維持存續を計ろうとしたような觀念の存在が想定しうるかもしれないという點である。前述のように、田獵卜辭中にしばしば「省」というものがあるところから、田獵が、彼らの觀念において巡視・征伐と密接に關係していたと考えうるならば、以上の考え方にも多少の妥當性を見いだしうるかもしれないし、そこから、田獵が祭祀・軍事と關わっていたことの理由の一斑をその點に求めうるかもしれない。しかし、もとより單なる推測の域をでるものでなく、今後の問題として殘しておきたい。

　田獵地召と召方についても、あるいはこれと同樣に考えてよいかもしれな

いが、この場合はむしろそれ以前に問題があるようである。この二者を同一地と見なして、田獵地召の位置を河內に求め、それを媒介として、召方もまた、ここに比定したのは白川靜氏であつたが①、田獵地召は殷墟周邊の小地名であつて河內とは考えがたく、この前提にたつなら、召方とは明らかに同一地ではありえない。白川氏の田獵地召＝召方說は、[字]が[字]の繁文であり同一字であるとする點のみに依據したものであるけれども、すでにこの二者が別地であることを認めざるをえない以上、二字の同一性、更にさかのぼつて、二者間の關係をことさら考えねばならぬ必然性はないように思われる。

おわりに

　本稿において私が意圖したところは、殷墟卜辭中に記されている多數の田獵地がどこに比定されるべきか、またその檢討を通じて、殷代の國家構造を考える上でいかなる點を明らかにしうるかにあった。本稿の主要部分をなす第一～五節は前者の問題のための考察であり、そこから私は、從來の諸說とはかなり大きく相違した、河南安陽の殷墟を中心とした狹隘な田獵區の存在を想定せねばならないだろうという結論に達せざるをえなかった。ついで、後者の問題については、當時の國家機構のうちにおいて田獵のもった意義を推測しつつ、それが祭祀と軍事に大きな關わりをもったものであって、各氏族が自己の邑周邊の原野に限っておこなったものであったと考えられるところから、殷墟周邊の田獵地によって示される範圍が、おそらく殷王が自己の基盤としていた氏族の邑の外邊を示したものであり、殷王の邑が、この程度以上の大きさをもったものではなかったろうと想定した。

　殷代の國家構造が、基本的には多數の氏族の連合體としての性格をもっていたとするなら、そこで解明すべき問題點は、頂點にあった殷王室と、それに服屬する諸氏族と間の結合形態がどのようなものであったのかという點と、殷王室をも含めて、個々の氏族の實態、つまり族內部の構造やその族の邑の實態がどのようなものであったのかという點に分けて考えられるであろうが、現存

---

①　白川靜「召方考」甲骨金文學論叢二集、六五～七二頁、一九五五年。

史料の性格上、特に後者の問題はほとんど不明のまま、手をつけられずにいる。本稿は、この問題について、殷王の田獵という一見迂遠な點からのアプローチを試みたものであり、その結果、論證の長文に及んだのに比して、知られたところはあまりに少ない。しかし、甲骨文という斷片的な王室所產の占卜記錄が、かかる點について直接何ら物語っていない以上、本稿で提示したところも國家構造を推測していく上で、ひとつの據りどころを提供するものであろう。

ひるがえって、第一～五節でとりあげた田獵地の存在範圍推定の結果は、從來の甲骨文研究の成果とかなり著しい懸隔があるとせねばならず、當然、多くの點で問題がでてくるであろう。たとえば、殷代後期における河內一帶の經營の重要性はしばしば說かれてきたところであるが、これは考古學的知見を別とすれば、甲骨文中の田獵地の多くをここに比定する河內田獵區說に依存するものだったのであり、これが否定されるならば、殷室がこのあたり一帶とどのような關連をもっていたかは、まったく不明に歸することになるであろう[①]。諸氏族の住地に關する從來の推測も、これに依據するところが大きかっただけに再檢討が必要であろうし、更には、殷王朝の「支配」領域についても從來の考え方に反省を示唆することになるであろう。また、第五期人方遠征の路程研究も、新たに考えなおされねばならないであろうし、商・大邑商などの地名比定も、むしろこの點から考えられてよいであろう。百數十にのぼる田獵地がきわめて集中的に存在したことから判斷するなら、これらはおそらく、ほとんどがかなりの小地名だったのではないかと思われるのであり、したがって、甲骨文中の地名のすべてをそのように考えるのではないけれども、これらを後世の文獻中に散見される地名などに比定しようとするのは、前提そのものにかなり問題があるというべきであろう。その他、多くの關連する問題が考えられるが、ここでの主題から外れるので、別に考察をおこなうこととし、ひとまず本稿をとじたい。

　　　　　　　　　　　一九五八年一二月初稿、一九六三年一二月改稿

---

① たとえば、白川靜「召方考」甲骨金文學論叢二集、七三～九頁、一九五五年。また、同「殷代雄族考」同五—八集、一九五七～八年、も示唆に富む勞作ではあるが、諸族の地望については、多くの場合、「召方考」が基礎になっているので、再檢討を要すると考える。

後 記

　本稿はすでに五年前、一九五八年一二月に一應の成稿を得、その後、改訂を心がけながらも、他の問題に專念せねばならなかったなどのために、付印が著るしく遲延した。この間、山本達郎、西嶋定生、關野雄、赤塚忠の四先生からは、たび重なる督促と御鞭撻をたまわった。ここに厚く御禮を申し上げたい。また、一九五九年五月に二日間にわたって、本稿要旨を發表する機會を與えられた中國古代史研究會の席上で諸先生なかでも增淵龍夫先生から、また、個人的には、島邦男・白川靜・伊藤道治・林巳奈夫の諸先生から、いずれも微細な部分にまで亘って、有益な教示と反論をたまわった。またとくに數學的處理をおこなった部分については、高校時代の恩師、現法政大學助教授平野鐵太郎先生から、極めて懇切な御指導をたまわった。ここに心から深謝する次第である。

On the Hunting-grounds in Yin Bone Inscriptions
——**For the study of the state-structure of the Yin Dynasty**——
by Michio MATSUMARU

　The names of nearly 500 places are to be found in the Yin Bone Inscriptions according to the research on those Inscriptions that has been thus far accomplished. It has been ascertained by the present writer that, from among these 500 places, each king of the Yin Dynasty selected 150 as his hunting-grounds. There are various opinions as to the exact geographical locality of those hunting-grounds, and in this work the writer would like to treat of those places from an entirely new point of view and at the same time conduct a research on the state-structure of the Dynasty.

　The writer has, first of all, classified the various tipes of the Hunting Inscriptions according to the respective periods of the Dynasty(Chap. Ⅰ), and has then proceeded to determine the periodicity of the days allowed for hunting in each period(Chap. Ⅱ). Using this periodicity of the hunting days as a foundation, the writer has tried to establish the time allowed to move from one hunting-ground to another. He has also tried to explain the meaning of such phrases as "Any accident in going and returning", These attempts have been made in the light of the entire context of the Bone Inscriptions. The writer's conclusion is that all hunting grounds, from the second period to the fifth period (from Tsu-kêng 祖庚 period to Ti-hsin 帝辛 period), and therefore reserving the first period(Wu-ting 武丁 period), must have been located within one day's "going and returning" from some definite point within the entire area(Chap. Ⅲ).

Up to the present day there are, roughly speaking, three opinions regarding the cite of the hunting-grounds. The first opinion, held by such scholars as Wang Kuo-wei(王國維), Kuo Mo-jo(郭沫若), Ch'ên Mêng-chia(陳夢家), Li Hsüeh-ch'in(李學勤), and Shizuka Shirakawa (白川静), suggests Ch'in-yang(沁陽)and its surrounding area in Ho-nan (河南) Province as the hunting area. The second opinion, that of Tung Tso-pin(董作賓), selects the area to the west of Mt. T'ai-shan(泰山) in Shan-tung(山東) Province. The third opinion, accepted by both Taisuke Hayashi(林泰輔) and Kunio Shima(島邦男), favors the idea that the hunting was done throughout the extensive plain of North China. The present writer, however, claims that there are certain contradictions in these theories (Chap. Ⅳ). The writer then compares the total number of hunting days in the fourth and fifth periods(from Wu-i 武乙 to Ti-hsin 帝辛 periods), according to the cycle of hunting days, with the total number of hunting days mentioned in the Bone Inscriptions now available. From this comparison he comes to the conclusion that the very center of the hunting area must be Yin-hsü(殷墟) of An-yang(安陽) in Ho-nan Province. Moreover he also claims that many of the hunting-grounds, with this Ruin as their core, had apparently been scattered within a circle of about fifteen or twenty kilometers in semi-diameter(Chap. Ⅴ).

In the so-called "*I*(邑)-system State" days in ancient China, hunting had been closely connected with *I* economy and at the same time has a relation to *I*'s rites and military works. The hunting in *I* seemed to have had a mutually exclusive character. Therefore these hunting-grounds, with the Ruin as the center, might have formed the boundary of I, i. e. the base which the Yin kings established(Chap. Ⅶ).

The present study is intended to be a stepping-stone in the analysis of the scale of I and the basic unit of the "I-system State", and will result, in the writer's opinion, in the methodology of the study of the Yin Dynasty's historical geography being drastically modified.

原載《東京大學東洋文化研究所紀要》第 31 冊，1963 年；收入宋鎮豪、段志洪主編：《甲骨文獻集成》第 28 冊，四川大學出版社，2001 年。今據前者節選收入。

張光直

商王廟號新考

一、商王廟號的意義

殷代以十干（甲至癸）與十二辰（子至亥）結合爲紀日周期之單位．而十干尤爲重要：十日稱爲一旬，卜辭中常有"卜旬"的記録；卜辭雖以干支紀日爲常，却有省支之例[①]。商王自上甲微以後，都以十干爲謚[②]；在殷王祭祖的祀典上，以各王之謚干定其祭日：祭名甲者用甲日，祭名乙者乙日[③]。此皆可見十干在商人觀念上的重要性。

商王世系，在甲骨文的發現與研究以前，以《史記·殷本紀》所載的爲最重要的史料；此外，《三代世表》、《世本》（注疏引文）及《漢書古今人表》中也有少數重要的資料。現在且把《殷本紀》裏的世系抄在下面（表一、横綫表世次，在左之名爲父，右爲子；竪綫示兄弟關係，在上爲兄，下爲弟）。

依下表可見，自帝嚳到振的一段，商王不以十干爲名。微，《魯語》作上甲微，《山海經·大荒東經》郭璞注引《竹書》作"主甲微"。王國維認定即卜辭之田[④]，亦有甲字。是自上甲微至帝辛止，三十七王，無不以十干爲名。帝辛子武庚，亦不例外。現在卜辭學者多同意殷王世系自上甲以上無徵，爲神話時代或傳說時代[⑤]；卜辭周祭祀典亦始於上甲[⑥]。因此下文的討論，亦自上甲開始。

[①] 董作賓《論商人以十日爲名》，《大陸雜誌》第2卷第3期，1951。
[②] 屈萬里《謚法濫觴於殷代論》，《中央研究院歷史語言研究所集刊》（1948）13。
[③] 王國維《殷禮徵文》，《殷人以日爲名之所由來》節。
[④] 《殷卜辭中先公先王考》。
[⑤] 如陳夢家《殷虛卜辭綜述》，1956；周鴻翔《商殷帝王本紀》，1958，香港。
[⑥] 見董作賓《殷曆譜》，《歷史語言研究所專刊》，1945，李莊。

商王以十干爲名，是死後而非生前，這是研究這個問題的人都一致同意的[①]。商王的名字，用於生時的，也見載於史，如天乙之名履，帝辛之名受，而以《紀年》所存最全。死後始用十干爲廟號。司馬貞《殷本紀索隱》引《古史考》："譙周以爲死稱廟主曰甲也。"又引同書："譙周云：夏殷之禮，生稱王，死稱廟主，皆以帝名配之。天亦帝也，殷人尊湯，故曰天乙。"在卜辭所見的殷王祀典中，祭祀各個先王的日子依其在世系中的次序及其日干廟號而定，故商王之以天干紀日爲決定祭日的因素，而祭日在後，起諡在先。因此祭日雖與商王以十干爲名有密切的關係，却非後者來源上的解釋。

自上甲以下商王爲什麽以十干爲諡？古今學者提出過不少的解釋，歸納之可以分爲四說，列舉如下：

(1) 次序

表 1 《殷本紀》殷王世系

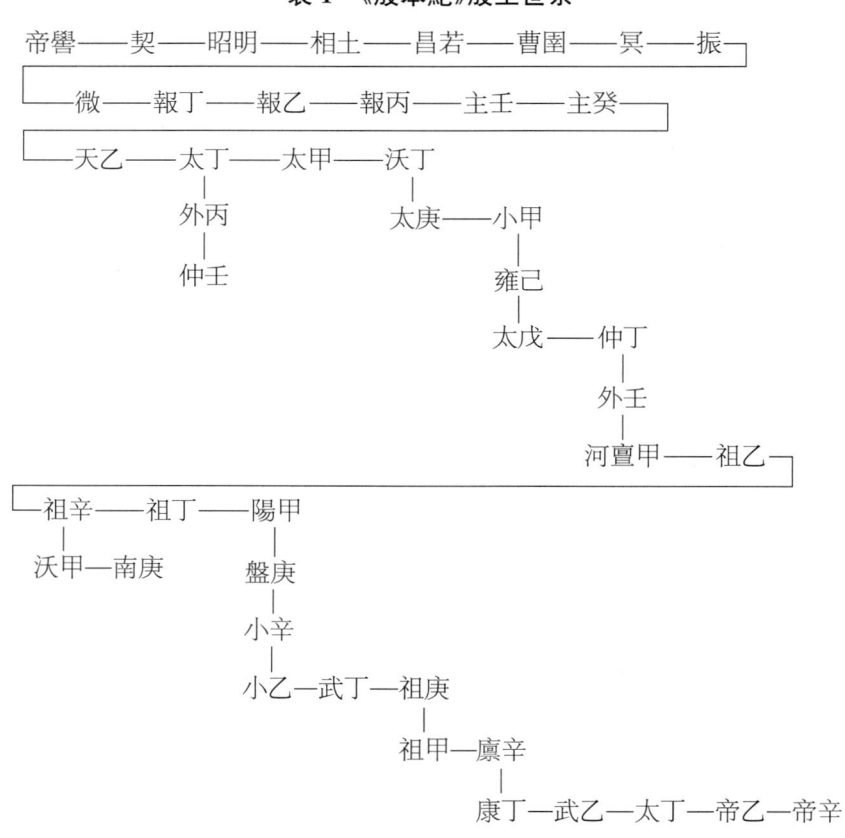

---

① 如上引屈萬里《諡法濫觴於殷代論》；董作賓《論商人以十日爲名》；楊君實《康庚與夏諱》，《大陸雜誌》第 20 卷第 3 期。

陳夢家作《商王名號考》①及上引《殷虛卜辭綜述》(下文簡稱《綜述》)主張此說。《綜述》頁 404—405 云："我們從周祭祀譜中，知道周祭先王先妣的次序，主要的是依了及位、死亡和致祭的次序而分先後的。……卜辭中的廟號，既無關於生卒之日，也非追名，乃是致祭的次序；而此次序是依了世次、長幼、及位先後、死亡先後，順着天干排下去的。凡未及王位的，與及位者無別。"這段文字，費解得很，作者承認没能看懂。大意似乎是說，同代則自長而幼，異代則自父而子，先死者，謚甲，甲日祭之；次死者，謚乙，乙日祭之，以此順推，至癸爲止，再回到甲，反覆不歇。後日祀譜中的名字並不依十干的次序，乃是因死者太多，不重要者逐漸被淘汰之故。

李學勤《評綜述》②謂此說實創於清吳榮光的《筠清館金文》卷 1："甲乙丙丁猶一二三四，質言之如後世稱排行字。"

(2) 卜選

李學勤上引文反對陳夢家的次序說，主張"殷人日名乃是死後選定的"，並引祖庚時代卜辭中小刜故事爲例。按小刜死於八月己丑：

〔癸〕未〔卜〕□〔貞：旬〕亡禍？己丑小刜死，八月　　　(《明》1·983)

〔丁亥卜〕□貞：其有〔來〕艱？二日己〔丑〕，小刜死，八月　　　(《掇》1·210)

七日後丙申卜"作小刜日"，貞問以"癸"爲其日名之可否：

丙申卜，出貞：作小刜日，由癸？八月　　　(《後》下 9·3, 10·1；《簠》人 4)

卜問的結果似得祖先之同意，小刜的廟號乃定爲癸，祭小刜在癸日 (《簠》人 5,《珠》1·055)。此外李氏又舉下例：

乙巳卜，帝日叀丁？叀乙？叀辛？　　　(《庫》985+1106)

謂是武乙爲其父康丁選擇日名之卜："帝日"是宜在丁？乙？抑辛？乙辛二名之下均記曰："有日"，故選定"丁"爲康丁的廟號。

(3) 生日

此說出現最早，亦最通行。《白虎通·姓名篇》云："殷人以生日名子何？殷

---

① 《燕京學報》(1950) 27。
② 載《考古學報》1957 年第 3 期，123 頁。

家質,故直以生日名子也。以《尚書》道,殷家太甲、帝乙、武丁也。"《易緯乾鑿度》亦云:"帝乙則湯,殷録質,以生日爲名,順天性也。"同説亦見於皇甫謐《帝王世紀》;司馬貞《史記索隱》引:"微字上甲,其母以甲日生故也;商家生子以日爲名,蓋自微始。"又《太平御覽》卷83亦引:"帝祖乙以乙日生,故謂之帝乙。"屈萬里上引《謚法濫觴於殷代論》,從之,但糾正"生日名子"之誤,謂謚號乃在死後依生日而定。

（4）死日

董作賓主張此説①,在上引《論商人以十日爲名》文中謂（頁10）:"漢人以爲甲乙乃生人之名,所以解以'以生日名子',這是合理的。現在既由甲骨文字證明了甲乙不是生前的名子,只是死後神主之名,當然以死日忌日爲神主之名、祭祀之日,最爲合理。若説甲乙是死後的神主之名而取生日爲標準,就未免迂遠而不近人情。固然,從殘缺的貞卜文字裏,找出某人的生日,以證明神主甲乙命名的來源,是絕不可能之事;找死日也同樣不可能。"

上舉四個説法,到底哪一個是合乎事實的,卜辭學者之間尚未有一致意見。其中似以死日説最爲合理,但乏確證;小丁以己日死而癸日祭,受辛以甲日死而以辛爲廟主,都是不利於此説的證據。生日説爲古人之説,古人去殷較今人爲近,所傳的説法值得鄭重地考慮;古人固然未見卜辭,而卜辭對廟號並無直接的説明。以生日爲名,在世界其他各地亦不乏其例,古如中美文明,近如非洲之Ashanti。陳夢家的次序説,李學勤的書評中已作有力的反對。李氏本人的卜選説,倘所舉卜辭的實例可靠,倒是非常值得注意的。

但是,如果我們把殷王的世系拿來仔細地觀察,將各王的廟號彼此之間的關係加以考查,則我們馬上就發現,這四種説法似乎都不能對廟號在世系中出現的方式作圓滿的解釋。以上這四説,固然彼此不同,却有一共同之點,即以各王廟號序列爲偶然的選擇的結果,統計學上所謂"抽樣"。生日、死日,都非商王本人所能控制的。次序説亦同:甲至癸的順序依出生及死亡的次序而定,亦非任何人所能任意先後的。卜選説,倘非把廟號的決定歸之於神意或祖先的意旨,則也非把它歸之於偶然的因素不可——如卜兆的形狀及對它的解釋。假如李氏所舉的例子可靠,我懷疑這很可能代表一種對社會習俗的儀式性的認可（ritual ratification）,

---

① 見《殷曆譜》、《斷代研究例》。

而這種社會習俗的來源則另有所自。總而言之，現有的四說却不能解釋殷王世系中的廟號的一種現象，即廟號在世系中的出現是有規則的，似乎是經過縝密的計劃的結果。爲了說明廟號出現的規律性，我們須把《殷本紀》的世系作一番檢討與修正，並考察世系以外的若干有關事實；這些都留在後面再說。在這裏我且只舉下列的四種現象。

（1）廟號雖以十干爲名，但各干在殷王世系中出現的次數不一。以《殷本紀》爲據：名甲的有七，名乙的有六，名丁的有八；上甲以後三十七個商王之中，甲、乙、丁三個日名占了二十一個，在半數以上。其餘十六王之中，名丙的二、名戊的一、名己的一、名庚的四、名辛的四、名壬的三、名癸的一。故十干之中的五個（甲、乙、丁、庚、辛）占了三十七王中的二十九，幾達六分之五。這是無論生日說或死日說都難以解釋的：何以殷王六分之五都生或死在一旬中的甲乙丁庚辛五日？

（2）甲乙丁三個干，不但占商王廟號半數以上，而且極有規則地出現在商王世系表上。自天乙到祖乙七世諸王廟號如下（仲丁到祖乙二世依卜辭改正）：

$$天乙——太丁——太甲——沃丁——小甲——仲丁——祖乙$$

又自祖丁到帝乙九世直系諸王廟號如下：

$$祖丁——小乙——武丁——祖甲——康丁——武乙——太丁——帝乙$$

在這兩段系譜裏廟號之使用天干似有極嚴格的規律性：甲或乙與丁作隔世代的出現。如以甲與乙爲 A，丁爲 B，則二者歷世出現的規律如下：

$$A——B——A——B——A——B——A——B……$$

這個規律適用於上甲以後殷王直系的大半。所未及的有三段，其一是上甲微到主癸，其二是祖乙祖丁兩世，其三是帝辛一世。第一段後文再談。第二段《殷本紀》如下：

```
仲丁
 |
外壬
 |
河亶甲——祖乙——祖辛——祖丁——陽甲
           |
          沃甲——南庚
```

則乙與甲似相續出現於前後二代，以公式表之爲：

```
        B（仲丁）——A（祖乙）—— ?（祖辛）——B（祖丁）——A（陽甲）
                    |
                  A（沃甲）
```

但《殷本紀》以沃甲爲祖辛弟之說，在卜辭中證據不明。《佚》986 武乙卜辭曰："囗未卜，佒自主甲、大乙、大丁、大甲、大庚、大戊、中丁、且乙、且辛、且丁十示，率圥。"其中且辛、且丁之間無羌甲（沃甲）。但《粹》250 祖庚、祖甲卜辭則記曰："己丑卜，大貞，于五示告：丁、且乙、且丁、羌甲、且辛。"第一個名字當是父丁，即武丁，其次爲武丁父小乙，再次爲祖丁、羌甲、祖辛。祖辛到武丁間五世，只有直系先王，如羌甲爲旁系，則不應躋身於五示之列（《綜述》頁 462 引此辭，以五示爲祖辛到小乙三直系，加上羌甲與武丁兄丁；其說無據）。而且卜辭祖甲祀典祀羌甲夾妣庚。按卜辭祀典一世只一直系，祀其先妣，無例外。依《史記》，祖辛、沃甲兄弟都有子爲王，都夠直系資格，故可說祖甲祀典中有羌甲爲直系，而帝乙帝辛時加強執行一世一直系的規則，不復祀羌甲夾妣庚。但卜辭世系在此與《殷本紀》不同，以南庚爲祖丁弟而未必爲沃甲子。因此倘沃甲如《史記》所說爲祖辛之弟，又無子爲王，其妣見於卜辭的祖甲祀典，與常例不合，無法解釋。因此，羌甲很可能是祖辛之子而祖丁之父：

```
        B（仲丁）——A（祖乙）——B（祖辛）——A（沃甲）——B（祖丁）
```

如是則前世甲（或乙）後世丁的規則至此並未破壞，並可證明"辛"與"丁"互不排斥，如是則帝辛之接帝乙，專就廟號的規則來說，一如帝丁接帝乙是一樣的。這樣看來，自湯開始，到殷之亡，商王直系諸王之選擇天干爲廟號，並不是偶然的，而是有規律性的：甲或乙名一世，丁（或辛）名其次世，再下一世又回到甲或乙，無一例外。上舉廟號四說任何一說對此無法解釋。（旁系諸王的問題下文再討論）

（3）第三個廟號出現之規律性，是在同世兄弟諸王之間，甲或乙與丁或辛不同時出現；換言之，及位的兄弟中如有名甲或乙者，則必無名丁或辛者。按此一規律有三個例外：仲丁弟河亶甲；祖辛弟沃甲；陽甲弟小辛。但三個例外都可能有其他解釋。（辛的分組問題，見下節；此暫以辛爲丁組）

先說仲丁弟河亶甲。按《殷本紀》云：帝中丁崩，弟外壬立；帝外壬崩，弟河亶甲立；河亶甲崩，子帝祖乙立。《書序正義》亦同："仲丁是太戊之子，河亶甲仲丁弟也，祖乙河亶甲子也。"但《古今人表》列祖乙爲河亶甲弟，倘依《古

今人表》説，則有兩種可能：其一，仲丁、仲壬、河亶甲、祖乙四人爲兄弟；但此可能性不大，因卜辭祀典一世一直系，而仲丁祖乙先妣都見於祀典，是同爲直系，非屬於二世不可。其二則以河亶甲爲仲丁子，祖乙爲河亶甲弟。如是則仲丁之世的甲下移一世與祖乙同世，與上述原則又相合。

再説祖辛弟沃甲。上文已提到沃甲爲祖辛之子的可能性；則此一例外亦不必存在。

最後説陽甲弟小辛。《古今人表》謂小辛爲盤庚子，陽甲之次世，則又不構成上述原則之例外。但《古今人表》之説似不得卜辭的支持，見後文。作者並不主張這三處都如此的改訂。如不改訂，不妨視之爲例外。如不容例外，這三處正好在文獻中都有異説，則不足爲上述原則之有力的反證。

（4）廟號在殷王世系中出現之規律性的最後一項，是祖甲、帝乙、帝辛祀典中所記録的先妣，沒有與其配偶的先王同廟號的；這一點楊樹達已先我而言①。先妣的廟號，不見於《殷本紀》，須求之於卜辭。據陳夢家《綜述》②，卜辭所見先王配偶名稱甚多，與先王亦可能有同廟號的，如武丁卜辭中的配偶名自甲至癸，包括名丁的在内。但其中多數不見祀典，其見於祀典的，所謂"法定配偶"，則爲數極少，且絶無與配偶先王同名之例。祀典中先妣之數，各參考書如《通纂》、《殷曆譜》與《綜述》中所見有小異；以《綜述》晚出爲準，則乙辛祀典中先妣名稱及其配偶如下：

　　妣甲——示癸（主癸）、祖辛
　　妣丙——大乙（天乙）
　　妣戊——大丁（太丁）、武丁、祖甲、武乙
　　妣己——中丁（仲丁）、祖乙、祖丁
　　妣庚——示壬（主壬）、祖乙、祖丁、小乙
　　妣辛——大甲（太甲）、武丁、康丁（庚丁）
　　妣壬——大庚（太庚）、大戊（太戊）
　　妣癸——中丁（仲丁）、武丁、文丁（太丁）

上表所示的事實至少有四項：其一，祀典中的先妣無以乙及丁爲廟號的；其二，祀典裏僅直系先王的先妣有干名記録，其餘先妣的日名多不詳；其三，先妣與其配偶沒有同干名的；其四，先妣的日名與其配偶先王的日名有一定的結合的規律

---

① 《耐林廎甲文説》，《説殷先公先王與其妣日名之不同》節，1954。
② 447—448 頁。

的傾向，如甲不配乙，癸只配丁，戊己庚辛則丁乙皆配，壬則乙丁俱不配。下文對此再詳論。以上關於先妣的四點現象，又非解釋廟號四説之任何一説所能説明的：倘使先王有半數以上生或死於甲乙丁三日，而先妣則偏偏不生或死於乙丁兩日，這話是無論如何説不通的。楊樹達上引文云："豈殷家王朝有同生日之男女不爲配偶之習慣，與周人之同姓不婚相同歟"；這或不失爲一種説法，但我們實有更爲合理有據的説法在。

　　上面所舉的四項廟號在商王世系中出現的規律性，使我們不得不對既有的解釋廟號諸説表示極端的懷疑。但是我們又當作怎樣的解釋？ 作者在本文裏擬提出一項新的假説。提出這項假説以前，讓我們先複習一下關於廟號的兩件事實：

　　——商代先王先妣以日干爲謚；日干爲"廟主"（譙周説），易言之，王及其配偶死後以神主代表，置於祖廟中享祭，而神主以甲至癸稱之；

　　——商王世系中可以見到廟號在各世代中出現的規則性；易言之，個別的先王先妣之以個別的十干稱之，受一定原則的支配，而這原則自太乙至帝辛不變。根據這兩項事實出發，我們擬提出的假説如下：

（1） 先王妣之以十干爲名，係商人借用在日常生活中占重要地位的天干（事實上亦即號碼）①，對祖廟或廟主的分類的制度；王及其配偶死後之歸於何主，或其主歸於何廟（換言之，分之於第一號廟，第一號主，之類），有一定之規則。

（2） 商代廟主之分類，亦即王妣之分類；分類的原則，係商王室的親屬制度與婚姻制度，及王妣生前在此種制度中的地位。

（3） 從廟號上所見商王室的親屬婚姻制度，與王位之繼承法及政治勢力的消沉有密切的關係。

　　要證明與詳細解説我們所以做此説法的根據，頭緒相當的紛繁，但其中的道理實甚簡單。下文試作一步步的分析與説明。

二、從商王廟號所見的王室親屬婚姻制度

　　本文不詳論商代的親屬制度，但爲説明廟號的意義，若干有關的事實亦不

---

① 郭沫若《釋支干》，《甲骨文字研究》。

能不涉及。我們先來看看，在商王室的親屬制度上，有哪些基本的事實，根據文獻的記錄或是卜辭的研究，可以認爲是已經成立而可以作爲討論新問題的基礎的。

（1）第一點可以確立的事實，是商代王位的繼承是由父傳子或由兄傳弟的；換言之，是男系的繼承法。卜辭裏所見的親屬稱謂，多在王室的祭祀中運用，所以亦以男性爲自我（ego）；其親屬的分別，向上伸兩世（父、母，祖、妣），向旁及於一世（妻、妾、配、母、奭，及兄、弟），向下及於一世（子、婦、生）。再向外則爲這一個小圈子親稱的擴展，有時加以區別詞區別之；如祖以上皆稱祖，其配偶皆稱妣；父母之親堂表兄弟皆稱父，父母之親堂表姊妹皆稱母；己之親堂表兄弟皆稱兄弟，己之子與兄弟姊妹之子皆稱子①。用 George P. Murdock② 的術語來看，卜辭的親稱似乎既不重視 collaterality，又不重視 bifurcation；換言之，父與其兄弟之間，母與其姊妹之間，父之姊妹與母之姊妹之間，與父之兄弟與母之兄弟之間，似乎都没有分別的傾向。但 seniority 的原則則有時頗重要，如兄弟之分及小父小母之名；《六父戈》的大父、中父、父三稱的分別，或亦與此有關。這些親稱材料在本題的研究上有兩點意義：（一）王位的男系繼承，可能伴以親屬制度上男系傳嗣的制度；換言之，所謂"男系"，兼指 succession 與 descent。（二）卜辭中所稱父不一定是生身之父，子，不一定是親生之子，兄弟，不一定是同父之兄弟。次代之王之爲前代之王的子或弟，固可能爲其親子或同父之弟，亦可能爲其兄弟姊妹之子或其父的兄弟姊妹之子，而且此所謂"兄弟姊妹"均不必是同胞所生，亦不必是一父所生。這一點，李玄伯與陳夢家等多人都已提到③。

（2）第二點可以確立的事實是商王都是子姓的，共溯其來源於同一個神話中的始祖。《殷本紀》曰："殷契母曰簡狄，有娀氏之女，爲帝嚳次妃。三人行浴，見玄鳥墮其卵，簡狄取吞之，因孕生契。契長而佐禹治水有功……封于商，賜姓子氏。"《論衡·姞術篇》亦云："古者因生以賜姓，……商吞燕子而生，則姓爲子氏。"子之爲姓，來源其説不一，不詳論④。卜辭記"族"，約有四種，曰王族、

---

① 李學勤《殷代的親族制度》，《文史哲》，1957；《綜述》，483—490 頁。
② *Social Structure*, New York, McMillian, 1949, pp. 141-142.
③ 李宗侗《中國古代社會史》，臺北，1954，134 頁；《綜述》，370 頁。
④ 參見李宗侗：上引書，30—33 頁。

三族、五族及多子族①。王、三、五以稱族皆易解，而多子族或即徑指子姓衆族而言。無論如何，商王之私名及廟號雖異，其同爲子姓則一。是則姓之繼承在商亦爲男系。子姓的特徵，至今所舉已有三點：姓及始祖誕生神話，親稱所示之範圍及王位之傳承。

（3）第三點或可確定的事實，是天下土地與財富的理論上皆爲王有，因此亦在子姓之内沿男系繼承。換言之，子姓亦爲一財產所有之共同體。這一點在卜辭中不甚明，但西周時代"溥天之下莫非王土"的觀念，恐怕亦見於商代。商王似在理論上對土地有所有權，而賦使用權於諸侯，故王室卜辭卜受年卜及封君，可見侯白之田爲王室注意所及，而侯白田的收成，王室當亦有份。卜辭又有封君告邊患的記錄，足證封君雖用其土地，而殷王仍有防患保土的義務。故胡厚宣謂："殷代既有封建之制，則其土地或本爲國家所有，經王之分封，乃屬於封建侯白，或土地本爲諸部落國族所有，經王之封而承認其爲自有之土地。"②這段引文裏所謂"屬於"及"自有"，恐怕都須加引號，因爲我們未必能明確地區別使用權與所有權。

（4）由以上的三點，可見殷王室的子姓，合乎現代社會學及民族學上所謂"氏族"（clan, sib, gens）的條件。我們可作結論説：殷王上至少自上甲，下及帝辛及其後裔，屬於同一個男系的氏族，有共名、共同財產、共同神話，王位的繼承也在氏族之内由男系相傳。祖先祀儀之隆重，亦可以表示氏族共同祭儀之重要性。

但子姓之爲氏族，並不一定是説子姓氏族也一定是個外婚的單位。"同姓不婚"之説，見於東周以來載籍③；是否可以向上推到殷代，卜辭中並無確證。《禮記正義》："殷無世系，六世而昏，故婦人有不知姓者。"王國維據之云："然則商人六世以後或可通婚，而同姓不婚之制實自周始。"④胡厚宣則主張卜辭中有殷人行族外婚之證⑤：

> 殷代……男女……死後皆以甲乙爲其祭祀之廟號，但其生前則皆自有

---

① 《綜述》，496—497頁。殷始祖誕生神話之歷史，可參見本書（358—396頁）《商周神話之分類》。
② 《甲骨學商史論叢》初集，《殷代封建制度考》，1994。
③ 見本書397—423頁《商周神話與美術中所見人與動物之演變》中的論證。
④ 《觀堂集林》，《殷周制度論》。
⑤ 《甲骨學商史論叢》初集，《殷代家族婚姻宗法生育制度考》，1944。

其名，如前舉子漁、子畫之類，皆男子之名也，帚嫀、帚好之類，皆女子之名亦即姓也。觀武丁之配，有名帚嫀、帚周、帚是、帚杞、帚媞、帚娥、帚龐者，……皆其姓，亦即所自來之國族。他辭又或言，取奠女子。奠即鄭，取即娶。此非族外婚而何？

丁山也同意，"凡是卜辭見的婦'某'，某也是氏族的省稱"①。但指出武丁的諸婦中也有"婦好"，准此。

> 殷商王朝可能是與古代埃及希臘一樣，也是實行族內婚制。男女辨姓，禮之大防，而春秋時代的齊國，襄公與其妹妹文姜的關係，喧傳於列國；桓公好內，姑姊妹不嫁者多人；這多少反映出一點族內婚的遺跡，或者是染受殷商的遺風。②

不論族外婚或族內婚之說，立說的根據都是卜辭中"帚"底下的一字：碰到好字，則是族內婚，碰到周楚等字，則是族外婚。其實，帚下的字到底是族名還是私名，恐怕還是未定的問題③。假如是族名的話，則武丁的"婦"有數十個，個個不同，莫非各娶自一族，合乎李玄伯所謂"多妻多姓制"？鄭樵《通志·氏族略》云："三代之前，姓氏分爲二，男子稱氏，婦人稱姓。"合乎東周文獻中孟姬齊姜等稱呼之例，卜辭中的帚某系指族姓，並非絕無可能。但這項材料，顯然不是證明殷代族外婚有無的上等材料。在民族學上，氏族常行外婚，但不行外婚的氏族也不少見，尤多行於王族，與同一社會裏平民的氏族婚制或同或異。因此，假如我們要說子姓王室在氏族內通婚，並非一件奇怪的事。

由以上的討論，我們對於殷王室所屬的男系子姓氏族的若干特徵，有了若干具體而比較可靠的認識。以此爲基礎，我們可以再回到商王的世系上來看看，諸先王先妣的廟號可能代表怎樣的一種分類，這種分類自然要合乎已知的親屬制度的規模，但不妨加以補充說明。

《殷本紀》的世系表，十之九都經卜辭證實，但卜辭對之不無修正，同時加上了先妣的名號，如表2所示。

---

① 丁山《甲骨文所見氏族及其制度》，28頁。
② 丁山《甲骨文所見氏族及其制度》，56頁。
③ 《綜述》，497—498頁。

表 2　卜辭殷王世系配偶表 *

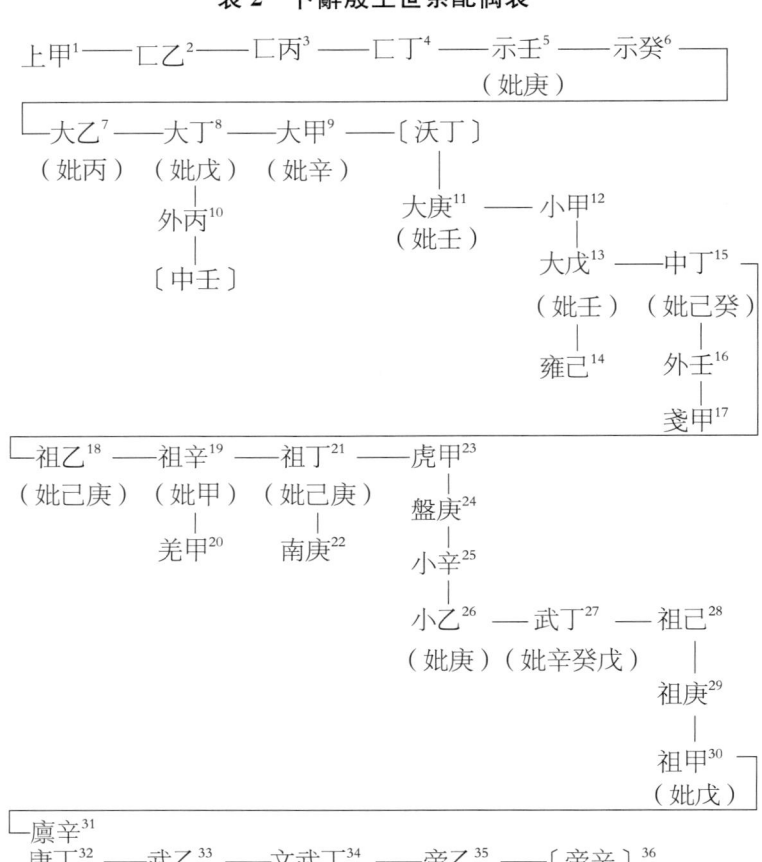

依表 2 所列舉的先王世系，再回到上文已提過的問題上，我們馬上注意到甲、乙、丁三個廟號出現的規律性。上文還提到過另外兩個現象：其一，及位之兄弟的廟號彼此之間，有的有互相結合的關係，另外有的有互相排斥的關係。其二，先王及其配偶廟號之間的關係。對初民社會有興趣心得的人，看到這些現象，馬上就會想到子姓氏族王室之內分為兩組的可能性。我們試將各王廟號依其不同的組合而排為兩組，如表 3。

---

* 橫豎綫意義同表 1。王名右上角數字示及位次序，依《綜述》。方括弧內的王名系卜辭周祭祀典中所缺。妣名依《綜述》；依《殷曆譜》則祖乙有妣己無庚，祖辛有妣甲及庚，祖丁除妣己、庚外尚有辛、癸。此皆依乙辛祀典，惟文武丁妣癸依金文補。依祖甲祀典則羌甲（沃甲）有妣名曰庚。此表與《殷本紀》世系（表 1）比，相異諸點如下：（1）㦷乙㦷丙㦷丁三世的次序；（2）大丁、外丙、中壬、大甲四王及位的次序；（3）雍己與大戊的長幼次序；（4）仲丁、河亶甲與祖乙三人的關係；（5）祖丁、羌甲、南庚三人的關係；（6）祖己雖未及位而見於祀典。

表 3　商王廟號之分組

世　代	A　組	不合規律及暫不分組之廟號	B　組
（每格代表一世）	上甲		
			匚乙
		匚丙	
			匚丁
		示壬	
			示癸
	大乙		
			大丁、外丙、〔中壬〕
	大甲		
			大庚、〔沃丁〕
	小甲、大戊、雍己		
		戔甲	中丁、外壬
	祖乙		
		羌甲	祖辛
		祖丁、南庚	
	虎甲、小乙	盤庚、小辛	
			武丁
	祖己、祖甲	祖庚	
			廩辛、康丁
	武乙		
			文武丁
	帝乙		
			帝辛

　　依表3，A組有甲、乙、戊、己4干，B組有丙、丁、辛、壬、癸5干。以庚爲名的，依世次排下來，屬A、B組者各2，暫不歸組。表中列37王，其合乎A、B組之分割的27王（A組13，B組14），其不合的7王，其不定的4王（庚）。這個數字（27/37，或3/4弱）已不是偶然的因素所能解釋的了。如以庚爲名的四個廟號歸於A或B，則不合者與合者之比成爲29/39，或約3/4。但不合的7王，再經檢討，則多有可商，我們甚至可以把合乎規律之廟號的比例增加到百分之百。今檢討這7王廟號如下：

（1）匚乙、匚丙、示壬：依《殷本紀》報丁、報乙、報丙的順序，則與本文的規律相合：（上）甲——（匚）丁——（匚）乙——（匚）丙。但祀典卜辭上甲到匚丁4世的順序，自王國維以來，已成定論，因此我們只好從這不合規律的卜辭，而舍棄那合乎規律的《史記》。但上甲到示癸六世，在湯立國之前，其可靠程度，遠不如大乙以後的世系。匚乙如爲上甲之弟或其孫，匚丁若爲匚丙之弟或其孫，示壬若爲匚丁之弟或其孫，則其依世次的分組亦與後世的規律相合。事實上，這幾世代表多少實際上的先王，恐怕還是未知的。總之，其次序與組合對本文的結論無大影響。（寫到此處，不免要提一句：《殷本紀》之錯，錯得奇怪！甲乙丙丁的次序，自殷到今日，中國人無不熟稔，何以在世系上搞錯成甲丁乙丙？而何以偏偏錯了以後又正好與後世之規律相合？我頗疑心這是太史公或其前人有意修改的——改的對，因改了以後合乎殷代後世的規律；但也改錯了，因爲殷人自己沒把這幾世先王的關係說清楚。）

（2）戔甲依廟號應屬於A組，但依《殷本紀》爲仲丁之弟，應與仲丁同屬B組，與規律不合。按《古今人表》以戔甲爲祖乙之兄，上文已詳細討論。因此，我們不妨把戔甲拉下一世，放入祖乙的一格內，則合。

（3）羌甲依廟號應屬於A組，但爲祖辛弟、祖乙子，故按世次應屬B組，不合。按上文已詳細討論羌甲爲祖辛子的可能性；如是則廟號世次又無不合。

（4）祖丁依廟號應屬B組，依世次則屬A組。倘如以上所推測，以羌甲爲祖辛之子，祖丁當爲羌甲之子，於世次廟號均合，屬B組。

（5）小辛依廟號似屬B組。辛之出現除小辛外雖只兩次（祖辛、帝辛），但其與B組其他廟號不相排斥則無疑義。依世次，小辛爲虎甲、盤庚弟、小乙兄，非屬A組不可。按《古今人表》以小辛爲盤庚子，如依之，挪小辛於B組，則小乙又非是小辛之子不可。這種辦法，似與卜辭不合。《乙》2523 武丁卜辭文曰："不隹父甲、不隹父庚、不隹父辛、不隹父乙。"①其甲庚辛乙四父的順序與武丁四父全同，足證這四人實是兄弟輩而不是祖孫輩。固然倘以小乙爲武丁父，而以小辛爲其祖父，陽甲盤庚爲其曾祖父，也未必說不通，因小乙的兄弟仍可能有以甲、庚、辛爲廟號的。但如持此說，恐怕有些過分強辯，我們只好仍存小辛爲不合之例，或把辛提出來與庚同樣待遇，暫不分組。如是則先王廟號可以分爲兩組：

A組：甲、乙、戊、己；嗣後稱爲甲乙組（直系皆甲、乙）

---

① 編者按："隹"，原文均誤作"佳"，今徑改。

B組：丙、丁、壬、癸；嗣後稱爲丁組（直系皆丁，僅一例外）

此外，庚、辛之分組暫不決定，或稱之爲第三組。以上的分組，照A—B歷世次順序輪流出現這一條規律而言，在商王世系中，可以説是沒有例外的。由此，我們發現商王世系廟號所透露的一個大原則：及位諸王隔世代有相同性；易言之，兄弟與祖孫屬於同組，而父子屬於異組。這條原則，在社會人類學上，是個常見的現象，所謂"祖孫世代相結合的原則"（The principle of the combination of alternate generations）①。但是，正因爲這個原則在各社會裏出現得太普遍了，要深究它在殷王室親屬制度上的特殊意義，我們還得發掘一些另外的事實出來不可。

廟號的分組在親屬制度上的意義，由祖妣廟號的關係上，應該得到更進一步的啓示。假如先王的廟號係以親屬制度爲基礎的一種分類，則先妣的廟號也應該是同樣的一種分類。固然，先王廟號與先妣廟號並不一定屬於同一個系統；換言之，先妣廟號中的甲，未必便與先王廟號中的甲是同屬一組的。但是上文已舉出過一個現象，即先王及其祀典上的配偶的廟號不同；如果先王與先妣的廟號屬於兩個不同的系統，則無法對此加以解釋。因此我們不妨假定，先王廟號的分組，同樣適用於先妣。

除此以外，先祖先妣的廟號中還包含兩個重要的現象。第一，在祀典中先妣排列的次序，依先王的長幼與世次而定；"妣某"的地位，全靠其爲"王某奭"，因此在祀典裏，商人所彡、翌、祭、𩁹、劦的永遠是"且（兄）某奭妣某"。換言之，商王及其配偶的世系，代表一個親屬系統；先妣在其中似乎不構成一套獨立的架子。第二，祀典中所祭先妣的數目及廟號，與下一代的先王的數目及廟號沒有直接的聯繫。祖丁有妣己與妣庚，却有虎甲、盤庚、小辛、小乙四子，是一個例子。

上舉的若干現象，從現代社會人類學的知識來分析，可能有好幾種不同的解釋。②作者試從不同的角度作了好幾種不同的嘗試，發現只有一種解釋，最爲簡單合理，而不須更改既有的史料。即，子姓氏族的王室，不是個外婚的單位；王室本身包括兩個以上的單系親群，互相通婚。通婚的方式，照我們的材料上看，

---

① A. R. Radcliffe-Brown, *Structure and Function in Primitive Society* (Glencoe: the Free Press), 1952, p.69.
② 最令人躍躍欲試的，是把Marcel Granet對西周制度的解釋搬上殷代；但如此作，遠不如本文的方法簡單。參見其"Calégories Malrimonilaleset Relaionsde Proximitédansla Chine Ancienne", *Annales Sociologiques*, SérieB, Fasc1-3, 1939, Paris.

可能性有兩種：雙方的交表婚配（bilateral cross-cousin marriage）或父方的交表婚配（patrilateral cross-cousin marriage）。若使前者講得通，我們必須把子姓氏族王室親群擺成四個婚姻組，四組之間有一定的婚姻關係。若確立這個現象，我們非得把王室世系及王妣的關係作若干假定性的修改不可。假定後一種婚姻方式，即每隔一世行父方的交表婚配（從男性說），則現有的材料全部可以講得通，但我們非得做兩個大膽的假設不可：（1）殷王世系中的"父子"，全不是親的父子；子，在實際的血親關係上，全是甥，亦即姊妹之子。（2）在世系中有地位，亦即及位的王的親子，必有一以甲乙或丁爲廟號的配偶，與其本人屬於異組（即丁之親子娶甲乙；甲乙之親子娶丁）。但此子決不及位爲王，其本人及其妣亦不在祀典中出現——亦即祀典中無以乙及丁爲廟號的先妣之故。此子的親子則決不以甲乙或丁爲廟號的女子爲配偶，同時却有資格及位爲王。換言之，商王世系中只有親祖孫的關係，而無親父子的關係；如下代名丁的王可能爲上代爲丁的王的親孫，却不是上代名甲或乙的王的親子。其間的關係，如表4。

表 4　商王父子祖孫關係

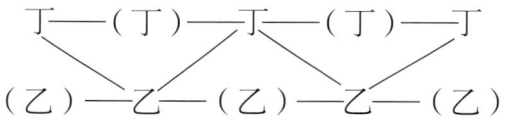

表中橫綫爲父子關係，斜綫爲王位繼承關係。我們現在把以上的假定試加以詳細地解釋。

　　上文已自商王廟號出現的世代看出，商王雖同爲子姓，却可分爲兩大組及若干小組。大組之一以名甲乙者最多，且直系諸王屬於這一組的都以甲乙爲名，可稱之爲甲乙組。另一組以名丁的最多，且直系諸王之見於祀典的除祖辛外都以丁爲名，可稱丁組。這個"組"，相當卜辭中何字，亦即殷人自己用什麼名稱來稱呼它，一時不易決定；也許這就是"宗"字用法之一，爲姓以下族以上的一個單位①。商人在稱呼這些親群時，未必以"甲""乙"等十干稱之，而每一干所指者亦未必是一組或一群。十干爲名的廟號，似乎只是對這些親群的分類——一方面便於祭日的安排，一方面又使之在親屬上不相衝突而已。

　　關於這兩組以上親族的事實，我們所知的至少有兩件：（1）第一代王，如出於甲乙組，則第二代王必出於丁組，下一代再回到甲乙組；倘兄終弟及在一世之

---

① 　見《綜述》，469頁；金祥恆《卜辭中所見殷商宗廟及殷祭考》，《大陸雜誌》第20卷第8期。

內，則王位或在甲乙或丁之內相傳，或傳入與甲乙或丁相近的其他諸號內，而決不出於對立的一組。換言之，甲乙組與丁組似乎是子姓王室之內政治勢力最大的兩支，隔代輪流執政。（2）祀典中的先妣無以乙丁爲名的。

據此，則倘以甲乙、丁二組以外諸宗（丙，戊—癸）以×號表之，則子姓王室內的婚制，或可以表5示之（表內填黑的三角形示及位之王，空的三角形示及位王的親子）。

表 5　殷王室二大支及其婚配親屬關係

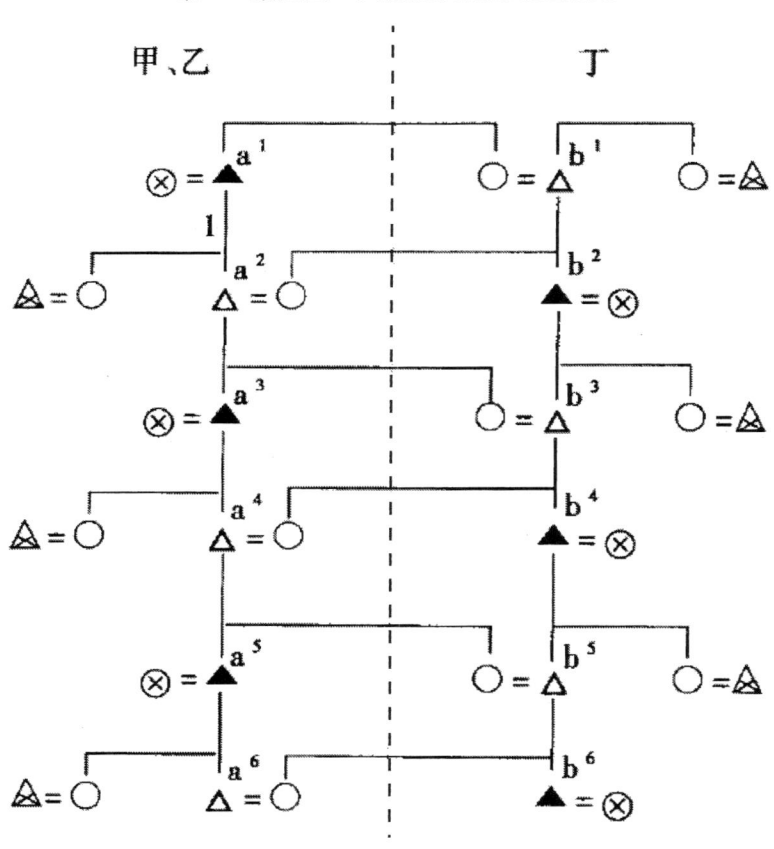

表5裏的甲乙與丁兩系，是子姓王室中政治勢力最大的兩支親群。表中所示的婚姻關係及及位次序可以解釋商先王先妣廟號所示的各種現象（旁系問題，見下節）。倘以 a^1 爲王，出自甲乙組，則 a^1 不能娶丁組之女，因丁組同世代之女子皆屬 a^1 親母的宗族（見下），而以親母之父系宗族爲亂倫禁忌範圍爲世界各地父系氏族社會中所習見。不娶丁組之女的原因，也許還包括政治地位問題的考慮，因爲婚姻的關係常伴以政治地位與義務上的關係。但因 a^1 不娶丁組之女，而只能娶一異宗之女，則 a^1 的親子 a^2 的政治地位因之而減低；相反地，在丁組中則

b^1 可以娶甲乙組的女子爲妻（原因見下），因此其親子 b^2 以甲乙、丁二組爲父母，政治地位高於 a^2，因此繼 a^1 爲王。a^2 則因不是執政的王，同時 a^2 的親母不來自丁組，於是 a^2 可以娶丁組之女，以恢復其政治地位；但此一婚姻，因 a^2 未及位爲王之故，不記於祀典。a^3 則父母二人來自甲乙及丁組，政治地位又比 b^2 的兒子 b^3 爲高，於是又繼 b^2 爲王。以此類推，因此，a^2，a^4，a^6，及 b^1，b^3，b^5 未及位爲王，乃不見於祀典，也是以乙丁爲號的先妣不見於祀典的緣故。依此說，則王位之傳遞之自父傳子，乃是親稱上的父傳子，而實際上是舅傳甥。王之親子恒娶王之姊妹之女爲妻，王之孫乃又可以自王之甥傳接王位，因王之孫又成爲王之甥之甥也。這一系統可以把世系中直系廟號的所有現象說明清楚，而其本身亦不是特別奇怪的邪說，因這種婚制及繼承法則在初民社會中也有出現的例子。現舉殷王世系中自武丁至帝乙的一段爲例，把上述的原則作一具體化的表演（見表6）。

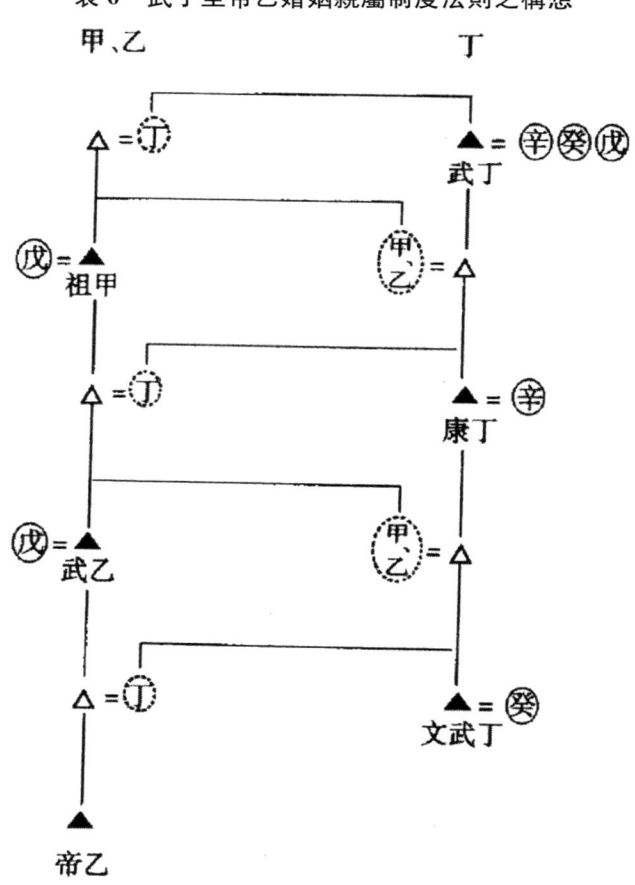

表6 武丁至帝乙婚姻親屬制度法則之構想

上表中填實的三角爲及位的王，實綫打圈的妣爲及位王的配偶，均見於祀

典；中空的三角及虛綫打圈的妣均爲祀典上所不見，但爲解釋廟號的各種現象不能不構想其存在。祖甲因而不是武丁之子而是武丁的甥（姊妹之子），康丁是武丁之孫，也是武丁的外甥女的兒子，又是祖甲的外甥。這麼一來，《殷本紀》及卜辭上的世系，視似全部搞亂，其實一字不改，改的是父子兄弟等字的切實意義，而如此看則世系上的廟號問題全通。

假如商代的王制，作如此的解釋，不但世系中的廟號問題可以迎刃而解，在文獻及卜辭中關於殷代若干迄今不得解釋的史實，亦得作初步的解釋。這些史實中重要者留待下節再談，此地先舉兩件。

《尚書·高宗肜日》記武丁肜日祀典有雊雉之異，王以爲不祥，祖己訓王稱："嗚呼，王司敬民，罔非天胤，典祀無豐于昵！"其中"罔非天胤"一句，不像商人的觀念，大概是周朝人代筆的。最後一句，典，常也；昵，舊有兩說。一說爲《偽孔傳》："昵，近也。祭祀有常，不當特豐於近廟，欲王因異服罪，改修之。"另一說爲《經典釋文》引馬融："昵，考也，謂禰廟也。"據《爾雅·釋親》，考爲亡父之稱；父廟可稱爲近廟矣，二說並不衝突。何以武丁祭先父特豐而引起了災異，是千古的疑案。現在看來，很可能武丁祭祀時"豐"了生父即丁組父廟，相對地就薄了乙組小乙的廟，爲殷王制典祀所不容。如此《高宗肜日》這句話乃一說得通的解釋。

另外一件，是殷代的所謂"舊臣"在政治上似乎有很大的力量。如伊尹權勢之盛，可以放逐大甲，同時在宗族上亦有相當大的地位，爲武丁時代王室祀典所收。假如我們認爲子姓王室之內兩大政治集團的交替，依照嚴密的法則，始終殷代數百年間不變，則其中必有極大的維持力量在。社會傳統、宗教信仰與婚姻制度，都是使王位在甲乙、丁二組之間作規則性的輪流的維系力量。但除此以外，很可能也有政治上的實力加以維持，而或即一種氏族長老的評議會（council of the elders）之類的機構。於是舊臣之具有實力，是亦有其原因在。大甲屬甲乙系，應當遵守同系先祖大乙（湯）的舊制，但《孟子·萬章》說他"顛覆湯之典刑"，《殷本紀》說他"不遵湯法"，於是被重臣伊尹"放之於桐"。這裏面似不無捕風捉影之嫌，但細思之，足備一說。

三、與商王廟號有關的若干其他史實

上節提出對商王廟號的新解釋，包含好幾個重要性不一與可靠程度有差的要

點：(1)商王室雖屬子姓氏族，却分爲兩大支派與若干小支派；(2)兩大支派輪流執政；(3)其具體的方式爲王位傳甥，親子娶姊妹之女。上面的(1)(2)兩點，從廟號的分析來看，似乎是無可懷疑的史實。第(3)點爲解釋以上兩點及若干與廟號有關的現象的可能假設之一。進一步的探討，則有待於民族學家與卜辭學者一起朝這個方向仔細考查一下所有有關的史料。

從廟號分析所得上述的結論，不但圓滿地解釋了廟號出現的規律性，而且對若干殷周史料中未決的問題，也能提供一些新的有用的啓示。下面是已經可以看到的幾點。

(1)商王繼承法

在上節裏，我們詳細地説明了我們的新説對於直系諸王廟號的解釋，但是尚未涉及旁系的問題。把這個問題留到這裏來討論的原因，是因爲它在商王繼承法問題上的重要性。商王繼承的法則，一向是一筆糊塗賬。依《殷本紀》，商王之繼統，或父死子繼，或兄終弟及。《史記·宋世家》："父死子繼，兄死弟及，天下通義也。"《魯世家》："一繼一及，魯之常也。"但二者既不能同時進行，商王世系又證明二者并非作規則性的交替，故在怎樣的情形下爲子繼，在怎樣的情形下爲弟及，則爲史籍所不能説明。王國維主張："商之繼統法，以弟及爲主，而以子繼輔之，無弟然後傳子。"①李玄伯從其説：

> 商至少在成湯以後，尚實行兄弟共權制度；彼時政權尚未集中在每代的長子身上，而爲一代所共有，所以一帝之終，不必須傳位於其長子，且須傳位與其弟兄，候這一代陸續享有政權後，始傳給下一代的人。事實上雖然全族的人不必能皆做首領一次，但在學理上全族的人皆有做首領的機會；事實上全族的人不必皆平等，但學理上全族的人皆平等與權。商人至少在武乙以前，仍在這種階段中。②

陳夢家《綜述》則不然其説："若是商人是以弟及制爲主的，則必無弟才傳子，此與商人的婚制不合。據卜辭，商王是多配偶的，則其多子的可能性很大。即使某王本身不育，商人兄弟不限於同父母，故凡從兄弟均有繼爲王的權利。……弟及制並非輪及每一個弟，據卜辭同輩兄弟及位者其數不過四，而卜辭一輩的兄弟往

---

① 《殷周制度論》，《觀堂集林》。
② 李宗侗《中國古代社會史》，133頁。

往不止於四，如祖甲世除祖己、祖庚、祖甲外，尚有兄壬、兄癸，均未及王位。"他的結論是："由此可見商代傳統法並沒有一種固定的傳弟傳子法，凡弟或子所以及王位必另有其法規，可惜我們無法推知。"①

這"另有"的"法規"，在上述對廟號的解釋下，可以很簡單地"推知"。假如商王的繼承，雖在親稱上是父子相傳，而在實際上是舅傳於甥，則在兩種情形之下，王位不能傳到下世而只能傳於本世：(1) 王逝世時，合法的繼承人年齡太小，或在其他體心方面不够條件；(2) 王無姊妹，或其姊妹非前王姊妹之女；換言之，王無甥，或其甥不是前王之孫（見表5）。在這兩種情形之下，王位傳不下世，乃兄終而弟及，而及位之弟仍限於兄的同組之内，因同組之内同世的兄弟之間與現王同爲前王之甥的人選可以不止一個。第(2)種情形可以説明大庚—沃丁、虎甲—小乙、祖己—祖甲、廪辛—康丁四世，而第(1)種情形或可以説明其他兄終弟及諸世。此説是否可以在卜辭上證明，是要請卜辭學者指教的；但依此説，則何則子繼何則弟及，在原則上有了個一致的説明，而我們從廟號分析上對商王繼承法所得結論，適與王國維相反：子繼爲常，而弟及爲變。

(2) 卜辭中的"舊派"與"新派"

卜辭的分派研究，是董作賓繼分期研究對甲骨學的又一大貢獻②。依此説，商王自盤庚遷殷以後，分爲新舊兩派，二派在祀典、曆法、文字與卜事上均有若干不同，其代表人物如下：

舊派：武丁　文武丁
新派：　　祖甲　　帝乙

以武丁代表舊派，則祖甲爲革新的創始者，文武丁又復古，帝乙又回到新派，代表商代王室之內新舊兩派政治勢力與思潮的起伏循環。

上文對商王廟號新説在研究商史上最重要的後果之一，是依此種説法則卜辭中新派舊派之分，可以得到加强的證據與一圓滿合理的解釋。換言之，舊派的典章制度代表丁組的傳統文化，而新派的典章制度代表甲乙組的傳統文化。二者固然大同，皆爲殷文化的代表，但亦有小異，爲殷文化以内小集團的小文化（subcultures）。甲乙組執政時，有行甲乙組禮制的傾向，而丁組掌政時有行丁組禮制的傾向，固不必視其一爲革新，另一爲守舊也。事實上，依此説則祖甲、帝乙的

---

① 《綜述》，370—371頁。
② 《殷曆譜》、《乙編自序》、《甲骨學五十年》。

"新派"，其實是大乙一系的舊政，而武丁、文武丁的"舊派"，反而是與湯法相對立的制度。

但二組禮制的交替，亦不必如此的規則。《殷曆譜》與《甲骨學五十年》中新舊派之分大同小異，列舉如表7。

表7 殷王分派及各王在位年數

	《殷曆譜》	《甲骨學五十年》
舊派	盤庚（14）、小辛（21）、小乙（10）、武丁（59）、祖庚（7）	同左
新派	祖甲（33）、廩辛（6）、康丁（8）、武乙（4）	祖甲、廩辛、康丁
舊派	文武丁（13）	武乙、文武丁
新派	帝乙（35）、帝辛（63）	同左

其不同之處在武乙：《殷曆譜》分之於新派，而《五十年》分之於舊派。這個改變，不知是武乙卜辭研究的新結果，還是基於武乙、文武丁卜辭同屬第四期舊說的考慮。事實上，武乙在位不過四年，留下來的卜辭為數必少，未必夠作分派的確實證據。《殷本紀》記武乙為惡，被雷震死，似乎與"淫亂"的祖甲同一待遇。因此武乙之屬於新派似非全無可能。但這點關係不大，因自卜辭所見，為新舊兩派代表的，仍以武乙、祖甲、文武丁與帝乙四人為最清楚明白，其分組是與我們的新說相合的。不合諸王，如小乙屬舊派，廩辛、康丁屬新派，或因其卜辭的斷代尚不太明瞭，或因二派禮制之交替只是傾向而非必然，均不足構成對於新說的有力的阻礙。

（3）昭穆制問題

殷周異姓，其活動中心在地理上亦有相當的距離，其親屬制度與繼承制度不必相同，而且據史籍看來，可能很不同。但商王廟號的分組說與周的昭穆制，未嘗不可相互發明。昭、穆之稱，散見《詩》、《書》、《左傳》。《左傳·僖公五年》："太伯、虞仲，太王之昭也；太伯不從，是以不嗣；虢仲、虢叔，王季之穆也。"《二十四年》："管、蔡……文之昭也；邘、晉……武之穆也。"《定公四年》："曹，文之昭也；晉，武之穆也。"故西周初年王室的幾代，其昭穆之分均為固定的：太王為穆、王季為昭，文王為穆、武王為昭。《周禮·春官·小宗伯》云："辨廟祧之昭穆。"《正義》："祧，遷主所藏之廟。自始祖之後，父曰昭，子曰穆。"《禮記·王制》："天子七廟，三昭三穆，與大祖之廟而七；諸侯五廟，二昭二穆，與大祖之廟而五；大夫三廟，一昭一穆，與大祖之廟而三。士一廟。庶人

祭於寢。"

近人研究昭穆的，以 Marcel Granet①、李玄伯②與淩純聲③三先生為最著，均以為代表婚級，在初民社會中不乏其例。這個問題牽涉周代整個親屬制度，本文裏不遑詳述④。在這裏我們只提請讀者對古代文獻中所見昭穆制的三點特徵的注意。其一，昭穆顯然為祖廟的分類；周代先王死後，立主於祖廟，立於昭組抑穆組視其世代而定。周王如用廟號，則必是太王穆、王季昭、文王穆、武三昭一類的稱呼，與康丁、武乙、文丁、帝乙相類。其二，昭穆制的作用，古人明說為別親屬之序，亦即廟號之分類實代表先王生前在親屬制上的分類。《禮記·祭統》："凡賜爵，昭為一，穆為一，昭與昭齒，穆與穆齒，此之謂長幼有序。"又云："夫祭有昭穆；昭穆者，所以別父子、遠近、長幼、親疏之序，而無亂也。是故有事於太廟，而群昭群穆咸在，而不失其倫，此之謂親疏之殺也。"按祖廟之祭倘非分為昭穆二系而不能"別父子、遠近、長幼、親疏之序"，則這種"序"顯然不是簡單的祖—父—子—孫相承的直系。其三，在昭穆制下祖孫為一系而父子不為一系；《公羊傳》所謂"以王父之字為氏"，似與此也有消息相關。《五經通考》引劉歆曰："孫居王父之處，正昭穆，則與祖相代，此遷廟之殺也。"《禮記·曲禮》："君子抱孫不抱子，此言孫可以為王父尸，子不可以為父尸。"《曾子問》："祭成喪者必有尸，尸必以孫；孫幼則使人抱之，無孫則取於同姓可也。"這些都是極可注意的現象。李、淩二先生均以母系半部族之制來解釋。由上述商王廟號來看，昭穆制實與商王室甲乙、丁二系之分相似。李玄伯云："昭穆兩字至今未見於甲骨文。商人或無分級，或有分級而另用他種名稱，不以昭穆為級。"⑤本文提出，商人亦有分系，姑稱之為甲乙組與丁組；商人自己的名稱，則有待卜辭學者的指教。倘把卜辭分組與昭穆制相比，則商人宗廟之制實包括無數之問題，有待研究。小屯遺址的乙區⑥，據石璋如的推測，是宗廟之區，其布局雖不全部了然，但其左右東西對稱之局則甚明。是否商代的祖廟有分為甲乙與丁二列的可能？ 尚待學者進一步的研究。作者相信，小屯遺址布局的研究及甲骨文裏關於宗示等行祀之所的字眼的研究，大可以對這些方面的瞭解加以擴展與推進；上文

---

① M.Granet，前引書。
② 李宗侗《中國古代社會史》。
③ 淩純聲《中國祖廟之起源》，《"中央研究院"民族學研究所集刊》（1959）7。
④ 周代親屬制度，芮逸夫先生研究最力，論文散見，不俱錄。作者的研究，將在另文討論。
⑤ 李宗侗《中國古代社會史》，53頁。
⑥ 《殷墟建築遺存》，1959，臺北。

所說的不過是個引子而已。

（4）古史帝王世系上的啓示

假如本文所提出的對商王廟號的解釋，能夠成立到相當的程度，則我們對古籍所載的若干帝王傳說，亦可以據以作若干新的理解。李玄伯早已提出，"堯舜禪讓尚能以另一個假設解釋，……即王位似由舅甥以傳"①。這裏的問題，是李玄伯所用舅甥二字，乃是廣義的解釋，指岳父與女婿而言；堯舜是否是母之兄弟與姊妹之子的關係，則恐不能證實。但舜爲東夷之人，陳夢家②以爲即是帝嚳；倘舜果得王位於其舅（母之兄弟），不但與殷制相合，尚不妨視爲殷人體制在神話上的表現。

古帝王世系常見的又一現象爲"一分爲二"，即王位自上代傳到下代時，繼承的系統分爲二支，二支各再分二。如《國語·晉語》記少典子有黄帝與炎帝；《大戴禮·帝繫姓》記軒轅二子玄囂、昌意；昌意子顓頊又分二系，其一爲窮蟬及鯀，其二爲女禄之子老童。《帝繫姓》另一值得注意的現象，是次代所分的兩支中，常只有一支記其配偶之名，如表8。

表8　《帝繫姓》古帝分支及其配偶

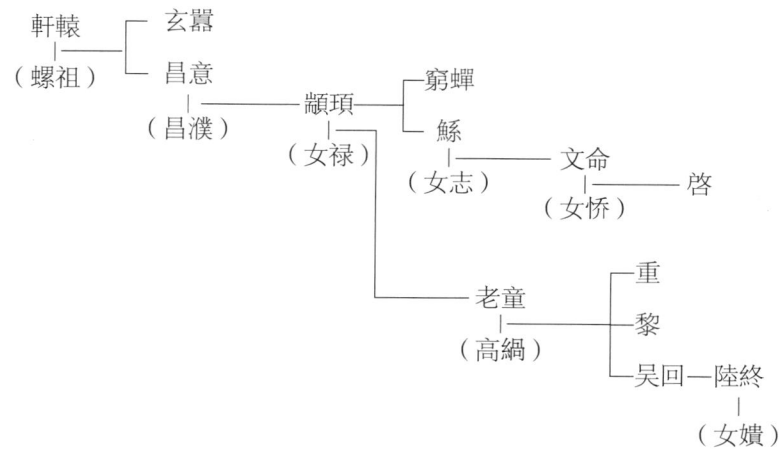

豈非與殷王世系中一世只一直系而直系記其配偶之制相似？固然《大戴禮》的帝王世系爲東周時代神話人化的結果③，但如李玄伯所云："縱令其爲周以

---

① 李宗侗《中國古代社會史》，126頁。
② 《商代的神話與巫術》，《燕京學報》（1936）20。此說雖不創於陳，此文則集其大成。
③ 見本書358—396頁《商周神話之分類》。

後人所僞造，但僞造者亦必有較堯舜爲後的若干史事爲模仿，所謂'欲讎僞者必假真'(《法言·重黎篇》)。"①又《大戴禮》中所記玄囂之後，帝嚳有四妃，其姜嫄所生之子后稷，簡狄所生之子契，慶都所生之子放勛，常儀所生之子摯。是則后稷、契、放勛與摯是同父（與父同組）的四個兄弟輩，俱立爲王，與商人兄終弟及，而兄弟不必來自同宗之制也有相似之處。

像殷代王室那種制度的氏族內部區分，經長期的演變，與人口的增加，必然導致氏族的分裂（fission），氏族內有的組或宗分出去成爲獨立的氏族，其間的政治地位與婚姻關係乃成爲氏族之間的關係，《殷本紀》所謂："契爲子姓，其後分封，以國爲姓，有：殷氏、來氏、宋氏、空同氏、稚氏、北殷氏、目夷氏。"其中有的也許保持子姓，有的則以氏爲姓。《國語·晉語》四：

> 同姓爲兄弟。黃帝之子二十五人，其同姓者二人而已，惟青陽與夷鼓，皆爲己姓。青陽，方雷氏之甥也；夷鼓，彤魚氏之甥也。其同生而異姓者，四母之子，別爲十二姓。凡黃帝之子，二十五宗，其得姓者十四人，爲十二姓：姬、酉、祁、己、滕、箴、任、苟、嬉、姞、儇、依是也；惟青陽與蒼林氏同於黃帝，故皆分姬姓。

或方雷氏與彤魚氏是軒轅氏以外有政治地位的大族，故其甥（婿）繼承姬姓的統；繼姓統的有二人，是值得注意的。餘子則分支出來各立己姓。這一段話在商王廟號新說解釋之下豁然可通，也正是民族學上氏族分裂（fission）與分支（segmentation）在中國古代的例證。

除此以外，殷周史料中待用現代社會科學方法研究的尚多，上文所舉的幾點不過是從商王廟號的解釋上可以立刻想到的而已②。本文立說之是否可靠，與在其他史料上應作何等的運用，全有待古史學界的師友，有以教我。

校後記

初稿草成以來，續作商周親屬宗族制度各方面的探索，覺得殷的乙丁制與周之昭穆與宗法的解釋，有不少可以啓發之處，同時與東周宗法與姓氏的變化都有

---

① 李宗侗《中國古代社會史》，127頁。
② 例如中國古代的連名制與排名制，似乎也可用本文的說法加以重新分析研究；見淩純聲《東南亞的父子連名制》，《大陸雜誌特刊》第1輯；楊希枚《聯名與氏姓制度的研究》，《歷史語言研究所集刊》(1957) 28。

密切的關聯。此雖爲另文《商周親屬宗族制度初探》才能詳論的問題，此地不妨舉例一二，以見乙丁制或係三代所共有，非殷人所特有也。

《史記·夏本紀》及《紀年》的夏世系如下：

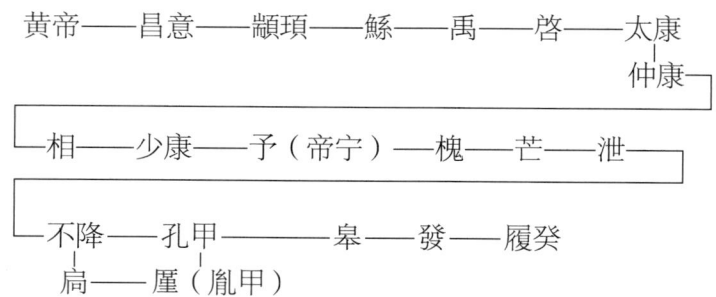

楊君實上引《康庚與夏譚》一文指出康或爲庚，帝寧或即帝丁，是則夏之世系中以十干爲名者出現之世次如下：

依殷代世系隔世相同之規律，則甲與庚一組，丁與癸爲一組。甲與丁之對立，及丁與癸之同組，均與殷制相同。湯（天乙）之滅桀（癸，丁組），是以商之甲乙組，滅夏之丁組。不知此對於夏商二代接而爲一之説者有無關係？

至於周之昭穆制，則問題遠爲複雜，非一言可以了者。但昭穆與乙丁之類似，除文中所列舉者外，尚可以下述諸點加以補充。

其一，周人以十干爲名的尚多，爲金文所常見（見吳其昌：《金文世族譜》）。是以日干爲廟號，殷周相同。如廟號在商人有上述之意義，周人者當亦有類似之意義。

其二，若干周代系譜中之以十干爲廟號的，其出現的世代順序與商相同。穆王時代的录殷二器，一曰"用作文且辛公寶鼎殷"，另一曰"用作文考乙公寶尊殷"。是祖名辛，父名乙，與殷王世系中乙辛順序在世代上相同（如帝乙帝辛）。《史記·齊世家》，太公子爲丁公，丁公子爲乙公，乙公子爲癸公。此中可注意的更有兩點：（1）廟號之十干在世代中出現的順序，即丁—乙—癸（丁組，夏商均然）之次，與殷王同。（2）如以太公爲太祖，則其子爲昭世而名丁公，丁公之子穆世而名乙公。《通志·氏族略》第四，以次爲世條，有丁氏："姜姓，齊太公生丁公伋，支孫以丁爲氏。"鄭樵的按語："諡法雖始有周，周自文王以後世世稱

諡，是時諸侯猶未能遍及。晉魯，大國也；魯再世伯禽，稱魯公，晉再世燮父，稱晉侯。曹、蔡皆四世未稱諡。齊再世伋，稱丁公，三世得稱乙公，四世慈母稱癸公，五世哀公不辰而後稱諡。得知所謂丁公者，長第之次也。"又《史記·宋世家》，帝乙次世爲微子開及微仲，當爲丁世，即帝辛之世，微仲之子爲宋公，當爲乙世；宋公之子又當爲丁世，而其子確名丁公。宋制與殷制同不爲奇特，但齊制與殷同，則值得重視。

其三，不特宋齊之制與殷人相似，宗周亦不例外。殷制以甲日祭甲，乙日祭乙，上文已說明清楚。西周之祭禘先祖，因無卜辭爲證，其祭曆頗乏材料可循。下舉諸條，或不無發明的作用：

《令彝》：丁亥令矢告于周公宮（周公爲昭世）

《剌①鼎》：丁卯王嘗……邵王（邵王世次見下）

《春秋》文公二年：春二月，丁丑，作僖公主；八月，丁卯，大事于大廟，躋僖公（僖公自周公向下推爲昭世）。

《天亡殷》：乙亥……殷祀于王丕顯考文王（文王爲穆）

《春秋》閔公二年：夏五月乙酉，吉禘于莊公（莊公爲僖公父，穆世）。

是西周及東周初年王公祭祖先的日子，好像也有一定，而以乙丁二日爲多，好像乙日祭穆世的祖，丁日祭昭世的祖。加上上文所述齊太公以下先丁公（昭）後乙公（穆）的次序，豈不是丁即是昭，乙即是穆，而乙丁制與昭穆制實一制之兩名麼？可惜問題不是那麼簡單。第一，要使魯僖公爲昭世，非得以周公爲昭不可。周公是文王子，武王的兄弟，在宗周而言，是屬於昭世。但周公封於魯以後是爲魯之太祖，還是魯的宗廟中昭穆之次是自文王一直排下來的？這個問題不解決以前，我們就不能斷言僖公是昭。齊太公爲太祖，其子丁公才是昭，丁公子乙公才是穆。固然齊魯一是異姓，一是同姓，其宗廟中昭穆之序未必是依一個原則開始的。但是我們還得提出些有力的證據。魯莊公的昭穆世次，與此相連。第二，《天亡殷》銘文一開首的乙字，在原文中看不出來，是金文家依後文補的。其三，《令彝》中除了丁日"告"周公以外，還有甲日用牲於京宮，乙日用牲於康宮的記錄。京宮康宮的問題，還有些待研究之處，見唐蘭的《兩周銅器斷代中的"康宮"問題》（《考古學報》1962年第1期）一文。依唐蘭，康宮爲康王之宮，康王爲古公以下第五世，有太祖的地位，故康王以後的昭王是昭世而穆王是穆世。依

---

① 編者按："剌"，原文誤作"剌"，今徑改。下同。

此説則《剌鼎》中的邵王是昭世，與丁是昭之説合。但依此説，則魯莊公僖公的世次又得重新排過。我們不能因邵王爲丁日祭，採唐蘭使邵王爲昭世，而魯僖公爲丁日祭，則不採唐説，自文王一直昭穆昭穆向下排也。正如西諺所云：You can't have your cake, and eat it too. 事實上，唐蘭用卿大夫的宗法制解周天子的世系，以湊合他的康宫説法，是否成立，尚未可知。因此，上舉諸例中最大的問題在於丁卯日啻邵王一條。或《剌鼎》之邵王爲某一昭世之王，未必即指昭王而言。總之，周之昭穆與殷之丁乙顯然有密切的關係，但確實的連繫，還待進一步的研究。

原載《"中央研究院"民族學研究所集刊》第 15 期，1963 年春季；收入《中國青銅時代》，聯經出版事業公司，1983 年；又生活・讀書・新知三聯書店，1983、1999 年二版。今據後者收入。

李孝定

讀契識小錄・說干

契文有⟨字⟩《佚》五八七，亦作⟨字⟩《續》五、一九、一，舊無釋，金祥恆《續甲骨文編》三卷一葉下收作干，無說，郭沫若《金文餘釋》二一〇至二一四葉《釋干鹵》云：

> 古干亦有無羽飾者，《貞松堂集古遺文》有二"執戈盾形"，文作⟨字⟩，所執固是盾形，然實古干字，小臣宅𣪘"畫⟨字⟩戈九"，小盂鼎"金⟨字⟩一咸戈□"中一奇字，舊未所識，今得二尊文定按指《貞松》二文，始渙然冰解，蓋即干之初文也。古干戈字每相將，盾字稍後起，金文無盾字，亦無从盾之字，典籍中之較古者，亦所罕見，宅𣪘與盂鼎乃成康時物，二尊或尤古，形雖爲盾，而字則當讀干也。

按郭說是也，此與宅𣪘及小盂鼎二干字略同，但上有二出，蓋其飾也。徐灝《說文段注箋》云：

> 按阮氏《鐘鼎款識》虢彝銘有⟨字⟩字，乃古象形文，疑干即古竿字，亦即古杆字，木之正出爲干，亦作榦，旁爲支，亦作枝，干支同物，故干之用爲杆，與支拒同義，引申爲干犯之偁，相犯必相近，故凡事之相涉曰相干，而干求之義生焉，若干戈之干訓爲盾者，乃戟之假借耳。

桂馥《說文義證》干下云：

> 犯也者，戴侗曰："蜀本《說文》曰：'干，盾也。'案戰者執干自蔽以前犯敵，故因之爲干冒、干犯，《書》曰：'干先王之誅。'《傳》曰：'干國之紀。'曰：'天爲剛德，猶不干時。'曰：'弗能教訓，使干大命。'《孟子》曰：'以食牛干秦穆公。'後人不曉此義，加女爲'奸'，《傳》曰：'子父不奸之謂禮。'曰：'事不奸矣。'曰：'奸先王之禮。'曰：'奸絕我好。'陸氏皆音干。"馥案《書》："舞干羽于兩階。"《詩》："干

戈戚揚。"《方言》:"盾自關而東或謂之干。"《論語》:"而謀動干戈於邦內。"孔安國曰:"干,楯也。"《易乾鑿度》:"泰表載干。"鄭注:"干,楯也。"皆與蜀本合。

王筠《說文句讀》干下云:

> 戴侗引蜀本《說文》云:"干,盾也。"案云:"一曰盾也。"以爲別義乃可,若以爲正義,則从反入,从一,何以得盾義。而羊芈二字,亦不得在此部矣。

定按桂氏引《詩》《書》《方言》《論語》之文,以證蜀本《說文》訓干爲盾,其說是也;契文上出諸形,即爲盾之象形字,上从 ᴍ,其飾也,金文作 𢆉,亦由 單 所衍變,其遞嬗之迹,當如下表所示:

單 ⟶ 甲 此係假想之形 ⟶ 𢆉 虢簋"干戈" 𢆉 毛公鼎"以乃族干吾王身"
(此當讀"捍禦") 𢆉 干氏弔子盤 ⟶ 𢆉 盉文 ⟶ 干 小篆

契文作空廓形之口者,金文率多作■,其後又多變作一,此文字遞嬗之通例也。徐氏《段注箋》之說,適得其反,蓋干之本義爲盾,及後爲引申義之犯所專,乃不得不別造从戈旱聲之戦以當本字耳,非叚干爲戦也。王氏《句讀》所說,乃據篆體爲言,非朔誼也。據古文之初形朔義解之,干芈二字實風馬牛不相及,固不得同部也。 要之,干當以訓盾爲本義,訓犯則其引申義,當爲解云:"干,盾也,象形。一曰:犯也。"契文別有 單 字《藏》二五、一,或作 單《藏》一、三,作 甲《後》下、五、二,作 單《甲》二、三、十六,諸家釋毌,是也,字即 單 之異體,乃象上無 ᴍ 形飾物之盾;又單字古作 𢆉,疑亦與此同源,皆爲盾之象形字,弟以所象之器,形制稍殊;或因方言殊異,遂致衍爲數字,然其音猶復相近,據段氏《六書音韻表》三字古音同在十四部。義亦相因也。單有大義,《魯語》:"堯能單均刑法。"《鄭語》:"夏禹能單平水土。"《史記‧春申君傳》:"王之威亦單矣。"《匈奴傳》集解:"單于者廣大之貌。"是也。單又有厚義,《詩‧天保》:"俾爾單厚。"《昊天有成命》:"單厥心。"《傳》並云:"單,厚也。"此大也厚也,皆爲盾之屬性,蓋盾皆欲其大且厚也。毌之訓穿,亦由盾義所引申,蓋盾雖以自蔽,然固常爲戈矛弩矢所穿矣。

節選自李孝定:《讀契識小錄》,《"中央研究院"歷史語言研究所集刊》第35本,1964年。